RUDOLF STEINER
EINE CHRONIK

CHRISTOPH LINDENBERG

RUDOLF STEINER
EINE CHRONIK
1861–1925

VERLAG FREIES GEISTESLEBEN

Für Dorothee

CIP-Titelaufnahme der Deutschen Bibliothek

Lindenberg, Christoph:

Rudolf Steiner : e. Chronik ; 1861–1925 / Christoph Lindenberg. –
Stuttgart : Verl. Freies Geistesleben, 1988
ISBN 3-7725-0905-3

Einband: Walter Schneider,
unter Verwendung einer Photographie von O. Rietmann
Satz und Druck: Offizin Chr. Scheufele, Stuttgart
Buchbinderei: Riethmüller, Stuttgart

INHALT

VORWORT

Sinn und Aufgabe dieser Chronik

Im Jahre 1931, neunundneunzig Jahre nach Goethes Tod erschien die von Flodoard Freiherr von Biedermann bearbeitete Goethe-Chronik als ein schmales Inselbändchen. Fünfzig Jahre später begann Robert Steiger das siebenbändige Werk «Goethe von Tag zu Tag» herauszugeben, das im Jahre 1992 abgeschlossen vorliegen soll. Auf etwa sechstausend Seiten wird das Leben Goethes minutiös registriert werden. Damit wird dann 160 Jahre nach dem Tode Goethes die chronologische Summe einer Goetheforschung gezogen worden sein, zu der Generationen von Goethe-Forschern die Vorarbeit geleistet haben. – Die Bedingungen, die eine so ausführliche Dokumentation möglich machen, sind vielfältig: So muß man unter anderem bedenken, daß Goethe spätestens seit dem Erscheinen des «Werther» ein berühmter Mann war, von dem die Zeitgenossen einander in Briefen berichteten; die Begegnungen mit ihm, seine Äußerungen hielten sie in ihren Tagebüchern fest. Goethes amtliche Tätigkeit, die 1776 in Weimar begann, fand einen vieltausendfältigen Niederschlag, Goethes eigene Briefe füllen 50 Bände der Weimarer Ausgabe, Goethe selber führte Tagebuch, so und auf manch andere Weise entstand eine Fülle von Zeugnissen, die eine detaillierte Chronik von Tag zu Tag, ja teilweise von Stunde zu Stunde möglich machte.

Ganz anders liegen die Verhältnisse für die Erforschung der Biographie Rudolf Steiners. Für die ersten Jahrzehnte liegen – vergleichsweise – nur wenige gesicherte Daten vor. Vom Jahre 1897 an kann man jedenfalls seine literarische Tätigkeit von Woche zu Woche genau verfolgen, vom Jahre 1904 an sind auch die Vorträge Steiners zunehmend häufiger und genauer überliefert, bis schließlich für die letzten Wirkensjahre das Vortragswerk fast lückenlos in stenographischen Nachschriften vorliegt. – Entscheidend ist aber, daß Rudolf Steiner keineswegs allein Literat und Vortragsredner war, und leider sind die sehr umfangreichen praktischen, künstlerischen, beratenden und verwaltenden Tätigkeiten, die jeweils den größeren Teil seiner Tagesarbeit ausmachten, sehr viel schlechter überliefert. Es besteht die Möglichkeit, daß sich das im Laufe der nächsten Jahrzehnte ändert, wenn beispielsweise die Aktenbestände, die unaufgearbeitet im Goetheanum ruhen, gesichtet, archiviert und registriert sind, und wenn die im Archiv der Rudolf-Steiner-Nachlaßverwaltung vorhandenen Bestände insgesamt bearbeitet, datiert und chronologisch geordnet sind. Wenn man dennoch wagt, bereits heute eine Chronik von Rudolf Steiners Leben vorzulegen, so muß man sich darüber klar sein, daß diese Chronik eher den ersten Goethe-Chroniken als dem Werk «Goethe von Tag zu Tag» gleicht.

Mit welchem Recht aber wird dann dieses Wagnis unternommen? Diese Frage beantwortet sich zunächst durch die Tatsache, daß bereits heute eine weit verstreute und nur schwer zu überschauende Materialfülle zum Leben Rudolf Steiners vorliegt. Da sind zunächst die etwa 300 bereits veröffentlichten Bände der Rudolf-Steiner-Gesamtausgabe und zahlreiche Vorträge, die außerhalb der Gesamtausgabe in Einzelausgaben und Zeitschriften veröffentlicht worden sind. Zweitens wird laufend in den «Beiträgen zur Rudolf Steiner Gesamtausgabe» Material zur Biographie Rudolf Steiners veröffentlicht. Drittens existieren die zeitgenössischen Mitteilungs- und Nachrichtenblätter, Rundschreiben und Zeitschriften sowie andere zeitgenössische Publikationen, die weitere Klärungen bringen. Viertens ist auf Biographien, Autobiographien und Erinnerungen zu verweisen, die auf Rudolf Steiner Bezug nehmen und in großer Zahl vorliegen. Der Chronist steht also vor der Aufgabe, dieses weit zerstreute Material aus alten Zeitschriften und längst vergriffenen Büchern zusammenzutragen, zu sichten, zu überprüfen und zu ordnen.

Als ich diese Arbeit begann, faßte ich sie zunächst nur als eine Vorarbeit zu einer geplanten Biographie Rudolf Steiners auf. Ich gab dann Proben der Chronik einigen Freunden zu lesen, und diese fanden die Vorarbeit so interessant, daß sie zu einer Veröffentlichung rieten. Das erforderte eine Umarbeitung der ursprünglichen Chronik und weitere Such- und Sammelarbeit. Mir selber wurden bei dieser Arbeit die Lücken und Probleme der Chronik immer deutlicher. Dennoch wage ich es, sie dem anthroposophisch interessierten Publikum vorzulegen, weil mir immer deutlicher bewußt wurde, daß sich diese Arbeit für das Studium der Anthroposophie als nützlich erweisen kann. Sie soll es dem Leser ermöglichen, einzelne Vorgänge im Leben Rudolf Steiners oder einzelne Vorträge in einen größeren Zusammenhang hereinzustellen. Dieser Zusammenhang ist für das Studium der Anthroposophie nicht ohne Bedeutung, denn – so wage ich zu behaupten – Rudolf Steiner hat nie in abstracto gelehrt, sondern immer in spezifischen Situationen zu bestimmten Menschen und vielleicht sogar mit bestimmten Absichten oder Hoffnungen gesprochen. Hinweise auf diesen Zusammenhang soll diese Chronik geben, erschließen kann sich den Zusammenhang nur der Leser und Benutzer der Chronik selbst. Die Verweise auf Quellen und Fundorte können dabei nützlich sein.

Das Verfahren bei der Erstellung dieser Chronik

Der Historiker will wissen, wie es wirklich gewesen ist. Er bemüht sich um eine möglichst genaue Datierung und Beschreibung der Ereignisse. Die Erfahrung im Umgang mit den Quellen zeigt ihm, daß in der Regel die zeitgenössischen Zeugnisse – Urkunden, Protokolle, Rundschreiben, Briefe, mitstenographierte Vorträge und Ansprachen – zuverlässigere Quellen als Memoiren oder andere, oft im Abstand von Jahrzehnten niedergeschriebene Darstellungen sind. Die für unser Thema wichtige Memoiren-Literatur bedarf insgesamt einer kritischen Überprüfung aufgrund gesicherter Erkenntnisse. Die Probleme der Memoirenliteratur reichen von einfachen Erinnerungsfehlern und fehlerhaften Darstellungen – beispielsweise von Ereignissen, die der Verfasser des betreffenden Werkes nicht selbst miterlebt hat – bis zur Erfindung von Ereignissen, die überhaupt nicht stattgefunden haben. Deshalb geht diese Chronik von den gesichteten zeitgenössischen Dokumenten aus.
Die verschiedenen Lebensabschnitte Rudolf Steiners stellen den Chronisten vor sehr unterschiedliche Aufgaben. Für die Zeit von 1861–1907 liegt die Autobiographie Rudolf Steiners vor, deren Kenntnis hier vorausgesetzt wird. Dieses Erinnerungswerk hat sich insgesamt als sehr zuverlässig erwiesen. Es stellt aber die Aufgabe, die berichteten Ereignisse genau zu datieren, da Rudolf Steiner nur relativ selten genaue Daten angibt und nicht immer in chronologischer Reihenfolge berichtet. Dies gilt auch für die im Vortragswerk enthaltenen autobiographischen Berichte. Für die Zeit nach 1881 liefern die Briefe Rudolf Steiners und seine literarischen Veröffentlichungen sichere Anhaltspunkte. Andere Vorgänge lassen sich durch Bezugnahme auf Ereignisse fixieren, die auf anderem Wege datiert werden können. So erwähnt Rudolf Steiner (GA 330/31, S. 43 und GA 354, S. 223), daß er, als er «acht, zehn oder elf Jahre alt» war, die erste Versammlung der österreichischen Sozialdemokraten als Kind beobachtet habe. Nun läßt sich leicht feststellen, daß dieser Parteitag, auf dem die österreichische Sozialdemokratische Partei sich formierte, Ostern 1874 in Neudörfl stattfand. Ebenso erwähnt Rudolf Steiner, daß er als Knabe von vierzehn, fünfzehn, sechzehn Jahren Kants «Kritik der reinen Vernunft» in der Ausgabe der Reclamschen Universalbibliothek gelesen habe (Lg, S. 38; GA 262, S. 7 und B 83/84, S. 14). Nun läßt sich diese Lektüre durch den Hinweis auf die Reclam-Ausgabe glücklicherweise datieren: Das Vorwort der ersten Ausgabe von Kants Kritik der reinen Vernunft von Karl Kehrbach trägt das Datum «März 1877». Eine Nachfrage beim Verlag ergab, daß das Werk im April gedruckt wurde; so dürfte es frühestens im Mai 1877 in Wiener Neustadt gewesen sein, als Rudolf Steiner das Buch

entdeckte: «Ich tat alles, um es mir so schnell als möglich zu kaufen.» Die Kant-Lektüre fällt also in den Sommer 1877. Auf diese Weise läßt sich auch manch anderes Ereignis datieren.

Vom Jahre 1898 an beginnt Rudolf Steiner, regelmäßig Kurse und Vorträge zu halten. Die Daten der Kurs- und Einzelvorträge sind aufgrund zeitgenössischer Quellen von Hans Schmidt in dem Buch *Das Vortragswerk Rudolf Steiners* (2. verbesserte Auflage Dornach 1978) chronologisch geordnet zusammengestellt worden. An Hand dieses Werkes lassen sich nicht nur die Vorträge, sondern auch die Vortragsreisen ziemlich genau verfolgen. Weitere Einzelheiten – namentlich zu den frühen Vortragsreisen ergeben sich aus dem Briefwechsel zwischen Rudolf Steiner und Marie Steiner-von Sivers (GA 262). Damit sind wiederum Fixpunkte für die Datierung gegeben. Ferner konnte hier das Erinnerungsbuch von Ludwig Kleeberg *Wege und Worte* gut verwendet werden: Die Überprüfung der Darstellungen Kleebergs zeigte, daß das Werk in der Tat aufgrund von Tagebuchaufzeichnungen geschrieben wurde. So konnten dann schrittweise Vorgänge in der deutschen Sektion der Theosophischen Gesellschaft unter anderem mit Hilfe der von Mathilde Scholl herausgegebenen Mitteilungen – wenn auch lückenhaft – rekonstruiert werden.

Damit kommt man dann bereits in einen schwierigeren Bereich: etwa die Erfassung der Vorarbeiten zu den Aufführungen in München 1907, 1909–1913. Zum Glück konnte hier an einigen Stellen auf zeitgenössische Briefe zurückgegriffen werden. Nicht weniger schwierig ist die Vorgeschichte und Geschichte des Dornacher Baus zu rekonstruieren. Auch hier wurde von zeitgenössischen Berichten sowie von datierten Photographien ausgegangen. Als hilfreich erwiesen sich die bisher unveröffentlichten Aufzeichnungen von Max Benzinger, die aber nicht unbesehen übernommen werden konnten.

In den Weltkriegsjahren können manche Vorgänge nur sehr umrißhaft erschlossen werden. Rudolf Steiner mußte mit seinen auf die politischen Vorgänge bezogenen Äußerungen sehr vorsichtig sein, und er hat alle Unternehmungen, die darauf zielten, der Idee der Dreigliederung zur Anerkennung zu verhelfen, mit größter Diskretion durchgeführt. Hier ist man fast vollständig auf spätere Berichte angewiesen, da sich weder im Bundesarchiv (Koblenz) noch im Archiv des Auswärtigen Amtes (Bonn) irgendwelche Unterlagen finden. – Die Dreigliederungszeit selber ist durch die Vorträge Rudolf Steiners, durch die Protokolle der Sitzungen mit den Arbeiterausschüssen, durch die Mitteilungsblätter und Rundschreiben des Bundes für Dreigliederung recht gut dokumentiert. Die Memoirenwerke sind von unterschiedlicher Qualität: Während sich Emil Molts Erinnerungen als recht zuverlässig erweisen, zeigt sich bei genauerem Hinsehen, daß das Erinnerungsbuch von Hans

Kühn *Dreigliederungszeit* problematisch ist. Kühn hat als Sekretär des Arbeitsausschusses des Bundes für Dreigliederung vom April 1919 bis in den Sommer des Jahres 1920 gewirkt. Über diese Tätigkeit schweigt er sich weitgehend aus. Dagegen berichtet er viele Dinge, die er nur aus zweiter Hand erfahren hat. So kann eine derartige Quelle nur nach genauen, oft zeitraubenden Überprüfungen genutzt werden.

Besondere Schwierigkeiten bietet die Geschichte der beiden wirtschaftlichen Unternehmungen «Der Kommende Tag» und «Futurum AG». Die Protokolle der Aufsichtsratssitzungen sind bisher nicht zugänglich. Grundlage der Darstellung und Datierung sind hier die Geschäftsberichte, beurkundete amtliche Eintragungen und die Dokumente des Jahres 1924, die in dem Bande *Die Konstitution*... (GA 260a) vorliegen. Die Memoirenliteratur konnte hier nur selten herangezogen werden.

Sehr viel reicher sind dann die Unterlagen für die Darstellung der Arbeit Rudolf Steiners in den Jahren 1923 und 1924. Hier liegen neben den Vorträgen die Protokolle mancher Besprechung, das Protokoll der Delegiertentagung Ende Februar 1923 in Stuttgart, das Protokoll der Weihnachtstagung 1923/1924 in Dornach, Rudolf Steiners Berichte über Veranstaltungen im Rahmen der Allgemeinen Anthroposophischen Gesellschaft sowie der Briefwechsel zwischen Rudolf und Marie Steiner vor. In dem Bande *Die Konstitution* (GA 260a) ist eine von Hella Wiesberger erstellte Chronik 1924–1925 enthalten, die mit großem Gewinn benutzt werden konnte, ferner durfte der Verfasser Dokumente zum Jahre 1923, die von Hella Wiesberger zur Veröffentlichung vorbereitet werden, für diese Chronik einsehen. Darüber hinaus war Dr. Heinz Matile von der Albert-Steffen-Stiftung so freundlich, das Tagebuch Albert Steffens für die Jahre 1920–1925 im Hinblick auf die Daten durchzusehen, die sich auf Rudolf Steiner beziehen. Schließlich liegen für diese Jahre auch zuverlässige Erinnerungsaufzeichnungen, beispielsweise von Albrecht Strohschein über die Begründung der Heilpädagogik und von Frederik Willem Zeylmans van Emmichoven über Rudolf Steiners Wirken in Holland vor.

Der Verfasser dieser Chronik hofft, durch das geschilderte Vorgehen eine einigermaßen zuverlässige Chronik geliefert zu haben, aber er kann natürlich nicht ausschließen, daß er hier oder da eine Quelle nicht ganz richtig bewertet hat oder daß er etwas Wichtiges übersehen hat, indem er ihm zweifelhaft erscheinende Berichte nicht in die Chronik übernommen hat.

Mängel dieser Chronik – auch eine Handreichung für Rezensenten

Diese Chronik enthält kein vollständiges Verzeichnis der literarischen Arbeiten Rudolf Steiners, weil bereits zwei Bibliographien gedruckt vorliegen: C. S. Picht *Das literarische Lebenswerk Rudolf Steiners* (1926) und *Bibliographische Übersicht*, Übersichtsbände zur Rudolf-Steiner-Gesamtausgabe, Band I, bearbeitet von Emil Mötteli und den Mitarbeitern der Rudolf-Steiner-Nachlaßverwaltung (1984). In dem letztgenannten Werk findet sich eine chronologische Übersicht aller Vorträge, Werke und Aufsätze Rudolf Steiners, die im Druck erschienen sind. Die Chronik enthält auch kein vollständiges Verzeichnis der Vorträge Rudolf Steiners, weil auch ein derartiges Vortragsregister in dem Werk von Hans Schmidt *Das Vortragswerk Rudolf Steiners* (^{2}1978) bereits vorliegt. Die Übernahme der Bibliographie und des Vortragsregisters hätte den Umfang der Chronik unnötig erweitert. Ebenso wurden die Daten von Veranstaltungen der Esoterischen Schule (ES, ME) nur in wenigen Ausnahmefällen aufgenommen. Gesicherte Daten dieser Veranstaltungen finden sich in der *Bibliographischen Übersicht* im chronologischen Vortragsregister und sind dort durch ein E gekennzeichnet.
Ferner gibt es Mängel dieser Chronik, die nicht zu beheben sein dürften: Viele Ereignisse aus den ersten fünfzig Jahren im Leben Rudolf Steiners wurden nie aufgezeichnet und dürften für immer unbekannt bleiben, gab es doch im Leben Steiners keine Bettina von Arnim, die die Mutter Steiners über die Kindheit und Jugend Rudolf Steiners befragt hätte. Ebenso fehlen ausführliche Schilderungen der Jugend- und Studienfreunde oder anderen Menschen, die Steiner in seiner Wiener Zeit gut kannten. Die Erinnerungen von Richard Specht (*Neues Wiener Journal* vom 26. April 1925) sind nicht umfangreich und auch in Details nicht zuverlässig. Wertvoller, aber auch nicht sehr ergiebig sind die Erinnerungen von Fritz Lemmermayer. Auch die Rudolf Steiner betreffenden Passagen in Memoiren, die Rudolf Steiner in seiner Weimarer Zeit sowie in Berlin bis 1905 schildern, bringen neben wenigen wertvollen Details und manchen Erfindungen eher Stimmungsbilder.
Hinzu kommt, daß viele Unterlagen im Lauf der Zeit verlorengegangen oder vernichtet worden sind. So sind die frühesten Publikationen Rudolf Steiners in der *Freien Schlesischen Presse* (Troppau) nicht mehr aufzuspüren. Die Briefe an Emil Schönaich, Robert Hamerling u. a. sind ebenso verlorengegangen wie die Akten der Redaktion des *Magazins für Litteratur*, das Rudolf Steiner von 1897–1900 redigierte. Aber auch für die Zeit nach 1900 gibt es große Lücken. Bei den Unterlagen z. B., die die Verwaltung der Deutschen Sektion der Theosophischen Gesellschaft betreffen, dürfte einiges bei der Auflösung der Berliner Wohnung von Rudolf und Marie Steiner im November/Dezem-

ber 1923 verlorengegangen sein. Weitere Lücken in die Aktenbestände riß das Verbot der Anthroposophischen Gesellschaft in Deutschland 1935 durch die damaligen Machthaber. So müssen die relevanten Akten der Anthroposophischen Gesellschaft in Deutschland, die Akten des Bundes für Dreigliederung und die Akten des «Kommenden Tages» für verloren gelten, jedenfalls fand ich bei meinen zahlreichen Nachfragen keine Spur von ihnen.
Ferner gilt es immer wieder zu bedenken, daß die Mehrzahl der Mitarbeiter Rudolf Steiners, die an wirklichen Entscheidungsprozessen beteiligt waren oder Rudolf Steiner jahrelang aus nächster Nähe erlebten, keine oder nur unverhältnismäßig knappe Erinnerungen (Memoiren) hinterlassen haben. Zu nennen wären in erster Linie Marie Steiner, Mieta Waller-Pyle (die Hausgenossin Marie und Rudolf Steiners von 1907–1924), Elisabeth Vreede, Ita Wegman, Carl Unger, Michael Bauer, Sophie Stinde, Eugen Kolisko, Käthe Mitscher, Edith Maryon, Hermann Linde, Ludwig Noll, Otto Palmer, Harry Collison, Carl Graf von Keyserlingk, Otto Graf Lerchenfeld, Roman Boos und manche anderen wichtigen Mitarbeiter. Andere Memoirenschreiber, die wirklich an Entscheidungen beteiligt waren und das Leben Rudolf Steiners aus der Nähe verfolgen konnten, wie Guenther Wachsmuth, Emil Leinhas, Emil Molt, Albert Steffen, haben aus der Fülle ihrer Erlebnisse und Erinnerungen nur sparsam und zurückhaltend berichtet. – Schließlich gilt es zu erwägen, daß Rudolf Steiner selber, trotz seiner dauernden Tätigkeit als Redner, letztlich ungemein schweigsam und diskret war. Über seine persönlichen Erlebnisse, Eindrücke, Urteile und Pläne äußerte er sich zumeist sehr zurückhaltend und in abgedämpfter Form, und gerade die Personen, die sein Vertrauen genossen, haben selber diese Verschwiegenheit bewahrt.
Andere Mängel der Chronik können im Laufe der Zeit behoben werden, denn es gibt in der Tat sehr umfangreiche Materialien, die zu dieser Chronik nicht herangezogen werden konnten. Da sind zunächst die sehr umfangreichen Aktenbestände in der Verwaltung des Goetheanum zu nennen. Diese Aktenbestände sind bis heute noch nicht fachgerecht archivarisch bearbeitet, registriert und durch Findbücher zugänglich gemacht worden. Viele der Bestände lagern seit Jahrzehnten in der Form, in der sie abgelegt wurden, denn offensichtlich gibt es drängendere Aufgaben als Archive anzulegen. Hier – so muß sich der Chronist sagen – kann noch die eine oder andere Überraschung schlummern. Der Historiker aber weiß, daß es gefährlich ist, aus derartigen Riesenbeständen Einzelheiten herauszupicken, ohne den Gesamtzusammenhang erforscht zu haben, der Einzelheiten an den rechten Ort rückt. Da eine fachgerechte Archivierung nur von mehreren Archivaren in jahre- oder jahrzehntelanger Arbeit besorgt werden kann, mußte auf dieses Material verzichtet werden und seine Aufarbeitung einer späteren Generation überlassen werden.

Anders steht es um die Bestände der Rudolf-Steiner-Nachlaßverwaltung. Im Rahmen der Nachlaßverwaltung ist im Laufe der letzten Jahrzehnte ein wirkliches Archiv entstanden. Dieses Archiv dient der Herausgabe der Rudolf-Steiner-Gesamtausgabe und ist für die Erfordernisse dieser Arbeit eingerichtet. Aus der Aufgabenstellung dieses Archivs und aus dem Mangel an finanziellen Mitteln ergibt sich, daß das Archiv der heutigen Forschung noch nicht offenstehen kann. Auch möchte sich die Rudolf-Steiner-Nachlaßverwaltung – aus verständlichen Gründen – die Veröffentlichung wichtiger Dokumente selber vorbehalten. So mußte für diese Chronik der Ausweg gewählt werden, das Manuskript dieser Chronik Frau Hella Wiesberger und den Mitarbeitern der Rudolf-Steiner-Nachlaßverwaltung zur Durchsicht und für Verbesserungsvorschläge vorzulegen. Dennoch trägt selbstverständlich der Verfasser der Chronik die alleinige Verantwortung für den Text.
Unter diesen Umständen mußte diese Chronik fast ausschließlich aufgrund des veröffentlichten Materials zusammengestellt werden. Das bisher veröffentlichte Material ist aber bereits jetzt so umfangreich, daß trotz jahrelanger Vorarbeit Einzelheiten der Aufmerksamkeit des Verfassers entgangen sein können. Auch wurden manche Details, die dem Verfasser bekannt wurden, aus verschiedenen Gründen nicht in die Chronik aufgenommen: Manches erschien zu unwesentlich und hätte das Gleichgewicht der Darstellung gestört, anderes erschien zweifelhaft oder zu wenig verbürgt, in wieder anderen Fällen erschien es ratsam, die Veröffentlichung von Dokumenten abzuwarten.
Die beschränkte Zeit und die beschränkten Mittel des Verfassers erlaubten nicht alle denkbaren Recherchen. So wäre es wünschenswert gewesen, bestimmte ausländische Archive aufzusuchen (z. B. die Archive der Theosophischen Gesellschaft in Adyar/Indien) und die dort lagernden Dokumente in Augenschein zu nehmen. Darauf mußte verzichtet werden, weil es fraglich erschien, ob sich der Aufwand lohnen würde. Es blieb der nicht für den Historiker gemeinte Trost Goethes: «Um zu begreifen, daß der Himmel überall blau ist, braucht man nicht um die Welt zu reisen.»
Schließlich wird jeder Historiker von bestimmten Forschungsinteressen geleitet. Der Verfasser dieser Chronik hat sich bemüht, seine Interessen möglichst zu erweitern und sich von der Überlieferung leiten zu lassen, um eine ausgewogene Darstellung zu bieten. Er wollte nicht allein die einzelnen Tätigkeitsfelder Rudolf Steiners umreißen, sondern auch den Mitarbeitern Rudolf Steiners Gerechtigkeit widerfahren lassen. Die Quellenlage ermöglicht dies nur in einem eingeschränkten Maße. Es fehlen heute noch die Biographien wichtiger Mitarbeiter Rudolf Steiners, die historischen Ansprüchen genügen und eine entsprechende Würdigung und Berücksichtigung möglich machen. Deshalb besteht die Möglichkeit, daß spätere Arbeiten auch die Akzente einer Chronik verlagern können.

Wie zu lesen ist – ein Appell an die Phantasie

Eine Chronik ist keine Biographie. Eine Biographie soll die unverwechselbare geistige Gestalt eines Menschen, die Motive der Entwicklung, die inneren und äußeren Zusammenhänge eines Menschenlebens schildern. Eine Chronik ist eine Sammlung von knapp umrissenen, datierten Ereignissen. Man kann sie als Nachschlagewerk benutzen, um Einzelheiten zu ermitteln oder um sich davon zu überzeugen, daß der Chronist an der betreffenden Stelle nichts zu berichten weiß. Man kann aber auch in einer Chronik lesen, um beispielsweise von der Arbeit Rudolf Steiners in einem bestimmten Jahr ein umrißhaftes Bild zu gewinnen. Dabei stößt man auf kürzere oder längere Zeiträume, für die die Tätigkeit Rudolf Steiners nicht im einzelnen nachgewiesen werden kann. Diese Zeiten fordern die Phantasie des Lesers heraus. Nun gibt es freilich auf dem Felde der Geschichte ebenso eine wilde Phantastik wie eine exakte historische Phantasie. Diese exakte Phantasie wird entfaltet, wenn man durch Studium der Tatsachen und durch Nachdenken sich die Arbeitsbedingungen und die damit verbundenen Tätigkeiten Rudolf Steiners vergegenwärtigt.

Hierzu zunächst einige Hinweise. Die Chronik vermerkt die einzelnen Eurythmieaufführungen. Die Eurythmiearbeit stand unter der Leitung von Marie Steiner, aber Rudolf Steiner inspirierte die ganze Eurythmie: er schuf die Choreographie für die Gedichte, dramatischen Szenen und für die musikalischen Kompositionen, die eurythmisch dargestellt wurden; er wohnte vielen Proben und fast allen Generalproben bei, er machte Angaben für die farbige Beleuchtung der Aufführungen und veranstaltete extra Beleuchtungsproben, er gab Hinweise für die Kleidung oder – bei dramatischen Szenen – für die Kostümierung der Eurythmistinnen, ja manchmal schminkte er einzelne Darsteller. Wenn also in der Chronik der knappe Vermerk steht: 17 Uhr. Eurythmieaufführung in der Schreinerei, so entsteht für die Phantasie die Aufgabe, sich diese an vielen Stellen empirisch belegten Tätigkeiten Rudolf Steiners, die einer Eurythmieaufführung vorangingen, mit vorzustellen.

Wieder ganz andere Vorstellungen hat man sich für die Zeit zu bilden, in der Rudolf Steiner als Redakteur des *Magazins für Litteratur* tätig war (1. Juli 1897–30. September 1900). Das Magazin erschien wöchentlich. Jede Nummer umfaßte 12 zweispaltig gedruckte Seiten. Eine Spalte entspricht im heutigen Buchdruck ziemlich genau zwei Buchseiten. Das heißt, daß Woche für Woche etwa 48 Buchseiten zu redigieren, zu korrigieren oder zu schreiben waren. Aber das ist ja nicht die ganze Redaktionstätigkeit: Es mußten Gespräche oder Korrespondenz mit Autoren geführt werden, Autoren mußten gewonnen werden, damit war geselliger Verkehr verbunden. Bevor eine

Theaterkritik geschrieben wurde, mußten die Aufführungen besucht werden, zu rezensierende Bücher waren zu lesen. Nebenher liefen die Verpflichtungen in der «Freien literarischen Gesellschaft» und der «Dramatischen Gesellschaft» sowie die Lehrtätigkeit in der Arbeiterbildungsschule.

Oder man denke an die mit dem Bau des ersten Goetheanum zusammenhängenden Arbeiten. Aus den verschiedenen Zeugnissen ist bekannt, daß Rudolf Steiner für die Architektur, die Plastik und die Malerei des Baus zahlreiche Entwürfe und Modelle fertigte. Jedes Modell, jeder Entwurf mußte mit den Mitarbeitern besprochen, die weitere Ausführung überwacht und korrigiert werden. So sind die Tage und Wochen in Dornach – besonders im Jahre 1914 – mit ständigen Beratungen in den Baubüros und Ateliers gefüllt. Darüber hinaus mußte die Gesamtarbeit ständig koordiniert, die Zusammenarbeit der Mitarbeiter organisiert werden. Diese Arbeit mußte aber immer wieder für Wochen durch Vortragsreisen unterbrochen werden. Nun stelle man sich die ersten Tage nach der Rückkehr von einer Vortragsreise in Dornach vor: Techniker, Architekten, Plastiker und Maler warteten auf Rudolf Steiner, um von ihm Rat, Hilfe, Anweisung, Korrektur zu erbitten. Immer wieder waren Konflikte entstanden, die zu lösen oder zu schlichten waren, oder die Kosten der Voranschläge waren wieder überschritten worden... In den Nächten und frühen Morgenstunden wurden dann Vorträge vorbereitet, neue Modelle und Entwürfe gestaltet. Als wirklich zuverlässige Mitarbeiter standen Rudolf Steiner außer Marie Steiner-von Sivers im Jahre 1914 nur Sophie Stinde, deren soziales Wirken im stillen verlief, und Carl Unger, der das Rechnungswesen besorgte, zur Seite. Während diese ganze Last und namentlich die Sorgen der Geldbeschaffung nach Ausbruch des Ersten Weltkrieges auf den Schultern Rudolf Steiners ruhten, arbeitete er noch das Buch *Welt- und Lebensanschauungen im 19. Jahrhundert* zu dem viel umfangreicheren Werk *Die Rätsel der Philosophie* um. Hinter den spärlichen Daten steht so eine Fülle von Tätigkeiten, die in einem Jahr eigentlich nicht unterzubringen sind.

Ein ganz anderes Beispiel betrifft die Zeit vom 16. April bis zum 24. Juli 1916. Rudolf Steiner ist in Berlin. In diesen 15 Wochen hält er nur 14 Mitgliedervorträge. Keine Reisen innerhalb Deutschlands. Was tut er ‹eigentlich›? Zum Glück gibt Rudolf Steiner selbst Auskunft: Er schreibt das Buch *Vom Menschenrätsel* und bemerkt dazu: «Es wird sich ja zeigen, ob das, was in diesem Buch geschrieben ist, was wirklich mit Herzblut geschrieben ist, daß manchmal zu einem Satze, der eine Viertelseite einnimmt, zwei Tage verwendet worden sind, um jedes Wort und jede Wendung vertreten zu können, gelesen werden kann, oder wiederum so schlecht gelesen wird, wie vorhergehende Bücher gelesen worden sind.» (GA 169, Vortrag vom 11. Juli 1916). Man muß sich also vorstellen, daß Rudolf Steiner diese Wochen – abgesehen von Besprechungen – um Formulierungen ringend und studierend am

Schreibtisch verbrachte. Bei genauerer Durchsicht der Vorträge dieser Wochen bemerkt man überdies, daß er auch schon mit den Ideen beschäftigt war, die er in dem Buch *Von Seelenrätseln* (1917) niederschrieb. Dazu waren umfangreiche Studien der zeitgenössischen Literatur erforderlich, und man könnte aus verschiedenen Quellen ein Verzeichnis der 1916 gesichteten Literatur erstellen, um sich so die Frage zu beantworten: was tat Rudolf Steiner vom 16. April bis zum 24. Juli eigentlich?

Ein letztes Beispiel: die Zeit vom 16.–24. Juni 1920 in Stuttgart. Aus dem Vortragsverzeichnis von Hans Schmidt geht hervor, daß Rudolf Steiner am 16. Juni auf einem Studienabend für Dreigliederung über die Bodenfrage gesprochen hat. Am 17. Juni hält Rudolf Steiner einen Vortrag in der Technischen Hochschule. Dann folgen fünf vortragsfreie Tage. Am 23. Juni findet von 14 Uhr 45 bis 17 Uhr eine Konferenz mit dem Lehrerkollegium der Waldorfschule statt, um 20 Uhr spricht Ludwig Graf Polzer-Hoditz auf einem Studienabend für Dreigliederung über auswärtige Politik. Rudolf Steiner ist anwesend und greift in die Aussprache ein. Am Donnerstag, den 24. Juni hält Rudolf Steiner einen Vortrag für die Stuttgarter Zweige der Anthroposophischen Gesellschaft.

Wieder die Frage, was Rudolf Steiner neben den Vorträgen alles getan hat? Zunächst geht aus dem Protokoll der Konferenz mit den Waldorflehrern hervor, daß Rudolf Steiner den Unterricht in der Waldorfschule besucht hat und daß ihm einzelne Schüler vorgestellt worden sind. Leider ist weder das Datum noch die Anzahl der Besuche zu ermitteln. Ferner geht aus den Erinnerungen von Hans Büchenbacher hervor, daß am Freitag, den 18. Juni um 10 Uhr eine Besprechung mit einer Delegation des Münchener Zweiges der Anthroposophischen Gesellschaft stattgefunden hat. Gegenstand der Besprechung waren die seit geraumer Zeit bestehenden Schwierigkeiten in der Zweigarbeit. Man kann annehmen, daß diese Besprechung gegen 13 Uhr endete. Was aber geschah sonst noch? Glücklicherweise finden sich in dem Zweigvortrag vom 24. Juni eine Reihe von Bemerkungen, die das andeuten. Zunächst erwähnt Rudolf Steiner, daß er am 16. Juni mit Mitarbeitern der Aktiengesellschaft «Der Kommende Tag» «den ganzen Tag auf dem Lande herumgefahren sei», um für den Kommenden Tag «Güter zu kaufen». So blickt man auf einmal in die praktische Beratungstätigkeit hinein, die Rudolf Steiner als Aufsichtsratsvorsitzender des «Kommenden Tags» ausübte, und man fragt sich unwillkürlich: haben etwa weitere solche Besichtigungsfahrten stattgefunden? Denn in den Berichten des «Kommenden Tages» erscheinen insgesamt fünf Güter (Guldesmühle, Dorenwald, Lanzenberg, Unterhueb, Oelhaus), die kaum an einem Tag besichtigt werden konnten. Ferner wird man angeregt, sich zu fragen, ob und wie sich Rudolf Steiner um andere Unternehmungen des «Kommenden Tages» im einzelnen gekümmert hat.

Eine andere Bemerkung in dem erwähnten Vortrag lautet: «Mir tut es im Herzen weh, daß ich fast keinen der Wünsche befriedigen kann, die jetzt so zahlreich an mich herantreten. Aber ich muß immer die Freunde abweisen, weil ja einfach die Zeit sich nicht verdoppeln läßt und nicht bloß vom Morgen zum Abend, sondern in die Nächte hinein Sitzungen sind.» Sitzungen mit wem und über welche Fragen? Hier kann man nur mutmaßen. Der größte Teil der Anstrengungen Rudolf Steiners richtete sich damals mit Sicherheit auf den «Kommenden Tag». Heißt es doch in dem genannten Vortrag: «Wir stehen vor Unternehmungen, die nicht mißlingen dürfen, die gelingen müssen, bei denen gar keine Rede davon sein kann, daß sie irgendwie mißlingen: von denen wir heute sagen müssen: sie werden gelingen.» Ein Brief von Eugen Kolisko legt die Vermutung nahe, daß in der in Rede stehenden Zeit Besprechungen über die Einrichtung eines Instituts zur Seuchenbekämpfung (Maul- und Klauenseuche) geführt wurden. Denkbar ist ferner, daß z. B. über den Erwerb des Schieferwerks in Sondelfingen oder über die Einrichtung des Verlags des Kommenden Tages beraten wurde. Ferner ist es möglich, daß auch andere Zweige der Anthroposophischen Gesellschaft Delegationen nach Stuttgart entsandten und beraten wurden. Ebenso können die Angelegenheiten der Stuttgarter Zweige und die Probleme des Bundes für Dreigliederung, der sich damals in einer Krise befand, Gegenstand von Besprechungen gewesen sein. Datierungen im einzelnen sind nicht möglich, aber die angestellten Erwägungen sind keine reine Spekulation, sie ergeben sich aus Tatsachen, so aus der Gründung und Tätigkeit des Verlages, der bereits in der ersten Septemberwoche das Erscheinen eines Buches ankündigte.

Wie erlebte Rudolf Steiner diese ständigen und langen Sitzungen? Auch darüber gibt er in dem Vortrag vom 24. Juni 1920 Auskunft: «Und ich konnte nicht umhin, trotzdem mancherlei auch für diese Stunde vorgelegen hätte, als diese Stunde vor meiner Abreise noch zu benützen, um gerade auf so mancherlei hinzuweisen, was mir in der mannigfaltigsten Weise so en passant gezeigt worden ist, aber hineinbrandet in die fruchtbringende Tätigkeit. Die leidet vor allen Dingen dadurch, daß es eigentlich immer notwendig wird, endlose Debatten über Dinge zu führen, die in einer halben Stunde abgetan sein könnten, weil sich immer Dinge hineinmischen, die eigentlich gar nicht da sein sollten ... Denn es gibt heute Praktiker, die sich rühmen, den ganzen Tag zu tun zu haben. Wenn sie nicht die Zeit verschwenden würden, könnte ihre vielleicht zehnstündige Arbeit in einer Stunde reichlich gemacht werden. Zeit totgetreten wird gerade im heutigen sogenannten praktischen Leben.» (GA 197, a. a. O.) Ein Kommentar erübrigt sich: der Charakter mancher Sitzungen steht deutlich vor Augen, und aus der Überschau aller Einzelheiten ergibt sich ein Bild.

Diese Chronik ist so angelegt, daß sie gerade die Zeugnisse zu berücksichtigen sich bemüht, die Hinweise auf Rudolf Steiners Tätigkeit neben den Vorträgen oder Hinweise auf die Quellen enthalten, wo weitere solche Zeugnisse zu finden sind. Alle diese Zeugnisse sind Mosaiksteinchen, die erst dann ihren Sinn erfüllen, wenn sie die Phantasie, das Denken und das Weiter-Fragen der Leser anregen. Der Leser, der in diesem Sinne die Chronik benutzt und belebt, kann sich im Laufe seines Studiums durch seine eigene Aktivität ein Bild des Wirkens Rudolf Steiners schaffen. Wer die schlichten empirischen Daten mit einiger Ausdauer studiert, wird schließlich bemerken, daß sie viel eindrucksvoller sind als manche der esoterischen Spekulationen über «Wesen» und «Bedeutung» Rudolf Steiners, die heute vielfach angeboten werden. Marie Steiner, fast ein Vierteljahrhundert Zeuge des Wirkens Rudolf Steiners, hat angesichts der Dimensionen des Wirkens des Begründers der Anthroposophie als erste den Gedanken ausgesprochen, der diesem Werk zugrunde liegt:
«Wie ist es doch so schwer, von diesem Leben zu erzählen, ... Am besten wäre es vielleicht, in der Weise schlichter, alter Chroniken zu verzeichnen, was täglich geschehen ist. Die Welt würde staunen vor der Fülle dieser Leistungen und vielleicht nicht glauben, daß sie den Tatsachen entspricht.» (Nachrichtenblatt 1925, S. 173)

Danksagungen

Diese Chronik stützt sich auf die Arbeiten vieler Menschen, erst durch ihre Leistungen wurde sie ermöglicht. Es ist keine Formsache, sondern entspricht meinem tiefsten Bedürfnis, wenn ich zuerst die bereits Verstorbenen nenne:
Marie Steiner, die rastlos Tätige, die erste Herausgeberin der Werke Rudolf Steiners, Elisabeth Vreede, die mit ihren Mitarbeitern das Vortragsarchiv am Goetheanum begründete, Eugen Kolisko und Walter Johannes Stein, die als erste das Frühwerk Rudolf Steiners zu sammeln begannen und eine Bibliographie erstellten. Carlo Septimus Picht, der diese Arbeit fortsetzte, die erste vollständige Bibliographie der Werke Rudolf Steiners erstellte und wichtige Quellen zur Jugend Rudolf Steiners sicherte. Emil Bock, der die Identität des Kräutersammlers Felix Koguzki herausfand und andere Beiträge zur Steiner-Forschung leistete, Hans Schmidt, der durch das Buch «Das Vortragswerk Rudolf Steiners» ein für die Chronik unentbehrliches Gerüst schuf, Sophie Schmidt, die im Vortragswerk enthaltene Selbstzeugnisse Rudolf Steiners zusammenstellte, Karl Röthy, der Zeugnisse der Studienzeit Rudolf Steiners

an der Wiener Technischen Hochschule aufspürte, Kurt von Wistinghausen, der den Briefwechsel Steiners mit Prof. Kürschner entdeckte und ihn mir frühzeitig zugänglich machte, und Erich und Sabine Gabert, denen ich Kenntnisse über die Arbeit Rudolf Steiners in den Jahren 1903–1914 verdanke.

Es ist mir eine Freude, den herzlichsten Dank für Hilfen, Hinweise und Beiträge auszusprechen, die ich von vielen Seiten erhielt: von der Rudolf-Steiner-Nachlaßverwaltung und ihren Mitarbeitern, namentlich von Frau Hella Wiesberger, Herrn Paul G. Bellmann und Herrn Walter Kugler; ferner vom Goetheanum durch Herrn Manfred Schmidt-Brabant und Frau Ursula Moslener; von der Albert-Steffen-Stiftung durch Herrn Heinz Matile; von Herrn Kurt Berthold, Herrn Götz Deimann, Herrn Norbert Deuchert, Herrn Hermann Ehret, Herrn Rudolf F. Gädeke, Frau Karin Hecht, Herrn Uwe Lemke, Frau Ingeborg Mau, Herrn Siegfried Pickert , Mr. A. John Wilkes und Herrn Emanuel Zeylmans van Emmichoven.

Nicht weniger herzlich sei der Dank an den «Rudolf-Steiner-Fonds für wissenschaftliche Forschung», der durch eine Spende die Forschungsarbeit des ersten kritischen Jahres erleichterte, und an Herrn Götz Deimann, der beständig diese Arbeit förderte.

Zarten, Ostern 1988 *Christoph Lindenberg*

ABKÜRZUNGSVERZEICHNIS

Werke von Rudolf Steiner

Schriften und Vorträge werden mit wenigen Ausnahmen mit ihrer bibliographischen Nummer GA... zitiert. Bei Zitaten aus dem Vortragswerk wird in der Regel nicht die Seitenzahl, sondern das Datum des Vortrags genannt, weil auf diese Weise ältere Ausgaben mit abweichender Seitenzahl benutzbar bleiben. – Nicht in der Gesamtausgabe erschienene Texte werden mit vollständigen Angaben zitiert.

Eine kleine Zahl von Bänden der Gesamtausgabe, die besonders häufig zitiert werden, sind durch Abkürzungen bezeichnet, die den Titel des Bandes abkürzen und dadurch eine leichtere Identifikation des Werkes erlauben:

BfI	Briefe, Band I Neuausgabe, Dornach 1985 (GA 38).
BfII	Briefe, Band II Neuausgabe, Dornach 1987 (GA 39).
Bio	Biographien und biographische Skizzen, Dornach 1967 (GA 33).
Dram	Gesammelte Aufsätze zur Dramaturgie, Dornach 1960 (GA 29).
FN	Friedrich Nietzsche. Ein Kämpfer gegen seine Zeit, 3. Auflage, Dornach 1963 (GA 5).
Goe N	Goethes Naturwissenschaftliche Schriften, hrsg. von Rudolf Steiner (in der Deutschen National-Litteratur) 1884–1897, Band IVb = Band V der Auflage von 1975 (GA 1a–e).
KuZ	Gesammelte Aufsätze zur Kultur- und Zeitgeschichte, Dornach 1966 (GA 31).
Lg	Mein Lebensgang, 7. Auflage, Dornach 1962 (GA 28).
Lit	Gesammelte Aufsätze zur Literatur, Dornach 1971 (GA 32).
Meth	Methodische Grundlagen der Anthroposophie, Dornach 1961 (GA 30).
PhdF	Philosophie der Freiheit, Dornach 1978 (GA 4).

Zeitschriften und Mitteilungsblätter

B	Beiträge zur Rudolf-Steiner-Gesamtausgabe (bis Heft 28: Nachrichten der Rudolf-Steiner-Nachlaßverwaltung), zitiert: Heft und Seitenzahl, Dornach 1961 – heute.
Dreigliederungszeitung	Dreigliederung des sozialen Organismus, Stuttgart 1919–1922.
MfL	Magazin für Litteratur, hrsg. von Rudolf Steiner und Otto Erich Hartleben, Berlin und Weimar 1897–1900.

Mitteilungen TG	Mitteilungen für die Mitglieder der Deutschen Sektion der Theosophischen Gesellschaft (Adyar), hrsg. von Mathilde Scholl, Köln 1905–1913.
Mitteilungen AG	Mitteilungen für die Mitglieder der Anthroposophischen Gesellschaft, hrsg. von Mathilde Scholl, Köln 1913–1914.
Mitteilungen ZV	Mitteilungen des Zentralvorstandes der Anthroposophischen Gesellschaft, später: Mitteilungen, hrsg. vom Vorstand der Anthroposophischen Gesellschaft in Deutschland, Stuttgart 1921–1923.
Mitteilungen D	Mitteilungen aus der anthroposophischen Arbeit in Deutschland, Stuttgart 1947–heute.
Nachrichtenblatt	Was in der Anthroposophischen Gesellschaft vorgeht. Nachrichten für deren Mitglieder, Dornach 1924–heute.

Sammelwerke

Erinnerungen	Erinnerungen an Rudolf Steiner, hrsg. von Erika Beltle und Kurt Vierl, Stuttgart 1979.
Wir erlebten...	Wir erlebten Rudolf Steiner, hrsg. von M.J. Krück von Poturzyn, Stuttgart 1956.

Datierung

(?)	Stellen, wo die Datierung unsicher oder nur ungefähr möglich ist.

CHRONIK
1861–1925

HERKUNFT

Der Vater: Johann Steiner, geboren am 23. Juni 1829 in Geras, Niederösterreich, gestorben am 22. Januar 1910 in Horn, Niederösterreich.
Der Vater wuchs in Geras im «Zusammenhang mit dem Prämonstratenserstift» auf. «Er erzählte gerne, wie er im Stifte Dienste geleistet hatte und wie er von den Mönchen unterrichtet worden ist.» (Lg 8)
«Die Prämonstratenser Stiftleute haben ihn gern gehabt und haben ihm sogar ein Stipendium gegeben zur Ausbildung für die ersten Klassen des Gymnasiums.» (*Geist und Ungeist in ihren Lebenswirkungen,* 2. 3. 1920, Dornach 1950.)
Danach (etwa von 1850–1860) Jäger in den Diensten des Grafen Hoyos, der in Horn ein Besitztum hatte. Dort «lernte mein Vater die Mutter kennen.»
Der Graf verweigert die Einwilligung zur Hochzeit Johann Steiners, welcher daraufhin den Dienst quittiert und Telegraphist, später Stationsvorsteher bei der österreichischen Südbahn wird.
Die Mutter: Franziska Steiner, geb. Blie, geboren am 8. Mai 1834 in Horn, Niederösterreich, gestorben am 24. Dezember 1918 in Horn, Niederösterreich.
Die Mutter war die Tochter des Leinwandhändlers und Flechtmachers Josef Blüh (später: Blie), sie war die jüngste von drei Schwestern (Juliane Blüh, geb. 1820 und Anna Maria Blüh, geb. 1824). Die Mutter Rudolf Steiners wird von ihm als eine sehr stille Frau bezeichnet, die ganz in der Besorgung der häuslichen Angelegenheiten und der kleinen Wirtschaft aufging: «Liebevolle Pflege ihrer Kinder und der kleinen Wirtschaft füllten ihre Tage aus.» (Lg 9)
Geschwister: Leopoldine Steiner, geboren am 15. November 1864 in Pottschach, Niederösterreich, gestorben am 1. November 1927 in Horn, Niederösterreich.
Leopoldine Steiner war Näherin und lebte bei ihren Eltern bis zu deren Tode.
Gustav Steiner, geboren am 28. Juli 1866 in Pottschach, gestorben am 1. Mai 1941 in Scheibbs, Niederösterreich.
Gustav Steiner war von Geburt an taubstumm, von durchaus freundlichem Wesen, aber hilfsbedürftig. Rudolf Steiner hat, namentlich nach dem Tode seines Vaters, sich immer wieder um seine Angehörigen gekümmert, sie finanziell unterstützt und testamentarisch bedacht. Noch am 25. März 1925

schreibt Rudolf Steiner zwei Briefe, die der Fürsorge für seine in Horn lebenden Geschwister gelten.
16. Mai 1860: Heirat der Eltern. Zunächst ist der Vater an einer südsteirischen Bahnstation (im heutigen Jugoslawien) tätig. Erst kurz vor der Geburt Rudolf Steiners wird der Vater nach Kraljevec, einer Bahnstation im damaligen Königreich Ungarn versetzt. Kraljevec liegt auf der Murinsel in Kroatien (heute Jugoslawien), nahe der Grenze zu Ungarn.

1861

27. Februar. Geburt Rudolf Steiners.
Es existiert eine handschriftliche Aufzeichnung Rudolf Steiners, die mit den Worten beginnt: «Meine Geburt fällt auf den 25. Februar 1861. Zwei Tage später wurde ich getauft.» Demnach wäre der 27. Februar nicht der Geburts- sondern der Tauftag (B 49/50, S. 6). Taufe in Drascovec (ca. 5 km südöstlich von Kraljevec) auf den Namen Rudolf Joseph Lorenz. Taufpaten waren Lorenz Deim und Josepha Jakl.
Über die Zeit in Kraljevec, die nur anderthalb Jahre dauerte, ist wenig bekannt. Der Vater muß hier drei Tage und drei Nächte hindurch Dienst tun, bis er für vierundzwanzig Stunden abgelöst wird. Auf die Zeit in Kraljevec dürfte sich auch eine Äußerung beziehen, die anläßlich einer Diskussion um die kindliche Nachahmung gemacht wurde:
«Ich habe als kleines Kind furchtbar geschrieen, mußte immer um das Haus herumgetragen werden, weil ich so geschrieen habe, daß die Nachbarn gestört waren. Nun werde ich nie behaupten, daß ich das von meinem stillen Vater oder meiner noch stilleren Mutter nachgeahmt habe.» (Fragenbeantwortung 28. IV. 1920, unveröff., vgl. auch GA 311, 12. 8. 1924).

1862

Sommer. Johann Steiner wird nach Mödling versetzt. Die Familie zieht um.

1863

Anfang 1863. Johann Steiner wird nach Pottschach versetzt und wird Stationsvorsteher.
«Eine wundervolle Landschaft umschloß meine Kindheit. Der Ausblick ging auf die Berge, die Niederösterreich mit der Steiermark verbinden: Der ‹Schneeberg›, Wechsel, die Raxalpe, der Semmering.» (Lg 9) In «der unmittelbaren Umgebung die Anmut der Natur.» «Auf dem kleinen Bahnhof vereinigte sich alles Interesse auf den Eisenbahnbetrieb.» (Lg 10) Am Bahnhof trafen sich die «Honoratioren» von Pottschach, um Ankunft und Abfahrt der Züge zu verfolgen.
Die wirtschaftlichen Verhältnisse der Familie Steiner sind bedrückend. Rudolf Steiner charakterisiert sie als ein «Ankämpfen gegen die schlechte Bezahlung solcher kleiner Eisenbahnbeamter». «Die Eltern haben – das muß ausdrücklich hervorgehoben werden, damit nicht ein Mißverständnis entsteht – stets die Bereitschaft gezeigt, ihre letzten Kreuzer für das hinzugeben, was dem Wohle ihrer Kinder entsprach; aber es waren nicht sehr viele solcher letzten Kreuzer vorhanden.» (4. 2. 1913, B 83/84, S. 3)
«Ich habe nicht allein gelernt, den Proletarier dadurch zu verstehen, daß ich selber mit ihnen, mit den Proletariern gelebt habe, daß ich herausgewachsen bin aus dem Proletariat, sondern mit dem Proletariat auch hungern lernte und mußte.» (GA 328, 8. 3. 1919, S. 167).

1864

15. November. Die Schwester LEOPOLDINE wird geboren.

1866

28. Juli. Der Bruder GUSTAV wird geboren.

1867

Oktober. Rudolf Steiner besucht für kurze Zeit die Dorfschule in Pottschach, wird «bald aber aus derselben herausgenommen, weil sich mein Vater mit dem alten Schulmeister überworfen hatte.» (Lg 12f.) «Ich ging dann nach dessen Pensionierung noch kurze Zeit bei einem jungen Lehrer in Pottschach zur Schule. Den größten Teil des Unterrichts gab mir mein Vater selbst.» (Lg 13f. und B 49/50, S. 8)

1868

«Einen tiefen Eindruck machte auf den Knaben das folgende Erlebnis. Die Schwester meiner Mutter war auf tragische Art gestorben. Der Ort, an dem sie lebte, war ziemlich weit von dem unsrigen entfernt. Meine Eltern hatten keine Nachricht. Ich sah, sitzend im Wartesaal des Bahnhofs das ganze Ereignis. Ich machte einige Andeutungen in Gegenwart meines Vaters und meiner Mutter. Sie sagten nur: ‹Du bist a dummer Bua›. In einigen Tagen sah ich, wie mein Vater nachdenklich wurde durch einen erhaltenen Brief, wie er dann, ohne mein Beisein nach einigen Tagen mit meiner Mutter sprach und diese dann tagelang weinte. Von dem tragischen Ereignisse, erfuhr ich erst nach Jahren.» (B 49/50 S. 9, vgl. auch B 83/84, S. 5–7)
Rudolf Steiner berichtet in diesem Zusammenhang, «daß von jenem Ereignisse ab, für den Knaben ein Leben in der Seele anfing, in welchem sich durchaus diejenigen Welten offenbaren, aus denen nicht nur die äußeren Bäume, die äußeren Berge zu der Seele des Menschen sprechen, sondern auch jene Welten, die hinter diesen sind. Und der Knabe lebte etwa von jenem Zeitpunkt an, mit den Geistern der Natur, die ja in einer solchen Gegend besonders zu beobachten sind.» (B 83/84, S. 7)

1869

«Dann wurde der Vater [Rudolf Steiners] als dieser acht bis neun Jahre alt war, an eine andere Bahnstation versetzt.» (B 83/84, S. 5) «Als ich mein achtes Lebensjahr erreicht hatte, wurde mein Vater nach Neudörfl bei Wiener-Neustadt versetzt.» (B 49/50, S. 9) Neudörfl, etwa 5 Kilometer östlich Wiener-Neustadt gelegen, gehörte zu jener Zeit innerhalb der österreichisch-ungarischen Doppelmonarchie zum Königreich Ungarn («Transleithanien»). Der Bahnhof von Neudörfl lag damals am östlichen Dorfrand. Die Hügel und Berge östlich und südlich waren bewaldet. In «den Wäldern waren Brombeeren, Himbeeren, Erdbeeren zu finden. Man konnte oft eine innige Befriedigung daran haben, durch ein anderthalbstündiges Sammeln eine schöne Zugabe zu dem Familienabendbrot hinzuzufügen, das sonst für jeden nur aus einem Butterbrot oder einem Stück Brot mit Käse bestand.» (Lg 17)

In Neudörfl kommt Rudolf Steiner in die mehrklassige Dorfschule. «Der Lehrer war entsetzt ob meines Schreibens. Ich rundete alle Buchstaben, ignorierte die Oberzeilen und schrieb alle Worte unorthographisch.» (B 49/50, S. 9) Der Unterricht wurde von dem Hilfslehrer Heinrich Gangl besorgt. Recht bald erhielt Rudolf Steiner bei diesem Hilfslehrer mit etwa zehn anderen Kindern «Extrastunden» (Lg 19f.)

1870

Bald nach dem Eintritt in die Neudörfler Schule entdeckt Rudolf Steiner in dem Zimmer des Hilfslehrers das Buch *Anfangsgründe der Geometrie* von Franz Močnik (oder das *Lehrbuch der Geometrie* desselben Autors). Er durfte sich das Buch entleihen. «Mit Enthusiasmus machte ich mich darüber her. Wochenlang war meine Seele ganz erfüllt von der Kongruenz, der Ähnlichkeit von Dreiecken, Vierecken, Vielecken; ich zergrübelte mein Denken mit der Frage, wo sich eigentlich die Parallelen schneiden; der pythagoreische Lehrsatz bezauberte mich.» «Rein im Geiste etwas erfassen zu können, das brachte mir ein inneres Glück. Ich weiß, daß ich an der Geometrie das Glück zuerst kennen gelernt habe.» (Lg 20/21)
Durch den Hilfslehrer Heinrich Gangl wird Rudolf Steiner auch zum Zeichnen veranlaßt, da er «ziemlich früh die Anlage zum Zeichnen zeigte, so nahm ihn einfach jener Lehrer, während der Zeit, wo den anderen Schülern gezeigt wurde, wie man lesen und schreiben lernt, aus dem Schulzimmer heraus, führte ihn in seine kleine Stube, und der Knabe mußte immer zeichnen». So entsteht die Kopie eines Bildes des Grafen Széchenyi. (B 83/84, S. 7, 42 u. 43) Der Lehrer, der auch Violine und Klavier spielt, vermittelt auf diese Weise «das künstlerische Element». (Lg 23)
Im Unterricht der Volksschule – eine «Bauernschule nach alter Einrichtung» – lernte man sonst nicht viel: «Es war schlechterdings unmöglich, etwas anderes zu tun, als die Seele stumpf brüten zu lassen und das Abschreiben mit den Händen fast mechanisch zu besorgen.» (Lg 20)

1871

«Fromme Leute waren damals meine Eltern nicht. Mein Vater behauptete schon in Pottschach stets, ‹Herrendienst geht vor Gottesdienst›, und entschuldigte damit, indem er sagte, sein Dienst gebe ihm zum Beten keine Zeit, daß er nie in die Kirche ging. Dennoch wurde ich in Neudörfl ‹Kirchenbub› und ein Liebling des Pfarrers, der auch meinen Vater sehr gerne hatte, obwohl er ihn nie in der Kirche sah. Dieser Pfarrer war ein ausgeprägter Charakter. Magyar vom Scheitel bis zur Sohle. Klerikaler bis aufs Messer. Er konnte predigen, daß in der kleinen Pfarrkirche alle Kirchenstühle ins Wanken kamen.» (B 49/50) «Unter den Menschen, die ich bis zu meinem zehnten oder elften Jahr kennen lernte, war er der weitaus bedeutendste.» (Lg 24)
«Auch diesem Pfarrer verdanke ich durch *einen* starken Eindruck außerordentlich viel für meine spätere Geistesorientierung. Er kam einmal in die Schule, versammelte die ‹reiferen› Schüler, zu denen er auch mich rechnete, in dem kleinen Lehrerstübchen um sich, entfaltete eine Zeichnung, die er gemacht hatte, und erklärte uns an ihr das kopernikanische Weltsystem. Er sprach dabei sehr anschaulich über die Erdbewegung um die Sonne, über die Achsendrehung, die schiefe Lage der Erdachse und über Sommer und Winter sowie über die Zonen der Erde. Ich war von der Sache ganz hingenommen, zeichnete tagelang sie nach, bekam dann von dem Pfarrer noch eine Spezialunterweisung über Sonnen- und Mondfinsternisse und richtete weiter alle meine Wißbegierde auf diesen Gegenstand.
Ich war damals etwa zehn Jahre alt und konnte noch nicht orthographisch und grammatikalisch richtig schreiben.» (Lg 26f.)
Im Dorf, unter der Dorfjugend, gilt Rudolf Steiner als ein Fremder (Lg 24); bei den ärmsten Bauern des Dorfes am Ostrand von Neudörfl «machte ich jedes Jahr die Weinlese und einmal eine Dorfhochzeit mit». (Lg 24)

Ende 1871/Anfang 1872. «Als ‹Kirchenbub› leistete ich Dienst beim Meßopfer, beim Nachmittagsgottesdienst, bei Leichenbegängnissen, bei Fronleichnamsfesten. Dieser Dienst nahm einmal ein jähes Ende. Mehrere ‹Kirchenbuben›, darunter auch ich, waren des morgens zu spät zum Ministrieren gekommen. Diese alle sollten nun in der Schule Prügel bekommen. Ich hatte eine ganz unwiderstehliche Abneigung gegen solche und wußte mich derselben zu entziehen. Ich habe dieses Entziehen immer so durchgeführt, daß ich nie Prügel bekommen habe. Mein Vater aber war so entrüstet über den Gedanken, daß ‹sein Sohn› hätte geprügelt werden sollen, daß er sagte: ‹Jetzt ist es aus mit der Kirchendienerei. Du gehst mir nimmer hin.›» (B 49/50, S. 11)

1872

September–Oktober. Die Aufnahmeprüfung in die «Bürgerschule» in Wiener-Neustadt wurde aufgrund der beim Hilfslehrer gefertigten Zeichnungen «glänzend» bestanden. Daraufhin ergreift der Vater die Initiative und führt seinen Sohn zur Aufnahmeprüfung in die «Realschule» (= Realgymnasium): «Da ging es zwar nicht so gut als vorher, aber ich wurde doch zur Aufnahme zugelassen. Es war im Oktober 1872.» (Lg 33)
Der tägliche Schulweg von fünf Kilometern wurde morgens mit der Eisenbahn zurückgelegt, den Rückweg mußte Rudolf Steiner zu Fuß bewältigen, im Winter oft durch knietiefen Schnee. Auf dem Wege überschritt er täglich den Fluß Leitha, der die Grenze zwischen Österreich und Ungarn bildete.
November. Rudolf Steiner erlebt die Erregung, die mit dem vorausgesagten Erscheinen des Bielaschen Kometen verbunden ist: Weltuntergangsängste; er erlebt in den Nächten vom 27. und 28. November «den wunderschönen herrlichen Meteorregen, der wie ein nächtliches Feuer in vielen versprühenden Fünkchen auf die Erde herunterfiel». (GA 354, 20.9. 1924)

Zur Schulzeit allgemein. Rudolf Steiners Zeit an der Real- und Oberrealschule in Wiener-Neustadt (Oktober 1872–Juni 1879) stand noch unter der Nachwirkung der Reformen des Grafen Leo von Thun, der «mit Außerachtlassung seiner persönlichen Meinungen und seines klerikalen Standpunktes, es sich angelegen sein ließ, das höhere Unterrichtswesen dadurch zu heben, daß er die Individualität, wo er sie finden konnte heranzog». (KuZ 124) Die «besseren Lehrer der österreichischen Realschule, die dazumal im wirklich modernsten Sinne eingerichtet wurde», orientierten sich am modernen naturwissenschaftlichen Denken. (GA 185, 1. 11. 1918)
Im einzelnen ist die Situation in Wiener-Neustadt jedoch sehr differenziert. Der Religionslehrer war «ein sehr gemütlicher Mann», der nicht geeignet war, die Kinder zu «Frömmlingen zu erziehen», er ließ aus dem Buch auswendig lernen, «man wußte nicht, was drinnensteht, man sagte es auf». (A. a. O.)
Die Sprachlehrer: «Wir hatten zwei Karmeliter, von denen der eine uns Französisch, der andere Englisch beibringen sollte. Der für Englisch besonders konnte vor allen Dingen kaum ein englisches Wort, nun, jedenfalls nicht einen Satz sprechen.» (A. a. O.)

«In der Naturgeschichte hatten wir einen Mann, der verstand wirklich von Gott und der Welt gar nichts.» (A. a. O.)
«Aber wir hatten ausgezeichnete Lehrer auf dem Gebiete der Mathematik, Physik, Chemie, vor allen Dingen auf dem Gebiete der darstellenden Geometrie.» (A. a. O.)
In einem Brief aus dem Jahre 1896 schreibt Rudolf Steiner im Rückblick auf diese Schulzeit: «... ich habe Dir ... doch manchmal von meiner schweren Zeit in den Jahren erzählt, wo ich elf bis siebzehn Jahre alt war. Das gab reichlich Gelegenheit, gerade meine Gesundheit abzuhärten.» (Bf II, Nr. 447)

1873

Als Jahresbericht der Landesoberrealschule Wiener-Neustadt erscheint von HEINRICH SCHRAMM, dem Schuldirektor, *Die Anziehungskraft betrachtet als eine Wirkung der Bewegung*. Der zwölfjährige Rudolf Steiner begegnet hier zum ersten Mal einer Darstellung, die auf einer Atomtheorie beruhte. Weil er die Arbeit zunächst nicht verstehen kann, bemüht er sich durch Selbststudium, die Voraussetzungen zum Verständnis der Schrift zu erwerben. «Es entstand nun ein Streben in dem Knaben, möglichst bald soviel von Mathematik zu kennen, um diese Ideen durchdringen zu können.» Er erwirbt von HEINRICH SCHRAMM *Die allgemeine Bewegung der Materie als Grundursache aller Naturerscheinungen* (Wien 1872) und später die Werke von HEINRICH BORCHERT LÜBSEN zum Selbstunterricht in höherer Mathematik. (Lg 34 ff.) Diese Studien dürften sich mindestens bis ins Jahr 1875 hingezogen haben.
Im übrigen ging «was in der Schule vorgebracht wurde und was ich da selbst zu tun hatte» «ohne ein lebhaftes Interesse an meiner Seele zunächst vorüber. Ich hatte in den ersten beiden Klassen viel Mühe, mitzukommen. Erst im zweiten Halbjahr der zweiten [also 1874] ging es besser. Da war ich erst ein ‹guter Schüler› geworden. Ich hatte ein mich stark beherrschendes Bedürfnis. Ich sehnte mich nach Menschen, denen ich wie Vorbildern menschlich nachleben konnte. Solche fanden sich unter den Lehrern der ersten beiden Klassen nicht.» (Lg 34)
Ein Mitschüler berichtet: «Zum ersten Mal wurde ich in der Klasse I b auf ihn in einer Deutschstunde bei dem einäugigen, sehr genauen und tüchtigen Prof. FRANZ SCHUBERT aufmerksam. Wir lasen ein Lesestück, und Schubert übte mit uns die Haupt- und Nebensätze. Das war aber Rudolf Steiner zu langweilig; denn auf einmal ertönte Schuberts zorniger Ausruf, als er plötzlich beim Rundgang bei Rudolf Steiner Halt machte, daß wir alle erschreckt hinsahen (Schubert hatte die Hände vor dem Bauch gekreuzt, in der einen das Lesebuch, und schrie): ‹Der Mensch liest!!! Rückwärts im Lesebuch liest er die Märchen› und donnerte das Lesebuch auf die Bank und schrie weiter: ‹Ist das ein Volk! Nachsitzen heute eine Stunde und zur Strafe hundertmal abschreiben ...› Rudolf Steiner sagte, er könne nicht nachsitzen, denn er dürfe den Zug nicht versäumen, er fahre alle Tage nach Neudörfl, wo sein Vater Stationschef der ungarischen Südbahn wäre; der würde sich sonst ängstigen.

Schubert sagte nichts, warf aber wütende Blicke auf ihn und prüfte ihn von da an jede Stunde.» (Pliwa nach C. S. Picht, vgl. C. S. Picht, *Gesammelte Aufsätze, Briefe und Fragmente*, S. 38 f.)

1874

Ostern. Rudolf Steiner erlebt den Gründungsparteitag der sozialdemokratischen Partei Österreichs in Neudörfl: «Ich bin ja eigentlich selber aus proletarischen Kreisen hervorgegangen, und ich weiß mich noch heute zu erinnern, wie ich als Kind zum Fenster herausgesehen habe, als die ersten österreichischen Sozialdemokraten in großen Demokratenhüten vorbeigingen, um die erste österreichische Versammlung im benachbarten freien Walde abzuhalten. Es waren zum größten Teil Bergarbeiter. Von da an konnte ich eigentlich alles miterleben, was sich innerhalb der sozialistischen Bewegung abgespielt hat.» (GA 330/331, 22.4. 1919, Schlußwort)
Herbst. Rudolf Steiner kommt in die 3. Klasse, er wird «Vorzugsschüler». Laurenz Jelinek wird sein Klassenlehrer. Rudolf Steiner beschreibt ihn in *Mein Lebensgang:* «In der dritten Klasse erhielt ich einen Lehrer, der wirklich das Ideal erfüllte, das vor meiner Seele stand. Ihm konnte ich nachstreben. Er unterrichtete Rechnen, Geometrie und Physik. Sein Unterricht war von einer außerordentlichen Geordnetheit und Durchsichtigkeit. Er baute alles so klar aus den Elementen auf, daß es dem Denken im höchsten Grade wohltätig war, ihm zu folgen.» (Lg 36)

1875

1875 wurde in Österreich die Einführung des metrischen Systems vorbereitet, das vom 1. 1. 1876 an alleingültig war. «Es war die Zeit, von der jetzt die Rede ist, gerade die, in welcher in Österreich eingeführt wurde anstelle des alten Zoll-, Fuß-, Pfund- und Zentner-Systems das neue metrische Maß- und Gewichtssystem. ... Und den ganzen Enthusiasmus erlebte der Knabe mit, der sich abspielte in allen Verhältnissen, als man aufhörte, in der bisherigen Weise mit Fuß und Pfunden und Zentnern zu rechnen und nun anfing, Meter und Kilogramm an ihre Stelle zu setzen. Und das gelesenste Buch, welches er immer in der Tasche hatte, war das heute schon vergessene über das neue Maß- und Gewichtssystem. Und schnell wußte der Knabe herzusagen, wieviel eine Anzahl von Pfunden ausmachten in Kilogramm und wieviel eine Anzahl Fuß in Metern, denn darüber waren lange Tabellen in dem Buch enthalten.» (B 83/84, S. 12)
Im Laufe der 3. Klasse findet Rudolf Steiner auch zu einem positiven Verhältnis zu seinem Geometrie-Lehrer, der bereits in der 2. Klasse unterrichtete. Es war Georg Kosak (1836–1914): «Er war ein großartiger Konstrukteur. Auch sein Unterricht war von musterhafter Klarheit und Geordnetheit. Das Zeichnen mit Zirkel, Lineal und Dreieck wurde mir durch ihn zu einer Lieblingsbeschäftigung.» (Lg 37) Kosak hatte auf rein konstruktive Weise gefunden, daß der Kreis der geometrische Ort des konstanten Quotienten ist. Da das niemand vor ihm auf konstruktivem Wege gefunden hatte, hielt er sich für den Entdecker der Sache: «Wir Buben wußten – in unserem analytischen Buch stand das ja drinnen – daß man eine solche Gleichung aufstellt und den Kreis bekommt. Und wir haben natürlich den Anlaß genommen, den Kreis nicht mehr Kreis zu nennen.» Und so nannten die Schüler den Kreis die «Georg Kosak-Linie» (GA 235, 23. 3. 1924)

Herbst. «Ein anderes Ereignis beeinflußte tief mein Leben. Die mathematischen Bücher, die Lübsen [Heinrich Borchert Lübsen] zum Selbstunterricht geschrieben hatte, wurden mir bekannt. Da konnte ich analytische Geometrie, Trigonometrie und auch Differential- und Integralrechnung mir aneignen, lange bevor ich sie schulmäßig lernte. Das setzte mich in den Stand, zu der Lektüre der Bücher über *Die allgemeine Bewegung der Materie als Grundursache aller Naturerscheinungen* wieder zurückzukehren.» (Lg 42)

1876

Äußere Verhältnisse. Ein Mitschüler berichtet: «Dadurch, daß Rudolf Steiner sämtliche sieben Jahre [seiner Schulzeit an der Realschule] niemals abends in Wiener-Neustadt war, mit uns also niemals am Glacis oder sonstwo spazieren ging, war er für uns als Kamerad eigentlich gestrichen. Tatsächlich wurde er bei allen losen Streichen, die wir anderen ausheckten und wofür wir bestraft wurden, stets selbstverständlich überhaupt nicht genannt.» (Pliwa nach C. S. Picht, *Gesammelte Aufsätze,* S. 37f.)

Im Sommer besucht dieser Mitschüler (Albert Pliwa) auf dem Nachhauseweg von Sauerbrunn Rudolf Steiner in Neudörfl: «Auf dem Nachhauseweg ging ich über Neudörfl und zu Rudolf Steiner hinauf. Er wohnte im I. Stock des Stationsgebäudes. Ich lernte dort seinen Vater kennen, einen ruhigen, verständigen Mann mit ergrautem Schnurrbart, und seine Mutter, eine magere große Frau mit starken Backenknochen und gelbem Gesicht.» (A. a. O. S. 41 f.) In den Sommerferien lernte Rudolf Steiner durch einen Gehilfen des Vaters Buchbinden. Ferner brachte er sich Stenographie im Selbstunterricht bei. Sein Mitschüler berichtet: «Rudolf Steiner war ein leidenschaftlicher Stenograph. Er schrieb, um es dahin zu bringen, jedem Vortragenden mit Stenographie folgen zu können, alle Vorträge mit, und brachte es wirklich dahin, jedem Redner nachfolgen zu können.» (A. a. O. S. 41)
Herbst. «Von meinem fünfzehnten Lebensjahr an gab ich Nachhilfestunden, entweder an Mitschüler desselben Jahrganges oder an Schüler, die in einem niedrigeren Jahrgange waren als ich selbst. Man vermittelte mir von Seiten des Lehrerkollegiums gerne diesen Nachhilfeunterricht, denn ich galt ja als ‹guter Schüler›. Und mir war dadurch die Möglichkeit geboten, wenigstens ein Geringes zu dem beizusteuern, was meine Eltern von ihrem kärglichen Einkommen für meine Ausbildung aufwenden mußten.» (Lg 44)
«Indem ich den aufgenommenen Unterrichtsstoff an Andere weiterzugeben hatte, erwachte ich gewissermaßen für ihn.» (A. a. O.)
1876/77. «Als ich etwa fünfzehn Jahre alt war, durfte ich zu dem schon erwähnten Arzte in Wiener-Neustadt [dem Bahnarzt Dr. med. Carl Hickel] in ein näheres Verhältnis treten. Ich hatte ihn durch die Art, wie er bei seinen Neudörfler Besuchen mit mir sprach, sehr lieb gewonnen. So schlich ich

mich denn öfter an seiner Wohnung, die in einem Erdgeschosse an der Ecke zweier ganz schmaler Gäßchen in Wiener-Neustadt lag, vorbei [Ecke Frauengasse/Pfarrplatz]. Einmal war er am Fenster. Er rief mich in sein Zimmer. Da stand ich vor einer für meine damaligen Begriffe ‹großen› Bibliothek. Er sprach wieder von Literatur, nahm dann Lessings Minna von Barnhelm aus der Büchersammlung und sagte, das solle ich lesen und dann wiederkommen. So gab er mir immer wieder Bücher zum Lesen und erlaubte mir von Zeit zu Zeit, zu ihm zu gehen. Ich mußte ihm dann jedesmal, wenn ich ihn besuchen durfte, von meinen Eindrücken aus dem Gelesenen erzählen. Er wurde dadurch eigentlich mein Lehrer in dichterischer Literatur.» (Lg 41 f.)

1877

Mai. In Reclams «Universal-Bibliothek» erscheint eine wohlfeile Ausgabe der *Kritik der reinen Vernunft* von Kant. Schon in den ersten Realschuljahren blieb Rudolf Steiner «oft» vor den Buchhandlungen Wiener-Neustadts «lange stehen» (Lg 34). «Da ging ich einmal an einer Buchhandlung vorbei. Im Schaufenster sah ich Kants *Kritik der reinen Vernunft* in Reclams Ausgabe. Ich tat alles, um mir dies Buch so schnell wie möglich zu kaufen.» Rudolf Steiner wußte damals noch nichts von der Stellung Kants in der Philosophiegeschichte, er strebte auf seine «knabenhafte Art danach, zu verstehen, was menschliche Vernunft für einen wirklichen Einblick in das Wesen der Dinge zu leisten vermag.» (Lg 38)

Rudolf Steiner zerlegt die Kant-Ausgabe und heftet die einzelnen Bögen in sein Geschichtsbuch. So studiert Steiner Kant, während der Lehrer den Unterricht damit bestreitet, aus dem Geschichtsbuch vorzulesen. In den Sommerferien wird die Kant-Lektüre fortgesetzt: «Wo und wann ich meine Ferienspaziergänge machte: ich mußte mich irgendwo still hinsetzen und mir immer von neuem zurechtlegen, wie man von einfachen, überschaubaren Begriffen zur Vorstellung über die Naturerscheinungen kommt.» (Lg 39)

Herbst. «In einem Antiquariat in Wiener-Neustadt entdeckte ich eines Tages in jener Zeit die Weltgeschichte von Rotteck. Geschichte war meiner Seele vorher, trotzdem ich in der Schule die besten Noten bekam, etwas Äußerliches geblieben. Jetzt wurde sie mir etwas Innerliches. Die Wärme, mit der Rotteck die geschichtlichen Ereignisse ergriff und schilderte, riß mich hin. Seinen einseitigen Sinn in der Auffassung bemerkte ich noch nicht.» (Lg 43 f.)

Winter 1877/78. Im Elternhause verfolgt Rudolf Steiner die Debatten zwischen seinem Vater und dessen Gehilfen Balus über den russisch-türkischen Krieg. (Lg 49)

1878

Lehrer in deutscher Sprache und Literatur ist in den obersten Klassen Dr. JOSEPH MAYER. Joseph Mayer veröffentlicht im Jahresbericht 1878 der Oberrealschule den Aufsatz *Die Bilderlehre vom Standpunkt der Logik und Psychologie.* Rudolf Steiner bemerkt – wohl bereits im Unterricht – die Orientierung Joseph Mayers an der Philosophie Herbarts. Er erwirbt von GUSTAV ADOLF LINDNER, einem Herbart-Schüler, das *Lehrbuch der empirischen Psychologie* (Wien 1858) und *Einleitung in das Studium der Philosophie* (Wien 1866). So entsteht ein etwas gespanntes Verhältnis zu dem Deutsch-Lehrer: «Jetzt begann eine Art Versteckspiel zwischen diesem Lehrer und mir durch die Aufsätze. Ich fing an, manches bei ihm zu verstehen, was er in der Färbung der Herbartschen Philosophie vorbrachte; und er fand in meinen Aufsätzen allerlei Ideen, die auch aus dieser Ecke kamen. Es wurde nur weder von ihm noch von mir der Herbartsche Ursprung genannt. Das war wie ein stilles Übereinkommen.» (Lg 46)
Wohl in der letzten (7.) Klasse, im Schuljahr 1878/79 kommt es zu einem Disput über den Begriff ‹psychologische Freiheit›, der damit schließt, daß Joseph Mayer zu Rudolf Steiner sagt: «Ich bemerke schon lange an Ihren Aufsätzen, daß Sie eine philosophische Bibliothek haben. Ich möchte Ihnen raten, darin nicht zu lesen; Sie verwirren sich dadurch nur Ihre Gedanken.» Steiner bemerkt dazu: «Ich konnte nun durchaus nicht begreifen, warum ich meine Gedanken durch Lesen derselben Bücher verwirren sollte, aus denen er die seinigen hatte. Und so blieb denn das Verhältnis zwischen ihm und mir weiter ein gespanntes.» (Lg 47)
Herbst. ALBERT LÖGER übernimmt den Geschichtsunterricht in der Abschlußklasse. Er fesselt durch seinen Geschichtsunterricht: «Er war für uns eine Persönlichkeit aus dem Vollen heraus. Er war Parteimann, ganz begeistert für die fortschrittlichen Ideen der damaligen österreichischen liberalen Richtung. Aber in der Schule bemerkte man davon gar nichts. Aber sein Geschichtsunterricht hatte durch seinen Anteil am Leben selbst starkes Leben.» (Lg 48 f.) – Rudolf Steiner blieb diesem Lehrer über die Schulzeit hinaus verbunden.

1879

Im Jahresbericht der Oberrealschule erscheint der Aufsatz *Die Eiszeit während der Diluvialperiode und ihre Ursachen* von FRANZ KOFLER. Kofler war der Geschichtslehrer, während dessen Unterricht Steiner Kant gelesen hatte. Sein Geographieunterricht und seine Darstellung des Eiszeitproblems jedoch erregen ein bleibendes Interesse für das Eiszeitproblem und für die Alpengeographie. (Lg 48)

Anfang Juli. Mündliche Maturitätsprüfung. Rudolf Steiner besteht mit Auszeichnung. In der mündlichen Prüfung in Physik muß er das Funktionieren des Telephons erklären, das damals die allererste Verbreitung gefunden hatte. (B 83/84, S. 16).

5. Juli. «Valet» Abschiedfeier der Schule. JOSEPH MAYER zu Rudolf Steiner: «Sie waren mein stärkster Phraseur, ich fürchtete mich immer schon, wenn Ihr Heft kam.» (B 83/84, S. 16)

Etwa Anfang August. Der Vater wird, gemäß einer Absprache mit der Südbahn-Direktion, an den Bahnhof Inzersdorf bei Wien versetzt, damit Rudolf Steiner von dort aus die Hochschule besuchen kann. Auf seinen Briefen gibt Rudolf Steiner nicht Inzersdorf, sondern Oberlaa, das vom Bahnhof Inzersdorf etwa 2 Kilometer entfernt ist, als Absender an. Die Familie Steiner dürfte also in Oberlaa gewohnt haben.

«Mein erster Besuch in Wien nach Ankunft in Inzersdorf wurde dazu benutzt, mir eine größere Anzahl philosophischer Bücher zu kaufen.» (Lg 51)

«Es war in der Ferienzeit, die auf das Abiturientenexamen folgte, und da stellte sich wirklich eine tiefe Sehnsucht nach der Lösung philosophischer Fragen ein. Um diese zu stillen, gab es nur eine Möglichkeit. Man hatte in den Jahren eine Anzahl von Schulbüchern aufgestapelt, die trug man nun zum Antiquar und bekam dafür ein nettes Sümmchen. Das wurde sofort umgetauscht in philosophische Bücher.» (B 83/84, S. 17)

Von Kant: *Versuch, den Begriff der negativen Größen in die Weltweisheit einzuführen* und *Träume eines Geistersehers, erläutert durch Träume der Metaphysik.*

Von Fichte: *Grundlage der gesamten Wissenschaftslehre* (1794), *Über die Bestimmung des Gelehrten, Über das Wesen des Gelehrten,* ferner werden Schriften von Schelling und Hegel, Wilhelm Traugott Krugs *Fundamentalphilosophie*

(1803), C. A. Thilos *Geschichte der Philosophie,* Karl Leonhard Reinhold und auch Charles Darwin genannt. (A. a. O.)

August–Oktober. Rudolf Steiner widmet sich ganz philosophischen Studien, vor allem Fichtes Wissenschaftslehre. Er bemüht sich, die Wissenschaftslehre umzuschreiben. Dabei steht der Gegensatz von Geist und Natur vor seiner inneren Anschauung. Er bemüht sich, einen Weg vom «Ich» zur Natur zu finden: «Die Natur wollte aber in die erlebte Geistwelt nicht hinein.» (Lg 52) Im Nachlaß hat sich dieses Manuskript gefunden, das genau an der Stelle, wo der Weg vom «Ich» zum «Nicht-Ich» gesucht wird, abbricht.

In dem Manuskript heißt es unter anderem:

«Die Quelle der Gewißheit und somit auch der Wissenschaftslehre ist die erkennende Person.» «Die Wissenschaftslehre kümmert sich nicht nach dem Was der Erkenntnisse, sie handelt nur von dem Wie derselben.» (B 30, S. 29) «Das Ich ist in aller Mannigfaltigkeit von Anschauungen, Erkenntnissen u. s. f. jener Brennpunkt, welchen zu ergreifen unmöglich ist, da er immer und immer nach rückwärts entschlüpft, wenn wir ihn ins Auge fassen wollen.» (B 30, S. 30) «Das reine Ich ist weder, noch ist es irgend etwas im strengsten Sinne des Wortes. Sein ganzes ergreifbares Wesen ist gegeben durch sein Tätigsein, wir können nicht wissen was es ist, sondern nur was es tut.» (B 30, S. 31)

Studienzeit 1879–1883. Im Oktober 1879 beginnt Rudolf Steiner das Studium an der Technischen Hochschule in Wien. Als Absolvent einer Oberrealschule konnte er die Universität, die eine Gymnasialbildung mit Griechisch und Latein voraussetzt, nicht besuchen. Seine Studienfächer waren: Mathematik, Physik, Botanik, Zoologie und Chemie mit dem Ziel, «auf das Realschullehramt hinzuarbeiten». Rudolf Steiner verzichtet auf das Studium der darstellenden Geometrie, weil ihm die dafür erforderlichen Übstunden keine Zeit für das Erteilen von Privatstunden gelassen hätten.

Wahrscheinlich ist es der Initiative des Vaters zu verdanken, daß Rudolf Steiner für sein Studium ein von Karl Ritter von Ghega, dem Erbauer der Semmeringbahn, gestiftetes Stipendium von 300 Gulden jährlich erhielt. 300 Gulden waren damals 600 (Gold-)Mark. Ein für damalige Verhältnisse keineswegs geringer Betrag, dessen Kaufkraft angesichts der völlig anderen wirtschaftlichen Verhältnisse allerdings nur schwer darzustellen ist. Mit dem Stipendium war die Verpflichtung verbunden, jährlich eine größere Anzahl von Prüfungen abzulegen, durch die ein erfolgreiches Studium nachgewiesen wurde.

Akademische Lehrer an der Technischen Hochschule: An erster Stelle nennt Rudolf Steiner immer wieder Karl Julius Schröer (1825–1900). Karl Julius

Schröer war Sprach- und Goetheforscher. Als Sprachforscher hatte er die Mundarten deutscher Sprachinseln im Donauraum beschrieben, als Goetheforscher und Literaturhistoriker hatte er sich besonders den Dramen Goethes zugewandt und sie in kommentierten Ausgaben herausgegeben. (Eine ausführliche Würdigung Schröers findet man in *Vom Menschenrätsel*, S. 88–98, ferner GA 274, GA 65, 10. 2. 1916 und GA 238, 23. 9. 1924.)

EDMUND REITLINGER (1830–1882) ist der zweite von Rudolf Steiner in seiner Autobiographie genannte akademische Lehrer. Reitlinger war Physiker und Kenner der Geschichte der Physik. Rudolf Steiner hört bei ihm *Geschichte der Physik* und *Mechanische Wärmetheorie* und *Physik für Chemiker*. Reitlinger hat ein populärwissenschaftliches Buch *Freie Blicke* verfaßt.

Ansonsten erwähnt Rudolf Steiner von den Professoren an der Technischen Hochschule nur noch HEINRICH FERSTEL, den Erbauer der Votivkirche in Wien und JOSEPH BAYER, bei dem er Vorlesungen über die *Compositionsgesetze der bildenden Künste* hört. (GA 286, 7. 6. 1914) Die übrigen Professoren, bei denen er Vorlesungen an der Technischen Hochschule hört, erwähnt er nicht. Es waren dies die Professoren BAUER (Chemie), HUGO FRANZ BRACHELLI (Staatsrecht), DITSCHEINER (Mathematische Physik), FERDINAND HOCHSTETTER (Mineralogie und Geologie), JOSEPH KOLBE (Mathematik), KORNHUBER (Biologie/Zoologie), V. PIERRE (Physik), SIMON SPITZER (Mathematik), FRANZ TOULA (Mineralogie/Geologie), WINKLER (Mathematik).

An der Wiener Universität hört Rudolf Steiner Vorlesungen bei ROBERT ZIMMERMANN (1824–1898) über *Praktische Philosophie* und Ästhetik. In seiner Studentenzeit hat Rudolf Steiner Zimmermann nicht besonders hoch geschätzt, noch 1913 spricht Steiner von dem «sonst geistvollen, aber auf dem Katheder unerträglichen Robert Zimmermann».

FRANZ BRENTANO (1838–1917). Auch von Brentano sagt Steiner 1913, daß seine *Psychologie* damals «nicht einen so starken Eindruck» auf ihn gemacht habe, noch im Jahre 1900 nennt er ihn einen «geistreichen Poseur». (Meth 423) 1917 jedoch widmet er ihm in *Von Seelenrätseln* einen gewichtigen Nachruf und knüpft in vielen Vorträgen an Brentano an.

OTTOKAR LORENZ (1832–1904), Professor für Geschichte und ein freisinniger Denker, erweckt hingegen Steiners Bewunderung. Es kommt später, als Lorenz Professor in Jena und Steiner in Weimar am Goethe-Archiv ist, zu wiederholten Begegnungen und Gesprächen über Goethes Rolle in der Weimarer Politik.

RUDOLF VON IHERING (1818–1892). 1905 berichtet Rudolf Steiner: «Wer das Glück gehabt hat, einem Vortrage Iherings einmal beizuwohnen, der weiß, welche eindringliche Sprache dieser Rechtslehrer gesprochen hat. Ich weiß mich noch zu erinnern, wie es vorkam, daß Ihering in einer Stunde sagte: ‹Ich habe das letzte Mal über diese oder jene Frage gesprochen; ich habe mir die

Sache noch einmal überlegt und muß noch folgende wesentliche Veränderungen mitteilen.›» (GA 53, 18. 5. 1905)

ERICH SCHMIDT (1853–1913). Rudolf Steiner erwähnt des öfteren Schmidts Antrittsvorlesung als Germanist an der Wiener Universität über Lessing («ich habe Sie in einen Wald von Fragezeichen hineingeführt») – aus dem Briefwechsel mit RONSPERGER geht hervor, daß er Schmidts Vorlesungen besucht hat.

LEO KÖNIGSBERGER (1837–1921) Vorlesungen über Mathematik. (Vgl. GA 174b, 17. 5. 1917)

Es muß angenommen werden, daß Rudolf Steiner noch weitere Vorlesungen an der Wiener Universität und in der Wiener Akademie der Wissenschaften gehört hat. So erwähnt er mehrfach ERNST MACHS Vortrag *Über die ökonomische Natur der physikalischen Forschung* und bemerkt: «Es bestand aber damals an den Wiener Hochschulen die Möglichkeit, als Hospitant Vorlesungen, ja auch Übungen mitzumachen. Ich fand überall Entgegenkommen, wenn ich in dieser Art das wissenschaftliche Leben pflegen wollte, bis in das Medizinische hinein.» (Lg 65 f.)

Im Laufe seiner Studentenzeit schließt Rudolf Steiner einige Freundschaften, die er in seiner Autobiographie «Mein Lebensgang» ohne den Namen der Freunde zu nennen beschreibt. Die meisten dieser Freunde besuchen auch Karl Julius Schröers Übungen im mündlichen Vortrag und schriftlicher Darstellung. Besonders zu erwähnen sind:

MORIZ ZITTER (Hermannstadt, Siebenbürgen 1861–1921 Wien). Zitter begegnete Steiner in den Übungen bei Schröer in einem Disput über den Pessimismus. Aus diesem Disput wurde eine Freundschaft für das ganze Leben. Moriz Zitter zeichnet zeitweilig neben Rudolf Steiner und Otto Erich Hartleben als Herausgeber des *Magazins für Literatur*. Um das Jahr 1900 teilt Zitter die Existenzsorgen seines Freundes und setzt sich verschiedentlich für ihn ein. Er schreibt u. a. einen Brief an Haeckel, in dem er Haeckel bittet, Rudolf Steiner eine Privatdozentur zu vermitteln. Moriz Zitter und ROSA MAYREDER (s. 1890) ist die erste Auflage des Buches *Das Christentum als mystische Tatsache*... gewidmet. (Weiteres Lg 78 ff. u. 187 ff.)

EMIL SCHÖNAICH (Troppau 1860–1899). Rudolf Steiner beschreibt ihn als Wagner-begeisterten und idealistischen Jüngling. Schönaich geht bereits im Jahre 1881 nach Troppau, wo er als Redakteur an der *Freien Schlesischen Presse* arbeitet. In diesem Blatte erscheinen die ersten, bis heute nicht wieder aufgefundenen Aufsätze Rudolf Steiners. (Weiteres Lg 73 ff. und B 51/52, S. 44 ff.)

RUDOLF RONSPERGER (1862–1900). Rudolf Steiner lernt Rudolf Ronsperger im Winter 1880/81 kennen. Im Sommer 1881 kommt es zu einem lebhaften Briefwechsel zwischen beiden Freunden. Rudolf Steiner berät Ronsperger bei seinen dichterischen Versuchen. Nach dem Selbstmord Ronspergers schreibt Rudolf Steiner im *Magazin für Literatur* einen Nachruf *Ein Denkmal* (6. Oktober 1900, jetzt: KuZ 360 ff.), in dem er das Schicksal Ronspergers im Zusammenhang mit der inneren Situation Österreichs in den 80er Jahren schildert.

JOSEF KÖCK (gest. Salzburg 1918). Es haben sich Teile des Briefwechsels mit Josef Köck erhalten, aus denen hervorgeht, daß auch Köck dichterische Versuche unternahm. Köck gehört in der zweiten Hälfte der 80er Jahre auch zum Freundeskreis von WALTER FEHR und Rudolf Steiner. (Weiteres Lg 81 ff. und B 55, S. 15–22)

RUDOLF SCHOBER (geb. ca. 1862), Mitschüler Rudolf Steiners in Wiener-Neustadt. Rudolf Schober ist bis zu Steiners Weggang nach Weimar häufig mit ihm zusammen. Schober überlebt Rudolf Steiner und kann nach dem Tode Rudolf Steiners über die Wiener Zeit berichten. (Lg 83 ff.)

Während der Studentenzeit beginnt Rudolf Steiner rege politische Interessen zu entfalten. Das zeigt sich einerseits darin, daß er Mitglied eines durchaus politischen Studentenvereins, der «Deutschen Lesehalle an der Technischen Hochschule» wird und in diesem Verein zunächst zum Kassierer und Bibliothekar und dann für ein Semester zum Vorsitzenden gewählt wird (vgl. 1881). Zum anderen verfolgt Rudolf Steiner als Beobachter und Zuhörer von der Galerie des österreichischen Abgeordneten- und Herrenhauses manche Parlamentsdebatte. Vor allem beeindrucken ihn dort der Philosoph und Hauptbudgetredner BARTHOLOMÄUS CARNERI (vgl. Lg 87 und Meth 452–461) und OTTO HAUSNER (vgl. Lg 88 und GA 236, 6. 4. 1924), ferner erwähnt er den liberalen «Deutschösterreicher» ERNST VON PLENER, den Ruthenen THOMASCZUCK, den Klerikalen LIENBACHER und den Führer der «Alttschechen» FRANZ RIEGER wie auch den «Jungtschechen» JULIUS GREGR.

1880

Im ersten Semester seines Studiums hört Rudolf Steiner unter anderem: *Schillers Leben und Werke* bei KARL JULIUS SCHRÖER; Analytische Geometrie bei R. STAUDINGER und legt am 13. März eine Prüfung ab, die er mit der Note «vorzüglich» besteht; Geologie bei KORNHUBER, auch bei Kornhuber legt er am 13. März eine Prüfung mit dem Resultat «vorzüglich» ab.
Im zweiten Semester seines Studiums hört Rudolf Steiner unter anderem: Geschichte der deutschen Dichtung seit Goethe bei Karl Julius Schröer, Prüfung am 26. Juni, Ergebnis: «vorzüglich»; Mineralogie bei HOCHSTETTER, Prüfung am 5. Juli, Ergebnis: «vorzüglich»; Staatsrecht bei BRACHELLI, Prüfung am 5. Juli, Ergebnis: «vorzüglich»; Botanik bei BAUER, Prüfung am 10. Juli, Ergebnis: «gut»; Mathematik bei JOSEF KOLBE, Prüfung am 15. Juli, Ergebnis: «sehr gut»; Zoologie bei Bauer, Prüfung am 17. Juli, Ergebnis: «gut».
Schon «im ersten Jahr des Hochschulstudiums» – mutmaßlich im Sommersemester – begegnet Rudolf Steiner «durch eine merkwürdige Verkettung von Umständen» (B 83/84, S. 17) dem «Dürrkräutler» (Heilkräutersammler) FELIX KOGUZKI. (Wien 1833–1909 Trumau) «Wenn man mit ihm zusammen war, konnte man tiefe Blicke in die Geheimnisse der Natur tun. Er trug auf dem Rücken ein Bündel Heilkräuter und verkaufte sie in Wien an Apotheken; aber in seinem Herzen trug er die Ergebnisse, die er aus der Geistigkeit der Natur bei seinem Sammeln gewonnen hatte.» (Lg 60 ff.; ausführliche Darstellung bei: EMIL BOCK, *Rudolf Steiner – Studien zu seinem Lebensgang,* Stuttgart, 1961, S. 15–38)

Oktober. Beginn des dritten Semesters des Studiums (zweites Hochschuljahr).
8. Oktober. Rudolf Steiner hört die Rektoratsrede HEINRICH VON FERSTEL (Professor für Baukunst an der Technischen Hochschule). Aus dieser Rede zitiert Rudolf Steiner öfters den Satz, «daß Baustile überhaupt nicht erfunden werden können».
In den Übungen in mündlicher Rede und schriftlicher Darstellung bei Schröer spricht Rudolf Steiner – mutmaßlich in den ersten vier Semestern – über: Die Bedeutung Lessings, besonders über den Laokoon; Kant und zwar

vorzugsweise über das Problem der Freiheit; Herbart und besonders über die Ethik Herbarts; «der vierte Vortrag handelte vom Pessimismus» und war als eine Widerlegung eines Vortrags von Moriz Zitter gedacht.
Seine Lektüre bilden: Goethe *Faust I*; Herbart *Metaphysik*; Robert Zimmermann *Ästhetik als Formwissenschaft*; Ernst Haeckel *Generelle Morphologie*.

1881

Das offizielle Studium an der Technischen Hochschule wird fortgesetzt. Im Wintersemester 1880/81 belegt Rudolf Steiner u. a. Integration linearer Differentialgleichungen bei Josef Kolbe (?) oder bei Spitzer, Zwischenprüfung 20. oder 23. März «vorzüglich», Geschichte der Physik bei Edmund Reitlinger, Zwischenprüfung 18. März, «vorzüglich».

10./11. Januar. «Es war die Nacht vom 10. auf den 11. Januar, in der ich keinen Augenblick schlief. Ich hatte mich bis ½1 Uhr mitternachts mit einzelnen philosophischen Problemen beschäftig, und da warf ich mich endlich auf mein Lager; mein Bestreben war voriges Jahr, zu erforschen, ob es denn wahr wäre, was Schelling sagt: ‹Uns allen wohnt ein geheimes, wunderbares Vermögen bei, uns aus dem Wechsel der Zeit in unser innerstes, von allem was von außen hinzukam, entkleidetes Selbst zurückzuziehen und da unter der Form der Unwandelbarkeit das Ewige in uns anzuschauen.› Ich glaubte und glaube nun noch, jenes innerste Vermögen ganz klar in mir entdeckt zu haben – geahnt habe ich es ja schon längst –; die ganze idealistische Philosophie steht nun in einer wesentlich modifizierten Gestalt vor mir; was ist eine schlaflose Nacht gegen einen solchen Fund!»

13. Januar. Brief an Josef Köck, in dem er das obige Erlebnis berichtet. In dem Briefe ein deutliches Bekenntnis zu Karl Julius Schröer: «Ich danke es Gott und einem guten Geschicke, daß ich hier in Wien einen Mann kennenlernte, der – nach Goethe selbstverständlich – sich als der beste Faustkenner rühmen darf, einen Mann, den ich hochschätze und verehre als Lehrer, als Gelehrten, als Dichter, als Menschen.» – Ferner bringt Rudolf Steiner in diesem Brief seine Ablehnung Heinrich Heines zum Ausdruck. (BfI, Nr. 1)

Frühjahr. Möglicherweise in dieser Zeit Tätigkeit als ehrenamtlicher Bibliothekar in der «Deutschen Lesehalle». Rudolf Steiner schreibt zahlreiche «Pumpbriefe» an Verfasser wichtiger Bücher, so an Johannes Volkelt, Richard Falkenberg, Hermann Helmholtz, Kuno Fischer u. a. Lazar von Hellenbach schickte gleich alle seine Werke. (B 83/84, S. 21) Diese Tätigkeit ergab für Rudolf Steiner die Möglichkeit, zahlreiche Werke der zeitgenössischen Wissenschaften kennenzulernen. «Ich war ein eifriger Leser der geschenkten Bücher.» (Lg 86)

Sommersemester. Studium: Geschichte und Grammatik der neuhochdeutschen Sprache (SCHRÖER), Prüfung: 1. Juli «vorzüglich»; Mechanische Wärmetheorie (REITLINGER), Prüfung: 4. Juli «vorzüglich»; Mathematische Physik (DITSCHEINER), Prüfung: 15. Juli «sehr gut»; Mathematik II (WINKLER), Prüfung 22. Juli «sehr gut»; Fortsetzung der Übungen im mündlichen Vortrag bei KARL JULIUS SCHRÖER.

27. Juli. «Ich bin durchaus kein Mensch, der in den Tag hineinlebt, wie ein Tier in Menschengestalt, sondern ich verfolge ein bestimmtes Ziel, ein ideales Ziel, die Erkenntnis der Wahrheit.» (BfI, Nr. 2)

27. Juli. Rudolf Steiner entschuldigt sich bei seinem Freund RUDOLF RONSPERGER, daß er ihm einen dichterischen Versuch noch nicht zurückgegeben habe: «daran sind einzig und allein die peinlichen Ereignisse der letzten Tage Schuld. Prüfungen müssen einmal gemacht sein und die beiden letzten erforderten bei mir heuer einige Tage mehr als ich ahnen konnte. Ich kann Sie nur versichern, daß es eine wahre Geistesdressur ist, ein bestimmtes Quantum Formelgeschnörksel in einer Tour sich anzueignen.» «Der August wird mir hoffentlich die nötige Ruhe gewähren, einen großen Teil meiner lieben *Freiheitsphilosphie* zu Papier zu bringen.» Rudolf Steiner führt dann im weiteren aus, daß die Freiheitsphilosophie eine dem Inhalt entsprechende Form erhalten solle: «Ganz ungezwungen geschriebene, die Liebe zur Sache bekundende, aneinandergereihte Aufsätze zusammenhängenden Inhaltes lesen sich eben angenehmer als Bücher, die nichts als ein auseinandergetriebenes Inhaltsverzeichnis sind.» Des weiteren spricht sich Rudolf Steiner in diesem Brief über materialistische (LUDWIG BÜCHNER, EUGEN DÜHRING) und idealistische Philosophen aus. (BfI, Nr. 3)

3. August. Rudolf Steiner versucht den Gedankenbildungen des Bauerntums nachzugehen. Er berichtet darüber am 12. Juni 1924, daß er «als ganz junger Mensch die Idee gehabt habe, eine sogenannte Bauernphilosophie zu schreiben, das Begriffsleben der Bauern in allen Dingen, von denen sie berührt werden, zu verzeichnen.» – In diesem Zusammenhang trifft er auf die Gedichte des Schulmeisters JOHANN WURTH, der in Münchendorf lebte. (BfI, Nr. 4)

11. August. Brief an RUDOLF RONSPERGER, vor allem über dessen poetische Versuche. (BfI, Nr. 5)

16. August. «Den eigentlichen Begriff und das Wesen des Menschen macht aus: die Sehnsucht nach dem Absoluten, Ewigen und Unsterblichen. Dieses zu beweisen unternehmen ist ein Unsinn.» «Das Streben nach dem Absoluten, diese Sehnsucht des Menschen ist Freiheit.» «Nennen wir dieses Erkennen der höchsten Wahrheiten: das Zusammengehen mit dem Absoluten, so finden wir, daß in diesem Zusammengehen seine höchste Freiheit erblüht.» (BfI, Nr. 6)

19. August. Rudolf Steiner bezeichnet – wie auch später – die Gegenwart, in der er lebt, als Epigonenzeit, die nur die großen Gesichtspunkte einer früheren Zeit ins «Lange und Breite» spinnt. (BfI, Nr. 8)
21. August. Rudolf Steiner in Münchendorf und Trumau. In Trumau trifft er den Kräutersammler FELIX KOGUZKI nicht an: Tagebuchnotiz von Felix Koguzki: «Herr Steiner jun., Studiosus, in Inzersdorf wohnhaft, besuchte mich Sonntag, den 21. August a. D. 1881; leider war ich nicht zu Hause!»
25. August. Rudolf Steiner schreibt an seinen Freund RONSPERGER über JOHANN WURTH und seine Fahrt nach Münchendorf.
26. August. Zweiter Besuch in Münchendorf und Trumau. «Ich komme gerade jetzt aus Münchendorf, ich habe von dort aus den Weg nach Trumau hin et retour zu Fuß zurückgelegt; ein Weg von einer Stunde... Ich lerne dabei das niederösterreichische Volk kennen und zugleich liebgewinnen. Diese Leute kommen einem mit einer erstaunlichen Aufmerksamkeit entgegen und werden bald recht zutraulich.» (BfI, Nr. 10) Rudolf Steiner trifft FELIX KOGUZKI an. Dieser notiert: «H. St. war zum zweiten Mahl auf Besuch bei mir Freitag, d. 26. d. M. u. J.»
1919 beschreibt Rudolf Steiner den Besuch in dem sehr unscheinbaren Häuschen Felix Koguzkis: «Über der Eingangstür stand: ‹In Gottes Segen ist alles gelegen›! Ich selber war in diesem Häuschen nur ein einziges Mal während meiner Jugendzeit. Dort aber wohnte ein Mann, der äußerlich sehr unscheinbar war. Kam man in sein Häuschen, so war es überall voll von Heilkräutern. Er war ein Heilkräutersammler. Und diese Heilkräuter packte er sich an einem bestimmten Tage der Woche in seinen Ranzen, mit diesem Ranzen auf dem Rücken fuhr er dann dieselbe Strecke nach Wien, die ich dazumal zur Schule fahren mußte, und wir fuhren immer zusammen, gingen dann noch ein Stückchen zusammen durch die Straße, die vom Südbahnhof zur Stadt hineinführt, ‹Auf der Wieden› in Wien.» (GA 192, 22. 6. 1919, dort noch weitere Ausführungen über FELIX KOGUZKI, über sein Verhältnis zur Naturgeistigkeit und über seine Lektüre, insbesondere Ennemoser.)
Wintersemester 1881/82. Fortsetzung des Studiums insbesondere bei EDMUND REITLINGER und V. PIERRE. Arbeiten im physikalischen Labor. (Lg 67 u. 97)
Ferner dürfte in dieser Zeit Rudolf Steiner Vorsitzender der *Deutschen Lesehalle* gewesen sein. Aus seiner Schilderung in *Mein Lebensgang* geht der politische Charakter dieser Tätigkeit hervor: «Später wurde ich zum Vorsitzenden der ‹Lesehalle› gewählt. Das aber war für mich ein schwieriges Amt. Denn ich stand einer großen Anzahl der verschiedensten Parteistandpunkte gegenüber und sah in ihnen allen das relativ Berichtigte. Dennoch kamen die Angehörigen der verschiedenen Parteien zu mir. Jeder wollte mich überzeugen, daß *nur seine* Partei recht habe. Als ich gewählt worden war, stimmten alle

Parteien *für* mich. Denn bis dahin hatten sie nur *gehört,* wie ich in den Versammlungen für das Berechtigte eingetreten war. Als ich ein halbes Jahr Vorsitzender war, stimmten alle *gegen* mich.» (Lg 87)

1881/1882 (zeitlich nicht genau bestimmbar). Im Vortrag vom 4. Februar 1913 berichtet Rudolf Steiner, daß der Kräutersammler FELIX KOGUZKI «gewissermaßen nur der Vorherverkünder einer anderen Persönlichkeit» war, die in Rudolf Steiner die «regulären, systematischen Dinge» anregte, «mit denen man bekannt sein muß in der spirituellen Welt». «Es bediente sich jene Persönlichkeit... eigentlich der Werke Fichtes, um gewisse Betrachtungen daran anzuknüpfen, aus denen sich Dinge ergaben, in welchem doch die Keime zu der Geheimwissenschaft gesucht werden können.» Ferner war der *Doppelstrom der Zeit* Gegenstand des Unterrichts: «Jene eigenartigen Strömungen, die durch die okkulte Welt gehen, die man nur erkennen kann, wenn man eine aufwärts- und eine abwärtsgehende Doppelströmung ins Auge faßt, traten damals lebendig vor des Knaben Seele. Es war in der Zeit, da der Knabe noch nicht den zweiten Teil des ‹Faust› gelesen hatte, als er auf diese Weise okkult eingeführt wurde.» (B 83/84)

EDUARD SCHURÉ, dem Rudolf Steiner mündlich über diese Begegnung berichtet hat, dessen Darstellung aber nicht ohne sachliche und chronologische Fehler ist, schreibt über die Unterweisung durch den Lehrer: «Rasch ließ er ihn durch die verschiedenen Etappen der inneren Disziplin hindurchgehen, um ihn auf die Stufe des bewußten und vernunftgetragenen Hellsehens hinaufzuheben. In wenigen Monaten war der Schüler durch mündlichen Unterricht mit der unvergleichlichen Tiefe und Schönheit der esoterischen Zusammenschau bekannt geworden.» (B 42, S. 9) Über die bürgerliche Identität seines Lehrers hat Rudolf Steiner geschwiegen, er erwähnt nur, daß «jener ausgezeichnete Mann» «im äußeren Berufe» «unansehlich» war. (B 83/84, S. 18) In dem Buch «Die Mystik im Aufgange des neuzeitlichen Geisteslebens...» schreibt Rudolf Steiner über einen derartigen Lehrer: «Man weiß nicht, wann er geboren und gestorben ist, und was er innerhalb des äußerlichen Lebens getrieben hat. Daß der Verfasser über diese Tatsachen seines äußeren Lebens ein ewiges Geheimnis erstrebt hat, gehört schon zu der Art, in der er wirken wollte. Nicht das in einem bestimmten Zeitpunkte geborene ‹Ich› dieses oder jenes Menschen soll zu uns sprechen, sondern die Ichheit, auf deren Grund sich ‹die Besonderheit der Individualitäten› erst entwickelt.»

Es ist wahrscheinlich, daß die bewußte okkulte Schulung nicht vor der selbständig errungenen Erfahrung des Anschauens des ewigen Selbst am 10./11. Januar 1881 und der vertieften Bekanntschaft mit Felix Koguzki im Sommer 1881 einsetzt. Daß diese innere Anschauung weiterentwickelt wurde berichtet Rudolf Steiner in *Mein Lebensgang:* «Eine geistige Schauung stellte sich mir vor meine Seele hin, die nicht auf einem dunklen mystischen Gefühle

beruhte. Sie verlief vielmehr in einer geistigen Betätigung, die an Durchsichtigkeit dem mathematischen Denken sich voll vergleichen ließ. Ich näherte mich der Seelenverfassung, in der ich glauben konnte, ich dürfte die Anschauung von der Geistwelt, die ich in mir trug, auch vor dem Forum des naturwissenschaftlichen Denkens für gerechtfertigt halten.
Ich stand, als diese Erlebnisse durch meine Seele zogen, in meinem zweiundzwanzigsten Lebensjahre.» (Lg 72)
Äußerer Ausdruck des ersten Abschlusses dieser Entwicklung ist der Aufsatz *Einzig mögliche Kritik der atomistischen Begriffe,* von dem Rudolf Steiner am 20. Juni 1882 eine Abschrift an FRIEDRICH THEODOR VISCHER sendet.
In diesem Aufsatz formuliert Rudolf Steiner die Lösung jener Probleme, die sich aus der damaligen Physik (Lg 68–72) ergaben. In einem Vortrag am 16. Juni 1917 in Bremen (unveröff.) berichtet Steiner, daß er in dieser Zeit auch eine längere Abhandlung über die Du Bois – Reymondschen Welträtsel verfaßte, «die ja selbstverständlich von allen Journalen zurückgewiesen worden ist.»
Schließlich ist darauf hinzuweisen, daß Rudolf Steiner im Vortrag vom 4. Februar 1913 erwähnt, daß die Begegnung mit dem Lehrer stattfand, als er «noch nicht den zweiten Teil des *Faust* gelesen» habe. Interessanterweise hat sich nun ein Brief seines Freundes SCHÖNAICH erhalten, in dem Schönaich auf einen Ende Juli 1882 geschriebenen Brief Steiners reagiert und u. a. schreibt: «Ich freue mich immer zu hören, daß Du immer wieder bei Faust II hältst.» Die Lektüre des Faust II dürfte also in den Frühling und Sommer des Jahres 1882 fallen. So ist es wahrscheinlich, daß die Begegnung mit dem geistigen Lehrer in die Monate um den 21. Geburtstag Rudolf Steiners fällt.

1882

Das Jahr 1882 ist zumindest für die folgenden anderthalb Jahrzehnte des Lebens von Rudolf Steiner von schicksalsbestimmender Bedeutung. Im Herbst dieses Jahres lädt ihn Professor JOSEPH KÜRSCHNER auf Empfehlung von KARL JULIUS SCHRÖER ein, innerhalb der von Kürschner herausgegebenen *Deutschen Nationalliteratur* Goethes naturwissenschaftliche Schriften herauszugeben. Damit beginnt eine Tätigkeit als Goetheforscher, die im engeren Sinne erst 1897 mit dem Buch *Goethes Weltanschauung* ihren Abschluß findet. Der Name Rudolf Steiners ist dadurch für die wissenschaftliche Öffentlichkeit zunächst mit dem Namen Goethes verbunden. Bis zum Jahre 1890 gibt Rudolf Steiner drei Bände von Goethes naturwissenschaftlichen Schriften in der *Deutschen Nationalliteratur* heraus. Seit 1887 ist vorgesehen, daß Rudolf Steiner an der – bis heute größten – Goethe-Ausgabe, der Weimarer- oder Sophien-Ausgabe mitwirken soll. 1890 übernimmt er diese Aufgabe: Sechs Bände der morphologischen Schriften Goethes sind textkritisch zu edieren, Lesartenverzeichnisse etc. sind herzustellen. Diese Arbeit entspricht in keiner Weise den eigentlichen Interessen Rudolf Steiners und sie wird von ihm zeitweilig durchaus als Frondienst empfunden.
Deshalb hat Rudolf Steiner zumindest in seiner Weimarer Zeit mit durchaus zwiespältigen Gefühlen auf die im Jahre 1882 getroffene Entscheidung, Goetheforscher zu werden, zurückgeblickt.

5. Januar. EMIL SCHÖNAICH antwortet auf einen Brief Rudolf Steiners, in dem dieser berichtete, er habe an einer für die *Freie Schlesische Presse* bestimmten Arbeit noch gefeilt: «Sie haben sich Mühe gegeben, sie tüchtig herzustellen, aber jetzt versäumen Sie nur keine Zeit, das Schifflein, das Sie mit Ihrem Geiste angefüllt haben, ins Meer der Gefahren hinauslaufen zu lassen.» Die Arbeit, deren Titel nicht sicher bekannt ist, hat sich nicht erhalten.
Als Titel früher, bisher nicht aufgefundener Aufsätze nannte Rudolf Steiner: «Auf der Höhe»; Hermann Hettner; Lessing; Parallelen zwischen Shakespeare und Goethe.
(«Auf der Höhe» ist der Titel eines Romans von Berthold Auerbach, vgl. Lit. 63)
März. Rudolf Steiner legt weitere Prüfungen ab.

April bis etwa Juni. Rudolf Steiner arbeitet an den Fragen, die mit dem Raum- und Zeitbegriff zusammenhängen, sowie an der Deutung, die die Licht- und Schallerscheinungen durch die Physik finden. «Aber eben dies ergab schwere Seelenkämpfe. Immer wieder mußte die leicht zu erdenkende Kritik dieser Denkungsart innerlich niedergerungen werden, um die Zeit abzuwarten, in der weitere Erkenntnisquellen und Erkenntniswege eine größere Sicherheit geben würden.» (Lg 69)

Juni. Erster Niederschlag dieser Bemühungen in dem Aufsatz *Einzig mögliche Kritik der atomistischen Begriffe.* (B 63)

In dem Wort «*einzig* mögliche Kritik» kommt das Niederringen anderer, leicht zu erdenkender Kritiken zum Ausdruck.

4. Juni. Professor KARL JULIUS SCHRÖER schreibt an Professor JOSEPH KÜRSCHNER (Stuttgart): «Ein Student in höheren Semestern, der Physik, Mathematik und Philosophie betreibt, bei mir aber auch seit Jahren Vorlesungen hört, befaßt sich eingehend mit Goethes naturwissenschaftlichen Schriften. Ich gab ihm die Anregung, sich in einem populären *Aufsatz über Goethe und Newton* zu versuchen und denselben Ihrem Journal zuzusenden. Wenn dieser Aufsatz gelänge, da hätten wir den rechten Mann für die Herausgabe der naturhistorischen Schriften. Von diesem Gedanken sagte ich ihm nichts, ich weiß auch nicht wie er schreibt. Aus Gesprächen aber ersehe ich, daß er den Stoff beherrscht und eine selbständige, mir richtig erscheinende Anschauung gewonnen hat. Er heißt Steiner.»

Dieser Brief Schröers kann in Zusammenhang mit folgenden Passagen aus *Mein Lebensgang* gesehen werden:

«Es war in der Zeit meines lebhaftesten Verkehrs mit Schröer, als mir die Frage nach dem Verhältnis von geistiger und natürlicher Welt in erneuerter Art vor die Seele trat. Es geschah dies zunächst noch ganz unabhängig von Goethes naturwissenschaftlicher Denkungsart. Denn auch Schröer konnte mir nichts Entscheidendes über dies Gebiet Goetheschen Schaffens sagen.» (Lg 94) Die weiteren Studien führen Rudolf Steiner zu einer Einsicht in das Wesen des Lichts. (Lg 94–96) «Da gelangte ich zu Anschauungen, die mir den Weg zu Goethes Farbenlehre bahnten. Von dieser Seite öffnete *ich mir* das Tor zu Goethes naturwissenschaftlichen Schriften. Ich brachte zunächst kleine Abhandlungen, die ich aus meinen naturwissenschaftlichen Anschauungen heraus schrieb, zu Schröer. Er konnte damit nicht viel machen. Denn sie waren noch nicht aus Goethes Anschauungsart heraus gearbeitet, ...» (Lg 96) «Es gelang Schröer, nachdem die mannigfaltigsten Anstrengungen gemacht worden waren, gewisse physikalisch gehaltene Aufsätze des Jünglings über die ‹Farbenlehre› unterzubringen.» (B 83/84, S. 22)

20. Juni. Rudolf Steiner schickt den Aufsatz *Einzig mögliche Kritik der atomistischen Begriffe* an FRIEDRICH THEODOR VISCHER und bemerkt im Begleitbrief:

«Ich habe einstmals mich ganz in die mechanisch-materialistische Naturauffassung hineingelebt, hätte auf ihre Wahrheit ebenso geschworen, wie es viele andere der Jetztzeit machen; aber ich habe auch die Widersprüche, die sich aus derselben ergeben, *selbst durchlebt*. Was ich vorbringe, ist daher nicht bloße Dialektik, sondern eigene innere Erfahrung.» (BfI, Nr. 12)

21. Juni. Der Vater Rudolf Steiners wird vom Bahnhof Inzersdorf nach *Brunn am Gebirge* «übersetzt». «Hier ist es jedenfalls viel schöner.» (BfI, Nr. 13) Die Familie Steiner blieb bis zur Pensionierung des Vaters im Jahre 1899 in Brunn am Gebirge, wo der Vater «Vorstand am Frachtenbahnhof» war.

21. Juni. Josef Kürschner an Schröer: «Ihr Student in höheren Semestern scheint mir auch der rechte Mann, obgleich ich seinen Namen nicht lesen kann.» «Ist er schon Dr.?»

24. Juni. Schröer antwortet Kürschner und kündigt Arbeiten von Steiner an.

26. Juni. Kürschner an Schröer: «Auf Steiners Sachen bin ich sehr neugierig.»

Im Juli. Prüfungen

1. Juli. Physik für Chemiker bei Edmund Reitlinger «vorzüglich».

5. Juli. Praktische Übungen im physikalen Laboratorium bei V. Pierre «vorzüglich».

23. Juli. Physikalische Übungen bei Ditscheiner «sehr gut», Mathematische Physik bei Ditscheiner «gut».

25. Juli. Emil Schönaich aus Troppau an Rudolf Steiner: «Sei mir nicht böse, daß ich Dir die Nummer, welche Deinen Aufsatz, der hier überall gefallen hat, [enthielt] noch nicht sandte.» In dem Brief Rudolf Steiners, auf den Schönaich am 8. August reagiert, muß Rudolf Steiner berichtet haben, daß er Faust II lese. (B 51/52, S. 48 u. 49)

Anfang August. Brief an den früheren Lehrer für Geschichte Albert Löger. «Nun werde ich hoffentlich auch dieses letzte Jahr der Fadheiten an der mir unlieben techn. Hochschule hinter mir haben. Dann kommt erst jene jämmerliche Prüfung über die massenweise in den Bibliotheken aufgetürmte mathematische Weisheit. Wenn ich daran denke, an die verstand- und geistlose Zitatenarbeit, die da für mich kommen soll – ich meine die schriftliche –, da graut's mir.»

3. September. Professor Edmund Reitlinger stirbt. «Es erfüllte mich mit großer Trauer, als wenige Wochen, nachdem ich meine letzte Prüfung aus der mechanischen Wärmetheorie bei Reitlinger abgelegt hatte, der geliebte Lehrer seiner Krankheit erlag. Er hatte mir noch kurz vor seinem Ende wie ein Vermächtnis Empfehlungen für Persönlichkeiten gegeben, die mir Schüler zum Privatunterricht verschaffen konnten. Das war von sehr gutem Erfolg. Für einen nicht geringen Teil dessen, was mir in den nächsten Jahren an Mitteln zum Lebensunterhalt zufloß, hatte ich dem toten Reitlinger zu danken.» (Lg 68)

28. September. Brief Rudolf Steiners an JOSEPH KÜRSCHNER, in welchem der Umfang der von Steiner zu bearbeitenden Werke Goethes beschrieben wird: «die Optik (Farbenlehre), ‹zur Naturwissenschaft im Allgemeinen› und die ‹naturwissenschaftlichen Einzelheiten›, dann die morphologischen, mineralogischen, geologischen und meteorologischen Schriften.» Ferner erbittet Steiner ein Exemplar der Hempelschen Ausgabe der naturwissenschaftlichen Schriften, die S. KALISCHER besorgt hatte.

1. Oktober. Schröer an Kürschner: «Steiner war bei mir und ich habe wiederholt mit ihm gesprochen und mich wieder überzeugt, daß er so wohlgesattelt ist und sich so hineingelebt hat in Goethes naturhistorische Schriften, daß er wohl geeignet scheint, diese Schriften herauszugeben mit erläuternden Beigaben, wie wir sie noch nicht haben.» (Unveröff.)

9. Oktober. Kürschner an Steiner: «Ich freue mich besonders, daß Prof. Schröer als Protektor dieser Ausgabe figurieren wird. Es wäre mir nun angenehm, von Ihnen zu erfahren, bis zu welcher Zeit ich eventuell diese Schriften erhalten könnte und bin ich mit Vergnügen bereit, Ihnen die sämtlichen wissenschaftlichen Werke Goethes zu übertragen.» (BfI, Nr. 15)

21. Oktober. Steiner an Kürschner: «Ich werde in den Einleitungen stets die Punkte in den Vordergrund treten lassen, von welchen aus man in das Ganze Goethescher Forschungen bequem eingeführt wird.» Rudolf Steiner legt dann dar, daß vier Einleitungen zu den vier oben genannten Abteilungen notwendig sind und stellt in Aussicht, daß die morphologischen Schriften mit der Einführung von Professor Schröer bis Neujahr, die zweite Partie (Mineralogie, Geologie, Meteorologie) bis Mitte Februar und der Rest Ende März fertiggestellt sein würden. (BfI, Nr. 16).

27. Dezember. Schröer mahnt Kürschner: «Monat um Monat vergeht und Sie schreiben nicht, so daß ich mit Sorge an das Unternehmen denke, an dem ich mich beteiligen soll.» (Unveröff.)

1883

Im Jahre 1883 schließt Rudolf Steiner die eigentliche Arbeit der Herausgabe des I. Bandes von Goethes naturwissenschaftlichen Schriften ab. Rudolf Steiner charakterisiert die biographische Situation, die sich daraus ergab, mit folgenden Worten: «Für mich schloß diese Aufgabe [der Herausgabe von Goethes naturwissenschaftlichen Schriften] eine Auseinandersetzung mit der Naturwissenschaft auf der einen, mit der Goethes ganzer Weltanschauung auf der anderen Seite ein. Ich mußte, da ich mit einer solchen Auseinandersetzung vor die Öffentlichkeit zu treten hatte, alles, was ich mir bis dahin als Weltanschauung errungen hatte, zu einem gewissen Abschluß bringen.» (Lg 111)
Das damit Angedeutete wird klar, wenn man bedenkt, daß der I. Band von Goethes naturwissenschaftlichen Schriften die Schriften zur Morphologie, also zur Erkenntnis der organischen Natur enthält. Rudolf Steiner faßt Goethe als den «Begründer einer Organik» auf, der in der Idee der Metamorphose einer lebendigen, sinnlich-übersinnlichen Gestalt einen methodischen Schlüssel zur Erkenntnis der Bildung und Umbildung lebendiger Wesen gefunden hatte. Die Idee der Metamorphose geht von einem inneren Nachschaffen des Typus aus und läßt im Geiste die verschiedenen Formen des Typus auseinander hervorgehen: so konstruiert man die einzelnen Erscheinungen und begreift das, was das Organische vom Anorganischen unterscheidet: die Gestalt. Die herkömmliche Naturwissenschaft – etwa Darwins und Haeckels – setzt diese Gestalt schon immer voraus. Darwin und Haeckel beschreiben nur Faktoren, die von außen auf die Metamorphose des Typus einwirken.
In diesem Sinne verschafft sich Rudolf Steiner über eine wichtigste Grundfrage der Naturwissenschaft in den Jahren 1882/83 Aufklärung.
Das geregelte Studium an der Technischen Hochschule findet 1883 ein Ende. Am 18. Oktober tritt Rudolf Steiner aus der Technischen Hochschule Wien aus.

2. Januar. Schröer an Kürschner: «Steiner ist in Verzweiflung, daß Sie ihm nicht schreiben. In dem Vorwort habe ich einige Gedanken, die mich selbst erheben.» (Unveröff.)

6. Januar. Steiner an Kürschner: «Ich habe an dem Manuskript des ersten Bandes noch einige Tage Arbeit. Daß Euer Wohlgeboren mit meinen Vorschlägen einverstanden sind freut mich.» (BfI, Nr. 19)
22. Februar. Das Manuskript des ersten Bandes ist beendet und K. J. Schröer zur Durchsicht übergeben. «Der erste Band meiner Arbeit könnte längst fertig sein, wenn man in den Wiener Bibliotheken reichlichere Hilfsmittel fände. Manches an Quellenwerken war recht schwer zu verschaffen. Ich will nur erwähnen, daß ich in keiner Wiener Bibliothek die Gothaische Gelehrtenzeitung habe finden können, und solche Fälle gibt es mehr.» (BfI, Nr. 20)
9. März. Kürschner an Steiner: Er stimmt Steiners Vorhaben zu. «Auch mit den Ablieferungsterminen bin ich einverstanden, zu sehr eilt es ja nicht, da ich noch große Mengen von Manuskripten in Vorrat habe.» (BfI, Nr. 21)
16. März. Datum des Verlagsvertrages. Rudolf Steiner verpflichtet sich, *Goethes naturwissenschaftliche Schriften* in einem Umfang von drei Bänden herauszugeben und den I. Band bis zum 1. April 1883, den II. Band bis zum 1. August 1883, den III. Band bis zum 1. Oktober 1883 abzuliefern.
Er soll dafür nach Ablieferung des druckfertigen Manuskriptes 1000 Mark und 10 Freiexemplare erhalten. (BfI, S. 63)
23. März. Rudolf Steiner übersendet Kürschner den unterschriebenen Vertrag und bittet auch Professor Schröer einen entsprechenden Kontrakt zu übersenden. Dank an Kürschner: «Die wahrhaft seltene Vorurteilslosigkeit, mit welcher Euer Hochwohlgeboren meinen Arbeiten entgegenkommen, und die Förderung, die mir dadurch zu Teil wird, weiß ich in vollem Maße zu würdigen. Nehmen Sie die Versicherung meines herzlichsten Dankes dafür hiermit entgegen.» (BfI, Nr. 23)
April. Brief an Josef Köck über Fragen der Mundartdichtung, insbesondere über Josef Misson «Da Naz, a niederösterreichischer Bauernbui geht in d'Fremd». (Vgl. Lg 90, BfI, Nr. 24 und *Vom Menschenrätsel,* S. 123–131)
11. Mai. Steiner an Kürschner. Rudolf Steiner mahnt Kürschner, Schröer den Vertrag über die Einleitung Schröers zu senden. Schröer habe die Arbeit Steiners «längst durchgegangen». «Es ist unbeschreiblich, welch liebevolle Teilnahme derselbe ihr widmet. So bin ich durch seine Vermittlung eben über den noch ungedruckten Briefen J. J. Mercks an P. Camper, die der ‹Bibliothèque pour les progrès de la médecine› in Amsterdam gehören, welche mir manche Aufschlüsse über die Entstehung von Goethes Ideen geben und für den 2. Band wichtig sein werden.» (BfI, Nr. 25)
14. Juni. Schröer antwortet auf einen Brief Kürschners betreffs der Honorarfrage, in dem Kürschner offensichtlich vorschlug, Steiner solle sein Honorar mit Schröer teilen: «Sie haben also ‹vorausgesetzt›, daß mein Schüler, Studiosus Steiner mit mir sich einigen werde wegen meines Honorars? Ist das Ihr Ernst? – Dagegen kann ich nur sagen, daß ich von Ihnen dringend ersucht

wurde zu dem, was ich zu seiner Arbeit tun soll. Ich sagte zu und habe nun zu erwarten und zwar von Ihnen, daß mir ein Vorschlag zu einem Contract vorgelegt werde. Mit Herrn Steiner habe ich darüber nichts zu verhandeln.» (Unveröff.)

17. Juni. Kürschner erwidert, er habe gemeint, die 1000 Mark seien für die gesamte Arbeit Steiners und Schröers.

21. Juni. Kürschner bittet Schröer, seine Bedingungen mitzuteilen.

22. Juni. Schröer antwortet Kürschner, indem er u. a. einen früheren Brief Kürschners zitiert, in welchem Kürschner ursprünglich «dem jungen Mann 1200 Mark» und Schröer 250 Mark geboten hatte. «Jedenfalls sehe ich der geschäftlichen Fixierung dieser Angelegenheit entgegen.» (Unveröff.)

11. Juli. Da eine Antwort Kürschners ausbleibt, telegraphiert Steiner an Kürschner, er möge die Sache erledigen.

15. Juli. Brief Steiners in derselben Sache an Kürschner. (BfI, Nr. 28)

28. August. (Goethes Geburtstag). Datum der Einleitung Schröers zum ersten Band der von Rudolf Steiner herausgegebenen naturwissenschaftlichen Schriften Goethes. Er schreibt über Steiner:

«Von naturwissenschaftlichen Studien ausgehend, sehe ich ihn von Goethes Persönlichkeit angezogen. Er widmet sich dem Studium seiner Schriften mit hingebender Begeisterung. Er gelangt zu der Erkenntnis, daß sie nur im Zusammenhang mit dem Ganzen seines Wesens zu beurteilen sind. Er erkennt, daß der Schlüssel zu Goethes ganzem Denken doch im Geistesleben seiner Zeit zu suchen ist. Obwohl Goethe nicht als Philosoph zu nehmen ist, so erscheint er doch angeregt von der philosophischen Zeitströmung und wirkt auf sie zurück. Der Herausgeber unterläßt nicht, auch in dieser Richtung aus unmittelbarer Quelle schöpfend, klare Anschauung des Geschichtlichen zu erstreben.»

15. September. Das Manuskript Steiners mit dem Vorwort Schröers geht an Kürschner ab. «Die zwei anderen Bände werden *sehr* bald nachfolgen.» (BfI, Nr. 29)

18. Oktober. Rudolf Steiner tritt ohne Abschlußexamen und ohne seine Studien zu Ende gebracht zu haben aus der Technischen Hochschule Wien aus.

Anfang November bis Mitte Januar. Rudolf Steiner und Karl Julius Schröer lesen und bearbeiten die Korrekturbögen.

Oktober/November. In diese Zeit fällt sehr wahrscheinlich die Arbeit an der ersten Fassung des Aufsatzes: *Goethes Recht in der Naturwissenschaft.* Es heißt dort u. a.: «Die Grundlagen zu Goethes naturwissenschaftlichen Ansichten sind die bestimmtesten, die sich denken lassen, und sie sind identisch mit denen, welche die ganze Richtung seines Wirkens bestimmen.» «Goethes Naturansicht stellt sich somit als ein seine Begründung in sich selbst tragendes Ganzes dar, das nur aus sich selbst begriffen werden kann. Durch das Zusammenwerfen mit anderen Theorien gerät sie in eine schiefe Stellung.»(B 55, S. 8 u. 9)

18. November. Rudolf Steiner sendet Kürschner einen Aufsatz über Goethes Stellung zur Naturwissenschaft, der aber in einem Kürschner nahestehenden Blatt nicht erscheinen kann, weil das Blatt eingegangen ist. Möglicherweise handelt es sich um den Aufsatz *Goethes Recht in der Naturwissenschaft.* (Vgl. 6. 6. 1884)

20. Dezember. Brief an Kürschner, dort u. a. über HAECKEL: «Haeckel hat eben vor vielen zeitgenössischen Naturphilosophen einen großen Vorzug. Er hat die *allerersten Prinzipien* seiner Naturanschauung rückhaltlos vor aller Welt dargelegt. Seine Überzeugung wird aus seinen Schriften *vollkommen* durchsichtig. Viele andere dagegen lassen die Frage über die ersten Prinzipien offen.» (BfI, Nr. 31)

1884

Das Jahr 1884 bringt Rudolf Steiner einerseits mit dem Erscheinen des I. Bandes von Goethes naturwissenschaftlichen Schriften Erfolg und Anerkennung, andererseits aber bleiben praktische Konsequenzen dieses Erfolges aus. Wie sich aus dem Briefwechsel nach 1890 zeigt, strebt Rudolf Steiner eine akademische Laufbahn – eine Professur für Philosophie – an. Seine Vorbildung an der Oberrealschule und an der Technischen Hochschule lassen jedoch in Österreich eine Promotion, die die erste Voraussetzung für eine Professur ist, nicht zu. So muß Rudolf Steiner, der die Technische Hochschule im Oktober 1883 ohne Prüfungsabschluß verließ, zur Bestreitung seines Lebensunterhalts eine Hauslehrerstelle annehmen. Damit wird ein biographisches Motiv erkennbar, das kennzeichnend für das Leben Rudolf Steiners ist: die *Retardierung*. Die Durchführung der Pläne und Absichten wird immer wieder behindert und verzögert, Rudolf Steiner sieht sich veranlaßt, auf Umwegen sein Ziel anzustreben.
Äußerlich gesehen ist die Stellung als Hauslehrer für den 23jährigen Rudolf Steiner durchaus nicht ungünstig. Namentlich die Frau des Hauses, PAULINE SPECHT, kommt ihm mit großem Verständnis entgegen. Rudolf Steiner ist wirtschaftlich einigermaßen abgesichert, und er findet die Zeit, während der Tätigkeit im Hause Specht seine *Erkenntnistheorie der Goetheschen Weltanschauung* zu schreiben, zwei weitere Bände von Goethes naturwissenschaftlichen Schriften herauszugeben, weitere Arbeiten zu übernehmen und überdies seinen vielfachen Interessen nachzugehen.
Für das spätere Leben Rudolf Steiners ist die Zeit als Hauslehrer nicht nur deshalb wichtig, weil sie ihm Gelegenheit bietet, seinen Gesichtskreis in mannigfacher Hinsicht zu erweitern und seine eigenen Anschauungen weiter auszubilden, sondern auch weil mit der Erziehung namentlich des behinderten Otto Specht eine Aufgabe an ihn herantritt, die für Rudolf Steiner – wie er später schreibt – «eine reiche Quelle des Lernens» war. So kann er 1924 schreiben: «Ich muß dem Schicksal dankbar dafür sein, daß es mich in ein solches Lebensverhältnis gebracht hat.»

Jahresanfang. Rudolf Steiner liest Korrekturen des I. Bandes von Goethes naturwissenschaftlichen Schriften und fertigt das Register an.

14. Januar. Kürschner an Schröer: «auch die Steinersche Arbeit hat meinen aufrichtigen Beifall.» (Unveröff.)
20. Januar. Register und Korrekturen fertiggestellt.
30. Januar. Seit dem 27. Januar liegt Schröer der erste Band in drei Heften vor. An Kürschner: «Herr Steiner sah bei mir die drei Hefte seiner Ausgabe und war von dem Anblick mächtig erschüttert.» (Unveröff.)
7. Februar. Kürschner an Steiner: «Es liegt mir selbst aufrichtig am Herzen, Ihrer geradezu meisterhaften Arbeit zur vollsten Anerkennung zu verhelfen. Schon heute freue ich mich auf die Fortsetzung ihrer Arbeiten und bedauere nur, daß Goethe nicht statt drei sechs Bände naturwissenschaftlicher Schriften verfaßt hat.» (BfI, Nr. 37)
1. März. Steiner bedankt sich bei Kürschner für die objektive und rückhaltlose Förderung. «Bemühe ich mich doch vorzüglich darum, in dem Leser die Empfindung von der Größe der Goetheschen Denkungsart auf dem Gebiete der Wissenschaft hervorzurufen, die ihn zu einem die Totalität der Naturwirksamkeit umspannenden Blicke führte, der sich überall auf die springenden Punkte einer Erscheinungsreihe richtete. Dieser seiner Art, die Natur anzusehen, gegenüber erscheint uns das von ihm wirklich Ausgeführte durchaus mit einem gewissen fragmentarischen Charakter.» (BfI, Nr. 38)
8. März. Der *I. Band der naturwissenschaftlichen Schriften Goethes* erscheint.
12. März. Rudolf Steiner erhält seine 10 Freiexemplare. Der Verlag sendet Freiexemplare an Philosophen und Germanisten, u. a. an FRIEDRICH THEODOR VISCHER, der sich in sehr freundlicher Weise bedankt. Rudolf Steiner veranlaßt, daß C. SCHAARSCHMIDT (Bonn) Herausgeber der «Philosophischen Monatshefte» und JOHANNES WITTE sowie JOHANNES REHMKE Exemplare erhalten. In der zweiten Hälfte des März schreibt er eine Reihe von Briefen, um Rezensionen anzuregen. In den Briefen betont Steiner, daß der Band als ein selbständiges Ganzes zu betrachten sei.
28. März. Langer Brief Steiners an den Philosophen JOHANNES REHMKE, in welchem Steiner auf Goethes Grundlegung einer Wissenschaft des Organischen besonders hinweist. (BfI, Nr. 43)
Anfang April. Rudolf Steiner schickt ein Exemplar des ersten Bandes an seinen Freund und ehemaligen Geschichtslehrer ALBERT LÖGER. Im Begleitschreiben heißt es anders als in den Briefen an Kürschner: «Wann meine übrigen beiden Bände folgen, steht dann freilich noch im Ungewissen.» (BfI, Nr. 44)
12. April (?). Der Bonner Philosoph JOHANNES WITTE äußert sich brieflich anerkennend über Steiners Goethe-Interpretation. Diesen Äußerungen folgen bald weitere, u. a. von dem Anatomen HERMANN WELKER (Halle), dem Germanisten MAX KOCH (Breslau), dem Philosophen MORIZ CARRIÈRE (München), EDUARD SUESS (7. 6.) und EDUARD VON HARTMANN (13. 9.).

24. April. Kürschner fragt bei Steiner an, ob er bereit sei, für ein von ihm herauszugebendes «praktisches Hausbuch» *(Kürschners Taschen-Konversations-Lexikon)* die Artikel aus dem Gebiete der Mineralogie zu übernehmen.
27. April. Rudolf Steiner gibt Kürschner die Zusage. Damit beginnt eine über sechs Jahre sich hinziehende Lexikon-Arbeit Steiners. Die Arbeit an Kürschners Taschen-Konversations-Lexikon wurde Ende Oktober 1884 abgeschlossen. Rudolf Steiner erhält für 1720 Zeilen ein «Honorar» von 30,– Mark.
1. Mai. Vortrag Rudolf Steiners in der «Deutschen Gesellschaft»: *Das Humanitätsprinzip bei Lessing und seine Bedeutung für die Gegenwart.*
6. Juni. In der *Deutschen Zeitung* (Wien) erscheint der Aufsatz *Goethes Recht in der Naturwissenschaft.* Es heißt dort u. a.:
«Nichts liegt Goethe ferner als das willkürliche Erschaffen leerer Hirngespinste, die nicht in der Wirklichkeit wurzeln. Nur sucht er den allein für den Geist erreichbaren Kern dieser Wirklichkeit, das innere Wesen derselben, das wir voraussetzen müssen, wenn sie uns erklärlich sein soll. Dieses Wesen zu erfassen, dazu gehört Produktivität des Geistes. Es ist noch mehr hierzu nötig als die bloße Beobachtung unzähliger Einzelfälle. Die Gesetze gehören der Wirklichkeit an, aber wir können sie aus ihr nicht entlehnen, wir müssen sie an der Hand der Erfahrung schaffen.» (Meth 230)
7. Juni. Schröer an Kürschner: «Der große Geologe [Eduard] Sueß war gestern bei mir, um mir zu gratulieren zu meiner Vorrede und zu meinem Schüler Steiner. Mich freute sehr die Zustimmung des bedeutenden Mannes.» (Unveröff.)
16. Juni. Frau PAULINE SPECHT wendet sich auf Empfehlung des Regierungsrates WALSER, der bereits bei der Maturitätsprüfung Steiners den Vorsitz geführt hatte und durch Karl Julius Schröer auf Steiner aufmerksam gemacht worden war, an Rudolf Steiner und fragt, ob er bereit sei, eine Hofmeisterstelle in ihrem Hause zu übernehmen. «Ich habe vier Knaben, der älteste besucht die vierte Unterrealklasse, die beiden folgenden die vierte Normalklasse und der Jüngste im Alter von 6 Jahren würde nur bei Spaziergängen Ihre freundliche Obsorge in Anspruch nehmen.» (Bf I, Nr. 62)
Vermutlich wollte Schröer seinem Schüler, der kein Stipendium mehr erhielt und seinen Lebensunterhalt durch das Erteilen von Privatstunden bestreiten mußte, eine sichere Existenzgrundlage schaffen. Möglicherweise war Rudolf Steiner, der eine akademische Laufbahn anstrebte und gehofft hatte, seine Goethe-Arbeit würde ihm den Weg dazu ebnen, über diese Wendung seiner Dinge sehr enttäuscht. Ein Hinweis darauf ist am
7. Juli ein Brief EMIL SCHÖNAICHS an Rudolf Steiner: «Dein gestriger Brief hat mich in wirkliche Aufregung versetzt.» «Jedes Wort in Deinem Schreiben sagt mir, daß Du in Deiner Seele tief betrübt bist.» «Mein einziger Freund,

was ist mit Dir geschehen, ich bin diesen klagenden Ton nie bei Dir gewöhnt.» (B 51/52, S. 50)

10. Juli. Beginn der Tätigkeit als Erzieher im Hause des Baumwollimportkaufmanns LADISLAUS SPECHT (1834–1905) und seiner Frau PAULINE SPECHT (1846–1916). Bis Herbst 1885 war die Familie Specht in Vöslau wohnhaft. Danach in Wien, Kolingasse. Rudolf Steiner hatte die vier Söhne: RICHARD SPECHT, OTTO SPECHT, ARTHUR SPECHT und ERNST SPECHT zu betreuen. Von diesen war Otto das «Sorgenkind»; der Hausarzt Dr. JOSEF BREUER befürchtete, daß er bildungsunfähig sei. Es gelang Rudolf Steiner, diesen Jungen so zu fördern, daß er das Gymnasium und später die Universität erfolgreich absolvieren konnte. – Ferner lebte im Hause Specht noch die Schwester von Frau Specht und ihr Sohn Hans. Rudolf Steiner hat über diese Tätigkeit ausführlich berichtet. (Lg 104–108, 191–196, ferner GA 295, 29. 8. 1919; GA 303, Diskussion am 3. 1. 1922; GA 305, 21. 8. 1922; GA 317, 1. 7. 1924; GA 310, 21. 7. 1924; GA 203, 23. 1. 1921).

Für Steiner war das Leben im Hause Specht auch deshalb wichtig, weil es ihm Einblick in wirtschaftliche Verhältnisse, namentlich in den weltweiten Baumwollhandel gewährte. (Vgl. GA 203, 23. 1. 1921)

1890, unmittelbar nachdem er das Haus Specht verlassen hat und nach Weimar übergesiedelt ist, schreibt Rudolf Steiner in einem Dankbrief: «Sie haben mir stets alle das gegeben, was ich so sehr brauchte: Wohlwollen und freundlichstes Entgegenkommen. Ihre gütige Gesinnung verstand es, über manches hinwegzusehen, was der böse Geist der Laune und Mißstimmung bei mir oft anrichtete. Ich weiß das zu schätzen und werde es immer zu schätzen wissen. Nicht minderen Dank schulde ich Ihrer jederzeit hilfsbereiten Freundschaft, die dem unerfahrenen Büchermenschen so nottat.» (BfI, Nr. 253)

4. September. Sehr ausführlicher Brief an EDUARD VON HARTMANN, zu dessen philosophischem Wirken «ich mit aufrichtiger Verehrung seit Jahren ... emporblicke». Ausführung über Goethes Denkart im Verhältnis zu Kant und Haeckel und über Goethes Begriff des Typus. (BfI, Nr. 64)

13. September. Teils zustimmende, teils kritische Würdigung der Goethe-Interpretation Steiners durch Eduard von Hartmann. (BfI, Nr. 65)

3. Oktober. Im Fragment eines Briefes findet sich in kurzen Worten ein Teil der politischen Auffassungen Steiners angedeutet: «Für den Deutschen gibt es in Österreich nur zweierlei Parteibestrebungen. Entweder er ist in der Minorität, dann muß er die Fahne der Kultur entfalten und den Slawen und Magyaren geistig imponieren. Oder er ist in der Majorität und am Ruder, dann muß er in echt demokratischem Geiste den Autonomismus und die freie Selbstbestimmung der Völker auf seine Fahne schreiben und jenem Zukunftsstaate entgegenstreben, der der Kultur am günstigsten ist: dem geschlossenen Handelsstaat ohne Geld und ‹Börse›.» (BfI, Nr. 66)

6. und 15. November. Für die Eröffnungsnummer der *Deutschen Lesehalle für alle Stände,* die sein Freund MORIZ ZITTER in Hermannstadt (Siebenbürgen) herausgibt, schreibt Rudolf Steiner *Ein freier Blick in die Gegenwart.* Steiner kennzeichnet zwei Aufgaben des Deutschtums: «Das Streben der deutschen Gelehrten, die Resultate der modernen Weltanschauung» (gemeint ist der Darwinismus) «mit dem Goetheanismus in Einklang zu bringen, ist die Reaktion des deutschen Gewissens auf die wissenschaftliche Moderichtung, der Wille des Deutschen, daß nur *Ideales* im Leben Eingang finden darf, endlich der Glaube, daß der Idealismus *wahr* sein muß.» Unter Bezugnahme auf BISMARCKS soziale Gesetzgebung heißt es ferner: «Der Staat hat dafür zu sorgen, daß das Glück des Einzelnen nicht von Zufall und Willkür abhängt, sondern daß das nach Grundsätzen der Vernunft aufgebaute Ganze die Wohlfahrt des Individuums soweit sichert, daß letzteres in physischer und geistiger Richtung sich frei entwickeln kann. Nicht der Staat kann den Menschen frei machen, das kann nur die Erziehung; wohl aber hat der Staat dafür zu sorgen, daß jeder den Boden findet, auf dem seine Freiheit gedeihen kann.» (Meth 235 u. 236)

1. Dezember. Rudolf Steiner bittet Professor Kürschner, sich dafür zu verwenden, daß der Verlag Spemann, dessen literarischer Leiter KÜRSCHNER ist, eine «Erkenntnistheorie auf Grund der Goethe-Schillerschen Weltanschauung und des deutschen Idealismus» verlege. Rudolf Steiner will sich mit seiner Arbeit nicht an die Spezialgelehrten wenden, sondern die «weitesten Kreise der Gebildeten» ansprechen, weil er nicht von «einer einseitigen Schulrichtung, sondern von der in sich gesättigten Weltanschauung unserer Klassiker ausgeht». «Ich halte dafür, daß die Sache eher das Gegenteil als gewagt genannt werden kann; dennoch würde ich eventuell sehr gerne auf jeden materiellen Vorteil verzichten, wenn Spemann den Verlag davon abhängig machen würde.» (BfI, Nr. 70)

6. Dezember. Kürschner an Steiner: Spemann sei bereit, das Buch zu verlegen. Steiner möge bitte das Manuskript senden. (BfI, Nr. 73)

18. Dezember. Steiner dankt Kürschner für die Vermittlung bei Spemann. «Das Manuskript wird jetzt abgeschrieben und mit einem Vorworte versehen, worauf ich mir erlauben werde, es sogleich zu übersenden.» (BfI, Nr. 74)

24. Dezember. In der *Deutschen Zeitung* (Wien) erscheint ein mit A. Z. gezeichneter Aufsatz Rudolf Steiners *Goethe und die Liebe und Goethes Dramen,* in welchem er zwei Arbeiten seines Lehrers Schröer bespricht. (B 6, S. 9)

1885

Während der Tätigkeit als Erzieher im Hause Specht kann sich Rudolf Steiner umfangreichen philosophischen Studien widmen. An erster Stelle sind die Werke EDUARD VON HARTMANNS zu nennen. So liest Rudolf Steiner *Die Phänomenologie des sittlichen Bewußtseins* (1879) und *Das religiöse Bewußtsein der Menschheit* (1881), möglicherweise auch *Die Religion des Geistes* (1882), ferner studiert er: OTTO LIEBMANN: *Die Klimax der Theorien* (1884), JOHANNES REHMKE: *Die Welt als Wahrnehmung und Begriff* (1880), JOHANNES VOLKELT: *Immanuel Kants Erkenntnistheorie* (1879), RICHARD WAHLE: *Gehirn und Bewußtsein* (1884) und andere zeitgenössische Autoren.

Nicht genau festzustellen ist der Fortgang der Goethe-Arbeiten. Man darf aber vermuten, daß das bereits Ende 1884 als fertig bezeichnete Manuskript des Buches *Grundlinien einer Erkenntnistheorie der Goetheschen Weltanschauung* in diesem Jahr nochmals überarbeitet oder neu geschrieben wird, denn es wird erst im Frühjahr 1886 dem Verleger übersandt. In diesem Zusammenhang wird sich Rudolf Steiner auch mit Goethes Arbeiten zur Naturwissenschaft im Allgemeinen befaßt haben.

Seit 1885 bis zum Ende der Wiener Zeit verkehrt Rudolf Steiner im Hause Fehr. Eine Freundschaft verbindet Rudolf Steiner mit WALTER FEHR und seiner Schwester Radegunde. Über Walter Fehr berichtet Rudolf Steiner: «Unter meinen Freunden war seit längerer Zeit einer, den ich wegen seines frischen sonnigen Wesens, wegen seiner treffsicheren Bemerkungen über Leben und Menschen, und wegen seiner ganzen offenen, treuen Art sehr lieb gewonnen hatte. Er führte mich mit anderen gemeinsamen Freunden in sein Haus ein.» Nicht weniger wichtig war für Rudolf Steiner die Freundschaft mit RADEGUNDE FEHR. (Vgl. Lg 118–120)

31. Januar. Kurzer Brief an Kürschner.

28. Februar. Im *Literarischen Zentralblatt für Deutschland* (Nr. 10, S. 316) erscheint eine wohlwollende Rezension des I. Bandes von Goethes naturwissenschaftlichen Schriften, in welcher es heißt, daß diese Edition einer «der wertvollsten Bestandteile der ganzen Sammlung» zu werden verspreche.

23. März. In der Münchener *Allgemeinen Zeitung* wird Steiners Arbeit ausführlich besprochen. Der Rezensent schreibt u. a.: «In wohltuendem Gegensatz zu Melzer steht Rudolf Steiners Einleitung zum ersten Bande einer neuen Ausgabe von Goethes naturwissenschaftlichen Schriften. Nachdem, was Carus, Kalischer, Oscar Schmidt, Virchow und erst vor drei Jahren Ernst Haekkel über Goethes Naturstudien vorgetragen, mußte eine neue Behandlung dieses Gegenstandes als sehr gewagt erscheinen.» «Pflicht der Goethe-Forscher ist es, wenigstens hinzuweisen auf den neuen Versuch, welcher Goethes Verhältnis zu den Naturwissenschaften in einer ungeahnt großartigen Weise darlegt.»

15. Mai. Brief an Kürschner über die Bearbeitung der Neuauflage des Taschen-Konversations-Lexikons, Rudolf Steiner bietet an, auch die englische und französische Übersetzung der von ihm bearbeiteten Teile zu besorgen.

Ende Mai–15. Dezember fortlaufende Lexikon-Arbeit. Kürschner mahnt Rudolf Steiner immer wieder und fordert dringend die englischen Übersetzungen an.

6. September. Besprechung des Buches *Gehirn und Bewußtsein* von RICHARD WAHLE durch Rudolf Steiner (*Deutsche Wochenschrift*). Rudolf Steiner bewertet Wahles Untersuchungen positiv. Wahle stellt die physischen, physiologischen und psychologischen Tatsachen als koordinierte Tatsachen nebeneinander: «Wir sind nach Wahle nur in der Lage wahrzunehmen, daß beide parallel verlaufende Vorkommnisse sind; wir sind aber nicht berechtigt, das Bewußtsein als reale Folge des Gehirnmechanismus anzusehen. Die Physiologie behält recht, wenn sie die materiellen Korrelate zu den geistigen Phänomenen sucht; aber die materialistische Phantastik, die den Geist zum wahrhaften Produkte des Gehirns machen will, erhält den Abschiedsbrief.» (Meth 476)

10. Oktober. In der *Österreichischen Literaturzeitung* erscheint eine lange und kritische Rezension von Steiners Goetheband. Der Rezensent bemängelt u. a. die Anordnung von Goethes Schriften durch Steiner.

13. Oktober. Rudolf Steiner an Kürschner: Entschuldigung wegen der vielen Versäumnisse, «die ich in letzter Zeit... begangen habe.» (BfI, Nr. 88)

15. Dezember. Letzte Sendung von Artikeln für das Taschen-Konversations-Lexikon geht an Kürschner ab.

1886

Neben der Erziehertätigkeit im Hause Specht wird die Goethe-Arbeit fortgesetzt. Im April wird das Buch *Grundlinien einer Erkenntnistheorie der Goetheschen Weltanschauung* abgeschlossen. Dieses erste selbständige Werk Rudolf Steiners – mehr als ein Beitrag zur Erkenntnistheorie denn als eine Untersuchung zu Goethe geschrieben – erscheint Ende Oktober. Im November wird der Textteil des II. Bandes von Goethes naturwissenschaftlichen Schriften fertiggestellt. Die Einleitung hingegen, in der in anderer Form die Grundgedanken der «Grundlinien» neu gefaßt werden, nimmt noch einige Monate in Anspruch.

Ein neuer Menschenkreis erschließt sich Rudolf Steiner durch die Bekanntschaft mit der damals in Wien gefeierten jungen Dichterin Marie Eugenie delle Grazie. Auch Rudolf Steiner schätzt diese Dichterin – die heute völlig vergessen ist – hoch ein, weil sich in ihrer Dichtung die Konsequenzen der herrschenden Naturwissenschaft radikal darstellen. In dem Kreise um Marie Eugenie delle Grazie lernt Rudolf Steiner vor allem Theologen der Wiener Universität kennen: Laurenz Müllner, Wilhelm Neumann, Joseph Kopallik und die Philosophen Adolf Stöhr und Vinzenz Knauer. – Die Gespräche in diesem Kreise dürften es Rudolf Steiner nahegelegt haben, sich mit der aristotelischen und thomistischen Philosophie zu befassen.

27. Januar. Joseph Kürschner bittet Rudolf Steiner um Mitteilung des endgültigen Konzepts für die restlichen Bände von Goethes naturwissenschaftlichen Schriften und ersucht um Auskunft, bis wann er definitiv auf die Einsendung der Manuskripte rechnen kann. (BfI, Nr. 91)

12. Februar. Kürschner übermittelt Steiner die kritische Anfrage eines Alexander Berg (Ps. für Ludwig Aub) in bezug auf Steiners Goethe-Ausgabe. (BfI, Nr. 92, vgl. dort auch Anm. 304f.)

Anfang März. Rudolf Steiner teilt Kürschner seine Planung für die zwei weiteren Bände seiner Goethe-Ausgabe mit und stellt in Aussicht, daß Kürschner das Manuskript des II. Bandes «wohl noch im März» erhalten soll. Rudolf Steiner ist sich zu jener Zeit noch nicht im klaren darüber, daß zwei Bände bei weitem nicht ausreichen. Auch erhielt Kürschner die Einleitung zum zweiten Band nicht im März 1886, sondern im Mai 1887.

6. April. Rudolf Steiner veröffentlicht in der *Freien Schlesischen Presse* den im März geschriebenen Aufsatz *Deutsche Dichtungen der Gegenwart*, in dem er MARIE EUGENIE DELLE GRAZIE als Dichterin feiert, die aus dem nie versiegenden Quell schöpft. Der Aufsatz ist nicht frei von Klischees: «Sie schildert mit einer solchen Bitterkeit die der edlen deutschen Gesittung gegenüberstehende römische Verderbtheit, wie es nur der vornehm denkende Deutsche imstande ist, der auf seiner moralischen Höhe keine Schonung für das Unlautere, für das Schlechte, sondern nur Verachtung kennt.» (Lit 115)
Ende April. Vorwort zu *Grundlinien einer Erkenntnistheorie der Goetheschen Weltanschauung*.
16./17. April(?). Brief an den Freund MORIZ ZITTER, in welchem Steiner auf die Dichtungen MARIE EUGENIE DELLE GRAZIES hinweist. «Diese Dichtungen sind der Form nach vielleicht nicht ganz, dem Inhalte nach gewiß aber ganz einigen der größten Schöpfungen Schillers und Goethes an die Seite zu setzen. Diese vor kurzem erschienen Sachen atmen wieder einmal wahre Poesie, sind voll dichterisch gestaltender Kraft.» (BfI, Nr. 77)
Rudolf Steiner war kurz vorher von Karl Julius Schröer auf die Dichtungen delle Grazies hingewiesen worden: «Er fügte hinzu, Robert Zimmermann habe gesagt, das sei das einzige wirkliche Genie, das er in seinem Leben kennengelernt habe.» So las auch Steiner «die Dichtungen in einem Zuge». (Lg 120/121)
9. Mai. Das Manuskript der *Grundlinien einer Erkenntnistheorie der Goetheschen Weltanschauung* wird an Kürschner übersandt. Die Fortsetzung der Goethe-Ausgabe «ist soeben in Schröers Hand und wird nun dieser Sendung ehestens nachfolgen». (BfI, Nr. 95)
Im Mai oder schon im April (?). Besuch bei MARIE EUGENIE DELLE GRAZIE, die über ihr in Arbeit befindliches Epos *Robespierre* und über den dichterischen Plan einer Satanide berichtet. «Ich ging tief erschüttert von der Dichterin weg. Die Größe, mit der sie gesprochen hatte, stand vor mir; der Inhalt ihrer Ideen war das Gegenbild alles dessen, was mir als Anschauung von der Welt vor dem Geiste stand.» (Lg 121 f.)
Mai. «Kurz darauf wurde ich eingeladen zu delle Grazie. Sie sollte vor einer Anzahl von Persönlichkeiten, zu denen auch Schröer und seine Frau sowie eine Freundin des Schröerschen Hauses gehörten, aus ihrem Robespierre vorlesen.» Für Schröer war der in den Dichtungen delle Grazies sprechende Pessimismus und die dichterische Darstellung des Schrecklichen unerträglich. Delle Grazie veröffentlichte kurz darauf ein Gedicht *Die Natur*, in welchem sie die pessimistischen Konsequenzen aus der materialistischen Weltauffassung zieht.
1. Juni. In der Zeitschrift *An der schönen blauen Donau* erscheint (kurz darauf auch als Privatdruck) von Rudolf Steiner *Die Natur und unsere Ideale. Ein*

Sendschreiben an Marie Eugenie delle Grazie. Rudolf Steiner räumt ein, daß durch die Natur unsere Ideale nicht befriedigt oder bestätigt werden, daß die äußere Welt an sich nur Vergänglichkeit und Vernichtung offenbart, aber er hält dem entgegen: «Wo bliebe die göttliche Freiheit, wenn die Natur uns, gleich unmündigen Kindern, am Gängelband führend hegte und pflegte? Nein, sie muß uns alles versagen, damit, wenn uns Glück wird, dies ganz das Erzeugnis unseres freien Selbst ist! Zerstöre die Natur täglich, was wir bilden, auf das wir uns täglich aufs neue des Schaffens freuen können! Wir wollen nichts der Natur, uns selbst alles verdanken.» (Meth 238)
SCHRÖER reagiert auf dieses Sendschreiben mit einem Brief an Steiner, in dem er schreibt: wenn Steiner so über den Pessimismus und über die Natur schreibe, hätten sie sich nie verstanden.
Rudolf Steiner verkehrt weiterhin im Hause des Freundes der Marie Eugenie delle, Grazie, LAURENZ MÜLLNER im Wiener Cottage, Stephaniestraße 1. Dort trafen sich samstags zum «Jour» auch der Philosoph ADOLF STÖHR, der Kirchengeschichtler JOSEPH KOPALLIK, der Theologe WILHELM NEUMANN und auch VINZENZ KNAUER, ferner die beiden Schriftstellerinnen GOSWINE VON BERLEPSCH und EMILIE MATAJA. (Zu M. E. delle Grazie siehe auch: 31. 3. 1890, 7. 1. u. 25. 10. 1893, 15. u. 22. 9. 1900 sowie GA 164, 27. 9. 1915 und Fritz Lemmermayer *Erinnerungen*, S. 21–28)
26. Juni. Rudolf Steiner antwortet auf eine (nicht erhaltene) Anfrage des Direktors des Goethe-Archivs ERICH SCHMIDT, ob er bereit sei, an der neuen Weimarischen Goethe-Ausgabe (Sophien-Ausgabe) mitzuwirken und die Edition der Schriften zur Farbenlehre zu übernehmen. «Ich werde diese Herausgabe mit Freude übernehmen. Besonders erfreulich ist mir, daß Sie mir gerade die Farbenlehre übertragen. Ich glaube nämlich gerade an diesem Teile die umfassendsten Vorarbeiten mitzubringen.» (BfI, Nr. 97)
Der Plan, Rudolf Steiner die Herausgabe der Farbenlehre zu übertragen, zerschlug sich, vermutlich, weil SALOMON KALISCHER diesen Teil der Edition für sich beanspruchte.
7. Oktober. Kürschner an Steiner: «Das Nichteintreffen Ihrer Bände macht mir große Sorge und redaktionelle Beschwerden. Ich ersuche Sie in der dringendsten Weise, mir sobald als möglich Weiteres zu senden, damit die Vollendung der naturwissenschaftlichen Schriften nicht noch länger auf sich warten läßt.»
14. Oktober. Steiner an Kürschner: «Sie können überzeugt sein, daß es mir ungemein leid tut, Ihnen durch mein Zögern Unannehmlichkeiten zu machen. Ich hatte bisher keine Ahnung davon und bitte Sie... vielmals um Entschuldigung. Ich werde die Absendung des Manuskriptes nun, da ich sehe, daß Sie es notwendig brauchen, sogleich besorgen und Sie können in wenigen Tagen mit Bestimmtheit darauf rechnen.»

17. Oktober. Kurzer Aufsatz *Über das Verhältnis Thomas Seebecks zu Goethes Farbenlehre.* (Meth 477 f.)
Ende Oktober. Die *Grundlinien einer Erkenntnistheorie der Goetheschen Weltanschauung* erscheinen. Rudolf Steiner sendet in den folgenden Wochen Exemplare u. a. an Friedrich Theodor Vischer, Eduard von Hartmann, Gideon Spicker, Robert Hamerling, Max Koch, Friedrich Zarnke, Karl Julius Schröer und vermutlich auch an Johannes Volkelt und Johannes Rehmke. (BfI, Nr. 107–110)
8. November. Kürschner mahnt erneut wegen der Ablieferung des II. Bandes.
21. November. Der II. Band geht ohne Steiners Einleitung an Kürschner ab.
25. November. Rudolf Steiner über seine Erkenntnistheorie an Friedrich Theodor Vischer: «Wenn sich dieselbe auch an Goethe anschließt, so gestehe ich doch ganz offen, daß ich in erster Linie einen Beitrag zur Erkenntnistheorie und keineswegs einen solchen zur Goetheforschung habe geben wollen.» «Goethes und Schillers wissenschaftliche Darlegungen sind für mich eine Mitte, zu der Anfang und Ende zu suchen ist. Der Anfang: durch Darstellung der prinzipiellen Grundlage, von der wir uns diese Weltansicht getragen denken müssen; das Ende: durch Auseinandersetzung der Konsequenzen, die diese Betrachtungsweise für unsere Anschauung über Welt und Leben hat.» (BfI, Nr. 107)
21. Dezember. Rudolf Steiner an Eduard von Hartmann in einem Brief, in dem er sich auch über seine Goethe-Arbeit ausspricht: «Ich sehe das Große und Bedeutsame Ihrer Philosophie darin, daß Sie – namentlich in der Geschichtsphilosophie – zwei Dinge vereinigen, die immer irrigerweise für unvereinbar gehalten werden: empirische Methode und idealistisches Forschungsresultat.» (BfI, Nr. 110)
30. Dezember. Aufsatz *Das Ansehen der deutschen Philosophie einst und jetzt* in *Deutsche Presse* (Graz). Die gegenwärtige Philosophie und Wissenschaft wird charakterisiert: «Das Vertrauen in unser Denken ist uns völlig verlorengegangen. Man betrachtet es einzig und allein als Werkzeug der Beobachtung, der Erfahrung.» Im Sinne einer Freiheitsphilosophie werden göttliche Gebote abgelehnt, ebenso werden der «Trost in der Religion oder in dem Bewußtsein der Gotteskindschaft» zurückgewiesen. «Wer den Menschen den freien Willen im höchsten Sinne des Wortes zuerkennt, muß jeden inner- oder außerweltlichen Einfluß auf die Taten seines Geistes leugnen.» In der deutschen Klassik erkennt Steiner ein freies philosophisches Denken, das sich zu höchsten Ideen aufschwingt. «Unsere deutsche Philosophie ist nicht die Tat eines Einzelnen, sie ist die Tat des deutschen Volkes. Das deutsche Volk brachte sein Bestes, sein Herzblut an die Oberfläche, und das nennen wir deutsche Philosophie.» «Der Grieche sucht der Materie den Schöpfungsge-

danken einzuprägen, der Deutsche sucht ihn denkend zu erfassen und als Ideenwelt, auf die er sich zurückzieht, auszugestalten. Plastischer Sinn ist bei den Griechen, plastischer Geist bei den Deutschen zu Hause.» (Meth 240–246)

1887

Zu Anfang des Jahres erkrankt Rudolf Steiner schwer. Dadurch wird die Fertigstellung der Einleitung zum II. Band von Goethes naturwissenschaftlichen Schriften in der *Deutschen National-Literatur* weiter verzögert. Sie wird im Mai fertiggestellt. In der Vorrede zu dieser Einleitung spricht Rudolf Steiner in besonders charakteristischer Weise seine Überzeugungen aus: «Es erhöht die Würde des Menschen, daß grausam immer zerstört wird, was er schafft, denn er muß immer aufs neue bilden und schaffen, und im Tun liegt unser Glück, in dem, was wir selbst vollbringen. Mit dem geschenkten Glück ist es wie mit der geoffenbarten Wahrheit. Es ist allein des Menschen würdig, daß er selbst die Wahrheit suche, daß ihn weder Erfahrung noch Offenbarung leite.» «Indem das Denken sich der Idee bemächtigt, verschmilzt es mit dem Urgrunde des Weltendaseins; das, was von außen wirkt, tritt in den Geist des Menschen ein: er wird mit der objektiven Wirklichkeit auf ihrer höchsten Potenz eins. Das Gewahrwerden der Idee in der Wirklichkeit ist die wahre Kommunion des Menschen.»

Spätestens seit dem Sommer beschäftigt sich Rudolf Steiner in besonderem Maße mit Fragen der Ästhetik, namentlich studiert er die philosophischen Ästhetiker des 19. Jahrhunderts.

Im Winter 1887 lernt Rudolf Steiner durch FRITZ LEMMERMAYER einen neuen Kreis von Menschen kennen, die sich wie Lemmermayer als Dichter verstehen. Ebenso führt Lemmermayer Rudolf Steiner in das Haus des Pfarrers ALFRED FORMEY ein, wo u. a. auch CHRISTINE HEBBEL, die Witwe des Dichters und die Schauspielerin ILMA WILBORN verkehren.

30. Januar. Der Dichter und Philosoph ROBERT HAMERLING schreibt an Rudolf Steiner über die *Grundlinien einer Erkenntnistheorie*... «Fast möchte ich wünschen, Sie hätten die Beziehung auf *Goethes* Erkenntnistheorie im Titel des Buches weggelassen. Was Sie bieten ist weit mehr als eine Erläuterung der Goetheschen Naturanschauung. Diese kommt, meines unmaßgeblichen Erachtens, in dem Büchlein auch nicht in jenem Maße von Klarheit zum Ausdruck, welche für weitere Lehr-(Leser-?)Kreise ausreichen würde.» ... «Ich kann hier nur sagen, daß Ihr Ringen, zwischen Idealismus und Realismus einen festen Standpunkt zu gewinnen, mir ungemein interessant ist, daß

Ihr Büchlein mir ein sinniges Gedankenleben enthüllt hat, daß so manche feine und hübsche Bemerkung mich daraus angesprochen, und daß Ton und Stil des Ganzen – trotz mancher inhaltlichen Anregung zu Einwürfen – mich von Anfang bis zu Ende sympathisch berührt hat.» (Rudolf Steiner erwähnt diesen Brief Hamerlings recht ausführlich im Vortrag vom 4.2. 1913, vgl. B 83/84, S. 25f., Abdruck des Briefes in *Das Goetheanum*, IX. Jg. 1930, S. 99.)

7. Februar. KÜRSCHNER bittet Steiner um eine vollständige Neubearbeitung der Artikel für eine geplante Neufassung des Taschen-Konversations-Lexikons. Kürschner bleibt ohne Antwort, da Rudolf Steiner krank ist.

18. Februar. «Meine gesundheitlichen Verhältnisse sind ja allerdings nicht die besten, doch sind sie seit einigen Tagen auf dem Wege, besser zu werden. Ich befinde mich ja unter Leuten, die mir mit solcher Liebe zugetan sind, daß in bezug darauf alle Wünsche überboten werden. Und wenn anfangs... kleine Differenzen bestanden, so ist schon lange nicht mehr davon die Rede. Es wird mir von dieser Seite viel mehr zuteil, als ich eigentlich verdiene, und ich verdanke meine Gesundung nicht mir, sondern diesen ganz außerordentlich lieben Menschen. Die Frau des Hauses [Pauline Specht] gehört zu den besten Frauen, die ich überhaupt je kennengelernt habe.» «Daß ich gerade jetzt kein Geld habe und eins brauchte, kann nicht eben anders werden.» (BfI, Nr. 113)

20. Februar. Der Aufsatz *Johannes Volkelt – ein deutscher Denker der Gegenwart* erscheint in *Deutsche Presse* (Graz). Der Aufsatz dürfte vor der Erkrankung Steiners, etwa im Januar geschrieben worden sein. Der Aufsatz ist eine wichtige Quelle für Steiners damalige Beurteilung der Zeitverhältnisse. Steiner distanziert sich von den führenden Kritikern Wiens, LUDWIG SPEIDEL, EDUARD HANSLICK und anderen und wirft ihnen «französisierende Geistreichtuerei» vor. Zustimmend zitiert er Volkelts Diktum: «Wir leben in dem Zeitalter allgemeiner Auspolsterung.» Ferner greift Steiner das angesehenste Blatt Wiens die *Neue Freie Presse* scharf an, das durch seine gesinnungslosen Stellungnahmen im Dienste des Kapitalismus die Maßstäbe korrumpiert habe. «Die Festigkeit des Charakters ist in dem taumelhaften Genußleben untergegangen.» Ansonsten enthält der Aufsatz Hinweise auf Volkelts Schriften, vor allem auf das Buch *Die Traumphantasie* (1875). (Meth 246ff.)

15. April. Kurzer Aufsatz *Zur Farbenlehre* Goethes. (Meth 478)

23. April. An Kürschner: «Leider war ich in den letzten Wochen durch meine Erkrankung zu jeder Arbeit unfähig, und ich bin nun sehr beunruhigt über die Verlegenheit, die ich ihnen bereitet habe. Sie können aber mit Sicherheit darauf rechnen, daß ich jetzt, wo ich wieder halb und halb hergestellt bin, alles in raschester Weise erledige.» (BfI, Nr. 116)

19. Juni. Rudolf Steiner sendet EDUARD VON HARTMANN die Korrekturfahnen der Einleitung des II. Bandes (Goe N), in welcher Steiner auf den Seiten

LXII–LXVII die Weltansicht Eduard von Hartmanns im Verhältnis zu Goethes Weltanschauung abhandelt.

Sommer(?). Kritische Rezension des Buches von Ernst Melzer *Goethes philosophische Entwicklung,* in *Zeitschrift für vergleichende Litteraturgeschichte.* (Meth 479 ff.)

4. August. Gideon Spicker, der von Rudolf Steiner um eine Besprechung der *Grundlinien einer Erkenntnistheorie* gebeten worden war, antwortet, daß er von einer Rezension absehen möchte, «weil ich nicht ganz mit Ihrer Auffassung übereinstimme und das nicht öffentlich aussprechen wollte. Ich halte nämlich dafür, daß Goethe von der gegenwärtigen Modekrankheit der Erkenntnistheorie noch gar nicht angesteckt war, daß er von seinem intuitiv pantheistischen Standpunkt aus dafür gar kein Verständnis hatte, wie aus verschiedenen Äußerungen und aus seiner ganzen Art, die Natur und das Leben zu betrachten, hervorgeht. Abgesehen davon ist Ihre Arbeit sehr klar, fließend und überzeugend.» Spicker ermuntert im übrigen Steiner mit seiner Arbeit fortzufahren und ein volles Bild der Goetheschen Weltanschauung zu entwerfen. (BfI, Nr. 123)

August oder September. Der II. Band von *Goethes naturwissenschaftlichen Schriften* erscheint.

September/Oktober. Rudolf Steiner schickt Eduard von Hartmann den II. Band (Goe N) und bedankt sich für die *Geschichte der Ästhetik* Hartmanns, die er eingehend gelesen habe und die er sehr rühmt. (BfI, Nr. 124)

18. Oktober. Kürschner fragt bei Steiner an, ob er bereit sei, an einer Neubearbeitung des *Piererschen Konversationslexikons* mitzuwirken. Der «Pierer» war, wie der «Brockhaus» und der «Meyer» eines der großen Lexika des 19. Jahrhunderts. (BfI, Nr. 125)

24. Oktober. Rudolf Steiner erklärt sich zur Mitarbeit am «Pierer» bereit und ist willens, außer Mineralogie und Geologie auch «alles auf Naturwissenschaft Bezügliche» zu übernehmen. «Wenn Sie sich um das philosophische Gebiet selbst noch nicht umgesehen haben, so wäre ich ihnen besonders verbunden, wenn Sie mir darauf Bezügliches zur Arbeit übertrügen.» (BfI, Nr. 126)

November. Beginn der Freundschaft mit Friedrich Lemmermayer. Rudolf Steiner hatte Lemmermayer bereits 1886 bei M. E. delle Grazie kennengelernt, aber erst nach Lemmermayers Rückkehr aus Genua (Herbst 1887) ergibt sich der persönliche Verkehr, der bald zu einer herzlichen Freundschaft wird. Lemmermayer führt Steiner in einen Kreis junger österreichischer Dichter ein, der sich wöchentlich zu einer Aussprache traf. In diesem Kreis lernt Steiner auch den Lyriker Joseph Kitir kennen. (Lg 132)

8. Dezember. Kürschner bittet dringend um weiteres Material für den «Pierer».

31. Dezember. Rudolf Steiner bedankt sich bei EDUARD VON HARTMANN für die Übersendung seiner *Philosophie des Schönen:* «Das Buch, auf das ich so lange gespannt war, wird jetzt natürlich meine erste Lektüre sein...» (BfI, Nr. 132)

1888

In der ersten Hälfte des Jahres ist Rudolf Steiner neben seiner Erziehertätigkeit im Hause Specht als Redakteur der *Deutschen Wochenschrift* tätig. Das Blatt vertritt die Idee des Deutschtums in Österreich und steht auf dem Boden eines geistigen Liberalismus. Die Redaktionstätigkeit veranlaßt Rudolf Steiner, sich mit den politischen und kulturpolitischen Verhältnissen in Österreich gründlich zu beschäftigen. In einer Reihe von größeren Artikeln formuliert Rudolf Steiner seine Auffassungen. Er befürwortet eine an den Leistungen des Individuums orientierte Kulturpolitik und wendet sich gegen bürokratische Reglementierung des geistigen Lebens. Er fordert von den Deutschen in Österreich, sich im Sinne der zeitnotwendigen Ideen auf die kulturelle Mission des Deutschtums zu besinnen und lehnt eine Zusammenarbeit mit den deutschen Klerikalen ab. Den wirtschaftlichen Liberalismus verurteilt er als Ausbeutung des Individuums durch das Individuum.

Durch seine Rezension des *Homunkulus* von Robert Hamerling, den er sehr rühmt, befremdet er Ladislaus Specht, der dieses Lob des Homunkulus und einige Passagen der Kritik Rudolf Steiners als eine besondere Form des Antisemitismus deuten muß.

Die zweite Hälfte des Jahres ist neben der ungemein lästigen und zeitaufwendigen Lexikonarbeit für das von Joseph Kürschner herausgegebene Piersche Lexikon, umfassenden ästhetischen Studien gewidmet. Rudolf Steiner studiert die Geschichte der Ästhetik von Alexander Gottlieb Baumgarten (1750) bis Eduard von Hartmann, um eine Ästhetik im Sinne Goethes zu begründen: «Das Schöne ist nicht das Göttliche in einem sinnlich-wirklichen Gewande; nein, es ist das Sinnlich-Wirkliche in einem göttlichen Gewande.» Am 9. November trägt Rudolf Steiner das erste Ergebnis seiner Studien im Wiener Goethe-Verein unter dem Titel *Goethe als Vater einer neuen Ästhetik* vor. Dieser Vortrag ist die Keimzelle aller späteren, sehr umfangreichen ästhetischen und sozial-ästhetischen Darstellungen und Bestrebungen Rudolf Steiners. In den folgenden Jahren arbeitet er an einer umfangreichen, systematischen Ästhetik, von der sich aber nur Bruchstücke erhalten haben.

Der Vortrag vom 9. November führt zu einer von Rudolf Steiner des öfteren beschriebenen Begegnung mit dem Zisterzienser-Pater Prof. Dr. Wilhelm

Neumann, der Rudolf Steiner auf die Verwandtschaft seiner Gedanken mit denen Thomas von Aquinos hinweist.

1. Januar. Unvorbereitet und offensichtlich ziemlich überstürzt übernimmt Rudolf Steiner inoffiziell die Redaktion der *Deutschen Wochenschrift.* «Ich war im Grunde genommen ganz unvorbereitet in diese Redaktionstätigkeit hineingekommen. Ich glaubte zu sehen, wohin auf den verschiedensten Gebieten zu steuern war; aber ich hatte die Formulierungen nicht in den Gliedern, die den Lesern der Zeitungen einleuchtend sein konnten. So war denn das Zustandekommen jeder Wochennummer für mich ein schweres Ringen.» (Lg 147)
Von Januar bis zum 20. Juli verfaßt Rudolf Steiner jede Woche eine Übersicht über die wichtigen Ereignisse der vergangenen Woche. Insgesamt sind es 29 Wochenübersichten.
24. Feburar. Rezension der Faust-Kommentare von Karl Julius Schröer durch Rudolf Steiner: *Faust nach Goethes eigener Methode erläutert.* Beschreibung der Art, wie Schröer Motive und Bilder des Faust-Dramas entschlüsselt.
20. April. Rezension: *Robert Hamerling: ‹Homunkulus› – Modernes Epos in 10 Gesängen.* Das Epos *Homunkulus* «stellt jene Karikatur dar, zu der unsere moderne Kultur wird, wenn man sich vorstellt, daß sie auf den von ihr eingeschlagenen Pfaden bis zu den letzten Konsequenzen kommt.»
Das höchst groteske Epos wurde weithin abgelehnt. So wurde man auch «in dem Hause delle Grazie, in dem man vorher in restloser Bewunderung Hamerlings lebte, ... bedenklich, als dieses Epos erschien». Vor allem aber erregte Rudolf Steiner durch jenen Teil der Rezension, wo von den Juden und dem Antisemitismus die Rede ist (Lit 148, 152) Anstoß im Hause Specht. Rudolf Steiner meinte, sich in dem Aufsatz über «Homunkulus» «ganz objektiv über die Stellung des Judentums ausgesprochen zu haben. Der Mann, in dessen Hause ich lebte, mit dem ich befreundet war, nahm dies als eine besondere Art des Antisemitismus auf. Nicht im geringsten haben seine freundschaftlichen Gefühle für mich darunter gelitten, wohl aber wurde er von einem tiefen Schmerze befallen. Als er den Aufsatz gelesen hatte, stand er mir gegenüber, ganz von innerstem Leid durchwühlt, und sagte mir: ‹Was Sie da über die Juden schreiben, kann gar nicht in einem freundlichen Sinne gedeutet werden; aber das ist es nicht, was mich erfüllt, sondern daß Sie bei dem nahen Verhältnis zu uns und unseren Freunden die Erfahrungen, die Sie veranlassen, so zu schreiben, nur an uns gemacht haben können.›» (Lg 193, vgl. GA 167, 30. 5. 1916)
11. Mai. Robert Hamerling dankt für «Ihren so ungemein trefflichen, verständnisvollen Artikel über Homunkulus».
30. Mai. Artikel: *Die deutschnationale Sache in Österreich.* Der Artikel kritisiert

– nach einem Rückblick auf das Versagen des politischen Liberalismus in Österreich – Zersplitterung und Versagen der deutschen Abgeordneten im Parlament. Rudolf Steiner sieht überall persönliche Interessen und subjektive, willkürliche Ansichten wirksam, man versäume, sich in den Dienst einer großen Idee zu stellen, die geeignet ist, «die Zeit zu beherrschen». (KuZ 111–115)

7. Juni. Artikel: *Das deutsche Unterrichtswesen in Österreich und Herr von Gautsch.* Rudolf Steiner nimmt Stellung gegen den bürokratischen Perfektionismus und Dirigismus im Unterrichtswesen, der durch Verordnungen alles reglementiert und die Lehrerbildungsanstalten «zu einer Art methodischer Drill-Institute für angehende Volksbildner» machen will. Steiner erinnert an die entgegengesetzte Tendenz des klerikalen Ministers THUN (1849–60), der überall die Individualität förderte und fordert, daß der Lehrer aus einer lebendigen Verbindung mit der modernen Wissenschaft heraus unterrichten soll, ohne «bei jedem Schritte, den er in der Schule macht, auf eine Verordnung zu treffen». (KuZ 121–127)

«Als Schröer meinen Artikel gelesen hatte, sagte er: Wollen Sie denn wieder eine klerikale Unterrichtspolitik in Österreich?» (Lg 147)

14. Juni. Rudolf Steiner dankt brieflich M. E. DELLE GRAZIE für einen Beitrag zur Wochenschrift.

14. Juni. Artikel: *Die geistige Signatur der Gegenwart.* Rudolf Steiner stellt seine Gegenwart der Zeit des deutschen Idealismus gegenüber. Damals «ein unablässiges Drängen des Geistes nach dem Grunde der Dinge». Heute: «Man hat alles Vertrauen in das Denken verloren.» «Man verzichtet überhaupt auf jegliche Lösung der großen Rätselfragen der Schöpfung und verschwendet unendliche Mühe auf die Detailforschung, die ohne große, leitende Gesichtspunkte denn doch keinen Wert hat.» (Meth 254)

Mitte bis Ende Juni. Rudolf Steiner begegnet durch Vermittlung von FRITZ LEMMERMAYER dem Dichter FERCHER VON STEINWAND. «Ich sagte ihm eines Abends, als wir so zusammensaßen, als ich gerade eben die ‹Deutsche Wochenschrift› redigierte: ‹Sagen Sie, Herr Fercher, könnten Sie nicht auch einmal etwas von Ihnen noch Ungedrucktes geben? ... Ich würde es gern jetzt in der Wochenschrift veröffentlichen.› ‹Ja›, sagte er, ‹i hab allerlei da liegen, so kosmische Sacherln, die hab i a no da.› Und da gab er mir diesen *Chor der Urtriebe,* den er seit langer Zeit in seinem Pult hatte und den ich dazumal veröffentlichte.» (GA 185a, 15. 11. 1918) Das Gedicht erscheint in der Nummer 28, 6. Jg. (13. Juli) in der Deutschen Wochenschrift. Am 15. Juli schreibt Rudolf Steiner in einem Brief über Fercher: «Das ist ein origineller Geist. Der hat ein ursprüngliches Streben, das sich mit elementarer Gewalt an die Oberfläche gearbeitet hat.» (BfI, Nr. 146)

21. Juni. Artikel: *Die deutschnationale Sache in Österreich.* Der Artikel behandelt die Frage, ob die «Deutsch-Nationalen» in Österreich sich mit den «deutschen Klerikalen» verbünden sollen, um so eine Mehrheit zu gewinnen und ihre Kulturaufgabe erfüllen zu können. Rudolf Steiner lehnt diese Koalition ab, weil es keine «Versöhnung zwischen deutschem Wesen, deutscher Kultur und römischer Kirche» gebe. (KuZ 117)

28. Juni. *Des Kaisers Worte:* Artikel über die Thronrede des deutschen Kaisers Wilhelm II. bei der Thronbesteigung. Rudolf Steiner bezeichnet die Thronrede als «wahrhaft großartige Botschaft an das deutsche Volk» und meint: «Ein anerkennenswerter, befriedigender historischer Zug geht durch sie, der für den tiefen Einblick des neuen Herrschers in die unumstößliche Wahrheit zeugt, daß nur jene Regierung wahrhaft segensreich sein kann, die sich in den Dienst der geschichtlichen Notwendigkeit stellt.» (KuZ 130)

28. Juni. *Monsignore Greuter:* Nachruf auf den am 22. Juni verstorbenen Joseph Greuter, den bedeutendsten Vertreter des Klerikalismus im österreichischen Abgeordnetenhause. Nicht ohne Schärfe wird die Wirksamkeit Greuters, dem «eine große Summe von Geist» zur Verfügung stand, skizziert. Er hatte einen «feinen Blick für die Schwächen und Auswüchse der gegenwärtigen Geistesrichtung; sie waren es, wovon immer seine geistreichsten Angriffe ausgingen. Und man muß sagen, daß er gegen jeden ungeschickten Wortführer des Liberalismus stets die Oberhand behielt. Nur mit der vollen inneren Kraft der Ideen der Gegenwart kann man gegen solche Streiter etwas ausrichten.» (KuZ 128)

13. Juli. *Papsttum und Liberalismus:* Rudolf Steiner nimmt Stellung zu einer Enzyklika Leos XIII. vom 28. Juni 1888, in der dieser vom Gesichtspunkt der katholischen Lehre aus den Liberalismus verurteilt. Rudolf Steiner räumt ein, daß der wirtschaftliche Liberalismus zu dem «scheußlichen System der Ausbeutung des Individuums durch das Individuum geführt hat». Der wirtschaftliche Liberalismus («Börsenliberalismus») ist aber nur das Zerrbild des Liberalismus. «Das Barometer des Fortschritts in der Entwicklung der Menschheit ist nämlich in der Tat die Auffassung, die man von der Freiheit hat, und die praktische Realisierung dieser Auffassung.» (KuZ 134–139)

13. Juli. Die *Deutsche Wochenschrift* wird von den Behörden wegen eines Artikels von Engelbert Pernerstorfer konfisziert. Pernerstorfer hatte sich kritisch über das österreichische Schulwesen und die Unterrichtsverwaltung geäußert. (Vgl. GA 202, 4. 12. 1920)

Im Zusammenhang mit der Wochenschrift kommt es zu Konflikten und zu einem Prozeß, den Rudolf Steiner in beiden Instanzen gewinnt. (GA 260 a, S. 255)

15. Juli. Brief Rudolf Steiners an Radegunde Fehr (vgl. Lg 120), in welchem er auf seine Artikel in der *Deutschen Wochenschrift* und auf das Gedicht Fercher von Steinwands hinweist.

20. Juli. Letzter politischer Artikel in der *Deutschen Wochenschrift:* «Die Deutschen in Österreich und ihre nächsten Aufgaben.» Zur Außenpolitik: «Kein Staat, der es mit der europäischen Zivilisation und den Kulturinteressen der west- und mitteleuropäischen Völker ernst meint, kann eine andere als eine mit der Spitze gegen den kulturfeindlichen russischen Koloß und gegen die von ihm ausgehenden großslavischen Tendenzen gekehrte Politik verfolgen.» Der Hauptteil des Artikels fordert eine Einigung aller deutschen Bestrebungen in Österreich, da nur so die deutsche Opposition in Österreich wirksam werden kann: «Nur eine Opposition, die nie daran denkt, das Heft in die Hände zu bekommen, kann sich den Luxus der Parteizerklüftung gestatten, eine solche, die notwendig daran denken muß, begeht damit ein schweres, durch nichts zu sühnendes Unrecht.» (KuZ 139–145)

Ende Juli. Die *Deutsche Wochenschrift* stellt ihr Erscheinen ein: «Und so fühlte ich mich denn wie von einer großen Last befreit, als diese Tätigkeit... ein Ende fand.» (Lg 147)

Anfang August. Verstärkte Wiederaufnahme der Lexikon-Arbeit: «eine Hetzerei sondergleichen.» (BfI, Nr. 154)

15. August–10. (?) September. Rudolf Steiner hält sich zu Arbeit und Erholung auf Spechts Gut Berghof bei Unterach am Attersee auf. Er schreibt an Fritz Lemmermayer: «Ich fühle mich vereinsamt, wie das selten noch der Fall war, und freue mich der Tage, wo wir wieder in Wien beisammensein werden. Bei dieser Gelegenheit kann ich nicht umhin, Dir, lieber Freund, meinen tiefsten, wärmsten Dank für die Liebenswürdigkeit zu sagen, mit der Du mich im Verlaufe dieses Winters mit lieben Leuten bekannt gemacht hast.» (BfI, Nr. 154)

Herbst. Reger Verkehr im Freundeskreise Lemmermayers und im Hause von Alfred und Marie Formey, wo auch Christine Hebbel, die Witwe Hebbels, Emilie Mataja (als Schriftsteller Emil Marriot), die Schauspielerin Ilma Wilborn, der Musiker Alfred Stross und der Bildhauer Hans Brandstetter verkehren.

9. November. Vortrag: *Goethe als Vater einer neuen Ästhetik.* In diesem Vortrag entwickelt Rudolf Steiner sein ästhetisches Programm, wonach das Schöne die Gestaltung eines Sinnlich-Wirklichen ist, so daß es wie ein Ideeles erscheint. – Nach dem Vortrag kommt es zu einer von Rudolf Steiner oft beschriebenen Begegnung mit dem Zisterzienser-Pater Professor Wilhelm Neumann, der in etwa sagt: «Die Keime zu diesem Vortrage, den Sie uns heute gehalten haben, die liegen schon bei Thomas von Aquino.» (GA 74, 24. 5. 1920, GA 240, 18. 7. 1924)

November–Dezember. Fortlaufende Lexikon-Arbeit, reger gesellschaftlicher Verkehr in den verschiedensten Kreisen.

Regelmäßiger Treffpunkt, nachmittags gegen zwei Uhr, war das Café Grien-

steidl, wo Rudolf Steiner auch VIKTOR ADLER, den Führer der österreichischen Sozialdemokraten kennenlernte: «In dem schmächtigen, anspruchslosen Mann steckte ein energischer Wille. Wenn er am Kaffeetisch sprach, hatte ich stets das Gefühl: der Inhalt dessen, was er sagte sei unbedeutend, alltäglich, aber so spricht ein Wille, der durch nichts zu beugen ist.»
Im Café Griensteidl verkehrt damals auch FRIEDRICH ECKSTEIN. (Vgl. Lg 147f., 184 und die Vorträge GA 65, 10. 2. 1916; 25. 5. 1920, unveröff.; 9. 3. 1922, unveröff.)

1889

«Meine erste Bekanntschaft mit Nietzsches Schriften fällt in das Jahr 1889. Vorher hatte ich keine Zeile von ihm gelesen.» (Lg 250) «‹Jenseits von Gut und Böse› war das erste Buch, das ich von ihm las. Ich war von dieser Betrachtungsart zugleich gefesselt und wieder zurückgestoßen. Ich konnte schwer mit Nietzsche zurechtkommen. Ich liebte seinen Stil, ich liebte seine Kühnheit; ich liebte aber durchaus die Art nicht, wie Nietzsche über die tiefsten Probleme sprach, ohne im geistigen Erleben mit der Seele bewußt in sie unterzutauchen.» (Lg 185) Auf die Entwicklung von Rudolf Steiners eigenen Ideen, namentlich auf die Formulierung der *Philosophie der Freiheit,* hatte die Bekanntschaft mit den Ideen Nietzsches keinen Einfluß. (Lg 250)
Ebenfalls ins Jahr 1889 fällt die erste Lektüre des Goetheschen *Märchens:* «Eine große Bedeutung hatte in dieser Zeit für mich die eingehende Beschäftigung mit Goethes Märchen von der ‹grünen Schlange und der schönen Lilie›, das den Schluß seiner ‹Unterhaltungen deutscher Ausgewanderter› bildet.»
«Nicht die Erklärung, wohl aber die Anregungen zum seelischen Erleben, die mir von der Beschäftigung mit dem Märchen kamen, waren mir wichtig. Diese Anregungen wirkten dann in meinem folgenden Seelenleben fort bis in die Gestaltung meiner später geschaffenen Mysteriendramen hinein.» (Lg 179–183)
Im Winter 1889/90 lernt Rudolf Steiner jene Wiener Theosophen kennen, die im Hause von Marie Lang verkehren. Dieser Kreis hatte durch Franz Hartmann von der Theosophie Helena Petrowna Blavatskys erfahren. Den Inhalten dieser Theosophie kann Rudolf Steiner nichts abgewinnen, ihn interessiert jedoch die Wirkung der Theosophie auf ernsthaft mystisch strebende Menschen, wie sie ihm in Marie Lang und Friedrich Eckstein entgegentreten. Durch den Verkehr mit dem theosophischen Kreis angeregt erwirbt und liest Rudolf Steiner: A. P. Sinnett *Esoterischer Buddhismus* und Mabel Collins *Licht auf den Weg.*
Das Jahr 1889 ist für Rudolf Steiner das Jahr der ersten großen Reisen. Im Frühjahr besucht er Budapest, im Sommer führt ihn seine Goethe-Arbeit nach Weimar, wo der Arbeitsplan für seine Mitarbeit an der Weimarer Ausgabe festgelegt wird, ferner nach Berlin, wo er Eduard von Hartmann auf-

sucht. Zu Weihnachten unternimmt er eine Reise nach Hermannstadt (Siebenbürgen), wo er von seinem Freunde MORIZ ZITTER eingeladen, einen Vortrag über *Die Frau im Lichte der Goetheschen Weltanschauung* hält.
Während des ganzen Jahres wird die Arbeit am III. Band von *Goethes naturwissenschaftlichen Schriften* fortgeführt. Ein Gleiches gilt für die Arbeit an Pierers Lexikon. Grundlage der Existenz ist weiter die Tätigkeit als Erzieher im Hause Specht.

30. Januar. Selbstmord des österreichischen Thronfolgers ERZHERZOG RUDOLF. Als dieses Ereignis bekannt wurde, «war ich auf dem Wege zu Schröer. ... Er war sozusagen der nächste Mensch, mit dem ich über diese Sache sprach. Der sprach ganz unmotiviert ‹Nero› – so daß ich mich eigentlich fragen mußte, warum denkt er jetzt an Nero?» (GA 236, 27. 4. 1924)
22. April. (Ostermontag) Aufführung von *Gyges und sein Ring* von Friedrich Hebbel, die Rudolf Steiner bespricht, die erste in einer langen Reihe von Theater-Rezensionen. (Dram 181)
Mai oder Juni(?). Rudolf Steiner unternimmt eine Reise nach Budapest, die im Zusammenhang mit den Siebenbürgener Freunden MORIZ ZITTER und FRITZ und AMALIE BREITENSTEIN steht. (Lg 186)
12. Juni. Brief an Kürschner über die Fertigstellung des III. und nunmehr auch des IV. Bandes von Goethes naturwissenschaftlichen Schriften. Die Eigenart dieser besonderen Arbeit, die Goethes Farbenlehre betrifft, macht «die sorgfältigste Prüfung auch der geringsten Einzelheiten zur Pflicht..., bevor der Band in die Welt geht. Und das braucht oft mehr Zeit, als man voraussetzt. Es soll durch nichts möglich sein, an der Frucht *jahrelanger* Studien und Arbeiten hinterher zu nörgeln. ... Ich verspreche mir von der Sache sehr viel; was ich vorbringe, ist, wie ich glaube, von unumstößlicher Wahrheit und einschneidender Bedeutung.» Steiner hofft, daß der III. Band bis zum 20. Juni in den Händen Kürschners ist. Er legt dem Brief eine Inhaltsübersicht der Bände III und IV bei. Für den IV. Band sind die Maximen und Reflexionen noch nicht vorgesehen. (BfI, Nr. 182)
17. Juli. Rudolf Steiner bereitet die Reise nach Weimar vor und bittet Kürschner, ihm à conto seiner bisherigen Arbeiten 400–450 Mark zu senden. (BfI, Nr. 188)
23. Juli. Reise nach Weimar. Rudolf Steiner zum ersten Mal in Deutschland.
24. Juli–17. August. Rudolf Steiner zu sichtenden Archivarbeiten in Weimar.
26. Juli. Rudolf Steiner berichtet seinem Schüler OTTO SPECHT von den ersten Eindrücken in Weimar: «Hier in Weimar ist es allerliebst.» «Gestern abend war ich mit den Genossen vom Goethe-Archiv in Belvedere, heute wollen wir nach Tiefurt.» (BfI, Nr. 191)

2. August. Fixierung des Arbeitsplans für Rudolf Steiners Arbeit an der Weimarer Goethe-Ausgabe.

4. August. «Meine Arbeit hier ist eine überhaupt nicht zu übersehende. Ich bin nun gerade so weit, daß ich ein vorläufiges Programm ausarbeiten und zu den Akten legen konnte.» «Was ich in bezug auf die Goetheforschung hier gefunden habe, ist sehr bedeutend. Der Aufsatz, den ich rekonstruiert habe und der prophetisch in meinem zweiten Bande angekündigt ist, hat sich, ganz meinen Vermutungen entsprechend gefunden.» Es handelt sich dabei um den Aufsatz *Erfahrung und Wissenschaft* vom 15. Januar 1798, über den Rudolf Steiner in der Einleitung zum II. Band geschrieben hatte und der im Band IV b (V) auf Seite 593 abgedruckt ist.

7. August. Der Text des III. Bandes geht ohne Einleitung an Kürschner ab.

8. August. Rudolf Steiner besucht die Wartburg bei Eisenach. Er berichtet: «Ich habe in meinem Leben wenige Augenblicke gehabt, wie gestern, als ich in das Lutherzimmer in der Wartburg eintrat. Es war, als empfand ich den Geist in seiner Unmittelbarkeit, der sich wie der belebende Saft in unsere ganze deutsche Entwicklung in den letzten Jahrhunderten ergossen hat. Es wird wohl wenige Punkte in Deutschland geben, die so auf uns wirken, wie die Wartburg, die so viel historische Erinnerungen in sich schließt.» (BfI, Nr. 195)

17. August. Ende der ersten Arbeitszeit in Weimar. Rückblickend schreibt Rudolf Steiner: «Ich ward mit außerordentlicher Liebenswürdigkeit von Bernhard Suphan aufgenommen, dem Direktor des Goethe-Archivs, und ich fand in Julius Wahle, einem ständigen Mitarbeiter des Archivs, einen lieben Freund.» (Lg 154)

18. August. Reise nach Berlin.

19. oder 20. August. Gespräch mit Eduard von Hartmann über erkenntnisphilosophische und andere Fragen. Besonderes Thema ist der Ausgangspunkt der Erkenntnistheorie, die Frage nach der Bedeutung der Vorstellung und inwieweit sich der Mensch über das Nicht-Bewußte selbst aufklären könne. (Lg 154f.; GA 35, S. 87 u. 307f.; GA 190, 14. 4. 1919; GA 192, 23. 4. 1919; GA 235, 15. 3. 1924; GA 222, 22. 3. 1923.)
Ferner: Besuch bei Herman Grimm. (BfI, Nr. 200)

21. August. Reise nach Stuttgart.

22. August. Aufenthalt in Stuttgart zu einer Besprechung mit Kürschner.

23. und 24. August(?). Besuch Münchens. (Vgl. Lg 156)
Auf dieser Reise besucht Rudolf Steiner also bereits die Zentren seines späteren Wirkens in Deutschland: Weimar, Berlin, Stuttgart und München.

Ende August bis 16. (?) September. Aufenthalt auf Gut Berghof bei Unterach am Attersee.

1. September. Brief an Fritz Lemmermayer: Rückblick auf die Reise durch

Deutschland. «Es ist etwas ganz anderes um das geistige Leben in Deutschland als in unserem Österreich. Es trägt doch alles den Stempel eines selbst- und zielbewußten Volkes in sich. Besonders in Norddeutschland, wo mir auch jede Spur des Partikularismus – wenigstens bei einem großen Teil des Volkes – überwunden zu sein scheint.» (BfI, Nr. 199)

Ende September / Anfang Oktober. «In der nächsten Zeit, nach der Rückkehr nach Wien, durfte ich viel in einem Kreise von Menschen verkehren, der von einer Frau zusammengehalten wurde, deren mystisch-theosophische Seelenverfassung auf alle Teilnehmer des Kreises einen tiefen Eindruck machte. Mir waren die Stunden, die ich in dem Hause dieser Frau, MARIE LANG, verleben durfte, in hohem Maße wertvoll.» (Lg 156f.)

In diesem Kreise verkehrt auch FRIEDRICH ECKSTEIN, der das Leben des Kreises in seiner Autobiographie beschreibt. (*Alte unnennbare Tage,* S. 183–186.) Dort verkehren auch HUGO WOLF, KARL GRAF ZU LEINIGEN-BILLIGHEIM und FRANZ HARTMANN.

Am 21. März 1891 schreibt er in bezug auf diese Zeit: «Sie können sich denken, daß ich da wieder recht gründlich untergetaucht bin in das mystische Element, in dem ich eine Zeitlang in Wien fast besorgniserregend geschwommen habe.» (BfII, Nr. 283, vgl. Lg 169ff.)

18. November. Brief an BERNHARD SUPHAN, den Direktor des Goethe-Schiller-Archivs, in dem Rudolf Steiner seine Ankunft in Weimar für Ostern 1890 avisiert.

20. November. Vortrag im Wiener Goethe-Verein: *Über den Gewinn der Goethe-Studien durch die Weimarer Ausgabe in naturwissenschaftlicher Beziehung.* Zusammenfassend: «Wir werden imstande sein, besser als dies bisher möglich war, jede einzelne Geistestat Goethes in dem Zusammenhang mit seinem Wesen zu betrachten. Und es wird die Aufgabe dieser Ausgabe in dieser Hinsicht sein, dies durch Anordnung und Auswahl des Aufzunehmenden soviel als möglich zu erleichtern.» (Meth 482–487)

Ende November. Fortlaufend weitere Lexikon-Arbeit.

9. Dezember. Artikel: *Wiener Theaterverhältnisse.* Rudolf Steiner verurteilt die Tatsache, daß auch die beiden führenden Wiener Theater, das Burgtheater und das Deutsche Volkstheater, sich zu einseitig auf Inszenierungen verlegen, «mit denen man möglichst viel verdienen kann». Neben der Aufführung einiger älterer klassischer Stücke wird von moderneren Dramen nichts wertvolles gebracht: «Frivolstes Unterhaltungsbedürfnis ist an die Stelle des Kunstsinnes getreten.» (Dram 23–27)

23. Dezember. Nachruf: *Ludwig Anzengruber* (gestorben am 10. Dezember). In dem Artikel bezeichnet Rudolf Steiner Anzengruber als «gewaltigen Kenner und Darsteller der Seele unseres Volkes». (Lit 16)

24.–30. Dezember. Reise nach Hermannstadt, Siebenbürgen. «Im Winter

1888/89 bin ich zu einem Vortrag nach Hermannstadt gefahren. Da ist es mir passiert, daß ich in Budapest den Anschluß nicht erreichen konnte. Ich mußte über Szegedin fahren, kam zwei Uhr nachmittags in Mediaŝ an. Da sagte man mir, ich müsse dableiben bis zwei Uhr. Ich kam in den Ort, in ein Kaffeehaus. Den Schmutz mußte man mit dem Messer herunterschneiden. Dann kamen die Spieler. Das war etwas Vulkanisch-Stürmisches in den Astralleibern, die sich miteinander knäuelten. Es geht mit Schwung und Enthusiasmus zu. Das Zimmer war neben dem Schweinestall. Die Stube war ein Wanzengeruch.» (GA 300/3, 27.3.24; vgl. Lg 187)

27. Dezember(?). Schlittenfahrt zu den im Süden gelegenen Karpathen. (Lg 188)

29. Dezember. Vortrag in Hermannstadt: *Die Frau im Lichte der Goetheschen Weltanschauung – Ein Beitrag zur Frauenfrage.* «Der Mann entfernt sich von der Natur, von der Unmittelbarkeit des Empfindens, wenn er seinen Geist in einer einseitigen Lebensaufgabe erschöpfen muß: er wird trocken, pedantisch, unnatürlich.» Bei der Frau «tritt nicht *eine* Eigenschaft des Geistes oder Körpers in den Vordergrund, sondern sie entwickeln sich alle in schöner Harmonie und bleiben in voller Geltung. So wirkt die Natur reicher, voller, göttlicher im Weibe als in dem von der Natur einseitig gemachten Mann.» (B 61/62, S. 5–16)

1890

Die größte und umfangreichste Arbeit dieses Jahres ist die Fertigstellung der Einleitung zum III. Band von Goethes naturwissenschaftlichen Schriften, d. h. zum systematischen Teil der Farbenlehre. In dieser Einleitung formuliert Rudolf Steiner in knappster Form das, was man als Ontologie ansprechen kann: die Lehre vom Urphänomen, von Raum und Zeit und vom System der Naturwissenschaft. Damit bringt er einerseits seine seit 1882 entwickelten Gedanken zu einem ersten Abschluß, andererseits sind damit die Grundlagen der von ihm später vertretenen Anthroposophie im Umriß dargestellt.

Das zweite – wahrscheinlich im Sommer dieses Jahres begonnene Werk ist seine Dissertation: *Die Grundfrage der Erkenntnistheorie mit besonderer Rücksicht auf Fichtes Wissenschaftslehre. – Prolegomena zur Verständigung des philosophierenden Bewußtseins mit sich selbst.* In diesem erkenntnistheoretischen Werk beschreibt Rudolf Steiner erstmals seine *eigene* erkenntnistheoretische Position. Im Jahre 1886 hatte Rudolf Steiner die *Grundlinien einer Erkenntnistheorie der Goetheschen Weltanschauung,* die eine theoretische Beschreibung des Goetheschen Erkennens zum Inhalt haben, vorgelegt. In der Dissertation, die später mit einigen Zusätzen unter dem Titel *Wahrheit und Wissenschaft* veröffentlicht wurde, wird die erkenntnistheoretische Grundfrage systematisch und prinzipiell gestellt und damit auf die ersten Elemente des Erkennens zurückgegangen.

Diese Hauptarbeiten leistet Rudolf Steiner, während er weiterhin als Erzieher im Hause Specht tätig ist, doch ist die Last der Arbeit sicher geringer geworden, weil die größeren Schwierigkeiten der vergangenen Jahre überwunden sind. – Für die *Nationalen Blätter* (Wien) schreibt Rudolf Steiner eine Reihe von Aufsätzen und Theaterkritiken, die für seine damalige Stellung in ästhetischen Fragen kennzeichnend sind. Der rege gesellige Verkehr im Hause von Frau Marie Lang mit Friedrich Eckstein, Fritz Lemmermayer, in den Häusern Breitenstein und Formey sowie mit der Familie Fehr wird fortgesetzt. – Im März lernt er die Malerin und Schriftstellerin Rosa Mayreder kennen. In dieser Frau begegnet er einem Menschen, mit dem er sich über seine eigensten Gedanken aussprechen kann: «Rosa Mayreder ist die Persönlichkeit, mit der ich über» die Gedankenformen der «Philosophie der Freiheit» «am mei-

sten in der Zeit des Entstehens meines Buches gesprochen habe. Sie hat einen Teil der innerlichen Einsamkeit, in der ich gelebt habe, von mir hinweggenommen.» (Lg 161)
Weiterhin werden geologische, mineralogische und allgemein naturwissenschaftliche Artikel für Pierers Lexikon verfaßt. Die Beschäftigung mit Goethes *Märchen* wird fortgesetzt.
Die geplante Übersiedlung nach Weimar verzögert sich um mehrere Monate.

27. Januar. Artikel: *Zur Burgtheater-Krisis.* Rudolf Steiner nimmt Stellung gegen die Besetzung der Burgtheater-Direktion durch BARON BERGER: «Wir brauchen einen Mann mit einem Blick ins Große, mit voller ästhetischer und dramaturgischer Einsicht. Das ist Baron Berger nicht.» Gleichzeitig richtet Steiner scharfe Angriffe gegen den bekannten Wiener Feuilletonisten LUDWIG SPEIDEL. (Dram 27–31)
10. Februar. *Unsere Kritiker*: Über die bedeutende Aufgabe der Kritik der Kunst gegenüber. Die Schwäche der Wiener Theaterkritik «ist einer der Hauptgründe, warum sich unsere Theater durchaus nicht in gesunder Weise entwickeln können». Des weiteren geht Steiner auf GRILLPARZERS *Jüdin von Toledo* ein. (Dram 31–34)
28. Februar. Kritik: *Die Makkabäer von Otto Ludwig.* Ein schwaches Stück mit einigen «meisterhaft gezeichneten Figuren». (Dram 184–187)
1. März. Rudolf Steiner sendet Korrekturen und Tafeln zum III. Band (GoeN) an Kürschner.
3. März. Brief an BERNHARD SUPHAN: Rudolf Steiner erklärt sich mit Suphans Vorschlägen über die Arbeit im Archiv einverstanden. Die Gehaltsfrage bleibt offen. «Ich komme jedenfalls zu Ostern oder wenige Wochen danach.» (BfI, Nr. 226)
Nach dem 11. März. Bekanntschaft mit ROSA MAYREDER, vermittelt durch MARIE LANG. Rosa Mayreder berichtet: «Indessen trat eine andere Persönlichkeit, die mir der theosophische Kreis schenkte, in den Vordergrund meines Erlebens. Es war jener Mann, der, selbst Literat von Beruf, zuerst meine literarische Begabung anerkannte. Als er hörte, daß ich nicht bloß Malerin sei, sondern auch Novellen geschrieben habe, ruhte er nicht, bis ich sie ihm zeigte. Und er faßte sein Urteil in die Worte: ‹Sie begehen eine Sünde, wenn Sie ihrer schriftstellerischen Begabung auch nur eine Minute durch Malerei entziehen.› Damit war zum ersten Mal die Stimme des inneren Berufs durch eine äußere Autorität bestätigt.» ... «Da ich ihn für einen überzeugten Theosophen hielt, vermied ich anfänglich, das Gespräch auf diesen Punkt zu lenken; allmählich stellte sich heraus, daß er seinerseits dasselbe von mir glaubte und aus demselben Grunde der Theosophie im Gespräch mit mir ausgewichen war. Auch er hatte sich in diesem Kreise nur mit dieser geistigen Rich-

tung näher bekannt machen wollen, stand ihr aber viel entschiedener feindlich gegenüber als ich. ... er... erklärte sie rundweg als eine Schwachgeistigkeit und ermahnte mich dringend, mich gründlich von ihr abzuwenden.» (Zitiert nach W. Beck, *Rudolf Steiner – das Jahr der Entscheidung,* S. 94)

17. März. Artikel: *Stilkorruption durch die Presse.* «Die Journalistik tritt in einer geradezu pöbelhaften Ausdrucksweise auf: verlottert, schlottrig, schleuderhaft.» (Dram 35–38)

31. März. Artikel: *Zwei nationale Dichter Österreichs.* In scharfer Opposition gegen die herrschende Kritik, weist Steiner auf die Größe FERCHER VON STEINWANDS und MARIE EUGENIE DELLE GRAZIES hin. Fercher wird als einer der «begabtesten und eigenartigsten deutschen Dichter» bezeichnet. «Delle Grazies Dichtungen sind der Widerschein des modernen Geistes aus dem deutschen Herzen.» (Lit 124–129)

März und April. KÜRSCHNER mahnt fortwährend, die verabredeten Termine einzuhalten.

30. April. Theaterkritik: «Das Wetterleuchten einer neuen Zeit.» Rudolf Steiner berichtet 1898 über den Eindruck, den das hier besprochene Stück *König Midas* von GUNNAR HEIBERG auf ihn gemacht hat: «Als ich vor zehn Jahren in Wien seinen ‹König Midas› sah, war ich halb verrückt. Ich kam aus dem Theater mit einer unbegrenzten Heiberg-Schwärmerei. Ich konnte nicht nach Hause gehen, ganz begeistert setzte ich mich ins nächste Gasthaus, ließ mir Tinte und Feder geben und stammelte Worte auf das Papier. ‹Das Wetterleuchten einer neuen Zeit› schrieb ich darüber.» (Dram 256 und 188)

14. Mai. Rezension: ADAM MÜLLER-GUTTENBRUNN *Das Wiener Theaterleben* (Titel: Ein Buch über das Wiener Theaterleben). Ausführliche, kritische Besprechung mit langen Zitaten aus dem Buch von Müller-Guttenbrunn, dem Steiner in der Klage über den Niedergang des Theaterlebens in der Kaiserstadt meist zustimmt. Steiner fordert jedoch ein noch schärferes Vertreten des künstlerisch-ästhetischen Standpunktes. (Dram 38–44)

18. Mai. Brief an BERNHARD SUPHAN. Steiner bittet, sein Ausbleiben zu entschuldigen: «Allein unabänderliche Privatverhältnisse zwingen mich zu dieser Verzögerung. Es sollen jetzt aber nur mehr wenige Wochen vergehen bis zu meinem Eintreffen in der deutschen Musenstadt.» (BfI, Nr. 236)

27. Mai. Rudolf Steiner sendet an einen nicht genannten Adressaten in Rostock sein Buch *Grundlinien einer Erkenntnistheorie der Goetheschen Weltanschauung* und fragt, ob dieses nicht als Dissertation dienen könne. Ferner betont er, daß er auf jeden Fall in Rostock und nicht in Jena promovieren möchte. – Gemäß der Promotionsordnung der deutschen Universitäten wird diese Anfrage negativ beschieden. Höchstwahrscheinlich beginnt Rudolf Steiner also frühestens im Juni mit der Arbeit an seiner Dissertation, die 1892 unter dem Titel *Wahrheit und Wissenschaft* erscheint.

28. Mai. Aufsatz: *Die Alten und die Jungen.* Sehr scharf gegen die moderne Dichtung. Steiner wirft dem «Schreiberpöbel» «Gesudel» und «ihr wahnwitziges Schmutzgeschreibsel» vor, die «beim Lesen in uns nichts hervorbringen als die Suggestion widerlichen Geruchs». «Aber meine lieben ‹Jungen›, das glaubt nur: wenn irgend etwas leicht zu verstehen ist, so seid ihr es. Denn wir anderen brauchen uns nur zurückzuerinnern, was wir verstanden, bevor wir etwas gelernt hatten, dann können wir euch erfassen. Von solcher Seichtigkeit, von solcher Unreife lassen wir uns nicht imponieren.» (Dram 44–48; vgl. hierzu: Friedrich Eckstein, *Alte unnennbare Tage,* S. 131: Wortgefecht zwischen Hermann Bahr und Rudolf Steiner im Café Griensteidl, wo sich Steiner fast wörtlich mit den oben zitierten Worten gegen Hermann Bahr wendet.)

Anfang Juni. Kürschner mahnt Steiner erneut und bittet dringend, die Korrekturen der Goethe-Bände schneller zu erledigen. – Das Nichteintreffen der Artikel für das Piererschе Lexikon sowie sachliche Klagen des Fachredakteurs führen dazu, daß Kürschner Steiners Mitarbeit am Lexikon beendet.

21. Juni. Steiner fragt bei Suphan an, ob er nicht erst nach den Sommerferien mit der Arbeit im Goethe-Schiller-Archiv beginnen könne.

12. Juli. Rudolf Steiner schreibt an Bernhard Suphan, daß er spätestens zwischen dem 15. und 20. September in Weimar eintreffen werde.

Mitte bis Ende August. Rudolf Steiner auf Gut Berghof in Unterach am Attersee, dem Landsitz der Familie Specht zu Arbeit und Erholung.

27. August. Friedrich Eckstein besucht Rudolf Steiner auf Gut Berghof.

2. September (?). Rudolf Steiner besucht Rosa Mayreder in Waidhofen an der Ybbs. Philosophische Gespräche bei einem «Gang durch die herrlichen Alpenwälder, auf dem Rosa Mayreder und ich über den wahren Sinn der menschlichen Freiheit sprachen.» (Lg 161)

5. September. Rudolf Steiner kündigt seine Ankunft in Weimar für den 25. September an.

23. September. Aufsatz (möglicherweise für Rosa Mayreder geschrieben). *Die Atomistik und ihre Widerlegung.* «Wir müssen den Farben, der Wärme, den Tönen u. s. w. gerade so eine objective Existenz zuschreiben, wie der Bewegung. Damit haben wir die Physiker widerlegt und die objektive Realität der Erscheinungs- und Ideenwelt nachgewiesen.» (B 63, S. 25)

28. September. Kurzer Abschiedsbrief an Rosa Mayreder vor der Abreise nach Weimar.

29. September. Rudolf Steiner reist von Wien nach Weimar, wo er bis zum 23. Juni 1897 seinen ständigen Wohnsitz hat.

30. September beginnt Rudolf Steiner die Arbeit im Goethe- und Schiller-Archiv.

Das Goethe- und Schiller-Archiv wird nach dem Tode des letzten Goethe-

Enkels, WALTHER VON GOETHE († 15. April 1885) durch die Erbin des Goethe-Nachlasses, die GROẞHERZOGIN SOPHIE VON SACHSEN-WEIMAR gegründet. Bis zum Juni 1896 ist das Archiv – recht beengt und provisorisch – im weimarischen Schlosse untergebracht. Die Hauptaufgabe des Archivs ist zunächst die Edition sämtlicher Werke Goethes in der Weimarer (oder: Sophien-)Ausgabe. Diese monumentale Ausgabe, die 133 Bände (in 147) umfaßt, erscheint von 1887–1919. Sie ist bis heute die umfangreichste Goethe-Ausgabe. Als Rudolf Steiner 1890 freier Mitarbeiter am Archiv wird, sind HERMAN GRIMM, GUSTAV VON LOEPER, ERICH SCHMIDT und BERNHARD SEUFFERT die Redaktoren der Ausgabe. Direktor des Archivs ist seit 1886 BERNHARD SUPHAN, ständige Mitarbeiter sind EDUARD VON DER HELLEN und JULIUS WAHLE.
Von seiten der Großherzogin wird auf ein schnelles Erscheinen der Ausgabe gedrungen. So erscheint der erste Band bereits 1887. Die Weimarer Ausgabe leidet unter der Tatsache, daß man mit der Edition begann, bevor der sehr umfangreiche Nachlaß Goethes gesichtet, archivalisch geordnet und aufbereitet worden war. So werden bei den Ausgaben bis zum Jahre 1900 manche Texte übersehen. Im Jahre 1904 gibt deshalb MAX MORRIS einen starken Nachtragsband zu den morphologischen und geologischen Schriften heraus, 1906 folgt ein umfangreicher Nachtragsband zur Farbenlehre, den SALOMON KALISCHER bearbeitete.
Rudolf Steiner, der ursprünglich als Bearbeiter der Farbenlehre Goethes vorgesehen ist (vgl. 26. Juni 1886), erhält aufgrund einer Abmachung aus dem Jahre 1888, die vertraglich am 2. August 1889 fixiert wird die Morphologie, Mineralogie, Geologie, Meteorologie und die Bände: «zur Naturwissenschaft im Allgemeinen» zugeteilt, nur die Osteologie – die in diesen Bereich fällt – wird von Professor BARDELEBEN besorgt. Rudolf Steiner erhält ein festes monatliches Gehalt von 180 Mark und bei Drucklegung jedes von ihm bearbeiteten Bandes pro Druckbogen 10 Mark. (Vgl. Wilhelm Schneider: *Rudolf Steiner in Weimar,* in *Die Drei*, 1961 S. 239) Damit wird er wesentlich schlechter als andere Mitarbeiter bezahlt. Seine Wohnung ist in der Junkerstraße 12, II. Etage.
30. September. «In Weimar bin ich recht gut empfangen worden.» Suphan erhofft nicht nur «einen Helfer im Archivdienste», sondern auch eine «geistige Stütze», «wie er sie seit seiner Ankunft in Weimar sucht». Die Wohnung beurteilt Rudolf Steiner als nicht ungünstig: «Ich habe ein Wohn- und ein Schlafzimmer zum Preise von 25 Mark pro Monat.» (BfII, Nr. 253)
15. Oktober. «Was nun mein Treiben hier anlangt, so kann ich nur sagen, daß ich mich recht vereinsamt fühle. Meine Arbeit im Archiv wäre bis auf kleine Reste schön und befriedigend. Es vergeht kein Tag, an dem mir nicht etwas Neues aufstößt.» Schwierigkeiten ergeben sich in bezug auf die Editionsprinzipien. Steiner möchte auch in der Form unvollendete, aber ideell

wichtige Texte in die Weimarer Ausgabe, und zwar in den Hauptteil, mitaufnehmen. (BfII, Nr. 254)
Rudolf Steiner betreut in Abwesenheit Suphans dessen ältesten Sohn. Rudolf Steiner hofft, seine Dissertation bald abzuschließen und nach seiner Promotion an die Verwirklichung seines «Dozentenplanes» zu gehen: er strebt eine Dozentur in Jena an. (BfII, Nr. 254)
18. Oktober. Beschäftigung mit Goethes *Märchen* – Plan, eine Goethe-Philosophie zu schreiben. (BfII, Nr. 255)
20. Oktober. «Goethe erscheint mir immer mehr wie der Brennpunkt, in dem sich die Strahlen der abendländischen Weltanschauung und Weltgestaltung vereinigen.» (BfII, Nr. 258)
Ende Oktober. Brief an Friedrich Eckstein, in dem Rudolf Steiner im Zusammenhang der Goethe Ballade *Die Braut von Korinth* um Auskunft über die Symbolik von «Salz und Wasser» bittet. (BfII, Nr. 261)
2. November. In einem Brief an Joseph Kürschner bezeichnet Rudolf Steiner die Einleitung zum III. Bande von Goethes naturwissenschaftlichen Schriften in der DNL als das «gewagteste Stück» seiner Darstellung. Zugleich kündigt er an, Kürschner werde sie bis zum 12. November druckfertig erhalten: «rechnen Sie mit Bestimmtheit für den 12. November darauf.» (BfII, Nr. 261)
3. November. Brief Friedrich Ecksteins an Rudolf Steiner über die Symbolik von Salz und Wasser.
5.–20. November(?). Bekanntschaft mit dem dänischen Dichter Rudolf Schmidt, der anläßlich der Aufführung seines Dramas *Der verwandelte König* in Weimar weilt. (Lg 307f.)
22.–28. November. Aufenthalt in Leipzig, wo er in der dortigen Bibliothek Studien für eine von ihm geplante Ästhetik macht. Ihn beschäftigt die «Idee des Tragischen» und das «Prinzip des Naturalismus».
30. November. «Meine *Märchen-Exegese* habe ich vorläufig zurücklegen müssen, weil mir in der Lektüre etwas sehr wichtiges aufgestoßen ist, das ich noch gehörig durcharbeiten muß, bevor ich weiter kann. Darüber *kann* ich aber jetzt noch gar nichts weiteres sagen. Soviel ist sicher: Goethes *ganzes* Glaubensbekenntnis liegt in diesem Märchen, – und man kann es nicht erklären, ohne gewisse Dinge durchgemacht zu haben, die in der Zeit von 1790–1800 in Deutschland still und unsichtbar sich abspielten.» (BfII, Nr. 266) Steiner befaßt sich in diesem Zusammenhang intensiv mit J. G. Fichte.
30. November. Sehr langer Brief über den Materialismus an Rosa Mayreder, in dem Rudolf Steiner die menschliche Person als lebendige Einheit der räumlich-zeitlichen Existenz, die in Raum und Zeit eingeschränkt ist, und des allgemeinen, reflektierenden «Ich», das unbeschränkt ist, beschreibt:

«Wer wie Hamlet beide Ich konfundiert, der kommt erstens nicht zum Handeln, zweitens nicht zum Verständnis seiner selbst. Daß im Hamlet diese beiden Ich im Kampfe liegen, darinnen besteht das Tieftragische seines Charakters.» (BfII, Nr. 267)

30. November. Langer Brief an Karl Julius Schröer. Über die Goethe-Arbeit, Beantwortung einer Anfrage Schröers. «Sie glauben wohl nicht, wie Goethe hier verbureaukratisiert... wird.» (BfII, Nr. 268)

Ende November. Rudolf Steiner dankt Friedrich Eckstein für zwei Briefe. Steiner scheint Eckstein über seine innere Situation geschrieben zu haben, woraufhin Eckstein nur lakonisch antwortete: «Lesen Sie Jung-Stillings Heimweh.» Rudolf Steiner dankt: «Es gibt zwei Ereignisse in meinem Leben, die ich so sehr zu den allerwichtigsten meines Daseins zähle, daß ich überhaupt ein ganz anderer wäre, wenn sie nicht eingetreten wären. Über das eine muß ich schweigen; das andere aber ist der Umstand, daß ich Sie kennenlernte. *Was* Sie mir *sind,* das wissen Sie wohl noch besser als ich selbst; daß ich Ihnen unbegrenzt zu danken habe, das aber weiß ich. Ihr lakonischer Brief: ‹Lesen Sie Jung-Stillings Heimweh› wiegt wohl viele dickleibige Schreiben auf.» (BfII, Nr. 269)

5. Dezember. Brief an Rudolf Schmidt (vgl. 5.–20. November) über den Dresdener Erfolg der Aufführung «Der verwandelte König». Steiner bezeichnet die Philosophie als den großen «Monolog», den «das menschliche Selbstbewußtsein hält, um sich selbst und damit die Welt zu verstehen.» (BfII, Nr. 270)

24. Dezember. Weihnachtsbrief an Frau und Herrn Specht. Rudolf Steiner kündigt an, daß er Richard Specht bald das Kapitel «Naturalismus» seiner in Arbeit befindlichen Ästhetik übersenden werde. (Das Werk ist nie erschienen, im Nachlaß fand sich nur ein Kapitel *Über das Komische und seinen Zusammenhang mit Kunst und Leben.* Am Christabend bei Suphan, «der zwei Knaben hat, von denen mir besonders Martin, der ältere... recht anhänglich ist. Ich habe mit den Buben oft gelernt, wenn ihr Vater von hier abwesend war.» (BfII, Nr. 271)

Dezember – hauptsächlich in den Weihnachtsferien. Arbeit an zwei Aufsätzen: *Gedanken zum handschriftlichen Nachlasse Goethes.* (Erschienen in *Chronik des Wiener Goethe-Vereins* am 13. 2. 1891) Rudolf Steiner stellt dar, daß Denken und Erfahrung wie Einatmung und Ausatmung das Erkenntnisleben Goethes beherrschen. (Meth 302–307) Ferner: *Über den Gewinn unserer Anschauungen von Goethes naturwissenschaftlichen Arbeiten durch die Publikationen des Goethe-Archivs.* (Erschienen in *Goethe-Jahrbuch* XII. Band 1891) Dieser längere Aufsatz enthält höchst wichtige Ergänzungen zu Steiners früheren Arbeiten über Goethes Organik und zu Goethes Begriff der Erfahrung. (Meth 265–287)

1891

Die Hauptarbeit des Jahres besteht in der Herausgabe von Goethes morphologischen und allgemein naturwissenschaftlichen Schriften im Rahmen der Weimarer (Sophien-)Ausgabe. Es handelt sich bei dieser Aufgabe um eine rein philologische Arbeit. Handschriften und die verschiedenen Druckauflagen sind zu vergleichen, Variantenverzeichnisse müssen hergestellt und ungedruckte Aufzeichnungen ediert werden. Schon im März und ganz deutlich im Mai macht sich dieser Arbeit gegenüber ein Stimmungsumschwung bemerkbar. Die anfänglich als interessant und lohnend empfundene Archiv-Arbeit wird zur Qual. So heißt es im Oktober: «Ich fühle mich ja seit längerer Zeit der eigentlichen Goethearbeit auch innerlich entfremdet, und es ist mir wohl erklärlich, daß es mich nicht gerade mit Freude erfüllt, äußerlich mit einer Sphäre wissenschaftlicher Tätigkeit verknüpft zu sein, mit der ich innerlich abgeschlossen habe.» (Brief vom 7. Oktober 1891) Dennoch (oder gerade deshalb?) stellt Rudolf Steiner die Druckvorlagen der Bände VI und VII mit großer Schnelligkeit fertig. Freilich sind diese Ausgaben wie auch die anderen von Rudolf Steiner bearbeiteten Bände der Weimarer Ausgabe durch allzu schnelle Arbeit und philologische Fehler gekennzeichnet. Rudolf Steiner schreibt darüber in seiner Autobiographie: «Ich werde nie in Abrede stellen, daß, was ich bei Bearbeitung der Weimarer Ausgabe in manchem Einzelnen gemacht habe, als Fehler von ‹Fachleuten› bezeichnet werden kann. Diese mag man richtigstellen.» (Lg 314)
In dieser Situation trifft Rudolf Steiner die Aufforderung Ludwig Laistners, des literarischen Beraters der Cottaschen Verlagsbuchhandlung, ein Buch über die Grundprobleme der Metaphysik zu schreiben. Mit Freude greift Rudolf Steiner diesen Vorschlag, der ihm eine sinnvolle Arbeit ermöglicht, auf. Seit Oktober arbeitet er an diesem Buch, seiner lange geplanten *Philosophie der Freiheit*. Das Werk wird dann aber nicht bei Cotta, sondern im Verlag von Emil Felber erscheinen. Ende Dezember äußert er die Hoffnung, das Buch zu Ostern 1892 fertigzustellen.
Am 27. November hält Rudolf Steiner in Wien seinen ersten Vortrag über *Goethes Märchen*, das ihn seit 1889 beschäftigt, und das er vor allem nach seiner Ankunft in Weimar erneut intensiv studiert hatte. Ein weiterer Vortrag in Weimar trägt den Titel: *Die Phantasie als Kulturschöpferin*. Ansonsten ver-

faßt Rudolf Steiner eine Reihe von Rezensionen über verschiedene Themen.
Im Laufe des Jahres erweitert sich der Bekannten- und Freundeskreis Rudolf Steiners in Weimar. Von Anfang an verbindet ihn eine herzliche Freundschaft mit JULIUS WAHLE (1861–1940), der als Archivar an der Herausgabe von Goethes Tagebüchern arbeitete. Wahle ist ein Schüler ERICH SCHMIDTS und seit dessen Begründung am Goethe-Archiv tätig. Ebenso ergeben sich freundschaftliche persönliche Beziehungen zu EDUARD VON DER HELLEN (1863–1927), der als Archivar die Briefe Goethes ediert. Eduard von der Hellen führt Rudolf Steiner auch in seine Familie und seinen Freundeskreis ein. So lernt er Hans und GRETE OLDEN kennen. Bei dem Dramatiker und Essayisten HANS OLDEN (1859–1932) findet sich auch GABRIELE REUTER (1859–1941) ein, die gerade in jenen Jahren als Schriftstellerin große Beachtung findet und später in der Frauenbewegung tätig ist. Gabriele Reuter schreibt in ihrer Autobiographie *Vom Kinde zum Menschen* (1921) über ihre Gespräche mit Rudolf Steiner: «Ich verdanke diesem hervorragenden Geiste und seinem unglaublich ausgebreiteten Wissen eine Fülle von Gedanken und Anregungen auf philosophischem Gebiet. Besonders lehrte er mich Goethe in einer ganz neuen Weise sehen. ... Ein Gedanke Steiners ist mir viel nachgegangen: die Forderung von moralischer und religiöser Phantasie – an der es unserem heutigen Geschlecht so mangele. Rudolf Steiner hat diese moralische und religiöse Phantasie in seiner späteren Entwicklung reich betätigt.» (A. a. O., S. 451 f.) – In Weimar unternimmt Rudolf Steiner viele Spaziergänge und Ausflüge mit dem Maler OTTO FRÖHLICH (1869–1940), der Steiner 1891/92 zweimal porträtiert. Während seiner Weimarer Zeit verkehrt Rudolf Steiner auch im Hause des Hofschauspielers DAGOBERT NEUFFER (1851–1939). Neuffer schenkt Steiner jene Hegelbüste, die Rudolf Steiner an viele Orte begleitete. Rudolf Steiner wird Taufpate von einem der Söhne Neuffers. (Lg 303–306). «Unzählige Gespräche» führt Rudolf Steiner mit OTTO HARNACK (1857–1914), der öfters im Archiv arbeitet. Harnack ist der Verfasser des Buches *Goethe in der Epoche seiner Vollendung* und arbeitet gerade an *Die klassische Ästhetik der Deutschen* (1892).

3. Januar. Rudolf Steiner berichtet Ladislaus Specht, daß er seine «Stellung gegenüber dem Hofe wohl für eine gute halten darf». Die Großherzogin gestattet ihm, die Ergebnisse seiner Forschungen auch außerhalb der Goethe-Ausgabe zu verwerten. Dem Vernehmen nach schätzt der Großherzog Steiner: «Ich war darüber eigentlich überrascht, da ich im persönlichen Verkehre, wenn man von den üblichen Titulaturen und Höflichkeitsfloskeln absieht, mit ihm so wie mit jedermann verkehre und ihm gegenüber von meinem so oft gerügten rechthaberischen Ton nicht abweiche.» (BfII, Nr. 275)

4. Januar. Brief an ROSA MAYREDER über deren künstlerische Arbeiten und über das Verhältnis «Ich» und «Universum»: «ich fühle mich erst dann ganz voll in meiner Menschlichkeit, wenn ich den Punkt kenne, der mein ‹Ich›, mein individuelles Sein mit dem Sein des Universums verknüpft. Mir ist die Wissenschaft letzten Endes die Antwort auf die große Frage: was bedeutet mein ‹Ich› dem Universum gegenüber? Ich will mich meines Selbstbewußtseins nur zu dem Zwecke entäußern, um es im Objekte wiederzufinden.» «Es ist furchtbar, sich ausgeworfen zu sehen aus dem Gebiete des Weltgeistes, ein Punkt zu sein im Weltenbau, es ist unerträglich, ‹Ich› zu sein; aber abzuwerfen diese Haut der Besonderung, hinauszutreten auf den Plan, da, wo der Weltgeist schafft, und zu sehen, wie im Wesen des Ganzen auch meine Individualität begründet ist, vom Standpunkt des zeitlosen Anschauens sein eigenes Zeitendasein zu begreifen, das ist ein Augenblick des Entzückens...» (BfII, Nr. 276)

Anfang Januar erscheint der Aufsatz *Eduard von Hartmann – Seine Lehre und seine Bedeutung* in der Monatsschrift *Deutsche Worte* Wien, XI. Jahrgang Nr. 1. Die Entstehungszeit dieser Arbeit ist nicht sicher zu ermitteln. Sie enthält eine positive Würdigung des Philosophen: «Wir sind selten so erfreut, wie wenn wir die Ankündigung eines neuen Werkes von Hartmann lesen, denn dann wissen wir stets, daß ein großer Schatz unserem Geiste zugeführt wird.» (Meth 288–302)

Mitte Januar erscheint der III. Band von *Goethes naturwissenschaftlichen Schriften* in der *Deutschen National-Literatur*.

21. Januar. Brief an RUDOLF SCHMIDT über die Lektüre von RASMUS NIELSEN.

23. Januar. Rudolf Steiner stellt die Druckvorlage des ersten von ihm zu bearbeitenden Bandes der Weimarer Ausgabe fertig: «Es war eine heillose Hetzarbeit, da der Setzer bereits seit acht Tagen wartet und nichts zu tun hat.» «Außerdem muß mein vierter Kürschner-Band» (GoeN) noch in diesem Monat fertig werden.» (BfII, Nr. 278)

24. Januar. Rezension über EDUARD GRIMM: *Zur Geschichte des Erkenntnisproblems* erscheint in der *Weimarischen Zeitung*. Sehr positive Beurteilung der Darstellung der englischen Erkenntnislehre von Bacon bis Hume.

4. Februar. In einem Brief an Pauline Specht beschreibt Rudolf Steiner die Auseinandersetzung um die Editionsprinzipien des von ihm bearbeiteten Teils der Weimarer Ausgabe: als Steiners erster Band vorlag, ging im letzten Augenblick «Direktor Suphan aller Mut aus; er getraute sich nicht, den Band in die Druckerei zu geben. Ich erklärte nicht ein Wort ändern zu können. Ich mußte ein Zirkular an die Redaktoren ausarbeiten, in dem ich mein selbständiges Vorgehen rechtfertigte; zum Glück wurde schließlich die Berechtigung meines Standpunktes eingesehen, und ich konnte vorgestern endlich den Druck beginnen lassen.» (BfII, Nr. 279)

In dem Zirkular an die Redaktoren hatte Rudolf Steiner erklärt: ... «Der wissenschaftlichen Tätigkeit eines Menschen gegenüber fordert es die historische Gerechtigkeit, den Gesamtinhalt dessen, was er gedacht hat zu überliefern.» Im Gegensatz zu den damaligen Editionsprinzipien nimmt Rudolf Steiner also in den Textteil, und nicht nur in die Paralipomena auch Arbeiten auf, die Goethe unfertig hinterlassen hat.

5. Februar. Rudolf Steiner übersendet EDUARD VON HARTMANN den III. Band von Goethes naturwissenschaftlichen Schriften, den Aufsatz über seine Philosophie und zwei andere Arbeiten. Er studiert Hartmanns neuestes Werk über den Spiritismus.

10.–20. März. Rudolf Steiner leidet an Aphonie, verursacht durch vollständige Lähmung der Stimmbänder.

12. März. «Hoffentlich hilft mir das Universalagens der Neuzeit, die Elektrizität bald wieder zu meiner Stimme und damit auch zur besseren Stimmung.» (BfII, Nr. 281)

12. März. An Rosa Mayreder: «Es ist unbedingt richtig: in dem Augenblick, da Goethe starb, verfiel Weimar in einen Dornröschenschlaf, aus dem es nicht wieder erwachen will. Ich versichere Sie, daß hier niemand meine Sprache versteht, daß ich mich nach gar keiner Seite hin verständigen kann. Wenn Sie nun erwägen, was ein unmittelbarer, persönlicher Verkehr für uns alle bedeutet, so werden Sie meine Lage kaum anders als die eines Exilierten bezeichnen können.» (BfII, Nr. 281)

15. März. Rudolf Steiner klagt Pauline Specht gegenüber über die Weimarer Verhältnisse: «Alles geht in den kleinlichsten, persönlichsten Interessen auf. Hier denkt niemand individuell, persönlich, alles standesgemäß.» «Zu den Kleinlichsten der Kleinlichen gehört Suphan. Eine echt philiströse Schulmeisternatur ohne alle größeren Gesichtspunkte.» Suphan hingegen bezeichnet den sich für alles interessierenden Rudolf Steiner als «Bildungsepikureer». (BfII, Nr. 282)

19. März. Steiner zum Diner beim Erbgroßherzog und zum Souper bei der Großherzogin. An Pauline Specht: «Es wird Sie vielleicht interessieren, wenn ich Ihnen mitteile, daß bei der Erbgroßherzogin recht flott über Yogi, Fakire und indische Philosophie gesprochen wurde. Sie können sich denken, daß ich da wieder recht gründlich untergetaucht bin in das mystische Element, in dem ich eine Zeitlang in Wien fast besorgniserregend geschwommen habe.» (BfII, Nr. 283)

21. März und folgende Tage. Rudolf Steiner liest das nachgelassene Werk *Die Atomistik des Willens* von ROBERT HAMERLING.

24. April. Kritischer Brief an Richard Specht über IBSEN und die Ibsen-Begeisterung. Ferner über die Zusammenarbeit mit Professor BARDELEBEN aus Jena, der die anatomischen (osteologischen) Schriften Goethes bearbeitet.

24. April. «Allein das archivarische Arbeiten, das den Geist dumpf macht, erzeugt bei mir eine geistige Unbehaglichkeit, die mich fast jeder Schreiblust beraubt.» (BfII, Nr. 286)
1.–3. Mai. Rudolf Steiner reist nach Rostock. «Ich habe in aller Stille und ohne hier von dem unmittelbaren Inhalt meines auswärtigen Tuns etwas zu sagen, meine Reise nach Rostock (1.–3. Mai) gemacht; das Resultat wird nun offiziell nach Fertigstellung des Druckes meiner Dissertation.» (BfII, Nr. 287)
8. Mai. Generalversammlung der Goethe-Gesellschaft. – In diesem Zusammenhang ein achttägiges Theaterfest. Rudolf Steiner lernt MAX CHRISTLIEB kennen, einen Pfarrer aus Württemberg, der Rudolf Steiners philosophischer Arbeit tiefes Verständnis entgegenbringt: «Es war mir tief befriedigend, bei einer Persönlichkeit ein schier restloses Verständnis für die Geistwesenheit zu finden. Es war Verständnis für das Geist-Sein im Ideellen.» (Lg 300–301) «Er sagte: schon die Einleitung zum dritten Bande zeige, daß ich innerlich mit der Goetheforschung gar nichts mehr zu tun habe. Ach! Wenn doch nur meine hiesige Tätigkeit der Puppen-Schlafzustand sein könnte, aus dem ich mich als Schmetterling heraus und in den heiteren Himmel der reinen, von aller Anhängerschaft freien philosophischen Lehrtätigkeit fliegen könnte!» (BfII, Nr. 287) Mit dieser Bemerkung beginnt die nun häufiger auftretende innere Distanzierung von der Goethe-Arbeit: Rudolf Steiner will nicht mehr nur als Goethe-Anhänger oder Interpret gelten.
20. Mai. Rudolf Steiner berichtet an Frau Specht, daß es mit den auf Jena gesetzten Hoffnungen gut stehe, allein in Jena denkt man an eine Literaturgeschichtliche Dozentur, was Steiner «niemals akzeptieren» könnte. «Es liegt etwas Tragisches in dem Umstande, daß alle meine bisherigen Publikationen sich in irgendeiner Weise an Goethe anschließen.» (BfII, Nr. 287)
20. Mai. An Richard Specht über IBSEN und über das Weimarer Theaterfest.
20. Mai. Brief an Rosa Mayreder: «Ich war froh, als ich beim Goethefeste endlich ... einen Menschen fand, der meine ganze tragische Lage hier in Weimar begreift.» «Dieser begriff nun auch, welche Tragik für mich darinnen liegt, daß ich äußerlich mit einem Wirkungskreise verwoben sein muß, dem ich innerlich bereits ganz fremd geworden bin. Er sagte: schon die Vorrede zu meinem dritten Goetheband beweise, daß ich in meinem Herzen von dieser Anhängerschaft zu einer ganz freien Behandlungsweise gekommen sei.» Im weiteren bezeichnet Rudolf Steiner die Goethe-Arbeit als eine Haut, die er «endlich einmal abwerfen will». «Sonst ist mein ganzes Dasein Lüge und Unsinn; mein Wirken nicht meines, sondern das einer elenden Marionette, gezogen von den Fäden, die ich vor Jahren gesponnen habe.» (BfII, Nr. 289)
25. Mai. In der Chronik des Wiener Goethe-Vereins erscheint ein Bericht Rudolf Steiners über die Generalversammlung der Goethe-Gesellschaft.

19. Juni. Brief an Helene Richter, die Rudolf Steiner bei der Goethe-Festwoche Anfang Mai kennengelernt hatte. Rudolf Steiner hatte ein Manuskript von Helene Richter über Percy B. Shelley durchgesehen. (BfII, Nr. 291)
Ende Juni. Bei der Revision der botanischen Objekte im Goethe-Haus kommt Rudolf Steiner bei einem Blick auf die Schädelsammlungen der Gedanke, daß Goethe den «Schöpsenschädel», an dem ihm die Idee von der Wirbelnatur der Schädelknochen aufging, vom Lido Venedigs mitgenommen habe. Wenige Tage später finden Professor Bardeleben, Hofrat Ruland und Steiner besagten Schafskopf in der Sammlung. (BfII, Nr. 292)
4. Juli. Rezension: Allan Kardec *Der Himmel und die Hölle*. Das okkultistisch-spiritistische Werk wird scharf abgelehnt. (Meth 493)
12. Juli. Brief an Pauline Specht über das langsame Fortschreiten der Arbeit, Rudolf Steiner korrigiert den 27. Bogen des ersten Bandes der Weimarer Ausgabe. Er hofft bald nach Wien zu kommen, denn er ist von Weimar an- und ausgeödet. Klagen über Suphan. (BfII, Nr. 292)
Im Juli. Ludwig Laistner weilt in Weimar. Zwischen ihm und Rudolf Steiner entsteht eine Freundschaft. (Vgl. BfII, Nr. 295). Lektüre: Hermann Bahr *Die Überwindung des Naturalismus* und die neuesten Erscheinungen der russischen Literatur.
25. Juli. *Auch ein Kapitel zur Kritik der Moderne.* Stellungnahme zur Diskussion über die Kunst im Zusammenhang mit Hermann Bahrs *Die Überwindung des Naturalismus* und Conrad Albertis *Natur und Kunst.* (Meth 495–501) Am Ende des Aufsatzes Ankündigung einer «kleinen Schrift» über die Hauptströmungen des geistigen Lebens der Gegenwart. Diese ist nicht erschienen.
18.–31. Juli. Brief an Richard Specht über Literatur und literarische Gesellschaften, Erwähnung einer Rede Fercher von Steinwands: «gutgemeint aber schwülstig, eigentlich die reine Limonade.» (BfII, Nr. 293)
12.–15. August. Karl Julius Schröer weilt mit seiner Frau zu Besuch in Weimar.
Ende August oder Anfang September. Rudolf Steiner lernt Herman Grimm kennen, der einige Tage in Weimar weilt: «Er ist ein Mann, der durchaus die Dinge von hohen Gesichtspunkten aus ansieht, und das zu vernehmen ist eine Wohltat.» (BfII, Nr. 296, vgl. Lg 204 ff.)
3. September. Ludwig Laistner, literarischer Beirat der Cottaschen Verlagsbuchhandlung, hat dem Inhaber des Verlages Kröner den Vorschlag gemacht, daß Steiner bei Cotta ein Buch *Grundprobleme der Metaphysik* veröffentlichen solle. Zugleich fragt er an, ob Steiner bereit sei, eine Jean Paul-Ausgabe zu betreuen. (BfII, Nr. 293)
6. September. Brief an Eduard von Hartmann. Steiner übersendet den ersten von ihm bearbeiteten Band der Weimarer Ausgabe und bedankt sich

für einen Brief Hartmanns (etwa vom 10. März), in dem dieser sich zu Steiners Ideen und Plänen geäußert hatte.
10. September. Brief an Rosa Mayreder, u. a. über Friedrich Eckstein.
23. September (?). Rudolf Steiner reist nach Wien, wo er bei Familie Specht wohnt. Dort besucht er seine Wiener Freunde, vor allem Rosa Mayreder. Es kann auch mit Sicherheit angenommen werden, daß er seine Eltern und Geschwister in Brunn am Gebirge aufgesucht hat.
3.–7. Oktober. Rückreise über Stuttgart, wo er Ludwig Laistner aufsucht (Lg 225), am 6. Oktober macht Steiner Station in Frankfurt, wo er eine Industrie-Ausstellung besichtigt.
7. Oktober. Brief an Frau und Herrn Specht. Rudolf Steiner hofft, in nächster Zeit sein «philosophisches Buch» fördern zu können. Offensichtlich wird die Arbeit an dem «philosophischen Buch» durch die Bereitschaft des Verlages Cotta ausgelöst, ein derartiges Werk zu verlegen.
Über die sonstige Arbeit in Weimar: «Ich fühle mich ja seit längerer Zeit der eigentlichen Goethearbeit auch innerlich entfremdet, und so ist es wohl erklärlich, daß es mich jetzt nicht gerade mit Freude erfüllt, äußerlich mit einer Sphäre wissenschaftlicher Tätigkeit verknüpft zu sein, mit der ich innerlich abgeschlossen habe.» (BfII, Nr. 301)
17. Oktober. Rezension: Adolf Steudel *Das goldene ABC der Philosophie.* «Dieses Buch gehört in die Gruppe der vielen unnötigen, die die Literatur der Gegenwart hervorbringt.» «Für den philosophischen Fachmann ist es von Interesse, Steudels ‹Philosophie im Umriß› als das konsequenteste Werk des seichten Menschenverstandes ... durchzulesen.» (Meth 501)
23. Oktober. Rigorosum an der Philosophischen Fakultät der Universität Rostock in Philosophie, Mathematik und analytischer Mechanik. In Philosophie wird Rudolf Steiner von Heinrich von Stein eingehend über die «Kantschen Grundbegriffe» sowie über Leibniz und Spinoza geprüft. Prüfer in Mathematik und Mechanik ist Prof. Staude. (Vgl. Lg 198–201)
26. Oktober. Datum der offiziellen Promotion.
Im November. Rudolf Steiner studiert «die Philosophie des Mittelalters, das Kapitel, in dem ich mein Wissen doch immer als lückenhaft bekannt habe. Wenn ich auch da ganz heimisch bin, dann schließen sich mir die großen Massen des Wissens, das Altertum und die Neuzeit, in denen ich mich ganz fest glaube, in eins zusammen, und dann erst darf ich sagen, daß ich den Boden unter meinen Füßen ganz sicher fühle.»
«Auch erlebe ich im Äußeren so wenig, daß ich mit dem Erzählen gar bald fertig würde.» (BfII, Nr. 303)
19. November. «Mein Buch geht vorwärts.» (BfII, Nr. 304)
25. November. Vortrag in Weimar: *Die Phantasie als Kulturschöpferin.* (Lg 216 f.)

27. November. Vortrag im Wiener Goethe-Verein: *Über das Geheimnis in Goethes Rätselmärchen in den ‹Unterhaltungen deutscher Ausgewanderter›.* (Das Referat dieses Vortrages ist wieder abgedruckt in: *Rudolf Steiner, Veröffentlichungen aus dem literarischen Frühwerk,* Heft XV, S. 17–18.) Dieses Referat ist die erste Überlieferung der Deutung dieses Märchens, dessen Motive Rudolf Steiner immer wieder aufgriff. Vgl. 26. August 1899, 29. September 1900, 15. August 1910.
10. Dezember. Rückkehr nach Weimar.
14. Dezember. In einem Brief an Pauline Specht schreibt Rudolf Steiner, daß es ihm sehr schwer werde, «wieder für unbestimmte Zeit Weimars Jämmerlichkeiten ertragen» zu müssen. Die aus den «Verhältnissen fließende Grundstimmung» ist so mächtig, daß sie Rudolf Steiner «fortwährend das Gefühl des Ekels einflößen». Allein die Arbeit an dem philosophischen Buche gibt ihm Trost und Erholung. Das Manuskript soll «bis Ostern» abgeschlossen sein. (Bf II, Nr. 307)
19. Dezember. Kurze, positive Rezension im *Literarischen Merkur* von: J. R. MINDE *Über den Hypnotismus.* (Meth 502)
22. Dezember. Steiner bedankt sich bei Pauline Specht für das Weihnachtsgeschenk, eine Schreibtischlampe, eine Anspielung auf «den Mann mit der Lampe» aus Goethes Rätselmärchen: «Ich will Gold suchen, soviel ich kann; hoffentlich treffe ich auf das rechte, und ich werde zuletzt als Schlange und nicht als Irrlicht befunden.» (Bf II, Nr. 308)
22. Dezember. «Eine Weltanschauung, die uns wahrhaft befriedigen soll, muß uns wirklich von der Stelle ins Weltall, wo wir ohne sie stehen, wegbringen, sie muß uns in absolute Bewegung versetzen.» (Bf II, Nr. 309)
23. Dezember. Steiner liest HERMANN BAHRS *Russische Reise.* «Einen Nachteil hat es für mich. Ich kann keine Zeile von Bahr lesen, ohne zu rauchen und die Kosten der Zigaretten während eines Bahrschen Buches kommen denen des Buches selbst gleich, wenn sie nicht gar höher sind.» (Bf II, Nr. 310)
31. Dezember. Rudolf Steiner berichtet, daß der zweite von ihm bearbeitete Band der Weimarer Ausgabe längst fertig sei und daß der dritte Band vor dem Abschluß stehe. «Mein ganzes Sinnen und Denken steht vorläufig bei meinem in Angriff genommenen philosophischen Werk. Dieses muß vor allem fertig werden.» (Bf II, Nr. 311)

1892

Während Rudolf Steiner hauptamtlich weiter an der Weimarer Goethe-Ausgabe arbeitet und auch andere Pflichten im Dienste des Archivs zu erledigen hat, arbeitet er im stillen an der *Philosophie der Freiheit.* Am 20. Januar kann er melden, daß Disposition und Stoffverteilung feststehen. Es ist aber nicht anzunehmen, daß er ununterbrochen an dem Buch arbeitet. Er unterbricht die Arbeit des öfteren, um Aufsätze und Rezensionen zu schreiben. Besonders engagiert er sich im Kampf gegen die Gesellschaft für ethische Kultur, die ein schlichtes Gut-Sein ohne Erkenntnis predigt. Namentlich der Aufsatz, der am 29. Oktober in MAXIMILIAN HARDENS Zeitschrift *Zukunft* erscheint und der sich scharf gegen das bloße Moralpredigen wendet, erregt Aufsehen und Widerspruch; Zuspruch und publizistische Unterstützung erfährt Rudolf Steiner in dieser Sache von ERNST HAECKEL. (Lg 239–244)
Gegenüber dem Verlag COTTA übernimmt Rudolf Steiner die Verpflichtung, noch im Jahre 1892 die Werke SCHOPENHAUERS und JEAN PAULS herauszugeben, obwohl er die Ausgabe von Goethes naturwissenschaftlichen Schriften für die *Deutsche National-Litteratur* für JOSEPH KÜRSCHNER noch nicht fertiggestellt hat. Die Schopenhauer-Ausgabe wird denn auch erst 1894 und die Jean Paul-Ausgabe erst 1897 erscheinen.
Etwa in der Mitte des Jahres zieht Rudolf Steiner in die Prellerstraße 2, wo er bei Frau ANNA EUNIKE wohnt. «Frau Anna Eunike, mit der ich bald innig befreundet wurde, besorgte für mich in aufopferndster Weise, was zu besorgen war. Sie legte großen Wert darauf, daß ich ihr in ihren schweren Aufgaben bei der Erziehung der Kinder zur Seite stand. Sie war als Witwe mit vier Töchtern und einem Sohn nach Eunikes Tod zurückgeblieben.» Rudolf Steiner führt auch die Besucher der Goethe-Gesellschaftsversammlungen in das Eunikesche Haus ein. «Gerne fand sich auch OTTO ERICH HARTLEBEN, wenn er in Weimar war, da ein. Das Goethebrevier, das er herausgegeben hat, ist da in wenigen Tagen von uns beiden zusammengestellt worden. Von meinen eigenen größeren Schriften sind dort die *Philosophie der Freiheit* und *Nietzsche, ein Kämpfer gegen seine Zeit entstanden.*»

2. Januar. Der Aufsatz *Die Philosophie in der Gegenwart und ihre Aussichten für die Zukunft* 1. Teil erscheint (2. Teil am 12. März). Ablehnung des Spezialistentums in der Schulphilosophie. Ausführungen über EDUARD VON HARTMANN und JOHANNES VOLKELT. NIETZSCHE wird als tragischer Held des Gedankens bezeichnet, «der an höchste Probleme des Menschengeistes herantritt, aber ohne logisches Gewissen, ohne Disziplin des Denkens im Reiche der Ideen gleichsam nur wühlt.» (Meth 308)

9. Januar. Negative Rezension zu EDUARD KULKES *Zur Entwicklungsgeschichte der Meinungen.* (Lit 619)

Mitte Januar. Rudolf Steiner liest IBSEN und TOLSTOI, WINDELBANDS *Geschichte der Philosophie* und ein Buch über *Platonismus und Christentum.* Bekanntschaft mit dem Wiener Schauspieler ALEXANDER STRAKOSCH: «ein toller Kerl! Ein nachläufiger Romantiker mit einem Bodensatz von wahrem Gefühle, verbrämt mit endlosem Wust von Phrase, von falschem Pathos.» (BfII, Nr. 312)

20. Januar. Brief an Pauline Specht: «Für heute will ich Ihnen nur noch sagen, daß mein Buch [Die Philosophie der Freiheit] gut vorwärtsrückt, namentlich stehen Disposition und Stoffverteilung fest.» (BfII, Nr. 312)

23. Januar. Aufsatz *Ernste Zeichen der Zeit.* Rudolf Steiner protestiert gegen die Ernennung eines kunstunkundigen adligen Herren zum Intendanten des Stuttgarter Hoftheaters. In einem Brief an Pauline Specht nennt er diesen Aufsatz eine «kleine Tollheit». (Lit 161)

23. Januar. Wohlwollende Rezension zu HERMANN BAHRS *Russische Reisen.* (Lit 158)

7. Februar. Rudolf Steiner verpflichtet sich gegenüber dem Verlag COTTA, je eine Ausgabe der Werke von SCHOPENHAUER und von JEAN PAUL herauszugeben und mit einer biographischen Einleitung zu versehen. Termine der Manuskriptablieferung waren der 1. Juli 1892 (Schopenhauer) und der 1. Oktober 1892 (Jean Paul). Das Manuskript der Schopenhauer-Ausgabe wurde 1894 fertiggestellt, das der Jean Paul-Ausgabe 1897.

15. Februar. JOSEPH KÜRSCHNER mahnt Rudolf Steiner zur Ablieferung des Manuskripts des IV. Bandes von Goethes naturwissenschaftlichen Schriften: «Zwei Jahre sind es in der nächsten Zeit, daß ich auf meine wiederholten Mahnungen das erste Telegramm von Ihnen erhielt: ‹Manuskript folgt bestimmt Sonnabend.› Es sind weitere 87 Wochen vergangen und mindestens 4 ganz gleich lautende Telegramme auf meine Mahnungen an mich gekommen. Von dem letzten Bande der Naturwissenschaftlichen Schriften noch kein einziges Blatt Manuskript.» (BfII, Nr. 315)

20. Februar. Rezension zu FRANZ BRENTANO *Das Genie.* Rudolf Steiner lehnt Brentanos Auffassung, die das Genie aus dem schnelleren Funktionieren der geistigen Fähigkeiten erklärt, ab. Steiner dagegen: «Genie nennen wir einen Menschen, bei dem das inhaltschaffende Vermögen in hervorragendem Maße ausgebildet ist.» (Meth 506)

22. Februar. Vortrag in Weimar: *Weimar im Mittelpunkt des deutschen Geisteslebens.* Rudolf Steiner spricht unter anderem auch über Goethes *Märchen.* Zusammenfassung: «Goethes Sendung war: die Verjüngung der Menschheit in einer altgewordenen Zeit. Eine solche Umwendung geht auch in unseren Tagen vor sich, denn die Zeit ist wieder alt geworden.» (BfII, Nr. 317)
25. Februar. Brief an Frau Specht mit einem Bericht über Pläne und Tätigkeiten. (BfII, Nr. 317)
27. Februar. Rezension zu FRANZ LAUCZIZKYS *Lehrbuch der Logik.* «Die Schrift ist kein Lehrbuch, sondern ein Nachschlage- und Wiederholungsbuch.» (KuZ 622)
12. März. Aufsatz über *Die Philosophie in der Gegenwart und ihre Aussichten für die Zukunft* (2. Teil). «Ein Umschwung zum Besseren wird in dem philosophischen Leben erst eintreten, wenn wieder der Trieb erwacht, die Kraft des Denkens an den Zentralproblemen des Daseins zu erproben. Dieser Trieb ist gegenwärtig gelähmt. Wir leiden an Feigheit des Denkens.» (Meth 315)
17. März. Brief an ROSA MAYREDER über die Suche nach einem Verleger für Werke Rosa Mayreders. Diesen glaubt er in EMIL FELBER in Berlin gefunden zu haben, dem er das Manuskript seiner *Philosophie der Freiheit* angeboten hattte, das dann 1893 auch dort erscheint. «Ich habe nun aber in Berlin einen Verleger, der sich bereit erklärt hat, *alles,* was ich schreiben werde und was bis jetzt noch nicht placiert ist, zu verlegen... Der Verleger ist ein sehr gebildeter und literarisch interessierter Mann, der sich um seine Verlagsartikel sehr kümmert.» (BfII, Nr. 321) Tatsächlich verlegte EMIL FELBER dann auch außer der *Philosophie der Freiheit* die Bücher *Friedrich Nietzsche, ein Kämpfer gegen seine Zeit* (1895) und *Goethes Weltanschauung* (1897).
19. März. Rezension zu E. MARTIGS *Anschauungspsychologie mit Anwendung auf die Erziehung.* Das Werk wird als übersichtlich, klar und anschaulich, aber als nicht tiefgehend charakterisiert. Als goldene Grundregel der Pädagogik stellt Steiner auf, «daß jeder Zögling individuell zu behandeln ist». Das führe den Lehrer zum Studium der Menschenseele: «An jedem einzelnen Erziehungsobjekte werden ihm neue Gesichtspunkte aufgehen.» (KuZ 621)
20. März. Rudolf Steiner sendet Pauline Specht, da das Buch noch nicht vorliegt, die Druckfahnen von *Wahrheit und Wissenschaft.* In dem Brief Bemerkungen über die Arbeit an der Goethe-Ausgabe, mit deren «Grundsätzen ich durchaus nicht einverstanden bin». (BfII, Nr. 322)
20. März. Brief an EDUARD VON HARTMANN mit der Bitte, ihm das Buch *Wahrheit und Wissenschaft* widmen zu dürfen. (BfII, Nr. 323)
2. April. Aufsatz *Nietzscheanismus.* Der lange Aufsatz ist zugleich eine Rezension der Bücher von HERMANN TÜRK, HUGO KAATZ und F. N. FINK, die insgesamt abgelehnt werden. Rudolf Steiner, der anerkennt, daß Nietzsche auf «durchaus berechtigten philosophischen Prinzipien» fußt, wie z. B. der

Standpunkt jenseits von «Gut und Böse», schildert seine Erlebnisse beim Lesen NIETZSCHES: Ich empfand es als theoretische Ehrensache, ihm überallhin zu folgen. Manchmal war mir's, als ob sich mein Gehirn von seinem Boden löste, manchmal fingen die feinsten Fasern desselben zu zappeln an; ich glaubte zu spüren, wie sie sich sträubten, die von allen Urvätern ererbten Lagen so ganz plötzlich verlassen zu müssen.» – Über den späten Nietzsche: «Nietzsches Nerven bekamen allmählich etwas Elastisch-Widerstrebendes: sie sprangen federartig ab, wenn sie an einen Gegenstand herankamen. Nietzsche wurde immer mehr ein elektrischer Nervenapparat. Er kam mit einem Ding der Welt zusammen, erzeugte einen elektrischen Funken, wurde aber sogleich abgestoßen und an eine andere Spitze angeworfen. Und so ging es fort. So entstanden die Schriften seiner letzten Jahre. Der unerträgliche Zustand steigerte sich endlich zum Wahnsinn.» (KuZ 453–460)

9. April. Rezension zu *Moltke als Philosoph*. Psychologische Studien anläßlich der Gesammelten Schriften MOLTKES, der als Feldherr von mathematischen und dynamischen Voraussetzungen ausging. Was bei Moltke «entschieden zu kurz kommt, ist die Welt der Freiheit». «Moltke betrachtet das Weltall wie einen großartigen Truppenkörper, die Naturlehrer der Gegenwart wie eine vielgliedrige Maschine. Jener verallgemeinert die Gesetze der Kriegskunst, diese die Regeln der Mechanik.» (KuZ 157) Diese Rezension dürfte im Zusammenhang mit der Begegnung mit HEINRICH VON TREITSCHKE stehen, über die Steiner in *Mein Lebensgang* berichtet: «Treitschke verwarf die unpersönliche, an das mathematische Denken erinnernde Art, in der Moltke die Welterscheinungen auffaßte.» (Lg 223)

Im April. Brief an den Freund MORIZ ZITTER (nur aus Bruchstücken erhalten). (BfII, Nr. 326)

In *Schriften der Goethe-Gesellschaft* erscheint Steiners Studie *Zu dem ‹Fragment› über die Natur*. Steiner macht die geistige Autorschaft des im *Tiefurter Journal* gedruckten und in der Handschrift GEORG CHRISTOPH TOBLERS überlieferten Fragments wahrscheinlich und bestimmt den Ort dieses «Fragments» in Goethes Entwicklung. (Meth 320–326)

19. Mai. Brief an Herrn und Frau Specht. «Neues habe ich in bezug auf die seit meinem Briefe verflossene Zeit eigentlich gar nicht zu sagen. Ich arbeite in mir an der Fortbildung der begonnenen Sachen und werde Ihnen davon in Wien manches zu erzählen haben.» (BfII, Nr. 327)

Wahrheit und Wissenschaft ist erschienen.

11. Juni. Rezension zu FRIEDRICH NIETZSCHES *Also sprach Zarathustra* IV. Teil. Tenor der Besprechung: «Nun ist er erschienen: der Schluß des tiefsinnigsten aller oberflächlichen Bücher. Verzeiht mir, ihr Anhänger des neuen Götzen, daß ich dergleichen Frevelworte ausspreche!» (KuZ 460–466)

Mitte Juni. MAX CHRISTLIEB in Weimar. (Lg 300f., BfII, Nr. 328)

18. Juni. Rezension zu Karl Bleibtreus *Letzte Wahrheiten.* «Von jedem Satze, den er aufstellt, ist auch das Gegenteil wahr.» (Meth 507)

29. Juni. Rudolf Steiner bittet den Verlag Cotta, die Frist zur Ablieferung des Schopenhauer-Manuskriptes um 10 Tage zu verlängern. (BfII, Nr. 329)

2. Juli. Rezension zu Maximilian Hardens *Apostata.* Positive Würdigung der beiden Aufsatzbände Hardens wegen dessen individueller und nicht Prinzipien verhafteter Betrachtungsweise. «Wir haben es mit einem Schriftsteller zu tun, dem wir oft begeistert zustimmen, oft uns auch maßlos über ihn ärgern. Die Autoren sind aber auch die elendesten Kreaturen, über die man sich nie zu ärgern hat.» «Ich frage bei einem Schriftsteller nicht, ob er ‹richtige› oder ‹falsche› Grundsätze hat, denn ich weiß, wie wenig es auf sich hat mit solcher ‹Richtigkeit› oder ‹Falschheit›; aber ich frage, ob er ein ganzer Mann ist, ein rechter Mensch, der auch, wenn er irrt, noch beachtet werden muß. Was mir viele sagen können, darauf höre ich nicht, denn das kann ich mir zumeist auch selber sagen; was mir aber nur wenige sagen können, darnach verlange ich.» (KuZ 158–164)

16. Juli. Rezension zu *Max Stirner und Friedrich Nietzsche* von Robert Schellwien. Anerkennende Besprechung: «Der Verfasser hat ... den Mut des Gedankens, der sich an die zentralen Weltprobleme heranwagt, und auch das notwendige Vertrauen in unsere menschliche Denkkraft.» (Lit 166–168)

22. Juli. Rudolf Steiner sendet Eduard von Hartmann das ihm gewidmete Werk *Wahrheit und Wissenschaft* und meint, daß «dieser erkenntnistheoretische Standpunkt in widerspruchsloser Weise zu Ihrer Art, die gegebene Wirklichkeit anzusehen, führt.» (BfII, Nr. 333)

Spätestens Anfang August zieht Rudolf Steiner von seiner bisherigen Wohnung Junkerstr. 12 zur Familie Eunike, die in der Prellerstr. 2 wohnt.

11. August. Brief an Rosa Mayreder. Rudolf Steiner blickt auf seine Entwicklung als «Goetheaner» zurück: «Ich war auch als Goetheaner modern, aber es war eine Modernität, die noch rang, sich losarbeitete von der Vergangenheit, die nun einmal, trotz ihrer Schönheit, eine abgelebte ist. Wir haben dieser Vergangenheit gegenüber die Aufgabe der Erkenntnis, unserer Gegenwart gegenüber jene des Lebens, jene wollen wir reproduzieren, diese produzieren.» (BfI, Nr. 334)

18.–22. August. (?) Rosa und Karl Mayreder in Weimar.

20. August. Rezension «Gegen den Materialismus». Von den drei besprochenen Flugschriften würdigt Rudolf Steiner vor allem die Arbeit von Moriz Carrières *Materialismus und Ästhetik.* (Meth 508)

1. September. Brief an die Eltern und Geschwister. Rudolf Steiner kann wegen der Arbeit in Weimar und wegen der in Deutschland (Hamburg) herrschenden Cholera in allernächster Zeit nicht nach Wien und Brunn am Gebirge kommen. (BfII, Nr. 335)

10. September. Brief an die Eltern und Geschwister. Obwohl der September als Ferienmonat vorgesehen war, muß Steiner fortwährend Suphan vertreten und Archiv-Besucher betreuen. «Ich bringe manchmal den ganzen Tag auf den Füßen zu und komme todmüde nach Hause.»
«Ich sehne mich wirklich nach Euch und hoffe, es nun auch bald durchzusetzen, eine entsprechende Stellung in Eurer Nähe zu bekommen. Ich kann Euch nur versichern, daß ich tief durchdrungen bin von den Pflichten, die ich Euch gegenüber zu erfüllen habe.» (BfII, Nr. 336)
MAXIMILIAN HARDEN fordert Rudolf Steiner brieflich zur Mitarbeit an der Zeitschrift *Zukunft* auf, nachdem er durch HANS OLDEN Steinersche Aufsätze erhalten hatte. (Auskunft der Rudolf-Steiner-Nachlaßverwaltung)
11. September. Brief an Pauline Specht. Rudolf Steiner berichtet – wie schon an die Eltern – über Arbeitsüberlastung, durch Besuche von «literarischen und nichtliterarischen Persönlichkeiten», von fertigzustellender Arbeit und von einem Unwohlsein, das seine Reise nach Wien verhindert. (BfII, Nr. 337)
Im September. Rudolf Steiner liest zwei Bücher, die sich mit dem Reinkarnationsgedanken beschäftigen. Steiner lehnt die in diesen Schriften vertretene Vorstellung der wiederholten Erdenleben ab.
17. September. Rezension zu *Das Dasein als Lust, Leid und Liebe* anonym, der Verfasser des Buches ist WILHELM HÜBBE-SCHLEIDEN. Die inhaltlich wichtige Rezension beginnt vernichtend: «Zeus im Frack mit weißer Binde, das ist der Eindruck, den uns die indische Evolutionslehre als moderner Darwinismus drapiert, macht.» Im weiteren wird der Gedanke der wiederholten Erdenleben «als bloß bildliche Darstellung», der Idee, daß jedes höhere Leben jedes niedere in sich vergegenwärtigen und verstehen kann, gedeutet: «So meint es die Esoterik.» (Meth 510f.)
23. September. Rezension zu GUSTAV HAUFFES *Die Wiedergeburt des Menschen*. Kritische Besprechung des Buches, das u. a. die sieben letzten Paragraphen von Lessings Erziehung des Menschengeschlechts behandelt. Rudolf Steiner bezeichnet sich als Bekenner ganz entgegengesetzter Anschauungen. (Lit 434–436)
10. Oktober. Aufsatz über *Eine Gesellschaft für ethische Kultur*. Mit der Veröffentlichung dieses Artikels beginnt Rudolf Steiner eine Auseinandersetzung, von der er später bemerkt: «Mir war die Sache unbegrenzt wichtig.» (Lg 242)
Im Mai 1892 war in Deutschland ein Zweig der von den USA ausgehenden Gesellschaft für ethische Kultur begründet worden. Die Gesellschaft hatte sich das Ziel gesetzt, die Normen einer allgemeingültigen Sittlichkeit zu propagieren. Rudolf Steiner erschien die Vorstellung einer allgemeinen, normativen Sittlichkeit ebenso absurd wie die Auffassung, man könne Moral durch Moralpredigten verbreiten. So schreibt er zunächst im «Literarischen Mer-

kur»: «Nirgends mehr als im sittlichen Leben kann der Grundsatz gelten: leben und leben lassen! Die jeweilige Sittlichkeit eines Menschen oder eines Zeitalters ist das unbewußte Ergebnis seiner Welt- und Lebensanschauung.» «Der Messias der Wahrheit ist immer auch der Messias der Moral. Volkspädagogen, die viel für unser Herz, nichts aber für unseren Kopf haben, können wir nicht brauchen. Das Herz folgt dem Kopfe, wenn der letztere nur eine bestimmte Richtung hat.» (KuZ 164–169)

Rudolf Steiner fährt Mitte Oktober nach Berlin, um Möglichkeiten herauszufinden, seine Ideen in Zeitschriften zu vertreten. Er besucht dabei auch Herman Grimm, den er jedoch für die Sache nicht interessieren kann. (Lg 242 f.)

28. Oktober. Brief an die Eltern und Geschwister mit der Mitteilung, daß ihm der Grossherzog von Weimar eine goldene Medaille verliehen habe. (BfII, Nr. 338)

Am 29. Oktober erscheint in Maximilian Hardens soeben gegründeter Zeitschriftt *Zukunft* ein zweiter Artikel *Eine Gesellschaft für ethische Kultur.* (Vgl. 10. September) Wieder nimmt Rudolf Steiner gegen eine nicht auf Erkenntnis gegründete bloße Ethik Stellung und setzt den normativen Moral-Maximen die Idee des ethischen Individualismus entgegen. Der Artikel schließt mit den Worten: «Ein Massenrezept aus dem Dunstkreis der großen moralischen Apotheke aber muß gerade von den Bereitern einer besseren Zukunft energisch zurückgewiesen werden.» (KuZ 169–176)

November. Rudolf Steiners Angriffe gegen die Gesellschaft für ethische Kultur finden einen erheblichen Widerhall. Wie Rudolf Steiner berichtet, hat Harden «eine Sturmflut von frankierter Entrüstung ins Haus bekommen». In der *Zukunft* erscheint eine Entgegnung von Paul Barth, in dem sozialdemokratischen Blatt *Die neue Zeit* heißt es: «Daß Herr Steiner nur eine allgemeine Moral predigt, nämlich die Klassenmoral des Großkapitalismus, dessen üppig wucherndes Fleisch die zarten Bande der bürgerlichen Respektabilität zu sprengen bemüht ist, um seine Plünderungs- und Raubinstinkte schrankenlos walten zu lassen, weiß er natürlich nicht.» (BfII, Nr. 340)

Der Soziologe Ferdinand Tönnies läßt eine 22 Seiten lange Broschüre *Ethische Kultur und ihr Geleite, Nietzsche Narren in Gegenwart und Zukunft* erscheinen, in welcher es heißt, Steiner sei einem moralischen Richterspruch verfallen.

Positiv hingegen reagiert Ernst Haeckel, der in *Die Zukunft* (12. November, Nr. 7) einen Aufsatz *Ethik und Weltanschauung* veröffentlicht, in dem er Steiner ausdrücklich zustimmt. Haeckel sendet seinen Aufsatz zusammen mit der Abhandlung *Die Weltanschauung der monistischen Wissenschaft* Anfang Dezember an Rudolf Steiner.

3. Dezember. Rudolf Steiner berichtet in einem Brief an Pauline Specht von dem Echo, den sein Artikel in *Die Zukunft* gefunden hat. (BfII, Nr. 340)
4. Dezember. Rudolf Steiner dankt ERNST HAECKEL für die übersandten Schriften und erklärt: «Ich kämpfe, seitdem ich schriftstellerisch tätig bin, gegen allen Dualismus und sehe es als die Aufgabe der Philosophie an, durch eine streng positivistische Analyse unseres Erkenntnisvermögens den Monismus wissenschaftlich zu rechtfertigen, also den Nachweis zu führen, daß die in der Naturwissenschaft gewonnenen Ergebnisse wirkliche *Wahrheiten* sind.» (BfII, Nr. 341)
17. Dezember. Rezension zu J. M. BÖSCHS *Das menschliche Mitgefühl.* «Wir haben es mit einer sehr lesenswerten, ernsten Ansprüchen in jeder Hinsicht entsprechenden Schrift zu tun.» (KuZ 177)
24. Dezember. Rezension von ADOLF GEREKES *Die Aussichtslosigkeit des Moralismus.* Selten hat Rudolf Steiner «ein Buch gleich bittere Empfindungen verursacht wie dieses». Das Vorstellungsleben des Verfassers «ist verpestet von den banalen Anschauungen des Materialismus». Positiv bewertet Steiner den Willen zur einheitlichen, monistischen Weltauffassung, die Steiner kurz umreißt: «Die Zukunft wird das ethische Leben des Menschen aus derselben Quelle hervorgehen sehen, aus der das natürliche Geschehen entspringt. Sittengesetze werden nur als Spezialfälle von Naturgesetzen gelten können. Deshalb werden sie auch nicht mehr in abstrakten Normen, sondern im konkreten Individualleben gesucht werden.» Aber das natürliche Leben dürfe nicht im Sinne eines banalen Materialismus interpretiert werden, der nicht einmal den Unterschied von Mensch und Maschine begreifen könne. (KuZ 177–180)
28. Dezember–3. Januar. Rudolf Steiner in Wien und in Brunn am Gebirge, wo er Eltern, Geschwister und Freunde besucht. (BfII, Nr. 342)
29. Dezember. Brief an ANNA EUNIKE (Weimar), der schon auf ein herzliches Verhältnis schließen läßt.

1893

Am 15. November erscheint Rudolf Steiners philosophisches Hauptwerk, *Die Philosophie der Freiheit*. Das Werk kann als eine philosophische Anthropologie bezeichnet werden, die im ersten Hauptteil nachweisen will, daß der Mensch eine Erkenntnis schaffen kann, die ihn immer tiefer in die Wirklichkeit hineinführt. Der zweite Hauptteil beschreibt dann, wie aus der selbstgeschaffenen Erkenntnis das Motiv und der Antrieb zum Handeln erwächst. «Der Mensch ist dann das letzte Bestimmende seiner Handlung. Er ist frei.» (PhdF, S. 253)

Das Buch wird in den Jahren 1892 und 1893 niedergeschrieben, das Manuskript am 15. Oktober abgeschlossen. Es enthält in allen Kapiteln wesentlich neue, von Rudolf Steiner bisher so noch nicht ausgeführte Gedanken. Viele in diesem Jahr niedergeschriebene Aufsätze und Rezensionen, namentlich die Aufsätze *Alte und neue Moralbegriffe* (14. Januar) und *Einheitliche Naturanschauung und Erkenntnisgrenzen* (s. 20. Januar) sowie die Studie über *Hypnotismus mit Berücksichtigung des Spiritismus* enthalten Vorformen und Ergänzungen zur *Philosophie der Freiheit*.

Ferner werden in diesem Jahr zwei weitere Bände der Weimarer Ausgabe von Goethes naturwissenschaftlichen Schriften fertiggestellt. – Außerdem verfaßt Rudolf Steiner eine größere Anzahl von Rezensionen und beginnt im Dezember die intensivere Arbeit an der Schopenhauer-Ausgabe.

Das Jahr 1893 ist in Deutschland durch die Reichstagswahlen vom 15. Juni ein Jahr erhöhter politischer Aktivität. Durch seine Verbundenheit mit Eduard von der Hellen und durch seine Bekanntschaft mit Heinrich Fränkel, die beide politisch engagiert sind, wird Rudolf Steiners Interesse am öffentlichen Leben in Deutschland intensiviert. Er besucht zahlreiche politische Versammlungen, in denen Eduard von der Hellen als Redner auftritt.

Als neuer Mitarbeiter tritt August Fresenius ins Goethe-Schiller-Archiv ein. Rudolf Steiner lernt in ihm einen Philologen kennen, der in geistvoller Weise vom Einzelnen ausgehend wichtige Fragen beleuchtet.

Den Jahresanfang verbringt Rudolf Steiner in Wien, wo er sich darum bemüht, daß für ihn an der Wiener technischen Hochschule ein Lehrstuhl für Philosophie geschaffen wird. Höchstwahrscheinlich Vorsprache im Ministerium. (Vgl. BfII, Nr. 351)

4. Januar. Rückkehr nach Weimar.
7. Januar. Aufsatz über *Moderne Dichtung* (MARIE EUGENIE DELLE GRAZIE). Rudolf Steiner rückt delle Grazie in einen Gegensatz zu Goethe: «Goethe hat die Tendenzen seiner Jugend aufgegeben. Er wurde nicht der Messias einer neuen Zeit. Dafür brachte er uns die schönste, die reifste Erfüllung einer nunmehr abgestorbenen Epoche. Reif, überreif sind seine späteren Dichtungen, aber sie sind die letzten Produkte einer Entwicklungsreihe.» Dagegen wird das «Kennzeichen des echt modernen Strebens» bei keinem Zeitgenossen «so prägnant, so klar umrissen» wie bei M. E. delle Grazie: «Diese Dichtungen sind das streng gesetzmäßige Spiegelbild der modernen Weltanschauung aus einer tiefen, stark empfindenden... Seele.» (Lit 63–67)
10. Januar. Brief an Marie Eugenie delle Grazie, u. a. über Nietzsche. (Unveröff.)
13. Januar. Rudolf Steiner übersendet Ernst Haeckel drei Bände der von ihm bearbeiteten Weimarer Goethe-Ausgabe und den Artikel *Alte und neue Moralbegriffe*.
14. Januar. In Hardens *Zukunft* erscheint als Antwort auf die zahlreichen Angriffe, die dem Aufsatz *Eine Gesellschaft für ethische Kultur* galten, der Aufsatz *Alte und neue Moralbegriffe*. Rudolf Steiner tritt für eine einheitliche Weltauffassung ein, die den Geist in der Welt erkennt. Die sittlichen Handlungen entspringen der Natur des Menschen. Entscheidend sind nicht abstrakte Moralprinzipien, die ja immer der Auslegung im einzelnen Fall bedürfen, sondern das richtige Urteil im einzelnen Fall. «Wer einsieht, daß das Urteil über einen konkreten Fall das Maßgebende einer Handlung ist, der kann nur einer individualistischen Auffassung in der Ethik das Wort reden.» (KuZ 180–186)
28. Januar. Rezension zu KURT EISNERS *Psychopathia spiritualis – Friedrich Nietzsche und die Apostel der Zukunft*. Eisners Schrift, mit der Rudolf Steiner keineswegs ganz übereinstimmt, wird als «eine mir sehr sympathische» charakterisiert. «Mir erging es mit Nietzsches Ideen folgendermaßen. Ihr Inhalt erschien mir zumeist nicht neu. Ich hatte ihn in mir schon ausgebildet, bevor ich Nietzsche kennenlernte. Beim Durchgange durch Nietzsches Geist kamen mir aber diese Ideen verzerrt karikiert vor. Ein an sich gesunder Gedankenfluß mußte sich durch eine Felsenge durchdrängen, die seinem ruhigen Laufe Gewalt antat. Nietzsche war mir nie ein philosophisches, sondern immer ein psychologisches Problem.» (KuZ 467–469)
28. Januar. Kurzer Brief an Haeckel. Rudolf Steiner freut sich, Haeckels *Anthropogenie* zu erhalten. (BfII, Nr. 346)
4. Februar. Rezension *Robert Saitschick ‹Zur Psychologie unserer Zeit›*. «Das nervöse, hastige, sehnsuchtvolle und zielunbewußte, aber auch maschinenmäßige, ideenlose Treiben unserer Epoche finde ich in richtigen Strichen gezeichnet.» (Lit 169)

11. Februar. Rezension zu J. G. Vogts *Die Unfreiheit des Willens.* Eine «Schrift, welche die Trivitalitäten der Kraft- und Stoffhelden wieder aufwärmt.» (Meth 523 f.)
18. Februar. Brief an die Eltern und Geschwister. Rudolf Steiner veranlaßt, daß seine Schwester Leopoldine («Poldi») seinen Vortrag in Wien besucht. (Bf II, Nr. 348)
19. Februar. Fahrt von Weimar nach Wien.
20. Februar. Vortrag im wissenschaftlichen Club in Wien über *Einheitliche Naturanschauung und Erkenntnisgrenzen.* In Auseinandersetzung mit Kant entwickelt Rudolf Steiner seine Erkenntnislehre und tritt für den Monismus als eine einheitliche Naturauffassung ein. Der Vortrag wird erst nachträglich von Rudolf Steiner aufgezeichnet und erscheint am 15. Juli in den *Monatsblättern* des wissenschaftlichen Clubs. Er ist für das Studium der *Philosophie der Freiheit* eine wichtige Ergänzung. (Meth 47–68)
21. Februar. Rudolf Steiner besucht seine Eltern in Brunn am Gebirge.
22. Februar. Brief aus Wien an Anna Eunike: «Mein Vortrag ist sehr gut ausgefallen.»
4. März. Rezension zu R. v. Koebers *Die Lebensfrage.* «Der christliche Offenbarungsglaube kann seinen ganzen Himmel mit sämtlichen Engeln, der Spiritist all seine Spirits in jene dunkle Region versetzen, wo das ‹Ding an sich› wuchert. Daß letzterer Fall wirklich eintreten kann, dafür ist uns das vorliegende Buch ein vollgültiger Beweis. Dr. Koeber bettet den ganzen spiritistischen Glauben der Aksakow und Genossen in das bequeme Lager des ‹Ding an sich›.» (Meth 524–526)
7. März. Brief an die Eltern und Geschwister. Rudolf Steiner berichtet, daß er seine Berufung nach Wien weiter betreiben wird, zu Ostern wolle er dem Ministerium sein Buch vorlegen. «Dann werde ich die Sache ohne Aufhören energisch betreiben, bis ich am Ziele, d. h. in Wien bin.» (Bf II, Nr. 351)
17. März. Brief an Rosa Mayreder über Manuskripte, die Rosa Mayreder Rudolf Steiner übergeben und nicht zurückerhalten hatte. Rudolf Steiner hat lange nach den Manuskripten gesucht. «Ich kann Ihnen aber die Versicherung geben: bei mir geht, trotz der Unordnung, die in meinen Papieren herrscht, absolut nichts verloren.» Rosa Mayreder erinnert sich: «Freilich behandelte er meine Manuskripte nicht gerade als Kostbarkeiten; drei davon gerieten durch ihn auf Nimmerwiedersehn in Verlust.» (Vgl. W. Beck, *Das Jahr der Entscheidung,* S. 94)
20. März. Vortrag in Weimar über *Hypnotismus, mit Berücksichtigung des Spiritismus.* Dieser sehr wichtige Vortrag, dessen Inhalt aus einer Sammelrezension *Zur Hypnotismusfrage* (Meth 333–340, vgl. 8. April) rekonstruiert werden kann, enthält eine Theorie des Bewußtseins, die für das Verständnis der *Philosophie der Freiheit* wichtig ist. In der Hypnose tritt eine Modifikation der

Bewußtseinsfunktionen ein, die der rein physikalischen Beziehung unseres Individuums zur Umwelt «um eine Stufe näher steht als die unseres gewöhnlichen Seelenlebens». Nur dann, wenn die Einzelheiten unseres Weltbildes ausschließlich durch das «Ich» bewußt zusammengefügt werden, entsteht eine wirkliche «Überzeugung». Suggestion liegt auch dort vor, wo fertige Vorstellungskomplexe aus der Umwelt übernommen werden.

25. März. Rezension *Zur Geschichte der Philosophie* aus Anlaß von VINZENZ KNAUERS *Die Hauptprobleme der Philosophie in ihrer Entwicklung und teilweisen Lösung von Thales bis Robert Hamerling.* Die Philosophie ist mehr als eine Zusammenfassung der Ergebnisse der Einzelwissenschaften. Der Philosoph will sich auf Grund der konkreten Erkenntnisse der Einzelwissenschaften «zu einem lebensvollen Gliede des Weltganzen machen». Knauers Vorlesungen sind «in hohem Grade geeignet» dieses philosophische Denken anzuregen, namentlich sei die Darstellung der philosophischen Entwicklung von den Griechen bis hin zu Thomas von Aquin sehr gelungen. Im zweiten Teil des Buches kommen Knauer seine dualistischen oder pluralistischen Vorstellungen in die Quere. Rudolf Steiner bekennt sich zum konkreten Monismus: «Dieser konkrete Monismus sucht nicht die Einheit in der Vielheit, sondern er will die Vielheit als Einheit begreifen.» (Meth 327–333)

8. April. Sammelrezension *Zur Hypnotismusfrage.* Rudolf Steiner bespricht Werke von HANS SCHMIDKUNZ, WILHELM WUNDT, C. ZIEGLER, R. VON KRAFFT-EBING, KARL FRIEDRICH JORDAN, OTTO VON BERLIN, F. WOLLNY, wobei er die Arbeiten von Schmidkunz und Krafft-Ebing empfiehlt. Vor allem aber weist er auf die zentrale Bedeutung des «Ich» im Welterkennen hin: «Indem die Spiritisten die Suggestion des dem ‹Ich› entfremdeten Bewußtseins zum Inhalte ihrer Lehren machen, sprechen sie der Wissenschaft Hohn, da diese nur aus dem vom «Ich» vollzogenen Urteilen bestehen kann.» (Meth 340)

14. April. Brief an die Eltern und Geschwister: «Ich habe jetzt so viele Arbeit und muß alle mir erübrigende freie Zeit auf die Fertigstellung des Druckes meines Buches verwenden, damit ich baldmöglichst in die Lage versetzt werde, dasselbe dem Österreichischen Ministerium vorzulegen, wovon ich mir doch soviel verspreche. ... Sonst habe ich eigentlich so gut wie gar nichts zu vermelden. Mein Leben verläuft mit der denkbar größten Regelmäßigkeit.» (BfII, Nr. 353)

22. April. Rezension zu *Franz Brentanos – Über die Zukunft der Philosophie.* BRENTANO fordert, daß die «Methode der Philosophie keine andere als die der Naturwissenschaft» sein solle. Rudolf Steiner wendet sich gegen diese Auffassung, die nur neue Daten liefern soll. Wesenhaftes wird nur durch Intuition erkannt. Die Philosophie ist eine Wissenschaft von Wesenheiten. «Das oberste Gebilde dieser Art ist das ‹Ich›. Dieses kann nicht durch Erfahrung gefunden, sondern nur durch freie Intuition erzeugt werden. Wer diese Intuition zu erzeugen vermag, der merkt alsbald, daß er damit nicht einen Akt seines einzelnen, zufälligen Bewußtseins vollzogen hat, sondern einen kosmischen Prozeß: er hat den Gegensatz von Objekt und Subjekt überwunden; er hat die inhaltliche Welt in sich, aber auch sich in der Welt gefunden.» (Meth 526–528)

29. April. Rezension der *Zeitschrift für Philosophie und philosophische Kritik*. Die Rezension enthält Hinweise auf eine Reihe bedeutender Arbeiten, die in der genannten Zeitschrift erschienen sind. Unter anderem über EUGEN DREHER, den «verkanntesten Physiker» seiner Zeit, über ROBERT SCHELLWIEN, der Kants Erkenntnistheorie kritisch behandelt, über OTTO LIEBMANN und EDUARD VON HARTMANN. (Meth 528–531)

19. Juni. Brief an den Verlag Cotta über die Jean Paul-Ausgabe und über die Schopenhauer-Ausgabe, deren Manuskripte bis zum 1. Oktober avisiert werden. (BfII, Nr. 354)

27. Juni. Aufsatz: *Bildung und Überbildung*. Über HERMANN SUDERMANNS Dramen *Sodoms Ende* («ein gutes Stück»), *Die Ehre* («ein ziemlich schlechtes») und *Heimat* und über RICHARD SPECHTS dramatische Skizze *Sündentraum* sowie HERMANN BAHRS Roman *Neben der Liebe*. Über Richard Specht: «Für ihn ist alles Begriff, nichts Erfahrung. Seine Probleme sind nicht erwandert, sondern erlernt. Er kann viel, aber er hat wenig erlebt.» (Dram 194)

8. Juli. Aufsatz: *Nervöse Leser*. Über die Zeitkultur, die sich etwas darauf zugute tut, mit den «Nerven» zu leben, und die auch «mit den Nerven liest». «Man liest Nietzsche nicht, um ihm in die Höhe seiner Ideen zu folgen, sondern um sich von den Reizmitteln seines Stils aufregen zu lassen.» Harte Worte über die Kritiker, die nur über einen beschränkten Horizont verfügen. «Ein höherer Bildungsgrad der Leser wäre unsern Kritikern gefährlich.» «Ratgeber, Gedankenanreger soll der Kritiker sein, nicht Autorität.» (Lit 11–16)

21. Juli. Rezension zu LEOPOLD DRUCKERS *Die Suggestion und ihre forensische Bedeutung*. (Meth 531)

22. Juli. Brief an Pauline Specht. Rudolf Steiner erkundigt sich nach dem Ergebnis des Maturums (Reifezeugnis) seines Zöglings OTTO SPECHT: «Ich brenne auf das Resultat.» «Außer dem Umstande, daß ich die letzten Monate viel gearbeitet habe, wüßte ich sonst trotz der Länge der Zeit meines Nichtschreibens nichts zu berichten.» (BfII, Nr. 355)

Rudolf Steiner kommentiert den Ausgang der Reichstagswahl vom 15. 6., bei der die Antisemiten stark zunahmen und im Reichstag 16 Sitze gewannen: «Durch die letzte Wahl hat sich eine Zunahme an Rohheit und Unverstand in den Massen gezeigt, die ich wahrhaft erschreckend finde. Daß ein ... maßlos alberner Mensch, der alle Luegers [Wiener antisemitischer Oberbürgermeister] an Lügen-genie turmhoch überragt, zwei Parlamentssitze erobert und zahllose Anhänger hat, zeugt doch von einer Verkommenheit des öffentlichen Geistes, die man nicht genug beklagen kann.» (BfII, Nr. 355)

19. August. Rezension zu FRIEDRICH KIRCHNERS *Gründeutschland.* «Ein gutgemeintes Buch.» «Den ‹Grünen› unserer modernen Literatur wird wacker der Text gelesen, ohne das Kind mit dem Bade auszuschütten.» Doch Kirchner gehe nicht an die Wurzeln des Übels, die Rudolf Steiner in der stoffhuberischen und materialistischen Zeitbildung sieht, welche sich zu keinen höheren Gesichtspunkten erheben kann. (KuZ 626 f.)

19. August. Rezension zu R. SAITSCHICKS *Die Weltanschauung Dostojewskis und Tolstois.* Rudolf Steiner lobt die treffsichere Darstellung, die die Sache immer im Zentrum erfaßt. (Lit 170–173)

23. August. Brief an den Verlag Cotta über die Bedeutung der noch in Privatbesitz befindlichen Handexemplare Schopenhauers mit Bemerkungen für künftige Neuauflagen. (BfII, Nr. 356)

26.–29. August. Reise nach Frankfurt am Main. Rudolf Steiner hält im Freien Deutschen Hochstift den Festvortrag am Vorabend zu Goethes Geburtstag: *Goethes Naturanschauung gemäß den neuesten Veröffentlichungen des Goethe-Archivs.* Rudolf Steiner spricht über Goethes Organik und zeigt, daß Goethe im Typus das Gesetz der inneren Natur entdeckt hat, wodurch Pflanzen und Tiere konstituiert werden. Der Darwinismus hingegen erforsche die äußeren Umstände, wodurch Pflanzen und Tiere modifiziert werden. (Meth 69; BfII, Nr. 357)

4. September. Nach langer Pause sendet Rudolf Steiner JOSEPH KÜRSCHNER Teile des Manuskripts zu den beiden Halbbänden von Goethes naturwissenschaftlichen Schriften, jedoch nicht seine Einleitungen, die aber Kürschner «noch in dieser Woche erhalten» soll. (BfII, Nr. 358)

16. September. Professor VINZENZ KNAUER (Wien) schreibt an Steiner, um sich für dessen Rezension seiner Philosophiegeschichte zu bedanken (vgl. 25. März). Knauer schreibt u. a.: «Überhaupt halte ich es für die größte Torheit, mit einer Formel oder wohl gar einem Schlagwort die Rätsel des Daseins lösen zu wollen.» «Unsere Seligkeit ist die Entwicklung.» (BfII, Nr. 359)

3. Oktober. Rezension zu JULIUS DUBOS *Grundriß einer einheitlichen Trieblehre vom Standpunkte des Determinismus.* Urteil: «Willkürliches Raisonnement ist eben durchaus keine Philosophie.» (Meth 532)

13. Oktober. Der Schluß des Manuskripts der *Philosophie der Freiheit* geht an die Druckerei.

25. Oktober. Aufsatz über *Moderne Dichtung* (MARIE EUGENIE DELLE GRAZIE) 2. Teil. Die schwache Zeichnung der Gestalten in MAX HALBES *Jugend* wird kurz mit der Darstellungsweise delle Grazies kontrastiert, die die «individuellen Seelenkräfte» zeigt, «von denen das Leben bestimmt wird». (Lit 67–69)

15. November. *Die Philosophie der Freiheit* erscheint.

15. November. Rudolf Steiner schickt VINZENZ KNAUER die *Philosophie der Freiheit* und *Wahrheit und Wissenschaft* und schreibt im Begleitbrief: «Auch ich halte es mit der Ansicht, daß weder in intellektueller, noch in ethischer Beziehung je ein letztes Wort gesprochen werden kann, und daß alles wissenschaftliche Streben ein Entwicklungsprozeß ist.» Ferner heißt es in dem Brief: «Ich stehe in denkbar schärfstem Gegensatz zu Eduard von Hartmann und suche diesen Gegensatz schon auf dem Titelblatte durch die Worte: *Beobachtungs-Resultate nach naturwissenschaftlicher Methode* auszudrücken, während die *Philosophie des Unbewußten* an derselben Stelle die Worte trägt: *Spekulative Resultate nach induktiv-naturwissenschaftlicher Methode.*» (BfII, Nr. 362)
Am selben Tag dürfte Steiner auch die *Philosophie der Freiheit* an EDUARD VON HARTMANN übersandt haben.

21. November. EDUARD VON HARTMANN an Rudolf Steiner: «Ich habe nun Ihr Buch durchgelesen. Mit wie lebhaftem Interesse ich dies getan habe, mögen Sie daraus entnehmen, wieviel ich dabei notiert habe. Ich erlaube mir, Ihnen die Randnoten im Original zu übersenden mit der Bitte um gefällige Rücksendung.» «Diese Glossierung des Textes scheint mir an Lebhaftigkeit der mündlichen Besprechung am nächsten zu kommen.» – Die Einwände Hartmanns sind sehr scharf formuliert, Hartmann lehnt Steiners Standpunkt grundsätzlich ab. (Vgl. B 85/86; Lg 244 ff.; BfII, Nr. 364)

21. November. Rudolf Steiner schickt ROBERT SAITSCHICK die *Philosophie der Freiheit* und bittet um eine Besprechung. Dabei betont er, wie schon früher, daß er unabhängig von Nietzsche zu seinen Ideen gekommen sei. (BfII, Nr. 363)

22. November. VINZENZ KNAUER schickt Rudolf Steiner ein von ihm glossiertes Exemplar von *Wahrheit und Wissenschaft* und stellt eine Rezension der Philosophie der Freiheit in Aussicht. (BfII, Nr. 365)

5. Dezember. Brief Rudolf Steiners an den Dichter und Stirnerforscher JOHN HENRY MACKAY, dem er ein Exemplar der *Philosophie der Freiheit* mit der Bitte um eine Rezension schickt: «Meiner Meinung nach bildet der erste Teil meines Buches den philosophischen Unterbau für die Stirnersche Lebensauffassung. Was ich in der zweiten Hälfte als ethische Konsequenz meiner Voraussetzungen entwickle, ist, wie ich glaube in vollkommener Übereinstimmung mit den Ausführungen des Buches *Der Einzige und sein Eigentum.* (BfII, Nr. 366)

8. Dezember. Rudolf Steiner schickt *Die Philosophie der Freiheit* an den Schriftsteller (und späteren Sozialdemokraten) KURT EISNER mit der Bitte, das Buch zu besprechen. «Die Art der Begründung, die ich dem Individualismus gebe, beseitigt, wie ich glaube, die von Ihnen gerügten Einseitigkeiten desselben.» (BfII, Nr. 367)

9. Dezember. Rudolf Steiner schickt die *Philosophie der Freiheit* an Frau und Herrn SPECHT. «Wie die Sache jetzt vorliegt, macht mir besonders die zweite Hälfte Freude. Wie die Männer vom Fache mit dem Buch verfahren werden, macht mir viel Sorge.»
«Ich bin nun über drei Jahre in Weimar, und in drei Sommern wurde mir so schlimm mitgespielt, daß ich auch nicht vierzehn Tage finden konnte, in denen ich, arbeitsfrei, Erholung gehabt hätte. Ich habe ja in diesen drei Jahren ein gutes Stück Arbeit getan, aber eine Erfrischung – wenn auch nur für wenige Tage – hätte mir doch gut getan.» Steiner berichtet ferner, daß sein für Januar angekündigter Vortrag *Genie, Irrsinn und Verbrechertum* gleich nach der Ankündigung (Saal für 300 Personen) ausverkauft gewesen sei. (BfII, Nr. 368)
14. Dezember. Rudolf Steiner an ROSA MAYREDER: «Ich gestehe Ihnen ganz offen, daß ich an vielen Stellen meines Buches mit dem Gedanken schrieb: Was werden Sie dazu sagen?» «Wenn man *so* allein steht, dann weiß man eine Gesinnungsähnlichkeit wie die mit der Ihrigen erst recht zu schätzen. Das Zusammenwirken aller Ihrer Seelenkräfte gibt eine Resultierende, die kennengelernt zu haben ich als einen der großen Glücksfälle meines Lebens betrachten muß.»
Nochmals über die verlorengegangenen Manuskripte: «Frau Eunike hat mit einer wahrhaft rührenden Sorgfalt jedes Stück meiner Papiere durchspäht, jedes Buch um und um gekehrt.» Doch die Manuskripte fanden sich nicht. (BfII, Nr. 369)
Im Dezember sowie in den folgenden Monaten intensive Arbeit an der Ausgabe der Werke Schopenhauers.
24. Dezember. Brief an Pauline Specht mit Bemerkungen über den Stil EMERSONS. (BfII, Nr. 371)

1894

Das Jahr 1894 ist durch eine immer stärker werdende Beschäftigung mit dem Werk FRIEDRICH NIETZSCHES gekennzeichnet. Rudolf Steiner kennt einzelne Werke Nietzsches bereits seit 1889, er steht aber, wie manche Äußerungen zeigen, Nietzsche sehr kritisch gegenüber (vgl. 11. Juni 1892 und 28. Januar 1893): «Nietzsche war mir nie ein philosophisches, sondern immer ein psychologisches Problem.» Nun wendet er sich Nietzsche im positiven Sinne zu. Diese Hinwendung zu Nietzsche kann man im Zusammenhang mit der Bekanntschaft mit Frau ELISABETH FÖRSTER-NIETZSCHE sehen, die Rudolf Steiner anläßlich ihres Besuches im Goethe- und Schiller-Archiv kennenlernt und die Rudolf Steiner des öfteren nach Naumburg einlädt. Dabei spielt der Gedanke eine Rolle, Rudolf Steiner als zweiten Herausgeber der Schriften Nietzsches zu engagieren. Schließlich entscheidet sich aber Frau Förster-Nietzsche für die Anstellung von EDUARD VON DER HELLEN. Im Sommer wird Rudolf Steiner und anderen Besuchern aus Weimar Nietzsches bis dahin noch unveröffentlichtes Werk *Der Antichrist* vorgelesen. Der zweifellos tiefe Eindruck, den dieses Werk macht, findet seinen Ausdruck in dem Buch *Friedrich Nietzsche, ein Kämpfer gegen seine Zeit*, mit dessen Niederschrift Rudolf Steiner im Herbst dieses Jahres beginnt. (Vgl. BfII, Nr. 408 und G. Reuter, *Vom Kinde zum Menschen,* S. 405)
Während des ganzen Jahres arbeitet Rudolf Steiner weiter an der Weimarer Goetheausgabe. Es erscheint der 10. Band *Zur Naturwissenschaft überhaupt. Mineralogie und Geologie II.* und der 11. Band. Ferner wird die Schopenhauer-Ausgabe bis zum 6. Band fertiggestellt, die weiteren Bände folgen in den nächsten beiden Jahren.
Zu den neuen Freunden und Bekannten gehört FRANZ FERDINAND HEITMÜLLER, der im Archiv an der Herausgabe von Goethes Tagebüchern arbeitet und der Heldentenor an der Weimarer Bühne, HEINRICH ZELLER.

5. Januar. PAULINE SPECHT an Rudolf Steiner: «Ich habe Ihr mir ganz vortrefflich erscheinendes Buch mit der größten Befriedigung, gegen sein Ende hin mit wirklicher Begeisterung gelesen.» «Meine Bedürfnisse nach Freiheit sind dieselben geblieben und nun können Sie sich denken, was Ihr Buch mir bedeutete. Dieses mit so vieler Klarheit, unbedingter Folgerichtigkeit, in einfacher, durchsichtiger Form uns zu dem ersehnten Ziele führende Buch ist für mich ein Geschenk von so großem Wert, daß ich den Dank dafür schwer in Worte kleiden kann.» (BfII, Nr. 373)

19. Januar. Vortrag *Genie, Irrsinn und Verbrechertum.* Rudolf Steiner zeigt vom Gesichtspunkt des empirischen Denkens, daß ein normatives Menschenbild unmöglich ist. Es gibt keine «zwei einander vollkommen gleiche Individuen; und zwischen Gesundheit und Krankheit, zwischen Genie und dem Idiotismus, zwischen selbstloser Gesinnung und Verbrechertum usw. gibt es keine festen Grenzen, weil diese Erscheinungsweisen des Seelenlebens durch unzählige Zwischenstufen allmählich ineinander übergehen.» (Vgl. Veröffentlichungen aus dem Frühwerk Bd. IV, S. 184) Seit diesem Vortrag fühlt sich Rudolf Steiner in Weimar noch mehr als früher vollständig kaltgestellt (vgl. Brief vom 23. Dezember 1894).

30. Januar. Rudolf Steiner schickt dem Verlag Cotta den Text der ersten drei Bände der Schopenhauer-Ausgabe und schreibt, daß im Vergleich zu anderen Ausgaben «der von mir gelieferte Text wesentliche Verbesserungen enthält.»

17. Februar. Rudolf Steiner zur Feier des 60. Geburtstages von HAECKEL in Jena. Rudolf Steiner schildert die Begegnung mit Haeckel später verschiedentlich in Vorträgen und in seiner Autobiographie. (Lg 220–222) Damals schreibt er: «Am 17. Februar war in Jena eine herrliche Feier zu Haeckels 60. Geburtstag. Bemerkenswert ist gewesen, daß ich Nicht-Weimarer der einzige Weimarer unter den Anwesenden war. Solche Tage lassen bleibende Erinnerungen fürs Leben zurück, und ich bin froh, bei dieser schönen Feier der monistischen Naturwissenschaft anwesend gewesen zu sein.» (BfII, Nr. 377)

21. März. Rezension: *Ein neues Buch über Goethes Faust.* (VEIT VALENTIN *Goethes Faust-Dichtung in ihrer künstlerischen Einheit.)* Rudolf Steiner lobt die Darstellung Valentins, die die künstlerische Komposition, die innere Gesetzmäßigkeit und die durchgehende Symmetrie des Faust «in einem ganz neuen Lichte» erscheinen läßt. (Lit 176)

21. März. Rudolf Steiner an Pauline Specht, die ihm über ihre Eindrücke beim Lesen der *Philosophie der Freiheit* geschrieben hatte. Er freute sich über diese Schilderung. «Denn bei diesem Buche kommt es nicht nur darauf an, daß es einiges Neue dem Inhalte der Wissenschaft einverleibt, sondern vor allen Dingen darauf, daß Gemüter, die modern empfinden und fühlen, für dieses ihr Empfinden und Fühlen das entsprechende begriffliche Spiegelbild wiederfinden, das sie ja doch suchen müssen.» (BfII, Nr. 377)

5. April. Rudolf Steiner schickt die Einleitung zu Schopenhauers Werken an den Verlag Cotta.

5. April. ROSA MAYREDER an Rudolf Steiner über die Eindrücke, die sie von der *Philosophie der Freiheit* empfangen hat. Rosa Mayreder bemerkt die «kompendiöse Knappheit» des Buches, das eigentlich eine Quintessenz vieler gedanklicher Bemühungen ist. «Ich betrachte Ihren Geist als die Frucht einer langen Entwicklungsreihe und Ihr philosophisches System als das endliche Gelingen eines oftmals und in den mannigfaltigsten Formen angestellten Versuchs. Aber ich glaube fast, Ihr Werk wird erst eine allgemeinere Wirkung üben, wenn Sie aus jedem Kapitel desselben ein ganzes Buch machen.» (BfII, Nr. 379)

28. April. In *Die Gegenwart* – Wochenschrift für Literatur, Kunst und öffentliches Leben, erscheint eine ausführliche, höchst kritische, insgesamt auf der Linie Eduard von Hartmanns liegende Kritik der *Philosophie der Freiheit* von Arthur Drews.

4. Mai. Bei der Feier nach der Uraufführung der Oper *Guntram* von Richard Strauss hält Rudolf Steiner eine Ansprache.

11. Mai. Theaterkritik zu *Jenseits von Gut und Böse* – Schauspiel von J. V. Widmann. «Man braucht kein Anhänger Nietzsches zu sein, um von Widmanns theatralischem Machwerk unangenehm berührt zu sein. Schreiber dieser Zeilen kennt die Schwächen und Gefahren des Nietzscheanismus ganz gut, aber es widerstrebt seinem Gefühle, einen Kampf zu sehen, wie ihn J. V. Widmann gegen Friedrich Nietzsche führt.» (Dram 196–199)

26. Mai. Rudolf Steiner in Naumburg im Nietzsche-Archiv. Möglicherweise ist das der erste Besuch im Nietzsche-Archiv. Jedenfalls durfte er einen Blick in die Papiere Nietzsches tun.

28. Mai. Brief an Elisabeth Förster-Nietzsche, in welchem sich Rudolf Steiner für den Empfang im Nietzsche-Archiv bedankt.

27. Juni. Die Druckvorlage für den 4. Band der Werke Schopenhauers geht an den Verlag Cotta.

27. Juli. Die Druckvorlage für den 5. Band der Werke Schopenhauers geht an den Verlag Cotta.

Spätsommer oder Frühherbst. «Um Ihnen meine Stimmung zu illustrieren, will ich Ihnen eine Tatsache mitteilen. Es handelte sich in diesem Herbste um einen zweiten Herausgeber der Nietzsche-Ausgabe. Man hat mich zweimal nach Naumburg eingeladen. Man hat aber dann den ehemaligen Archivar des Goethe-Archivs Dr. von der Hellen berufen, und mir wurde gesagt, daß ich ein zu selbständiger Mensch sei, um mit dem schon von früher hier funktionierenden Herausgeber» (Fritz Koegel) «zusammenarbeiten zu können. Die Sache hat nicht bloß auf mich, sondern auch noch auf andere Personen, die Einblick in die Sache hatten» (möglicherweise Gabriele Reuter, Julius Wahle, Franz Ferdinand Heitmüller), »einen höchst peinlichen Eindruck gemacht. Ich wurde von Anfang an als der prädestinierte Nietzsche-Herausgeber bezeichnet.» Bei einem der Besuche in Naumburg wurde Rudolf Steiner Nietzsches «Antichrist» aus dem Manuskript vorgelesen. «Ich habe meine eigenen Empfindungen in jedem Satze wiedergefunden.» (BfII, Nr. 408)

11. September. Die Druckvorlage für den 6. Band der Werke Schopenhauers geht an den Verlag Cotta.

15. September. Nachruf auf HERMANN HELMHOLTZ. In einem biographischen Rückblick würdigt Steiner das Werk des großen Physikers, wobei er besonders auf das Gesetz von der Erhaltung der Kraft, auf die physiologische Optik und die Lehre von den Tonempfindungen eingeht. (Meth 340)

24. September. Brief an den Verlag COTTA über die Möglichkeit, Texte nicht in die Ausgabe aufzunehmen, um Platz zu sparen. Rudolf Steiner schlägt vor, den lateinischen – nicht den deutschen – Text «Das Sehen und die Farben» notfalls wegzulassen. (BfII, Nr. 397)

1. Oktober. EDUARD VON DER HELLEN geht als Herausgeber an das Nietzsche-Archiv. Rudolf Steiner kommentiert diesen Vorgang in einem Brief an Karl Julius Schröer: «Er gibt jetzt mit demselben innigen Anteil an der Sache, der nämlich *keiner* ist, Nietzsche heraus, mit der er bis zum 1. Oktober Goethe herausgegeben hat. Es fällt mir natürlich nicht ein, Hellen die Herausgabe Nietzsches übelzunehmen.» (BfII, Nr. 401)

1. November. Sehr langer Brief an EDUARD VON HARTMANN, in welchem Rudolf Steiner auf Hartmanns Kritik an der *Philosophie der Freiheit* eingeht. Als berechtigt sieht Steiner den Einwand an, daß in seiner Freiheitsphilosophie das Verhältnis von Allgemeinem (Idee) und Individuum noch nicht klar gefaßt ist: «Ich empfinde es auch als einen Mangel meines Buches, daß es mir nicht hat gelingen wollen, die Frage ganz klar zu beantworten, inwiefern das Individuelle doch nur ein Allgemeines, das Viele ein Eines ist. Aber dies ist vielleicht die schwierigste Frage einer Philosophie der Immanenz. Ich arbeite fortwährend daran, den Ausgleich... zwischen... dem Panlogismus Hegels und dem Goetheschen Individualismus zu finden.» (BfII, Nr. 400) In der Folge verstärkt Rudolf Steiner – namentlich in den Büchern *Friedrich Nietzsche – ein Kämpfer gegen seine Zeit* und in *Goethes Weltanschauung* die Position des Individualismus.

3. November. Brief an Karl Julius Schröer über die damalige Goethe-Forschung und Goethe-Philologie. «Meine Arbeit ist inzwischen, wie Sie aus der Ausgabe ersehen haben werden, bis zum 12. Bande der naturwissenschaftlichen Schriften gediehen. Dies ist der letzte. Daß ich weiter von Weimar *nichts* zu erhoffen habe, liegt in der Natur der Verhältnisse. Ich habe hier auch nie etwas erstrebt. Die Reaktion, die ganz Mittel- und Westdeutschland überflutet, ist natürlich auch in Thüringen bemerklich. Es weht ein Wind, der in den nächsten Jahren schwerlich offene Ohren für freie Wissenschaft wird gedeihen lassen. Es gibt nicht wenige, die Goethes erhabene Anschauungen in ein orthodoxes Luthertum umdeuten möchten.» (BfII, Nr. 401)

4. November. In einem Brief an Rosa Mayreder über die *Philosophie der Freiheit* äußert er den Schmerz, daß Nietzsche das Buch nicht mehr hat lesen können: «Er hätte es genommen als das was es ist: in jeder Zeile als persönliches Erlebnis.» «*Ich lehre* nicht, ich erzähle, was ich innerlich durchlebt habe. Ich erzähle es so, wie ich es gelebt habe. Es ist alles in meinem Buch persönlich gemeint.» «Zunächst wollte ich die Biographie einer sich zur Freiheit emporringenden Seele zeigen.» (BfII, Nr. 403)
23. Dezember. Brief an Pauline Specht: «Ich bin auch sonst nicht gerade in Weihnachtsstimmung. Wie wenig Grund ich dazu habe, trat mir gestern durch die Frage eines hiesigen Redakteurs vor Augen. Es spricht diese Frage mehr, als ich es selbst ausdrücken *will,* hier für meine Lage. Der Mann sagte: ‹Sagen Sie mir, wäre es denn nicht endlich an der Zeit, daß man für Sie etwas täte; man hat doch› – so sagte der Mann, dem ich *persönlich* ganz gleichgültig bin – ‹alle Ursache, Sie hier zu halten.› Ich mußte ihm sagen, daß ich mich seit der ‹Freiheitsphilosophie› und seit meinem vorjährigen Wintervortrag noch mehr als früher kaltgestellt fühle.» (BfII, Nr. 408)

1895

Im April wird das Buch *Friedrich Nietzsche, ein Kämpfer gegen seine Zeit* beendet, es erscheint im Mai. Das Werk ist durch eine restlose Hingabe an das Streben und Suchen Nietzsches gekennzeichnet. 1907 schreibt Rudolf Steiner über die Episode Nietzsche: «Man gelangt nicht zur Erkenntnis, wenn man den eigenen Standpunkt absolut durchsetzen will, sondern durch Untertauchen in fremde Geistesströmungen. So schrieb ich mein Buch über Nietzsche, indem ich mich ganz auf Nietzsches Standpunkt stellte. Es ist vielleicht gerade aus diesem Grunde das objektivste Buch innerhalb Deutschlands über Nietzsche. Auch Nietzsche als Anti-Wagnerianer und Antichrist kommt da ganz zu seinem Rechte.» (GA 262, S. 10/11) Im Vorwort dankt Rudolf Steiner Frau FÖRSTER-NIETZSCHE für die vielen Freundlichkeiten, die er während der Niederschrift des Buches von ihr erfahren hat. «Den im Nietzsche-Archiv in Naumburg verlebten Stunden verdanke ich die Stimmung, aus der heraus die folgenden Gedanken geschrieben sind.» – Vom Jahre 1900 an (vgl. 29. Juli, 5. und 28. August sowie 16. September 1900) distanziert sich Rudolf Steiner dann ganz deutlich von Nietzsche.
Im Goethe- und Schiller-Archiv arbeitet Rudolf Steiner an der Fertigstellung des 12. Bandes der Weimarer Ausgabe *Zur Naturwissenschaft. Allgemeine Naturlehre*. Ferner hat er dort noch die Aufgabe, wissenschaftliche Archiv-Materialien zu ordnen. Im *Goethe-Jahrbuch* erscheint ein Aufsatz: *Goethes Beziehungen zur Versammlung deutscher Naturforscher und Ärzte in Berlin 1828*. Die Arbeit an der Schopenhauer-Ausgabe wird bis zum 10. Band fortgesetzt. «In meiner letzten Weimarer Zeit wurde ich nahe befreundet mit CONRAD ANSORGE und seinem Schwager EWANS VON CROMPTON.» (Lg 308) Ansorge war ein damals berühmter Pianist. In dem Kreise um Ansorge und Crompton findet sich auch der Redakteur der unabhängigen weimarischen Zeitung *Deutschland*, PAUL BÖHLER, die Archivare AUGUST FRESENIUS und FRANZ FERDINAND HEITMÜLLER, der Nietzsche-Herausgeber FRITZ KOEGEL und, sofern er sich in Weimar befindet, der Dichter OTTO ERICH HARTLEBEN ein. «Der ganze Kreis stand sozusagen im Zeichen Nietzsches.» «Für mich war der Kreis bedeutsam durch eine starke mitreißende Energie, die in ihm lebte.» (Lg 308–311)
Im Rückblick auf das Jahr schreibt Rudolf Steiner an ANNA EUNIKE: «daß das verflossene Jahr für mich ein recht schweres war und mich aus aller Stim-

mung gebracht hat. Ich glaube, in diesem Jahr hätte ich es ohne Deine so liebevolle Pflege und Teilnahme gar nicht aushalten können, was ich gerade in diesem Jahr zu arbeiten hatte – nicht die Menge, aber die *Art* hätte mich ohne Dich erdrückt, weil es so schwer auf meiner Seele lag. Das ist der Grund, warum ich in der letzten Zeit immer recht ungenießbar war.» (BfII, Nr. 439)

Januar bis Mitte April. Arbeit am Nietzsche-Buch.
31. Januar. Frau FÖRSTER-NIETZSCHE, die erfahren hat, daß Rudolf Steiner «die Gegend verlassen» werde, lädt ihn und Dr. FRESENIUS, Dr. WAHLE und Dr. HEITMÜLLER nach Naumburg ein. Auch Fräulein GABRIELE REUTER soll eingeladen werden. Im Hintergrund steht die Tatsache, daß die beiden Herausgeber von Nietzsches Werken, FRITZ KOEGEL und EDUARD VON DER HELLEN nicht miteinander auskommen, weil – so H. F. Peters – von der Hellens pedantisch-gelehrsame Art mit dem künstlerischen Nietzsche-Bild Koegels kollidiert. So wird E. v. d. Hellen das Archiv bald verlassen. Möglicherweise sucht Frau Förster-Nietzsche einen neuen Mitarbeiter für ihr Archiv. (H. F. Peters, *Zarathustras Schwester,* S. 194f.)
5. Februar. Besuch im Nietzsche-Archiv.
24. März. Besuch im Nietzsche-Archiv.
28. März. Besuch im Nietzsche-Archiv.
Anfang April. Frau Förster-Nietzsche fordert Rudolf Steiner durch Gabriele Reuter auf, auf einige Wochen nach Naumburg zu kommen, möglicherweise um Nietzsches Bibliothek zu ordnen. (Lg 254)
10. April. Zusage Rudolf Steiners, auf einige Wochen nach Naumburg ans Nietzsche-Archiv zu gehen. Der Zeitpunkt bleibt offen.
11. April. Frau Förster-Nietzsche dankt Rudolf Steiner, «daß Sie mir in all den augenblicklichen Schwierigkeiten beistehen wollen». Ferner über die Mitarbeit Fritz Koegels.
14. April. Rudolf Steiner besucht Frau Förster-Nietzsche in Naumburg.
28. April. Rudolf Steiner besucht Frau Förster-Nietzsche in Naumburg.
Im Mai. Das Buch *Friedrich Nietzsche, ein Kämpfer gegen seine Zeit* erscheint im Verlag EMIL FELBER, der inzwischen von Berlin nach Weimar übersiedelt ist.
27. Mai. Brief an die Eltern und Geschwister: «Für mein Nach-Wien-Kommen habe ich jetzt ganz bestimmte Aussicht. Prof. MÜLLNER hat mir mitgeteilt, daß er für die Errichtung einer Lehrkanzel an der Wiener Technischen Hochschule wirkt und meine Berufung an dieselbe durchsetzen will. Wenn das so ist, dann geht alles gut.» «Mir wäre es am liebsten, schon am 1. Oktober in Wien sein zu können.» (BfII, Nr. 418)
3. Juni. Frau Förster-Nietzsche bedankt sich bei Rudolf Steiner für das Buch

Friedrich Nietzsche – ein Kämpfer gegen seine Zeit: «Ihr ausgezeichnetes Buch hat mir diese Pfingstzeit außerordentlich verschönt, ich bin wirklich entzückt davon.» Die Arbeiten, die Frau Förster-Nietzsche für Steiner bestimmt hatte, hat Koegel inzwischen übernommen. Dennoch bleibt Steiner aufgefordert, bald nach Naumburg zu kommen. (BfII, Nr. 419)

16. Juni. Rudolf Steiner mit anderen Besuchern aus Weimar in Naumburg.

18. Juni. Die Druckvorlage des 8. Bandes der Werke Schopenhauers geht an den Verlag Cotta.

9. Juli. Brief an Frau Förster-Nietzsche: Die Arbeit an der Weimarer Goethe-Ausgabe zieht sich hin. Direktor SUPHAN will Steiner vor Abschluß der Arbeiten keinen Urlaub gewähren. «Wie sehr ich nach den Wochen Naumburger Aufenthaltes lechze, ... kann ich Ihnen gar nicht sagen.» (BfII, Nr. 424)

16. Juli. Der Aufenthalt in Naumburg wird für die Zeit nach dem 1. September in Aussicht genommen. (BfII, Nr. 425)

24. Juli. Rudolf Steiner mit GABRIELE REUTER im Nietzsche-Archiv.

26. Juli. Die Druckvorlage des 9. Bandes der Schopenhauer-Ausgabe geht an den Verlag Cotta ab.

20. August. Sehr langer Brief an ROSA MAYREDER. Der Brief ist eine Antwort auf einen Brief Rosa Mayreders, in welchem sie sich über Steiners Nietzsche-Buch geäußert hatte. Rosa Mayreder konnte Steiners Schätzung der Nietzsche-Biographie von Frau Elisabeth Förster-Nietzsche und die hohe Bewertung Max Stirners nicht teilen. Rudolf Steiner hatte in seinem Buch die kristallklaren Gedanken Stirners hervorgehoben, «neben den sich Nietzsches Aphorismen allerdings oft wie ein bloßes Stammeln ausnehmen». Nun macht er gegenüber Rosa Mayreder darauf aufmerksam, daß er unter «kristallklar» nicht logische Schärfe und Konsequenz, sondern ein *Erleben* jenseits des Todes und des Eises versteht. «Ich finde bei Stirner eine Energie des Lebens, eine Fülle und Verwandlungsfähigkeit der Persönlichkeit, eine Artisten-Heiterkeit und Artisten-Freiheit, die mir bei Nietzsche doch nicht vorhanden zu sein scheinen. Bei Stirner atmet man in noch reinerer Luft als bei Nietzsche. Geheimnisse werden für Stirnersche Ohren offenbar, die wirklich jenseits des Todes, jenseits des Eises liegen.» (BfII, Nr. 428)

In bezug auf die Nietzsche-Biographie von E. Förster-Nietzsche räumt Rudolf Steiner ein: «Für mich ist das Buch der Frau Förster keinem Porträt vergleichbar; sondern... höchstens mit einer Palette, auf der die Farben völlig ungemischt sind. ... Ihr oblag es, die Materialien zum Leben Nietzsches zu liefern. ... Diese Frau ist sehr bedeutend, nur auf einem anderem Gebiete als auf dem, wo man eine Persönlichkeit psychologisch-biographisch schildert.» Ferner greift Steiner abermals die Nietzsche-Deutung von LOU SALOMÉ an, die Nietzsche als Mystiker deutet: «ein psychologisches Wahngebilde, das aus christlich-mystisch-theistischen Instinken geschaffen ist. Jede

Seite schmeckt nach Christentum; jede Seite verrät die Ohnmacht, wahre Nietzsche-Luft zu atmen.» (BfII, Nr. 428)

13. September. Rudolf Steiner teilt Frau Förster-Nietzsche mit, daß er noch nicht nach Naumburg kommen kann. (BfII, Nr. 430)

22. September. Rudolf Steiner im Nietzsche-Archiv. Aus Naumburg kommt er mit Fieber zurück und ist die ganze Woche arbeitsunfähig. (BfII, Nr. 431)

14. Oktober. Die Druckvorlage für den 10. Band der Schopenhauer-Ausgabe geht an den Verlag Cotta ab.

24. Oktober. Rudolf Steiner bedankt sich bei Frau Förster-Nietzsche für die Zusendung der Korrekturbogen zweier Bände von Nietzsches bisher ungedruckten Werken und knüpft Bemerkungen an den Inhalt des von ihm soeben Gelesenen. Dann zu Frau Förster-Nietzsche persönlich: «Das Nietzsche-Archiv ist Ihr Werk.» «Zu den Beweisen dafür, daß Sie ... die besten Wege zu dem von Ihnen angestrebten Ziele eingeschlagen haben, rechne ich es, daß Sie als Herausgeber der Werke Nietzsches Dr. Koegel wählten. Die beiden Bände bestärken mich in dieser meiner, schon früher gewonnenen Überzeugung. Nur dem tiefgehenden Nietzsche-Verständnis und einer besonderen Umsicht und Beherrschung des Stoffes war es möglich, eine Ausgabe zu schaffen, die in solchem Maße alle berechtigten Ansprüche befriedigt.» (BfII, Nr. 433)

24. Oktober. Rudolf Steiner sendet dem Schriftsteller ROBERT SAITSCHICK die *Philosophie der Freiheit* und sein Nietzsche-Buch mit der Bitte um eine Rezension. (BfII, Nr. 434)

23. Dezember. Brief an Pauline und Ladislaus Specht. Rückblickend auf das Jahr spricht Rudolf Steiner von den «unsäglichen Widerwärtigkeiten», die er im vergangenen Jahr erlebt hat. «Nach Maßgabe der Verhältnisse müßte ich natürlich *gerade in Jena* die Privatdozentur anstreben. Nun ist zweifellos, daß nach dem, was ich geleistet, diese Privatdozentur ein Pappenstiel sein müßte von seiten derer, die sie mir zu gewähren haben. Nun aber steht dem entgegen, daß ich hier einen Mann zum Vorstand habe ... der seit Jahren bemüht ist, mich als *Null* erscheinen zu lassen.» «Jetzt, wo die Erbitterung seiner Beamten einen Kulminationspunkt erreicht hat, sagen mir diese, was dieser Mann hinter meinem Rücken gegen mich *sagt*. Ich weiß jetzt, daß ich in dem Augenblicke, als ich hierherging, verraten und verkauft war. Ich muß die Weimarer Jahre einfach für verloren geben. Nur wer die Dinge in der Nähe gesehen hat, weiß, welche ekelerregende Atmosphäre ein kleiner Fürstenhof um sich verbreitet.» (BfII, Nr. 435)

23. Dezember. Brief an die Eltern und Geschwister. Rudolf Steiner berichtet über den Plan, an der Wiener Technischen Hochschule eine «Lehrkanzel» (Lehrstuhl) für Philosophie zu erhalten: «Die Sache hat große Schwierigkeiten. Ich werde sie aber überwinden. Man verlangt von mir, ich solle ein halbes Jahr Probezeit durchlaufen, ohne etwas dafür zu haben. Darauf kann ich niemals eingehen. Aber die Sache wird auch ohne diese Probezeit abgehen. Ich bin ja gerne bereit, *drei* Probevorlesungen zu halten. Ein halbes Jahr kann ich nicht umsonst dienen, denn hier habe ich mir nichts ersparen können. Ohne gleich von Anfang ein Gehalt zu bekommen, von dem sich anständig leben läßt, kann ich nirgens hingehen.» (Bf II, Nr. 436)

1896

Rudolf Steiner berichtet in seiner Autobiographie über eine tiefgreifende Verwandlung seines seelischen Lebens: «Mein Beobachtungsvermögen für Dinge, Wesen und Vorgänge der physischen Welt gestaltete sich nach der Richtung der Genauigkeit und Eindringlichkeit um. Das war sowohl im wissenschaftlichen wie im äußeren Leben der Fall. Während es vorher für mich so war, daß große wissenschaftliche Zusammenhänge, die auf geistgemäße Art zu erfassen sind, ohne alle Mühe mein seelisches Eigentum wurden und das sinnliche Wahrnehmen und namentlich dessen erinnerungsgemäßes Behalten mir die größten Anstrengungen machte, wurde jetzt alles anders. Eine vorher nicht gekannte Aufmerksamkeit für das Sinnlich-Wahrnehmbare erwachte in mir.» (Lg 316)

Die letzten anderthalb Jahre in Weimar sind im Wesentlichen durch Abschlußarbeiten und die Erledigung alter Verpflichtungen gekennzeichnet. Mitte 1896 kommt die Tätigkeit am Goethe- und Schiller-Archiv zu einem Ende. Bis in den April hinein ist Rudolf Steiner mit der Anfertigung der Register der von ihm herausgegebenen Goethe-Bände beschäftigt. Ferner stellt er die letzten beiden Halbbände von Goethes naturwissenschaftlichen Schriften in der *Deutschen National-Literatur* fertig. Es handelt sich dabei um die *Materialien zur Geschichte der Farbenlehre, Entoptische Farben* und die *Sprüche in Prosa.* Der Goethesche Text ist mit sehr reichen Anmerkungen versehen, die insbesondere umfangreiche historische Studien erforderten.

Den eigentlichen Abschluß der Goethe-Studien dieser ersten Lebensepoche bildet das Buch *Goethes Weltanschauung,* das im Sommer oder Herbst des Jahres in Angriff genommen wird. Die Ausgabe von Schopenhauers Werken wird abgeschlossen und die Jean Paul-Ausgabe begonnen.

Durch Frau Elisabeth Förster-Nietzsche wird Rudolf Steiner immer mehr in die Angelegenheiten des Nietzsche-Archivs hineingezogen. Frau Förster möchte Rudolf Steiner als Mitherausgeber gewinnen und den bisherigen Herausgeber Fritz Koegel entlassen. Rudolf Steiner kann auf die Vorstellungen der Frau Förster nicht eingehen, so sehr ihn die Aufgabe an sich interessiert. Durch die Intrigen der Frau Förster kommt es gegen Jahresende zu einem schweren Konflikt, in den Rudolf Steiner hereingezogen wird und der ihn sehr viel Zeit und Kraft kostet.

Schließlich stellt sich für Rudolf Steiner die Frage, was er nach Abschluß seiner Tätigkeiten in Weimar beginnen soll. Er beabsichtigt seit Frühjahr 1896 nach Wien zu fahren, um dort einen Lehrstuhl für Philosophie an der Technischen Hochschule zu erhalten, allein die Reise wird immer wieder aufgeschoben und kommt schließlich überhaupt nicht zustande, sei es, weil Rudolf Steiner unter ständigem Termindruck steht, sei es, weil die Situation für sein Vorhaben in Wien nicht günstig ist.

8. Januar. Zusage an Frau FÖRSTER-NIETZSCHE, die zweite Januar-Hälfte nach Naumburg ins Nietzsche-Archiv zu kommen.
12. Januar. Aufsatz über *Marie Eugenie delle Grazie.* Hauptsächlich widmet sich der kurze Aufsatz dem Epos *Robespierre,* in dem Steiner «die Morgenröte einer neuen Zeit» zu erkennen meint. «Selten hat ein Dichter so tief in eine Menschenseele geblickt, wie delle Grazie in die Robespierres.» (Lit 178–181)
13.–28. Januar (?). Rudolf Steiner in Naumburg am Nietzsche-Archiv. Bericht in *Mein Lebensgang:* «Frau Förster-Nietzsche hat mich dann aufgefordert, Nietzsches Bibliothek zu ordnen. Ich habe dadurch mehrere Wochen im Nietzsche-Archiv in Naumburg zubringen dürfen. Ich wurde dadurch auch mit FRITZ KOEGEL befreundet. Es war eine schöne Aufgabe, die die Bücher vor meine Augen stellte, in denen Nietzsche gelesen hatte. Sein Geist lebte in den Eindrücken auf, welche diese Bücher machten.» (Lg 254. Neben der längeren Schilderung dieser Arbeit in *Mein Lebensgang* finden sich Einzelheiten über diese Arbeit in der Fragenbeantwortung nach dem Vortrag vom 28. 10. 1919, GA 332a; ferner GA 322, 1. 10. 1920 und GA 235, 8. 3. 1924.)
Gegen Ende dieser Zeit schreibt Rudolf Steiner an Frau ANNA EUNIKE: «Seit einigen Tagen geht es wieder besser, für mich war es aber gar nicht leicht, das alles mitzumachen. Denn man spielt doch eine sonderbare Rolle, wenn man eine Angelegenheit mit durchmachen muß, in die hineinzureden man sich nicht berufen fühlt.» (Bf II, Nr. 439) Schwierig war die Situation namentlich dadurch, daß die Stimmungen von Frau Förster oft wechselten.
22. Januar. Rudolf Steiner sieht zum ersten und einzigen Mal FRIEDRICH NIETZSCHE. Frau Elisabeth Förster-Nietzsche führt ihn am frühen Nachmittag in das Zimmer, in dem der Kranke ruht. Rudolf Steiner sieht den «Umnachteten mit der wunderbar schönen Stirne, Künstler- und Denkerstirne zugleich, auf einem Ruhesofa» und ist von dem Anblick tief erschüttert. (Vgl. Lg 252 ff. sowie GA 235, 15. 3. 1924 und GA 108, 10. 6. 1908. Die Datierung erfolgt aufgrund eines bisher unveröffentlichten Notizbuches aus dem Jahre 1896, in dem Rudolf Steiner den Eindruck unmittelbar nach dem Besuch festgehalten hat. Auskunft durch die Rudolf-Steiner-Nachlaßverwaltung. Die Datierung steht im Widerspruch zur Darstellung in *Mein Lebensgang* S. 252 u. S. 254.)

24. Januar. Frau Förster-Nietzsche schlägt META VON SALIS vor, Rudolf Steiner Sitz und Stimme im Aufsichtsrat des Nietzsche-Archivs zu übertragen: «Er ist ein ausgezeichneter, ernster Gelehrter, Ende der 30 oder mehr, ich weiß nicht genau, und in Wirklichkeit ungemein interessant und anziehend, ein echter und guter Nietzsche-Verehrer. Er ist jetzt hier, um kurze Zeit im Archiv zu arbeiten.» (H. F. Peters, *Zarathustras Schwester*, S. 211 u. 319)

Ende Januar. Der Rest der Druckvorlage des 11. Bandes von Schopenhauers Werken geht an den Verlag Cotta ab.

21. März. Brief an Pauline Specht: «Ich glaube nur, daß ich seit meiner *Philosophie der Freiheit* die mir selbst entsprechende Form, mich auszusprechen, gefunden habe. Früher habe ich, wie eben viele, meine Empfindungen hinter manchem gangbaren Schlagwort verborgen. Ich erinnere Sie nur daran, daß ich mich oft ‹Idealist› genannt habe. Ich bin aber nie in dem Sinne Idealist gewesen, den man in der deutschen Literatur damit verbindet. Nennt man doch in Deutschland etwas Idealismus, was nichts weiter als eine schlimme Art von Verlogenheit und Unaufrichtigkeit gegen sich selbst ist. Und die Deutschen haben wahrlich Talent zu dieser Art von Verlogenheit, besonders die protestantischen Deutschen.» (BfII, Nr. 444)

31. März. Brief an Elisabeth Förster-Nietzsche. Rudolf Steiner entschuldigt sich, daß er sich erst so spät für die Freundlichkeiten bedankt, die er in Naumburg erfahren hat. «Ich bin durch die unglückselige Register-Arbeit, die viel Mühe und keine Freude macht, in Weimar wie angeschmiedet gewesen. Dazu kommt, daß ich viel Aufregendes in den letzten Wochen erfahren habe. Es war sehr gut für mich, daß ich wirklich gestärkt und mit frohen Erinnerungen durch den Naumburger Besuch in den Monaten Februar und März mehr ertragen konnte, als der Fall gewesen wäre, wenn diese schöne Unterbrechung meines Weimarer Treibens nicht stattgefunden hätte.» (BfII, Nr. 445)

8. April. Rudolf Steiner in Naumburg im Nietzsche-Archiv.

25. April. Rezension: *Der neue Kürschner.* Sehr launige Besprechung von Kürschners Literatur-Kalender 1896, «der sich's zur Aufgabe gestellt hat, die etwa fünfzehntausend in deutscher Zunge dichtenden und schreibenden Männlein und Weiblein nach Wohnsitz und Wirken nachzuweisen.» (Lit 436)

14. Mai. An die Eltern und Geschwister: «Im Herbste, denke ich, werden sich ganz gewiß meine Wünsche bezüglich einer Wiener Position erfüllen. O, es ist hart, immer und immer warten zu müssen.» (BfII, Nr. 452)

16. oder 17. Mai. Rudolf Steiner im Nietzsche-Archiv in Naumburg.

23. Juni. Rudolf Steiner im Nietzsche-Archiv in Naumburg, wo er auch Fräulein Dr. META VON SALIS, die das Nietzsche-Archiv großzügig unterstützt, kennenlernt. (BfII, Nr. 454)

2. und 3. Juli. Reise über Leipzig nach Dresden. (BfII, Nr. 457)

5. Juli. Rudolf Steiner in Berlin. (BfII, Nr. 459)
15. Juli. Letzter Teil der Druckvorlage des 12. Bandes der Schopenhauer-Ausgabe an den Verlag Cotta.
20. Juli. An Rosa Mayreder. Rudolf Steiner hofft, in der allernächsten Zeit nach Wien zu kommen und Rosa Mayreder zu sprechen. (BfII, Nr. 462)
30. Juli. An die Eltern und Geschwister: Rudolf Steiner hofft, in der allernächsten Zeit nach Wien zu kommen: in acht oder vierzehn Tagen. Die geplante Fahrt kommt aber nicht zustande. (BfII, Nr. 463)
Anfang August. Elisabeth Förster-Nietzsche siedelt mit dem Nietzsche-Archiv nach Weimar über.
Sommer. Rudolf Steiner wendet sich verstärkt der Goethe-Arbeit zu. Er stellt den letzten Band (IV a und IV b) der Ausgabe von Goethes naturwissenschaftlichen Schriften für die Deutsche National-Literatur fertig und beginnt mit der Arbeit an dem Buch *Goethes Weltanschauung*. Darüber schreibt er in *Mein Lebensgang:* «Die seelischen Erlebnisse, die sich in meiner Schrift *Nietzsche ein Kämpfer gegen seine Zeit* ausgelebt hatten, fanden zunächst keine Fortsetzung; dagegen stellte sich in meiner letzten Weimarer Zeit Goethe wieder beherrschend vor meine Betrachtung.» (Lg 259)
Die Abwendung von Nietzsche ergab sich aus der Einsicht, daß Nietzsche, von der modernen Naturanschauung verführt, die Ideen des Übermenschen und der Wiederkunft des Gleichen naturalistisch faßte: «Die Naturanschauung entriß Nietzsche den Ausblick auf den ‹Geistesmenschen› im ‹Naturmenschen› und blendete ihn mit einem höheren Naturmenschen. Was nach dieser Richtung Nietzsche erlebt hat, das stand in vollster Lebhaftigkeit im Sommer 1896 vor meiner Seele. Damals gab mir Fritz Koegel seine Zusammenstellung von Nietzsches Aphorismen zur ‹ewigen Wiederkunft› zur Durchsicht.» (Lg 261) Ein Niederschlag dieser Studien findet sich in den Aufsätzen des Jahres 1900, die Rudolf Steiner im *Magazin für Litteratur* veröffentlichte. (Vgl. KuZ 505–518 und 538–570)
15.–17. September. Anläßlich der Übersiedlung des Nietzsche-Archivs nach Weimar, geht durch die Presse die Meldung, daß Rudolf Steiner zusammen mit FRITZ KOEGEL Nietzsches Werke herausgebe.
20. September. Rudolf Steiner dementiert diese Meldungen: «Ich stehe in keinem offiziellen Verhältnisse zum Nietzsche-Archiv. Auch ist ein solches für die Zukunft nicht in Aussicht genommen.»
9. November. Brief an die Eltern und Geschwister. Entschuldigung wegen des langen Nicht-Schreibens. «Denn ich hoffte von Tag zu Tag, nach Wien zu reisen. Endlich muß es ja doch einmal werden.» Über die Zukunftspläne: «Ich habe seit Jahren die sichersten Anhaltspunkte, daß ich eine Berufung bekomme.» (BfII, Nr. 468)
Im November – möglicherweise schon früher. Rudolf Steiner erteilt Frau

Förster-Nietzsche zweimal wöchentlich Unterricht in der Philosophie Nietzsches. «Die Privatstunden, die ich Frau Förster-Nietzsche zu geben hatte, belehrten mich vor allen Dingen über das Eine: Daß Frau Förster-Nietzsche in allem, was die Lehre ihres Bruders angeht, vollständig Laie ist.» (KuZ 520)

Ende November. Fritz Koegel, Herausgeber der Werke Nietzsches verlobt sich mit Emily Gelzer. Rudolf Steiner berichtet: «Bald nach Dr. Koegels Verlobung benutzte Frau Förster-Nietzsche meine Anwesenheit im Nietzsche-Archiv gelegentlich einer Privatstunde, um mir zu sagen, daß ihre Zweifel an der Fähigkeit des Dr. Koegel angestiegen seien.» «Für mich wurde diese Differenz [zwischen Frau Förster-Nietzsche und Dr. Koegel] mit jedem Tage bemerkbarer und mit jedem Tage peinlicher. So oft ich mit Dr. Koegel zusammentraf, erzählte er erregt über Szenen mit Frau Förster-Nietzsche und bemerkte, daß er mit jedem Tage mehr das Gefühl habe, sie wolle ihn los sein. Kam ich zu den Stunden der Frau Förster-Nietzsche, dann brachte sie alles mögliche gegen Dr. Koegel vor.» ... «Frau Förster-Nietzsche fing an, Koegels philosophische Fachmannschaft zu bezweifeln.» (KuZ S. 576ff.)

In einem Brief an Anna Eunike von Ende November schreibt Rudolf Steiner, daß er «einen Krach mit Koegel vermeiden möchte. Er kann natürlich nichts dagegen einwenden, daß ich auf die Stunden eingegangen bin. Aber es wurmt ihn doch. Das ist gewiß. Das Pulverfaß ist dadurch voll. Ein Funke brauchte nur zu kommen und die schönste Geschichte kann losgehen.» (BfII, Nr. 470)

3. Dezember. Rudolf Steiner berichtet weiter: «Koegel und Frau Förster-Nietzsche kommen immer mehr auseinander. Sie arbeitet jetzt ganz klar darauf hin, ihm den Stuhl vor die Tür zu setzen. Es sind fürchterliche Szenen vorgefallen. – Auch ist es augenblicklich ganz klar, sie will haben, daß ich die Nietzsche-Ausgabe weitermache. Wir müssen, ich meine Du und ich, uns vielleicht einmal die Sache noch überlegen.» (BfII, Nr. 472)

4. Dezember. Frau Förster-Nietzsche schreibt an den Verleger G. Naumann: «Es scheint jetzt die Zeit großer Konflikte zu sein... Nächste Woche soll alles zum Austrag kommen.» (H. F. Peters, *Zarathustras Schwester*, S. 216 und Gustav Naumann, *Der Fall Elisabeth,* 3. Teil.)

5. Dezember. «Da kam der 5. Dezember. Ich hatte bei Frau Förster-Nietzsche Stunde. ... Kaum war ich da, ging es über Dr. Koegel her. Er sei Künstler und Ästhetiker, aber kein Philosoph. Die ‹Umwertung aller Werte› könne er nicht allein herausgeben. Ich habe nie in Abrede gestellt, daß Frau Förster-Nietzsche mir damals einzureden versucht hat: ich solle neben Dr. Koegel Herausgeber werden.» «Ich sah voraus, daß die bloße Mitteilung, Frau Förster-Nietzsche habe den Plan, mit seiner Stellung eine Veränderung vorzunehmen, Dr. Koegel zum äußersten reizen werde.» (KuZ 579) Rudolf Steiner macht Frau Förster-Nietzsche darauf aufmerksam, daß sie durch ihren Vertrag mit dem Verleger CONSTANTIN NAUMANN an Dr. Koegel als Herausgeber gebunden sei und daß Dr. Koegel sich nie auf einen zweiten Herausgeber einlassen werde. Im Hinblick auf die Folgen, die ein Bekanntwerden ihrer Pläne haben würde, nimmt Rudolf Steiner Frau Förster-Nietzsche das Versprechen ab, über das ganze Gespräch und ihre in dem Gespräch geäußerten Ansichten zu schweigen. Von einer Zusage Rudolf Steiners, die Herausgabe der ‹Umwertung aller Werte› zu übernehmen, kann nicht die Rede sein. (KuZ 521f.)

6. Dezember. Verlobungsfeier FRITZ KOEGELS mit Emily Gelzer im Nietzsche-Archiv. «Nach dem Essen nahm sie [Frau Förster-Nietzsche] GUSTAV NAUMANN zur Seite und teilte ihm mit: Dr. Koegel sei kein Philosoph; er kann die ‹Umwertung aller Werte› gar nicht machen. Dr. Steiner sei Philosoph...; der kann und wird die ‹Umwertung› machen.» Gustav Naumann teilte dies sofort Koegel mit, Rudolf Steiner sprach noch an diesem Abend mit Koegel und sagte: «Ich werde nie meine Einwilligung geben, zweiter Herausgeber zu werden.» (KuZ 582)

8. Dezember. Elisabeth Förster-Nietzsche berichtet der Schwester Koegels über die am 5. Dezember stattgehabte Unterredung zwischen ihr und Steiner und behauptet, Steiner sei bereit, bei der Herausgabe mitzuwirken. Fritz Koegel, dem von seiner Schwester das von Frau Förster-Nietzsche Mitgeteilte berichtet wird, fordert schriftlich eine Erklärung Rudolf Steiners bis zum nächsten Tage.

9. Dezember. Rudolf Steiner sucht Frau Förster-Nietzsche auf und macht ihr deutlich, in welche Lage sie ihn gebracht hat. – Danach schreibt er an Fritz Koegel, daß nunmehr eine Klarstellung in Gegenwart von Frau Förster stattfinden solle. (BfII, Nr. 475)

10. Dezember. Rudolf Steiner berichtet an Anna Eunike: Frau Förster «will mit den Menschen spielen, wie es ihr beliebt. Weil sie nicht den Mut hat, Koegel direkt zu sagen, was sie mit ihm vorhat, läßt sie ihm durch seine Schwester sagen, ich wäre bereit, mit ihm zusammen die Ausgabe zu machen. Dies ist nicht wahr. Außerdem redet sie zu allen Leuten so, daß diese die Vorstellung bekommen müssen, ich wolle Koegel verdrängen und betriebe die Dinge hinter seinem Rücken.» (BfII, Nr. 478)

12. Dezember. Fritz Koegel stellt in Gegenwart seines Freundes Dr. HECKER und Dr. F. F. HEITMÜLLER Frau Förster-Nietzsche und Rudolf Steiner zur Rede. Es gibt eine stürmische Szene, in welcher Frau Förster-Nietzsche nun alle Schuld GUSTAV NAUMANN zuschieben will: nie habe sie Steiner eine Stelle angeboten. (Naumann konnte diese Lüge aufgrund eines Briefes von Frau Förster widerlegen.) Koegel schrieb über die Szene an Naumann: «Die Szene im Archiv endete mit einer völligen Entlarvung Frau Försters. In bündigster

Form und nach langem Drehen und Winden mußte sie eingestehen, Steiner in eine kompromittierende Lage versetzt zu haben.» (H. F. Peters, *Zarathustras Schwester,* S. 218)

13.–14. Dezember. Weitere Auseinandersetzungen im Nietzsche-Archiv, die Steiner zu dem Urteil veranlassen: «Diese Frau ist imstande, das frivolste Spiel mit Menschenleben zu treiben, das auszudenken ist, dabei dreht sie die Worte im Munde herum, sagt in einem Satz fünf Unwahrheiten, verletzt die Leute, maskiert ihre eigentlichen Absichten immer und spielt stets das unschuldig verfolgte Opfer.» (BfII, Nr. 479)

19. Dezember. Rudolf Steiner berichtet an Anna Eunike über den Fortgang der Angelegenheit: «Also die Förster setzt ihr sonderbares Spiel fort. Zunächst wollte sie mich für die Vorlesungen weiter, ferner zur Ordnung ihrer Privatangelegenheiten, soweit sie sich auf Nietzsche beziehen und dann sollte ich ihr ein vollständiges Manuskript der ‹Umwertung aller Werte› machen. Dies wäre ein Plan gewesen, auf den ich hätte im Interesse der großen Nietzsche-Sache eingehen müssen, wenn ich nicht wollte, daß man mir bei jeder Gelegenheit den Vorwurf machte, ich tue nichts im Interesse Nietzsches. Ich mußte aber eine Bedingung daran knüpfen, und diese war, daß von meinem Manuskript nichts gedruckt wird, bevor die von Koegel besorgte Ausgabe erschienen ist. Hätte ich diese Bedingung nicht gestellt, so wäre das durch die Hintertüre wieder erreicht worden, was unter allen Umständen abgelehnt werden muß: daß Koegel ohne seine Schuld von der Herausgabe verdrängt wird.» (BfII, Nr. 480) Frau Förster geht aber auf diese Bedingung nicht ein. Ergebnis: «Ich glaube also, sie wird nun aufgeben, mich in ihre Pläne zu verwickeln.»

19. Dezember. Rudolf Steiner lebt – zur Zeit ohne eigene Wohnung – im Hotel «Russischer Hof» und arbeitet an der Fertigstellung der Einleitung zu Jean Pauls Werken (für den Verlag Cotta), an seinem Buch *Goethes Weltanschauung;* die letzten Korrekturen für den letzten Goethe-Band der Deutschen National-Literatur werden gelesen. (BfII, Nr. 480)

1897

In den ersten Monaten des Jahres werden die letzten größeren Arbeiten der vorangegangenen Jahre abgeschlossen. Am 28. April wird das Manuskript des Buches *Goethes Weltanschauung* fertiggestellt und zum Druck gegeben. Goethe wird als der Denker beschrieben, der die von Plato herrührende und von Kant letztlich systematisierte Trennung von Idee und Erfahrung, von Jenseits und Diesseits, von Glauben und Wissen nicht mitmacht, sondern innerhalb der menschlichen Erfahrung den Zusammenhang von Idee und Erfahrung ergreift und methodisch entwickelt. In der menschlichen Persönlichkeit, in ihrem tätigen Erleben wird Ideelles und Sinnliches zur Wirklichkeit vereinigt.

Im Februar ergibt sich eine Zukunftsperspektive für die nächsten Jahre. Rudolf Steiner verhandelt mit OTTO NEUMANN-HOFER und dem Weimarer Verleger EMIL FELBER über die Herausgabe des *Magazins für Litteratur*. Am 15. März kommt es zu einer vertraglichen Regelung der wirtschaftlichen Verhältnisse und der Übernahme der Herausgeberschaft für den 1. Juli. Als Mitherausgeber wird der Dichter OTTO ERICH HARTLEBEN gewonnen. Vom 30. April bis zum 20. Mai ist Rudolf Steiner dann in Wien, um dort Mitarbeiter für das *Magazin für Litteratur* zu gewinnen. Diese Suche verläuft ziemlich erfolglos, nur in ROSA MAYREDER findet er eine fähige Schriftstellerin, die zu einer Mitarbeit bereit ist. Der Juni ist dann der Abwicklung der letzten Verpflichtungen in Weimar und der Vorbereitung der Redaktionsübernahme in Berlin gewidmet.

Am 1. Juli beginnt die 3¼ Jahre dauernde Tätigkeit als Herausgeber und Redakteur des *Magazins für Litteratur*. Rudolf Steiner widmet das Magazin in erster Linie der zeitgenössischen Literatur und dem modernen Geistesleben. Wenngleich das Blatt keine einheitliche Richtung hat, sondern den individuellsten Auffassungen Raum bietet, so ergibt sich doch wie von selbst, daß die damalige offiziöse Kunst des Kaiserreiches in der Zeitschrift keinen Raum findet, während die naturalistische, sozialkritische, impressionistische und symbolistische Dichtung der Zeit reich vertreten ist. Rudolf Steiner lenkt durch seine Beiträge die Aufmerksamkeit auch immer wieder auf die moderne Wissenschaft, auf Fragen, die die moderne Weltanschauung betreffen und zeitweilig auf politische Angelegenheiten wie den Dreyfus-Prozeß.

Zu dem Leserkreis des Magazins gehören die Mitglieder der *Freien literarischen Gesellschaft.* Dieser Gesellschaft schließt sich Rudolf Steiner an. «Es lag nun an meinem Drinnenstehen in der geistigen Welt, daß ich die Verhältnisse, in die ich da eintrat, wirklich innerlich ganz mitmachte. Ich versuchte ganz, mich in meinen Leserkreis und in den Mitgliederkreis der ‹Gesellschaft› zu versetzen, um aus der Geistesart dieser Menschen die Formen zu finden, in die ich zu gießen hatte, was ich geistig geben wollte.» (Lg 341 f.) – So hat Rudolf Steiner nicht nur Woche für Woche eine recht umfangreiche Nummer des Magazins herauszubringen – was freilich durch die Abwesenheit von Hilfskräften und technischen Geräten ungemein erleichtert wurde* –, sondern auch viele Abende in der literarischen Gesellschaft, mit den Freunden am ‹Verbrechertisch› und beim Besuch von Theaterpremieren und anderen Veranstaltungen zu verbringen. Dadurch, so schreibt Rudolf Steiner, «wurde ich verhindert, *die* Menschen aufzusuchen und ihnen näher zu kommen, mit denen von Weimar her schöne Verhältnisse bestanden. Wie lieb wäre es mir auch gewesen, Eduard von Hartmann öfters zu besuchen. All das ging nicht. Die andere Seite nahm mich voll in Anspruch.» (Lg 345)

Zum Jahresanfang wohnt Rudolf Steiner zeitweilig im Hotel Russischer Hof in Weimar. Er arbeitet an dem Buch *Goethes Weltanschauung,* das damals in der Korrespondenz noch als «Goethes Naturanschauung» bezeichnet wird und an einer Biographie Jean Pauls, die als Einleitung zu Jean Paul Ausgewählte Werke in acht Bänden in Cotta'sche Bibliothek der Weltliteratur Stuttgart 1897 erscheinen wird.

6. Januar. Dr. FRITZ KOEGEL, Herausgeber von Nietzsches Werken sucht Rudolf Steiner auf, um sich mit ihm über die Intrigen von Frau ELISABETH FÖRSTER-NIETZSCHE zu beraten: «Koegel hat mich lange aufgehalten.» (Bf II, Nr. 482)

11. Januar. Arbeit an «Goethes Naturanschauung». Rudolf Steiner freut sich, das Buch nicht schon vor einigen Wochen abgeschlossen zu haben: «Ich bin nämlich in den letzten Tagen erst zu einer solchen Ausgestaltung meiner Ideen für dieses Buch gekommen, daß ich glaube, erst jetzt wird die Sache so, daß ich selber damit zufrieden sein werde.» (Bf II, Nr. 483) Wieder Besuche von Fritz Koegel in Sachen der Nietzsche-Ausgabe.

«Störend ist jetzt eigentlich nur Koegel. Heute morgen kam er, bevor ich mich noch ganz angezogen hatte. Der Förster ist in den letzten Tagen ganz

* Man macht sich in der Regel nicht klar, daß geistige Produktion durch technische Mittel nicht erleichtert, sondern erschwert wird und daß die Beschäftigung von Hilfskräften für den, der sie beschäftigt, mit Arbeit verbunden ist. Vgl. GA 258, S. 120.

ordentlich zugesetzt worden. Und es scheint, daß ihr Vetter, der Stadtrat Dr. OEHLER, den Rat gegeben hat, den Rückzug anzutreten.» «Abscheulich ist nur, daß ich mich von der Sache doch nicht fernhalten kann. Denn erstens kommt Koegel mit jeder Kleinigkeit zu mir, und dann bin ich doch einmal, wenn auch ohne mein Zutun und ohne meine Schuld, in die Sache verwickelt und muß sie deshalb in ihrem weiteren Verlaufe verfolgen.» (BfII, Nr. 483)

16. Januar. Brief an ANNA EUNIKE. Rudolf Steiner kümmert sich um finanzielle Probleme Frau Eunikes (Hypothek).

Besuch bei Elisabeth Förster-Nietzsche in der Absicht, eine Privatstunde über Nietzsches Philosophie zu geben, Frau Förster aber gibt vor, Influenza zu haben.

Lobende Erwähnung eines Artikels von Laura Marholm zur Frauenfrage in *Die Zukunft*. (BfII, Nr. 484)

18. Januar. Brief an Anna Eunike: «Ich wünschte nur, wir wären einige Monate weiter und pfiffen auf die Unannehmlichkeiten von Weimar. Auch Suphan» (Direktor des Goethe-Schiller-Archivs) «hat sich wieder gemeldet. Durch jeden einzelnen der Archivherren läßt er mich grüßen. Jetzt hat er mich sogar durch Wahle auffordern lassen, einen Archivbeitrag für das Goethe-Jahrbuch zu liefern.» Rudolf Steiner reagiert aber auf die Anfragen nicht. (BfII, Nr. 485)

21. Januar. Brief an Anna Eunike.: Die Familie Eunike plant nach Berlin zu ziehen, Rudolf Steiner warnt vor Übereilung. (BfII, Nr. 486)

28. Januar. Die schriftstellerische Arbeit schreitet zu langsam voran. Rudolf Steiner erhält durch Fritz Koegel Kenntnis von GUSTAV NAUMANNS Streitschrift: *Der Fall Elisabeth* (vgl. H. F. Peters, *Zarathustras Schwester,* S. 210–222. BfII, Nr. 487).

2. Februar. Kritische Bemerkungen über den *Lebenskünstler,* eine Erzählung von GABRIELE REUTER. (BfII, Nr. 488)

8. Februar. Brief an Anna Eunike: Rudolf Steiner in Erwartung von Fritz Koegel, der eine Unterredung mit Frau Förster-Nietzsche hat. Es kommt nochmals zu einer Einigung.

Die Verlage Cotta und Felber drängen Rudolf Steiner zur Fertigstellung seiner Arbeiten. (BfII, Nr. 489)

11. Februar. Erstmalige Erwähnung des Planes, sich um das *Magazin für Litteratur* zu bemühen. Rudolf Steiner hat bereits eine Verhandlung mit seinem Verleger Felber geführt.

Erwähnung eines – wohl nicht vor allzu langer Zeit – in Sangerhausen gehaltenen Vortrags über NIETZSCHE. (BfII, Nr. 490)

15. Februar. Erwähnung eines Besuches und eines sehr schwachen Vortrags von Prof. MAX KOCH. Gespräch mit Max Koch: «Ich entwickelte ihm meine Ideen, und da sagte er dann: Man wird recht kleinlaut, wenn man solche

Ideen hört. Wie wenig, meinte er, könne er dagegen bieten. Wenn man solches hört, möchte man bitter darüber werden, daß man gelobt wird, daß aber niemand Mut und Neigung hat, einem Gelegenheit zu verschaffen, das, was man kann, in entsprechender Weise zu verwerten, und daß einem das Leben gar so schwer gemacht wird.»
Das neue Buch trägt nun den Titel: *Goethes Weltanschauung*. (BfII, Nr. 491)
19. Februar. Brief an den Verlag Cotta: der erste Teil des Manuskripts der Einleitung zu Jean Pauls Werken wird abgesandt. (BfII, Nr. 493)
20./21. Februar. Rudolf Steiner ist in Berlin, um mit OTTO NEUMANN-HOFER über die Übernahme des *Magazins für Litteratur* zu verhandeln. Rudolf Steiner beabsichtigt, das Blatt für 500 Mark jährlich von Neumann-Hofer zu pachten, der Verleger FELBER wiederum für 3500 Mark jährlich von Rudolf Steiner. Die Abonnentenzahl ist «nicht gerade glänzend«, doch ist für den Verlag ein kleiner Verdienst möglich. (BfII, Nr. 494)
3. März(?). Elisabeth Förster-Nietzsche versucht ihren Verleger NAUMANN dazu zu bewegen, das *Magazin für Litteratur* zu übernehmen, Fritz Koegel soll Redakteur werden. Frau Förster-Nietzsche will Koegel entlassen. (BfII, Nr. 566)
5. März. Brief an Anna Eunike, Bericht über Vorstehendes. PAUL SCHEERBARTH schickt Rudolf Steiner: «Ich liebe dich – Ein Eisenbahnroman.» (BfII, Nr. 495)
11. März. Brief an den Verlag Cotta: Rudolf Steiner übersendet den Schluß der Einleitung zu Jean Pauls Werken. Ursprünglicher Ablieferungstermin war der 1. Oktober 1892.
15. März. Der Vertrag mit OTTO NEUMANN-HOFER und dem Verleger EMIL FELBER über die Übernahme des *Magazins für Litteratur* durch Rudolf Steiner am 1. Juli 1897 ist perfekt. (BfII, Nr. 497)
23. März. Tod der Großherzogin SOPHIE VON SACHSEN-WEIMAR, der Besitzerin des Goethe-Schiller-Archivs.
Rudolf Steiner arbeitet weiter an *Goethes Weltanschauung* und schreibt am **24. März** an Anna Eunike: «Ich bin mit ganzem Herzen bei der Sache, und gerade deshalb will sie so langsam vorschreiten.» (BfII, Nr. 498)
14. April. Brief an Anna Eunike, «ich *muß* in diesen Tagen mit dem Buch fertig werden» (BfII, Nr. 500)
18. April. Brief an ROSA MAYREDER, Wien. Rudolf Steiner kündigt seinen Besuch in Wien an und berichtet, daß er im vergangenen Winter «böse Zeiten zugebracht habe». (BfII, Nr. 501)
20. April. Tod FRANZISKA NIETZSCHES, der Mutter Friedrich Nietzsches.
24. April. Brief an Anna Eunike, Rudolf Steiner hat die Abreise nach Wien verschoben, weil das Buch noch nicht fertig ist. «Heute oder morgen werde ich aber sicher fertig.» (BfII, Nr. 502)

27. April. Brief an Anna Eunike. «Endlich heute nacht oder morgen vormittag werde ich den Schlußpunkt machen können.» (BfII, Nr. 503)
29. April(?). Abreise nach Wien, wo Rudolf Steiner im Matschakerhof, einem «netten alten Hotel ohne modernen Prunk und Luxus» in der Stadtmitte wohnt. In Wien besucht Rudolf Steiner alte Freunde, trifft aber Frau SPECHT, die ihren schwerkranken Sohn RICHARD bei einem Aufenthalt in Italien begleitet, nicht an. Auch MARIE EUGENIE DELLE GRAZIE weilt mit dem erkrankten LAURENZ MÜLLNER in Italien.
1.–4. Mai. Rudolf Steiner sucht in Wien Mitarbeiter für das *Magazin:* «Einen Theater- und einen Musikkritiker zu finden, ist eine elende Aufgabe. Der eine schreibt schlecht, der andere hat ein großes Maul, na und so weiter.» (BfII, Nr. 505)
6. Mai. Theaterbesuch: AUGUST STRINDBERG *Der Vater.* «Es war sehr interessant.» Nach der Aufführung treffen sich OTTO NEUMANN-HOFER und Rudolf Steiner mit dem Hauptdarsteller EMANUEL REICHER.
7. Mai. Brief an Anna Eunike, der über den Aufenthalt in Wien und die Suche nach Mitarbeitern für das Magazin berichtet. (BfII, Nr. 506)
8. Mai. Treffen mit HERMANN BAHR, «der sehr liebenswürdig auf meine Wünsche eingegangen ist». (BfII, Nr. 507)
Abends im Raimund-Theater bei der Erstaufführung von EMIL MARRIOTS (d.i. EMILIE MATAJA) *Heiratsmarkt:* «Das Stück fiel ab. Es ist recht schwach...» «Wiener Theater mußte ich einige sehen als Vorbereitung für die Theaterkritik. Leider ist eigentlich nicht viel zu sehen. Wien ist entschieden in jeder Beziehung zurückgegangen.» (BfII, Nr. 507)
9. Mai, abends. Treffen mit MAX HALBE. Max Halbe berichtet darüber in seinen Erinnerungen *Jahrhundertwende* (S. 182ff.): «In Gesellschaft Neumann-Hofers befand sich damals... auch Rudolf Steiner in Wien.» Er «hatte eine auf der Grenzscheide von Zarathustra und Haeckel sich bewegende, noch überwiegend naturwissenschaftlich gedachte *Philosophie der Freiheit* geschrieben, die uns Damalige immerhin aufhorchen machte». Neumann-Hofer «ließ Steiner seine Schwächen und Entgleisungen hingehen, wohl aus einem ihm auch sonst eigenen Fingerspitzengefühl für das Wesentliche und Besondere des reichlich verbummelten aber hochbegabten Mannes. Im übrigen liegt es mir durchaus fern, mich persönlich über ihn auslassen zu wollen. Auch ich habe damals in Wien ein paar Nächte mit ihm um die Ohren geschlagen. Es wird sich also wohl gelohnt haben.»
16. Mai. Brief an den Verlag Cotta: Korrekturen der Einleitung zu Jean Paul und Vorschlag zur Werkauswahl und Werkanordnung. (BfII, Nr. 509)
Nach dem 16. Mai. Rudolf Steiner liest die Korrekturen von *Goethes Weltanschauung.*
«Mit HERMANN BAHR war ich noch öfter beisammen. Er ist der alte liebe

Mensch geblieben. Seine Frau ist eine Wiener Schönheit. Für mein Blatt zu schreiben hat er mir zugesagt.» (BfII, Nr. 511)
Ferner: Theaterbesuche, u. a.: «Eine vorzügliche Vorstellung im Volkstheater» von GERHART HAUPTMANNS *Biberpelz*.
20. Mai, abends. Treffen mit dem Studienfreund MORIZ ZITTER.
21. Mai. Abreise nach Dresden.
22. Mai, abends. In Dresden eingetroffen, wo Steiner sofort ins Theater eilt und die letzten vier Akte der *Versunkenen Glocke* von GERHART HAUPTMANN sieht. In Dresden im Auftrag von OTTO NEUMANN-HOFER Verhandlungen mit dem Schauspieler PAUL WIECKE (über ein Engagement desselben am Berliner Lessing-Theater).
23. Mai, nachmittags. Rudolf Steiner trifft wieder in Weimar ein. Er wird sofort wieder in den Streit um die Nietzsche-Ausgabe hereingezogen. «Frau Förster hat mir ein ganzes Bündel Akten geschickt, die beweisen sollen, daß Koegel ohne mich die wichtigsten Sachen der Nietzsche-Ausgabe nicht hätte machen können, daß er ganz unfähig sei, die Herausgabe allein zu besorgen, und daß ich dazu notwendig sei.» (BfII, Nr. 511)
23. Mai, abends. Brief an Anna Eunike mit langem Bericht über die Reise.
28. Mai. Theaterbesuch: *Die Versunkene Glocke* von Hauptmann. «Das Stück macht von der Bühne herab einen ungeheueren Eindruck.» (BfII, Nr. 513)
2. Juni. Rudolf Steiner reist nach Leipzig, um sich dort mit Professor RICHARD HEINZE, dem Gegenvormund Nietzsches, in Sachen der Nietzsche-Ausgabe zu besprechen, da Frau FÖRSTER-NIETZSCHE ihrem Verleger C. G. Naumann erneut vorgeschlagen hat, daß Fritz Koegel und Rudolf Steiner die Nietzsche-Ausgabe gemeinsam besorgen sollen.
4. Juni. Ausführlicher Brief an Elisabeth Förster-Nietzsche. Rudolf Steiner betont die selbständigen Leistungen Koegels: «Ich kann nicht anders, als ihn heute wie früher für den geeignetsten Herausgeber zu halten und bin der Ansicht, daß es im Interesse der Ausgabe liegt, sie von ihm allein zu Ende führen zu lassen.» «Prinzipiell stehe ich daher heute genau auf demselben Standpunkte, den ich im Dezember und Januar eingenommen habe: ich kann nur in eine Position bei der Nietzsche-Ausgabe eintreten, die durch eine Abmachung zwischen Ihnen, hochgeehrte gnädige Frau, und Dr. Koegel geschaffen worden ist. Unter dieser Voraussetzung würde ich bereit sein, meine Kräfte der Nietzsche-Ausgabe zur Verfügung zu stellen, soweit es unter den heutigen Verhältnissen durchführbar ist.» (BfII, Nr. 515)
5. Juni. Rudolf Steiner reist nach Berlin, um dort die Übernahme der Redaktion des Magazins vorzubereiten.
10. Juni. Berlin. Brief an ROSA MAYREDER. Rudolf Steiner bittet um literarische Beiträge und um einen Aufsatz zur *Frauenfrage* von Rosa Mayreder. (BfII, Nr. 516)

15. Juni. Theaterbesuch: Uraufführung der *Sozialaristokraten* von ARNO HOLZ im Zentral-Theater, Berlin (vgl. 24. Juni).
19.–22. Juni. Abschiedsbesuche in Weimar. Arbeit für das Magazin.
20. Juni. Brief an Anna Eunike in Berlin: «Ich muß jetzt viel Manuskript für das ‹M› schaffen.» (BfII, Nr. 518)
24. Juni. Im *Magazin für Litteratur* (hinfort MfL) erscheint von Rudolf Steiner eine scharfe Kritik von ARNO HOLZ' *Sozialaristokraten*. In dem Stück hatte Holz unter anderem JOHN HENRY MACKAY, BRUNO WILLE und STEFAN PRZYBYSZWSKI karikiert. Holz beschreibe – so die Kritik – nur die Außenseite der Menschen. Wenn man die Menschen wirklich kenne, so findet man die «Witze des Herrn Holz öde und abgeschmackt». (Dram 202)
1. Juli. Rudolf Steiner übernimmt die Redaktion des *Magazins für Litteratur*. Herausgeber: Rudolf Steiner und OTTO ERICH HARTLEBEN. Daß Otto Erich Hartleben als Mitherausgeber zeichnen und tätig sein sollte, war von den Verkäufern des Blattes zur Bedingung gemacht worden. Man sah in der Mitwirkung Hartlebens eine gewisse Garantie für den Erfolg des Blattes, da Hartleben als Dichter Anerkennung genoß.
OTTO ERICH HARTLEBEN (1864–1905) war mit Rudolf Steiner seit einigen Jahren befreundet. Er machte sein «Recht mitzuarbeiten, oftmals geltend, aber oftmals lange Zeit hindurch auch nicht. Er war ja auch oft lange... abwesend.» (Lg 344) KURT MARTENS berichtet in seiner Autobiographie *Schonungslose Lebenschronik* (S. 209) über Hartlebens Mitarbeit: «‹Ein vorzügliches Organ›, bemerkte er, wenn man sich teilnehmend danach erkundigte, ‹sein Inhalt aber ist mir unbekannt›. Alle Mühsal der Redaktion wälzte er kaltlächelnd auf Dr. Steiners geduldige Schultern ab.»
Der redaktionelle Arbeitsaufwand dürfte groß gewesen sein. Das Magazin, das im Folio-Format zweispaltig gedruckt wurde, erschien wöchentlich, es hatte durchschnittlich pro Nummer 12 engbedruckte, zweispaltige Seiten. In den dreieinviertel Jahren, in denen Rudolf Steiner das Magazin redigierte, war diese Zeitschrift, die ihm selber fast gar keine materielle Lebensgrundlage bot, eine ständige Sorge. (Lg 374)
1. Juli. *An unsere Leser:* über die Absichten der neuen Redaktion des MfL: «Alle bedeutenden Erscheinungen auf dem Gebiete der Literatur, Kunst, Wissenschaft und des sozialen Lebens werden in diesem Blatte ihre Beleuchtung finden.» «Ohne einseitige Strömungen zu begünstigen, möchten wir der fortschreitenden Entwicklung dienen.» «Niemals wird der Dilettantismus im ‹Magazin› eine Stätte finden; aber immer werden wir uns bemühen, individuellen Äußerungen, wenn sie auf gediegenen Grundlagen beruhen, volles Verständnis entgegenzubringen.» «Dem ehrlichen künstlerischen Schaffen, dem freien, rückhaltlosen Urteile möchten wir ein Organ liefern.» (KuZ 629)

10. Juli. *Moderne Kritik.* Grundlegender Artikel über künstlerische Kritik. Radikale Ablehnung einer normativen, auf Lessing, Aristoteles oder auf das «abschreckende Beispiel» Friedrich Theodor Vischers sich berufenden normativen Kunstkritik, die von ewigen Kunstregeln spricht, «die dem menschlichen Geiste – ich weiß nicht woher – sich offenbaren». Demgegenüber wird der Standpunkt des Individualismus eingenommen, der individuelle Kunstleistungen individuell beurteilt: «Ich kann niemals sagen, ob ein Gedicht objektiv gut oder schlecht ist, denn es gibt keine Norm des Guten oder Schlechten. Ich kann nur den persönlichen Eindruck schildern, den das Kunstwerk auf mich macht.» «Ich erzähle einfach: dies ist in mir vorgegangen, während ich das Werk betrachtet habe. Ich schildere einen Vorgang des inneren Lebens.» (Meth 540f.)
17. Juli. *Ein Wiener Dichter.* Kritische Bemerkungen über PETER ALTENBERGS *Ashantee* mit einem Exkurs über HERMANN BAHR als Kunstkritiker. (Lit 185)
24. Juli. *Rudolf Strauss: Novellen-Premieren.* Kritisches über das Rezensionswesen und verhaltene Skepsis gegenüber STRAUSS' Vorschlag, Novellen durch Rezitation dem Publikum vorzustellen. (Lit 190)
31. Juli, 7. August, 14. August. Dreiteilige Artikelserie über den am 15. Juli verstorbenen Physiologen WILHELM PREYER. Preyer wird als ein unorthodoxer, individuell mutiger Forscher dargestellt, der u. a. die Idee faßt, daß das Tote aus dem Lebendigen hervorgegangen sei und der den Geist verstehen will, der sich seinen Körper schafft. (Meth 346–359)
21. August. Kurzer Nachruf auf den am 8. August verstorbenen JACOB BURCKHARDT: «Er schafft im besten Sinne des Wortes nach, was die Renaissance erregt, was sie in Taten ausgelebt hat. Er schildert mit dramatischer Kraft. Er kennt, was die Zeit, was die Personen der Zeit im Innersten bewegt.» (Meth 544)
28. August. *Darwinismus und Gegenwart.* Anlaß des Aufsatzes ist die Meldung, daß sich die frommen Christen in Shrewsbury gegen ein Darwin-Denkmal in Shrewsbury, der Vaterstadt Darwins wenden, nachdem ein Sturm den Kirchturm von Shrewsbury umgestürzt hat: «Ohne eine persönliche, weise Führung der Weltgeschichte, die sich in Zeiten der Not durch Fingerzeige wie das Umwerfen des Turmes von Shrewsbury ankündigt, gibt es kein Christentum, ohne die Leugnung einer solchen Führung und die Anerkennung der Wahrheit, daß in dieser unseren Sinnen zugänglichen Welt alle Ursachen der Ereignisse liegen, gibt es keine moderne Denkweise.» (Meth 547)
4. September. *Theosophen.* Aus Anlaß der Bhagavadgita-Übersetzung des Theosophen Dr. FRANZ HARTMANN erscheint eine Polemik gegen die Theosophen, die die abendländische Wissenschaft verachten und sich dem «Erleben der Gottheit im Inneren zuwenden»: «Ich rate vielmehr jedem, der mit

einem Theosophen zusammenkommt, sich zunächst völlig gläubig zu stellen und zu versuchen, etwas von den Offenbarungen zu hören, die ein solcher von morgenländischer Weisheit vollzogener Erleuchteter in ‹seinem Inneren› erlebt. Man hört nämlich nichts; nicht als Redensarten, die den morgenländischen Schriften entlehnt sind, ohne eine Spur von Inhalt. Die inneren Erlebnisse sind nichts als Heuchelei.» (Lit 195)

11. September. *Faust.* Scharfe Kritik einer Aufführung des Goetheschen Dramas am 28. 8. im Deutschen Theater, Berlin. Insbesondere wird JOSEF KAINZ Darstellung des Faust kritisiert: «vollständig unwahr». (Dram 203)

18. September. *Katholizismus und Fortschritt.* Der katholische, in Würzburg lehrende Professor der Theologie HERMANN SCHELL versuchte in dem Buch: *Der Katholizismus als Prinzip des Fortschritts* (Würzburg 1897) katholische Dogmatik und moderne Wissenschaft zu versöhnen: «Das Ideal, das die theologische Forschung leitet, ist die Überzeugung, daß die Gleichung zwischen richtig erfaßter Offenbarung und richtig gedeuteter Wirklichkeit herzustellen sei.» Rudolf Steiner stellt dem entgegen, daß das wirklich freie Denken nicht mit festgelegter Marschroute zum Erkennen aufbricht: «Das freie Denken segelt ins Ungewisse hinaus, wenn es sich auf die Suche nach der Wahrheit macht. Wohin der Kahn treibt, weiß es nicht. Es fühlt nur in sich die Kraft und den Mut, aus eigenem Vermögen zu einer befriedigenden Anschauung zu kommen. Die katholische Theologie weiß ganz genau, wie die Erkenntnis aussieht, zu welcher das Denken gelangen muß.» (KuZ 192; vgl. auch 11. März 1899, *Professor Schell*)

18. September. *Unjamwewe.* Kritik der Aufführung der gleichnamigen Komödie von ERNST VON WOLZOGEN im Lessing-Theater, Berlin: «das Werk eines geistreichen Künstlers, dem es gelingt, zu gleicher Zeit zu amüsieren und tiefere seelische Konflikte zu zeigen.» «Ich habe mich keinen Augenblick gelangweilt, und ich habe die Überzeugung, daß die Kurzweil nirgends mit einem Preisgeben der Kunst erkauft ist.» (Dram 206–208)

25. September. *Die Sehnsucht der Juden nach Palästina.* Kommentar zum Zionisten-Kongreß in Basel (29.–31. August 1897), der eine öffentlich-rechtlich gesicherte Heimstätte für jene Juden forderte, die sich an ihren jetzigen Wohnorten nicht assimilieren können oder wollen. Obwohl Rudolf Steiner in diesem Aufsatz die Gefahr des Antisemitismus noch unterschätzt und den Führern des Zionismus sehr kritisch gegenübersteht, schreibt er: «Vor zehn Jahren konnte man mit einem gewissen Recht einen Juden für halbwahnsinnig halten, der auf die Idee verfallen wäre, seine Volksgenossen nach Palästina zu versetzen. Heute darf man ihn nur für überempfindlich und eitel halten; in weiteren zehn Jahren können die Dinge noch ganz anders liegen.» (KuZ 196, vgl. auch KuZ 382–420)

2. Oktober. *Max Halbe.* Kritische Würdigung der Entwicklung des Dramatikers MAX HALBE. (Dram 214) Max Halbe über Steiners Kritiken in seinem Erinnerungsbuch *Jahrhundertwende* (1942): «Vor mir liegt eine erst kürzlich an mich gelangte Sammlung von sehr scharfsinnigen und eindringlichen Kritiken über meine Dramen aus dieser Zeit (Mutter Erde, Der Eroberer, Die Heimatlosen, Das tausendjährige Reich). Steiner hat sie damals für das Magazin geschrieben; sie sind bei aller kritischen Einstellung von einem liebevollen Eingehen auf meine Eigenart.» (a. a. O. S. 183)

8. und 9. Oktober. Rudolf Steiner in Weimar zur Mitgliederversammlung der deutschen Goethegesellschaft.

9. Oktober. *Wieder ein Geist aus dem Volke.* Sehr positive Würdigung des schriftstellernden bayrischen Schumachers FRANZ WÖRTHER, der durch KARL WEISS-SCHRATTENTHAL «entdeckt» wurde. (Lit 196ff.)

Oktober–Dezember. Starkes Engagement Rudolf Steiners in der Freien Literarischen Gesellschaft, in deren Vorstand Rudolf Steiner tätig wird (bis 1900). Laufende Theaterbesuche und Kritiken – bis zu viermal in der Woche. Häufige gemeinsame Abende mit OTTO ERICH HARTLEBEN, OTTO JULIUS BIERBAUM, PAUL SCHEERBARTH am «Verbrechertisch» (Restaurant zur alten Künstlerklause, Dorotheenstr. 30). Diese Aktivitäten hindern ihn, zu anderen Berliner Kreisen und Bekannten aus der Weimarer Zeit Kontakt aufzunehmen. (Lg 345)

23. Oktober. *Das Stärkere:* Kritik eines Schauspiels von CARLOS GOTTFRIED REULING. Ein typisches Beispiel einer negativen Kritik, die mit den Worten endet: «Ein Stück von einem Philister und für Philister ist dieses Drama. Wer kein Philister ist, fühlt sich angeödet von ihm.» (Dram 228)

6. November. *Rudolf Heidenhain:* Nachruf auf den am 15. Oktober gestorbenen Physiologen. Im Zusammenhang mit den Forschungsergebnissen Heidenhains bemerkt Rudolf Steiner: Ein «tiefer Blickender weiß, daß schon in der kleinsten Zelle Gesetze höherer Art wirksam sind als in der Maschine.» (Meth 550)

13. November. *Theodor Mommsens Brief an die Deutschen in Österreich.* In der *Neuen Freien Presse* Wien war am 31. Oktober ein Brief Mommsens veröffentlicht worden, der sich mit der Lage der Deutschen in Österreich befaßt. Mommsen ruft die Deutschen zur Einigkeit auf, um im Nationalitätenkampf der Donaumonarchie zu bestehen. Rudolf Steiner meint in seinem Kommentar, daß es mit der bloßen Einigkeit nicht getan ist: «Es ist nun zweifellos, daß sich die politischen Verhältnisse in Österreich, so wie Mommsen andeutet, entwickelt haben, weil den Deutschen nach und nach die inhaltvollen politischen Ideen ausgegangen sind, und weil sie sich immer mehr der Aufgabe zugewendet haben, ihre Nationalität gegenüber den Ansprüchen der anderen österreichischen Völker zu verteidigen und den ‹nationalen Gedanken› zu pflegen.» «Wer in Österreich regieren will, muß imstande sein, dem Staate eine Aufgabe zu stellen und für die Lösung dieser Aufgabe inhaltvolle wirksame Ideen mitbringen.» (KuZ 213f.)

27. November. *Charles Lyell.* Würdigung aus Anlaß seines 100. Geburtstages. Rudolf Steiner nennt den Geologen, der das Aktualitätsprinzip für die geologische Forschung formulierte, stets zusammen mit Darwin und kennzeichnet beide als einflußreichste Geister der Gegenwart, die auch das Denken derer bestimmen, die nie den Namen der beiden Forscher gehört haben. «Wir lieben Darwin mehr als Aristoteles, Lyell mehr als Plato, weil Darwin und Lyell unsere gutbekannten Väter, Plato und Aristoteles Ahnenbilder sind, die wir in unserem Geistesschlosse aufgehängt haben. Wenn wir Lyell und Darwin lesen, ist es, wie wenn jemand uns eine warme Hand gibt; wenn wir Plato und Aristoteles studieren, so, wie wenn wir in einem Ahnensaal spazierengingen. Mit Darwin und Lyell leben wir, über Plato und Aristoteles lernen wir.» «Dem Handeln und Wollen haben sie [Darwin und Lyell] eine freie Bahn geschaffen, weil sie es von dem Schwergewicht befreit haben, das ihnen angehängt wird durch den jenseitig wirkenden Willen.» (Meth 359–364)

8. Dezember. Rudolf Steiner beginnt in der Freien Literarischen Gesellschaft einen Zyklus von sieben Vorträgen mit dem Titel: *Die Hauptströmungen der deutschen Literatur. Von der Revolutionszeit bis zur Gegenwart.* Autorreferate der Vorträge erscheinen im MfL. (GA 33) Letzter Vortrag am 8. März 1898.

11. Dezember. *Die Instinkte der Franzosen.* Rudolf Steiner nimmt zum Dreyfus-Prozeß Stellung. «Ich habe den Kapitän DREYFUS immer für unschuldig gehalten!» Rudolf Steiner tadelt MAXIMILIAN HARDENS Haltung in der *Zukunft,* der meint: «wir Deutsche hätten keinen Grund, uns in die Angelegenheiten der Franzosen zu mischen. Ja, hört denn menschliches Mitgefühl da auf, wo die Strafgesetzparagraphen eines Staates aufhören?» (KuZ 221ff.) Dieser Artikel und weitere zum Fall Dreyfus (vgl. 19. Februar 1898 und 5. März 1898) führen zu heftigen Reaktionen im Leserpublikum des MfL.

19. Dezember. Rudolf Steiner begegnet anläßlich eines Vortrags in der *Literarischen Gesellschaft* in Leipzig FRANK WEDEKIND, dessen Gestalt ihm einen tiefen Eindruck macht. (Lg 346ff.)

31. Dezember. *Mutter Thiele.* Scharfe Kritik eines Schauspiels von ADOLPH L'ARRONGE. «Die Welt, welche L'Arronge auf die Bühne bringt, hat ihre eigenen Gesetze. Das höchste ist: in dieser Welt ist lebendigen Menschen der Aufenthalt untersagt. ... Sie wird nur von Puppen bevölkert, die Gliedmaßen und Lippen nach gewissen Regeln bewegen.» (Dram 247)

1898

Noch stärker als im vergangenen Jahr verbindet sich Rudolf Steiner mit dem literarischen und dramatischen Leben der künstlerischen Avantgarde Berlins. Zu der Arbeit am *Magazin für Litteratur* tritt die Gründung der Zeitschrift *Dramaturgische Blätter* und die Tätigkeit in der *Dramatischen Gesellschaft,* in der sich Rudolf Steiner zusammen mit OTTO ERICH HARTLEBEN bei der Inszenierung modernster Theaterstücke engagiert. Durch diese Tätigkeit soll das Magazin für Litteratur mit der lebendigen Kunst zusammenwirken: «dadurch hätte etwas entstehen sollen, was die Wochenschrift nicht wie etwas die Kunst und das geistige Leben theoretisch Besprechendes, Beurteilendes erscheinen ließ. Sie sollte ein Glied in diesem geistigen Leben, in dieser Kunst selbst sein.» (Lg 357) Nicht allein aus persönlicher Neigung ergreift Steiner diese Aufgabe. Er sieht im Jahre 1898 mit Recht das «Drama als literarische Vormacht der Gegenwart» (Dram 138) an, und er versteht die «Schaulust als die verbreiteste, die allgemeinste Lust». (Dram 139) Die dramatische Kunst ist ihm «ein wichtiges Glied in der sozialen Entwicklung». (Dram 122) Aufgrund dieser Erwägungen wendet Rudolf Steiner viel Kraft und Zeit auf das neue Blatt, dem aber der erhoffte Erfolg nicht beschieden ist. So wird Ende 1899 das Erscheinen der *Dramaturgischen Blätter* eingestellt.

Daß das fast völlige Aufgehen in dieser Tätigkeit nicht problemlos ist, ergibt sich aus späteren Aussagen Rudolf Steiners. So schreibt er 1904: «Ich habe mich nie für etwas anderes interessiert, als was geistiger Art ist. Und wenn es in der Zeit, da ich zuerst in Berlin war, anders *schien,* so ist das doch auch ein Irrtum. Ich wollte damals die Literatur der jungen Leute ehrlich kennenlernen. Ich hätte deshalb mich allerdings nicht auf den Dreck dieser jungen Leute einlassen sollen. Aber das war ein ehrlicher Irrtum. Und ich habe es mit recht dreckigem Klatsch büßen müssen.» (BfII, Nr. 596) In Rudolf Steiners Autobiographie heißt es in diesem Zusammenhang: «Wer aber in einem geistigen Menschenzusammenhang arbeiten soll, der wird seelisch recht gründlich ergriffen von diesen Verhältnissen.» In diesem Sinne steht Rudolf Steiner nicht als Beobachter außerhalb der avantgardistischen Szene, er taucht vielmehr ganz in sie ein, um die «Moderne» leibhaft zu erfahren.

Eine besondere Situation ergibt sich zusätzlich durch die Verbindung mit dem Stirner-Forscher und Dichter JOHN HENRY MACKAY und dem von Mackay vertretenen individualistischen Anarchismus. Dieser Geistesströmung

steht Rudolf Steiner auch innerlich nahe. Anläßlich des Erscheinens der *Philosophie der Freiheit* bringt er am 5. Dezember 1893 in einem Brief an Mackay die vollkommene Übereinstimmung seiner Ethik mit der Lebensauffassung Stirners und damit auch Mackays zum Ausdruck. 1898 zieht John Henry Mackay nach Berlin und zwischen Steiner und Mackay entsteht «eine schöne Freundschaft». «Das Schicksal hatte nun mein Erlebnis mit J. H. Mackay so gewendet, daß ich auch da untertauchen mußte in eine Gedankenwelt, die mir zur *geistigen Prüfung* wurde. Mein ethischer Individualismus war als reines Innen-Erlebnis des Menschen empfunden. Mir lag ganz fern, als ich ihn ausbildete, ihn zur Grundlage einer politischen Anschauung zu machen. Damals nun, um 1898 herum, sollte meine Seele mit dem rein ethischen Individualismus in eine Art Abgrund gerissen werden. Er sollte aus einem reinmenschlich Innerlichen zu etwas Äußerlichem gemacht werden. Das Esoterische sollte ins Exoterische abgelenkt werden.» (Lg 372)
In dieser Situation der «geistigen Prüfung» am Rande des «Abgrundes» – die in ihrer biographischen Bedeutung kaum hoch genug eingeschätzt werden kann – drohen auch äußere Existenzsorgen, da der Verleger des *Magazins für Litteratur* seine finanziellen Verpflichtungen nicht erfüllt. Rudolf Steiner erwägt, das Magazin und auch seinen Beruf aufzugeben. Äußere Hilfe kommt von verschiedenen Seiten. Der Freund Moriz Zitter springt finanziell helfend ein. Das «Leben im Eunikeschen Hause gab mir damals die Möglichkeit, eine ungestörte Grundlage für ein innerlich und äußerlich bewegtes Leben zu haben». Durch die Anfrage des Vorstandes der Arbeiterbildungsschule nach Übernahme des Geschichtsunterrichts an der Schule ergibt sich ein neues, für Rudolf Steiner sehr wichtiges Aufgabenfeld, das zugleich mit – wenn auch nur geringen – Einkünften verbunden ist.

Mit Jahresbeginn startet Rudolf Steiner ein zweites publizistisches Unternehmen, die *Dramaturgischen Blätter,* die als Organ des deutschen Bühnen-Vereins und als Beiblatt zum *Magazin der Litteratur* erscheinen.
8. Januar. Würdigung Herman Grimms. Zu seinem siebzigsten Geburtstag hebt Rudolf Steiner besonders den Sinn für die Persönlichkeit und das ganz persönliche Wirken und Sprechen Grimms hervor. (Meth 365)
15. Januar. Aufsatz über *Das Schöne und die Kunst.* Bemerkungen aus Anlaß des Erscheinens nachgelassener Schriften Friedrich Theodor Vischers. Steiner kritisiert, daß Vischer (und mit ihm Carriére, Weiße, Zimmermann und Schasler) nicht vom unmittelbaren, individuellen künstlerischen Empfinden her ihre Ästhetik begründet haben, sondern aus philosophischer Systematik. Vischers Ästhetik wird als das Werk einer vergangenen Epoche charakterisiert, die von einem Gottesglauben ausgeht. «Unsere Besten haben diesen Glauben aufgegeben.» (Meth 368–370)

15. Januar. Anmerkungen über das Kölner Hänneschen-Theater mit wichtigen Hinweisen auf die Bedeutung der Strukturverhältnisse im Drama. (Dram 50–53)
22. Januar. Aufsatz *Noch einmal: Das staatliche Nationaltheater.* Scharfe Ablehnung aller Vorschläge, die zur Verstaatlichung und zur Verbeamtung des Theaters und der Kunst führen. Zahlreiche Argumente gegen staatliche Kunstförderung, u. a.: «Ist es denn ein Axiom, daß die Staatsgewalt stets den denkbar besten Geschmack kultivieren werde?» (Dram 54–59)
22. Januar. Aufsatz zur *Wiener Burgtheater-Krisis.* Zur Frage der Besetzung des Direktor-Postens am Wiener Burgtheater. «Als Dr. Max Burckhard ins Amt trat, konnte kein Verständiger für ihn eintreten.» Auch Rudolf Steiner nicht, der 1890 die Direktion Burckhard als «das Verderblichste... was Wien und seiner Kunst droht» bezeichnet hatte. Im Laufe seiner Amtszeit jedoch hat Burckhard in siebenjährigem Kampf gegen Schauspieler-Cliquen «das Vortreffliche gegen ihren Willen geleistet». «Er hat die Antipathien der verständigen Leute in Sympathien verwandelt. Die Kunstkenner sind heute seine Freunde und Anhänger. Er hat den Satz bewiesen, daß das Amt den Verstand gibt.» (Dram 60–63)
23. Januar. Aufführung *Der Ungebetene* von MAURICE MAETERLINCK im Residenz-Theater Berlin durch die Berliner Dramatische Gesellschaft. OTTO ERICH HARTLEBEN, der das Stück übersetzt hatte, führt Regie. Rudolf Steiner berichtet: «Ich war bei allen Proben Zeuge der Mühe, die er sich gegeben hat, eine würdige Aufführung herbeizuführen.» Rudolf Steiner nimmt auch an den späteren Aufführungen der Dramatischen Gesellschaft starken Anteil und berichtet von Hartleben und sich: «Wir fühlten uns als die eigentlichen Regisseure.» (Lg 354, vgl. auch Vortrag vom 22. 9. 24 in GA 282) Rudolf Steiner leitet die Aufführung durch eine Conférence ein, in der er u. a. sagt: «Im Göttlichen ist die Heimat der Seele, und findet sie diese Heimat, dann lebt sie plötzlich auf und lebt das tiefste Leben, das den Menschen erst zum wahren Menschen macht.»
«Maeterlinck sieht eine Zeit heraufkommen, in der die Seelen ohne die Vermittlung der Sinne und des Verstandes die Dinge auf sich wirken lassen werden.» «Töte die Sinne, dann geht die innere Seelenkraft dir auf: dies ist sein geheimster Glaubenssatz.» (Dram 248–253)
29. Januar. Aufführung des Dramas *Balkon* von GUNNAR HEIBERG. Diese von Rudolf Steiner angeregte Aufführung wird ein Reinfall: «das höhnische Lachen, das am letzten Sonntag fortwährend zu hören war, während der ‹Balkon› gespielt wurde, hatte... etwas Verletzendes für mich.» «Man saß tagelang und bereitete ernst ein ernstes Stück vor, und in Wirklichkeit hatte man eine Ulkstimmung präpariert.» (Dram 256–258)
12. Februar. Aufsatz über *Theater und Kritik.* Rudolf Steiner erhebt die For-

derung, die Theaterkritik von der bloßen Meinungsäußerung zum ästhetischen Urteil zu führen. «Wer ist sich der rein künstlerischen Qualitäten eines Dramas bewußt? Wer verlangt vom Kritiker eine Beurteilung dieser Qualitäten? Am Stoffe hängt – nach dem Stoffe drängt doch alles!» Die Schauspielkunst sei überhaupt das Stiefkind der Kritik. (Dram 64–67)

12. Februar. Kritik zu *Johannes,* Trauerspiel von HERMANN SUDERMANN. «Alles in diesem Drama, außer der Hauptgestalt, ist bedeutend und von großer Wirkung. Die Schwäche, mit der Johannes selbst gestaltet ist, lähmt alles.» (Dram 262)

19. Februar. Aufsatz *Emile Zola an die Jugend.* Am 7. Februar hatte der Prozeß gegen ZOLA begonnen, in welchem er wegen seiner Äußerungen über die Verurteilung des Hauptmanns Dreyfus ebenfalls verurteilt wurde. Über Schuld oder Unschuld Dreyfus' durfte während des Prozesses nicht gesprochen werden: «Über Dreyfus zu sprechen, verbietet die Staatsnotwendigkeit. Ich habe keine Worte, um die Gefühle auszusprechen, die sich für mich an diese Tatsache knüpfen. Wohin kommen wir, wenn wir in dieser Richtung uns weiter entwickeln?» Steiner wendet sich auch gegen deutsche Journalisten, die meinen, daß die französische Regierung nicht verpflichtet sei, gegen den Willen der Mehrheit der Bevölkerung ein Wiederaufnahmeverfahren einzuleiten. (KuZ 225–229)

19. Februar. Aufsatz über *Das Unbedeutende* in der Schauspielkunst: «Uns fehlt eine wirkliche Technik der Schauspielkunst.» (Dram 68–70)

Im Februar. Im Hause von CLARA VIEBIG lernt Rudolf Steiner den Dichter und Publizisten LUDWIG JAKOBOWSKI kennen, mit dem ihn bald eine herzliche Freundschaft verbindet.

26. Februar. Aufsatz über *Max Burckhard:* ein hohes Lob auf den aus dem Wiener Burgtheater «herausgedrängelten» Direktor. (Dram 70)

26. Februar. Aufsatz *Ein Angriff auf das Theater.* Eine Auseinandersetzung mit JULIUS HART, der das Drama nur als Dichtung und nicht als Schauspiel begreift. Steiner hält Hart, der gegen Theater-Effekte polemisiert, entgegen: «Die Verkörperung durch wirkliche Menschen und mit Hilfe der Bühnenrequisiten muß ein mitwirkender Faktor in der schaffenden Phantasie des Dichters sein.» Hamerling wird als schlechter Dramatiker beurteilt, dessen Dramen man nicht aufführen kann. Auch lehnt Steiner Schillers Idee, die Schaubühne sei eine moralische Anstalt, ab: «Ich bin der Ansicht, daß keine Kunst moralische Ziele verfolgen kann.» (Dram 73–78)

5. März. Aufsatz über *Zolas Schwur und die Wahrheit über Dreyfus.* Auf diesen Aufsatz bezieht sich die Bemerkung im Vortrag vom 27. Oktober 1918 (GA 185, S. 137): «Ich hatte im Magazin nicht nur über den Dreyfus-Prozeß selber eine Mitteilung gemacht, die eigentlich nur von mir gemacht werden konnte, sondern ich war auch mit aller Energie eingetreten für die berühmte

Rede, welche dazumal als ‹J'accuse-Rede› Emile Zola für Dreyfus gehalten hat.» Rudolf Steiner machte sich mit diesen und anderen Äußerungen im Leserkreis des Magazins sehr unbeliebt. Sein früherer Verehrer, der Germanistik-Professor MAX KOCH schrieb z. B. eine Postkarte, auf der etwa stand: Hierdurch bestelle ich das Magazin für Litteratur ab, da ich ein Organ, das für den sein Vaterland verratenden Judensöldling Emile Zola eintritt, in meiner Bibliothek nicht dulden mag.

5. März. Aufsatz *Unzeitgemäßes zur Gymnasialreform.* Rudolf Steiner fordert, daß die «Gymnasiasten im Sinne der naturwissenschaftlichen Weltauffassung unserer Zeit» erzogen werden. Er verspricht sich von der Verwirklichung dieses Vorschlags, daß zahllose obsolete Diskussionen, z. B. über Wissenschaft und Religion überflüssig werden. Für diese Forderung sei scharf einzutreten, da auch die Reaktionäre sich nicht scheuten, ihre Forderungen durchzusetzen. «Mäßigung stumpft die Waffen.» (KuZ 232–234)

5. März. Aufsatz *Vom Schauspieler.* Über das Erfassen der Rolle aus dem Ganzen des Dramas und für eine individualisierte und nicht typisierte Darstellung. «Der Naturalismus hat es wieder dahin gebracht, daß man gern ins Theater geht, weil man dort nicht jedesmal dieselben allgemeinen Schemen... sieht, sondern weil wieder individuelle Gestalten verkörpert werden.» (Dram 80)

12. März. Theaterkritik über *Die Ahnfrau* von GRILLPARZER. «Ein großer Dichter wohnte in einer willensschwachen Persönlichkeit. Damit scheint mir das Phänomen Grillparzer charakterisiert.» (Dram 265–266)

12. März. Aufsatz *Von der Vortragskunst.* Rudolf Steiner lobt den «schlichten, edlen, natürlich-menschlichen Ton», der vom Inhalt der Dichtung ergriffen ist und führt dies auf das «Haushalten mit dem Pathos» zurück. (Dram 98)

12. März. Aufsatz über *Ludwig Tieck als Dramaturg.* Längere Studie aus Anlaß des gleichnamigen Buches von HEINRICH BISCHOFF, in der Tiecks Kampf gegen die Klassik und die Rezeption der Antike in seiner Zeit gewürdigt wird.

19. März. Aufsatz *Zu Ibsens siebzigstem Geburtstage.* Die Würdigung zeigt eine innere Distanz zu IBSEN, dennoch positiv: «Ich möchte es als ein Glück ansehen, daß Ibsen nur ein Fragender ist. Denn dadurch, daß er nicht vermag zu Antworten zu kommen, ist er imstande, tief und gründlich zu fragen. Und weil wir mit ihm den vollen, tiefen Ernst höchster Fragen durchkosten, werden die Nachfolgenden zu tieferen Antworten kommen.» (Lit 26)

26. März. Aufsatz *Noch ein Wort über die Vortragskunst.* Über die Notwendigkeit der künstlerischen Ausbildung des Sprechens und der Erziehung zur Rhetorik. «Man muß eine Zeitlang sprechen um des schönen Sprechens willen, dann wird man später auch stilisiert sprechen, wenn man es nicht bewußt anstrebt.» (Dram 105)

27. März. In der Berliner Dramatischen Gesellschaft werden zwei Einakter, *Die Eule* von Gabriel Finne und *Lumpenbagasch* von Paul Ernst aufgeführt.
3.–4. April. Rudolf Steiner ist kurz in Weimar.
9. April. Rezension *La Sociologie par August Comte.* «Comte ist ein Denker, den man kennen muß als Beispiel einer ideenlosen Persönlichkeit.» (Meth 556)
16. April. Aufsatz über *Das Theater der Naturschauspiele.* Kommentar zu Wilhelm Meyers Idee, eine populäre Schau der kosmischen Naturvorgänge einzurichten. «Das Leben des Kosmos in künstlerischer Weise gruppiert, kombiniert, durch die aufgrund der Naturgesetze arbeitende Phantasie belebt, will er theatralisch darstellen.» Steiner begrüßt diese Idee, wendet sich aber gegen die Vorstellung, der Mensch sei nur ein Staubkorn im Kosmos: im kleinsten Menschenschicksal liegt «ein unendlich Erhabeneres als im Kreislauf von Millionen Sonnen.» (Meth 559)
21. April. Rudolf Steiner hält in Königsberg eine Festrede auf Kant aus Anlaß des 174. Geburtstages des Philosophen. «Die Königsberger haben dabei zwar einen leisen Unwillen nicht unterdrücken können; nachher aber haben mir doch ein paar Gescheitere gestanden, daß die guten Königsberger für ihren Kant nur mehr das Verständnis haben, jedes Jahr an seinem Geburtstage sich zu versammeln und ihre – in Königsberg beliebten – Mittagsgerichte zu essen.» (BfII, Nr. 522)
23. April. Rezension und Referat *Das Drama als literarische Vormacht der Gegenwart.* Zustimmende Anmerkungen zu Friedrich Spielhagen: *Neue Beiträge zur Theorie und Technik der Epik und Dramatik.* (Dram 118–120)
7. Mai. Theaterkritik zu dem Drama *Gertrud* von Johannes Schlaf – Aufführung in der Berliner Dramatischen Gesellschaft. Eine sehr wohlwollende Besprechung dieses Werkes des Altmeisters des Naturalismus: «Eine reife Frucht des Naturalismus ist diese dramatische Dichtung – vielleicht die reifste, die wir besitzen.» (Dram 269–272)
14. Mai. Rezension über *Der Universitätsunterricht und die Erfordernisse der Gegenwart* von Ernst Bernheim. Zustimmende Kritik, die nur den Vorschlag ablehnt, daß jeder Student pflichtgemäß Übungen besuchen solle.
21. Mai. Aufsatz über *Publikum, Kritiker und Theater.* «Dem wirklichen Künstler wird es nie einfallen, die geringste Kleinigkeit an seinem Werke dem Publikum zu Gefallen zu machen.» (Dram 125–129)
28. Mai. Kritik der *Madonna Dianora* von Hugo von Hofmannsthal: «Er läßt aus den Dingen Harmonien heraustönen, die uns überraschen, wie wenn plötzlich die Planeten zusammenklingen würden.» (Dram 273)
3.–5. Juni. Rudolf Steiner weilt aus Anlaß der 14. Mitgliederversammlung der Deutschen Goethe-Gesellschaft in Weimar. (KuZ 239–246) Bei dieser Gelegenheit sucht Rudolf Steiner Frau Elisabeth Förster-Nietzsche im

Nietzsche-Archiv auf. Frau Förster fragt nochmals, ob Steiner die seit dem Weggang Koegels (September 1897) vakante Stelle des Herausgebers der Werke Nietzsches übernehmen wolle. Erst im Oktober 1898 wird der Musikkritiker ARTHUR SEIDL als neuer Herausgeber engagiert. (Vgl. BfII, Nr. 522 und KuZ 595)

4. Juni. Aufsatz ADELE SANDROCK. Hymnische Würdigung der Künstlerin anläßlich ihrer Gastspiele in Berlin: «In der harmonischen Stimmung, die ich sonst nur habe, wenn es mir gelungen ist, eine schwierige Arbeit zu meiner vollen Zufriedenheit zu vollenden, verlasse ich das Theater. Eine wohltuende Ruhe bemächtigt sich meiner Seele.» (Dram 410)

25. Juni. Aufsätze aus Anlaß der 100. Geburtstage von WILLIBALD ALEXIS und WOLFGANG MENZEL. Alexis, der nur gestaltet, «was alle empfinden» und der Kritiker Menzel, der mit «Borniertheit zu frechen und mit eitler Zuversicht ausgesprochenen Urteilen» kommt. (Lit 29–35)

27. Juni. Brief an Frau Elisabeth Förster-Nietzsche, in dem Rudolf Steiner seine Treue zum Werke Nietzsches versichert, wobei er aber auf die Frage seiner Mitarbeit an der Herausgabe von Nietzsches Werken nicht eingeht.

2. Juli. Aufsatz über *Max Stirner*. Rudolf Steiner würdigt den Philosophen des radikalen Individualismus und die Max-Stirner-Biographie von JOHN HENRY MACKAY. Steiner stellt sich die Frage, was die Kenntnis Stirners für Nietzsche bedeutet und welche Perspektiven sich für Nietzsche ergeben hätten, wenn er in der Jugend statt «Schopenhauers würdeloser Lehre von der Ertötung des Willens» Stirners Ideen aufgenommen hätte. Zugleich deutet er die persönliche Tragik Stirners an: «Als echter Kultur-Zigeuner lebte er; und er konnte sich seine Freiheit nur damit erkaufen, daß er entbehrte, was er sich reichlich hätte erwerben können, wenn er seine Fähigkeiten in den Dienst der Zeit gestellt hätte. Er konnte sich in kein Ganzes eingliedern.» (Lit 211–218)

9. Juli. Aufsatz: *Voilà un Homme*. Über MAX STIRNERS Schrift *Das unwahre Prinzip unserer Erziehung*, die in den Worten gipfelt: «Das Wissen muß sterben, um als Wille wieder aufzuerstehen und als freie Person sich täglich neu zu schaffen.» (Lit 219–223)

12.–23. Juli (?). Reise nach Wien. Rudolf Steiner wohnt bei seinem Freund MORIZ ZITTER in Mauer bei Wien, Besuche bei den Eltern und Geschwistern, bei MAYREDERS, Familie SPECHT u. a.

16. Juli. Aufsatz über *Die soziale Frage*. Rudolf Steiner wendet sich dagegen, Methoden und Gesetze anderer Wissenschaften einfach auf die Soziologie zu übertragen und kritisiert ein Werk LUDWIG STEINS, das die von Darwin entdeckten Gesetze der Auslese und der Anpassung auf das soziale Leben anwendet. (KuZ 247–250)

23. Juli. Aufsatz über *Freiheit und Gesellschaft* (Fortsetzung von *Die soziale Frage*). Rudolf Steiner formuliert das *soziologische Grundgesetz*, wonach die soziale Entwicklung der Menschheit «auf einen Individualisierungsprozeß hinausläuft». (KuZ 251–259)

23. Juli. Aufsatz über *Wissenschaft und Kritik* mit der These: Nur produktive Menschen sind als Kritiker geeignet, aber es sollte nie ein Musiker über einen Musiker, ein Maler über einen Maler urteilen, sondern ein «Hervorbringender über Hervorbringungen auf anderem Gebiete». (Dram 129–134)

30. Juli. 2. Teil des Aufsatzes über *Freiheit und Gesellschaft.* Rudolf Steiner äußert sich gegen das mutlose und kompromißlerische Denken, das nicht die Konsequenzen des Individualismus ziehen will und gegen jegliche Form von Herrschaft. «Von allen Herrschaften die schlimmste ist diejenige, welche die Sozialdemokratie anstrebt.» (KuZ 261)

30. Juli. Aufsatz: *Auch ein Shakespeare-Geheimnis.* Goethe, Schiller, Ibsen, Maeterlinck kann man nur verstehen, wenn man sich in ihre Weltauffassung einlebt. Anders Shakespeare: «Die Welt ist ihm ein Schauspiel. Er betrachtet alle Dinge vermöge seiner Natur auf einen gewissen schauspielerischen Effekt hin.» «Die Schaulust ist aber die verbreitetste, die allgemeinste Lust. Wer ihr entgegenkommt, wird das größte Publikum haben» (Dram 139)

6. August. Aufsatz über *Künstlerbildung.* Der Anlaß sind zwei mißglückte Berliner Denkmäler. (Meth 562)

13. August. Aufsatz über *Bismarck, der Mann des politischen Erfolges.* Glänzende Charakteristik BISMARCKS, der am 30. Juli 1898 gestorben war. «Bismarck hat nie darüber nachgedacht, wie die Welt sein soll. Solches Denken hat er als müßige Geschäftigkeit angesehen. Was sein soll, hat er sich von den Ereignissen sagen lassen; seine Sache war, im Sinne der von den Ereignissen gestellten Forderungen kraftvoll zu handeln.» (KuZ 263–272)

Mitte August. Finanzielle Krise, die den Fortbestand des *Magazins für Litteratur* gefährdet, ausgelöst durch Zahlungsunfähigkeit des Verlegers. Rudolf Steiner erwägt, das Magazin aufzugeben.

20. August. Rezension: *Nietzsche in frommer Beleuchtung* über HANS GALLWITZ: *Friedrich Nietzsche, ein Lebensbild,* scharf ablehnend. (KuZ 471–475)

20. August. Aufsatz über JULES MICHELET. Kurze Würdigung aus Anlaß des 100. Geburtstages von Michelet, dem «Geschichte nicht allein Kenntnis des Geschehenen, sondern Grundlage für lebendiges, tatvolles Wirken in der Gegenwart» war. (KuZ 274–275)

27. August. Aufsatz: *Ein patriotischer Ästhetiker.* Über das Verhältnis von Kunstproduktion und Kunstbetrachtung aus Anlaß des Stückes *Habsburg* von dem bekannten Dramaturg ALFRED VON BERGER. (Dram 141–145)

3. September. Aufsatz: *Zur Psychologie der Phrase.* Über sinnentleerte Schlagworte und Zitate. «Die Sprachwerkzeuge der Menschen sind von einem ungeheuren Tätigkeitsdrange beseelt, die Denkwerkzeuge sind die trägsten Organe, die ein Organismus besitzt.» (Dram 146–148)

3. September. Aufsatz: *Die tragische Unschuld.* Plädoyer für den Begriff der tragischen Unschuld: das moderne Drama kenne Ursache und Wirkung, nicht jedoch Schuld und Sühne. «Ein Satz wie der ‹Die Weltgeschichte ist das Weltgericht› erscheint uns Heutigen kindlich.» (Dram 148–153)

10. September. Theaterkritik zu *König Heinrich V* von Shakespeare. «Die Aufführung war ein theatralisches Ereignis ersten Ranges.» (Dram 277 ff.)

10. September. Theaterkritik *Johanna* von BJÖRN BÖRNSEN. «Der Zuschauer ist schmählich betrogen. Ein interessanter Seelenkonflikt wird ihm versprochen, mit einer uninteressanten Handlung... muß er vorliebnehmen.» (Dram 275–277)

17. September. Glosse über *Literatenklugheit und Teufelsinsel.* Gegen MAXIMILIAN HARDEN, der meint, man müsse den Fall Dreyfus «politisch beurteilen»: Auf Schuld oder Unschuld des Hauptmanns Dreyfus käme es nicht an. (KuZ 276)

24. September. Theaterkritik zu *Eheliche Liebe* von GEORG VON OMPTEDA: ein schlechtes Stück gut inszeniert. (Dram 281–282)

24. September. RAINER MARIA RILKE veröffentlicht in den *Dramaturgischen Blättern* einen Aufsatz über den *Wert des Monologs,* in welchem es heißt, man müsse aufhören, «das Wort zu überschätzen». Rudolf Steiner schreibt dazu eine Anmerkung, in der es u. a. heißt: «Man darf es dem Worte nicht zum Vorwurf machen, daß es von den meisten Menschen nicht tief genug genommen wird.» Rilke antwortet freundlich mit einem Brief: *Noch ein Wort über den ‹Wert des Monologs›.* (Dram 153 f. und Lit 535–539)

30. September. Briefwechsel JOHN HENRY MACKAY/Rudolf Steiner im MfL: *Der individualistische Anarchismus: Ein Gegner der Propaganda der Tat.* Am 10. September 1898 war die österreichische Kaiserin Elisabeth in Genf durch einen Anarchisten ermordet worden. Daraufhin erhob sich der Ruf nach Unterdrückung und Unschädlichmachung der Anarchisten. Mackay distanziert sich und den von ihm vertretenen theoretischen Anarchismus in dem Brief deutlich von den Terrorakten der «Propagandisten der Tat», die sich zu unrecht als Anarchisten bezeichneten. Rudolf Steiner antwortet, daß er von sich aus nicht das Bedürfnis spüre, seine Anschauungen mit einem Namens-Etikett zu versehen. «Wenn ich aber in dem Sinne, in dem solche Dinge entschieden werden können, sagen sollte, ob das Wort ‹individualistischer Anarchist› auf mich anwendbar ist, so müßte ich mit einem bedingungslosen ‹Ja› antworten.» (KuZ 284) 1918 erinnert sich Rudolf Steiner an das Echo dieses Briefwechsels: «Als im Magazin mein Briefwechsel mit JOHN HENRY MAKKAY erschien, tanzte das frühere Philisterium, aus dem die Abonnenten des Magazin bestanden durchaus nicht freudig, und ich bekam von allen Seiten Vorwürfe.» «Die Professorenwelt bestellte nun bald nach und nach das Magazin ab.» (GA 185, 27. 10. 1918)

8. Oktober. Theaterkritik über *Napoleon oder die hundert Tage* von C. D. GRABBE. Über Napoleon: «Der einzige Gedanke der Kraft steigt in unserem Kopfe auf, wenn wir uns diesen Mann vergegenwärtigen.» (Dram 287)

15. Oktober. Aufsatz über die *Dreyfus-Briefe*. Dreyfus' Briefe aus dem Gefängnis sind ein Beweis seiner Unschuld. Charakteristik der Person Dreyfus': «Eine verbohrte Soldatennatur ist Dreyfus.» Rudolf Steiner tritt für Dreyfus nicht ein, weil ihm die Person sympathisch ist, «sondern ich spreche gegen das mit Füßen getretene Recht der Persönlichkeit». (KuZ 277 ff.)

15. Oktober. Theaterkritik über *Das Vermächtnis* von ARTHUR SCHNITZLER. Schnitzlers «flotte dramatische Darstellungskraft, ist offenbar nur dann in ihrem Element, wenn es sich um die kleinen Kreise handelt, die vom Leben gezogen werden». (Dram 289–291)

15. Oktober. Rezension zu *Der Reformkatholizismus* von JOSEF MÜLLER. Scharf ablehnende Besprechung des Buches. Der Autor Josef Müller begegnet Steiner später in München innerhalb der Theosophischen Gesellschaft. (KuZ 288 und Lg 463)

22. Oktober. Aufsatz über *Literarische Bildung*. Aus Anlaß des Erscheinens der neuen Zeitschrift *Das literarische Echo* (1898–1943) spricht sich Steiner über die Redaktion des Magazins aus. «Der Herausgeber vertritt seine Meinung mit aller Kraft, deren er fähig ist. Aber er läßt auch andere Meinungen zu Worte kommen. Er ist sogar stolz darauf, seinen Lesern einen ‹Tummelplatz für eine Kritik zu bieten, die nach allen Richtungen der Windrose auseinanderstrebt›.» (Lit 223–226)

29. Oktober. Rezension: *Ein wirklicher Jünger Zarathustras*. Über das Buch *Friedrich Nietzsche an der Grenzscheide zweier Zeitalter* von EUGEN HEINRICH SCHMITT. Ein Buch, das «zu den glänzendsten Morgensternen auf dem Himmel der modernen Gedankenwelt gehört». (KuZ 476)

5. November. Theaterkriktik zu *Der Eroberer* von MAX HALBE. Positive Wertung des Dramas, das bei der Uraufführung im Lessing-Theater durchfiel. «In seinem ‹Eroberer› hat Max Halbe sich selbst erst gefunden.» (Dram 293) Rudolf Steiner kritisiert auch die Kritiker des Stückes und nennt z. B. den Kritiker der Vossischen Zeitung einen «impotenten Faseler». 1918 berichtet Steiner über diesen Vorgang: «Es war nicht gerade die richtige Art das Magazin zu lancieren, was ich eines Tages in einer Nummer des Magazins tat. Max Halbe hatte eben seinen ‹Eroberer› aufführen lassen, der sicherlich das Stück mit dem besten Halbe-Wollen ist, das aber deshalb grandios durchgefallen ist in Berlin. Ich habe eine Kritik geschrieben, über die Max Halbe in helle Verzweiflung geriet; denn ich habe alle Berliner Zeitungen durchgenommen und einem nach dem anderen der Berliner Theaterkritiker über ihren Verstand das Nötige gesagt.» (GA 185, 27. 10. 1918)

12. November. Theaterkritik zu *Fuhrmann Henschel* von GERHART HAUPTMANN. Steiner würdigt die «reife Kunst» Hauptmanns, der «die Einfachheit in ihrer Größe sieht, weil er sie in ihrer Wahrheit sieht». (Dram 297–299)
19. November. Bericht über eine Veranstaltung in der Freien Literarischen Gesellschaft über den «Theaterskandal» bei der Uraufführung des *Eroberers* von MAX HALBE. (Dram 154–158)
26. November. Theaterkritik über *Der Star* von HERMANN BAHR. «Bahrsche Feuilletonwitze» aus den «Erfahrungen innerhalb der weniger guten Theaterwelt». (Dram 300–302)
10. Dezember. Theaterkritik über den Einakterzyklus *Die Befreiten* von OTTO ERICH HARTLEBEN. Charakterisierung Hartlebens: «Er ist ein Genußmensch, aber die Genüsse die er sucht, müssen auserlesene Eigenschaften haben.» «Ich kenne keine Tiefen der Weltanschauung, die ihm nicht zugänglich wären. Aber er wird recht eklig, wenn es Arbeit kosten soll, um zur Tiefe zu kommen.» (Dram 303–306)
12. Dezember. Vortrag über *Hochschulpädagogik und öffentliches Leben.* Längere grundlegende Ausführungen über Pädagogik, Schule und Hochschule. (KuZ 301–314)
Rudolf Steiner kämpft um die Existenz des *Magazins für Litteratur.* «Trotz aller Schwierigkeiten, die ich hatte, wäre die Wochenschrift zur Verbreitung zu bringen gewesen, wenn mir materielle Mittel zur Verfügung gestanden hätten.» (Lg 374)
«In dieser für mich schweren Zeit trat nun der Vorstand der Berliner Arbeiterbildungsschule an mich heran mit dem Ersuchen, ich solle in der Schule den Unterricht in Geschichte und Redeübungen übernehmen.» (Lg 375) JOHANNA MÜCKE berichtet, daß der Vorstand der Arbeiterbildungsschule, HERMANN LAMMÉ und ein zweites Vorstandsmitglied auf einen Hinweis des Dichters CÄSAR FLAISCHLEN um die Weihnachtszeit Rudolf Steiner aufsuchten und auf ihre Anfrage die Antwort erhielten: «Nun wenn Sie es wollen, daß ich nach meiner Art Geschichte vortrage, kann ich es ja tun.» Die Darstellung von J. Mücke dürfte im Gegensatz zu der Schilderung von A. A. RUDOLPH die authentische sein.
31. Dezember. Rezension zu *Gärungen* von FRANZ SERVAES. Rudolf Steiner kritisiert den zeitgenössischen Kultus des Instinktiven und Unbewußten, des Naiven und Urtümlichen, kurz: des Unreflektierten und zeigt auf, daß man es nur mit vermittelten Vorstellungen des Unbewußten zu tun hat. Die Schriftsteller fördern Vorstellungen zu Tage, die sie «nach gewissen doktrinären Prinzipien als unbewußt und naiv bezeichnen.» (Lit 228)

1899

In diesem Jahr verlagert Rudolf Steiner seine Tätigkeiten auf neue Arbeitsfelder. Seit Jahresbeginn ist er als Dozent an der Arbeiterbildungsschule in Berlin, einer Gründung Wilhelm Liebknechts tätig. Zunächst lehrt er Geschichte, doch bald gibt er auch Kurse in Redeübungen und Übungen im schriftlichen Ausdruck. Durch diese Arbeit bewegt sich Rudolf Steiner in einem für ihn ganz neuen Milieu. Er muß sich dementsprechend um Ausdrucks- und Darstellungsformen bemühen, die von den zumeist sozialdemokratisch orientierten Arbeitern, die im industriellen Produktionsprozeß stehen, verstanden werden. Das gelingt ihm mit beachtlichem Erfolg. Nach kurzer Zeit sind seine Kurse die besuchtesten der Arbeiterbildungsschule. Ab Mitte des Jahres tritt Rudolf Steiner im *Magazin für Litteratur* immer weniger als Autor in Erscheinung. Dafür schreibt er eine Reihe von umfangreicheren Abhandlungen: *Literatur und geistiges Leben im 19. Jahrhundert* für das vierbändige, von Hans Kraemer herausgegebene Sammelwerk: *Das 19. Jahrhundert in Wort und Bild* (jetzt in Bio 9–112); *Der Egoismus in der Philosophie* für das von Arthur Dix herausgegebene Sammelwerk *Der Egoismus* (jetzt unter dem Titel *Der Individualismus in der Philosophie* in Meth 99–151); *Haeckel und seine Gegner* – erschienen in der Zeitschrift *Die Gegenwart* und als selbständige Broschüre (1900) (jetzt in Meth 152–200); *Lyrik der Gegenwart* als selbständige Broschüre erschienen (jetzt Bio 130–178). Vor allem aber beginnt er – spätestens im Sommer dieses Jahres – mit der Niederschrift des ersten Bandes der *Welt- und Lebensanschauungen im 19. Jahrhundert.* (Heute in überarbeiteter Form zusammen mit einem zweiten Band in *Die Rätsel der Philosophie* enthalten.) – Angesichts dieser Arbeit, die zusätzlich zu der Redaktionsarbeit für das *Magazin* und die *Dramaturgischen Blätter* zu leisten ist, schreibt Rudolf Steiner mit Recht an seinen Freund Ludwig Jakobowski: «Ich arbeite mich halbtot.»

Mit dieser Verlagerung der Themen und Arbeitsfelder wird aber noch mehr erkennbar. Zu Goethes 150. Geburtstag veröffentlicht Rudolf Steiner im *Magazin für Litteratur* den Aufsatz *Goethes geheime Offenbarung.* Über diesen Aufsatz schreibt Rudolf Steiner in *Mein Lebensgang:* «Der Wille, das Esoterische, das in mir lebte, zur öffentlichen Darstellung zu bringen, drängte mich dazu... einen Aufsatz über *Goethes Märchen von der ‹grünen Schlange und der*

schönen Lilie›... zu schreiben.» Im Mittelpunkt dieses Aufsatzes steht die Verwandlung der Seelenkräfte im Sinne des Wortes: «Und so lang du das nicht hast, dieses: Stirb und werde! Bist du nur ein trüber Gast auf der dunklen Erde.» – Mit diesem Aufsatz wird der von Steiner vertretene ethische Individualismus auf eine neue Stufe gehoben. Parallel zu diesem Aufsatz schreibt Rudolf Steiner die schon erwähnte Abhandlung *Haeckel und seine Gegner*, in der er mit aller Schärfe jede dualistische Weltdeutung ablehnt und nachweist, wie sich aus der Evolution die geistig-moralische Person durch schöpferische Phantasie als Neubildung des Weltprozesses entwickelt. – Dabei ist zu beachten, daß der evolutionäre Prozeß von Steiner nie einseitig materialistisch, sondern im Sinne des von Steiner entfalteten Goetheanismus gedeutet wird. Zwischen beiden Arbeiten *Goethes geheime Offenbarung* und *Haeckel und seine Gegner* besteht ein innerer Zusammenhang, den Steiner in seiner Autobiographie anspricht: «Ich sah in dem Denken, das aus der Naturerkenntnis folgen kann – aber damals nicht folgte – die Grundlage, auf der die Menschen die Einsicht in die Geistwelt erlangen konnten. Ich betonte deshalb scharf die Erkenntnis der Naturgrundlage, die zur Geisterkenntnis führen muß.» (Lg 363/4)
In diesem Jahr vertieft sich die Freundschaft mit LUDWIG JACOBOWSKI zu einer bis zum Tode Jacobowskis (2. Dezember 1900) dauernden Zusammenarbeit, die darauf beruht, daß Jacobowski – anders als die Literaten, mit denen Steiner bisher hauptsächlich verkehrte – kein bloßer Poet und Schreiber, sondern ein im sozialen und politischen Leben mit Initiative wirkender Mensch ist.

7. Januar. Aufsatz: *Neujahrsbetrachtung eines Ketzers.* Rudolf Steiner kontrastiert den Fortschritt der technischen Zivilisation mit der Bedeutungslosigkeit der Philosophie und der Mutlosigkeit des Denkens. «Diese Mutlosigkeit ist ein charakteristisches Merkmal des geistigen Lebens an der Jahrhundertwende.» «Der unerschütterliche Glaube, daß das Denken dazu berufen ist, die Welträtsel zu lösen, ist uns verloren gegangen. Nur bei wenigen Forschern, wie zum Beispiel bei Ernst Haeckel, ist die Neigung vorhanden, das vorhandene Wissen so zu durchdringen, daß sich ein solcher Sinn ergibt.» (Meth 379–381)
13. Januar. Beginn der Tätigkeit in der Arbeiterbildungsschule. Zehn Vorträge bis 17. März: *Geschichte vom 16. Jahrhundert bis auf die Jetztzeit, mit besonderer Berücksichtigung des geistigen Lebens.* JOHANNA MÜCKE berichtet: «Nach Schluß des Vortrages hörte man lebhaft und angeregt die Schüler miteinander sprechen. Einer von ihnen, ein besonders tätiger Genosse, ein sehr geweckter Mensch, trat auf mich zu und sagte mit einer gewissen Freude: «Na, materialistische Geschichtsauffassung war das ja nicht, aber interessant war es!» (Mücke/Rudolph, *Erinnerungen,* S. 11)

14. Januar. Nachruf auf Moritz von Egidy. «Ein Ideal menschlicher Gesellschaftsordnung schwebte ihm vor. An diesem Ideale hing sein Herz.» «Die Menschen, die das Herz auf dem rechten Flecke und die Vernunft auf einem etwas verlorenen Posten haben, waren Egidys Anhänger.» (KuZ 314–319)
21. Januar. Aufsatz über *Maeterlinck, der freie Geist* und die Entwicklung Maeterlincks aus Anlaß des neuen Buches *La sagesse et la destinée*. «In diesem Buche tritt uns eine moderne Seele entgegen, die aus den Eierschalen des Mystizismus sich gelöst hat.» Steiner rückt diesen Maeterlinck in die Nähe Nietzsches und Stirners. «Und Maeterlinck sagt: Das Gewöhnliche, Alltägliche allein ist das Wirkliche, aber dieses Wirkliche ist ein Göttliches.» (Lit 230–236)
21. Januar. Aufsatz über *Die Direktion Schlenther* und die Verhältnisse am Wiener Burgtheater. Im Burgtheater war vieles «alt und morsch geworden», «alles rief nach kräftigen, rücksichtslosen Reformen». «Und nun kam eine große Enttäuschung.» «Schlenther kam mit leeren Händen.» (Dram 158–163)
28. Januar. Theaterkritik über *Die drei Reiherfedern* von Hermann Sudermann. Steiner rühmt das Drama, das im heute weltanschauunglosen Theater ein «Stück Lebensauffassung» bietet und würdigt die Darstellung im Deutschen Theater als «dramatische Erscheinung ersten Ranges». (Dram 307–312)
4. Februar. Aufsatz *Zur Problematik des Journalisten und Kritikers*. Aus Anlaß des Todes des Journalisten Emil Schiff, der die Tagesschriftstellerei aufgrund einer universellen Bildung betrieb. Jedes Feuilleton Schiffs «roch nach Gründlichkeit». «Der Journalist schreibt für den Tag. Wer das tut, muß den Tag verstehen. Aber der Tag, das ‹Heute› ist das Ergebnis der ganzen menschlichen Kulturarbeit. Und in der Tageserscheinung können Dinge zum Vorschein kommen, die man nur auf der breitesten Basis einer ganz allgemeinen Bildung beurteilen kann.» (KuZ 319–324)
11. Februar. Würdigung von Wilhelm Jordan. «Er hat die alten Helden zu Idealen des modernen Menschen gemacht.» (Lit 36–39)
11. Februar. Aufsatz über *Aristophanes* und die Deutung der Komödie *Die Vögel*. (Dram 315–319)
18. Februar. Theaterkritik zu *Unser Käthchen*, Lustspiel von Theodor Herzl. «Ernstlich gefallen hat das Stück wohl niemandem.» (Dram 325 f.)
18. Februar. Theaterkritik zu *Pelleas und Melisande*, Drama von Maurice Maeterlinck. «Ein Großes... in dem Kleinsten... zu sehen, ist die hervorstechende Eigenschaft in Maeterlincks geistiger Anlage.» Ferner Bemerkungen über eine Conférence Maximilian Hardens und über Hardens Entwicklung. (Dram 321–324)
25. Februar. Theaterkritik zu *Pauline*, Komödie von Georg Hirschfeld.

Steiner bemerkt Fortschritte in dem neuen Stück: «Erst jetzt zieht er aus der Wirklichkeit jene Momente zusammen, die uns innerhalb des Kunstwerks interessieren und wirft den Ballast ab, der ja für den Beobachter der Welt wertvoll, für den ästhetisch Genießenden aber gleichgültig ist.» (Dram 330)

25. Februar. Theaterkritik über *Die letzten Menschen* von WOLFGANG KIRCHBACH. «Alles ist mit Hebeln und Schrauben gemacht. Innere Wärme strömt keinen Augenblick von dem Dichter zu uns über.» «Und künstlerisch ehrlich sein heißt vor allem: schweigen über Dinge, über die man nichts zu sagen hat.» (Dram 330–332)

4. März. Theaterkritik über *Die Heimatlosen* Drama von MAX HALBE: «theatralisches Allerlei». (Dram 334)

11. März. Kommentar über *Professor Schell.* HERMANN SCHELL hatte in seinem Buch *Der Katholizismus als Prinzip des Fortschritts* versucht, Katholizismus und moderne Weltanschauung miteinander zu versöhnen. Die römische Kurie hatte das Buch auf den Index der verbotenen Bücher gesetzt. Steiner hatte bereits früher (vgl. 18. Sept. 1897) das kompromißlerische Denken Schells als Vernebelung attackiert. Jetzt schreibt er: «Den Bekennern des freien Denkens ist der Papst lieber als Professor Schell. Wo sie ‹Ja› sagen, sagt der Papst ‹Nein›. Und das ist gut.» «Wer über den Katholizismus spricht, hat sich deswegen einzig an den Papst zu halten. Seit die Unfehlbarkeit Dogma geworden ist, muß das anerkannt werden.» (KuZ 326)

13. März. Conférence in der *Freien Literarischen Gesellschaft* über die Lyrik Nietzsches und zwei Balladen von Maurice Maeterlinck. (Dram 424)

18. März. Aufsatz *Zur Literatur über die Frauenfrage.* Die Lösung der Frauenfrage hat zwei Arten von Gegnern: die eigentlichen Konservativen und die Pseudo-Reformer, die mit Lust die in den Verhältnissen liegenden Schwierigkeiten betonen. In Wirklichkeit jedoch steht die Stellung der Frau in Staat und Gesellschaft in keinem Verhältnis zu der tatsächlich von Frauen getragenen Arbeitslast und Verantwortung. «Gesellschaftliche Einrichtungen sind doch nur dann gesund, wenn sich in ihnen die tatsächlich bestehenden Verhältnisse ausdrücken. Die Aufgaben, welche diese tatsächlichen Verhältnisse der Frau stellen, fordern gebieterisch eine Reform ihrer öffentlichen Stellung.» (KuZ 329–335)

18. März. Rezension über HEINRICH VON TREITSCHKES *Politik.* Treitschke verteidigt als «Fanatiker des Historismus» das monarchische Prinzip. Der «nicht historisch Denkende» kann «im Abendlande auch nicht Bekenner des Monarchismus sein». (KuZ 335–337)

25. März. Kommentar über das *Collegium logicum* und die Notwendigkeit logischer Schulung und allgemeiner Bildung. (KuZ 337–341)

1. April. Aufsatz über HUGO VON HOFMANNSTHAL. Allgemeines zur Kunst des jungen Hofmannsthal, der aus der Intuition heraus allgemein Menschliches urbildlich darstellt: «Nicht wie bei Goethe als Frucht einer reichen Lebenserfahrung erscheint uns bei Hofmannsthal diese Kunst und Wirklichkeitsansicht. Sondern in völliger Naivität entkleidet sich vor seinen Augen die Wirklichkeit ihrer gewöhnlichen, alltäglichen Eigenschaften und zeigt ihm ihren ideellen, höheren Gehalt.» (Dram 336)

8. April. Aufsatz über *Die Erziehung zur Ehe,* eine Komödie von OTTO ERICH HARTLEBEN. «Hartleben versteht die Philister; und er hat den Humor, sie zu zeichnen.» (Dram 337–339)

14. April. Beginn eines Kurses von zehn Vorträgen (bis 16. Juni) über *Deutsche Literatur in den letzten 50 Jahren* in der Arbeiterbildungsschule.

15. April. Rezension über das *Wiener Theater 1892–1898* von HERMANN BAHR. Die neue Ästhetik Bahrs, die sich zum Konservatismus bekehrt hat, «erscheint weniger als eine Fortentwicklung denn als Bankerott.» (Dram 169–170)

22. und 29. April. Besprechung von LUDWIG JACOBOWSKIS *Loki. Roman eines Gottes.* Über den Roman seines Freundes schreibt Rudolf Steiner: «So wenig die philosophische Vertiefung dem Leben schadet, so wenig schadet die philosophische Grundlage der Dichtung Jacobowskis. Denn dieser ist ein wahrer Dichter.» «Daß seine Phantasie stets plastisch, gestaltend, individuell wirkt, bedingt den künstlerischen Charakter des Werkes. Dem modernen Bewußtsein hat dieser Dichter eine Form gefunden, in der er sich auszusprechen vermag, ohne irgend etwas von den höchsten ideellen Kunstforderungen und Weltideen einzubüßen.» (Lit 240, vgl. Lg 383)

6. Mai. Theaterkritik über einen Einakter-Zyklus ARTHUR SCHNITZLERS. «Das Ganze läßt gleichgültig, weil den Tatsachen keine Seelenvorgänge zugrunde liegen, die allein tieferes Interesse hervorrufen könnten.» (Dram 343–345)

10. Mai. ERNST HAECKEL und Rudolf Steiner nehmen wieder Kontakt auf. Haeckel schickt Steiner das erste Heft der Kunstformen der Natur, Steiner antwortet, indem er die neuesten Nummern des Magazins übersendet.

13. Mai. Nachruf auf LUDWIG BÜCHNER, gestorben am 30. April 1899. Rudolf Steiner widmet dem klassischen Vertreter des Materialismus Ludwig Büchner, den er als Zwanzigjähriger sehr wenig schätzte, einen anerkennenden, ausführlichen Nachruf und wendet sich gegen das Pfaffentum jener, die den «plumpen» Freidenker herabsetzen. «Die feinsten Ideen moderner Philosophen, die die Welt aus einem besonderen Geistwesen herleiten, erscheinen antediluvianisch gegenüber den groben und derben Gedanken dieses Materialisten.» (Meth 383–390)

3. Juni. Würdigung Balzacs zu dessen hunderstem Geburtstag. Balzac «wollte der Naturforscher der menschlichen Gesellschaft sein». Aber Balzac dringt nicht bis zum Individuum vor, er schildert allein das soziale Kostüm

und das Milieu. Vergleich mit Nietzsche: «Es ist... die geistige Tragik Nietzsches, daß er den Menschen nie bis in die Geheimnisse der Individualität hinein verfolgt hat.» So auch Balzac. (Lit 41–44)
10. und 17. Juni. *Idole und Beichten.* Besprechung von ROSA MAYREDERS Roman *Idole* und über vier Skizzen von ADELE GERHARD. «Laura Marholm hat behauptet, die Frauenfrage sei im wesentlichen eine Männerfrage. Die Frau suche naturnotwendig zur Ausfüllung ihrer Wesenheit den Mann. Rosa Mayreder zeigt, daß dieses Suchen durch ein Idol beeinflußt wird und weist damit die ‹Männerfrage› in ihre Schranken. Adele Gerhard spricht von der Tragik, zu welcher das Idol der Liebe führt; und damit wäre klar, daß der Mann eine unbefriedigende Lösung der Frauenfrage ist.» (Lit 248–258)
24. Juni und 1. Juli. Aufsatz über *John Henry Mackays Entwickelung.* Rudolf Steiner skizziert den «Befreiungsweg» MACKAYS. «Wer die Welt zu schätzen vermocht hat, wird auch das Stück Welt achten, an dessen Dasein er selbst arbeiten darf, wenn es schätzenswert ist: das eigene Ich.» (Lit 258–270)
8. Juli. Besprechung von SAMUEL LUBLINSKIS *Literatur und Gesellschaft im 19. Jahrhundert* I. und II. Teil. Äußerst positive Besprechung dieser auch sozialgeschichtlich orientierten Literaturgeschichte: «Nichts fehlt, was herangezogen werden muß, um die Tätigkeit der führenden Geister auf der einen Seite, die Physiognomie des Geschmackes auf der anderen Seite zu erklären. Mit feinem Takt werden Wissenschaft, Philosophie, Politik, Gesellschaftsleben herbeigerufen, um dem Gesamtbild die äußeren Farben zu geben.» (Lit 271–278)
12., und 19. August. Besprechung von LUDWIG JACOBOWSKIS *Leuchtende Tage.* Rudolf Steiner stellt den neuen Gedichtband seines Freundes Jacobowski ausführlich vor. Er charakterisiert Jacobowski als einen universell empfindenden Lyriker, der die schlichte Größe des Einfachen erlebt. «Nur derjenige Geist lebt wirklich mit der Natur im Bunde, der sich, ebenso wie sie, der nächsten, einfachsten und leichtesten Mittel zu bedienen weiß. Als ein solcher Geist erscheint Jacobowski.» «Die harmonische Allseitigkeit ist das, was Jacobowski bedeutend macht.» (Lit 293–313)
15. August, 1. und 15. September. In drei Teilen erscheint Rudolf Steiners Abhandlung *Haeckel und seine Gegner* in der Halbmonatsschrift *Die Gesellschaft.* Im ersten Teil der Abhandlung wird die Stellung HAECKELS in der biologischen Forschung des 19. Jahrhundert aufgezeigt. Im zweiten Teil geht es um die Widerlegung der philosophischen Gegner Haeckels, die aus dualistischer Weltanschauung die Tatsachen der Evolution interpretieren. Im dritten Teil werden die naturwissenschaftlichen Gegner Haeckels (Virchow, His, Goette, Weismann) abgehandelt. Insgesamt verteidigt Rudolf Steiner Haekkel ohne Einschränkung und lehnt den Glauben an eine «übernatürliche Weltordnung» eindeutig ab. (Meth 152–200)

26. August. Aufsatz über *Goethes Geheime Offenbarung*. Zu Goethes hundertfünfzigstem Geburtstag veröffentlicht Rudolf Steiner eine Deutung des *Märchens,* in welcher er die Geheimnisse von Opfer, Tod und Verwandlung der Geistes- und Seelenkräfte ausspricht. (Meth 86–99) In seiner Autobiographie heißt es über diesen Aufsatz: «Der Wille, das Esoterische, das in mir lebte, zur öffentlichen Darstellung zu bringen, drängte mich dazu ... einen Aufsatz über Goethes Märchen von der ‹grünen Schlange und der schönen Lilie› unter dem Titel ‹Goethes geheime Offenbarung› zu schreiben.» (Lg 391) Mit dieser Bemerkung leitet er die Darstellung seines anthroposophisch-theosophischen Wirkens ein. Besonders im Anfang seiner Tätigkeit innerhalb der Theosophischen Gesellschaft spricht er in Vorträgen vielfach über das Märchen.
28. August. Vortrag *Goethe und die Gegenwart* im Rahmen der Goethe-Feier der *Freien Volksbühne*.
4.–15. September. Rudolf Steiner ist mit ANNA EUNIKE in Mauer bei Wien und besucht den Freund MORIZ ZITTER; Treffen mit ROSA MAYREDER.
Im September. Beginn der Arbeit an einer Aufsatzreihe *Lyrik der Gegenwart,* die in sechs Folgen – vom 1. Oktober an – in der Halbmonatsschrift *Die Gegenwart* erscheint.
26. September. Vortrag *Faust, eine Lebensbeichte.*
Im Oktober. Rudolf Steiner zieht zusammen mit ANNA EUNIKE nach (Berlin-)Friedenau, Kaiserallee 95.
3. Oktober. Vortragszyklus für den Verein zur Förderung der Kunst, *Lyrik der Gegenwart.* Sechs Vorträge bis zum 5. Dezember.
13. Oktober. Vortragskurs in der Arbeiterbildungsschule: *Geschichte der großen Französischen Revolution mit besonderer Berücksichtigung der geistigen Strömungen vor und während derselben.* Zehn Vorträge bis 15. Dezember.
21. Oktober. Aufsatz über *Ernst Haeckel und die ‹Welträtsel›* aus Anlaß des Erscheinens des gleichnamigen Buches von ERNST HAECKEL. Gegen das bloße Faktensammeln und die Bequemlichkeit des Denkens wird Haeckels Werk als Ergebnis «kühnen Denkermuts» gepriesen. «Wir müssen den Mut haben, kühn in das Reich der Ideen einzudringen, auch auf die Gefahr des Irrtums hin. Wer zu feig ist zu irren, der kann kein Kämpfer für die Wahrheit sein.» (Meth 395)
24. Oktober. Brief an Rosa Mayreder: «Ich weiß augenblicklich nicht, wo mir der Kopf steht vor Arbeit. Die Weltanschauungsgeschichte des neunzehnten Jahrhunderts in Deutschland muß in diesen Tagen fertig werden und wird es auch.» (Bf II, Nr. 538)
28. Oktober. Fortsetzung des Aufsatzes *Ernst Haeckel und die Welträtsel.* «Die Welträtsel sind ein Buch, eingegeben von der Hingabe an die Wahrheit und von dem Abscheu vor veralteten und der wissenschaftlichen Einsicht schädlichen Bestrebungen.» (Meth 397)

28. Oktober. Theaterkritik zu der Komödie *Pharisäer* von CLARA VIEBIG. «Das Drama hat den Vorzug wahrer dramatischer Kunstwerke: es trägt den Stempel der Aufführbarkeit in jeder Szene an sich. Es erhebt sich turmhoch über die meiste dramatische Produktion der Gegenwart.» (Dram 350)

31. Oktober. Heirat Rudolf Steiners mit ANNA EUNIKE vor dem Standesamt in Berlin Friedenau. Trauzeugen sind JOHN HENRY MACKAY und OTTO BOCK, der aus Weimar kommt.

4. November. Letzter Teil des Aufsatzes *Ernst Haeckel und die Welträtsel.* Über Haeckels Kampf gegen die Vorstellungen der Zweckmäßigkeit und der Teleologie. (Meth 400–403)

5. November. Referat *Kunst und Literatur im Verhältnis zur Naturwissenschaft* bei einer Sonntags-Versammlung der Arbeiterbildungsschule.

7. November. Rudolf Steiner hält in Wien im Allgemeinen österreichischen Frauenverein einen Vortrag über *Goethe und die Frauen.* (Mitteilungen D, 1976, S. 288)

23. November. Brief an Ludwig Jacobowski: «Ich arbeite mich halbtot». (Bf II, Nr. 540)

28. November. Einführung zu einem Mackay-Abend der *Neuen freien Volksbühne.*

2. Dezember. Theaterkritik zu dem Schauspiel *Der Probekandidat* von MAX DREYER. «Ein Werk, das die Wahrheit der Darstellung zur Voraussetzung hat, ist der ‹Probekandidat› nicht. Er wimmelt von Übertreibungen, von Unwahrscheinlichkeiten. Man muß aber betonen..., daß die Karikatur ein durchaus berechtigter Kunststil ist.» (Dram 353)

23. Dezember. Theaterkritik zu *Josephine* von HERMANN BAHR. Napoleon aus der Kammerdienerperspektive dargestellt. (Dram 355)

30. Dezember. Theaterkritik zu *Wenn wir Toten erwachen* von HENRIK IBSEN. «Tiefer als es uns bisher möglich war, sehen wir jetzt... in die Seele Henrik Ibsens. So persönlich, so rückhaltlos hat er noch nie gesprochen. Das Schicksal des Schaffenden, sein eigenstes, will er bloßlegen.» (Dram 358–361)

30. Dezember. Rezension über PAUL NIKOLAUS COSSMANNS *Elemente der empirischen Teleologie.* «Eine selbstverständliche, von keinem Vernünftigen angezweifelte Wahrheit wird mit behaglicher Breite auf 129 Seiten abgehandelt. Etwas, was vor aller Augen liegt, wird in abstrakteste Formeln gekleidet.» (Meth 572–575)

31. Dezember. Brief an ROSA MAYREDER über die Veröffentlichung ihrer Arbeiten in verschiedenen Zeitschriften.

1900

«Mir schwebte damals vor, wie die Jahrhundertwende ein neues geistiges Licht der Menschheit bringen müsse. Es schien mir, daß die Abgeschlossenheit des menschlichen Denkens und Wollens vom Geiste einen Höhepunkt erreicht hätte. Ein Umschlagen des Werdeganges der Menschheitsentwickelung schien mir eine Notwendigkeit.» In Rudolf Steiners Lebensweg hatte sich diese neue Entwicklung bereits im Jahre 1899 vorbereitet. In dem Aufsatz *Goethes geheime Offenbarung* hatte er das Prinzip der seelisch-geistigen Fortentwicklung des Menschen ausgesprochen. Nun entsteht die Frage, wie dieser Fortentwicklung am besten gedient werden könne. Es zeigt sich auch, daß das Wirken durch das *Magazin für Litteratur* wenig erfolgreich ist, und so gibt Rudolf Steiner diese entsagungsvolle und äußerst mühselige Arbeit Ende September auf, ohne daß sich bereits eine neue Existenzmöglichkeit gezeigt hätte.

In dem Buch *Welt- und Lebensanschauungen im 19. Jahrhundert,* das im Oktober abgeschlossen wird, stellt Rudolf Steiner dar, daß die geistige Entwicklung nun in Freiheit willentlich durch die Menschen weitergeführt werden muß. Allein dieses Buch, das wesentlich ein Rückblick auf die bisherige Gedankenentwicklung ist, und das Neue nur begründen, fordern und rechtfertigen aber noch nicht darstellen kann, kann «nirgends impulsierend wirken». (Lg 404). So sucht Rudolf Steiner vor allem im unmittelbaren Verkehr von Mensch zu Mensch, d. h. mündlich zu wirken. Das erste schon vorhandene Wirkungsfeld ist die Arbeiterbildungsschule. Zu diesem Forum treten nun weitere Menschenkreise hinzu. Im Frühjahr werden sowohl der *Giordano Bruno-Bund* für einheitliche Weltanschauung gegründet wie auch der Kreis der *Kommenden.* In beiden Kreisen sieht Rudolf Steiner die Möglichkeit, hier in einem neuen Sinn zu Menschen zu sprechen, die für Neues aufgeschlossen sind und die nach Art ihrer Bildung berufen sind, Pioniere des Neuen zu sein. Im Frühherbst aber ergibt sich völlig unerwartet und ungesucht eine vierte Möglichkeit. Rudolf Steiner wird von der *Deutschen Theosophischen Gesellschaft* durch die GRÄFIN und den GRAFEN BROCKDORFF aufgefordert, für ihren theosophischen Kreis zu sprechen. Nach den ersten beiden Vorträgen ergibt sich erstaunlicherweise, daß dieser Menschenkreis, der keineswegs zur geistigen Avantgarde der Moderne gehört, tiefere Fragen und Interessen hat als die

anderen Menschenkreise. So folgen unmittelbar auf die ersten beiden Vorträge 25 weitere Vorträge im Winterhalbjahr 1900/1901. Ausgehend von dem Motiv der Selbsterkenntnis spricht Rudolf Steiner über die Mystik im Aufgange des neuzeitlichen Geisteslebens und ihr Verhältnis zur modernen Weltanschauung. Damit ist der Anfang der eigentlichen anthroposophischen Tätigkeit Rudolf Steiners gemacht.
Zwei besondere Ereignisse markieren das Jahr noch in anderer Hinsicht: Durch die Anklagen, die ERNST HORNEFFER gegen den früheren Nietzsche-Herausgeber FRITZ KOEGEL richtet, sieht Rudolf Steiner sich veranlaßt, über das Nietzsche-Archiv und den Charakter der Frau ELISABETH FÖRSTER-NIETZSCHE zu sprechen. Rudolf Steiners Enthüllungen führen zu erbitterten Gegenäußerungen, auf die Rudolf Steiner antwortet, indem er die Vorgänge des November/Dezember 1896 ausführlich darstellt. Mit seinen Enthüllungen macht sich Rudolf Steiner viele Feinde, kaum jemand ist im Jahre 1900 geneigt, ihm Glauben zu schenken. Erst 1977 wurden durch die Forschungen von Heinz Frederik Peters (deutsch 1983 unter dem Titel *Zarathustras Schwester*) die Darstellungen Steiners rehabilitiert und bestätigt.
Am 2. Dezember stirbt LUDWIG JACOBOWSKI, der tatbereite Freund Rudolf Steiners, der Gründer des Kreises *Die Kommenden*. Rudolf Steiner übernimmt von Jacobowski die Leitung dieses Kreises und wird zum Herausgeber des dichterischen Nachlasses seines Freundes.

6. Januar. Kritik: *Sezessionsbühne in Berlin,* über WILHELM VON SCHOLZ' Sagendrama *Die Besiegten.* «Ein Dichter kam zu Worte, der vieles bedeutungsvoll sagen will; dessen Empfindungsschatz allerdings für sein Wollen noch nicht ausreicht.» (Dram 361–364)
12. Januar. Beginn eines Kurses: Redeübungen in der Arbeiterbildungsschule.
13. Januar. *Bemerkungen zu der Sammlung ‹Aus deutscher Seele›.* Die Besprechung der von LUDWIG JACOBOWSKI zusammengestellten Lyrik-Sammlung schließt mit den Worten: «Es ist weise eingerichtet in der Natur, daß man sich auf unzähligen Wegen dem Gipfel nahen kann, auf dem uns die Herrlichkeiten der Welt offenbar werden; aber es ist ebenso weise, daß es nur Einen solchen Gipfel gibt.» (Lit 320)
20. Januar. Essay: *Von der modernen Seele.* I. Teil. Anhand von drei ihm symptomatisch erscheinenden Büchern: *Der neue Gott* von JULIUS HART, *Die moderne Seele* von MAX MESSER und *Die Revolution der Lyrik* von ARNO HOLZ wendet sich Steiner gegen jene Zeittendenz, die zur Begriffslosigkeit, zur Unterscheidungslosigkeit und zum Urtümlichen zurückkehren will und die meint, «daß wir ein rein Alexandrinisches Jahrhundert, ein Jahrhundert des abstrakten Wissens, der Gelehrsamkeit hinter uns haben». Die Autoren der

drei Bücher bezeichnet Steiner als «überflüssige Reformatoren». «Das, was sie tun, beruht darauf, daß sie sich in das, was die Geisteskultur bisher geleistet hat, nicht genügend eingelebt haben.» (Lit 321–352)

10. Februar. Aufsatz über *Das Nietzsche-Archiv und seine Anklagen gegen den bisherigen Herausgeber. Eine Enthüllung.* Im ersten Teil der *Enthüllung* verteidigt Steiner die Auffassung des früheren Herausgebers FRITZ KOEGEL, der der Idee der Wiederkunft des Gleichen (Ewige Wiederkunft) eine besondere Bedeutung in Nietzsches Werk einräumt und der geplanten Ausführung dieser Idee 235 Aphorismen zuordnet, gegen eine Schrift des neuen Herausgebers Dr. ERNST HORNEFFER. Der II. Teil schildert die Vorgänge im und um das Nietzsche-Archiv, namentlich die Intrigen der Frau FÖRSTER-NIETZSCHE im Herbst des Jahres 1896. (KuZ 505–528. Die Darstellung Steiners wird durch die Untersuchung von H. F. Peters: *Zarathustras Schwester,* S. 210–220, voll bestätigt, vgl. oben: November und Dezember 1896)

10. Februar. Brief an ERNST HAECKEL mit der Bitte, die Widmung des Buches *Welt- und Lebensanschauungen im neunzehnten Jahrhundert* anzunehmen. (Bf II, Nr. 542)

17. Februar. Rudolf Steiner veröffentlicht einen von Dr. HEINRICH H. HOUBEN im *Telegraph für Deutschland* (Januar 1842) entdeckten unbekannten Aufsatz von MAX STIRNER *Über Bruno Bauers Posaune des jüngsten Gerichts* und schreibt dazu die Einführung *Ein unbekannter Aufsatz von Max Stirner.* (Lit 353–369)

24. Februar. Theaterkritik über *Schluck und Jau* von GERHART HAUPTMANN. Rudolf Steiner würdigt die «psychologische Feinkunst» Hauptmanns, die sich in der Charakteristik der Typen zeigt; aber, der «Humor, der dazu notwendig wäre, um das ganze Possenspiel durchzuführen, scheint Hauptmann zu fehlen. Er ist eine kontemplative Natur». (Dram 366–369)

24. Februar. Rezension über *Das deutsche Drama des neunzehnten Jahrhunderts* von SIGISMUND FRIEDMANN. Die Darstellung Friedmanns wird wegen des feinen Taktgefühls, der treffenden Einschätzungen und der im Hintergrund bleibenden Gelehrsamkeit gerühmt. (Dram 171–174)

25. Februar. Referat über *Gerhart Hauptmann* in der Arbeiterbildungsschule.

3. März. Erwiderung auf den Artikel *Meine eingebildete Revolution* von ARNO HOLZ. Rudolf Steiner wehrt sich gegen Arno Holz, der Steiners Ausführungen in dem Essay *Von der modernen Seele* mißverstanden habe und führt aus, daß er den Begriff «Urlyrik» so verwendet wie Goethe den Begriff «Urpflanze». Mit «Urlyrik» ist also nicht das Anfangsstadium der lyrischen Produktion gemeint. «Grundlage der Lyrik ist der Empfindungs- und Vorstellungsinhalt und die ihm immanenten rhythmischen Formen. Diese Grundlage macht die Idee der Urlyrik aus.» (Lit 459–463, vgl. Lit 346–352)

10. März. Theaterkritik zu *Jugend von heute* von OTTO ERNST. Rudolf Steiner wendet sich gegen die Tendenz des auf deutschen Bühnen und im Berliner Königlichen Schauspielhause erfolgreichen Stücks: «Was sonst in dem Stück vorgeht, dient der Haupttendenz: das ‹solide› Philisterium ist eine prachtvolle Weltanschauung im Vergleich zu dem mit Nietzsche- und Stirnerschen Phrasen sich drapierenden Narrentum der modernen Jugend.» Diese Tendenz wird mit schlechten theatralischen Mitteln zur Anschauung gebracht. (Dram 369–371)

10. März. Theaterkritik über *Die drei Töchter des Herrn Dupont* von EUGÈNE BRIEUX. Eine dramatisch gut gelungene Satire auf das Philistertum. (Dram 371 f.)

10. März. Theaterkritik zu *Der Athlet* von HERMANN BAHR. «Von Hermann Bahrs theatralischen Versuchen ist dies der beste. Was rechtes ist er allerdings trotzdem nicht.» (Dram 372)

14. März. Rudolf Steiner schickt das erste Exemplar der ihm gewidmeten *Welt- und Lebensanschauungen im 19. Jahrhundert* ERNST HAECKEL.

Mitte März. OTTO ERICH HARTLEBEN scheidet als Herausgeber des *Magazins für Litteratur* aus. Hartleben erzählt, daß er dies wegen der Angriffe Steiners auf das Nietzsche-Archiv getan habe. (BfII, Nr. 546)

17. März. Theaterkritik über *Das tausendjährige Reich* von MAX HALBE. Max Halbe zeigt in seinem Drama mit strenger Konsequenz das Schicksal eines Mannes, der von einer fixen Idee ergriffen als religiöser Prophet auftritt und zugrunde geht. «Es ist zweifellos, daß wir gegenwärtig Dramatiker haben, die im äußeren szenischen Aufbau besseres leisten als Halbe. Aber ebenso zweifellos ist es, daß Halbe vielen von diesen voraus ist mit den großen Problemen des Daseins. Er hat ein Herz für diese Probleme.» (Dram 373–379)

17. März. Vortrag für den Verband für Hochschulpädagogik: *Methoden, das Gesetz von der Kraft im Hochschulunterricht zu behandeln.*

24. März. Rezension zu ERNST GEORGYS *Die Erlöserin.* Rudolf Steiner bespricht diesen Roman, in dem Lebens- und Weltanschauungsgegensätze in Konflikt geraten und bejaht die ehrliche Darstellung der Gegensätze: «Wer eine ein für allemal gültige harmonische Idealwelt als Oberbau des Lebens errichten will, der hüllt die Menschheit in einen täuschenden Nebel ein. Denn das Leben kann seine Gegensätze nicht auf einmal überwinden; es ist vielmehr selbst ein fortdauernder, nie endender Überwindungsversuch, und die Gegensätze treten sogleich immer wieder auf, wenn sie scheinbar überwunden sind.» (Lit 370–374)

31. März. Aufsatz *Zu Carl Hauptmanns Tagebuch.* Aus Anlaß des «Tagebuchs» von CARL HAUPTMANN, «das die Höhenluft der Gegenwartskultur ausströmt», formuliert Rudolf Steiner bekenntnishaft seine Ideen des ethischen Individualismus. Maxime des auf geistigem Gebiet energisch sich betätigenden Menschen ist «das rücksichtslose Eintreten für das als wahr Erkannte und Durchschaute, das sich zugleich verbindet mit der höchsten Achtung der fremden Individualität. Nur wer selbst etwas ist, kann auch den anderen erkennen, der gleichfalls etwas bedeutet.» (Lit 374–379)

7.–28. April. Rudolf Steiner veröffentlicht im Magazin eine Artikel-Serie *Moderne Weltanschauung und reaktionärer Kurs,* in der er, seine erkenntnistheoretischen Ideen zusammenfassend, gegen den Neukantianismus und die Lehre von den Erkenntnisgrenzen Stellung nimmt, um dann aufzuzeigen, daß durch die These von den Erkenntnisgrenzen der rückschrittlichen Theologie Tür und Tor geöffnet werden. «Es ist doch wahrlich sonderbar, daß die Pfarrer jeden Tag die Geheimnisse derjenigen Welt enthüllen dürfen, über die der vorurteilslose Denker sorgsames Schweigen sich auferlegen soll.» (Meth 403–422)

14. und 21. April. Rudolf Steiner antwortet in zwei Artikeln auf ERNST HORNEFFERS Darstellung von Nietzsches Lehre der Wiederkunft des Gleichen. (KuZ 529–570)

20. April. Beginn eines Kurses über *Kultur- und Kunstgeschichte im 19. Jahrhundert* in der Arbeiterbildungsschule.

23. April. Brief an FRITZ KOEGEL über die Affäre Förster-Nietzsche. (Bf II, Nr. 547)

23. April und 4. Mai. Rudolf Steiner korrespondiert mit MAXIMILIAN HARDEN über eine Erwiderung auf einen Artikel von E. FÖRSTER-NIETZSCHE: *Der Kampf um die Nietzsche-Ausgabe.* Alles was Frau Förster sagt, verhält sich «zu der objektiven Wahrheit wie Schwarz zu Weiß». (Bf II, Nr. 546 u. Nr. 548)

5. Mai. Rezension zu CLARA VIEBIG *Das Weiberdorf.* «Es scheint hier eine Kunst vorzuliegen, die zur Erfassung differenzierter Menschen zu derb ist, die aber gerade den undifferenzierten Wesen die Grundeigenschaften ihres Wesens abzusehen vermag.» (Lit 384–386)

5. Mai. Essay über LUDWIG JACOBOWSKI. Rudolf Steiner charakterisiert anhand der Werke die Entwicklung seines Freundes Ludwig Jacobowski und zeigt, wie sich Jacobowski von der Frage leiten läßt: «Wie kann ich alle Schmerzen, alle Freuden des Daseins in meinem Inneren so umsetzen, daß das Leben meines Geistes ein immer reicheres wird?» (Lit 386–394)

12. Mai. Theaterkritik über das Schauspiel *Freilicht* von GEORG REICKE. Rudolf Steiner lobt das Drama, dem eine feinsinnige Beobachtung zugrunde liegt. Unerwartet findet man hier eine wichtige Aussage zur Frauenfrage: «Es ist heute noch vieles in der Frauenseele, was der verstandesmäßigen Ergreifung der Freiheitsidee widerstrebt. Eine langwirkende Kulturvererbung hat auf den Grund dieser Seele Empfindungen gelegt, die sich wie ein Bleigewicht der kühnen Idee der Frauenbefreiung anhängen. Gerade die Frauen, die nichts von solchen Empfindungen wissen wollen, die glauben, ein absolutes Bewußtsein von Freiheit in sich zu tragen, erscheinen dem feineren Beobachter heute wie unredliche weibliche Poseure. Die tiefinnerlich ehrlichen, wahren Frauencharaktere haben mit einer starken Empfindungsskepsis zu kämpfen.» (Dram 379–381)

12. und 19. Mai. Aufsatz: *Der geniale Mensch.* Aus Anlaß des neu erschienenen Buchs von HERMANN TÜRK *Der geniale Mensch* spricht sich Rudolf Steiner über das Wesen des Genies aus. In jedem Menschen schlummern die Möglichkeiten zu geistiger Produktivität. «Bei dem Genie ist die Erfindungsgabe nur eine reichere als beim Durchschnittsmenschen. Vollkommen werden geniale Schöpfungen nur, wenn der Erfindungsgabe ein entsprechendes Maß von Talent zur Seite steht, das dem Genie die Herrschaft über seine Ideen sichert.» Der geniale Schöpfungsakt ist ein Akt höchster geistiger Wollust. «Dennoch liegt das Ziel dieses Schaffens nicht in der Beförderung des eigenen Selbst, sondern in der Mitwirkung an den großen Daseinsnotwendigkeiten der Weltordnung. Auf dieser höchsten Daseinsstufe des Menschen, im genialen Wirken, ist er aus Selbstsucht selbstlos. Hier fallen Egoismus und Altruismus zusammen, in einer höheren Einheit.» «Nicht selbstlos soll der Mensch werden; das kann er nicht. Und wer sagt er kann es, der lügt. Aber die Selbstsucht kann sich zu den höchsten Weltinteressen aufschwingen.» (Meth 422–432)

14. Mai. Brief an die Eltern und Geschwister, u. a. über die Aussichten für eine Anstellung in Wien.

15. Mai. Erwiderung: *Frau Elisabeth Förster-Nietzsche und ihr Ritter von komischer Gestalt. – Eine Antwort auf Dr. Seidls Demaskierung.* Ausführlichste Darstellung der Vorgänge im und um das Nietzsche-Archiv im November/Dezember 1896. (KuZ 571–594)

19. Mai. Rezension über SAMUEL LUBLINSKIS *Deutsche Literatur und Gesellschaft im neunzehnten Jahrhundert* (3. und 4. Band) (vgl. 8. Juli 1899). Über die Unfruchtbarkeit von Methodenzwängen, über die Notwendigkeit eines freien, unbefangenen Sinnes wie auch einer Lebensanschauung für produktive wissenschaftliche Erkenntnis. Lublinski schildert sowohl die Individuen wie auch den historischen Hintergrund in diesem Sinne und kommt zu einer neuartigen Darstellung. (Lit 278–289)

19. Mai. *Erwiderung* auf den Artikel *Der Kampf um die Nietzsche-Ausgabe* von E. FÖRSTER-NIETZSCHE erscheint in *Die Zukunft.* (KuZ 594–601)

29. Mai. Vortrag für die Mitglieder-Versammlung des Verbandes der Tapezierer: *Gerhart Hauptmann.*

2. Juni. Theaterkritik zu dem Maskenspiel *König Harlekin* von RUDOLF LOTHAR. «Lothars Gestalten sind so lebensvoll, wie humoristische Figuren nur sein können. Man kann an solchen Figuren Übertreibungen nicht missen.» Auch die Aufführung verdient Anerkennung. (Dram 382–384)

9. Juni. Aufsatz über *Das Chaos.* Angeregt durch das Buch von PAUL

MONGRÉ *Das Chaos in kosmischer Auslese* diskutiert Rudolf Steiner das rein formale Denken in seinem Verhältnis zur Wirklichkeit. (Meth 432–441)

16. Juni. Theaterkritik über die Tragödie *Das neue Jahrhundert* von OTTO BORNGRÄBER mit einem Vorwort von ERNST HAECKEL. In der Einleitung der Besprechung setzt sich Rudolf Steiner ausführlich mit der Haeckel-Kritik des protestantischen Kirchenhistorikers FRIEDRICH LOOFS auseinander und verteidigt sowohl Haeckel als auch das Werk *Jehovas gesammelte Werke* von Saladin (d. i. STEWART ROSS). Das als Kunstwerk durchaus problematische Drama von Borngräber schildert Größe und Tragik Giordano Brunos. In der Rezension finden sich wichtige Bemerkungen über Giordano Bruno, Bacon und Shakespeare. (Dram 385–391)

17. Juni. Festrede im *Verein der Berliner Buchdrucker und Schriftgießer* zum 500jährigen Gutenberg-Jubiläum: *Gutenbergs Tat als Markstein der Kultur-Entwicklung.* Rudolf Steiner spricht in einem Zirkus zu den versammelten 7000 Setzern und Druckern und macht auf die Bedeutung der gedruckten Medien für den Inhalt der Kultur aufmerksam. (KuZ 341–354)

23. Juni. Aufsatz *Die Druckkunst* über Gutenberg: «Er hat der Welt überliefert, was vorher das Besitztum weniger war. Er hat an die Stelle einer künstlichen Auslese geistiger Führer eine natürliche gesetzt.» (KuZ 354 – 360)

30. Juni. Rezension über HANS LANDSBERGS *Los von Hauptmann.* «Man darf nun allerdings Gerhart Hauptmann nicht als den dichterischen Repräsentanten der naturwissenschaftlichen Weltanschauung hinstellen, aber man sollte doch nicht verkennen, daß innerhalb der deutschen Dichtung er die stärksten Ansätze zu einer solchen Weltanschauung gemacht hat. Man sollte nicht wünschen, daß diese Ansätze durch eine ‹neu-romantische Kunst› abgelöst werden, wie sie Hans Landsberg charakterisiert, sondern man sollte wollen, daß in der Richtung, die Hauptmann bis zum ‹Florian Geyer› eingeschlagen, fortgegangen werde bis zur Höhe.» (Dram 174–178)

7. Juli. Aufsatz *Zum angeblichen Kampf um die Nietzsche-Ausgabe.* Scharfe Antwort auf den Aufsatz von MICHAEL GEORG CONRAD *Steiner contra Seidl,* der am 15. Juni in der *Gesellschaft* erschienen ist. (KuZ 601–614)

7. Juli. Gespräch zwischen ERNST HAECKEL und Rudolf Steiner in Leipzig gelegentlich der Aufführung des Stückes *Das neue Jahrhundert* von O. Borngräber. Haeckel sagt in diesem Gespräch: «Die Leute sagen, ich leugne den Geist. Ich möchte, daß sie sehen, wie die Stoffe durch ihre Kräfte sich gestalten, sie würden da ‹Geist› in jedem Retortenvorgang wahrnehmen. Überall ist Geist.» Rudolf Steiner kommentiert diesen Ausspruch 1925: «Haeckel wußte eben überhaupt nichts vom wirklichen Geist. Er sah in den Kräften der Natur schon ‹Geist›. Man mußte damals nicht gegen solche Blindheit für den Geist mit philosophisch toten Begriffen kritisch vorgehen, sondern sehen, wie weit das Zeitalter von Geist-Erleben entfernt ist, und versuchen, aus den

Grundlagen, die sich boten, der biologischen Naturerklärung, den Geistesfunken zu schlagen. Das war damals meine Meinung. Aus ihr heraus schrieb ich meine *Welt- und Lebensanschauungen im neunzehnten Jahrhundert.* (Lg 406)

14. Juli. Rezension zu FRANZ FERDINAND HEITMÜLLERS *Der Schatz im Himmel.* Rudolf Steiner macht insbesondere auf zwei Novellen Heitmüllers aufmerksam: *Tampete* und *Als der Sommer kam:* «Mit inniger Freude wird derjenige, der Sinn für echte dichterische Novellistik hat, Heitmüllers Erzählungen folgen.»

21. Juli. Rezension *Anselma Heine: ‹Auf der Schwelle›.* Rudolf Steiner bespricht die Erzählungen der namentlich mit Ludwig Jacobowski befreundeten und zum Kreis der *Kommenden* gehörigen Dichterin ANSELMA HEINE, die Schwellen und Entscheidungssituationen darstellen. «Alles muß kommen, wie es kommt. Alles kann auch anders kommen, als es kommt. Das Rätsel des Lebens läßt sich begreifen, aber das Dasein gibt um seiner Begrifflichkeit willen seine Freiheit nicht auf. Wenn der Mensch auf der Schwelle steht, da tritt der ewige Gegensatz an ihn heran: der Zufall, der eine Notwendigkeit, die Notwendigkeit, die Zufall ist.» (Lit 379 ff.)

28. Juli. Aufsatz: *Goethe-Studien. Grund-Ideen.* Dieser Aufsatz ist im wesentlichen ein Nachdruck der Einleitung zu Goethes Sprüchen in Prosa. (Meth 201–206, vgl. Goe N IV b)

29. Juli. Aufsatz über *Die Philosophie Friedrich Nietzsches als psychopathologisches Problem* (in *Wiener klinische Rundschau*). «Eine Eigenschaft, die sich durch Nietzsches ganzes Wirken hindurchzieht, ist der Mangel des Sinnes für objektive Wahrheit.» (FN 128)

5. August. Aufsatz über *Die Philosophie Friedrich Nietzsches als psychopathologisches Problem* (II.). «In Nietzsches Gedankenwelt offenbart sich ein Zerstörungstrieb, der ihn in der Beurteilung gewisser Anschauungen und Überzeugungen weit über das hinausgehen ließ, was als Kritik psychologisch begreiflich erscheint.» (FN 138)

4., 11., 18. und 25. August. Aufsatzfolge: *Goethe-Studien. Moral und Christentum.* Rudolf Steiner entwickelt aus dem Ganzen der Goetheschen Weltanschauungsart ein Bild der freiheitlichen Ethik und der Religiosität Goethes. Auch in dieser Aufsatzfolge verwendet er kleine Teile früherer Arbeiten. (Meth 207–224)

11., 18. und 25. August. Rezension: *Ein Gottsched-Denkmal.* Rudolf Steiner würdigt das Werk, das ein ständiger Mitarbeiter des *Magazins für Litteratur,* EUGEN REICHEL, verfaßt hat. Reichel berichtigt in seinem Werk das zeitgenössische Gottsched-Bild, das aus dem kühnen Denker, Aufklärer, Bühnenreformer, Lehrer und Erzieher einen Popanz gemacht hatte. Ein Lessing wäre ohne Gottsched nicht möglich gewesen, und Gottsched übertrifft Lessing in dem Bemühen um Vertiefung des Urteils. (Lit 401–415)

25. August. Friedrich Nietzsche stirbt in Weimar.
28. August. Charakteristik und Würdigung: *Friedrich Nietzsche* (im *Unterhaltungsblatt* der sozialdemokratischen Zeitung *Vorwärts*). Nietzsche wird als ein Mensch gekennzeichnet, «der dem wirklichen Leben der Gegenwart, den großen Bedürfnissen der Zeit ganz fernstand». Sein Bildungsweg ist durch den «Ausschluß jeglicher Lebenserfahrung» gekennzeichnet. «Ein merkwürdiger Denker ist am 25. August gestorben, nicht einer der führenden Geister in die Zukunft.» (KuZ 489–497)
28. August. Rudolf Steiner spricht zur Goethe-Feier der Arbeiterbildungsschule.
1. September. Rezension: *Ahasver* von Robert Jaffé. Rudolf Steiner nennt den Roman des jungen Autors «einen psychologischen Zeitroman, den man trotz aller Schwächen, trotz der Anfängerschaft des Autors nur mit dem höchsten Interesse lesen kann». In dem Aufsatz findet sich ferner eine Stellungnahme gegen den Antisemitismus und ein Rückblick auf die Frühzeit des Wiener Antisemitismus. (KuZ 378–381)
8. September. Theaterkritik zu *Der Bund der Jugend* von Hendrik Ibsen. Rudolf Steiner charakterisiert das 1869 zum ersten Mal aufgeführte Stück Ibsens vom Spätwerk her: «Was ging Ibsen schon damals Reaktion und Liberalismus an. In ihnen sah er keine Menschen-Lebensäußerungen, sondern Masken; und hinter diesen Masken sah er Menschen, die im Grunde nichts dafür können, ob sie reaktionäre oder liberale Streber sind.» (Dram 393–395)
13. September. Aufsatz über Marie von Ebner-Eschenbach zu ihrem siebzigsten Geburtstag am 13. September 1900: «Sie sieht die Welt, wie sie ist; aber vom Standpunkt des vornehmen österreichischen Salons aus.» (Lit 56ff.)
13., 15. und 18. September. Rudolf Steiner spricht bei den Nietzsche-Gedenkfeiern im Kreise der Kommenden, im *Verein zur Förderung der Kunst* und in einem *Modernen Vortragsabend*. (Die Zusammenfassung dieser Ausführungen findet sich heute in FN 171–182.) Nietzsche erlebte die Gedanken seiner Zeit und die Erkenntnisse der neueren Naturwissenschaft «so persönlich, so tief», wie andere eine «starke Liebesleidenschaft». «Nietzsche hat keine neuen Weltanschauungsideen hervorgebracht. ... Er hat aber an den Gedanken seiner Umwelt tief gelitten. Er hat für dieses Leiden die hinreißenden Töne seines Zarathustra gefunden.»
Mitte September. Durch Fräulein Schwiebs aufmerksam gemacht, lassen Graf und Gräfin Brockdorff Rudolf Steiner (durch Franz Seiler?) auffordern, einen Vortrag in der Theosophischen Bibliothek zu halten. «Da fiel mir ein», berichtet Steiner später, «du mußt doch höflich sein, du gehst jetzt zu der Hausfrau und dem Hausherrn. Also schrieb ich zunächst einen Brief an die Gräfin Brockdorff, und bat sie darin, bevor ich in dem Hause den Vortrag

halten solle, ihr einmal einen Anstandsbesuch machen zu dürfen. Da schrieb die Gräfin Brockdorff zurück, ich solle nur zum Vortrag – am nächsten Vortragsabend eben – kommen.» (25. September 1920, unveröff. Weitere Darstellung: GA 261, S. 47. Nach dieser Darstellung hat nicht Franz Seiler, sondern Fräulein Schwiebs Steiner gefragt, ob er bereit sei, in der Theosophischen Gesellschaft einen Vortrag über Nietzsche zu halten.)

15. und 22. September. Essay über *Marie Eugenie delle Grazie*. Als letzten größeren Beitrag vor seinem Abschied von der Redaktion des *Magazins für Litteratur* veröffentlicht Rudolf Steiner eine Studie über Marie Eugenie delle Grazie. «Wer die Größe dieser Dichtungen nicht mitzuempfinden vermag, dem muß eins von den Gefühlen fehlen, die dem Gegenwartsmenschen so tief ins Herz geschnitten haben.» «Wahr ist es: Gegenwartsmüdigkeit und Zukunftshoffnungslosigkeit strömen ihre Dichtungen aus. Ich möchte aber nicht zu denen gehören, in denen von alledem keine verwandte Saite anklingt.» (Lit 69–91)

16. September. In der *Wiener Klinischen Rundschau* erscheint als dritter Aufsatz Steiners über Nietzsche *Friedrich Nietzsches Persönlichkeit und die Psychopathologie*. Vermutlich wurde diese Arbeit noch vor dem Tode Nietzsches verfaßt. Rudolf Steiner vergleicht Nietzsche mit Leopardi. Beide Dichter waren von höchster Sensibilität: Ortsveränderungen, Klimaschwankungen, Barometerstände beeinträchtigten oder förderten ihre Produktion auf das Empfindlichste. Der Umgang mit Menschen kostete Nietzsche vielfach große Überwindung. «Man wird über manche Ausführungen Nietzsches erst volle Klarheit gewinnen, wenn man die Tatsache, daß seine philosophischen Gedanken auf Selbstbeobachtung beruhen, zusammenhält mit der anderen, daß dieses Selbst kein in sich harmonisches, sondern ein in sich zersplittertes war.» (FN 169)

22. September. Vortrag in der Theosophischen Bibliothek, Berlin, Kaiser-Friedrich-Straße 54a. In diesem Haus findet bis zum September 1903 die theosophische Arbeit statt. Rudolf Steiner spricht über Friedrich Nietzsche, vermutlich in eben dem Sinne, in dem er auch im Kreis der Kommenden am 13. August sprach: Nietzsche ist ein Mensch, der die Gedanken der Gegenwart persönlich erlebt. «Nun bemerkte ich, daß innerhalb der Zuhörerschaft Persönlichkeiten mit großem Interesse für die Geistwelt waren. Ich schlug daher, als man mich aufforderte, einen zweiten Vortrag zu halten, das Thema vor: Goethes geheime Offenbarung.» (Lg 392)

23. September. Vortrag in der Arbeiterbildungsschule: *Moderne Kultur und moderne Bildung, mit besonderer Rücksicht auf die arbeitenden Klassen.*

24. September. Rudolf Steiner bemüht sich um neue Tätigkeitsfelder für die Zeit nach der Beendigung seiner Redaktionstätigkeit für das Magazin. Sein Freund Ludwig Jacobowski interveniert bei dem Abgeordneten Max

HIRSCH, um ihm einen Lehrauftrag an der Humboldt-Akademie zu verschaffen. (Vgl. Fred B. Stern, *Ludwig Jacobowski,* S. 38)

29. September. Nach drei Jahren und drei Monaten legt Rudolf Steiner die Redaktion des *Magazins für Litteratur* nieder. Er schreibt zum Abschied: «Meine Absicht war, ohne jede Konzession nach irgendeiner Richtung hin, einer bestimmten Welt- und Lebenanschauung Ausdruck zu geben und der Kunst und dem öffentlichen Leben der Gegenwart in diesem Sinne zu dienen. Es widerstrebte mir, zur Erreichung meiner Ziele mich anderer Mittel zu bedienen, als der inneren Kraft dieser Anschauung selbst, an deren Wert ich glaube und für die ich immer mein Leben einsetzen werde.» Er habe auf klangvolle Namen verzichtet und lieber berechtigte Talente und einsam Kämpfende zu Wort kommen lassen. «Die Freunde, die ich meiner Sache erstehen sah, konnten mir eine vollkommene Genugtuung gewähren über manche Anfeindungen, die mir natürlich auch reichlich zuteilgeworden sind. Ich gab mich von Anfang meiner Redaktionsführung an keiner Täuschung darüber hin, daß meine Absichten nur durch Opfer mannigfaltigster Art und, wie die Verhältnisse lagen, nur unter schweren Kämpfen zu erreichen seien. Ich darf sagen, daß ich drei Jahre willig der Sache wegen diese Opfer gebracht, diese Kämpfe auf mich genommen habe. Die Zustimmung mancher Persönlichkeit, die mir schätzbar ist, hat mir über vieles hinweggeholfen. Länger diese Opfer zu bringen, übersteigt meine Kräfte.» (Dram 449–450)

29. September. Vortrag in der Theosophischen Bibliothek über *Goethes geheime Offenbarung.* «Und in diesem Vortrag wurde ich in Anknüpfung an das Märchen ganz esoterisch. Es war ein wichtiges Erlebnis für mich, in Worten, die aus der Geistwelt heraus geprägt waren, sprechen zu können, nachdem ich bisher in meiner Berliner Zeit durch die Verhältnisse gezwungen war, das Geistige nur durch meine Darstellungen durchleuchten zu lassen. (Lg 392)

1. Oktober. Aufsatz über *Die Kämpfe um Haeckels Welträtsel.* Zurechtweisung der Angriffe auf HAECKEL von seiten konservativer Philosophen und Theologen (FRIEDRICH PAULSEN, JULIUS BAUMANN, FRIEDRICH LOOFS). «Über eines hat uns jedenfalls dieser Kampf volle Klarheit gebracht. Es hat sich gezeigt, daß unser ganzes Geistesleben weit und breit durchsetzt ist mit Vorstellungen, die unverträglich sind mit den ehrlich und rückhaltlos gezogenen Folgerungen der Naturwissenschaften.» (Meth 441–452)

6. Oktober. Aufsatz: *Ein Denkmal.* Rudolf Steiner beschreibt Lebensumstände, Charakter und Schicksal seines Jugendfreundes RUDOLF RONSPERGER, der zu Anfang des Jahres 1900 seinem Leben ein Ende gesetzt hatte. Der Aufsatz schildert die Situation in Österreich in den achtziger Jahren. (KuZ 360–367)

6. Oktober. Beginn des Vortragszyklus über *Die Mystik* (26 Vorträge bis April 1901) in der Theosophischen Bibliothek. Bemerkenswert ist, daß unmittelbar im Anschluß an die ersten beiden Vorträge sofort ein ganzer Vortragszyklus zustande kommt. Ausgangspunkt der Betrachtungen ist der Wahrspruch Apollons «Erkenne dich selbst!» Über die Mystiker heißt es: «Gemeinsam ist diesen Geistern ein starkes Gefühl dafür, daß in der Selbsterkenntnis des Menschen eine Sonne aufgeht, die noch etwas ganz anderes bedeutet, als die zufällige Einzelpersönlichkeit des Betrachters... und die Selbsterkenntnis war ihnen der Pfad, zu dem ewigen, unendlichen Wesen zu dringen. Ihnen war klar, daß die Selbsterkenntnis in ihrer wahren Gestalt den Menschen mit einem neuen Sinn bereichert, der ihm eine Welt erschließt...» (GA 7, S. 17)

11. Oktober. Wiederbeginn der Vorträge und Übungen in der Arbeiterbildungsschule.

12. Oktober. Beginn des Kursus: *Kulturgeschichte von den Anfängen bis zur Gegenwart* in der Arbeiterbildungsschule.

Mitte Oktober (?). Rudolf Steiner schließt das Manuskript des zweiten Bandes der *Welt- und Lebensanschauungen im 19. Jahrhundert* ab. Die wichtigste Idee, die das 19. Jahrhundert ausgestaltet hat, ist die Entwicklungsidee. Im Schlußkapitel *Ausblick* deutet Rudolf Steiner an, wie in der Gegenwart die Entwicklung durch den Menschen aus Freiheit fortgesetzt wird. «Wenn ich mit meinen Gedanken die Dinge durchdringe, so füge ich also ein seinem Wesen nach in mir Erlebtes zu den Dingen hinzu. Das *Wesen* der Dinge kommt mir nicht aus ihnen, sondern ich füge es ihnen hinzu. Ich erschaffe eine Ideenwelt, die mir als das Wesen der Dinge gilt. Die Dinge erhalten durch mich ihr Wesen. Es ist also unmöglich nach dem Wesen des Seins zu fragen. Im Erkennen der Ideen enthüllt sich mir gar nichts, was in den Dingen einen Bestand hat. Die Ideenwelt ist mein Erlebnis. ... Und ebensowenig, wie die Ideen der Dinge, kann der Mensch die letzten Grundmotive seines Handelns aus irgendeinem äußeren Ding hervorholen. Er fügt sie als Neubildung der Welt hinzu. Die Entwicklungsidee gewinnt dadurch eine Vorstellung von der Freiheit, daß sie das menschliche Handeln nirgends vorgebildet sein, sondern als freie Schöpfung durch den Menschen entstehen läßt.» (A. a. O., S. 188)

Mit diesen Worten ist exakt der Übergangspunkt beschrieben, wo Philosophie in Anthroposophie übergehen kann. Die Praxis des Übergangs entwickelt Rudolf Steiner gleichzeitig in den Vorträgen über die Mystik, die mit der Selbsterkenntnis das neue Land erschließt.

13. Oktober. Vorläufig letzte Theaterkritik: *Der gnädige Herr* von Elsbeth Meyer-Förster. Scharfe Kritik eines Dramas, das auf der Berliner Sezessions-Bühne inszeniert wurde. (Dram 395)

14. Oktober. Vortrag: *Friedrich Hebbel* (bei einem «Hebbel-Abend» im Berliner Rathaus).

17. Oktober. Vortrag: *Gottfried Keller* (bei einem «Keller-Abend» im Architektenhaus).
20. Oktober. Würdigung von *Thomas Babington Macaulay*. Aus Anlaß seines hundersten Geburtstages beschreibt Rudolf Steiner Leben, Wirken und Werk des englischen Historikers und Politikers MACAULAY. (KuZ 367–373)
1. November. Aufsatz über *Bartholomäus Carneri, der Ethiker des Darwinismus* in *Die Gesellschaft*. Kurzgefaßte Darstellung der Philosophie CARNERIS, wobei Rudolf Steiner, ohne es auszusprechen, Parallelen zu seiner *Philosophie der Freiheit* herausarbeitet; so entwickelt Carneri u. a. den Begriff der ethischen Phantasie.
November–Dezember, möglicherweise schon früher. Bei den Vorträgen in der Theosophischen Bibliothek «erschien eines Tages als Zuhörerin MARIE VON SIVERS, die dann durch das Schicksal ausersehen war, die Leitung der bald nach Beginn meiner Vorträge gegründeten *Deutschen Sektion der Theosophischen Gesellschaft* mit fester Hand zu übernehmen.» (Lg 394)
Mitte November, möglicherweise am 14, jedenfalls vor dem 19. Rudolf Steiner hält im *Giordano Bruno-Bund* einen Vortrag *Giordano Bruno und das moderne Rom*. Höchstwahrscheinlich ist das der Vortrag, in welchem Rudolf Steiner die Philosophie des Thomas von Aquin als Monismus charakterisiert: «Mit diesem Vortrag entfesselte ich die größte Aufregung. Man dachte, ich wollte dem Katholizismus in den Bund hinein die Wege öffnen. Nur WOLFGANG KIRCHBACH und MARTHA ASMUS standen von den leitenden Persönlichkeiten an meiner Seite.» (Lg 387)
24. November. Nachruf im MfL auf MAX MÜLLER. Rudolf Steiner würdigt den am 25. Oktober verstorbenen Orientalisten. «Er hat uns den Orient erschlossen, um das Übereinstimmende und Verschiedene der mannigfaltigen Kulturen zu zeigen und auf diese Weise zur Erkenntnis der in allen waltenden großen Gesetze zu gelangen.» (KuZ 373–378)
25. und 30. November. Vortrag: *Friedrich Nietzsche als Dichter der modernen Weltanschauung*. (KuZ 482)
2. Dezember. In Berlin stirbt LUDWIG JACOBOWSKI, der Freund Rudolf Steiners und Begründer des Kreises Die Kommenden. Am 2. Dezember 1901 schreibt Rudolf Steiner: «Es ist mir heute schwer ums Herz. Es ist nun schon ein Jahr: da ging ich in tiefer Betrübnis vom Krankenhaus Urban nach Hause, mehr betäubt als klar denkend. Und die Wunde, die ich damals erhalten, blutet noch heute schwer.» (BfII, Nr. 569. Über Krankheit und Tod von Ludwig Jacobowski spricht Rudolf Steiner zweimal ausführlich: GA 348, 20. 1. 1923 und GA 310, 18. 7. 1924.)
6. Dezember. Trauerfeier für Ludwig Jacobowski im Kreis der «Kommenden». Nach dem Tode von Ludwig Jacobowski übernimmt Rudolf Steiner mit HEINZ LUX als zweitem Vorsitzenden die Leitung der Kommenden. Fer-

ner übernimmt er die Herausgabe des Nachlasses von Ludwig Jacobowski. 1901 erscheint der Gedichtband *Ausklang* und der Band mit nachgelassener Prosa *Stumme Welt. Symbole*. Beide Bände enthalten eine größere biographische Einleitung Rudolf Steiners. Ebenso beteiligt sich Rudolf Steiner an dem Gedenkbuch *Ludwig Jacobowski im Lichte des Lebens,* das Marie Stona herausgibt, wie auch an dem Gedenkbuch der Kommenden. Schließlich verfaßt er im Jahre 1901 auch eine Reihe von zehn Aufsätzen für die früher von Jacobowski betreuten *Mitteilungen aus dem Verein zur Abwehr des Antisemitismus.*
7. Dezember. Diskussion im Giordano Bruno-Bund über Rudolf Steiners Vortrag *Giordano Bruno und das moderne Rom.*
8. Dezember. Aufsatz über *Friedrich Nietzsche als Dichter der modernen Weltanschauung* (kurze Zusammenfassung früherer Arbeiten). (KuZ 482)
15. Dezember. Vortrag über *Das Leben und die Werke Ludwig Jacobowskis* in der Gesellig-Wissenschaftlichen Vereinigung «Der Herold».
29. Dezember. Nachruf auf *Ludwig Jacobowski – gestorben am 2. Dezember 1900.* «Zu einem reichen, langen Menschenleben lagen die Keime in dieser Persönlichkeit. Nur eine kleine Zahl ist es, die reifen durfte.» (Lit 98–104)

1901

In seiner Autobiographie *Mein Lebensgang* deutet Rudolf Steiner an, daß in diesem Jahr die ideell-geistige Entwicklung, die die Lebensepoche von 1891 bis etwa zum Jahre 1899 charakterisiert, nun zu einer neuen Erfahrung des Geistes weitergeführt wurde: «Ich bewegte mich so vorwärts, daß ich zu dem, was in meiner Seele lebte, neue Gebiete hinzufand. Und ein besonders regsames Hinzufinden auf geistigem Gebiet fand bald nach der Bearbeitung der ‹Welt- und Lebensanschauungen› statt. – Dazu kam, daß ich nirgends in das Geistgebiet auf einem mystisch-gefühlsmäßigen Wege vordrang, sondern überall über kristallklare Begriffe gehen wollte. Das Erleben der Begriffe, der Ideen führte mich aus dem Ideellen in das Geistig-Reale.» (Lg 402)

In dem 1901 geschriebenen Buch *Die Mystik im Aufgange des neuzeitlichen Geisteslebens und ihr Verhältnis zu modernen Weltanschauungen* wird diese Erkenntnisstufe namentlich im letzten Kapitel formuliert: «Es liegt kein Widerspruch darin, sich mit den Erkenntnissen der neueren Naturwissenschaft zu durchdringen und gleichzeitig den Weg zu betreten, den Jakob Böhme und Angelus Silesius zum Geiste gesucht haben. Wer sich auf diesen Weg im Sinne dieser Denker begibt, der darf nicht fürchten, in flachen Materialismus zu verfallen, wenn er die Geheimnisse der Natur sich von einer ‹natürlichen Schöpfungsgeschichte› darstellen läßt. Wer meine Gedanken in diesem Sinne auffaßt, der versteht mit mir in gleicher Weise den letzten Spruch des ‹Cherubinischen Wandersmannes›, in den auch diese Schrift ausklingen soll: ‹Freund, es ist auch genug. Im Fall du mehr willst lesen: so geh und werde selbst die Schrift und selbst das Wesen.›» (*Die Mystik,* 1. Aufl. S. 118)

Befreit von der täglichen Redaktionsarbeit am Schreibtisch, wendet sich Rudolf Steiner von nun an verstärkt der Kurs- und Vortragstätigkeit zu. Das Vortragsregister weist für das Jahr 1901 mehr als 130 Vortrags- und Kursstunden nach. Der Vortragszyklus über die Mystik in der Theosophischen Bibliothek wird fortgesetzt und endet am 27. April. Am 19. Oktober beginnt Rudolf Steiner den zweiten Vortragszyklus in der Theosophischen Bibliothek: *Das Christentum als mystische Tatsache und die Mysterien des Altertums.*

Ebenso wird die Tätigkeit an der Arbeiterbildungsschule fortgeführt. Einer der Kurse an der Arbeiterbildungsschule: *Welt- und Lebensanschauungen. Von*

den ältesten Zeiten bis zur Gegenwart wird als Autorreferat gedruckt und gewährt einen authentischen Einblick in diese Tätigkeit Rudolf Steiners. Im Oktober beginnt Rudolf Steiner zwei neue Vortragsreihen: Im Kreise der Kommenden die religionsgeschichtlichen Betrachtungen *Von Buddha zu Christus* und vor unbekanntem Publikum den Kurs *Das deutsche Geistesleben im 19. Jahrhundert.*
Im September wird das Manuskript des Buches *Die Mystik...* fertiggestellt. Ferner besorgt Rudolf Steiner in diesem Jahr die Herausgabe des literarischen Nachlasses von LUDWIG JACOBOWSKI.

6. Januar. Referat *Moderne Schwarmgeister und Wissenschafter* in der Arbeiterbildungsschule.
7. Januar. Beginn des Vortragskurses *Welt- und Lebensanschauungen von den ältesten Zeiten bis zur Gegenwart.* (Zehn Stunden bis zum 11. März, vgl. GA 51)
11. Januar. Beginn eines Kurses *Redeübungen für Fortgeschrittene* in der Arbeiterbildungsschule. (Zehn Kursstunden)
13. Januar. In der *Wiener klinischen Rundschau* erscheint der Aufsatz *Goethe und die Medizin.* Zusammenfassende Studie über Goethes medizinische Interessen, namentlich in Straßburg, Weimar und Jena. (Meth 580)
1. Feburar. Aufsatz über *Moderne Seelenforschung.* Überblick über die moderne Psychologie mit besonderer Berücksichtigung des Verhältnisses von Experimentalpsychologie und Selbstbeobachtung. (Meth 462)
13. Februar. Vortrag vor Studenten über *Haeckels Welträtsel.* (Vgl. Frühwerk IV S. 126f.)
17. Februar. Einleitende Worte zu einem Freiligrath-Abend der Arbeiterbildungsschule.
9. März. Festvortrag zum 2. Stiftungsfest des *Vereins für Frauen und Mädchen der Arbeiterklasse.*
16. März. Aufsatz über *Ferdinand Freiligrath.* Der Aufsatz, der das Leben und Wirken des Freiheitssängers Freiligrath würdigt, erscheint in Beilage der *Sächsischen Arbeiterzeitung.* (Lit 104ff.)
13. April. Erster erhaltener Brief an MARIE VON SIVERS. Rudolf Steiner bedankt sich für die Übersendung des *Theosophical Review* und äußert sich kritisch über den Inhalt eines Aufsatzes: man könne Bacon nicht als Rosenkreuzer betrachten. (GA 262, S. 21)
22. April. Rudolf Steiner beginnt in der Arbeiterbildungsschule einen Kurs: *Entstehung und Geschichte der verschiedenen Religionen.*
26. April. Kursbeginn in der Arbeiterbildungsschule: Redeübungen – Referate und Diskussionen über Themen aus dem sozialen, gewerkschaftlichen und geistigen Leben.

18. Juni. Vortrag vor der Berliner Freien Studentenschaft über *Goethes Naturanschauung in der Gegenwart.*

3. Juli. Nachruf auf Herman Grimm, gestorben am 16. Juni 1901. «Er war für uns die *lebendige* Vermittlung mit dem Zeitalter Goethes.» «Wer Herman Grimm persönlich kannte, hatte im höchsten Maße die Empfindung, wie wenn durch diesen Mann noch Goethe selbst mittelbar zu ihm spräche.» Am Ende des Nachrufes steht das Wort Herman Grimms: «Die Persönlichkeit des Einzelnen innerhalb seines beschränkten Kreises wird immer das Wertvollste bleiben.» (Meth 469–471)

29. Juli. Brief an Maria Stona über die bevorstehende Reise nach Österreich. Rudolf Steiner kündigt seinen Besuch an. Über Würdigung und Nachlaß von Ludwig Jacobowski.

6.–24. August. Rudolf Steiner reist mit seiner Frau nach Österreich. Die Reise führt über Nürnberg und München nach Salzburg.

11. August. Besuch des Paracelsus-Hauses in Salzburg. Weiterreise über Unterach am Attersee, wo Familie Specht besucht wird, nach Wien und Horn zu den Eltern und Geschwistern.

18. (?)–23. August. Besuch bei Maria Stona auf Schloß Strzebovitz bei Troppau.

22. August. Eintragung in das Gästebuch von Maria Stona: *Den ‹Sinn des Lebens› suchen...* (GA 40, S. 199)

Während der Reise werden die Druckbögen des Buches *Die Mystik...* korrigiert.

24. August. Rückreise nach Berlin. (Angaben aufgrund unveröffentlichter Aufzeichnungen, Rudolf Steiner – Nachlaßverwaltung.)

2.–18. September. Rege Korrespondenz mit Maria Stona in Sachen des Nachlasses von Ludwig Jacobowski. (Bf II, Nr. 559–563)

11. September. In den Mitteilungen des Vereins zur Abwehr des Antisemitismus erscheint der Aufsatz *Adolf Bartels, der Literarhistoriker.* Rudolf Steiner charakterisiert diese vom «germanischen» Standpunkt aus geschriebene Literaturgeschichte mit antisemtischer Tendenz. «Ich finde in dem Buch zwar nur antisemitische Mücken. Aber wundern könnte ich mich nicht, wenn diese Mücken bei zahlreichen Lesern sich zu ganz ansehnlichen antisemitischen Elefanten auswüchsen.» (KuZ 382–386)

11. September. Vortrag vor dem Wahlverein Rummelsburg *Über den Ursprung des Menschen.*

15. September. Vortrag vor dem Zentralverband der Brauer über *Haeckels Welträtsel.*

18. September. Kritik: *Ein Heine-Hasser.* Über die vorurteilsvolle *Deutsche Literaturgeschichte des 19. Jahrhunderts* von Carl Weitbrecht. (KuZ 388 ff.)

22. September. Vortrag *Wie ist wissenschaftlicher Sozialismus möglich?* In einem Brief vom selben Tage heißt es: Ich habe «heut abend einen mich furchtbar in Anspruch nehmenden Vortrag zu halten». (BfII, Nr. 563)

25. September. Aufsatz über *Die ‹Post› als Anwalt des Germanentums* – Abwehr einer anonymen Antikritik, die ADOLF BARTELS gegen Steiners Rezension (s. 11.9.) in Schutz nimmt. (KuZ 382ff.)

1. Oktober. Beginn eines Vortragskurses: *Das deutsche Geistesleben im 19. Jahrhundert.* (24 Vorträge, dienstags bis zum 25. März 1902.)

2. Oktober. Aufsatz *Der Wissenschaftsbeweis der Antisemiten.* Gegen die Inanspruchnahme der wissenschaftlichen Arbeiten des Philosophen FRIEDRICH PAULSEN durch eine antisemitische Interpretation. (KuZ 393 ff.)

3. Oktober. Beginn des religionsgeschichtlichen Vortragszyklus *Von Buddha zu Christus* im Kreise der Kommenden.

14. Oktober. Wiederbeginn der Kurse in der Arbeiterbildungsschule. Thema des Vortragskurses nicht bekannt.

18. Oktober. Beginn der Redeübungen in der Arbeiterbildungsschule.

19. Oktober. Beginn des Vortragszyklus *Das Christentum als mystische Tatsache.* Bei den ersten Vorträgen dieses Kurses ist MARIE VON SIVERS anwesend – mindestens bis zum 17. November.

22. Oktober. *Haeckel, Tolstoi und Nietzsche.* Vortrag in der Freien Literarischen Gesellschaft. Haeckel, Tolstoi und Nietzsche werden als Repräsentanten der Menschen gegen Ende des 19. Jahrhunderts, die nach Wahrheit (Haeckel), Güte (Tolstoi) und nach Schönheit (Nietzsche) streben, betrachtet. (KuZ 497)

10. November. Hannover. Vortrag über *Das Märchen von der grünen Schlange und der schönen Lilie* von Goethe. Dieser erste theosophische Vortrag außerhalb Berlins findet auf Einladung von WILHELM HÜBBE-SCHLEIDEN in Hannover statt. (Vgl. Vortrag vom 15.6.23 in GA 258, wo Rudolf Steiner den Besuch bei Hübbe-Schleiden anschaulich schildert.)

13. November. Beginn einer vierteiligen Artikelfolge *Verschämter Antisemitismus.* (Die weiteren Artikel erscheinen am 20. und 27. November und am 4. Dezember.) In dieser Artikelfolge korrigiert Rudolf Steiner stillschweigend seine Auffassung, daß FRIEDRICH PAULSEN völlig zu Unrecht von Antisemiten in Anspruch genommen wird. Rückblick auf die Entstehung des Wiener Antisemitismus. Ein ungesunder Historismus, der die Motive unseres gegenwärtigen Handelns bestimmt, ermöglicht den verschämten Antisemitismus in den gebildeten Schichten. «Der Antisemitismus ist nicht allein für die Juden eine Gefahr, er ist es auch für die Nichtjuden. Er geht aus einer Gesinnung hervor, der es mit dem gesunden, geraden Urteil nicht ernst ist. Er befördert eine solche Gesinnung.» (KuZ 398–414)

17. November. Teegesellschaft bei der GRÄFIN und dem GRAFEN BROCKDORFF aus Anlaß des Gedenkens an den Gründungstag der Theosophischen

Gesellschaft (17. 9. 1875). NINA GERNET, eine baltische Theosophin versucht Rudolf Steiner für die Theosophie HELENA PETROWNA BLAVATSKYS und ANNIE BESANTS zu gewinnen. «Sie wollte vielleicht versuchen, mich zum überzeugten Mitarbeiter in ihrem Sinne zu machen, tastete so herum, war manchmal dringlich.» Danach Gespräch mit Marie von Sivers, «in welchem diese die Frage stellte, ob es nicht doch sehr notwendig sei, eine geistige Bewegung in Europa ins Leben zu rufen. Im Verlaufe dieses Gesprächs sagte ich klar die Worte: ‹Gewiß, notwendig ist es, eine geisteswissenschaftliche Bewegung ins Leben zu rufen; ich werde mich aber nur finden lassen für eine solche Bewegung, die an den abendländischen Okkultismus und ausschließlich an diesen anknüpft und diesen fortentwickelt.› Und ich sagte in dieser Beziehung, daß angeknüpft werden müsse an Plato, an Goethe und so weiter. Ich wies hin auf das ganze Programm, daß dann auch ausgeführt worden ist.» (GA 254, 11. 10. 1915, vgl. hierzu auch den Vortrag vom 14. 12. 1911 in GA 264, wo dieses Gespräch dem Sinne nach gleich, doch in etwas anderer Form erzählt wird.) Kurz nach diesem Gespräch muß MARIE VON SIVERS Berlin verlassen, um in Bologna und später in Florenz für die theosophische Sache zu wirken.

22. November. Vortrag über Hegel. (Vgl. BfII, Nr. 568)

1. Dezember. Rudolf Steiner veröffentlicht zum ersten Mal einen kleinen Beitrag in einer theosophischen Zeitschrift. In *Der Vahan* erscheint die Buchbesprechung: *Stefan von Czobel. Die Entwicklung der Religionsbegriffe als Grundlage einer progressiven Religion.* (KuZ 420f.)

11. Dezember. Buchbesprechung: *Zweierlei Maß,* über Dr. J. E. PORITZKYS *Heine, Dostojewski und Gorkij.* Poritzky korrigiert dankenswerterweise die «germanischen Urteile Julian Schmidts und Heinrich von Treitschkes» über Heinrich Heine. (KuZ 414ff.)

15. Dezember. Im *Freidenker* erscheint eine höchst positive Rezension von *Die Welt- und Lebensanschauungen im 19. Jahrhundert* von JULIUS FRISCH, in der es am Schluß heißt: «Wenn auch der Spiritismus Du Prels und das anachoretische Urchristentum Tolstois für eine auf dem Entwicklungsgedanken fußende Kulturtätigkeit unbrauchbar sind, so ist doch ihr symptomatischer Wert nicht zu verkennen. Desgleichen hätte der Neu-Buddhismus (Theosophie), der eine eigene Phraseologie, eine Art mystisches Rotwelsch ausgebildet hat, einen Platz [in diesem Buche] finden können. Eine Psychologie des modernen Geisterglaubens von einem so geistreichen Manne wie Steiner wäre uns sicherlich willkommen gewesen.» (*Der Freidenker,* Nr. 24 vom 15. Dezember 1900, vgl. B 79/80, S. 54)

25. Dezember. Buchbesprechung: *Idealismus gegen Antisemitismus,* über LOTHAR VON KUNOWSKIS *Ein Volk von Genies.* «Wir wollen wieder einen Idealismus. Keinen verschwommenen, den nur die Phantastik erzeugt; aber einen solchen, der auf Erkenntnis und Bildung beruht. Kunowski macht sich zum Wortführer eines solchen.» (KuZ 417)

Im Dezember fordern Graf und Gräfin Brockdorff, möglicherweise auch Wilhelm Hübbe-Schleiden, Rudolf Steiner auf, der Theosophischen Gesellschaft beizutreten und in Deutschland die Leitung der theosophischen Arbeit zu übernehmen. Rudolf Steiner, der das bisher abgelehnt hatte, erklärt sich nunmehr zur Mitarbeit bereit, wenn es Brockdorffs gelänge, Marie von Sivers als Mitarbeiterin zu gewinnen. Gräfin Brockdorff schreibt darauf an Marie von Sivers in Bologna, wo Marie von Sivers inzwischen mit Nina Gernet eine Loge der Theosophischen Gesellschaft begründet hat und bittet Marie von Sivers in der Leitung der Berliner Loge der Theosophischen Gesellschaft mitzuwirken. (Marie Steiner, Briefe und Dokumente, S. 19.)

1902

In diesem Jahr beginnt Rudolf Steiner öffentlich für die Anthroposophie einzutreten. Zunächst wird die Anthroposophie als Theosophie dargestellt, wobei Rudolf Steiner seine Idee der Anthroposophie aus dem deutschen Idealismus in Anknüpfung an Immanuel Hermann Fichte entwickelt. Damit ist auf die Tradition der mitteleuropäischen Theosophie, an die die Anthroposophie anknüpft, hingewiesen.
Den Schritt zur Theosophie vollzieht Rudolf Steiner bewußt in aller Öffentlichkeit, indem er in einem öffentlichen Vortrag am 8. Oktober vor dem *Giordano Bruno-Bund* darstellt, daß die Theosophie nichts anderes sei, als die letzte Konsequenz des recht verstandenen Monismus, der auf der modernen Naturerkenntnis aufbauend, durch das Organ der Selbsterkenntnis das Göttliche ergreife.
Rudolf Steiner legt zu diesem Zeitpunkt großen Wert darauf, sich nicht zu isolieren. Neben der offiziell im Oktober übernommenen Arbeit in der noch sehr kleinen deutschen Sektion der Theosophischen Gesellschaft, bleibt Rudolf Steiner dem *Giordano Bruno-Bund,* der Tätigkeit in der Arbeiterbildungsschule und dem Kreise der *Kommenden* verbunden. Dabei spricht er auch im Kreise der *Kommenden* über *Anthroposophie.*
Die Gründung der deutschen Sektion der Theosophischen Gesellschaft wird seit dem April unter allerlei Schwierigkeiten, die sich aus der bisherigen Geschichte der Theosophischen Gesellschaft in Deutschland ergeben, vorangetrieben. Der endgültige Entschluß Rudolf Steiners, die Leitung der deutschen Sektion zu übernehmen, kann nicht vor der zweiten Juni-Hälfte gefallen sein. Die Intentionen, die er mit dieser Aufgabe verbindet, formuliert Rudolf Steiner in einem Brief an Wilhelm Hübbe-Schleiden am 16. August: «Ich will auf die Kraft bauen, die es mir ermöglicht, *Geistesschüler* auf die Bahn der Entwicklung zu bringen. Das wird meine Inaugurationstat allein bedeuten müssen.» – In diesem Sinne versucht Rudolf Steiner in seinem Vortrag zur Begründung der deutschen Sektion, in Anwesenheit von Annie Besant, über *Praktische Karma-Übungen* zu sprechen, aber der Vortrag wird nur von seiner Mitarbeiterin Marie von Sivers wirklich verstanden.
Im Sommer des Jahres 1902 schreibt Rudolf Steiner das Buch *Das Christentum als mystische Tatsache und die Mysterien des Altertums* nieder. Das Werk, das

seine Vorträge des Winters 1901/02 zusammenfaßt und die christliche Orientierung seiner Arbeitsrichtung erkennen läßt, erscheint Ende September. Rudolf Steiner stellt damit zu Beginn seiner theosophischen Tätigkeit seine Intentionen und Ziele öffentlich dar.

3. Januar. Vortrag über *Dantons Tod.* Rudolf Steiner spricht im Gewerkschaftshaus bei einer öffentlichen Protestversammlung gegen das von der Preußischen Zensurbehörde verhängte Aufführungsverbot des Dramas *Dantons Tod* von Georg Büchner. (Vgl. B 79/80, S. 27)
4. Januar. Die Vorträge über *Das Christentum als mystische Tatsache* werden fortgesetzt.
7. Januar. Die Vorträge über *Das Deutsche Geistesleben im 19. Jahrhundert* werden fortgesetzt.
9. Januar. Die Vorträge im Kreis der Kommenden, *Von Buddha zu Christus,* werden fortgesetzt.
12. Januar. Zusammen mit Rosa Luxemburg: Vortrag bei der Eröffnung der Arbeiterbildungsschule in Spandau. Im Jahre 1919 berichtet Rudolf Steiner darüber: «Ich stand in Spandau auf der gleichen Rednertribüne mit der kürzlich so tragisch geendeten Rosa Luxemburg. Wir sprachen beide vor einer Proletarierversammlung über die Wissenschaft und die Arbeiter. Rosa Luxemburg sagte dazumal Worte, von denen man sehen konnte, wie zündend sie hineinwirkten in die Seelen dieser proletarischen Menschen, die am Sonntagnachmittag gekommen waren und Frau und Kind mitgebracht hatten. Es war eine herzerquickende Versammlung.» (GA 329, 2.4. 1919)
13. Januar. Wiederbeginn der Kurstätigkeit an der Arbeiterbildungsschule. (Zehn Kursstunden, montags)
17. Januar. Rudolf Steiner wird Mitglied der Theosophischen Gesellschaft – Hauptquartier Adyar. Dies geschieht auf Bitten von Graf und Gräfin Brockdorff. «Niemals war von meiner Seite irgendein Antrag gestellt worden, Mitglied der Gesellschaft zu werden, sondern ich habe mir gesagt: wenn die Gesellschaft mich haben will, kann sie mich haben. Ich habe außerdem damals die Vorsicht gebraucht, mich von allen Zahlungen zu befreien. Ich habe nichts gezahlt. Dann wurde mir von England aus das unentgeltliche Diplom übersandt.» (GA 264, 14. 12. 1911)
17. Januar. Wiederbeginn der Redeübungen an der Arbeiterbildungsschule. (Zehn Kursstunden, freitags)
18. Januar. Rudolf Steiner spricht in Dresden über *Friedrich Nietzsche, der einsame Kämpfer und die Kultur der Gegenwart.*
19. Januar. Beginn eines Kurses: *Redeübungen für Fortgeschrittene.* (Zehn Kursstunden, sonntags)
23. Januar. Graf Brockdorff schreibt an einen Theosophen über die Zu-

kunftspläne: «Was uns betrifft, so sind wir schon zu ersetzen und hoffe ich, Ersatz gefunden zu haben. Fräulein von Sivers aus Petersburg errichtet jetzt in Bologna eine Loge. A. Besant kommt auf zwei Monate dorthin und ferner geht sie mit derselben nach London zur Convention, dann hierher. Sie sucht hier Ende Juli zum Oktober eine Wohnung. Dr. Steiner ist Mitglied aufgrund seiner theosophischen Arbeiten. Seine Wintervorträge werden bei Fräulein von Sivers fortgesetzt.» (Marie Steiner, Briefe und Dokumente, S. 20)
(Ob ANNIE BESANT in Italien war, ist nicht bekannt. Wohl aber war im Frühjahr 1902 C. JINARAJADASA, seit 1933 Präsident der Theosophischen Gesellschaft, für drei Wochen in Italien, wo MARIE VON SIVERS seine Vorträge ins Italienische zu übersetzen hatte. Die Convention ist die Jahresversammlung der europäischen Theosophen.)
12. Februar. Rudolf Steiner hält im *Literarischen Salon* einen durch «Geist und Knappheit ausgezeichneten Vortrag» über den Dichter und Bekämpfer der Ausbeutung der Eingeborenen in den Kolonien Multatuli (d. i. EDUARD DOUWES-DEKKER). (Lit 467 f.)
23. Februar. Vortrag am Freiligrath-Abend der Arbeiterbildungsschule, Spandau.
19. März. Rudolf Steiner hält im Giordano Bruno-Bund das Koreferat zu einem Vortrag von RUDOLF PENZIG: *Der erziehliche Wert der Weltanschauung.*
31. März. *Kulturerrungenschaften des letzten Jahrhunderts* – Vortrag bei der Monatsversammlung der Metallarbeiter-Gewerkschaft.
Im März. Diskussion im Giordano Bruno-Bund über das Thema *Was bedeutet einheitliche Weltanschauung ihrem Begriffe und ihrem Werte nach?* (Rudolf Steiners Diskussionsbeitrag in GA 51, S. 291–293)
15. April. In der Arbeiterbildungsschule beginnt Rudolf Steiner einen Kurs: *Die Literaturgeschichte von Luther bis zur Gegenwart.* Von diesem Kurs ist das Referat eines Vortrags vom 6. Mai über *Shakespeare* erhalten geblieben. (GA 51, S. 66–72)
18. April. Wiederbeginn der Redeübungen an der Arbeiterbildungsschule.
20. April. Rudolf Steiner wird aufgefordert, das Amt eines Generalsekretärs der Deutschen Sektion der Theosophischen Gesellschaft, deren Gründung schon seit längerer Zeit geplant wurde, zu übernehmen.
20. April. Wiederbeginn der Redeübungen für Fortgeschrittene an der Arbeiterbildungsschule.
7. Mai. Referat und Diskussion *Vor welchem Forum kann über ‹einheitliche Weltanschauung› entschieden werden?* im Giordano Bruno-Bund. «Die Wahrheit, die befruchten will, wird immer ein Suchen sein, sie wird immer das Bild der Tatsachenfanatiker ‹fälschen› müssen; aber sie steht unendlich über diesem, indem sie etwas Intuitives, Geistiges im Menschen ausbildet, etwas Neues der Natur hinzufügt, was nicht wäre ohne den Menschengeist. Dadurch er-

hält das, was der Mensch in seinen Träumen hegt, in seinem Geiste schafft, mehr als die Bedeutung eines bloßen Luxus, erhält kosmische Wahrheit im Leben, als etwas, das der Mensch neu erzeugt hat.» Aus dem Schlußwort: «Deshalb ist die Frage nach der Gültigkeit der Weltanschauung vor dem Forum des Lebens nicht vor dem Forum der Erkenntnis zu entscheiden.» (GA 51, S. 298–310)

Im Juni. Sophie Gräfin von Brockdorff schreibt im *Vahan* über die Fortsetzung der theosophischen Arbeit, besonders über die Arbeit des bisher aktiven Theosophen Wilhelm Hübbe-Schleiden: «In seinem Geiste und mit seiner Zustimmung werden wir jetzt auch die Förderung der Deutschen Sektion weiter betreiben helfen, da wir in Dr. Steiner einen Mann fanden, der schon seit Jahren mit uns arbeitet und bald zeigen wird, daß er die Saat, welche Dr. Hübbe-Schleiden ausstreute weiter der Reife entgegenführen wird.»

Im Juni. Rudolf Steiner arbeitet an den letzten Kapiteln des Buches *Das Christentum als mystische Tatsache* und ist mit den Vorbereitungen für die Gründung der Deutschen Sektion der Theosophischen Gesellschaft befaßt.

8. und 9. Juni. Rudolf Steiner scheint zur Übernahme des neuen Amtes noch nicht fest entschlossen, denn er verhandelt an diesen Tagen mit dem in Berlin weilenden Mitherausgeber des Wiener Blattes *Die Zeit*, Dr. Kanner, über die Übernahme des Postens eines Feuilleton-Redakteurs bei genannter Zeitung.

10. Juni. Bericht über die Gespräche mit Dr. Kanner an den Freund Moriz Zitter: «Nun war Dr. Kanner hier. Aber ich kann Dir leider nicht von sonderlich guten Hoffnungen berichten. Er hat mich zu sich ins Hotel gerufen; dann noch einmal bestellt. Er hat sich von mir stundenlang erzählen lassen. Was er mir zuletzt gesagt hat, hätte er mir auch sagen können, bevor er mich angehört hat. Zuletzt sagte er mir: ich solle ihm schriftlich ausarbeiten, wie ich mir vorstelle, daß ein modernes Feuilleton geleitet werden müsse und was ich, im Falle einer Anstellung dazu, alles tun wolle. Ich mache das natürlich alles. Es schien mir aber doch nur ein Mittel, um mich loszuwerden, ohne direkt ‹nein› zu sagen. Alles was er mir sagte, hat er auch schon zu Dir gesagt. Es ist dasselbe, was Du mir schriebst, das er Dir sagte. Ich konnte zuletzt aber wirklich nicht verstehen, was er eigentlich von mir wollte. Ich habe auch alles Äußere getan, was Du mir aufgetragen hast, d. h. einen solchen Anzug erstanden, wie Du sagtest, einen steifen Hut, Handschuhe. Es schien mir, daß Du damit ganz recht hattest. (Es hat die Taschen völlig geleert.)» (BfII, Nr. 572)

18. Juni. Marie von Sivers schreibt aus London an Rudolf Steiner und rät ihm, möglichst bald zu kommen, um noch Vorträge von Annie Besant zu hören. (GA 262, S. 21)

30. Juni. Rudolf Steiner macht auf der Reise nach London in Hannover Station, um sich mit Dr. Hübbe-Schleiden zu besprechen.

1.–11. Juli. Rudolf Steiner in London beim Theosophischen Kongreß. Er wohnt im Hause des prominenten Theosophen BERTRAM KEIGHTLEY und begegnet dort GEORGE R. S. MEAD, ferner lernt er ANNIE BESANT und ALFRED PERCY SINNETT flüchtig kennen. Bertram Keightley erzählt Rudolf Steiner in lebendiger Art von der Gründerin der Theosophischen Bewegung HELENA PETROWNA BLAVATSKY. «Der erste Vortrag, den ich von Annie Besant gehört habe, handelte über Theosophie und Imperialismus.» (GA 258, 14. 6. 1923)
5. Juli. Rudolf Steiner spricht auf dem Kongreß über die Aufgabe der Landessektionen, besonders der Deutschen Sektion. Die Darstellung Rudolf Steiners (GA 185, 27. 10. 1918), er habe hier das Motiv der *Entente cordiale* aufgenommen und das Zusammenwirken der Sektionen der Theosophischen Gesellschaft, die ihre Ergebnisse in einem Zentrum zusammentragen, als den Bau einer anderen Entente cordiale bezeichnet, dürfte für 1902 nicht zutreffen, da die Entente cordiale erst am 8. 4. 1904 zustande kam.
In London besucht Rudolf Steiner die naturwissenschaftlichen und Kunstsammlungen in den Londoner Museen: «Ich darf sagen, daß mir an den naturwissenschaftlichen und historischen Sammlungen manche Idee über Natur- und Menschheitsentwicklung aufgegangen ist.» (Vgl. BfII, Nr. 574/75)
12. und 13. Juli. Rudolf Steiner in Brüssel, wo er das Wiertz-Museum besucht. Auf die Symbolik des Bildes *Der Mensch der Zukunft* von Antoine Wiertz weist er 1902 verschiedentlich hin, so in der Einleitung des Buches *Das Christentum als mystische Tatsache*... Die Rückreise führt über Paris, wo Rudolf Steiner vom 14. bis mindestens zum 22. Juli weilt und mehrfach den Louvre besucht. (BfII, Nr. 579)
Auf der Rückreise nach Berlin besucht Rudolf Steiner Düsseldorf und Kassel und hält in den Theosophischen Arbeitsgruppen (Logen) Vorträge, möglicherweise besucht er noch Heidelberg, um sich mit den dortigen Theosophen zu besprechen.
29. Juli. Rudolf Steiner trifft wieder in Berlin ein.
30. Juli. Brief an HÜBBE-SCHLEIDEN über Probleme der Sektionsgründung. Als problematisch wird das Verhalten und die Geistesart des Leiters der Leipziger Arbeitsgruppe, RICHARD BRESCH, charakterisiert. Bresch ist der Herausgeber des derzeit einzigen theosophischen Organs in Deutschland, des *Vahan*. Im Sinne Steiners wollen dagegen GRAF BROCKDORFF, HÜBBE-SCHLEIDEN (Hannover), GÜNTHER WAGNER (Lugano), LUDWIG DEINHARD (München) und LUDWIG NOLL (Kassel) arbeiten.
Als schwierig wird die Haltung der Logen in Düsseldorf, Hamburg und Leipzig angesehen. «Ich gebe mich keinen Illusionen hin. Ich glaube vielmehr, daß die Sektionsgründung noch lange nicht gesichert ist.» (Briefe Bd. II, Dornach 1955, S. 260ff.)
14. August–5. September. Ständiger Briefwechsel zwischen Rudolf Steiner

und Wilhelm Hübbe-Schleiden. Hübbe-Schleiden schickt Steiner die Korrekturfahnen seines Buches *Diene dem Ewigen,* das anonym erscheinen und zur Sektionsgründung vorliegen soll. Rudolf Steiner macht fortlaufend Verbesserungs- und Ergänzungsvorschläge. (Briefe Bd. II, Dornach 1955, S. 263–295)

14. August. «Wer übrigens den Fortgang der Naturwissenschaft in der Gegenwart verfolgt, sieht, daß diese durch ihre eigenen Tatsachen gerade jetzt in – fast rasender – Eile zu dem vollständigen Auflösungsprozesse ihrer materialistischen Interpretation kommen muß.» (Briefe Bd. II, Dornach 1955, S. 264)

15. August. Unterredung zwischen Gustav Wöbcken und Rudolf Steiner über den Fortgang der theosophischen Sache in Deutschland. (Briefe Bd. II, Dornach 1955, S. 269)

16. August. Brief an Hübbe-Schleiden: Das Beste wäre, in Deutschland eine ganz neue Arbeit, «ohne Anlehnung an Bestehendes», zu begründen, aber vielleicht läßt sich das Beste auch im Rahmen der Theosophischen Gesellschaft erreichen. Diesem Rahmen gilt es «ein Bild einzusetzen, das wir für das Richtige halten. Dann werden die bisherigen Persönlichkeiten sehen, wie sie sich zu uns stellen». «Ich glaube, man braucht die Theosophical Society noch lange nicht für etwas auch nur relativ Vollkommenes zu halten, aber man wird doch zugeben müssen, daß sie mehr Entwicklungskeime in sich trägt als die Leipziger Gesellschaft. ... Ich glaube nämlich, daß die Bewegung, die H. P. B. (Blavatsky) und A. Besant eingeleitet haben, über H. P. Blavatsky und Annie Besant hinausschreiten kann.» In der Beilage zu dem Brief spricht sich Steiner gegen das Vorgehen des prominenten Theosophen Charles W. Leadbeater aus. Schließlich stimmt Steiner mit großem Nachdruck Hübbe-Schleiden zu, der geschrieben hatte: «Dieser Weg ins spirituelle Reich des Geistes führt heute durch das intellektuelle Reich.» (Briefe Bd. II, Dornach 1955, S. 269 ff.)

19. August. Rudolf Steiner schickt Hübbe-Schleiden eine Reihe von Ergänzungsvorschlägen zu *Diene dem Ewigen,* die Hübbe-Schleidens Text im Sinne des deutschen Idealismus interpretieren. (Briefe Bd. II, Dornach 1955, S. 275 ff.)

20. August. Rudolf Steiner erhält aus London die Nachricht, daß sich die Übersendung der Gründungscharta (Charter) durch den Präsidenten der Theosophischen Gesellschaft, Colonel Olcott, verzögert.

20. August. Brief an Marie von Sivers: «Wenn Sie kommen, wird meine Schrift ‹Das Christentum als mystische Tatsache› vorliegen; und eine Schrift von Hübbe-Schleiden... ‹Diene dem Ewigen›. Ich hoffe, daß uns gerade diese zwei Schriften in Deutschland vorwärts helfen werden. Ich hatte mit beiden sehr viel zu tun. Doch gehört es jetzt zu meinen schönsten Stunden, die Schrift Hübbe-Schleidens mitentstehen zu sehen. Es ist für mich die allergrößte Befriedigung, mit Hübbe-Schleiden im Einklang arbeiten zu können. Ich finde bei ihm hinsichtlich der wichtigsten Punkte der *inneren* Gestaltung der deutschen Bewegung vollkommenes Einverständnis. ... In Hübbe-Schleiden lebt eine wirkliche geistesentwicklungsgeschichtliche Potenz...» (GA 262, S. 22f.)

23. August. Rudolf Steiner erhält durch Hübbe-Schleiden das offizielle Mitteilungsblatt der Theosophischen Gesellschaft (Supplement der Zeitschrift *The Theosophist*), in dem die Gründungs-Charta der Deutschen Sektion der Theosophischen Gesellschaft veröffentlicht ist.

23. August. Rudolf Steiner macht weitere Ergänzungsvorschläge zu *Diene dem Ewigen,* wobei er vor allem Wert darauf legt, daß das Wesen des Denkens treffend charakterisiert wird. Zu diesem Zweck weist er auf Texte von G. F. W. Hegel, Karl Rosenkranz und J. G. Fichte hin. Dem von diesen Philosophen beschriebenen Denken stellt er das «Denken im alltäglichen Sinne» gegenüber. Ferner legt er Wert auf die philosophische Fassung des Begriffs der Unendlichkeit. (Briefe Bd. II, Dornach 1955, S. 284ff.)

25. August. Rudolf Steiner schlägt Hübbe-Schleiden vor, den Ausdruck «unbegreiflich» zu vermeiden. (Briefe Bd. II, Dornach 1955, S. 290)

26. August. Rudolf Steiner schlägt Hübbe-Schleiden vor, den Spruch «Die Natur macht keine Sprünge» zu vermeiden, weil in Wirklichkeit die Natur durchaus diskontinuierlich ist. (Briefe Bd. II, Dornach 1955, S. 291f.)

28. August. Rudolf Steiner schickt Hübbe-Schleiden den Entwurf zu einem Rundschreiben an die theosophischen Zweige (Arbeitsgruppen) in Deutschland. (Briefe Bd. II, Dornach 1955, S. 292)

4. September. Rudolf Steiner schickt an die zehn theosophischen Zweige (Charlottenburg, Berlin, Düsseldorf, Hamburg, Hannover, Kassel, Leipzig, Lugano, München und Stuttgart) ein Rundschreiben über die Gründung der Deutschen Sektion der Theosophischen Gesellschaft. In diesem Rundschreiben heißt es: «Den Beweis, daß wir als Deutsche Sektion der T. S. das erreichen werden, was jeder wahre Theosoph – mehr oder weniger unbewußt – erreichen will, können wir nur durch unser zukünftiges Wirken bringen. Insoferne ist der Anschluß an uns gegenwärtig für Viele eine Vertrauenssache. Ich selbst weiß, daß in der T. S. Kräfte vorhanden sind, das Angestrebte zu vollbringen. ... Der Zeitpunkt, in dem ich der T. S. beigetreten bin, war für mich der Endpunkt einer langen inneren Entwickelung. Ich trat nicht früher bei, als da ich wußte, daß die geistigen Kräfte, denen ich dienen muß, in der T. S. vorhanden sind.» Dem Rundschreiben liegt ein Entwurf der Statuten der Deutschen Sektion bei. (GA 262, S. 284)

10. September(?). *Das Christentum als mystische Tatsache* erscheint.

16. September. Brief an Hübbe-Schleiden, in dem Rudolf Steiner ein Zusammengehen mit den Theosophen um Franz Hartmann ablehnt. Rudolf Steiner zieht es vor, um Verständnis für Theosophie in den Kreisen der akademischen Jugend und im Giordano Bruno-Bund zu werben. (Briefe Bd. II, Dornach 1955, S. 296)

17. September. Marie von Sivers trifft in Berlin ein.

19. und 20. September. In Berlin findet ein Kongreß der Internationalen Theosophischen Verbrüderung unter der Führung von Franz Hartmann und Paul Raatz statt.

20. September. Rudolf Steiner spricht im akademischen Verein «Jugend» über *Die Religion im Kulturleben der Gegenwart.*

20. September. Marie von Sivers übernimmt die Geschäfte der Deutschen Theosophischen Gesellschaft und der Theosophischen Bibliothek.

25. September. Rudolf Steiner an Wilhelm Hübbe-Schleiden: «Immer neue Schwierigkeiten türmen sich auf. Ich finde endlich Sie, Günther Wagner, Deinhard, Engel und mich völlig isoliert. Ich habe das in der Schärfe doch nicht vorausgesetzt. Hubo (Hamburg) macht in jeder Beziehung Schwierigkeiten. Die Stuttgarter Loge läßt nichts von sich hören. Düsseldorf, Kassel haben Herrn Bresch Vollmacht gegeben, für sie zu handeln.» Rudolf Steiner berichtet ferner, daß ihn Herr Bresch besucht habe. Themen der Unterredung waren die Art der theosophischen Arbeit und die Frage eines Sektionsorgans. «Fräulein von Sivers waltet bereits ihres Amtes. Sie ist wirklich eine glänzende große Erscheinung in der jetzigen Misere. Ich bin froh, daß sie da ist. In *jeder* Beziehung kann ich auf sie bauen.» (Briefe Bd. II, Dornach 1955, S. 298 ff.)

29. September. Langer Brief an Hübbe-Schleiden über die problematisch erscheinende Sektionsgründung und die als schwierig betrachtete konstituierende Generalversammlung. (Briefe Bd. II, Dornach 1955, S. 301 ff.)

2. Oktober. Rudolf Steiner schickt Wolfgang Kirchbach, einem Mitglied des Giordano Bruno-Bundes seine Bücher *Die Mystik* und *Das Christentum als mystische Tatsache.* Nach einem Rückblick auf eine Diskussion im Giordano Bruno-Bund, schreibt er über das Buch *Das Christentum als mystische Tatsache:* «Mein ‹Christentum› nehmen Sie bitte für nicht mehr, als es sein will. Ich kenne seine Fehler, namentlich die *historischen,* ganz genau. Der Zusatz ‹als mystische Tatsache› will *ganz* ernst genommen werden. Und ich wollte mir den Eindruck nicht dadurch verderben, daß ich an gewissen Punkten auf andere, zum Beispiel auf Strauß hinwies. Ich lege Wert auf die Erkenntnis-Gesinnung, die ich zum Ausdruck bringe. Ich weiß, daß ich etwas Ähnliches wage wie einst Fritz Schultze, von dessen positiven Aufstellungen heute nichts mehr als richtig gilt, während das biogenetische Grundgesetz – vielleicht noch korrigiert – in alle Zukunft weiterleben wird.» (Bf II, Nr. 584)

6. Oktober. Rudolf Steiner beginnt im Kreise der Kommenden eine Vortragsreihe *Von Zarathustra bis Nietzsche. Entwicklungsgeschichte der Menschheit an Hand der Weltanschauungen von den ältesten orientalischen Zeiten bis zur Gegenwart, oder Anthroposophie.* Von diesen Vorträgen, die nicht bei den üblichen Zusammenkünften donnerstags, sondern montags stattfinden, gibt es leider keine Berichte Dritter.

7. Oktober. Beginn eines Kurses *Die Entwicklung des Weltalls und das soziale Leben der Tiere* in der Arbeiterbildungsschule.

8. Oktober. Rudolf Steiner spricht im Giordano Bruno-Bund vor etwa dreihundert Menschen im Bürgersaal des Berliner Rathauses über *Monismus und Theosophie.*

Mit diesem Vortrag tritt Rudolf Steiner erstmals öffentlich für die von ihm im Anschluß an Immanuel Hermann Fichte entwickelte Idee der Theosophie ein. In der Entwicklung der menschlichen Seele, die zur aktiven Selbsterkenntnis fortschreitet und aus ihr handelt, kommt es zu einem «Erkenntnisumschwung», «da sind wir Entwicklung. Wir haben jetzt die Aufgabe, ewige eherne Gesetze zu schaffen, nicht mehr, sie bloß zu erkennen. I. H. Fichte deutet dann an: in diesem Punkt lebt der Mensch nicht nur in seiner Naturerkenntnis, in diesem Punkte verwirklicht er und lebt er das Göttliche, das Schöpferische, an diesem Punkte geht die Philosophie in die Theosophie über.

Hier tritt uns der Begriff der Theosophie im deutschen Geistesleben entgegen. Wir sehen jetzt vielleicht schon eher, daß die Theosophie nichts anderes ist als die letzte Anforderung eines wahren Monismus zwischen Naturerkenntnis und Selbsterkenntnis.» (GA 51, S. 311–315)

An Hübbe-Schleiden berichtet Rudolf Steiner über diesen Vortragsabend, Caesars Worte nach dem Übergang über den Rubikon zitierend: «Unsere Würfel sind – sozusagen gefallen: ich habe im Giordano Bruno-Bund meinen öffentlichen Vortrag ‹Monismus und Theosophie› gehalten. Der Erfolg ist ein überraschend günstiger.» «Vor den... mehr als dreihundert Menschen habe ich ein und eine dreiviertel Stunde unter... gespanntester Aufmerksamkeit gesprochen. Ich gebe mich gewiß keinen Illusionen hin, aber ich denke, die anwesend waren, haben zum größten Teil das Bewußtsein davongetragen, daß sie da vor etwas stehen, an dem sie nicht vorübergehen dürfen.» (Briefe Bd. II, Dornach 1955, S. 309f.)

10. Oktober. Übungen in mündlicher Rede und im schriftlichen Aufsatz. (Zehn Kursstunden in der Arbeiterbildungsschule) bis 12. Dezember, freitags.

12. Oktober. Redeübungen für Fortgeschrittene. (Zehn Kursstunden in der Arbeiterbildungsschule) bis 14. Dezember, sonntags.

15. Oktober. Beginn einer Vortragsreihe in der Freien Hochschule: *Deutsche Geschichte von der Völkerwanderung bis ins 12. Jahrhundert.*

15. Oktober. Diskussion im Giordano Bruno-Bund über Rudolf Steiners Vortrag *Monismus und Theosophie.* OTTO LEHMANN-RUSSBÜLDT führt den Vorsitz und leitet die Diskussion ein. Dabei sagt er, es sei sein persönlicher Wunsch gewesen, daß nicht bloß die 250 bis 300 Hörer des Vortrags zugegen gewesen wären, sondern die 2000 bis 3000 Personen, die das geistig-öffentliche Leben in Deutschland ausmachen. In der Diskussion grenzt Rudolf Steiner noch einmal – wie schon im Vortrag – die von ihm vertretene Theosophie gegen Hypnotismus, Somnambulismus und vor allem gegen den Spiritismus ab. (GA 51, S. 316–320)
18. Oktober. Besprechung im kleineren Kreis über die Gründung der Deutschen Sektion der T. G.
19. Oktober. 12 Uhr 30–18 Uhr. Gründungsversammlung der Deutschen Sektion. Vertreten sind die bereits genannten zehn Zweige («Logen») Berlin, Charlottenburg, Düsseldorf, Hamburg, Hannover, Kassel, Lugano, München, Leipzig und Stuttgart.
Rudolf Steiner sagt – (laut Bericht von Richard Bresch) –, wer die Zeichen der Zeit verstehe, dem könne nicht entgehen, daß wir vor einer neuen Geistesepoche ständen, daß sich eine neue Wende vorbereite, die ebenso wichtig und bedeutsam sei wie die zur Zeit Augustins oder etwa des 16. Jahrhunderts, ein Wandel, in dem speziell Deutschland zu etwas Großem berufen sei; der deutschen Wissenschaft falle dem Materialismus gegenüber die wichtigste Aufgabe zu, nur Hand in Hand mit ihr würden wir wirken können. (*Vahan,* 4. Jg., S. 61)
In den Vorstand der Sektion werden gewählt: Rudolf Steiner als Generalsekretär, JULIUS ENGEL (Charlottenburg), MARIE VON SIVERS (Schlachtensee), WILHELM HÜBBE-SCHLEIDEN (Hannover), LUDWIG DEINHARD (München), GÜNTHER WAGNER (Lugano), BERNHARD HUBO (Hamburg), ADOLF KOLBE (Hamburg), BRUNO BERG (Düsseldorf), LUDWIG NOLL (Kassel), ADOLF M. OPPEL (Stuttgart), RICHARD BRESCH (Leipzig).
19. Oktober, 19 Uhr. ANNIE BESANT kommt in Berlin an und wird vom Bahnhof Friedrichstraße durch 25 Teilnehmer der Gründungsversammlung abgeholt.
20. Oktober. Konstituierende Gründungsversammlung der Deutschen Sektion der Theosophischen Gesellschaft. Annie Besant überreicht im Namen des Präsidenten Henry Steel Olcott die Gründungscharta. Im Laufe der weiteren Versammlung, die bis 18 Uhr dauert, wird von Rudolf Steiner auch die neue Zeitschrift *Luzifer* angekündigt. Rudolf Steiner muß die Versammlung für einige Zeit verlassen, um seinen Vortragszyklus im Kreise der Kommenden fortzusetzen: «Ich ging... fort aus der Versammlung, und während die anderen weiter konferierten und sich weiter unterhielten über Theosophie, hielt ich meinen Vortragszyklus über Anthroposophie. Einer derjenigen, die

dann aus Theosophen gute Anthroposophen geworden sind, sogar einer, der ein sehr guter Anthroposoph geworden ist, ging dazumal aus Neugier zu diesem anthroposophischen Vortragszyklus und sagte mir nachher: Ja, aber was Sie da gesagt haben, das stimmt gar nicht mit dem, was Mrs. Besant sagt und was die Blavatsky sagt überein. Da sagte ich: Dann wird's ja wohl so sein.» (GA 258, 11.6. 1923)

20. Oktober, abends (?). Rudolf Steiner spricht zu den Mitgliedern der T. G. über *Praktische Karmastudien.*

Über die Aufnahme dieses Vortrags berichtet Rudolf Steiner verschiedentlich: «Ich habe bei der allerersten Versammlung... für einen Vortrag, den ich halten wollte, einen bestimmten Titel gewählt. Der Titel hieß: ‹Praktische Karmaübungen›. ... Dazumal waren in der Deutschen Sektion der Theosophischen Gesellschaft einzelne ältere Mitglieder der Theosophischen Gesellschaft; die fingen an förmlich zu beben davor, daß ich die Absicht hätte, in einer so esoterischen Weise anzufangen. Und in der Tat war keine Stimmung dazu da. ... Es konnte in der Form, wie es damals beabsichtigt war, das Thema ‹Praktische Karma-Übungen› überhaupt nicht zur Geltung kommen.» (GA 240, 24.4. 1924; noch drastischer GA 240, 24.8. 1924; GA 238, 5.9. 1924; GA 239, 31.3. 1924 und GA 239, 9.6. 1924)

21. Oktober. Fortsetzung der Gründungsversammlung der Deutschen Sektion. Empfang bei Frau von Holten, dem Schatzmeister der Sektion in Charlottenburg. Fragenbeantwortung durch Annie Besant.

21. Oktober, abends. Annie Besant spricht im Hotel Prinz Albrecht vor 400 Zuhörern über das Thema *Theosophy, its meaning and objects.* Rudolf Steiner leitet den Vortrag ein und begrüßt Annie Besant als die hervorragendste Vertreterin der theosophischen Bewegung.

23. Oktober. Rudolf Steiner wird durch Annie Besant als Mitglied in die Esoterische Schule (E. S., auch E. S. T. oder Eastern School) aufgenommen. «Diese ‹Esoterische Schule› ging auf H. P. Blavatsky zurück.» «Der innere Kreis der Blavatsky lebte in der Esoterischen Schule fort. – Ich habe mein anthroposophisches Wirken in die Theosophische Gesellschaft hineingestellt. Ich mußte deshalb informiert sein über alles, was in derselben vorging. Um dieser Information willen und darum, weil ich für Vorgeschrittene in der anthroposophischen Geist-Erkenntnis selbst einen engeren Kreis für notwendig hielt, ließ ich mich in die ‹Esoterische Schule› aufnehmen. Mein engerer Kreis sollte allerdings einen anderen Sinn als diese Schule haben.» (Lg 424–427)

25. Oktober. Beginn der fortlaufenden Vorträge in der Theosophischen Bibliothek über das Gesamtgebiet der Theosophie. (bis 27. Juni 1903, samstags)

29. Oktober. Brief an Hübbe-Schleiden: «Ich weiß, daß vielen alten Mitgliedern, die mich nicht so verstehen wie Sie und mit denen ich nicht so sprechen kann wie mit Ihnen, manches, was ich tue, gegen die Neigungen geht. Allein, ich bin jetzt überzeugt, daß ich mich durch manche von außen kommenden Bedenken nicht beirren lassen darf. Ich fühle und weiß mich unter sicherer Führung. Daß Sie mir zugestehen, noch außer dem Wissen etwas zu haben, was mich befähigt, in der theosophischen Bewegung mitzuwirken, ist Beweis, wie wir hier in Deutschland zusammengehören. Ich selbst halte von allem Wissen *als Wissen* gar nichts, aber ich habe mich immer bemüht, soviel zu wissen aus allen Gebieten, als ein Mensch nur erreichen kann, denn im Abendland ist das *Wissen* das Instrument, das uns die Geister aufschließen muß.» (Briefe Bd. II, Dornach 1955, S. 311f.)

8. November. Bruno Wille, der Vorsitzende des Giordano Bruno-Bundes schreibt an Rudolf Steiner: «Ich schicke Ihnen den Freidenker mit Lehmanns Bericht» (über Rudolf Steiners Vortrag «Monismus und Theosophie» und die anschließende Diskussion). «Was ich daraus als Ihre Ansicht entnahm, ist mir insofern sehr sympathisch, als Sie die rein physische Weltbetrachtung verlassen und die geistige Seite, insbesondere die religiösen Werte des Welterlebnisses betonen. Indessen schaffen Sie sich Mißverständnisse und fordern parteiische Vorurteile heraus, wenn Sie für die sogenannte Theosophie eintreten. Dieser Name hat sich arg diskreditiert durch buddhistische Scholastik, okkultistischen Aberglauben und spiritistischen Schwindel. Wie sehr Sie mißverstanden werden, sehe ich bereits jetzt an dem, was ich von Lesern über Ihre Haltung vernehme.» (B 79/80, S. 39f.)

11. November. Beginn des Kursus *Theosophisches Konversatorium A.* (Dienstags bis 30. 6. 1903)

15. November. Beginn des Kursus *Theosophisches Konversatorium B.* (Samstags bis 27. 6. 1903)

16. November. Referat: *Emile Zola* in der Arbeiterbildungsschule.

23. November. Ansprache *Ferdinand Freiligrath* bei einem Freiligrath-Abend im Schiller-Theater.

15. Dezember. Rudolf Steiner schreibt über seine bisherigen Erfahrungen beim Eintreten für die Theosophie an Hübbe-Schleiden: «Aber Widerstände gibt es auf allen Seiten. Ich bin nun durch gar nichts überrascht. Ich habe das alles erwartet. Und ich glaube, ich kann gar nichts anderes erwarten, als daß sich Widerstand an Widerstand ansetzt. Und doch gibt es nur eines: auf dem geraden, als richtig erkannten Wege weiterzuschreiten. ‹Theosophie› wird hier – und anderswo – geradezu so betrachtet: ‹Damit kann doch ein vernünftiger Mensch nichts zu tun haben wollen.› Ich setze überall auseinander, was Theosophie sei. Alle Leute sagen: ‹Ja, was Sie uns da sagen, daß ist alles sehr schön, aber›..., und nun kommen alle ‹Abers›.» (Briefe Bd. II, Dornach 1955, S. 312f.)

1903

Rudolf Steiner hält 1903 etwa 300 Vorträge, Kurs- und Konversationsstunden. Diese finden bis auf 15 – soweit überliefert – in Berlin statt, fast die Hälfte vor einem nicht-theosophischen Publikum. Insgesamt setzt Rudolf Steiner also seine bisherige Arbeit neben der neu-aufgenommenen theosophischen Tätigkeit fort. Nur die Vorträge im Kreise der *Kommenden* finden im Frühjahr 1903 ihr Ende, weil man dort – wie Rudolf Steiner berichtet – nur geneigt war, «sich von meinen Ausführungen ‹anregen› zu lassen, sie ‹literarisch› aufzunehmen. Was mir auf dem Herzen lag, dem Leben die Impulse der Geistwelt einzufügen, dafür gab es kein Verständnis. *Dieses* Verständnis konnte ich aber allmählich in theosophisch interessierten Menschen finden.» (Lg 395)

Nur in kleinen Kreisen, vornehmlich in Berlin aber auch in Weimar und Köln wird die theosophische Arbeit in Gang gebracht. Das erste Halbjahr dient der Vorbereitung der Monatsschrift *Luzifer,* die von 1904 an als *Lucifer-Gnosis* für mehrere Jahre zum wichtigsten publizistischen Organ der Arbeit Rudolf Steiners wird. Auch beginnen 1903 die regelmäßigen öffentlichen Vorträge im Architektenhaus, die bis zum Jahre 1918 fortgesetzt werden. In diesen Vorträgen, die nicht ausschließlich im Architektenhaus stattfinden, stellt Rudolf Steiner jeweils im Winterhalbjahr in immer variierender Weise die Grundlagen der Theosophie und Anthroposophie dar. In seiner Autobiographie bemerkt Rudolf Steiner zu diesen Vorträgen: «Das Wirken innerhalb der damals bestehenden Zweige der Theosophischen Gesellschaft, das notwendig als Ausgangspunkt war, bildete daher nur einen Teil unserer Tätigkeit. Die Hauptsache war die Einrichtung von öffentlichen Vorträgen, in denen ich zu einem Publikum sprach, das außerhalb der Theosophischen Gesellschaft stand und das zu meinen Vorträgen nur wegen deren Inhalt kam.» (Lg 413)

Ferner kann man annehmen, daß Rudolf Steiner im zweiten Halbjahr mit der Niederschrift des Buches *Theosophie* beginnt.

Bereits im Winterhalbjahr 1902/03 wird aus der Zusammenarbeit mit Marie von Sivers eine tiefe Freundschaft, die dazu führt, daß sie gemeinsam die gesamte theosophische Arbeit im engsten Zusammenwirken besorgen. Auch zieht Rudolf Steiner mit seiner Frau Anfang 1903 in ein kleines Haus am Schlachtensee (Seestraße 40), wo auch Marie von Sivers wohnt. Im Oktober

1903 wird die Wohnung in der Motzstraße 17 bezogen. Dort entsteht die Zentrale der theosophisch-anthroposophischen Arbeit, die erst mit dem Umzug nach Dornach 1914 teilweise und im Dezember 1923 endgültig verlassen wird.
Daß die wirtschaftlichen Lebensumstände sehr beschränkt sind, wird aus der Tatsache deutlich, daß Rudolf Steiner noch an einer privaten Mädchenschule Unterricht erteilt. (Vgl. *Erinnerungen*, S. 37ff.). Rudolf Steiner hat als Generalsekretär der Deutschen Sektion der Theosophischen Gesellschaft nie ein Gehalt bezogen.

3. Januar. Fortsetzung der laufenden Vorträge in der Theosophischen Bibliothek über das Gesamtgebiet der Theosophie (jeweils sonnabends bis zum 27. Mai).
3. Januar. Fortsetzung des *Theosophischen Konversatorium B* (mit Unterbrechungen bis 10. Oktober, jeweils samstags).
5. Januar. Fortsetzung der Vorträge im Kreise der Kommenden: Von Zarathustra bis Nietzsche. Entwicklungsgeschichte der Menschheit an Hand der Weltanschauungen von den ältesten orientalischen Zeiten bis zur Gegenwart, oder Anthroposophie (jeweils montags, bis zum 6. April).
6. Januar. Fortsetzung des *Theosophischen Konversatoriums A* (mit Unterbrechungen bis zum 6. Oktober, jeweils dienstags).
13. Januar. *Anatomie des Menschen,* Kurs von zehn Vorträgen in der Arbeiterbildungsschule (bis 17. März).
16. Januar. *Heinrich Heine,* Vortragskurs von zehn Vorträgen in der Freien Hochschule (bis 20. März).
16. Januar. *Übungen in mündlicher Rede und im schriftlichen Aufsatz* in der Arbeiterbildungsschule (freitags, bis 20. März).
18. Januar. *Redeübungen für Fortgeschrittene* in der Arbeiterbildungsschule (sonntags, bis 22. März).
21. Januar. Beginn eines Vortragskurses an der Freien Hochschule: *Deutsche Geschichte von der Gründung der freien Städte bis zu den großen Erfindungen und Entdeckungen der Neuzeit.*
25. Januar. Festrede zum 12. Stiftungsfest der Arbeiterbildungsschule.
4. Februar. Öffentlicher Vortrag in Düsseldorf über *Die Grundlehren der Theosophie – Die Welträtsel und der Mensch.* In Düsseldorf gibt es Schwierigkeiten in der theosophischen Arbeit; der dortige Vertreter der Theosophie, BRUNO BERG, verläßt die Arbeit nach kurzer Zeit.
11. März. Einleitender Vortrag zu einem Robert Hamerling-Abend des Berliner Zweiges der Theosophischen Gesellschaft.
18. März. Vortrag bei einem Hebbel-Abend der Neuen Freien Volksbühne, Berlin: *Friedrich Hebbels Leben und Werke.*

19. März. Öffentlicher Vortrag im Architektenhaus über *Die Theosophie und die Fortbildung der Religionen.*
26. März. Öffentlicher Vortrag im Architektenhaus über *Die theosophischen Hauptlehren – Reinkarnation und Karma.*
2. April. Öffentlicher Vortrag im Architektenhaus über *Die Theosophie und der wissenschaftliche Geist der Gegenwart.*
15.–21. April. Rudolf Steiner in Weimar, wo er am 15., 17. und 20. April zu denselben Themen wie im Architektenhaus (Berlin) spricht und drei Vorträge für Mitglieder der TG hält.
18. April. Gründung des theosophischen Zweiges in Weimar. In Weimar arbeiten Frau HELENE LÜBKE und HORST VON HENNING als führende Mitglieder der TG. In einem Brief an MARIE VON SIVERS erwähnt Rudolf Steiner Frau Lübke, die alles sinnvoll arrangiert hat, und die «durch ihr dreijähriges Zusammenwirken mit den Londoner Theosophen ganz anders sehen gelernt hat, als die alten Mitglieder in Deutschland». (GA 262, S. 33) Herrn von Henning zuliebe besucht Rudolf Steiner eine Sitzung der «Schlaraffia» und schildert diese Sitzung brieflich ausführlich Marie von Sivers. (GA 262, 24–29). Über seine Eindrücke von dem Besuch an seiner langjährigen Wirkungsstätte schreibt er: «Weimar hat für mich ein rechtes Doppelgesicht jetzt. ... Es haftet an meinen Relationen in Weimar zu viel Persönliches». (GA 262, S. 34)
In Weimar besucht Rudolf Steiner BERNHARD SUPHAN im Goethe- und Schiller-Archiv sowie eine Reihe alter Bekannter. Ferner findet dort ein Treffen mit LUDWIG DEINHARD aus München statt.
In Weimar erreicht Rudolf Steiner ein Brief von WILHELM HÜBBE-SCHLEIDEN vom 17. April. Hübbe-Schleiden schreibt u. a.: «... Anderer Ansicht als Sie bin ich nur in bezug auf die Absicht und den Zweck der theosophischen Bewegung. Sie und alle anderen heutigen Vertreter wollen aus dieser Bewegung für sich und möglichst viele andere einzelnen Personen den geistigen Vorteil und Nutzen ziehen. ...» Rudolf Steiner notiert am Rand: «Das ist eben die grundfalsche Voraussetzung, die alle Mißverständnisse hervorruft. *Nicht* Nutzen und nicht *Vorteil,* sondern notwendige Erfüllung eines klar eingesehenen *Karmas!!!* Für mich! war die Differenz klar, als ich sah, daß meine dahingehend für den Eingeweihten bestimmten Andeutungen in Berlin auf keinen fruchtbaren Boden fielen und *nur* von Fräulein von Sivers verstanden wurden.» (GA 262, S. 286)
22. April. Rudolf Steiner besucht in Leipzig den Herausgeber der theosophischen Zeitschrift *Der Vahan,* RICHARD BRESCH. (Vgl. Bf. II, Nr. 586)
24. April. Kursbeginn: Redeübungen in der Arbeiterbildungsschule.
26. April. Beginn der neuen Kurse an der Arbeiterbildungsschule: Redeübungen, Redeübungen für Fortgeschrittene und Vorträge.

1. Mai. Langer Brief Rudolf Steiners an MATHILDE SCHOLL über die innere Seite der theosophischen Arbeit. «Wir haben in Deutschland ganz sichere Persönlichkeiten nur vier oder fünf. Und deshalb müssen wir intensiv arbeiten. Tun wir das, dann werden wir die Mittel und Wege finden, vorwärts zu dringen. Finden wir diese Mittel und Wege in Deutschland nicht, dann würden wir wohl *jetzt* etwas unterlassen, was so schnell nicht wieder gut gemacht werden kann.
Meine nächste exoterische Aufgabe ist, soviel ich nur kann, die Lehre zu verbreiten.» (GA 264, S. 45)
Ende Mai. Die erste Nummer der Zeitschrift *Luzifer* erscheint. Rudolf Steiner schreibt im Eröffnungsartikel: «Luzifer soll kein Teufel sein, der den sterbenden Faust zur Hölle führt; er soll der Erwecker derer sein, die an die Weisheit der Welt glauben und sie in das Gold der Gottesweisheit wandeln wollen. Luzifer will Kopernikus, Galilei, Darwin und Haeckel frei ins Auge schauen; aber auch den Blick nicht senken, wenn die Weisen von der Heimat der Seele sprechen.» (GA 34, S. 32f.) In der ersten Nummer schreibt MARIE VON SIVERS über Annie Besant, ANNIE BESANT über den *Nutzen der Theosophischen Gesellschaft,* HÜBBE-SCHLEIDEN über *Lebens-Ideale* und LUDWIG DEINHARD über *Die sogenannte Wünschelrute.*
20. Juni. Rudolf Steiner spricht bei der Sonnwendfeier des Giordano Bruno-Bundes in Tegel an den Gräbern der Brüder Wilhelm und Alexander von Humboldt. Er weist in seiner Ansprache auf Wilhelm von Humboldts Schrift: *Versuch, die Grenzen der Wirksamkeit des Staates zu bestimmen,* die er als einen Vorboten einer Anschauung bezeichnet, die die freie, geistig-adelige Persönlichkeit des Menschen auch für das gesellschaftliche Leben proklamiert. (B 79/80)
Ende Juni. Nummer 2 der Zeitschrift *Luzifer* erscheint. In dieser und den beiden folgenden Nummern schrieb Rudolf Steiner über *Einweihung und Mysterien.* (Vgl. GA 34)
30. Juni–20. Juli. Reise nach London zur ersten Versammlung der Föderation Europäischer Sektionen der Theosophischen Gesellschaft. Rudolf Steiner nimmt an den Besprechungen der Generalsekretäre und an der Generalversammlung der britischen Sektion der TG und den anderen Veranstaltungen des Kongresses teil.
2. Juli. Gespräch mit Colonel HENRY STEEL OLCOTT, dem Präsidenten der T.G.
4. Juli. Als Generalsekretär der deutschen Sektion spricht Rudolf Steiner über die Idee der Versammlungen der TG: Sie sollen ein Zusammenströmen der einzelnen Beiträge sein, die Menschen in den verschiedenen Gegenden Europas für die theosophische Sache leisten. Er weist dann insbesondere auf die Beiträge, die aus deutscher Geisteskultur stammen: die deutsche Mystik, die deutsche Philosophie Fichtes, Schellings und Hegels, vor allem aber Goe-

thes Wirken, das im *Faust* und im *Märchen* eine geheime Offenbarung enthält. In diesem Sinne habe auch die deutsche Sektion ihren Beitrag zur theosophischen Sache zu leisten. (GA 34, S. 533 f.)
Elisabeth Vreede, damals Mitglied der holländischen Theosophischen Gesellschaft, schildert den Eindruck, den Rudolf Steiner in ihr erweckte: «Es sollte eben eine Versammlung beginnen, als in den Saal ein Mann trat: dunkel, schlank, aufrecht, hager, in langem, fast priesterlichen Rock, ein Antlitz voll gespanntester Aufmerksamkeit, voll beherrschten Willens. ... Im Laufe der Versammlung stellte Colonel Olcott, der Präsident und Gründer der TG, ihn als den Generalsekretär der vor kurzem begründeten deutschen Sektion vor. Rudolf Steiner begab sich auf das Podium und gab in deutscher Sprache eine Begrüßung. Auch die Worte gruben sich tief in meine Erinnerung ein. Nicht aber weil ich sie damals so sehr bejahte! Im Gegenteil, der ganze Duktus der Rede gefiel mir nicht. Dr. Steiner sprach in diesen frühen Jahren mit einer außerordentlichen Wucht, mit einer Temperamentsgewalt, die noch weit über dasjenige hinausging, was man auch später als feurige Kraft an ihm erleben konnte. So, als ob er mit jedem Satz die ganze Kraft und Bedeutung seiner Mission der Welt mitteilen wolle, – von den um seinen schmalen Kopf herumfliegenden Haaren an bis zu dem außerordentlich lebhaften Gebärdenspiel seiner Arme und Hände, mit dem ungeheuer kraftbetonten Sprechen seiner Worte schien er sich selbst zur leibhaftigen Verkörperung desjenigen zu machen, was er zu sagen hatte.» (Elisabeth Vreede, *Ein Lebensbild,* S. 15 ff.)
Rudolf Steiner wohnt während dieses Londoner Aufenthalts bei Mrs. Jacob Bright und deren Tochter Esther in Esher bei London. Brights sind vertraute Freunde von Annie Besant, die aber in Indien weilt: «Es war sehr schade, daß diesmal in London alles ohne Mrs. Besant abgehen mußte. Sie ist in Indien. Ich selbst bewohne das Zimmer, in dem sie immer war, wenn sie in Esher sich von ihren vielen Strapazen erholt hat.» (BfII, Nr. 592)
13. Juli. Bericht aus London an Anna Steiner: «Zwischen den verschiedenen geschäftlichen Dingen habe ich doch auch manches hier gesehen, was mich sehr interessiert, z. B. die alte Stadt Oxford mit ihrem wunderbaren Charakter und ihrer ganz merkwürdigen Universität. Dann war ich gestern in der National-Galerie, um Turners Landschaften wieder zu sehen, jenes herrlichen Malers, der mich im vorigen Jahr so sehr begeistert hat und der mir noch bedeutungsvoller scheint als Böcklin.» (BfII, Nr. 592)
20. Juli. Rückreise nach Berlin.
August und September. Rudolf Steiner setzt in Berlin die theosophische Arbeit mit den theosophischen Konversatorien A und B fort und veranstaltet acht öffentliche Vortrags- und Diskussionsabende (vom 7. 8.–25. 9. jeweils freitags).
8. August. Öffentlicher Vortrag *Die Aufgabe der Theosophie in der Gegenwart,*

mit Bezug auf die diesjährige Generalversammlung der Thesophischen Gesellschaft in London.

6. September. Beginn der öffentlichen Vorträge des Winterhalbjahres im Architektenhaus. *Das Ewige und das Vergängliche des Menschen.* (GA 52)

22. September. Brief an JOHANNA MÜCKE (Mitarbeiterin an der Arbeiterbildungsschule, Berlin), in welchem sich Rudolf Steiner ausführlich über seine Intentionen und seine Entwicklung ausspricht: «... ich werde nie über irgendetwas *Geistiges* sprechen, das ich nicht aus unmittelbarer geistiger *Erfahrung* kenne. Das ist mein Leitstern. Und das hat mir über alle Illusionen hinweggeholfen. ... Und ich darf wohl sagen, daß für mich das Geistige so und ganz so Wirklichkeit ist, wie der Tisch es ist, auf dem ich das schreibe. Wer *alles* bei mir überschauen wollte, der würde Einklang sehen, wo er, da er es eben nicht überschaut, nur Widerspruch findet. Ich kann Ihnen nur sagen, es ist dieselbe Erfahrungsart, die mich die Wahrheit in der Wissenschaft, und dieselbe, die mich die ‹mystische Tatsache› im Christentum gelehrt hat. – Wer mich genauer kennt, der weiß auch, daß ich mich in meinem Leben nicht sonderlich *verändert* habe. Eines kann ich Ihnen sagen: ich presse mich nicht, ich erzwinge nichts in mir, wenn ich die Wahrheiten des geistigen Lebens erzähle wie die Wirklichkeiten der Sinnenwelt. ...» (Lg, zwischen S. 392 u. S. 393)

23. September. Vortrag im Giordano Bruno-Bund: Weltmythen, in Anknüpfung an Wolfgang Kirchbachs ‹Letzte Menschen›. (Vgl. BfII, Nr. 593)

1. Oktober. In Nummer 5 des *Luzifer* erscheint *Reinkarnation und Karma, vom Standpunkt der modernen Naturwissenschaft notwendige Vorstellungen.* (Erster Teil, der zweite Teil erscheint in Nummer 6 am 1. November, GA 34, S. 67–91.) So, wie das Lebendige nur aus Lebendigem hervorgeht, so kann auch Seelisches nur aus Seelischem hervorgehen, der Mensch stammt von sich selber ab. Die beiden Aufsätze sind Vorstudien zu dem Buch *Theosophie,* an dem Rudolf Steiner in diesen Monaten arbeitet und in der Art der Gedankenführung diesem Buche nahe verwandt.

1. Oktober. In *Luzifer* erscheint ferner der Aufsatz *Theosophie und Sozialismus,* in dem auf die notwendigen geistigen und seelischen Grundlagen, die für eine menschenwürdige Veränderung der Gesellschaft erforderlich sind, hingewiesen wird.

2. Oktober. Beginn der Übungen in mündlicher Rede und im schriftlichen Aufsatz in der Arbeiterbildungsschule.

3. Oktober. Öffentlicher Vortrag im Architektenhaus über *Der Ursprung der Seele.* (GA 52)

4. Oktober. Beginn der Redeübungen für Fortgeschrittene (Zehn Kursstunden) in der Arbeiterbildungsschule.

10. Oktober. Vortrag mit Diskussion für den Verband für Hochschulpädagogik über *Faust als wissenschaftspädagogisches Problem.*

15. Oktober. Beginn eines Kurses in der Freien Hochschule über *Deutsche Geschichte.* (Acht Vorträge, donnerstags, bis 3. Dezember)
17. Oktober. Beginn eines Vortragskurses in der Freien Hochschule über *Geschichte der Mathematik und Physik.* (Neun Vorträge bis zum 19. Dezember)
18. Oktober, vormittags. Vorstandssitzung der deutschen Sektion der Theosophischen Gesellschaft.
18. Oktober. Erste General(Jahres-)Versammlung der Deutschen Sektion der Theosophischen Gesellschaft. Die Zahl der Mitglieder beträgt am 1. Oktober 130. Die Zweige Düsseldorf und Kassel werden als schlafende Zweige betrachtet. Neu vertreten ist der Zweig Weimar, ein Zweig in Nürnberg steht kurz vor der Begründung. Aus dem Vorstand scheiden WILHELM HÜBBE-SCHLEIDEN und BRUNO BERG aus. Als neue Vorstandsmitglieder werden Frau Geheimrat HELENE LÜBKE (Weimar) und Fräulein MATHILDE SCHOLL (Köln) gewählt. Es wird beschlossen, ein internes Kommunikationsorgan für den Ideenaustausch der Zweige zu schaffen. (Dies geschieht erst 1905 durch die von MATHILDE SCHOLL herausgegebenen *Mitteilungen.*)
18. Oktober, abends. Mitgliedervortrag aus Anlaß der Generalversammlung über *Okkulte Geschichtsforschung, mit besonderer Rücksicht auf die Gegenwart,* u. a. über Geschichte im Lichte der Wiederverkörperung der Menschen. (Vgl. *Der Vahan,* V. Jg, S. 73–75 und GA 34, S. 535 ff.)
19. Oktober. Mitgliederversammlung der Deutschen Sektion der T. G.
23. Oktober. Weimar, öffentlicher Vortrag über *Das Wesen des Menschen oder die geistige Chemie.*
28. Oktober. Beginn einer Vortragsreihe für Mitglieder: *Die astrale Welt.* (Acht Vorträge, mittwochs bis 2. Dezember)
9. November. Berlin, Mitgliederversammlung mit Aussprache.
13. November. Öffentlicher Vortrag mit Diskussion.
17. November. Mitgliedervortrag über H. P. BLAVATSKY und A. P. SINNETT.
20. November. Weimar, öffentlicher Vortrag über *Die Pilgerfahrt der Seele.*
21. November. Weimar, Vortrag für Mitglieder.
22. November. Köln, öffentlicher Vortrag über *Die Theosophie und die Kulturaufgaben der Gegenwart.*
23. November. Berlin, Mitgliedervortrag über den Sündenfall.
27. November, 4. Dezember und 17. Dezember. Architektenhaus. Drei öffentliche Vortrags- und Diskussionsabende über *Die erkenntnistheoretischen Grundlagen der Theosophie.* Rudolf Steiner gibt in diesen drei Vorträgen einen populär gehaltenen Überblick über die Geschichte der Erkenntnistheorie von Hume bis Eduard von Hartmann. (GA 52)
1. Dezember. Mitgliedervortrag über die Entstehung der drei Menschheitsrassen.

1. Dezember. In der Nummer 7 des *Luzifer* erscheint der Aufsatz *Wie Karma wirkt.* Die «Verknüpfung einer Wesenheit mit den Ergebnissen ihrer Taten, ist das die ganze Welt beherrschende Gesetz von Karma. Die Schicksal gewordene Tätigkeit ist Karma.» (GA 34, S. 93)
3. Dezember. Monatsversammlung der Theosophischen Gesellschaft. Vortrag über *Die Pilgerfahrt der Seele.*
8. Dezember. Mitgliedervortrag über Kosmologie im Zusammenhang der Genesis.
11. Dezember. Weimar, öffentlicher Vortrag über *Weltgesetz und Menschenschicksal – eine Weihnachtsbetrachtung.*
13. und 14. Dezember. Rudolf Steiner zu Vorträgen in Köln.
15. Dezember. Mitgliedervortrag über die Entstehung des Planetensystems.
21. Dezember. Rudolf Steiner hält für die Mitglieder des Berliner Zweiges seinen ersten *Weihnachtsvortrag* – Weihnachten im Lichte der alten Mysterien und im Zusammenhang mit der Verwandlung des astralischen Leibes. (B 32, S. 1–7)
22. Dezember. Mitgliedervortrag über die Planeten.
24. Dezember. Brief Rudolf Steiners an GÜNTHER WAGNER (Lugano). Rudolf Steiner antwortet auf eine Frage Günther Wagners nach den vier Rätseln, die je von den vier «Rassen» (im Sinne Blavatskys) zu lösen sind mit einem Hinweis auf eine Dzyan-Strophe und schildert die meditativen Rätsel-Aufgaben. (GA 264, S. 47)
28. Dezember. Rudolf Steiner sendet MATHILDE SCHOLL eine Exegese zu *Licht auf den Weg* von MABEL COLLINS. (GA 264, S. 49)
28. Dezember. Brief an CLARA SMITS (Düsseldorf) mit einer Meditationsanweisung. (GA 264, S. 50)
29. Dezember. Mitgliedervortrag über Rassen und Runden.

1904

Im Jahre 1904 beendet und veröffentlicht Rudolf Steiner das auch für die spätere Anthroposophie grundlegende Buch *Theosophie – Einführung in übersinnliche Welterkenntnis und Menschenbestimmung*. Das Buch erscheint Anfang Mai. Im Juni beginnt Rudolf Steiner mit der Veröffentlichung des Buches *Wie erlangt man Erkenntnisse der höheren Welten?*, das in Fortsetzungen in der Zeitschrift *Lucifer-Gnosis* erscheint. Im Juli folgen die Darstellungen *Aus der Akasha-Chronik,* ebenfalls in Fortsetzungen in der Zeitschrift *Lucifer-Gnosis*. Die Aufsätze *Aus der Aksha-Chronik* sind Vorstudien zur *Geheimwissenschaft,* die erst 1910 erscheinen wird.
In Berlin setzt Rudolf Steiner mit etwa 90 Vorträgen und Kursstunden seine Tätigkeit an der Arbeiterbildungsschule und an der Freien Hochschule fort. In der Arbeiterbildungsschule kommt es zu einem Konflikt, da die marxistisch orientierte Leitung der Schule Rudolf Steiners Arbeit bekämpft. Bei einer Kampfabstimmung innerhalb der Schule treten die Schüler der Schule fast geschlossen für Rudolf Steiner ein, und Rudolf Steiner setzt sich überlegen mit 348 gegen 12 Stimmen durch.
Der Schwerpunkt der theosophischen Vortragstätigkeit liegt weiter in Berlin, wo Rudolf Steiner in etwa 140 Vorträgen systematisch aufbauend die Theosophie entwickelt. Gleichzeitig aber wird die Vortragstätigkeit außerhalb Berlins intensiviert und erweitert. Vor 1904 hatte Rudolf Steiner theosophische Vorträge in Hannover, Düsseldorf, Weimar, Hamburg und Köln gehalten. Nun kommen Stuttgart, München, Erfurt, Dresden, Nürnberg, Karlsruhe, Heidelberg und Regensburg hinzu. Bei der Gründung der Zweige Köln, Dresden und Karlsruhe wirkt Rudolf Steiner mit. Insgesamt werden etwa 50 theosophische Vorträge außerhalb Berlins gehalten.
Schließlich nimmt Rudolf Steiner 1904 offiziell seine Tätigkeit in der *Esoterischen Schule* (E. S. T. = Esoteric School of Theosophy) auf, nachdem ihn Annie Besant, die Leiterin der Schule (in Nachfolge von H. P. Blavatsky) am 10. Mai 1904 zum Arch-Warden (Landesleiter) der Schule ernannt hat. Zu Jahresanfang wird die Zeitschrift *Luzifer* mit der in Wien erscheinenden Zeitschrift *Gnosis* zu *Lucifer Gnosis* vereint. Die Redaktion liegt in den Händen von Rudolf Steiner. Die erste Nummer trägt noch den Titel *Lucifer mit der Gnosis*. Die laufende Numerierung wird von *Luzifer* übernommen. Als

Motto des Blattes formuliert Rudolf Steiner: «Keine menschliche Einzelmeinung stehe über der Erforschung der Wahrheit.»
Von Januar bis April veröffentlicht Rudolf Steiner die Aufsatzfolge *Von der Aura des Menschen.*
Seit dem Frühjahr 1904 leben Anna Steiner und Rudolf Steiner getrennt.

4. Januar. Öffentlicher Vortrag über *Die Theosophie der Evangelien (Theosophie und Christentum).* Die Theosophie führt zu einem unverkürzten Verständnis des Christentums. «Dienen will sie der christlichen Botschaft, auslegen will sie sie im Geiste und in der Wahrheit. Das ist die Aufgabe der Theosophie gegenüber dem Christentum. Nicht das Christentum zu überwinden, sondern es in seiner Wahrheit zu erkennen, dazu ist die Theosophie da.» (GA 52, S. 83 f.)
5. Januar. Wiederaufnahme der Vorträge in der Arbeiterbildungsschule. (Zehn Vorträge, jeweils dienstags, bis 8. März)
7. und 14. Januar. Mitgliedervorträge *Über Bewohner und Einrichtungen des versunkenen Erdteils Atlantis* (vgl. Juli 1904).
8. und 10. Januar. Wiederaufnahme der Redeübungen und der Redeübungen für Fortgeschrittene in der Arbeiterbildungsschule. (Neun bzw. zehn Vorträge, jeweils freitags und sonntags, bis 18. und 20. März)
12. Januar. Beginn eines Vortragszyklus (in der Freien Hochschule?) über *Die Entwicklung der naturwissenschaftlichen Ideen im 19. Jahrhundert.* (Sechs Vorträge, jeweils dienstags, bis 16. Februar)
15. Januar. Öffentlicher Vortrag in Weimar über *Herder und die Theosophie.*
21. Januar. Beginn eines Vortragszyklus für Mitglieder der TG über *Die Welt des Geistes oder Devachan.* – Diese Vorträge stehen im Zusammenhang mit dem entsprechenden, etwa gleichzeitig niedergeschriebenen Kapitel im Buch *Theosophie.* (Sechs Vorträge, jeweils donnerstags, bis 25. Februar)
1. Februar. Öffentlicher Vortrag: *Theosophie und Spiritismus.* Über die spiritistische Welle im 19. Jahrhundert und ihre geistigen Hintergründe: «Jene Brüder, welche die Zeichen der Zeit zu deuten wußten, welche immer die Führer der Menschheit gewesen sind, haben auch [als Gegengewicht zum Materialismus] die spiritistische Flutwelle über die Menschheit hingesandt.» «Es erwies sich zunächst, daß die Interessen, welche sich an die spiritistischen Phänomene knüpften, nicht die beabsichtigten waren.» (GA 52, S. 229 f.) Deshalb mußte an Stelle der spiritistischen Bemühungen die moderne Theosophie treten.
Im Februar (Mitte Februar (?)). Dr. Carl Unger aus Stuttgart berichtet: «Mein erstes Zusammentreffen mit Dr. Steiner geschah dadurch, daß ich im Februar 1904 gelegentlich einer beruflichen Reise nach Berlin im Auftrag der (Stuttgarter) Gruppe den Generalsekretär der Deutschen Sektion, Herrn

Dr. Steiner, aufsuchen sollte, um einen gelinden Krach zu machen darüber, daß man von der Sektion nichts höre. Ich hatte bis dahin noch keine Zeile von Dr. Steiner gelesen. Herr Dr. Steiner war bei dieser ersten Unterredung sehr schweigsam, aber er führte mich zu Frl. Marie von Sivers, die gegenüber Herrn Dr. Steiner auf die Notwendigkeit hinwies, die längst geplante Vortragsreise bald zu beginnen, insbesondere, da jetzt das Buch Dr. Steiners (Theosophie) fertig werde. Frl. von Sivers lud mich zu dem am Abend stattfindenden Vortrag Dr. Steiners ein. Der Vortrag handelte über den Passus ‹gelitten unter Pontius Pilatus› aus dem Credo. Dieser Vortrag gab mir auf einen Schlag die unmittelbare Überzeugung, daß hier ein Mann stand, dessen Werk ich mein Leben zu weihen habe. Der stärkste Eindruck bestand darin: Hier steht ein Schauender *und Wissender*. Bei meiner Rückkehr nach Stuttgart wurde meine Begeisterung skeptisch aufgenommen, wie das vorher schon Herrn Arenson gegangen war.» (Carl Unger, *Schriften I,* S. 322f.)

26.–29. Februar. Vortragsreise Berlin–Weimar–Köln–Düsseldorf–Berlin.

29. Februar, morgens. Einweihung des Giordano Bruno-Zweiges in Köln. Die Initiative in Köln ging auf MATHILDE SCHOLL zurück, die im Jahre 1903 nach Köln gekommen war und im November und Dezember 1903 bereits Vorträge Rudolf Steiners in Köln veranstaltet hatte. Mathilde Scholl berichtet: «Die Begegnung mit Dr. Steiner war wie das Wiederfinden eines lang gesuchten und lang gekannten Freundes, und erst stufenweise wuchs dann das Bewußtsein von der Größe dieses Menschen. Das war auch gut und heilsam. Wie hätte man sonst unbefangen, sozusagen kindlich ihm gegenüber aussprechen können, alle noch ungereiften Ideen zu Tage fördern können, wie man es damals tat.» (Nachrichtenblatt 1925, S. 146)

6. März. Einleitung zu einem Karl-Henckell-Abend des Schiller-Theaters.

7. März. Öffentlicher Vortrag im Architektenhaus über *Theosophie und Somnambulismus*. Rudolf Steiner schildert die Phänomene des Somnambulismus und weist im Gegensatz dazu auf die bewußte geistige Erkenntnis hin, die die moderne Theosophie anstrebt. (GA 52)

8. März. Öffentlicher Vortrag im Architektenhaus: *Was findet der heutige Mensch in der Theosophie?* «Das sind die drei Grundgesetze der theosophischen Weltanschauung: Geburt und Tod herrscht nur in der Welt der Formen, Wiederverkörperung herrscht in der Welt des Lebens, und Karma, oder die sich ewig gestaltende und steigernde Tätigkeit, die herrscht im Reiche des Geistes. Die Gestalt, die Form ist vergänglich, das Leben gebiert sich immer wieder, der Geist ist aber ewig.» (GA 52, S. 350)

16. März. Beginn von drei öffentlichen Vorträgen im Architektenhaus: *Theosophische Seelenlehre I.* Erstmalige Erwähnung des achten ökumenischen Konzils von 869 in Konstantinopel. (GA 52)

23. März. Öffentlicher Vortrag: *Theosophische Seelenlehre II.* (GA 52)

24. März. Erfurt. Öffentlicher Vortrag: *Geburt und Tod im Leben der Seele.*

25. März. Rudolf Steiner spricht in Weimar über *Ostern vom Gesichtspunkt der Theosophie*. Zu diesem Vortrag war MICHAEL BAUER aus Nürnberg nach Weimar gekommen. Margareta Morgenstern berichtet über die Begegnung: «Diese verlief seltsam genug. Michael Bauer ist soeben erst im Hotel angekommen. Er steht in seinem Zimmer ohne Rock und wäscht sich. Da klopft es an seine Tür. In der Meinung es sei der Hausdiener, ... ruft Bauer ohne weiteres: ‹Herein!› und herein tritt Rudolf Steiner, der gehört hatte, daß er im gleichen Haus wohne. Er (Steiner) hatte Bauers Beiträge im Vahan und in anderen theosophischen Zeitschriften gelesen und wollte ihn nun abholen, um mit ihm gemeinsam den Weg zu seinem Vortragsraum zurückzulegen. Steiner begrüßte ihn herzlich wie einen ihm längst Vertrauten und von ihm Erwarteten. Bauer mußte ihn bitten, allein vorauszugehen, er würde sich sehr beeilen, ihm zu folgen.» «Sie hatten dann während einer gemeinsamen nächtlichen Bahnfahrt (26. auf 27. März) nach Düsseldorf nach dem Vortrag gute Gelegenheit, viele ernste Fragen zu besprechen, woran auch Fräulein Marie von Sivers... teilnahm. Von ihr berichtete er den Nürnberger Freunden voll Verehrung. Über seine Gespräche mit Steiner erzählte er nichts, doch war es deutlich zu spüren, daß er tiefe Eindrücke von ihm empfangen hatte. Die einzige Bemerkung, die er damals über Steiner machte, hat ihn später noch oft herzlich zum Lachen gebracht. Es waren die Worte: ‹Soviel ist sicher, daß Herr Dr. Steiner viel mehr weiß als ich.›» (Margareta Morgenstern, *Michael Bauer,* S. 59f.) Michael Bauer macht seinen Jugendfreund Dr. med. FELIX PEIPERS (Düsseldorf) auf Rudolf Steiner aufmerksam, der sich dann auch der Theosophie zuwendet.

27. März. Düsseldorf. Öffentlicher Vortrag: *Seele und Menschenschicksal.*

28. März. Köln. Öffentlicher Vortrag: *Geburt und Tod im Leben der Seele.*

30. März. Öffentlicher Vortrag, Berlin: *Theosophische Seelenlehre III.* (GA 52)

4. April. Öffentlicher Vortrag: *Goethe als Theosoph.* Dieser Vortrag über Goethes *Märchen* macht einen besonderen Eindruck auf Frau ITA WEGMAN, die zwar Rudolf Steiner bereits 1902 aufgesucht hatte, aber zunächst mit seinen Vorträgen nur wenig anfangen konnte. Nach dem Vortrag fragt sie Rudolf Steiner, ob es möglich sei, noch mehr von dieser esoterischen Weisheit zu erfahren, worauf Rudolf Steiner sie auf die Vorträge in der Motzstraße verweist.

5. April. Beginn eines Vortragskurses in der Arbeiterbildungsschule: *Geschichte der Urvölker und des Altertums von den Perserkriegen bis zum Untergang der Römerherrschaft.*

7.–28. April. Erste große Vortragsreise. Berlin–Stuttgart–München–Zürich–Lugano–Stuttgart–München–Nürnberg–Berlin.

7. April. Stuttgart. Zweigversammlung: «Hier haben wir gestern eine Zweigversammlung gehabt, die, wie ich wohl annehmen darf, günstig verlaufen ist. ... Man beschäftigte sich auch hier in letzter Zeit viel mit Uneinigkeit; und ich werde froh sein, wenn ich bei meinem Weggange werde sagen können, ich habe etwas zur Einigkeit beigetragen.» (Brief vom 8. 4. 1904, GA 262)
8. April. Öffentlicher Vortrag in Stuttgart, möglicherweise über *Theosophische Weltanschauung und die Ziele der Theosophischen Gesellschaft*. Rudolf Steiner berichtet auf einer Karte: «Es war gestern ein schöner Abend; es waren ca. 500 Personen anwesend. Unsere große Sache hat hier treu ergebene Anhänger.» Außer Rudolf Steiner unterzeichnen die Karte: Clarita Arenson, Debora Arenson, Adolf Arenson, José del Monte, Doris Paulus, Franz Paulus und Carl Unger. (Mitteilungen D, 1974, S. 96)
10. April. München. Rudolf Steiner spricht in einem kleinen Kreis bei der Baronin WANGENHEIM. Unter anderem ist LUDWIG DEINHARD anwesend. Man wünscht sofort einen öffentlichen Vortrag. Der öffentliche Vortrag wird also für die Rückreise geplant.
11. April. München. Besuch bei Ludwig Deinhard. Nachmittags «Aussprache mit Theosophie-beflissenen». Abends Vortrag bei der Gräfin KALCKREUTH.
12. April. Aussprache mit «Theosophie-beflissenen».
14. April. Rudolf Steiner besucht mit Marie von Sivers WILHELM VON MEGERLE in Schirmensee bei Feldbach am Zürichsee. Megerle gestaltete u. a. als ‹Glasgemälde› bezeichnete Kirchenfenster.
15.–21. April. Aufenthalt in Lugano bei GÜNTHER WAGNER: «Zu Ostern 1904 besuchten wir den schon bei der Begründung der Deutschen Sektion angegliederten Zweig von Lugano. Der Senior unserer Mitgliedschaft, unser altehrwürdiger Freund Günther Wagner, der sich nach arbeitsreichem Leben dorthin zurückgezogen hatte, war der Mittelpunkt jenes Kreises, der damals nur aus Deutschen bestand.» (Marie Steiner, *Erinnerungen I,* S. 11 f.)
22. April. Öffentlicher Vortrag in Stuttgart über *Goethe als Theosoph*. Die Rückreise führt über München und Nürnberg, in München dürfte er öffentlich gesprochen haben. In Nürnberg wohnt Rudolf Steiner bei MICHAEL BAUER. Am 16. Juni schreibt Rudolf Steiner an Frau MINNA RISSMANN: «Heute benutze ich noch die Gelegenheit, um Ihnen zu sagen, daß mich mein Nürnberger Aufenthalt tief befriedigt hat und daß ich Ihnen für alles von Herzen danke.» (Erinnerungen, Stuttgart 1979, S. 25 f.)
28. April. Berlin. Öffentlicher Vortrag: *Was wissen unsere Gelehrten von Theosophie?*
5. Mai. Mitgliedervortrag im Gedenken an H. P. BLAVATSKY.
Anfang Mai. Das Buch *Theosophie* erscheint. Das Buch trägt in der ersten

Auflage die Widmung: «Dem Geiste Giordano Brunos gewidmet.» Der Sinn dieser Widmung und vor allem ihr Wegfall in späteren Auflagen ergibt sich keineswegs allein aus der Mitarbeit Rudolf Steiners im Giordano Bruno-Bund, sondern aus der Tatsache, daß Annie Besant in bestimmten Kreisen der Theosophischen Gesellschaft als der wiederverkörperte Giordano Bruno galt. (Vgl. auch 29. Februar 1904)
In *Lucifer-Gnosis* erscheint Rudolf Steiners Aufsatz: *Die übersinnliche Welt und ihre Erkenntnis.* In diesem Aufsatz findet sich der Leitsatz für jede spirituelle Geschichtsforschung: «Aber niemand kann die historische Wahrheit solcher Urkunden, wie es die Evangelien sind, richtig erkennen, der nicht zuerst den in ihnen liegenden mystischen Sinn in sich erlebt hat.» (GA 34, S. 147)
7.–14. Mai. Rudolf Steiner und Marie von Sivers in London zu Besprechungen mit Annie Besant. Rudolf Steiner dürfte ihr eines der ersten Exemplare des Buches *Theosophie* überreicht haben. Rudolf Steiner lädt Annie Besant zu einer Vortragsreise nach Deutschland ein (siehe September 1904). Annie Besant ernennt am 10. Mai Rudolf Steiner zum «Arch-Warden of the E. S. in Germany and the Austrian Empire» (Landesleiter der Esoterischen Schule in Deutschland und dem Österreichischen Kaiserreich).
Bei diesem Aufenthalt in London lernt Rudolf Steiner Annie Besant näher kennen: «Für mich war Mrs. Besant durch gewisse Eigenschaften eine interessante Persönlichkeit. Ich bemerkte an ihr, daß sie ein gewisses Recht habe, von der geistigen Welt aus ihren eigenen Erlebnissen zu sprechen. Das innere Herankommen an die geistige Welt mit der Seele, das hatte sie. Es ist dies nur später überwuchert worden, von äußerlichen Zielen, die sie sich stellte.» (Lg 428)
14. Mai. Rudolf Steiner schreibt an den Verleger Eugen Diederichs (Jena), der «vor einiger Zeit» angefragt hatte, ob Rudolf Steiner nicht ein Werk über Mystik in seinem Verlag erscheinen lassen wolle: «Ich werde in 1½ bis 2 Monaten ein etwa 14–15 Druckbogen umfassendes Werk über ‹Mystik› vollendet haben. Dasselbe wird keine historische, sondern eine durchaus originale Arbeit sein und trotz des mystischen Standpunktes allen wissenschaftlichen Anforderungen der Gegenwart entsprechen. Es läge mir sehr viel daran, daß das Buch in Ihrem von mir sehr geschätzten Verlage erschiene.» (Bf II, Nr. 600) Bei dem angebotenen Werk dürfte es sich um eine im Manuskript vorhandene, bisher nicht veröffentlichte Form der *Geheimwissenschaft* handeln.
14. Mai. Rudolf Steiner schreibt an Dr. Franz Paulus in Stuttgart: «Ich mußte gerade wegen unserer esoterischen Arbeit in Deutschland in London hier bei unserem spirituellen Oberhaupte Mrs. Besant zubringen, um von ihr volle esoterische Autorisation für alles zu erhalten, was ich auf diesem Felde tue.» (GA 264, S. 54)

15. Mai. Auf der Rückreise von London spricht Rudolf Steiner in Hannover öffentlich über *Geburt und Tod im Leben der Seele, ein Blick in die theosophische Weltanschauung.*
23. Mai. Anläßlich eines Vortrages über das Pfingstfest im Berliner Zweig der T. G. kündigt Rudolf Steiner den Besuch Annie Besants in Deutschland an: «Wir werden also Gelegenheit haben, die zu den bedeutendsten spirituellen Kräften der Gegenwart gehörende Persönlichkeit wieder zu hören.» Ferner kündigt Rudolf Steiner seine eigenen Vorträge an und bemerkt: «An den Donnerstagen der nächsten Zeit werde ich sprechen über theosophische Kosmologie, über Vorstellungen, die die Theosophie zu geben hat über die Bildung des Weltgebäudes. Diejenigen, welche sich für diese Fragen interessieren, werden mannigfaltiges zu hören bekommen, was sie noch nicht aus der gebräuchlichen theosophischen Literatur kennen.» (GA 93, S. 21)
26. Mai–16. Juni. Berlin. Rudolf Steiner hält insgesamt zehn Mitgliedervorträge.
30. Mai. Öffentlicher Vortrag im Architektenhaus über *Die Geschichte des Spiritismus.* Überblick von Dante und Robert Fludd bis Du Prel und Lazar von Hellenbach. (GA 52)
6. Juni. Öffentlicher Vortrag im Architektenhaus über *Geschichte des Hypnotismus und Somnambulismus.* (GA 52)
17.–22. Juni. Reise zum Kongreß der Föderation der europäischen Sektionen der Theosophischen Gesellschaft in Amsterdam (19.–21. Juni). Marie von Sivers berichtet in einem Brief an Edouard Schuré: «Der Amsterdamer Kongreß war zweifellos ein Erfolg. Sehr schön und sehr groß, sogar imposant. Aber diese Kongresse sind mehr äußere Erfolge. Denn das innere Gesetz, die Einheit wird da ganz erheblich mißhandelt. Wenn man von einem Vortrag zum anderen rennt, so ist es, wie wenn man in einer großen Bilderausstellung von einem Bild zum andern geht. Man hat eigentlich nur ein Unbehagen davon. Es gibt eigentlich nur Mme. Besant, deren Erscheinung wie eingehüllt ist von einer einigenden Kraft. Herr Steiner hat die gleiche Kraft, aber man gibt ihm noch nicht die Gelegenheit, sie in diesen Umständen zur Geltung zu bringen. Mme. Besant hat ihn jedoch anerkannt, und sein Vortrag über Mathematik und Okkultismus war der einzige, den sie mit ihrem Besuch beehrt hat. Ich konnte selbst nicht daran teilnehmen, da ich die Rolle eines Chairman in einem anderen Saale übernehmen mußte. Die christliche Note ist in diesem Vortrag angeschlagen worden, und diese ist es, die nunmehr zu ihrem Rechte kommen soll. In jedem Falle war der Kongreß in Holland Ausdruck einer elementaren Kraft. Trennende Wirbel machen sich bereits geltend, aber die Kraft ist da. An uns ist es, sie zu reinigen und in die richtigen Bahnen zu lenken.» (Camille Schneider, *Edouard Schuré,* S. 113)
ANNIE BESANT spricht auf dem Kongreß über *Die neue Psychologie* und über

Das Wesen des Okkultismus. Beide Vorträge referiert Rudolf Steiner in *Lucifer-Gnosis.* (GA 34, S. 540ff.) Von den deutschen Theosophen sind außer Rudolf Steiner und MARIE VON SIVERS, MATHILDE SCHOLL aus Köln, SOPHIE STINDE, Gräfin KALCKREUTH und LUDWIG DEINHARD aus München, GÜNTHER WAGNER aus Lugano und AMALIE WAGNER aus Hamburg anwesend. Rudolf Steiner benutzt den Aufenthalt zu einem Besuch im Rijksmuseum und abends im American Hotel (Amsteldijk) zu zahlreichen Gesprächen. (M. Scholl, *Aus Rudolf Steiners Vortragstätigkeit,* Nachrichtenblatt 1925, II. Jg S. 147)

Anfang Juli. Die Juni-Nummer der Zeitschrift *Lucifer-Gnosis* erscheint mit dem ersten Aufsatz: *Wie erlangt man Erkenntnisse der höheren Welten?* Diese Aufsätze werden bis zur Nummer 28 (Sept. 1905) fortgesetzt und erscheinen 1909 als Buch.

1.–26. Juli. Berlin. In den internen Vorträgen nach dem Amsterdamer Kongreß setzt Rudolf Steiner die Darstellung der Evolution in gedanklich anspruchsvollen Ausführungen fort. (Vgl. B 67/68, S. 19–32)

27. Juli–11. September. Vortragspause. Rudolf Steiner ist bis zum 15. August in Berlin. Zunächst muß er sich der Arbeit an der Zeitschrift *Lucifer-Gnosis* widmen. In der Juli-Nummer erscheint neben der Fortsetzung von *Wie erlangt man Erkenntnisse der höheren Welten?* nunmehr der Anfang einer zweiten Fortsetzungsreihe *Aus der Akasha-Chronik.* Diese Aufsätze erscheinen ohne Verfasser-Angabe. Auch wird eine neue Rubrik: *Fragen und Antworten* eröffnet. Schließlich schreibt Rudolf Steiner ein Nachwort zu dem in den beiden letzten Nummern erschienen Aufsatz von Dr. O. KIEFER über Plotins Weltanschauung. Ferner widmet sich Rudolf Steiner in dieser Zeit der Korrespondenz. Namentlich schreibt er ausführliche Briefe an die Mitglieder der Esoterischen Schule (vgl. GA 264, S. 62–77). Schließlich schreibt er Briefe an Mitglieder, so am 14. August an MINNA RISSMANN, Nürnberg: «... Die Theosophie als Leben aufgefaßt, wird ja die größten Aufgaben in der Zukunft zu erfüllen haben, und wir, die wir ihr heute dienen, wollen zu dieser ihrer Sendung unser Scherflein beitragen.» (*Erinnerungen*, S. 26)

Die erschienenen Nummern der Zeitschrift wurden von Rudolf Steiner und MARIE VON SIVERS persönlich kuvertiert und expediert: «Und der Apparat der Expedition wurde so besorgt, daß nachdem eine Nummer geschrieben und gedruckt war, mir die Exemplare wiederum in großen Postpaketen in die eigene Wohnung geschickt wurden. Frau Doktor (Marie von Sivers) und ich selber klebten die Streifbänder drüber. Ich adressierte selbst und dann nahmen wir jeder einen Waschkorb und trugen die Sachen zur Post. Wir fanden, daß sich das ganz gut schickt. Ich hatte die Dinge zu schreiben, die Vorträge zu halten, Frau Doktor organisierte die ganze Anthroposophische Gesellschaft, nur ganz ohne Sekretär, denn hätte sie einen Sekretär gehabt, so hätte sie auch noch für diesen zu arbeiten gehabt.» (GA 258, S. 120)

16.–23. August. Rudolf Steiner im Ostseebad Graal (nördlich von Rostock), wo auch Marie von Sivers mit Mutter und Schwester ist.
24. August. Auseinandersetzungen in der Arbeiterbildungsschule über das Wirken Rudolf Steiners. Die orthodoxen Marxisten in Partei und Arbeiterbildungsschule wollen ein Wirken Rudolf Steiners verhindern. Rudolf Steiner schreibt an Marie von Sivers, «daß ich so gern die Vorträge an der Arbeiterschule fortführen möchte. Aber die Kluft, die sich geltend macht, zwischen dem, was allein noch an der Stätte möglich ist, und dem was ich lehren muß, wird doch immer größer.» (GA 262, S. 39)
27. August. In einem Brief an Marie von Sivers schreibt Rudolf Steiner: «An eine Krise in der T. S., die auch uns mit treffen wird, muß einmal geglaubt werden.» (GA 262, S. 40)
Ende August. Letzte Arbeiten an der August-Nummer der Zeitschrift *Lucifer-Gnosis.* Außer den Fortsetzungen der genannten Aufsätze und Rubriken enthält die Nummer eine sehr ausführliche Rezension von vier Vorträgen ANNIE BESANTS: *Die vier großen Religionen* (Zoroastrismus, Buddhismus, Hinduismus und Christentum) und die Ankündigung der Vortragsreise Annie Besants für September.
September. Aufsatz über *Aristoteles und das Mysteriendrama* in *Lucifer-Gnosis.* (GA 34, S. 150ff.)
7. September. Kampfdiskussion in der Arbeiterbildungsschule. Ein Schüler der Arbeiterbildungsschule berichtet: Man hatte «schon lange gegen den marxistisch nicht stubenreinen Lehrer gebohrt. Er war als Ketzer verdächtig, und nur die große Liebe, mit der die Schüler an ihm hingen, hatte die Gegner gehindert loszuschlagen. Endlich aber war es doch soweit. Sie schickten den kleinen jüdischen Max Grunwald, einen sattelfesten Marxisten, vor. Man setzte einen Abend fest, an dem die beiden Gegner sich messen sollten. Es wurde eine Geisterschlacht von gewaltigem Ausmaß. Steiner war in ganz großer Form. Er sprach mit dramatischer Steigerung, er rückte seinem Gegner mit einem unheimlichen Wissensschatz auf den Leib, er sprach mit Leidenschaft und Feuer und zwang selbst die Feinde in seinen Bann. Der kleine verkrachte Mediziner Grunwald kam gar nicht erst auf die Beine. Er war durchaus nicht dumm und sonst gefürchtet wegen seines Witzes und seiner Schlagfertigkeit. Aber er hatte schon bei der ersten Runde hoffnungslos verloren.» (E. Unger-Winkelried, *Von Bebel zu Hitler,* S. 48f.) Es kam zu einer Abstimmung, bei der sich 12 der Anwesenden für Grunwald und 348 für Rudolf Steiner erklärten. (J. Mücke/A. A. Rudolph, *Erinnerungen,* S. 17)
Rudolf Steiner: «In einer Versammlung meiner Schüler sprach einer dieser ‹kleinen Führer›. Er sagte das Wort: ‹Wir wollen nicht Freiheit in der proletarischen Bewegung; wir wollen vernünftigen Zwang.› Es ging darauf hinaus, mich gegen den Willen meiner Schüler aus der Schule hinauszutreiben.»

15.–24. September. Rudolf Steiner begleitet mit Marie von Sivers ANNIE BESANT auf einer Vortragsreise durch Deutschland und faßt jeweils im Anschluß an ihre Vorträge den Inhalt derselben in deutscher Sprache zusammen. In Begleitung von Mrs. Besant befinden sich Mrs. ESTHER BRIGHT und BERTRAM KEIGHTLEY.

15. September. Hamburg. Annie Besant spricht über *Die Botschaft der Theosophie an die Menschheit.* Im internen Kreis kommt es zu einem Gespräch. Rudolf Steiner erinnert sich, «wie ich sie [Annie Besant]... damals interpellierte, wie sie über die Entwicklung des Okkultismus im 19. Jahrhundert denke, und wie sie damals die Antwort gab: An der Wende des 18. zum 19. Jahrhundert hat sich in Deutschland so etwas geltend gemacht wie ein okkultes Streben, aber die Deutschen sind steckengeblieben in reinen Abstraktionen, und es hat sich gezeigt, daß die große... Welle des spirituellen Lebens dem britischen Volke zuerteilt war.» (GA 174b, 12. 3. 1916)

16. und 17. September. Annie Besant in Berlin. Vorträge über *Die neue Psychologie* und *Der Mensch als Herr seiner Bestimmung.* BERTRAM KEIGHTLEY liest die neuesten Nummern der Zeitschrift *Lucifer-Gnosis* und fragt Rudolf Steiner, wie die dort veröffentlichten Mitteilungen *Aus der Akasha-Chronik* über die atlantische Welt zustande gekommen seien. Da er die mediumistischen Techniken in der TG kannte, fragte er «welche Persönlichkeit wir unter uns hätten, die wir in dieser Weise als Medium... benutzen können». Rudolf Steiner verweist daraufhin auf seine eigenen Forschungen und wird von Keightley nicht verstanden. (GA 254, 11. 10. 1915)

18. September. Rudolf Steiner mit Annie Besant in Weimar.

19. und 20. September. Rudolf Steiner mit Annie Besant in München. ALFRED MEEBOLD berichtet in seinen unveröffentlichten Erinnerungen: «Acht Tage später sah ich Dr. Steiner in München. Er war mit Frau Besant gekommen und lief für uns halt so mit. ... Sophie Stinde hat mir später erzählt, daß sie in diesen für sie so geschäftigen Tagen, wenn etwas zu besorgen war, etwa bei der Druckerei, sagen konnte: ‹Ach Herr Doktor, wären sie vielleicht so freundlich, das zu übernehmen?› und er tat es.» EMMY VON GUMPPENBERG berichtet: «Ich weiß nicht, wie sich die Überzeugung in unseren Köpfen festgesetzt hatte, daß Dr. Steiner Mrs. Besants bester Schüler sei, aber diese Überzeugung war tatsächlich da. ... Ich wollte nun Mrs. Besants Schüler werden und sie gab mir eine Stunde an, dies mit ihr zu besprechen. Dr. Steiner war damals mein Gast und sprach nach Tisch weiter mit mir, so daß ich tatsächlich Mrs. Besant ganz vergaß. Natürlich kam ich nun zu spät zu ihr, und ich wurde mit den tadelnden Worten empfangen: «Pünktlichkeit scheint nicht eine Ihrer Eigenschaften zu sein.» Ich entschuldigte mich, daß Dr. Steiner mit mir gesprochen hatte... Sie stellte nun einige Fragen an mich, hauptsächlich über ihre Bücher, und sehr bald entschied sie: ich solle mich an

Dr. Steiner wenden mit meiner Bitte, denn ich gehöre in seine Richtung. Den folgenden Tag erzählte ich nun Dr. Steiner von diesem Besantschen Interview und fragte, ob ich sein Schüler werden dürfe. Charakteristisch ist es für Dr. Steiner, daß er mit keinem Gedanken die Tatsache auch nur zu streifen schien, daß ich von Mrs. Besant abgewiesen, mich mit einer Bitte *nun* an ihn wandte. Er fragte nur sehr ernst: «Sie wollen Schüler werden? Wissen Sie auch was dazu gehört?» – «Nein, Herr Doktor.» – «Mut und wieder Mut und nochmals Mut. Haben Sie Mut?» *(Blätter für Anthroposophie,* 18. Jg. 1966, S. 54) – An Ludwig Kleeberg schrieb Sophie Stinde: «Bei Mrs. Annie Besants Vortrag war unser Saal so überfüllt, daß kaum Platz für alle war. Über 300 hatten freien Eintritt. Allerdings gibt es keinen zweiten so bedeutenden Redner auf der Welt, aber Dr. Steiner und Dr. (Franz) Hartmann sind doch immerhin auch bedeutende Redner, und es wird sich für die Studenten lohnen, sie zu hören.» (L. Kleeberg, *Wege und Worte,* S. 26)

21. und 22. September. Rudolf Steiner mit Annie Besant in Stuttgart.

23. und 24. September. Rudolf Steiner mit Annie Besant in Köln. Dort findet eine Zusammenkunft der Mitglieder der Esoterischen Schule statt. Mathilde Scholl berichtet: «Mrs. Besant, Dr. Steiner, Fräulein von Sivers, Mrs. Bright, Mr. Keightley, Mathilde Scholl in Mrs. Besants Zimmer. Ehe wir das Zimmer verließen, sprach Mrs. Besant mit Dr. Steiner über das Studienmaterial für die Schüler der E. S. Sie empfahl Leadbeaters ‹The Christian Creed›. Höflich aber bestimmt antwortete Dr. Steiner, er könne dies Buch für seine Schüler nicht gebrauchen.» (Vgl. GA 264, S. 27)

25. September. Rudolf Steiner spricht auf dem 3. Allgemeinen Theosophischen Kongreß in Dresden, der von der sezessionistischen, nicht zu Adyar gehörigen *Theosophischen Gesellschaft* veranstaltet wird, über *Theosophie und moderne Wissenschaft.* Rudolf Steiner rechtfertigt sein Auftreten auf diesem Kongreß auf der Generalversammlung der Deutschen Sektion der T. G. und betont, daß er sich an den Organisationen der anderen Theosophischen Gesellschaft nicht beteiligt habe.

27. September. Gründung des Theosophischen Zweiges der Deutschen Sektion in Dresden. Vorsitzender der sich *Loge zum Gral* nennenden Gruppe ist Hermann Ahner.

29. September. Wiederbeginn der regelmäßigen Vorträge im Architektenhaus. (GA 52 und 53, vierzehn Vorträge bis 16. März 1905)

Oktober und November. In den fortlaufenden Mitgliedervorträgen spricht Rudolf Steiner über Mythen und Sagen. (GA 93 und unveröff., sieben Vorträge, jeweils freitags, 30. September bis 11. November)

2. Oktober. Wiederbeginn der Redeübungen in der Arbeiterbildungsschule. (Zehn Vorträge, jeweils sonntags, bis 18. Dezember)

4. Oktober. Beginn der Vorträge in der Arbeiterbildungsschule: *Von der Völ-*

kerwanderung bis zu den großen Erfindungen und Entdeckungen des 16. und 17. Jahrhunderts. (Zehn Vorträge, jeweils dienstags, bis 20. Dezember)
17. Oktober. Beginn eines Vortragszyklus für Mitglieder über *Die planetarische Entwicklung.* Mathilde Scholl berichtet: «1904 im Oktober fand in Berlin ein Zyklus von zwölf Vorträgen statt über die Weltentwicklung und zugleich, damit abwechselnd, Vorträge über Mathematik. Außerdem in vier Wochen vier interne Stunden und jede Woche ein Zweigvortrag und ein öffentlicher Vortrag, ferner jeden Freitag ein Vortrag bei Frl. Motzkus – und einmal wöchentlich ein Vortrag über die Geschichte des Mittelalters in der Arbeiterbildungsschule und einmal in der Freien Hochschule über die Mystik. Wir hörten Dr. Steiner damals an jedem Tag durchschnittlich zweimal sprechen. Aus dem Staunen kam man nicht mehr heraus. Jeder Vortrag brachte neue Überraschungen.» (Nachrichtenblatt 1925, S. 147)
22. Oktober. Beginn einer Vortragsreihe in der Freien Hochschule: *Die deutsche Mystik und ihre Voraussetzungen.* (Sieben Vorträge, jeweils samstags, bis 17. Dezember)
23. Oktober. Einleitung zu einem Heinrich-Heine-Abend des Schiller-Theaters.
30. Oktober. 2. Generalversammlung der Deutschen Sektion der Theosophischen Gesellschaft. Als neue Logen werden begrüßt: Nürnberg, Dresden und (lt. *Vahan*) München. Die Zahl der Mitglieder stieg von 130 auf 251, in den Vorstand treten anstelle von Dr. Ludwig Noll und Adolf Oppel: Sophie Stinde und Adolf Arenson. Ferner wird ein Beschluß gefaßt, sich nicht an Organisationen anderer Theosophischer Gesellschaften zu beteiligen. Anläßlich der Generalversammlung sprach Richard Bresch über *Sollen wir der Jugend Theosophie lehren?* und Rudolf Steiner über *Das Wesen des Hellsehens.* (*Der Vahan,* VI. Jg. S. 89–92)
1.–17. November. Die intensive Vortragstätigkeit in Berlin wird fortgesetzt. Gleichzeitig werden die Aufsätze für *Lucifer-Gnosis* verfaßt. Für das November-Heft außer den fortlaufenden Reihen noch der Artikel *Der englische Premierminister Balfour, die Naturwissenschaft und die Theosophie.*
18.–30. November. Vortragsreise. Berlin–Nürnberg–Regensburg–München–Stuttgart–Karlsruhe–Heidelberg–Köln–Düsseldorf–Berlin.
In allen Städten erwartet Rudolf Steiner ein umfangreiches Arbeitsprogramm: Besprechungen mit Gruppen und zahlreiche Einzelgespräche.
21. November. München. Morgens Ankunft, sogleich Besprechungen mit Sophie Stinde und Gräfin Pauline Kalckreuth, dann weitere Besprechungen, abends Vortrag: *Die Wahrheiten der Theosophie und ihre Bedeutung für den Menschen.* Am nächsten Tag Konferenzen und Besprechung mit den Studenten Ludwig Kleeberg und Hans Bunge, die eine Akademisch-Theosophische Vereinigung gebildet haben. Abends Besuch bei Ludwig Deinhard.

22. November. Öffentlicher Vortrag: *Steht Theosophie in Widerspruch mit der Wissenschaft?* Am Ende des Vortrags gibt Rudolf Steiner die Begründung der Akademischen-Theosophischen Vereinigung bekannt, anschließend Diskussion.
23. November. Besuch bei Baronin GUMPPENBERG und beim Rektor der Münchener Universität wegen der Akademisch-Theosophischen Vereinigung. Nachmittags bei HELENE VON SCHEWITSCH, wo Rudolf Steiner mit dem Naturforscher RAOUL FRANCÉ und dem Theologen JOSEF MÜLLER diskutiert. Abends Vortrag für Mitglieder über das Wesen der theosophischen Arbeit, danach eine längere Fragenbeantwortung. (GA 262, S. 43)
25. November. In Karlsruhe wird ein Zweig der Deutschen Sektion der Theosophischen Gesellschaft gegründet. Zweigleiter ist LUDWIG LINDEMANN. (GA 262, S. 44)
Während der Abwesenheit Rudolf Steiners von Berlin faßt der Vorstand der Arbeiterbildungsschule den Beschluß, vom übernächsten Semester an (Sommersemester 1905) Rudolf Steiner durch eine andere Kraft zu ersetzen. Das führt dazu, daß Rudolf Steiner seine Tätigkeit in der Arbeiterbildungsschule einstellt. (Siehe 15. Januar 1905)
2., 9., 16. und 23. Dezember. Berlin. Rudolf Steiner hält vier Vorträge für Mitglieder: *Wesen und Aufgabe der Freimaurerei vom Gesichtspunkt der Geisteswissenschaft,* in welchem er die Grundideen der Freimaurerei und ihre Geschichte (Johannesmaurerei und Hochgradmauerei) bis zur Gegenwart charakterisiert. Die von THEODOR REUSS, CARL KELLNER und FRANZ HARTMANN in Deutschland vertretene, an JOHN YARKER anknüpfende Hochgradmaurerei bezeichnet er als einen bloßen Rahmen, in welchen «einmal ein gutes Bild hineingesetzt werden kann». (GA 93, S. 111)
7. Dezember. Weimar. Öffentlicher Vortrag: *Goethes Rätselmärchen.*
19. und 30. Dezember. Berlin. Vorträge für Mitglieder über den Sinn des Weihnachts- und Dreikönigsfestes.
Gegen Ende des Jahres 1904 hatte sich im Kreis um Rudolf Steiner und MARIE VON SIVERS eine kleine Zahl der später wichtigen und zuverlässigen Mitarbeiter eingefunden: MATHILDE SCHOLL, die im Kölner Giordano Bruno-Zweig wirkt; MICHAEL BAUER, der Gründer des Albrecht Dürer-Zweiges in Nürnberg, den Rudolf Steiner bereits damals als einen «energischen, gründlich einsichtsvollen und im theosophischen Leben festgewurzelten» Zweigleiter bezeichnet; ADOLF ARENSON und CARL UNGER, die in Stuttgart arbeiten, SOPHIE STINDE und Gräfin PAULINE KALCKREUTH, die das theosophische Leben in München pflegen, GÜNTHER WAGNER, zunächst noch in Lugano und ITA WEGMAN, die damals noch in Berlin ist.

1905

Im Jahre 1905 steigert Rudolf Steiner seine Vortragstätigkeit im Dienste der Deutschen Sektion der Theosophischen Gesellschaft (T. G.) weit über das bisherige Maß hinaus. In zwanzig Vortragsreisen besucht er von Berlin aus die Arbeitszweige der Sektion, insgesamt spricht er, von Berlin abgesehen, in 25 Städten. Die meisten Städte besucht er mehrfach. So führen ihn seine Reisen 1905 fünfmal nach München und Hamburg, viermal nach Köln, Stuttgart, Düsseldorf und Weimar, dreimal nach Nürnberg, Kassel und Heidelberg. Im Herbst und Winter des Jahres nimmt Rudolf Steiner seine öffentliche Vortragstätigkeit in der Schweiz auf. Rudolf Steiner spricht etwa zwölfmal über *Goethes geheime Offenbarung* oder ein ähnlich formuliertes Thema, zehnmal über *Die Weisheitslehren des Christentums* (o. ä.), ferner über *Wesen und Ursprung des Menschen* und aus Anlaß des Schiller-Jahres 1905 oft über *Schiller und die Gegenwart.* Auf diese Weise schafft Rudolf Steiner für die an Theosophie Interessierten den Anfang eines gemeinsamen Bewußtseins, indem ein gemeinsames Gedankengut gepflegt wird.

In vielen Vorträgen des Jahres 1905 sowie in zahlreichen persönlichen Gesprächen gibt Rudolf Steiner Hinweise auf eine mögliche praktische Wirksamkeit der Theosophie. Er sucht den Kontakt mit praktizierenden Ärzten, so mit Dr. Ludwig Noll und Dr. Otto Eisenberg in Kassel, Dr. Felix Peipers in Düsseldorf und Emil Schlegel in Tübingen. Auch beginnt Rudolf Steiner 1905 über die soziale Bedeutung der Theosophie *(Theosophie und soziale Frage)* zu sprechen und zu schreiben. Doch werden diese auf das Praktische zielenden Hinweise Rudolf Steiners zunächst nicht aufgenommen.

Die gesamte Arbeit Rudolf Steiners wird bis ins kleinste Detail von Marie von Sivers unterstützt. Sie organisiert alle Reisen, führt die dafür erforderliche Korrespondenz, bestellt Hotels, arbeitet die Fahrpläne aus, sorgt gegebenenfalls für die Plakatierung der Vorträge, für die Einrichtung von Büchertischen bei den Vorträgen, und schließlich pflegt sie die Kontakte mit den Zweigen der Deutschen Sektion der Theosophischen Gesellschaft und mit den theosophischen Zentralen in Adyar und London. Rudolf Steiner ist durch diese rastlos-hingebungsvolle Arbeit von unendlichem Kleinkram freigestellt, zumal er sich auf Marie von Sivers völlig verlassen kann.

Die umfangreiche Reisetätigkeit wird technisch nur dadurch möglich, daß

Rudolf Steiner seine seit 1899 ununterbrochen ausgeübte Lehrtätigkeit an der Arbeiterbildungsschule wegen des zunehmenden Widerstandes der marxistisch orientierten Schulleitung aufgeben muß. So bleiben als «nicht-anthroposophische» Vortragstätigkeit nur noch die Kurse an der *Freien Hochschule*, die dann auch im Dezember 1905 ihr Ende finden, als die Beanspruchung durch die theosophische Arbeit weiter anwächst.
Im Herbst des Jahres 1905 veranstaltet Rudolf Steiner für einen kleinen Kreis einen 31 Vorträge umfassenden Schulungskurs, der unter dem Titel *Grundelemente der Esoterik* nach Vortragsnotizen veröffentlicht ist. (GA 93 a) Parallel mit der starken öffentlichen Wirksamkeit soll so gleichzeitig für verantwortlich tätige Theosophen eine umfassendere innere Orientierung geschaffen werden. In diesem Sinne wird 1905 auch die 1904 behutsam begonnene Arbeit im Zusammenhang der *Esoterischen Schule* verstärkt fortgesetzt.
Neben der sehr zeitaufwendigen Vortrags- und Beratungstätigkeit wird es im Jahre 1905 immer schwieriger, die Redaktionsarbeit für die Zeitschrift *Lucifer-Gnosis* kontinuierlich fortzusetzen. Im Jahre 1905 erscheinen noch zehn Nummern von *Lucifer-Gnosis*. Die März-Nummer erscheint Anfang Mai, die Oktober-Nummer Ende Dezember. Für Rudolf Steiner hat die unmittelbar von Mensch zu Mensch wirkende Tätigkeit Vorrang vor dem Wirken durch das gedruckte Medium und offensichtlich fehlt ein Redakteur, der ihm die Redaktionsarbeit abnehmen kann. Die Reihe *Wie erlangt man Erkenntnisse der höheren Welten?* wird im Septemberheft abgeschlossen. Im Oktoberheft erscheint als neue Folge *Die Stufen der höheren Erkenntnis* und *Theosophie und soziale Frage*. Die letztere Reihe ist im Zusammenhang mit gleichzeitigen Vorträgen *Bruderschaft und Daseinskampf* und mit den Zeitereignissen (Russisch-Japanischer Krieg und erste Russische Revolution) zu sehen.

2. Januar. Brief an GÜNTHER WAGNER in Lugano: «Die deutsche theosophische Bewegung ist von besonderer Wichtigkeit.» Sie sei die Avantgarde einer künftigen Kultur. Rudolf Steiner empfiehlt Günther Wagner die Lektüre von J. G. Fichtes *Bestimmung des Menschen* und weist auf Jakob Böhme und besonders auf Angelus Silesius hin. (GA 264, S. 85)
3.–13. Januar. Vortragsreise. Berlin–Stuttgart–München–Stuttgart–Nürnberg–Jena–Weimar–Berlin.
9. Januar, morgens. In einem Brief an Marie von Sivers: «Die theosophische Lehre als Dogmatik, nicht als Leben aufgenommen, kann gerade in materialistische Abgründe führen.» (GA 262, S. 48)
9. Januar. München. Rudolf Steiner hält einen besonderen Vortrag für Studenten. In das Buch *Theosophie* des stud. phil. Ludwig Kleeberg schreibt er die Widmung: «Die Liebe zum Übersinnlichen wandelt das Erz der Wissenschaft in das Gold der Weisheit.» (GA 40, S. 203)

11. Januar. Öffentlicher Vortrag in Nürnberg mit sehr gutem Besuch.

15. Januar. Rudolf Steiner spricht auf dem Stiftungsfest der Arbeiterbildungsschule. Nach der Ansprache erklärt er dem Vorstand, daß er seine Tätigkeit in der Schule nicht weiterführen werde. Offensichtlich hat ihn die Angelegenheit sehr mitgenommen. Am 19. Januar schreibt er an Marie von Sivers: «Du hättest Dich nicht sorgen sollen wegen meines Aussehens am Sonntag [15. Januar].» «Es war ja doch wohl nur die Widerspiegelung der Affaire in der Bildungsschule. Du weißt, daß ich in dem Wirken in diesen Kreisen eine Mission sah. Es ist wirklich etwas zerstört, was ich nicht wollte zerstört sehen.» (GA 262, S. 49)

16.–20. Januar. Vortragsreise. Berlin–Köln–Godesberg–Bonn–Düsseldorf–Berlin.

21. Januar. Beginn einer Vortragsreihe in der Freien Hochschule: *Schiller und unser Zeitalter.* (GA 51, neun Vorträge, jeweils samstags, bis 25. März)

Im Januar war im Berliner Zweig verstärkt Unzufriedenheit über das Wirken Rudolf Steiners laut geworden. Wortführer der Unzufriedenen war PAUL KROJANKER. Man nahm an der Art der Führung des Zweiges durch Rudolf Steiner Anstoß und verlangte, er solle sich mehr auf die rein geschäftsmäßige Leitung des Zweiges zurückziehen. (Mitteilungen D, 1965, S. 42)

22. Januar (?). Konstituierende Generalversammlung des Besant-Zweiges. Bereits im Oktober 1905 zählte der Besant-Zweig 83 Mitglieder. Der alte Berliner Zweig zählte im Oktober 18 Mitglieder, löste sich aber im Januar 1906 auf, ohne größere Aktivitäten entfaltet zu haben. (Datum nach H. Schmidt, *Das Vortragswerk...*; möglicherweise 22. Februar.)

26. Januar. Öffentlicher Vortrag im Architektenhaus. Rudolf Steiner beginnt eine Reihe von Vorträgen, die er jeweils donnerstags, am 2., 16., 23. Februar und am 2. März fortsetzt, und in denen er ausführlich den esoterischen Kern in den Dichtungen Goethes darstellt, um damit zu zeigen, daß die Theosophie an das innere Geistesgut der deutschen Klassik (Lessing, Herder, Schiller, Goethe und Novalis) anschließt. (GA 53)

5. Februar. Auf der außerordentlichen Generalversammlung des Berliner Zweiges kündigt Rudolf Steiner an, daß er demnächst einen Besant-Zweig gründen werde.

10. Februar. Rundbrief an die Mitglieder des Berliner Zweiges der Theosophischen Gesellschaft (Deutsche Theosophische Gesellschaft) über die Gründung des *Besant-Zweiges,* dem sich zunächst 27 Mitglieder anschließen. (Mitteilungen D, 1965, S. 42 f.)

23. Februar (?), evtl. 22. Februar. Öffentlicher Vortrag: *Goethes geheime Offenbarung II.* Rudolf Steiner gibt eine sehr ausführliche Deutung des goetheschen *Märchens,* in welcher er die einzelnen Personen und ihre Bedeutung genau charakterisiert.

28. Februar. Weimar. Öffentlicher Vortrag: *Nietzsche und die Theosophie.*
Im März. Vorrede zu SCHURÉS *Kinder des Luzifer* in *Lucifer-Gnosis.*
1. März. Öffentlicher Vortrag in Jena: *Grundlehren der Theosophie.* Nach dem Vortrag kommt es in einem kleinen Kreise zu einer Diskussion über Theosophie: «In diesem Kreise war MAX SCHELER, der damals in Jena als Dozent für Philosophie wirkte. In eine Erörterung über dasjenige, was er an meinen Ausführungen empfand, lief bald die Diskussion ein. Und ich empfand sogleich den tieferen Zug, der in *seinem* Erkenntnisstreben waltete. Es war innere Toleranz, die er meiner Anschauung entgegenbrachte.... Wir diskutierten über die erkenntnistheoretische Rechtfertigung des Geist-Erkennens.... Schelers Art zu denken machte auf mich einen genialischen Eindruck....» (Lg 441 f.)
10. März. Berlin. Öffentlicher Vortrag: *Der Apostel Paulus und die großen Eingeweihten.*
10.–15. März. Vortragsreise. Berlin–Nürnberg–Regensburg–München–Berlin. «In Nürnberg ging es wieder recht gut.» «In Regensburg gliedern sich natürlich doch nur wenige aus der ultramontanen Dunkelheit heraus.» In München will die dortige Zweigleiterin, Frl. VON HOFSTETTEN, zurücktreten. «Ich suchte es ihr plausibel zu machen, daß das nicht gut wäre. Sie wird wohl bleiben.» (GA 262, S. 51)
Im selben Brief an Marie von Sivers spricht Rudolf Steiner davon, daß er sich in seinen Vorträgen von der auf A. P. Sinnett zurückgehenden Darstellung der Siebenteilung der menschlichen Wesenheit immer mehr frei machen will: «Die dreigliedrige Dreiteilung meiner Theosophie ist für die Zwecke des wirklichen Eindringens in die Dinge das einzig mögliche.»
16. März. Berlin. Öffentlicher Vortrag: *Die großen Eingeweihten.* Rudolf Steiner stellt dar, wie die Kultur durch die Impulse der großen Eingeweihten befruchtet wird.
17.–22. März. Vortragsreise. Berlin–Köln–Bonn–Düsseldorf–Elberfeld–Berlin.
23. März. Öffentlicher Vortrag: *Ibsens Geistesart.* Ibsens Dramen als repräsentativer Ausdruck der gegenwärtigen Vereinsamung der Persönlichkeit.
24. März. Beginn einer Reihe von Vorträgen im Berliner Zweig der T. G. über die vierte Dimension. (Sechs Vorträge, bis 7. Juni)
31. März. Vorletzter Vortrag im Giordano Bruno-Bund über *Goethes Märchen von der grünen Schlange und der schönen Lilie.*
3.–19. April. Vortragsreise. Berlin–Stuttgart–Hannover–Hamburg–München–Karlsruhe–Mannheim–Heidelberg–Kassel–Weimar–Berlin.
4.–7. April. Stuttgart. «In Stuttgart ist es gut gegangen. Die beiden Logen [Zweige] vertragen sich vorläufig so gut miteinander, wie es nicht der Fall sein könnte, wenn sie Eine wären. Im ganzen hat Stuttgart vier Zweige. Au-

ßer unseren noch einen von [Edwin] Böhme gestifteten und einen der Tingleyschen Richtung.» (GA 262, S. 54)
In Stuttgart besucht Rudolf Steiner Adolf M. Oppel, aus dessen *Adeptenbuch* er in der Zeitschrift *Lucifer-Gnosis* in den Nummern 14 und 15 und 18–30 Abschnitte veröffentlicht.
8. April. Hannover. «In Hannover war der Besuch mittelmäßig, durchaus nicht schlecht den Verhältnissen nach. Es lagert eben da über dem Ganzen des armen Hübbe-Schleiden (wie eine Dunstwolke) zersetzender Verstand...» (GA 262, S. 54) Wahrscheinlich führte Hübbe-Schleiden Rudolf Steiner bei diesem Besuch seine «Atommodelle» vor. (Vgl. GA 258, 15. 6. 1923)
9. und 10. April. In Hamburg macht der Leiter und Gründer des Zweiges, Bernhard Hubo einige Sorgen. Hubo ist «noch immer nicht über seine inner-äußere Unruhe hinaus. Er will im Grunde allen wohl, aber bekrittelt alles und beklagt sich über alles. ...Gestern war bei ‹Goethes Evangelium› ein im Grunde nicht schlechter Besuch.» (GA 262, S. 55)
11. April. Auf der Fahrt nach München langer Brief an Marie von Sivers mit einem Bericht über die bisherige Vortragsreise. (GA 262, a. a. O.)
11.–13. April. München. Am 13. öffentlicher Vortrag über *Der Apostel Paulus und die großen Eingeweihten.* Bericht: «Die Vorträge, die von etwas Christlichem handeln, wie über den Apostel Paulus, finden allerdings noch weniger Ohren. Es gibt da zweierlei Schwierigkeiten. Einmal hat es der bisherige Gang der theosophischen Bewegung mit sich gebracht, daß die Leute Theosophie für etwas wesentlich Indisches halten. Sie glauben daher wohl, daß der Theosoph nichts über das Christentum zu sagen habe. Und dann tritt ja wirklich das offizielle Christentum heute in einer Form auf, daß es schwer wird, an die von mir vorgetragene wahre Gestalt zu glauben.» (GA 262, S. 57)
14. und 15. April. Vorträge in Karlsruhe, wo sich in bezug auf den Vortrag: *Die Weisheitslehren des Christentums* eine ähnliche Erfahrung wie in München (s. o.) ergibt.
14. April. Nach dem Vortrag über die Weisheitslehren des Christentums Begegnung mit Prof. Arthur Drews, den Rudolf Steiner am folgenden Tage besucht. Arthur Drews hatte 1894 die *Philosophie der Freiheit* rezensiert, und Rudolf Steiner bezeichnet ihn trotz der seinerzeit ablehnenden Rezension als einen «der einsichtsvollsten deutschen Philosophieprofessoren». «Doch kam er über den springenden Punkt nicht hinweg.» (GA 262, S. 57)
16.–17. April. Aufenthalt in Mannheim. Rudolf Steiner schreibt dort den Artikel *Wie erlangt man Erkenntnisse der höheren Welten?* für die Nr. 22 (März) der Zeitschrift *Lucifer-Gnosis.* Es handelt sich hier um das Kapitel *Über einige Wirkungen der Einweihung.*
18. April. Öffentlicher Vortrag in Kassel über *Die Weisheitslehren des Christentums.* (Vgl. Ludwig Kleeberg, *Wege und Worte,* S. 53–63.)

21. April. Karfreitag. Berlin. Vortrag für Mitglieder über *Ostern und die Theosophie.*

25. April–1. Mai. Vortragsreise. Berlin–Köln–Düsseldorf–Kassel–Berlin. Bericht: «Die paar Leute, die in Köln sind, nehmen wirklich innigen Anteil an unserer Weltanschauung. Und auch bei den öffentlichen Vorträgen ging es nicht schlecht, obwohl es besser hätte besucht sein können. Gestern [27. April] dauerte die Fragenbeantwortung sogar bis 11 Uhr.» Rudolf Steiner nimmt auch zu inneren Fragen der Theosophischen Gesellschaft Stellung. (GA 262, S. 61)

28. April. Rudolf Steiner in Düsseldorf bei Dr. Felix Peipers, der mit Dr. Ludwig Noll zu den ersten Ärzten in der Theosophischen Gesellschaft gehört. Er gründet später in München eine Privat-Klinik und wirkt auch bei den Mysterien-Dramen mit. Aus Anlaß dieses Besuches schreibt Rudolf Steiner an Marie von Sivers über Medizin und Medizin-Studium: «Es ist unbedingt notwendig, daß gerade solche Studien wie die medizinischen von theosophischem Geiste durchtränkt werden. Denn darauf kommt es an, daß *mit* der Wissenschaft sich die theosophische Auffassung verbinde. Die naturärztliche laienhafte Pfuscherei kann und darf nicht von uns in Schutz genommen werden.» (GA 262, S. 61)

1. Mai. Kassel. Nachmittags Besprechung im kleinen Kreis bei Dr. Ludwig Noll (siehe 28. April), abends öffentlicher Vortrag: *Schiller und die Theosophie.* (Ausführliche Schilderung bei Ludwig Kleeberg, *Wege und Worte,* S. 63–69.)

3. Mai. Letzter Vortrag im Giordano Bruno-Bund: *Der Decamerone des Boccaccio als Kritik der Priesterkultur.*

4. Mai. Öffentlicher Vortrag in Berlin. *Schiller vom Gesichtspunkte der Theosophie.* Entwicklung und Wirkungsgeschichte Schillers mit einem wichtigen Hinweis auf das unvollendete Drama *Demetrius.* (GA 53)

6.–10. Mai. Reise zu einem Vortrag in Freiburg i. Br. und zu internen Arbeiten in München.

11. Mai. Berlin. Beginn einer öffentlichen Vortragsreihe über die Theosophie und die vier klassischen Fakultäten der Universität. *Die theologische Fakultät und die Theosophie* – über die Notwendigkeit einer neuen Geisterkenntnis zur Befruchtung des religiösen Lebens. (GA 53, vier Vorträge, bis 8. Juni)

15. Mai. Beginn von Vorträgen für Mitglieder: *Über den verlorenen und wiederzuerrichtenden Tempel.* Rudolf Steiner spricht über den Sinn der großen Allegorien und Symbole, die auf Gesetzmäßigkeiten der Gemeinschaftsbildung hinweisen: die Tempellegende, die im Freimaurertum eine Rolle spielt und die Kreuzesholzlegende, die in der Legenda aurea des Jacobus de Voragine überliefert wird. (GA 93, vier Vorträge, bis 5. Juni)

25. Mai. Öffentlicher Vortrag: *Die medizinische Fakultät und die Theosophie.*

«Das heutige Denken hat etwas Absolutes und es ist durchsetzt von dem Glauben an seine Unfehlbarkeit; es liegt die Hinneigung zu etwas Päpstlichem in solchen Begriffen, wie mancher sie sich aneignet. Die Forschung ist bestimmt durch die Art wie man an die Natur die Fragen stellt. Fragt man sie verkehrt, so gibt sie auch verkehrte Antworten.» Heute herrscht ein Probieren, ein zufälliges Experimentieren. «Das rührt her vom Mangel an Intuition. Besonders in der medizinischen Wissenschaft steckt manches, was von diesem Mangel herrührt.» (GA 53, S. 474f., vgl. 6. Januar 1920) In dem Vortrag ein Hinweis auf den Tübinger Arzt Emil Schlegel, der typisch und symptomatisch für die Ärzte sei, die heute einen Ausweg suchen.
19. und 26. Juni. Berlin. Mitgliedervorträge über die Bergpredigt und das Johannes-Evangelium.
5. Juli. Reise nach London.
6.–10. Juli. Kongreß der Föderation europäischer Sektionen der Theosophischen Gesellschaft in London. (Bericht Rudolf Steiners in GA 34, S. 566ff.)
6. Juli. Rudolf Steiner besucht den Vortrag Annie Besants über *Anforderungen der Schülerschaft.* «Alle, welche damals zugegen waren, werden mir nicht widersprechen, wenn ich sage, daß dies eine Stunde innigen theosophischen Zusammenlebens war, von der man einen bleibenden Herzens- und Geisteseindruck mitnehmen konnte. Ich habe Frau Besant selten in so innerlicher und herzlicher Weise sprechen gehört.» «Nicht aus Personenkultus, sondern aus dem geistigen Inhalte der Persönlichkeit heraus wurde mir die Überzeugung, daß in ihr das lebt, was zu den höheren spirituellen Welten führt. Vor H. P. Blavatsky stand ich noch vor 15 Jahren wie vor einem Rätsel, aber durch Frau Besant habe ich auch den Weg zu H. P. Blavatsky gefunden.» (Mitteilungen TG, Nr. 1, S. 2)
8. Juli. Auf dem Kongreß sprechen die Vertreter der verschiedenen Sektionen und Länder in ihrer Landessprache zur Begrüßung. Rudolf Steiner: «Ich hielt eine ganz kurze Rede. Es war die Zeit, als eben die Entente cordiale geschlossen worden war, ...» und Rudolf Steiner führte aus, »daß es sich in der Bewegung, die die ‹Theosophical Society› darstellen will, nicht darum handeln kann, von irgendeinem Zentrum aus irgendetwas als theosophische Weisheit zu verbreiten, sondern daß es sich lediglich darum handeln kann, daß das, was die neuere Zeit von allen Seiten der Welt herausbringt, gewissermaßen an einer gemeinsamen Stätte eine Art Vereinigungspunkt hat. Und ich schloß mit den Worten: Wenn wir auf den Geist bauen, wenn wir geistige Gemeinschaft in wirklich konkreter, positiver Weise suchen, so daß der Geist, der da und dort erzeugt wird, nach einem gemeinsamen Zentrum der ‹Theosophical Society› getragen wird, dann bauen wir eine andere Entente cordiale.» Diese Ansprache fand keinen Widerhall. (GA 185, 27. 10. 1918)
10. Juli. Kongreß-Vortrag: *Die okkulte Grundlage in Goethes Schaffen.* (GA 35)

19. Juli. Rudolf Steiner wieder in Berlin.
23. Juli. Langer Brief an Günther Wagner mit einem ausführlichen Bericht über den Londoner Kongreß. Am Ende des Briefes heißt es: «Es tut mir leid, daß ich Ihnen nicht ausführlicher schreiben kann; allein vor mir liegen die letzten wartenden Arbeiten für ‹Lucifer› Nr. 24 und 25. [April u. Mai!] Und Sie können ermessen, wie mich das in Anspruch nimmt. Es ist notwendig, daß ich diese geheimwissenschaftlichen Dinge, welche der ‹Lucifer› in der letzten Zeit gebracht hat, veröffentliche. Allein die Verantwortung lastet schwer auf mir. Und ich muß jede Zeile, jede Wendung zehnmal erwägen, um möglichst genau den geistigen Inhalt wiederzugeben, der mir zu geben obliegt, und der mir doch selbst in ganz anderer Form und Sprache überliefert wird.» (GA 264, S. 95)
Ende Juli und Anfang August. Arbeiten für die Zeitschrift *Lucifer-Gnosis*. Rudolf Steiner schreibt: *Über einige Wirkungen der Einweihung* (2. und 3. Fortsetzung) in der Reihe *Wie erlangt man Erkenntnisse der höheren Welten?* und in der Reihe *Aus der Akasha-Chronik: Einige notwendige Zwischenbemerkungen* und *Von der Herkunft der Erde,* ferner *Was bedeutet die Theosophie für den Menschen der Gegenwart?* Rezension: ANNIE BESANT: *Der Pfad der Jüngerschaft,* in der Rubrik Fragen und Antworten behandelt er das Problem: «Soll man sich aller Kritik enthalten?» Unter der Rubrik «Zeitbilder» geht er auf das Raum- und Zeitproblem ein, und schließlich beginnt er eine neue Rubrik «Von der theosophischen Arbeit», in der er vom Leben der theosophischen Zweige berichtet. (GA 34) In Nummer 24 wird angekündigt: «Die nächsten Nummern erscheinen schon in den folgenden Tagen. Und es wird künftig für ein pünktlicheres Erscheinen Sorge getragen werden.»
Mitte August. Kurzer Sommeraufenthalt in Haubinda, Klosterheim. Haubinda, damals Sachsen-Meiningen liegt heute in der DDR, 11 km südwestlich von Hildburghausen. In Haubinda befand sich seit 1901 ein von Hermann Lietz gegründetes Landerziehungsheim. (Vgl. GA 293, 25. 8. 1919) Hier und mutmaßlich Ende August in Berlin widmet sich Rudolf Steiner weiter der Zeitschrift *Lucifer-Gnosis* und betreibt die Fertigstellung der Nummern 26 und 27 (Juni u. Juli). Es werden für Nr. 27 geschrieben: *Theosophie und Lebenspraxis; Die Spaltung der Persönlichkeit während der Einweihung* in der Reihe *Wie erlangt man Erkenntnisse der höheren Welten;* in der Reihe *Aus der Akasha-Chronik: Die Erde und ihre Zukunft;* Zeitbilder: über ein Sammelwerk *Beiträge zur Weiterentwicklung der christlichen Religion;* Von der theosophischen Arbeit: Bericht über den theosophischen Kongreß in London; für Nr. 28 (August 1905) *Theosophie, Sittlichkeit und Gesundheit:* «Moralische *und* physische Übel entspringen dem Irrtume: und wer sich zur Wahrheit und Weisheit hinaufarbeitet, der fördert das moralisch Gute *und auch* die physische Gesundheit der Welt.» (GA 34, S. 178) *Der Hüter der Schwelle* aus der Reihe *Wie erlangt*

man Erkenntnisse der höheren Welten?; in der Reihe *Aus der Akasha-Chronik – Das Leben des Saturn*; Zeitbilder: über OTTO PFLEIDERERS damals viel besprochenes Buch *Die Entstehung des Christentums:* «Das Christentum Pfleiderers ist kein Christentum mehr, sondern ein durch das moderne Denken geschaffenes, ganz willkürliches Gebilde.» (GA 34, S. 478)
Am Ende der Nummer 28 die Ankündigung: «Die nächste Nummer von ‹Lucifer-Gnosis› wird im September erscheinen. Und es wird künftig für pünktlicheres Erscheinen Sorge getragen werden.»
6.–25. September. Vortragsreise. Berlin–St. Gallen–Zürich–Basel–Freiburg–Stuttgart–Nürnberg–Heidelberg–Frankfurt/M.–Kassel–Weimar–Berlin. MARIE VON SIVERS begleitet Rudolf Steiner auf dieser Reise bis Kassel. Mit dieser Reise beginnt die eigentliche Wirksamkeit Rudolf Steiners in der Schweiz. Die Aufforderung zu Vorträgen in der Schweiz ging von HUGO SCHUSTER, der damals als Kaufmann in St. Gallen lebte, aus. Der Vortrag in Zürich wurde durch ITA WEGMAN und Prof. GYSI, der in Basel durch den Buchhändler RUDOLF GEERING arrangiert. (Marie Steiner, *Aus Rudolf Steiners Leben und Tod,* Nachrichtenblatt 1925, S. 181)
7. September. St. Gallen. Öffentlicher Vortrag: *Die Botschaft der Theosophie in der Gegenwart.*
8. September. Interner Vortrag *Über unser Planetensystem.* (Vgl. Ernst Uehli, *Leben und Gestaltung,* S. 50f.)
9. September. Zürich. Öffentlicher Vortrag: *Die Überwindung des Materialismus nach neueren Gesichtspunkten.* (Eindrucksvolle Schilderung des Milieus, von Marie Steiner und Ita Wegman in: Margarita Woloschin, *Die grüne Schlange,* S. 150–154.)
24. September. Interner Vortrag in Kassel über die Geschichte der Theosophischen Gesellschaft, das Wesen des Christentums und Reinkarnation und Karma. (Ausführliche Schilderung bei Ludwig Kleeberg, *Wege und Worte,* S. 72–76.)
26. September–5. November. Berlin. Rudolf Steiner hält einen 31 Vorträge umfassenden Schulungskurs, um einen kleinen Kreis für die aktive Arbeit in der Theosophischen Gesellschaft vorzubereiten. MARGARITA WOLOSCHIN berichtet: «In den ersten Wochen nahmen außer uns noch neun Menschen daran teil; später waren es zwölf. So gerieten wir direkt in den ‹Tierkreis›, wie man später im Scherze den Kreis von Persönlichkeiten nannte, die sich als erste um Rudolf Steiner zusammenfanden.» Margarita Woloschin erwähnt als Teilnehmer: MARIE VON SIVERS, SOPHIE STINDE, MATHILDE SCHOLL, PAULINE GRÄFIN VON KALCKREUTH, EUGENIE VON BREDOW, ELIZA VON MOLTKE, ANNA MINSLOFF, ALEXEJ SABASCHNIKOW. «Das kleine Häuflein Zuhörer, von denen sich die meisten gar nicht durch besondere Gaben auszeichneten, waren schlichte Menschen, aber sie erkannten die Bedeutung

der Stunde. Sie waren Übende auf dem Weg der Meditation ...» (M. Woloschin, *Die grüne Schlange,* S. 155–159)

5. Oktober. Beginn der Reihe öffentlicher Wintervorträge im Architektenhaus. (GA 54, 22 Vorträge bis 3. Mai 1906)

Der erste Vortrag trägt den Titel *Haeckel, die Welträtsel und die Theosophie.* An Haeckel anknüpfend führt Rudolf Steiner die Grundidee der Theosophie aus: «Ich mache keine Einwendungen gegen den naturwissenschaftlichen Standpunkt; ich möchte ihm nur die Anschauung der Theosophie oder Geisteswissenschaft gegenüberstellen, welche sagt: Es ist möglich, nein es ist sicher, daß der Mensch nicht stehen zu bleiben braucht auf dem Standpunkte, auf welchem er heute steht. Es ist möglich, daß sich Organe, Geistesaugen entwikkeln in ähnlicher Weise, wie sich in diesem physischen Leibe Sinnesorgane, Augen und Ohren entwickelt haben.» (GA 54, S. 24)

12. Oktober. Öffentlicher Vortrag: *Unsere Weltlage (Krieg, Frieden und Theosophie).* Vor dem Hintergrund des im September beendeten russisch-japanischen Krieges und der ersten Russischen Revolution spricht Rudolf Steiner über den Zusammenhang von Erkenntnis und sozialem Leben: die herrschende Theorie des Liberalismus in der Wirtschaft und des Darwinismus in der Deszendenztheorie sehen den Konkurrenzkampf als produktive Faktoren an. Gegen diese falsche Auffassung, die das grundlegende Prinzip der gegenseitigen Hilfe und Kooperation verkennt, wendet sich die Theosophie, die sieht, daß nicht Kampf und Krieg die Entwicklung befördern. In unserer Gegenwart befördert innere Entwicklung und neue Erkenntnis allein den Frieden: «Eine wirkliche Friedensgesellschaft ist eine solche, die nach Geist-Erkenntnis strebt, und die wirkliche Friedensbewegung ist die geisteswissenschaftliche Strömung.» (GA 54, S. 24) Rudolf Steiner setzt diese Betrachtungen in Berlin am 26. Oktober mit dem Vortrag *Theosophie und soziale Frage* und am 23. November mit dem Vortrag *Bruderschaft und Daseinskampf* fort. (GA 54)

13.–15. Oktober. Kurze Vortragsreise nach Hannover und Hamburg.

22. Oktober, 10 Uhr. 4. ordentliche Generalversammlung der deutschen Sektion der Theosophischen Gesellschaft. Rudolf Steiner berichtet über die Arbeit der Sektion und erwähnt, daß in Freiburg und Karlsruhe neue Zweige entstanden sind und daß Zweiggründungen für St. Gallen und Frankfurt/M. in Aussicht stehen. MARIE VON SIVERS berichtet über die Entwicklung der Zweige und die Mitgliederbewegung. Die Zahl der Mitglieder hat um 121 auf 377 zugenommen. HERMANN AHNER berichtet über die schwierige Arbeit in Dresden. Bei der Wiederwahl des Vorstandes führt RICHARD BRESCH aus: er sei gegen die Wiederwahl Dr. Steiners. Vor drei Jahren habe er ihn aufgefordert, den Posten anzunehmen, damals sei Dr. Steiner ein Gelehrter gewesen, nunmehr wirke er als Okkultist, und solche Persönlichkeiten seien für die Verwaltung nicht die geeigneten. Adolf Arenson stellt den Gegenantrag: Rudolf Steiner solle als Generalsekretär wiedergewählt werden. Nach längerer Debatte wird Rudolf Steiner in namentlicher Abstimmung mit allen gegen 2 Stimmen wiedergewählt. Darauf wird der Vorstand neu gewählt. In den Vorstand werden gewählt: Fräulein VON SIVERS, Fräulein SCHOLL, Frau LÜBKE, Fräulein STINDE und die Herren ARENSON, KOLBE, KIEM, WAGNER, DEINHARDT, BAUER, HUBO, AHNER. Nach der Wahl des Vorstandes kommt es zu einer kontroversen Debatte, die durch einen Antrag von Richard Bresch und Dr. F. LÖHNIS ausgelöst worden ist. Bresch und Löhnis beantragen, daß die Deutsche Sektion dem Präsidenten der Theosophischen Gesellschaft (Adyar) COLONEL OLCOTT ihre Mißbilligung aussprechen solle, weil ANNIE BESANT ihren Anteil an einem Vermächtnis nicht der Theosophischen Gesellschaft, sondern dem Central Hindu College in Benares zugeführt hat. Der Antrag Bresch wird von den meisten deutschen Zweigen mit Gegenanträgen beantwortet, die die Rechtmäßigkeit des Vorgehens von Frau Besant betonen. Der Antrag Bresch und Löhnis wird nicht angenommen.

Weitere Anträge betreffen das Mitteilungsblatt und die Theosophische Bibliothek in Berlin, die in die Verwaltung der Sektion überführt werden soll. (Mitteilungen TG, Nr. I, S. 1–8)

22. Oktober, nachmittags. Rudolf Steiner spricht für die anwesenden Mitglieder über das Verhältnis des Okkultismus zur theosophischen Bewegung: die Theosophische Gesellschaft ist keine okkulte Brüderschaft, «aber in unserer Gesellschaft kommt der Okkultismus wieder zur Sprache». Die Theosophische Gesellschaft hat die Aufgabe, einer künftigen Kultur aufgrund einer Einsicht in die geistige Welt zu dienen. (GA 93)

23. Oktober, morgens. Rudolf Steiner hält zwei Vorträge über die Freimaurerei und die Menschheitsentwicklung und geht dabei u. a. auf die Frage ein, warum die bisherige Freimaurerei (mit Ausnahme der Adoptionsmaurerei seit 1775) keine Frauen zugelassen hat. (GA 93)

23. Oktober, abends. Vortrag über die praktische Bedeutung der okkulten Erkenntnisse für das alltägliche Leben. (GA 93)

24. Oktober. Esoterische Stunde im Zusammenhang der E. S. Rudolf Steiner zeichnet den Inhalt dieser Stunde für ein Mitglied, das nicht anwesend sein konnte (Anna Wagner in Lugano) auf. In dieser Einführungsstunde erläutert Rudolf Steiner den Sinn der von H. P. BLAVATSKY herrührenden Eingangsmeditation der E. S. und zeigt, wie man mit ihr umgeht. (GA 245, S. 85 ff.)

26. Oktober. Öffentlicher Vortrag im Architektenhaus über *Die soziale Frage und die Theosophie*. Erster, noch tastender Versuch, auf das für ein zeitgemäßes soziales Verständnis erforderliche neue Denken hinzuweisen. (B 88,

S. 11–25. Vgl. GA 34, *Theosophie und soziale Frage*, aus *Lucifer-Gnosis*, Nummer 29, Dezember 1905, 30 und 32, Sommer 1906, vgl. auch GA 54, 2. März 1908)

31. Oktober. Beginn eines Vortragskurses an der Freien Hochschule: *Vom Germanenstamm zum Stadtbürgertum – Die Grundlagen der Kultur des Mittelalters.* (Fünf Vorträge, bis 19. Dezember)

2. November. Öffentlicher Vortrag über *Die Frauenfrage.* (GA 54)

10.–15. November. Vortragsreise. Berlin–München–St. Gallen–Zürich–Basel–Frankfurt/M.–Berlin.

10. November. Öffentlicher Vortrag in München über *Theosophie, Kunst und Künstler.* Damit wird zum ersten Mal ein für die weitere Münchener Entwicklung spezifisches Thema angeschlagen.

13. November. Öffentlicher Vortrag in Zürich über *Haeckel, die Welträtsel und die Theosophie.* Rudolf Steiner berichtet: «In Zürich war ein voll besetzter Saal. Viel innere Zustimmung, aber auch viel innere Opposition, die aber in der nachfolgenden Diskussion *nicht* hervortrat. ... Viele Russen und Polen waren da. Die sind am längsten geblieben, Dr. Gysi ist voll von ‹der hat gesagt›, ‹der wird sagen›, ‹man soll nicht zu weit gehen› usw. Fast hat er schon die gute Wegman damit angesteckt. Von der würde ich Ängstlichkeit sogar begreifen, da sie doch vor dem Examen steht, und die Professoren doch in Zürich die Scheuleder aus derselben Riemerwerkstätte haben wie anderswo.» (GA 262, S. 70)

18.–20. November. Vortragsreise. Berlin–Hamburg–Kolmar–Straßburg–Kolmar–Freiburg–Berlin.

Während dieser Reise arbeitet Rudolf Steiner an dem Aufsatz *Das Leben auf dem Monde* und stellt ihn für die Reihe *Aus der Akasha-Chronik* am 19. November fertig. In den Briefen an Marie von Sivers berichtet Rudolf Steiner – wie schon aus St. Gallen –, daß er fortwährend in eiskalten Zimmern untergebracht wird, was seine empfindliche Stimme mit Erkältung bedroht und ihn am Arbeiten hindert.

18. November. Hamburg. Öffentlicher Vortrag. *Die Zukunft des Menschen.* Rudolf Steiner berichtet: «Gestern abend war in Hamburg der Saal gefüllt, und ich hatte das Gefühl und die Intuition, daß es besser war denn je. Dasselbe sagten hinterher auch Sellin und Frau Tode.» (GA 262, S. 70)

19. November. Öffentlicher Vortrag in Kolmar über *Die Botschaft der Theosophie in der Gegenwart.* Rudolf Steiner berichtet: «Ein Publikum, das noch gar nichts von Theosophie wußte. Einige protestantische Pastoren, zwei katholische Priester. ... Es schien wirklich gelungen, das Publikum zu interessieren.» Dann die Bitte an Marie von Sivers, sie möge bitte Adolf Arenson schreiben, daß «ich... diesmal in Stuttgart im Hotel wohnen *muß*. Man möge mir das in Stuttgart nicht übelnehmen. ... Alles andere ertrage ich ohne Schaden; aber diese Privateinladungen sind mit Ausnahme der so guten in München und Köln wirklich geeignet, mich nach und nach unfähig zur Arbeit zu machen. Hier habe ich mich nun vollends davon überzeugt. Verzeihe dies Lamento. Aber ich schreibe selbst dieses frierend.» (GA 262, S. 72)

23. November. Öffentlicher Vortrag in Berlin über *Bruderschaft und Daseinskampf.* Im Gegensatz zum Darwinismus und Sozialdarwinismus (Alexander Tille) charakterisiert Rudolf Steiner die historische und künftige Bedeutung des sozialen Zusammenwirkens im Sinne der Bruderschaft. (GA 54)

24. November. Rudolf Steiner nimmt zusammen mit Marie von Sivers vermutlich an einer freimaurerischen Zeremonie im Zusammenhang des OTO (Theodor Reuss) teil. Er schreibt am folgenden Tag an Marie von Sivers: «Nun hast Du gestern selbst gesehen, wie wenig noch übrig geblieben ist von den esoterischen Institutionen, die *doch* einmal ein physiognomischer Abdruck waren höherer Welten. In Wahrheit sollen die drei symbolischen Grade: Lehrling, Geselle, Meister die drei Stufen ausdrücken, auf denen der Mensch im Geiste sich selbst, d. h. sein Selbst *innerhalb* des Menschentypus findet. Und die Hochgrade sollten die Erhebung stufenweise andeuten, durch die der Mensch ein Bauer am Menschheitstempel wird.» «Es wäre nun die Aufgabe, das maurerische Leben aus den veräußerlichten Formen aufzufangen und neu zu gebären, wobei natürlich das wiedergeborene Leben auch *neue* Formen hervorbringen müßte.» (GA 262, S. 73)

25. November–4. Dezember. Vortragsreise. Berlin – Nürnberg – Stuttgart–Heidelberg–Karlsruhe–Köln–Düsseldorf–Berlin.

27. oder 28. November. Rudolf Steiner besucht den Arzt Emil Schlegel in Tübingen. (Vgl. BfII, Nr. 610; GA 236, 12. 4. 1924)

30. November. In einem Brief an Marie von Sivers kommt Rudolf Steiner nochmals auf die Beziehung zu dem Hochgradfreimaurer Theodor Reuss zu sprechen: «Die Freimaurer-Sache wollen wir nur ja bedächtig, ohne alle Überstürzung machen. Reuss ist kein Mensch, auf den irgendwie zu bauen wäre. Wir müssen uns klar darüber sein, daß *Vorsicht* so dringend dabei nötig ist. Wir haben es mit einem ‹Rahmen› nicht mit mehr in der Wirklichkeit zu tun. Augenblicklich steckt gar nichts hinter der Sache. Die okkulten Mächte haben sich *ganz* davon zurückgezogen.» (GA 262, S. 80)

6. Dezember. Leipzig. Öffentlicher Vortrag: *Die Ideale der Menschheit und die Ideale der Eingeweihten.*

7. Dezember. Berlin. Öffentlicher Vortrag: *Innere Entwicklung.* Über die Anforderungen der Geheimschulung.

8.–10. Dezember. Vortragsreise. Berlin–Bremen–Hamburg–Bremen–Berlin.

11., 18. und 28. Dezember. Berlin. Mitgliedervorträge über die Erkenntnis der höheren Welten.

14. Dezember. Öffentlicher Vortrag über *Das Weihnachtsfest als Wahrzeichen des Sonnensieges.* (GA 54)
15.–17. Dezember. Vortragsreise. Berlin–München–Regensburg–Berlin.

1906

Mit erhöhter Intensität setzt Rudolf Steiner die Entfaltung der Theosophie und den Aufbau der deutschen Sektion der Theosophischen Gesellschaft fort. So steigert er die 1904 begonnene Reise- und Vortragstätigkeit zur Pflege der theosophischen Arbeitsgruppen. Dabei fällt auf, daß von den etwa 245 Vorträgen, die Rudolf Steiner im Jahre 1906 hält, nur 44 in Berlin stattfinden, 201 Vorträge werden außerhalb Berlins gehalten. Das hängt unter anderem damit zusammen, daß Rudolf Steiner nunmehr dazu übergeht, auch außerhalb Berlins zusammenhängende Vortragszyklen zu halten. Er begründet das in Berlin folgendermaßen: «Gerade solche Zyklen in anderen Städten haben sich vielleicht als das Wirksamste erwiesen, um der theosophischen Geistesbewegung einen tieferen Eingang in unsere Zeit zu verschaffen. Wenn man in diese oder jene Stadt kommt und einen oder zwei Vorträge zur Anregung halten darf, ist es nicht so leicht, die theosophische Bewegung in genügend intensiver Weise auszubreiten. Wer aber vierzehn Tage hindurch in dieses Geistesleben eingeführt wird, bekommt eine Ahnung davon, daß ihm da eine neue Welt aufgeht.» (GA 96, 1. 10. 1906) 1906 finden Zyklen in Paris (18 Vorträge), Leipzig (14 Vorträge), Stuttgart (14 Vorträge) und in München (acht Vorträge) statt.
Ein wichtiges Element in den Darstellungen Rudolf Steiners 1906 ist die immer deutlichere Unterscheidung der geistigen Schulungswege. Rudolf Steiner nennt drei Wege: den indischen Yoga-Weg, der für Europäer heute nicht gangbar ist, den christlich-gnostischen Weg des Mittelalters, der eine strenge Absonderung vom alltäglichen Leben verlangt und den christlich-rosenkreuzerischen Weg, der unserer Zeit angemessen ist und der mit der Gedankenschulung (dem «Studium») beginnt. – Ferner darf man annehmen, daß Rudolf Steiner auch 1906 an der *Geheimwissenschaft im Umriß* arbeitet. Seit 1905 (November) wird das Erscheinen des Buches in den *Mitteilungen* angekündigt.
Neben der in Deutschland seit 1904 bestehenden Esoterischen Schule richtet Rudolf Steiner für fortgeschrittenere Schüler eine symbolisch-kultische Abteilung ein, die formell an die in den USA von John Yarker vertretene Hochgradmaurerei des Memphis-Misraim-Ritus anschließt. Auch Helena Petrowna Blavatsky hatte sich in den 70er Jahren dieser Richtung angeschlos-

sen. In seiner Autobiographie bemerkt Rudolf Steiner zu dieser Einrichtung: «Ich nahm daher das Diplom der angedeuteten Gesellschaft, die in der von John Yarker vertretenen Strömung lag. Ich nahm nichts, aber auch wirklich gar nichts aus dieser Gesellschaft mit als die rein formelle Berechtigung, in historischer Anknüpfung selbst eine symbolisch-kultische Betätigung einzurichten.
Alles was in den ‹Handlungen› inhaltlich dargestellt wurde, die innerhalb der von mir gemachten Einrichtung gepflogen wurden, war ohne historische Anlehnung an irgendeine Tradition. ... Und getan ist dies worden aus dem Bedürfnis der Mitgliedschaft heraus.» (Lg 446 f.)
Die deutsche Sektion der Theosophischen Gesellschaft wächst im Jahre 1906 deutlich von 377 auf 591 Mitglieder. Sieben Zweige werden neu gegründet: St. Gallen, Frankfurt, München II, Bremen, Bonn, Basel und Heidelberg. Ferner entsteht in Prag eine Gruppe, die sich zunächst dem Besant-Zweig in Berlin anschließt. Schließlich wird 1906 beschlossen, den 4. Kongreß der Föderation der europäischen Sektionen der Theosophischen Gesellschaft im Jahre 1907 zu Pfingsten in München abzuhalten. – Die Theosophische Weltgesellschaft wird 1906 von dem sogenannten Leadbeater-Skandal erschüttert. In Deutschland bereiten die Zweige in Hannover (Wilhelm Hübbe-Schleiden) und Hamburg (Bernhard Hubo) wie auch Bremen und Frankfurt und eine Reihe von Mitgliedern beträchtliche Sorgen. Allein der Zweig München I, wo Sophie Stinde und Gräfin Pauline Kalckreuth wirken und der Zweig in Leipzig, wo Frau Elise Wolfram arbeitet sowie der Besant-Zweig in Berlin erscheinen als reine Aktiv-Posten in der Arbeitsbilanz der deutschen Sektion.

2. Januar. Vortrag in Berlin über Freimaurerei. Im Hinblick auf die geplante Einrichtung einer «kultisch-symbolischen Betätigung» führt Rudolf Steiner aus: «Einer der Wege, auf denen der Okkultismus in die Menschheit dringen wird, wird die wiedererstehende Freimaurerei sein. Gerade dadurch zeichnet sich das Allerbeste aus, daß es am meisten den Fehlern seiner Tugend ausgesetzt ist. Und kann man auch heute die Freimaurerei nur als eine Karikatur der großen königlichen Kunst bezeichnen, so dürfen wir doch nicht verzagen in dem Bemühen, die in ihr schlummernden Kräfte wieder aufzuwecken: eine Arbeit, die uns obliegt auf einem Gebiete, das mit der theosophischen Bewegung parallel läuft.» (GA 93, S. 290)
3. Januar. Auf diesen Tag ist der Vertrag datiert, durch welchen Rudolf Steiner vom Groß-Orient des Schottischen A & A 33° Ritus des Ordens der Alten Freimaurer vom Memphis und Misraim Ritus die Erlaubnis erhält, unter dem Namen «Mystica aeterna» ein Kapitel der Adoptionsmaurerei einzurichten. Zu diesem Vorgang bemerkt Rudolf Steiner in seiner Autobiogra-

phie: «Daß man später in Bescheinigungen, die von Marie von Sivers und mir bei der Anknüpfung an die historische Yarker-Einrichtung unterschrieben worden sind, hat die Ausgangspunkte für allerlei Verleumdungen nehmen wollen, ist etwas, das, um solche Verleumdungen zu schmieden, das Lächerliche mit der Grimasse des Ernstes behandelt. Unsere Unterschriften waren unter «Formeln» gegeben. Das Übliche war eingehalten worden. Und während wir unsere Unterschriften gaben, sagte ich mit aller Deutlichkeit: das alles ist Formalität, und die Einrichtung, die ich veranlasse, wird nichts herübernehmen von der Yarker-Einrichtung.» (GA 265, S. 82 und Lg 449)

3.–5. Januar. Möglicherweise Reise nach Budapest, Horn und München.

7.–17. Januar. Vortragsreise. München–St. Gallen–Zürich–Lugano–Basel–Straßburg–Kolmar–Stuttgart–München–Berlin.

7. Januar. Gründung des Ekkehard-Zweiges in St. Gallen. Vorsitzender des Zweiges ist der Photograph Otto Rietmann. Otto Rietmann fungiert bis 1932 als Zweigleiter. Ihm sind die meisten photographischen Porträts Rudolf Steiners und die photographische Dokumentation des Aufbaus des ersten Goetheanum zu verdanken.

8. Januar. Vortrag in Zürich über *Die Weisheitslehren des Christentums*. Rudolf Steiner berichtet: «Es war gestern ganz entschieden der beste bisherige Abend in Zürich. ... Das Publikum ging gestern in seltener Weise mit. Und die Stimmung war so gut, daß sie selbst anhielt, als ein junger Gelehrter in der Diskussion auftrat, und die so billigen, heute auf der Straße liegenden Einwände vorbrachte.» (GA 262, S. 87)

9. und 10. Januar. Vorträge und Aufenthalt in Lugano bei Günther Wagner. Möglicherweise wird über die zukünftige Mitarbeit Günther Wagners verhandelt, der in Berlin die Verwaltung der Bibliothek der deutschen Sektion der Theosophischen Gesellschaft übernehmen soll.

11. Januar. Öffentlicher Vortrag in Basel über *Darwinismus und Theosophie*.

12. Januar. Straßburg. Rudolf Steiner berichtet über eine Begegnung mit Albert Schweitzer: «Vor dem Vortrage waren wir mit einem Manne zusammen, der eben ein Buch über die verschiedenen ‹Leben Jesu› seit dem 18. Jahrhundert verfaßt hat, der Dozent an der Universität ist und außerdem zu seinen theologisch-philosophischen Studien jetzt noch Medizin studiert. Er will nach vier Jahren nach Afrika gehen, um dort die ‹Wilden› emporzubringen. Du siehst, ein Gelehrten-Typus der besseren Sorte.» (GA 262, S. 89, vgl. auch die in Einzelheiten fehlerhafte Darstellung Albert Schweitzers in *Erinnerungen*, S. 33–36.)

13.–16. Januar. Vorträge in Kolmar und Stuttgart.

17. und 18. Januar. Öffentliche Vorträge in München über *Theosophie und Kunst* (vgl. 10. November 1905).

19. Januar. Öffentlicher Vortrag in Frankfurt/M.: *Der Weisheitskern der Religionen.* Gründung des Goethe-Zweiges der Theosophischen Gesellschaft.

20. Januar. Reise nach Marburg, wo Rudolf Steiner von seinem alten Freund Dr. MAX CHRISTLIEB (vgl. 8. Mai 1891) und dem Studenten LUDWIG KLEEBERG erwartet wird. Rudolf Steiner berichtet: (GA 262, S. 93) «Er zeigte mir eine Rezension des ‹Esoterischen Christentums› von A. Besant, die er für eine protestantisch-kirchliche Zeitschrift geschrieben hat. Diese seine Rezension schließt mit den netten Worten: ‹Mich dünkt, die Alte redet im Fieber.› Das ist das Urteil eines liberalen Protestanten-Gelehrten, der obendrein Trine übersetzt. Von der Theosophie scheint er nun durch den Marburger Vortrag doch ein klein wenig bessere Vorstellungen erlangt zu haben.» (Ausführliche Darstellung bei Ludwig Kleeberg, *Wege und Worte,* S. 81–84)
Abends öffentlicher Vortrag: *Der Begriff des Geistes in der deutschen Philosophie.*

21.–22. Januar. Rudolf Steiner zu Vorträgen in Kassel. Rudolf Steiner berichtet: «Der Nachmittag bei Noll scheint fruchtbar gewesen zu sein.» (GA 262, S. 93; ausführlich bei L. Kleeberg, *Wege und Worte,* S. 84 f.)

23.–26. Januar. Vorträge in Weimar und Dresden.

29. Januar. Zweigvortrag in Berlin. Über die Wirkensweise okkulter Bruderschaften, über die Bedeutung des Jahres 1841, die spiritistische Welle und den Beschluß der Wiener Okkultistenkonferenz in den 70er Jahren des 19. Jahrhunderts. (GA 96, vgl. hierzu C. G. Harrison, *Das transcendentale Weltall,* 1897)

31. Januar. Öffentlicher Vortrag in Leipzig über *Goethes Evangelium.*

1. Februar. Wiederbeginn der regelmäßigen öffentlichen Architektenhaus-Vorträge in Berlin. Rudolf Steiner spricht bis zum 8. Mai jeden Donnerstag über ein anderes Thema. (Vgl. GA 54) Zwischen den Donnerstagen unternimmt Rudolf Steiner Vortragsreisen in deutsche Städte.

2.–6. Februar. Vortragsreise. Berlin–Hannover–Hamburg–Bremen–Berlin.

6. Februar. Gründung des Zweiges Bremen der deutschen Sektion der T. G.

9.–14. Februar. Vortragsreise. Berlin–Düsseldorf–Elberfeld–Düsseldorf–Köln–Bonn–Köln–Berlin. Nach dem Bericht Rudolf Steiners war er auf dieser Reise durch Gespräche und Beratungen sehr in Anspruch genommen. (GA 262, S. 94, vgl. GA 97)

19. Februar. Beginn einer Reihe von drei Mitgliedervorträgen über das Johannes-Evangelium.

20.–21. Februar. Vortragsreise. Berlin–Nürnberg–Leipzig–Berlin. Nummer 30 der nun in freien Abständen erscheinenden Zeitschrift *Lucifer-Gnosis* wird ausgeliefert. In dem Heft schreibt Rudolf Steiner über *Theosophie und soziale Frage II, Die Stufen der höheren Erkenntnis II, Aus der Akasha-Chronik – Das Leben der Erde* und von der theosophischen Arbeit. Hier berichtet er vor allem über die Arbeit in München. Dabei erwähnt Rudolf Steiner besonders die Arbeit Sophie Stindes: «Fräulein Stindes Arbeit ist auf eine echte Vertiefung des theosophischen Lebens gerichtet. Sie ruht auf Umsicht und richtiger Schätzung aller in Betracht kommender Faktoren.» In München war ein Lesezimmer, Kunst-, Musik- und Frageabend eingerichtet worden. (GA 34, S. 564)

22. Februar. Öffentlicher Vortrag im Architektenhaus über Lucifer: Das «luziferische Prinzip» wird als in alten Zeiten wirksame, «eine den Menschen durchwallende, göttliche Naturkraft, welche Selbständigkeit und Freiheit den Menschen gebracht hat» und in neuerer Zeit als «Träger des Lichtes, als Träger der Freiheit» in der menschlichen Entwicklung wirkt, beschrieben. Luzifer «ist nicht der Gegner, er ist die notwendige Ergänzung des Christusprinzips». Teilweise gilt auch für diese Deutung, was Rudolf Steiner über den Namen der Zeitschrift *Luzifer* in *Mein Lebensgang* ausführt: «Der Name wurde damals selbstverständlich in keinen Zusammenhang gebracht mit der geistigen Macht, die ich später als Luzifer, den Gegenpol von Ahriman, bezeichnete. So weit war damals der Inhalt der Anthroposophie noch nicht ausgebildet, daß von diesen Mächten schon hätte die Rede sein können.» (GA 54)

26. Februar. Fortsetzung der Mitgliedervorträge über das Johannes-Evangelium.

3.–4. März. Vortragsreise nach Hamburg.

3. März. Öffentlicher Vortrag über *Erziehungsfragen*. Rudolf Steiner spricht zum ersten Mal über dieses für seine spätere Wirksamkeit wichtige Thema. Vor allem im Laufe des Winters 1906/1907 führt er das Thema weiter aus. (Vgl. 14. Mai 1906 in Berlin, 30. Oktober in München, 1. Dezember in Köln, 8. Dezember in Stuttgart, 10. Januar 1907 in Berlin, 12. Januar in Leipzig, 24. Januar in Berlin, 23. Februar in Prag.)

5. März. Berlin. Schluß der Mitgliedervorträge über das Johannes-Evangelium.

9.–14. März. Vortragsreise. Berlin–München–Stuttgart–Berlin. (Vgl. GA 97)

21. März. Vortragsreise nach Leipzig.

23.–28. März. Vortragsreise. Berlin–Kassel–Heidelberg–Freiburg–Basel–Dresden–Berlin. Auf dieser Reise begleitet Marie von Sivers Rudolf Steiner. (Bericht über den Aufenthalt in Kassel bei Ludwig Kleeberg, *Wege und Worte,* S. 86–89) Ludwig Kleeberg berichtet in diesem Zusammenhang auch, daß in jenen Monaten die heftigen Angriffe gegen die Theosophische Gesellschaft, namentlich Attacken gegen Blavatsky, Olcott und Annie Besant, die von Richard Bresch und Dr. Heinrich Hensoldt im *Vahan* und von Gustav Müller im *Wahrheitsforscher* lanciert werden, in der Theosophenschaft für Aufregung sorgen. Rudolf Steiner ignoriert alle diese Angriffe konsequent.

30. März–4. April. Vortragsreise. Berlin–Düsseldorf–Köln–Elberfeld–Köln–Düsseldorf–Berlin. (Vgl. GA 97)

Der Schwerpunkt bei diesen Vortragsreisen liegt auf den öffentlichen Vorträgen, in denen Rudolf Steiner dieselben Themen behandelt, über die er auch in den Berliner Architektenhaus-Vorträgen spricht. (Vgl. GA 54)

6.–11. April. Vortragsreise. Berlin–Bremen–Hamburg–Hannover–Leipzig–Berlin.

16. April. Berlin. Mitgliedervortrag: *Erdinneres und Vulkanausbrüche.* (GA 96)

20.–25. April. Vortragsreise. Berlin–Regensburg–München–Leipzig–Berlin. (Vgl. GA 97)

28. April–2. Mai. Vortragsreise. Berlin–Nürnberg–Stuttgart–Leipzig–Berlin.

3.–23. Mai. Aufenthalt in Berlin.

7. Mai. Feier zum Gedenken an H. P. BLAVATSKY. MARIE VON SIVERS beginnt, öffentlich für die später so genannte Sprachgestaltung zu wirken und rezitiert Hegels Gedicht *Eleusis.* (GA 96)

In dieser Zeit kommt es in der Theosophischen Gesellschaft zu einer Krise, die durch das Verhalten von CHARLES LEADBEATER ausgelöst wird. Leadbeater ist einer der damals maßgebenden Theosophen und theosophischen Publizisten. Viele seiner Bücher sind auch ins Deutsche übersetzt. Er gilt als einer der führenden Okkultisten in der Theosophischen Gesellschaft. Leadbeater werden nun sittliche Verfehlungen vorgeworfen. Er tritt aus der T. G. aus, bevor sein Fall am 16. Mai vor dem Rat der britischen Sektion in London verhandelt wird. Es geht im Falle Leadbeater um die Glaubwürdigkeit seiner Visionen und okkulten Praktiken.

24. Mai–18. Juni. Rudolf Steiner in Paris.

24. Mai. Rudolf Steiner besucht den französischen Dichter und Theosophen EDOUARD SCHURÉ. Schuré berichtet: «Als er dann vor meiner Tür stand und mich ansah mit den Augen, die ein Wissen von unendlichen Tiefen und Höhen der spirituellen Entwicklung verrieten, mit seinem fast asketischen Gesicht, das zugleich Güte und unbegrenztes Vertrauen ausdrückte und einflößte, da machte er mir einen erschütternden Eindruck... Zum allerersten Male war ich gewiß, einen Eingeweihten vor mir zu haben.» (Camille Schneider, *Edouard Schuré,* S. 116)

25. Mai–14. Juni. Rudolf Steiner hält in Paris einen Vortragszyklus. (Vgl. GA 94) Dieser Zyklus war ursprünglich als eine Vortragsreihe für Russen geplant und sollte eigentlich im Juni 1906 auf einem Gut in der Nähe von Kaluga stattfinden, wurde aber wegen der politischen Verhältnisse in Rußland nach Paris verlegt, wo sich zahlreiche Russen aufhielten.

Für den Zyklus hatte man eine kleine Villa in Passy gemietet. Marie Steiner berichtet: «In dem Wohnraum drängte sich Stuhl an Stuhl, Bretter, die wir im Garten fanden, wurden auf Koffer gelegt; man saß auch im Vorraum. Eine Bedienung hatten wir nicht aufgetrieben. So wurde denn das Ein- und Ausräumen von unserem kleinen Kreise selbst besorgt, ebenso wie unsere kleine Wirtschaft im Souterrain, wo zugleich gekocht und gegessen und Geschirr gespült wurde, und wo auch manch literarisch klingender Name unser Gast war.» (Nachrichtenblatt 1925, S. 139) Zu den Besuchern gehören die russischen Dichter Konstantin Balmont, Dimitrij Mereschkowski, Sinaida Hippius, Nikolai Minski. (Schilderung des Milieus und der Debatten bei Margarita Woloschin, *Die grüne Schlange,* S. 164–166)

3.–5. Juni. Der Vortragszyklus wird unterbrochen, da in diesen Tagen der 3. Jahreskongreß der Föderation europäischer Sektionen in Paris stattfindet. Zum letzten Mal ist auf diesem Kongreß der Mitgründer der T. G. Colonel H. S. Olcott anwesend, der über die Aufgabe der Theosophischen Gesellschaft spricht.

4. Juni. Rudolf Steiner spricht auf dem Kongreß über *Theosophie in Deutschland vor hundert Jahren.* Unter diesem historischen Titel werden auch systematische Fragen abgehandelt. So findet sich in dem Vortrag die Bemerkung: «Das reine Denken ist nämlich bloß eine Betätigung der Persönlichkeit, nicht der Individualität, welche in immer wiederkehrenden Reinkarnationen durch die verschiedenen Persönlichkeiten hindurchgeht.» (GA 35, S. 43–65; Rudolf Steiners Kongreßbericht: GA 34, S. 572–583)

6. Juni. Nach dem Ende des Kongresses wird der Vortragszyklus wegen der stark angewachsenen Zuhörerschaft im «Hauptquartier» der französischen Sektion fortgesetzt. Edouard Schuré berichtet, daß die von Steiner vertretene abendländische Theosophie auch die Franzosen beeindruckte: «Für sie schien die Theosophie plötzlich eine andere, wenn auch etwas schwieriger erscheinende, aber doch weit klarere Seite gewonnen zu haben.» (C. Schneider, *Edouard Schuré,* S. 119) Marie Steiner berichtet aber auch, daß die «französischen Hüter theosophischer Dogmatik» von der «nouvelle invasion allemande» durchaus nicht angetan waren: «Die Blechs [Mme. und M. Charles Blech, später Generalsekretär der franz. Sektion] waren die ersten, die Gift gegen Dr. Steiner gestreut haben. 1906 in Paris hat das angefangen. Sie fanden, daß Dr. Steiners Vorträge... eine Invasion darstellten.» (B 10, S. 27; Rudolf Steiner über den Zyklus: Lg 457–459)

19.–21. Juni. Rückreise über Reims, Frankfurt und Kassel. (Über den Aufenthalt in Kassel: Ludwig Kleeberg, *Wege und Worte,* S. 89–93)

25. Juni. Berlin. Rudolf Steiner berichtet für den Besant-Zweig über den Verlauf des Kongresses in Paris.

Ende Juni. Rundbrief an die Mitglieder der deutschen Sektion zum Fall

LEADBEATER. Obwohl Rudolf Steiner Leadbeaters okkulte Forschungsmethoden ablehnt und sie als gefährlich bezeichnet, deutet er an, daß man das moralische Verhalten Leadbeaters auch anders beurteilen kann, als es offiziell geschieht. (GA 264, S. 276ff.)

27. Juni–11. Juli. Rudolf Steiner hält in Leipzig einen Zyklus: *Populärer Okkultismus.* (GA 94) In den *Mitteilungen TG* heißt es: «Es erschienen dazu allabendlich 50–60 Personen. Die Wirkung der Vorträge war eine sehr große. Sie werden einen bleibenden Eindruck hinterlassen.» (A. a. O. Nr. 3, S. 7)

13. Juli–20. August. Sommerpause. Rudolf Steiner hält sich in dieser Zeit meistens in Berlin auf. Zunächst stellt er die Nummer 31 der Zeitschrift *Lucifer-Gnosis* fertig. Die Nummer enthält den Bericht über den Pariser Kongreß der europäischen Sektionen der T. G., einen von Rudolf Steiner zum Druck überarbeiteten Vortrag *Haeckel, die Welträtsel und die Theosophie,* eine Rezension des Buches *Das Sinnesleben der Pflanzen* von RAOUL H. FRANCÉ und behandelt unter der Rubrik Fragen und Antworten: Wie hat man sich Gesundheit und Krankheit im Sinne des ‹Karmagesetzes› zu denken? (GA 34)

Im Juli. Langer Brief Rudolf Steiners an ANNIE BESANT zum Fall Leadbeater. Rudolf Steiner betont wieder das Gefährliche der Methode Leadbeaters und führt im einzelnen aus, daß Leadbeater die für den Europäer notwendige mentale Schulung fehle. «Ich meine damit nicht die bloß intellektuell-philosophische Schulung, sondern die Entwicklung jener Bewußtseinsstufe, welche in gedanklich innerem Schauen besteht.» «Dies alles ist deswegen der Fall, weil der Gedanke selbst für alle Pläne derselbe ist. Wo auch der Gedanke ausgebildet wird, ob auf dem physischen oder auf einem höheren Plane: er wird für alles dann ein sicherer Führer sein, wenn er sinnlichkeitsfrei und ein in Selbst-Erkenntnis erfaßter ist.» «Es muß also nicht auf den einzelnen Fall Leadbeaters reflektiert werden, sondern auf die Gefahren seiner Methode.» (GA 264, S. 280f.) Der Fall Leadbeater wird für Rudolf Steiner zum Anlaß, immer deutlicher die von ihm vertretene rosenkreuzerische Schulung von der orientalischen und christlich-gnostischen Schulung zu unterscheiden. (Vgl. hierzu: Vorträge 2.–4. September 1906, GA 95)

29. Juli. Rudolf Steiner, der für einige Tage auf Besuch bei EUGENIE VON BREDOW auf dem Gut Landin (Westhavelland) weilt, spricht über *Das Gralsgeheimnis im Werk Richard Wagners.* (GA 97) Der Vortrag dient auch der Vorbereitung eines Besuchs in Bayreuth.

7.–10. August. Rudolf Steiner mit MARIE VON SIVERS in Bayreuth zu einer Aufführung von Wagners *Parsifal.*

14. August. Nummer 32 der Zeitschrift *Lucifer-Gnosis* ist fertiggestellt. Das Heft enthält an erster Stelle den Aufsatz *Lebensfragen der theosophischen Bewegung,* in dem Rudolf Steiner nochmals auf den Fall Leadbeater eingeht und in diesem Zusammenhang das Verhältnis von gesundem Menschenverstand

STUTTGART · BASEL · MÜNCHEN · LEIPZIG · BERLIN · KÖLN · HANNOVER · HAMBURG · FRANKFURT / M.

und Autorität behandelt. Fortgesetzt werden die Themen: *Die Stufen der höheren Erkenntnis III* und *Theosophie und soziale Frage III*. Aus Anlaß einer Artikelserie von HELENE VON SCHEWITSCH spricht sich Rudolf Steiner über die Theorien von LANZ VON LIEBENFELS aus. In einem ausführlichen Nachruf gedenkt Rudolf Steiner des Philosophen EDUARD VON HARTMANN, der am 6. Juni verstorben war. Rudolf Steiner betont das Anregende, aber auch das Starre des Hartmannschen Denkens. (GA 34)

Rudolf Steiner plant eine Reise nach Österreich zu seinen Eltern und Geschwistern. Ob diese Reise zustande kam, ist nicht bekannt.

21. August. Rudolf Steiner reist über Donndorf bei Bayreuth, wo er Marie von Sivers abholt, nach Stuttgart.

22. August–5. September. Rudolf Steiner hält in Stuttgart den Vortragskurs *Vor dem Tore der Theosophie* – Dieser Zyklus erscheint 1910 als Zyklus 1. (GA 95)

6. September. Reise nach Heidelberg.

7.–13. September. Rudolf Steiner und MARIE VON SIVERS besuchen EDOUARD SCHURÉ in Barr (Elsaß). Die Tage werden mit ausführlichen Gesprächen und gemeinsamen Spaziergängen auf den «Hängen der Vogesen» verbracht; der Odilienberg wird besucht. (Vgl. C. Schneider, *Edouard Schuré,* S. 122)

14.–29. September. Vortragsreise. Straßburg–Freiburg–Kolmar–Baden Baden–Basel–Bern–St. Gallen–Regensburg–Nürnberg–Weimar–Berlin. (Vgl. GA 97) Besonders häufig spricht Rudolf Steiner auf dieser Reise in den Vorträgen für Mitglieder über die Mission der theosophischen Bewegung.

20. September. Gründung des Paracelsus-Zweiges in Basel. Genau sieben Jahre später wird in Dornach bei Basel der Grundstein des ersten Goetheanumbaus gelegt.

30. September–26. Oktober. Rudolf Steiner ist – von zwei kurzen Vortragsreisen nach Aschersleben (4. Oktober) und Leipzig (12./13. Oktober) abgesehen – in Berlin. Die inneren Themen der Vorträge sind: Die Aufgabe der theosophischen Bewegung, die Eigenart des rosenkreuzerischen Geistesweges und im Zusammenhang mit dem menschlichen Blut und den menschlichen Sinnen die Darstellung des hermetischen Grundsatzes: «Es ist oben alles wie unten.» (Vgl. GA 96 und 97)

11. Oktober. Wiederbeginn der öffentlichen Architektenhaus-Vorträge mit dem Thema *Die Erkenntnis des Übersinnlichen in unserer Zeit und deren Bedeutung für das Leben.* (GA 55)

21. Oktober. 5. Generalversammlung der Deutschen Sektion der Theosophischen Gesellschaft. Ein wichtiges Thema der ohne Auseinandersetzung verlaufenden Versammlung ist der für 1907 in München geplante Kongreß der Föderation der europäischen Sektionen. Rudolf Steiner gibt bekannt, daß auch die Aufführung eines Mysteriums geplant sei. Die Leitung des Kongreß-Komitees übernehmen SOPHIE STINDE und GRÄFIN KALCKREUTH.

27. Oktober–6. November. Rudolf Steiner hält in München den Vortragskurs *Die Theosophie an Hand des Johannes-Evangeliums* (vgl. GA 94) und drei öffentliche Vorträge: *Wie begreift man Krankheit und Tod, Kindererziehung im Lichte der Theosophie* und *Blut ist ein ganz besonderer Saft.* (Vgl. GA 55. Bericht bei Ludwig Kleeberg, *Wege und Worte,* S. 104–121) Marie von Sivers schreibt am 10. November an Edouard Schuré: «Während der zwölf Tage dort haben wir auch den Plan für den Kongreß entworfen und die Säle gemietet.» (GA 284/85, S. 23) Marie von Sivers berichtet über die Räumlichkeiten und die Bühne und bittet Schuré um die Erlaubnis, *Das heilige Drama von Eleusis* durch Mitglieder der T. G., d. h. durch Laienschauspieler, aufführen zu lassen.

8. November. Rückreise nach Berlin. Abends: öffentlicher Vortrag im Architektenhaus: *Der Ursprung des Leides.* Dieser Vortrag ist der erste in einer Reihe von drei Vorträgen, die am 22. November mit dem Vortrag: *Der Ursprung des Bösen* und am 13. Dezember mit dem Vortrag: *Wie begreift man Krankheit und Tod?* fortgesetzt werden. (GA 55)

9. November–15. Dezember. Rudolf Steiner ist ununterbrochen auf Vortragsreisen. Nur zu kurzen Zwischenaufenthalten kommt er nach Berlin.

9. und 10. November. Vorträge in Leipzig. Am 10. November spricht Rudolf Steiner – wie dann am 12. und 26. November in Berlin und am 3. Dezember in Köln – über das Wesen des Musikalischen. (Vgl. GA 283)

15.–21. November. Vortragsreise. Berlin–Hannover–Hamburg–Bremen–Berlin. (Vgl. GA 54)

18. November. Bericht an Marie von Sivers aus Bremen: «Dies war nun mal wieder eine Fahrt durch die Gebiete der ‹Alten›.» Mit den Alten meint Rudolf Steiner die ‹alten Theosophen› Hübbe-Schleiden und Hubo. «Sowohl in Hamburg wie in Hannover könnte es gut gehen, wenn nicht Hübbe-Schleiden und Hubo wären.» (GA 262, S. 96f.)

27. November–12. Dezember. Vortragsreise. Berlin–Düsseldorf–Elberfeld–Köln–Bonn–Frankfurt/M.–Heidelberg–Stuttgart–München–Berlin. (Vgl. GA 55 und 97) Auf diesen Reisen hält Rudolf Steiner nicht nur die öffentlichen Vorträge und die Vorträge für Mitglieder. Es finden auch esoterische Unterweisungsstunden statt. Überall begegnet Rudolf Steiner den verschiedensten Problemen. Über den Aufenthalt in Frankfurt berichtet er: «Unter Frankfurt hat leider noch mein Hals zu tragen. Diese edlen Arrangeure hatten es ‹schlau› gefunden, sowohl den öffentlichen Vortrag wie den internen Abend bei Bier und Tabakrauch zu veranstalten. Daß dies mein Hals nicht aushält, ist selbstverständlich». Andere Schwierigkeiten ergaben sich aus einem Flugblatt, das aus dem Englischen übersetzt, vom Goethezweig in Umlauf gebracht worden war. (GA 262, S. 98ff.)

11. Dezember. In einem Mitgliedervortrag in München über den rosenkreuzerischen Erkenntnisweg führt Rudolf Steiner aus, daß in den historisch überlieferten Schriften nichts von der eigentlichen Rosenkreuzerei zu finden sei, weil «die Geheimnisse der Rosenkreuzer nur durch mündliche Tradition überliefert worden sind.» Auch die Gruppierungen, die sich den Namen der Rosenkreuzer beigelegt haben, sind für das echte Rosenkreuzertum nicht repräsentativ. Und «In der Rosenkreuzerschulung wird das Verhältnis zwischen Guru und Schüler ersetzt durch die Stütze eines geschulten Denkens. Es muß der Schüler selbst der Führer sein.» (GA 97, S. 199)
13. Dezember. Rückreise nach Berlin. Öffentlicher Vortrag: *Wie begreift man Krankheit und Tod?* (GA 55)
14. und 15. Dezember. Vortragsreise nach Leipzig. (Vgl. GA 97)
17. Dezember. Berlin. Vortrag für Mitglieder: *Zeichen und Symbole des Weihnachtsfestes.* (Vgl. GA 96) In diesem Vortrag wird das erste von Rudolf Steiner formulierte «Wahrspruchwort» «Die Sonne schaue um mitternächtige Stunde...» gesprochen. Marie Steiner: «Es gehört zu den einschlagenden inneren Ereignissen unseres Lebens die Stunde, da er zu Weihnachten seinen ersten gedichteten Wahrspruch gab: ‹Die Sonne schaue um mitternächtige Stunde...› und die Kraft gefunden werden mußte, diese Fülle des Erlebens, diese Wucht des wie in Quadern gemeißelten Wortes in den tönenden Laut umzuformen: ein Wendepunkt für das Seelen-Innere.» (GA 40, S. 69)
19. Dezember. Rudolf Steiner reist mit Marie von Sivers nach München.
20. Dezember. München. Brief an Edouard Schuré u. a. über die für den Münchener Kongreß 1907 geplante Aufführung des *Heiligen Dramas von Eleusis.* In dem Brief heißt es ferner: «Jetzt erst, seit Barrs schönen Tagen, bekomme ich etwas Luft. Frl. von Sivers und ich benützen ein paar freie Tage, um in Venedig ruhig zu arbeiten.» (B 6, S. 16)
Ende Dezember. Rudolf Steiner in Venedig. Möglicherweise redigiert und überarbeitet Rudolf Steiner in diesen Tagen das Buch: *Schlüssel zur Theosophie* von H. P. Blavatsky. (GA 262, S. 102 u. 296)

1907

Rudolf Steiner hat in seiner Autobiographie *Mein Lebensgang* die Darstellung bis etwa zur Mitte des Jahres 1907 führen können. Das letzte Kapitel der Autobiographie beginnt mit den Worten: «In dem folgenden wird die Darstellung meines Lebensganges von einer Geschichte der anthroposophischen Bewegung schwer zu trennen sein.» (Lg 460) Im Jahre 1903 hatte Rudolf Steiner geschrieben (vgl. 1. Mai 1903): «Meine nächste exoterische Aufgabe ist, soviel ich nur kann, die Lehre zu verbreiten.» Im Jahre 1907 heißt es: «Die Theosophie kann man auch bauen: man kann sie bauen in der Architektonik, in der Erziehung, in der sozialen Frage. Das Prinzip des Rosenkreuzertums ist, den Geist in die Welt einzuführen, fruchtbare Arbeit für die Seele zu leisten.» (GA 96, 12. 6. 1907) Die Anfänge dieser Hinwendung zur Lebenspraxis können bereits 1905 bemerkt werden. Mit dem Münchener Kongreß der Föderation europäischer Sektionen Pfingsten 1907 wird der erste Schritt zur äußeren Gestaltung unternommen. Mit dieser äußeren Verwirklichung des inneren Impulses, der dann über die Aufführung der Mysteriendramen (1910–1913) zum Bau des ersten Goetheanum (ab 1913) und schließlich seit 1919 zur anthroposophischen Befruchtung der einzelnen Lebensgebiete (Pädagogik, Medizin, Landwirtschaft etc.) führt, ist Rudolf Steiner in zunehmendem Maße auf Mitarbeiter (Architekten, Bauleute, Künstler, Lehrer, Ärzte, Unternehmer und Wissenschaftler) angewiesen. Deshalb verbindet sich das Leben Rudolf Steiners vom Jahre 1907 an immer stärker mit dem Leben der anthroposophischen Bewegung.

Gleichzeitig beginnt die übermäßige Inanspruchnahme Rudolf Steiners als persönlicher Berater in allen Lebensfragen. Wo Rudolf Steiner auftaucht, finden sich Scharen von Menschen ein, die seine Hilfe und seinen Rat in Anspruch nehmen. Zur Erledigung schriftlicher Arbeiten muß sich Rudolf Steiner – meist nur für kurze Zeit – an Orte zurückziehen, wo man ihn nicht kennt. So ist er zum Jahreswechsel 1906/07 in Venedig und in der zweiten Augusthälfte in Rom. Das Ausmaß der Belastung wird an der Tatsache erkennbar, daß es Rudolf Steiner im Jahre 1907 nur gelingt, zwei Hefte der Zeitschrift *Lucifer-Gnosis* herauszubringen.

In der allgemeinen Theosophischen Gesellschaft (Adyar) kommt es zu einer

Krise. Kurz vor seinem Tode (17. Februar 1907) teilt Colonel H. S. Olcott mit, daß ihm an seinem Krankenlager zwei «Meister» erschienen seien, die ihn angewiesen hätten, Annie Besant als Nachfolgerin im Amt des Präsidenten der T. G. vorzuschlagen. An der Echtheit dieser Erscheinungen werden bald Zweifel geäußert (A. P. Sinnett), vor allem aber erscheint die Verquikkung esoterischer und administrativer Angelegenheiten unerträglich. Für Rudolf Steiner ergibt sich damit die Notwendigkeit, die von ihm geleitete *Esoterische Schule* aus dem Zusammenhang der von Annie Besant geleiteten *Esoteric School of Theosophy* herauszulösen und zu verselbständigen.
Die Arbeit innerhalb der Deutschen Sektion der Theosophischen Gesellschaft wird fortgesetzt. Rudolf Steiner hält im Jahre 1907 vier große Vortragszyklen in München, Kassel, Hannover und Basel und zwei kleinere Zyklen in Stuttgart und Köln. Insgesamt werden in 25 Städten Vorträge gehalten. Zum ersten Mal dehnt Rudolf Steiner seine Vortragstätigkeit auf die österreichisch-ungarische Monarchie aus: Es werden Vorträge in Wien, Budapest, Prag, Graz und Klagenfurt gehalten. Die Zahl der Zweige steigt auf 28 (Kassel, Elberfeld, Esslingen und Düsseldorf II werden gegründet). Die Zahl der Mitglieder steigt um 281 von 591 auf 872.

1.–3. Januar (?). Rudolf Steiner und Marie von Sivers arbeiten zurückgezogen in Venedig.
4.–7. Januar (?). Rückreise über München, wo weitere Vorbereitungen für den Münchener Kongreß getroffen werden.
10. Januar. Öffentlicher Vortrag im Architektenhaus über *Die Erziehung des Kindes vom Standpunkte der Geisteswissenschaft.* Dieser für die anthroposophische Pädagogik grundlegende Vortrag wird mit etwas geändertem Titel (... vom Gesichtspunkte der ...) von Rudolf Steiner überarbeitet schon im April in *Lucifer-Gnosis* veröffentlicht.
11.–23. Januar. Wiederaufnahme der Vortragsreisen. Berlin–Leipzig–Kassel–Stuttgart–Karlsruhe–Nürnberg–Dresden–Berlin. (Vgl. GA 97)
14. Januar, 16 Uhr. Kassel. Einweihung des Zweiges. Rudolf Steiner spricht über Vorgeschichte und Geschichte der Theosophischen Gesellschaft und die Aufgaben der jetzigen theosophischen Bewegung in Deutschland.
14. Januar, abends. Öffentlicher Vortrag über *Bibel und Weisheit.* Über das alte und das erneuerte Bibelverständnis.
15. Januar. Kassel. Vortrag im kleinen Kreis über die Bedeutung des Atmens in der okkulten Schulung. Über den «Stein der Weisen».
16. Januar, 15.30 Uhr. Vortrag über Wagners *Parsifal.* (Vgl. GA 97)
16. Januar, abends. Öffentlicher Vortrag über *Die Grundursache des Leides.* (Berichte über den Aufenthalt in Kassel: Ludwig Kleeberg, *Wege und Worte,* Seite 124–140)

17.–20. Januar. Rudolf Steiner zu zwei öffentlichen und einem Mitgliedervortrag in Stuttgart. In Stuttgart Schwierigkeiten mit dem Schiller-Zweig. (Stuttgart III), dem Prof. SCHWEND vorsteht. (Vgl. GA 262, S. 107)
20. Januar. Öffentlicher Vortrag in Karlsruhe.
21. Januar. Rudolf Steiner kurz in Erlangen, um dort ungestört das Programm für den Münchener Kongreß für den Druck vorzubereiten: «Was mir die Abwickelung der Angelegenheiten so schwer macht, ist, daß sich immer Reise an Reise *unmittelbar* anschließt. Etwas dazwischen: darauf käme es an, wenn auch nicht viel.» «Wäre ich heute morgen in Nürnberg gewesen, dann kriegtest Du auch noch diese beifolgende eilige Kongreßsache nicht. Denn wo es auch ist: die Leute sind immer da.» (GA 262, S. 101)
24. Januar. Rudolf Steiner in Berlin, wo er einen Vortrag für Mitglieder über den rosenkreuzerischen Geistesweg (vgl. B 51/52) und abends im Architektenhaus über *Schulfragen vom Standpunkte der Geisteswissenschaft* hält und weitere Ausführungen zur Pädagogik macht: Parallelen zwischen Menschheitsentwicklung und Individualentwicklung.
25.–27. Januar. Rudolf Steiner zu öffentlichen Vorträgen und zur Kongreß-Vorbereitung in München.
28.–31. Januar. Rudolf Steiner in Berlin
28. Januar. Grundlegender Vortrag über *Das Vaterunser,* der bereits im Juli im Selbstverlag gedruckt vorliegt. (Vgl. GA 96)
Frühestens zu diesem Zeitpunkt kann der Rundbrief von H. S. OLCOTT, dem Präsidenten der T. G., in welchem Olcott ANNIE BESANT als seine Amtsnachfolgerin vorschlägt, Rudolf Steiner erreicht haben.
1.–13. Februar. Vortragsreise. Berlin–Hannover–Heidelberg–Karlsruhe–Basel–Bern–Straßburg–Hamburg–Weimar–Berlin. (Vgl. GA 97)
9. Februar. Straßburg. Bericht über die Vortragsreise an Marie von Sivers: «In Hannover und Heidelberg waren die Dinge die gewohnten [d. h. in diesem Zusammenhang: problematischen]. In Karlsruhe war Logenvortrag und ich habe über das Vaterunser gesprochen [wie die Nachschrift in GA 97 zeigt, ganz anders als in Berlin]. Herzberg macht sich sehr gut. Der Mann hat sogar in der Zeit, in der wir ihn nicht gesehen haben, auf eigene Art eine okkulte Übung (40tägige Fasten) durchgemacht und typische, reguläre Revelationen gehabt. In Basel war die Überraschung, daß sie einen großen Saal bei freiem Eintritt hatten (450 Personen) und daß eine Menge von Menschen abgewiesen werden mußten. Dann war aber noch hinterher interner Abend. Das war wirklich genug für einen Tag. Und mein Glück war, daß ich mir hinterher eine Droschke besorgen ließ. Wäre ich ins Hotel zu Fuß gegangen, so wäre meine Stimme umgeschlagen. In Bern waren dann wieder zwei öffentliche Abende, und gestern hier [in Straßburg] wieder einer mit 700 Personen. Auch der heutige Abend ist nicht intern, sondern soll in einem Saal für 200

Personen sein. Morgen dann wieder öffentlich in Hamburg.» (GA 262, S. 103)
14. Februar. Öffentlicher Vortrag im Architektenhaus über *Weisheit und Gesundheit.* «Imaginative Weisheit wird Gesundheit bringen.» (GA 55, S. 241)
15.–17. Februar. Vorträge in Leipzig. Wiederum Darstellung des rosenkreuzerischen Geistesweges. (Vgl. GA 97)
17. Februar. Henry Steel Olcott stirbt in Adyar (Madras, Indien).
18.–20. Februar. Rudolf Steiner in Berlin.
18. Februar. Zweiter Vortrag zum «Vaterunser». (Vgl. GA 96) –. Rudolf Steiner bereitet ein Rundschreiben an die Generalsekretäre der Theosophischen Gesellschaft vor, in dem er zu dem Vorschlag Olcotts, Annie Besant zur Präsidentin der Theosophischen Gesellschaft zu wählen, Stellung nimmt. Rudolf Steiner begrüßt die Nominierung Annie Besants, lehnt aber die Berufung auf die «Meister» ab. Rudolf Steiner wird die Nominierung Annie Besants in der deutschen Sektion der T. G. nachdrücklich vertreten.
19. Februar. Rudolf Steiner macht ein Testament: «Nach meinem Tode soll Fräulein Marie von Sivers das Recht haben, in meinem Namen zu verfügen. Was sie thut, soll in meinem Namen geschehen sein. Das wenige, was ich besitze, geht alles in ihre Hände über; sie soll alle Verfügungen treffen. Insbesondere soll sie an meine Eltern und Geschwister in Horn denken.»
21.–27. Februar. Erste Vortragsreise nach Österreich-Ungarn als Generalsekretär der deutschen Sektion der Theosophischen Gesellschaft. Berlin–Wien–Prag–Budapest–Berlin.
22. Februar. Wien. Im Vortrag für Mitglieder spricht Rudolf Steiner über christlich-rosenkreuzerische Esoterik und das Wesen des Gral. (Vgl. GA 97)
25. Februar. Budapest. Brief an Marie von Sivers über die Vorgänge in Adyar und über die Haltung Annie Besants gegenüber ihrer Nominierung durch die «Meister»: «Mrs. Besant wird wohl nichts Schlimmeres in ihrer jetzigen Lage tun können, als diese Berufung [durch die «Meister»] zu ihren eigenen Impulsen zu machen. Gerade diejenigen, die sich zu ihr zählen, wird sie dadurch in eine schiefe Lage bringen. Denn wenn wir sie wählen, werden wir sie aus Gründen wählen müssen, die gar nicht ihre eigenen sind. Kann es etwas Widersinnigeres geben?» (GA 262, S. 106)
28. Februar–5. März. Rudolf Steiner in Berlin.
6.–12. März. Vortragsreise. Berlin–Köln–Bonn–Düsseldorf–Köln–Elberfeld–Berlin. (Vgl. GA 97)
Rudolf Steiner begegnen auf dieser Reise die Auswirkungen der Krise in der Theosophischen Gesellschaft und in diesem Zusammenhang erschienene Publikationen. «Es wird also wohl schon recht bald bei uns eine Art ‹Mitteilung an die Mitglieder› nötig sein, die eine nichts zu wünschen lassende Erklärung gibt.» Die Vorgänge in Adyar werden in einem Brief an Marie von Sivers offen als «Humbug» bezeichnet. (GA 262, S. 107)

In Düsseldorf hat sich von dem vorhandenen Zweig eine «Blavatsky-Loge» abgespalten, die die «edle, reine und erhabene Lehre von Frau Blavatsky» weiter verbreiten will. Vorsitzender der Loge ist J. L. M. Lauweriks. Lauweriks wurde 1916 – nach dem Tode Hübbe-Schleidens – Generalsekretär der deutschen Sektion der Theosophischen Gesellschaft (Adyar). (Vgl. Mitteilungen T. G. Nr. 5, S. 13 f.)

11. März. In Elberfeld wird mit 13 Mitgliedern durch Rudolf Steiner ein Zweig der Theosophischen Gesellschaft gegründet. Vorsitzender ist Felix von Damnitz, der bis zu seinem Tode 1943 in Elberfeld auf anthroposophischem Felde tätig bleibt.

12. März. Rundschreiben an sämtliche Mitglieder der deutschen Sektion der Theosophischen Gesellschaft zur Präsidentenwahl der T. G. Rudolf Steiner erläutert zunächst ausführlich Statuten und Wahlmodus und lehnt eine Diskussion über die Echtheit der Olcott durch die «Meister» erteilten Weisungen ab. Olcotts Mitteilung wird der «Schwäche seiner letzten schweren Krankheit» zugeschrieben. «Keine derjenigen Individualitäten, die wir in übersinnlichem Schauen erkennen können, wird sich jemals in eine solche Angelegenheit mischen, wie es die Präsidentenwahl ist.» (GA 264, S. 292–296)

14. März. Öffentlicher Vortrag im Architektenhaus: *Wer sind die Rosenkreuzer?* Ausführliche Darstellung des rosenkreuzerischen Geistesweges, so wie vorher in den Mitgliedervorträgen. (Vgl. GA 55)

15.–19. März. Vortragsreise. Berlin–Leipzig–München–Berlin. (Vgl. GA 97)

17. März. München. Mitgliedervortrag über die christliche und moderne Einweihung. (Vgl. GA 97)

20. März–13. (?) April. Rudolf Steiner in Berlin.

25. März. Mitgliedervortrag. Über das Wirken von Vater, Sohn und Heiligem Geist. (Vgl. GA 96)

26. März. Brief an Anna Minsloff (St. Petersburg/Rußland) über die geistige Lage in der Theosophischen Gesellschaft: «Es sind viele dunkle Mächte an der Arbeit, um gerade das redlichste okkulte Streben, das für die gegenwärtige Zeit zum Heile der Menschheit so notwendig ist, zu zerstören. Im gegenwärtigen Augenblicke muß mein Mund noch geschlossen bleiben über die eigentlichen tieferen Grundlagen des Kampfes, der hinter den Kulissen geführt wird. Es kann ein furchtbarer Kampf werden und wir werden mit offenen Augen dem gegenüberstehen müssen, was da kommt.» «Viel wichtiger, ob Mrs. Besant gewählt wird, ist, daß sie selbst wieder auf den richtigen Weg kommt.» Annie Besant wird als die «geeignetste» von den älteren Mitgliedern bezeichnet. Rudolf Steiner lehnt die von Anna Minsloff gehegte Idee, ihn zum Präsidenten der T. G. zu wählen, ab, da seine «Aufgabe auf einem ganz anderen Gebiet gelegen ist, als auf dem der Verwaltung der Gesellschaft». (GA 264, S. 296f.)

1. April. Ostervortrag für Mitglieder: Über die Individualisierung der Menschen und über die Überwindung der Egoität durch das Mysterium von Golgatha. (Vgl. GA 96)

2.–10. April(?). Rudolf Steiner arbeitet an der Nummer 33 der Zeitschrift *Lucifer-Gnosis*. (GA 34) Die Nummer enthält: Lebensfragen der theosophischen Bewegung: Über die seelischen Voraussetzungen der Wahrheits-Erkenntnis und Urteilsbildung, über die verwandelnde Macht höherer Wahrheit und die Notwendigkeit, daß höhere als bloße Verstandes-Erkenntnisse in der theosophischen Bewegung leben. *Henry Steel Olcott* – Ein Nachruf auf den am 17. Februar verstorbenen Gründer-Präsidenten der T. G. Olcott vereinigte in sich die für die Verwaltung der Theosophischen Gesellschaft notwendigen Tugenden. «Die Gesellschaft lehrt als solche *nichts*, sie darf lediglich die Bereiterin des Bodens sein, auf dem hierzu berufene Persönlichkeiten in vollkommenster Freiheit arbeiten.» – *Die Erziehung des Kindes vom Gesichtspunkte der Geisteswissenschaft*, überarbeitete Fassung des Vortrages vom 10. Januar 1907. *Zur bevorstehenden Präsidentenwahl der Theosophischen Gesellschaft*. Rudolf Steiner ist zu dieser öffentlichen Stellungnahme veranlaßt, weil die Vorgänge in Adyar die Aufmerksamkeit der außerdeutschen Presse erregt hatten. Neu in dieser Stellungnahme ist, daß Rudolf Steiner auf die Diskussionen in den März- und April-Nummern des «Theosophical Review» eingeht und dabei in zurückhaltender Form Annie Besant zu verteidigen sucht.

Ferner: Notiz über die von F. A. Wolf aufgestellte Parallelisierung von Menschheitsgeschichte und Individualentwicklung. Hinweis auf den Kongreß der Föderation europäischer Sektionen der Theosophischen Gesellschaft. Schließlich wird mitgeteilt, daß die erste Auflage des Buches *Theosophie* vergriffen sei und eine zweite Auflage kurz bevorstehe, das Erscheinen der *Geheimwissenschaft* stehe in kürzester Zeit bevor.

13. April(?). Rudolf Steiner reist mit Marie von Sivers nach München, um dort mit den Vorbereitungen für den Kongreß, namentlich mit den Proben für *Das heilige Drama von Eleusis* von Eouard Schuré zu beginnen. Ferner ist die Ausgestaltung des Saales zu besorgen.

Während der Probenarbeit bringt Rudolf Steiner das von Marie von Sivers ins Deutsche übersetzte Drama in Rhythmen. Die Vorbereitungen verlaufen durchaus dramatisch: die Damen, die für die Rolle der Hekate und Persephone vorgesehen sind, fallen plötzlich aus, der für den Triptolem vorgesehene Schauspieler erweist sich als ungeeignet, Marie von Sivers wird durch die Proben so heiser, daß sie fürchten muß, während der Aufführung nicht sprechen zu können. In zwei Malateliers werden durch Mitglieder die Kulis-

sen hergestellt, in einem anderen Atelier die Kostüme gefertigt, in weiteren Ateliers wird die Ausgestaltung des Saales vorbereitet.
Marie von Sivers berichtet: «Ich habe die Prosa-Übersetzung gemacht und erst hier, im Laufe des letzten Monats, ist Herr Steiner an die Arbeit gegangen, um sie in Rhythmen zu bringen. Unter welchen Schwierigkeiten! Ständig wurde er unterbrochen, man verlangte ihn dauernd. Er ging weg, kam wieder für fünf Minuten, setzte seine dichterische Arbeit fort und ging dann wieder, von einem anderen gerufen. Er hat in allen Künsten und in allen Handwerken gearbeitet, alle angeleitet: Maler, Bildhauer, Musiker, Schreiner, Tapezierer, Schauspieler, Schneiderinnen, Theaterarbeiter, Elektriker... Wenn er das nötige Material und die Arbeiter zur Verfügung gehabt hätte, so hätte er in kurzer Zeit etwas Fabelhaftes zuwege gebracht: den Tempel der Zukunft. So konnte er nur Ideen skizzieren, aber sie werden befruchtend wirken.» (Brief vom 28. Mai 1907, B 6, S. 21, dort S. 19–22 weitere Berichte.)
25.–29. April. Rudolf Steiner zu Vorträgen und zur Organisation der Wahl des Präsidenten der T. G. in Berlin.
28. April. Ausführlicher Brief Rudolf Steiners an die Mitglieder des Vorstandes der deutschen Sektion der T. G. über die bevorstehende Wahl Annie Besants zum Präsidenten der T. G. Zweifache Stellungnahme: «Nun muß ich sogleich offen sagen, daß ich gerade durch Dinge, die zu meinem Schmerze mit der okkulten Stellung von Frau Besant und mit manchem anderen bei ihr zusammenhängen, manche Schwierigkeit voraussehe, die gerade unserer Arbeit in der deutschen Sektion durch sie kommen könnte. Ich verschweige also nicht, daß auch ich gewaltige Bedenken habe.» Zum anderen: «Jedenfalls aber liegt die Sache so, daß man etwa mit der besonderen spirituellen Richtung von Mrs. Besant nicht einverstanden zu sein brauchte und doch zugeben könnte, daß unter den gegenwärtigen Verhältnissen sie derjenige Kandidat für die Präsidentschaft ist, der einzig und allein in Betracht kommen kann. Denn man muß bedenken, daß sich die Gegnerschaft gegen Mrs. Besant nicht auf deren Persönlichkeit bezieht, sondern daß diejenigen, die sich jetzt gegen sie wenden, sich gegen das spirituelle Leben überhaupt wenden.» (GA 264, S. 306 und 307)
29. April–7. Juni. Rudolf Steiner in München. (Vgl. 13. April 1907)
4. Mai. Rundbrief an alle esoterischen Schüler Rudolf Steiners zur Präsidentenwahl. (GA 264, S. 310–313)
6. Mai. Brief an einen Generalsekretär der T. G. (oder ein Mitglied des General Council der T. G.?). Nochmals über die Unmöglichkeit administrative und esoterische Fragen zu verquicken. Am Schluß: «Persönlich möchte ich auf den einen Punkt Ihres Zirkulars nur noch bemerken, daß ich es natürlich für ganz unmöglich halte, daß der Präsident unserer Gesellschaft das Haupt

einer esoterischen Schule sein kann.» (GA 264, S. 313 ff. Über die Konsequenz dieser Auffassung vgl. 22.–28. Mai)

8. Mai. München. Am Todestag von Helena Petrowna Blavatsky, der in der T. G. als «Weißer Lotustag» begangen wurde, gedenkt Rudolf Steiner in einem Mitgliedervortrag in außergewöhnlicher Weise H. P. Blavatskys und ferner ihres Genossen Colonel Olcott. (Vgl. Nachrichtenblatt 1945, S. 73 f.)

18. Mai, 10 Uhr. Eröffnung des Kongresses der Föderation der europäischen Sektionen der Theosophischen Gesellschaft. Bisher waren die Kongresse der T. G. wissenschaftlichen Kongressen nachgebildet. Nun wurde durch Rudolf Steiner versucht, künstlerische Impulse zur Geltung zu bringen. «Den großen Konzertsaal, der für die Tagung dienen sollte, ließen wir – die Veranstalter – mit einer Innendekoration versehen, die in Form und Farbe künstlerisch die Stimmung wiedergeben sollte, die im Inhalt des mündlich Verhandelten herrschte. Künstlerische Umgebung und spirituelle Betätigung im Raume sollten eine harmonische Einheit sein.» (Lg 464, umfassende Darstellung in GA 284/285, S. 35–42)

Rudolf Steiner eröffnet den Kongreß in Anwesenheit von Annie Besant, die soeben aus Indien eingetroffen ist. Nach Rudolf Steiner sprechen die Generalsekretäre der europäischen Sektionen, darauf folgt die Begrüßung durch Annie Besant. (Vgl. Mitteilungen T.G. Nr. 6, S. 4–5)

18. Mai, 15 Uhr. Vorträge: Alan Leo über *Astrology and Personal Fate.* Dr. Th. Pascal über *Unité et hiérarchie.* Michael Bauer über *das Verhältnis des Menschen zur Natur.* James Wedgwood über *The Value of the Theosophical Society.*

18. Mai, 20 Uhr. Musik und Rezitation. Es wirken mit Emanuel Nowotny, Marie von Sivers, Alice von Sonklar, Toni Völker, Gertrud Garmatter.

19. Mai, 10 Uhr. Nach einer musikalischen Einleitung spricht Annie Besant über *The Place of Phenomena in the Theosophical Society.*

19. Mai, 12 Uhr. Rudolf Steiner spricht über *Die Einweihung des Rosenkreuzers.* (Vgl. GA 284/285, S. 43–52)

19. Mai, 17 Uhr. Aufführung *Das heilige Drama von Eleusis* von Edouard Schuré mit Musik von Bernhard Stavenhagen.

20. Mai. Zweiter Vortrag von Annie Besant über die Beziehung der Meister zur Theosophischen Gesellschaft; anschließend Dr. Carl Unger über *Die Wege der theosophischen Weltanschauung;* abschließend Elise Wolfram über *Die okkulte Grundlage der Siegfriedsage.*

20. Mai, 15 Uhr. Verlesung einer Abhandlung von Arvid Knös über *Absolute and Relative Truths.*

Anschließend Rudolf Steiner über *Planetenentwickelung und Menschheitsentwickelung.* (Vgl. GA 284/285, Seite 53 ff.)

20. Mai, 20 Uhr. Musikalische Darbietungen durch Elfriede Schunk, Gertrud Garmatter und Chr. Döbereiner.

21. Mai. Schlußtag des Kongresses. Nach musikalischer Einleitung freie Aussprache über das Thema *Notwendigkeit der Pflege des Okkultismus.* Es kommt zu einer kontroversen Diskussion über den Spiritismus, an der sich Jules Agoston (Budapest), Bernhard Hubo, Ludwig Deinhard, Carl Unger, Michael Bauer, D. Nagy, Mr. Wedgwood, Miss Severs und Elise Wolfram beteiligen.

21. Mai, 16 Uhr. Diskussion über Erziehungsfragen, anschließend erläutert Rudolf Steiner die Ausgestaltung des Tonhallensaales.

21. Mai, 21 Uhr. Nach musikalischen Darbietungen durch Adolf Arenson, Johanna Fritsch, Carl Unger, Hilde Stockmeyer, Frau Rieper, Gertrud Garmatter und Emanuel Nowotny Schlußansprachen durch Vertreter der Sektionen, von Annie Besant und Rudolf Steiner.

Die neue Form des Kongresses fand nicht ungeteilten Beifall. «Ein großer Teil der alten Mitglieder der Theosophischen Gesellschaft aus England, Frankreich, namentlich aus Holland waren innerlich unzufrieden mit den Erneuerungen, die mit dem Münchener Kongreß gebracht worden sind.» (Lg 465) Marie von Sivers berichtet: «Die Deutschen waren wirklich begeistert... Die Ausländer waren wohl kritischer und kühler, aber wie Sie selbst schon geahnt haben, war eine große Anzahl von ihnen mit durchaus feindlichen Gefühlen gekommen, entschlossen, sich dem fortschrittlichen Geist zu widersetzen, mit Ironie zu behandeln was ihr Verständnis übersteigt... Es war aber eigenartig zu beobachten, wie der Widerstand nach und nach sich verringerte und manche waren schließlich ergriffen. Die Blechs und Mr. Pascal werden ihre reservierte Haltung gewiß nie aufgeben...» (Brief vom 28. Mai 1907 an E. Schuré, B 6, S. 21)

22.–28. Mai. Im Anschluß an den Kongreß bleibt Annie Besant noch bis zum 28. Mai in München. Während dieser Tage bis zur Abreise kommt es zu einer oder mehreren Unterredungen zwischen Annie Besant und Rudolf Steiner. Marie Steiner berichtet: «Im Jahre 1907... versuchte Dr. Steiner in einem längeren Gespräch, bei dem ich als Dolmetscherin diente, in herzlich-ehrerbietiger, aber tief eindringlicher Weise Annie Besant auf manches hinzuweisen, das ihr in diesem entscheidenden Momente ihres Schicksals hätte helfen können, und legte ihr zugleich die für ihn eingetretene Notwendigkeit dar, seine eigene esoterische Arbeit unabhängig von der ihren ganz auf den Boden der abendländisch-christlichen Mystik zu stellen. Sie hörte sich dieses schweigend mit ziemlich undurchdringlichem Gesichtsausdruck an... Der bis dahin als ihr Lehrer geltende indische Weise und Gelehrte Chakravarti hatte damals seinen Einfluß auf Annie Besant verloren und an seine Stelle war der sehr viel oberflächlichere Inder Bhágavan Dás getreten.» (*Studienmaterial*

aus den Sitzungen des Dreißiger-Kreises. Dornach 1947, S. 2. Vgl. GA 264, S. 268 ff.)
Den esoterischen Schülern Rudolf Steiners wird diese Gliederung in eine östliche und eine westliche esoterische Schule mitgeteilt; sie müssen sich entscheiden, welcher Schule sie angehören wollen.
22. Mai–6. Juni. Vortragszyklus über *Die Theosophie des Rosenkreuzers.* (14 Vorträge, GA 99)
23. und 24. Mai. Öffentliche Vorträge über *Bibel und Weisheit.*
27. Mai. Annie Besant spricht in München öffentlich über *Exertion and Destiny* (eigene Anstrengung und Schicksal).
Über den Zyklus *Theosophie des Rosenkreuzers* berichtet MARIE VON SIVERS an EDOUARD SCHURÉ: «Jeder Tag brachte etwas Unerwartetes. Für den Zyklus in München waren etwa 200 Personen dageblieben, die uns einfach in Stücke rissen. Es war sehr schwierig abzureisen. Die letzten Tage hatten wir um neun Uhr abends noch zehn Personen, die darauf warteten empfangen zu werden. Wenn wir, wie in diesem Falle, den Morgenzug nehmen, so packen wir unsere Koffer zwischen zwei und sechs Uhr morgens, ohne ins Bett zu gehen. Direkt vom Zuge ging Herr Steiner dann zu einem öffentlichen Vortrag in Leipzig, ein anderer folgte am nächsten Tage. Ich blieb einen Tag lang wie tot auf einer Chaiselongue. (Brief 17. Juni, B 6, Seite 22)
7. Juni. ANNIE BESANT schreibt an Dr. WILHELM HÜBBE-SCHLEIDEN über die Trennung der beiden Esoterischen Schulen: «Dr. Steiners okkulte Schulung ist von der unsrigen sehr verschieden. Er kennt den östlichen Weg nicht, daher kann er ihn auch nicht lehren. Er lehrt den christlich-rosenkreuzerischen Weg, der für manche Menschen eine Hilfe, aber von unserem verschieden ist. Er hat seine eigene Schule und trägt auch selbst die Verantwortung dafür. Ich halte ihn für einen sehr guten Lehrer in seiner eigenen Richtung und für einen Mann mit wirklichen Erkenntnissen. Er und ich arbeiten in vollkommener Freundschaft und Harmonie, aber in verschiedener Richtung.» (GA 264, S. 270) – Hübbe-Schleiden schließt sich zunächst der Schule Rudolf Steiners an.
8. und 9. Juni. Öffentliche Vorträge in Leipzig über «Bibel und Weisheit».
12. Juni. Berlin. Mitgliedervortrag. *Persönlich – unpersönlich – überpersönlich – Über die Steigerung der Persönlichkeit durch Höherentwicklung.* (Vgl. GA 96) In Berlin wird begonnen, die zu klein gewordene Wohnung in der Motzstraße zu vergrößern und umzugestalten.
15. Juni. Abfahrt nach Kassel, dort Unterbringung in Kassel-Wilhelmshöhe, Villa Elsa. Bericht Marie von Sivers: «Hier ist es friedlich. Man hat uns in dem schönen Park von Wilhelmshöhe gut untergebracht. Meine Mutter und meine Schwester sind mit uns.» (B 6, S. 22)
16.–29. Juni. Vortragszyklus in Kassel über *Theosophie und Rosenkreuzertum.*

Gleich zu Beginn des Zyklus führt Rudolf Steiner aus: «Der Hauptgedanke soll vor unsere Seele treten: Theosophie ist nichts, was innerhalb einiger müßiger Köpfe Platz greifen soll, die nichts Besseres zu tun haben, sondern sie soll in das praktische Leben eingreifen.» (GA 100, S. 12, vgl. auch S. 190) Laut Ludwig Kleeberg waren bei dem Zyklus etwa 40 Personen anwesend. Marie von Sivers berichtet: «Wohl sind uns viele Theosophen hierher nachgefolgt, aber es gibt nicht diese fiebrige Hast, aus der normalerweise unser Leben besteht.» (B 6, S. 23. Weitere Details bei Ludwig Kleeberg, *Wege und Worte,* S. 146–167)

1. und 2. Juli. Rudolf Steiner in Eisenach, wo er auch einen öffentlichen Vortrag hält.

3. Juli (?)–4. August. Rudolf Steiner in Berlin.

In dieser Zeit wird wahrscheinlich die Nr. 34 der Zeitschrift *Lucifer-Gnosis* fertiggestellt. Von Rudolf Steiner sind folgende Beiträge enthalten: *Lebensfragen der Theosophischen Bewegung, Die Stufen der höheren Erkenntnis – Die Inspiration, Zur Akasha-Chronik* und ein sehr ausführlicher Bericht über den Münchner Kongreß. – Möglicherweise arbeitet Rudolf Steiner auch an der *Geheimwissenschaft.*

4. August. Abreise nach Italien. Der Anfang der genauen Reiseroute ist nicht bekannt. Etwa ab

15. August in Rom. Marie von Sivers berichtet: Rudolf Steiner «hat immerfort gearbeitet, auch in Rom, wo wir zwei Wochen waren; er hat nie pausiert, wenn er von den Spaziergängen und Besichtigungen nach Hause kam; und doch ist dieses Besichtigen im Moment angreifend, wenn es auch für später eine Erholung bedeutet.» (B 17, S. 4) Rudolf Steiner schildert die Bedeutung dieser Reisen in *Mein Lebensgang:* «Und so machte ich... in meinem fünften Lebensjahrzehnt, eine hohe Schule des Kunststudiums, und im Zusammenhange damit, eine Anschauung der geistigen Entwicklung der Menschheit durch. Überall war da Marie von Sivers mir zur Seite, die mit ihrem feinen und geschmackvollen Eingehen auf alles, was ich in der Kunst- und Kulturanschauung erleben durfte, selbst in schöner Weise alles, ergänzend, miterlebte.» (Lg 453 f.)

30. August. Rückreise über Pisa.

31. August. Genua.

1. September. Mailand.

2. September. Luzern.

3. und 4. September. Rudolf Steiner hält zwei öffentliche Vorträge in Bern.

5.–12. September. Rudolf Steiner bei EDOUARD SCHURÉ in Barr. Nach dem Bericht von Marie von Sivers, hielt Rudolf Steiner jeden Abend einen Vortrag für Schuré. Bei diesem Aufenthalt schreibt Rudolf Steiner für Schuré, der ein Vorwort zu seiner Übersetzung des Buches *Das Christentum als mysti-*

sche Tatsache schreiben will, jene Aufzeichnungen, die als *documents de Barr* bezeichnet werden: darunter eine autobiographische Darstellung und ein Abriß der Geschichte der Theosophischen Gesellschaft. Möglicherweise sind diese Aufzeichnungen die kurze schriftliche Zusammenfassung des mündlich Vorgetragenen. (Vgl. GA 262, S. 7–18)

13.–16. September. Stuttgart. Rudolf Steiner hält einen aus vier Vorträgen bestehenden Kurs über *Okkulte Zeichen und Symbole.* (GA 101) Marie von Sivers notiert: «Ein kleiner Kursus in Stuttgart, wo wieder massenhaft Menschen ihn in Anspruch genommen haben.» (B 17, S. 4)

17.–20. September. Berlin und Potsdam. In Potsdam wurde die Zeitschrift *Lucifer-Gnosis* gedruckt. Der Aufenthalt in Potsdam dient wohl der Schlußkorrektur der Nummer 34.

21. September–4. Oktober. Rudolf Steiner in Hannover. Kursus über Grundlagen der Theosophie. Der Kurs folgt in seinem inneren Aufbau weitgehend der Gliederung des Buches *Die Geheimwissenschaft im Umriß.*

1. Oktober. Schreiben an Annie Besant zum 60. Geburtstag.

5. Oktober. Rückreise nach Berlin.

6. Oktober. Unterredung mit «dem Hauptvertreter der Theosophie in Norwegen», möglicherweise: Richard Eriksen. (B 17, S. 4)

7. Oktober. Berlin. Mit einem Mitgliedervortrag über altnordische Mythen und Sagen beginnt die Vortragstätigkeit im Winterhalbjahr in Berlin. (Vgl. GA 101)

10. Oktober. Beginn der öffentlichen Vortragsreihe im Architektenhaus: *Die Mission der Geheimwissenschaft in unserer Zeit.* Der Materialismus ist ein Zeichen geistiger Dekadenz. Die theoretische Aushöhlung untergräbt die seelische und dann die physische Gesundheit. Das geistige Weltverständnis wird «die Menschen gesund, stark und tüchtig machen». (GA 56)

11.–13. Oktober. Kurze Vortragsreise nach Leipzig und Dresden, wo Rudolf Steiner die Thematik der öffentlichen Berliner Vorträge weiterführt.

17. Oktober. Öffentlicher Vortrag im Architektenhaus über *Die Naturwissenschaft am Scheidewege.* Rudolf Steiner geht auf die Radioaktivität und den Substanzzerfall ein. In der Zukunft wird man «erkennen, daß das Atom nichts anderes sein kann als gefrorene Elektrizität, gefrorene Wärme, gefrorenes Licht. Und dann wird man noch weitergehen müssen, daß man in *allem* verdichteten und gebildeten Geist zu sehen hat. Materie gibt es nicht.» (GA 56)

19.–21. Oktober. 6. Generalversammlung der deutschen Sektion der Theosophischen Gesellschaft.

19. Oktober. Mitgliedervortrag über die Schöpfung der Zukunft aus dem Chaos. (GA 284/285)

20. Oktober, 10.30 Uhr. Berlin. Eröffnung der Generalversammlung der

deutschen Sektion. Ansprache Rudolf Steiners über das Gewicht der inhaltlichen Arbeit. Rudolf Steiner teilt mit, daß bei der Präsidentenwahl innerhalb der deutschen Sektion nur 20 von 600 Stimmen gegen ANNIE BESANT abgegeben wurden.
In den Vorstand der Sektion wird an Stelle von Herrn HUBO, der von sich aus zurücktritt, Herr TESSMAR gewählt. (Mitteilungen T. G. Nr. 6, S. 1–7)
20. Oktober, nachmittags. Vorträge von A. W. SELLIN über die Mystik von der römischen Kaiserzeit bis zur Gegenwart, von ELISE WOLFRAM über Wieland der Schmied und von Rudolf Steiner über den Fortgang des Geisteslebens.
21. Oktober. Rudolf Steiner hält drei Vorträge für die noch anwesenden Mitglieder. (Vgl. Ludwig Kleeberg, *Wege und Worte,* S. 173–181)
24. Oktober. Öffentlicher Vortrag im Architektenhaus über *Die Erkenntnis der Seele und des Geistes.* «Was uns von außen entgegentritt, ist gestalteter Geist.» (GA 56)
25.–27. Oktober. Kurze Vortragsreise nach Hamburg und Bremen.
2.–12. November. Vortragsreise. Berlin–Prag–Wien–Graz–Klagenfurt–Berlin. (Vgl. GA 98)
Der Aufenthalt in Prag wird von Rudolf Steiner als «sehr erfolgreich» bezeichnet. Am 6. November aber berichtet er drastisch aus Wien: «Viele dumme Theosophen gibt es; doch der Theosophen dümmste scheinen die Häupter der Wiener Loge zu sein.» «Wien ist ja auch sonst eine in jeder Beziehung zurückgebliebene Stadt; und die Theosophie nimmt sich hier aus wie die Essenz der Zurückgebliebenheit.» (GA 262, S. 109)
10. November. Brief an Marie von Sivers aus Graz über Reiseprobleme, am Schluß: «Die Natur zu beiden Seiten der Eisenbahn ist groß und schön; aber die Menschen...» (GA 262, S. 111)
13.–15. November. Rudolf Steiner zu einem öffentlichen Vortrag und einem Mitgliedervortrag in Berlin.
14. November. Öffentlicher Vortrag im Architektenhaus über *Mann und Weib im Lichte der Geisteswissenschaft,* über die *Frauenfrage,* die Bedeutung der doppelten Polarität von Mann und Weib und das Übergeschlechtliche. (Vgl. GA 56)
16.–26. November. Rudolf Steiner zu einem Vortragszyklus über das Johannes-Evangelium in Basel. (Vgl. GA 100). Zweig-Bericht Basel: «Ganz abgesehen von den wunderbaren Vorträgen unseres verehrten Lehrers, welche uns Aufklärung brachten über die Entwicklung unseres Planeten und der Menschheit, kamen wir in nähere Fühlung mit einer großen Anzahl von Freunden aus nah und fern. Neue Freundschaftsbünde wurden geknüpft und die Bande, die unsere Gesellschaft halten aufs neue gestärkt.» (Mitteilungen T. G. Nr. 6, S. 9) An dem Zyklus nahmen etwa 100 Personen teil.

23. November. Öffentlicher Vortrag in Basel über *Die Naturwissenschaft am Scheidewege.* (Vgl. 17. Oktober.)

28. November. Öffentlicher Vortrag im Architektenhaus über *Die Einweihung.* (Vgl. GA 56) Das Wesen der Einweihung wird an Hand der Ideen Goethes und Fichtes dargestellt.

1.–11. Dezember. Vortragsreise. Berlin–Nürnberg–München–Stuttgart–Berlin. (Vgl. GA 56 und 98) In Nürnberg spricht Rudolf Steiner wieder (vgl. 17. Oktober) über *Die Naturwissenschaft am Scheidewege.* In München geht er auf pathologische Gegenwartserscheinungen ein, er spricht über *Krankheitswahn und Gesundheitsfieber* im Lichte der Geisteswissenschaft. Die Symptome werden vor dem Hintergrund einer mangelnden geistigen Aktivität gesehen.

6. Dezember. Bericht an Marie von Sivers: «In Nürnberg und hier ging alles gut. Die beiden Vorträge Krankheitswahn und Gesundheitsfieber scheinen in einer gewissen Beziehung klärend auf das theosophische Feld zu wirken.» (GA 262, S. 111)

11.–13. Dezember. Rudolf Steiner zu einem öffentlichen und einem Mitgliedervortrag in Berlin.

14.–29. Dezember. Vortragsreise. Berlin–Düsseldorf–Elberfeld–Bonn–Köln–Berlin. (Vgl. GA 98)

18.–30. Dezember. Rudolf Steiner in Köln.

26.–29. Dezember. Rudolf Steiner hält in Köln einen Zyklus von vier Vorträgen über *Okkulte Zeichen und Symbole,* an dem etwa 70 Personen, u. a. Gäste aus Holland, England, Frankreich und der Schweiz teilnehmen. (Vgl. Mitteilungen T. G. Nr. 6, S. 10).

1908

Das Wirken Rudolf Steiners in diesem Jahr zielt besonders auf die Erweiterung und Vertiefung der bisher dargestellten theosophischen Erkenntnisse. In den Vorträgen für Mitglieder spricht Rudolf Steiner verschiedentlich aus, daß, nachdem durch eine Reihe von Jahren theosophische Grundeinsichten dargestellt worden seien, es nun an der Zeit sei, in einer ins einzelne gehenden Weise nun auch «höhere Gebiete der Theosophie» darzustellen. (Berlin 6. Januar, München 15. Januar, Stuttgart 11. Februar) Dieser Vertiefung theosophischer Erkenntnisse dienen auch die großen, elf bis fünfzehn Vorträge umfassenden Vortragszyklen dieses Jahres, die immer weniger den Charakter einer allgemeinen Einführung in die Theosophie tragen und stärker auf besondere Themen eingehen. Es sind das die Zyklen über *Das Johannes-Evangelium* in Hamburg, *Die Theosophie an Hand der Apokalypse* in Nürnberg, *Welt, Erde und Mensch* in Stuttgart, *Ägyptische Mythen und Mysterien* in Leipzig und auch – wenngleich als Einführung angekündigt – *Theosophie im Anschluß an das Johannes-Evangelium* in Christiania (Oslo).
Neben der vertieften Darstellung der Theosophie wird eine zweite Richtung in den Bemühungen Rudolf Steiners deutlich, die auf eine rein gedankliche Klärung und Befestigung der theosophischen Arbeit zielt: Rudolf Steiner hält in Berlin, München und Stuttgart Vorträge über *Philosophie und Logik*. Er wendet sich mit diesen Vorträgen vornehmlich an die Mitglieder, die verantwortlich tätig in der Arbeit der Zweige wirken. Mit diesen Bestrebungen trifft er in Stuttgart bei Carl Unger und Adolf Arenson auf Verständnis. Bei anderen Mitarbeitern hingegen findet Rudolf Steiner auf diesem Felde recht wenig Bereitschaft, sich der notwendigen Schulung zu unterziehen. In den folgenden Jahren versucht er deshalb auf immer anderen Wegen diese Schulung anzuregen, beispielsweise 1909 durch die Vorträge über *Die praktische Ausbildung des Denkens,* 1914 durch die Vorträge *Der menschliche und der kosmische Gedanke.*
Nachdem Rudolf Steiner im Februar und November 1907 seine Vortragstätigkeit auf Prag, Wien, Budapest, Graz und Klagenfurt ausgeweitet hatte, unternimmt er im März und April 1908 Vortragsreisen in die Niederlande und nach Skandinavien. Während die Reise in die Niederlande zunächst ohne weitere Folgen bleibt, folgt auf die erste Skandinavienreise im März/April

bereits im Juli 1908 ein Zyklus von 15 Vorträgen in Norwegen, dem sich dann in den Jahren 1909–1914 jährlich weitere Vortragsreihen in den skandinavischen Ländern anschließen.

In Deutschland wächst die theosophische Arbeit kontinuierlich weiter. Die Zahl der Mitglieder steigt bis zum Oktober auf 1150, die Zahl der Zweige auf 37. Die Vortragstätigkeit wird unter anderem auf die Städte Bielefeld, Breslau und Pforzheim ausgedehnt. Als Vortragende wirken nun auch außer Rudolf Steiner ADOLF ARENSON, MICHAEL BAUER, DR. CARL UNGER, TONI VÖLKER und ELISE WOLFRAM.

Im Mai 1908 erscheint – bedingt durch die Überlastung des einzigen Autors und Redakteurs – die letzte Nummer der Zeitschrift *Lucifer-Gnosis*. Wie zum Ausgleich wird am 1. August 1908 durch MARIE VON SIVERS unter Mitwirkung von JOHANNA MÜCKE der *Philosophisch-Theosophische Verlag* gegründet, in dem sehr bald Schriften und Vorträge Rudolf Steiners erscheinen. Bereits fünf Jahre später, 1913, sind in dem Verlag 50 Titel, darunter zehn Bücher und 20 Vortragszyklen Rudolf Steiners verlegt.

6. Januar. Rudolf Steiner beginnt in Berlin eine Reihe von 13 Vorträgen (bis 11. Juni), in der geistige Wesen und ihr Wirken in der Welt in Einzelheiten geschildert werden. Die Vorträge sind für Theosophen in einem fortgeschrittenen Stadium bestimmt. «Wir würden nicht weiterkommen, wenn wir nicht auch einmal Dinge der höheren Gebiete der Theosophie besprechen wollten.» (GA 102)

9. Januar. Öffentlicher Vortrag *Mann, Weib und Kind im Lichte der Geisteswissenschaft.* (GA 56)

10.–23. Januar. Vortragsreise Berlin–Leipzig–St. Gallen–München–Budapest–Berlin.

15. Januar. München. Mitgliedervortrag. Wie in Berlin beginnt Rudolf Steiner auch in München in die höheren Gebiete der Theosophie einzuführen.

16. Januar. München. Öffentlicher Vortrag *Die Naturwissenschaft am Scheidewege.* (Vgl. 17. Oktober 1907)

23. Januar. Berlin, Architektenhaus. Öffentlicher Vortrag über *Die Seele der Tiere im Lichte der Geisteswissenschaft.* Über vermeintliche tierische Intelligenz heißt es dort: «Daher finden wir Fähigkeiten wie übersinnliches Gedächtnis, übersinnliche Vorstellungskraft und Intelligenz nicht in den Tieren, sondern über den Tieren.» (GA 56)

25./26. Januar. Vortragsreise nach Dresden.

27. Januar. Berlin. Mitgliedervortrag. Fortsetzung vom 6. Januar. (GA 102)

28. Januar–12. Februar. Vortragsreise. Berlin–Frankfurt–Wiesbaden–Mainz–Heidelberg–Mannheim–Karlsruhe–Pforzheim–Stuttgart–Berlin. Erstmals hält Rudolf Steiner auf dieser Reise Vorträge in Mainz, Wiesbaden und Pforzheim. (Über den Vortrag in Heidelberg am 2. Februar vgl. Emil Leinhas, *Aus der Arbeit mit Rudolf Steiner,* S. 9f.)

8. und 11. Februar. Stuttgart. Mitgliedervorträge «für die Vorgerückten bestimmt» wie in Berlin und München.

12.–15. Februar. Rudolf Steiner in Berlin.

15. Februar. Fortsetzung der Mitgliedervorträge vom 6. und 27. Januar. (GA 102)

16.–25. Februar. Vortragsreise Berlin–Leipzig–Weimar–Kassel–Bielefeld – Hannover–Berlin.

Bericht Rudolf Steiners: In Weimar ging es mäßig, in Kassel gut. (GA 262, S. 113) Über den Aufenthalt in Kassel berichtet Ludwig Kleeberg anschaulich, wie Rudolf Steiner zwischen den Vorträgen fortwährend durch Mitglieder, durch Besuche etc. in Anspruch genommen wird. (Vgl. Ludwig Kleeberg, *Wege und Worte* S. 181–200)

23. Februar. In Bielefeld, wo Rudolf Steiner zum ersten Mal spricht, haben in den Tagen vorher «zwei oder drei Spiritisten gesprochen und ganz Bielefeld wütend gemacht». (GA 262 S. 113)

26.–29. Februar. Vorträge in Berlin.

1.–11. März. Vortragsreise Berlin–Bremen–Hamburg–Hilversum–Den Haag–Amsterdam–Rotterdam–Nimwegen–Arnheim–Berlin.

Dies ist die erste eigentliche Vortragsreise in den Niederlanden, wenn man von dem Besuch des theosophischen Kongresses in Amsterdam 1904 absieht. In den Zeitungen *Het Vaderland* und *Algemeen Handelsblad* erscheinen ausführliche Referate der Vorträge. Ferner erscheint eine kleine Broschüre, die in niederländischer Sprache die Vorträge zusammenfaßt. Grundthema der Vorträge ist der christlich-abendländische, rosenkreuzerische Erkenntnisweg. Am 14. Juni 1923 bemerkt Rudolf Steiner zu diesen Vorträgen: «So kam es, daß ich innerhalb der damaligen holländischen Sektion der theosophischen Gesellschaft in verschiedenen Städten Vorträge hielt über das Leben zwischen dem Tode und einer neuen Geburt, und da zum ersten Mal, ganz im Anfange meines Wirkens, darauf aufmerksam gemacht habe, daß es ja ein Unsinn ist, so ohne weiteres vorzustellen, daß wenn dies [vorwärts gerichteter Pfeil] das Erdenleben von der Geburt bis zum Tode ist, dann das Kamaloka so durchgemacht wird, als ob sich im Bewußtsein einfach ein Stück anstückele. Ich habe gezeigt, daß da die Zeit rückwärts vorgestellt werden muß.» (GA 258)

7. März 1908. In einem Brief an die Eltern und Geschwister meldet Rudolf Steiner nur: «Übrigens ist hier ganz abscheuliches Wetter. Es ist kalt und regnerisch. Und in Holland ist es gleich sehr unfreundlich, wenn so schlechtes Wetter ist.» (BfII, Nr. 611) Marie von Sivers berichtet am 23. März an Edouard Schuré: «Da war Holland mit allen Komplikationen, die sich daran schlossen.» (B 7, S. 26) Rudolf Steiner hat nach dieser, mutmaßlich durch

Dr. Elisabeth Vreede vermittelten Vortragsreise die Niederlande erst wieder im März 1913 nach der Trennung von der Theosophischen Gesellschaft besucht.

12. März. Berlin. Öffentlicher Vortrag *Beruf und Erwerb im Lichte der Geisteswissenschaft.* Im Zusammenhang mit der sozialen Frage und der industrialisierten Arbeitsform spricht Rudolf Steiner über den inneren Aspekt von Arbeit und sozialer Frage. (GA 56)

14. März. Berlin. Vortrag für Mitglieder. Mit diesem Vortrag, der als «rein philosophische Betrachtung» bezeichnet wird, klingt ein neues Arbeitsmotiv dieses Jahres auf, das er in weiteren Vorträgen in Berlin, München und Stuttgart in einzelnen Vorträgen über Philosophie, formale Logik etc. fortsetzen wird.

17.–23. März. Vortragsreise. Berlin–München–Straßburg–Berlin.

20. März. München. Philosophischer Vortrag für Mitglieder. (GA 108)

22. März. Straßburg. Gründung des Goethe-Schiller-Zweiges.

23. März. Berlin. Rudolf Steiner schreibt an Anna Minsloff in St. Petersburg (Rußland): «In Deutschland ist die Sektion in vieler Hinsicht schon ein Hemmschuh; aber ein notwendiger, der nicht außer Acht gelassen werden durfte. Wir *mußten* hier die Sektion haben. Bei Ihnen im Lande wird die Sektion noch weniger förderlich sein. Sie haben im Lande und namentlich im Volke den großen theosophischen Schatz, welcher durch eine geistige Verbindung mit dem, was Sie hier kennen gelernt haben als wahre Theosophie und auch als echtes, lebensspendendes, zukunftssicheres Christentum, zu der höchsten geistigen Blüte gerade im Osten Europas kommen muß.» (GA 264, S. 119/20)

24. März. Berlin. In den Vorträgen über höhere Gebiete der Theosophie für Mitglieder beginnt Rudolf Steiner mit einer Schilderung der Tätigkeit der Hierarchien im Zusammenhang der Evolution und der Bedeutung des Christus für die Evolution. (GA 102)

26. März. Berlin. Öffentlicher Vortrag im Architektenhaus über *Sonne, Mond und Sterne.* Grundelemente einer geistigen Kosmologie: «Von den Sternen, von Sonne und Mond strömen nicht nur Lichtstrahlen, sondern geistige Lebenströme auf uns hernieder. Solange man nur das physische Licht sieht, wird man dies nicht verstehen können, denn Geistiges kann nur mit künstlerischer Phantasie erahnt, im sinnlich-übersinnlichen Schauen als Bild erlebt, durch Geistesforschung erfahren werden.» (GA 56)

27. März–8. April. Vortragsreise nach Schweden–Norwegen–Dänemark: Berlin–Lund–Malmö–Stockholm–Upsala–Stockholm–Christiania (Oslo) – Göteborg–Kopenhagen–Berlin.

Vom Inhalt dieser Vorträge haben sich nur (?) die vorbereitenden Aufzeichnungen zu einigen der Vorträge erhalten. (Vgl. B 22, S. 8–11) Das Vortragsprogramm ähnelt den Vorträgen in den Niederlanden, jedoch wird auch ein Vortrag über den leitenden Gedanken im Nibelungenring und ein Vortrag über *Theosophie und soziale Frage* gehalten.

31. März. Rudolf Steiner besucht in Upsala, wo er über *Die Naturwissenschaft am Scheidewege* spricht, die Universitätsbibliothek. Seine Aufmerksamkeit gilt besonders der Bibelübersetzung des Bischof Ulfilas, dem Codex argenteus.

6. April. Göteborg. Rudolf Steiner besucht den Bildhauer FRANK HEYMANN in seinem Atelier. (Vgl. Mitteilungen TG, Nr. 10, S. 8)

Der Besuch in den skandinavischen Ländern hat Rudolf Steiner stark beeindruckt. Er berichtet darüber im Berliner Zweig (am 13. April) und in Nürnberg: «Da konnte ich vor einigen Wochen in Skandinavien wahrnehmen, wie in dem ganzen Leben unseres europäischen Nordens alles noch ein Nachklang jenes alten Daseins der nordischen Welt verrät, wo alles Geistige durchsetzt war von dem Bewußtsein der Wesenheiten, die hinter den nordischen Göttergestalten der Mythe stehen. Man möchte sagen, daß in jenen Ländern aus allem, was einem entgegentritt, Nachklänge dessen zu vernehmen sind, was als das alte nordische Geistesleben die Eingeweihten der Drottenmysterien ihren Schülern mitteilten.» (18. Juni, GA 104)

9. April. Berlin, Architektenhaus. Öffentlicher Vortrag *Erdenanfang und Erdenende.* Geisteswissenschaftliche Ideen zur Evolution der Erde. (GA 56)

16. April. Berlin, Architektenhaus. Öffentlicher Vortrag *Die Hölle* – Über die Entwicklung des Menschen im Zusammenhang mit dem Leben zwischen dem Tod und neuer Geburt. (GA 56)

Mitte–Ende April. Rudolf Steiner arbeitet an der Nummer 35 der Zeitschrift *Lucifer-Gnosis.* Unter dem Titel *Lebensfragen der theosophischen Bewegung* schreibt Rudolf Steiner über die drei Beweggründe, die den Menschen zur Annahme der theosophischen Vorstellungsart führen können. Es folgen *Die Stufen der höheren Erkenntnis – Inspiration und Intuition* (letzte Fortsetzung), *Zur Akasha-Chronik* (letzte Fortsetzung, über die Evolution des Menschen), dann *Vorurteile aus vermeintlicher Wissenschaft.* Anhand von Äußerungen von AUGUST FOREL und HERMANN EBBINGHAUS stellt Rudolf Steiner Meinungen dar, die die Anerkennung der theosophischen Denkweise behindern. Am Schluß eine kurze Notiz über den mustergültigen «Theosophischen Kunst- und Musiksaal», der in München durch SOPHIE STINDE und PAULINE VON KALCKREUTH eingerichtet wurde.

Die Nummer 35 ist die letzte Nummer der Zeitschrift *Lucifer-Gnosis.* Es bestand durchaus die Absicht, die Zeitschrift weiter erscheinen zu lassen, heißt es doch in einem Wort an die Leser: «Hoffentlich wird *niemals* wieder eine so große Pause eintreten, wie sie zwischen der Veröffentlichung der vorigen und dieser Nummer liegt.»

29. April. Reise nach München, wo Rudolf Steiner einen Vortrag für Mitglieder hält.

30. April–12. Mai. Rudolf Steiners Aufenthalt unbekannt.

13. Mai. Rudolf Steiner wieder in Berlin. Vortrag für Mitglieder. Über die Entwicklung der Religion. «Das Christentum hat begonnen als Religion, aber es ist größer als alle Religionen.» (GA 102)

14. Mai. Berlin. Öffentlicher Vortrag im Architektenhaus *Der Himmel*. Über den Ort der rein geistig schöpferischen Kräfte. «Alles was den Menschen weiterbringen kann, ist Inhalt der Himmelselemente, alles, was den Fortschritt hemmt, ist der Inhalt der höllischen Welten.»

18.–31. Mai. Rudolf Steiner hält in Hamburg einen Vortragszyklus über *Das Johannesevangelium*. (GA 103) Die Vorträge finden in dem kleinen weißen Saal eines bürgerlichen Hauses statt. Nach dem ersten Vortrag fragt Rudolf Steiner MARGARITA WOLOSCHIN: «Könnten Sie vielleicht durch den Tanz darstellen, worüber ich gesprochen habe?» Woloschin antwortet: «Ein vollkommenes Gefühl, wie sollte es sich anders verkörpern?» «Ja, um das Gefühl ging es heute auch.» In dieser Frage dürfte ein erster Hinweis auf die spätere Eurythmie liegen. (Margarita Woloschin, *Die grüne Schlange,* S. 200)
Dieser Vortragszyklus über das Johannes-Evangelium unterscheidet sich von früheren Vortragszyklen, die auch auf das Johannes-Evangelium Bezug nehmen dadurch, daß er nicht mehr eine Einführung in die Theosophie anhand des Johannes-Evangeliums ist, vielmehr steht das vierte Evangelium in der Mitte der Betrachtung.

1. und 4. Juni. Berlin. Fortsetzung der Darstellungen aus den höheren Gebieten der Theosophie. (GA 102)

7.–10. Juni. Vortragsreise Berlin–Köln–Düsseldorf–Berlin.

7. und 9. Juni. In Köln spricht Rudolf Steiner über das Pfingstfest im Zusammenhang mit der zukünftigen Gemeinschaftsbildung und den Aufgaben der Zukunft.

10. Juni. In Düsseldorf schildert Rudolf Steiner aus Anlaß eines Vortrages über Nietzsche, wie er Nietzsche ein einziges Mal in Naumburg gesehen hat. (GA 108)

11. Juni. Berlin. Fortsetzung der Vorträge für Mitglieder. (GA 102)

13. Juni. Gründung des Zweiges in Eisenach.

14. und 15. Juni. Vorträge in München.

17.–30. Juni. Rudolf Steiner in Nürnberg.

17. Juni. Öffentlicher Vortrag. In Anknüpfung an ein Wort Hegels spricht Rudolf Steiner über *Geisteswissenschaft, Evangelium und Menschheitszukunft.*

18.–30. Juni. Vortragszyklus im großen, altertümlichen Saal des Gasthauses «Zum goldenen Adler» über *Die Theosophie an Hand der Apokalypse.* (GA 104) Zu Beginn des ersten Vortrags würdigt Rudolf Steiner das tiefe

Verständnis, mit dem «gerade in dieser Stadt» Theosophie gepflegt wird. Mit diesen Worten dankt Rudolf Steiner vor allem dem Leiter des Nürnberger Zweiges Michael Bauer. – Der Zyklus, der Grundlagen zum Verständnis der Apokalypse vermittelt, endet mit den Worten: «Nur eine Anregung konnten diese Vorträge sein, und derjenige, der sie so empfindet, der sich sagt: Ich muß tiefer und tiefer eindringen –, der wird im richtigen Sinne diese Vorträge aufgenommen haben.» (GA 104)

Anfang Juli. Kurzer Zwischenaufenthalt in Berlin.

4. Juli. Rudolf Steiner in Kassel.

6. Juli. Abreise nach Kristiania (Oslo).

7.–21. Juli. In Ljan (damals eine Villensiedlung nahe Kristiania, heute ein Stadtteil von Oslo) hält Rudolf Steiner den Vortragskurs *Theosophie im Anschluß an das Johannesevangelium* (15 Vorträge). Das Vortragslokal war in einer Mittelschule. (Das Milieu beschreibt Margarita Woloschin in *Die grüne Schlange,* S. 203–207 und in ihren Tagebuchaufzeichnungen in *Erinnerungen,* S. 52–54). In der *Teosofisk Tidskrift för Skandinavien* (September 1908) berichtet Richard Eriksen: «Für die aus allen Gegenden der Welt Zusammengekommenen wurden diese zwei Wochen zu einer Zeit überwältigender Eindrücke...» Eriksen erwähnt, daß Zuhörer aus neun Nationen an dem Kurs teilnahmen. «In einem der letzten Vorträge sprach Rudolf Steiner über den Okkultismus des Westens und des Ostens und zeigte, warum der westliche Okkultismus erst jetzt in den Strom der theosophischen Bewegung einmündet. Die Herzen aller schlugen ihm warm entgegen, als Rudolf Steiner in eindringlicher Weise für die Mitglieder der theosophischen Bewegung die Notwendigkeit betonte, mit Toleranz und Verständnis dem westlichen Okkultismus zu begegnen.» Während dieses Kurses tritt Marie Elisabeth Waller an Marie von Sivers mit dem Vorschlag heran, «dem Worte Rudolf Steiners einen ‹Tempel› zu bauen». Marie von Sivers macht deutlich, daß Marie Elisabeth Wallers Beitrag nur ein Baustein sein könne. «Doch sollte ich sagen, was zu machen wäre auf dem Gebiete der Kunst. Unsere Wünsche kamen sich entgegen und fanden die Zustimmung Rudolf Steiners. Das Resultat war die Aufführung des Dramas von E. Schuré ‹Die Kinder des Luzifer› im Sommer 1909.» (Nachrichtenblatt 1925, S. 130)

Ende Juli. Rudolf Steiner wieder in Berlin.

1. August. Marie von Sivers gründet in Übereinstimmung mit Rudolf Steiner und unter Mitarbeit von Johanna Mücke den «Philosophisch-Theosophischen Verlag» in Berlin. Marie Steiner kauft die Restbestände der *Philosophie der Freiheit,* von *Goethes Weltanschauung* und *Wahrheit und Wissenschaft* auf. Nach und nach wird mit dem Druck von Vortragsnachschriften begonnen. Durch diesen Verlag wird Rudolf Steiner im Laufe der Zeit von den ungemein lästigen Verhandlungen mit verständnislosen Verlegern befreit.

Die erste eigene Publikation des Verlages 1908 ist die überarbeitete Nachschrift des Vortrages *Philosophie und Theosophie.* 1909 erscheint zum ersten Mal in Buchform *Wie erlangt man Erkenntnisse der höheren Welten?* – Andere Werke Rudolf Steiners bleiben vorerst im Verlag von Max Altmann, Leipzig.

4.–17. August. Rudolf Steiner in Stuttgart.

4.–16. August. Rudolf Steiner hält in Stuttgart den Vortragszyklus *Welt, Erde und Mensch, deren Wesen und Entwicklung, sowie ihre Spiegelung im Zusammenhang zwischen ägyptischem Mythos und gegenwärtiger Kultur.* (GA 105) An dem Zyklus nehmen über 300 Zuhörer teil, Vortragslokal ist der Saal des «Bürgermuseums». EMIL MOLT berichtet: «Unsere Freundin, CLARA RETTICH, die Malerin, hatte die Ausschmückung des Saales übernommen. Von auswärts kamen viele Freunde. Wir erlebten da, wie Rudolf Steiner die alten Mysterien und das Rosenkreuzertum in moderner Form fortsetzte. Was an heiligen Gefühlen der geistigen Welt und ihrem Vertreter auf Erden gegenüber aufgebracht werden konnte, wurde bei diesem Anlaß geweckt; und wenn diese Stimmung nicht eine dauernde werden konnte, so ist es mir nur ein Beweis dafür, wie weit wir in unserer Zeit abgetrieben wurden.» (Emil Molt *Entwurf meiner Lebensbeschreibung,* S. 134)

17. August. Stuttgart. Mitgliedervortrag *Philosophie und Theosophie* (unter dem Titel *Philosophie und Anthroposophie* in GA 35). Rudolf Steiner geht in diesem Vortrag insbesondere auf Aristoteles und seine Ergänzung durch Fichte ein. (Vgl. 14. März 1908)

18. August. Gründung des Zweiges Pforzheim mit einer Ansprache Rudolf Steiners.

19. August. Öffentlicher Vortrag in Karlsruhe.

20. August. Rudolf Steiner in Malsch bei Karlsruhe, wo E. A. K. STOCKMEYER, angeregt durch die Ausgestaltung des Kongreßsaales in München, die Errichtung eines Modellbaus plant. Rudolf Steiner gibt Hinweise zur Gestaltung. (Vgl. GA 284/285, S. 115/116)

21.–29. August(?). Rudolf Steiner in Barr (Elsaß) bei EDOUARD SCHURÉ.

30. August. Straßburg. Vortrag für Mitglieder.

2.–14. September. Rudolf Steiner hält in Leipzig einen Vortragszyklus *Ägyptische Mythen und Mysterien.* (GA 106)

Während der Vorträge in Leipzig, über deren Umstände und Teilnehmerzahl keine Berichte vorliegen, dürfte Rudolf Steiner mit den in Leipzig im Zusammenhang mit Dr. HUGO VOLLRATH entstandenen Schwierigkeiten konfrontiert worden sein, die am 26. Oktober auf der Generalversammlung zum Austrag kommen.

20. September (?)–9. Oktober. Reise nach Italien zusammen mit Marie von Sivers. Diese führt im Süden bis nach Neapel und Paestum. Marie Steiner berichtet: «Wir stiegen einmal mit Dr. Steiner auf den Vesuv. Es war kurz nach den starken Eruptionen, in welchen sich neue Krater gebildet hatten; jener bekannte kegelförmige hohe Krater mit der elegant aufsteigenden Rauchsäule war vernichtet, in sich zusammengefallen. Noch grollten und dampften die vulkanischen Kräfte aus der Tiefe empor. Und eine merkwürdige Erscheinung konnte man erleben. Vor den Füßen der Dahinschreitenden öffneten sich plötzlich kleine trichterförmige Löcher, in die mit rasender Geschwindigkeit Asche und Schlacke herunterrieselten. Dann schloß sich die nach unten schnellende Öffnung, und in einiger Entfernung wiederholte sich das gleiche Schauspiel... Wie einen Griff von unten aus dämonischer Tiefe verspürte man in den Gliedern. Das Schicksal war ja ganz nahe herangetreten. Es hätte anders ausfallen können: eine unbekannte schützende Macht war dazwischen getreten.» (Nachrichtenblatt 1929, S. 34)

10. Oktober. Rudolf Steiner in Zürich, wo der Zweig neu gegründet wird und den Namen Zschokke-Zweig (nach Johann Heinrich Daniel Zschokke) erhält. Der Vorstand des Zweiges besteht aus Kolonialdirektor A. W. SELLIN, Professor ALFRED GYSI und dem Ingenieur K. FISCHER.

11. Oktober. Vorträge in St. Gallen.

12. Oktober. Öffentlicher Vortrag in Zürich: *Goethes Bedeutung für die Gegenwart.*

15. Oktober. Berlin. Wiederbeginn der öffentlichen Wintervorträge im Architektenhaus *Wo und wie findet man den Geist.* Der Vortrag schließt mit der knappen Darstellung der Rosenkreuz-Meditation. (GA 57, vgl. *Die Geheimwissenschaft im Umriß,* 27. und folgende Auflagen S. 309–317)

19. Oktober. Wiederbeginn der Vorträge für Mitglieder (19 Vorträge bis 17. Juni 1909, GA 107)

20. Oktober. Beginn einer Reihe von Vorträgen über Philosophie und Logik. (GA 108)

22. Oktober. Mitgliedervortrag über die vierte Dimension.

22. Oktober. Öffentlicher Vortrag im Architektenhaus über *Goethes geheime Offenbarung – exoterisch.* (GA 57)

24. Oktober. Öffentlicher Vortrag im Architektenhaus über *Goethes geheime Offenbarung – esoterisch.* (GA 57) Mit diesen beiden Vorträgen direkt vor der 7. Generalversammlung der deutschen Sektion der Theosophischen Gesellschaft knüpft Rudolf Steiner an die Ursprungsmotive seiner anthroposophisch-theosophischen Arbeit an.

25. Oktober. 7. Generalversammlung der deutschen Sektion.

Einleitend gibt Rudolf Steiner einen Überblick über die vergangenen Jahre theosophischer Arbeit und einen Ausblick auf das beginnende siebente Arbeitsjahr.

MARIE VON SIVERS kann berichten, daß die Zahl der Mitglieder um 278 auf

1150 gestiegen ist. Die Zahl der Zweige beträgt nun 37 gegenüber 28 im Vorjahre. Neu wurden die Zweige Bern, Bielefeld, Eisenach, Mannheim, Malsch, Pforzheim, Straßburg, Wiesbaden und Zürich gegründet. Der Zweig Charlottenburg hat sich aufgelöst.
Danach wird eine Änderung der Verfassung der Sektion beschlossen, die die Kontinuität der Arbeit sichern soll: Vorstandsmitglieder, die durch Wiederwahl sieben Jahre im Amt sind, werden unabsetzbar und bekleiden das Amt auf Lebenszeit. Pro hundert Mitglieder wird ein Vorstandsmitglied gewählt. Ferner wird zur Repräsentation der Zweige ein «Areopag» gebildet, in dem jeder Zweig durch ein Mitglied vertreten sein soll. Große Zweige erhalten für 51–100 Mitglieder 2, für 101–150 3 usw. Vertreter im «Areopag». Der «Areopag» scheint aber in der weiteren Geschichte der Sektion keine nennenswerte Rolle gespielt zu haben.
Schließlich wird nach einer langen Debatte Dr. Hugo Vollrath – im Wesentlichen wegen Eigenmächtigkeiten (Gründung einer «litterarischen Abteilung der deutschen Sektion» ohne Abstimmung mit der Sektionsleitung) als Mitglied der deutschen Sektion ausgeschlossen. (Mitteilungen TG, Dezember 1908, Nr. 8)
25. Oktober. Mitgliedervortrag über Fichte – Schelling – Hegel.
26. Oktober, 10 Uhr. Mitgliedervortrag über Novalis mit Rezitation aus den Hymnen an die Nacht durch Marie von Sivers. (GA 108)
26. Oktober, nachmittags. Vortrag für Mitglieder über die Gesetze der höheren Welten. (GA 107)
27. Oktober. Rudolf Steiner hält zwei Vorträge für die aus Anlaß der Generalversammlung anwesenden Mitglieder. (GA 107, 108)
28. Oktober. Philosophisch-logischer Vortrag über analytische und synthetische Urteile. (GA 108)
29. Oktober. Fortsetzung der Vorträge für Mitglieder. (GA 107)
3.–9. November. Vortragsreise. Berlin–Bielefeld–Hannover–München–Berlin.
3. November. Einweihung des Zweiges in Bielefeld.
8. November. München. Philosophisch-logischer Vortrag.
10.–17. November. Rudolf Steiner in Berlin, wo er öffentliche Vorträge und Vorträge für Mitglieder hält, darunter am
13. November den letzten philosophisch-logischen Vortrag über Hegels Kategorien. (GA 108)
18. November–7. Dezember. Vortragsreise. Berlin–Prag–Wien–Klagenfurt–Breslau–Görlitz–Berlin–Hamburg–Bremen–Berlin. (Über die Vorträge in Wien: Ludwig Polzer-Hoditz, *Erinnerungen an Rudolf Steiner,* S. 20f. und S. 228–230. Über die Vorträge in Breslau: Moritz Bartsch, *Ein Schlesier berichtet,* in *Erinnerungen,* S. 470f.)

2. Dezember. Breslau. Rudolf Steiner besucht MARIE RITTER, Herstellerin von «photodynamischen» Heilmitteln.
8.–11. Dezember. Rudolf Steiner zu Vorträgen in Berlin.
12.–16. Dezember. Vortragsreise. Berlin–Stuttgart–Nürnberg–Berlin.
17. Dezember–6. Januar 1909. Rudolf Steiner in Berlin.
22. Dezember. Weihnachtsvortrag für Mitglieder über die weltgeschichtliche Bedeutung des Mysteriums von Golgatha. MARIE VON SIVERS rezitiert aus den geistlichen Liedern des Novalis. (GA 108)
26. Dezember. Vortrag für Mitglieder über die Methodik der Märchendeutungen. (GA 108)

1909

Im Jahre 1909 wird das Buch *Die Geheimwissenschaft im Umriß* fertiggestellt, und die Aufsätze *Wie erlangt man Erkenntnisse der höheren Welten* erscheinen in Buchform. Damit ist in einem gewissen Sinne die «theosophische» Epoche im Wirken Rudolf Steiners beendet. Durch die Bücher *Theosophie* (1904) und die 1909/10 erschienenen Werke ist die von Blavatsky und ihren Nachfolgern chaotisch oder dogmatisch vorgebrachte Theosophie auf einer höheren Stufe, gereinigt, geordnet und vollständig neu geschaffen worden.

Im Jahre 1909 teilt Rudolf Steiner viele neue esoterische Erkenntnisse mit. So spricht er am 1. Januar zum ersten Mal von der Polarität der Widersachermächte Luzifer und Ahriman; bald darauf beginnen die Darstellungen über das Fortwirken höherer Wesensglieder großer Individualitäten in der Geschichte. Am 10. und 11. April spricht Rudolf Steiner in Köln zum ersten Male vom Maitreya-Buddha, kurz darauf, am 16. April in Düsseldorf werden zum ersten Male Ausführungen über Dhyani-Buddhas, Bodhisattvas und Buddhas gemacht. Der Düsseldorfer Vortragszyklus vom 12.–18. April bringt eine zusammenfassende Beschreibung der Wirksamkeit geistiger Hierarchien und deren Widerspiegelung im Kosmos und auf Erden. Im Vortragszyklus über das Lukas-Evangelium (Basel 15.–26. September) spricht Rudolf Steiner zum ersten Mal über Existenz und Wesen zweier Jesusknaben im Beginne unserer Zeitrechnung.

Im Herbst des Jahres 1909 spricht Rudolf Steiner in vier Vorträgen anläßlich der Generalversammlung der deutschen Sektion der Theosophischen Gesellschaft über «Anthroposophie», und gleichzeitig bemerkt er, daß «gelegentlich auch ein Abriß über Anthroposophie erscheinen soll». Diese anthroposophischen Betrachtungen werden in den öffentlichen Vorträgen des Winters 1909/10 in umfassender Weise durch anthropologisch-anthroposophische Darstellungen ergänzt. Mit diesen Ausführungen beginnt ein neues Kapitel der Anthroposophie.

In der Theosophischen Gesellschaft bereiten sich neue Entwicklungen vor. Der wichtigste Mitarbeiter Annie Besants, auf den sie, die sich mehr dem propagandistischen und dem politischen Wirken hingab, in okkulten Dingen angewiesen war, Charles Webster Leadbeater, entdeckt in Adyar in dem

14jährigen JIDDU KRISHNAMURTI den Menschen, in den sich der künftige Weltlehrer verkörpern soll. Noch bevor diese Vorgänge allgemein bekannt werden, findet zu Pfingsten 1909 in Budapest der Kongreß der Föderation der europäischen Sektionen der Theosophischen Gesellschaft statt. In dieser noch ungeklärten Situation vermeidet Rudolf Steiner den Bruch mit Annie Besant, ja er scheint es sogar abzulehnen, sich an die Spitze einer internationalen Gegenbewegung zu stellen, da er es als seine Aufgabe ansieht, im mitteleuropäischen Geistesleben zu wirken.

Die Vortragsarbeit innerhalb und außerhalb der deutschen Sektion wird in vollem Umfang trotz der Arbeit der Fertigstellung der *Geheimwissenschaft* fortgesetzt. Dabei treten die Einzelvorträge zugunsten der Zyklen, die in Rom, Düsseldorf, Kassel, Christiania (Oslo), Budapest, München und Basel stattfinden, etwas zurück. Dennoch werden – neben den sieben Orten, in denen Vortragszyklen stattfinden – insgesamt dreißig Städte zum Teil mehrmals zu Vorträgen aufgesucht.

Ein Höhepunkt des theosophischen Lebens ist die festliche Aufführung der *Kinder des Luzifer* von EDOUARD SCHURÉ in Anwesenheit des Dichters. An die Aufführung schließt sich der Vortragszyklus *Die Kinder des Luzifer und die Brüder Christi an,* der von 561 Zuhörern aus 14 europäischen Nationen besucht wird. Neben Rudolf Steiner und MARIE VON SIVERS, die das Drama inszenieren, tragen die Münchener Mitglieder, vor allem SOPHIE STINDE und PAULINE GRÄFIN KALCKREUTH die ganze Last der organisatorischen Arbeit.

So wächst die deutsche Sektion der Theosophischen Gesellschaft weiter: es werden sieben neue Zweige (in Breslau, Koblenz, Essen, Mülhausen i. E., Straßburg, Dresden und in München) gegründet. Die Zahl der Mitglieder steigt um 350 auf 1500.

1. Januar. Berlin. Vortrag für Mitglieder. Rudolf Steiner spricht zum ersten Mal über die Doppelgestalt des Bösen: Luzifer und Ahriman. (Vgl. GA 107 und zur Entwicklung des Problems: 22. Februar 1906)

6.–11. Januar. Vortragsreise nach München.

6. Januar. München. Weihnachtsfeier für Mitglieder. Rudolf Steiner spricht zum ersten Mal – unabhängig von der bisherigen theosophischen Überlieferung – über den individuellen Zusammenhang wiederholter Erdenleben (Novalis), nachdem ihm durch eine entsprechende Beobachtung Marie von Sivers' dazu Anlaß und Möglichkeit gegeben worden ist. (Vgl. Max Gümbel-Seiling, *Mit Rudolf Steiner in München.*)

12. Januar. Berlin. Mitgliedervortrag. Rudolf Steiner spricht über den Tages-Rhythmus des «Ich», den Wochen-Rhythmus des astralischen Leibes und den Vier-Wochen-Rhythmus des ätherischen Leibes «damit unser Tun und Sein nicht ein Chaos, sondern ein Kosmos werde». (GA 107)

14. Januar. Berlin. Öffentlicher Vortrag im Architektenhaus über *Gesundheitsfragen im Lichte der Geisteswissenschaft.* Über verschiedene medizinische Denkweisen (Schulmedizin, Naturheilkunde, Homöopathie), über erste Versuche einer geisteswissenschaftlich orientierten Medizin (Dr. Felix Peipers' Farben-Therapie) und über die Bedeutung klarer, heller und umfassender Gedanken für die Gesundheit.

16. (?)–25. Januar. Vortragsreise. Berlin–Pforzheim–Karlsruhe–Heidelberg – Mannheim–Wiesbaden–Frankfurt–Berlin.

18. Januar. Karlsruhe. Mitgliedervortrag *Die praktische Ausbildung des Denkens.* Rudolf Steiner gibt Grundübungen zu einer sach- und weltgemäßen Schulung des kontrollierten Denkens. (GA 108)

20. Januar. Öffentlicher Vortrag in Heidelberg über *Goethes geheime Offenbarung.* (Schilderung des Vortrags und des Milieus: Herbert Hahn, *Der Weg der mich führte,* S. 308–315)

21. Januar. Heidelberg. In einem Vortrag für Mitglieder spricht Rudolf Steiner über Wiederverkörperungsfragen im Zusammenhang mit den Wesensgliedern großer Individualitäten. (GA 109)

26.–29. Januar. Rudolf Steiner in Berlin.

28. Januar. Öffentlicher Vortrag im Architektenhaus über *Tolstoi und Carnegie.* (GA 57) Vergleich zwischen dem russischen Dichter und Denker und dem amerikanischen Eisenbahn-Milliardär. Dem Vortrag wohnt CHRISTIAN MORGENSTERN bei: «Die erste Bekanntschaft mit der Theosophischen Gesellschaft verdanke ich einigen öffentlichen Vorträgen Dr. Steiners im Berliner Architektenhaus Winter 1909, nach deren erstem (über Tolstoi und Carnegie) ich sofort wußte, daß ich den ganzen, noch aus sieben Vorträgen bestehenden Zyklus besuchen würde.» (Brief vom 10. Oktober 1910 in: Christian Morgenstern, *Ein Leben in Briefen,* S. 312)

30. Januar–10. Februar. Vortragsreise Berlin–Straßburg–Mülhausen i. E. – Basel–Bern–Stuttgart–Berlin.

In einem Reisebericht an Marie von Sivers teilt Rudolf Steiner mit, daß die Reise, was die theosophische Arbeit anlangt, gut verläuft. «In Bern hatten wir doch den Großratssaal. Es war diesmal sehr gut besucht. Franzosen waren da und diesmal keine M. [Marie von Sivers] zum Übersetzen. So mußte ich diesmal bis zur Neige ausprobieren, wie weit ich mit dem Französisch-Verständigen komme. Notwendigkeit tut viel in solchen Dingen. Doch schneller geht es mit M. In Bern war Miß Bright... Sie hat den öffentlichen Vortrag in Bern, eine ES und einen Logenvortrag mitgemacht.» Miß Bright war eine Vertraute von Annie Besant. (GA 262, S. 114)

11. Februar. Berlin, Architektenhaus. Öffentlicher Vortrag: *Die praktische Ausbildung des Denkens.*

13. und 14. Februar. Vortragsreise nach Nürnberg.

13. Februar. Öffentlicher Vortrag über *Die praktische Ausbildung des Denkens.* (GA 57)
15. Februar. Berlin. Mitgliedervortrag über das Wirken und Fortwirken hoher geistiger Wesenheiten in der Menschheitsgeschichte. Das Prinzip der spirituellen Ökonomie und die Entwicklung des Christentums. (GA 109)
18. Februar. Berlin, Architektenhaus. Öffentlicher Vortrag über *Die unsichtbaren Glieder der Menschennatur und das praktische Leben.* Der Geist als Führer zu einer wahren Lebenspraxis. (GA 57)
19. Februar–1. März. Vortragsreise. Leipzig–Erfurt–Weimar–Eisenach–Kassel–Köln–Elberfeld–Berlin.
Aus einem Reisebericht an Marie von Sivers: «In Leipzig war es eben wie immer.» «Erfurt ist theosophisch noch recht im Anfang.» «In Weimar war – Faschingsdienstag.» «X ist auch noch nicht gescheiter geworden.» (GA 262, S. 115) (Über den Aufenthalt in Kassel: Ludwig Kleeberg, *Wege und Worte,* S. 208–211) In den Mitgliedervorträgen dieser Reise spricht Rudolf Steiner im Sinne des Berliner Vortrags vom 15. Februar.
4. März. Berlin, Architektenhaus. Öffentlicher Vortrag über *Das Geheimnis der menschlichen Temperamente.* Grundlegende Ausführungen zu den Temperamenten und ihrer pädagogischen Behandlung. (GA 57)
6.–9. März. Vortragsreise nach München. In München werden erste Vorbereitungen für die Aufführung des Dramas *Die Kinder des Luzifer* von EDOUARD SCHURÉ getroffen. Das «Schauspielhaus» wird für eine Matinee am 22. August gemietet. Als Thema des anschließenden Vortragszyklus wird *Der Orient im Lichte des Okzidents. Die Kinder des Luzifer und die Brüder Christi* bekanntgegeben.
11. und 12. März. Öffentliche Vorträge im Architektenhaus über *Die Rätsel in Goethes Faust.* «So sehen wir, wie Goethe uns wirklich den Weg der menschlichen Seele in die geistige Welt darstellt.» (GA 57)
14.–18. März. Vortragsreise. Berlin–Hamburg–Bielefeld–Hannover–Berlin.
19.–23. März. Rudolf Steiner in Berlin.
22. März. Vortrag für Mitglieder über das Wirken Christi und die Widersachermächte: Luzifer, Ahriman und die Asuras. (GA 107)
23. März. Reise nach Rom.
24. März–4. April. Aufenthalt in Rom.
Rudolf Steiner weilt in Rom auf Einladung der Principessa ELIKA D'ANTUNI, im Palazzo del Drago, Alle Quattro Fontane. Die Principessa wollte in ihrem Salon einen Kreis von Menschen sammeln, die ernsthaft an einem vertieften Christentum interessiert waren. Rudolf Steiner hält deshalb vom 25.–31. März einen Zyklus von sieben Vorträgen *Einführung in die Theosophie.* (Vgl. GA 109) Nach einem Bericht von Febe Arenson-Colazza äußert

sich Rudolf Steiner 1924 über diesen Besuch: «Es ist bedeutsam für mich gewesen, damals im Palazzo del Drago in den Räumen zu wohnen, in denen Winkelmann gelebt und seine Gedanken über Kunst entwickelt hat, die dann Goethe so sehr beschäftigt haben. Die Principessa d'Antuni war eine Persönlichkeit, die mit tiefem Ernst in okkulten Zusammenhängen verwurzelt war.» (*Aus dem Leben von Marie Steiner von Sivers,* S. 57ff. und GA 276, S. 75) Durch ihre Familie steht die Principessa mit vatikanischen Kreisen in Zusammenhang, und es kommt in diesen Tagen zu Begegnungen mit katholischen Würdenträgern.

4./5. April. Reise von Rom nach Malsch bei Karlsruhe.

5./6. April, nachts. Grundsteinlegung des nach Anregungen von Rudolf Steiner durch E. A. K. Stockmeyer zu errichtenden Modellbaus. (Vgl. GA 284/285 und Erich Zimmer, *Der Modellbau von Malsch und das erste Goetheanum.*)

6. April. Einweihung des Franz-von-Assisi-Zweiges in Malsch durch Rudolf Steiner. (GA 109)

7.–11. April. Rudolf Steiner in Köln.

10. und 11. April. Ostervorträge und Osterfeier in Köln. Vor den Vorträgen rezitiert Max Gümbel-Seiling aus Faust I und II und Adolf Arenson improvisiert auf dem Harmonium. (Bericht: Max Gümbel-Seiling, *Mit Rudolf Steiner in München.*) Laut Gümbel-Seiling waren etwa 400 Mitglieder bei dieser Feier anwesend. (Vgl. GA 109)

12.–22. April. Rudolf Steiner in Düsseldorf.

12.–18. April. Rudolf Steiner hält zehn Vorträge über *Geistige Hierarchien und ihre Widerspiegelung in der physischen Welt.* (GA 110) Am 12. und 13. sowie am 18. April finden je zwei Vorträge statt. Der erste Vortrag des Zyklus beginnt am 12. April um 14 Uhr. Der letzte Vortrag findet am 18. April um 15 Uhr statt. Nach dem Abschluß der Vorträge hält A. W. Sellin eine kurze Ansprache, in der er Rudolf Steiner den Dank der Zuhörer ausspricht. Unter den Zuhörern der Vorträge sind unter anderem Christian Morgenstern, Michael Bauer, Josef van Leer.

19. April. Düsseldorf. Öffentlicher Vortrag *Der Eintritt des Christus in den Occident.*

20. April. Literarischer Vortrag über Novalis und über Gedichte von Professor Bürgi (Bern).

21. und 22. April. In Düsseldorf finden nach dem Vortragszyklus zwei Fragenbeantwortungen statt. (GA 110)

23.–26. April. Vortragsreise. Düsseldorf–Bonn–Koblenz–Berlin.

25. April. Gründung des Cusanus-Zweiges in Koblenz.

26. April–7. Mai. Rudolf Steiner in Berlin.

Neben den Vorträgen (vgl. GA 57 und GA 107) ist Rudolf Steiner mit Marie

VON SIVERS und ihren Helfern damit beschäftigt, den neuen Zweig-Raum der Theosophischen Gesellschaft in der Gaisbergstraße 2, der der stark gewachsenen Mitgliedschaft bis 1917 Unterkunft bietet, auszugestalten. (Bericht: Lutz Kricheldorff, *Erlebnisse und Erinnerungen an Dr. Rudolf Steiner,* in: Mitteilungen aus der anthroposophischen Bewegung Nr. 34, S. 27)

5. Mai. Einweihung des neuen Raumes des Besant-Zweiges. Rudolf Steiner hält eine Ansprache über die beiden Bilder Raffaels aus den Stanzen, deren Kopien im Raume aufgehängt wurden, und gedenkt anläßlich des «Weißen Lotustages» der Gründer der theosophischen Bewegung, Col. H. S. OLCOTT und H. P. BLAVATSKY. (GA 284)

6. Mai. Öffentlicher Vortrag im Architektenhaus über *Die europäischen Mysterien und ihre Eingeweihten.* Über Parzival, das Grals-Mysterium, Flor und Blancheflor und Christian Rosenkreuz. (GA 57)

8.–23. Mai. Rudolf Steiner in Kristiania (Oslo).

9.–21. Mai. Vortragszyklus *Theosophie an Hand der Apokalypse.* CHRISTIAN MORGENSTERN, der an den Vorträgen teilnimmt, schreibt an seine Braut: «Ich werde hin- und hergeworfen. Das Äußerliche der Bewegung macht mir arg zu schaffen. Überall halt, wo Menschen sich zusammenscharen, fängt auch Narretei an zu blühen, wie ein Unkraut, auch in dem schönsten Garten.» (Brief vom 10. Mai, *Ein Leben in Briefen,* S. 295). Am 14. Mai schreibt er: «Ich wünschte Dir, diesen Kursus hier mitzuerleben, aber Du wirst dasselbe bei einer anderen Gelegenheit ebenso haben. Es sind nicht nur die abendlichen Vorträge diesmal, die so bereichern, sondern der ganze Tag ist ausgefüllt mit geistiger Fruchtbarkeit... Es haben sich nun schnell kleine Privatkurse ausgebildet, und, wie das so kommt, bin ich gleich in zwei auf einmal geraten.» (A. a. O., S. 296) Am 15. Mai heißt es dann: «Die Auslegung der Apokalypse ist grandios; ich werde froh sein, wenn ich während des Sommers sie und das Voraufgegangene in mir geklärt haben werde.» Am 16. Mai: «Gestern (den 15.) sprach er besonders hinreißend. Es handelte von unserer Kulturepoche, der folgenden (in der Apokalypse als Gemeinde von Philadelphia – Bruderliebe – bezeichnet) und der nächstfolgenden.» Am 18. Mai an Kayssler: «vita nuova. Endlich.» (A. a. O., S. 297 ff.)

24.–26. Mai (?). Rudolf Steiner in Berlin.

25. Mai. Berlin. Pfingstvortrag für Mitglieder über Zarathustra und Jesus von Nazareth. (GA 109)

29. Mai–13. Juni. Rudolf Steiner in Budapest.

30. Mai–2. Juni. 5. Internationaler Kongreß der Föderation Europäischer Sektionen der Theosophischen Gesellschaft.

30. Mai. ANNIE BESANT spricht über die Stellung der theosophischen Bewegung im Geistesleben der Gegenwart und betont, daß in der theosophischen Bewegung verschiedene Strömungen friedlich zusammenwirken.

31. Mai. Rudolf Steiner spricht über *Von Buddha zu Christus* (GA 109), anschließend Annie Besant: *The Christ, who is he?*
2. Juni. Budapest. Öffentlicher Vortrag Rudolf Steiners über *Die westlichen Wege der Einweihung.*
Auf dem Kongreß sprechen noch folgende Mitglieder der deutschen Sektion: Dr. CARL UNGER über *Theosophie als Lebenskraft*, Dr. med. FELIX PEIPERS über okkulte Anatomie und Medizin, ELISE WOLFRAM über die okkulten Hintergründe der Sage von Tristan und Isolde.
Marie Steiner berichtet, daß 1909 auf dem Kongreß «eine Fortführung der Auseinandersetzungen Dr. Steiners mit Annie Besant» stattfand. «Damals ging die Unterredung noch im Sinne eines gütlichen Vergleiches aus.» (Vorwort zu *Studienmaterial aus den Sitzungen des «Dreißiger-Kreises»*, Dornach 1947) Rudolf Steiner wurde auf diesem Kongreß die große Subba Row Medaille für sein Buch *Wie erlangt man Erkenntnisse der höheren Welten?* verliehen. In seinem Kongreßbericht vor dem Berliner Zweig betont Rudolf Steiner, daß es wenig sinnvoll sei, über die Verschiedenheit der Auffassungen von Annie Besant und ihm selbst zu diskutieren, man solle sich vielmehr sagen, «daß es wahrlich doch viel besser ist, wenn dasjenige, was reiches, mannigfaltiges okkultes Leben, Leben der höheren Welten ist, von so viel Seiten als nur möglich ist, dargestellt wird.» Nur eine Differenz deutet Rudolf Steiner selber an: sie bezieht sich «auf die Art und den Zeitpunkt» des Wiederkommens Christi. (Vgl. Mitteilungen TG Nr. 10, S. 10 und 13)
CHRISTIAN MORGENSTERN schreibt über den Kongreß an seinen Freund Friedrich Kayssler: «Er bot viel Fesselndes und Belehrendes, aber natürlich – Kongreß bleibt Kongreß, d. h. eine Ansammlung vieler sehr verschiedenartiger und fremder Menschen, also letzten Endes eine unharmonische Angelegenheit. Dazu kommt, daß Ungarn zwar ein ‹guter Boden› sein mag, aber noch wenig Ersprießliches trägt.» (Morgenstern, *Ein Leben in Briefen*, S. 302. Einen weiteren Bericht gibt Alexander Strakosch in *Lebenswege mit Rudolf Steiner*, I. Bd., S. 49–91.) Erst 1916 deutet Rudolf Steiner an, daß auf dem Budapester Kongreß der Versuch gemacht wurde, ihn in die im Entstehen begriffene Alcyone-Affäre zu verwickeln. Ende April/Anfang Mai 1909 hatte CHARLES LEADBEATER auf seiner Suche nach der geeigneten Inkarnation des künftigen Weltlehrers den 14jährigen JIDDU KRISHNAMURTI entdeckt. Es ist denkbar, daß ANNIE BESANT in München über diese Entdeckung bereits informiert war oder wurde, es ist aber auch vorstellbar, daß sie damals noch HUBERT VAN HOOK, den ersten Kandidaten für diese Funktion, im Auge hatte. Nach den Worten Rudolf Steiners wurde ihm jedenfalls eine besondere Funktion im Umkreis des neuen Weltlehrers angeboten. «Gegen all das was dazumal im Werden war, bildete sich dort» (in Budapest) «eine, ich möchte sagen, internationale Gesellschaft der ehrlichen Leute, unter anderem war

auch Mr. Keightley dabei, der früher immer Mrs. Besant auf die wissenschaftlichen Fehler hin ihre Bücher ausgebessert hat. Diese internationale Gesellschaft stellte mir von Indien aus den Antrag, ihr Präsident zu werden. Und ich sagte 1909 in Budapest zu Mrs. Besant: Es ist gar keine Rede davon, daß ich jemals in einer okkulten Bewegung irgendetwas anderes sein will, als im Zusammenhang mit der deutschen Kultur.» (GA 167, 28. März 1916)

3.–12. Juni. Budapest. Rudolf Steiner hält den Vortragskurs *Theosophie und Okkultismus des Rosenkreuzers.* (GA 109)

14. Juni. Wien. Vortrag für Mitglieder über *Buddha und Christus.* (GA 109)

15. Juni. Breslau. Ansprache Rudolf Steiners zur Einweihung des Zweiges: über die Aufgaben der theosophischen Bewegung. (GA 109)

16.–23. Juni. Rudolf Steiner in Berlin.

17. Juni. Letzter Vortrag der fortlaufenden Mitgliedervorträge seit dem 1. Januar: Involution und Evolution – Schöpfung aus dem Nichts. (GA 107)

18. Juni. Bericht für Mitglieder über den Budapester Kongreß (s. o.).

24. Juni–7. Juli. Kassel. Vortragszyklus Rudolf Steiners über *Das Johannes-Evangelium im Verhältnis zu den drei anderen Evangelien, besonders zu dem Lukas-Evangelium.* (GA 112) Der Leiter des Kasseler Zweiges, Dr. LUDWIG NOLL, hatte den Murhard-Saal, in dem der Zyklus stattfand, besonders gestalten lassen, u. a. war hinter dem Rednerpult eine von Prof. BERNEWITZ geschaffene Michael-Statue aufgestellt. (Berichte: Ludwig Kleeberg, *Wege und Worte,* S. 230–232; Margarita Woloschin, *Aus Tagebuchaufzeichnungen,* in: *Erinnerungen,* S. 56–58)

Marie von Sivers berichtet über den Zyklus in Kassel an Edouard Schuré: «Der Zyklus in Kassel war großartig. Herr Steiner wie stets auf der Höhe seiner Aufgabe, einige finden auf der allerhöchsten Höhe. Der Saal war würdig und feierlich wie ein Tempel, eine schöne künstlerische Komposition füllte den Hintergrund mit dem Erzengel Michael in der Mitte. Die Zuhörer waren schweigsam und zurückhaltend; es scheint, daß sie dies miteinander verabredet hatten, und es war sehr beruhigend... Am 9. Juli waren wir in Berlin, konnten vor dem 18. dort nicht abreisen, und die ersten Dispositionen für das Stück konnten erst am 21. getroffen werden.» (B 8, S. 28)

9.–18. Juli. Rudolf Steiner in Berlin.

Neben anderem dürfte Rudolf Steiner diese kurze Pause zur Weiterarbeit an der *Geheimwissenschaft* genutzt haben.

18. Juli–14. September (?). Rudolf Steiner in München.

21. Juli. Beginn der Inszenierungsarbeiten an Edouard Schurés Drama *Die Kinder des Luzifer.* Marie von Sivers berichtet: «Herr Steiner hat sich an die Arbeit gemacht, um das Stück in Rhythmen zu bringen, wie er es schon für das Drama von Eleusis getan hatte.» (B 8, S. 28)

31. Juli. Marie von Sivers berichtet an Edouard Schuré: «Wir haben einen

Teil des Textes und konnten bisher nur zweimal den ersten Akt proben.» (B 8, S. 28) Die Besetzung der Rollen macht Schwierigkeiten, da einer der vorgesehenen Schauspieler erkrankt ist.
Ferner berichtet Marie von Sivers: «Trotz unserer Vorsichtsmaßnahmen, um zu verhindern, daß sich eine ganze Kolonie hier einnistet, um den Doktor während dieser drei armseligen Wochen zu belagern, bringt man uns jeden Tag Verrückte und Kranke. Die Verrückten sind unser Kreuz!» (B 8, S. 29)
An anderer Stelle berichtet Marie von Sivers von den körperlich oder seelisch Kranken und den gescheiterten oder verirrten Existenzen, die Rudolf Steiners Zeit ständig in Anspruch nehmen.
22. August, 10 Uhr morgens. Festvorstellung des Dramas *Die Kinder des Luzifer* von Edouard Schuré. Mitwirkende u. a.: Marie von Sivers, Alice Sprengel, Mieta Waller, Michael Bauer, Max Gümbel-Seiling, Otto Graf Lerchenfeld, Felix Peipers, A. W. Sellin, Karl W. H. Stockmeyer. Die Kulissen werden von Fritz Hass und Hermann Linde gemalt, die Kostüme schafft Imme von Eckardstein. (Kurze Berichte über die Aufführungen: Max Gümbel-Seiling, *Mit Rudolf Steiner in München,* S. 23–26; A. W. Sellin, *Erinnerungen aus dem Berufs- und Seelenleben eines alten Mannes,* S. 156f.)
23.–31. August. Vortragszyklus Rudolf Steiners *Der Orient im Lichte des Okzidents – Die Kinder des Luzifer und die Brüder Christi.* (GA 113) Die Vorträge finden im Prinzensaal des Café Luitpold statt. Das erhaltene Verzeichnis der Teilnehmer des Zyklus enthält 561 Namen. Außer deutschen Theosophen sind Gäste aus Bulgarien, Dänemark, England, Finnland, Frankreich, Holland, Italien, Norwegen, Österreich-Ungarn, Rußland, Schweden, der Schweiz und Serbien anwesend.
28. August, morgens. Goethe-Feier mit Rezitation von Goethe-Gedichten durch Marie von Sivers. (GA 113)
1.–14. September. Vermutlich bleibt Rudolf Steiner in München, wo er wahrscheinlich an der *Geheimwissenschaft* arbeitet.
15.–26. September. Basel. Rudolf Steiner hält den Vortragszyklus *Das Lukas-Evangelium.* (GA 114) In diesen Vorträgen spricht Rudolf Steiner – nachdem er im Laufe des Jahres 1909 in vielen Vorträgen (GA 109–113) Grundlagen für ein Verstehen geschaffen hatte – zum ersten Mal über die zwei Jesus-Knaben und ihre Bedeutung für das Christus-Wirken. – Nach dem Bericht von Rudolf Treichler (*Wege und Umwege zu Rudolf Steiner,* S. 37) riefen die Darstellungen Steiners zumindest bei einem Teil der Zuhörer «eine ungeheure Aufregung hervor, von der man sich heute kaum einen Begriff machen kann».
22. und 23. September. Basel. Öffentliche Vorträge über Goethes Faust.
27. September. Mülhausen i. Elsaß (Mulhouse). Einweihung des Paulus-Zweiges.

28. September–10. Oktober. Rudolf Steiners Aufenthalt nicht bekannt. Möglicherweise kürzerer Aufenthalt in Barr bei Edouard Schuré und Arbeit an der *Geheimwissenschaft*.

11. Oktober (spätestens)–2. November. Rudolf Steiner in Berlin.

11. Oktober. Wiederaufnahme der Vorträge für Mitglieder. Rudolf Steiner berichtet über den Inhalt der Vorträge über das Lukas-Evangelium.

14. Oktober. Wiederbeginn der öffentlichen Vorträge im Architektenhaus. Bis zum 12. Mai hält Rudolf Steiner 18 Vorträge, in denen er in besonderem Maße die anthroposophische Menschenkunde und die Seelenentwicklung anschaulich darstellt. (Vgl. GA 58/59) Im ersten Vortrag *Die Mission der Geisteswissenschaft einst und jetzt* begründet Rudolf Steiner, warum in der Gegenwart die Geisteswissenschaft verstandes- und vernunftgemäß dargestellt werden muß.

18. Oktober. Mitgliedervortrag. Weiteres aus dem Inhalt der Vorträge über das Lukas-Evangelium.

Jahresversammlung des Berliner (Besant-) Zweiges.

21. Oktober. Öffentlicher Vortrag im Architektenhaus über *Die Mission des Zornes*. (GA 59) In Einleitung der Tage der Generalversammlung der deutschen Sektion spricht Rudolf Steiner über die Entwicklung der Empfindungsseele.

22. Oktober. Öffentlicher Vortrag im Architektenhaus über *Die Mission der Wahrheit*. (GA 59) Die Erziehung der Verstandesseele – Nachdenken und Vordenken.

23.–27. Oktober. Vorträge für Mitglieder aus Anlaß der Generalversammlung über *Anthroposophie*. (GA 115)

Erste grundlegende Darstellung der menschlichen Sinnesorganisation (zehn Sinne) im Zusammenhang mit der übersinnlichen Wesenheit des Menschen.

24. Oktober. 8. Generalversammlung der deutschen Sektion der Theosophischen Gesellschaft (Adyar). In der Eröffnungsansprache blickt Rudolf Steiner auf sieben Jahre Arbeit zurück. Rudolf Steiner erwähnt, daß nunmehr 20 Mitglieder direkte Arbeit für die Theosophie durch Vorträge in anderen als ihren Heimatorten leisten. Zu diesen gehören: Adolf Arenson, Michael Bauer, Felix von Damnitz, Bernhard Hubo, Alice Kinkel, Fritz Mitscher, Jakob Mühlethaler, Johanna Peelen, Mathilde Scholl, Friedrich Schwab, Carl Unger, Toni Völker, Camilla Wandrey, Kurt Walther. Über das Verhältnis zu Annie Besant sagt Rudolf Steiner: «Besant und Steiner kommen also offenbar recht gut nebeneinander aus, wenn sie auch verschiedene Wege gehen. Es war eben notwendig, den alten Strom der theosophischen Bewegung mit einer neuen Strömung zu vereinigen, ihr von gewisser Seite her neues Lebensblut zuzuführen.» – Marie von Sivers kann berichten, daß die Zahl der Mitglieder auf 1500 (1908: 1150), die Zahl der Zweige auf 44 (1908 = 37) gestiegen sind. (Mitteilungen TG, Januar 1910, Nr. 10)

25. Oktober. Mitgliedervortrag: *Die Sphäre der Bodhisattvas.* (GA 116)

28. Oktober. Mitgliedervortrag über *Das Wesen der Künste.* (GA 271)

28. Oktober, abends. Öffentlicher Vortrag im Architektenhaus: *Die Mission der Andacht* – Die Andacht als Erzieherin der Bewußtseinsseele. (GA 59)

29. Oktober. Öffentlicher Vortrag im Architektenhaus: *Der menschliche Charakter.* Die Grundlagen des Charakters und die Siebenjahres-Epochen der menschlichen Entwicklung. (GA 59)

2. November. Mitgliedervortrag. Rudolf Steiner betont in diesen und den folgenden Mitgliedervorträgen in Stuttgart, München etc. die Notwendigkeit des «Studiums» und der vom Ich selbständig geführten Entwicklung des Denkens und führt dann zu weiteren Betrachtungen der Evangelien und zur Christus-Erkenntnis. (GA 117)

3.–9. November. Vortragsreise. Berlin–Hannover–Bielefeld–Bremen–Hamburg–Berlin.

11. November. Berlin. Öffentlicher Vortrag über *Die Askese und die Krankheit* – Über die Wege der inneren Entwicklung: wahre Askese führt zu einer Stärkung des Seelenlebens. (GA 58)

13.–22. November. Vortragsreise. Berlin – Stuttgart – Bern – Zürich – St. Gallen – Berlin.

18. November. Bern. Bericht an Marie von Sivers: «In Stuttgart ist allerdings ein Ort, wo die paar führenden Leute absolut gut auf alles eingehen können; aber dafür fühlen sie gerade wieder, wie schwer es wird, daß der rechte Sinn auch durch die Adern der andern rinne. Aber sie verstehen gut, sowohl Arenson wie Unger, wie notwendig es ist, daß die Anfangsgründe in den Zweigen gepflegt werden.» (GA 262, S. 116f.)

25. November. Berlin. Öffentlicher Vortrag im Architektenhaus über *Das Wesen des Egoismus* und die Verwandlung des Egoismus. (GA 59)

28. November–1. Dezember. Vortragsreise. Berlin–Leipzig–Dresden–Berlin.

1. Dezember. Gründung des «Dante-Zweiges» in Dresden. Damit besteht in Dresden neben der Loge zum Gral (H. AHNER) ein zweiter Zweig.

2. Dezember. Berlin, Architektenhaus. Öffentlicher Vortrag *Buddha und Christus.* (GA 58)

4.–8. Dezember. Vortragsreise. Berlin–München–Berlin.

9. Dezember. Berlin, Architektenhaus. Öffentlicher Vortrag *Einiges über den Mond in geisteswissenschaftlicher Beleuchtung* – Mondenrhythmen und Mond und Mensch. (GA 58)

12.–18. Dezember. Vortragsreise. Berlin–Nürnberg–Prag–Görlitz–Breslau–Berlin.

21. Dezember. Weihnachtsfeier im Berliner Zweig. Rudolf Steiner spricht über *Der Weihnachtsbaum – ein Symbolum.* (GA 117) In diesen Tagen findet auch die Aufführung eines oberpfälzischen Weihnachtsspiels im Berliner Zweig statt. An diesem Tag berichtet Marie von Sivers Edouard Schuré über die Arbeit des Philosophisch-theosophischen Verlages. Inzwischen sind vier Damen angestellt, um die Arbeit zu verrichten: «Eine ganze Fabrik habe ich einrichten müssen.» Es werden Vorträge von Rudolf Steiner vervielfältigt. (B 9, S. 12)

22. Dezember. Mitgliedervortrag: *Das Karmagesetz in Bezug auf Einzelheiten des Lebens.* (GA 116)

27. Dezember. Marie von Sivers berichtet an Sophie Stinde in München: «Die Kurse» des nächsten Jahres 1910 «sind schon alle bestimmt bis auf den vom Augustmonat. Gestern nun bat ich den Doktor [Rudolf Steiner] sich zu entscheiden, weil soviel Anfragen vorliegen. Da sagte er, er würde gern wieder diesen Kursus mit Theater verbinden. Ja, nun meinte ich ‹die Münchener Damen werden an ihren Strapazen vom vorigen Jahr noch zu tragen haben›, und wo es denn sein sollte, ob in Karlsruhe, Stuttgart oder Frankfurt? Wenn zum Beispiel ‹Iphigenia auf Tauris› gespielt würde, könnte man es ja überall machen. Da sagte der Dr., daß er doch gern das ‹Märchen› von Goethe stellen würde, evtl. eine Wiederholung des ‹Mysteriums von Eleusis›.» «Nun müßt Ihr alles genau erwägen und Euch nicht opfern, wenn Ihr nicht die Kräfte habt.» (B 17, S. 5)

29. Dezember. Brief Rudolf Steiners an die Eltern und Geschwister. Rudolf Steiner kündigt einen Besuch im Januar an. «Daß ich zu Weihnachten nicht fahren konnte, ist ja wie eine Himmelfügung, denn da geschah ja gerade am Berlin-Wiener Schnellzuge das furchtbare Eisenbahnunglück.» (Bf II, Nr. 612)

30. Dezember. Abreise nach Schweden.

1910

Rudolf Steiner beginnt das Jahr 1910 in Schweden mit der Verkündung des bevorstehenden Erscheinens des Christus in der ätherischen Welt: Neue menschliche Seelenfähigkeiten werden sich vom Jahre 1933 an zeigen, die den Menschen mit der hellsichtigen Schau der ätherischen Welt begaben, in der sich der Christus neu offenbart. In diesem Zusammenhang betont Rudolf Steiner, daß es die Aufgabe der Geisteswissenschaft ist, die Menschen für das Ergreifen der neuen Fähigkeiten vorzubereiten, da ohne diese Vorbereitung die Gefahr besteht, daß die neu «auftretenden Seelenfähigkeiten totgetreten werden» (10. Mai 1910) oder: «Wir stehen vor einem wichtigen Weltentwicklungspunkte, den wir vorbereiten müssen, damit man nicht mit rohen Füßen zu Tode tritt, was unsere Erde mit einer neuen Fähigkeit überziehen will.» – Zum ersten Mal spricht Rudolf Steiner am 12. Januar über diesen Zusammenhang, und zwar in Stockholm; kaum nach Deutschland zurückgekehrt, spricht Rudolf Steiner in Straßburg, Karlsruhe, Heidelberg, Pforzheim und Berlin und etwa zehn weiteren Orten des deutschen Sprachgebiets über die neuen Geistesfähigkeiten und die damit verbundene Aufgabe. Im April wird die neue Verkündung des Erscheinens Christi in der ätherischen Welt in Rom und Palermo ausgesprochen, im Juni wird sie noch einmal im Norden in Christiania (Oslo) wiederholt.

Der systematischen Vertiefung der Anthroposophie dienen die großen Vortragszyklen des Jahres, die insgesamt neue Themenkreise erschließen: zu Ostern in Wien *Makrokosmos und Mikrokosmos,* zu Pfingsten in Hamburg *Die Offenbarungen des Karma,* im Juni in Christiania *Die Mission einzelner Volksseelen,* im August in München *Die Geheimnisse der biblischen Schöpfungsgeschichte,* im September in Bern *Das Matthäus-Evangelium* und zu Weihnachten in Stuttgart *Okkulte Geschichte.*

Die im vergangenen Jahr begonnenen Darstellungen zur *Anthroposophie* im engeren Sinne und zur Seelenkunde werden in diesem Jahr fortgesetzt in den anläßlich der Generalversammlung der deutschen Sektion der Theosophischen Gesellschaft gehaltenen Vorträgen zur *Psychosophie,* die die Grundzüge einer spirituellen Psychologie enthalten.

Im Juli und August schreibt Rudolf Steiner das erste seiner vier Mysterien-Dramen *Die Pforte der Einweihung* nieder, während gleichzeitig mit der Insze-

nierung des Stückes begonnen wird. – Das Drama, das die geistige Entwicklung einzelner miteinander verbundener Menschen zur Erscheinung bringt, entstammt derselben Inspirationsquelle, der auch das Goethesche *Märchen von der grünen Schlange und der schönen Lilie* entstammt (GA 240, 19. Juli 1924). Rudolf Steiner hatte sich seit 1889 mit diesem Märchen beschäftigt und insbesondere seit Beginn seines Wirkens in theosophischen Kreisen in mehr als zwanzig Vorträgen über den geistigen Gehalt des Märchens gesprochen. Nun erscheinen die Figuren des Märchens in der *Pforte der Einweihung* als Menschen auf dem Wege zum Tempel. Im Zusammenhang mit den dramatischen Aufführungen in München gewinnt jetzt auch die Idee, diesen Aufführungen einen Bau zu schaffen, eine erste konkrete Form, indem der theosophisch-künstlerische Fonds geschaffen wird, der die finanziellen Mittel für die Aufführung der Dramen und den Bau bereitstellen soll. Es wird in Aussicht genommen, diesen Bau in München zu erstellen.
Trotz der von Adyar (Indien) ausgehenden Beunruhigungen durch die KRISHNAMURTI-Affäre wächst die deutsche Sektion der Theosophischen Gesellschaft auf fast 2000 Mitglieder an, neue Zweige entstehen, und in den Zweigen entfaltet sich ein reges theosophisches Leben, denn Rudolf Steiner macht die von ANNIE BESANT und CHARLES LEADBEATER lancierte Propaganda des neuen Weltlehrers, der zeitweilig im Westen sogar als kommender Christus verkündet wird, nicht zum Thema. Ohne Bezugnahme auf die Adyar-Propaganda und ohne irgendeine Polemik korrigiert er aber in seinen Darstellungen die Behauptungen Besants und Leadbeaters.

1.–15. Januar. Rudolf Steiner in Stockholm.
2. Januar. Öffentlicher Vortrag: *Das Geheimnis des Todes als Schlüssel zum Rätsel des Lebens.*
3.–15. Januar. *Das Johannes-Evangelium und die drei anderen Evangelien,* Zyklus von 11 Vorträgen. In diesen Vorträgen spricht Rudolf Steiner u. a. besonders über die Initiation des Nordens, die den Menschen über sich hinaus in diejenige Welt führt, die durch den Schleier der Sinne verborgen ist. (Vgl. 9. März 1910, GA 116)
6. Januar. Öffentlicher Vortrag über *Der Kreislauf des Menschen durch die Sinnen-, Seelen- und Geisteswelt.* (Vgl. 19. März 1910, GA 119)
10.–12. Januar. In Adyar bei Madras (Indien) wird JIDDU KRISHNAMURTI «eingeweiht».
12. Januar. Rudolf Steiner spricht in Stockholm zum ersten Male über das Wiedererscheinen Christi im Ätherischen im weiteren Verlauf des 20. Jahrhunderts. Rudolf Steiner bestand darauf, daß dieser Vortrag zu einer für damalige Stockholmer Verhältnisse ganz ungewöhnlichen Zeit, nämlich um halb sechs Uhr abends abgehalten wurde.

16. Januar. Öffentlicher Vortrag in Norrköping.

17. Januar. Öffentlicher Vortrag in Lund über *Buddha und Christus.*

20. Januar. Berlin. Öffentlicher Vortrag im Architektenhaus über *Die Geisteswissenschaft und die Sprache.* (GA 59) – In diesem Vortrag macht Rudolf Steiner erste grundlegende Ausführungen über das Wesen der Sprache und des Sprechens, ein Thema, das von nun an bis 1924 immer weiter ausgeführt wird.

21. Januar. Brief an die Eltern und Geschwister. Rudolf Steiner hat von der schweren Erkrankung seines Vaters erfahren und schreibt, «daß ich in Gedanken bei Euch bin. Hoffentlich geht es dem lieben Vater so, daß er wieder etwas essen kann.» (BfII, Nr. 613)

22. Januar. Tod des Vaters Rudolf Steiners in Horn, Niederösterreich.

23. Januar–2. Februar. Vortragsreise Berlin–Straßburg–Karlsruhe–Heidelberg–Mannheim–Pforzheim–Horn–Berlin.

23. Januar. Straßburg. Einweihung des Novalis-Zweiges. Über Novalis und daran anschließend über die Fähigkeit des ätherischen Hellsehens, die von 1933–1937 an auftreten kann. «Das wird das Wiederkommen des Christus sein: ein Heraufwachsen von Menschen in die Sphäre, in welcher Christus ist. Aber unverständig würden sie dastehen, wenn sie nicht durch die Geisteswissenschaft auf diesen großen Moment vorbereitet würden. Diese Vorbereitung muß eine ernste sein, denn sie ist verantwortungsvoll. Die Menschheit ist darauf vorzubereiten, daß mehr gesehen wird, als bisher gesehen worden ist, wenn die Menschen diese Fähigkeit nicht in die Finsternis hineinführen und zum Verdorren bringen. Denn so könnte es auch geschehen, daß das ganze 20. Jahrhundert vorbeigehen würde, ohne die Erfüllung dieses Zieles zu bringen. Die verantwortungsvolle Aufgabe haben wir, daß wir durch die Geisteswissenschaft die Menschen auf den großen Moment vorbereiten. Aber wir haben die Menschen spirituell vorzubereiten, ihnen begreiflich zu machen, daß nur der Geist dem Christus begegnen wird mit dem geöffneten geistigen Auge.» (GA 125, S. 24)

25. Januar. Karlsruhe. Zweigvortrag. Wiederum Hinweis auf das Wiedererscheinen Christi im Ätherischen, wieder verknüpft mit den Worten: «Es könnte sehr leicht sein, daß ohne Verständnis der Menschen das Große vorüberginge. Wenn dann in den Jahren 1930 bis 1940 die Materialisten triumphieren würden und sagen: Nun ja, es hat sich zwar eine Anzahl von Narren ergeben, aber nichts von dem erwarteten großen Geschehen –, so wäre das gar kein Beweis gegen das Gesagte. Würden sie triumphieren und würde die Menschheit an diesen Ereignissen vorübergehen, so wäre das ein Unglück für die Menschheit.» (GA 118)

27. Januar. Heidelberg. Zweigvortrag. Wieder der Hinweis auf das in den Jahren 1930 bis 1940 auftretende «natürliche Hellsehen». «Das Ereignis von

Damaskus wird sich dann für viele wiederholen und wir können dieses Ereignis eine Wiederkunft des Christus nennen, eine Wiederkunft im Geiste.» «Wenn wir so sprechen, dann fühlen wir, was uns Anthroposophie sein soll und sein kann, wie sie uns vorbereiten soll, damit wir das erfüllen können, was machen wird, daß ein größtes Ereignis nicht spurlos an der Menschheit vorübergeht. Denn würde es spurlos an der Menschheit vorübergehen, so würde die Menschheit eine wichtige Entwicklungsmöglichkeit verlieren, und sie würde in Finsternis, in das Verdorren versinken.» (GA 118)

30. Januar. Pforzheim. Im Zweigvortrag wieder der Hinweis auf die Menschheitsentwicklung, die Wiederkunft Christi und die Notwendigkeit, sich für dieses Ereignis vorzubereiten.

30. Januar, nachts. Abfahrt nach Horn zu Mutter und Geschwister.

31. Januar–1. Februar in Horn, Niederösterreich.

2.–4. Februar. Rudolf Steiner in Berlin.

2. Februar. Vortrag für Mitglieder. Die Menschheitsentwicklung und das Wiedererscheinen Christi im Ätherischen, wieder verknüpft mit der Warnung: «Wichtigstes könnte sogar vorübergehen, wenn die Menschen nicht geneigt wären, sich Verständnis dafür zu verschaffen. Dann aber würde die Menschheit dieses Wichtigste nicht erleben, würde in bezug auf dieses Wichtigste veröden und verdorren.» «Und Geisteswissenschaft ist dazu da, den Menschen das Verständnis zu eröffnen für diese neuen Fähigkeiten, die sich in der Menschenwelt zeigen werden.» (GA 116, S. 74f.)

3. Februar. Öffentlicher Vortrag im Architektenhaus über *Lachen und Weinen.* (GA 59) Lachen und Weinen als spezifisch menschliche Fähigkeiten.

5. und 6. Februar. Rudolf Steiner zu Vorträgen in Kassel.

7.–10. Februar. Rudolf Steiner in Berlin.

8. Februar. Mitgliedervortrag über die Bergpredigt. (GA 116)

10. Februar. Öffentlicher Vortrag im Architektenhaus *Was ist Mystik?* (GA 59)

11.–15. Februar. Vortragsreise. Berlin–Dresden–Weimar–Frankfurt–Wiesbaden–Berlin.

13. Februar. Brief an Marie von Sivers, in welchem sich Rudolf Steiner über Fehlentwicklungen einzelner Theosophen ausspricht, die auch Mitglieder der Esoterischen Schule sind: «Wenn ich immer wieder und wieder diese Miß-Vorfälle innerhalb unserer Bewegung sehe, dann rückt mir auch immer näher, die Grenzen der Aufnahme in ES und FM ganz eng zu ziehen. Doch liegt die Sache ja so, daß man dann das ‹eng› eben sehr, sehr eng machen muß. So aber schickt die gegenwärtige Unnatur in die Bewegung alles mögliche herein. Die Sache selbst ist ganz unschuldig, und auch was die Leute innerhalb der Sache erleben, ist unschuldig an solchen Miß-Vorfällen.» (GA 262, S. 120)

16.–18. Februar. Rudolf Steiner in Berlin.

17. Februar. Öffentlicher Vortrag im Architektenhaus *Das Wesen des Gebetes.* (GA 59)

19. Februar–1. März. Vortragsreise. Berlin–Düsseldorf–Bonn–Koblenz–Köln–Elberfeld–Köln–Essen–Berlin.

20. Februar. Düsseldorf. Im Zweigvortrag wieder der Hinweis: «Zwischen den Jahren 1930 und 1940 wird für eine Anzahl Menschen dieses Äthersehen ausgebildet sein. Zweierlei kann dann möglich sein. Die Menschheit kann dann weiterleben im materialistischen Sumpf. Der Materialismus kann alles überfluten. Die Menschheit kann dieses Ereignis versäumen, wie sie hätte versäumen können das Christus-Ereignis. Wenn Menschen dieses Äthersehen nicht erleben, so wird es dahin kommen, daß die Menschen im materialistischen Sumpf versinken werden, oder es wird eine genügend große Anzahl von Menschen durch 2500 Jahre hindurch sich so entwickeln, daß sie äthersehend werden.» (GA 118)

26. Februar. Elberfeld. Zweigvortrag über die Bergpredigt und die Wiederkunft Christi.

27. Februar. Köln. Zweigvortrag über die Wiederkunft Christi und das Wesen des Maitreya Buddha. (GA 118)

28. Februar. Essen. Ansprache zur Gründung des Zweiges.

1.–4. März. Rudolf Steiner in Berlin.

3. März. Öffentlicher Vortrag im Architektenhaus: *Krankheit und Heilung.* (GA 59)

5.–8. März. Rudolf Steiner in Stuttgart.

5. März. Zweigvortrag über den Gegensatz des Männlichen und Weiblichen – Mond und Kometen – über den Halleyschen Kometen. (GA 118)

6. März. Zweigvortrag. Über die vorchristlichen und nachchristlichen Zeitalter – über das ätherische Hellsehen und über das geheimnisvolle Land Schamballa. – Durch die Charakteristik des Landes «Schamballa» korrigiert Rudolf Steiner stillschweigend Darstellungen, die Leadbeater im Zusammenhang der «Einweihung» Kirshnamurtis über den Ort «Schamballa» gemacht hatte und die soeben durch ein theosophisches Organ verbreitet wurden. (GA 118)

9.–11. März. Rudolf Steiner in Berlin.

9. März. Zweigvortrag. Auch in Berlin spricht Rudolf Steiner über den Gegensatz des Männlichen und Weiblichen, über den Halleyschen Kometen und das, was «in Wahrheit gemeint ist mit der Bezeichnung Schamballa». (GA 116)

12. März–28. April. Vortragsreise. Berlin–München–Wien–Horn–Klagenfurt – Orvieto – Rom – Monte Cassino – Neapel – Palermo – Segesta – Palermo–Neapel–Ancona–Berlin.

12.–16. März. Rudolf Steiner hält in München drei öffentliche und zwei Zweigvorträge. In den Zweigvorträgen behandelt er dieselben Themen wie in Berlin (9. März) und Stuttgart.
17. März–1. April. Rudolf Steiner in Wien.
17. und 19. März. Rudolf Steiner hält zwei öffentliche Vorträge. Im ersten Vortrag beschreibt er den anthroposophischen Erkenntnisweg und die Gesetze des Lebens, im zweiten Vortrag gibt er eine umfassende Schilderung des Lebens zwischen Tod und neuer Geburt. (Vgl. GA 119)
21.–31. März. Vortragskurs: *Makrokosmos und Mikrokosmos. Die große und die kleine Welt. Seelenfragen, Lebensfragen, Geistesfragen.* (GA 119) Der Zyklus behandelt in umfassender Weise den Weg des Mystikers, der ins Innere der Menschennatur führt und den Weg, der in die Welt jenseits des Sinnesschleiers führt, und den Zusammenhang der so erforschten Welten. «Der Wiener Kursus war ja ein ganz besonders schwieriger», bemerkt Rudolf Steiner am 30. Oktober 1910. (Mitteilungen TG, Nr. 11, S. 4)
2. und 3. April. Rudolf Steiner höchstwahrscheinlich in Horn bei der Mutter und den Geschwistern.
4.–6. April. Rudolf Steiner zu öffentlichen Vorträgen und zu zwei Vorträgen für Mitglieder in Klagenfurt.
5. April. Ansprache zur Gründung des Zweiges in Klagenfurt.
8. April. Ruhetag in Orvieto. (Vgl. B 9, S. 13)
9.–14. April. Rudolf Steiner in Rom.
11.–13. April. Vorträge für Mitglieder und Gäste im Palazzo del Drago. (Vgl. 25. März 1909) Im dritten dieser Vorträge spricht Rudolf Steiner über das künftige übersinnliche Schauen und das Wiedererscheinen Christi in der ätherischen Welt. (GA 118)
15. April. Reise nach Monte Cassino.
16. April. Besichtigung von Monte Cassino, der Bibliothek und des Archivs, Mittagessen im Kloster, nachmittags in «halsbrecherisch schneller Wagenfahrt» vom Kloster zum Bahnhof, abends in Neapel, wo das Schiff nach Palermo erreicht wird. (Vgl. G. Wachsmuth, *Rudolf Steiners Erdenleben,* S. 151 ff.)
17. April. Schiffsreise nach Palermo.
18. April. Mitgliedervortrag in Palermo. In diesem Vortrag erwähnt Rudolf Steiner (erstmals?) das fünfte Evangelium und spricht von dem Erscheinen des Christus im Ätherischen. (GA 118)
19.–21. (?) April. Aufenthalt in Palermo, wo ein weiterer Vortrag für Mitglieder stattfindet und von wo aus Monreale und Segesta besucht werden.
22.–24. April (?). Aufenthalt in Neapel, Besuch der Museen, von Pozzuoli, möglicherweise Besteigung des Vesuv.
25.–28. April. Rückreise nach Berlin entlang der Adria via Ancona, Triest und Wien.

28. April–8. Mai. Rudolf Steiner in Berlin.
28. April. Öffentlicher Vortrag im Architektenhaus *Irrtum und Irresein.* (GA 59) Über das Heilsame der Macht des Glaubens an die Vernunft – «Die Vernunft ist die Rose im Kreuz der Gegenwart» (Hegel).
Im Mai. Rudolf Steiner schreibt das Vorwort zur 2. Auflage des Buches *Das Christentum als mystische Tatsache und die Mysterien des Altertums.* Die 2. Auflage erscheint weitgehend unverändert, erst von dem Kapitel «Die ägyptische Mysterienweisheit» an hat Rudolf Steiner Erweiterungen oder wichtige Veränderungen vorgenommen.
2. Mai. Mitgliedervortrag über die Entstehung des Gewissens, die ägyptisch-chaldäische Kultur und die griechisch-römische Kultur. Das Ich-Bewußtsein – die Adria als Scheidegrenze.
5. Mai. Öffentlicher Vortrag im Architektenhaus: *Das menschliche Gewissen.* Die philosophische Deutung des Gewissens – die Entwicklung des Gewissens – das Gewissen als Christus-Auge. (GA 59)
8. Mai. Weißer Lotus-Tag im Gedenken an Helena Petrowna Blavatsky. Die weitere Entwicklung des Gewissens und das Fortschreiten der theosophischen Bewegung. Paulinische Erkenntnistheorie. (GA 116)
9.–11. Mai. Vortragsreise. Berlin–Bielefeld–Hannover–Berlin.
12. Mai. Berlin. Öffentlicher Vortrag im Architektenhaus. In diesem letzten (18.) Vortrag des Winterhalbjahres 1909/10 spricht Rudolf Steiner über die *Mission der Kunst.* (GA 59) Symptomatisches zur Entwicklung der Dichtung von der göttlichen Inspiration über Homer – Äschylos – Dante – Shakespeare – Goethe. Wie die Dichtung vom «Ich» ergriffen und wieder über das «Ich» hinausgeführt wird.
13. Mai–20. Juni (?). Vortragsreise. Berlin–Bremen–Hamburg–Kopenhagen–Kristiania–Berlin.
15.–29. Mai Rudolf Steiner in Hamburg.
15. Mai. Pfingstfeier für die Mitglieder, die zum großen Teil zum Besuch des Vortragskurses, der am folgenden Tag beginnt, nach Hamburg gekommen sind. (GA 118)
16.–28. Mai. Vortragskurs über *Die Offenbarungen des Karma.* Vor etwa 500 anwesenden Mitgliedern entwickelt Rudolf Steiner Grundlegendes zur Wirkungsweise des Karma (Schicksal). (GA 120)
24. Mai. Öffentlicher Vortrag *Erkenntnis und Unsterblichkeit.*
26. Mai. Vortrag über die Philosophie im 19. Jahrhundert – Hegel – Schellings Philosophie der Offenbarung – der Materialismus – die Philosophie am Anfang des 20. Jahrhunderts. (GA 125)
2.–5. Juni. Vorträge in Kopenhagen: *Wege und Ziele des geistigen Menschen.* Über die beiden Wege von Mystik und übersinnlicher Erkenntnis (Okkultismus) im Zusammenhang mit Aufwachen und Einschlafen. (GA 125)

7.–18. Juni. Rudolf Steiner in Kristiania (Oslo). Vortragskurs *Die Mission einzelner Volksseelen im Zusammenhang mit der nordisch-germanischen Mythologie.* Mit diesem Kurs greift Rudolf Steiner ein ganz neues Thema auf, das er später, namentlich während des Ersten Weltkrieges, weiter vertieft. (GA 121)

13. Juni. Außerhalb des Vortragskurses spricht Rudolf Steiner an diesem Tag in zwei Vorträgen erstens über die Erscheinung des Christus im Ätherischen und zweitens über Philosophie, besonders über Hegel.

22. Juni–4. Juli (?). Rudolf Steiner in Berlin. Möglicherweise schreibt Rudolf Steiner in dieser Zeit die ersten Entwürfe für *Die Pforte der Einweihung.* (Posthum in GA 44, S. 13–169 veröffentlicht.)

4. Juli. Rudolf Steiner schreibt ein Testament, in welchem er Marie von Sivers zur alleinigen Verwalterin seines schriftstellerischen Nachlasses bestimmt.

5. Juli (frühestens)–30. (?) August. Rudolf Steiner in München.

6. Juli (frühestens). Beginn der Probenarbeit für *Die Pforte der Einweihung* und die Wiederaufführung *Die Kinder des Luzifer* von Edouard Schuré. *Die Pforte der Einweihung* wird in den Wochen, in denen auch die Proben stattfinden, nachts von Rudolf Steiner in endgültiger Form niedergeschrieben. Die Proben beginnen jeweils morgens um 10 Uhr und werden nachmittags fortgesetzt. Oft bringt Rudolf Steiner den neu während der Nacht geschriebenen Text zur Probe mit. Die neuen Szenen liest Rudolf Steiner den Schauspielern «mit klar andeutender Charakteristik» vor.

6. August (?). Marie von Sivers an Johanna Mücke: «Denken Sie, nicht eine Woche bleibt uns mehr, und viereinhalb Akte habe ich noch gar nicht als Text erhalten. 12 Verwandlungen hat das Stück, man kann es also nicht Akte nennen, wir sind bei der 8. angelangt.» (B 17, S. 8)

14. August. Aufführung «Die Kinder des Luzifer» von EDOUARD SCHURÉ (Wiederholung von 1909).

15. August. Uraufführung *Die Pforte der Einweihung – Ein Rosenkreuzermysterium durch Rudolf Steiner,* im Schauspielhaus München. Mitwirkende: MARIE VON SIVERS, MIETA WALLER, ALICE SPRENGEL, FELIX PEIPERS, MAX GÜMBEL-SEILING, RICHARD JÜRGAS, HARRIET VON VACANO, OTTO GRAF LERCHENFELD, OTTO DOSER, OLGA VON SIVERS.

16. August. Ansprache Rudolf Steiners, in der er den Dichter EDOUARD SCHURÉ begrüßt und würdigt und den Veranstaltern, Mitwirkenden und Helfern der Aufführung dankt. Rudolf Steiner nennt insbesondere SOPHIE STINDE und Gräfin PAULINE KALCKREUTH, MARIE VON SIVERS, MIETA WALLER, den Komponisten ADOLF ARENSON, die Maler HANS VOLKERT, HERMANN LINDE, FRITZ HASS und die Schöpferin der Kostüme, IMME VON ECKARDSTEIN.

17.–26. August. Vortragskurs *Die Geheimnisse der biblischen Schöpfungsge-*

schichte. (GA 122) Am Schluß des letzten Vortrages bemerkt Rudolf Steiner: «Ich möchte es noch einmal ausdrücklich betonen, daß es mir gar nicht besonders leicht geworden ist, gerade an diesen Vortragszyklus heranzutreten, denn es wird sich nicht leicht jemand eine Vorstellung davon machen, nachdem er diese Dinge gehört hat, wie schwierig der Weg ist, der zu diesen tieferen Grundlagen der biblischen Schöpfungsgeschichte führt, wie schwer es ist, die Parallelisierung der vorher aufgefundenen geisteswissenschaftlichen Tatsachen mit den entsprechenden biblischen Stellen wirklich zu finden.» (GA 122)

26. August. Vortrag *Der heutige Stand der Philosophie und Wissenschaft.* (GA 125) Während der Veranstaltungen in München wird der «Theosophisch-künstlerische Fonds» zur Finanzierung der Mysteriendramen und im Hinblick auf einen erforderlichen Bau gegründet.

1.–16. September. Rudolf Steiner in Bern.

1.–12. September. Vortragszyklus *Das Matthäus-Evangelium* im Großratssaal des alten Rathauses. (GA 123) Im Jahresbericht anläßlich der Generalversammlung der deutschen Sektion bemerkt Rudolf Steiner: «Vom Berner Kursus ist gesagt worden, daß da Dinge besprochen worden sind, die nur ihren Wert haben in dem Augenblick, wo sie gesprochen werden. Das ist selbstverständlich etwas Gewolltes und Gerechtfertigtes. Man konnte an diesen beiden Kursen, dem Münchener und dem Berner erleben, daß darinnen etwas war, was nicht schriftlich wiedergegeben werden kann.» (Mitteilungen TG, Nr. 10, S. 5)

13. September. Marie von Sivers schreibt an Johanna Mücke: «Nun sind wir am Ende des Zyklus angelangt. Man könnte denken, daß ein Monat wirklich notwendig sei, um von diesem Auseinandergerissenwerden auszuruhen, – aber es werden wohl nur 10 Tage daraus. Und statt still in Berlin Altes aufarbeiten zu dürfen, müssen wir, vor Menschen flüchtend, strawanzen.» (B 17, S. 9)

13. September. Öffentlicher Vortrag: *Das Wesen des menschlichen Schicksals.*

14. September. Öffentlicher Vortrag über *Theosophie und Bibel.*

17.–18. September. Rudolf Steiner in Basel.

17. September. Zweigvortrag über einen Aspekt des Dramas *Die Pforte der Einweihung.* (GA 125)

19.–23. September. Rudolf Steiner mit Marie von Sivers in Barr bei Edouard Schuré.

24. September–1. Oktober. Aufenthalt Rudolf Steiners unbekannt.

2.–8. Oktober. Rudolf Steiner in Berlin.

9. Oktober. Stuttgart. Zweigvortrag über das Leben nach dem Tode.

10.–16. Oktober. Aufenthalt Rudolf Steiners ungewiß, möglicherweise wieder in Berlin.

17. Oktober–11. November. Rudolf Steiner in Berlin.
17. Oktober. Wiederaufnahme der Mitgliedervorträge im Berliner Zweig: Über die Erkenntnis-Gesinnung im Geistesstreben. (GA 124)
20. Oktober. Wiederaufnahme der Architektenhaus-Vorträge. In diesem Winterhalbjahr hält Rudolf Steiner bis zum 16. März 15 öffentliche Vorträge. Die Vorträge haben einen anderen Charakter als die des vergangenen Winterhalbjahres. Bis zum 8. Dezember liegt das Schwergewicht auf menschenkundlich-naturkundlichen Betrachtungen; nach Weihnachten dann auf der Darstellung der Geschichte und der Evolution, vor allem wird das Wirken großer Individualitäten in den Mittelpunkt gestellt. Im ersten, einleitenden Vortrag spricht Rudolf Steiner über *Das Wesen der Geisteswissenschaft und ihre Bedeutung für die Gegenwart.* (GA 60)
30. Oktober. 9. Generalversammlung der deutschen Sektion der Theosophischen Gesellschaft. Marie von Sivers berichtet, daß die Zahl der Mitglieder von 1500 auf 1950 angestiegen ist. (Dabei ist zu bemerken, daß seit Beginn der Sektionsarbeit keine bloßen Karteileichen als Mitglieder geführt werden.) Neue Zweige: Görlitz, Wien und Klagenfurt. In seinem Jahresbericht kann Rudolf Steiner feststellen, daß in den einzelnen Zweigen ein reges inneres Leben gedeiht, das in Berlin, München und Stuttgart über die Zweige und die Mitgliedschaft hinauswächst. Innerhalb der Zweige werden an vielen Orten Einführungskurse gehalten. Mit der Arbeit in Wien und der Begründung einer tschechischen Sektion ist ein erster Schritt getan, das theosophische Leben «nach dem Osten hinüber zu tragen.» Mit keinem Worte geht Rudolf Steiner auf die Entwicklung in Adyar ein, die den Mitgliedern durchaus bekannt ist und sie auch erregt.
In der Diskussion wird von HORST VON HENNING der Antrag gestellt, den geplanten Zentralbau der deutschen Theosophen in Weimar zu errichten. Rudolf Steiner weist diesem Antrag gegenüber darauf hin, daß man sich nach den praktischen Verhältnissen richten müsse. «Es kommt darauf an, in derjenigen Stadt die Sache zu veranstalten, wo die meisten Künstler sind, die Theosophen sind.» Die Kräfte, die bereit und in der Lage sind, die «kolossale Arbeit» zu leisten, die mit dieser Sache verbunden ist, sind nur in München vorhanden. In Berlin ist man bereits jetzt mit den Angelegenheiten der deutschen Sektion völlig ausgelastet, «und die praktischen Verhältnisse haben es einfach gezeigt, daß die Berliner Mitglieder sozusagen zusammenbrechen würden, wenn sie auch noch diese Arbeiten machen müßten».
Rudolf Steiner stellt den Antrag des Vorstandes, die Generalversammlung in die Zeit der Jahreswende zu verlegen. Es wird in Aussicht genommen, 1911 die Generalversammlung im November abzuhalten – sie findet aber am 10. Dezember statt. (Mitteilungen TG, Nr. 11, S. 1–10)
Im Anschluß an die Generalversammlung findet eine Reihe von Vorträgen

statt, in denen Mitarbeiter Rudolf Steiners aus ihren Arbeiten und Studien berichten.

31. Oktober. Mitgliedervortrag über «Die Pforte der Einweihung» mit Rezitation durch Marie von Sivers. (GA 125)

1.–4. November. Vortragskurs *Psychosophie*. Dieser Kurs schließt an den Kurs über *Anthroposophie* (1909) an und wird 1911 durch den Kurs über *Pneumatosophie* fortgesetzt. (GA 115) Ausgehend von einer an Franz Brentano anschließenden empirischen Beschreibung der Kräfte des Seelenlebens zeigt Rudolf Steiner das Zusammenwirken der menschlichen Wesensglieder im Seelenleben.

10. November. Öffentlicher Vortrag im Architektenhaus *Menschenseele und Tierseele*. (GA 60)

12.–16. November. Vortragsreise nach Nürnberg.

12. November. Zweigvortrag über die karmischen Wirkungen von Neid und Verständnis, Lüge und Wahrheit.

13. November. Zweigvortrag über die Geistesforschung und die alten Urkunden – die Bedeutung der Evangelien. (GA 125)

14. November. Öffentlicher Vortrag *Anlage, Begabung und Erziehung des Kindes*.

15. November. Öffentlicher Vortrag *Galilei, Giordano Bruno und Goethe*.

17. November. Berlin. Öffentlicher Vortrag im Architektenhaus *Menschengeist und Tiergeist*. (GA 60)

18.–22. November. Vortragsreise. Berlin–Dresden–Leipzig–Berlin.

21. November. Leipzig. Zweigvortrag über die Bedeutung der Phantasie: «Das geschulte Hellsehen führt den Menschen in die höheren Welten. Seine Stellvertreterin in der sinnlichen Welt ist die Phantasie.» (GA 125)

24. November. Berlin. Öffentlicher Vortrag im Architektenhaus über *Das Wesen des Schlafes*. (GA 60)

26.–30. November. Vortragsreise. Berlin–Bremen–Hamburg–Berlin.

26. November. Bremen. Zweigvortrag über die karmischen Wirkungen von Neid, Lüge, Tadelsucht, Oberflächlichkeit – Verzeihung und Mitgefühl. (GA 125)

2.–6. Dezember. Vortragsreise. Berlin–Kassel–Eisenach–Weimar–Berlin.

6. Dezember. Berlin. Mitgliedervortrag über das Verstehen des Markus-Evangeliums. (GA 124)

8. Dezember. Öffentlicher Vortrag im Architektenhaus *Der Geist im Pflanzenreich* – Die Pflanze in den Rhythmen der Erde – Tag/Nacht – Sommer/Winter. (GA 60)

9.–13. Dezember. Vortragsreise. Berlin–München–Berlin.

15. Dezember. Berlin. Öffentlicher Vortrag im Architektenhaus *Wie erlangt man Erkenntnis der geistigen Welt?* (GA 60)

17.–18. Dezember. Vortragsreise. Berlin–Hannover–Berlin.
19. Dezember. Berlin. Mitgliedervortrag. Rudolf Steiner bricht zunächst die geplante Vortragsfolge ab, «weil der Berliner Zweig in den letzten Wochen in einer so überraschenden Weise gewachsen ist» und weil erst Grundlagen für das Verständnis geschaffen werden müssen. So spricht er über den mystischen Weg des Buddha und den Weg des Zarathustra, der zur Erkenntnis des Makrokosmos führt. (GA 124)
22. Dezember. Berlin. Weihnachtsfeier. Rudolf Steiner spricht über die alten Weihnachtsspiele, besonders über das Christgeburtsspiel aus Oberufer, das im Zweigraum (am folgenden Tage?) aufgeführt wird. (GA 125)
27. Dezember–4. Januar 1911. Rudolf Steiner in Stuttgart.
27. Dezember. Weihnachtsvortrag. (GA 125)
28. Dezember–1. Januar 1911. Vortragskurs *Okkulte Geschichte.* (GA 126) Rudolf Steiner beginnt den Kurs mit den Worten: «In der Geisteswissenschaft verhält es sich so, daß die Wahrheiten, die Erkenntnisse um so schwieriger werden, je weiter man von allgemeinen Verhältnissen heruntersteigt zu besonderen konkreten Einzelheiten.» In diesem Sinne ist mit diesem Kurs eine besondere Anregung zur Vertiefung der anthroposophischen Geschichtserkenntnis gegeben. Rudolf Steiner stellt hier individuelle Schicksalszusammenhänge (Gilgamesch, Eabani, Alexander der Große, Aristoteles, Julian Apostata, Tycho Brahe u. a.) dar und geht auch auf die spezielle Einwirkung geistiger Wesen auf die geschichtliche Entwicklung ein.
30. Dezember. Esslingen. Ansprache zur Einweihung des Zweigraumes in Esslingen.
30. Dezember. Rudolf Steiner meldet sich zum Internationalen philosophischen Kongreß in Bologna an und schickt seinen Vortrag *Über die psychologischen Grundlagen und die erkenntnistheoretische Stellung der Theosophie* an die Kongreßleitung (Prof. FEDERIGO ENRIQUES) ein. (BfII, Nr. 615).

1911

Die Entwicklungen des Jahres 1911 sind einerseits durch die sich zuspitzende Krise in der Theosophischen Gesellschaft und andererseits durch eine vielseitige Erweiterung der Lehren der Anthroposophie gekennzeichnet. Rudolf Steiner führt die Darstellung der Inhalte der Anthroposophie in die verschiedensten Richtungen weiter: Einerseits wendet er sich in einigen Vortragskursen der Menschenkunde im besonderen zu. In den Kursen über *Okkulte Physiologie* (in Prag Ende März gehalten), *Die Welt der Sinne und die Welt des Geistes* (in Hannover Ende Dezember gehalten) und in dem Zyklus *Weltenwunder, Seelenprüfungen und Geistesoffenbarungen* wie auch in einer Reihe von Einzelvorträgen beschreibt Rudolf Steiner ausführlich die Organisation des menschlichen Leibes und physiologische Vorgänge vom geistigen Standpunkt aus.
Über das geistige Wesen des Menschen im engeren Sinne handeln die vier Vorträge *Pneumatosophie*. – Scheinbar in eine andere Richtung führen die Inhalte der Vorträge, die die Christologie Rudolf Steiners vertiefen: *Die geistige Führung des Menschen und der Menschheit* (in Kopenhagen im Juni gehalten) und der große Zyklus *Von Jesus zu Christus*, der Anfang Oktober in Karlsruhe stattfindet. Eine weitere Reihe von Vorträgen *Die Evolution vom Gesichtspunkt des Wahrhaftigen* stellt die in der *Geheimwissenschaft* geschilderte Evolution vom inneren Gesichtspunkt aus dar. Schließlich ist eine Reihe von Vorträgen an verschiedenen Orten zu erwähnen, in denen Mission und Wirken von Christian Rosenkreuz geschildert werden. Die Zusammenschau aller Themen zeigt das Bestreben, geistige und leibliche, geschichtliche und gegenwärtige Vorgänge zusammenzuschauen und zu einem spirituellen, individualisierten Monismus zu führen. Einen Schlüssel zum Überblick enthält der auf dem 4. internationalen Philosophie-Kongreß am 8. April in Bologna gehaltene Vortrag *Die psychologischen Grundlagen und die erkenntnistheoretische Stellung der Theosophie*.
Auf künstlerischem Felde ist der Höhepunkt in den Aufführungen in München zu sehen. *Das heilige Drama von Eleusis* von EDOUARD SCHURÉ und *Die Pforte der Einweihung* von Rudolf Steiner werden wieder aufgeführt. Das neue Mysteriendrama *Die Prüfung der Seele* wird erstmalig inszeniert. In diesem Drama wird zum ersten Mal in szenischen Bildern der Zusammenhang ver-

schiedener Erdenleben dargestellt. Während in Stuttgart 1911 als erster eigener Bau das Zweighaus unter Berücksichtigung einiger Hinweise von Rudolf Steiner errichtet wird, schreiten in München die Vorarbeiten und Planungen für den beabsichtigten Zentralbau, der nun als eine «Hochschule für Geisteswissenschaft» bezeichnet wird, voran.
All dies wird vor dem Hintergrund vielfacher Schwierigkeiten geleistet. In Indien wird der «Orden des Sterns des Ostens» gegründet, dessen Propaganda für den kommenden «Weltheiland» im Sommer auch in Deutschland bemerkbar wird und Probleme schafft, weil durch diese Propaganda die theosophische Sache mit religiöser Agitation verknüpft wird. Als eine Auseinandersetzung über diese Probleme im September auf dem seit zwei Jahren geplanten Kongreß der europäischen Sektionen in Genua bevorsteht, wird der Kongreß von Annie Besant und ihren treuen Anhängern kurzfristig abgesagt. – Um Rudolf Steiners Wirken in der Schweiz unmöglich zu machen, wird auf Anregung der französischen Sektion (Charles Blech) durch einen Trick eine Schweizer Sektion gegründet. Die vier Zweige in Genf, die zur französischen Sektion gehören, werden in sieben Zweige umorganisiert, um so eine Sektion bilden zu können. Gleichzeitig wird festgelegt, daß die sieben Vorsitzenden der Gründerlogen den Vorstand bilden sollen. Damit wäre den deutschen Zweigen in der Schweiz eine Einflußnahme auf die Sektionsleitung verwehrt. Nach den Statuten der Theosophischen Gesellschaft konnte der Generalsekretär einer anderen Sektion nur auf Einladung der Sektion im Gebiet der Sektion sprechen. So hätte nun Rudolf Steiner auf theosophischem Felde in der Schweiz Redeverbot erteilt werden können. Auf Protest der deutsch-schweizerischen Logen muß Annie Besant dann die Gründungsurkunde zurückziehen. Hier ist besonders bemerkenswert, daß Rudolf Steiner zu diesen Vorgängen schweigt und keine Polemik beginnt.
Noch einschneidender als diese Ereignisse ist die Tatsache, daß Rudolf Steiners Mitarbeiterin, Marie von Sivers, zu Anfang des Jahres schwer erkrankt. Rudolf Steiner erkennt hier nicht nur die Verpflichtung, sich in allen Einzelheiten um die Genesung von Marie von Sivers zu kümmern – seine Briefe legen davon ein beredtes Zeugnis ab –, sondern er erblickt in der Tatsache der Erkrankung der Mitarbeiterin, die die gesamte Last der theosophischen Arbeit bisher getragen hatte, einen Schicksals-Wink, die bisher unausgesetzte Reise- und Vortragstätigkeit zeitweise zu unterbrechen und zu reduzieren, damit «die innere Gediegenheit der theosophischen Arbeit» nicht Schaden nehme. So wird – was bisher noch nie geschehen war – der bereits angekündigte und für Mai 1911 festgesetzte Vortragskurs in Helsingfors auf das kommende Jahr verschoben. Im Vergleich zum Vorjahr wird die Vortragstätigkeit um 50 Vorträge reduziert. Dennoch steigt die Mitgliederzahl der deutschen Sektion der Theosophischen Gesellschaft von 1950 auf 2318, die Zahl

der Zweige nimmt um sechs zu. Neu gegründet werden die Zweige Bochum, Graz, Heidenheim, Linz, Neuchâtel und Tübingen.

1. Januar. Stuttgart. Letzter Vortrag des Kurses *Okkulte Geschichte.* (GA 126)
2. Januar. Stuttgart. Öffentlicher Vortrag über *Buddha.*
3. Januar. Stuttgart. Grundsteinlegung des Zweighauses, Landhausstraße 70. In der Ansprache zu diesem ersten Bau der damals noch «theosophisch» genannten Bewegung in Deutschland sagt Rudolf Steiner: «Die spirituelle Strömung wird erst die neue Kultur, die sie zu bringen berufen ist, heraufführen können, wenn es ihr vergönnt sein wird zu wirken bis hinein in das rein physische Gestalten, selbst der Mauern, die uns umgeben.» (GA 284) Der Bau war durch eine großzügige Spende des Apothekers Ernst Heim ermöglicht worden. Die Bauleitung lag bei dem Architekten Carl Schmid-Curtius, dem Rudolf Steiner Hinweise zur Gestaltung gab.
3. Januar. Stuttgart. Öffentlicher Vortrag über *Moses.*
4.–10. Januar. Vortragsreise. Stuttgart–Pforzheim–Mannheim–Wiesbaden–Frankfurt–Berlin.
8. und 9. Januar. In Frankfurt spricht Rudolf Steiner öffentlich über *Goethes geheime Offenbarung (exoterisch – esoterisch).* Karl Heyer, der Rudolf Steiner zum ersten Mal bei diesen letzten großen Vorträgen über Goethes Märchen hört, berichtet: «Es war, wie wenn er aus tiefsten Tiefen heraus sprach, das Tiefste auch noch in uns Hörern ansprechend und aufrufend. Noch heutigentags, nach mehr als 50 Jahren habe ich den Klang und die Macht seiner Stimme im Ohr, wie er aus Urwelttiefen mit Geistesvollmacht etwa die Goetheschen Worte sprach: ‹Und solang du das nicht hast/Dieses Stirb und Werde/Bist du nur ein trüber Gast/auf der dunklen Erde.› So hatte noch niemand Goethe zitiert. Man glaubte da die Stimme der Wahrheit selbst ertönen zu hören und spürte zugleich, daß in seinem Munde diese Worte nicht nur eine Wahrheit, sondern eine Kraft waren.» (Unveröff.)
Nach der Rückkehr aus Stuttgart erkrankt Marie von Sivers schwer. Sie berichtet in einem Brief an Edouard Schuré: «... seit meiner Rückkehr von Stuttgart... bin ich genötigt, mich ganz ruhig zu halten. Ich bleibe auf meinem Zimmer und arbeite nicht.» (B 9, S. 13) Diese Erkrankung seiner wichtigsten Mitarbeiterin wirkt sich auf die Arbeit Rudolf Steiners im ersten Halbjahr 1911 entscheidend aus.
11. Januar. In Benares wird durch George Arundel der «Order of the Rising Sun» gegründet, der bald zum «Order of the Star in the East» wird.
12. Januar. Berlin. Architektenhaus. Öffentlicher Vortrag: *Anlage, Begabung und Erziehung des Menschen.* Über die Entwicklung und Erziehung des Kindes – Vater und Mutter. (GA 60)
16. Januar. Berlin. Mitgliedervortrag: Gottes-Sohn und Menschensohn –

die Bedeutung der ersten drei Lebensjahre – Orpheus und Eurydike. (GA 124)

19. Januar. Berlin, Architektenhaus. Öffentlicher Vortrag über *Zarathustra.* (GA 60)

21.–24. Januar. Vortragsreise. Berlin–Karlsruhe–Heidelberg–Berlin. Von dieser und den folgenden Reisen sendet Rudolf Steiner täglich kurze Grüße an die erkrankte Marie von Sivers in Berlin ohne ausführlichere Schilderungen der Ereignisse.

26. Januar. Berlin, Architektenhaus. Öffentlicher Vortrag über *Galilei, Giordano Bruno und Goethe.* (GA 60)

28. Januar–7. Februar. Vortragsreise. Berlin–Düsseldorf–Köln–Bonn–Koblenz–Elberfeld–Berlin.
Die Themen der Vorträge entsprechen weitgehend – namentlich bei den öffentlichen Vorträgen – den Berliner Vorträgen.

31. Januar. Aus Köln berichtet Rudolf Steiner, daß bei den Vorträgen eine «große Anzahl von Holländern» anwesend sind. – Gespräch mit dem Schauspieler Otto Doser (Düsseldorfer Staatstheater) über die Mitwirkung bei den Mysterienspielen im Sommer in München.

3. Februar. Marie von Sivers schreibt an Eduard Selander in Helsingfors, daß ihr Gesundheitszustand einen längeren Erholungsurlaub im Süden (Italien) erforderlich macht. «Und ohne mich ist es für Dr. Steiner unmöglich, alles zu bewältigen, was die Reisen und Kurse in fremden Ländern mit sich bringen. Er würde nach Finnland ohne mich nicht reisen und hält es außerdem für seine Pflicht, mir zur Genesung zu verhelfen, da ich mich schließlich in der Arbeit für die theosophische Gesellschaft aufgerieben habe.» (GA 262, S. 300) Es geht hier um die Verschiebung des Vortragskurses, der dann ein Jahr später in Helsingfors gehalten wird.

9. Februar. Berlin, Architektenhaus. Öffentlicher Vortrag *Was hat die Geologie über die Weltentstehung zu sagen?* – Über das Hervorgehen des Toten aus dem Lebendigen. Der gegenwärtige Zustand der Erdenevolution im Lichte der Darstellungen von Eduard Suess. (GA 60)

11.–15. Februar. Vortragsreise. Berlin–München–Berlin.

16. Februar. Berlin. Öffentlicher Vortrag im Architektenhaus: *Hermes.* (GA 60) Über den «Hermes Trismegistos» der ägyptischen Kultur (Thot) und über die alte ägyptische Kultur im Zusammenhang mit Isis und Osiris.

18.–27. Februar. Vortragsreise. Berlin–Straßburg–Freiburg–Mülhausen i. E.–Basel–Zürich–St. Gallen–Berlin.

18. Februar. Rudolf Steiner berichtet aus Straßburg, daß der vor einem Jahr dort gegründete zweite Zweig, der Novalis-Zweig, nicht recht gedeihen will. (GA 262, S. 126) – «Die Straßburger Novalis-Loge wird wohl schlafen gehen müssen.» (GA 262, S. 127)

23. Februar. Basel. Zweigvortrag über Zahlenverhältnisse und individuell moralische Entwicklung. (GA 127)

25. Februar. Zürich. Zweigvortrag über die ersten dreieinhalb Jahre im Leben des Kindes und das Christus-Leben. Dieses Thema wird vor allem in Kopenhagen, Anfang Juni, weiter ausgeführt. (GA 127)

26. Februar. St. Gallen. Zweigvortrag über theoretischen und praktischen Materialismus – theosophische Lebenspraxis. (GA 127)

28. Februar. Berlin. Mitgliedervortrag über groß-gedachte und klein-konzipierte Handlungen in ihrer Lebensbedeutung – theosophische Lebenspraxis. (GA 124)

Ende Februar schreibt Rudolf Steiner an Dr. EDUARD SELANDER in Helsingfors, daß er eine voll ausgefüllte Reisezeit «wie nie zuvor» hinter sich habe und deshalb jetzt erst schreiben könne... «So ist es gekommen, daß meine ‹Anthroposophie› seit November halb gedruckt vorliegt und nicht einmal seit jener Zeit berührt werden konnte, weil es unmöglich war, die Wahrheiten, die spirituell vor mir stehen, den Weg durch die Feder auf das Papier nehmen zu lassen. Dabei weiß ich aus der spirituellen Welt, daß die Arbeit sobald wie möglich vorgelegt werden soll.» Über die Erkrankung von Marie von Sivers schreibt Rudolf Steiner, «daß in ihrer Erkrankung zugleich ein karmischer Wink (Fingerzeig) gesehen werden sollte, die Reisearbeit ein wenig zu unterbrechen, weil deren Unausgesetztheit die innere Gediegenheit der theosophischen Arbeit auf die Dauer doch beeinträchtigen muß... Ich muß ja in Deutschland für kurze Aufenthalte allein reisen; es ist wahrlich nicht ohne die größten spirituellen Kraftaufwendungen möglich, wenn nicht mit jeder Reise ein gut Teil meiner physischen Kräfte zu Grunde gehen soll. Ersetzt werden kann ja Fräulein von Sivers durch niemand, wenn das auch nicht ganz für Außenstehende leicht einzusehen ist.» (GA 262, S. 301)

2. März. Berlin. Öffentlicher Vortrag im Architektenhaus: *Buddha.* (GA 60) Über den Gegensatz von buddhistischer und christlicher Lebensauffassung.

3. März. Vertrag mit dem Architekten CARL SCHMIDT-CURTIUS über den in München zu errichtenden Zentralbau der theosophischen Bewegung in Deutschland.

4.–7. März. Vortragsreise. Berlin–Hannover–Bielefeld–Berlin.

7.–18. März. Rudolf Steiner in Berlin.

7. März. Berlin. Mitgliedervortrag. Im Zusammenhang der Betrachtung über das Markus-Evangelium erwähnt Rudolf Steiner die Tatsache, daß auch die sogenannten «motorischen Nerven» der Empfindung dienen, d. h. als sensitive Nerven zu betrachten sind. (GA 124, vgl. auch GA 115, S. 119)

9. März. Berlin. Öffentlicher Vortrag im Architektenhaus über *Moses.* Der Übergang von der hellsichtigen Kultur der alten Ägypter zur intellektuellen Kultur. Moses als Impulsator der intellektuellen Kultur. (GA 60)

13. März. Mitgliedervortrag über die Impulsierung von Kulturströmungen, u. a. über den Arabismus. (GA 124)
16. März. Öffentlicher Vortrag im Architektenhaus: *Was hat die Astronomie über Weltentstehung zu sagen?* (GA 60) – Der letzte für diese Reihe geplante Vortrag, der auf den 6. April angesetzt war, *Erde, Sonne und Mond,* findet nicht statt.
19. März. Anna Steiner, geb. Schultz, verw. Eunike stirbt.
19.–30. (?) März. Rudolf Steiner in Prag.
19. März. Öffentlicher Vortrag: *Wie widerlegt man Theosophie?*
20.–28. März. Öffentlicher Vortragskurs *Okkulte Physiologie.* (GA 128) Diese Vorträge unterscheiden sich von späteren Darstellungen dadurch, daß ihr zwar die Ideen der Metamorphose, älterer und jüngerer Entwicklungsstufen, von Makrokosmos und Mikrokosmos und der viergliedrigen Menschennatur zugrunde liegen, nicht aber die Idee der Dreigliederung der Menschenorganisation. Diese tritt erst mit dem Jahr 1917 in Erscheinung.
Alexander Strakosch berichtet: «Diese Vorträge waren nicht nur durch ihren Inhalt etwas Besonderes. Es war auch das erste Mal, daß es Rudolf Steiner möglich war, ein einzelnes Wissenschaftsgebiet in so eingehender Weise vor einem so großen Publikum zu behandeln. Es bestand nämlich gerade in dieser Stadt in Ärztekreisen Interesse für seine Forschungsergebnisse, und so ergaben sich neben den Vorträgen noch besondere Aussprachen mit Ärzten.» (Strakosch, *Lebenswege,* 1. Band, S. 95)
25. März. Öffentlicher Vortrag *Wie verteidigt man Theosophie?*
28. März. Mitgliedervortrag. Aphoristisches über die Beziehungen von Theosophie und Philosophie.
28. März, 15 Uhr. Franz Kafka sucht Rudolf Steiner auf und spricht mit ihm über seine Lebenslage, seine Dichtung und sein Verhältnis zur Theosophie. (Vgl. Franz Kafka, *Tagebücher,* 1910–1923)
Anfang April. München. Gründung des «Johannesbau-Vereins» durch Sophie Stinde, Hermann Linde, Pauline Gräfin Kalckreuth, Felix Peipers und andere. Rudolf Steiner ist Ratgeber und künstlerischer Beauftragter, jedoch nicht Mitglied des Vereins.
6. April (?). Reise mit Marie von Sivers und Mieta Waller nach Bologna.
8. April. Auf dem 4. Internationalen Philosophen-Kongreß spricht Rudolf Steiner über *Die psychologischen Grundlagen und die erkenntnistheoretische Stellung der Theosophie.* (GA 35, S. 111–155)
In diesen Tagen machen sich im Befinden von Marie von Sivers erste Anzeichen der Besserung bemerkbar.
10. April (?). Reise nach Portorose (Istrien).
11. April–20. Juni (?). Marie von Sivers in Portorose.
Auch Rudolf Steiner weilt während des größten Teils dieser Zeit in Porto-

rose. In Zusammenarbeit mit IMME VON ECKARDSTEIN wird mit den Arbeiten am *Kalender 1912/13* begonnen. Rudolf Steiner gibt Hinweise für die Bildgestaltung zum Kalendarium.

Anfang Mai (1.–5. Mai?). Kurze Reise nach München, hauptsächlich wegen der Vorbereitung der Mysterienspiele und zur Besichtigung des für den Johannes-Bau in Aussicht genommenen Bauplatzes.

22.–25. Mai. Kurze Vortragsreise. Portorose–Klagenfurt–Graz–Portorose.

30. Mai–1. Juni. Vortragsreise. Portorose–Linz–München–Berlin–Kopenhagen–Berlin–Wien–Portorose.

4.–8. Juni. Rudolf Steiner in Kopenhagen, wo er vom 6.–8. Juni über *Die geistige Führung des Menschen und der Menschheit* spricht. Diese Vorträge werden von Rudolf Steiner anschließend zu dem Buch gleichen Titels umgearbeitet und in München gedruckt, wo sie am 26. August ausgeliefert werden. (GA 15)

10. Juni. Berlin. Zweigvortrag. Über den Ursprung der Märchendichtungen.

14. Juni. Zweigvortrag in Wien.

18. Juni. Rudolf Steiner wieder in Portorose.

Über die Zeit in Portorose berichtet ALEXANDER STRAKOSCH aus seiner Sicht. Er schildert den Aufenthalt dort als Idylle und berichtet von Exkursionen, die Rudolf Steiner mit Marie von Sivers und den sie begleitenden Damen Imme von Eckardstein und Mieta Waller nach Triest, Aquileia etc. unternimmt. (Vgl. Strakosch, *Lebenswege* 1. Band, S. 92–128)

Marie von Sivers hingegen schreibt an Edouard Schuré: «Wir finden den Ort nicht ideal. Im April und Mai war sehr viel Wind, Kälte, Regen. Aber es gibt auch gute Seiten und Sonne. Die Luft ist rein, und im Ganzen macht meine Heilung Fortschritte. Es wäre mir lieb gewesen, wenn die Münchener Aufführungen erst im September stattfinden könnten, aber das geht nicht wegen der Miete des Theaters.» (B 9, S. 14) Rudolf Steiner schreibt: «Wie gesundend der Norden Italiens wirkt, habe ich nun auch wieder sehen können an Frl. von Sivers, die sich trotz des kurzen Aufenthalts und der Ungunst des Wetters da recht erholt hat.» (Brief an Frau Lindemann)

MARIE VON SIVERS arbeitet in Portorose an der Übersetzung der *Heiligtümer des Orients* von EDOUARD SCHURÉ und liest die Korrekturen zur zweiten Auflage der *Großen Eingeweihten* von Edouard Schuré.

Über Rudolf Steiners eigene Arbeiten aus dieser Zeit liegen kaum Zeugnisse vor. Es ist denkbar, daß er weiter an dem Buch *Anthroposophie* arbeitet. (Dazu: Rudolf Steiner, *Anthroposophie – Ein Fragment* aus dem Nachlaß herausgegeben, GA 45, S. 8–11). Ferner ist wahrscheinlich, daß sich Rudolf Steiner um einige seiner im Druck befindlichen Vortragskurse kümmert und daß er mit den Vorarbeiten zum 2. Mysteriendrama *Die Prüfung der Seele* beginnt.

20. Juni–8. Juli (?). Rudolf Steiner mit Marie von Sivers in Veldes (heute Bled, Slowenien). Rudolf Steiner arbeitet an dem Buch *Die geistige Führung des Menschen und der Menschheit.* Marie von Sivers berichtet an Johanna Mücke: «Wir sind hier in einem reizenden Gebirgsort, aber die Kräfte sind noch nicht groß, und den Dr. anzusehen ist schmerzlich...» (B 17, S. 10. Ausführliche Schilderungen bei Alexander Strakosch, *Lebenswege,* 1. Band, S. 128–138) «Rudolf Steiner war damals mit dem zweiten Mysteriendrama ‹Die Prüfung der Seele› beschäftigt.» (Strakosch, a. a. O., S. 135)

4. Juli. WILHELM HÜBBE-SCHLEIDEN teilt mit, daß er als Vertreter des «Sterns im Osten» in Deutschland fungiert.

9. Juli–6. September (?). Rudolf Steiner in München zur Inszenierung des 2. Mysteriendramas *Die Prüfung der Seele* und zur Wiederinszenierung der Dramen *Die Pforte der Einweihung* (Erstaufführung 1910) und *Das heilige Drama von Eleusis* von Edouard Schuré (Erstaufführung 1907). – Auch in diesem Jahr erhalten die Darsteller des neuen Mysteriendramas den Text ihrer Rollen erst nach und nach während der Proben ausgehändigt. Die Rolle des Ahriman wird neu durch Herrn MERKLEIN besetzt.

13. August. Aufführung *Das heilige Drama von Eleusis* von EDOUARD SCHURÉ.

15. August. Aufführung *Die Pforte der Einweihung – Ein Rosenkreuzer-Mysterium durch Rudolf Steiner.*

17. August. Uraufführung *Die Prüfung der Seele* von Rudolf Steiner.

18.–27. August. Vortragszyklus *Weltenwunder, Seelenprüfungen, Geistesoffenbarungen.* (GA 129) Von der griechischen Mythologie – namentlich den Gestalten des Dramas von Eleusis – ausgehend führt Rudolf Steiner in diesen Vorträgen zu den Geistesoffenbarungen der Gegenwart.

22. August. Führung durch eine Ausstellung von Gemälden von MARIA STRAKOSCH-GIESLER. (Vgl. A. Strakosch, *Lebenswege*, I. Bd., S. 140)

28. August. Matinee. Künstlerische Darbietungen – Ansprache über das Werk Friedrich Lienhards.

28. August. Vortrag zum Geburtstag Goethes. (GA 129) – Unter den Zuhörern dieses Vortrags und der Matinee ist FRIEDRICH RITTELMEYER, evangelisch-lutherischer Pfarrer aus Nürnberg, der durch Vermittlung von MICHAEL BAUER an dieser Mitgliederveranstaltung teilnehmen kann. (Vgl. Friedrich Rittelmeyer, *Meine Lebensbegegnung mit Rudolf Steiner,* S. 29–33)

7.–10. September. Aufenthalt in Berlin.

7. September. Rudolf Steiner ändert durch einen Zusatz sein Testament: die Bestimmungen hinsichtlich Anna Steiners kommen in Wegfall.

10. September. Rudolf Steiner in München. Er erhält dort ein Telegramm des Generalsekretärs der italienischen Sektion der T. G., OTTO PENZIG, daß der Kongreß der Föderation der europäischen Sektionen in Genua nicht stattfindet und daß man die Mitglieder benachrichtigen möge. Der Kongreß war für die Zeit vom 16.–19. September angesetzt.

11. September. Rudolf Steiner telegraphiert an den Generalsekretär der italienischen Sektion: Da die Absage im höchsten Maß befremdlich erscheint, Bitte um Angabe der Gründe. Am Abend kommt die Antwort Penzigs: «Habe auf strikte Ordre der Präsidentin und des Sekretärs des Kongresses gehandelt, bitte sich an diese zu wenden.» – Später ist diese Absage Gegenstand umfangreicher Interpretationen geworden, indem ANNIE BESANT behauptete, sie habe den Kongreß nicht abgesagt, sondern nur ihre eigene Teilnahme. (Vgl. Carl Unger, *Wider literarisches Freibeutertum!,* S. 54–66)

14. September. Rudolf Steiner besucht bei Einsiedeln (Schweiz) den Geburtsort des Paracelsus. Er schildert diesen Besuch am 16. November 1911. (Vgl. GA 61)

17., 19. und 21. September. Vorträge Rudolf Steiners in Lugano, Locarno und Mailand, durch die er die dortigen Mitglieder über seine Auffassung des Buddha, des Maitreya Buddha und des Christus orientiert. (GA 130)

23.–26. September (?). Rudolf Steiner mit MARIE VON SIVERS in Turin: «In Turin gingen wir auf Nietzsches Spuren und jagten durch die Ausstellung. Es sind eine ganze Menge reisender Theosophen immer da.» (Brief an Johanna Mücke vom 29. September 1911, vgl. B 17, S. 11)

27.–29. September. Rudolf Steiner zu Vorträgen in Neuchâtel, wo er im Zusammenhang der Einweihung des Christian-Rosenkreuz-Zweiges am 27. und 28. September die erste ausführliche Darstellung des Lebens und Wirkens von Christian Rosenkreuz gibt. (GA 130, vgl. 6. Mai 1909 und 18. Dezember 1912)

30. September. Zweigvortrag in Bern.

1. Oktober. Zweigvortrag in Basel. Rudolf Steiner spricht über konkrete Selbsterkenntnis. Das Wesen des Menschen zwischen Denken und Wollen. Die «Ätherisation des Blutes» und die Zukunftsentwicklung der Menschheit. (GA 130)

4. Oktober. Karlsruhe. Öffentlicher Vortrag *Von Jesus zu Christus* – Das Unzulängliche der historischen Jesus-Forschung und der wirkliche Christus als mystische Tatsache im Mittelpunkt des Menschheitswerdens. (GA 131)

5.–14. Oktober. Vortragskurs *Von Jesus zu Christus.* (GA 131) Rudolf Steiner umschreibt die Aufgabe dieses Zyklus: «Diese Vorträge sollen dazu bestimmt sein, eine Vorstellung zu schaffen von dem Christus-Ereignis, insofern es zusammenhängt mit seiner geschichtlichen Erscheinung: mit der Offenbarung des Christus in der Persönlichkeit des Jesus von Nazareth.» – Die Beschreibung bestimmter Tatsachen in diesem Zyklus hat später in besonderer Weise die Gegnerschaft gegen Rudolf Steiner auf den Plan gerufen. (Vgl. hierzu: Vortrag in Dornach vom 6. Juni 1920 in GA 198 und Vortrag in Stuttgart vom 30. Juli 1920 in GA 197, Vortrag in Dornach vom 7. Mai 1923 in GA 224.)

15. Oktober, morgens. Einweihung des Zweighauses in Stuttgart. Nach 9½monatiger Bauzeit kann der Architekt Schmid-Curtius dem Bauverein des Verbandes der Stuttgarter Zweige den Schlüssel des Hauses übergeben. Nach Schmid-Curtius sprechen José del Monte (für den Bauverein) und Adolf Arenson für die Zweige, danach folgt die Ansprache Rudolf Steiners, der auf die verschiedenen in Stuttgart harmonisch zusammenwirkenden Strömungen, die mystisch-innerliche und die theosophisch-intellektuelle, hinweist. (GA 284)

15. Oktober, abends. Rudolf Steiner spricht über die Gestaltungsprinzipien des Stuttgarter Baus. (GA 284)

16. Oktober. Stuttgart. Zweigvortrag über das Verhältnis von Theosophie und Rosenkreuzertum. (Ansprachen, Vorträge und Bericht in GA 284/285, S. 139–162)

18. Oktober–3. November. Rudolf Steiner in Berlin.

19. Oktober. Wiederbeginn der öffentlichen Vorträge in Berlin, die in diesem Winterhalbjahr teils im Architektenhaus, teils im Oberlichtsaal der Philharmonie stattfinden. – In dem Eröffnungsvortrag geht Rudolf Steiner von der zeitgenössischen Naturerkenntnis (Max Planck: Die Stellung der neueren Physik zur mechanischen Naturanschauung) aus, um den Weg zur Erkenntnis übersinnlicher Welten zu beschreiben. (GA 61)

23. Oktober. In dem das Winterhalbjahr eröffnenden Mitgliedervortrag orientiert Rudolf Steiner über die Aufführungen in München, über den Gedanken eines Zentralbaus in München und über die Differenzen mit Annie Besant im Hinblick auf die Christus-Wesenheit. (GA 133)

26. Oktober. Öffentlicher Vortrag in der Philharmonie *Tod und Unsterblichkeit im Lichte der Geisteswissenschaft.* (GA 61)

31. Oktober. Beginn einer Vortragsreihe für Mitglieder über die Weltevolution vom Gesichtspunkt der inneren Erfahrung. (Fünf Vorträge, jeweils dienstags. GA 132)

4.–6. November. Vortragsreise nach Leipzig.

4. und 5. November. In den Mitgliedervorträgen spricht Rudolf Steiner über das Wesen der Bodhisattvas, Buddhas, über Jeshu ben Pandira und über Christus. (GA 130)

9. November. Berlin. Öffentlicher Vortrag *Der Sinn des Prophetentums.* Hinweis auf das Schicksal des Nostradamus. Der Sinn des Prophetentums ist «in der Anfeuerung des Bewußtseins» zu suchen, «daß der Mensch überhaupt der Wirkung von Ursachen in die Zukunft hinein sicher sein kann». (GA 61)

10.–12. November. Vortragsreise nach Hamburg und Bremen.

13. November. Berlin. Elisabeth Vreede berichtet, daß Rudolf Steiner ihr die Aufgabe gestellt hat, für Theosophen über Differential- und Integralrechnung vorzutragen.

16. November. Berlin. Öffentlicher Vortrag im Architektenhaus: *Von Paracelsus zu Goethe*. Über die innere Geistverwandtschaft Paracelsus' und Goethes, die beide aus vertieftem, unmittelbarem Naturerleben zur Erfahrung der Geist-Natur vordringen.

17.–20. November. Vortragsreise nach München.

23. November. Berlin. Öffentlicher Vortrag in der Philharmonie: *Die verborgenen Tiefen des Seelenlebens*. – Wie aus den Tiefen des Seelenlebens die Kräfte geholt werden, durch die sich die Seele selbst zum Wahrnehmungsorgan macht. (GA 161)

25. November–4. Dezember. Vortragsreise. Berlin–Tübingen–Stuttgart–Heidenheim–Nürnberg–Berlin.

25. November. Tübingen. Einweihung des Ludwig-Uhland-Zweiges in Tübingen. (Vgl. Mitteilungen D, 1961, Heft 4)

26.–29. November. Rudolf Steiner zu Vorträgen in Stuttgart.

27. November. Erste Mitteilung über die beabsichtigte Stiftung einer Gesellschaft für theosophische Art und Kunst. (GA 284, S. 7)

30. November. Heidenheim. Ansprache zur Gründung des Zweiges über die drei Rufe aus der geistigen Welt. (GA 127)

1. Dezember. Nürnberg. Öffentlicher Vortrag *Von Jesus zu Christus*. FRIEDRICH RITTELMEYER, der diesen Vortrag besucht, berichtet: «Der Vortrag war eine Enttäuschung. Schon äußerlich ärgerte mich manches: der Pelz, in dem Steiner kam, der Zwicker, mit dem er die Anwesenden musterte, die auffallende schwarze Halsbinde... Nach dem Vortrag hatte ich dann das schmerzliche Gefühl: nun weiß ich, daß auch dieser Mann mir über Christus nichts Befriedigendes sagen kann!» (Rittelmeyer, *Meine Lebensbegegnung mit Rudolf Steiner*, S. 33 f.)

2. und 3. Dezember. Mitgliedervorträge in Nürnberg. An einem dieser beiden Tage sucht Friedrich Rittelmeyer Rudolf Steiner auf. Am Ende des Gespräches, in welchem Rittelmeyer Einwände gegen die Darstellungen Steiners erhebt, gibt Rudolf Steiner vier Ratschläge für geistige Übungen. (Rittelmeyer, a. a. O., S. 36 ff.)

5. Dezember. Berlin. Ende der Betrachtungen über die Evolution. (GA 132)

7. Dezember. Öffentlicher Vortrag im Architektenhaus: *Das Glück, sein Wesen und sein Schein*. (GA 61)

10. Dezember. 10. Generalversammlung der deutschen Sektion der Theosophischen Gesellschaft. Die Zahl der Mitglieder ist von 1950 auf 2318 gestiegen, neue Zweige wurden in Bochum, Graz, Heidenheim, Linz, Neuchâtel und Tübingen begründet. Die Gesamtzahl der Zweige beträgt 53. Rudolf

Steiner gibt in diesem Jahr keinen Arbeitsbericht, da umfangreiche Debatten vorauszusehen sind. Der Antrag Dr. M. HAEDICKE (Leipzig) moniert, daß die Jahresabrechnung nicht termingemäß den Zweigen zugeleitet worden ist und verlangt, daß Rudolf Steiner um Indemnität wegen Verletzung der Satzungen einkommt. Diesem Antrag wird auf Drängen Rudolf Steiners entsprochen. Ein weiterer Antrag fordert die Überprüfung des Ausschlusses von Dr. HUGO VOLLRATH. Dieser Antrag ist von einiger Brisanz, da inzwischen Dr. Vollrath von ANNIE BESANT zum Sekretär vom «Bund des Sternes im Osten» ernannt worden ist. Nach sehr ausführlicher Debatte wird der Antrag abgelehnt. Rudolf Steiner spricht aus, daß er in diesem Zusammenhang zu seinem großen Schmerz das Verhalten der Präsidentin der Theosophischen Gesellschaft, Annie Besant, nicht verteidigen kann.

Satzungsgemäß wird der Vorstand der deutschen Sektion um folgende Mitglieder erweitert: EUGENIE VON BREDOW, TONI VÖLKER, CAMILLA WANDREY, JOSÉ DEL MONTE, Dr. FELIX PEIPERS, Dr. LUDWIG NOLL, PAULINE GRÄFIN KALCKREUTH, JULIUS RITTER VON RAINER, OTTO GRAF LERCHENFELD, Dr. A. GYSI, FELIX VON DAMNITZ, JOHANNA MÜCKE. (Mitteilungen TG, März 1912, Nr. 13)

12. Dezember. Generalversammlung des Johannes-Bauvereins. Rudolf Steiner spricht über die Ziele des Bauvereins und die Idee des zu erstellenden Baus.

12., 13., 15. und 16. Dezember. Vortragskurs über *Pneumatosophie.* (GA 115) In diesen Vorträgen schildert Rudolf Steiner die geistige Organisation des Menschen.

14. Dezember. Baron ALFONS WALLEEN schildert in einem Vortrag seine «Erfahrungen auf Vortragsreisen in Skandinavien und England» und beschreibt dabei die Hindernisse, auf die die Vertreter der von Rudolf Steiner ausgehenden geistigen Strömung im Ausland treffen. (Mitteilungen TG, März 1912, Nr. 13, S. 35)

Rudolf Steiner gibt darauf einen kurzen Überblick über die Geschichte der deutschen Sektion und die jetzige Situation. Dabei erläutert er seine Zurückhaltung gegenüber den Dingen, die von Adyar ausgehen mit den Worten: «für mich ist es das Maßgebende: es besteht bei den Individualitäten, welche die führenden unserer theosophischen Bewegung sind, die Meinung, daß man die Gesellschaft so lange halten soll, als es nur irgend geht. Und das ist es, was es mir schwierig macht, irgendeine unmittelbare Initiative anzuempfehlen zu irgendeinem Zerstören der Gesellschaft.» (GA 264, S. 417)

14. Dezember. Öffentlicher Vortrag im Architektenhaus: *Der Prophet Elias im Lichte der Geisteswissenschaft.* Der Vortrag ist zugleich ein Beispiel für geisteswissenschaftliche Geschichtsforschung. (GA 61)

15. Dezember. Rudolf Steiner gibt bekannt, daß die Absicht besteht, unter dem provisorischen Namen «Gesellschaft für theosophische Art und Kunst» einen Arbeitszusammenhang zu stiften. Diese engere Gesellschaft kommt jedoch nicht zustande. (GA 264)

15. Dezember, nachmittags. In einer Besprechung führt Baron ALFONS WALLEEN aus, daß die ausländischen Freunde der theosophischen Arbeit, die Rudolf Steiner in besonderem Maße als Lehrer anerkennen, einen unabhängigen Bund bilden wollen, in welchem Rudolf Steiner das Lehramt übernehmen soll. Es wird daraufhin ein Komitee gegründet, um die Bundesarbeit in die Wege zu leiten.

16. Dezember. Sitzung des vorläufigen Komitees zur Bundesgründung unter Vorsitz von Dr. CARL UNGER. Rudolf Steiner erklärt später (8. April 1921, GA 76, S. 195), daß aus diesem Bund trotz mancherlei Beratungen nichts hervorgegangen sei: der «Bund» sei aus «einem sanften Schlaf allmählich in den sozialen Tod übergegangen».

17., 19. und 21. Dezember. Mitgliedervorträge in Berlin.

26. Dezember–3. Januar. Rudolf Steiner in Hannover.

27. Dezember–1. Januar 1912. Vortragszyklus *Die Welt der Sinne und die Welt des Geistes.* Über die menschliche Organisation, insbesondere über das Verhältnis der Wesensglieder – Geist und Stoff. (GA 134)

1912

Trotz der zeitraubenden Auseinandersetzungen mit der Zentrale der Theosophischen Gesellschaft, mit ANNIE BESANT und den Anhängern des «Ordens des Sterns im Osten» wird die anthroposophische Arbeit schöpferisch weitergeführt. In zweifacher Weise werden neue Wege zu künstlerisch geistiger Erfahrung eröffnet. Zu Ostern 1912 erscheint der Kalender 1912/13, in dem der *Anthroposophische Seelenkalender* enthalten ist, dessen Wochensprüche ein Miterleben des Jahreslaufes erschließen, während das Kalendarium dazu bestimmt ist, kosmische und geistesgeschichtliche Durchblicke zu eröffnen. – Im Herbst wird die Kunst der *Eurythmie* begründet, nachdem im Januar und August die ersten Vorübungen angeregt worden sind.

Im Sommer 1912 wird in Fortsetzung der schon 1907 begonnenen dramatischen Aufführungen das dritte Mysteriendrama *Der Hüter der Schwelle* geschrieben, inszeniert und aufgeführt. Diese «Seelenvorgänge in szenischen Bildern» stellen erstmals die Dramatik dar, die sich im Vorfeld der Schwelle zur geistigen Welt abspielt. Der anschließende Vortragszyklus *Von der Initiation – Von Ewigkeit und Augenblick – von Geisteslicht und Lebensdunkel* erläutert die dramatisch dargestellte Begegnung mit dem «Hüter der Schwelle». Zu den Münchener Veranstaltungen erscheint die Schrift *Ein Weg zur Selbsterkenntnis des Menschen*, die in acht Meditationen Stufen der Geist- und Selbsterkenntnis schildert.

Den Versuchen, gleichzeitig mit den anderen künstlerischen Impulsen auch den Baugedanken seiner Verwirklichung näher zu bringen, stellen sich immer neue Hindernisse in den Weg: der Beginn des für München geplanten «Johannesbaus» muß mehrfach verschoben werden, weil keine Baugenehmigung erteilt wird.

In den Vorträgen und Vortragszyklen dieses Jahres wird insbesondere die Kosmologie erweitert. Das geschieht durch die beiden Vortragszyklen *Die geistigen Wesenheiten in den Himmelskörpern und den Naturreichen* (Helsingfors im April) und *Der Mensch im Lichte von Okkultismus, Theosophie und Philosophie* (Christiania im Juni), aber auch in den im Herbst beginnenden Vorträgen über *das Leben zwischen Tod und neuer Geburt,* die den Durchgang der Seele durch die Sternensphären beschreiben.

Das christologische Thema wird in vielen Vorträgen weiter entfaltet. In fünf

HANNOVER · BERLIN · MÜNCHEN · WINTERTHUR · KASSEL · BRESLAU · WIEN · KLAGENFURT · GRAZ

Städten spricht Rudolf Steiner öffentlich über *Christus im zwanzigsten Jahrhundert* und charakterisiert die objektive Bedeutung des Mysteriums von Golgatha für die geistige Existenz des Menschen. Im Oktober findet in Basel der Vortragskurs über *Das Markus-Evangelium* statt, und im Dezember folgt in Köln die Vortragsreihe über *Die Bhagavadgita und die Paulus-Briefe*.
Beide Zyklen sind auch im Kontext der Auseinandersetzungen mit der Propaganda des «Ordens des Sterns im Osten» zu sehen. Schließlich wird in vielen Einzelvorträgen über die christologische Problematik gesprochen.
Das ganze Jahr ist durch die Vorarbeiten für die Gründung der «Anthroposophischen Gesellschaft» gekennzeichnet. Der bereits in lockerer Form im Dezember 1911 gegründete «Bund» hält eine Reihe von Besprechungen ab. Rudolf Steiner macht in diesem Zusammenhang auf die Bedeutung der Ideen von Reinkarnation und Karma für die Gemeinschaftsbildung aufmerksam. Dieser Hinweis aber wird offensichtlich nicht aufgegriffen. Im August schlägt Rudolf Steiner für die neu zu gründende Gesellschaft den Namen *Anthroposophische Gesellschaft* vor. Ohne weitere Feierlichkeiten oder Formalitäten wird dann die «Anthroposophische Gesellschaft» am 28. Dezember in Köln begründet.
Die Auseinandersetzungen mit der Zentrale der Theosophischen Gesellschaft, Annie Besant und dem «Orden des Sterns des Ostens» erreichen in diesem Jahr ihren Höhepunkt. Rudolf Steiner, der bisher zu den Vorgängen offiziell geschwiegen hatte, bricht, nachdem HÜBBE-SCHLEIDEN in einem Vortrag den Vorwurf des Dogmatismus und der Intoleranz gegen Rudolf Steiner und seine Mitarbeiter erhob, am 20. Juni sein Schweigen und spricht sich eindeutig über den «Orden des Sterns im Osten» und Annie Besant aus. Nach weiteren Vorfällen beschließt am 8. Dezember der Vorstand der deutschen Sektion, die Mitgliedschaft im «Orden des Sterns im Osten» für unvereinbar mit der Mitgliedschaft in der deutschen Sektion anzusehen und fordert in einem Telegramm am 11. Dezember Annie Besant zum Rücktritt auf.

1. Januar. Hannover. Neujahrfeier *Das Traumlied von Olaf Asteson*. (GA 158) Ansprache von Rudolf Steiner – Rezitation durch MARIE VON SIVERS. Abends letzter Vortrag des Kurses *Die Welt der Sinne und die Welt des Geistes*. (GA 134)
3.–7. Januar. Rudolf Steiner in Berlin.
4. Januar. Öffentlicher Vortrag in der Philharmonie: *Der Ursprung des Menschen im Lichte der Geisteswissenschaft*. In Auseinandersetzung mit der Deszendenztheorie führt Rudolf Steiner aus, daß der Mensch auf eine geistig-seelische Urform zurückgeführt werden müsse. (GA 61)
8.–17. Januar. Vortragsreise. Berlin–München–St. Gallen–Winterthur–Zürich–Berlin.

8.–11. Januar. In München hält Rudolf Steiner zwei öffentliche und zwei Mitgliedervorträge.
9. Januar. Mitgliedervortrag über die makrokosmische Wesenheit des Christus und die luziferischen Wesenheiten – die Entwicklung des Menschen. (GA 130)
11. Januar. Die Überwindung nervöser Erscheinungen durch Selbsterziehung und Stärkung des Ätherleibes. Willenskultur. (GA 143)
14. Januar. Winterthur. Einweihung des Zweiges. Über die Sinneswelt, das Vorstellungsleben, die Gemütsbewegungen und die Willensimpulse. (GA 143)
18.–26. Januar. Rudolf Steiner in Berlin.
23. Januar. Erster von drei Mitgliedervorträgen über die Erkenntnis von Reinkarnation und Karma. (GA 135, vgl. 5. März 1912)
25. Januar. Öffentlicher Vortrag in der Philharmonie: *Christus und das zwanzigste Jahrhundert*. Durch die Tatsache des Mysteriums von Golgatha und den real wirkenden Christus können Menschen die Kraft der Selbsterkenntnis und Selbstüberwindung gewinnen und zur mystischen Erkenntnis vordringen. (GA 61)
27.–30. Januar. Vortragsreise nach Kassel. – Anläßlich des Aufenthalts in Kassel erhält LORY SMITS am 29. Januar in einer Besprechung mit Rudolf Steiner vorbereitende Anweisungen (Studium der Anatomie, griechischer Bildwerke, Sprach- und Bewegungsübungen), die die Grundlage zum Studium der Eurythmie werden sollen. (*Erinnerungen*, S. 105)
Mitgliedervorträge über Christian Rosenkreuz. (GA 130)
30. Januar–2. Februar. Rudolf Steiner in Berlin.
1. Februar. Öffentlicher Vortrag im Architektenhaus: *Menschengeschichte – Gegenwart und Zukunft im Lichte der Geisteswissenschaft*. Offenbarungskultur, Wahrnehmungskultur – Verstandeskultur – Ich-Kultur. (GA 61)
3.–14. Februar. Vortragsreise. Berlin–Breslau–Wien–Klagenfurt–Graz–Berlin.
3. Februar. Breslau. Mitgliedervortrag. Das Erstaunen und das Gewissen – Wege in die geistige Welt. (GA 143)
6. und 7. Februar. Öffentliche Vorträge in Wien.
8. und 9. Februar. In den Mitgliedervorträgen in Wien spricht Rudolf Steiner über das Erkennen des Karma. (GA 130) Rudolf Steiner berichtet brieflich, daß JULIUS BREITENSTEIN, Leiter des Wiener Zweiges, in Wien eine verständnisvolle Tätigkeit entfaltet. (GA 262, S. 139)
11. Februar. Klagenfurt. Bei JULIUS VON RAINER, Besichtigung der Mühlen, abends: Vortrag.
12. Februar. Graz. Gründung des Hamerling-Zweiges.
15.–18. Februar. Rudolf Steiner in Berlin.

15. Februar. Öffentlicher Vortrag im Architektenhaus: *Kopernikus und seine Zeit.* Von der spirituellen Astronomie des Altertums zu den Gedanken des Kopernikus. Die Bedeutung dieser Denkweise. (GA 61)
19.–28. Februar. Vortragsreise. Berlin–Stuttgart–München–Berlin.
20. und 21. Februar. In den Mitgliedervorträgen in Stuttgart spricht Rudolf Steiner – wie in Berlin und Wien – von der Erkenntnis von Reinkarnation und Karma und der Bedeutung dieser Erkenntnis für die Gegenwart und die Bildung einer Gesellschaft. (GA 135)
21. Februar. Beratungen über den neu zu gründenden Bund. In diesem Sinne gewinnen die Worte aus dem Abendvortrag des gleichen Tages Bedeutung: Die Empfindung «von der intensiven Bedeutung von Reinkarnation und Karma für das Leben, dieses würde etwas sein, was heute eine Gruppe von Menschen zusammenhalten könnte, ungeachtet der Verhältnisse, in denen diese Menschen sind. Die Menschen, die von solcher Gesinnung zusammengehalten werden, können sich nur durch die Theosophie zusammenfinden.» (GA 135)
24.–28. Februar. Öffentliche und Mitgliedervorträge in München.
27. Februar. Für diesen Tag ist die Grundsteinlegung des «Johannes-Baus» in München geplant. Die Behörden verzögern die Baugenehmigung. (Vgl. 16. Mai 1912)
29. Februar. Berlin. Öffentlicher Vortrag in der Philharmonie: *Der Tod bei Mensch, Tier und Pflanze.* (GA 61)
5. März. Berlin. Mitgliedervortrag. Letzter Vortrag in der Reihe über Reinkarnation und Karma. Über die fundamentale Bedeutung dieser Ideen für die Gegenwart und ihre Bedeutung für die Bildung einer Gemeinschaft. (GA 135)
6. März. Feier zu GÜNTHER WAGNERS 70. Geburtstag. Ansprache Rudolf Steiners.
8.–12. März. Vortragsreise. Berlin–Mannheim–Frankfurt–Berlin.
13.–30. März. Rudolf Steiner in Berlin.
14. März. Öffentlicher Vortrag im Architektenhaus: *Die Selbsterziehung des Menschen im Lichte der Geisteswissenschaft.* Die Selbsterziehung durch ein richtiges Verhältnis zur objektiven Außenwelt. (GA 61)
In München wird der *Theosophische Kalender 1912/13* gedruckt. Rudolf Steiner erhält durch IMME VON ECKARDTSTEIN die ersten Korrekturbogen.
19. März. Mitgliedervortrag. Anhand der von MARTIN BUBER herausgegebenen *Chinesischen Geister- und Liebesgeschichten* spricht Rudolf Steiner über das Chinesentum als Zeugnis der geistgeologischen Überreste der atlantischen Kultur. (GA 133)
21. März. Öffentlicher Vortrag im Architektenhaus: *Das Wesen der Ewigkeit und die Natur der Menschenseele im Lichte der Geisteswissenschaft.* Die Unbestän-

digkeit der gewöhnlichen Bewußtseinserlebnisse, die Entwicklung des Gedächtnisses: «Da erleben wir Stück für Stück, wie der Ewigkeitsgedanke Realität wird und sich als weite ewige Perspektive vor der menschlichen Seele ausbreitet». (GA 61)

26. März. Mitgliedervortrag. Betrachtungen über den Zufall. (GA 133)

28. März. Öffentlicher Vortrag im Architektenhaus: *Darwin und die übersinnliche Forschung.* Besondere Hinweise auf das Leben und Wirken von ARTHUR GRAF GOBINEAU und auf die Forschungen von MORIZ BENEDIKT. Mit diesem Vortrag enden die öffentlichen Vorträge des Winterhalbjahres. (GA 61)

31. März–2. April. Seereise nach Helsingfors (Helsinki).

3.–15. April. Rudolf Steiner in Helsingfors.

3.–14. April. Vortragskurs *Die geistigen Wesenheiten in den Himmelskörpern und Naturreichen.* (GA 136)

6./7. April. Rudolf Steiner nimmt zusammen mit Besuchern des Zyklus am Osternachtsgottesdienst in einer russisch-orthodoxen (Garnisons-)Kirche teil. «Zu den traurigsten Erinnerungen meines Lebens gehört das, was da die Popenkomödianten, die furchtbaren innerlichen Lügner, mit der ewigen Wahrheit zusammenkomödiantisiert haben.» (GA 208, 13. 11. 1921) Anschließend nimmt Rudolf Steiner am Ostermahl, das die russischen Besucher des Kurses veranstalten, teil. (Vgl. M. Woloschin, *Die grüne Schlange,* S. 244)

7. und 8. April. Generalversammlung der finnischen Theosophischen Gesellschaft.

9. April. Öffentlicher Vortrag: *Das Wesen nationaler Epen mit speziellem Hinweis auf Kalevala.* (GA 158)

11. April. Ansprache an die russischen Zuhörer des Kurses über die Aufgaben des russischen Volkes und die Gefahren der russischen Möglichkeiten, dem Geiste Seele einzuhauchen. Nach der Ansprache zeigt Rudolf Steiner den Anwesenden den soeben erschienenen Kalender. Rudolf Steiner führt mit fast allen anwesenden Russen Einzelgespräche. (GA 158)

12. April. Öffentlicher Vortrag: *Der Okkultismus und die Initiation.* (GA 136)

16.–19. April. In Stockholm hält Rudolf Steiner je zwei öffentliche und zwei Mitgliedervorträge. (GA 143)

22.–27. April. Rudolf Steiner in Berlin.

23. April. Mitgliedervortrag. Kurzer Hinweis auf den neuerschienenen Kalender. Über die Kalewala. (GA 133)

28. April–1. Mai. Vortragsreise nach Prag.

2. Mai. Berlin. Mitgliedervortrag über Elias, Johannes den Täufer, Raffael und Novalis. (GA 133)

5.–10. Mai. Vortragsreise. Berlin–Düsseldorf–Köln–Berlin.

5. Mai. Düsseldorf. Zweigvortrag. Rudolf Steiner spricht über das Gedicht «Fünf Ostern» von ANASTASIUS GRÜN. (GA 130)

6. Mai. Köln. Ansprache zur Einweihung des neuen Zweigraums.
7. Mai. Köln. Über den Zeitenlauf und den neuen Kalender. (GA 143)
8. Mai. Köln. Zum letzten Mal spricht Rudolf Steiner aus Anlaß des «Weißen Lotustages» (Todestag von H. P. Blavatsky) über die Begründerin der neueren Theosophie und unterscheidet die drei Gestalten der H. P. Blavatsky. (GA 143). Darauf über Elias, Johannes den Täufer, Raffael und Novalis. Die Hüllen des Christus-Geistes.
14. Mai. Berlin. Mitgliedervortrag. Staunen – Mitleid und Liebe – Gewissen, die Hüllen des Christus-Geistes. (GA 133)
16.–18. Mai. Reise nach München. Für den 16. Mai ist wiederum die Grundsteinlegung des Johannes-Baus vorgesehen, die auch dieses Mal (vgl. 27. Februar) wegen fehlender behördlicher Genehmigungen nicht stattfinden kann.
16. Mai, abends. Mitgliedervortrag, in dem Rudolf Steiner über die in der letzten Zeit in Berlin und Köln behandelten Themen spricht. (GA 143)
18.–22. Mai. Rudolf Steiner in Berlin.
20. Mai. Mitgliedervortrag, u. a. über das Kali Yuga. (GA 133)
22. Mai–18. Juni. Vortragsreise. Berlin–Kopenhagen–Norrköping–Kristiania–Hamburg–Berlin.
23. und 24. Mai. Kopenhagen. Mitgliedervorträge *Über den Sinn des Lebens.* (GA 155)
28.–30. Mai. Norrköping. Mitgliedervorträge über *Theosophische Moral.* Die Vorträge erneuern vor geisteswissenschaftlichem Hintergrund die aristotelische Auffassung, daß die Tugend eine Mitte zwischen zwei Abwegen ist, sie enthalten aber darüber hinaus ganz neue Ausführungen zur Geschichte Europas. (GA 155)
2.–12. Juni. Kristiania. Vortragskursus für Mitglieder: *Der Mensch im Lichte von Okkultismus, Theosophie und Philosophie* – Über das Wesen von Philosophie, Theosophie und Okkultismus, über den dreifachen Menschen und die Initiation. (GA 137)
13.–17. Juni (?). Rudolf Steiner in Hamburg.
17. Juni. Vortrag für die Mitglieder. Einweihung des «Christian-Rosenkreuz-Zweiges». Dabei spricht Rudolf Steiner in Anbetracht der schwierigen Situation die Worte: «Begründen wir aber etwas Neues, so steht hinter uns der Freund alles Separatismus, aller überirdischen Selbstigkeit: Dem Luzifer erwächst eine neue Hoffnung bei jeder neuen Gründung.» (GA 130)
18.–28. Juni (?). Rudolf Steiner in Berlin.
19. Juni. Wilhelm Hübbe-Schleiden hält in Hannover einen Vortrag, *Botschaft des Friedens,* in welchem er Rudolf Steiner und seine Mitarbeiter des Dogmatismus anklagt und den Vorwurf erhebt, die deutsche Sektion sei wie eine Kirche oder Sekte organisiert. Der Vortrag erscheint alsbald im Druck.

20. Juni. Mitgliedervortrag. Nachdem Rudolf Steiner bisher nur seine in geistigen Fragen von ANNIE BESANT und ihren Anhängern abweichenden Auffassungen vertreten hatte, spricht er nun deutlich kritisch über die politischen Aspirationen von Annie Besant und über den Unsinn, einen Orden für das Kommen eines Weltheilandes zu gründen. (GA 133)
29. Juni–7. September. Rudolf Steiner in München.
29. Juni (?). Rudolf Steiner mit MARIE VON SIVERS in München. Marie von Sivers pflegt ihre kranke Mutter, die im August stirbt.
Die Proben für das *Heilige Drama von Eleusis, Die Pforte der Einweihung* und *Die Prüfung der Seele* beginnen zunächst ohne Marie von Sivers.
1. Juli. Marie von Sivers berichtet an Mieta Waller: «Vielleicht sind die äußeren Umstände für den Dr. niemals so schwer gewesen, wie in diesem Jahr. Seit langen Wochen kommt jeden Morgen eine ‹Kröte› oder eine Hiobspost. Doch er hat schon angefangen zu schreiben, und heute ist die erste Malersitzung...» (über die Kulissenmalerei, an der sich in diesem Jahr außer den Malern VOLKERT, LINDE und HASS auch Herr STEGLICH beteiligt). (B 17, S. 13)
27. Juli. Von dem neuen Drama ist erst ein Bild geschrieben. (Anschauliche Schilderung der Vorarbeiten in *Elisabeth Vreede – ein Lebensbild,* S. 45 f.)
Im Juli und August schreibt Rudolf Steiner außer dem neuen Drama *Der Hüter der Schwelle* auch das Buch *Ein Weg zur Selbsterkenntnis des Menschen.*
18. August. Aufführung *Das heilige Drama von Eleusis* von EDOUARD SCHURÉ.
20. August. Aufführung *Die Pforte der Einweihung – Ein Rosenkreuzermysterium durch Rudolf Steiner.*
22. August. Aufführung *Die Prüfung der Seele* von Rudolf Steiner.
24. August. Uraufführung *Der Hüter der Schwelle* von Rudolf Steiner.
19.–23. August. In den Tagen zwischen den Aufführungen hält Dr. CARL UNGER Vorträge, zu denen Rudolf Steiner bemerkt: «Ich kann mich am meisten freuen über die selbständige Kraft, über die durchaus selbständige Art, wie hier eine Menschenpersönlichkeit aus sich heraus, frei, ohne sich unmittelbar nur an dasjenige zu halten, was ich selber aussprechen kann, die Sache aus sich heraus nach ihren eigenen Fähigkeiten begründet.»
An den Aufführungen nahmen über 1000 Personen teil.
25.–31. August. Vortragskurs *Von der Initiation – Von Ewigkeit und Augenblick – von Geisteslicht und Lebensdunkel.* (GA 138)
Während der Tage des Vortragskurses und nach Wachsmuth vom 1.–7. September (G. Wachsmuth, *Rudolf Steiners Erdenleben und Wirken*, S. 198) finden verschiedene Versammlungen zur Klärung der Arbeitssituation statt. So finden Diskussionen über die definitive Bildung des «Bundes», über den im vergangenen Jahr beraten wurde, statt.

29. August. Rudolf Steiner schlägt vor, den von der Theosophischen Gesellschaft unabhängigen Bund «Anthroposophische Gesellschaft» zu nennen. Rudolf Steiner übernimmt in dieser Gesellschaft keine offizielle Funktion. ALEXANDER STRAKOSCH charakterisiert die Situation mit den knappen Worten: «Von nun an erwartete er, daß von uns etwas geschehe.» (Strakosch, *Lebenswege,* 1. Bd., S. 242) Laut BORIS BUGAIEFF (Andrej Belyi, *Verwandeln des Lebens,* S. 43) hat Rudolf Steiner vom 24. August bis 7. September über dreihundert Besucher empfangen, unter ihnen Bugaieff, ASSJA TURGENIEFF und FRIEDRICH RITTELMEYER.

8.–14. September. Aufenthalt Rudolf Steiners in Tirol auf Einladung des Jugendfreundes MORITZ ZITTER.

15. September–2. Oktober. Rudolf Steiner in Basel.

15.–24. September. Vortragskurs *Das Markus-Evangelium.* (GA 139) Rudolf Steiner, der auf zehn Jahre Arbeit in der Theosophischen Gesellschaft zurückblicken kann, stellt die von ihm vertretene Christus-Auffassung mit größter Eindringlichkeit dar und betont die Konsequenz seines Weges von dem Buch *Das Christentum als mystische Tatsache,* das im September 1902 erschien, bis zu diesen Darstellungen.

Nach Beginn der Vorträge treffen Zuhörer aus Holland ein, die telegraphisch informiert worden waren, daß der Vortragszyklus «suppressed» (verboten oder abgesagt) worden sei. Es stellt sich heraus, daß der Absender der Depesche ein Mitglied des «Ordens des Sterns des Ostens» war, der auf diese Weise den Besuch der Holländer unterbinden wollte.

16.–24. September. In Bodmingen bei Basel, jeweils 16 Uhr. Rudolf Steiner hält für LORY SMITS den ersten Kurs für die neu zu begründende Eurythmie. Die neun Kursstunden finden in einem kleinen Wohnraum statt. Außer der einzigen Schülerin Lory Smits ist deren Mutter, CLARA SMITS, anwesend. Von der dritten oder vierten Kursstunde an nimmt auch MARIE VON SIVERS teil. In der ersten Kursstunde werden die Vokale, in der zweiten die Konsonanten entwickelt, von der dritten Stunde an wird in die schreitenden Bewegungsformen eingeführt. Am letzten Tag des Kurses gibt Marie von Sivers der neuen Kunst den Namen «Eurythmie». (Vgl. GA 277a, S. 19–44 und Lory Maier-Smits, *Erste Lebenskeime der Eurythmie,* in *Erinnerungen,* S. 104–119) Marie von Sivers berichtet über die Tage in Basel: «Vor dem Morgenkaffee saßen die Menschen schon da, bei Mittag war meistens jemand zu Gast, – an den letzten Tagen haben wir um eins und auch um zwei Uhr nachts unser Abendessen gehabt. Ich konnte keine einzige Frage beantwortet erhalten, denn es mußte erst alles vorüber sein.» (B 17, S. 13) Laut Bugaieff/ Belyi hat Rudolf Steiner wieder bis zu 300 Besucher empfangen.

2. Oktober. Rudolf Steiner und MARIE VON SIVERS ziehen sich in das Landhaus von Dr. GROSSHEINTZ in Dornach zurück. Marie von Sivers berichtet:

«Er sagt, daß er so mürbe ist wie zerhacktes Fleisch und in der Stille ihm starke Schmerzen kommen.» (Brief an Johanna Mücke vom 3. Oktober 1912, B 17, S. 14) Später erinnert sich Marie Steiner: «Nach dem von Dr. Steiner in Basel gehaltenen Zyklus über das Markus-Evangelium wurde uns zu einer sogenannten Versenkungswoche eine Wohnung dort (in Dornach) angeboten. Merkwürdiges muß Dr. Steiner in einer Nacht erlebt haben, denn er trat wie verstört aus seinem Zimmer und es war klar, daß er Schweres von seiner Seele abschütteln mußte. Wie mit einer Anstrengung strich er die düsteren Schatten von seiner Stirne weg. Wir gingen dann hinaus ins Freie zu einem langen Spaziergang, um von der Höhe herab die Gegend in uns aufzunehmen. Nur mit Mühe bewältigten wir die sehr abschüssigen, manchmal pfadlosen Hänge, um spät abends erschöpft heimzukehren.» (Marie Steiner, *Briefe und Dokumente,* S. 294, ähnlich ebd. S. 48 u. Nachrichtenblatt, 16. August 1925) Nach dem Bericht von Frau N. GROSSHEINTZ-LAVAL hat Rudolf Steiner während seines ersten Dornacher Aufenthalts die ganze Gegend kreuz und quer durchwandert und ist sogar in «alle Arlesheimer Höhlen» gestiegen. (Vgl. *Erinnerungen,* S. 143) In Gesprächen mit dem Ehepaar Großheintz werden die Schwierigkeiten, die sich der Errichtung des Johannes-Baus in München entgegenstellen, erörtert. Rudolf Steiner fragt Emil Großheintz: «Was haben Sie eigentlich vor mit dem Land zu machen?» – Im Verlauf des Gespräches sagt Großheintz, daß Dornach keine Baugesetze habe. Rudolf Steiner bemerkt: «Und Basel hat ein günstiges theosophisches Karma» und «Zeit haben wir ja nicht.» Woraufhin Großheintz schließlich sagt: «Wenn Sie das Land brauchen ist es ja da.» Die Pläne in München werden weiterverfolgt, und erst, nachdem im Februar das Baugesuch in München erneut verzögert wird, erwerben Prof. GYSI (Zürich), Frau HIRTER-WEBER (Bern) und MARIE SCHIEB (Bern) weiteres Gelände in Dornach und stellen es im Frühsommer 1913 dem Bauverein zur Verfügung.

6.–10. Oktober (?). In diesen Tagen findet ein zweitägiger Besuch bei EDOUARD SCHURÉ in Barr statt. (B 17, S. 13)

9.–13. Oktober (?). Am 3. Oktober schreibt Marie von Sivers, daß Rudolf Steiner plane, nach dem Besuch in Barr «auf einige Tage nach Österreich zu gehen». (Vielleicht wurde diese Reise auf den 1.–4. November verschoben, s. dort!) Danach wolle Rudolf Steiner Marie von Sivers in Dornach abholen, um «auf einige Tage nach Italien hinunterzusausen». (B 17, S. 14)

Ab 11. Oktober (frühestens). Reise nach Italien, Aufenthalt in Florenz, möglicherweise Besuche in Assisi, Perugia (M. Bauer, *Ch. Morgenstern,* S. 271). Am 5. November berichtet Rudolf Steiner im Berliner Zweig von seinen Studien in den Mediceer-Gräbern in Florenz.

13. Oktober (Ort?). Brief Rudolf Steiners, in welchem er es ablehnt, der von WILHELM HÜBBE-SCHLEIDEN in Göttingen neu gegründeten Loge von sieben Mitgliedern eine Stiftungsurkunde auszustellen, weil die Loge in einer den Intentionen der deutschen Sektionen entgegengesetzten Art arbeitet.

15. Oktober (Ort?). Brief Rudolf Steiners, in welchem er es ablehnt, einer von C. SCHUMANN in Leipzig gegründeten Loge eine Stiftungsurkunde auszustellen. Diese beiden Ablehnungen Rudolf Steiners sowie der Beschluß, Mitglieder des «Sterns des Ostens» aus der deutschen Sektion auszuschließen, werden im Januar 1913 als Gründe für den Widerruf der Stiftungsurkunde der deutschen Sektion durch Annie Besant genannt. (Vgl. 14. Januar 1913)

26. und 27. Oktober. Rudolf Steiner in Mailand. Für die dortigen Mitglieder hält er zwei Vorträge, in denen er das Thema des Winterhalbjahres 1912/13 *Okkulte Untersuchungen über das Leben zwischen Tod und neuer Geburt* zu behandeln beginnt. (GA 140)

29. Oktober. Rudolf Steiner unterbricht seine Rückreise nach Berlin in Zürich, um CHRISTIAN MORGENSTERN, der zu diesem Zwecke aus Davos gekommen war, zu treffen. Michael Bauer berichtet: «Sie verbrachten den ganzen Tag zusammen unter Gesprächen, die Morgenstern aufs tiefste berührten. Rudolf Steiner erzählte von der schönen Welt der Toscana, die er eben gesehen, von den Schöpfungen florentinischer Kunst..., er schilderte besonders eindrucksvoll einen Sonnenaufgang in Umbrien. Sie sprachen von Assisi, von Giottos Fresken, über Raffael und Perugino. Die plastischen Gruppen der Mediceer-Gräber rückten durch Steiners Ausführungen in ein überraschend neues Licht.» (M. Bauer, *Ch. Morgenstern,* S. 271. Vgl. auch GA 261, 10. Mai 1914, u. GA 62, S. 303)

31. Oktober. Berlin. Wiederbeginn der öffentlichen Vorträge im Architektenhaus mit dem Vortrag *Wie widerlegt man Geistesforschung?* (GA 62)

1.–4. November. Reise nach Österreich.

3. November. Wien. Mitgliedervortrag über das Leben zwischen Tod und neuer Geburt. Eingangs erwähnt Rudolf Steiner, daß seine diesmalige Anwesenheit «durch anderes notwendig geworden ist». (GA 140)

5.–15. November. Rudolf Steiner in Berlin.

5. November. Wiederbeginn der Mitgliedervorträge in Berlin. Bis zum 1. April hält Rudolf Steiner zehn Vorträge über das Leben zwischen Tod und neuer Geburt im Verhältnis zu den kosmischen Tatsachen. (GA 141)

7. November. Öffentlicher Vortrag *Wie begründet man Geistesforschung?* (GA 62)

12. November. Zweigvortrag. Rudolf Steiner spricht im Zweig über einige der gegen ihn von ANNIE BESANT und WILHELM HÜBBE-SCHLEIDEN erhobenen Vorwürfe. (Vgl. Mitteilungen TG, Nr. 14, S. 3–7)

14. November. Öffentlicher Vortrag im Architektenhaus: *Die Aufgaben der Geistesforschung für Gegenwart und Zukunft.* In den ersten drei öffentlichen

Vorträgen setzt sich Rudolf Steiner mit dem zeitgenössischen Denken, unter anderem auch mit dem Buch WALTER RATHENAUS *Zur Kritik der Zeit* auseinander.

16.–20. November. Vortragsreise. Berlin–Hamburg–Hannover–Berlin.

20. November. In Leipzig wird durch Dr. HUGO VOLLRATH eine direkt von Adyar (Annie Besant) autorisierte Loge der TG eröffnet.

21. November. Berlin. Öffentlicher Vortrag im Architektenhaus *Die Wege der übersinnlichen Erkenntnis* – Über Imagination, Inspiration und Intuition. Die objektive Wesenheit der geistigen Welt. (GA 62)

25.–30. November. Vortragsreise. Berlin–München–Berlin. Auch in München spricht Rudolf Steiner über die Themen, die er in den Berliner Vorträgen behandelt.

28. November. München. Bericht an Marie von Sivers: «Briefe, die Hübbe-Schleiden an Sellin und Deinhard geschrieben hat, übersteigen selbst das noch alles, was er bisher geleistet hat. Hier ist alles in heller Aufregung über die Dinge, welche ich am Dienstag im Zweige gleichlautend mit den Berliner-, Hamburger- und Hannovrischen Mitteilungen gemacht habe. Heut abend scheint es wohl recht bewegt zu werden!» (GA 262, S. 142)

1.–14. Dezember. Rudolf Steiner in Berlin.

1. Dezember. Berlin. Matinee zur Eröffnung des Kunstzimmers. Musik und Rezitation im Gedenken an Ludwig Uhland. Ansprache Rudolf Steiners. (GA 281)

5. Dezember. Öffentlicher Vortrag im Architektenhaus: *Ergebnisse der Geistesforschung für Lebensfragen und das Todesrätsel.* (GA 62)

8. Dezember. Sitzung des Vorstandes der deutschen Sektion. Es wird folgender Beschluß gefaßt: «Der Vorstand der deutschen Sektion der Theosophischen Gesellschaft betrachtet die Zugehörigkeit zum Orden des Star of the East (Stern des Ostens) als unvereinbar mit der Mitgliedschaft der Theosophischen Gesellschaft und bittet die Mitglieder des Star of the East, aus der Theosophischen Gesellschaft auszutreten. Der Vorstand der deutschen Sektion wird sich gezwungen sehen, Mitglieder, welche dieser Bitte nicht entsprechen, aus der deutschen Sektion auszuschließen.» Grund des Beschlusses sind nicht die Ansichten der Vertreter des «Sterns des Ostens», sondern das Verhalten der Leitung des Ordens.

Zweitens wird auf der Vorstandssitzung der Beschluß gefaßt, Annie Besant zum Rücktritt aufzufordern, und am 11. Dezember wird ein Telegramm an den Recording Secretary der TG aufgegeben, in dem es u. a. heißt: «Auf Grund dieser Erkenntnis, daß die Präsidentin unausgesetzt und geradezu systematisch gegen den obersten Grundsatz der Theosophischen Gesellschaft ‹Kein Bekenntnis über die Wahrheit› verstoßen und in Mißbrauch und Willkür die Präsidialgewalt mit Behinderung positiver Arbeit ausgeübt hat, kann der versammelte Vorstand der deutschen Sektion nach genauester Prüfung der Dokumente nur in der Resignation der Präsidentin die Möglichkeit des weiteren Fortbestandes der Gesellschaft sehen.» (Vgl. C. Unger, *Wider literarisches Freibeutertum!*, S. 68)

12. Dezember. Öffentlicher Vortrag im Architektenhaus *Naturwissenschaft und Geistesforschung* – Die Rechtfertigung der Geisteswissenschaft vor dem naturwissenschaftlichen Gewissen der Zeit. (GA 62)

13.–20. Dezember. Vortragsreise Berlin–Österreich (genauer Aufenthalt und Zweck der Reise unbekannt)–Bern–Zürich–Neuchâtel–St. Gallen–Berlin.

15. Dezember. Bern. Besprechung mit den Vertretern der schweizerischen Zweige über die Lage der deutschen Sektion und die Auseinandersetzungen mit der Leitung der Theosophischen Gesellschaft in Adyar. Es geht in dieser Sitzung um die Anklagen ANNIE BESANTS, die die Gründung der Loge Lugano als Angriff auf die italienische Sektion bezeichnet hatte, und um die Gründung der Loge in Neuchâtel. Die Schweizer Mitglieder halten den Angriffen entgegen, daß die Loge Lugano zu den Gründungslogen der deutschen Sektion gehört hat und daß bei der Gründung der deutschen Sektion Annie Besant zugegen gewesen sei. Die Gründung der Loge in Neuchâtel sei die Frucht einer im Jahre 1906 begonnenen Arbeit. (Vgl. Carl Unger, *Wider literarisches Freibeutertum!*, S. 77–83)

15. u. 16. Dezember. Mitgliedervortrag (GA 140) und öffentlicher Vortrag in Bern.

17. Dezember. Zürich. Mitgliedervortrag, erschienen unter dem Titel *Die Liebe und ihre Bedeutung für die Welt.* (GA 143) Manche Bemerkung dieses Vortrags steht im Kontext der Auseinandersetzungen mit der Theosophischen Gesellschaft.

18. Dezember. Neuchâtel. Zweigvortrag. Fortsetzung der Darstellung des Wirkens von Christian Rosenkreuz. (GA 130, vgl. 27. u. 28. September 1911)

21.–26. Dezember. Rudolf Steiner in Berlin.

22. Dezember. Mitgliedervortrag über das Wirken von Christian Rosenkreuz. (GA 141)

24. Dezember. Weihnachtsfeier im Zweig. Hinweis auf die bevorstehende Begründung der anthroposophischen Gesellschaft. (GA 143)

27. Dezember. Öffentlicher Vortrag in Hannover.

28. Dezember–4. Januar 1913. Rudolf Steiner in Köln.

28. Dezember. Vor Beginn des Vortragskurses wird ohne Feierlichkeit die «Anthroposophische Gesellschaft» gegründet, indem die etwa 300 Anwesenden in die Gesellschaft aufgenommen werden. (Marie Steiner, *Briefe und Dokumente*, S. 48)

28. Dezember–1. Januar 1913. Vortragskurs *Die Bhagavadgita und die Paulusbriefe.* Im Augenblick der Neubegründung der Anthroposophischen Gesellschaft spricht Rudolf Steiner über den Einklang der Essenz östlicher und christlicher Erkenntnis. (GA 142)

29. Dezember. Matinee. MARIE VON SIVERS rezitiert Gedichte von Novalis. Rudolf Steiner sagt in der kurzen anschließenden Ansprache u. a.: «Wir dürfen gerade im jetzigen Augenblick unseres Strebens, da wir auf der einen Seite die Anthroposophische Gesellschaft begründen, die alle menschlichen Rätsel in sich schließen soll, in dem gegenwärtigen Augenblick, in dem wir auf der anderen Seite auch betrachten wollen im Zusammenhang mit dem Christus-Impuls das Licht, das aus dem Orient herüber so glanzvoll strahlt, wir dürfen uns in diesem Augenblick verbinden mit dem, was als Ausdruck des Christus-Impulses in dieser Seele des Novalis lebte.» (GA 143)
Während der Tage vom 29. Dezember–1. Januar 1913 finden Beratungen über die im Entstehen begriffene Anthroposophische Gesellschaft statt. Zu diesen Beratungen sind auch Freunde der anthroposophischen Arbeit aus den westlichen und skandinavischen Ländern anwesend, die später den Kern der anthroposophischen Gesellschaften in diesen Ländern bilden.

31. Dezember. Erstes Gespräch Rudolf Steiners mit der englischen Bildhauerin EDITH MARYON.

1913

Zunächst bringt das Jahr 1913 den Ausschluß der deutschen Sektion aus der Theosophischen Gesellschaft. Dieser Ausschluß ist eine Befreiung aus Verhältnissen, die der theosophisch-anthroposophischen Arbeit nicht mehr angemessen sind und die von Anfang an in mancher Beziehung eine Behinderung der Arbeit Rudolf Steiners darstellten. Dennoch arbeitete Rudolf Steiner so lange es nur irgend möglich war, mit der Leitung der Theosophischen Gesellschaft loyal zusammen und hoffte auf eine andere, gesunde Entwicklung der Theosophischen Gesellschaft.

Am 3. Februar findet die erste (konstituierende) Generalversammlung der Anthroposophischen Gesellschaft statt. Dieser neuen Gesellschaft schließen sich schon bei der Gründung Arbeitsgruppen in Skandinavien, in West-, Ost- und Südeuropa an. Damit ist für Rudolf Steiner die Möglichkeit eröffnet, nunmehr ungehindert durch die Reglementierungen der Theosophischen Gesellschaft in Holland, England und Frankreich zu wirken. Diese Länder waren ihm, da er von den Sektionsleitungen nicht eingeladen wurde, in den letzten Jahren verschlossen gewesen. Bereits im März hält er so den ersten Vortragszyklus in Den Haag (Holland) *Welche Bedeutung hat die okkulte Entwicklung des Menschen für seine Hüllen und sein Selbst?*. Im Mai folgt eine Reise nach London und Paris, wo er über *Christus zur Zeit des Mysteriums von Golgatha und Christus im zwanzigsten Jahrhundert* spricht.

Eine zweite, nicht weniger wichtige Entwicklung bahnt sich Ende Februar an, als die Münchener Baubehörden die Genehmigung des Johannesbaus in München aufgrund von Einwänden des künstlerischen Beirats der Baubehörde aufs neue verzögern. Mitte Mai wird der künftige Bauplatz in Dornach – de facto zum zweiten Mal – besichtigt und bereits am 18. Mai gibt Rudolf Steiner die Entscheidung bekannt, daß der Bau in Dornach errichtet werden soll. Auch dieses ist eine Befreiung aus den nicht angemessenen Verhältnissen in München, denn der Entschluß, nach Dornach zu gehen, erlaubt eine freie und neue Bauplanung.

Die Umgestaltung der Bauentwürfe wird nach diesem Beschluß sofort in Angriff genommen. Immer wieder macht Rudolf Steiner darauf aufmerksam, daß keine Zeit zu verlieren sei. In einem privaten Brief äußert er bereits Ende April, daß ein Krieg drohe. Besondere Sorgen bereitet ihm die deutsche

Orient-Politik (Bagdadbahn). So wird das Drängen Rudolf Steiners verständlich. Bereits Anfang September sind Modelle für die Außen- und Innengestaltung des neuen Baus in den Grundzügen fertiggestellt. Auf Wunsch der Mitglieder des Bauvereins wird der Hauptteil des Baus (nicht der Sockel) in Holz geplant, was in der Ausführung zu vielen Schwierigkeiten führt.
Am 20. September wird der Grundstein für den Bau, der erst 1918 den Namen «Goetheanum» erhält, gelegt. Anfang November ist bereits der Betonsockel des Baus im Rohbau fertig. Anschließend werden die Gerüste für den Holzbau aufgestellt und im Dezember beginnt in der Schreinerei die Fertigung der Säulen. Rudolf Steiner reist im Herbst des Jahres 1913 noch dreimal nach Dornach, um den Fortschritt des Baus in Augenschein zu nehmen, an Modellen zu arbeiten und zahlreiche Anweisungen zu geben.
Nach der Grundsteinlegung des Baus reist Rudolf Steiner nach Kristiania, wo er die ersten der unter dem Titel *Aus der Akasha-Forschung – das fünfte Evangelium* angekündigten Vorträge hält. Zusammenfassungen dieser Vorträge gibt Rudolf Steiner anschließend in Berlin, Nürnberg, Hamburg, München und Köln. Die Zuhörer dieser Vorträge erleben in diesen Mitteilungen aus der Geistesforschung einen Höhepunkt des Wirkens Rudolf Steiners.
Im weiteren Sinne gehören auch zwei der in diesem Jahr gehaltenen Vortragskurse zu diesem Thema: *Die okkulten Grundlagen der Bhagavadgita* im Juni in Helsingfors und *Christus und die geistige Welt – Von der Suche nach dem heiligen Gral* Ende Dezember in Leipzig.
Im Sommer 1913 finden in München zum letzten Mal Aufführungen der *Mysteriendramen* statt. Rudolf Steiner schreibt und inszeniert das neue Drama *Der Seelen Erwachen,* das die Krise einer Geistgemeinschaft im Übergang zur äußeren Praxis zeigt. Anschließend an die Aufführungen hält Rudolf Steiner den Vortragszyklus *Die Geheimnisse der Schwelle.* Sowohl die Aufführungen der Dramen wie auch die Vorträge finden je zweimal statt, weil sich zu der Festzeit in München über 1200 Teilnehmer eingefunden haben.
Während der Vorbereitungen zu den Aufführungen schreibt Rudolf Steiner das Buch *Die Schwelle der geistigen Welt,* das in besonderer Weise Orientierungen für den auf dem Pfad der Erkenntnis Fortschreitenden enthält. Im Herbst beginnt Rudolf Steiner mit der Arbeit an der Neufassung des Buches *Welt- und Lebensanschauungen im 19. Jahrhundert,* das im kommenden Jahr unter dem Titel *Die Rätsel der Philosophie* erscheint. Schließlich ist zu erwähnen, daß Rudolf Steiner sich trotz der umfangreichen Reise und Vortragstätigkeit die Zeit nimmt, zwei umfangreiche Darstellungen über den Ausschluß der deutschen Sektion aus der Theosophischen Gesellschaft und über eine Denkschrift Hübbe-Schleidens zu verfassen.
Die neu begründete Anthroposophische Gesellschaft zählt Mitte 1913 über 3000 Mitglieder, die in 85 Arbeitsgruppen tätig sind.

28. Dezember 1912–5. Januar (?). Rudolf Steiner in Köln.
1. Januar. Schlußvortrag des Kurses *Die Bhagavadgita und die Paulusbriefe.* (GA 142)
2. und 3. Januar. Die öffentlichen Vorträge *Wahrheiten der Geistesforschung* und *Irrtümer der Geistesforschung* werden als Veranstaltungen der *Anthroposophischen Gesellschaft* angekündigt.
4. Januar. In einer internen Veranstaltung warnt Rudolf Steiner die Mitglieder vor unbedachten Äußerungen, die in der übrigen Welt mißverstanden werden müssen, so etwa vor der Redewendung «unser geistiger Führer». (Unveröff.)
6.–10. Januar. Rudolf Steiner in Berlin.
7. Januar. Mitgliedervortrag, in dem das *Traumlied des Olaf Åsteson* durch Marie von Sivers rezitiert wird.
9. Januar. Öffentlicher Vortrag im Architektenhaus: *Jakob Böhme.* (GA 62)
11. und 12. Januar. Vortragsreise nach Leipzig.
13.–18. Januar. Rudolf Steiner in Berlin.
14. Januar. Brief Annie Besants an Rudolf Steiner mit der Aufforderung, bestimmte Erklärungen abzugeben, widrigenfalls sie – gemäß der Aufforderung des General-Rats (General Council) der TG – die Stiftungsurkunde (Charter) zurückziehen würde. (Mitteilungen AG I, 1. März 1913, S. 9)
14. Januar. Mitgliedervortrag, u. a. Hinweise auf das Wesen der «öffentlichen Meinung». (GA 141)
16. Januar. Öffentlicher Vortrag im Architektenhaus *Die Weltanschauung eines Kulturforschers der Gegenwart, Herman Grimm, und die Geistesforschung* – Die Nähe Herman Grimms zur Geistesforschung: «Ja, er war auch unser!» (GA 62)
19.–29. Januar. Vortragsreise. Berlin–Wien–Graz–Klagenfurt–Linz–Prag–Berlin.
20. Januar. Rudolf Steiner erhält in Wien die nicht ganz zutreffende Nachricht, daß die Stiftungsurkunde der deutschen Sektion (Charter) zurückgezogen und Wilhelm Hübbe-Schleiden übergeben worden sei. Weiter erfährt er, daß Annie Besant behauptet habe, er stehe unter dem Einfluß der Jesuiten. (GA 262, S. 143)
21. Januar. Brief des Vorstandes der deutschen Sektion der TG an Wilhelm Hübbe-Schleiden, der Hübbe-Schleiden als nationalem Vertreter des «Ordens des Sterns im Osten» den Zutritt zur Generalversammlung untersagt. (Carl Unger, *Wider literarisches Freibeutertum!,* S. 170)
21.–26. Januar. In den Mitgliedervorträgen in Wien, Graz, Klagenfurt und Linz äußert sich Rudolf Steiner nicht über die anstehenden Streitfragen.
26. Januar. Linz. Brief an Marie von Sivers. Rudolf Steiner hat noch keine offizielle Nachricht über die in Adyar gefaßten Beschlüsse. «Machen können

wir nichts, bevor wir den offiziellen Brief von Adyar haben. Denn *was* wir zu machen haben, das hängt ganz von dem Wortlaute ab. Und meiner Vermutung nach wird der Wortlaut sehr verschmitzt sein. Selbst für die Gestaltung der Generalversammlung hängt alles von dem Wortlaute ab. Denn *wie,* wenn der äußere Wortlaut dem von Adyar ernannten Generalsekretär das Recht gibt, schon diese Generalversammlung zu führen?» (GA 262, S. 146f.)

30. Januar–15. Februar. Rudolf Steiner in Berlin.

30. Januar. Öffentlicher Vortrag im Architektenhaus *Raffaels Mission im Lichte der Wissenschaft vom Geiste.* Raffael in seiner Zeit – Raffael zwischen Vergangenheit und Zukunft – die weltgeschichtliche Wirkung Raffaels. (GA 62)

1. Februar. Besprechung des ehemaligen Vorstandes der deutschen Sektion der T. G.

2. Februar. Versammlung an Stelle der angekündigten 11. Generalversammlung der deutschen Sektion der Theosophischen Gesellschaft. – Die Versammlung lehnt den Antrag Ahner, doch Mitglieder des Ordens des Sterns im Osten zur Versammlung zuzulassen mit allen gegen eine Stimme ab. Rudolf Steiner gibt einen Überblick über Entstehung und Verlauf des Konfliktes mit Annie Besant, Hübbe-Schleiden und dem Orden des Sterns im Osten. Annie Besants Schreiben vom 14. Januar 1913 wird verlesen. Die Versammlung geht auf die Forderungen Annie Besants nicht ein, weil ihr das Vertrauen in die Aufrichtigkeit Annie Besants fehlt. Grund für den Mangel an Vertrauen ist unter anderem die von Annie Besant verbreitete und als Argument verwandte Behauptung, Rudolf Steiner sei von den Jesuiten erzogen worden, und er habe sich von diesem Einfluß nicht befreien können. Die Versammlung nimmt sodann den Antwortbrief zur Kenntnis, den der Vorstand der deutschen Sektion verfaßt hat. In diesem Brief heißt es: «Die deutsche Sektion hat nichts zu widerrufen und nichts zurückzunehmen. Es bleibt ihr daher nichts anderes übrig, als die ihr von Frau Besant gestellte Alternative als einen Akt des Ausschlusses zu betrachten, der nur deshalb vollzogen wurde, weil die deutsche Sektion es unternommen hat, für Wahrheit und Wahrhaftigkeit in der Theosophischen Gesellschaft einzutreten.» Die Versammlung billigt den Brief mit allen gegen 2 Stimmen.

In der weiteren Debatte betont Fräulein Marie von Sivers, daß es sich bei dieser Auseinandersetzung nicht um einen Gegensatz zwischen Ost und West, sondern um Wahrheit oder Unwahrheit handelt. Dabei verweist sie darauf, daß bereits seit Jahren in den theosophischen Zeitschriften unwahre Dinge über die deutsche Sektion verbreitet worden sind und daß man zu all diesen Darstellungen bis zum vergangenen Sommer geschwiegen habe.

Ferner berichtet Marie von Sivers über die Mitgliederbewegung (die sich auf das vergangene Jahr, Stichtag 1. September, bezieht):

Die Zahl der Mitglieder beträgt 2489 gegenüber 2318 im Vorjahr. Die Zahl der Zweige 54. Die vergleichsweise geringe Zunahme erklärt sich dadurch, daß wegen der ungeklärten Situation manche Interessenten mit ihrem Eintritt bis zur Klärung der Situation abwarteten und dann in die neugegründete «Anthroposophische Gesellschaft» eintraten. Ein Jahr später beträgt die Zahl der Mitglieder der Anthroposophischen Gesellschaft 3647. (Mitteilungen AG, I, 1. März 1913, S. 1–19)

3. Februar. 1. (konstituierende) Generalversammlung der Anthroposophischen Gesellschaft (Theosophische Gesellschaft).

Rudolf Steiner sagt bei der Eröffnung, «daß wir im gegenwärtigen Zeitpunkte am Ausgangspunkte stehen einer bedeutungsvollen, nicht neuen Arbeit; aber am Ausgangspunkt einer bedeutungsvollen Anstrengung zur Befestigung und Erweiterung der alten Arbeit».

Carl Unger gibt bekannt, daß Rudolf Steiner das Ehrenpräsidium der Gesellschaft übernommen habe.

Den Vorstand der Gesellschaft übernehmen Marie von Sivers, Michael Bauer und Dr. Carl Unger.

Bei Gründung zählt die Gesellschaft über 2500 Mitglieder mit 85 Arbeitsgruppen. Diese Arbeitsgruppen verteilen sich auf Deutschland (39), Belgien (2), Böhmen (2), Dänemark (1), England (3), Finnland (5), Frankreich (3), Holland (6), Italien (4), Norwegen (3), Österreich (4), Polen (2), Schweden (3), Schweiz (7), USA (1). (Mitteilungen AG, I, 1. März 1913, S. 25–28)

Für die Arbeit existiert ein von Rudolf Steiner verfaßter *Entwurf der Grundsätze einer Anthroposophischen Gesellschaft* (vgl. Carl Unger, *Schriften,* Band II, S. 98–102) und der handschriftliche Entwurf eines Vertrages zwischen Rudolf Steiner einerseits und Dr. Carl Unger, Marie von Sivers und Michael Bauer andererseits über die Zusammenarbeit Rudolf Steiners mit dem aus den drei genannten Personen bestehenden Vorstand. (Vgl. Marie Steiner, *Briefe und Dokumente,* S. 50–53)

Die Tatsache, daß Rudolf Steiner nicht Mitglied der Anthroposophischen Gesellschaft ist, wird bei der Gründung nicht besonders betont, vielmehr erscheint sein Name in den Mitteilungen für die Mitglieder der Gesellschaft in allen Nummern bis Juni 1914 unter den Adressen des Vorstandes.

In der Ansprache zur Generalversammlung über *Das Wesen der Anthroposophie* heißt es am Schluß: «Das ist das Wesen der Anthroposophie, daß ihr eigenes Wesen in dem besteht, was des Menschen Wesen ist; und das ist das Wesen ihrer Wirksamkeit, daß der Mensch dasjenige, was er selber ist, in der Anthroposophie empfängt und es vor sich hinstellen muß, weil er Selbsterkenntnis üben muß.» (Vgl. Rudolf Steiner, *Schicksalszeichen auf dem Entwicklungswege der Anthroposophischen Gesellschaft,* Dornach 1943, S. 19; vgl. auch Margarita Woloschin, Aus Tagebuchaufzeichnungen, in *Erinnerungen,* S. 67)

3. Februar, abends. Erster Vortrag der Reihe *Die Mysterien des Morgenlandes und des Christentums.* (GA 144) Diese Vorträge über Einweihungswege und Mysterien werden an den nächsten Generalversammlungstagen fortgesetzt.
4. Februar, 11 Uhr 30–14 Uhr. Autobiographischer Bericht Rudolf Steiners mit starker Betonung des geringen Einflusses der religiösen Erziehung. Dieser Akzent des Vortrags ist im Zusammenhang mit dem Vorwurf, Steiner sei durch Jesuiten erzogen worden, zu sehen. (B 83/84).
4. Februar, abends. Zweiter Vortrag *Die Mysterien des Morgenlandes und des Christentums.* (GA 144)
5. Februar. 2. Generalversammlung des Johannesbau-Vereins. Vortrag über die Baukunst im Wandel der Zeiten und das mit dem neu zu erstellenden Bau Beabsichtigte: der geistig zum Kosmos und zum Geist hin offene Bau, der nicht das Gefühl der Abgeschlossenheit erzeugt.
5. Februar, abends. Dritter Vortrag *Die Mysterien des Morgenlandes und des Christentums.* (GA 144)
6. Februar, morgens. Diskussion über die zu gründende Handelsgesellschaft «Ceres». Die Initiative ging von J. W. G. Schröder aus, der diese Handelsgesellschaft ins Leben ruft, die auf dem Versandwege Kolonialwaren und Lebensmittel guter Qualität liefert und auch ein Nachrichtenblatt herausgibt.
6. Februar, abends. Öffentlicher Vortrag im Architektenhaus *Märchendichtungen im Lichte der Geistesforschung.* (GA 62)
7. Februar. Vierter Vortrag *Die Mysterien des Morgenlandes und des Christentums.* (GA 144)
Während der Zeit der Generalversammlung finden eine Reihe von Vorträgen statt. Je zwei Vorträge halten Elise Wolfram und Carl Unger, je einen Vortrag halten Michael Bauer, A. W. Sellin, Paul Klein, Camilla Wandrey, Alfons Baron Walleen, Felix Peipers, Ritter von Rainer und Otto Daeglau.
8. Februar. Abschlußrede zur 1. Generalversammlung der Anthroposophischen Gesellschaft.
13. Februar. Öffentlicher Vortrag im Architektenhaus: *Lionardos geistige Größe am Wendepunkt zur neueren Zeit* – Die Größe des Ringens Lionardos und das Unvollendete seiner Werke. (GA 62)
Mitte Februar. Brief über die Ehefrage an Ferdinand von Paungarten für ein Buch über die «Ehefrage». Rudolf Steiner wendet sich gegen eine Betrachtung der Ehe, die nur von den individuellen Interessen der Partner ausgeht. Der wesentlichere Teil der Ehe ist «normalerweise die Sorge um die Familie, also um folgende Generationen». (BfII, Nr. 618)
16. Februar–4. März. Vortragsreise. Berlin–Tübingen–Stuttgart–Mannheim–Heidelberg–Karlsruhe–Frankfurt–Berlin.
In allen besuchten Städten hält Rudolf Steiner öffentliche Vorträge und Vor-

träge für Mitglieder. Das Thema aller Mitgliedervorträge ist das Leben zwischen Tod und neuer Geburt. (GA 140)

27. Februar. Rudolf Steiner besucht Alexander von Bernus auf Stift Neuburg bei Heidelberg – Am 7. August 1913 macht Alexander von Bernus Rudolf Steiner brieflich das Angebot, den Johannesbau auf seinem Besitz bei Stift Neuburg zu errichten. (Vgl. M. Sladek/M. Schütze, *Alexander von Bernus,* S. 70; s. a. 19. September 1913)

4.–7. März. Rudolf Steiner in Berlin.

4. März. Mitgliedervortrag über den Zusammenhang des Erdenlebens mit dem Leben zwischen Tod und neuer Geburt.

6. März. Öffentlicher Vortrag im Architektenhaus *Irrtümer der Geistesforschung.* Über Täuschungsmöglichkeiten in der Geistesforschung – Bewußtseinstrübung – Selbstliebe – Ekstase. (GA 62)

7. März. Annie Besant widerruft die Stiftungsurkunde der deutschen Sektion – offizielles Ende der von Rudolf Steiner geleiteten deutschen Sektion der Theosophischen Gesellschaft.

7. März. In München stirbt Oda Waller, die bei den Münchener Aufführungen 1911 Hermes und Luna gespielt hatte.

8.–12. März. Rudolf Steiner in München.

Rudolf Steiner hält in München zwei Zweigvorträge und zwei öffentliche Vorträge und spricht bei der Trauerfeier für Oda Waller.

Marie von Sivers berichtet über die Situation in München: «Diesen Sommer können wir in München kein Theater bekommen. Das Gärtnerplatz-Theater wird umgebaut, und die anderen sind viel zu klein oder anderweitig in Anspruch genommen. Es wäre so schade, wenn dieser Rhythmus diesen Sommer unterbrochen werden müßte, aber vielleicht würde das den notwendigen Impuls geben, um sofort irgendwo anders zu bauen, wenn es hier nicht geht. München wird wieder einmal seine Chance verpassen wegen seiner konservativen Stadtväter.» (Brief an Edouard Schuré vom 14. März, vgl. B 10, S. 30)

13. und 14. März. Rudolf Steiner in Augsburg. Zur Einweihung des Zweiges spricht Rudolf Steiner über pädagogische Fragen im Zusammenhang mit der Wirksamkeit luziferischer und ahrimanischer Wesen. (GA 150)

15. März. Rückreise nach Berlin.

17. März. Berlin. Brief an die Mutter und die Geschwister. «Ich hätte Euch gerne längst geschrieben; allein ich hatte im Laufe der letzten Monate ganz außerordentlich viel zu tun. Ich will die Stunde jetzt vor meiner Abreise nach Holland nützen um Euch doch einige Zeilen wenigstens zu schreiben. ... heute fahre ich nach Holland für etwa 10 Tage. Es kommen dann noch viele Reisen, die schon in Aussicht genommen sind.» (BfII, Nr. 619)

18.–29. März. Rudolf Steiner in Den Haag.

18. und 19. März. Öffentlicher Vortrag über Wahrheiten und Irrtümer der Geisteswissenschaft.
20.–29. März. Vortragskurs im Rahmen der neugegründeten Anthroposophischen Gesellschaft: *Welche Bedeutung hat die okkulte Entwicklung des Menschen für seine Hüllen und sein Selbst?* (GA 145) Rudolf Steiner, der in den letzten fünf Jahren nicht in den Niederlanden sprechen konnte, weil die Leitung der niederländischen Sektion ihm ablehnend gegenüberstand, ist nun nicht mehr an die Regeln der Theosophischen Gesellschaft gebunden und ergreift die Gelegenheit, in Den Haag zu sprechen. In der Einleitung spricht er über die Trennung der Anthroposophischen Gesellschaft von der Theosophischen Gesellschaft und begründet, warum ausschließlich Mitglieder der Anthroposophischen Gesellschaft an dem Kurs teilnehmen können.
Rückblickend auf den Ausschluß tadelt Rudolf Steiner das Verhalten der Generalsekretäre der T. G., die sich wider alle Prinzipien der Theosophischen Gesellschaft verhalten hatten. Schließlich betont Rudolf Steiner jedoch: «Ich selber empfinde alles das, was geschehen ist, neben allem Herben, neben allem Leidvollen, zugleich als eine große Befreiung, als eine Befreiung gerade von einer Engigkeit, die seit Jahren bedrückend war innerhalb des Lebens in der Theosophischen Gesellschaft vom Münchener Kongreß der europäischen Sektionen an.» (Erste Auflage des *Zyklus 27,* Berlin 1913)
23. März. Ansprache über die besondere Konstellation des Osterfestes 1913: Karfreitag am Frühlingsanfang, Ostervollmond am Karsamstag. Der frühe Ostersonntag. (GA 150)
30. März. Vortrag in Zwolle (Niederlande).
1.–4. April. Rudolf Steiner in Berlin.
1. April. Mitgliedervortrag – letzter Mitgliedervortrag des Winterhalbjahres. Rudolf Steiner erläutert den Zusammenhang der Darstellungen des Buches *Theosophie* mit den in diesem Winter gehaltenen Vorträgen über das Leben zwischen Tod und neuer Geburt. (GA 141)
3. April. Öffentlicher Vortrag im Architektenhaus: *Die Moral im Lichte der Geistesforschung.* Moral im Zusammenhang mit der Geistesschulung – die Begegnung mit dem Hüter der Schwelle – der «Passierschein» zum Überschreiten der Schwelle. (GA 62)
5.–9. April. Vortragsreise. Berlin–Breslau–Dresden–Berlin.
5. April. Breslau. Zweigvortrag: die Welt der «Lebenden» und der «Toten».
8. oder 9. April. Dresden. Erna Wolfram sucht Rudolf Steiner in Dresden auf. Rudolf Steiner schlägt ihr vor, sich der «neuen Tanzkunst» zu widmen, die er seit einigen Monaten mit Lory Smits begonnen habe. Erna Wolfram fährt nach dem Gespräch nach Düsseldorf (Haus Meer) zu Lory Smits, um Eurythmie zu lernen. Etwa zur selben Zeit trifft auch Annemarie Donath dort ein. (*Erinnerungen,* S. 123 f.)

10. April. Berlin. Letzter öffentlicher Vortrag des Winterhalbjahres im Architektenhaus. *Das Erbe des neunzehnten Jahrhunderts.* – Die Naturwissenschaft als Erbe des 19. Jahrhunderts und als Erziehungsmittel zur Geisteswissenschaft. (GA 62)
12.–14. April. Vortragsreise. Berlin–Weimar–Erfurt–Berlin (?).
14. April. Einweihung des Johannes-Raffael-Zweiges in Erfurt.
Mitte April. Es gelingt, in München für die Aufführungen der Dramen das Volkstheater zu mieten.
15.–21. April. Rudolf Steiner in Berlin (?).
Rudolf Steiner verfaßt in dieser Zeit die Darstellung *Der Ausschluß der Deutschen Sektion aus der Theosophischen Gesellschaft,* die Ende April in den «Mitteilungen» erscheint.
22. April–21. Mai. Vortragsreise. Berlin–Essen–Elberfeld–Düsseldorf–London–Paris–Straßburg–Basel–Dornach–Stuttgart–Berlin.
26.–29. oder 30. April. Rudolf Steiner in Düsseldorf, wo er einen öffentlichen Vortrag und einen Zweigvortrag hält.
26. April. Nachmittags werden durch Lory Smits und die übrigen Schüler der Eurythmie die Ergebnisse des Übens vorgeführt. Rudolf Steiner extemporiert den Spruch: *Der Wolkendurchleuchter . . .*
28. April. Düsseldorf. Brief an die Mutter und die Geschwister: «Gleichzeitig mit diesem Brief sende ich wieder etwas für Euch ab; ich sende 200 Mark, weil ich sie gerade so habe und ich denke, daß es bei Euch jetzt furchtbar teuer sein muß. Wir gehen überhaupt jetzt teuren Zeiten entgegen, und der Krieg droht fortwährend zu kommen.» (Bf II, Nr. 620)
1.–2. Mai. Rudolf Steiner ist zum ersten Mal seit 1905 wieder in London. Er spricht in zwei Mitgliedervorträgen über okkulte Wissenschaft und okkulte Entwicklung, über Christus zur Zeit des Mysteriums von Golgatha und Christus im zwanzigsten Jahrhundert. Mit diesen Vorträgen beginnen die Hinweise auf das für die Gegenwart bedeutsame Wirken des Erzengels Michael. (GA 152)
Die Verantwortlichen für die anthroposophische Arbeit in London sind 1913 Harry Collison, H. J. Heywood-Smith und Edith Rose Cull.
4.–10. Mai. Rudolf Steiner in Paris.
Rudolf Steiner hält in Paris zwei Mitgliedervorträge, die leider nicht erhalten sind, und einen Vortrag für Mitglieder und Gäste über Mikrokosmos und Makrokosmos.
Die Verantwortlichen für die anthroposophische Arbeit in Paris sind 1913 Alice Sauerwein, Edouard Schuré und Alice Bellecroix.
11. und 12. Mai. Rudolf Steiner in Köln zu internen Veranstaltungen.
13. und 14. Mai. Vorträge in Straßburg.
15. und 16. Mai. Aufenthalt in Basel und Dornach. Rudolf Steiner besichtigt

den Bauplatz in Dornach, der dem Johannesbau-Verein von den Schweizer Freunden zur Verfügung gestellt wird.

17.–20. Mai. Rudolf Steiner in Stuttgart.

17. und 19. Mai. Öffentliche Vorträge.

18. Mai. Ansprache. Rudolf Steiner berichtet über das Bauprojekt und die Verlegung des Projektes nach Dornach. Rudolf Steiner betont in seiner Darstellung, daß es nicht die Behörden oder Kirchen seien, die den Bau in München verhinderten, sondern die Münchener Kunstexperten: «Wir hätten nichts zu machen gehabt als Pläne, wovon der Bescheid gekommen wäre, sie entsprechen nicht dem künstlerischen Geschmack, so daß wir immer wieder Pläne auszuarbeiten gehabt hätten ...» Die Münchener Kultur wird als etwas Absterbendes bezeichnet, und deshalb – so Rudolf Steiner – müssen sich die neuen Kulturen «mit dem Grundsatz bekannt machen: ‹Lasset die Toten ihre Toten begraben – ihr aber folget *mir* nach!›» In Dornach eröffnen sich freiere Möglichkeiten, und es kommt nun darauf an, daß der Bau «nach den gegenwärtigen Umständen schnell zustande gebracht werden muß. Ich betone das Wort schnell nicht ohne Absicht, meine lieben Freunde.» (Rundschreiben *An die Mitglieder der Anthroposophischen Gesellschaft, den Johannesbau betreffend,* München o. J.; vgl. 28. April)

18. und 20. Mai. Vorträge für Mitglieder: Michael der Geist des aktiven Denkens – Christus im zwanzigsten Jahrhundert – Michaels Kampf mit dem Drachen. (GA 152)

20. Mai. Im Rahmen einer «Esoterischen Stunde» gibt Rudolf Steiner eine Darstellung der 12 Sinne, der sieben Lebensprozesse und der Dreiheit von Verstand, Gefühl und Willen. In dem vorliegenden Referat heißt es, daß Rudolf Steiner die zwölf Sinne noch einmal wie in Köln am 12. Mai beschreibe und daß er sie in fünf «dunkle» und sieben «helle» Sinne gliedere. In Stuttgart werden die zwölf Sinne den zwölf Tierkreiszeichen und die sieben Lebensprozesse den sieben Planeten zugeordnet.

21. Mai (?)–27. Mai (?). Rudolf Steiner reist über Berlin, wo er sich einige Tage aufhält nach Helsingfors.

28. Mai–6. Juni. Rudolf Steiner in Helsingfors.

28. Mai–5. Juni. Rudolf Steiner hält den Vortragskurs über *Die okkulten Grundlagen der Bhagavadgita.* Das Wesen der menschenschöpferischen Kräfte und Krischna. – Im fünften Vortrag charakterisiert Rudolf Steiner erstmals das unzulängliche Denken Woodrow Wilsons. (GA 146)

Unter den Zuhörern des Kurses befinden sich neben Skandinaviern und Deutschen 30 Russen. Auf Bitten von Boris Bugaieff (A. Belyi) nimmt auch der russische Philosoph Nikolai Berdjajeff teil.

4. Juni. Öffentlicher Vortrag *Die Freiheit der Seele im Lichte der theosophischen Erkenntnis.*

5. Juni. Vortrag für die russischen Teilnehmer des Kurses. Über die russische Volksseele. Über die Idee der Freiheit in West, Mitte und Ost. «Es gibt ein Heil für Rußland und dieses Heil heißt: die Theosophie.» (GA 158)
8.–10. Juni. Rudolf Steiner hält Vorträge in Stockholm. (GA 150)
8. Juni. Stockholm. Gründung der schwedischen Landesgesellschaft, in der GUSTAV KINELL und Frau A. WAGER GUNNARSSON verantwortlich tätig sind.
12.–13. Juni (?). Rückreise nach Berlin.
14.–28. Juni (?). Rudolf Steiner in Berlin. Vorarbeiten für das Mysterien-Drama *Der Seelen Erwachen* und die Schrift *Die Schwelle der geistigen Welt.* Ferner verfaßt Rudolf Steiner eine umfangreiche berichtigende Abhandlung: *Die Denkschrift über die Abtrennung der Anthroposophischen Gesellschaft, herausgegeben von Dr. Hübbe-Schleiden p. t. Generalsekretär der Theosophischen Gesellschaft in Deutschland.* Mit vielen Zitaten stellt Rudolf Steiner die Haltung Hübbe-Schleidens seit 1902 dar. (Mitteilungen AG 3, Juli 1913, S. 1–16)
29. Juni (?). Reise nach München.
30. Juni–3. Juli. Rudolf Steiner in München. Vorentwürfe für den Dornacher Bau.
4.–10. Juli. Aufenthalt in Meran-Obermais.
11. Juli–14. September. Rudolf Steiner in München.
11. Juli. Beginn der Probenarbeit. Rudolf Steiner beabsichtigt, außer dem vierten Mysteriendrama *Der Seelen Erwachen* «Die Seelenhüterin» (*Soeur Gardienne*) von EDOUARD SCHURÉ aufzuführen. Das Drama war von MARIE VON SIVERS bis zum dritten Akt übersetzt und von Rudolf Steiner bereits bearbeitet worden. Das Stück war im Juni-Heft der «Mitteilungen» angekündigt und auch mit den Proben war begonnen worden. Schließlich aber wird diese Arbeit abgebrochen.
27. Juli. Marie von Sivers berichtet an Johanna Mücke: «Ich habe gefleht und gefleht, das französische Stück bis zum nächsten Jahr aufzuschieben. Aber der Dr. ist ja nicht der Mann, der irgendetwas aufgibt, was in Aussicht genommen ist. Wenn er es wäre, wäre er ja auch nicht der, der er ist. ...» (B 17, S. 15)
19. August. Zu den Aufführungen hatten sich so viele Besucher angemeldet, daß die Dramen beide zweimal aufgeführt werden mußten. Auch hielt Rudolf Steiner die Vorträge des anschließenden Vortragskurses zweimal, einmal vormittags und einmal abends.
19. August. Wiederaufführung von *Der Hüter der Schwelle* im Münchener Volkstheater.
20. August. Zweite Wiederaufführung von *Der Hüter der Schwelle.*
22. August. Uraufführung von *Der Seelen Erwachen* im Münchener Volkstheater.
23. August. Zweite Aufführung von *Der Seelen Erwachen.*

24. August. Beginn des Vortragskurses *Die Geheimnisse der Schwelle.* (GA 147) Rudolf Steiner nimmt in diesen Vorträgen oft auf das eben aufgeführte neue Drama Bezug.

28. August. Die erste Eurythmieaufführung, nachmittags im Keimsaal der Tonhalle. Als Eurythmisten wirken mit: LORY SMITS, ERNA WOLFRAM und L. STAHLBUSCH. Eingangs werden Grundelemente der Eurythmie vorgeführt, dann *Der Wolkendurchleuchter*... von Rudolf Steiner, «Meeresstille» und «Glückliche Fahrt» von Goethe, «Wiegenlied» von Clemens Brentano, der 150. Psalm und «Charon» von Goethe. – Nach der von ihm eingeleiteten Aufführung sagt Rudolf Steiner: «Ich glaube, Goethe hat sich über dieses Geburtstagsgeschenk gefreut!» (GA 277a, S. 49ff.)

31. August. Ende der Vortragskurse *Die Geheimnisse der Schwelle.*

1.–14. September. Vorarbeiten zum Johannesbau. Es besteht bereits (oder wird in dieser Zeit gefertigt) ein großes Holzmodell, in das man hineinschlüpfen kann, die innere Gestaltung, namentlich die Säulen werden an diesem Modell entwickelt.

5. September(?). MAX BENZINGER erhält von Rudolf Steiner den Auftrag, einen Doppeldodekaeder aus Kupferplatten zu fertigen, der als Grundstein für den Dornacher Bau dienen soll.

15.–23. September. Rudolf Steiner in Dornach, wo er zunächst im Haus Brodbeck (heute Rudolf-Steiner-Halde) wohnt. Im Haus Brodbeck befindet sich auch das Baubüro.

17. September. Festlegung der genauen Lage des Baus. 19 Uhr 30: Erster Spatenstich zur Aushebung der Grube für den Grundstein durch Rudolf Steiner, die Architekten SCHMID-CURTIUS, AISENPREIS, ferner FELIX PEIPERS, Gräfin KALCKREUTH, VON MUTACH, HERMANN LINDE, den Schreiner BRUMMER und MAX BENZINGER.

19. September. Brief Rudolf Steiners an ALEXANDER VON BERNUS, der Rudolf Steiner angeboten hatte, auf seinem Besitztum (Stift Neuburg bei Heidelberg) den Bau zu errichten: «Das Karma hat so deutlich auf diesen Punkt [bei Dornach] gewiesen, daß ich in dieser Zeit nicht mehr wagen würde, dem Johannesbau-Verein einen anderen Rat zu geben, als da zu bauen, ganz abgesehen davon, daß eine Änderung der diesbezüglichen Disposition schon seit Mai nicht mehr möglich ist. Und ich muß sagen, mit jedem Tag treten mir mehr spirituelle Gründe vor die Seele, welche den uns gewissermaßen aufgedrängten Punkt als den richtigen erscheinen lassen.» (Mitteilungen D, Ostern 1950, S. 22)

20. September, nachmittags. Rudolf Steiner schreibt die Urkunde, die in den Grundstein gelegt wird. (Vgl. R. Grosse, *Die Weihnachtstagung als Zeitenwende,* S. 45)

20. September, 19–20 Uhr 20. Feierliche Grundsteinlegung des ersten Goetheanum (damals noch: Johannesbau) durch Rudolf Steiner. Anwesend sind etwa 70 Menschen, unter ihnen MARIE VON SIVERS, SOPHIE STINDE, PAULINE GRÄFIN KALCKREUTH, Dr. FELIX PEIPERS, Dr. EMIL GROSSHEINTZ, CARL UNGER, LUDWIG GRAF POLZER-HODITZ, OTTO GRAF LERCHENFELD, WILHELM SELLING, die Architekten SCHMID-CURTIUS und AISENPREIS, der Schreiner BRUMMER und MAX BENZINGER. (Vgl. GA 245, S. 121 ff. und *Erinnerungen an Rudolf Steiner,* S. 143–152 und R. Grosse, *Die Weihnachtstagung als Zeitenwende,* S. 30–45)

22. September. Basel. Ansprache Rudolf Steiners bei Eröffnung der 3. Generalversammlung des Johannesbau-Vereins. Rudolf Steiner sagt im Rückblick auf die Grundsteinlegung in Dornach: «Und in einer gewissen Weise dürfen wir doch sagen, daß bei dieser Handlung ein deutliches Karma sprach. Ein Karma, das vielleicht erst nach und nach zum Vorschein kommen wird.» (*Schicksalszeichen auf dem Entwicklungswege der Anthroposophischen Gesellschaft,* Dornach 1943, S. 20) – Die Satzungen des Johannesbau-Vereins werden beschlossen.

23. September. Rudolf Steiner reist – möglicherweise über Heidelberg/Stift Neuburg – und Berlin nach Kristiania (Oslo), während in Dornach am 30. September mit dem Betonieren der Grundmauern des Baus begonnen wird.

1.–6. Oktober. Kristiania. Vorträge *Aus der Akasha-Forschung. Das fünfte Evangelium.* (GA 148) Mitteilungen über das Leben Jesu aus der geistigen Forschung. Gegen Ende des letzten Vortrags sagt Rudolf Steiner: «Ich war das fünfte Evangelium, das mir heilig ist, schuldig.» (Die Eindrücke der Zuhörer schildern Andrej Belyi, i. e. Boris Bugajeff, *Verwandeln des Lebens,* S. 452–462 und Assja Turgenieff, *Erinnerungen an Rudolf Steiner,* S. 44)

4. Oktober. Kristiania. Öffentlicher Vortrag *Die Pforte des Todes.*

7. Oktober. Reise nach Bergen. Beeindruckende Bahnreise: «Das Züglein eilte nicht und blieb an den Bahnhöfen oft lange stehen. Man konnte den Aufstieg in die Berge erleben, die reine, wie berauschende Bergluft, die durchsichtigen Farben, das Glimmern der grünlich blauen Schieferfelsen wahrnehmen.» (Assja Turgenieff, *Erinnerungen an Rudolf Steiner,* S. 44)
Rudolf Steiner «entdeckt» hier den vossischen Schiefer, der dann für die Kuppeln des Goetheanum bestellt wird.

8.–11. Oktober. Rudolf Steiner zu Vorträgen in Bergen.

9. Oktober. Öffentlicher Vortrag *Die Rätsel des Lebens.*

10. Oktober. Zweigvortrag über die lebendige Wechselwirkung zwischen Lebenden und Toten. (GA 140)

11. Oktober. Zweigvortrag. Die Umwandlung menschlich irdischer Kräfte zu Kräften hellseherischer Forschung. (GA 140)

12. und 13. Oktober. Reise. Bergen–Kopenhagen.

14. und 15. Oktober. Vorträge in Kopenhagen. (GA 152)
17. Oktober. Rudolf Steiner wieder in Berlin. Andrej Belyi berichtet: «Von dieser Vortragsreise nach Berlin zurückgekehrt, zog sich Steiner für kurze Zeit zu einer wichtigen Arbeit zurück und ließ seine Schüler bitten, ihn nicht zu besuchen.» (*Verwandeln des Lebens,* S. 47) Rudolf Steiner beginnt das Buch *Welt- und Lebensanschauungen im 19. Jahrhundert* zu den *Rätseln der Philosophie* umzuarbeiten, das heißt, er schreibt in dieser Zeit über die Geschichte der Philosophie von Thales bis Kant: «Sehen Sie, es ist jetzt notwendig geworden, daß ich die zweite Auflage meines Buches ‹Welt- und Lebensanschauungen im 19. Jahrhundert› fertigstelle. (Vgl. Vortrag vom 21. Oktober 1913, GA 148)
21. Oktober. Berlin. Mitgliedervortrag. Einleitende Betrachtungen über das Nicht-Verstehen des Christus-Impulses.
23. Oktober. Reise nach Basel – Dornach.
24. Oktober, 9 Uhr 30. Rudolf Steiner auf dem Baugelände in Dornach. Besprechung mit den Architekten und Max Benzinger.
25. Oktober. Die Schreinerei ist fertiggestellt, die Maschinen laufen zum ersten Mal an.
26. Oktober (Sonntag). Besprechung über Einzelheiten des Baus: feuersicherer Vorhang, Anlage der Heizung als Warmwasserheizung in Röhren im Fußboden.
28. Oktober. Reise Dornach–Berlin.
30. Oktober. Beginn der öffentlichen Vorträge des Winterhalbjahrs im Architektenhaus: *Die geistige Welt und die Geisteswissenschaft. Ausblicke in die Ziele der Gegenwart.* Geistesschulung durch Steigerung der Aufmerksamkeit. Die geistige Scheidekunst: Lösung von Seele und Geist von der Leibesorganisation. Das Ungenügende des Denkens von Woodrow Wilson, der die Gesetze des Darwinismus auf das soziale Leben überträgt. «In den Tiefen der Seelen merkt man heute den Schrei nach geistiger Erkenntnis, wenn auch oftmals dem bewußten Denken unserer Mitmenschen dieser Schrei selbst nicht vernehmlich ist; denn unsere Zeit bedarf der Erkenntnis des Geistes.» (GA 63)
4. November. Berlin. Mitgliedervortrag *Aus der Akasha-Forschung – Das fünfte Evangelium.* Über das Leben Jesu vom 12. Jahr bis kurz vor der Jordantaufe. (GA 148)
6. November. Berlin. Öffentlicher Vortrag im Architektenhaus *Theosophie und Antisophie.* Theosophie als das Streben, sich bewußt zum Übersinnlichen zu erheben. Antisophie als das Gegenteil. Bemerkungen über den Pragmatismus und die Theorie des Supranaturalismus. (GA 63)
8.–12. November. Vortragsreise nach Nürnberg.
9. und 11. November. Darstellungen aus dem «fünften Evangelium».

(GA 148) Rudolf Steiner lädt FRIEDRICH RITTELMEYER, der noch nicht Mitglied der Anthroposophischen Gesellschaft ist, ein, diese Vorträge zu besuchen. Rittelmeyer berichtet: «Der Abend, der nun folgte, wird mir als einer der denkwürdigsten meines Lebens im Gedächtnis bleiben, weit über dieses Leben hinaus. In dem engen, dunklen Doppelraum... mögen über hundert Menschen versammelt gewesen sein. ... Rudolf Steiner stand vor uns – ich konnte ihn, da ich in der ersten Reihe saß, in jeder Miene beobachten – und erzählte aus dem Leben des heranwachsenden Jesusknaben. Sein Blick ging etwas über die Versammlung hinweg, als ob er fest auf Bilder gerichtet sei, die er vor sich habe. Mit der größten Zartheit und einer besonders auffallenden Wachheit und Vorsicht zeichnete er diese Bilder nach. Gelegentlich floß es ein: «Ich weiß nicht genau, ob die Reihenfolge richtig ist; aber es scheint mir so zu sein.» Oder: «Ich habe den Namen des Ortes mit aller Mühe nicht finden können; es muß seinen Sinn haben, daß er wie ausgelöscht ist.» Die Ehrfurcht, in der er sprach, hatte nichts von Unfreiheit. Ganz aufrecht stand er vor dem Außerordentlichen. Eine reine Geistigkeit webte im Raum.» (Friedrich Rittelmeyer, *Meine Lebensbegegnung mit Rudolf Steiner,* S. 57–62)

12. November. Reise nach Wien. (Vgl. A. Strakosch, *Lebenswege I,* S. 274 f.)

13. November. Besuch der Mutter und Geschwister in Horn.

14. November. Rückreise nach Berlin.

15.–16. November. Vortragsreise nach Hamburg.

17.–21. November. Rudolf Steiner in Berlin.

18. November. Mitgliedervortrag über das «fünfte Evangelium». Gespräch Jesu mit der Mutter – Hillel – die drei Versuchungen – der Judaskuß. (GA 148)

Zwischen dem 19. und 21. November. Beginn der Proben für das Oberuferer Weihnachtsspiel. Rudolf Steiner liest das Spiel im Dialekt vor.

20. November. Berlin. Öffentlicher Vortrag im Architektenhaus: *Geisteswissenschaft und religiöses Bekenntnis.* (GA 63)

22.–25. November. Vortragsreise nach Stuttgart. Auch in Stuttgart spricht Rudolf Steiner in zwei Zweigvorträgen über das Leben Jesu bis zur Jordantaufe. (GA 148)

24. November. Stuttgart. Matinée in Anwesenheit von CHRISTIAN MORGENSTERN. Ansprache Rudolf Steiners. MARIE VON SIVERS rezitiert Gedichte von Christian Morgenstern. Christian Morgenstern, der seine Stimme verloren hat, dankt brieflich Marie von Sivers, daß seine Gedichte «auch als lebendiger Klang dem Menschen nahekommen» in dem Sinne, wie sie empfunden sind.

27. November. Berlin. Öffentlicher Vortrag im Architektenhaus. *Vom Tode.* Tod und Initiation – Der Tod als notwendiges Glied des Lebens. (GA 63)

28. November. Reise nach Dornach.

29. November. Besprechungen in Dornach über die Arbeit an den Säulen und Termine der Bauplanung. Im Haus Brodbeck arbeitet Rudolf Steiner am Innenmodell des Baus.
30. November (Sonntag). Rudolf Steiner in der Schreinerei, Korrekturen an den Modellen des Haupteingangs. Gang auf dem Betonsockel des Holzbaus. Arbeit am Innenmodell: Säulen, Sockel, Architrave.
1. Dezember. Fortsetzung der Arbeit am Modell.
1. Dezember, abends. Öffentlicher Vortrag in Basel *Die Geisteswissenschaft und die geistigen Ziele unserer Zeit.*
3. Dezember (?). Rückreise nach Berlin.
4. Dezember. Berlin. Öffentlicher Vortrag im Architektenhaus *Der Sinn der Unsterblichkeit der Menschenseele* – Über das Leben zwischen Tod und neuer Geburt. (GA 63)
7.–22. Dezember. Reise. Berlin–München–Dornach–Köln–Bochum–Berlin.
7.–11. Dezember. Rudolf Steiner hält in München zwei öffentliche Vorträge und spricht in den Zweigvorträgen über das Leben Jesu. (GA 148)
14.–16. Dezember. Rudolf Steiner in Dornach.
14. Dezember, 11 Uhr vormittags. Besichtigung des Bauplatzes und des Baufortschritts. Der Platz für das Heizhaus wird festgelegt.
15. Dezember. Rudolf Steiner modelliert an den Modellen der Portalbögen und des Treppenhauses.
16. Dezember. Rudolf Steiner zeigt MAX BENZINGER das erste kleine Modell für das Heizhaus.
17.–18. Dezember. Köln. Zweigvorträge über *Das Mysterium von Golgatha.* Diese Vorträge aus dem Themenkreis des fünften Evangeliums erschienen als einzige zu Lebzeiten Rudolf Steiners (1923) im Druck. (GA 148)
18. Dezember, nachmittags. Eurythmieaufführung: Hyperions Schicksalslied. Weihnachtsgeschichte nach Lukas – Allegretto aus der 7. Symphonie von Beethoven. Mitwirkende: T. KISSELEFF, M. WOLOSCHIN, N. v. PAPOFF, E. DOLLFUS, L. SMITS, E. WOLFRAM, E. RÖHRLE.
21. Dezember. Bochum. Einweihung des Vidar-Zweiges. Das Weihnachtsfest im Jahreslauf und in der Weltgeschichte. Das Wesen des Christus-Jesus. Der Jahreslauf. Einweihung des Zweiges. (GA 150)
23. Dezember. Berlin. Aufführung des Dreikönigsspiels aus Oberufer. Anschließend Weihnachtsvortrag: Die alten Weihnachtsspiele – Das Gemälde auf dem Campo Santo zu Pisa – das Kind als das die Ewigkeit der Menschenseele rettende Prinzip. (GA 150)
28. Dezember–5. Januar 1914. Rudolf Steiner in Leipzig.
28. Dezember–2. Januar. Vortragsreihe *Christus und die geistige Welt – Von der Suche nach dem heiligen Gral.* (GA 149)

31. Dezember. Vor dem Vortrag Ansprache zur Rezitation der neuesten Gedichte CHRISTIAN MORGENSTERNS. Rezitation der Gedichte durch MARIE VON SIVERS. (Vgl. Walter Conradt, Kleine Erinnerung, in *Erinnerungen*)

1914

Das Jahr 1914 ist vornehmlich der Errichtung des Dornacher Baus gewidmet. Zu 15 längeren oder kürzeren Aufenthalten weilt Rudolf Steiner in Dornach, wo er die allgemeine Arbeit am Bau überwacht, Detailpläne und Modelle schafft und die Arbeit im einzelnen anleitet. Ursprünglich war beabsichtigt, den Bau bis zum August fertigzustellen. Im April wird erkennbar, daß dieser Termin nicht zu halten ist, daraufhin wird die Eröffnung des Baus für den Dezember 1914 in Aussicht genommen. Der Kriegsausbruch macht auch diese Pläne zunichte, da der Großteil der Arbeiter infolge der Kriegsereignisse die Arbeit am Bau nicht fortsetzen kann. Zu Jahresende ist der Bau als Rohbau fertiggestellt, an der weiteren Ausgestaltung der Räume, insbesondere an der plastischen Gestaltung der Säulen, Architrave und an der Malerei wird während der Kriegsjahre weiter gearbeitet. (Hätte sich der Baubeginn nur um weitere neun Monate verzögert, so wäre er wohl kaum zustande gekommen.)

Mit dem Dornacher Bau verlagert sich das Zentrum des anthroposophischen Lebens nach Dornach. Bis zum Ende des Weltkrieges sind Dornach und Berlin die beiden Hauptzentren der Tätigkeit Rudolf Steiners. Frühere Zentren wie Düsseldorf, Hamburg, Kassel, Köln, Leipzig, München, Nürnberg – um nur einige zu nennen – verlieren von nun an zunehmend ihre Bedeutung. In Dornach entsteht eine «Anthroposophen-Kolonie», in der sich zahlreiche neue, namentlich künstlerisch tätige Mitarbeiter einfinden.

Die Vortragstätigkeit setzt Rudolf Steiner in reduziertem Umfang auch 1914 fort. Es wird aber nur noch ein großer Zyklus im alten Stile in Wien zu Ostern abgehalten: *Inneres Wesen des Menschen und Leben zwischen Tod und neuer Geburt*.

Bis zum Sommer werden in den Mitgliedervorträgen die christologischen Betrachtungen und Darstellungen aus der *Akasha-Chronik* fortgesetzt, die dann in dieser Form nicht wieder aufgenommen werden. In Dornach werden im Zusammenhang mit dem Bau Fragen der zukünftigen Kunstentwicklung zu einem wichtigen Thema der Vorträge. Nach Ausbruch des Weltkrieges spricht Rudolf Steiner in den Mitgliedervorträgen in Dornach und in Deutschland über das Wesen der Volksseelen, über die Aufgabe Mitteleuropas und über die geistige Seite der Kriegsereignisse. Die Mission des mittel-

europäischen Geisteslebens und das Wesen der Volksseelen ist auch Gegenstand der öffentlichen Vorträge, die Rudolf Steiner nach Kriegsbeginn in Berlin, Hamburg und München halten kann.
Im Januar 1914 wird die zweite und letzte Generalversammlung der (alten) Anthroposophischen Gesellschaft abgehalten. Äußerlich gesehen ist im Vergleich zum Vorjahr ein deutliches Wachstum festzustellen. Die Zahl der Arbeitsgruppen und Zentren beträgt 107, davon 47 in Deutschland; die Zahl der Mitglieder: 3702. Die Generalversammlung selbst verläuft in einer deprimierenden Weise in endlosen, unfruchtbaren Debatten. Die leitenden Mitglieder der Gesellschaft zeigen eine ausgesprochene Führungsschwäche. Von nun an versinkt die Anthroposophische Gesellschaft als Gesellschaft in eine langjährige weitgehende Untätigkeit.
Neben all diesen Arbeiten stellt Rudolf Steiner 1914 die 1913 begonnene Umarbeitung und Erweiterung der *Welt- und Lebensanschauungen im 19. Jahrhundert* zu dem Buch *Die Rätsel der Philosophie* fertig. Der erste Band erscheint im Mai, der zweite Band im Oktober. Ferner erscheint als Antwort auf gegnerische Angriffe die kleine Schrift *Was soll die Geisteswissenschaft und wie wird sie von ihren Gegnern behandelt?* In 6. Auflage erscheint mit neuer Vorrede das Buch *Theosophie* und in 5.–7. Auflage mit neuer Vorrede das Buch *Wie erlangt man Erkenntnisse der höheren Welten?*
Am 24. Dezember heiraten Marie von Sivers und Rudolf Steiner in Dornach.

28. Dezember 1913–5. Januar. Rudolf Steiner in Leipzig.
1. und 2. Januar. Fünfter und sechster Vortrag des Zyklus *Christus und die geistige Welt.* (GA 149)
3. und 4. Januar. Öffentliche Vorträge in Leipzig.
6.–9. Januar. Rudolf Steiner in Berlin.
6. Januar. Fortsetzung der Mitgliedervorträge über das «fünfte Evangelium».
8. Januar. Öffentlicher Vortrag im Architektenhaus über *Michelangelo und seine Zeit vom Gesichtspunkt der Geisteswissenschaft* – Michelangelos Wirken im Anfang des Zeitalters der Verinnerlichung. (GA 62)
10. und 11. Januar. Vortragsreise nach Bremen, wo Rudolf Steiner im öffentlichen Vortrag über *Christus im 20. Jahrhundert,* im Zweigvortrag über das fünfte Evangelium spricht.
14.–26. Januar. Rudolf Steiner in Berlin.
15. Januar. Öffentlicher Vortrag im Architektenhaus über *Das Böse im Lichte der Erkenntnis vom Geiste.* Rudolf Steiner lehnt die Auffassung, daß das Böse nur ein Mangel oder die Abwesenheit des Guten sei, ab. «Die Kräfte, welche der Mensch ins Böse hineinfließen läßt, sind nur an diesem Orte» in der phy-

sischen Welt «böse, am richtigen Ort, richtig angewendet, sind es gute Kräfte». (GA 62)
In dieser Zeit arbeitet Rudolf Steiner an der Umarbeitung des Buches *Welt- und Lebensanschauungen im 19. Jahrhundert* zu dem Buche *Die Rätsel der Philosophie.* (Vgl. GA 151, S. 11)
18.–23. Januar. 2. Generalversammlung der Anthroposophischen Gesellschaft.
18. Januar. Rudolf Steiner übernimmt den Vorsitz der Generalversammlung. Ansprache Rudolf Steiners: Totengedenken – Der Materialismus als Ausdruck der Furcht vor der geistigen Welt – die Theosophie im öffentlichen Mißverständnis der Zeit. (GA 261)
Marie von Sivers berichtet über die Mitgliederbewegung. Es gibt 107 Arbeitsgruppen, davon 47 in Deutschland, die Zahl der Mitglieder beträgt 3702, davon 2307 in Deutschland. (Die ehemalige deutsche Sektion umfaßte auch Mitglieder in der Schweiz und in Österreich.)
Anschließend an den Kassenbericht von Franz Seiler, der dank eingegangener Spenden und der in wegfallenden Abgaben für Adyar und für Kongresse ein günstiges Ergebnis per 31. August 1913 vorweisen kann, kommt es zu einer längeren Debatte über die Mitgliedsbeiträge. Dabei gibt ein Antrag von Rudolf Schenkel (Tübingen) Anlaß, die Aufgaben des «Theosophisch-künstlerischen Fonds» zu klären, durch den der Großteil der Kosten der Münchener Aufführungen gedeckt wurde.
Danach beginnt eine lange, sich an den nächsten Tagen fortsetzende Debatte über eine Broschüre von Ernst Boldt *Theosophie oder Antisophie?* Boldt, der 1911 ein Buch *Sexual-Probleme im Lichte der Natur- und Geisteswissenschaft* veröffentlicht hatte, trat in der neuen Broschüre unter Berufung auf Nietzsche als Bekämpfer der falschen Askese, Verkrampftheit, als Freiheitsapostel und Reformator der Anthroposophie auf und sparte dabei nicht mit Vorwürfen gegen die Mitgliedschaft. Die Situation war durch die aggressive Propaganda Boldts besonders in München, wo Boldt Mitglied war, verschärft worden. (Mitteilungen AG, Nr. 6, April 1914, S. 1–32)
19. Januar, 13 Uhr. Fortsetzung der Debatte zum Antrag Boldt.
20. Januar. Vortrag Rudolf Steiners *Pseudowissenschaft der Gegenwart.* Über August Forel, Sigmund Freud. Resolution zum Fall Boldt. Fortsetzung der Aussprache. (*Mitteilungen AG,* Nr. 7, Juni 1914)
20. Januar, nachmittags. Eurythmieaufführung durch Erna Wolfram (aus alten Sprachen: der erste Psalm; aus der Odyssee; Pater noster, altdeutscher Reisesegen; Mantram aus dem Sanskrit).
20. Januar, abends. Beginn des Vortragskurses *Der menschliche und der kosmische Gedanke.* (GA 151)
21. Januar. Fortsetzung der Aussprachen.

21. Januar, nachmittags. Eurythmieaufführung (Hölderlin, Goethe, Solowjow, Puschkin, Lamatine, Ecosaisen von Beethoven) ausgeführt durch Lory Smits und Annemarie Donath unter Mitwirkung von T. Kisseleff, M. Woloschin, N. v. Papoff, E. Dollfus und E. Röhrle. In der einleitenden Ansprache macht Rudolf Steiner grundlegende Ausführungen über die Zukunftsbedeutung dieser neuen Kunst. (GA 277 a, S. 53–55)
Anläßlich der Generalversammlung finden folgende Vorträge statt: Moritz Bartsch: *Über den Willensakt*, Otto Daeglau: *Empfindungen, Wahrnehmung und Wissen*, Adolf Arenson: *Über die Bergpredigt*. Ferner geben Gracia Ricardo und Walter Rummel einen Liederabend zugunsten des Dornacher Baus.
21. Januar, abends. Fortsetzung des Vortragskurses *Der menschliche und der kosmische Gedanke*. Die Absicht dieser Vorträge kennzeichnet Rudolf Steiner: «das menschliche Denken, die menschlichen Gedanken, aus ihrer gegenwärtigen Erstarrung, aus ihrem Eingefrorensein wieder in Bewegung zu bringen.» (GA 277 a, S. 53)
22. Januar. Dritter Vortrag *Der menschliche und der kosmische Gedanke*. (GA 151)
23. Januar, morgens. Fortsetzung der Aussprache.
23. Januar, nachmittags. Versammlung des Johannesbau-Vereins. Rudolf Steiner spricht über die Anforderungen, die in architektonischer Hinsicht an die Bauten der im Entstehen begriffenen Anthroposophen-Kolonie in Dornach zu stellen sind. (GA 286)
23. Januar, abends. Vierter und letzter Vortrag des Kurses *Der menschliche und der kosmische Gedanke*.
27. Januar. Reise nach Basel.
27. Januar, abends. Basel. Öffentlicher Vortrag *Theosophie und Antisophie*.
28. Januar–5. Februar. Rudolf Steiner in Dornach, wo das hölzerne Grundgerüst bereits die Dimensionen der kleinen Kuppel deutlich erkennen läßt, während die Vorarbeiten zur Aufstellung der tragenden Holzbögen der großen Kuppel in vollem Gange sind. Es finden zahlreiche Besprechungen mit den Architekten und auch bereits mit den Malern statt. Rudolf Steiner gestaltet das Modell für den Haupteingang, das Architravmotiv für die Fenster und Modelle für Treppenpfeiler und den Eckpfosten des Treppenaufgangs.
Ferner arbeitet Rudolf Steiner laufend weiter am Innenmodell. Bei diesen Arbeiten ist Marie von Sivers ständig anwesend. (Vgl. Marie von Sivers, *Briefe und Dokumente*, S. 56)
In dieser Zeit trifft auch Dr. Carl Unger in Dornach ein, der von nun an bis zum September 1915 wöchentlich nach Dornach kommt, um sich auf Bitten Rudolf Steiners hin um das Rechnungswesen zu kümmern. In diesen Tagen beginnt Edith Maryon ihre Mitarbeit in Dornach.

6. Februar. Reise nach Hannover.
6. Februar, abends. Öffentlicher Vortrag *Von Jesus zu Christus.*
7. Februar. Hannover. Zweigvortrag *Das fünfte Evangelium.*
8. Februar. Vortrag in Bielefeld.
7. und 9. Februar. Kurzfristige Arbeitsniederlegung der Bauarbeiter (Schreiner und Zimmerleute) in Dornach wegen Streitigkeiten bei der Umstellung auf Schichtbetrieb.
10.–15. Februar. Rudolf Steiner in Berlin.
10. Februar. Mitgliedervortrag. Das «fünfte Evangelium» – Vorstufen des Mysteriums von Golgatha – der Christus-Impuls und die Menschheitszukunft. (GA 148)
12. Februar. Öffentlicher Vortrag im Architektenhaus *Die sittliche Grundlage des Menschenlebens.* Der Weg in die übersinnlichen Welten führt zur Erkenntnis der Urimpulse des sittlichen Lebens. (GA 63)
16. Februar. Reise nach Dornach.
17.–24. Februar. Rudolf Steiner in Dornach. Marie von Sivers berichtet an Mieta Waller: «Es legt sich auch ein bißchen lastend die Sorge auf die Schultern, wenn man bei jedem Besuch erfährt, daß die Voranschläge so bedeutend hinter den wirklichen Kosten zurückstehen.» (B 17, S. 16)
Am Bau wird in dieser Zeit die kleine Kuppel mit Holz doppelt verschalt, die Bögen der großen Kuppel werden aufgestellt. In der Schreinerei werden die Säulen fertiggestellt, die Sockel und Kapitelle der Säulen werden in Rohform gefertigt. – Rudolf Steiner arbeitet in dieser Zeit zahlreiche Einzelheiten der Innengestaltung aus.
25. Februar. Reise nach Berlin.
26. Februar. Öffentlicher Vortrag im Architektenhaus *Voltaire vom Gesichtspunkte der Geisteswissenschaft.* Voltaires tragisches Ringen und das Naturbild der Aufklärung. (GA 63)
27. oder 28. Februar (?). Rudolf Steiner fährt nach Dornach zurück.
28. Februar. Im Tagblatt für das Birseck-, Birsig- und Leimental erscheint Rudolf Steiners Aufsatz *Was soll die Geisteswissenschaft?*
4.–9. März. Vortragsreise. Dornach–Stuttgart–Pforzheim.
In Stuttgart finden zwei öffentliche Vorträge statt.
5. März. Mitgliedervortrag in Stuttgart über die Vorstufen des Mysteriums von Golgatha. (GA 152)
7. März. Interner Vortrag über die Jahrtausendwenden, die Entwicklung der Baukunst und das Schicksal des Dornacher Baus. (GA 286)
7. März. Pforzheim. Mitgliedervortrag. Der Christus-Impuls in vorchristlicher Zeit, das Mysterium von Golgatha, das Christus-Wirken in Geschichte, Gegenwart und Zukunft. Die fünffache Gestaltung der Urbeginn-Worte des Johannes-Prologs. (GA 152)

Assja Turgenieff vergleicht diesen Vortrag mit den Vorträgen in Kristiania und berichtet: «Im ärmlichen Lokal eines Kaffeehauses klangen Rudolf Steiners Worte so, daß man den Atem anhalten mußte, um das Erleben, das sie auslösten, nicht zu stören.» (Assja Turgenieff, *Erinnerungen an Rudolf Steiner,* S. 60)

8. März. Pforzheim. Öffentlicher Vortrag mit Fragenbeantwortung über *Christus im 20. Jahrhundert.*

10. März. Rückreise nach Dornach.

11. März. In Dornach sind die Kuppeln nunmehr beide verschalt. Rudolf Steiner beginnt vor den Mitarbeitern am Bau, die Kapitelle zu schnitzen. Anfang der Arbeit am Saturn-Kapitell.

12. März. Die allgemeine Arbeit an den Kapitellen beginnt. Die Kapitelle sind in den Räumen unter dem Bühnenraum aufgestellt und von den Schreinern vorbereitet worden. Insgesamt sind 14 Kapitelle für den Zuschauerraum und 12 Kapitelle für den Bühnenraum zu bearbeiten.

Zu diesem Zeitpunkt haben sich außer den Architekten (Carl Schmid-Curtius, Ernst Aisenpreis, Hermann Ranzenberger, Erwin Bauer, Paul Bay) und der technischen Bauleitung (Josef Englert) und dem bereits mehrfach erwähnten Max Benzinger zahlreiche Mitarbeiter am Bau eingefunden. Dabei wirken vielfach die Maler und Musiker auch bei den Schnitzarbeiten mit, überhaupt spielt die fachliche Trennung der Berufe eine geringe Rolle. Zu den am Bau mitarbeitenden Künstlern gehören u. a. J. M. Bruinier (ab Juli), Louise Clason, Oswald Dubach, Ella Dyubanyuk, Hilde Hamburger (ab Juli), Maja Kacer, Hermann Linde, Joseph Ludwig, Edith Maryon, Heinz Mitscher, Leopold van der Pals, Lotus Péralté, Richard Pollak, Hanns Strauss, Jan Stuten, Assja Turgenieff-Bugaieff, Natalie Turgenieff-Pozzo, Mieta Waller, Max Wolffhügel, Margarita Woloschin. Mit den Vorarbeiten und Arbeiten für die Glasfenster sind Thaddäus Rychter, Herr und Frau Sidletzky und Herr Ledeboer beschäftigt. Oskar und Thekla Schmiedel stellten den Malgrund und die Pflanzenfarben für die Kuppelmalereien her. Die Arbeiten in der Schreinerei unterstehen Carl Liedvogel. Tajana Kisseleff widmet sich der Ausgestaltung der Eurythmie. (Weitere Namen bei Assja Turgenieff, *Erinnerungen an Rudolf Steiner,* S. 48–59)

13. März, abends. Öffentlicher Vortrag in Basel. *Geisteswissenschaft in ihrem Verhältnis zu religiösen und sozialen Strömungen der Zeit.*

14. März. Im Bau werden die Sockel für die Säulen montiert.

15. März. Marie von Sivers berichtet an Edouard Schuré: «Ich muß – abgesehen von meiner übrigen Arbeit – Herrn Steiner bei allen Ausgängen begleiten. Es bedeutet dies für ihn eine gewisse Hilfe, und da dies nun einmal mein Schicksal ist und ich durch meine Anwesenheit das Gewicht, das er tragen muß, ein wenig erleichtern kann, so würde mich nichts von einer so teueren Pflicht zurückhalten.» (B 10, S. 33)

18. März. Reise nach Berlin.

19. März. Öffentlicher Vortrag im Architektenhaus: *Zwischen Tod und Wiedergeburt des Menschen.* – Neue Darstellung dieses Themas: «Da ich aber überhaupt nicht liebe mich zu wiederholen», schildert Rudolf Steiner einen inneren Aspekt des Lebens zwischen Tod und neuer Geburt. (GA 63)

20.–25. März. Aufenthalt und Tätigkeit Rudolf Steiners nicht bekannt. Möglicherweise in Berlin, um an dem Buch *Rätsel der Philosophie* zu arbeiten.

26. März. Öffentlicher Vortrag im Architektenhaus über *Homunkulus.* Die Konsequenzen des materialistischen Weltbildes bei Goethe, Hamerling und Werner Sombart. (GA 63)

29. März. Reise nach München, wo Rudolf Steiner am 29. und 31. März zwei öffentliche Vorträge hält und am 30. März zu den Mitgliedern spricht.

31. März. CHRISTIAN MORGENSTERN stirbt in Meran.

1. April. Richtfest in Dornach in Abwesenheit Rudolf Steiners. Baubeginn des «Glashauses», in welchem die Glasfenster für den Bau bearbeitet werden sollen.

2.–4. April. Rudolf Steiner in Dornach und Basel. Wegen drängender Entscheidungen wird Rudolf Steiner nach Dornach gerufen; der für den 2. April in Berlin angesetzte Vortrag muß auf den 23. April verschoben werden.

4. April. Ansprache bei der Trauerfeier für Christian Morgenstern in Basel.

5. April. Abreise nach Wien.

6.–15. April. Rudolf Steiner in Wien.

6. April. Öffentlicher Vortrag *Aufgabe und Ziel der Geisteswissenschaft und das geistige Suchen in der Gegenwart.* Über die Entfaltung der in der Seele schlummernden Kräfte: Denkkraft, Sprachkraft und Aufrichtekraft zu Imagination, Inspiration und Intuition. (GA 153)

8. April. Öffentlicher Vortrag *Was hat die Geisteswissenschaft über Leben, Tod und Unsterblichkeit zu sagen?* Das Leben zwischen Tod und neuer Geburt – Die Mitternachtsstunde des geistigen Daseins. (GA 153)

9.–14. April. Vortragskurs *Inneres Wesen des Menschen und Leben zwischen Tod und neuer Geburt.* In diesem letzten großen Vortragszyklus vor Ausbruch des Weltkrieges werden die Grundlagen der trinitarischen Menschenwesenserkenntnis sichtbar, die Rudolf Steiner namentlich 1917, 1919 und 1923/24 immer weiter entfaltet. (GA 153)

10. April. Vor dem Vortrag Gedenkworte für Christian Morgenstern. Marie von Sivers spricht Gedichte von Christian Morgenstern. (GA 261)

14. April. Vor dem Vortrag Ansprache über den Bau in Dornach: Mitteilung, daß die Arbeit am Bau sich länger als erwartet hinzieht, daß im Sommer in München keine dramatischen Aufführungen stattfinden werden und daß die feierliche Eröffnung des Dornacher Baus in den letzten zwei Monaten des Jahres stattfinden soll. (GA 153)

14. April. Gegen Ende des letzten Vortrags weist Rudolf Steiner auf die wirtschaftliche Überproduktion hin. «Diese Tendenz wird immer größer werden, bis sie sich ... in sich selber vernichten wird.» Die Tendenz wird als Karzinombildung, als Kulturkarzinom bezeichnet. (GA 153, vgl. auch A. Strakosch, *Lebenswege I,* S. 275–282)

16. und 17. April. Vorträge in Prag. (GA 154)

18.–28. (?) April. Rudolf Steiner in Berlin. (GA 154)

18. April. Mitgliedervortrag. Traumerleben, aktive Imagination und Orientierung in der geistigen Welt.

23. April. Öffentlicher Vortrag im Architektenhaus: *Geisteswissenschaft als Lebensgut.* Über das aktive Erfassen der Wahrheit und der Geisteswissenschaft. Der Dornacher Bau und die zunehmende Gegnerschaft gegen Anthroposophie. (GA 63)

29. April (?)–7. Mai. Rudolf Steiner in Dornach. Er gibt bekannt, daß es mit der Fertigstellung des Baues nicht mehr eile. Im Bau sind seit Mitte April die Säulen aufgestellt worden. Rudolf Steiner schnitzt an den Kapitellen. (Vgl. M. Woloschin in *Erinnerungen,* S. 69f.) Auch die Architrave werden bereits bearbeitet. (Vgl. Marie von Sivers, B 10, S. 34)

5. Mai. Basel. Mitgliedervortrag. Die materialistische Denkweise – Bazillen und Furcht. Die spirituelle Denkweise in ihrer Weltbedeutung. CHRISTIAN MORGENSTERN und der Christus-Impuls. Die geistige Bedeutung des Dornacher Baus. (GA 154)

8.–11. Mai. Rudolf Steiner in Kassel.

8. Mai. Öffentlicher Vortrag *Wie findet die Seele ihre wahre Wesenheit?* Über den Weg der geistigen Erkenntnis, die Befreiung der leibgebundenen Kräfte des Denkens, Sprechens und Aufrichtens. Die Selbsterkenntnis der Seele im Geiste. Die Gefahr des Materialismus: Ihr werdet sein wie Tiere – Ihr werdet nicht mehr unterscheiden das Gute vom Bösen. (*Wie findet die Seele ihre wahre Wesenheit,* Freiburg 1953)

9. und 10. Mai. Vorträge für Mitglieder. Die lebendige Wirksamkeit der Verstorbenen in ihrer Lebensbedeutung. (GA 261)

10. Mai. Gedächtnisfeier für CHRISTIAN MORGENSTERN. Rudolf Steiner schildert den geistigen Lebensweg Christian Morgensterns, MARIE VON SIVERS rezitiert Gedichte aus seiner voranthroposophischen Lebensperiode und aus der anthroposophischen Zeit. (GA 261, vgl. auch *Christian Morgenstern, Der Sieg des Lebens über den Tod,* Dornach 1935, S. 40)

12. Mai. Rudolf Steiner in Berlin. Vortrag für Mitglieder über dasselbe Thema wie in Kassel. (GA 154)

Mitte Mai. Rudolf Steiner fährt nach Dornach. Margarita Woloschin berichtet, daß er sich intensiv um die Schnitzarbeit kümmert. (Vgl. M. Woloschin, *Erinnerungen*, S. 70f.)

24.–29. Mai (?). Reise nach Paris, wo Rudolf Steiner drei Vorträge hält. Die für Mitglieder bestimmten Vorträge am 25. und 27. Mai enthalten Zusammenfassungen der im Winter und Frühjahr in Deutschland gegebenen Darstellungen.

Pieter de Haan berichtet über einen Vorfall in Paris: Rudolf Steiner «war da in großem Zorn. Es war ein merkwürdiges Erleben, wie Dr. Steiner sich da verhielt. Was lag vor? Er hatte einen Vortrag für Mitglieder gehalten, der ausdrücklich nur für diese geeignet und bestimmt war. Hinterher zeigte sich, daß drei Journalisten der großen Pariser Blätter eingedrungen waren, Notizen gemacht hatten und nun alles auf ihre Art in die Tagesblätter bringen wollten. Eine unmögliche Situation. Es war eine echte französische Nonchalance, aber Rudolf Steiner nahm diese Nachlässigkeit sehr ernst auf. Wohl vierzig Minuten machte er, beherrscht, aber mit durchdringender Kraft und Intensität, seine Entrüstung deutlich. Er hörte einfach nicht auf. Stets aufs neue begann er, seine Entrüstung zum Ausdruck zu bringen. Er hämmerte sein Mißfallen tief in unsere Seelen. ... Es ist aber geglückt, daß die betreffenden Zeitungsartikel nicht veröffentlicht wurden.» (Mitteilungen D, 1982, S. 212f.) Während oder nach dem Aufenthalt in Paris besucht Rudolf Steiner mit Edouard Schuré und Marie von Sivers die Kathedrale von Chartres. (Vgl. Camille Schneider, *Edouard Schuré*, S. 146)

30. Mai–etwa 7. Juli. Rudolf Steiner in Dornach.

Ab jetzt wohnt Rudolf Steiner im Haus Spercher am Unteren Zielweg, das er «Haus Hansi», nach dem Knaben Hansi Großheintz nennt.

1. Juni. Basel. Vortrag für Mitglieder. Die vier Christus-Opfer. Zu Beginn des Vortrags spricht Rudolf Steiner über journalistische Äußerungen in Paris und über die Stimmungsmache gegen den Dornacher Bau. (Vgl. Nachrichtenblatt 1936, Nr. 39)

Im Juni. Am Bau werden die Seitenflügel aufgestellt. Vom 14. Juni an werden die Architrave auf die Säulen gestellt und die innere Kuppel aufgebaut. Oskar Schmiedel beginnt mit der Herstellung des Malgrundes und der Pflanzenfarben. Beim Schnitzen an den Außenarchitraven stellt sich heraus, daß diese nicht massiv sind. Damit war der Anweisung Rudolf Steiners, daß keine Hohlräume im Bau sein dürfen, zuwider gehandelt worden. Es kommt zu einer scharfen Auseinandersetzung mit dem Architekten Schmid-Curtius, der entlassen wird. Ernst Aisenpreis übernimmt die architektonische Bauleitung. Alle Architrave außen an den Fenstern werden abgerissen und müssen völlig neu gefertigt werden. Der Gesamtschaden beträgt über 50 000 sfr. (Aufzeichnungen von Max Benzinger, unveröff.)

7. Juni. Vortrag für die Mitarbeiter am Bau *Über die Entstehung des Akanthus-*

blattmotivs. Bei diesem ersten Vortrag in der Schreinerei, in der während der Woche praktisch gearbeitet wird, weist Rudolf Steiner auf die Verantwortung gegenüber der Opferwilligkeit der Freunde hin, die die Mittel für den Bau zur Verfügung gestellt haben. (GA 286)

17. Juni. Vortrag für die Mitarbeiter am Bau im Glashaus. Zur Einweihung des soeben fertiggestellten Glashauses spricht Rudolf Steiner über den Dornacher Bau als Haus der Sprache der Götter. (GA 286)

24. Juni oder später (3. August?). Die Gerüste im Innern des Baus werden (zum ersten Mal) abgebaut. Margarita Woloschin berichtet, daß sie abends in der Dämmerung im Bau gestanden habe: «Plötzlich hörte ich Schritte, und jemand schaltete das Licht in der großen Kuppel ein, das die Architrave grell beleuchtete. Es war Rudolf Steiner, der kam, um die Plastik zu betrachten. ... ‹Es muß noch ganz anders werden›, sagte er, ‹es lebt noch nicht›.» (M. Woloschin, *Die grüne Schlange,* S. 284) Nach Wiederaufstellung der Gerüste arbeiten die Schnitzer noch mehrere Jahre an den Architraven.

28. Juni. Vortrag für die Mitarbeiter am Bau in der Schreinerei. Über den Grundgedanken der neuen Baukunst, über Kreis, Ellipse, Parabel, Hyperbel und Cassinische Kurve. (GA 286, vgl. A. Strakosch, *Lebenswege I,* S. 282)

29. Juni. Der am Vortag geschehene Mord in Sarajevo wird bekannt. Der Maler Hermann Linde bringt die Nachricht nach Dornach und zeigt Rudolf Steiner die Zeitungsmeldung. «Nie vergesse ich den Ausdruck Rudolf Steiners in diesem Moment. Ungeheurer Schrecken und Trauer lagen in den weit geöffneten Augen, als er die Worte aussprach: ‹Nun ist die Katastrophe hereingebrochen!›» (Hilde Boos-Hamburger, *Aus Gesprächen mit Rudolf Steiner,* S. 7)

5. Juli. Vortrag für die Mitarbeiter am Bau in der Schreinerei *Die wahren ästhetischen Formgesetze.* (GA 286)

8. Juli (?). Rudolf Steiner reist über Berlin nach Norrköping (Schweden).

12.–16. Juli. Norrköping. Mitgliedervorträge *Christus und die menschliche Seele.* (GA 155, vgl. M. Woloschin, *Die grüne Schlange,* S. 295)

13. Juli. Öffentlicher Vortrag *Theosophie und Christentum.* (GA 155)

14. Juli. Letzter Vortrag im Rahmen der «Esoterischen Schule» vor Kriegsausbruch. Mit Kriegsbeginn werden diese Unterweisungen eingestellt.

17.–18. Juli. Rudolf Steiner reist über Trelleborg-Saßnitz nach Hamburg. (Vgl. L. Polzer-Hoditz, *Erinnerungen an Rudolf Steiner,* S. 53)

18. und 19. Juli. Besprechungen über Schwierigkeiten zwischen den Arbeitsgruppen. (Vgl. E. Leinhas, *Aus der Arbeit mit Rudolf Steiner,* S. 23f.)

19. Juli. Reise von Hamburg nach Berlin.

20.–23. Juli (?). Kurzer Aufenthalt in Berlin.

24. Juli (?). Reise nach Dornach, wo inzwischen die Kuppeln mit norwegischem Schiefer gedeckt und die Fensterarchitrave neu montiert sind.

26. Juli. Vortrag für Mitarbeiter am Bau in der Schreinerei über *Die schöpferische Welt der Farbe.* (GA 286, S. 291)

27. und 28. Juli. Letzte Veranstaltungen innerhalb der kultisch-symbolischen «Mystica Aeterna» in Basel «im alten Haus an der Heuwage». (Vgl. A. Turgenieff, *Erinnerungen an Rudolf Steiner,* S. 61)

1. August. Rudolf Steiner reist mit MARIE VON SIVERS nach Bayreuth, um eine Aufführung des Parsifal von Richard Wagner zu besuchen. Mittags erklärt die deutsche Regierung den «Zustand drohender Kriegsgefahr». Abends in Bayreuth, wo KIRCHHOFF den Parsifal singt.

1./2. August, nachts. Rückfahrt im Auto von Frau HELENE RÖCHLING nach Stuttgart, von dort – nach stundenlangem Warten – mit der Bahn nach Basel/Dornach. (Vgl. G. Wachsmuth, *Rudolf Steiners Erdenleben,* S. 254 f.)

2.–23. August. Rudolf Steiner in Dornach.

Infolge der Mobilmachung und des Krieges haben zahlreiche Mitarbeiter Dornach verlassen müssen. In der Schreinerei sind noch etwa 25 Arbeiter. Eine Reihe von Künstlern und vor allem die nicht dienstpflichtigen Frauen führen die Arbeit weiter. (Vgl. M. Woloschin, *Die grüne Schlange,* S. 297 ff. und A. Turgenieff, *Erinnerungen an Rudolf Steiner,* S. 62 ff.) Etwa in dieser Zeit beginnt EDITH MARYON nach Rudolf Steiners Angaben den ersten Entwurf zur plastischen «Gruppe» zu gestalten. Es wird an den Fensterarchitraven geschnitzt, die Schindeln, die die östliche Außenwand der Magazinräume umkleiden, werden mit einer schützenden Flüssigkeit präpariert. Ende August werden die Architrave an den Nord-, West- und Südportalen montiert.

3. August. Marie von Sivers berichtet über die vergangenen Tage an Johanna Mücke in Berlin: «Wir sahen noch Parsifal, jagten gleich nach der Vorstellung im offenen Auto der Frau Röchling die Nacht durch von Nürnberg nach Stuttgart; dann mit vielen Schwierigkeiten und Umsteigen mit Zügen weiter... Heute wären wir nicht mehr über die Grenze gekommen. ... Ich habe nie den Dr. so deprimiert gesehen wie anläßlich dieses Krieges. Ich glaube, er wollte sich auch durchaus noch Deutschland ansehen. ...» (B 17, S. 17)

Während aus dem nahen Elsaß die Detonationen der Abschüsse und Einschläge der Granaten herüberdröhnen, arbeiten am Dornacher Bau die Angehörigen von 17 Nationen zusammen.

13. August. Ansprache Rudolf Steiners an die am Bau arbeitenden Mitglieder. «In friedlichen Gedanken und in friedlicher Arbeit ragt unser Bau empor. In diesen Zeiten, wo alles erschüttert zu sein scheint, wollen wir uns doch bestreben, eine Schar zu sein, die Frieden und Harmonie in eines jeden Herzen hegt und pflegt, so daß ein jeglicher über einen jeglichen die besten Gedanken hat, ohne Neid, ohne Zwietracht. Das wird das Einzige sein, das es bei dem Hereinragen der schmerzlichen Ereignisse möglich macht, das fortzuführen, was fortgeführt werden muß. Denn es muß und wird fortgeführt werden unser Werk, trotz allen Sich-Auftürmens von Hindernissen. Es wird geschehen, was geschehen muß im Sinne unserer Bewegung.» (*Schicksalszeichen auf dem Entwicklungswege der Anthroposophischen Gesellschaft,* Dornach 1943)

13.–16. August. Rudolf Steiner gibt einen «Samariterkurs» über Hilfe bei Verwundeten.

24. August. Rudolf Steiner reist nach Stuttgart.

25. August. Reise nach Mannheim, wo Rudolf Steiner kurz bei HELENE RÖCHLING Station macht und von dort nach Niederlahnstein weiterreist.

27. August. Rudolf Steiner in Koblenz, wo er mit dem Chef des deutschen Generalstabs, Generaloberst HELMUTH VON MOLTKE, ein privates Gespräch führt. «Im Monat August habe ich den General von Moltke ein einziges Mal, und zwar am 27. August in Koblenz, gesehen. Unsere Unterhaltung drehte sich um rein menschliche Angelegenheiten. Das deutsche Heer war noch im vollen Siegeszuge.» (GA 24, S. 404)

28. August. Rudolf Steiner reist nach Berlin, wo er bis zum 8. September bleibt.

29.–31. August. Rudolf Steiner schreibt das letzte Kapitel des II. Bandes der *Rätsel der Philosophie:* «Skizzenhaft dargestellter Ausblick auf eine Anthroposophie». (GA 18)

1. September. Ansprache im Berliner Zweig der Anthroposophischen Gesellschaft. Nach einem kurzen Bericht über die Lage in Dornach vermittelt Rudolf Steiner den Mitgliedern drei Mantren zur geistigen Hilfe und zur inneren Orientierung. (GA 157)

7. September. Rudolf Steiner schreibt das Vorwort zur Neuauflage des Buches *Wie erlangt man Erkenntnisse . . .* und beendet die Arbeit an der Neuauflage des Buches *Theosophie.*

8. September. Rudolf Steiner reist von Berlin nach Horn, Niederösterreich, zu seinen Angehörigen, auch, um sie finanziell zu versorgen und möglicherweise, um amtliche Schritte zur Vorbereitung seiner Verheiratung, die schon lange geplant ist, zu unternehmen.

11. September. Rudolf Steiner reist von Horn nach Wien.

12. September. Reise nach München.

13. September. Ansprache an die Mitglieder der Münchener Zweige: Über den Kriegsausbruch – der geistige Aspekt des Krieges – Vermittlung der drei Mantren zur Hilfe und zur inneren Orientierung. (GA 174 a)

14. September. Rudolf Steiner reist über Zürich nach Dornach.

15.–25. September. Rudolf Steiner in Dornach.

19. September. Ansprache an die Dornacher Mitglieder am Vorabend des Jahrestages der Grundsteinlegung. Der innere Kampf der menschlichen Wesensglieder und die Volksseelen. (Vgl. *Schicksalszeichen auf dem Entwicklungswege der Anthroposophie,* Dornach 1943)

20. September. Ansprache an die Dornacher Mitglieder. Gedenkworte für Christian Morgenstern. Erinnerung an die Grundsteinlegung 1913. (In: *Christian Morgenstern, Der Sieg des Lebens über den Tod,* Dornach 1935 und *Die Sehnsucht der Seelen nach Geist,* Dornach 1938)

26.–30. September. Reise. Mannheim–Niederlahnstein–Stuttgart–Mannheim–Dornach.

27. oder 28. September. Unterredung mit Generaloberst HELMUTH VON MOLTKE, der zu diesem Zeitpunkt bereits nicht mehr die Operationen des deutschen Heeres leitet.

30. September. Stuttgart. Zweigvortrag über die geistige und seelische Dimension der Zeitereignisse. (GA 174 b)

1.–15. Oktober. Rudolf Steiner in Dornach.

3.–6. Oktober. Auf Bitten englischer Mitglieder hält Rudolf Steiner vier Vorträge über das Thema *Okkultes Lesen und okkultes Hören.* Unter diesem Thema waren für die Zeit vom 18.–27. August Vorträge in München angekündigt worden. Diese fanden wegen des Krieges nicht statt. Rudolf Steiner beginnt die Vorträge mit der Bemerkung: «Ich werde versuchen, einiges von dem Inhalte, den die Münchener Vorträge hätten haben sollen, hier zu skizzieren. Gerade das Wichtigste und Wesentlichste, das in München hätte gesagt werden sollen, muß aufgespart werden, bis wir wieder weniger sturmbewegte Zeiten haben.» Es sei nicht möglich, daß höchste Wahrheiten «in den Sturm hinein gesagt werden können.» (GA 156)

7. Oktober. Die Dornacher Mitarbeiter werden durch den Unfalltod des siebenjährigen THEO FAISS erschüttert.

7. Oktober. Ansprache zur Vorlesung von Gedichten Christian Morgensterns. Anschließend Vortrag – Die Geisteswissenschaft als Erfüllung der Erwartungen des Goetheanismus. (GA 159/160)

10. Oktober. Der zweite Band der *Rätsel der Philosophie* erscheint. (GA 18)

10. Oktober, abends. Vortrag. Über Geschichtserkenntnis – Homer. (GA 287)

12. Oktober. In dem zum zweiten Mal von Innengerüsten befreiten Bau bespricht Rudolf Steiner die Schnitzarbeiten. (GA 287)

14. (?)–18. Oktober. Kurze Reise nach Deutschland.

16. Oktober. Die Fensterarchitrave sind fertig geschnitzt, Abnahme der Gerüste.

17. Oktober. Rudolf Steiner in Stuttgart. Ziel und Zweck der Reise ist unbekannt.

18. und 19. Oktober. Dornach. Mitgliedervorträge. Über die Kapitellmotive und die Volksseelen Europas. (GA 287)

Am Magazinbau (Ostteil des Dornacher Baus) werden die Fenster eingesetzt und der Osteingang fertiggestellt. Ferner wird am «Weißen Saal» im Südflügel gearbeitet.

24. und 25. Oktober. Mitgliedervorträge: Der Dornacher Bau und die Seelenkräfte – Über Malerei. (GA 287)

28. Oktober. Rudolf Steiner reist nach Berlin.

29. Oktober. Öffentlicher Vortrag im Architektenhaus über *Goethes Geistesart in unseren schicksalsschweren Tagen und die deutsche Kultur.* Mit diesem Vortrag beginnen die Wintervorträge 1914/1915, in denen Rudolf Steiner die schlummernden Kräfte des deutschen Geisteslebens zu wecken und gegen Angriffe zu verteidigen bestrebt ist. (GA 64)

31. Oktober. Mitgliedervortrag. Volkscharaktere und Volksseelen. Der okkulte Aspekt der Ermordung des österreichischen Thronfolgers. (GA 157)

2. und 3. November. Rudolf Steiner in Hamburg, wo er einen Mitgliedervortrag und einen öffentlichen Vortrag hält.

5. November. Berlin. Öffentlicher Vortrag im Architektenhaus über *Das ‹Barbaren›-Volk Schillers und Fichtes.* (GA 64)

6. November, abends. Rudolf Steiner reist nach Frankfurt.

7. November. Möglicherweise sucht Rudolf Steiner von Frankfurt aus den Generalobersten Helmuth von Moltke auf, der in Bad Homburg weilt. Noch am 7. Weiterreise nach Stuttgart.

8.–25. November (?). Rudolf Steiner in Dornach.

9., 14. und 15. November. Vorträge über das Wesen der menschlichen Seele, insbesondere über die Dreiheit von Empfindungsseele, Verstandesseele und Bewußtseinsseele und der Erdkonfiguration an Hand der Kalevala. (GA 158)

18. November. Die Haupttreppe im Westen des Inneren des Dornacher Baus ist im Rohbau fertig.

20.–22. November. Vorträge über die Welt als Ergebnis von Gleichgewichtswirkungen – Der Mensch zwischen Luzifer und Ahriman. (GA 158)

25.–30. November. Rudolf Steiner in Berlin.

26. November. Öffentlicher Vortrag im Architektenhaus: *Die Menschenseele im Leben und im Tod. Selbsterkenntnis als Schicksalserkenntnis – Der Sinn der Opfertode.* (GA 64)

27. November. Öffentlicher Vortrag im Architektenhaus: *Die Seelen der Völker – geisteswissenschaftlich betrachtet.* (GA 64)

28. November. Mitgliedervortrag über die Volksseelen und die Kriegsereignisse. (GA 157)

29. November. In Dornach ist das Heizhaus im Rohbau fertiggestellt. Möglicherweise wird auch in dieser Zeit im Dornacher Bau der «Weiße Saal» vorläufig fertiggestellt und durch Tatjana Kisseleff für die Eurythmie in Benutzung genommen.

1.–3. Dezember. Rudolf Steiner hält zwei öffentliche und einen Zweigvortrag in München.
3. Dezember. Telegramm an Marie von Sivers in Dornach: «Geht gut… Muß nochmals [nach] Berlin.» (GA 262, S. 153)
4. und 5. Dezember. Rudolf Steiner in Berlin. Zweck des Aufenthalts nicht bekannt.
6. Dezember. Reise nach Stuttgart. Zweigvortrag über Richard Wagners Parsifal und den Ring der Nibelungen.
7. oder 8. Dezember. Rudolf Steiner reist nach München.
9. Dezember. Reise von München nach Dornach.
10. Dezember–12. Januar 1915. Rudolf Steiner in Dornach.
12. und 13. Dezember, 19. und 20. Dezember. Mitgliedervorträge über eine gesamtmenschliche Weltauffassung und Menschenkunde. Das Wesen des Gedächtnisses. Das Zusammenwirken von ätherischem und astralischem Leibe. Die Bildung der menschlichen Gestalt – die Knochenbildung. Das Ergreifen des wahren Seins – moralische Ideale. (GA 156)
24. Dezember. Eheschließung Rudolf Steiners mit MARIE VON SIVERS. Bei der standesamtlichen Trauung ist das Ehepaar GROSSHEINTZ-LAVAL Trauzeuge. Die schon lange geplante Eheschließung war durch die Kriegsereignisse notwendig geworden. Sie gibt der nunmehr österreichischen Staatsbürgerin Marie Steiner in Deutschland und Österreich eine gewisse Bewegungsfreiheit.
24. Dezember, nachmittags. Weihnachtsfeier in der Schreinerei. (Vgl. L. Polzer-Hoditz, *Erinnerungen an Rudolf Steiner,* S. 56 und A. Turgenieff, *Erinnerungen an Rudolf Steiner,* S. 65 f.)
26. Dezember. Weihnachtsvortrag in Dornach. (GA 157)
27. Dezember. Weihnachtsvortrag in Basel. (GA 157)
28. Dezember–4. Januar 1915. Rudolf Steiner hält in Dornach acht Vorträge über Zukunftsaspekte der künstlerischen Entwicklung: *Kunst im Lichte der Mysterienweisheit* (Titel von Marie Steiner, GA 275).
30. Dezember. Am Ende des Vortrages nimmt Rudolf Steiner Bezug auf die durch seine Eheschließung hervortretenden Emotionen und Gerüchte: «Aber es ist zugleich das, was zu den bittersten Enttäuschungen gehört, wenn dasjenige, was im Verlaufe der geisteswissenschaftlichen Bestrebungen rein geistig gewollt wird, wiederum hereinrückt in das persönlich menschliche Wollen und in die persönlich-menschlichen Absichten, wenn das Persönliche anfängt, eine Rolle zu spielen innerhalb jener Gesellschaft, welche uns im Streben nach der Geisteswissenschaft umschließen soll.» (GA 275)
31. Dezember. Generalversammlung des Johannesbau-Vereins.
31. Dezember. Im Abendvortrag erwähnt Rudolf Steiner die «Dreigliede-

rung des Menschen» im Zusammenhang mit den drei «gewaltigen Worten» «Freiheit, Gleichheit und Brüderlichkeit», deren Prinzipien nicht auf «gleichen Niveauflächen des menschlichen Erlebens angewendet werden» können. (GA 158)

1915

Die Kriegsereignisse des Jahres 1915 bringen eine starke Beeinträchtigung der äußeren Wirkensmöglichkeit Rudolf Steiners. Zwar kann Rudolf Steiner von Dornach aus insgesamt sechs Vortragsreisen nach Deutschland und Österreich unternehmen und in 15 Städten außerhalb Dornachs Vorträge halten, aber die Möglichkeit größere zentrale Veranstaltungen durchzuführen, besteht nicht. Die Weiterarbeit am Dornacher Bau muß wegen ausbleibender Geldmittel nochmals stark eingeschränkt werden. Dennoch wird die künstlerische Arbeit in Dornach weitergeführt. Die Eurythmie erhält neue Impulse durch die in diesem Jahr beginnenden eurythmisch-dramatischen Faust-Inszenierungen, unter denen besonders die Aufführung der letzten Szene aus Faust II am 15. August einen Höhepunkt bildet. Ferner gibt Rudolf Steiner im August und September den zweiten Eurythmiekurs. Rudolf Steiner arbeitet mit EDITH MARYON an Modellen für die plastische «Gruppe» des Baus. Ferner wird an der Ausmalung der großen und der kleinen Kuppel des Baus gearbeitet.
37 öffentliche Vorträge hält Rudolf Steiner 1915 in Städten Deutschlands, Österreichs und der Schweiz. Wo irgend möglich hält Rudolf Steiner zwei Vorträge an kurz aufeinanderfolgenden Tagen. Dabei ist dann der erste Vortrag den Bestrebungen und der Charakteristik des spezifisch mitteleuropäischen Geisteslebens gewidmet, das nach schöpferischer Erkenntnis strebt. Der zweite der Vorträge hat dann fast immer die Darstellung des anthroposophischen Erkenntnisweges und Ergebnisse der Geistesforschung zum Inhalt. Auf diese Weise soll das berechtigte Element des europäischen Geisteslebens gestärkt und die Anthroposophie als Fortführerin der mitteleuropäischen Impulse dargestellt werden. – Eine Stellungnahme zu den Zeitereignissen enthält die im Sommer niedergeschriebene Schrift: *Gedanken während der Zeit des Krieges.* (GA 24)
Das zentrale Thema der Vorträge für Mitglieder ist das Leben nach dem Tode insbesondere im Zusammenhang mit den Kriegsereignissen. Daneben werden viele weitere Themen abgehandelt. Vor allem in Dornach stellt Rudolf Steiner immer wieder das Besondere des anthroposophischen Erkenntnisweges, Gefahren der Fehlentwicklung u. ä. dar, ferner findet man historische, kosmogonische und künstlerische Betrachtungen und viele Elemente, die

sich als Vorstudien zur Darstellung der menschlichen Dreigliederung verstehen lassen.

Die größte Sorge war für Rudolf Steiner die Entwicklung der Dornacher Anthroposophen-Kolonie. Hier hatten sich wohl über 200 Menschen, Mitglieder von 17 Nationen, alte und junge Anthroposophen, Künstler, Kaufleute, Wissenschaftler, kurzum eine sehr bunte Gesellschaft zusammengefunden. Alle waren aus ihren bisherigen Lebensverhältnissen herausgerissen, die Verhaltensweisen und Umgangsformen mußten neu gebildet werden. In dieser Situation löst die Heirat Rudolf Steiners, die Ende 1914 stattfand, eine Krise aus, die tiefere Gründe hatte. Die Gründe lagen in allzu persönlich verstandener Anthroposophie, in problematischen seelischen Entwicklungen, in subjektiven Aspirationen und in dem Versuch, Anthroposophie mit anderen Bestrebungen zu konfundieren. Besonders im Frühherbst kommen diese Dinge in vielen langen Versammlungen zur Sprache, so daß schließlich eine erste Klärung der Verhältnisse beginnt.

Im Jahre 1915 wird die anthroposophische Bewegung von einer Reihe schwerer Verluste betroffen. So stirbt im Januar 1915 der zu großen Hoffnungen berechtigende Fritz Mitscher. Für Rudolf Steiner dürfte aber der schwerste Verlust der Tod von Sophie Stinde am 17. November gewesen sein. Sophie Stinde war einer der ganz wenigen bis ins letzte zuverlässigen Mitarbeiter am Bau in Dornach gewesen. Für die Art ihres Wirkens war es bezeichnend, daß sie ganz unauffällig wirkte. So vergessen auch die meisten Memoirenschreiber, ihre Arbeit in Dornach überhaupt nur zu erwähnen. Für Rudolf Steiner aber bedeutet dieser Tod, daß er von der künstlerischen Arbeit abgesehen, die Marie Steiner betreut, die Verantwortung für die Arbeit in Dornach ganz allein zu tragen hat. Er verfügt in dieser Zeit nicht einmal über einen Sekretär, der ihm organisatorische Arbeiten u. a. abnimmt.

1.–13. Januar. Rudolf Steiner in Dornach.

1.–4. Januar. Fortsetzung der Vorträge über Zukunftsaspekte der künstlerischen Entwicklung. (GA 275)

4. Januar. Im Mitgliedervortrag entwickelt Rudolf Steiner in Anknüpfung an Goethes Idee der Metamorphose der Wirbelknochen in kurzer Form die Idee des Gestaltwandels durch Umstülpung: Die Knochen des menschlichen Hauptes als umgestülpte Röhrenknochen. (GA 275, weitere Ausführungen: 15. April 1916, 1. September 1919, 23. April 1920 usf.)

Etwa zwischen dem 5. und 8. Januar findet eine Versammlung aus Anlaß der durch die Eheschließung Rudolf Steiners ausgelösten Äußerungen und wegen Unregelmäßigkeiten im Baubetrieb statt. «Die Versammlung, welche Rudolf Steiner einberief, gehört zur schmerzlichsten Erinnerung meines Lebens. Seine Augen flammten. Seine Stimme dröhnte. Marie Steiner saß, weiß bis in die Lippen, den ganzen Abend reglos erstarrt. Nachdem er in der schärfsten Weise alles zurückgewiesen hatte, was durch seine Trauung entfesselt worden war, «es ist meine Privatsache, die niemanden etwas angeht», kam er auf die Mißstände am Bau. «Draußen wird von der blinden Autoritätsgläubigkeit der Anthroposophen gefaselt! In Wirklichkeit ist es so, daß ich nur etwas zu sagen brauche, und es geschieht das Gegenteil davon.» (Vgl. Adelheid Petersen in *Erinnerungen*, S. 188f.)

9. und 10. Januar. Vorträge für Mitglieder. Anthropologisch-kosmogonische Betrachtungen: Das Ich und die Wesensglieder des Menschen im Zusammenhang der Evolution. (GA 161)

14.–27. Januar. Rudolf Steiner in Berlin.

14. Januar. Öffentlicher Vortrag im Architektenhaus *Die germanische Seele und der deutsche Geist* – Über die Entwicklung des deutschen Geisteslebens aus seinen germanischen Ursprüngen. (GA 64)

15. Januar. Am Bau in Dornach muß wegen fehlender Geldmittel die Arbeit stark eingeschränkt werden.

15. Januar. Öffentlicher Vortrag im Architektenhaus über *Geisterkenntnis in glücklichen und ernsten Stunden des Lebens* – Die tieferen Hintergründe von Glück und Schmerz. (GA 64)

17. und 19. Januar. Mitgliedervorträge – Die Mission der Jeanne d'Arc, das Wirken des michaelischen Zeitgeistes, der deutsche Volksgeist, die fortschreitende Wirksamkeit des Christus-Impulses. (GA 157) Diese Themen schlägt Rudolf Steiner in variierter Form in Mitgliedervorträgen im Laufe des Jahres immer wieder an.

26. Januar. Mitgliedervortrag über die Notwendigkeit des aktiven Erfassens geistiger Wahrheiten. (GA 157)

28. Januar–12. Februar. Rudolf Steiner in Dornach.

30. Januar. Mitgliedervortrag. Der Initiationsweg Brunetto Latinis. (GA 161)

31. Januar. Kurze Reise nach Zürich. Ansprache bei der Kremation Sibil Colazzas. (GA 261) Abends Zweigvortrag über die vier platonischen Tugenden. (GA 159)

2. Februar. Mitgliedervortrag. Kosmogonisch-pädagogische Betrachtung. (GA 161)

5. Februar. Ansprache bei der Kremation Fritz Mitschers in Basel. (GA 261)

5.–7. Februar. Mitgliedervorträge über Lebenstatsachen – die künstlerische Darstellung des Todes – übersinnlicher Erfahrungen im Zusammenhang mit einzelnen Verstorbenen. (GA 161)

13. Februar–24. März. Rudolf Steiner in Deutschland. Vortragsreise. Dornach – Stuttgart – Hannover – Bremen – Berlin – Leipzig – Berlin – Nürnberg – Berlin – München – Dornach.

In den öffentlichen Vorträgen spricht Rudolf Steiner über Aufgabe und Wesen des deutschen Geistes und über das Unsterbliche des Menschengeistes. In den Vorträgen für Mitglieder geht Rudolf Steiner weit ausholend auf die geschichtlichen Hintergründe der Gegenwartssituation ein und schildert, was sich ihm als geistige Erkenntnis der übersinnlichen Vorgänge im Hinblick auf die Welt der Verstorbenen gezeigt hat.

21. Februar. Bremen. Besprechung mit LORY SMITS über die Weiterentwicklung der Eurythmie. Über Walther von der Vogelweides Gedicht «Owê war sint verswunden...» (GA 277a, S. 60f.)

2. März. Berlin. Mitgliedervortrag. Die drei Tore zur geistigen Welt: das Tor des Todes, das Tor der Elemente, das Tor der Sonne. (GA 157)

8. März. Leipzig. ERNA WOLFRAM führt Rudolf Steiner eurythmische Übungen ihrer Schüler vor. Rudolf Steiner gibt neue eurythmische Formen. (GA 277a, S. 174)

9. März. Berlin. Mitgliedervortrag. Meditation und menschliche Organisation in Gegenwart und Zukunft. (GA 157)

12. März. Nürnberg. Gespräch mit FRIEDRICH RITTELMEYER über Kriegspredigten und Deutschtum, über die Möglichkeit Rudolf Steiners Hellsehen experimentell durch Prof. OSWALD KÜLPE überprüfen zu lassen, über die Gestalt des Christus. (Vgl. F. Rittelmeyer, *Lebensbegegnung,* S. 68–78)

16. März. Berlin. Mitgliedervortrag. Die Realisierung geistiger Erkenntnisse – über die Entwicklung der Volksseelen in der Neuzeit. (GA 157)

18. März. Rudolf Steiner errichtet mit MARIE STEINER in Berlin-Charlottenburg ein notarielles gegenseitiges Testament, in welchem sie sich gegenseitig als Erben einsetzen. Für den Fall des gleichzeitigen Todes wird MARIE ELISABETH (Mieta) WALLER als gemeinschaftliche Erbin eingesetzt.

21.–23. März. Rudolf Steiner in München, wo er zwei öffentliche Vorträge und einen Vortrag für Mitglieder hält. Im Vortrag für Mitglieder spricht er wiederum über konkrete individuelle Erfahrung im Zusammenhang mit dem nachtodlichen Leben, über die Entwicklung der Volksseelen. Bemerkungen über Sir EDWARD GREY. (GA 174 a)

24. März–14. April. Rudolf Steiner in Dornach.

In der Zeit der Abwesenheit Rudolf Steiners war in Dornach das Gerüst unter der großen Kuppel so aufgebaut worden, daß mit der Grundierung der Kuppel für die Kuppelmalerei begonnen werden konnte. (Vgl. H. Boos-Hamburger, *Aus Gesprächen mit Rudolf Steiner,* S. 9f.)

27. März. Mitgliedervortrag. Die drei Arten des Hellsehens. (GA 161)

28. März. Mitgliedervortrag. CHRISTIAN MORGENSTERNS Bedeutung für die Welt der verstorbenen Geister. Der Versuch der Erneuerung des Nibelungenliedes durch Wilhelm Jordan – die Aufgabe der Geisteswissenschaft gegenüber der Sprache. (GA 161)

Ende März–Mitte April. Arbeit am Modell des Kopfes des Menschheitsrepräsentanten (Büste). (Vgl. A. Fant u. a., *Die Holzplastik Rudolf Steiners)*
29. März–3. April. Proben für die eurythmisch-dramatische Darstellung der Osternachtsszene aus Faust I.
2. und 3. April. Mitgliedervorträge. Das Karfreitagsmysterium und die Idee des jüngsten Gerichts. (Vgl. A. Turgenieff, *Erinnerungen an Rudolf Steiner,* S. 67)
4. April. Eurythmisch-dramatische Aufführung der Osternachtsszene aus Faust I (Nacht – enges hochgewölbtes gotisches Zimmer). (Vgl. T. Kisseleff, *Eurythmie-Arbeit mit Rudolf Steiner.*)
4. April. Mitgliedervortrag. Mit diesem Vortrag beginnt die Reihe der Dornacher Faustvorträge, die in der Kriegszeit jeweils im Zusammenhang mit den Faust-Inszenierungen fortgesetzt werden. (GA 272)
9. und 10. April. Öffentliche Vorträge in Basel über das Wesen der Anthroposophie und den Bau in Dornach.
11. April. Wiederholung der eurythmisch-dramatischen Aufführung. Mitgliedervortrag. Fortsetzung der Betrachtungen zu Faust I. Gegen Ende des Vortrags spricht Rudolf Steiner aus, wie wenig sich die Menschen durch die ernste Zeit wirklich gewandelt haben. Dann weist er auf den Ernst der anthroposophischen Bestrebungen und fügt hinzu: «Und rächen muß sich gerade in einer solchen Bewegung dasjenige, was nicht aus tiefer Ehrlichkeit und tiefem Wahrheitsgefühl heraus ist.» Mit der Mahnung, Selbsterkenntnis zu üben, schließt die Betrachtung. (GA 272)
15.–25. (?) April. Rudolf Steiner in Berlin.
Rudolf Steiner hält vier öffentliche Vorträge, je zwei nacheinander, von denen sich jeweils der erste mit der deutschen Geistesgeschichte, der zweite mit grundsätzlichen anthroposophischen Fragen befaßt. (GA 64)
20. April. Mitgliedervortrag über die Viergliederung des menschlichen Seelenlebens: Erinnern – Denken und Vorstellen – Fühlen – Wollen. (GA 157)
26. April–5. Mai (?). Rudolf Steiner in Dornach.
In Dornach arbeitet Rudolf Steiner zusammen mit Edith Maryon am fünften und möglicherweise auch schon am sechsten Modell der plastischen «Gruppe» des Dornacher Baus. Er spricht dann auf der nächsten Reise in Prag und Linz (15. und 18. Mai) über diese Gruppe des Menschheitsrepräsentanten. (Vgl. A. Fant u. a., *Die Holzplastik,* S. 59 f.)
1. und 2. Mai. Mitgliedervorträge. Gehirndenken und geistige Denktätigkeit, Willensschulung und bewußt errungenes Hellsehen. (GA 161)
5.–20. Mai (?). Vortragsreise. Dornach–Wien–Horn–Prag–Linz–Dornach.
Auf dieser Reise hält Rudolf Steiner vier öffentliche Vorträge und fünf Vorträge für Mitglieder. Öffentlich spricht Rudolf Steiner dreimal über *Die über-*

sinnliche Erkenntnis und ihre stärkende Seelenkraft in unserer schicksalstragenden Zeit. In den Mitgliedervorträgen spricht er wie in Deutschland über die europäischen Volksgeister, die Aufgabe Mitteleuropas, die Welt der Verstorbenen und das Verhältnis zu den geistigen Wesen. (GA 159)

10. und 11. Mai. Rudolf Steiner besucht seine Mutter und seine Geschwister in Horn.

18. Mai. Linz. Mitgliedervortrag, der in ausführlicher Weise die plastische «Gruppe» des Dornacher Baus darstellt. (Vgl. L. Polzer-Hoditz, *Erinnerungen an Rudolf Steiner,* S. 57f.)

20. Mai–5. Juni (?). Rudolf Steiner in Dornach.

22. Mai. Mitgliedervortrag. Die plastische «Gruppe» des Dornacher Baus – Faust II – Ariel-Szene – Pfingsten. (GA 272)

23. Mai. Eurythmisch-dramatische Darstellung der Ariel-Szene (Faust II, 1. Akt, 1. Szene) – Möglicherweise fand diese Aufführung bereits am 22. (also am Pfingstsamstag statt).

23. Mai. Mitgliedervortrag. Das menschliche Bewußtseinsleben und der Jahreslauf – Aufbau- und Abbauprozesse.

24. Mai. Mitgliedervortrag. Weltgedanken und Gedankenwelt – Realität und Spiegelung. (GA 162)

29. und 30. Mai. Mitgliedervorträge, u. a. über das Gedächtnis, über Abbauprozesse und den Gesamtplan des Faust aus dem Jahre 1800. (GA 162 u. 272)

3. Juni. Mitgliedervortrag. Die Evolution des Menschen in Vergangenheit und Zukunft. (GA 162)

5. Juni (?). Rudolf Steiner reist nach Berlin.

Höchstwahrscheinlich arbeitet Rudolf Steiner in Berlin bis zum 5. Juli an der Schrift *Gedanken während der Zeit des Krieges. – Für Deutsche und solche, die nicht glauben sie hassen zu müssen.* – Vom 13.–19. Juni wird diese Arbeit durch eine Vortragsreise in westdeutsche Städte unterbrochen.

10. Juni. Berlin. Mitgliedervortrag über die plastische «Gruppe» des Dornacher Baus – Das Problem des Mephistopheles. (GA 157)

13.–19. Juni. Vortragsreise. Berlin–Elberfeld–Düsseldorf–Köln–Berlin. In den öffentlichen Vorträgen spricht Rudolf Steiner wiederum über die Weltbedeutung des mitteleuropäischen Geistes. In den Vorträgen für Mitglieder stellt Rudolf Steiner in individualisierter Weise Inhalte dar, über die er auch in Dornach und Berlin für Mitglieder gesprochen hat.

22. Juni. Berlin. Mitgliedervortrag über die Evolution des Menschen in Vergangenheit und Zukunft. (GA 157)

5. Juli. Rudolf Steiner beendet das Manuskript der Schrift *Gedanken während der Zeit des Krieges.* (GA 24)

6. Juli. Berlin. Mitgliedervortrag über die tieferen Zusammenhänge von Sinneswahrnehmung, Denken, Fühlen und Wollen. (GA 157)

12. Juli. Berlin. Rudolf Steiner schreibt einen langen Brief über die Frage der Krüppelfürsorge an Willy Schlüter. (BfII, Nr. 630)
13. Juli (?). Reise von Berlin nach Dornach.
14. Juli–10. November (?). Rudolf Steiner in Dornach.
17. und 18. Juli. Vorträge für Mitglieder über die Sprache im Zusammenhang mit geistigen Wesen, Lautentwicklung und den Zusammenhang von Sprechen und Denken. (GA 162)
18. Juli. Eurythmiedarbietung: Gedichte von Goethe und der erste Teil des 7. Bildes der «Pforte der Einweihung», wobei Marie Steiner die Worte der Maria auf der Bühne stehend rezitiert und Tatjana Kisseleff nacheinander die Seelenkräfte Philia, Astrid und Luna eurythmisch darstellt. (Vgl. T. Kisseleff, *Eurythmie-Arbeit mit Rudolf Steiner, S. 68)*
24. Juli–8. August. Rudolf Steiner hält jeweils am Samstag und Sonntag Vorträge für Mitglieder über Polaritäten in Geschichte und Menschenleben: Erkenntnis und Leben, Plastisches und Musikalisches, Luzifer und Ahriman, Raum und Zeit. (GA 162)
In dieser Zeit ist Friedrich Rittelmeyer in Dornach und führt Gespräche mit Rudolf Steiner, u. a. über die Gestalt des Christus, über den Kriegsverlauf und Friedensmöglichkeiten und über Steiners Entwicklung, die Wirkensmöglichkeit der Anthroposophie in der heutigen Kultur. (Vgl. F. Rittelmeyer, *Meine Lebensbegegnung mit Rudolf Steiner,* S. 78–84)
1. August. Eurythmiedarbietung. Gedichte von Morgenstern.
8. August. Eurythmiedarbietung. Gedichte und Humoresken von Morgenstern.
14.–16. August. Vorträge für Mitglieder über Faust II, insbesondere über die letzte Szene «Fausts Himmelfahrt» (5. Akt, Bergschluchten). (Vgl. T. Kisseleff, *Eurythmie-Arbeit mit Rudolf Steiner,* S. 64)
15. August. Eurythmisch-dramatische Darstellung von «Fausts Himmelfahrt». Es sind etwa 300 Zuschauer anwesend, 60 Darsteller wirken auf der Bühne.
18. August–11. September. Zweiter Eurythmiekurs. Rudolf Steiner beginnt mit den Worten: «Wir haben bis jetzt buchstabiert. Jetzt werden wir zu dem bereits Gelernten dasjenige hinzufügen, wodurch die Abbildung des Wortes in die Abbildung des Sinnes übergeht.» (Vgl. GA 277a, S. 62–99)
Teilnehmer des Kurses sind: Marie Steiner, die vier damaligen Eurythmielehrerinnen Lory Smits, Erna van Deventer, Tatjana Kisseleff, Elisabeth Dollfuss, und ferner Mieta Waller, Alice Fels.
20. August. Sondervortrag über die Begriffsbildung in der Mechanik – das Problem der Lichtgeschwindigkeit – Max Planck. (GA 164)
21. und 22. August. Die in Dornach schon länger schwelende Krise kommt zum offenen Ausbruch. Rudolf Steiner verliest – statt einen Vortrag zu halten

– ein von Dr. HEINRICH GOESCH und ALICE SPRENGEL an ihn gerichtetes Schreiben, das Entstellungen, Anschuldigungen etc. enthält und durch die Ehe Rudolf Steiners ausgelöst wurde. In diesem Zusammenhang fallen am 22. August die Worte: «Es ist Frau Dr. Steiner dadurch, daß sie sich mit mir verheiratet hat, die Reinemachefrau geworden für manche Dinge, die sich in manchen Köpfen angesammelt haben.» (Hella Wiesberger, *Aus dem Leben von Marie Steiner von Sivers*, S. 87f.)

23. August. Für die Eurythmie schreibt Rudolf Steiner den Spruch *Planetentanz*. (GA 40)

24. August. Für die Eurythmie schreibt Rudolf Steiner die Dichtung *Zwölf Stimmungen*. (GA 40)

23. und 27.–30. August. Rudolf Steiner spricht in den Mitgliedervorträgen u. a. über Zufall und Notwendigkeit – zugleich eine Auseinandersetzung mit dem zeitgenössischen Nominalismus FRITZ MAUTHNERS. (GA 163)

29. August. Rudolf Steiner schreibt für die Eurythmie die Satire *Das Lied von der Initiation* – Diese Satire ist durchaus eine Stellungnahme zur Krise in Dornach. (GA 40)

29. August. Erstmalige, sehr einfache eurythmische Darstellung der *Zwölf Stimmungen*.

4.–6. September. Mitgliedervorträge, u. a. spezielle Ausführungen über das Zusammenwirken der menschlichen Wesensglieder – das Jüngerwerden des Ätherleibes. Schlaf und Wachen. (GA 163)

10.–16. September. Rudolf Steiner spricht zu den Mitgliedern täglich u. a. über die Lebensbedingungen der Anthroposophischen Gesellschaft, über den Fall Goesch-Sprengel, über Probleme der Psychoanalyse. Anschließend an die Vorträge finden Aussprachen statt, die von Marie Steiner als «Reinigung des Augiasstalls» und von Andrej Belyi als «Wahnwitz und Schrecken» bezeichnet werden. (B 89/90, S. 25; vgl. auch H. Boos-Hamburger, *Aus Gesprächen*, S. 13)

12. September. Eurythmiedarbietung: Wochenspruch aus dem Seelenkalender – Zwölf Stimmungen – Formen für Kinder und Jugendliche – Das Lied von der Initiation – Aus «Demiurgos» von Wilhelm Jordan.

17.–20. September. Rudolf Steiner spricht in vier Vorträgen über den vom Denken ausgehenden anthroposophischen Erkenntnisweg. (GA 164)

25. September. Gedenkansprache für GERTRUD NOSS. Ohne direkt auf die Schwierigkeiten in Dornach einzugehen, schildert Rudolf Steiner Gertrud Noss als Gegenbild der in Dornach grassierenden Untugenden. Dieser Vortrag gibt, wenn man ihn unter diesem Gesichtspunkt liest, ein treffendes Bild eines Teils der vorhandenen Probleme. (GA 261)

26. September. Eurythmie und Rezitation aus dem Werk von Friedrich Lienhard.

26., 27. September und 2.–4. Oktober. Anstatt eigene Vorträge zu halten, bespricht Rudolf Steiner eine Broschüre von FERDINAND VON WRANGELL *Wissenschaft und Theosophie*, um ein Beispiel für eine mögliche Zweigarbeit zu geben.
3. Oktober. Matinée. Rezitation von Gedichten Friedrich Lienhards – Ansprache Rudolf Steiners. (GA 281)
10. Oktober. Eurythmiedarbietung: Gedichte und Humoresken von Morgenstern. Diese Darbietung wird mit Variationen an den Sonntagen bis zum 31. Oktober wiederholt.
10.–25. Oktober. Rudolf Steiner hält zehn Vorträge über die Geschichte und die Probleme der okkulten Bewegung im 19. Jahrhundert. (GA 254)
Während dieser Zeit gehen in Dornach die Vorarbeiten zur Ausmalung der kleinen Kuppel des Baus weiter. Möglicherweise arbeitet Rudolf Steiner auch in dieser Zeit an dem zwei Meter hohen Modell der plastischen «Gruppe» des Dornacher Baus.
31. Oktober, 1. und 7. November. Mitgliedervorträge in Dornach. Über einige Dichtungen aus dem 19. Jahrhundert, Gustav Theodor Fechner. (GA 254)
Um den 13. November. Rudolf Steiner reist nach Berlin.
16., 18. und 20. November. Mitgliedervorträge in Berlin über Schicksalsbildung und Leben nach dem Tode. (GA 157)
17. November. In München stirbt plötzlich SOPHIE STINDE, die Vorsitzende des «Johannesbau-Vereins» und Leiterin des Münchener Arbeitszweiges der Anthroposophischen Gesellschaft. Sophie Stinde kann weder für die Arbeit in Dornach, wo sie bis Anfang November tätig war, noch für die Arbeit in München ersetzt werden. Rudolf Steiner hat mit Sophie Stinde einen der zuverlässigsten und treuesten Mitarbeiter verloren.
22. November, 13 Uhr. Kremation von SOPHIE STINDE in Ulm. Rudolf Steiner hält den Nachruf. (Vgl. GA 261)
22.–24. November. Zweigvorträge in Stuttgart über das Leben nach dem Tode – das Zusammenwirken der physischen und der geistigen Welt. (GA 174b)
25. und 26. November. Stuttgart. Öffentliche Vorträge über das Weltbild des deutschen Idealismus – Die ewigen Kräfte der Menschenseele.
26. November. Matinée. Rudolf Steiner hält eine Ansprache zur Rezitation von Gedichten von Friedrich Lienhard und einem Abschnitt aus «Die Nibelungen» von Wilhelm Jordan. (GA 281)
27. November. Stuttgart. Brief Rudolf Steiners an Friedrich Rittelmeyer. Rudolf Steiner erklärt sich zu einem Treffen mit Professor OSWALD KÜLPE bereit. Es soll bei der Unterredung mit Külpe um die Frage gehen, ob und wieweit und unter welchen Umständen hellsichtige Fähigkeiten experimen-

tell geprüft werden können. (Vgl. Friedrich Rittelmeyer, *Meine Lebensbegegnung mit Rudolf Steiner,* S. 71–73 und Erwin Schühle, *Friedrich Rittelmeyer,* S. 187)

28. November–1. Dezember. Rudolf Steiner in München, wo er zwei öffentliche Vorträge und einen Zweigvortrag über das Leben nach dem Tode hält.

30. November. Ansprache im Gedenken an SOPHIE STINDE. (GA 261)

2.–22. Dezember. Rudolf Steiner in Berlin.

Rudolf Steiner hält in dieser Zeit fünf öffentliche Vorträge und vier Vorträge für Mitglieder. In den öffentlichen Vorträgen erkennt man deutlich die Spuren der historischen und systematischen Vorarbeiten dessen, was im Buch *Vom Menschenrätsel*, aber auch in der Neufassung der *Philosophie der Freiheit* seinen Niederschlag findet.

2. Dezember. Öffentlicher Vortrag im Architektenhaus: *Goethe und das Weltbild des deutschen Idealismus.* Goethes Streben als konkret lebendige Zusammenfassung des gedanklichen Strebens der Philosophen Fichte, Schelling und Hegel. (GA 65)

3. Dezember. Öffentlicher Vortrag im Architektenhaus: *Die ewigen Kräfte der Menschenseele.* Übungen des Denkens und des Wollens – Aufbau und Abbau des Denkorgans. (GA 65)

7. Dezember. Mitgliedervortrag über das nachtodliche Leben – bewußtes und unbewußtes Seelenstreben. (GA 157)

9. Dezember. Öffentlicher Vortrag im Architektenhaus: *Bilder aus Österreichs Geistesleben im 19. Jahrhundert.* Rudolf Steiner vermittelt in diesem Vortrag seinen Berliner Zuhörern einen Eindruck des von der deutschen Entwicklung sehr verschiedenen Geisteslebens in Österreich. (GA 65)

10. Dezember. Öffentlicher Vortrag *Menschenseele und Menschengeist.* Die Befreiung des Denkens und Wollens von der Leibesorganisation. Darstellung Bartholomäus Carneris durch Eugenie delle Grazie. Am Ende der Spruch: *Wenn der Mensch, warm in Liebe ...* (GA 65)

14. Dezember. Mitgliedervortrag. Unterbewußte Seelenimpulse, illustriert durch die Novelle *Hofrat Eysenhardt* von ALFRED VON BERGER. (GA 157a)

16. Dezember. Öffentlicher Vortrag im Architektenhaus: *Fichtes Geist mitten unter uns.* Weitgehend biographische Charakteristik Fichtes. (GA 65)

19. Dezember. Weihnachtsfeier – Aufführung eines Weihnachtsspiels – Die Kreuzesholz-Legende – über alte Weihnachtsspiele – Weihnachtsbetrachtung. (GA 157)

21. Dezember. Mitgliedervortrag. Das Traumlied des Olaf Åsteson – Fritz Mauthner als Repräsentant des Gegenwartsdenkens – Stifters Novelle «Bergkristall». (GA 157)

22. oder 23. Dezember. Reise. Berlin–Dornach.

26. Dezember. Weihnachtsfeier in Dornach. Es werden ein oberpfälzisches Hirtenspiel und das Dreikönigsspiel aus Oberufer aufgeführt. Ansprache Rudolf Steiners über Weihnachten in alter Zeit. (GA 165, S. 274)
27. und 28. Dezember. Mitgliedervorträge. Die Christus-Auffassung im Altertum Irenäus – die Gnosis – Clemens von Alexandrien – Origines. (GA 165)
31. Dezember. Mitgliedervortrag. Jahreslauf und Zeitenlauf: das große Weltenjahr des Zarathustra. (GA 165)

1916

Äußerlich gesehen steht das Jahr 1916 im Zeichen der Behinderung der anthroposophischen Arbeit durch die Umstände, die der Krieg herbeigeführt hat. In Dornach wird die Arbeit am Goetheanum durch den Mangel finanzieller Mittel erschwert. Dennoch wird die künstlerische Arbeit weitergeführt. Anschließend an die Schreinerei wird das Atelier errichtet, und im Frühjahr beginnt Edith Maryon mit den Arbeiten am (letzten) Modell der plastischen «Gruppe». Das Modell wird in Originalgröße ausgeführt. Im Laufe des Herbstes wird dieses Modell von Rudolf Steiner überarbeitet. Bei diesen Arbeiten am Gerüst stürzt Rudolf Steiner ab und droht auf einen spitzen Pfeiler zu fallen. Edith Maryon fängt ihn auf und bewahrt ihn so vor schweren Verletzungen. Der genaue Zeitpunkt dieses Ereignisses ist unbekannt; die in Frage kommende Zeit liegt zwischen August 1916 und Januar 1917. Die 1915 begonnene Arbeit an den eurythmisch-dramatischen Inszenierungen des Faust wird in der Zeit, in der Rudolf Steiner in Dornach ist, fortgesetzt. Dabei werden unter anderem der «Prolog im Himmel», die «Romantische Walpurgisnacht» aus Faust I und die «Grablegung» aus Faust II inszeniert. – Die malerischen Arbeiten in den Kuppeln des Goetheanum werden weitergeführt.

Während des Aufenthalts in Deutschland (20. Januar [?] bis 26. Juli) spricht Rudolf Steiner in den öffentlichen Vorträgen über die Offenbarung des spezifisch deutschen Geisteslebens durch bestimmte Denker und Dichter. Die grundlegenden Inhalte dieser Vorträge faßt er in dem Buch *Vom Menschenrätsel – Ausgesprochenes und Unausgesprochenes im Denken, Schauen, Sinnen einer Reihe deutscher und österreichischer Persönlichkeiten* zusammen. Mit diesem Buch schließt Rudolf Steiner die für die erste Hälfte des Weltkrieges charakteristischen Weckrufe an die tieferen Kräfte des Deutschtums ab und nimmt sie später in dieser Form auch nicht wieder auf.

Wie eine Vorbereitung der 1917 mit der Idee der menschlichen Dreigliederung entfalteten neuen Form der Anthroposophie erscheinen die Vorträge, die Kopf und Gliedmaßen, Blut und Nerv, die sieben Lebensprozesse und die Wirksamkeit der zwölf Sinne schildern. Der Orientierung im Zeitgeschehen dienen zahlreiche Vorträge für Mitglieder, die zunächst weite geistesgeschichtliche Zusammenhänge schildern und im Dezember in Betrachtungen zur gegenwärtigen Weltlage und ihren Hintergründen gipfeln.

1. Januar. Dornach. Im Neujahrsvortrag für die Dornacher Mitarbeiter klingt das Jahresthema an: «Geisteswissenschaft muß die Unterlagen liefern, um in einer höheren Weise einzutreten für den richtigen Fortschritt der Menschheit. ... Allein eines ist wichtig ..., daß wir immer mehr Interesse bekommen für dasjenige, was der Menschheit gerade in unserer Zeit nottut.» (GA 165)
8.–14. Januar. Rudolf Steiner hält öffentliche Vorträge in Bern, Zürich, Liestal und Basel, unter anderem um Mißverständnisse über die Anthroposophie und deren Bau in Dornach zu berichtigen und gegnerische Angriffe abzuwehren. In dem Vortrag in Liestal (11. 1. 1916), den Steiner dann selbst herausgibt, sagt Rudolf Steiner über den Namen «Anthroposophie»: «Uns soll der Name nicht bedeuten ‹Wissen von Menschen›... Unsere Wissenschaft führt uns zu der Überzeugung, daß innerhalb des Sinnesmenschen ein Geistesmensch lebt, ein innerer Mensch, gewissermaßen ein zweiter Mensch. – Während nun dasjenige, was der Mensch durch seine Sinne und den an die Sinnesbeobachtung sich haltenden Verstand über die Welt wissen kann, ‹Anthropologie› genannt werden kann, soll dasjenige, was der innere Mensch, der Geistesmensch wissen kann, ‹Anthroposophie› genannt werden. Anthroposophie ist also das Wissen des Geistesmenschen.» (GA 35, S. 176–177)
11. Januar. Alexander von Bernus teilt Rudolf Steiner mit, daß er schon jetzt «während des Krieges die geplante Zeitschrift» beginnen wolle. Die Zeitschrift, die den Namen *Das Reich* erhält, soll ein Zeichen der geistigen Kraft Deutschlands sein. Aus den Wehen des Krieges soll «das geistig Neue lebendig» hervorgehen. Alexander von Bernus bittet Rudolf Steiner um Mitarbeit an der Zeitschrift. (M. Sladek/M. Schütze, *Alexander von Bernus,* S. 75; vgl. 28. 2. 1916)
15. Januar. Eurythmische Aufführung von Humoresken in der Dornacher Schreinerei. Rudolf Steiner liest Humoresken vor.
16. Januar. Letzter Vortrag in Dornach vor der Abreise nach Berlin.
19. oder 20. Januar. Rudolf Steiner fährt von Dornach nach Berlin.
20. Januar (?)–24. Juli. Rudolf Steiner in Deutschland.
25. Januar. Beginn der fortlaufenden Mitgliedervorträge in Berlin.
Rudolf Steiner greift die Ende August/Anfang September 1915 in Dornach behandelte Problematik wieder auf und spricht über *Notwendigkeit und Freiheit im Weltgeschehen und im menschlichen Handeln.* (GA 166)
3. Februar. Wiederbeginn der öffentlichen Vorträge Rudolf Steiners im Architektenhaus. Rudolf Steiner hält in diesem Frühjahr zehn öffentliche Vorträge in Berlin, von denen immer zwei mit Abstand von einem Tag aufeinander folgen. Dabei knüpft der erste Vortrag jeweils an Gestalten des deutschen oder österreichischen Geisteslebens an, der zweite Vortrag enthält immer systematische Ausführungen. (GA 65)

15. Februar–20. März. Rudolf Steiner hält in Deutschland öffentliche Vorträge und besucht die Zentren der anthroposophischen Arbeit, wo er zu den Mitgliedern spricht.
15.–25. Februar. Vorträge in Hamburg, Kassel und Leipzig.
23.–28. Februar. Rudolf Steiner in Berlin.
28. Februar. Brief an ALEXANDER VON BERNUS über die Zeitschrift *Das Reich*. «Mir scheint, daß es am besten sein würde, wenn Ihre Zeitschrift ganz auf das Wesen der Sache allein gestellt, äußerlich einen Zusammenhang mit der Anthroposophischen Gesellschaft nicht zu stark betont. Dessen ungeachtet, werde ich es mit Befriedigung begrüßen, wenn möglichst viele Persönlichkeiten der Anthroposophischen Gesellschaft an der Zeitschrift mitarbeiten. Es wird wohl auch gut sein, wenn meine eigene Mitarbeiterschaft so gehalten wird, daß ich mit allem nur aus der Sache heraus spreche und so selbst auch nicht etwa die Anthroposophische Gesellschaft vertretend erscheine.» (M. Sladek/M. Schütze, *Alexander von Bernus,* S. 76)
29. Februar–3. März. Vorträge in Hannover und Bremen.
12.–20. März. Vorträge in Stuttgart und München.
In Stuttgart, München und später in Berlin (28. 3.) spricht Rudolf Steiner über okkulte Hintergründe der Entwicklung von H. P. Blavatsky im Zusammenhang mit den Auseinandersetzungen zwischen West, Ost und Mitte. (GA 174 a, 174 b)
Anfang April. In der von ALEXANDER VON BERNUS herausgegebenen Vierteljahresschrift *Das Reich* (1. Jg 1. Buch) erscheint von Rudolf Steiner *Die Erkenntnis vom Zustand zwischen dem Tode und einer neuen Geburt* (I. Teil). (GA 35)
15. April. Abschluß der öffentlichen Vorträge des Wintersemesters 1915/16 im Architektenhaus. Rudolf Steiner macht in diesem letzten Vortrag grundlegende Ausführungen, die ein wichtigstes Element der Dreigliederung des menschlichen Organismus sind: Das menschliche Haupt wird als Metamorphose des Leibeslebens des letzten Erdenlebens geschildert: «In dem, was innere Bildungskräfte... unseres Hauptes sind, haben wir das Bildungsergebnis dessen, worauf der übrige Organismus, abgesehen von dem Haupte, in einem vorhergehenden Erdenleben veranlagt war, und in dem, was in unserem übrigen Organismus ringt und kraftet, haben wir dasjenige, was in die Hauptesbildung des nächsten Erdenlebens eingeht.» (GA 65, S. 636–680, mit 45 Seiten einer der längsten Vorträge!)
Ende April bis 24. Juli. Rudolf Steiner in Berlin, wo er wöchentlich nur einen Mitgliedervortrag hält.
April–Mai. Arbeit an dem Buch *Vom Menschenrätsel*. Nach Erscheinen des Buches am 11. Juli sagt er über die Arbeit an dem Buch: «Ich wollte auf der einen Seite zeigen, in welche geistigen Strömungen hineingeführt hat, na-

mentlich in Mitteleuropa, das, was fünfte nachatlantische Kulturperiode ist, und wie der Weg hinaus, gerade der geisteswissenschaftliche Weg hinaus gesucht werden muß. Es wird sich ja zeigen, ob das, was in diesem Buche geschrieben ist, wirklich mit Herzblut geschrieben ist, daß manchmal zu einem Satze, der eine Viertelseite einnimmt, zwei Tage verwendet worden sind, um jedes Wort und jede Wendung vertreten zu können, gelesen werden kann, oder wiederum so schlecht gelesen wird, wie vorhergehende Bücher gelesen worden sind.» (GA 169, weiteres im Vortrag vom 13. 6. 1916, GA 169)

13. Juni. Vortrag über den Gegensatz von Blut und Nerven, wiederum eine Vorarbeit zur Dreigliederung des menschlichen Organismus. (GA 169)

18. Juni. Generaloberst HELMUTH VON MOLTKE, bei Ausbruch des Weltkrieges Chef des Generalstabs, stirbt in Berlin. Moltke war nach seiner Tätigkeit als Chef des Generalstabs der Anthroposophie nahegekommen. Rudolf Steiner gedenkt seiner am 20. 6. in der Berliner Anthroposophischen Gesellschaft, als eines Mannes, der «Erkenntnis suchend, Wahrheit suchend hier unter uns gesessen hat». (GA 169)

20. Juni. Rudolf Steiner gibt eine ausführliche Schilderung der zwölf Sinne des Menschen. (GA 169)

Kurz nach dem Tode von Moltkes vermittelt dessen Witwe, Frau ELIZA VON MOLTKE Rudolf Steiner die Bekanntschaft mit dem damaligen Oberstleutnant VON HAEFTEN. Von Haeften stand in jenen Tagen im Begriffe, die «Militärische Stelle» des Auswärtigen Amtes einzurichten. Rudolf Steiner dürfte mit ihm über die verhängnisvolle Selbstdarstellung Deutschlands – namentlich im Zusammenhang mit der Kriegszieldebatte – gesprochen haben. Er hält eine andere geistige Vertretung der deutschen Politik im Ausland für erforderlich. 1921 berichtet er über das Weitere: «Sehen Sie, ich habe doch, die Dreigliederung im Hintergrund, es während des sogenannten Weltkrieges bereits einmal dahin gebracht, daß sich jemand [Oberstleutnant von Haeften] außerordentlich dafür eingesetzt hat, einen ordentlichen Pressedienst in Zürich während des Weltkrieges zu begründen. Ich konnte jemandem klar machen, daß man aus den alten Presseverhältnissen heraus überhaupt nichts erreichen kann. Die Sache war soweit gediehen, daß man mir einmal an einem Dienstag... sagte, es ist Aussicht vorhanden, daß Sie in den nächsten Tagen nach Zürich übersiedeln können, um dort den Pressedienst einzurichten. Am nächsten Tag kam die Absage vom Großen Hauptquartier, ... mit der Auskunft, auf einen solchen Posten warten ja soviele Menschen innerhalb Deutschlands, daß man einen Österreicher nicht dazu ausersehen kann.» (GA 338, 2. 1. 1921; vgl. auch GA 330, 3. 5. 1919)

Die genaue Datierung dieser Vorgänge ist schwer. Möglicherweise ist der Mittwoch, an dem die Absage aus dem Hauptquartier kam, der 19. Juli.

24. Juli. Rudolf Steiner bedankt sich bei Alexander von Bernus nach Erscheinen des zweiten Buches der Vierteljahresschrift *Das Reich* «... Sie dürfen mir glauben, daß ich froh über Ihr so schönes Eintreten für unsere Weltanschauung bin... Sobald ich wieder einige Tage zur Verfügung habe, werde ich für das ‹Reich› etwas einsenden.» (M. Sladek/M. Schütze, *Alexander von Bernus,* S. 76)
24. Juli. Ein Brief aus Berlin, in welchem Rudolf Steiner in Fragen der Ausbildung Rat gibt, schließt mit den Worten: «Ich muß heute abreisen, daher kann ich mein Urteil nur in diese wenigen Zeilen zusammenfassen.» (Bf II, Nr. 631)
Wahrscheinlich fährt Rudolf Steiner direkt nach Dornach.
25. Juli. Rudolf Steiner wieder in Dornach. Er findet dort – neben anderen – zwei Briefe vor, von denen der eine auch MARIE STEINER angreift, und ihr vorwirft, als politischer Agent im Sinne alldeutscher Bestrebungen tätig zu sein. Dieser unberechtigte Vorwurf EDOUARD SCHURÉS führt bei Marie Steiner zu Lähmungserscheinungen, die sich bei allen Schocks wieder melden und ihre Bewegungsmöglichkeit im Alter sehr behindern.
Rudolf Steiner spricht sich über die Verdächtigungen aus: «Wenn wir in der Welt so verdächtigt werden können, wie es durch diese Briefe geschieht..., wenn das verbreitet, gedacht und gesagt wird, dann hat es ganz gewiß seine schlimmen Folgen bei den jetzigen Verhältnissen. So, daß wir hier zu erwarten haben – wenigstens Frau Dr. Steiner und ich –, exiliert zu werden von diesem Bau; daß es uns unmöglich gemacht wird, jemals mitzuwirken bei demjenigen, was an diesem Bau geschieht. Es führt dazu, uns diesen Bau aus den Händen zu ringen. ... Ich, meine lieben Freunde, werde meine Pflicht tun dem Bau gegenüber, solange es möglich ist. Durch meinen Willen werde ich sicher niemals mich von dem Bau trennen lassen; aber die Kräfte sind am Werk, die das zustandebringen können...» (Zitat nach: Marie Steiner, *Briefe und Dokumente,* S. 62/63)
29. Juli. Begrüßung der Mitarbeiter am Bau bei Beginn der Wiederaufnahme der Vorträge. Dank für die Weiterarbeit am Bau, der «in einer so schönen Weise fortgeschritten ist». «Tiefe Befriedigung... hat es mir gewährt, als ich beim ersten Gang vorbeigehen konnte an dem in der Nähe des Westportals nun aufgerichteten Hause. Es ist von Bedeutung, daß auch dieses Haus hier innerhalb unseres Bereiches steht.» Rudolf Steiner spricht hier von dem in neuen Formen aus Beton gestalteten Haus Duldeck.
30. Juli. Beginn der menschenkundlichen Betrachtungen, durch die die in Berlin gegebenen Darstellungen des Frühjahrs über die Polarität von Haupt und Leib, über die zwölf Sinne und die sieben Lebensprozesse wesentlich erweitert und ergänzt werden. (GA 170)
Im August. Wiederbeginn der Arbeit an dem Modell der plastischen

«Gruppe». Assja Turgenieff berichtet: «Während der Zeiten, in denen sich Dr. Steiner auf seinen zahlreichen Deutschlandreisen befand, bereitete Miß Maryon die Arbeit für ihn vor. Doch kaum war er zurückgekehrt und hatte wieder zu arbeiten begonnen, war es, als wenn ein brausender Sturm im Atelier gehaust hätte, so war alles, alle Flächen und Kanten in Bewegung geraten, in ein Geschehen als Ausdruck übermenschlicher Dramatik. Nicht mehr konnte das Auge an der schönen Form selbst haften bleiben, es lebte mit ihr mit, ging durch sie hindurch, und die Form selbst verschwand, um nur Bewegung, Ausdruck, Wesen zu werden.» (A. Turgenieff, *Erinnerungen an Rudolf Steiner,* S. 96f.)

6. August. Dramatisch-eurythmische Aufführung der Ariel-Szene aus Faust II.

13. August. Eurythmie- und Musikdarbietung in der Schreinerei.

19. August. Eurythmisch-dramatische Darstellung der Zueignung und des Prologs im Himmel aus Faust I mit anschließendem Vortrag Rudolf Steiners.

26. August. Eurythmisch-dramatische Darstellung der Zueignung, des Vorspiels auf dem Theater und des Prologs im Himmel aus Faust I.

27. August. Musik- und Eurythmiedarbietung in der Schreinerei.

27. August. Nach den verschiedenen Angriffen auf seine Person und auf die Person seiner Frau gibt Rudolf Steiner nach einem Vortrag bekannt, daß er selber fortfahren werde, Berater der Anthroposophischen Gesellschaft zu sein, daß er «rein aus Höflichkeit gegenüber der Anthroposophischen Gesellschaft das Ehrenpräsidium» dieser Gesellschaft nicht niederlegen werde, aber Frau Dr. Steiner wird «so schnell es sich machen läßt... von ihrem Posten im Zentralvorstand zurücktreten». «Ich möchte sagen: der Worte sind genug gewechselt. Sitzungen sind genug gehalten worden über allerlei Dinge, ... Vielleicht wirkt es mehr, wenn einmal eine Tat geschieht. Die nächste Tat soll sein, daß Frau Dr. Steiner auf meinen Rat zurücktritt.» (H. Wiesberger, *Aus dem Leben von Marie von Sivers,* S. 94/95)

Ende August. Ludwig Graf Polzer-Hoditz, der mit seiner Familie zwei Monate in Dornach war, berichtet über ein Gespräch mit Rudolf Steiner: «Vor meiner Abreise hatte ich eine private Besprechung mit Rudolf Steiner, die mir in bedeutungsvoller Erinnerung ist. Fräulein Stinde, die treue Mitarbeiterin war gestorben, sie war auch Mitglied des Johannesbau-Vereins gewesen. Rudolf Steiner klagte darüber, daß er so wenig Mitarbeiter habe und auch nicht recht sehe, wie die vakante Stelle im Johannesbau-Verein zu besetzen sei. ‹Wenn Sie dieselbe nicht übernehmen wollen, weiß ich noch nicht, wie die zu besetzen wäre, aber Sie werden wohl für Österreich notwendiger sein.› Ich mußte damals dem letzten Satze beistimmen.» (L. Polzer-Hoditz, *Erinnerungen an Rudolf Steiner,* S. 61f.)

Ende August/Anfang September. Andrej Belyj (i.e. Boris Bugaieff), der zum Kriegsdienst einberufen worden ist, verläßt Dornach. Wenige Tage nach der Abreise besucht Rudolf Steiner MARGARITA WOLOSCHIN in ihrem Atelier und sagt: «Wie schade, daß er abgereist ist; eben war er auf dem Wege gewissermaßen das Gleichgewicht zu erlangen.» (M. Woloschin, *Die grüne Schlange,* S. 302; A. Turgenieff, *Erinnerungen an Rudolf Steiner,* S. 83)

2. September. Musik- und Eurythmiedarbietung in der Schreinerei.

3. September. Eurythmie- und Musikdarbietung, u. a. aus dem 5. Buch Mose 5, 32 u. 33.

9. September. Eurythmisch-dramatische Darstellung: Mitternacht und Grablegung aus Faust II.

10. September. Gesangs- und Eurythmiedarbietung in der Schreinerei.

16. September–30. Oktober. Rudolf Steiners Vorträge für die Dornacher Mitglieder wenden sich nun den verschiedensten geschichtlichen Themen zu. (GA 171)

20. September. Dritter Jahrestag der Grundsteinlegung des ersten Goetheanum. Rudolf Steiner charakterisiert den Bau als einen «allerersten Anfang zu Formen, die entstehen müssen, die vielleicht in vieler, vieler Beziehung ganz, ganz anders sein werden als dasjenige, was mit unserem Bau erreicht ist. Aber das kann man dem Bau schon ansehen, daß mit ihm gesucht ist ein lebendiges Hervorwachsen der künstlerischen Formen... aus dem Empfinden, das unsere Weltanschauung durchpulst.» (*Bauformen als Kultur- und Weltempfindungsgedanken,* Dornach 1934)

24. September. 4. ordentliche Generalversammlung des Johannesbau-Vereins. Wegen der kriegsbedingt angespannten finanziellen Verhältnisse muß die Arbeit am Bau weiter eingeschränkt werden.

24. September. Gesang und Eurythmie: Gedichte von C. F. Meyer.

30. September. Eurythmie: Gedichte von C. F. Meyer und Hans Reinhart, Humoresken von Christian Morgenstern.

Im Oktober. Rudolf Steiner hält öffentliche Vorträge und Vorträge für Mitglieder in Basel, Zürich, Liestal und St. Gallen.

7. Oktober. Eurythmisch-dramatische Aufführung: Hexeneinmaleins aus Faust I; aus Faust II: fünfter Akt, erste Szene: Offene Gegend.

8. Oktober. Beginn der kunstgeschichtlichen Betrachtungen Rudolf Steiners. (GA 292)

Die Lichtbilder waren von dem Kunsthistoriker Dr. TRIPHON TRAPESNIKOFF gesammelt und vorbereitet worden.

10. Oktober. Zürich. Vortrag *Wie kann die seelische Not der Gegenwart überwunden werden?* Individuelles soziales Menschenverständnis – Gedankenfreiheit und Geisterkenntnis. (GA 168)

14. Oktober. Eurythmisch-dramatische Darstellung aus Faust I, Osterspaziergang.

15. Oktober. Eurythmisch-dramatische Darstellung: Osterspaziergang und Studierzimmer aus Faust I.
16. Oktober. Öffentlicher Vortrag in Liestal. *Das menschliche Leben vom Gesichtspunkt der Geisteswissenschaft (Anthroposophie).* Dieser Vortrag wird im November von Rudolf Steiner für den Druck vorbereitet.
21. Oktober. Eurythmisch-dramatische Darstellung: Osternacht aus Faust I.
4. November. Eurythmisch-dramatische Darstellung: Dom aus Faust I.
4.–28. November. Vorträge über Fragen des Berufs und das Schicksal in der Gegenwart. (GA 172)
9. und 10. November. Vorträge in Bern.
12. November. Eurythmieaufführung mit Rezitation.
13. November. Eurythmisch-dramatische Darstellung: Studierzimmer, Schülerszene mit Geisterchor aus Faust I.
26. November. Eurythmie und Musik. Gedichte von C. F. Meyer.
4. Dezember. Beginn der *Zeitgeschichtlichen Betrachtungen.* Rudolf Steiner bespricht die Hintergründe und Vorgeschichte der Zeitereignisse. Dieses ist angesichts der Tatsache, daß am Goetheanum Menschen aus 17 Nationen arbeiten, nicht ohne Probleme. Assja Turgenieff berichtet: «Nach dem ersten Vortrag seien nur noch ganz wenige Menschen dagewesen, «als eine ältere, aufgeregte Amerikanerin ihm [Rudolf Steiner] entgegenstürzte und sagte, daß er sich in der Beurteilung der Dinge irre, daß sie ganz anders seien als er sie darstelle. Ich habe Dr. Steiner nie so entsetzt gesehen.» (A. Turgenieff, *Erinnerungen,* S. 84 f.) Assja Turgenieff veranlaßt daraufhin, daß achtzehn Menschen einen Brief an Rudolf Steiner schreiben und ihn bitten, die Betrachtungen fortzusetzen. Darauf nimmt Rudolf Steiner zu Beginn des zweiten Vortrages am 9. Dezember Bezug: «Weil es den Wünschen unserer Freunde entspricht, werde ich heute und morgen weiter in die Sache einzudringen versuchen, muß aber ... einiges vorausschikken.» (GA 173)
9. Dezember. Eurythmisch-dramatische Darstellung der ‹Romantischen Walpurgisnacht› aus Faust I.
16. Dezember. Eurythmie: Gedichte von Hans Reinhardt, Emil Bürgi und C. F. Meyer.
18. Dezember. Rudolf Steiner bittet, bei den zeitgeschichtlichen Vorträgen nicht mitzuschreiben und fügt hinzu: «Einzelne, herausgerissene Sätze, insbesondere aus einer Reihe von Vorträgen, besagen eigentlich niemals etwas, und lassen sich immer in dem einen oder anderen Sinne deuten.» (GA 173)
25. Dezember. Eurythmie: Weihnachtslied aus karolingischer Zeit, Wochensprüche aus dem Seelenkalender, Weihnachtserzählung aus dem Heliand.

25. Dezember. In den Weihnachtsvorträgen spricht Rudolf Steiner über das Verständnis des Christus-Jesus durch die Gnosis und über nordische Mysterien-Impulse, und über die Beurteilung der Zeitereignisse. (GA 173)

1917

Das Jahr 1917 ist das Epochenjahr der neuesten Geschichte, in welchem sich die heutige Weltkonfiguration deutlich abzuzeichnen beginnt. Durch die russischen Revolutionen im Februar und Oktober entsteht die Sowjetmacht im Osten, im Westen werden die USA durch ihren Kriegseintritt zur entscheidenden Macht. Sowohl LENIN, der Führer der Sowjetmacht, wie auch WILSON, der Präsident der USA, entfalten einen Propagandafeldzug für ihre Kriegsziele: Sozialismus, Völkerbefreiung, Demokratie sind die Schlagworte, hinter denen sich andere Impulse verbergen. Die Mittelmächte (Deutschland und die Österreich-Ungarische Doppelmonarchie) formulieren demgegenüber keine ideellen Konzepte, die sich an alle Menschen und Völker wenden, sondern vertreten Kriegsziele, die sich auf Annexionen von Gebieten im Westen und Osten beschränken.

In dieser Situation wird Rudolf Steiner durch OTTO GRAF LERCHENFELD gefragt, was zu tun sei. Rudolf Steiner entwickelt daraufhin zunächst dem Grafen Lerchenfeld, dann auch dem Grafen LUDWIG POLZER-HODITZ die Idee der *Dreigliederung des sozialen Organismus*, die durch die Entflechtung des Einheitsstaates zur Freiheit des Einzelmenschen, zu kultureller Autonomie, zu staatlicher Rechtlichkeit und zu einer kooperativen Wirtschaft führen soll. Als mitteleuropäische Kriegsziele werden diese Gedanken an leitende Politiker, unter anderem an den deutschen Außenminister und an den österreichischen Ministerpräsidenten herangetragen, damit sie als deutsche Konzepte – namentlich in den Verhandlungen mit dem Osten wirksam werden. Den zahlreichen Versuchen, diesen Ideen zur Wirksamkeit zu verhelfen, ist jedoch kein Erfolg beschieden. Erst 1919 wird der zweite großangelegte Versuch unternommen, die Ideen der Dreigliederung – nunmehr unter ganz anderen Bedingungen – für das soziale Leben fruchtbar zu machen.

Die zweite wichtige Idee, die Rudolf Steiner 1917 formuliert, ist die Idee der *Dreigliederung des menschlichen Organismus*. In knappster Fassung ist diese Idee im sechsten Anhang des Buches *Von Seelenrätseln,* das 1917 niedergeschrieben wird, dargestellt. Man kann sagen, daß in dieser Idee das eigentlich Neue der Anthroposophie zur Erscheinung kommt und alle früheren Arbeiten Rudolf Steiners seit dem Jahre 1882 als Vorarbeiten zu dieser Idee begreifen. Seit dem Jahre 1914 werden Vorstudien zur Darstellung der Dreigliederung des menschlichen Organismus zunehmend deutlicher erkennbar. In den folgen-

den Jahren – besonders in den Vorträgen über *Allgemeine Menschenkunde als Grundlage der Pädagogik* (1919) wird dann diese Dreigliederungsidee weiter ausgeführt.
Die Monate Januar und Oktober bis Dezember 1917 ist Rudolf Steiner in der Schweiz – meist in Dornach. Im Mittelpunkt der Tätigkeiten in Dornach steht die Förderung der künstlerischen Arbeit: die Weiterentwicklung der Eurythmie, die Inszenierung von Szenen aus Faust I und II. Ende November 1917 beginnt Rudolf Steiner mit der Ausmalung der Kleinen Kuppel im Goetheanum. Vor allem aber arbeitet Rudolf Steiner an der plastischen «Gruppe» für den Dornacher Bau. Im Januar wird das große Modell für die Plastik fertiggestellt, seit Oktober arbeitet Rudolf Steiner an der von Edith Maryon vorbereiteten Holzplastik.
Vom Februar bis zum 27. September ist Rudolf Steiner in Deutschland, zumeist in Berlin. Zwischen dem 11. Mai und dem 17. Juni besucht er zu Vorträgen und Beratungen Stuttgart, München, Hamburg, Hannover, Leipzig und Bremen. Die Zeit in Berlin dürfte wissenschaftlichen Studien für das Buch *Von Seelenrätseln* gewidmet sein, in dem umfangreiche Ergebnisse der zeitgenössischen Forschung verarbeitet sind. Besonders gründlich hat sich Rudolf Steiner u. a. mit dem Werk des im März 1917 verstorbenen Philosophen Franz Brentano befaßt, dem in dem Buch *Von Seelenrätseln* ein langer Nachruf gewidmet ist. – In die Zeit des Aufenthaltes in Berlin (Juli und August) fallen auch die oben erwähnten Bemühungen, der Idee der Dreigliederung des sozialen Organismus Gehör zu verschaffen.

1.–31.(?) Januar. Rudolf Steiner in Dornach.
Fortsetzung der zeitgeschichtlichen Betrachtungen und der kunstgeschichtlichen Betrachtungen. Besonders intensive Arbeit am Modell der plastischen «Gruppe» des Dornacher Baus. Bei der Ankunft in Berlin, bemerkt Rudolf Steiner, er wäre eher gekommen, «wenn es nicht eine dringende Notwendigkeit gewesen wäre, die Arbeit an der Ihnen ja öfter besprochenen Gruppe, die im Osten des Dornacher Baues stehen soll... soweit zu bringen, daß sie nun ohne mich weiter gearbeitet werden kann.» (GA 175, 6. 2. 1917) Während der Abwesenheit Rudolf Steiners bereitet Edith Maryon die Formen der Holzplastik vor.
3. Januar. Aufführung des Oberuferer Paradeis- und Christgeburtsspiels für deutsche Internierte aus Basel und Bern.
6. Januar. Eurythmie: Weihnachtslied aus dem 12. Jahrhundert, Anbetung der Weisen aus dem Heliand und Wochensprüche aus dem *Anthroposophischen Seelenkalender*.
7. Januar. Aufführung des Oberuferer Paradeis- und Christgeburtsspiels für Gäste.

13.Januar. Eurythmie und Rezitation: Sonette von Friedrich Hebbel.
15.Januar. In dem zeitgeschichtlichen Vortrag deutet Rudolf Steiner kurz eine wichtigste Strategie zur Gewinnung der Weltherrschaft an: «Es fordert dasjenige, was auf der Welt des physischen Planes geschieht, immer eine Zweispaltung.» «Das ist ein großer, gigantischer, bewunderungswürdiger Gedanke von diesen okkulten Brüderschaften, von denen gesprochen worden ist. Denn, trivial ausgedrückt, kann man sich nicht einen schöneren Gegenpol denken für dasjenige, was sich im Westen als höchste Blüte des kommerziellen und industriellen Denkens ausbildete, als den künftigen russischen Slawen..., der ja... ein ganz ausgezeichneter Gegenpol sein wird.» (GA 174)
20.Januar. Eurythmie. Gedichte von Friedrich Hebbel und *Der Herthapriester* von Robert Hamerling.
27.Januar. Eurythmisch-dramatische Darstellung: «Hochgewölbtes gotisches Zimmer» aus Faust II.
Im Januar. Der zweite Teil des Aufsatzes *Die Erkenntnis des Zustandes zwischen dem Tode und einer neuen Geburt* erscheint in der Zeitschrift *Das Reich*. Rudolf Steiner stellt in diesem Zusammenhang ausführlich das Wesen und die Leistungen der imaginativen, inspirierten und intuitiven Erkenntnis dar. (GA 35)
MARGARITA WOLOSCHIN, die ihre malerischen Arbeiten in der kleinen Kuppel des Goetheanum beendet hat, und Dr. TRIPHON TRAPEZNIKOV, der zum Heeresdienst einberufen wurde, verlassen Dornach und fahren nach Rußland.
Im Januar. Rudolf Steiner gibt dem französischen Journalisten JULES SAUERWEIN ein Interview, in welchem er den Krieg als «eine Entladung von Kräften, die ungebührlich zusammengepreßt waren» bezeichnet. «Es ist ein Gesundungsprozeß durch Gewaltmittel des geistigen Organismus unseres Planeten. So wie der physische Organismus durch Fieber... auf unerträgliche Vergiftungen reagiert, so wie das Feuer, das unter der Erdrinde schwelt, zu plötzlichen vulkanischen Entladungen führt, so führt auch der ungesunde und anormale Gebrauch von Energie zu Kriegen. Regierungen und Völker haben dann unter einem ihnen unbegreiflichen Druck den Verstand verloren.» (B 15, S. 3f.)
1.Februar (?). Reise nach Berlin.
1.Februar (?)–27.September. Rudolf Steiner in Deutschland.
6.Februar. Berlin. Beginn der Vorträge für Mitglieder der Anthroposophischen Gesellschaft. Rudolf Steiner arbeitet in diesen Vorträgen nachdrücklich das «Spezifische unserer Anschauung», also der anthroposophischen Geisteswissenschaft heraus. Im Mittelpunkt der Vorträge stehen die verschiedenen Aspekte der Trichotomie, der Dreiheit von Leib, Seele und Geist, der Trinität von Vater, Sohn und Heiligem Geist. Diese werden zuerst im Zu-

sammenhang der menschlichen Entwicklung, dann in historischer Perspektive behandelt. Diese Thematik endet etwa am 8. Mai. (GA 175)

15. Februar. Beginn der öffentlichen Vorträge im Architektenhaus. Zwischen dem 15. Februar und dem 31. März hält Rudolf Steiner sieben Vorträge, die sich im Stil wesentlich von den früheren Architektenhaus-Vorträgen unterscheiden. Rudolf Steiner entwickelt die Ideen der Anthroposophie nicht mehr in erster Linie an bildhaften Beispielen – etwa historischer Persönlichkeiten –, sondern stellt sie unmittelbar dar. So sind die Themen nun: Geist und Stoff, Schicksal und Seele, Leben und Tod. In dem vierten – also mittleren Vortrag dieser Reihe, stellt Rudolf Steiner zum ersten Mal den leiblich-seelischen Aspekt der menschlichen Dreigliederung dar. (GA 66) Im Mitgliedervortrag vom 20. März kommentiert er: «Daher meine ich auch, ist mit dem Inhalt dieser beiden Vorträge ein Anfang gemacht für dasjenige, was kommen muß, was vielleicht in der äußeren Welt bei den großen Widerständen, welche nicht die Wissenschaft, aber die Wissenschaftler in solchen Dingen bereiten, noch lange dauern wird. Wenn es auch noch lange dauern wird, so wird es doch so kommen, daß man das Verhältnis von Menschenseele und Menschenleib in dieser Weise anschauen wird, wie es in diesen beiden Vorträgen skizziert worden ist.» Rudolf Steiner spricht davon, daß man so sprechen muß, «nachdem man all dasjenige berücksichtigt, was an naturwissenschaftlichen Forschungen... vorgegangen ist.» Am 27. März wird in diesem Zusammenhang das achte ökumenische Konzil von 869 ausführlich besprochen. (GA 175, vgl. 16. 3. 1904)

15. März. Öffentlicher Vortrag im Architektenhaus: *Menschenseele und Menschenleib in Natur- und Geisterkenntnis.* Erste Darstellung der Idee der Dreigliederung des Menschenwesens.

17. April. In *Neue Badische Landeszeitung* erscheint von Rudolf Steiner (ohne Verfasserangabe) eine Besprechung von JACOB RÜCHTI *Zur Geschichte des Kriegsausbruches.*

Im Mai. FRIEDRICH RITTELMEYER berichtet: «Es war etwa im Mai 1917. Ich brachte Steiner auf Hindenburg und Ludendorff, für die damals die Begeisterung in Deutschland am größten war. ‹Es ist doch ein Glück, daß wir diese Männer haben!› Hindenburg, erwiderte Steiner etwa, ist ein alter Herr, dem die Abwehr der Russenangriffe damals gelungen ist, aber Sie wissen ja, daß die Hauptsache der Generalstabschef macht. ‹So ist also Ludendorff das große Glück für Deutschland!› ‹Es liegt nicht im Interesse Deutschlands solche Generäle zu haben.› Auf mein großes Erstaunen erwiderte er: ‹Wer das abschätzen kann, was der jetzige Rückzug [gemeint ist die Rücknahme der deutschen Front auf die «Siegfriedstellung» – 22. 2.–17. 3. 1917 –, bei der die Technik der «verbrannten Erde» perfekt angewandt wird] mit seinen Zerstörungen für das künftige Schicksal Deutschlands bedeutet, der muß sagen, es

liegt nicht im Interesse Deutschlands, solche Generäle zu haben!› Wie fremd und innerlich fern waren mir damals solche Äußerungen.» (In: Soziale Zukunft, 3. Heft, S. 96f.)
Ähnlich berichtet EMIL LEINHAS. Als Leinhas im Mai von den von der Obersten Heeresleitung vertretenen Kriegszielen berichtet, «gab Rudolf Steiner mir gegenüber seinem Entsetzen Ausdruck über die völlige Verkennung der militärischen und politischen Lage» durch die Oberste Heeresleitung. Ferner berichtet Leinhas, daß Rudolf Steiner «das politische und militärische Geschehen... ständig bis in alle Einzelheiten mit der größten Aufmerksamkeit» verfolgte. Aber auch am kulturellen Leben nahm er teil: «Seinen Berliner Aufenthalt benutzte Rudolf Steiner während des Krieges gerne zu einem Theaterbesuch; meistens in Begleitung von MARIE STEINER und HELENE RÖCHLING. Ich traf ihn mehrmals im Königlichen Opernhaus bei Wagner-Aufführungen, einmal auch im Jahre 1917 bei einem Vortrag, den MAXIMILIAN HARDEN über die politische Lage... hielt.» (E. Leinhas, *Aus der Arbeit mit Rudolf Steiner,* S. 32f.)
11.–16. Mai. Rudolf Steiner in Stuttgart. In den Vorträgen für Mitglieder geht Rudolf Steiner ausführlich auf bestimmte Schwächen im geistigen Leben der Gegenwart ein: mangelndes Erfassen der Wirklichkeit durch das Denken, Urteilslosigkeit und Unselbständigkeit und damit zusammenhängende Schäden im Leben der Anthroposophischen Gesellschaft. ERICH BAMLER und MAX SEILING werden charakterisiert, die Attacken SCHURÉS erwähnt und das Verhalten der Mitglieder gegenüber der Initiative von ALEXANDER VON BERNUS gerügt: «Man sollte sich im Gegenteil doch auch einmal freuen können, wenn auch etwas *für,* von ganz außenstehender Seite *für* uns auftritt. Bis jetzt aber haben wir es vielfach erfahren, daß gerade denjenigen Steine in den Weg geworfen sind von seiten unserer Mitglieder, welche sich für unsere Sache einsetzen wollten, daß aber abgeraten worden ist, sich für unsere Sache einzusetzen im guten Wollen und in kühner Weise, während man sich nicht gekümmert hat um all das Schmähende, das geschehen ist.» (GA 174b)
EMIL MOLT, der nachmalige Begründer der Freien Waldorfschule, führt in diesen Tagen ein Gespräch mit Steiner, in welchem er äußert, daß er dafür sorgen möchte, daß Steiners Erkenntnisse über die Zeitlage «an maßgebender Stelle» wirksam werden. Rudolf Steiner daraufhin spontan: «Sehen Sie, so etwas will ich ja gerade!» Rudolf Steiner gibt sofort Hinweise auf entsprechende Literatur, meint aber zugleich, daß solange die derzeitigen Behörden an der Spitze sind, man wenig tun könne. (E. Molt, *Entwurf meiner Lebensbeschreibung,* S. 155)
17.–24. Mai. Rudolf Steiner in München. Auch in München geht Rudolf Steiner auf Schäden des Gegenwartslebens und damit zusammenhängende Probleme im Leben der Anthroposophischen Gesellschaft ein. Dabei ereignet

sich das Symptomatisch-Groteske, daß man Steiner mit Weihrauchduft empfängt. Dazu Steiner: «Glauben Sie nicht, daß jemand, der auf das Sachliche, Innere sich richtet, gerade besondere Wünsche danach hat, daß ihm das Sprechen den ganzen Abend dadurch schwer gemacht wird, daß zu dieser Äußerlichkeit des frommen Weihrauchduftes gegriffen wird, und daß er sich Kopfschmerzen nach Hause tragen muß wegen des frommen Weihrauchduftes, wobei ich noch ganz absehe davon, wie die Wahrheit mißverstanden wird, wenn der Weihrauchduft in die profane Welt hinausduftet.» (GA 174a, 19.5.1917)

29. Mai. Berlin. Rudolf Steiner stellt ausführlich – wie schon in Stuttgart und München in kürzerer Form – das Gesetz vom «Jüngerwerden der Menschheit» dar, das sich ihm «gerade während der Forschungen dieses Winters ergeben hat». (GA 176)

Ende Mai. OTTO GRAF LERCHENFELD, Mitglied der Anthroposophischen Gesellschaft, Reichsrat der Krone Bayerns und Neffe der kgl.-bayrischen Gesandten HUGO GRAF LERCHENFELD in Berlin erlebt Kopflosigkeit und Desorientierung bei den leitenden Stellen in Berlin und fragt Rudolf Steiner, was zu tun sei. Steiner entwickelt die Grundgedanken der Dreigliederung des sozialen Organismus. Lerchenfeld notiert im Tagebuch: «... war heute drei Stunden bei Dr. Steiner in der Motzstraße. Vor mir steht die Lösung von allem. Weiß, daß es keine andere geben kann.» (*Rudolf Steiner während des Weltkrieges,* S. 58)

2.–4. Juni. Rudolf Steiner hält in Hamburg drei Vorträge.

5.–9. Juni. Rudolf Steiner in Berlin.

10.–18. Juni. Rudolf Steiner hält in Leipzig, Hannover und Bremen Vorträge. In den öffentlichen Vorträgen erzählt Steiner jedesmal – wie bereits am 12. Mai in Stuttgart –, daß die von ihm nun dargestellten Forschungsergebnisse auf Arbeiten zurückgingen, für die er «vor 35 bis 36 Jahren die ersten Bausteine legte» und daß damals Friedrich Theodor Vischer auf die Zusendung eines Aufsatzes *Einzig mögliche Kritik der atomistischen Begriffe* vgl. 20. Juni 1882) mit Verständnis reagiert habe.

20. Juni (?). Berlin. Rudolf Steiner bespricht mit Graf LERCHENFELD die Grundzüge der Dreigliederung des sozialen Organismus. Graf Lerchenfeld berichtet: «Mehr als drei Wochen tagtäglicher, stundenlanger Arbeit folgten dieser ersten Unterredung. Wochen höchsten Erlebens, höchster Anspannung, intensivsten Lernens, Lernens, was in Wahrheit bedeutet Logik des Lebens, des Werdens und Vergehens, wie Logik hinübergreifen muß ins Künstlerische, soll sie vom wirklichen Leben nicht abgelehnt und zur Unlogik werden. Politik ist Kunst, nicht Wissenschaft allein, und wo sie nur mehr Wissenschaft ist, da erkrankt der soziale Organismus, weil er behandelt wird wie ein Totes.» (*Rudolf Steiner während des Weltkrieges,* S. 58f.)

26. Juni–24. Juli. Berlin. In den Vorträgen für Mitglieder setzt Rudolf Steiner die mehr aphoristisch gehaltenen Betrachtungen zu Gegenwartserscheinungen fort, ohne irgendwie das Thema der Dreigliederung des sozialen Organismus direkt zu berühren.
6. Juli. Matthias Erzberger schildert im Hauptausschuß des Reichstags detailliert die verzweifelte deutsche Lage. Der interfraktionelle Ausschuß debattiert über eine «Friedensresolution».
10. Juli. Ludwig Graf Polzer-Hoditz, Bruder des Kabinettchefs des österreichischen Kaisers Karl, erhält in Tannbach (Oberösterreich) ein Telegramm: «Wäre es Ihnen möglich, nächsten Freitag für einige Tage nach Berlin zu kommen. Gruß Rudolf Steiner.» (L. Polzer-Hoditz, *Erinnerungen an Rudolf Steiner,* S. 72)
13. Juli. Regierungskrise in Deutschland. Reichskanzler Bethmann-Hollweg tritt zurück.
13. Juli. Rudolf Steiner berichtet Graf Polzer, daß Graf Lerchenfeld die Initiative ergriffen habe, und gebeten habe, Ratschläge zu geben, «wie Mitteleuropa aus dem Kriege auf ehrenvolle Art herausfinden könne». Rudolf Steiner weiter: Graf Lerchenfeld wollte eine gemeinsame Besprechung einiger Herren mit mir veranstalten, diese haben sich aber aus verschiedenen Gründen entschuldigt.» Nach der Erinnerung Graf Polzers zählten zu den Eingeladenen Fürst Lichnowski (ehem. dt. Botschafter in London), Graf Bernstorff (ehemaliger dt. Botschafter in Washington), Albert Ballin (Direktor der Hamburg-Amerika-Linie) und Maximilian Harden (Herausgeber der «Zukunft»), möglicherweise auch Walther Rathenau. (L. Polzer-Hoditz, *Erinnerungen,* S. 73)
13.–17. Juli. Rudolf Steiner bespricht mit Graf Polzer die Grundzüge der Idee der sozialen Dreigliederung und gibt ihm das «Erste Memorandum» zu lesen. (Vgl. GA 339–362)
16. Juli. Graf Lerchenfeld reist nach München, um ein Gespräch mit Graf Bernstorff vorzubereiten. (L. Polzer-Hoditz, *Erinnerungen,* S. 74)
18. Juli. Rudolf Steiner fährt mit Graf Polzer nach München.
19. Juli. Der Reichstag in Berlin beschließt die «Friedensresolution».
19. Juli, nachmittags. Unterredung zwischen Graf Bernstorff und Rudolf Steiner im Beisein von Graf Lerchenfeld und Graf Polzer. Die Besprechung verläuft, ohne daß Graf Bernstorff zu irgendeiner Aktivität veranlaßt werden kann.
20. Juli, abends. Rückfahrt nach Berlin.
21./22. Juli. In der Nacht vom 21. auf den 22. Juli verfaßt Rudolf Steiner das «Zweite Memorandum». Es ist unter anderem auch für den Bruder des Grafen Polzer bestimmt.
In diesen Tagen weilt auch Walter Johannes Stein in Berlin, den Rudolf

Steiner bei der Anfertigung seiner Dissertation berät. (W. J. Stein/R. Steiner, *Dokumentation,* S. 75)

22. Juli. Beim Abschied des Grafen Polzer übergibt Rudolf Steiner ihm beide Memoranden. Namentlich das letztere war dafür bestimmt, die österreichische Politik bei zukünftigen Friedensverhandlungen zu formulieren. Rudolf Steiner meint, Arthur Graf Polzer-Hoditz solle das Außenministerium anstreben und dem Osten gegenüber die Idee des freien Geisteslebens vertreten. Als Ludwig Graf Polzer angesichts dieses Auftrags und der damit verbundenen Verantwortung unruhig wird, sagt ihm Steiner dem Sinne nach: Seien Sie ganz ruhig. Man muß auch zusehen können, wie Völker zugrunde gehen. Wenn das, was ich Ihnen als rettende Möglichkeit auseinandergesetzt habe, nicht zustande kommt, wird eine Reihe von Katastrophen folgen. Das, was sich aus der Vernunft nicht vollziehen kann, wird nach den größten Umwälzungen schließlich doch geschehen müssen, denn es wird vom Weltenwillen gefordert.» (Vgl. Polzer-Hoditz, *Erinnerungen,* S. 75, ein anderer Wortlaut dieser Äußerung a. a. O., S. 236)

23. Juli. Die beiden Brüder Ludwig und Arthur Graf Polzer reisen von Wien nach Reichenau, der kaiserlichen Sommerresidenz, wo Ludwig Graf Polzer am 24. Juli die Memoranden seinem Bruder übergibt. Am 26. Juli spricht Ludwig Graf Polzer dann mit dem österreichischen Ministerpräsidenten Ernst von Seidler. Arthur Graf Polzer übergibt die Memoranden seinem Kaiser erst nach seiner Demission im November 1917. (L. Polzer-Hoditz, *Erinnerungen an Rudolf Steiner,* S. 77)

Ende Juli oder im August. Es kommt zu einer Unterredung zwischen Rudolf Steiner und dem deutschen Staatssekretär des Äußeren (Außenminister) Richard von Kühlmann. «Ich habe Kühlmann dazumal gesagt: Sie haben die Wahl, entweder jetzt Vernunft anzunehmen und auf das hinzuhorchen, was in der Entwicklung der Menschheit sich ankündigt, was geschehen soll, oder Sie gehen Revolutionen und Kataklysmen entgegen.» (GA 192, 21. 4. 1919)

Das Memorandum wird mehreren maßgeblichen Menschen zugeleitet. Da Rudolf Steiner an erster Stelle eine offene und rückhaltlose Darstellung der Vorgänge bei Kriegsbeginn fordert, wird ihm entgegengehalten: «‹Ja, wenn man Ihren allerersten Punkt verwirklichen will, so führt das ja notwendig zur Abdankung des Deutschen Kaisers!› – Darauf konnte ich nur erwidern: Wenn das dazu führt, so wird es ja wohl notwendig sein, daß es dazu führt.» (GA 186, 29. 11. 1918; vgl. GA 185a, 24. 11. 1918).

August–10. September. Niederschrift des Buches *Von Seelenrätseln.*

1. September. Brief an die Mutter und Geschwister, mit der Mitteilung, daß ihm von «Sr. Majestät dem Kaiser von Österreich das Kriegskreuz für Zivilverdienste» verliehen worden ist. (Unveröff.)

10. September. Rudolf Steiner beendet die Niederschrift des Buches *Von Seelenrätseln* und schließt das Vorwort mit folgenden Worten:
«Es könnte wohl scheinen, als ob in der gegenwärtigen Zeit die Interessen der Menschen nach anderer Richtung gehen müßte als diejenige ist, in welcher die folgenden Betrachtungen sich bewegen. Doch glaube ich, daß man nicht nur abgezogen von den ernsten Pflichten dieser unmittelbaren Gegenwart gegenüber durch solche Betrachtungen wird, sondern daß, was in ihnen liegt, gerade dieser Gegenwart dient durch Impulse, die vielleicht weniger unmittelbar hervorstechende, aber dafür um so stärkere Beziehungen zu dem Erleben dieser Gegenwart haben.» (GA 21)
11. und 18. September. Rudolf Steiner spricht in den Mitgliedervorträgen über Martin Luther. Damit vermittelt er während der 400-Jahr-Feiern der Reformation den Mitgliedern eine neue Orientierung. (GA 176)
21. September. Rudolf Steiner schickt Alexander von Bernus den ersten Teil seines Aufsatzes *Die chymische Hochzeit des Christian Rosenkreutz* und schreibt dazu: «Ich mußte viel Sorgfalt darauf verwenden, gewisse Wahrheiten, die Sie in diesem Aufsatz finden werden, so zu fassen, daß die Veröffentlichung überhaupt möglich ist. Es gibt Okkultisten, welche bisher der Meinung waren, daß solche Dinge, wie der Hinweis auf Täuschung, Altern (Tod) und Bewußtsein, nicht veröffentlicht werden dürfen. Doch haben diese *für unsere Zeit* vor einer besseren okkultistischen Einsicht unrecht. Aber ich mußte eben *durch die Fassung* das rechte Maß für die Veröffentlichung treffen. Es ist jetzt gerade die rechte Zeit, diese Sachen zu sagen.» (B 15, S. 10f.)
25. September. Letzter Vortrag in Berlin vor der Abreise nach Dornach. Rudolf Steiner warnt eindringlich vor Utopien, die ewige Ordnungen schaffen wollen: «Will man die physische Welt als ein vollkommenes Paradies gestalten, so will man etwas Unmögliches, denn die besteht in einem fortwährenden Oszillieren.» Ferner erwähnt Steiner, daß er «mit verschiedenen Menschen» gesprochen hat, über die Dinge, die notwendig sind, um die Menschen aus den Sackgassen herauszuführen. Dabei spricht er von «einer gewissen Summe von praktischen Begriffen…, durch die man heute sein Denken auffrischen müßte.» (GA 176)
28. September. Rückkehr nach Dornach.
29. September. Wiederbeginn der Vorträge für Mitglieder in Dornach.
Rudolf Steiner formuliert am 1. Oktober einleitend die Absicht, die er mit den Vorträgen verbindet: «Ich werde versuchen, in der Reihe von Vorträgen, die ich nun halten werde, Ihnen etwas Zusammenhängendes zu geben, das Ihnen die Möglichkeit bieten soll, die Gegenwart und die nächste Zukunft wenigstens von einigen Gesichtspunkten aus zu verstehen.» Dazu muß er mehrfach weit ausholen und sowohl auf geistige, moralische und seelische Gegenwartserscheinungen hinweisen wie auch auf Ereignisse, die sich hinter

den Kulissen der äußeren Welt abspielen: den Kampf des Erzengels Michael mit den «Geistern der Finsternis». (GA 177)

30. September. Eurythmie: Planetentanz, Kosmischer Auftakt, Wochensprüche und «Prooemion» von Goethe.

1. Oktober (?). Beginn der Arbeit an der inzwischen vorbereiteten plastischen «Gruppe» des Goetheanum. Assja Turgenieff berichtet: «Miß Maryon hatte die vorbereitende Arbeit an der Mittelfigur übernommen. Prächtig, wie eine Apollogestalt, mit schön gerundeten Muskeln in dem weich wie Samt behandelten Holz stand die Plastik da, als Rudolf Steiner von einer längeren Reise zurückkehrte. ‹Dieser englische Lord ist aber nicht mein Christus›, lachte er, ‹mein Christus ist nicht so muskulös, er hat kein Fett›, und energisch fuhr sein Eisen in die schöne Arbeit hinein. Es war auch nicht die leiseste Spur von Unwillen, auch nicht von Kränkung bei Miß Maryon zu merken. Es war ihr eine Selbstverständlichkeit, mit allen ihren künstlerischen Fähigkeiten, nur der Schüler, nur die dienende Hand Rudolf Steiners zu sein.» (A. Turgenieff, *Erinnerungen an Rudolf Steiner,* S. 98)

5. Oktober. Wiederaufnahme der kunstgeschichtlichen Vorträge. Der letzte dieser vier Vorträge des Herbstes 1917 findet am 29. Oktober statt. (GA 292)

13. Oktober. Eurythmie: Harmonischer Auftakt, Gedichte und Texte von Goethe, Hebbel und Rudolf Steiner.

18. und 19. Oktober. Öffentliche Vorträge in Basel. Im ersten Vortrag stellt Rudolf Steiner den leiblich-seelischen Aspekt der Dreigliederung dar, der zweite trägt im Hinblick auf mögliche Mißverständnisse den Titel *Anthroposophie stört niemandes religiöses Bekenntnis.*

21. Oktober. 5. ordentliche Generalversammlung des Johannesbau-Vereins. Rudolf Steiner spricht über die Grundintentionen des Baugedankens, die Unvollkommenheiten der gegenwärtigen Durchführung und die Möglichkeit, daß in Zukunft «manches unendlich viel vollkommener zum Vorschein kommen» wird, «als es beim ersten Versuch auch nur im Entferntesten der Fall sein kann». Die plastische Gruppe sei wegen der Kriegsverhältnisse nur «in einer Holzgattung» ausgeführt worden. Die Bilanzen des Johannesbau-Vereins Dornach und des Johannesbau-Vereins München werden vorgelegt. Die Bilanzsumme des Johannesbau-Vereins Dornach beträgt 4 253 864,– sfr. Davon sind bereits 3 665 000,– sfr in den Bau geflossen, 218 000,– sfr beträgt der Wert der Grundstücke, mit 78 000,– sfr stehen der Schartenhof und die Villa Hansi in den Büchern, das Bankguthaben beläuft sich insgesamt auf 94 000,– sfr. Auf der Passiv-Seite sind Darlehen und Schulden in Höhe von etwa 1 360 000 sfr ausgewiesen.

In der Aussprache weist Rudolf Steiner auf die noch in Deutschland vorhandenen Beträge hin, und fragt, ob es denn nicht möglich sei, diese Beträge in die Schweiz zu transferieren? Die Möglichkeit besteht, und Rudolf Steiner

macht die Anwesenden dann nochmals auf diese Möglichkeit aufmerksam. Es wird ihm aber entgegengehalten, daß man dieses Geld für bessere Zeiten, wenn sich der Kurs der Mark erholt habe, als Reserve in Deutschland lassen wolle.
Unter «Diverses» stellt MIETA WALLER den Antrag, den «Johannesbau» in «Goetheanum» umzubenennen. In der Aussprache wird dieser Vorschlag allgemein begrüßt, weil der Name «Johannesbau» unerwünschte Assoziationen hervorrufe. Die endgültige Regelung wird jedoch auf das nächste Jahr verschoben. (*Aufbaugedanken und Gesinnungsbildung,* Dornach 1942, S. 57–64 und Protokoll der 5. ordentlichen Generalversammlung)
25. Oktober. Brief an die Mitarbeiterin am Philosophisch-anthroposophischen Verlag, Johanna Mücke, Berlin: «Das Buch *Von Seelenrätseln* kann also jetzt gedruckt werden.» (B 15, S. 12)
27. Oktober. Eurythmie: Auftakte, Märchen aus «Der Hüter der Schwelle» und «Der Tanz» von Schiller.
Im Oktober. Beginn der Vorbereitungen zur Aufführung der «Klassischen Walpurgisnacht» aus Faust II.
2., 3. und 4. November. Rudolf Steiner spricht über Faust II. In diesem Zusammenhang heißt es: «Wir, die Menschen der fünften nachatlantischen Zeit – wir stehen ja im Grunde genommen ziemlich am Anfang: 1413 hat diese fünfte nachatlantische Epoche begonnen, 2160 Jahre dauert eine solche Epoche – haben zu lösen im weitesten Umfange lebenskräftig, was man nennen kann das Problem des Bösen» (GA 273) Dieses Thema greift Rudolf Steiner fast genau ein Jahr später wieder auf. (Vgl. GA 185, 25./26. 10. 1918)
4. November. Eurythmie: Die Märchen aus «Die Prüfung der Seele» und «Der Hüter der Schwelle».
5., 6. und 7. November. Rudolf Steiner spricht in Zürich. Die öffentlichen Vorträge am 5. und 7. November sind Teil einer Vortragsreihe *Anthroposophie und akademische Wissenschaften*. Im ersten Vortrag schildert Rudolf Steiner unter Bezugnahme auf zeitgenössische Denker die Erkenntnisstufen von Imagination, Inspiration und Intuition und deutet den Weg an, der zur Erkenntnis der wiederholten Erdenleben führt. Der zweite Vortrag behandelt Methode und Grunderkenntnisse anthroposophischer Geschichtsforschung. (GA 73)
10. und 11. November. Rudolf Steiner spricht in Dornach über Entwicklung und Probleme der Psychoanalyse: JOSEPH BREUER, SIGMUND FREUD und CARL GUSTAV JUNG. (GA 178)
12., 13. und 14. November. Fortsetzung der Vorträge in Zürich. Gegen Ende des Vortrages *Anthroposophie und Naturwissenschaft* skizziert Rudolf Steiner kurz die Dreigliederung des menschlichen Organismus. Im Vortrag *Anthroposophie und Sozialwissenschaft* spricht Rudolf Steiner – wiederum erst gegen Ende – von den drei Gebieten des sozialen Lebens: dem ökonomi-

schen, dem moralischen Gebiete und dem Rechtsleben. Damit deutet Rudolf Steiner die Idee der Dreigliederung des sozialen Organismus zum ersten Mal öffentlich an. (GA 73)
15. und 16. November. Vorträge in St. Gallen. (GA 178)
Zweite Novemberhälfte. Das Buch *Von Seelenrätseln* erscheint. (GA 21)
18. November. Fortsetzung der Mitgliedervorträge in Dornach mit genauen Hinweisen über die Technik, durch welche okkulte Brüderschaften Menschengruppen manipulieren.
19. November. Eurythmie: Das Märchen aus «Die Pforte der Einweihung», Wochensprüche und Gedichte von Hebbel und C. F. Meyer.
23. und 24. November. Öffentliche Vorträge in Basel. Im zweiten Vortrag spricht Rudolf Steiner zum zweiten Mal öffentlich von der sozialen Dreigliederung.
28., 29. und 30. November. Vorträge in Bern.
2.–22. Dezember. Fortsetzung der Mitgliedervorträge in Dornach. Anthroposophisch-anthropologische und historische Betrachtungen über Notwendigkeit und Freiheit im Weltgeschehen. Zur geistigen Lage der Menschen in der Gegenwart. (GA 179)
10. Dezember. Eurythmisch-dramatische Darstellung der klassischen Walpurgisnacht aus Faust II.
23. Dezember. Vortrag im Zweig der Anthroposophischen Gesellschaft in Basel. Rudolf Steiner spricht zum ersten Mal über die Regel der 33jährigen Umlaufszeit geschichtlicher Ereignisse und charakterisiert dadurch die Zeitdimension im sozialen Handeln der Menschen. (GA 180)
24.–31. Dezember. In den Dornacher Mitgliedervorträgen führt Rudolf Steiner das Thema der 33jährigen Umlaufszeit und der Bedeutung der Zeitdimension des sozialen Handelns weiter aus und ergänzt diese Darstellungen durch Hinweise auf Elemente der Mysterienweisheit. (GA 180)

1918

In der Überschau erscheint das Jahr 1918 als ein Jahr der Zusammenfassung und Vorbereitung. Nachdem Rudolf Steiner in der Zeit von 1910 bis 1917 jährlich mindestens ein neues Buch veröffentlicht hatte, erscheint 1918 kein neues Buch. Dafür aber werden eine erstaunlich große Zahl alter Werke neu bearbeitet, ja umgearbeitet oder doch zumindest durchgesehen und neu aufgelegt: *Die Philosophie der Freiheit* (vielfach neu gefaßt und mit Zusätzen versehen), *Goethes Weltanschauung* (wichtige Partien neu gefaßt), *Theosophie* (Erweiterungen, Ergänzungen und Umarbeitungen), *Wie erlangt man Erkenntnisse der höheren Welten?* (nur geringe Änderungen), *Goethes Geistesart* (Neubearbeitung und Ergänzung durch frühere Arbeiten), *Ein Weg zur Selbsterkenntnis* (Nachwort), *Die Schwelle der geistigen Welt* (Nachwort), *Die Rätsel der Philosophie* (Vorrede zur Neuausgabe).
Auf diese Weise liegen bei Kriegsende fast alle bis dahin erschienenen Schriften Rudolf Steiners im Druck vor.
Neben der Vortragstätigkeit in Dornach und Berlin besucht Rudolf Steiner eine größere Zahl von Städten. So hält er in München zwölf, in Stuttgart acht, in Wien sechs Vorträge, ferner spricht er in Hamburg, Nürnberg, Leipzig, Prag, Heidenheim und Ulm. So wird die Basis für das Wirken in der Zeit nach dem Kriege vorbereitet.
Auch die künstlerische Arbeit wird in diesem Sinne gefördert. Die Eurythmie wird soweit entwickelt, daß im folgenden Jahr eine größere Zahl von öffentlichen Aufführungen möglich werden. Wie zur Vorbereitung finden deshalb 1918 kleinere Eurythmiedarbietungen in Stuttgart, München, Berlin, Leipzig, Wien und Hamburg statt. In Dornach finden im Herbst und Winter zahlreiche interne Eurythmieaufführungen statt; auch wird dort die Ausmalung der rechten Seite der kleinen Kuppel und die Arbeit an der plastischen «Gruppe» des Goetheanum fortgesetzt.

Januar 1918. In der Zeitschrift *Das Reich* erscheint die erste Fortsetzung des Aufsatzes *Die chymische Hochzeit des Christian Rosenkreutz*.
Rudolf Steiner setzt mit den Malerinnen (Louise Clason, J. M. Bruinier) die Neuausmalung der rechten Hälfte der kleinen Kuppel fort. Ebenso wird die Schnitzarbeit an der plastischen «Gruppe» fortgesetzt.

4. Januar–17. Januar. Fortsetzung der Mitgliedervorträge: geschichtliche und bewußtseinsgeschichtliche Beiträge zum Verständnis der Gegenwart, die von den alten Mythen (Isis-Mythe) über das 9. und 15. Jahrhundert bis zur Gegenwart reichen. (GA 180)

11. Januar. Eurythmie, u. a. Gedichte von Alexander von Bernus.

19. Januar. Brief an Frau Emma Boos-Jegher, in welchem Rudolf Steiner mitteilt, daß es gelungen sei, Karl Heise die «Summe zur Drucklegung» (sfr 3600) seines Buches *Die Entente-Freimaurerei und der Weltkrieg* zur Verfügung zu stellen. Frau Boos-Jegher hatte die Verbindung mit dem Verleger zustande gebracht. Heise hatte aufgrund der zeitgeschichtlichen Vorträge Rudolf Steiners aus dem Winter 1916/17 das Thema behandelt. (B 24/25, S. 7)

20. Januar. Rudolf Steiner reist zusammen mit Marie Steiner nach Berlin.

22. Januar. Berlin. Beginn der Vorträge für Mitglieder. Von der Notwendigkeit, ein reales Geistbewußtsein und ein Verhältnis zur Welt der Toten zu gewinnen. (GA 181)

24. Januar. Beginn der öffentlichen Vorträge. Rudolf Steiner zeigt in diesen Vorträgen, wie anthroposophische Forschung zur Erkenntnis des geistigen und seelischen Wesens des Menschen, der Geschichte und der Evolution gelangt. (GA 67)

Ende Januar, möglicherweise zwischen dem 24. und 29. Januar. «Als ich im Januar 1918 aus der Schweiz wiederum nach Berlin kam, da sprach ich mit einem Manne, der in den Ereignissen sehr tief drinnen stand... und der längst meine Ideen kannte, daß nun in Mittel- und Osteuropa die Idee von der Dreigliederung des sozialen Organismus gefaßt werden müsse.» Das Gespräch kam auf die bevorstehende Frühjahrsoffensive. Rudolf Steiner fordert statt einer Offensive eine geistige Aktion und erklärt, er halte diese «Offensive für ein Unding –, und ich führte drei Gründe dafür an». (GA 332a, 25. 10. 1919 und GA 174b, 21. 3. 1921) Dieses Gespräch mit Oberst Hans von Haeften führt dazu, daß Oberst von Haeften – der mit anderen Politikern die Kandidatur des Prinzen Max von Baden für das Amt des Reichskanzlers betreibt, noch im Januar ein Gespräch mit Prinz Max vermittelt. Rudolf Steiner reist nach Karlsruhe und spricht mit Prinz Max über die Dreigliederung, über die Notwendigkeit einer Volksseelenkunde und darüber, wie die geplante Frühjahrsoffensive zu verhindern sei. Prinz Max ist dann in diesem letzten Sinne erfolglos tätig gewesen. (Hierzu: GA 209, 24. 11. 1921, 19. 7. 1920, unveröff., GA 185a, 24. 11. 1918 und Prinz Max von Baden, *Erinnerungen und Dokumente,* S. 243)

8. Februar. Rudolf Steiner schreibt eine Vorrede zu dem Vortragszyklus *Die Mission einzelner Volksseelen* (Kristiania 1910) und schickt den Zyklus mit der Vorrede an den Prinzen Max von Baden.

10.–12. Februar. Rudolf Steiner hält drei Vorträge in Nürnberg.

14.–19. Februar. Rudolf Steiner in München. Er hält zwei öffentliche Vorträge und spricht zweimal für die Mitglieder. Im von Alexander von Bernus gegründeten Kunsthaus «Das Reich» spricht er zweimal über *Das Sinnlich-Übersinnliche in seiner Verwirklichung durch die Kunst.* (GA 271)
ALBERT STEFFEN berichtet über die Aufnahme der Vorträge. «In diesem Vortrag war das damals maßgebende literarische und künstlerische München anwesend. Fast alle verhielten sich ablehnend, wie ich von meinem Platze, auf das peinlichste berührt, beobachten konnte.» (A. Steffen, *Begegnungen,* S. 189)

19. Februar. Eurythmiedarbietung im kleinen Kreis.

21. Februar. Rudolf Steiner in Berlin. Öffentlicher Vortrag *Goethe als Vater der Geistesforschung.* (GA 67)

23.–27. Februar. Rudolf Steiner zu Vorträgen in Stuttgart. Am 26. findet im Haus des Zweiges eine Eurythmiedarbietung statt.

5. März. Am 3. März war der Friede von Brest-Litowsk geschlossen worden. Friedrich Rittelmeyer berichtet: «Die tiefste Erregung, die ich je an Steiner sah, erlebte ich nach dem Frieden von Brest-Litowsk. Ich traf ihn auf der Straße, als er zu seinem Vortrag ging. ‹Wie denken Sie über diesen Friedensschluß?› fragte er. ‹Er gefällt mir ganz und gar nicht›, sagte Rittelmeyer. ‹Aber wir haben jetzt wenigstens im Osten Luft. Und vielleicht lassen sich die jetzigen Gewalttaten der Militärs nach dem allgemeinen Frieden doch wiedergutmachen.› ‹Es ist furchtbar›, sagte Rudolf Steiner, ‹einfach furchtbar. Sie sollten einmal sehen, wie das auf die Verstorbenen wirkt, auch gerade auf solche, die uns nahe und an den Ereignissen selbst mitgewirkt haben. Wie eine Explosion! Es wirft sie geradezu zurück. ... Es geht nun wirklich ins Chaos hinein.›» (F. Rittelmeyer, *Meine Lebensbegegnung mit Rudolf Steiner,* S. 116)

18. März. Rudolf Steiner übersendet EMIL MOLT, Stuttgart, eine Zusammenstellung eigener Texte für ein Büchlein für die deutschen Kriegsgefangenen: *Durch den Geist zur Wirklichkeits-Erkenntnis der Menschenrätsel.* (B 24/25, S. 10)

20. März. Rudolf Steiner sendet Alexander von Bernus den dritten Teil (Schluß) seines Aufsatzes über *Die chymische Hochzeit des Christian Rosenkreutz.* «Hier komme ich endlich mit meinem Aufsatz. Bitte verzeihen Sie, ich war in der letzten Zeit durch Unaufschiebbares gehindert, früher fertig zu werden. In dem Aufsatz bin ich nun mit der Interpretation... soweit gegangen als es gegenwärtig möglich ist.» (M. Sladek/M. Schütze, *Alexander v. Bernus,* S. 159f.)

Ende März bis 9. (?) April. Rudolf Steiner überarbeitet sein 1892/93 geschriebenes philosophisches Hauptwerk *Die Philosophie der Freiheit.* Im Vor-

trag vom 9. April heißt es: «Ich war in diesen Tagen beschäftigt mit der Ausgestaltung der Neuauflage der ‹Philosophie der Freiheit›, die in der nächsten Zeit erscheinen soll.» (GA 181)
Mutmaßlich ist Rudolf Steiner sofort nach Beendigung dieser Arbeit an die Ausgestaltung der Neuauflage des Buches *Goethes Weltanschauung* gegangen. Weder Vorrede noch Nachwort sind datiert. Das einzige Indiz zur Datierung ergibt sich aus der Tatsache, daß die später (etwa im Juni) verfaßte Schrift *Goethes Geistesart* hier noch als *Goethes Faust und das Märchen von der grünen Schlange* erwähnt wird.
23. April–6. Mai. Vortragsreise. Stuttgart–Heidenheim–Ulm–München. In München hält Rudolf Steiner am 5. und 6. Mai zweimal den Vortrag *Die Quellen der künstlerischen Phantasie und die Quellen der übersinnlichen Erkenntnis* in dem Kunsthaus «Das Reich». (GA 271)
7. Mai. Rückkehr nach Berlin.
9.–23. Mai. Die Neuauflagen der Bücher *Wie erlangt man Erkenntnisse der höheren Welten?* und *Die Rätsel der Philosophie* werden durchgesehen und mit einer Vorrede versehen.
11. und 12. Mai. Vorträge in Leipzig.
12. Mai. Eurythmiedarbietung in Leipzig, u. a. Gedichte von Jacobowski, Dehmel und Morgenstern.
24. Mai–18. Juni. Reise nach Wien–Horn–Tannbach–Prag und zurück nach Berlin.
26. Mai–2. Juni. Vorträge in Wien.
1. Juni. Vortrag im Atelier der Malerin Maria Strakosch: *Das Sinnlich-Übersinnliche – Geistige Erkenntnis und künsterlisches Schaffen.* (GA 271) Zu dem Vortrag sind ausschließlich Wiener Künstler eingeladen. Auch Rosa Mayreder wohnt zur Freude Steiners dem Vortrag bei. (Vgl. Rosa Mayreder, *Tagebücher,* S. 180f.)
2. Juni. Eurythmiedarbietung, Ausstellung von Aquarellen zu Morgensterns Galgenliedern. Marie Steiner rezitiert Galgenlieder.
3.–4. Juni. Rudolf Steiner besucht seine Wiener Freunde.
4. Juni. Rudolf Steiner besucht seine Mutter und Geschwister in Horn. Die Mutter ist besorgt, weil «der Rudl seine adlige Frau mitbringen wollte». (Kurt Berthold, *Auf den Spuren der Familie Steiner in Horn*, in Mitteilungen D 1983, S. 32.) Rudolf Steiner sieht seine Mutter, die am 24. Dezember 1918 stirbt, zum letzten Mal.
7. Juni. Rudolf Steiner besucht Graf Polzer-Hoditz in Tannbach bei Gutau. Dort trifft zur selben Zeit auch Graf Lerchenfeld ein. (L. Polzer-Hoditz, *Erinnerungen an Rudolf Steiner,* S. 89)
9. Juni. Rudolf Steiner besucht mit seiner Frau und der Familie Polzer die Messe in Gutau. Anschließend findet in Schloß Tannbach eine «Handlung

unter dem Zeichen des Rosenkreuzes» statt, bei der Rudolf Steiner eine Ansprache hält. (L. Polzer-Hoditz, *Erinnerungen an Rudolf Steiner,* S. 92)
11. Juni. Reise nach Prag zusammen mit Graf und Gräfin Polzer. Rudolf Steiner hält in Prag zwei öffentliche Vorträge und spricht zu den Mitgliedern. Während des Aufenthaltes besucht er u. a. den Hradschin und das Kloster Strahov. (L. Polzer-Hoditz, *Erinnerungen an Rudolf Steiner,* S. 96f.)
17. Juni. Exkursion zur Burg Karlstein mit den Familien Polzer und KLIMA. Am Schluß des Vortrags vom 16. Juli 1918 erwähnt Rudolf Steiner diesen Besuch und geht kurz auf die Bedeutung der Symbolik der Bilder ein. (GA 181)
18. Juni. Rückreise nach Berlin. In Berlin arbeitet Rudolf Steiner an dem Buch *Goethes Geistesart in ihrer Offenbarung durch seinen Faust und durch das Märchen von der Schlange und der Lilie.* Er fügt dem 1902 geschriebenen Aufsatz *Goethes Faust als Bild seiner esoterischen Weltanschauung* den neuen Aufsatz *Goethes Geistesart in ihrer Offenbarung durch seinen Faust* hinzu und überarbeitet den 1899 geschriebenen Aufsatz *Goethes geheime Offenbarung.* (GA 22)
30. Juni–1. Juli. Rudolf Steiner hält zwei Vorträge in Hamburg.
30. Juni. Eurythmiedarbietung in Hamburg.
Anfang Juli. In den *Stimmen der Zeit – katholische Monatsschrift für das Geistesleben der Gegenwart* erscheint der Aufsatz *Anthroposophische Irrlehren* von OTTO ZIMMERMANN S. J.; Zimmermann wirft Steiner Ketzerei vor: «Steiners Christusvorstellung ist der Inbegriff christologischer Ketzerei.»
2. Juli (?)–14. August. Rudolf Steiner in Berlin.
In Berlin arbeitet Rudolf Steiner zunächst an der Neuausgabe des Buches *Theosophie:* «Die Durcharbeitung hat für die vorliegende Neuausgabe zu einer ziemlich großen Zahl von Erweiterungen und Ergänzungen des Inhalts geführt. Man wird besonders das Kapitel ‹Wiederverkörperung des Geistes und Schicksal› ganz umgearbeitet finden.»
3. Juli. Rudolf Steiner spricht zu den Mitgliedern über das Goetheanum in Dornach und zeigt am Ende des Vortrags Bilder zu der in Arbeit befindlichen plastischen «Gruppe». (GA 181)
23. Juli. Rudolf Steiner charakterisiert in einem Vortrag für Mitglieder den Reichskanzler GEORG GRAF VON HERTLING in deutlicher Art. Bisher hatte er sich nur in Privatgesprächen deutlich über deutsche Politiker der Gegenwart geäußert. (GA 181)
Anfang August. In den *Stimmen der Zeit* erscheint ein zweiter Aufsatz von OTTO ZIMMERMANN S. J.: *Der anthroposophische Mystizismus.*
Rudolf Steiner arbeitet an einer Neuauflage des Buches *Die Geheimwissenschaft im Umriß.* «Ich korrigiere jetzt meine ‹Geheimwissenschaft›, die in neuer Auflage erscheinen soll» (sie erscheint erst Mitte 1920). (GA 181, 6. 8. 1918)

6. August. Rudolf Steiner warnt – aus Anlaß der Artikel des Jesuitenpaters Otto Zimmermann – die Mitglieder vor Naivität gegenüber der katholischen Kirche. (GA 181)
11. August. Brief an ALFRED JEREMIAS. (BfII, Nr. 641)
12. August (?). Rudolf Steiner reist nach Dornach und bleibt bis zum 20. April 1919 in der Schweiz.
17. August. Begrüßung der Mitarbeiter und Mitglieder in Dornach. Rudolf Steiner dankt für die «hingebungsvolle Tätigkeit der am Bau Arbeitenden». «Insbesondere in diesen Monaten meiner letzten Abwesenheit, wo ja unter schwierigen Verhältnissen gearbeitet worden ist, ist ja gerade ein Teil der künstlerischen Arbeiten in einer unvergleichlichen Weise fortgeschritten, fortgeschritten in dem Geiste, der dieses Ganze durchdringen soll.
Ferner gibt Rudolf Steiner einen kurzgefaßten Bericht über die Arbeit und die Erfahrungen in Deutschland. (GA 183)
18. August. Eurythmie: Gedichte von Goethe, Schiller, Hebbel, Morgenstern.
18. August. Rudolf Steiner beginnt die Dornacher Herbstvorträge, in denen er von den verschiedensten Gesichtspunkten aus die Idee der Dreigliederung des Menschen, die Polarität von Raum und Zeit, den Gegensatz von Ahrimanischem und Luziferischem in Zusammenhang mit Geschichte und Menschenkunde behandelt. (GA 183 u. 184)
25. August. Eurythmieaufführung, zusammengestellt aus Anlaß des Besuchs von PRINS HENDRIK DER NEDERLANDEN, dem holländischen Prinzgemahl.
Fortsetzung der künstlerischen Arbeiten an der plastischen «Gruppe» und an der weiteren Ausmalung der rechten Hälfte der kleinen Kuppel. Ferner wöchentliche Eurythmieaufführungen.
20. September. Eurythmie: «Zwölf Stimmungen» von Rudolf Steiner. Am fünften Jahrestag der Grundsteinlegung des Dornacher Baus spricht Rudolf Steiner von der Verpflichtung, «für die Anthroposophische Sache einzutreten». «Der Bau würde die Veranlassung sein für die Zerstörung unserer Sache, wenn sich nicht genügend verteidigende Kraft finden würde.» «Dieser Bau ist vor allem ein Wahrzeichen für diese Bewegung. Dieser Bau ist dasjenige, was in gewissem Sinne den Menschen weithin sichtbar macht, daß eine solche Bewegung in der Welt zu sein hat.» (GA 184)
27., 28. und 29. September. Rudolf Steiner spricht über Goethes Natur- und Weltanschauung und über Faust II, insbesondere über die klassische Walpurgisnacht. (GA 273)
29. September. Eurythmisch-dramatische Aufführung der klassischen Walpurgisnacht aus Faust II.
8.–10. und 15.–17. Oktober. Wie im vergangenen Herbst hält Rudolf Stei-

ner in Zürich eine Reihe von vier öffentlichen Vorträgen, in denen er über anthroposophische Erkenntnismethodik, über die Erkenntnis des seelischen, sozialen und geschichtlichen Lebens spricht. Die Vorträge wurden von Rudolf Steiner sehr gründlich vorformuliert. (Vgl. B 45) Ferner hält er zwei Mitgliedervorträge über die Tätigkeit der Engel im Astralleib des Menschen und über das Finden des Christus. (GA 182)

10. Oktober. Rudolf Steiner schreibt ein Vorwort zu: Karl Heise, *Die Ententefreimaurerei und der Weltkrieg.*

18. Oktober. Eine für diesen Tag geplante erste öffentliche Eurythmieaufführung kommt nicht zustande, weil keine Genehmigung erteilt wird.

18. Oktober–3. November. Rudolf Steiner hält in Dornach neun Vorträge über *Geschichtliche Symptomatologie,* in denen er den anthroposophischen Ansatz der Geschichtsforschung ausführlich darstellt sowie die Geschichte der Neuzeit bis zur unmittelbaren Gegenwart charakterisiert. (GA 185)

30. und 31. Oktober. Öffentliche Vorträge in Basel über Methodik und Inhalt der anthroposophischen Geistesforschung, ein dritter Vortrag folgt am 8. November.

3. November. 6. ordentliche Generalversammlung des Vereins des Goetheanum (vorher: Johannesbau-Verein). Es wird der Beschluß gefaßt, den Bau hinfort «Goetheanum» zu nennen. Rudolf Steiner spricht über die innere Entwicklung des Baus: «Es handelt sich darum, daß ja das innere Gefüge des Baues, das künstlerische innere Gefüge des Baues, in einer gewissen Beziehung... nur in einer Art Kampf allmählich bis zu dem Stadium gebracht werden konnte, zu welchem es heute gebracht ist.» Über seine eigenen Malereien in der kleinen Kuppel, sagt er, es sei «ein Anfang, der so ein bißchen malerische Schmierage ist–, aber ein Anfang ist vielleicht doch darin». «Und ich darf Ihnen wohl das Geständnis ablegen, daß ich ja vielleicht dasjenige, was ich will, erreichen würde, wenn ich heute nicht 58 Jahre alt wäre, sondern noch 35 Jahre lernen könnte...» (*Aufbaugedanken und Gesinnungsbildung,* Dornach 1942, S. 49–56)

8. November. Basel. Öffentlicher Vortrag: *Sittliches, soziales und religiöses Leben im Lichte einer übersinnlichen Welterkenntnis.* Ein Zuhörer schreibt in einem Brief: «Gestern abend hat Dr. Steiner in dem letzten seiner öffentlichen Vorträge auf eine Weise – wie wohl noch nie vorher – sich zu einer Posaune gemacht, durch die aus lichteren Welten ein ‹Wacht auf!› in unser schläfriges Ohr geschrieen wurde und wodurch das gute Basel bis zur Rheinbrücke gezittert hat. Die Menschen saßen verstört da, und als der Sturm vorbei war schauten sie mit runden Augen und verdutzten Mienen dem Manne nach, der durch den Saal ging, um einige Bekannte zu begrüßen. Viel eher hätten sie erwartet, daß er mit flammendem Schwert direkt durch die Decke in einem Abgrund von Licht verschwinden würde.» (J. M. Bruinier, Briefe, unveröff.)

9. November. Revolution in Deutschland. Rudolf Steiner beginnt in Dornach eine Vortragsreihe: *Entwicklungsgeschichtliche Unterlagen zur Bildung eines sozialen Urteils,* in der er über den Weltkriegsausbruch, über Unternehmergewinn, Rente und Lohn, über Marxismus und Dreigliederung spricht. (GA 185a) EMIL MOLT, der Stuttgarter Industrielle, der auf einer Auslandsreise in Zürich ist, eilt nach Dornach und hört den Vortrag vom 9. November und berichtet: «Noch nie hatte ich Rudolf Steiners Ausführungen mit größerer Aufmerksamkeit aufgenommen als an diesem Abend. Wie wenn er meine innere Frage: Was kann ich in dieser Lage tun? vernommen hätte, sagte er im Verlauf seines Vortrages etwa das folgende: ‹Und wenn mich jetzt jemand fragen würde, was er tun solle, so könnte ich ihm nur raten, aufgeschlossen zu sein und hinzulauschen, was die Verhältnisse von ihm fordern.› Das war für mich die einzig richtige Antwort.» (E. Molt, *Entwurf...,* S. 161) Dr. CARL UNGER und EMIL MOLT besprechen mit Rudolf Steiner, was zu tun sei. So wird die Möglichkeit einer württembergischen Industrie-Treuhandgesellschaft und die Frage der Sozialisierung erörtert. (Vgl. *Phänomene und Symptome,* 1. Jg., Nr. 12, Mai 1927)

Mitte November. In einem Gespräch mit dem Werkmeister (Mechaniker) SPEIDEL über die Bildungsmöglichkeiten für Arbeiterkinder entzündet sich bei EMIL MOLT der Gedanke an eine Schulgründung. Emil Molt: «In meinem Bewußtsein lebt diese Unterhaltung als die Geburtsstunde für die Idee einer Waldorfschulgründung.» (*Die Drei,* 5. Jg., S. 365/366)

23. und 24. November. Emil Molt zu Besprechungen in Dornach. Im Vortrag am 24. November spricht Rudolf Steiner aus, daß soziale Gestaltung Ideen erfordert, die von jenseits der Schwelle geholt sind. (GA 185a)

30. November. Eurythmieaufführung: «Chor der Urtriebe» von Fercher von Steinwand.

1. Dezember. Rudolf Steiner spricht in Dornach über die künftigen Formen des mechanischen, eugenetischen und hygienischen Okkultismus. Am Ende des Vortrags deutet Rudolf Steiner den Hauptfehler der deutschen Kriegsführung 1914 an: der Angriff im Westen, anstatt mit der Hauptmasse des Heeres den russischen Angriff im Osten abzuwarten, so daß für Frankreich und England keine Bündnisverpflichtungen gegeben gewesen wären. (GA 186)

12. Dezember. Rudolf Steiner spricht in Bern – wie schon andeutungsweise am 6. Dezember in Dornach – über soziale und antisoziale Triebe im Menschen. (GA 186)

20. Dezember. Vortrag über die Wirksamkeit der Archai und den in der Anthroposophie repräsentierten Impuls der Persönlichkeit. (GA 186)

24. Dezember. Rudolf Steiner schreibt an die Leiterin des Philosophisch-Anthrosophischen Verlages in Berlin, Johanna Mücke, und teilt mit, daß er nicht wie in Aussicht genommen am 27. Januar seine Vorträge in Berlin beginnen kann. Es sei bei ihm angefragt worden, ob er nicht im Januar in Basel und Zürich über Gegenwartsfragen vortragen könne. «Unter Umständen ist das sehr viel wichtiger auch gerade für das deutsche Wesen als die wohl auch jetzt noch verhallenden Vorträge dort.» (B 24/25, S. 18)

24. Dezember. Rudolf Steiner beginnt die Weihnachtsvorträge in Dornach. Im Mittelpunkt dieser Vorträge steht die Idee einer Erneuerung des Christentums durch ein Eingreifen des lebendigen Christus-Impulses. (GA 187)

24., 25., 27., 29. und 31. Dezember. Eurythmiedarbietungen, teilweise mit weihnachtlichen Motiven.

1919

Im Alter von 58 Jahren beginnt Rudolf Steiner jene öffentliche Wirksamkeit, die ihn in den folgenden Jahren in das allgemeine Bewußtsein Mitteleuropas treten läßt. Diese Wirksamkeit führt schrittweise zur Begründung der speziellen anthroposophischen Kulturimpulse in Pädagogik, Medizin, Pharmazie und Landwirtschaft, die bis in die Gegenwart hinein zunehmend an Bedeutung gewonnen haben. Zugleich verwickelt die öffentliche Wirksamkeit Rudolf Steiner in zahlreiche Auseinandersetzungen mit einer Gegnerschaft, die nun in zunehmendem Maße auf ihn aufmerksam wird.

1919 ist zunächst das Jahr des Kampfes für die *Dreigliederung des sozialen Organismus*. Mit seinen Mitarbeitern versucht Rudolf Steiner in einem beschränkten Gebiet um Stuttgart herum, eine Volksbewegung für die Dreigliederung ins Leben zu rufen. Dieser Versuch führt trotz anfänglicher Erfolge nicht zu dem angestrebten Ergebnis. 1919 ist aber vor allem das Jahr der *Begründung der Waldorfschulpädagogik* und der *Waldorfschule in Stuttgart*. Dieser Keim zur Erneuerung der Erziehungskunst hat sich seither trotz vielfacher Widerstände entfaltet und sich als fruchtbar erwiesen. Schließlich wird im Jahre 1919 die in den vergangenen sieben Jahren entwickelte Eurythmie durch öffentliche Aufführungen in Zürich, Winterthur, Dornach, Stuttgart, Mannheim, Berlin, Dresden und Bern der Öffentlichkeit vorgestellt.

Das Jahr 1919 gliedert sich, was die Arbeit Rudolf Steiners anlangt, deutlich in mehrere Abschnitte. Bis zum 19. April wirkt Rudolf Steiner in der Schweiz. Er spricht öffentlich in Zürich, Basel, Bern und Winterthur über die Idee der Dreigliederung des sozialen Organismus, um so im Umkreis des Goetheanum Verständnis für diese Idee zu gewinnen. In dieser Zeit wird auch das Buch: *Die Kernpunkte der sozialen Frage in den Lebensnotwendigkeiten der Gegenwart und Zukunft* aus den Erfahrungen der Vortragstätigkeit heraus niedergeschrieben.

Erst nachdem die Basis des Wirkens in der Schweiz auf diese Weise gesichert ist, fährt Rudolf Steiner am 20. April nach Deutschland, das von politischen Kämpfen – von denen die Münchener Räterepublik nur *ein* Symptom ist – erschüttert wird. Die Mitarbeiter Steiners bereiteten sein Auftreten in Württemberg vor, und am 22. April beginnt die Kampagne für die Einführung der Dreigliederung, für die Schaffung von Betriebsräten und für die Gründung eines Kulturrats. Trotz des größten persönlichen Einsatzes Rudolf Steiners und seiner Mitarbeiter kommt die Aktion in der kritischen Phase öffentlicher Ratlosigkeit nicht schnell genug voran, obwohl in der Arbeiterschaft Interesse und Teilnahme geweckt werden. Die bürgerlichen Kreise bleiben passiv. So endet diese Kampagne im August, wobei die Handlungsspielräume immer enger werden. Zugleich wird in dieser Zeit die Begründung der Waldorfschule vorbereitet.

Der August und der September sind die Monate, in denen die Waldorfschule begründet wird. Das Waldorfschul-Lehrerkollegium tritt am 20. August zusammen und wird von Rudolf Steiner vom 21. August bis zum 6. September durch Kurse und Seminare auf die neue Tätigkeit vorbereitet. Am 7. September wird die Waldorfschule eröffnet.

Im Oktober nimmt Rudolf Steiner die Tätigkeit in Dornach und in der Schweiz wieder auf. Mitte Oktober beginnen in Dornach jene Besprechungen, die im folgenden Jahr zur Begründung der Aktiengesellschaft *Der Kommende Tag* führen. Vom 24. bis zum 31. Oktober findet in Zürich ein öffentlicher Vortragszyklus *Soziale Zukunft* statt, in dem sich die Erfahrungen der Dreigliederungsarbeit niederschlagen. Zu Weihnachten schließlich und zum Jahreswechsel ist Rudolf Steiner in Stuttgart, um mit dem Waldorfschul-Lehrerkollegium zu arbeiten und um die praktische Fortsetzung der Dreigliederungsinitiative zu fördern.

1. Januar–2. Februar. Rudolf Steiner setzt in Dornach seine Vorträge über den Zusammenhang von Menschenerkenntnis, Sozialerkenntnis und sozialem Handeln fort. (GA 187 u. 188)

11. Januar (?). JOSEPH ENGLERT, leitender Mitarbeiter am Goetheanum, muß entlassen werden.

16. Januar–2. Februar. In der Schreinerei in Dornach wird auf vergrößerter Bühne siebenmal die Schlußszene der Klassischen Walpurgisnacht aus Faust II aufgeführt.

17.–19. Januar. Rudolf Steiner spricht über die Schlußszene der Klassischen Walpurgisnacht.

21. Januar. Telegramm Rudolf Steiners an FRIEDRICH RITTELMEYER in Berlin mit der Bitte, an seiner Stelle bei den für Februar in Berlin angekündigten Vorträgen einzuspringen, da er selbst dringend in Zürich zu sprechen habe. (B 24/25, S. 19)

25. Januar. EMIL MOLT, ROMAN BOOS und HANS KÜHN suchen im Auftrag der in Stuttgart Tätigen Rudolf Steiner im Atelier in Dornach auf, um mit ihm die Möglichkeiten weiteren Handelns zu besprechen. In der Besprechung weist Rudolf Steiner auf die Fragen der Außenpolitik hin. Im Hinblick auf die in Paris stattfindende «Friedenskonferenz» ist besonders eine sachliche Darstellung der Ereignisse der Vorgänge im Juli 1914, die zum Kriegsausbruch führten, erforderlich. Emil Molt macht Rudolf Steiner den Vorschlag, etwas auszuarbeiten, was «wir alle» unterschreiben. Er regt die Gründung eines Bundes als Rückhalt für das Wirken Rudolf Steiners in der Öffentlichkeit an. (Vgl. *Rudolf Steiner während des Weltkrieges,* o.J., S. XXXV)

27. Januar. Fortsetzung der Besprechung mit Molt, Boos und Kühn. Rudolf Steiner stellt in Aussicht, bis zum Ende der Woche den Entwurf für einen Aufruf zu verfassen. Rudolf Steiner wird über viele Einzelheiten künftiger Regelungen im Sinne der Dreigliederung befragt. Von sich aus jedoch betont er: «Wir müssen zuerst mit dem Geld, das wir noch haben, freie Schulen gründen, um den Leuten das beizubringen, was sie brauchen.» Nochmals betont Rudolf Steiner, wie schon im Memorandum I von 1917, die Notwendigkeit, die Geschichte des Kriegsausbruchs darzustellen. (Vgl. E. Molt, *Entwurf,* S. 223–237)

2. Februar. Rudolf Steiner überreicht Emil Molt, Roman Boos und Hans Kühn den *Aufruf an das deutsche Volk und die Kulturwelt.* Emil Molt nennt diesen Vorgang die «Geburtsstunde der Dreigliederungsbewegung». (Molt, *Entwurf,* S. 178 f.) Es wird sofort damit begonnen, Unterschriften für diesen Aufruf zu sammeln. In Deutschland liegt die Leitung der Aktion in den Händen eines Komitees, das aus Emil Molt, Carl Unger und dem Tübinger Staatsrechtler Prof. Dr. Wilhelm von Blume, einem Nicht-Anthroposophen, besteht. Für Österreich bildet sich ein Komitee aus Walter Johannes Stein, Ludwig Graf Polzer-Hoditz und Staatsrat Stefan von Licht. Das schweizerische Komitee besteht aus Roman Boos und Albert Steffen.

3.–14. Februar. Rudolf Steiner spricht in Zürich, Bern und Basel über die wirkliche Gestalt der sozialen Frage und die vom Leben geforderten wirklichkeitsgemäßen Lösungsversuche. In Zürich finden vier Vorträge statt, in Bern und Basel je zwei Vorträge. (GA 193 u. 328)

Aus den Zürcher Vorträgen entsteht dann der Anfang des Buches *Die Kernpunkte der sozialen Frage.* Rudolf Steiner beginnt bereits im Hotel in Zürich, die Vorträge zu dem Buch umzuarbeiten. (Molt, *Entwurf,* S. 180)

6. oder 7. Februar. Rudolf Steiner, der zu Vorträgen in Bern ist, führt ein Gespräch mit dem damaligen bayerischen Ministerpräsidenten Kurt Eisner, der aus Anlaß eines Sozialistenkongresses in Bern weilt. Thema der Unterredung, die während Eisners Frühstück im Hotel Bellevue stattfindet, ist die Veröffentlichung von deutschen Akten zum Kriegsausbruch, durch die die Festlegung einer einseitigen deutschen Kriegsschuld verhindert werden soll. (Hans Kühn, *Dreigliederungszeit,* S. 34; B 24/25, S. 23 f.) In Bern spricht Steiner auch mit dem deutschen Gesandten Wilhelm Förster. (Hans Kühn, *Dreigliederungszeit,* S. 36)

15. Februar. Im Vortrag für Mitglieder in Dornach stellt Rudolf Steiner den

Aufruf an das deutsche Volk und die Kulturwelt und die damit verbundenen Aktionen dar. In dem Vortrag beantwortet er eine Frage, die ihm damals oft gestellt wurde (und die auch heute immer wieder aufgeworfen wird): Ist es denn überhaupt noch möglich, bevor ein vollständiges Debakel hereinbricht, den Weg zum Verständnis der Menschen zu finden? Rudolf Steiner antwortet darauf: «Nun, die letztere Frage kann ja für einen in der Wirklichkeit denkenden Menschen nicht aufgeworfen werden. Denn ein in der Wirklichkeit denkender Mensch stellt nicht Hypothesen auf über dasjenige, was möglich oder unmöglich ist, sondern er greift zu dem, von dem er für notwendig hält, daß es getan werde. Wenn man einen Weg geht, dann handelt es sich darum, den ersten Schritt zu machen.» (GA 189)

16. Februar. Brief an Emil Molt. Rudolf Steiner empfiehlt Emil Molt, Emil Leinhas als Direktor in der Waldorf-Astoria anzustellen: «Ich kann also wohl sagen, daß Sie mit ihm eine gute Aquisition machen würden in jeder Beziehung, da Herr Leinhas für die jetzt von uns in Szene gesetzte Sache auch stark in Betracht kommt.» (B 24/25, S. 25)

16. Februar–14. April. Rudolf Steiner setzt in Dornach die Vorträge für Mitglieder fort, die von ökonomischen, geschichtlichen, sprachlichen und anderen Gesichtspunkten aus zum Verständnis der sozialen Frage führen sollen. (GA 189 u. 190)

24. Februar. Erste öffentliche Eurythmieaufführung. Plakat und Programmheftzeichnung für diese Aufführung in Zürich zeichnet zur Freude Steiners Walo von May. Das sehr zahlreiche Publikum, so berichtet Tatiana Kisseleff, die Hauptdarstellerin, wohnt dieser Uraufführung mit Interesse und in der Mehrzahl mit Wohlwollen bei. «Die Presse, wie zu erwarten war, verhielt sich allerdings mehr oder weniger ablehnend.» Die Ankündigung nennt als Hauptdarstellerin Tatiana Kisseleff und als Mitwirkende Elisabeth Dollfuss, Anna Marie Groh, Anne Marie Donath, Edith Röhrle. Die begleitende Musik ist von Leopold van der Pals, Max Schuurman und Jan Stuten. (Kisseleff, *Eurythmie-Arbeit,* S. 98 f.)

27. Februar. Zweite öffentliche Eurythmieaufführung in Winterthur.

5. März. Der Aufruf *An das deutsche Volk und die Kulturwelt* erscheint in vielen Tageszeitungen und wird als Flugblatt verbreitet. (GA 24)

8. März. Rudolf Steiner spricht vor Arbeitern in Zürich: *Welchen Sinn hat die Arbeit des modernen Proletariers?* Eingangs macht Rudolf Steiner deutlich, daß er nicht zur Verständigung mit dem Kapitalismus aufrufen möchte, da die bisher führenden Klassen das hervorgebracht haben, was heute geschieht.

11. März. Öffentlicher Vortrag in Bern bei Gelegenheit der «Internationalen Völkerbundskonferenz»: *Die wirklichen Grundlagen eines Völkerbundes.* Ein wirklicher Völkerbund muß auf neue Gedanken und Impulse gegründet werden: er darf nicht «auf fürstlichem Geblüt, nicht auf der Macht des Kapitals oder der Arbeit» beruhen. «Er muß gegründet sein auf das Recht, auf den wirklich befreiten ganzen Menschen.» (GA 329, vgl. auch B 24/25, S. 27)

13. März. Erste öffentliche Eurythmieaufführung in Dornach.

17. März. Öffentlicher Vortrag in Bern auf Einladung des «Bildungsausschusses der Arbeiterunion Bern»: *Welchen Sinn hat die Arbeit des modernen Proletariers?*

19. März. Öffentlicher Vortrag in Winterthur auf Einladung des «Ausschusses der Bildungskommission der Arbeiter-Union Winterthur»: *Proletarische Forderungen und deren künftige praktische Verwirklichung.*

21. März. In Stuttgart findet im «Stadtgarten» die erste öffentliche Veranstaltung des deutschen Komitees statt. Es sprechen Prof. von Blume und Dr. Carl Unger über die Grundgedanken der Dreigliederung. (E. Molt, *Entwurf meiner Lebensbeschreibung,* S. 181, H. Kühn, *Dreigliederungszeit,* S. 37f.)

24. März. Rudolf Steiner telegraphiert an Molt, daß er erst Anfang April nach Stuttgart kommen könne, das Manuskript des Buches *Die Kernpunkte der sozialen Frage* sei in etwa 10 Tagen druckfertig. (B 24/25, S. 27f.)

2. April. Öffentlicher Vortrag in Basel: *Proletarische Forderungen und deren künftige praktische Verwirklichung.*

4. April. Öffentlicher Vortrag in Dornach: *Die Kernpunkte der sozialen Frage.*

9. April. Öffentlicher Vortrag für die Basler Studentenschaft: *Soziales Wollen und proletarische Forderungen.*

10. April. Öffentlicher Vortrag in Münchenstein für die sozialistische Jugend: *Soziales Wollen und proletarische Forderungen.*

11. April. Telegramm an Emil Molt: «Eben erst letzte Fahnenkorrektur erhalten. Muß zur Fertigstellung des Buches noch einige Tage hier sein. Daher Thema für den 22. April *Die Kernpunkte der sozialen Frage als Wirtschafts-, Rechts- und Geistesfrage,* für 23. April *Wege und Ziele des sozialen Neuaufbaus,* 25. April *Kapital und Menschenarbeit.* (B 24/25, S. 28)

19. April. Abschiedsansprache in Dornach. Darin die Worte: «So möchte ich namentlich, daß die Anthroposophie nicht unfruchtbar bleibe gerade in der sozialen Arbeit, daß Sie nicht etwa die Dinge wie zwei nebeneinandergehende Sachen betrachten, sondern sie durchaus so betrachten, daß das eine das andere trägt.» (Nachrichtenblatt, 1943, Nr. 9)

In Deutschland waren die Verhältnisse im April 1919 unruhiger als während der Staatsumwälzung im November 1918. In Württemberg hatte vom 31. März bis zum 6. April ein Generalstreik das wirtschaftliche Leben, Bahn und Post lahmgelegt, in Stuttgart war es zu bewaffneten Auseinandersetzungen gekommen. In München war am 7. April die Räterepublik ausgerufen worden. Mitte April befanden sich 300 000 Bergarbeiter im Ausstand. Freikorps schickten sich an, die Unruhen in brutaler Weise niederzuwerfen.

In Stuttgart hatte Hans Kühn, einer der Vertreter der Dreigliederungsbewegung, mit den Führern von einigen Arbeitergruppen, meist USPD-Anhängern, Verbindung aufgenommen und – nach seiner Ansicht – ein positives Echo auf die Vorschläge der Dreigliederung gefunden.

20. April. Rudolf Steiner trifft in Stuttgart ein. Am 20. und 21. findet eine erste Besprechung im kleinen Kreise statt. Außer Marie Steiner nehmen Emil Molt, Hans Kühn, Carl Unger und Emil Leinhas, möglicherweise auch Roman Boos teil. Rudolf Steiner läßt sich über die bisherige Arbeit berichten. Dabei betont Hans Kühn, daß die Proletarier am ehesten bereit seien, den Ideen der Dreigliederung Verständnis entgegenzubringen. Rudolf Steiner warnt daraufhin vor einer einseitigen Ausrichtung der Dreigliederungsbewegung. Es sei wichtig, auch bürgerliche Kreise zu gewinnen. (Leinhas, *Aus der Arbeit mit Rudolf Steiner,* S. 44 f.)

21. April. Vortrag für die Mitglieder der Anthroposophischen Gesellschaft. Die Dreigliederung wird vom Geist der Gegenwart gefordert. Das Denken ist mit der realen Entwicklung, die von Rudolf Steiner anhand der Entfaltung der Produktivkräfte dargestellt wird, nicht mitgekommen. (GA 192)

22. April, morgens. Besprechung mit den auswärtigen Vertretern der Dreigliederungsbewegung. Anwesend neben den Stuttgarter Vertretern Prof. von Blume (Tübingen), Hummel (Köln), Polzer-Hoditz und Stein (beide Wien), Fed (Skandinavien), Heissler (Tübingen), Schuler (Tübingen), Meebold (Heidenheim), Benzinger (Stuttgart). Rudolf Steiner: «Vertrauen können wir nur erwerben, wenn wir nicht daran denken, mit denen gemeinsame Sache zu machen, die im alten Deutschland Politik gemacht haben. Da gibt es keinen Kompromiß mit dem alten Regime.» (Unveröff.)

22. April, 19.30 Uhr. Stadtgartensaal. Öffentliche Versammlung der Unterzeichner des «Aufrufs». Unter Vorsitz von Prof. von Blume entwickelt Rudolf Steiner die Grundgedanken der Dreigliederung. «Es handelt sich darum, aus den gescheiten Gedanken und Ideen zu den einfachen Wirklichkeitsgedanken und Wirklichkeitsideen zurückzukehren. Ich bin der Überzeugung, dieser Aufruf wird aus dem Grunde nicht verstanden, weil ihn die Leute nicht einfach genug nehmen.» – Nach einer lebhaften Diskussion wird der «Bund für die Dreigliederung des sozialen Organismus» gegründet. Es wird ein aus sieben Personen bestehender Arbeitsausschuß gebildet: Emil Molt, Prof. Wilhelm von Blume, Dr. Carl Unger, Hans Kühn, Emil Leinhas, Max Benzinger und Theodor Binder. (GA 330/331, vgl. auch Johannes Neumeister in: *Erinnerungen,* S. 209 ff.)

23. April, vormittags. Rudolf Steiner spricht vor den Arbeiterinnen und Arbeitern der Waldorf-Astoria-Zigarettenfabrik in der Hackstraße. «Der moderne Proletarier ist klassenbewußt geworden. Dahinter versteckt sich das Menschheitsbewußtsein, das Bewußtsein, daß Menschenwürde errungen werden muß. Durch das Leben selber will sich der Proletarier in einer menschenwürdigen Weise die Frage beantworten können: Was bin ich als Mensch? Stehe ich als Mensch menschenwürdig in der menschlichen Gesellschaft darinnen?» (GA 330/331)

Die Versammlung faßt eine Resolution: «Der Arbeitsausschuß für Dreigliederung des sozialen Organismus möge von der Württembergischen Regierung fordern, daß Dr. Rudolf Steiner unverzüglich berufen wird, damit die Dreigliederung des sozialen Organismus, welche als einzige Rettung aus dem drohenden Untergange erscheint, sofort in Angriff genommen werde. Der Arbeitsausschuß des Bundes... möge ferner die bevorstehenden Versammlungen der württembergischen Betriebe ersuchen, diese Resolution zu unterstützen.»

Die Resolution wird dann im Laufe der folgenden Wochen von über 20 großen Arbeiterversammlungen und von den Anwesenden zahlreicher Vorträge im Gustav-Siegle-Haus – insgesamt von etwa 12 000 Menschen – angenommen.

Im Anschluß an diese Versammlung findet eine Betriebsratssitzung statt, in der Rudolf Steiner aufgefordert wird, die Einrichtung und Leitung einer von der Waldorf-Astoria zu gründenden Schule zu übernehmen. (B 27/28, S. 6f. u. H. Hahn, *Rudolf Steiner,* S. 80ff.)

23. April, abends. Vortrag für Mitglieder. Über die Dreigliederung des sozialen Organismus im Zusammenhang mit der Tatsache, daß die Menschheit die Schwelle zur geistigen Welt überschreitet. (GA 192)

24. April. Zweite Komiteesitzung des Bundes mit den auswärtigen Vertretern des Bundes für Dreigliederung. Außer den unter dem 22. April Genannten sind anwesend: SCHWEDES (Bensheim), STOCKMEYER (Mannheim), CLORMANN (Mannheim), FRAU VON VACANO (München), BOOS (Zürich). Rudolf Steiner: «Als erstes müssen wir verstehen: geistige Freiheit. Weltanschauungsschulen müssen wir am meisten vermeiden.» (Unveröff., vgl. B 27/28, S. 7f.)

24. April, 18.15 Uhr im Saalbau Dinkelacker. Rudolf Steiner spricht auf Einladung des Arbeiter- und Angestelltenausschusses der Firma Robert Bosch für die Belegschaft der Boschwerke. Anschließend Diskussion.

Hier ist der nicht genau zu datierende Besuch Rudolf Steiners bei ROBERT BOSCH zu erwähnen. Bosch war damals Vorsitzender des Industrie-Verbandes. Er konnte aber die Ideen der Dreigliederung nicht akzeptieren. (Emil Molt, unveröffentlichte Passage aus dem Entwurf, und B 27/28, S. 8)

25. April. Rudolf Steiner spricht in Stuttgart-Untertürkheim (Sängerhalle) für die Belegschaft der Daimlerwerke. (GA 330/331)

25. April. Nach dem Vortrag findet eine Besprechung Rudolf Steiners mit EMIL MOLT, E. A. K. STOCKMEYER und HERBERT HAHN über die künftige Wal-

dorfschule statt. (Ausführliche Darstellung: Herbert Hahn, *Der Weg der mich führte,* S. 657–665)
26. April. Vortrag für die Arbeiter der Kartonagenfabrik Delmonte.
27. April. Vortrag in Esslingen. Abends Komitee-Besprechung. (B 27/28, S. 10)
28. April. Das Buch *Die Kernpunkte der sozialen Frage* ... erscheint.
28. April, abends. Öffentlicher Vortrag im überfüllten großen Saal des Gustav-Siegle-Hauses *Die Kernpunkte der sozialen Frage in den Lebensnotwendigkeiten der Gegenwart und der Zukunft.* (GA 330/331)
29. April. Arbeiter beantragen in der Vollversammlung des Arbeiterrates von Groß-Stuttgart, Rudolf Steiner solle vor der Vollversammlung über die Sozialisierungsfrage sprechen. (B 27/28, S. 12)
29. und 30. April. Zwei öffentliche Vorträge im Saalbau Dinkelacker über *Proletarische Forderungen und deren künftige praktische Verwirklichung,* mit Diskussion.
30. April. Besprechung mit dem württembergischen Arbeitsminister Dr. LINDEMANN. Rudolf Steiner: Geben Sie mir vier Wochen Zeit, aber arbeiten Sie mir nicht entgegen, dann werden Sie sehen, was mit den Arbeitern, die dann verstehen werden, wie in *gesunder* Weise an dem Herankommen der Zukunft gearbeitet werden muß, in aller Ruhe verhandelt werden kann. Der Arbeitsminister meint: «Sie sind auf dem Holzwege, mit diesen Leuten ist nichts zu machen. Die hören in Ihren Vorträgen *die* Rosinen, die für sie gebraucht werden können und überhören dasjenige, was ihnen entgegen ist.» (B 27/28, S. 12f.)
1. Mai. Vortrag für die Mitglieder. Fortsetzung der Ausführungen über den Schwellenübertritt der Menschheit und die Bedeutung dieser Tatsache für das soziale Leben. (GA 192)
2. Mai. Besprechung über die Veröffentlichung der Aufzeichnungen des Generalobersten HELMUTH VON MOLTKE über den Kriegsausbruch. Diese Veröffentlichung soll die Fixierung der These von der alleinigen Kriegsschuld Deutschlands (später Art. 231 des Vertrages von Versailles) verhindern. (B 27/28, S. 12)
3. Mai. Brief an Frau ELIZA VON MOLTKE. Rudolf Steiner kündigt an, daß Frau Röchling nach Berlin fahren wird, um eine Abschrift der Aufzeichnungen Helmuth von Moltkes abzuholen. Ferner berichtet Rudolf Steiner über die Arbeit in Stuttgart und hofft, daß zumindest durch die Dreigliederungsarbeit «Stuttgart vor den Schrecknissen Münchens» (Niederwerfung der Räterepublik) ganz bewahrt bleibt. (B 27/28, S. 12f.)
3. Mai, abends. Öffentlicher Vortrag im Gustav-Siegle-Haus. (GA 330/331) Das Blatt der Sozialdemokratie «Schwäbische Tagwacht» berichtet: «Als Ausschnitt aus den wiederum eine Fülle von praktischen Anregungen bieten-

den Ausführungen mag erwähnt werden, wie Steiner in grandioser Weise die heutige proletarische Bewegung verglich mit der einstigen Völkerwanderung. Wie damals die unverbrauchten Kräfte der germanischen Völker die Mission des Christentums den intellektuell hochstehenden, aber infolge Überkultur dem Untergang geweihten Griechen und Römern aus der Hand nehmen mußten, so wird heute das jugendstarke Proletariat die Impulse aufnehmen müssen, die das Bürgertum mit seinen verbrauchten, überkultivierten Gedanken nicht mehr aufnehmen kann... Die Resolution vom Montag, wonach die Regierung gebeten wird, Dr. Steiner zu Rate zu ziehen, wurde wieder mit überwältigender Mehrheit angenommen.» («Schwäbische Tagwacht», 6. 5. 1919)

In den folgenden Wochen spricht Rudolf Steiner immer wieder in Stuttgart und in folgenden Orten der näheren Umgebung: Cannstatt, Feuerbach, Obertürkheim, Untertürkheim, Ludwigsburg, Waiblingen, Heilbronn, Ulm, Tübingen, Reutlingen, Heidenheim, Weil im Dorf, Göppingen, Mannheim und Schwenningen. Außer Rudolf Steiner treten eine Reihe von Anthroposophen als Redner auf, nachweislich: ADOLF ARENSON, HERBERT HAHN, EMIL LEINHAS, EMIL MOLT, ERNST UEHLI, CARL UNGER, KURT WALTHER. Von den Vertretern der Angestellten und Arbeiter treten an Vortragsabenden auf: BINDER, DORFNER, GÖNNEWEIN, HUTH und SPEIDEL. Professor VON BLUME spricht am 7. Mai in Karlsruhe über «Deutschlands Erneuerung». In Deutschland bilden sich Ortsgruppen für Dreigliederung. Diese werden von der Zentrale in Stuttgart ab Mitte Mai wöchentlich durch Rundschreiben über den Fortgang der Arbeit und über die Taktik des Bundes unterrichtet.

6. Mai. Eurythmie-Darbietung für die Belegschaft der Waldorf-Astoria-Zigarettenfabrik.

7. Mai. Stuttgart. Es findet im Gewerkschaftshaus eine Besprechung mit dem Arbeiterrat statt. Rudolf Steiner hält den Vortrag, der ursprünglich für den 29. April vorgesehen war. (B 27/28, S. 15)

8. Mai. Vortrag und Diskussion mit und für die Arbeiterausschüsse und Betriebsräte der Großbetriebe Stuttgarts. Damit wird die Betriebsräte-Bewegung eingeleitet. Bis zum 23. Juli finden zahlreiche Besprechungen mit Betriebsräten statt. In der Besprechung führt Rudolf Steiner aus: «Lasse man die Betriebsräte entstehen und patze nicht hinein durch Gesetze; sondern sie sollen zuerst in den einzelnen Betrieben entstehen, sie müssen sich besonders für die Übergangszeit eine Stellung schaffen, in der sie gegenüber den bisherigen Chefs und Betriebsleitern ganz unabhängig sind... Dann muß der nächste Schritt sein, daß schon bei der Konstituierung der Betriebsräte darauf Rücksicht genommen wird, daß sie über die in Betracht kommenden Wirtschaftsterritorien hin eine eigene Körperschaft bilden.» (GA 330/331)

9. Mai. Untertürkheim. Zweiter Vortrag Rudolf Steiners für die Arbeiter der Daimler-Werke.
10. Mai. Brief an die Bildhauerin Edith Maryon in Dornach: «Ich bin in solcher Überarbeit darinnen ... jeden Tag wenigstens einen Vortrag mit daran schließender Diskussion zu halten, mutet dem alten Organismus viel zu und ich wäre froh, wenn ich dazwischen an unserer künstlerischen Arbeit in Dornach auch noch andere Körperglieder anstrengen könnte als hier nur den Kehlkopf. Doch alles muß eben sein ...» (B 27/28, S. 19)
10. Mai. Vortrag für Arbeiter in Ludwigsburg.
11. Mai. Vor den Mitgliedern beginnt Rudolf Steiner, die Fragen der Erneuerung der Pädagogik in den Vordergrund der Betrachtungen zu rücken. In dem ersten der drei Vorträge über Volkspädagogik gibt Rudolf Steiner Gesichtspunkte für eine zeitgemäße Pädagogik. (GA 192)
12. Mai. In der Presse beginnt sich die Meinungsbildung gegen die Dreigliederungsbewegung zu wenden. In der *Schwäbischen Tagwacht* (SPD) meint man, die Dreigliederungsbewegung wolle die Arbeiterschaft ins Lager der Spartakisten hinüberführen. Das Blatt warnt vor der Teilnahme an einer Unterschriftenaktion der Dreigliederungsbewegung.
12. Mai. Sitzung des Komitees des Bundes für Dreigliederung. (B 27/28, S. 20)
13. Mai, 10 Uhr. Rudolf Steiner, Emil Molt und E. A. Karl Stockmeyer sprechen beim württembergischen Kultusminister Heymann vor, mit dem sie in Gegenwart seines Referenten Reinöhl über die Genehmigung der Waldorfschule verhandeln. Rudolf Steiner entwickelt die Grundzüge der Waldorfschulpädagogik. Aus taktischen Gründen wird die Schule als «Einheitsschule» dargestellt. Das soziale und pädagogische Konzept der Schule findet Anklang, und die Schule wird bald darauf genehmigt, u. a. auch deshalb, weil in Württemberg noch ein Privatschulgesetz aus dem Jahre 1836 gilt, dessen Bestimmungen so weitmaschig sind, daß eine Genehmigung möglich ist.
13. Mai, 19.30 Uhr. Öffentlicher Vortrag im Gustav-Siegle-Haus: *Die Zukunft von Kapital und menschlicher Arbeitskraft.* Rudolf Steiner spricht angesichts der am 7. Mai den deutschen Vertretern bekanntgegebenen Friedensbedingungen von Versailles. Gegen Ende des Vortrags, der das durch praktische Maßnahmen zu schaffende Vertrauen zwischen Arbeitern und Betriebsleitung behandelt, sagt Rudolf Steiner: «Wir dürfen sagen: Tage der Prüfung zeigen sich deutlich. In solchen Tagen darf man sich der Hoffnung und dem Glauben hingeben, daß gegenüber den ungewöhnlichen Erlebnissen auch ungewöhnliche Gedanken verstanden werden, daß gegenüber dem großen Leiden auch der Mut, nicht zu kleiner, sondern zu großer Abrechnung gefunden werde.» (GA 330/331)
14. Mai. Vortrag für Arbeiter in Waiblingen.

16. Mai, 19.30 Uhr. Öffentlicher Vortrag im Gustav-Siegle-Haus: *Einzelheiten über die Neugestaltung des sozialen Organismus.* (GA 330/331) Rudolf Steiner spricht über die symptomatische Bedeutung des Rätesystems, durch das erkennbar wird, daß Menschen aus eigenem Entschluß danach streben, in eigener Verantwortung, aus eigener Einsicht ihre Geschicke in die Hand zu nehmen. «Es ist untunlich heute, das zeigt gerade das Streben nach dem Rätesystem, von oben herab irgendeinen Sozialisierungsversuch zu machen. Es ist heute der einzige Weg, in gemeinsamer Arbeit mit denjenigen, die heraufstreben nach dem Rätesystem, in unmittelbar menschlichen Ideen wirklich Meinungs- und Erfahrungsaustausch zu schaffen.» So entsteht die «Realität des Vertrauens», von dem im letzten Vortrag die Rede war. Nach diesen mit großem Beifall aufgenommenen Ausführungen meldet sich der USPD-Führer Siegfried Dorfner zu Wort und spricht zunächst von dem sich in der Vergangenheit immer mehr verschärfenden Klassenkampf, der durch die Klassenparteien angeheizt wurde: «Nun hat Herr Dr. Steiner gezeigt, daß in den Parteien für die Zukunft überhaupt kein Heil zu suchen ist. Er hat gesagt, daß nur starkes Wollen, neue Gedanken und die Tat uns aus dem Chaos retten können. Und Sie, verehrte Anwesende haben Herrn Dr. Steiner zugejubelt. Nun möchte ich Ihnen verraten, daß in der vorigen Woche und in dieser Woche in allen Versammlungen die Proletarier aller Parteischattierungen, Mehrheitssozialisten, Unabhängige Partei und Kommunisten voll und ganz mit Herrn Dr. Steiner einverstanden waren und ihm ebenso begeistert, und noch mehr als Sie zugejubelt haben... Nun frage ich Sie: Ist das nicht die Brücke? Hätten wir jetzt gar kein Mittel, um jetzt zusammenzukommen? Wir Arbeiter bieten Euch die Hand an (starker Beifall); stellen wir uns auf den Boden der Dreigliederung und der Klassenkampf wird verschwinden. In Freiheit und Gleichheit wollen wir Brüder sein. Wenn wir so zusammen schaffen, dann geht Deutschland nicht unter, dann gehen wir trotz allem doch noch einer schönen Zukunft entgegen!» (starker Beifall). (Aus einem Zeitungsbericht, ohne Datum und Herkunftsangabe)

18. Mai. Zweigvortrag. Über Volkspädagogik II. (GA 192)

19. Mai. Eurythmieaufführung für Mitglieder in der Landhausstraße 70.

22. Mai. Diskussionsabend mit den Arbeiter-Ausschüssen der Großbetriebe Stuttgarts über Betriebsräte und Sozialisierung. Rudolf Steiner wendet sich gegen demokratische Verzierungen des herkömmlichen Kapitalismus.

25. Mai. Erste öffentliche Eurythmieaufführung in Stuttgart im kleinen Haus des Landestheaters.

27. Mai. Die Broschüre mit den Aufzeichnungen Helmuth von Moltkes über den Kriegsausbruch mit einer ausführlichen Einleitung Rudolf Steiners ist gedruckt. Sie soll zusammen mit einem vorbereiteten Aufruf zu einer «wahrheitsgemäßen Darstellung der Ereignisse, die zum Krieg geführt ha-

ben» und zur Grundlage «einer auf alle damit zusammenhängenden Tatsachen sich erstreckenden Diskussion der Wahrheit vor der breitesten Öffentlichkeit» führen.
EMIL MOLT beschafft sich aus der Druckerei einige Exemplare der Broschüre und übergibt eine Broschüre dem Legationsrat HANS-ADOLF VON MOLTKE, der damals preußischer Gesandter in Stuttgart war. Dieser informiert umgehend seinen Vater, FRITZ VON MOLTKE.
28. Mai. Rudolf Steiner schickt Frau ELIZA VON MOLTKE die Broschüre und schreibt dazu, daß er jeden Satz der Einleitung nur «nach gewissenhaftester Prüfung hingeschrieben» habe. Während Steiner den Brief schreibt, erfährt er, «daß gestern schon Anthroposophen sich Exemplare abgeholt haben. Es ist eben schrecklich, daß in die Reihen der ‹Anthroposophen› so etwas wie Ordnung nicht hineinzubringen ist. Verzeihen Sie also, wenn durch diesen Unfug, über den ich eben dem Geschäftsleiter des Bundes für Dreigliederung die ernsteste Rüge erteilt habe, Ihnen die Broschüre etwa doch von anderer Seite zuerst vor Augen käme.» «Ich stehe hier in einem wahren Kreuzfeuer. Je mehr durchdringt, was ich zu wollen habe, desto schärfer hageln die Angriffe. Jeden abend Vortrag oder Verhandlung. Dabei steht das Schlimmste bald bevor.» (Vgl. B 27/28, S. 25, S. 27f. und Hans Kühn, *Dreigliederungszeit,* S. 61 f.)
29. Mai. Erste Besprechung über einen zu gründenden Kulturrat, da Rudolf Steiner es für notwendig hält, der wirtschaftlich-sozial orientierten Betriebsräte-Bewegung gegenüber auch die geistigen Bestrebungen, die auf die Befreiung des Geisteslebens zielten, zur Geltung zu bringen. (B 27/28, S. 28)
30. Mai. Rudolf Steiner besichtigt mit EMIL MOLT, MARIE STEINER, Dr. LUDWIG NOLL, E. A. K. STOCKMEYER und HERBERT HAHN das als Schulgebäude in Aussicht genommene Restaurant «Uhlandshöhe». Das Gebäude und das Gelände wird als geeignet angesehen und von Emil Molt aus privaten Mitteln für 450 000 Mark erworben. Im Betrieb schüttelt man den Kopf über Emil Molt, da man die Anlage für viel zu groß hält. (H. Hahn, *Rudolf Steiner,* S. 668, B 27/28, S. 29)
30. Mai. Frau ELIZA VON MOLTKE schreibt an Rudolf Steiner, daß ihr schwere Bedenken wegen der Veröffentlichung der Broschüre gekommen seien und kündigt den Besuch des Generals von Dommes bei Rudolf Steiner an. (B 27/28, S. 29f.)
31. Mai. Der *Aufruf an alle Menschen zur Begründung eines Kulturrats!* wird veröffentlicht. Es heißt in diesem Aufruf u. a.: «Kulturmenschen! Vertreter von Kunst und Wissenschaft, Religion, Erziehung und Unterricht! Könnt Ihr Euch fühlen als freie Geistesarbeiter? Seid Ihr in der Lage, in dem, was Ihr hervorbringt Euch zu richten nach den Bedürfnissen eines freien unabhängigen Geisteslebens selbst, oder seid Ihr gezwungen, auf Schritt und Tritt Kon-

zessionen zu machen, Rücksichten zu nehmen und Eure Arbeit einzurichten nach den Anforderungen des bisher allmächtigen kapitalistischen Staates?» «Die Handarbeiter sind dabei, sich mit den im Wirtschaftsleben stehenden Kopfarbeitern zusammenzuschließen zu Betriebsräten und zu einer Betriebsräteschaft. Schließt Euch auf dem Gebiete des Geisteslebens zusammen zu einem Kulturrat, der sich zur Aufgabe macht das Geistesleben zu befreien...» (Verfasser unbekannt, in H. Kühn, *Dreigliederungszeit,* S. 214ff.)

31. Mai. Beim öffentlichen Vortrag Rudolf Steiners für die Versammlung des Bundes für Dreigliederung des sozialen Organismus stellt Dr. UNGER den Aufruf vor.

1. Juni. Zweigvortrag. Über Volkspädagogik III. (GA 192)

1. Juni (?). Ein Flugblatt des Arbeitsausschusses des Bundes für Dreigliederung: «An die Handarbeiter! – An die geistigen Arbeiter! An die Fabrikanten!» erscheint, in dem – unter Verwendung von Zitaten des Fabrikanten und Landtagsabgeordneten PETER BRUCKMANN – zur sofortigen Wahl von Betriebsräten aufgerufen wird. Das Flugblatt provoziert scharfe Gegenäußerungen. (Vgl. 4. Juni)

1. Juni. General VON DOMMES sucht Rudolf Steiner auf, um das Erscheinen der Aufzeichnungen Helmuth von Moltkes zu verhindern. Zu diesem Zweck behauptet er, daß die Aufzeichnungen Moltkes in drei Punkten nachweislich falsch seien. Rudolf Steiner kann die – falschen – Behauptungen des Generals, die sich insgesamt auf den deutschen Kriegsplan und seine Genesis beziehen, nicht widerlegen. Die Broschüre wird daraufhin zurückgezogen und eingestampft. Später berichtet Rudolf Steiner in einem Brief an Eliza von Moltke, daß die Intervention des Generals für diese Entscheidung ausschlaggebend gewesen sei: «Der also kam und setzte mir auseinander, daß er beweisen könne, daß drei Punkte in den Aufzeichnungen nicht den Tatsachen entsprächen... Ich fragte von Dommes, ob er eidlich bekräftigen könne die Unrichtigkeit der drei Punkte. Er bejahte ohne alles Bedenken...» (Vgl. hierzu: B 27/28, S. 30–32, außerdem Gerhard Ritter *Der Schlieffenplan,* S. 81–138 und Gerhard Ritter *Staatskunst und Kriegshandwerk II,* S. 239–343)

2. Juni. Rudolf Steiner schickt Roman Boos in Zürich als Beitrag zur Eröffnungsnummer der Zeitschrift *Soziale Zukunft* den Aufsatz *Die Dreigliederung des sozialen Organismus, die Demokratie und der Sozialismus.* (GA 24, S. 201–219)

2. Juni. Auf Einladung der sozialistischen Studentengruppe spricht Rudolf Steiner in Tübingen im großen Museumssaal. Die Studenten benehmen sich rüde. Eine Zeitung berichtet: «Die Erörterung verlief sehr erregt und nicht immer in Formen, die als parlamentarisch oder akademisch bezeichnet werden können. Mehr Ernst und mehr Würde wäre bei der Wichtigkeit der Sache am Platze gewesen.» (Tübinger Chronik, 4. Juni 1919)

4. Juni. Sitzung des Arbeitsausschusses des Bundes für Dreigliederung in Stuttgart.
Brief an Edith Maryon in Dornach: «... viele Arbeit lastet auf mir. Und Arbeit, bei der wirklich alles lange bedacht sein will. Hätte man nicht zu allem übrigen noch immerfort die entstehenden Mißverständnisse gegen sich, so wäre natürlich alles leichter. Allein, alles, was man sagt, wird sogleich zu etwas anderem, wenn es wiedererzählt wird. Man sieht, daß einen die Leute bekämpfen, weil sie falsch berichtet werden. Die Menschen haben das Bestreben, alles in eine Parteischablone hineinzuschieben, und wenn es eben etwas ist, was mit gar keiner Parteischablone zu tun hat, dann machen sie etwas ganz anderes daraus.» (B 27/28, S. 34)
4. Juni. Der Landtagsabgeordnete Peter Bruckmann wendet sich im «Nekkar-Echo» in einer Erklärung gegen die Betriebsrätebewegung der Dreigliederer: «Ehe nicht unter Mitwirkung von Sachverständigen abgegrenzt ist, welche Befugnisse... die Betriebsräte haben können und ehe in einem allerdings so bald als möglich zu schaffenden Gesetz das Recht der Betriebsräte festgelegt ist, können die Betriebsräte nur Unheil anrichten.»
7. Juni. Stuttgart. Versammlung zur Begründung eines Kulturrates. Rudolf Steiner drängt in der Debatte auf konkrete Vorschläge und formuliert gegen Ende seines Votums folgende Aufgaben:
«1. Eine freie Einheitsschule ohne Staatsaufsicht, ihre Rechtfertigung gegenüber den Forderungen der Zeit;
2. Abschaffung des sogenannten Berechtigungswesens bei den Mittelschulen;
3. Abschaffung der Staatsprüfungen und Autonomie der Hochschulen.
Diese Dinge müssen vor der Welt in klaren Programmen dargestellt werden.» Obwohl der daraufhin verfaßte Aufruf von zahlreichen Menschen, unter anderem von Thomas Mann und Hans Thoma unterschrieben wird, kommt keine tatkräftige Bewegung zur Begründung eines Kulturrates zustande. (Mitteilungsblatt des Bundes für Dreigliederung, Nr. 2/3, S. 54f.)
10. Juni. Öffentliche Protestversammlung im Gustav-Siegle-Haus zur Abwehr der gegen die Dreigliederungsbewegung gerichteten Angriffe. Vorsitz: Professor von Blume. Hauptredner ist Emil Molt. Carl Unger hält ein zweites Referat, gegnerisch äußert sich der Sozialdemokrat Wörner, ferner sprechen die Herren Hahn, Gönnewein, Lohrmann, Weisshaar, Benkendörfer und Schwedes. (Protokoll der Versammlung: Mitteilungsblatt des Bundes für Dreigliederung Nr. 2/3)
12. Juni. Heidenheim. Zweigvortrag. (GA 193) (nachm.) + öffentlich (Abend)
13. Juni. Der Bund für Dreigliederung verschickt mit dem Rundschreiben Nr. 6 das Flugblatt *Der Weg des ‹dreigliedrigen sozialen Organismus›*, das Rudolf Steiner als Kurzprogramm verfaßt hat. (GA 24, S. 437–440)

15. Juni. Rudolf Steiner fährt mit Emil Molt, Emil Leinhas und Ludwig Graf Polzer-Hoditz nach Tübingen, um Professoren für die Idee des freien Geisteslebens zu gewinnen. Graf Polzer berichtet in einem Brief: «Es war trostlos.» (Weiteres bei Leinhas *Aus der Arbeit mit Rudolf Steiner,* S. 57f.)

16. Juni. Die Arbeiter, die Ausschußmitglieder in der Dreigliederungsarbeit sind, werden vor ein Parteitribunal der USPD geladen.

16. Juni. Öffentlicher Vortrag in Stuttgart: *Das Soziale in den Rechts- und Wirtschaftseinrichtungen und die Freiheit des Menschengeistes.* (GA 330/331)

17. Juni. Ausschußsitzung des Bundes für Dreigliederung. Rudolf Steiner bemerkt nach der Sitzung zu Graf Polzer: «Sie haben bisher keine schönen Eindrücke erlebt, die nächsten, die Sie erleben werden, werden auch nicht besser sein. Mit den Führern, besonders der sozialistischen Parteien, kann man gar nichts machen. Man hätte die Massen rascher gewinnen müssen, bevor die Führer eingriffen, dann wären unsere Arbeiter des Ausschusses auch jetzt weiter mitgegangen, aber jetzt haben sie doch zuviel Angst vor ihren Führern.» (Unveröff. Brief Polzers an W. J. Stein vom 18. 6. 1919)

18. Juni. Öffentlicher Vortrag in Stuttgart im Gustav-Siegle-Haus: *Freiheit für den Geist, Gleichheit für das Recht, Brüderlichkeit für das Wirtschaftsleben.* Angesichts der am vergangenen Tag bekanntgewordenen Mantelnote der Alliierten mit den endgültigen Friedensbedingungen beginnt Rudolf Steiner den Vortrag mit den Worten: «Es ist wohl begreiflich, daß man in diesen Tagen der schwersten und folgenreichsten Entscheidungen nur ... mit einer gewissen tiefen Beklemmung das Wort nehmen kann.» (GA 330/331)

19. Juni. Auf Einladung des Vereins jüngerer Lehrer und Lehrerinnen spricht Rudolf Steiner über *Die Aufgaben der Schule und der dreigliedrige soziale Organismus.* (GA 330/331)

20. Juni. Die erste Nummer des *Mitteilungsblattes des Bundes für Dreigliederung des sozialen Organismus* erscheint als internes Blatt. Es erwähnt, daß in vielen Orten Deutschlands Ortsgruppen für die Dreigliederung entstanden seien und berichtet von den Angriffen gegen den «Bund». Das gleichzeitig versandte Rundschreiben beschreibt das Vorgehen bei Versammlungen, von denen manchmal 2–3 an einem Tage stattfinden.

21. Juni. Versammlung des Bundes, bei der wiederum über den zu gründenden Kulturrat beraten wird.

22. Juni. Im Vortrag für die Mitglieder der Anthroposophischen Gesellschaft berichtet Rudolf Steiner über die Kulturrats-Bestrebungen: «Wir haben vor einigen Wochen dasjenige in Angriff genommen, was – es ist vielleicht nicht mit einem geschickten Wort bezeichnet – der Kulturrat werden soll. Seit drei Wochen patzen wir an der Sache herum und sie ist nicht vom Platze gekommen.» (GA 192)

22. Juni. Öffentl. Eurythmieaufführung im Kuppelsaal des Kunstgebäudes.

27. Juni. Besprechung in der Anthroposophischen Gesellschaft. Ansprache Rudolf Steiners.

28. Juni. Briefentwurf an Johanna Mücke in Berlin: «... Wir würden ganz zweifelsohne im Proletariat gute Fortschritte machen, wenn die Parteihäupter sich nicht so energisch bemühten, uns den Boden gründlich abzugraben; und da gehorcht das Proletariat folgsamer als nur je die Katholiken den Häuptern ihrer Kirche gehorcht haben. Und das Bürgertum als Masse schläft den Seelenschlaf, läßt sich daraus aufrütteln ab und zu zu ‹Erklärungen› und steht in der Hand der Drahtzieher, die von wirksamen Mitteln doch nur die kennen, die dem Geiste entgegengesetzt sind...» (B 27/28, S. 43)

29. Juni. Mitgliedervortrag. Rudolf Steiner spricht über die Gegenwartstendenzen zur Mechanisierung des Geistes im Zusammenhang mit den Folgen des achten ökumenischen Konzils von Konstantinopel im Jahre 869. (GA 192)

1. Juli. Besprechung mit den Ausschüssen des Verbandes der technischen Vereine.

4. Juli. Im Saalbau Dinkelacker findet eine Volksversammlung der Arbeiter statt. Die Referenten Gönnewein und Roser vom Arbeiterkomitee des Bundes für Dreigliederung sprechen zum Thema der Schaffung brauchbarer Betriebsräte. Rudolf Steiner spricht das Schlußwort.

9. Juli. Rudolf Steiner spricht im Gustav-Siegle-Haus über den *Weg zu übersinnlichen Erfahrungen und Erkenntnissen als Grundlage eines wirklichen Menschenverständnisses.* Er macht damit auf den Zusammenhang von anthroposophischer Geisterkenntnis und sozialer Wirksamkeit aufmerksam und faßt schließlich zusammen: «Kurz, man bekommt keine Sozialerkenntnis, ohne vorher Geisteswissenschaft zu haben. Das ist eine Tatsache, die sich mir ergeben hat, und aus dieser Tatsache heraus versuche ich die Brücke zu schlagen zwischen Geisteswissenschaft und den Impulsen für den dreigliedrigen sozialen Organismus.» (GA 330/331)

10. Juli. Versammlung des Bundes für Dreigliederung, Stuttgart, Landhausstr. 70. Emil Molt berichtet über die Arbeit des Bundes, über die Vorträge Rudolf Steiners in Pforzheim, Weil im Dorf und Heilbronn und über das Verhalten der Presse in Heilbronn, ferner über die Betriebsrätebewegung. Trotz intensivster Arbeit Dr. Steiners habe man bisher nur 10–12 Betriebsräte aufzuweisen. Danach spricht Rudolf Steiner. Er betont, daß man die Dreigliederung als Ganzes nehmen müsse, wendet sich gegen endlose Debatten und berichtet von der geplanten Waldorfschule. Von der Notwendigkeit eines Kulturrates. «Nicht an unsere Zaghaftigkeit, sondern an unser mutiges Wollen ergeht heute der Ruf.» (Mitteilungsblatt des Bundes für Dreigliederung, Nr. 4/5, S. 27)

11. Juli. Die erste Nummer der Wochenzeitung *Dreigliederung des sozialen Or-*

ganismus erscheint. Der Leitartikel Rudolf Steiners *Die Dreigliederung des sozialen Organismus – eine Notwendigkeit der Zeit* beginnt: «Es ist an der Zeit, zu erkennen, daß die Parteiprogramme, die sich aus älterer oder jüngerer Vergangenheit in die Gegenwart herein erhalten haben, den Tatsachen gegenüber versagen müssen, die sich aus der Weltkriegskatastrophe ergeben haben.» (GA 24, S. 15ff.)

11. Juli. Öffentlicher Vortrag im Gustav-Siegle-Haus: *Die übersinnliche Wesenheit des Menschen und die Entwicklung der Menschheit. Geisteswissenschaftliche Beobachtungen und Erkenntnisse.* (GA 330/331)

15. Juli. Das Rundschreiben des Bundes für Dreigliederung berichtet von den öffentlichen Vorträgen Rudolf Steiners über Anthroposophie und daß diese auf ein außerordentliches Interesse gestoßen seien. Deshalb werden Adolf Arenson, Emil Leinhas, Ernst Uehli und Kurt Walther in den nächsten beiden Wochen an verschiedenen Orten unter dem gemeinsamen Gesamttitel «Das menschliche Seelenleben der Zukunft» sprechen.

16.–18. Juli. Die Kongregation des Hl. Offiziums in Rom, der die Aufgabe obliegt, über die Reinerhaltung des katholischen Glaubens zu wachen, antwortet auf die Frage, ob die Lehren, die man heute die theosophischen nennt, mit der katholischen Lehre sich vereinbaren lassen, und ob es darum erlaubt sei, theosophischen Gesellschaften beizutreten, ihren Versammlungen anzuwohnen sowie theosophische Bücher und Schriften zu lesen, am 16. Juli 1919 mit: «Nein in allen Punkten». Tags darauf erklärt Papst Benedikt XV. seine Zustimmung zu dieser Entscheidung und befiehlt ihre Veröffentlichung, die am 18. Juli erfolgt. – Das so über die Theosophie verhängte Verdikt wird dahingehend interpretiert, daß es sich auch auf die Anthroposophie erstreckt.

17. Juli. Letzter Diskussionsabend im Gewerkschaftshaus über die Bildung von Betriebsräten. Rudolf Steiner spricht sich bei dieser Veranstaltung sehr offen über das zentralistische System und den militärischen Gehorsam, der in der Gewerkschaftsbewegung herrscht, aus. (Unveröff.)

18. Juli. Die zweite Nummer der Dreigliederungszeitung erscheint mit dem Leitartikel Rudolf Steiners *Internationale Lebensnotwendigkeiten und Dreigliederung*. Die geistigen und wirtschaftlichen Beziehungen der Völker müssen sich unabhängig von staatlicher Politik entfalten. (GA 24, S. 21ff.)

19. Juli. Öffentliche Eurythmieaufführung im Kuppelsaal des Kunstgebäudes. (GA 277, S. 63)

21. Juli. Öffentlicher Vortrag in Heilbronn: *Die Erkenntnis des übersinnlichen Menschenwesens und die Aufgabe der gegenwärtigen Zeit.*

22. Juli. In der Dreigliederungszeitung erscheint eine Erklärung, in der der Bund für Dreigliederung nochmals darauf aufmerksam macht, daß die Dreigliederung nur als Ganzes verstanden werden kann, daß es sich nicht um einseitige Loslösung des Wirtschaftslebens vom Staat alleine handelt, son-

dern daß gleichzeitig das Geistesleben auf sich selbst gestellt werden muß. Die Inanspruchnahme durch eine Partei wird abgelehnt.
22. Juli. Öffentlicher Vortrag in Ulm: *Die Erkenntnis des übersinnlichen Menschenwesens und die Aufgabe der gegenwärtigen Zeit.* (GA 333) Wie in Stuttgart und Heilbronn betont Rudolf Steiner immer stärker anthroposophische Inhalte. Schluß: «So führt uns die Fortsetzung des alten Weges zur Mechanisierung des Geistes, zur Vegetarisierung der Seele, zur Animalisierung des Leibes. So führt uns der Weg, der durch Geisteswissenschaft gezeigt werden soll, zu den wahren sozialen Tugenden, die vom Geiste durchleuchtet, von der Seele durchwärmt sind; die vom veredelten Menschenleibe ausgeführt werden.»
23. Juli. Stuttgart, Rechbergbräu in der Lindenstraße. Beratung im geschlossenen Kreis mit Betriebsräten zur Gründung der vorbereitenden württembergischen Betriebsräteschaft. Auf Wunsch der Arbeiter spricht Rudolf Steiner über die Aufgaben und Zusammensetzung der Betriebsräteschaft. Gegen Ende der Versammlung wird zum Vorsitzenden des Aktionskomitees Herr HUTH, zum 2. Vorsitzenden Herr ROSER und Herr DORFNER zum Schriftführer gewählt. (Unveröff.)
24. Juli. Öffentliche Eurythmieaufführung im Kuppelsaal des Kunstgebäudes.
25. Juli. Rudolf Steiner berichtet brieflich an Edith Maryon in Dornach über die Tätigkeit in Stuttgart, fortlaufende Konferenzen und Besprechungen. «In der letzten Zeit habe ich zu den andersartigen Vorträgen auch anthroposophische hinzu gehalten. Man kann sogar sagen, daß für diese mehr Entgegenkommen jetzt ist als für die anderen...» (B 27/28, S. 49)
25. Juli, 19.30 Uhr. Rudolf Steiner spricht in der Versammlung der Unterzeichner des Aufrufs zur Bildung eines Kulturrats. Er schließt mit dem Hinweis auf die Wichtigkeit des Interesses für Wesen und Tun der anderen Menschen. (Mitteilungsblatt des Bundes für Dreigliederung, Nr. 6)
26.–28. Juli. Rudolf Steiner in Mannheim.
26. Juli. Öffentlicher Vortrag im «Nibelungensaal»: *Die übersinnliche Wesenheit des Menschen und die Entwicklung der Menschheit.*
27. Juli, 11 Uhr. Öffentliche Eurythmieaufführung (u. a. Gedichte von Goethe, Hebbel, Hamerling und C. F. Meyer).
28. Juli. Öffentlicher Vortrag *Freiheit für den Geist, Gleichheit für das Recht, Brüderlichkeit für das Wirtschaftsleben.*
29. Juli. In der Dreigliederungszeitung erscheint der Leitartikel *Marxismus und Dreigliederung.* (GA 24, S. 31 ff.)
Zugleich erscheint eine Sondernummer der *Dreigliederung des sozialen Organismus: Versklavung oder Freiheit?,* in der SIEGFRIED DORFNER, THEODOR BINDER, PAUL BURKHARDT, W. CONRAD und Genosse MEYER nochmals eindring-

lich auf die Notwendigkeit der Bildung von Betriebsräten hinweisen. Die Nummer erscheint in 50 000 Exemplaren und wird in Württemberg frei verteilt. Im Anschluß an diese Aktion finden in der Woche vom 3.–10. August Vorträge verschiedener Redner über Betriebsräte in Balingen, Calw, Friedrichshafen, Hechingen, Heidenheim, Ravensburg, Rottweil, Schwenningen, Tuttlingen und Waiblingen statt.

29. Juli. Sitzung mit der Kommission des Verbandes technischer Vereine.

30. Juli. Bei dem ersten Studienabend über die *Kernpunkte der sozialen Frage* spricht Rudolf Steiner über die Geschichte der sozialen Bewegung und Ideen von Proudhon, Fourier, Blanc, Marx und Engels bis Adler, Bernstein und Lujo Brentano.

31. Juli. Rudolf Steiner spricht in Schwenningen über die soziale Frage.

2. August. Rudolf Steiner spricht zu Technikern.

3. August. Letzter Vortrag für die Mitglieder der Anthroposophischen Gesellschaft vor der Abreise nach Dornach. Schlußmotiv: «Wir können uns heute nicht dem naiven Glauben hingeben, wir wüßten schon alles und wir könnten aus dem, was wir wissen, Programme aufstellen. Wir müssen aus dem Leben heraus heute wiederum Ideen finden, aber das Leben erneut sich an jedem Tag, und wir müssen das Vertrauen haben zu dem, was wir an jedem Tag neu lernen können vom Leben.» Daraus ergibt sich die neue Devise: «Ich will lernen, ich will arbeiten! Ich will lernend arbeiten! Ich will arbeitend lernen!» (GA 192)

4. August. In der Dreigliederungszeitung erscheint als Leitartikel Rudolf Steiners *Freie Schule und Dreigliederung* I. «Wahrhaftige Anthropologie soll die Grundlage der Erziehung und des Unterrichts sein. Nicht gefragt soll werden: Was braucht der Mensch zu wissen und zu können für die soziale Ordnung, die besteht; sondern: Was ist im Menschen veranlagt und was kann in ihm entwickelt werden?» (GA 24, S. 35 ff.)

5. und 6. August. Rudolf Steiner dürfte in diesen Tagen hauptsächlich mit der Vorbereitung der zu gründenden Waldorfschule befaßt gewesen sein.

7. August. Rudolf Steiner fährt mit der Bahn bis Tuttlingen, wo ihn Emil Molt, der dort in der Betriebsräte-Aktion tätig gewesen war, abholt. Von Tuttlingen fährt Molt ihn über den Feldberg in Richtung Basel. Der Grenzübergang macht große Schwierigkeiten, da deutsche Autos nicht eingelassen werden.

8.–18. August. Rudolf Steiner ist in Dornach und muß sich vor allem um die Angelegenheiten des Goetheanumbaus kümmern. Er hält in Dornach sechs Vorträge für die Mitglieder der Anthroposophischen Gesellschaft über das Thema: *Die Erziehungsfrage als soziale Frage.* (GA 296)

10.–17. August. In Württemberg wird die Aktion zur Gründung von Betriebsräten verstärkt fortgesetzt. In Betriebsversammlungen sprechen die

Herren BAUMANN, DORFNER, GÖNNEWEIN, HAHN, HUTH, KOLLERER, KÜHN, LEINHAS, RENGEL, SIEGLER, SPEIDEL, UEHLI und UNGER.

11. August. In der Dreigliederungszeitung erscheint: *Freie Schule und Dreigliederung* II. (GA 24, S. 35 ff.)

19. August. Rudolf Steiner spricht in Freiburg i. Br.: *Die Notwendigkeit übersinnlicher Erfahrung für das soziale Verständnis.*

20. August. EMIL MOLT holt Marie und Rudolf Steiner in Freiburg ab und fährt durch das Elztal–Kinzigtal–Freudenstadt nach Stuttgart. Molt berichtet: «Noch oft hatte ich später in den Jahren der Zusammenarbeit das Glück, mit ihm diese Route zu fahren. Aber so heiter und vergnügt, wie damals auf dieser ersten Reise habe ich Dr. Steiner nie mehr erlebt.» (E. Molt, *Entwurf meiner Lebensbeschreibung,* S. 206)

20. August, abends. Stuttgart. Begrüßung der Teilnehmer an den pädagogischen Kursen. «Die Waldorfschule muß eine wirkliche Kulturtat sein, um eine Erneuerung unseres Geisteslebens der Gegenwart zu erreichen.» «Die Schule wird republikanisch verwaltet werden. In dieser Lehrer-Republik wird jeder selbst voll verantwortlich sein.» «Wir müssen uns bewußt sein der großen Aufgaben. Wir dürfen nicht bloß Pädagogen sein, sondern wir werden Kulturmenschen... im höchsten Sinne des Wortes sein müssen.» (GA 300a)

21. August. Beginn der Kurse in der Landhausstraße 70 täglich außer sonntags, bis 5. September: 9 Uhr. *Allgemeine Menschenkunde als Grundlage der Pädagogik.* 11 Uhr. *Methodisch-Didaktisches.* 15 Uhr–18 Uhr. *Seminarbesprechungen und Übungen.* Die leitende Idee der *Allgemeinen Menschenkunde* ist die Dreigliederung der menschlichen Wesenheit, betrachtet unter seelischem, geistigem und leiblichem Gesichtspunkt. Rudolf Steiner faßt hier die Forschungsergebnisse der letzten Jahre in einmaliger Weise zusammen. Der methodisch-didaktische Kurs und die seminaristischen Übungen geben Hinweise auf die praktische Umsetzung der Menschenkunde in Unterrichtsmethodik, auf die pädagogische und altersgemäße Verwandlung des Unterrichtsinhalts und die Auswahl der Inhalte für die einzelnen Klassenstufen.

Teilnehmer dieses Kurses sind: MARIE STEINER, EMIL MOLT, BERTHA MOLT, die späteren Lehrer: PAUL BAUMANN, ELISABETH DOLLFUS, JOHANNES GEYER, HERBERT HAHN, CAROLINE VON HEYDEBRAND, HERTA KOEGEL, HANNAH LANG, LEONIE VON MIRBACH, FRIEDRICH OEHLSCHLEGEL, WALTER J. STEIN, E. A. KARL STOCKMEYER, ALEXANDER STRAKOSCH, RUDOLF TREICHLER, ferner die Damen HERRMANN, KIESER, MIETA WALLER, sowie ANDREAS KÖRNER, RUDOLF MEYER, LUDWIG NOLL und Herr WOLFER.

28. August. In der Dreigliederungszeitung erscheint Steiners Leitartikel *Arbeitsfähigkeit, Arbeitswille und dreigliedriger sozialer Organismus.* (GA 24, S. 48 ff.) Ferner erscheint ein neues Flugblatt *Sozialisierung durch Betriebsräte.*

31. August. Am Nachmittag hält Rudolf Steiner einen Vortrag für die Eltern, die ihre Kinder in die Waldorfschule schicken wollen.

4. September. In der Dreigliederungszeitung erscheint Rudolf Steiners Leitartikel *Sozialistische Seelenblindheit.* (GA 24, S. 53 ff.) Zugleich berichtet die Zeitung von einem verlogenen Angriff gegen Rudolf Steiner im «Völkischen Beobachter».

6. September. Zum Abschluß des Pädagogischen Kursus stellt Rudolf Steiner in drei Vorträgen den zukünftigen Lehrplan im Umriß dar. Dieser Lehrplan wird in den folgenden Jahren weiter entwickelt.

7. September. Feierliche Eröffnung der Freien Waldorfschule in Stuttgart im Stadtgartensaal. Bei der Eröffnung sind an die 1000 Menschen anwesend. Bei der Feier sprechen Emil Molt als Gründer, Rudolf Steiner als geistiger Leiter, E. A. Karl Strockmeyer als Vertreter der Lehrerschaft und als Vertreter der Arbeiter und Angestellten der Waldorf-Astoria Herr Saria. Musikalische, rezitatorische und eurythmische Darbietungen umgeben die Ansprachen. (*Waldorf-Nachrichten,* 1. Jg. 1919, S. 359 ff.)

8. September. 1. Konferenz des Lehrerkollegiums mit Rudolf Steiner. Die Lehrer werden den Klassen zugeordnet und der Tageslauf festgelegt. Gegen Schluß bemerkt Rudolf Steiner: Konferenzen sind freie republikanische Unterredungen. Jeder ist darin ein Souverän. (GA 300a)

9. September. In der Dreigliederungszeitung erscheint Rudolf Steiners Leitartikel *Sozialistische Entwicklungshemmungen.* (GA 24, S. 57 ff.)

9. September. In der Dreigliederungszeitung werden die Anschriften von 74 Ortsgruppen der Dreigliederungsbewegung veröffentlicht, auch werden die Namen der Vertreter der Dreigliederungsidee genannt. Die Gruppen dürften nach Umfang und Aktivität sehr unterschiedlich einzustufen sein.

10. September (?). Marie und Rudolf Steiner reisen nach Berlin.

12., 13. und 14. September. Zur Eröffnung der neuen Räume des Zweiges spricht Rudolf Steiner zu den Mitgliedern der Anthroposophischen Gesellschaft in Berlin über die Aufgaben, die mit einer geistigen, seelischen und sozialen Weiterentwicklung der Menschen verbunden sind. (GA 193)

15. September. Öffentlicher Vortrag in Berlin *Die Kernpunkte der sozialen Frage und die Dreigliederung des sozialen Organismus.* (GA 333)
In der Dreigliederungszeitung erscheint der Leitartikel Rudolf Steiners: *Was ‹neuer Geist› fordert.* (GA 24, S. 61 ff.)

18.–22. September. Rudolf Steiner in Dresden.

18.–20. September. Auf Einladung der Volkshochschule hält Rudolf Steiner drei öffentliche Vorträge über die Dreigliederung des sozialen Organismus.

20. September. Vortrag in der Schopenhauer-Gesellschaft: *Die philosophische Rechtfertigung der Anthroposophie.* In der anschließenden Diskussion haben die Professoren «richtiges Blech geredet». (GA 300a, S. 94)

21. September. Vortrag im Frauenklub Dresden 1910: *Der Weg der inneren Schulung und die Gefahren des Okkultismus.*
22. September. In der Dreigliederungszeitung erscheint der Leitartikel Rudolf Steiners: *Wirtschaftlicher Profit und Zeitgeist.* (GA 24, S. 66)
24.–29. September. Rudolf Steiner in Stuttgart.
24. September. Öffentlicher Vortrag im Gustav-Siegle-Haus: *Übersinnliche Erkenntnis und sozialpädagogische Lebenskraft.* Der Vortrag schließt mit einem wahrspruchartigen Text: *Suchet das wirklich praktische materielle Leben...* (GA 40, S. 116f.)
25. und 26. September. Konferenzen mit der Lehrerschaft der Waldorfschule. (GA 300a) Rückblick auf die ersten zehn Schultage. Über die Einführung des Religionsunterrichts.
25. und 27. September. Besprechungen über und mit dem Kulturrat.
28. September. Vortrag für Mitglieder über die neue Pädagogik im Zusammenhang mit der Entwicklung eines neuen Weltbewußtseins. (GA 192)
30. September. Rudolf Steiner und MARIE STEINER fahren in Begleitung von EMIL LEINHAS nach Dornach.
In der Dreigliederungszeitung erscheint der Leitartikel Rudolf Steiners: *Geistespflege und Wirtschaftsleben.* (GA 24, S. 70ff.)
1. Oktober. Rudolf Steiner trifft im Atelier mit Mrs. WEDGWOOD und GEORGE KAUFMANN(-ADAMS) zusammen, die EDITH MARYON bei der Arbeit an der Statue helfen. Das Gespräch geht um die englische Übersetzung des Buches *Die Kernpunkte der sozialen Frage.* Maryon zieht nach dem Gespräch ihren Übersetzungsentwurf zurück. George Kaufmann und Mrs. Wedgwood übersetzen daraufhin die *Kernpunkte...*, die im Mai 1920 in dem Londoner Verlag Allen & Unwin erscheinen.
3. Oktober. Rudolf Steiner nimmt die Vorträge für Mitglieder in Dornach wieder auf. Einleitend weist er darauf hin, daß es sich in Mitteleuropa beim Verständnis oder Nicht-Verständnis für die Dreigliederung um eine Frage von Leben oder Tod des Volkstums handelt. «Anders liegen die Dinge hier» (in der Schweiz). «Hier besteht oder bestünde noch die Möglichkeit, aus freiem Willen heraus zu so etwas wie der Dreigliederung zu greifen.» (GA 191)
3. Oktober. Besprechung über die Möglichkeit, die Idee der Dreigliederung in anderen europäischen Ländern zu verbreiten. Anwesend u.a. ROMAN BOOS (Schweiz), JOHANNES RUTHS (Schweden), GEORGE KAUFMANN und Mrs. WEDGWOOD (England), UNO DONNER (Finnland) und deutsche Vertreter der Dreigliederungsbewegung. (Hans Kühn, *Dreigliederungszeit,* S. 96)
4. Oktober–16. November. Sooft Rudolf Steiner zu den Wochenenden in Dornach ist, werden die Mitgliedervorträge über die geistigen Hintergründe der sozialen Frage fortgesetzt. (GA 191)

11. und 12. Oktober. Öffentliche eurythmisch-dramatische Darstellung aus Faust I.

12. Oktober. Rudolf Steiner schließt den Vortrag für Mitglieder mit den Worten: «Es müßte eigentlich dieser Dornacher Bau so angesehen werden, daß man ihn, ohne unbescheiden zu werden, wirklich als den Ausgangspunkt nimmt für eine große Weltbewegung, die völlig international ist, und die alle Gebiete des geistigen Lebens umfaßt... Aber wir müssen uns aufraffen, etwas zu schaffen, was tatsächlich so zur Menschheit spricht, daß wir sie aufmerksam machen darauf: Seht hier wird das gewollt, was im Sinne einer wirklichen Weiterentwicklung sowohl des wissenschaftlichen, wie des künstlerischen, wie des religiösen Bewußtseins liegt...» Emil Molt berichtet: «Nach einem Vortrag Dr. Steiners in der Schreinerei Mitte Oktober, der mich stark ergriffen hatte, trat ich am Schluß vor die Zuhörer. Ich wies auf die Notwendigkeit des Ausbaues des Goetheanums hin, das sich in ernster Geldnot befand, und entwickelte den Gedanken, durch eigene wirtschaftliche Unternehmungen die nötigen finanziellen Mittel zu beschaffen. Dr. Steiner äußerte sich dazu und wies sehr eindringlich auf die Hauptschwierigkeit in der Durchführung des Planes hin, auf den Mangel an geeigneten Persönlichkeiten. Trotz dieser Warnung wurde an der Verwirklichung weitergearbeitet.» (E. Molt, *Entwurf meiner Lebensbeschreibung,* S. 193)

15. Oktober. Erste Pläne für eine zu gründende Bank werden ausgearbeitet, Vorschläge zur Kapitalbeschaffung erörtert und die Aufgaben der Bank beschrieben. (Vgl. Hans Kühn, *Dreigliederungszeit,* S. 97)

19. Oktober. Öffentliche Eurythmieaufführungen mit Gedichten, Humoresken und der Szene «Nacht» aus Faust I.

24.–31. Oktober. Rudolf Steiner in Zürich.
Auf Einladung des Schweizer Bundes für Dreigliederung und der Anthroposophischen Gesellschaft Zürich hält Rudolf Steiner im großen Saal des Konservatoriums einen öffentlichen Vortragszyklus von sechs Vorträgen über *Soziale Zukunft.* In dem systematisch aufgebauten Zyklus stellt Rudolf Steiner unter Einbeziehung der Erfahrungen des vergangenen Jahres die Idee der Dreigliederung des sozialen Organismus zusammenfassend dar. (GA 332a)

27. Oktober. Vor den Mitgliedern der Anthroposophischen Gesellschaft spricht Rudolf Steiner erstmals über das vergangene und zukünftige Wirken der Widersachermächte Luzifer und Ahriman. (GA 193)

31. Oktober. Öffentliche Eurythmieaufführung mit Szenen aus Faust II.

1.–3. November. Rudolf Steiner in Dornach. Fortsetzung der Vorträge für Mitglieder.

4.–6. November. Rudolf Steiner in Bern, wo außer den Vorträgen am 5. November eine öffentliche Eurythmieaufführung stattfindet: Szenen aus Faust II. In dieser Zeit werden die Gerüste im Goetheanum-Bau entfernt, so daß sich zum ersten Mal das Gesamtbild des Raumes und der Kuppelmalerei zeigt.

Im November. Rudolf Steiner arbeitet die *Leitgedanken für eine zu gründende Unternehmung* aus: «Notwendig ist die Gründung eines bankähnlichen Instituts, das in seinen finanziellen Maßnahmen wirtschaftlichen und geistigen Unternehmungen dient, die im Sinne der anthroposophisch orientierten Weltanschauung sowohl nach ihren Zielen wie nach ihrer Haltung orientiert sind...» (GA 24, S. 460 ff.)

10. November. In der Dreigliederungszeitung erscheint der Leitartikel Rudolf Steiners: *Die Wurzeln des sozialen Lebens.* (GA 24, S. 99 ff.)

Mitte November. Die Bestuhlung des Saales im Goetheanum wird geplant und in eigener Regie übernommen.

21.–30. November. Rudolf Steiner spricht in Dornach in sechs Vorträgen für Mitglieder über die Sendung Michaels und die neue Michael-Offenbarung. (GA 194)

24. November. In der Dreigliederungszeitung erscheint: *Der Boden der Dreigliederung.* (GA 24, S. 104 ff.)

1. Dezember. In der Dreigliederungszeitung erscheint: *Wahre Aufklärung als Grundlage sozialen Denkens.* (GA 24, S. 108 ff.)

3., 6. und 7. Dezember. Vorträge für Mitglieder.

7. Dezember. Öffentliche Eurythmieaufführung. Musik und Eurythmie.

12.–15. Dezember. Da Rudolf Steiner durch Schwierigkeiten mit dem Visum an der Reise nach Deutschland gehindert ist, kann er in Anwesenheit englischer Freunde noch vier Vorträge mit Ausführungen über den Dornacher Bau und die okkulten Hintergründe der sozialen Frage halten. (GA 194)

14. Dezember. In der Dreigliederungszeitung erscheint Rudolf Steiners Leitartikel *Der Weg zur Rettung des Deutschen Volkes.* (GA 24, S. 113 ff.)

18. Dezember–4. Januar 1920. Rudolf Steiner in Stuttgart.

19. Dezember. Öffentlicher Vortrag in Stuttgart: *Geisteswissenschaft – Gedankenfreiheit und soziale Kräfte.* (GA 333) Über den Zusammenhang von Denken und Wollen, Kopf- und Handarbeit als Grundlage der Freiheit und der Geistesforschung. Der Vortrag war ursprünglich bereits für den 17. Dezember angekündigt worden.

19. und 20. Dezember. Rudolf Steiner besucht die einzelnen Klassen der Waldorfschule.

21. Dezember. Rudolf Steiner hält bei der Weihnachtsfeier der Freien Waldorfschule eine Ansprache. (GA 298)

21., 25., 28. und 31. Dezember. In den Voträgen für Mitglieder greift Rudolf Steiner die im November und Dezember in Dornach behandelten Themen neu auf: Das Wirken der Widersachermächte und das neue Wirken des Erzengels Michael: «Heute ist Michael wieder der Weltregent, aber die

Menschheit ist genötigt, sich zu ihm in einer neuen Weise zu verhalten.» (GA 195, 25.12.1919)
22. Dezember. In der Dreigliederungszeitung erscheint Rudolf Steiners Leitartikel *Der Durst der Zeit nach Gedanken.* (GA 24, S. 117ff.)
22. und 23. Dezember. Konferenzen mit dem Lehrerkollegium der Freien Waldorfschule. (GA 300a)
23. Dezember–3. Januar 1920. Für die Lehrer der Waldorfschule und einige eingeladene Naturwissenschaftler hält Rudolf Steiner einen naturwissenschaftlichen Kurs, der als *Lichtlehre* bezeichnet wird. Rudolf Steiner muß diesen Kurs improvisieren und hat für die Vorführung von Experimenten nur wenige Geräte zur Verfügung. (GA 320)
26.–31. Dezember. Neben dem naturwissenschaftlichen Kurs hält Rudolf Steiner auf Bitten der Lehrer einen zweiten Kurs: *Geisteswissenschaftliche Sprachbetrachtungen.* Rudolf Steiner beginnt diesen Kurs mit den Worten: «Einige der Freunde haben mich veranlaßt, zu Ihnen während dieses Aufenthaltes auch einiges über Sprachliches zu sprechen. Noch mehr als bei den naturwissenschaftlichen Kursen kann selbstverständlich bei einer so plötzlich auftretenden Absicht dasjenige, was in diesen paar Stunden zu Ihnen gesprochen werden kann, nur ganz episodisch sein.» Steiner bittet deshalb um Nachsicht für die «improvisierte Sache». (GA 299)
Während der Tage und Nächte finden neben den Kursen und Vorträgen fortlaufend Besprechungen – namentlich in Sachen der zu gründenden Unternehmung, die später den Namen *Der Kommende Tag* erhalten wird, und in Sachen der Dreigliederungsbewegung statt, so daß Rudolf Steiner viele Bitten um private Einzelbesprechungen abschlagen muß.
27. Dezember. Öffentlicher Vortrag im Gustav-Siegle-Haus: *Die Weltbilanz des Geistes- und Seelenlebens der Gegenwart.* Der Vortrag ist ein Aufruf, den deutschen Geist zwischen West und Ost durch Geisterkenntnis zu erneuern. (GA 333)
30. Dezember. Öffentlicher Vortrag im Gustav-Siegle-Haus: *Geisterkenntnis als Tatengrundlage – Sittlichkeit in Erkenntniskraft – Menschenhoffnung aus Geistesmacht.* (GA 333)
31. Dezember. In der Silvesternacht fragt Emil Molt Rudolf Steiner, ob er bereit wäre, im Aufsichtsrat der neu zu gründenden Aktiengesellschaft den Vorsitz zu übernehmen. «In dem Moment, als Rudolf Steiner bejahte, begannen die Neujahrsglocken zu läuten.» (Hans Kühn, *Dreigliederungszeit,* S. 102)

1920

Ein Motiv, das sich in Wort und Tat durch das Wirken Rudolf Steiners zieht, ist: die Zivilisation der Gegenwart muß durch die Erkenntnisse und Impulse der Initiationswissenschaft neu belebt und befruchtet werden. Dieser Erneuerung der Zivilisation gilt die Arbeit auf den verschiedenen Feldern.

In den Bestrebungen, der Idee der Dreigliederung des sozialen Lebens Eingang zu verschaffen, wird ein neuer Weg eingeschlagen. Durch die Gründung von «Musterinstitutionen» soll gezeigt werden, daß sich die Idee der Dreigliederung in der Praxis bewährt. So wird in Deutschland die Aktiengesellschaft *Der Kommende Tag* und in der Schweiz die *Futurum AG* gegründet. Beide Gesellschaften haben die Aufgabe, wirtschaftliche und geistige Unternehmen durch gegenseitige Hilfe zu fördern. So wird im Rahmen der Aktiengesellschaft *Der Kommende Tag* u. a. im Frühsommer 1920 der Verlag *Der Kommende Tag* gegründet.

Die Entwicklung der Waldorfschulpädagogik wird fortgesetzt. Die Schule in Stuttgart wächst kräftig: die Schülerzahl steigt von 252 auf 420 Schüler. Die Zahl der Klassen wird vermehrt, und eine neunte Klasse wird eingerichtet. Die Idee der neuen Pädagogik findet auch außerhalb der Anthroposophenschaft Interesse: Rudolf Steiner wird von der Lehrerschaft Basels eingeladen, eine Reihe von 14 Vorträgen über seine Pädagogik zu halten.

Der Erweiterung der Wissenschaften dienen fünf Vortragskurse. Das Jahr beginnt mit dem ersten naturwissenschaftlichen Kurs *(Lichtlehre)*, im März und April folgen der zweite naturwissenschaftliche Kurs *(Wärmelehre)* und der erste *Medizinerkurs* und die Vorträge *Entsprechungen zwischen Mikrokosmos und Makrokosmos*. Im Herbst findet der Kurs *Grenzen der Naturerkenntnis* statt. Schon im Frühjahr finden gleichzeitig mit den Vorträgen Rudolf Steiners Vorträge anthroposophischer Wissenschaftler statt, so beispielsweise in Dornach die Reihe *Anthroposophie und Fachwissenschaften*. Diese Kurse kann man als eine Vorstufe zur Eröffnung des ersten Goetheanum durch den dreiwöchigen *Anthroposophischen Hochschulkurs* (26. September–16. Oktober) auffassen. Auf diesem Hochschulkurs sprechen außer Rudolf Steiner 30 Vertreter der verschiedenen Fachrichtungen. Für Rudolf Steiner wird bei diesen Vorträgen deutlich, «daß sich nicht alles so ausnahm, wie ein aus dem Goetheanumgeiste heraus Geborenes». (GA 36, S. 326) Die Denk- und Vorstellungs-

weisen der hergebrachten Wissenschaften kommen in manchen dieser Vorträge in zu starkem Maße zur Geltung.
Ähnlich problematisch erweisen sich für Rudolf Steiner die Arbeitsweisen der beiden neu gegründeten Aktiengesellschaften. Auf ihre Entfaltung muß Rudolf Steiner sehr viel Arbeit verwenden. Auf den Namen Rudolf Steiners hin, der durch seine Mitwirkung in den Aufsichtsräten Gewähr für eine gedeihliche Entfaltung der Unternehmen zu bieten schien, kommt für die deutsche Gründung «Der Kommende Tag» zwar schnell genügend Geld zusammen – in der Schweiz verhalten sich die Dinge etwas anders –, aber die Mitarbeiter auf wirtschaftlichem Felde zeigen keineswegs immer die Fähigkeit und das Augenmaß, diese Kapitalien sinnvoll einzusetzen. In dieser Beziehung gibt vor allem die «Futurum AG» ständigen Anlaß zur Sorge.
Die öffentliche Wirksamkeit, die sich im wesentlichen auf Stuttgart und die Schweiz konzentriert, ruft in verstärktem Maße die Gegnerschaft der Anthroposophie auf den Plan. In den Jahren 1920 und 1921 vergeht kaum eine Woche, in der nicht neue Artikel und Broschüren gegen Anthroposophie erscheinen. Besonders kirchliche und deutsch-nationale Kreise tun sich dabei hervor. So sind Rudolf Steiner und einige seiner Mitarbeiter (Dr. W. J. STEIN, Dr. EUGEN KOLISKO und Dr. ROMAN BOOS) genötigt, einen großen Teil ihrer Arbeitskraft und Zeit der Abwehr dieser meist sehr unqualifizierten Angriffe zu widmen.

1.–3. Januar. Rudolf Steiner in Stuttgart.
1. Januar, morgens. Konferenz mit dem Lehrerkollegium der Waldorfschule: Kinderbesprechungen, Lesen, Modellieren, Geschichts- und Deutschunterricht. Die Einrichtung einer «neunten Klasse wäre sehr erwünscht. Da ist dann kein Schulgesetz mehr da, und wir könnten ganz spontan anfangen.» (GA 300a)
1. Januar, abends. Zweigvortrag über die Notwendigkeit, den Dogmen der Erfahrung und der Offenbarung die eigene Produktivität entgegenzustellen. Hinweis auf die Tätigkeit der Gegner der Anthroposophie, die sich um alles kümmern, «was bei uns vorgeht». (GA 195)
2. Januar. In der *Mannheimer Zeitung* erscheint ein Artikel «Der Theosoph Steiner als Handlanger der Entente», in dem behauptet wird, daß der Bund für Dreigliederung die Namen aller im reaktionären Sinne tätigen Offiziere feststelle, gegen die Material über völkerrechtswidrige Handlungen im Kriege vorliege. Dieses Material solle durch Zeugenaussagen gestützt der Entente zugeleitet werden, damit die Entente die Auslieferung dieser Offiziere beantragen könne. Diese Meldung wird von anderen deutschen Zeitungen in den folgenden Tagen übernommen. – Diese verleumderische Nachricht ist eine freie Erfindung. (Vgl. 9. Januar)

2. und 3. Januar. Fortsetzung der Kurse *Geisteswissenschaftliche Sprachbetrachtungen* und des naturwissenschaftlichen Kursus über *Lichtlehre.*

5. Januar. Öffentlicher Vortrag Basel: *Wege und Ziele der Geisteswissenschaft.*

6. Januar. Öffentlicher Vortrag in Basel: *Die geisteswissenschaftlichen Grundlagen der leiblichen und seelischen Gesundheit.* In diesem Vortrag spricht Rudolf Steiner von einer durch Geisteswissenschaft zu gewinnenden intuitiven Medizin und sagt, daß «manches nur wartet auf den Moment, an dem die offiziellen Vertreter des medizinischen Wissens kommen und sich die Einsicht aneignen, daß es aufgenommen werden müsse». Hierzu berichtet Dr. OSKAR SCHMIEDEL: «Nach dem Vortrag sagte ich zu Rudolf Steiner, daß ich bereit wäre, einen solchen Kurs zu arrangieren, wenn er tatsächlich einen solchen halten wolle und es ihm recht wäre, wenn ich es täte. Er erklärte sich damit einverstanden, nur bat er mich, dies zusammen mit Dr. Scheidegger sen. zu tun.» Dr. SCHEIDEGGER war der Leiter des Basler homöopathischen Iselin-Spitals. Dr. Schmiedel arrangiert dann den Kurs und sammelt Geld, um es auch deutschen Ärzten zu ermöglichen, an dem Kurs teilzunehmen. (Erinnerungen von Oskar Schmiedel, unveröff.)

7. Januar. Öffentlicher Vortrag in Basel: *Die sittlichen und religiösen Kräfte im Sinne der Geisteswissenschaft.*

9. Januar. In der Dreigliederungszeitung erscheint in Abwehr der unwahren Behauptungen des Artikels *Der Theosoph Steiner als Handlanger der Entente* (vgl. 2. Januar) auf der ersten Seite in großer Aufmachung die Zurückweisung der Verleumdung *Der Verleumdungskrieg gegen die Dreigliederung* und Rudolf Steiners Aufsatz *Das Goetheanum und die Stimme der Gegenwart.* (GA 24, S. 127 ff.)

9. Januar. Wiederbeginn der Dornacher Vorträge für Mitglieder der Anthroposophischen Gesellschaft, die jeweils freitags, sonnabends und sonntags stattfinden. 21 Vorträge bis zum 22. Februar. (GA 196)

9. Januar. Rudolf Steiner beginnt den Vortrag mit dem Hinweis, daß die Initiationswissenschaft in das praktische Leben der Gegenwart eingreifen müsse.

10. Januar. Eurythmische Darbietungen und Aufführung des Oberuferer Paradeisspiels.

11. Januar. Eurythmische Darbietungen und Aufführung des Oberuferer Christgeburtsspiels.

16. Januar. In der Dreigliederungszeitung erscheint der Artikel *Ideenabwege und Publizistenmoral* – über KARL KAUTSKY «Wie der Weltkrieg entstand». (GA 24, S. 131 ff.)

16.–18. Januar. In den Vorträgen für Mitglieder wird wiederum – im Zusammenhang mit dem «Jüngerwerden der Menschheit» – auf die praktische Bedeutung der Initiationswissenschaft hingewiesen. (GA 196)

17. und 18. Januar. Eurythmische Darstellung von Naturimaginationen, u. a. «Die Metamorphose der Pflanzen» von Goethe.
23.–25. Januar. Rudolf Steiner spricht in drei Vorträgen anhand von Lichtbildern über Architektur, Plastik und Malerei des Goetheanum. Der Dornacher Bau als Ausdruck der anthroposophischen Weltanschauung. (GA 289)
24. und 25. Januar. Eurythmiedarbietung, u. a. wird das Märchen vom Quellenwunder aus «Die Prüfung der Seele» aufgeführt.
31. Januar und 1. Februar. Eurythmiedarbietung, unter anderem «Chor der Gnomen und Sylphen» aus «Der Seelen Erwachen».
1. Februar. Vortrag über das Wirken der Persönlichkeit in der Geschichte am Beispiel von Francis Bacon, Jacob Böhme, Jacobus Baldus und Shakespeare. (GA 196)
6. Februar. In der Dreigliederungszeitung erscheint der Aufsatz: *Es darf nicht ein neuer Czernismus den alten ablösen.* Anhand der Memoiren des ehemaligen österreichischen Außenministers OTTOKAR CZERNIN wird die Haltung jener charakterisiert, die ohne wirklichen inneren Anteil an dem Leben der Völker Politik machen und für die alle geistigen Inhalte lediglich eine Ideologie sind. «Die Einsicht in den weltgeschichtlichen Zusammenhang ist die notwendige Vorbedingung für eine Besserung der europäischen Zustände. Völkerstaaten können nicht gedeihen, wenn sie nicht auf der Erkenntnis aufgebaut sind, daß *der* Geist erstorben ist, aus dem die zu ihnen gehörigen Menschen ihr seelisches Leben gefristet haben.» Neuer Geist tut not. (GA 24, S. 137 ff.)
8. Februar. Der Student JOHANNES WERNER KLEIN – im Jahre 1922 Mitbegründer der Christengemeinschaft – sucht Rudolf Steiner auf und fragt nach der Möglichkeit religiöser Erneuerung – der «johanneischen Kirche» im Sinne Schellings. Rudolf Steiner erklärt, das Religiöse sei nicht seine Aufgabe, aber wenn ein Kreis begeisterter Menschen gefunden werden könne, ließen sich neue Formen des religiösen Lebens einrichten. Johannes Werner Klein versteht dies nicht als Angebot der Hilfe, sondern meint, er müsse selber einen neuen Kultus finden.
9. Februar. Rudolf Steiner unternimmt den Versuch, den mit Beginn des Ersten Weltkriegs abgebrochenen esoterischen Unterricht wiederaufzunehmen. Er muß aber gleich zu Eingang der Stunde darauf hinweisen, daß die Mitteilung über die Wiederaufnahme des esoterischen Unterrichts zu unerwünschten Reaktionen geführt hat. (Unveröff.)
12. Februar. Öffentlicher Vortrag in St. Gallen: *Die erzieherischen Kräfte in der Volksgemeinschaft* – Die klerikalen Blätter in St. Gallen weigern sich, eine Anzeige des Vortrags aufzunehmen.
13.–15. Februar. Vorträge für Mitglieder über menschliche Selbsterkenntnis im Zusammenhang mit geistigen Wesenheiten.

13. Februar. In der Dreigliederungszeitung erscheint Rudolf Steiners Aufsatz *Zerstörung und Aufbau.* In Anknüpfung an das Buch von JOHN MAYNARD KEYNES *The Economic Consequences of the Peace* schreibt Rudolf Steiner über das völlig Ungenügende der Anschauungen, die dem Friedensvertrag von Versailles zugrunde liegen. (GA 24, S. 144 ff.)

Mitte Februar. Spätestens in dieser Zeit beginnen die Vorgespräche, die zur Gründung der *Futurum AG* führen. Dies geht aus den Erinnerungen von ARNOLD ITH hervor. (Nachrichtenblatt 1965, S. 108)

17. Februar. Rudolf Steiner hält eine zweite und vorläufig letzte esoterische Stunde nach dem Kriege. (Unveröff., vgl. 9. Februar 1920)

20.–22. Februar. Vorträge über den Imperialismus in einem sehr weiten Sinne, u. a. für die anwesenden Engländer. (GA 196)

27. Februar. Rudolf Steiner besucht vor seiner Abfahrt nach Stuttgart das seit Jahresbeginn im Aufbau befindliche Archiv seiner Vorträge in Dornach. Die Einrichtung des Archivs geht auf Dr. ELISABETH VREEDE zurück. (Brief von J. M. Bruinier, unveröff.)

1.–14. März. Zweiter naturwissenschaftlicher Kurs *(Wärmelehre).* (GA 321) Dieser Kurs findet in Stuttgart statt und wendet sich an die Waldorfschullehrerschaft und an einen kleinen Kreis eingeladener Wissenschaftler.

2. März. Öffentlicher Vortrag in Stuttgart: *Geist und Ungeist in ihren Lebenswirkungen.* Über die Weltherrschaft von Phrase, Konvention und Routine als Gegenbilder der zeitnotwendigen Gestaltung eines produktiven Geisteslebens, eines menschlichen Rechtslebens und einer wirklichen wirtschaftlichen Lebenspraxis. (GA 335)

3. März. Rudolf Steiner spricht auf einem Studienabend für Dreigliederung über die im Entstehen begriffene Aktiengesellschaft *Der Kommende Tag.* Er bezeichnet diese Gründung als eine «Kursänderung» der praktischen Dreigliederungsarbeit. Durch «erste Musterinstitutionen» soll das ersetzt werden, was ursprünglich durch das Zusammenwirken einer genügend großen Anzahl von überzeugten Menschen» bewirkt werden sollte. «Wir müssen wenigstens den Versuch machen, ... erste Musterinstitutionen zu schaffen, an denen man sehen wird, daß in solchen wirtschaftlichen Institutionen unsere Ideen praktisch verwirklicht werden können.» So soll durch Tatsachen überzeugt werden. (Unveröff.)

4. März. Öffentlicher Vortrag in Stuttgart: *Die geistigen Forderungen des kommenden Tages.* (GA 335)

5., 7. und 9. März. Vorträge für Mitglieder der Anthroposophischen Gesellschaft.

6. März. In der Dreigliederungszeitung erscheint der Aufsatz *Einsichtiger Wille tut not.* Gegen das Warten und Sichtreiben-Lassen durch die Ereignisse. (GA 24, S. 148 ff.)

6. März. Konferenz mit dem Lehrerkollegium der Waldorfschule. Dr. Eugen Kolisko, der auf mehrfache dringende Bitten aus Wien an die Waldorfschule gekommen ist, übernimmt als Klassenlehrer die 6. Klasse an Stelle von Friedrich Oehlschlegel, der in die USA gereist war. Rudolf Steiner spricht aus, daß für den Waldorflehrer 18 Stunden eine normale Stundenzahl sei. (GA 300a)

7.–13. März. In diesen Tagen finden wissenschaftliche Vorträge unter anderem von Dr. Hermann von Baravalle, Dr. Ernst Blümel, Ing. Alexander Strakosch und Dr. Eugen Kolisko statt. Rudolf Steiner beteiligt sich an den Diskussionen nach den Vorträgen.

11. März. Ansprache an die künftigen Träger der Aktiengesellschaft «Der Kommende Tag» in der Landhausstr. 70. Rudolf Steiner führt aus, daß es nach den «nicht gerade guten Erfahrungen» nicht subjektive Gründe seien, die zu dieser neuen Gründung Anlaß geben. Der «schwere Entschluß» ergibt sich aus der Notwendigkeit, den Dreigliederungsimpuls in neuer Weise zu vertreten. Weniger Sorgen als die Beschaffung von Geldmitteln bereitet Rudolf Steiner das «Auffinden von denjenigen Persönlichkeiten, die nun diese Geldmittel in der richtigen Weise verwerten und ausnützen können.» (Unveröff.)

13. März. In der Dreigliederungszeitung erscheint der Aufsatz *Die Zeitforderungen von heute und die Gedanken von gestern.* (GA 24, S. 152ff.)

13. März. Gründung der Aktiengesellschaft *Der Kommende Tag.* An der Gründung beteiligen sich mit Einlagen in das Grundkapital von 300 000,– Mark Rudolf Steiner, Emil Molt, Emil Leinhas, Alfred Meebold, Carl Unger, Otto Graf von Lerchenfeld in Köfering, Ludwig Graf von Polzer-Hoditz in Tannbach, Konradin Hausser, Hans Kühn, José del Monte und die Treuhandgesellschaft des Goetheanum, vertreten durch Heinrich Berner. Den Aufsichtsrat der Gesellschaft bildeten Rudolf Steiner, Emil Molt, Emil Leinhas, Carl Unger, José del Monte. Den Vorstand bilden Konradin Hausser, Hans Kühn und Wilhelm Trommsdorff.
Die Aufgabe des «bankähnlichen Unternehmens» (Rudolf Steiner) ist es, wirtschaftliche Unternehmen zu fördern und zusammenzufassen und durch erwirtschaftete Überschüsse geistige Unternehmen (Forschungsinstitute, ein klinisch therapeutisches Institut etc.) zu fördern.

14. März. Ende des zweiten naturwissenschaftlichen Kurses.
Konferenz mit dem Lehrerkollegium der Waldorfschule, u. a. über die Einrichtung einer Hilfsklasse, die Dr. Karl Schubert übernehmen wird.

15. oder 16. März. Rückreise nach Dornach.

17. und 18. März. Rudolf Steiner hält zwei öffentliche Vorträge in Zürich. In der Fragebeantwortung nach dem Vortrag vom 17. März führt Rudolf Steiner aus: «Wie meine ‹Philosophie der Freiheit› untersucht, woraus beim einzelnen Menschen die Kräfte zur Freiheit kommen, so untersuchen meine ‹Kernpunkte der sozialen Frage› wie der soziale Organismus beschaffen sein muß, damit der einzelne Mensch sich frei entfalten kann.» (GA 334)

19. März. In der Dreigliederungszeitung erscheint der Aufsatz *Ideen und Brot*. (GA 24, S. 156ff.) Die wirtschaftlichen Mangelerscheinungen beruhen nicht auf einem Fehlen von Brot oder Kohle, sondern auf einer ideenlosen, mangelhaften sozialen Ordnung.

19. März. Vortrag in der Statistisch-Volkswirtschaftlichen Gesellschaft des Kantons Zürich über *Dreigliederung und gegenwärtige Weltlage*. (GA 334)

20. März. Rudolf Steiner wieder in Dornach. Vortrag für Mitglieder. Eingangs berichtet Rudolf Steiner über die Gründung des «Kommenden Tages», ähnlich wie am 3. März in Stuttgart. Dann über Erkennen als Heilen. «Aus dem Willen zum Heilen ist Wissenschaft geworden. In den Willen zum Heilen muß Wissenschaft wieder einmünden.» (GA 198)

21. März. Beginn des Kurses für Ärzte und Medizinstudenten. Der Kurs sollte ursprünglich 14 Tage dauern, wird aber um sechs Vorträge bis zum 9. April verlängert. (GA 312) Während der drei Kurswochen halten auch eine Reihe von Medizinern Vorträge aus ihrer Arbeit. Über diese Vorträge, die nicht in der Reihe *Anthroposophie und Fachwissenschaften* (vgl. 24. März) stattfinden, ist nur wenig Genaues überliefert. Als Teilnehmer am 1. Medizinerkurs lassen sich nachweisen: Die Professoren Dr. ALFRED GYSI und Dr. OSKAR RÖMER, die Dres. ROBERT EDERLE, W. ENGELS, E. ESSIG, EMIL GROSSHEINTZ, ERNST V. GUMPPENBERG, MAX HERMANN, FRIEDRICH HUSEMANN, CLEMENTINE KACER-KRAJCA, JOSEF KALKHOF, EUGEN KOLISKO, LUDWIG NOLL, FELIX PEIPERS, HANNS RASCHER, EDWIN SCHEIDEGGER, W. TUYL, HILMA WALTER, IDA V. WARTBURG-BOOS, ITA WEGMAN und die cand. med. H. A. R. VAN DEVENTER, M. VAN DEVENTER, R. GEERING, VERENA GILDEMEISTER, PAUL GONSER, H. V. GRUNELIUS, CARL HERMANN, FRITZ KIFFNER, E. SCHEIDEGGER, W. SCHEIDEGGER, C. SCHMITT-CURTIUS, HEDWIG SCHRAMM, F. K. TH. SCHWARZ.

21. März, abends. Vortrag für Mitglieder: über die Notwendigkeit eines tätigen Verstandes und des innerlich kraftvollen Schaffens von Ideen in der Gegenwart. (GA 198)

24. März. Rudolf Steiner eröffnet den Kursus *Anthroposophie und Fachwissenschaften* mit dem gleichnamigen Vortrag.

25. März. Dr. CARL UNGER spricht über «Anthroposophie und die erkenntnistheoretische Grundlage der Naturwissenschaften».

26. März. Dr. FRIEDRICH HUSEMANN spricht über «Nervosität, Weltanschauung und Anthroposophie».

29. März. Dr. WALTER J. STEIN spricht über «Anthroposophie und Physiologie».

30. März. Dr. EUGEN KOLISKO spricht über «Anthroposophie und Chemie».
31. März. E. A. KARL STOCKMEYER spricht über «Anthroposophie und Physik».
1. April. Dr. OSKAR SCHMIEDEL spricht über «Anthroposophie und Farbenlehre». Nach diesen Vorträgen beteiligt sich Rudolf Steiner regelmäßig an der Aussprache.
2. und 3. April. Vorträge für Mitglieder: Das Damaskus-Erlebnis und die Mission des Apostels Paulus. (GA 198)
4. und 5. April (Ostern). Eurythmische Darstellung dichterischer und musikalischer Imaginationen und eurythmische Darbietungen von Kindern.
4. und 5. April. Rudolf Steiner spricht – namentlich für die auswärigen Gäste – nochmals über die künstlerische Gestaltung des Goetheanum-Baus. (GA 289)
6. April. Dr. Roman Boos spricht über «Anthroposophie und Rechtswissenschaft».
7. April. Rudolf Steiner spricht über *Anthroposophie und Hygiene als soziales Problem.* (GA 314). Mit diesem neunten Vortrag endet der Kurs *Anthroposophie und Fachwissenschaften.*
In diesen Tagen sucht die Basler Theologiestudentin GERTRUD SPÖRRI Rudolf Steiner auf und fragt nach der Möglichkeit, innerhalb der Kirche im Sinne anthroposophisch orientierter religiöser Erneuerung zu wirken. Rudolf Steiner sagt, daß er über diese Fragen für junge Menschen in noch ganz anderer Art als für die Mediziner sprechen könne. (Aus unveröff. Aufzeichnungen, vgl. 8. Februar)
9. April. Ende des Kurses für Ärzte und Medizinstudenten.
9. April. Beginn der Kosmologischen Betrachtungen. 16 Vorträge für Mitglieder der Anthroposophischen Gesellschaft bis 16. Mai, erschienen unter dem Titel *Entsprechungen zwischen Mikrokosmos und Makrokosmos.* (GA 201) Auch diese Vorträge haben wie die «Lichtlehre» (Dezember 1919–Januar 1920), die «Wärmelehre» (März 1920) und der Kurs für Mediziner (März, April 1920) die Aufgabe, neue wissenschaftliche Denkweisen und Ideen anzuregen.
10. und 11. April. Eurythmieaufführungen: Natur- und Seelenbilder eurythmisiert – Darbietungen von Kindern, humoristisch-satirische Bildszenen, Musikalisches.
16. April. In der Dreigliederungszeitung erscheint der Aufsatz *Der Fatalismus als Zeitschädling.* (GA 24, S. 163 ff.) «Nicht das Warten auf ein Wunder, das – niemand weiß woher – kommen soll, sondern allein der Wille zu leitenden Ideen kann uns weiterführen.»
17. April. Eurythmieaufführung: u. a. der Prosa-Hymnus «An die Natur» von Goethe.

20. April. Auf Einladung einer Gruppe von 60 schweizerischen Lehrern beginnt Rudolf Steiner einen 14 Vorträge umfassenden pädagogischen Kurs für Lehrer an staatlichen Schulen. Der Kurs findet in Basel in der Aula der Oberrealschule statt. In diesem Kurs geht Rudolf Steiner besonders auf Fragen, die ihm aus dem Zuhörerkreis gestellt werden, ein. (GA 301)
20. April, 12 Uhr. Unterredung zwischen RUDOLF E. MAIER und Rudolf Steiner über anthroposophisch-naturwissenschaftliche Forschung im Rahmen des Forschungsinstituts des «Kommenden Tags»: Erforschung der vier Ätherarten auf physikalischem Wege. (Vgl. B 95/96, S. 11–16)
23. April. In der Dreigliederungszeitung erscheint der Aufsatz *Die Dreigliederung und die Intellektuellen.* (GA 24, S. 168) Die reine Fach- und Spezialausbildung als Hindernis, die notwendigen umfassenden Ideen zu bilden.
24. April. Eurythmieaufführung: u. a. Ariel-Szene aus Faust II.
25. April. 7. ordentliche Generalversammlung des Vereins des Goetheanum. Rudolf Steiner berichtet, daß er, um die Wohnungsnot am Goethanum zu mildern, zunächst drei kleinere Häuser für mitarbeitende Freunde durch den Architekten PAUL BAY errichten lassen wird. «Diese Sache wird jetzt so liegen, daß sie meine allerpersönlichste Angelegenheit sein wird.» Zu diesem Zwecke wird als Bauträger der *Verein des Goetheanismus* geschaffen, Herr Dr. BOOS, Herr ETIENNE und Herr BALLMER werden, soweit «ich es für nötig erachten muß», Rudolf Steiner bei diesem Vorhaben zur Seite stehen. (Rudolf Steiner, *Aufbaugedanken und Gesinnungsbildung,* Dornach 1942, S. 40 ff.) Rudolf Steiner macht ferner den Vorschlag, die Bilanz des Goethanum zu veröffentlichen, um dem Klatsch und Tratsch von den Unsummen, die der Bau kostet, ein Ende zu machen.
26. April. Rudolf Steiner spricht für die Besucher der «Schweizer Mustermesse» in Basel über *Die gegenwärtige Wirtschaftskrisis und die Gesundung des Wirtschaftslebens durch die Dreigliederung des sozialen Organismus.* In diesem Vortrag kündigt Rudolf Steiner öffentlich an, daß in der allernächsten Zeit auch in der Schweiz ein wirtschaftliches Unternehmen wie «Der Kommende Tag» gegründet werden soll.
Die praktischen Vorbereitungen für die hier gemeinte Gründung der «Futurum AG» müssen also spätestens im April 1920 begonnen worden sein. (Weiteres vgl. Mitte Februar und 16. 6. 1920)
1. Mai. Eurythmieaufführung: Lebens- und Weltbilder eurythmisiert. Humoristisch-Paradoxes in eurythmischer Darstellung. Musikalisches.
4., 5. und 6. Mai. Rudolf Steiner hält in Basel drei öffentliche Vorträge. (GA 334)
8. und 9. Mai. Eurythmieaufführung.
15. und 16. Mai. Eurythmieaufführung u. a. mit Humoresken und Kindereurythmie.

22., 23. und 24. Mai. Öffentliche Vorträge am Goetheanum: *Die Philosophie des Thomas von Aquino.* (GA 74) Angesichts der zahlreichen Angriffe aus dem katholischen Lager wählt Rudolf Steiner dies Thema, um zu zeigen, daß die anthroposophische Geisteswissenschaft den Thomismus, der durch Papst Leo XIII. in der Enzyklika «Aeterni Patris» zur verbindlichen Philosophie der katholischen Kirche erklärt worden war, positiv würdigen kann. (Vgl. Vortrag vom 15. Mai 1920 in GA 201) Das Hauptthema ist die lebendige Weiterführung des Thomismus in der Gegenwart und geht von der Frage aus: Wie wird das Denken christlich gemacht? Wie kann auch die Vernunft der Erlösung teilhaftig werden?

23. und 24. Mai. Eurythmieaufführung: Eurythmisierung ernster und getragener Poesieformen sowie zierlicher und naiver dichterischer Koketterien; Musikalisches.

30. Mai, 3. und 6. Juni. Veranlaßt durch die Angriffe in der katholischen Lokalpresse schildert Rudolf Steiner vor Mitgliedern ausführlich die Entwicklung der katholischen Kirche vom Ende des 18. bis zum Anfang des 20. Jahrhunderts. (GA 198)

5. Juni. Öffentlicher Vortrag in Dornach: *Die Wahrheit über die Anthroposophie und deren Verteidigung wider die Unwahrheit.* Schon die Ankündigung dieses Vortrags erregt Aufsehen, weil Gegner der Anthroposophie die Plakatierung der Vortragsankündigung durch Verbrennen von Plakaten zu verhindern suchen. In dem sehr ausführlichen Vortrag – er umfaßt im Druck 53 Seiten – stellt Rudolf Steiner seinen Entwicklungsgang dar und widerlegt die über seine Abstammung und Biographie in Umlauf gebrachten Lügen (er sei Jude, entlaufener Priester etc.). Ferner wird die erlogene Darstellung der Anthroposophie widerlegt. Der Vortrag wird von Rudolf Steiner eigens für den Druck bearbeitet. (Gedruckt in: R. Steiner, Roman Boos *Die Hetze gegen das Goetheanum*) Das Zentrum der Hetze gegen das Goetheanum und die Anthroposophie ist der katholische Pfarrer von Arlesheim, MAX KULLY (1878–1936), der seine Artikel mit patriotischen und antisemitischen Tönen würzt.

7. Juni. Reise nach Stuttgart. Aufenthalt bis 28. Juni.

Während dieses Stuttgarter Aufenthalts ist Rudolf Steiner ununterbrochen durch Konferenzen, Besprechungen und Beratungstätigkeiten im Dienste des «Kommenden Tags» in Anspruch genommen. In einem Vortrag für Mitglieder sagt er: «Mir tut es im Herzen weh, daß ich fast keinen der Wünsche befriedigen kann, die jetzt so zahlreich an mich herantreten. Aber ich muß immer die Freunde abweisen, weil ja einfach die Zeit sich nicht verdoppeln läßt und nicht bloß vom Morgen bis zum Abend, sondern in die Nächte hinein Sitzungen sind.» Er berichtet auch, daß ihm gesagt wird: «Da ist wiederum etwas Schreckliches geschehen, da ist ein Mensch, der stänkert fortwährend, der ist schädlich für alle übrigen. – Das mag sein, das kann richtig sein. Aber mir ist es bis jetzt, trotzdem mir solche Dinge während meiner jetzigen Anwesenheit unzählige Male entgegengetreten sind, nicht gelungen, eine solche Sache so weit zu verfolgen, daß, wenn ich zu dem zweiten gekommen bin, er mir dasselbe gesagt hätte wie der erste. Und beim fünften, sechsten wurde es schon das Gegenteil von dem, was mir der erste verkündet hatte.» «Wir stehen vor Unternehmungen, die nicht mißlingen dürfen, die gelingen müssen, bei denen gar keine Rede davon sein kann, daß sie irgendwie mißlingen, von denen wir heute sagen müssen: sie werden gelingen. Aber daß sie nicht die ursprüngliche anthroposophische Bewegung auffressen, das hängt davon ab, daß jeder wirklich daran mitarbeitet.« »Der Geist will gepflegt sein, wenn er nicht zum Absterben kommen soll.» (GA 197, 24. Juni 1920)

8. Juni. Öffentlicher Vortrag in Stuttgart: *Der Weg zum gesunden Denken und die Lage des Gegenwartsmenschen.* Über die Notwendigkeit, über die bloß naturwissenschaftliche Weltanschauung hinaus zu geistiger Erkenntnis zu kommen, aus der heraus Sittlichkeit begründet werden kann. (GA 335)

9. Juni. Unterrichtsbesuche in der Waldorfschule, u. a. Hauptunterricht in der 8. Klasse (vgl. Vortrag vom 10. Juni) und Unterricht in der 1. Klasse. Nachmittags Konferenz mit dem Lehrerkollegium der Waldorfschule, u. a. wird ein geplanter Jahresbericht besprochen.

9. Juni, abends. Studienabend über Dreigliederung. Rudolf Steiner hält ein ausführliches einleitendes Referat über das Eintreten für die Dreigliederung. Zweimal weist Rudolf Steiner darauf hin, daß der «Kommende Tag» unter den gegenwärtigen Umständen «doch nur ein recht wenig befriedigendes Surrogat sein kann, in jeder Beziehung». Für die Dreigliederungsarbeit gilt: «Nur einem Umdenken, einem Umwandeln der menschlichen Gedanken und Empfindungen bis ins tiefste Innerste hinein, werden wir eine Besserung verdanken und nichts anderem.» (Vervielfältigt als Arbeitsmaterial für die Mitarbeiter des Bundes für Dreigliederung)

10. Juni. Rudolf Steiner wohnt der Monatsfeier der Waldorfschule bei und hält eine kurze Schlußansprache. (GA 298)

10. Juni, abends. Öffentlicher Vortrag *Die Erziehung und der Unterricht gegenüber der Weltlage der Gegenwart.* Am Ende des Vortrags spruchartige Zusammenfassung: «Gebt der Erziehung, gebt dem Unterricht das, was aus einer tieferen Weltanschauung Grundlage der Erziehung, des Unterrichts ist. Denn dadurch schafft ihr die wahre, die echte, die feste Grundlage für eine Lösung der sozialen Fragen, die jetzt so drängend in das ganze Menschenleben sich hineingestellt haben.» (Rudolf Steiner, *Geisteswissenschaft und die Lebensforderungen der Gegenwart,* Dornach 1950)

11. Juni. In der Dreigliederungszeitung erscheint der Aufsatz *Das geistige Erbe*

und die Gegenwartsforderungen. (GA 24, S. 176ff.) Über die sozialen Folgen der materialistischen Weltanschauung des 19. Jahrhunderts.
11. Juni, abends. Elternabend in der Freien Waldorfschule. *Die Schulgewohnten der niedergehenden Zeit und die Schulpraxis des kommenden Tages.* Sehr energisch stellt Rudolf Steiner das Neue der Waldorfschulpädagogik dar und zitiert dabei LICHTWARK. «Teilreformen bewirken nur eine Verstärkung der bereits bestehenden Tendenzen.» (GA 298)
12. Juni, 15 Uhr. Konferenz mit dem Lehrerkollegium der Waldorfschule, u. a. über einen Schulprospekt, über Kindergartenpädagogik und Eurythmieunterricht.
12. Juni, abends. Öffentlicher Vortrag mit Lichtbildern über *Das Goetheanum in Dornach.* Eugen Kolisko berichtet brieflich nach Wien: «Dr. Steiner sprach hinreißend. Der Vortrag machte wohl auch auf Neuherankommende einen tiefen Eindruck. Überhaupt spricht er jetzt anders als früher. Man hat nicht mehr den Eindruck: da kämpft ein Einzelner gegen den Widerstand der ganzen Menge, sondern den, daß hinter all dem eine große und immer größer werdende Bewegung steht.» (Vgl. Lili Kolisko, *Eugen Kolisko – ein Lebensbild,* S. 27)
13. Juni, abends. Vortrag für Mitglieder über drei Initiationsrichtungen der Gegenwart und über die Tätigkeit der Gegner der Anthroposophie. (GA 197) Anschließend Besprechung mit HERBERT HAHN, PAUL BAUMANN, EUGEN KOLISKO, E. A. KARL STOCKMEYER und WALTER J. STEIN über die Möglichkeiten einer Neugestaltung der Dreigliederungsbewegung. (Vgl. L. Kolisko, ebd.)
14. Juni, 15–17.30 Uhr und 21.30–0.45 Uhr. Konferenz mit dem Kollegium der Waldorfschule. Rudolf Steiner hat in den vorhergehenden Tagen alle Klassen besucht. Kinderbesprechungen, über den Religionsunterricht, Eurythmie und Kindergarten. (GA 300a)
15. Juni. Öffentlicher Vortrag über *Fragen der Seele und Fragen des Lebens – eine Gegenwartsrede.* Die Impulse der «Philosophie der Freiheit» und die Niedergangskräfte der Gegenwart: Spengler, Lenin, Trotzki. (GA 335)
16. Juni. Im Dienste des «Kommenden Tages» besichtigt Rudolf Steiner während des ganzen Tages in Württemberg zum Verkauf stehende Güter, die für den «Kommenden Tag» erworben werden sollen. (Vgl. Vortrag 24. Juni 1920)
16. Juni, abends. Vortrag über die *Bodenfrage.* (GA 335)
16. Juni. In Dornach wird – in Abwesenheit Rudolf Steiners – die «Futurum AG» gegründet. Die Gesellschaft ist mit einem Grundkapital von 650 000 Schweizer Franken ausgestattet. Die Gesellschaft kann Aktien bis zu einem Nennwerte von 6 000 000 Schweizer Franken ausgeben. «Zweck der Gesellschaft ist die Gründung, Finanzierung und der Betrieb von rein wirtschaftli-

chen und wirtschaftlich-geistigen (Lehranstalten, wissenschaftlichen Forschungsinstituten usw.) Unternehmungen sowie die Beteiligung an solchen.» Dem Verwaltungsrat (in Deutschland: «Aufsichtsrat») gehören an: Rudolf Steiner als Präsident, Dr. Roman Boos als Vizepräsident, Ernst Gimmi (Zürich) als Protokollführer und Ernest Etienne (Genf), Johann Hirter, (Bern), Paul de Kalbermatten (Luchon), Christian Krebs (Paris), Frederik Tharaldsen (Kristiania).

Die Direktion der «Futurum AG» übernehmen Arnold Ith, Ernst Schaller und Adolf Padrutt. (Vgl. 19. Juli 1920)

In einem Brief vom 25. Februar 1924 an die Aktionäre der «Futurum AG» bemerkt Rudolf Steiner: «Ich habe mich nur mit dem größten Widerwillen seinerzeit entschlossen, den Vorsitz des Futurum, dessen Gründung nicht von meiner Initiative ausging, zu übernehmen. Ich bin in keiner Weise unterstützt worden von den Persönlichkeiten, die diese Initiative ergriffen haben.» (GA 260a, S. 442)

Die Initiative zur Gründung der «Futurum AG» ging in erster Linie von Dr. Roman Boos und auch von Emil Molt aus. Die Warnungen Rudolf Steiners beziehen sich in erster Linie darauf, daß man für die Leitung und Gestaltung eines derartigen Unternehmens nicht die qualifizierten Menschen zur Verfügung habe. (Laut den unveröffentlichten Aufzeichnungen von Oskar Schmiedel, der stark hervorhebt, daß sich namentlich Roman Boos über diese Warnungen hinwegsetzte.)

Nach den Erinnerungen von Arnold Ith hat sich Rudolf Steiner um die Personalfrage gekümmert und ihm, Arnold Ith, bei einer Besprechung im Februar 1920 die Bedeutung der Aufgabe, für die Ith in Aussicht genommen war (Direktion der Futurum AG) positiv dargestellt.

Andererseits gibt es Darstellungen, die deutlich machen, daß sich Rudolf Steiner nicht selber an der Gründung der Aktiengesellschaft beteiligen wollte. Die Gründung der Aktiengesellschaft in seiner Abwesenheit läßt es möglich erscheinen, daß er hier vor vollendete Tatsachen gestellt wurde. So berichtet Albert Steffen unter dem 28. März 1922 nach einem Gespräch mit Rudolf Steiner über die Gründung der wirtschaftlichen Unternehmungen folgende Worte Rudolf Steiners: «Ich habe sie aber überhaupt niemals begonnen. Und nie beginnen wollen. Die Gründung solcher wirtschaftlicher Unternehmungen geht gar nicht von mir aus. Die Art, wie sie geleitet werden, ist von mir auch nicht gebilligt worden.» (Vgl. A. Steffen, *Auf Geisteswegen,* Dornach 1942, S. 114)

Pieter de Haan berichtet, daß Rudolf Steiner (etwa 1920, Herbst) gesagt habe: «Da wird hier in Basel eine Gesellschaft «Futurum» errichtet, wo ich sogar als Vorsitzender im Prospekt stehe. Niemand hat mich gefragt, ob ich das will, ob ich mit der ganzen Sache, auch mit der Errichtung einverstanden

bin. Ich wußte gar nichts von dieser Sache. Ich habe mir das aber gefallen lassen müssen. Stellen Sie sich vor, ich hätte mich zurückgezogen, und es wäre alles gleich am Anfang schon mißglückt.» (Vgl. Pieter de Haan, *Erinnerungen an Rudolf Steiner* in: Mitteilungen D 1982, S. 216)
Insgesamt ergibt sich, nach Eliminierung der Widersprüche der einzelnen Überlieferungen, daß Rudolf Steiner an den Vorbesprechungen, die zur Gründung der Futurum AG führten, durchaus beteiligt war, daß er auf das Fehlen der für die Führung eines solchen Unternehmens geeigneten Persönlichkeiten – wie schon bei der Gründung der AG «Der Kommende Tag» – warnend hinwies, daß er sich aber dennoch für die Angelegenheit einsetzte (vgl. 26. April 1920) und daß er nicht beabsichtigte, in die Leitung des Unternehmens einzutreten.

17. Juni. Vortrag in der Technischen Hochschule Stuttgart: *Geisteswissenschaft, Naturwissenschaft und Technik.*

18. Juni, 10 Uhr. Besprechung mit Vertretern des Münchener Zweiges der Anthroposophischen Gesellschaft. Es geht um Kontroversen innerhalb des Zweiges, da sich eine Opposition gegen den seit 1916 amtierenden Zweigleiter Dr. med. FELIX PEIPERS gebildet hat. (Hans Büchenbacher, Mitteilungen D, 1978, S. 208 f.)

19.–26. Juni. Zahlreiche Sitzungen und Besprechungen verschiedenster Art. Unter anderem greift Rudolf Steiner in diesen Tagen die Idee auf, ein Heilmittel gegen die in Württemberg grassierende Maul- und Klauenseuche zu entwickeln und gibt dazu Ratschläge. Dr. EUGEN KOLISKO und der Tierarzt Dr. JOSEPH WERR werden in diesem Zusammenhang tätig. (L. Kolisko, *Eugen Kolisko,* S. 27)

23. Juni, 14.45–17 Uhr. Konferenz mit dem Lehrerkollegium der Waldorfschule. (GA 300a)

23. Juni, abends. Studienabend für Dreigliederung, auf dem LUDWIG GRAF POLZER-HODITZ über auswärtige Politik spricht. Rudolf Steiner spricht das Schlußwort und charakterisiert die Ratlosigkeüder mitteleuropäischen Politik. (Vgl. L. Polzer-Hoditz, *Erinnerungen an Rudolf Steiner,* S. 120 ff.)

24. Juni, abends. Vortrag für Mitglieder, u. a. über das neue Stadium der anthroposophischen Bewegung. (GA 197)

28. Juni. Rückreise nach Dornach.

2. Juli. Rudolf Steiner berichtet in einem Vortrag für Mitglieder in Dornach von der Situation in Deutschland und bespricht dann OSWALD SPENGLERS *Untergang des Abendlandes* (I. Band) «ein geistvolles, aber ein furchtbares Buch, ein Buch, das die furchtbarsten Gefahren birgt, denn es ist so geistvoll, daß es in der Tat vor den Menschen einen Nebel hinzaubert, insbesondere vor die Jugend». Über die Notwendigkeit eines neuen Einschlages von seiten der Initiationsweisheit. (GA 198)

3. Juli. Vortrag für Mitglieder über das Fortwirken alter spiritueller Strömungen in der Gegenwart. (GA 198)
4. Juli. Eurythmieaufführung und Vortrag für Mitglieder. (GA 198)
8. und 9. Juli. Vortragsreise nach Bern.
Im Juli. In dieser Zeit werden in Dornach die Vorbereitungen für die Hochschulkurse, mit denen im September und Oktober das Goetheanum eröffnet werden soll, getroffen. Initiator dieser Hochschulkurse ist Dr. ROMAN BOOS, dem Rudolf Steiner weitgehend freie Hand bei der Vorbereitung läßt. Ferner wirkt Roman Boos in dieser Zeit in der Verwaltung und Organisation der Institutionen in Dornach maßgebend mit. So gilt Roman Boos neben Rudolf Steiner in dieser Zeit als Mittelpunkt der Aktivitäten in Dornach.
10., 11. und 16., 17., 18. Juli. Fortsetzung der Vorträge für Mitglieder. (GA 198)
17. und 18. Juli. Eurythmieaufführung: Eurythmisierte Spruchkunst, allerlei lyrisch Ornamentales ernster und heiter-scherzhafter Art von Morgenstern und Goethe.
19. Juli. Besprechung mit dem Verwaltungsrat der «Futurum AG». EMIL MOLT berichtet über die Probleme der «Futurum AG»: Sie entwickelte sich in den Anfangsstadien ganz anders als der «Kommende Tag». «Einmal mußten da die Betriebe erst gesucht werden, zum anderen war als Initiator eigentlich nur Dr. Roman Boos da. Er war von Haus aus Jurist mit einiger volkswirtschaftlicher Bildung, aber auf dem Gebiete des Geschäftslebens ohne Erfahrung. Der Aufbau des «Kommenden Tags» vollzog sich organisch. Es waren schon Betriebe vorhanden, besonders landwirtschaftliche, die in der Schweiz ganz fehlten, und die Leiter derselben strebten selbst den Zusammenhang an. Die «Futurum»-Gründung dagegen baute eigentlich nur auf einer Idee auf; die Unternehmungen, die sie realisieren sollten, kaufte man auf, wie sie sich gerade zufällig boten.» (E. Molt, *Entwurf meiner Lebensbeschreibung,* S. 197 f.)
23. Juli (spätestens). Abreise nach Stuttgart. Aufenthalt bis 3. oder 4. August.
24. Juli, morgens. Feier zum Abschluß des ersten Schuljahres der Freien Waldorfschule. In der Ansprache dankt Rudolf Steiner EMIL und BERTA MOLT und der Lehrerschaft für die Initiative und Arbeit des vergangenen Jahres. (GA 298)
24. Juli, 18 Uhr. Konferenz mit dem Lehrerkollegium. Kinderbesprechungen, über den Ausbau und die wirtschaftliche Lage der Schule. (GA 300a)
25. Juli. Vortrag für Mitglieder. Die Abwege von Materialismus und Mystik – Erkenntnis als Tat der Menschenseele. (GA 197)
26. Juli. Die Werkzeugmaschinenfabrik Dr. CARL UNGERS in Hedelfingen bei Stuttgart wird von der Aktiengesellschaft «Der Kommende Tag» übernom-

men. Rudolf Steiner hält eine Ansprache an die Angehörigen des Betriebs, in welcher er auf die Schwierigkeiten des «Kommenden Tags» hinweist: in unvernünftige Zusammenhänge etwas Vernünftiges hineinzustellen. (Unveröff.)

27. Juli und folgende Tage. Es finden laufend Besprechungen und Sitzungen statt. WALTER KÜHNE, der am 26. Juli als neuer Leiter des Bundes für Dreigliederung eingetroffen ist, berichtet: «Die erste Sitzung, zu der ich eingeladen wurde, dauerte zu meinem Entsetzen bis drei Uhr nachts. Es wurde von den anderen die Gelegenheit wahrgenommen, was in Schwebe oder in Frage stand zu besprechen.» (Unveröff. Aufzeichnungen W. Kühnes) Kühne berichtet, daß bis zum 1. August noch zwei weitere derartige Sitzungen stattgefunden hätten.

29. Juli, 10.30–13.30 Uhr. Konferenz mit dem Lehrerkollegium der Waldorfschule. Über Finanzierungsfragen und das Projekt eines Weltschulvereins. Die zahlreichen Anmeldungen zur Schule machen eine starke Erweiterung des Schulbetriebs notwendig. (GA 300a)

29. Juli, nachmittags. Eine Besprechung in erweitertem Kreise über Geldbeschaffung und damit zusammenhängend über einen Weltschulverein.

29. Juli, abends. Öffentlicher Vortrag: *Wer darf gegen den Untergang des Abendlandes reden? – Eine zweite Gegenwartsrede.* – Anknüpfend an SPENGLER und EUGEN VARGA. Über das Unzureichende des bloß naturwissenschaftlichen Denkens, das die Keime des Neuen nicht erkennen kann. «Wir haben heute nicht Theorien zu widerlegen, wir haben heute aus dem Wahren heraus die Tatsachen zu überwinden.» (*Geisteswissenschaft und die Forderungen der Gegenwart.* Heft VIII, Dornach 1952)

30. Juli, 15 Uhr. Konferenz mit dem Lehrerkollegium der Waldorfschule über Personalfragen. (GA 300a)

30. Juli, abends. Vortrag für Mitglieder. Nochmals über Materialismus und Mystik. «Nicht darum handelt es sich, den Materialismus zu widerlegen; denn er ist auf dem Marsche richtig zu werden, sondern darum ihn unrichtig zu machen.» (GA 197)

31. Juli, 17.30 Uhr. Konferenz mit dem Lehrerkollegium der Waldorfschule. Rudolf Steiner bezeichnet die Gründung eines Weltschulvereins als verfrüht. (GA 300a)

1. August. Einführung WALTER KÜHNES als neuer Leiter des Bundes für Dreigliederung. Rudolf Steiner hält eine Ansprache, in der EMIL MOLT als Kurator des Bundes für Dreigliederung benannt wird, um diejenigen Punkte herauszufinden, «von denen aus unsere zukünftige Arbeit unternommen werden soll». Als Aufgabe Walter Kühnes, der wegen eines Fieberanfalls den Inhalt der Ansprache nicht aufnehmen kann, wird das auf Menschenerkenntnis beruhende kollegialische Zusammenwirken mit all jenen bezeichnet, die im «Kommenden Tag», in der Waldorfschule und in der Anthroposophischen Gesellschaft leitend tätig sind. (Unveröff. Aufzeichnungen W. Kühnes)

2. August. Sitzung mit dem Verwaltungsrat der Aktiengesellschaft «Der Kommende Tag».

3. oder 4. August. Rückreise nach Dornach.

Im August. In Dornach sind zahlreiche Anthroposophen eingetroffen, die seit langer Zeit nicht in Dornach waren oder Dornach zum ersten Mal besuchen. Unter den Besuchern ist auch Dr. LUDWIG NOLL, Arzt in Kassel, der mit Rudolf Steiner des öfteren über neu herzustellende Heilmittel spricht, die dann im Laboratorium von Dr. OSKAR SCHMIEDEL entwickelt werden. Oskar Schmiedel berichtet: «Im Sommer 1920 kam Dr. Ludwig Noll nach Dornach, vor allem um mit mir zusammen Versuche über die Herstellung von Heilmitteln zu machen. Er besprach sich viel mit Dr. Steiner und brachte von diesen Unterredungen immer wieder neue Rezepte in das Laboratorium, wo ich sie dann in ständiger Fühlungnahme mit Dr. Steiner und Dr. Noll ausführte. Es waren dies vor allem die Vorschriften für die sogenannten späteren ‹Typenmittel›.» (Unveröff. Aufzeichnungen O. Schmiedels)

6. August. In der Dreigliederungszeitung erscheint der Aufsatz *Ein paar Worte zum Fuchs-Angriff.* (GA 24, S. 417ff.) In Göttingen hatte der Professor für Anatomie, DR. HUGO FUCHS, im *Göttinger Tageblatt* (am 26. und 27. Mai) die Anthroposophie und die Dreigliederungsbewegung scharf attackiert. Daraufhin sprachen am 19. Juli DR. EUGEN KOLISKO und DR. WALTER JOHANNES STEIN in Göttingen über «Anthroposophie als Wissenschaft». Anschließend kam auch Prof. Fuchs zu Wort, der objektive Unwahrheiten (Rudolf Steiner sei Jude) verbreitete. Danach versuchte das Publikum, Dr. Steins Widerlegungen durch ein Lärmkonzert zu verhindern. Im *Göttinger Tageblatt* wurden die Angriffe gegen die Anthroposophie weiter fortgesetzt.

6. August–12. September. Fortlaufende Vorträge für Mitglieder in Dornach. (GA 199) In diesen Vorträgen spricht Rudolf Steiner immer wieder von den verschiedenen Gesichtspunkten aus über die Notwendigkeit, die Gegenwartszivilisation durch die Initiationswissenschaft zu befruchten. Dabei wird betont: «Alle Initiationswissenschaft muß ja ein neues Licht empfangen durch das Rätsel der menschlichen Freiheit.» (GA 199, 14. 8. 1920)

31. August. Rudolf Steiner besichtigt mit EMIL MOLT und ERNST UEHLI nachmittags eine Fabrik (für den Erwerb durch die Futurum AG?). (Nach einem unveröff. Tagebuch Albert Steffens)

14. September. Reise. Dornach–Stuttgart–Berlin–Stuttgart.

15. und 16. September. Stuttgart. Besprechungen über die Aufgaben des «Kommenden Tages» und zwei Vorträge für das Kollegium der Waldorfschule. (GA 302a)

17. September. Reise nach Berlin, dort abends Generalversammlung des Berliner Zweiges, wo Rudolf Steiner einen kurzen Rückblick auf die letzten Jahre und auf die Dreigliederungsbewegung gibt. (GA 199)
18. September. Berlin. Zweigvortrag über die Bedeutung der Erkenntnis der Zeit vor der Geburt und die Erkenntnis der wiederholten Erdenleben. (GA 199)
19. September. Rückreise nach Stuttgart.
20. September, abends. Öffentlicher Vortrag *Die großen Aufgaben von heute im Geistesleben, Rechtsleben und Wirtschaftsleben.* In diesem Vortrag weist Rudolf Steiner auf die in der «Dornacher Hochschule» stattfindenden Hochschulkurse vom 26. September–16. Oktober hin und nennt diese Kurse «Probe-Kurse». (*Geisteswissenschaft und die Lebensforderungen der Gegenwart,* Heft VIII, Dornach 1952)
21. September. Vortrag für das Kollegium der Waldorfschule. (GA 302a) Anschließend von 11 Uhr an Konferenz über das Verhältnis der Waldorfschullehrer zur Waldorf-Astoria-Fabrik. Die Lehrerschaft wünscht nicht, bei der Waldorf-Astoria angestellt zu sein. Rudolf Steiner weist eindringlich auf die persönlichen Verdienste Molts hin. (GA 300a)
21. September, abends. Vortrag für Mitglieder. (GA 197)
22. September, 19 Uhr. Vortrag für das Kollegium der Waldorfschule. (GA 302a) Anschließend Konferenz bis 0.15 Uhr. In der Konferenz spricht Rudolf Steiner über seine persönliche Stellung zum Lehrerkollegium, dann Lehrplanbesprechungen und Fragen der Finanzierung der Waldorfschule. (GA 300a)
23. September. Rückfahrt nach Dornach.
24. September. In der Dreigliederungszeitung erscheint der Aufsatz *Die Dreigliederungsbewegung während des Krieges und nach demselben.* (GA 24, S. 180ff.)
25. September. Am Vorabend des Beginns des ersten Anthroposophischen Hochschulkurses (26. September–16. Oktober) gibt Rudolf Steiner einen Rückblick auf die Entwicklung der anthroposophischen Bewegung. Er hebt dann hervor, daß in der Anthroposophie das gegenwärtige wissenschaftliche Spezialistentum überwunden werden muß. Zum Schluß dankt er Dr. ROMAN BOOS, durch dessen «Stoßkraft» der Hochschulkurs zustande gekommen sei. «Und die treibende Kraft muß, ich möchte sagen, ein sozialer Impetus sein ... Das haben wir in bezug auf diese Unternehmungen gehabt, und ich möchte nur wünschen, daß wir mit Dr. Boos noch viele Unternehmungen hätten, dann werden wir schon vorwärts kommen.» (Blätter für Anthroposophie, 1955, S. 87)
26. September, 17 Uhr. Eröffnungsfeier des Goetheanum: Musikalisches Vorspiel von JAN STUTEN. MARIE STEINER rezitiert dann die umgedichtete

Rede des Hilarius aus «Der Hüter der Schwelle». (GA 40, S. 124ff.) Dann folgten Ansprachen von Rudolf Steiner, ROMAN BOOS, RICHARD SEEBOHM, EMIL GROSSHEINTZ, EMIL MOLT, CARL UNGER und wieder von Rudolf Steiner. Rudolf Steiner faßt seine Worte in den Spruch zusammen *Zum Lichte uns zu wenden*... (GA 40)

Der zweite Teil der Eröffnungsfeier beginnt mit der Rezitation der «Ägyptischen Szene» aus «Die Pforte der Einweihung» durch Marie Steiner, es folgt das Adagio aus dem Streichquartett von Anton Bruckner und zum Schluß die eurythmische Darstellung «Zwölf Stimmungen» von Rudolf Steiner. (Vgl. Bericht von A. Strakosch, *Dreigliederungszeitung,* 1920/21, Nr. 5 und *Waldorfnachrichten,* 1921, Nr. 3/4)

27. September. Rudolf Steiner beginnt die Hochschulkurse mit einer Vortragsreihe von acht Vorträgen: *Grenzen der Naturerkenntnis.* (GA 322)

Außer Rudolf Steiner sprechen in der ersten Woche: Dr. HERMANN VON BARAVALLE, Dr. WALTER JOHANNES STEIN, Dr. FRIEDRICH HUSEMANN, Dr. OSKAR SCHMIEDEL, EMIL MOLT, RUDOLF MEYER (Berlin), PAUL BAUMANN, Prof. Dr. HERMANN BECKH und ADOLF ARENSON.

4. Oktober. Beginn der zweiten Woche des Hochschulkurses. Es sprechen: Dr. ERNST BLÜMEL, Dr. EUGEN KOLISKO, E. A. KARL STOCKMEYER, ROMAN BOOS, EMIL LEINHAS, Dr. RUDOLF TREICHLER, KARL BALLMER, ARNOLD ITH, ERNST UEHLI.

7. Oktober. Dr. LUDWIG NOLL erscheint nicht zu den von ihm angekündigten Vorträgen über «Physiologisch-therapeutisches auf Grundlage der Geisteswissenschaft», so daß Rudolf Steiner, wie er sagt, «unfreiwillig» für ihn einspringen muß.

11. Oktober. Beginn der dritten Woche des Hochschulkurses. Es sprechen: Dr. CARL UNGER, Dr. HANS WOHLBOLD, Dr. ELISABETH VREEDE, Dr. KARL HEYER, Dr. CAROLINE VON HEYDEBRAND, Dr. J. HUGENTOBLER, HERBERT HAHN, ALEXANDER STRAKOSCH, WALTER KÜHNE und ALBERT STEFFEN.

Während des Kurses finden samstags und sonntags Eurythmieaufführungen statt und Darstellungen zur Kunst der Deklamation, die Rudolf und MARIE STEINER gemeinsam veranstalten. Schließlich hält Rudolf Steiner drei Vorträge: *Der Baugedanke von Dornach.* (GA 288)

An den Abenden finden Diskussionen und freie Aussprachen statt. Über diese Diskussionen und die Vorträge hat sich Rudolf Steiner später recht kritisch geäußert. (Vgl. GA 36, S. 326f., GA 257, 28. 2. 1923) Rudolf Steiner über die Diskussionen: «Sie waren im Herbst schon auf einem Niveau, das man wirklich nicht loben konnte.» (*Aufbaugedanken und Gesinnungsbildung,* Dornach 1942, Ansprache vom 27. 6. 1921)

16. Oktober. Lehrerversammlung. Es wird über die Notwendigkeit eines Weltschulvereins gesprochen, der beispielsweise von Holland ausgehend zu begründen wäre, um die Beschaffung von Geldmitteln durch die finanzkräftigen Länder des Westens für die Fortführung der Arbeit bereitzustellen. (Vgl. GA 200, 17. 10. 1920)

18. oder 19. Oktober. Rudolf Steiner regt in einem Gespräch mit Dr. Hans Büchenbacher die Gründung eines zweiten «Kommenden Tages» in München an. Die Gründung soll zusammen mit Dr. Hans Hasso von Veltheim-Ostrau unternommen werden, sie kommt aber über erste Vorarbeiten nicht hinaus. (Vgl. H. Büchenbacher, *Begegnungen mit Rudolf Steiner* in: Mitteilungen D, 1978, S. 208 f.)

22.–31. Oktober. Rudolf Steiner setzt die Dornacher Vorträge für Mitglieder mit besonderer Eindringlichkeit fort. (GA 200) Er spricht über die Probleme des dreigliedrigen sozialen Lebens und über die Erneuerung der Christus-Erkenntnis im 20. Jahrhundert. Dabei spricht er aus: «Es wird der Christus nicht kommen im geistigen Sinn, wenn die Menschen nicht dazu vorbereitet sind.» (GA 200, 31. 10. 1920) Ferner spricht er von der «inneren Opposition» unter den Anthroposophen, die ständig unter Berufung auf Rudolf Steiner ihre eigenen Pläne betreiben. Besonders erwähnt er die innere Opposition auf «dem Gebiete des praktischen Lebens». Laut Emil Leinhas sind damit die Leiter der neugegründeten Wirtschaftsunternehmen gemeint. (Emil Leinhas, *Aus der Arbeit mit Rudolf Steiner,* S. 169)

2. November. Sitzung mit dem Verwaltungsrat der «Futurum AG». Die Aktiengesellschaft hatte am 31. Oktober Aktien im Nennwert von 5 350 000 sfr zur Zeichnung aufgelegt.

5.–24. November. Rudolf Steiner in Stuttgart und Freiburg.

6. November. Besprechungen in Stuttgart, namentlich über die bevorstehende Neuorganisation der Aktiengesellschaft «Der Kommende Tag».

8. November. Rudolf Steiner besucht die Geschäftsstelle des Bundes für Dreigliederung in der Champignystraße, wo in Vertretung des auf einer Vortragsreise befindlichen Walter Kühne, Dr. Karl Heyer und Carlo S. Picht Rudolf Steiner von einer brieflichen Anfrage aus Breslau unterrichten: ob man im Zusammenhang mit der bevorstehenden Abstimmung in Oberschlesien nicht im Sinne der Dreigliederung tätig werden könne. Rudolf Steiner bejaht die Anfrage und gibt Dr. Heyer und dem auch anwesenden Dr. Guenther Wachsmuth sofort den Auftrag, bis zum nächsten Tag einen Aufruf für eine Dreigliederungsaktion in Oberschlesien vorzubereiten. (Karl Heyer, *Die oberschlesische Aktion* in: Mitteilungen D, 1962, S. 33 f.)

8. November, abends. Vortrag für Mitglieder der Anthroposophischen Gesellschaft. Ähnlich wie in Dornach spricht Rudolf Steiner über Ost, West und Mitte und die soziale Dreigliederung. (GA 197)

9. November. In der Geschäftsstelle des Bundes für Dreigliederung erneut lange Besprechung über die Dreigliederungsarbeit im Allgemeinen und über die Frage des Wirkens in Oberschlesien. Rudolf Steiner verfaßt schließlich selbst den *Aufruf zur Rettung Oberschlesiens.* (Der ursprüngliche und korrigierte Text in B 93/94, S. 35/36)

10. November. Öffentlicher Vortrag *Die Geisteskrisis der Gegenwart und die Kräfte zum Menschheitsfortschritt.* (Bericht über den ungedruckten Vortrag in der Dreigliederungszeitung, 2. Jg., Nr. 20)

11. November, 16 Uhr. Besprechung mit WALTER KÜHNE über die Probleme der Geschäftsstelle des Bundes für Dreigliederung. (Unveröff. Erinnerungen von W. Kühne)

12. November. In der Dreigliederungszeitung erscheint Rudolf Steiners Aufsatz *Der Weg in den Wirren der Gegenwart.* «Es bedarf des Mutes zu einer geistigen Neugeburt.» (GA 24, S. 187)

14. November. Vortrag für die Mitglieder der Anthroposophischen Gesellschaft über die Zukunft der Menschheitsentwicklung und die Christus-Erkenntnis im 20. Jahrhundert. (GA 197)

15. November. Konferenz mit dem Lehrerkollegium der Waldorfschule über Fragen der Unterrichtsgestaltung. (GA 300a)

16. November. Öffentlicher Vortrag in der Liederhalle (Stuttgart): *Die Wahrheit der Geisteswissenschaft und die praktischen Lebensforderungen der Gegenwart. Zugleich eine Verteidigung der anthroposophischen Geisteswissenschaft wider ihre Ankläger.* Unter anderem geht Rudolf Steiner auf die Angriffe und Darstellungen des Grafen HERMANN KEYSERLINGK ein und schildert seinen eigenen Werdegang. (Bericht über den Vortrag in der Dreigliederungszeitung, 2. Jg., Nr. 22)

16. November. Besprechung mit Walter Kühne über die Dreigliederungsbewegung. Rudolf Steiner bezeichnet als das «letzte Mittel» für einen Durchbruch der Dreigliederung: eine schlagartig durchgeführte Vortragsaktion in vielen Städten mit 24 geschulten Rednern, die durch einen entsprechenden Kurs vorzubereiten wären. Kühne erhält den Auftrag, eine Liste in Frage kommender Redner aufzustellen. (Unveröff. Erinnerungen von W. Kühne)

17. November. Offizielle Umgestaltung der Aktiengesellschaft «Der Kommende Tag». Die Kartonagenfabrik JOSÉ DEL MONTE wird an den «Kommenden Tag» übergeben. Der Mitinhaber dieser Firma, EUGEN BENKENDOERFER, wird Generaldirektor des «Kommenden Tages», als weitere Direktoren fungieren KONRADIN HAUSSER, HANS KÜHN, WILHELM TROMMSDORFF und WOLFGANG WACHSMUTH (als Leiter des neugegründeten Verlages).

18. November. Öffentlicher Vortrag in Freiburg i. Br.: *Die großen Fragen der Zeit und die anthroposophische Geisterkenntnis.*

19. November. Eurythmieaufführung in Freiburg im Kasinosaal: Kindereurythmie und Gedichte von Goethe, Morgenstern, C. F. Meyer, Hebbel, Manfred Kyber, Musik von Paul Baumann und Robert Schumann.

20. November. Stuttgart. Vortrag für Mitglieder der Anthroposophischen Gesellschaft.

21. November. Eurythmieaufführung in Stuttgart-Bad Cannstatt. Programm wie in Freiburg.

21. November. Sitzung mit dem Verwaltungsrat des «Kommenden Tages» – laut Emil Leinhas wird in dieser Zeit beschlossen, Verhandlungen über den Erwerb der Aktienmehrheit der Waldorf-Astoria-Zigarettenfabrik aufzunehmen. Ferner beginnen wohl in dieser Zeit die Bemühungen um die Errichtung eines klinisch-therapeutischen Instituts. (E. Leinhas, *Aus der Arbeit mit Rudolf Steiner,* S. 175)

22. November (?). Besprechung mit WALTER KÜHNE über die in Frage kommenden Redner der Dreigliederungsbewegung. Von der von Walter Kühne vorgelegten Liste bleiben 12 Redner übrig. Rudolf Steiner beauftragt Walter Kühne bei dem Generaldirektor des «Kommenden Tags» EUGEN BENKENDOERFER anzufragen, ob der «Kommende Tag» für die geplante Aktion das notwendige Geld zur Verfügung stellen könne. (Unveröff. Erinnerungen von W. Kühne)

22. November, 16–18.30 Uhr. Konferenz mit dem Lehrerkollegium der Waldorfschule. Über die Gestaltung der Schulräume, Kinderbesprechungen, über das Zusammenwirken der Stuttgarter Einrichtungen: «Die Anthroposophische Gesellschaft mit der Waldorfschule zusammen ist der geistige Teil des dreigliedrigen Organismus. Der Bund für Dreigliederung muß ein politischer Teil sein; dazu müssen die Waldorflehrer durch ihren Rat beitragen. Der ‹Kommende Tag› wäre der wirtschaftliche Teil im Ganzen.» Ferner über die Notwendigkeit der Dreigliederung und über das Erfordernis, die Dreigliederungszeitung in eine Tageszeitung zu verwandeln.: «Wir müssen eine geistige Atmosphäre schaffen.» (GA 300a)

22. November. Vortrag für Mitglieder der Anthroposophischen Gesellschaft. Über die Christus-Erkenntnis im 20. Jahrhundert, das Persönlichwerden des Wissens und von der Notwendigkeit der Dreigliederung. (GA 197)

In einer Besprechung äußert Rudolf Steiner: «Es ist furchtbar, daß ich jedes Mal in Stuttgart den größten Teil der vorhergesehenen Zeit dazu verwenden muß, die gegeneinander arbeitenden Menschen unter einen Hut zu bringen. Und wenn ich sie soweit gebracht habe, daß sie zusammen arbeiten und etwas mit ihnen in Gang gesetzt werden könnte, muß ich bald danach wieder nach Dornach zurückreisen!» (Zit. n. Erinnerungen von W. Kühne, unveröff.)

23. November. Monatsfeier der Waldorfschule mit einer Ansprache von Rudolf Steiner. (GA 298)

23. November (?). WALTER KÜHNE teilt Rudolf Steiner mit, daß der «Kommende Tag» einen Rednerkurs und eine neue Dreigliederungsaktion nicht finanzieren könne, worauf Rudolf Steiner verstummt und Kühne wortlos verabschiedet. (Unveröff. Erinnerungen von W. Kühne)

23. November. Eurythmieaufführung in Stuttgart-Bad Cannstatt, Programm wie am 19. November.

24. November. Rückreise nach Dornach.

25. November–30. Dezember. Rudolf Steiner in der Schweiz.

In Dornach hält Rudolf Steiner vom 26. November bis zum 26. Dezember 14 Vorträge für Mitglieder der Anthroposophischen Gesellschaft. (GA 202) Ferner spricht Rudolf Steiner in Basel, Zürich, Bern und Olten. Guenther Wachsmuth berichtet über die Arbeit in Dornach: Man sah «Rudolf Steiner tagsüber wieder abwechselnd mit Hammer und Meißel im Kreise der Plastiker oder in den Arbeits- und Übungsräumen der Maler, der Eurythmisten, im Gespräch mit den wissenschaftlichen Mitarbeitern oder den zahlreichen Besuchern.» (G. Wachsmuth, *Rudolf Steiners Erdenleben,* S. 417) Zu den Besuchern im Dezember gehört Ernst Umlauff, der von der Dreigliederungszentrale in Schlesien nach Dornach entsandt worden ist, um Rudolf Steiner zu bitten, für die Redner der Aktion zur Rettung Oberschlesiens einen Kurs zu halten. Rudolf Steiner sagt diesen Kurs zu.

14. Dezember. Rudolf Steiner spricht in Bern zu Mitgliedern der Anthroposophischen Gesellschaft unter anderem über Wiederverkörperungsfragen im Zusammenhang der Völkerentwicklung: Amerika, Asien und Europa. (GA 202)

17. Dezember. In Dornach spricht Rudolf Steiner über den Zusammenhang des physischen und des moralischen Menschen. (GA 202) Unter den Zuhörern ist erstmalig Dr. Frederik Willem Zeylmans van Emmichoven.

18. Dezember. Gespräch mit F. W. Zeylmans über die Wirkung der Farben auf den Menschen und über die Metamorphose (Umstülpung) der Organe. (F. W. Zeylmans in *Wir erlebten Rudolf Steiner,* S. 253 f.)

18. und 19. Dezember. Fortsetzung der Betrachtungen über den Zusammenhang des Leiblichen mit dem Geistigen im Menschen – Freiheit und Liebe. (GA 202)

19. Dezember. Aufführung des Oberuferer Paradeis- und Christgeburtsspiels.

20. Dezember. Eurythmieaufführung. In der einleitenden Ansprache weist Rudolf Steiner zum Schluß auf die therapeutisch-hygienische Aufgabe der Eurythmie hin. (GA 277) Am Goetheanum spricht Dr. Thomastik, der sich mit Rudolf Steiner über akustisch-musikalische Fragen beraten hatte und als Geigenbauer tätig ist, über «Akustik und Geigenbau».

23. Dezember. Weihnachtsvortrag für den Zweig der Anthroposophischen Gesellschaft in Basel. (GA 202)

24.–26. Dezember. Weihnachtsvorträge in Dornach für die Mitglieder der Anthroposophischen Gesellschaft. Rudolf Steiner spricht über den Isis-Mythos und die erneuerte Sophia einer Erkenntnis der Geist-Natur. Dabei weist er auf den Ernst der Weltlage hin: «Die Menschen bereiten sich vor zu dem nächsten großen Weltkriege. In weiterer Weise wird die Kultur zertrümmert werden.» (GA 202)

31. Dezember. Rudolf Steiner reist nach Stuttgart.

1921

Im Mittelpunkt des öffentlichen und wissenschaftlichen Wirkens Rudolf Steiners im Jahre 1921 stehen weiterhin die Bemühungen um eine umfassende Kulturerneuerung. In Stuttgart, Dornach und Darmstadt finden *Hochschulkurse,* in Stuttgart ein großer öffentlicher Kongreß statt. Ein *naturwissenschaftlicher Kurs* und ein *Kurs für Mediziner* sollen die Erneuerung der Wissenschaften und der Heilkunst anregen. In den Forschungslaboratorien in Stuttgart und Dornach werden verschiedene Aufgaben (zur Physik des Lichts, Farbherstellung, Darstellung der Bildekräfte) in Angriff genommen. In den pharmazeutischen Laboratorien werden neue Heilmittel entwickelt. Der religiösen Erneuerung dienen die beiden sogenannten *Theologen-Kurse* in Stuttgart und Dornach.
Mit Zustimmung und ideeller Hilfe Rudolf Steiners – aber ohne seine direkte Beteiligung – versuchen im Januar und Februar in Oberschlesien Vertreter der Idee der Dreigliederung, für eine Lösung der oberschlesischen Frage zu wirken, die nicht auf eine nationale Option: deutsch oder polnisch, sondern auf eine modellhafte Lösung der wirtschaftlichen, rechtlichen und geistig-kulturellen Fragen im Sinne der Dreigliederung zielt. Diesen Bestrebungen ist in der vom Haß gezeichneten, kriegsähnlichen Situation in Oberschlesien kein Erfolg beschieden.
Anschließend an die von Rudolf Steiner in Stuttgart (im Februar) und in Dornach (im Oktober) für die Schweiz gehaltenen *Rednerkurse* wird eine umfangreiche Vortragstätigkeit (in Deutschland vor allem im Februar und März, in der Schweiz im Winterhalbjahr 1921/22) entfaltet. Ferner werden in Deutschland ohne Mitwirkung Rudolf Steiners größere Tagungen in Breslau, Bremen und Dresden veranstaltet. Kurz nacheinander werden zwei neue Zeitschriften gegründet. Ende Februar – aus Anlaß des 60. Geburtstages von Rudolf Steiner – erscheint die Monatsschrift *Die Drei,* im August tritt die von dem Schweizer Dichter Albert Steffen redigierte Wochenschrift *Das Goetheanum* ins Leben.
Innerhalb der die anthroposophische Arbeit tragenden Mitarbeiterschaft tritt nun der größte Teil der altgedienten, aus der deutschen Sektion der Theosophischen Gesellschaft stammenden Menschen in den Hintergrund zugunsten von Wissenschaftlern und Ärzten, die auf den Tagungen und Kongressen

vortragen. Einen großen Teil dieser Arbeit tragen einige Waldorfschullehrer und Mitarbeiter des «Kommenden Tages». Zugleich macht sich schon die nächste Generation bemerkbar: Vertreter der Jugendbewegung und der Studentenschaft streben danach, auf anthroposophischem Felde tätig zu werden; ein Vorgang, den Rudolf Steiner als «epochemachend» bezeichnet. (4.9. 1921)

Große Sorgen bereiten Rudolf Steiner sowohl die Entwicklung der Anthroposophischen Gesellschaft wie auch das Gedeihen der wirtschaftlichen Unternehmungen. Die Gesellschaft ist in ihren Zweigen hinter der Entwicklung der Anthroposophie mit ihren wachsenden Aufgaben zurückgeblieben. Viele Zweige leben in weitgehender Isolierung von den Zeitereignissen wie auch von dem, was in den beiden Zentren der anthroposophischen Bewegung in Dornach und Stuttgart erstrebt wird. Im November erscheint zum ersten Mal seit dem Sommer 1914 ein Mitteilungsblatt; für die nächsten fünfzehn Monate bleibt es das einzige. Hier macht sich bereits das Versagen des – wie Rudolf Steiner es später nennt – «Stuttgarter Systems» bemerkbar.

Nicht weniger sorgenvoll sind die Verhältnisse in den wirtschaftlichen Unternehmungen. In der Aktiengesellschaft «Der Kommende Tag» müssen im September personelle Veränderungen vorgenommen werden, weil die Leitung den Aufgaben nicht gewachsen ist. In den Forschungsinstituten geht die Arbeit zu langsam voran. Andererseits kann im Juni das *Klinisch-therapeutische Institut* Dr. Ita Wegmans in Arlesheim und im August in Stuttgart das *Klinisch-therapeutische Institut* des «Kommenden Tages» eröffnet und im Dezember der Grundstein zum Neubau der Freien Waldorfschule, der vom «Kommenden Tag» finanziert wurde, gelegt werden. Ferner wird im Dezember eine weitere Kapitalerhöhung des «Kommenden Tages» um 35 Millionen auf 70 Millionen Mark beschlossen. Wesentlich schwieriger ist die Situation der «Futurum AG». Zunächst sind von dem aufgelegten Aktienkapital von 6,5 Millionen nur etwa 2 Millionen gezeichnet worden. Die Leitung des Unternehmens zeigt bei Ankauf von Betrieben und Gütern eine wenig glückliche Hand, und schließlich beschert die sich abflachende Konjunktur in der Schweiz weitere Probleme. So bereitet sich eine Krise vor.

Die starke Resonanz der Anthroposophie in der Öffentlichkeit läßt auch ihre Gegner nicht ruhen. Als wissenschaftliche Gegner treten durch Schriften und Vorträge J. W. HAUER, ARTHUR DREWS, HANS LEISEGANG, MAX DESSOIR und MARTIN MÖRIKE besonders hervor. Aus dem nationalistischen Lager werden namentlich in Stuttgart und Umgebung Vorträge von GEROLD VON GLEICH und BRUNO ROOS gehalten. Neben den bisherigen kirchlichen Gegnern (MAX KULLY, FRIEDRICH TRAUB, JOHANN FROHNMEYER und FRIEDRICH GOGARTEN) treten ERNST MICHEL, WILHELM BRUHN, KURT LEESE und andere auf. Rudolf Steiner und seine Mitarbeiter treten den teilweise verleumderischen

Angriffen immer wieder entgegen. Auf der anderen Seite wird das von FRIEDRICH RITTELMEYER zu Rudolf Steiners 60. Geburtstag herausgegebene Buch *Vom Lebenswerk Rudolf Steiners* zu einem großen Erfolg.

Die Tätigkeit der Gegner der Anthroposophie macht sich auch bei den ersten Reisen, die Rudolf Steiner nach dem Kriege ins nichtdeutschsprachige Ausland unternimmt, bemerkbar. Sowohl in Amsterdam wie auch in Kristiania (Oslo) erscheinen Zeitungsartikel, die ihren Inhalt aus den in Deutschland und der Schweiz veröffentlichten Gegnerschriften beziehen. Dennoch findet sich bei den Vorträgen Rudolf Steiners in den Niederlanden ebenso wie in Kristiania (Oslo) eine sehr zahlreiche Zuhörerschaft ein, die sich zumindest zum Teil von diesen Angriffen wenig beeindrucken läßt.

Auch die neue Kunst der Eurythmie hat in einigen Städten unter manchmal planvoll in Szene gesetzten Störungen zu leiden. Große Eurythmieaufführungen finden in Dornach, Stuttgart, Amsterdam, Hilversum, Den Haag, Rotterdam, Köln, Berlin, Freiburg, Tübingen, Heidelberg, Frankfurt, Darmstadt, Zürich, Bern, St. Gallen, Heidenheim, Konstanz, Oslo und Dresden statt. Als inhaltlich neues Element der Eurythmie werden in diesem Jahr erstmals die Vor- und Nachtakte gestaltet.

1.–19. Januar. Rudolf Steiner in Stuttgart.

1. Januar. Rudolf Steiner begrüßt die in Stuttgart anwesenden Oberschlesier, die in Oberschlesien im Sinne der Dreigliederung wirken wollen. Anlaß zu dieser Aktion ist die bevorstehende Abstimmung, in der über die Zugehörigkeit Oberschlesiens zum Deutschen Reich bzw. zu Polen entschieden werden soll. Die Abstimmung führt später zur Teilung Oberschlesiens. Der Gegenvorschlag der Dreigliederer läuft darauf hinaus, Oberschlesien nicht nach nationalen Prinzipien zu zerreißen, sondern im Sinne der Dreigliederung zu organisieren. Da die Oberschlesier nur bis zum 2. Januar bleiben können, weil die Aktion bereits am 4. Januar beginnen soll, kommt es statt des geplanten längeren Schulungskurses nur zu zwei Vorträgen.

1. und 2. Januar. Vorträge für die oberschlesischen Vertreter der Dreigliederungsbewegung. (FRANZ ALWES, ERHARD BARTSCH, MORITZ BARTSCH, ERNST BEHSCHNITT, RICHARD DÜRICH, WALTER MAYEN und WILHELM SCHEER) (GA 338)

1.–18. Januar, nachmittags. Kursus über *Das Verhältnis der verschiedenen naturwissenschaftlichen Gebiete zur Astronomie*. Der Kursus soll die Überwindung des sich auf die herkömmlichen «Fächer» beschränkenden Denkens anregen und Perspektiven einer fachübergreifenden Wissenschaft erschließen. (GA 323) Der Kursus war ursprünglich für Waldorflehrer, Mitarbeiter der Stuttgarter Forschungsinstitute und Fachleute bestimmt. Die Stuttgarter Situation erzwingt jedoch zum Unwillen Rudolf Steiners die Zulassung weite-

rer Interessenten. (Vgl. A. Strakosch, *Lebenswege mit Rudolf Steiner* II, S. 109f.)
1. Januar. Zweigvortrag über Hirten und Magier – Naturwissenschaft und Mathematik. (GA 203)
4. Januar. Öffentlicher Vortrag: *Geisteswissenschaftliche Ergebnisse und Lebenspraxis* – über die sich diametral widersprechenden Äußerungen der Gegner der Anthroposophie und über die Notwendigkeit, Moral und Wissenschaft wieder miteinander zu verbinden. (Unveröff.)
5. Januar. Sitzung mit dem Aufsichtsrat der Aktiengesellschaft «Der Kommende Tag». Die Aktiengesellschaft befindet sich in einer Phase der Geschäftsausweitung und des ständigen Kapitalzuflusses durch die im Dezember begonnene Ausgabe von 5% Darlehensscheinen. Vorbereitung der außerordentlichen Generalversammlung (s. 13. Januar).
6. Januar. Zweigvortrag. Globale Aspekte der Reinkarnation. (GA 203)
7. Januar. Öffentlicher Vortrag: *Wirtschaftliche Forderungen und Geisterkenntnis*. Über die Notwendigkeit, insbesondere die vom Staat emanzipierte Wirtschaft bewußt durch menschliche Kooperation vertrauensvoll zu gestalten. (Unveröff.)
8. Januar. Vortrag bei einer Versammlung württembergischer Industrieller.
9. Januar. Eurythmieaufführung unter Mitwirkung von Kindern der Waldorfschule.
9. Januar. Zweigvortrag. Am Ende des Vortrags bemerkt Rudolf Steiner, daß die Überlastung durch die verschiedenen Aufgaben keine Zeit für Privatgespräche lasse. «Denn, daß Einzelne jetzt so überlastet sind, ist lediglich eine Folge davon, daß wir so wenig Menschen haben, die wirklich tatkräftig mitarbeiten.» Er fordert dazu auf, daß sich die Mitglieder untereinander helfen und aussprechen, statt ihn in Anspruch zu nehmen. (GA 203)
11. Januar. Beratung über die Gründung einer notwendigen Monatsschrift. Rudolf Steiner schlägt den Namen *Die Drei* vor.
11. und 12., 14. und 15. Januar. Vier Vorträge für geladene Gäste: *Proben über die Beziehungen der Geisteswissenschaft zu den einzelnen Fachwissenschaften.* Erster Vortrag: Über Erkenntnismethodik – die Hypertrophie der modernen Mathematik. Zweiter Vortrag: Die Einschaltung des Menschen und des menschlichen Erlebens in das Erkennen – über sensitive und motorische Nerven – die Dreigliederung der menschlichen Organisation. Dritter Vortrag: Über die Entwicklung des Menschen – Abbau- und Aufbauprozesse. Vierter Vortrag: Über Geschichts- und Sozialwissenschaft. (Unveröff.)
13. Januar. 2. Generalversammlung der Aktiengesellschaft «Der Kommende Tag» – über die Dividendenberechtigung der 1920 ausgebenen Aktien.
13. Januar, abends. Elternabend in der Waldorfschule, u. a. über die Frage des verzögerten Lesen- und Schreibenlernens. (GA 298)

16. Januar, 9 Uhr 45. Konferenz mit dem Lehrerkollegium der Waldorfschule, u. a. über die schulpolitische Situation. Durch Erlaß vom 31. Dezember 1920 war verfügt worden, daß «Privatschulen» im kommenden Schuljahr zwar noch eine Elementarklasse aufnehmen dürfen, doch darf die Gesamtschülerzahl der ersten vier Klassen nicht wachsen. In diesem Zusammenhang beklagt Rudolf Steiner, daß der «Bund für Dreigliederung» absolut nicht funktioniert, d. h. keine wirklichen, praktischen Initiativen entfaltet. Schüler- und Unterrichtsfragen. (GA 300a)
16. Januar. Zweigvortrag. Darin die Bemerkung: «Wir haben in den letzten Tagen der vorigen Woche... unsere Tage bis gegen drei Uhr morgens besetzt gehabt.» Die Zeitschrift für Dreigliederung habe seit dem vergangenen Mai keine Abonnenten gewonnen, hingegen nehme die Tätigkeit der Gegner der Anthroposophie ständig zu. (GA 203)
18. Januar. Besprechung zwischen Rudolf Steiner, EMIL MOLT, EMIL LEINHAS, ERNST UEHLI, CARL UNGER und WALTER KÜHNE, CARLO S. PICHT, KARL HEYER vom Bund für Dreigliederung. Walter Kühne und Carlo S. Picht treten von ihren Ämtern zurück. (Unveröff. Erinnerungen W. Kühne)
19. Januar. Kurz vor der Rückreise nach Dornach schreibt Marie Steiner an Johanna Mücke in Berlin: «Stuttgart ist das Tollste, was es je innerhalb unserer Arbeit gegeben hat... Mit dem Doktor kann ich überhaupt kaum mehr ein Wort sprechen, er wird buchstäblich zerrissen.» (B 17, S. 18)
20. Januar–11. Februar. Rudolf Steiner in der Schweiz, zumeist in Dornach.
21. Januar. Dornach. Die Mitgliedervorträge werden wieder aufgenommen und an den Wochenenden fortgesetzt. Rudolf Steiner macht auf die geringe Aktivität der allgemeinen anthroposophischen Mitgliedschaft aufmerksam. «Glauben Sie, es ist durchaus wahr: die Gegner sind da andere Kerle, die sind überall auf ihrem Posten. Und deren Machinationen breiten sich aus.» Positiv sei hingegen das Interesse studentischer Kreise an der Anthroposophie zu verzeichnen. (Vgl. GA 203)
22. Januar, abends. Im Mitgliedervortrag: «Ich kann Ihnen die Versicherung geben, daß bei den Sitzungen, die in Angelegenheiten vom ‹Futurum› und vom ‹Kommenden Tag› gehalten werden, nicht über Anthroposophie verhandelt wird... Da gibt es Dinge, die durchaus nur in der allerpraktischsten Weise verhandelt werden sollen: wie man am besten das oder jenes Gebiet bewirtschaftet, was mit dem oder jenem zu geschehen hat und so weiter.» (GA 203)
23. Januar. Sitzung mit dem Verwaltungsrat der «Futurum AG».
23. Januar. Mitgliedervortrag. Rudolf Steiner macht auf eine Schrift ELSBETH EBERTINS «Ein Blick in die Zukunft?» und einen Aufsatz derselben Verfasserin aufmerksam, in dem es heißt: «Geistige Feuerfunken, die Blitzen gleich nach der hölzernen Mausefalle [gemeint ist das Goetheanum] zischen,

sind also genügend vorhanden, und es wird schon einiger Klugheit Steiners bedürfen, um ‹versöhnend› zu wirken, damit nicht eines Tages ein richtiger Feuerfunke der Dornacher Herrlichkeit ein unrühmliches Ende bereitet.» (Aus: *Der Tempel in Dornach* in der Zeitschrift *Der Leuchtturm,* Lorch, Oktober 1920, vgl. GA 203)

24.–28. Januar. Vorträge in Buchs, St. Gallen, Basel und Solothurn.

29. und 30. Januar. Mitgliedervorträge in Dornach über die Notwendigkeit, das Gleichgewicht zwischen luziferischen und ahrimanischen Abirrungen zu finden.

31. Januar und 1. Februar. Öffentliche Vorträge in Basel.

1. Februar. In Dornach wird die «Fortbildungsschule» (später «Friedwartschule») eröffnet. Lehrer an dieser Schule sind: Dr. Ernst Blümel, Marie Groddeck und Hilde Boos-Hamburger.

4. Februar. Öffentlicher Vortrag in Bern.

5., 6. und 8. Februar. Mitgliedervorträge in Dornach. Rudolf Steiner setzt sich mit Schriften der Gegner der Anthroposophie auseinander, u. a.: Prof. D. G. Heinzelmann, D. Joh. Frohnmeyer, Kurt Leese, Wilhelm Bruhn und mit dem «Anthroposophischen Sonderheft» der Zeitschrift *Die Tat,* in dem als Gegner I. W. Hauer, Philipp Hördt, Ernst Michel und Friedrich Gogarten schreiben. Angesichts dieser Gegnerschaft ruft Rudolf Steiner die Mitglieder dazu auf, das Sektiererische zu überwinden und weltmännisch für die Anthroposophie einzutreten.

10. Februar. Albert Steffen bei Rudolf Steiner. (Unveröff. Tagebuchaufzeichnung Albert Steffens)

11. Februar (?). Reise von Dornach nach Stuttgart.

12.–17. Februar. Rudolf Steiner hält in Stuttgart einen Schulungskurs für Redner, die die Idee der Dreigliederung aktiv vertreten wollen. (GA 338) Als erste Grundgedanken notiert er für den 12. Februar: «Es kann bei diesen Vorträgen nicht Skeptizismus sprechen. Voraussetzung ist, daß im Impuls der Dreigliederung die notwendigste Forderung der Gegenwart erfüllt ist. 1. Man muß aus Liebe zur Sache und aus Menschenliebe sprechen. – Imponderabilien. – 2. Man muß den Aberglauben durchschauen, als ob die wirtschaftliche Frage für sich gelöst werden könne. 3. Man muß durchschauen in der Gegenwart: Erstens, den mangelnden Sinn für geistige Produktivität. Zweitens, das mangelnde Interesse für den Bedarf der anderen.» (GA 338, S. 269)

An dem Kurs nehmen etwa 50 Redner teil, die in den darauffolgenden Wochen etwa 200 Vorträge halten. – Im Jahr 1923 äußert sich Rudolf Steiner sehr drastisch über diese Aktion: «Da war dieser von mir gehaltene Rednerkurs, bevor eine Horde auf das deutsche Publikum losgelassen worden ist. Schauen Sie sich das Echo dessen an, was durch diesen Hordenzug angerichtet worden ist! Was da alles draußen verzapft worden ist. Das ist manchmal etwas gewesen, was an Groteskheit alles übertrifft.» (8. Februar 1923, *Studienmaterial aus den Sitzungen des Dreißiger-Kreises,* Dornach 1947)

18. Februar–4. März. Rudolf Steiner in den Niederlanden.
Erste Reise ins nicht deutsch sprechende Ausland nach dem Ersten Weltkrieg. Die Reise wird von Pieter de Haan und Elisabeth Vreede vorbereitet. Rudolf Steiner spricht in Amsterdam (19., 22., 28. 2. u. 1. 3.), Hilversum (20. 2.), Utrecht (21. u. 24. 2.), Den Haag (23., 27. u. 28. 2.), Delft (23. 2.), Rotterdam (2. 3.) und Hengelo (3. 3.).
Die Themen der öffentlichen Vorträge sind: *Die anthroposophische Geisteswissenschaft und die großen Zivilisationsaufgaben der Gegenwart, Erziehungs-, Unterrichts- und praktische Lebensfragen vom Gesichtspunkt anthroposophischer Geisteswissenschaft, Der Baugedanke von Dornach.*
In Hilversum, Amsterdam, Rotterdam und Den Haag finden Eurythmieaufführungen statt mit Gedichten von Goethe, C. F. Meyer, Lenau, Eichendorff, Nietzsche, Heine, mit Humoresken von Morgenstern und Dichtungen von Rudolf Steiner. Die begleitenden Musikstücke stammen von den niederländischen Komponisten Jan Stuten, Max Schuurman und Leopold van der Pals. Die Vorträge Rudolf Steiners finden großes Interesse und sind sehr gut besucht. Es macht sich aber auch die Gegnerschaft sofort bemerkbar, wobei ein Dr. K. H. E. de Jong besonders hervortritt. In seinem Reisebericht in Dornach am 11. März (unveröff.) erwähnt Rudolf Steiner besonders den Aufenthalt in Hengelo, wo er eine Schule und die dortigen sozialen Einrichtungen und Mustersiedlungen besucht hat. (Vgl. auch P. J. de Haan, *Erinnerungen an Rudolf Steiner,* in: Mitteilungen D, 36. Jg., S. 215 und Annemarie Dubach, *Die Kunst der Eurythmie – Erinnerungen,* S. 116 ff.)

27. Februar. Rudolf Steiner spricht an seinem 60. Geburtstag in Den Haag zu den Mitgliedern: Die Arbeit in den Zweigen möge nur der Ausgangspunkt für das Heraustreten unter alle Menschen sein.
An diesem Tag findet in Den Haag ferner eine Eurythmieaufführung und ein öffentlicher Vortrag statt. Entwurf eines Aufrufs zur Gründung eines Weltschulvereins. (Vgl. E. Zeylmans, *Willem Zeylmans,* S. 96) In Deutschland erscheint: *Vom Lebenswerk Rudolf Steiners – Eine Hoffnung neuer Kultur,* herausgegeben von Friedrich Rittelmeyer mit Beiträgen von Michael Bauer, Hermann Beckh, Roman Boos, Richard Dedo, Richard Eriksen, Christian Geyer, Erich Schwebsch, Ernst Uehli und Hans Wohlbold. (Vgl. Rittelmeyer, *Meine Lebensbegegnung mit Rudolf Steiner,* S. 107–109) Ferner erscheint am 27. Februar das Eröffnungsheft der Monatsschrift *Die Drei.* (Redaktion: Sigismund v. Gleich, ab Oktober Eugen Kolisko und Ernst Uehli)

3. März. Professor Arthur Drews spricht in Stuttgart über die «Anthroposophie Rudolf Steiners» im ablehnenden Sinn. In der Diskussion sprechen EUGEN KOLISKO, WALTER J. STEIN, ERNST UEHLI und FRIEDRICH HUSEMANN. In den folgenden Monaten hält Arthur Drews diesen Vortrag in verschiedenen deutschen Städten.

4. März. In der *Frankfurter Zeitung* erscheint ein Artikel «Verräter am Deutschtum», der sich gegen die Tätigkeit der Dreigliederer in Oberschlesien richtet. Der Artikel wird von anderen deutschen Blättern übernommen. – Bis in diese Tage hinein war die Dreigliederungsaktion in Oberschlesien fortgesetzt worden. Es waren Ortsgruppen für Dreigliederung gebildet worden und eine große Anzahl von Vorträgen, u. a. in Beuthen, Gleiwitz, Kattowitz, Königshütte, Kreuzburg, Nicolai, Oppeln, Pless, Ratibor, Rybnik und Tarnowitz gehalten worden. (Vgl. B 93/94)

5.–7. März. Rudolf Steiner in Stuttgart.

7. März. Verhandlungen über die Übernahme von Aktien der Waldorf-Astoria-Zigarettenfabrik mit MAX MARX. (Vgl. GA 262, S. 163)

7. März, abends. Rudolf Steiner reist nach Freiburg.

8.–15. März. Rudolf Steiner in der Schweiz, wo er zwei Mitgliedervorträge in Dornach und einen öffentlichen Vortrag in Winterthur hält.

12.–23. März. In Stuttgart finden «Freie Anthroposophische Hochschulkurse» statt. Als Redner und Seminarleiter wirken mit: H. v. BARAVALLE, P. BAUMANN, E. BENKENDOERFFER, E. BLÜMEL, R. BOOS, J. GEYER, H. HAHN, C. v. HEYDEBRAND, F. HUSEMANN, E. KOLISKO, E. LEINHAS, L. NOLL, W. J. STEIN, E. A. K. STOCKMEYER, A. STRAKOSCH, R. TREICHLER, E. VREEDE, E. UEHLI, C. UNGER. Die Vorträge werden von etwa 800 Zuhörern, die Seminare von etwa 500 Teilnehmern besucht.

16.–23. März. Im Rahmen der Hochschulkurse hält Rudolf Steiner den Kurs *Naturbeobachtung, Mathematik, wissenschaftliches Experiment und Erkenntnisergebnisse vom Gesichtspunkt der Anthroposophie.* (GA 324) (Über den Verlauf der Kurse: vgl. Ernst Lehrs, *Gelebte Erwartung,* S. 74–90 und Helmut Knauer, *Meine Erinnerungen an Rudolf Steiner,* in: Mitteilungen D, 34. Jg. 1980, S. 217 f.)

Während des Kurses findet eine Debatte über die Relativitätstheorie Einsteins statt, an der sich u. a. EDWIN SCHRÖDINGER und HANS REICHENBACH beteiligen.

19. März. Eurythmieaufführung. Wiederholung des Programms der Aufführungen in Holland.

20. März. Aussprache und Fragenbeantwortung über die Jugendbewegung. (GA 217a)

21. März. Vortrag im Anschluß an ein Seminar: Über den Ausbruch des Ersten Weltkrieges und über den gescheiterten Versuch, die Aufzeichnungen des Generalobersten von Moltke 1919 zu veröffentlichen. (GA 174b)

22. März. Besprechung mit Technikern über volkspädagogische und volkswirtschaftliche Fragen. (Vgl. *Dreigliederung d. soz. Organismus,* 2. Jg., Nr. 44)
23. März. Konferenz mit dem Lehrerkollegium der Waldorfschule – u. a. über Neueinstellungen von Dr. MARIA RÖSCHL und CLARA MICHELS. (GA 300a)
25. März–20. Mai (?). Rudolf Steiner in Dornach.
27. März. Ostervortrag für die Mitglieder. Die Wandlungen der Christus-Auffassung in der Geschichte. (GA 203)
28. März. Mitgliedervortrag über Jesus Christus und Apollonius von Tyana – über Willenskultur. (GA 203)
29. März. In der Dreigliederungszeitung erscheint Rudolf Steiners Aufsatz *Tote Politik und lebendige Ideen.* – U. a. Hinweis darauf, daß auch der neue US-Präsident HARDING keine neuen Ideen habe. (GA 24, S. 191 ff.)
1. April. In der Monatsschrift *Die Drei* erscheinen in diesem Jahrgang die von Rudolf Steiner 1909 gehaltenen und 1921 für den Druck redigierten Vorträge *Der Orient im Lichte des Okzidents.*
1. April. Rudolf Steiner beginnt eine Reihe von Mitgliedervorträgen, die meist freitags, samstags und sonntags stattfinden, in denen er die Entwicklung der europäischen Menschheit und ihrer Weltauffassungen vom Griechentum bis zum Auftreten des materialistischen Erkenntnisimpulses im 19. Jahrhundert mit besonderer Betonung des Wendepunkts im 4. Jahrhundert und des Gralsmysteriums schildert. (GA 204)
3.–10. April. *Anthroposophischer Hochschulkurs* – Anthroposophie und Fachwissenschaften. (GA 76)
3. April. Eröffnungsrede Rudolf Steiners – *Mensch erkenne dich selbst und werde ein freies Wesen,* anschließend ALBERT STEFFEN über «Das Werden des Kunstwerks».
4. April. Rudolf Steiner über *Philosophie.* Anschließend W. J. STEIN «Über das Wertproblem» und CARL UNGER über «Das philosophische Bewußtsein und die Erforschung des Übersinnlichen». Nachmittags (während des ganzen Kurses) Seminare über Wirtschaftsprobleme, Sprachwissenschaft, Anthropologie, Philosophie, Medizin, Mathematik und Pädagogik.
4. April, 18 Uhr. Albert Steffen bei Rudolf Steiner.
4. April, abends. Disputationen.
5. April. Rudolf Steiner über *Mathematik und anorganische Naturwissenschaften.* Anschließend HERMANN VON BARAVALLE über «Raum und Zeit» und ERNST BLÜMEL über «Geisteswissenschaftliche Richtlinien zur mathematischen Behandlung naturwissenschaftlicher Probleme».
6. April. Rudolf Steiner über *Organische Naturwissenschaften und Medizin.* Anschließend FRIEDRICH HUSEMANN «Über Sinnesphysiologie», OSKAR RÖMER «Über die Zahnkaries und die Alveolarpyorrhoe mit Beziehung auf die Geistesforschung Rudolf Steiners».

6. April, 20 Uhr (statt der Disputation) Rudolf Steiner und Marie Steiner über *Die Kunst des mündlichen Vortrags.*

6. April. Stuttgart. General Gerold von Gleich hält vor 3000 Zuhörern in der Liederhalle einen Vortrag: «Rudolf Steiner als Prophet einer bedenklichen Lehre». Das der Anthroposophie Steiners durchaus kritisch gegenüberstehende *Neue Tagblatt* (Nr. 159, vom 7. April) bemängelt die «unsachliche Art des Vortrags, der... nichts war als eine billige Veralberung der anthroposophischen Lehren». «Das Betrübendste an dem Abend war die Haltung der durchaus zahlreichen Versammlung. Sie ließ die Gegenredner... überhaupt nicht zu Worte kommen, schrie gleich den ersten Debatteredner nieder...» etc.

7. April. Rudolf Steiner über *Sprachwissenschaft.* Anschließend Herbert Hahn «Über scheinbare und wahre Objektivität auf sprachwissenschaftlichem Beobachtungsfelde» und Hermann Beckh «Über genetische und pragmatische Etymologie und die Lautbedeutungen im Sanskrit und Avesta».

8. April. Rudolf Steiner über *Sozialwissenschaft und soziale Praxis.* Anschließend Eugen Benkendoerfer: «Die Ursachen unserer sozialen Not in der Produktionsart der unmittelbaren Vergangenheit», Roman Boos: «Die soziale Frage im Spiegel des Lohnproblems und die Dreigliederung des sozialen Organismus».

9. April. Rudolf Steiner über *Die Psychologie der Künste.* Anschließend Leopold van der Pals über «Die Musik und ihr Verhältnis zum Menschen». Ernst Uehli: «Beitrag zu einer neuen Dramaturgie».

9. April, nachmittags. Studentenversammlung über die Frage: Wie kann anthroposophische Arbeit an den Universitäten aufgebaut werden? Rudolf Steiner äußert, daß der anthroposophischen Bewegung vor allem Menschen fehlen, die wissenschaftlich zu arbeiten gelernt haben. (GA 217a)

10. April. Eurythmieaufführung. – Bauführung durch Rudolf Steiner – Vortrag von Karl Heyer über «Die Staatsidee des Nicolaus Cusanus». Schlußrede Rudolf Steiners. Rudolf Steiner schreibt später über diesen zweiten Hochschulkurs im «Goetheanum»: «Gerade bei dieser Gelegenheit sollte gezeigt werden, wie die einzelnen menschlichen Wissensgebiete eine wesentliche Erweiterung erfahren können, wenn ihre Forschungswege in das geistige Gebiet hinein fortgesetzt werden.» (GA 36, S. 330) Ferner bemerkt Rudolf Steiner in diesem Kurs «einen wesentlichen Fortschritt» in der «Güte der Vorträge», dagegen nennt er die Abenddiskussionen «etwas Fürchterliches». (27. Juni 1921, in *Aufbaugedanken und Gesinnungsbildung,* Dornach 1942)

11.–18. April. Zweiter Kurs für Mediziner: *Geisteswissenschaftliche Gesichtspunkte zur Therapie.* (GA 313) An diesem Kurs nehmen etwa 40 Ärzte und Medizinstudenten teil. Während der Kurstage finden auch Vorträge von Ärzten statt; unter anderen berichtet ITA WEGMAN über die Behandlung von Carcinomen mit viscum album.

12.–18. April. Rudolf Steiner hält auf Anfrage von ELISABETH BAUMANN und ERNA WOLFRAM sowie HENDRIK VAN DEVENTER den *Kursus über Heileurythmie*. (Zur Vorgeschichte dieses Kurses GA 315, S. 118–127) An dem Kurs nehmen Mediziner und Eurythmistinnen, die bereits eine zweijährige Ausbildung absolviert haben, teil.

18. April. Beratung ROMAN BOOS mit ALBERT STEFFEN über eine neue Zeitschrift.

21. April. Stuttgart. Der Sekretär der Bürgerpartei, BRUNO ROOS, hält in der Liederhalle einen Vortrag «Die Steinersche Dreigliederung und der deutsche Staat», in dem er behauptet, die Dreigliederung würde das einheitliche Staatsleben zerstören. EMIL LEINHAS antwortet in der Diskussion.

1. Mai. Eurythmieaufführung im Goetheanum, u. a. das zweite Bild aus «Der Seelen Erwachen» und Musikalisches. In der Schreinerei: «Ernstes und Anregend-heiter-bizarres».

3. Mai. Erster Rundbrief über die geplante Wochenschrift *Das Goetheanum*. Ursprünglich sollte das Blatt von ALBERT STEFFEN und ROMAN BOOS redigiert werden. Da aber Boos bereits Mitte Mai schwer erkrankt, verläßt er auf mehrere Jahre Dornach.

5. Mai. Eurythmieaufführung. Die Seelenkräfte Philia, Astrid und Luna. (Vgl. GA 277, S. 221–223)

6.–8. Mai. Mitgliedervorträge *Über das Wesen der Farben*. (GA 291)

8. Mai. Eurythmieaufführung, u. a. 7. Bild aus «Die Pforte der Einweihung».

15.–16. Mai. Pfingstveranstaltung am Goetheanum. Eurythmieaufführung, u. a. der zweite Teil des zweiten Bildes aus «Der Seelen Erwachen» und Musikalisches. Ankündigung: «Eurythmische Gestaltung von Welt- und Lebensbildern, sowie von heiter Groteskem und naiv Possierlichem. Musikalisches.» (Vgl. GA 277, S. 223–233)
Rudolf Steiner hält zwei öffentliche Vorträge: *Das europäische Geistesleben im 19. Jahrhundert mit Beziehung auf seinen Ausgangspunkt im 4. Jahrhundert*. (GA 325)

17. Mai. Sitzung mit dem Verwaltungsrat der «Futurum AG».

21.–29. Mai(?). Rudolf Steiner in Stuttgart.

21.–24. Mai. Rudolf Steiner hält vier öffentliche Vorträge: *Die Naturwissenschaft und die weltgeschichtliche Entwicklung der Menschheit seit dem Altertum*. (GA 325)

22. Mai. GERTRUD SPÖRRI und JOHANNES WERNER KLEIN überreichen Rudolf Steiner eine von GOTTFRIED HUSEMANN formulierte «Eingabe», in der unter Berufung auf eine Aussage von Rudolf Steiner im Vortrag vom 20. Februar 1917 (GA 175, S. 56) nach den Möglichkeiten religiöser Übung und Betätigung gefragt wird. Die Eingabe ist von W. Klein, G. Spörri, LUDWIG KÖHLER und GOTTFRIED HUSEMANN unterschrieben, ferner werden die Namen weiterer Studenten genannt, die sich anschließen, u. a. MARTIN BORCHART, EMIL BOCK, OTTO BECHER, WALTER GRADENWITZ, EBERHARD KURRAS, RUDOLF MEYER und HORST MÜNZER.

23. Mai. Rudolf Steiner empfängt in der Landhausstraße 70 Gertrud Spörri und Werner Klein und fragt in bezug auf die Eingabe: «Ist das, was Sie da wollen, nicht zu früh?» Klein antwortet: «Herr Doktor, wir können nicht anders!» Damit ist der Bann gebrochen. Nun hält sich auch Rudolf Steiner nicht mehr zurück. «Dann würde es sich darum handeln, freie Gemeinden zu gründen!» Rudolf Steiner weist bereits in diesem Gespräch darauf hin, daß im religiösen Wirken ein Unterschied zwischen Mann und Frau nicht bestehen kann. (Nach einem Bericht von Gertrud Spörri, April 1930, unveröff.)

25. Mai. Öffentlicher Vortrag im Festsaal der Liederhalle: *Anthroposophie und Dreigliederung. Von ihrem Wesen und zu ihrer Verteidigung.* In zweieinhalbstündiger Rede spricht Rudolf Steiner über das Thema und geht zugleich auf die Angriffe einiger Gegner (W. BRUHN, Domkapitular LAUN) ein, schildert seinen Werdegang und sein Verhältnis zu Generaloberst v. MOLTKE sowie zu dem deutschen Außenminister SIMONS. Nach dem Vortrag kommt es zu einer Auseinandersetzung mit einer radaulustigen Gesellschaft. BRUNO ROOS und GEROLD VON GLEICH verlassen den Saal. (Vgl. *Dreigliederungszeitung,* 2. Jg., Nr. 48, S. 2 und Nr. 49, S. 5)

26. Mai. Rudolf Steiner besucht einzelne Klassen der Waldorfschule.

26. Mai, 20 Uhr–2 Uhr. Konferenz mit dem Lehrerkollegium der Waldorfschule – Methodisches – einzelne Schüler – Veranstaltungen – Berufung von Dr. Erich Schwebsch an die Waldorfschule. (GA 300a)

28. Mai. Besprechung mit Vertretern der Aktiengesellschaft «Der Kommende Tag» und dem «Siebzehner-Kreis».

30. Mai–10. Juni (?). Rudolf Steiner in Dornach und Zürich.

2., 3. und 5. Juni. Rudolf Steiner beendet die mit dem 1. April begonnene historische Vortragsreihe. (GA 204)

4. Juni. Zürich. Öffentlicher Vortrag mit Fragenbeantwortung: *Naturwissenschaft und Anthroposophie.*

8. Juni. Rudolf Steiner besichtigt die von Dr. ITA WEGMAN begründete Klinik in Arlesheim und gibt der Klinik den Namen «Klinisch-therapeutisches Institut». Die Klinik wird damit eröffnet. Frau Dr. Wegman hatte dieses Institut aus eigener Kraft geschaffen. Zunächst konnten nur 12–15 Personen Aufnahme finden. Rudolf Steiner hatte bereits bei der Planung des Goetheanum auch die Errichtung eines Sanatoriums vorgesehen, für dessen Leitung Dr. FELIX PEIPERS in Aussicht genommen war. Mit der Eröffnung der Klinik beginnt die intensive Zusammenarbeit Rudolf Steiners mit Ita Wegman.

11.–19. Juni. Rudolf Steiner in Stuttgart.
11. Juni. Ansprache zum Abschluß des Schuljahres in der Waldorfschule. (GA 298)
12.–18. Juni. *Pädagogischer Ergänzungskurs.* Acht Vorträge mit erweiternden Ausführungen über Menschenkunde und Unterrichtsgestaltung. (GA 302)
12. Juni, nachmittags. Eurythmieaufführung in Cannstatt, Wilhelma-Theater. (Programm vgl. GA 277, S. 233)
12. Juni, abends. Beginn des ersten *Theologen-Kurses.* (GA 342) Mitten im Semester finden sich 18 Studenten zusammen, darunter die späteren Mitbegründer der Christengemeinschaft: OTTO BECHER, EMIL BOCK, MARTIN BORCHART, OTTO FRANKE, RUDOLF FRIELING, RUDOLF GITZKE, WALTER GRADENWITZ, GOTTFRIED HUSEMANN, THOMAS KÄNDLER, JOHANNES WERNER KLEIN, LUDWIG KÖHLER, EBERHARD KURRAS, RUDOLF MEYER (nicht identisch mit dem Teilnehmer des Kurses über allgemeine Menschenkunde, der in Berlin im Zweig der Anthroposophischen Gesellschaft tätig ist), GERTRUD SPÖRRI und zeitweise HERMANN HEISLER. Während des Kurses schlägt Rudolf Steiner – offensichtlich um die Intentionen der Anwesenden kennenzulernen – vor, die Studenten sollten ihre Examina machen, in den Kirchendienst eintreten und die «Kanzeln erobern». Da steht einer der Studenten auf und sagt: «Das werde ich niemals mitmachen.» «Von diesem Augenblick an nahm Dr. Steiner ein anderes Verhältnis zu uns ein. Er sprach wie einer der Unseren, ja er behandelte uns auch so und ließ uns sowohl den Abstand des Alters wie auch den der unüberschaubaren Überlegenheit völlig vergessen.» (Gottfried Husemann in *Erinnerungen,* S. 300)
16. Juni. Konferenz mit dem Lehrerkollegium der Waldorfschule. (GA 300b)
16. Juni, abends. Letzter Vortrag des ersten *Theologen-Kurses.*
17. Juni, abends. Konferenz mit dem Kollegium der Waldorfschule, Lehrplanbesprechungen. (GA 300b)
17. Juni. 1. ordentliche Mitgliederversammlung des Vereins Freie Waldorfschule. In der Begrüßungsansprache nennt Rudolf Steiner die Waldorfschule ein Musterbeispiel, das Nachfolge finden sollte. (GA 298)
18. Juni, vormittags. Ansprache zur Eröffnung des neuen Schuljahres. Die Waldorfschule beginnt das Schuljahr mit 540 Schülern in 15 Klassen. Es sind 30 Lehrer an der Schule tätig. (GA 298)
18. Juni, nachmittags. 1. Ordentliche Generalversammlung der Aktiengesellschaft «Der Kommende Tag». Das Kapital der Aktiengesellschaft ist auf 35 Millionen Mark erhöht worden. Die Aktienmehrheit an der Waldorf-Astoria-Zigarettenfabrik wurde erworben. Die Werkzeugmaschinenfabrik CARL UNGER und die Kartonagenfabrik JOSÉ DEL MONTE arbeiten gewinnbringend, die Einrichtung der Chemischen Werke Schwäbisch Gmünd (nachmals «Weleda») ist fast abgeschlossen. Der Verlag der «Kommende

Tag» verfügt über eine eigene Druckerei, das Gut Guldesmühle bei Dischingen arbeitet zufriedenstellend, in Stuttgart wurde eine Handelsgesellschaft für Ex- und Import begründet, der Aktiengesellschaft wurde das Bankhaus Adolf Koch & Co angeschlossen. Dividenden und Zinsen werden ausgezahlt. Im ersten Geschäftsjahr ergab sich ein kleiner Gewinn. (Vgl. Geschäftsbericht in: H. Kühn, *Dreigliederungszeit,* S. 320)

19. Juni, nachmittags. Rückfahrt nach Dornach.

20. Juni–26. Juli. Rudolf Steiner in der Schweiz, zumeist in Dornach.

20. Juni, vormittags. Sitzung mit dem Verwaltungsrat der «Futurum AG». 2 000 000 sfr Aktien sind eingezahlt.

20. Juni, nachmittags. Generalversammlung der «Futurum AG».

21. Juni. Eurythmieaufführung in Zürich. (Vgl. GA 277, S. 234)

24. Juni–20. August. In dieser Zeit hält Rudolf Steiner, wenn er in Dornach ist, freitags, samstags und sonntags Vorträge über anthroposophisch vertiefte Menschenkunde. (Vgl. GA 205 und GA 206)

25. Juni. Öffentlicher Vortrag in Zürich: *Der Baugedanke von Dornach.* (Vgl. Albert Steffen, *Begegnungen mit Rudolf Steiner,* S. 199 f.)

27. Juni. Dornach. 8. ordentliche Generalversammlung des Vereins des Goetheanum. Rudolf Steiner spricht zunächst über die kritische Finanzlage des Goetheanum: es fehlen 390 000 Franken, die erforderlich sind für die Arbeit am Goetheanum. Er äußert sich dann über die praktischen Unternehmungen und Gründungen und stellt fest, «wie wenig heute der sogenannte praktische Mensch auf der Höhe seiner Aufgaben steht». Die Gründungen sind für ihn nur eine «Vergrößerung der Sorgenbilanz», die seine eigene Arbeitskraft «von anderen notwendigen Dingen abzieht». «So ist es selbstverständlich, daß dann wiederum die ideelle und spirituelle Arbeit darunter leidet und eben nicht auf die Höhe kommen kann, auf die sie eigentlich kommen sollte.» (Vgl. Rudolf Steiner, *Aufbaugedanken und Gesinnungsbildung,* Dornach 1942, S. 35–39)

27. Juni. Öffentlicher Vortrag in Dornach *Das selbständige Geistesleben im dreigliedrigen sozialen Organismus.*

28. und 29. Juni. Rudolf Steiner zu Vorträgen in Bern.

29. Juni. Öffentlicher Vortrag *Der Baugedanke von Dornach.* (Vgl. *Das Goetheanum als Gesamtkunstwerk,* Dornach 1986)

3. Juli. Dornach. Eurythmieaufführung. Erstmalig mit Vor- und Nachtakt, die von nun an von Rudolf Steiner – zuerst zu den Wochensprüchen des Seelenkalenders – gestaltet werden.

5. Juli. Besprechung im kleinen Kreis (E. Blümel, E. Dürler, W. Stokar, W. Storrer, E. Vreede, Wedgewood) über die Gestaltung der Wochenschrift *Das Goetheanum.* (Vgl. Albert Steffen, *Begegnungen mit Rudolf Steiner,* S. 200)

10. Juli. Eurythmieaufführung – erstmals wird ein französisches Gedicht aufgeführt: Papillons von Rameau.
17. Juli. Eurythmieaufführung – Wochensprüche aus dem Seelenkalender, Gedichte von Goethe und Victor Hugo.
21. Juli. Rudolf Steiner berät mit ALBERT STEFFEN die erste Nummer der Wochenschrift *Das Goetheanum,* die am 21. August erscheinen soll. (Vgl. Albert Steffen, *Begegnungen mit Rudolf Steiner,* S. 201)
24. Juli. Eurythmieaufführung, u. a. «Prolog im Himmel» aus Faust. (Programm GA 277, S. 235)
25.–30. Juli. *Anthroposophie und Wissenschaft.* Hochschulveranstaltung aufgrund einer Einladung der Studentenschaft der Technischen Hochschule Darmstadt. Unter Mitwirkung von H. v. BARAVALLE, KARL HEYER, FRIEDRICH HUSEMANN, EUGEN KOLISKO, WILHELM PELIKAN, ALBERT STEFFEN, WALTER J. STEIN, E. A. KARL STOCKMEYER, ALEXANDER STRAKOSCH und CARL UNGER. Konzert von VALBORG WERBECK-SVÄRDSTRÖM, Rezitation von MARIE STEINER.
27. Juli. Rudolf Steiner trifft in Darmstadt ein.
27. Juli, 18 Uhr 30. Vortrag Rudolf Steiners über *Natur-Erkennen und Geist-Erkennen.* Rudolf Steiner weist auf das streng gesetzmäßige Erkennen im technischen Bereich und auf das sich Verlassen auf das Nicht-Gesetzliche (z. B. die Mutation) in allen anderen Erkenntnisbereichen hin.
28. Juli, 16 Uhr. Vortrag *Die geistige Signatur der Zeit* – Intellektuell-wissenschaftliche Nivellierung und Uniformierung und Entfesselung des animalischen Willenslebens. Folgen der geistigen Entwicklung, die Rudolf Steiner im Anschluß an Gideon Spickers Worte: Metaphysik ohne übersinnliche Überzeugung, Erkenntnistheorie ohne objektive Bedeutung, Logik ohne Inhalt, Psychologie ohne Seele, Ethik ohne Verbindlichkeit und Religion ohne objektive Vernunftgründe – charakterisiert.
JOHANN HIRTER, Bern, teilt Rudolf Steiner mit, daß er aus dem Verwaltungsrat der «Futurum AG» zurücktritt. (Brief von J. Hirter, unveröff.)
28. Juli, 20 Uhr. Öffentlicher Vortrag *Die Aufgabe der Anthroposophie gegenüber Wissenschaft und Leben.* Über die Notwendigkeit geistiger Entwicklung und übersinnlicher Erkenntnis für eine Befruchtung des wissenschaftlichen und praktischen Lebens.
29. Juli. Vortrag im Anschluß an einen Vortrag von ALEXANDER STRAKOSCH über den einzig möglichen Weg zur Wiedergewinnung eines architektonischen Stiles mit besonderem Hinweis auf die Behandlung des Beton.
30. Juli, 9 Uhr 30. Ästhetische Betrachtung über Dichtung und Rezitation mit rezitatorischen Proben durch MARIE STEINER. Anschließend Schlußrede Rudolf Steiners. (Über den Kurs vgl. Alexander Strakosch, *Lebenswege mit Rudolf Steiner II* und H. E. Lauer in: *Dreigliederungszeitung,* 3. Jg., Nr. 6, S. 3 und Nr. 7, S. 3)

30. oder 31. Juli. Rückreise nach Dornach.

31. Juli–28. August. Rudolf Steiner in Dornach.

5. August. Wiederaufnahme der Mitgliedervorträge über anthroposophisch-menschenkundliche Themen. (GA 206)

6.–18(?). August. FRIEDRICH RITTELMEYER in Dornach. Besprechungen mit Rudolf Steiner.

8. August. Dr. GABRIELE RABEL hält einen Vortrag über «Entgegengesetzte Lichtwirkungen» – anschließend an diesen Vortrag lange Diskussion mit Beiträgen von OSKAR SCHMIEDEL und WALTER J. STEIN und ausführliche Stellungnahme Rudolf Steiners. (Vgl. GA 320, S. 9 ff.)

9. August. ALBERT STEFFEN bei Rudolf Steiner. (Vgl. Steffen, *Auf Geisteswegen,* S. 130)

14. August. Eurythmieaufführung, u. a. aus «Die Prüfung der Seele», das «Märchen vom Quellenwunder». (Programm vgl. GA 277, S. 236)

15. August. In Stuttgart wird das Klinisch-therapeutische Institut «Der Kommende Tag» eröffnet. Ursprünglich war Dr. LUDWIG NOLL als leitender Arzt vorgesehen, der aber die Aufgabe nicht übernehmen wollte. An seine Stelle trat Dr. OTTO PALMER. Mitarbeiter in dem Institut sind Dr. FRIEDRICH HUSEMANN, Dr. LUDWIG NOLL und Dr. FELIX PEIPERS. Der Klinik ist ein Ambulatorium und ein größeres Laboratorium angeschlossen. (Vgl. Otto Palmer, *Das Klinisch-therapeutische Institut,* in Dreigliederungszeitung, 3. Jg., Nr. 13, S. 3 f. und Otto Palmer, *Ein Dank an Rudolf Steiner,* in *Natura,* 1. Jg., S. 271–275)

Etwas früher wird auch das Chemisch-pharmazeutische Laboratorium in Arlesheim begründet, wo OSKAR SCHMIEDEL in Zusammenarbeit mit Rudolf Steiner und ITA WEGMAN experimentell die Herstellung der Heilmittel entwickelt und der Apotheker ERNST HEIM die serienmäßige Herstellung leitet.

Ebenfalls im August beginnt die Arbeit des Forschungslaboratoriums am Goetheanum, zunächst unter primitiven Bedingungen. Ziel der von EHRENFRIED PFEIFFER und GUENTHER WACHSMUTH getragenen Arbeit ist die Erforschung der ätherischen Bildekräfte. Rudolf Steiner kommt regelmäßig, wenn er in Dornach ist, dienstags abends zu den Besprechungen ins alte Baubüro. (Vgl. Guenther Wachsmuth, *Die letzten Jahre,* in *Wir erlebten ...,* S. 227–234)

Mitte August. In der Stuttgarter Presse erscheinen Meldungen über Güterkäufe der Aktiengesellschaft «Der Kommende Tag» im Oberamt (Kreis) Leutkirch.

20. August. Sitzung mit dem Verwaltungsrat der «Futurum AG».

21. August. Die erste Nummer der Wochenschrift *Das Goetheanum* erscheint. Eröffnungsartikel Rudolf Steiners *Von der Weltlage der Gegenwart und der Gestaltung neuer Hoffnungen.* (GA 36, S. 11 ff.)

21. August. Beginn des *Sommer-Kurses (Summer Art Course)* am Goetheanum. Zu diesem Kurs waren Teilnehmer aus Großbritannien, Frankreich, Belgien, Italien, Österreich, der Tschechoslowakei, Dänemark, Norwegen, Schweden, den Niederlanden, Griechenland und den USA ans Goetheanum gekommen. Rudolf Steiner: «Im August 1921 durften wir eine Veranstaltung haben, die dem englischen Maler Baron ROSENKRANTZ zu verdanken war. Man fühlte sich bei dieser Veranstaltung in dem Bau besonders heimisch. Es trat dabei das Band vor das Seelenauge, das geisterstrebende Wissenschaft und geistoffenbarende Kunst verbindet.» (GA 36, S. 331)
Als Vortragende wirkten an dem Kurs mit: ELISABETH VREEDE, ERNST UEHLI, ERNST BLÜMEL, ARNOLD ITH, EMIL LEINHAS, EMIL OESCH, EMIL MOLT. (Für die Tage vom 21.–27. August liegen die Tagebuchnotizen Rudolf Steiners im Druck vor, denen wir hier folgen. B 8, S. 21)
21. August.
10 Uhr. Konferenz mit den Mitwirkenden am Kurs.
15 Uhr. Eröffnungsrede Rudolf Steiners, übersetzt von Baron WALLEEN. (Für Baron Walleen hat Rudolf Steiner Autoreferate seiner Vorträge geschrieben, die in B 8, S. 4–20 veröffentlicht sind.)
18 Uhr. Vortrag ELISABETH VREEDE.
20 Uhr. Vortrag Ernst Uehli: «Das Eremitentum des modernen Menschen und seine Überwindung».
Danach schreibt Rudolf Steiner die Inhaltsangaben für den Vortrag am kommenden Tag.
22. August.
9 Uhr 30. Vortrag Dr. BLÜMEL: «Historische Grundlagen der Naturwissenschaft».
11 Uhr. Vortrag Dr. VREEDE: «Allgemeine Charakteristik der Anthroposophie».
12 Uhr 30. Besprechung mit der Steuerkommission.
14 Uhr. Dreigliederungsdiskussion im Glashaus.
15 Uhr 30. Führung durch das Goetheanum.
17 Uhr. Kindereurythmie. (Vgl. GA 277, S. 241–243)
20 Uhr. Wissenschaft und Zukunft – freie Aussprache über Kulturprobleme.
«Abends zu Hause», Rudolf Steiner notiert sich Stichworte für den Leitartikel der Nr. 2 der Wochenschrift «Das Goetheanum». (Notizbuch, B 8, S. 21)
23. August.
9 Uhr 30. Vortrag ARNOLD ITH über Schweizer Wirtschaftsfragen.
11 Uhr. Vortrag EMIL LEINHAS: «Assoziation und Konkurrenz».
14 Uhr–15 Uhr 30. Beleuchtungsprobe für die Eurythmie.
16 Uhr–17 Uhr 30. Führung durch das Goetheanum.

18 Uhr. Vortrag Rudolf Steiners: *Anthroposophie und Kunst.*
20 Uhr 30. Diskussionsabend.
Anschließend schreibt Rudolf Steiner den Artikel *Die Weltfrage* für «Das Goetheanum».
24. August.
9 Uhr. Besprechung der Nr. 2 des «Goetheanum» mit Albert Steffen.
9 Uhr 30. Vortrag Ernst Uehli: «Von den Quellen der Künste».
11 Uhr. Vortrag Rudolf Steiners: *Anthroposophie als Wissenschaft vom menschlichen Wesen.*
14 Uhr. Diskussion, «dann selbst geredet – Krieg kommt von polit. Moralität der letzten Jahrzehnte – Forderung neuer Begriffe vom Zusammenleben der Völker». (Notizbuch, B 8, S. 21)
17 Uhr. Eurythmieaufführung. Rudolf Steiner spricht die Einleitung, Baron Walleen übersetzt. (Vgl. GA 277, S. 244–247)
Abends. Erziehungsfragen (freie Aussprache).
25. August.
Führung durch das Goetheanum.
14 Uhr–17 Uhr. Generalprobe für die Eurythmie.
17 Uhr. Diskussion über die Gegnerschaft gegen Anthroposophie. Es wird eine Resolution verabschiedet, die die Leistungen am Goetheanum würdigt und die Methoden der Gegner verurteilt. (Text und Unterzeichner «Goetheanum» 1. Jg., S. 21)
26. August.
8 Uhr. «Ein projektiertes Wirtschaftsprogramm im Lokal der Dreigliederung besprochen.» (Notizbuch, B 8, S. 21)
9 Uhr 30. Vortrag Rudolf Steiners: *Anthroposophie als Moralimpuls und soziale Gestaltungskraft.* Übersetzung durch Baron Walleen.
14 Uhr. Vortrag Emil Molt: «Zur Lösung der sozialen Frage vom Gesichtspunkt des Unternehmertums».
20 Uhr. Eurythmie. (Einleitung und Programm GA 277, S. 249–251)
«Erfahren: Erzbergers Ermordung». (Notizbuch, B 8, S. 21)
27. August.
Früh. Lichtbilder für den Vortrag angeordnet.
9 Uhr 30. Vortrag über den Bau des Goetheanum und anschließend Schlußrede.
28. August. Während Rudolf Steiner noch in Dornach weilt, beginnt in Stuttgart der Kongreß: «Kulturausblicke der Anthroposophischen Bewegung» (28. August–7. September) im Gustav-Siegle-Haus. Die Eröffnungsrede hält Ernst Uehli zur Feier von Goethes Geburtstag: «Goethes geistige Forderung an die Gegenwart». Die Vormittagsveranstaltungen sind einzelnen Fachgebieten gewidmet: 29. August. Goethes Optik (H. v. Baravalle

und Rud. Maier). 30. August. Das Problem des Lebens (H. Wohlbold und E. Kolisko). 31. August. Medizin (F. Husemann und L. Noll). 1. September. Die Idee des Kommenden Tages (E. Leinhas). 2. September. Philosophie (Unger und E. A. K. Stockmeyer). 3. September. Novalis und Tieck (C. v. Heydebrand und R. Treichler). 5. September. Weltgeschichte und Dreigliederung (K. Heyer und E. Kolisko). 6. September. Pädagogik (M. Bartsch, E. A. K. Stockmeyer und H. v. Baravalle). 7. September. Sprache (K. Schubert und H. Beckh).
Die Nachmittage sind zeitkritischen Referaten gewidmet, auf die nach einer Pause eurythmische Satiren folgen. (GA 277a, S. 164)

29. August–12. September. Rudolf Steiner in Stuttgart.

29. August–6. September, abends, 20 Uhr 30, spricht Rudolf Steiner (mit Ausnahme vom 4. und 7. September) über *Anthroposophie, ihre Erkenntniswurzeln und Lebensfrüchte mit einer Einleitung über den Agnostizismus als Verderber echten Menschentums.* (GA 78) In diesem Vortragskurs umreißt Rudolf Steiner noch einmal die geistesgeschichtliche Stellung der Anthroposophie: Ihren Ausgangspunkt von Goethe, die Stellung zu zeitgenössischer Philosophie (Eduard von Hartmann, Nietzsche) und zur modernen Naturwissenschaft (Haeckel). Die Philosophie der Freiheit als Ausgangspunkt der Geisterkenntnis. Der Weg zur Imagination, Inspiration und Intuition.

4. September. Im «Goetheanum» erscheint der Artikel *Amerika und Deutschland.* Anmerkungen zum Friedensvertrag zwischen dem Deutschen Reich und den USA. (GA 36, S. 21 f.)

4. September, 16 Uhr. Mitgliederversammlung der Anthroposophischen Gesellschaft. Nach einem einleitenden Referat von Carl Unger freie Aussprache über Angelegenheiten der Gesellschaft. Es wird ein neuer Zentralvorstand gebildet. Dieser besteht aus Carl Unger, Emil Leinhas und Ernst Uehli. Die Zahl der Mitglieder der Gesellschaft beträgt 8238.

4. September, 21 Uhr. Fortsetzung der Versammlung. Alfred Heidenreich spricht als Vertreter der Kreise der Jugendbewegung, die nicht nur Anthroposophie an die Jugendbewegung heranbringen, sondern auch sich selbst in den Dienst der Anthroposophie stellen wollen. Ansprache Michael Bauers. Danach Ansprache Rudolf Steiners, in der er drei Ratschläge an die Anthroposophische Gesellschaft formuliert: 1. «dafür zu sorgen, daß die Reste, nicht der Theosophie, aber des theosophisch-gesellschaftlichen Empfindens endlich aus unserer Gesellschaft herausgesetzt werden mögen». 2. «daß in unserer Gesellschaft Institutionen Platz greifen, so geartet, daß nicht bloß ideales Vertrauen, das im höchsten zu schätzen ist, unter unseren Mitgliedern herrsche, sondern daß ein niemals und nirgends unterbrochener Verkehr möglich werde». 3. «daß wir uns aneignen die Fähigkeit, die Dinge ernst

genug zu nehmen, nicht mit der heute in der Welt vorhandenen Oberflächlichkeit». (Vgl. Mitteilungen ZV, Nr. 1, November 1921)
6. September. Besprechung mit den Vertretern der Ortsgruppen des Bundes für Dreigliederung. – In einem Bericht nennt Rudolf Steiner den Stuttgarter Kongreß einen «Markstein für unsere anthroposophische Bewegung». Er weist wiederholt auf den Vortrag von CAROLINE VON HEYDEBRAND «Gegen Experimental-Psychologie und Pädagogik» hin und nennt ihn «eine epochemachende Tat». Ebenso rühmt er den Vortrag über Wilbrandts «Ökonomie» von EMIL LEINHAS, dem er ein «praktisches Genie» zuschreibt. Er fordert die Anthroposophen auf, diese Leistungen neidlos anzuerkennen. (25. September 1921 in *Östliche und westliche Kultur in geistiger Beleuchtung,* Dornach 1954. Berichte über den Kongreß: Friedrich Hiebel, *Entscheidungszeit mit Rudolf Steiner,* S. 28–54; Heinz Müller, *Spuren auf dem Weg,* S. 18–24; Emil Leinhas, *Aus der Arbeit mit Rudolf Steiner,* S. 101–107; Ernst Lehrs, *Gelebte Erwartung,* S. 91–96; Eugen Kolisko, *Der Anthroposophische Kongreß – Ein Zeitereignis* in Die Drei, 1. Jg., 7. Heft; sowie Artikel in den Nummern 9, 10 und 11 der Dreigliederungszeitung von Bruno Krüger, Karl Heyer und Leopold [Ernst?] Lehrs.)
8. September. Aussprache mit anthroposophischen Vertretern der Jugendbewegung. Rudolf Steiner wird gebeten, Urteile über verschiedene Bestrebungen und Personen abzugeben, die die Jugendbewegung beschäftigen. (GA 217a)
10. September. Sitzung mit den Betriebsräten der dem «Kommenden Tag» angeschlossenen Betriebe.
11. September. Im «Goetheanum» erscheint der Artikel *Was kann dem Trennenden im Gegenwartsleben entgegenwirken?* (GA 36, S. 24ff.)
11. September. Konferenz mit dem Lehrerkollegium der Waldorfschule. Dr. Erich Schwebsch übernimmt als neuer Kollege den Ästhetik-Unterricht. Dr. Karl Schubert wird gebeten, die Hilfsklasse zu übernehmen. Fragen des Lehrplans. Aufforderung an die Lehrer, die geistige Produktivität der anderen Lehrer wahrzunehmen. (GA 300b)
Anschließend Sitzung mit den Dozenten des Kongresses. Rudolf Steiner in etwa: Der Kongreß sei so gut gelungen, daß er weit über die erhofften Möglichkeiten hinausging. Dagegen sei die Sonntagsversammlung, die Mitgliederversammlung vom 4. September, kläglich gewesen. Die Dreigliederungs-Ortsgruppenversammlung sei noch kläglicher gewesen. (GA 300b)
13. September (?). Rudolf Steiner reist nach Berlin.
15. September. Öffentlicher Vortrag in der Philharmonie, veranstaltet von der Konzert-Direktion Wolff und Sachs: *Die Bedeutung der Anthroposophie in Wissenschaft und Leben der Gegenwart.* (Vgl. Walter Kugler, *Rudolf Steiner und die Anthroposophie,* Köln 1978, S. 68)
18. September. Eurythmieaufführung im Deutschen Theater in Berlin.

19. September. Stuttgart. Sitzung mit dem Aufsichtsrat des «Kommenden Tags».
21. September. Stuttgart. Besprechungen im Forschungsinstitut des «Kommenden Tags».
22. September, 11 Uhr. Rudolf Steiner führt EMIL LEINHAS als neuen Generaldirektor der Aktiengesellschaft der «Kommende Tag» ein. Dieser Schritt war notwendig, weil EUGEN BENKENDOERFER, der an sich ein sehr gediegener Geschäftsmann war, Schwierigkeiten mit der Personalführung hatte. (Vgl. Emil Leinhas, *Aus der Arbeit mit Rudolf Steiner,* S. 176f.) Auch in den landwirtschaftlichen Betrieben mußten personelle Veränderungen vorgenommen werden. (Vgl. GA 262, S. 164)
22. September, nachmittags. Rudolf Steiner fährt mit EMIL MOLT nach Dornach.
23. September, morgens. Verhandlungen wegen der Probleme der «Futurum AG». «Hier habe ich die Futurum-Sorgen jetzt auf der Seele.» (GA 262, S. 164)
23. September, abends. Wiederbeginn der Mitgliedervorträge. Bis zum 13. November behandelt Rudolf Steiner in diesen Vorträgen Fragen der anthroposophischen Menschenkunde in kosmischer und christologischer Perspektive. Das Problem des Bösen. (Vgl. GA 207 und 208)
In Deutschland finden vom 25. September–8. Oktober größere anthroposophische Veranstaltungen ohne Mitwirkung Rudolf Steiners statt.
25.–30. September findet in Dresden eine «Anthroposophische Studienwoche» mit BRUNO KRÜGER, WALTER KÜHNE, PAULA MATTHES, WILHELM PELIKAN und ELISE WOLFRAM statt.
26. September–10. Oktober. Dornach. Zweiter *Theologen-Kurs.* (GA 343) Rudolf Steiner hatte im Juni die jungen Theologen aufgefordert, nach Mitarbeitern zu suchen und sie nach Dornach eingeladen, wobei er auch dafür sorgte, daß der Aufenthalt für die Valuta-schwachen Deutschen finanziell ermöglicht wurde. So kamen etwa 120 Menschen zusammen. Diese gliedern sich in eine junge tatbereite Gruppe und in ältere im Amt befindliche Theologen, «die kein Gefühl dafür hatten, daß das intellektuelle Diskutieren, wie es ihnen zum Lebenselement geworden war, den Tod der Religion bedeutet. Sie okkupierten durch ihre Fragen, die gar keine echten Fragen, sondern Diskussionsthesen waren, das ganze Feld unseres Zusammenseins.» Die jüngeren Teilnehmer bitten daraufhin Rudolf Steiner, anstatt der Diskussionsstunden doch Vorträge zu halten. «Er aber sagte: ‹Haben Sie Geduld; wir müssen durch das alles hindurch.›» In der zweiten Hälfte des Kurses beginnt die «unmittelbare Vorbereitung und Ausrüstung zum priesterlichen Wirken mit den für unsere Zeit erneuerten Sakramenten». (Vgl. Emil Bock, *Religiöse Erneuerung,* in *Wir erlebten...,*

S. 42f.; vgl. auch Gottfried Husemann, *Die Begründung der Christengemeinschaft,* in *Erinnerungen,* S. 304–305)

2. Oktober. Bremen. «Anthroposophischer Kursus» mit HERMANN VON BARAVALLE, I. G. W. SCHRÖDER und ELISE WOLFRAM.

2. Oktober. Im «Goetheanum» erscheint der Artikel *Wilsons Erbe* von Rudolf Steiner. (GA 36, S. 27ff.)

3.–8. Oktober in Breslau. «Kursus über anthroposophisch orientierte Geisteswissenschaft» mit MORITZ BARTSCH, HERMANN BECKH, WALTER KÜHNE, RUDOLF MEYER (Berlin) und ERICH SCHWEBSCH.

9. Oktober. Im «Goetheanum» erscheint der Artikel *Arbeitslosigkeit* von Rudolf Steiner. (GA 36, S. 30ff.)

9. Oktober, nachmittags. Eurythmieaufführung im Goetheanum. Szenen aus den Mysterien-Dramen, Gedichte von Goethe und Nietzsche.

11. Oktober. Beginn der regelmäßigen Vorträge für Arbeiter am Goetheanum. Wenn Rudolf Steiner in Dornach ist, hält er auf Wunsch der Arbeiter während der Arbeitszeit Vorträge, die ihren Ausgang von direkt gestellten Fragen der Arbeiter nehmen. (Vgl. Viktor Stracke, *Wie es zu den Arbeitervorträgen am Goetheanum kam,* in *Erinnerungen,* S. 197–202)

11.–16. Oktober. Orientierender Kursus für die Mitarbeiter in der anthroposophischen und Dreigliederungsbewegung in der Schweiz. Auf Anfrage von WILLY STORRER und WILLY STOKAR hatte sich Rudolf Steiner bereit erklärt, diesen Kursus zu halten. Es wurden etwa 50 Personen eingeladen. Rudolf Steiner behandelt in diesem Kurs besonders die seelischen Grundlagen der Redekunst. (GA 339)

An diesen Kurs schließt sich eine umfangreiche Vortragstätigkeit in der Schweiz an, Hauptzentren der kontinuierlichen Vortragstätigkeit sind Aarau, Basel, Bern, Biel, Olten, Romanshorn, Schaffhausen, St. Gallen, Winterthur und Zürich, an 12 weiteren Orten finden unregelmäßig Vorträge statt. Hauptträger dieser Aktion sind: ERNST BLÜMEL, JAKOB HUGENTOBLER, ARNOLD ITH, EMIL OESCH, EHRENFRIED PFEIFFER, WILLY STOKAR, WILLY STORRER und ELISABETH VREEDE.

12. Oktober. In der Dreigliederungszeitung erscheint in deutscher Übersetzung das Interview, das Rudolf Steiner dem Berichterstatter des «Matin» (Paris) JULES SAUERWEIN über die Vorgeschichte des Weltkriegs gegeben hatte mit einer kurzen Anmerkung von Rudolf Steiner. (GA 24, S. 388ff.)

16. Oktober. Auch im «Goetheanum» erscheint das Matin-Interview nun mit einer ausführlichen Anmerkung Rudolf Steiners.

16. Oktober, nachmittags. Eurythmieaufführung im Goetheanum, u. a. Shakespeare, Ch. d'Orleans, Nietzsche.

19. Oktober. Albert Steffen bei Rudolf Steiner. Gespräch über politische Verhältnisse in Deutschland.

23. Oktober. Eurythmieaufführung im Goetheanum, u. a. viertes Bild aus «Der Seelen Erwachen».
23. Oktober. Im «Goetheanum» erscheint der Aufsatz *Gefühle beim Lesen des dritten Bismarck-Bandes* von Rudolf Steiner. (GA 36, S. 34 ff.)
26. Oktober. In der Dreigliederungszeitung erscheint – insbesondere aus Anlaß eines Artikels des Generalmajors HANS VON HAEFTEN in der *Deutschen Allgemeinen Zeitung* die Stellungnahme Rudolf Steiners *Über Erwiderungen auf den Matin-Artikel*. (Vgl. GA 24, S. 408 ff.)
Ende Oktober erscheint von MAX KULLY, katholischer Pfarrer in Arlesheim, die Broschüre «Die Wahrheit über Dr. Steiner», in der jedoch überwiegend Unwahrheiten publiziert werden.
30. Oktober. Im «Goetheanum» erscheint der Aufsatz *Die verschüttete Geisterkenntnis*. (GA 36, S. 107)
30. Oktober, nachmittags. Eurythmieaufführung. (Programm GA 277a, S. 255)
6. November. Im «Goetheanum» erscheint der Aufsatz *Das Vergessen des Geisteslebens in den Weltfragen*. (GA 36, S. 37)
6. November, nachmittags. Eurythmieaufführung: Das «Traumlied des Olaf Åsteson», «Weiße Glocken» von Solowjoff, «Zwei Harfenspieler» von Goethe sowie Wiederholungen.
10. November. In der Dreigliederungszeitung erscheint *Gegen Einwände, die über das Matin-Interview gemacht werden*. Rudolf Steiner nimmt Stellung zu einem Artikel, den Major MUFF am 1. November im «Stuttgarter Neuen Tagblatt» veröffentlicht hatte. (Vgl. GA 24, S. 419 ff.)
11. November. Öffentlicher Vortrag in Aarau *Die pädagogische Praxis der Waldorfschule*. In der Diskussion nach dem Vortrag tritt ein junger Mensch auf, der die Autoritätsansprüche der Alten angreift. Rudolf Steiner: «Sehr tiefgehend war es, es hat mir sehr guten Eindruck gemacht.» Die Jugendbewegung «ist eine Kulturbewegung von großer Bedeutung». (Vgl. GA 304, S. 92–132 und GA 300, S. 47 sowie GA 209, S. 69, Vortrag v. 7. Dezember 1921)
13. November. Im «Goetheanum» erscheint der Aufsatz *Die falsche und die wahre Dreigliederung des sozialen Organismus*. (GA 36, S. 40 ff.)
13. November, nachmittags. Eurythmieaufführung, neu im Programm Ariel von Shakespeare, Tonbild von Grieg. (Programm in GA 277, S. 261)
15. November. ALBERT STEFFEN bei Rudolf Steiner. Gespräch über Steffens Gedichte.
16. und 17. November. Rudolf Steiner in Stuttgart.
16. November. Konferenz mit dem Lehrerkollegium der Waldorfschule. Schülerfragen – Stundenplanprobleme – Frage nach Esoterischer Schulung.
18. (?)–21. November. Rudolf Steiner in Berlin.

19. November. Öffentlicher Vortrag in der Philharmonie: *Anthroposophie und Wissenschaft.*
20. November. Im «Goetheanum» erscheint der Aufsatz *Wie ist die Gegnerschaft gegen Anthroposophie oft geartet?* (GA 36, S. 259 ff.)
20. November. Berlin. Eurythmieaufführung.
22. November. Reise nach Kristiania (Oslo).
23. November–5. Dezember. Rudolf Steiner in Kristiania (Oslo). Reisebericht aufgrund des Vortrags vom 11. Dezember in Dornach.
23. und 24. November. Auf Einladung der «Pädagogischen Vereinigung» spricht Rudolf Steiner im Nobel-Institut über *Erziehungs- und Unterrichtsmethoden auf anthroposophischer Grundlage.* (Vgl. GA 304, S. 133–188)
24. und 27. November sowie 4. Dezember. Mitgliedervorträge im Vidar-Zweig der Anthroposophischen Gesellschaft. (Vgl. GA 209)
25. und 26. November. Vorträge im Rahmen der Studentenschaft: *Die Wirklichkeit der höheren Welten* und *Wege zur Erkenntnis höherer Welten.* Es sind bis zu 2000 Zuhörer anwesend. (Vgl. GA 79)
27. November, 13 Uhr. Große Eurythmieaufführung im ausverkauften Nationaltheater. (Programm vgl. GA 277, S. 263)
28. November. Die Presse in Kristiania, die auf die Vorträge nicht eingeht, bringt Angriffe gegen Steiner und die Anthroposophie – ein Querschnitt durch Äußerungen deutscher Gegnerschriften – und so auch an den nächsten Tagen. (Vgl. Rudolf Steiners Reisebericht am 11. Dezember in Dornach)
28. und 29. November sowie am 1. Dezember. Öffentliche Vorträge in der alten Universitätsaula, veranstaltet vom Vidar-Zweig: *Grundlagen der Anthroposophie, Der Mensch im Lichte der Anthroposophie* und *Die Weltentwicklung im Lichte der Anthroposophie.* (GA 79)
29. November, 12 Uhr. Vortrag für den «Theologischen Verein»: *Jesus oder Christus.*
30. November. Nach angeregter Aussprache wird angesichts der Presse-Attacken beschlossen, eine zweite Eurythmieaufführung zu veranstalten. Unter Schwierigkeiten kann ein Theater gemietet werden.
30. November, gegen Abend. Vortrag auf Einladung des «Staatsökonomischen Vereins» über *Die Kardinalfrage des Wirtschaftslebens.* (GA 79) Diskussion beim anschließenden Souper.
2. Dezember. In Kristiania fällt durch einen Brand im Elektrizitätswerk die Stromversorgung aus. Eurythmieproben bei Kerzenschein, Abendvortrag im Lichte dreier Acetylen-Lampen.
2. Dezember, abends. Öffentlicher Vortrag *Die Notwendigkeit einer Kulturerneuerung.* (GA 79)
3. Dezember, 20 Uhr. Eurythmieaufführung in der Opera Comique. Gedichte von Goethe, Heine, Humoresken von Morgenstern.

5.–6. Dezember. Reise Kristiania–Berlin.
7. Dezember, nachmittags. Eurythmieaufführung im Raum des Berliner Zweiges.
7. Dezember, abends. Mitgliedervortrag.
10./11. Dezember. Reise nach Dornach.
11. Dezember, abends. Mitgliedervortrag. Rudolf Steiner gibt einen ausführlichen Bericht über die Ereignisse in Oslo und beginnt dann eine neue Reihe von Mitgliedervorträgen, die er am 12. und 18. Dezember fortsetzt. Christologisches – die geistigen Grundlagen des Alphabets. (GA 209)
13. Dezember. ALBERT STEFFEN bei Rudolf Steiner. (Vgl. A. Steffen, *Auf Geisteswegen,* S. 130f.)
15.–17. Dezember. Rudolf Steiner in Stuttgart.
15. Dezember. Außerordentliche Generalversammlung der Aktiengesellschaft «Der Kommende Tag». Es wird die Ausgabe von neuen Stammaktien im Werte von 34 Millionen Mark und die Ausgabe von Vorzugsaktien im Werte von 1 Million Mark beschlossen.
16. Dezember. Grundsteinlegung für das neue Schulhaus der Waldorfschule. Rudolf Steiner hält eine kurze Ansprache, die mit einem Spruch schließt. (Vgl. GA 298, S. 115f.)
17. Dezember. Rudolf Steiner besucht die Forschungsinstitute des «Kommenden Tags» in Stuttgart.
18. Dezember–11. Januar 1922. Rudolf Steiner in Dornach.
18. Dezember. Im «Goetheanum» erscheint der Aufsatz *Was man heute sehen müßte.* (GA 36, S. 44ff.)
23. Dezember–7. Januar 1922. *Weihnachtskurs für Lehrer.* (GA 303)
Auf Anregung von Frau Professor MILLICENT MACKENZIE waren zahlreiche Lehrer aus England nach Dornach gekommen. Außerdem hatten sich Pädagogen aus Skandinavien und Holland eingefunden und Schweizer und deutsche Lehrer sowie pädagogisch Interessierte. Der unerwartete Andrang hat zur Folge, daß Rudolf Steiner die Vorträge, die im Weißen Saal des Goetheanum stattfinden, je zweimal halten muß. Täglich um 10 Uhr findet der Vortrag nur auf deutsch, um 11 Uhr auf deutsch mit englischer Übersetzung durch GEORGE ADAMS-KAUFMANN statt. Am 26., 27. und 29. Dezember sowie am 2., 3. und 5. Januar finden nachmittags «Musterstunden» in Menschenkunde, Deutsch, Geometrie, Wirtschaftskunde, Geschichte und Geographie statt, die durch CAROLINE VON HEYDEBRAND, WALTER JOHANNES STEIN und ERNST BLÜMEL gehalten werden.
23. Dezember, 19 Uhr. Paradeisspiel aus Oberufer. Anschließend Mitgliedervortrag. Erfahrungen des Denkens und Wollens durch Imagination und Inspiration. (GA 209)

24. Dezember. Christgeburtsspiel aus Oberufer. Anschließend Mitgliedervortrag. Geschichtliche Weihnachtsbetrachtung. (GA 209)

25. Dezember, nachmittags. Weihnachtliche Eurythmieaufführung, u. a. W. Solowjow «Weihnacht», J. S. Bach aus der Weihnachtskantate, das «Traumlied» des Olaf Åsteson.

25. Dezember, abends. Mitgliedervortrag. Geschichtliche Weihnachtsbetrachtung. (GA 209)

26. Dezember. Basel. Zweigvortrag Weihnachtsfeier: Das 4. Jahrhundert nach Christi Geburt – Unsterblichkeit und Ungeborenheit. Die Erneuerung des Weihnachtsfestes. (GA 209)

28. Dezember, nachmittags. Ansprache Rudolf Steiners: Eurythmie als Erziehungsmittel. Eurythmieaufführung durch Kinder. (Programm GA 277, S. 265; vgl. Alexander Strakosch, *Lebenswege mit Rudolf Steiner* II, S. 128 f.)

28. Dezember, abends. Vortrag *Der Baugedanke von Dornach* I.

30. Dezember. Vortrag *Der Baugedanke von Dornach* II.

31. Dezember, nachmittags. Eurythmieaufführung, u. a. aus dem 4. Bild von «Der Seelen Erwachen», «Weiße Glocken» von W. Solowjow, Gedichte von Shakespeare und Longfellow.

31. Dezember, abends. Mitgliedervortrag. Der Wandel der Weltanschauung – Griechentum und Neuzeit. (GA 209)

1922

In der Mitte des Jahres 1922 zeichnet sich im Wirken Rudolf Steiners ein deutlicher Wendepunkt ab. Hatte Rudolf Steiner sich noch bis zum Juni auf zwei großen – durch die Konzertdirektion Wolff und Sachs arrangierten – Vortragsreisen und durch zwei Hochschulkurse in Berlin und Den Haag sowie durch den Wiener West-Ost-Kongreß an die Öffentlichkeit Mitteleuropas gewandt und zu vielen tausend Menschen gesprochen, so nimmt er in der zweiten Jahreshälfte diese Tätigkeit fast ganz zurück. Die öffentliche Darstellung der Anthroposophie im großen Stil wird auch 1923 und 1924 nicht wieder aufgenommen. Fanden 1922 insgesamt noch mehr als 70 öffentliche Vorträge statt, so sind es 1923 nur noch 11, 1924 noch 2, wenn man die pädagogischen Kurse, die einer interessierten Öffentlichkeit zugänglich waren, außer Betracht läßt.

Die Tatsache, daß für Rudolf Steiner die extensive Vertretung der Anthroposophie fragwürdig wird, hängt nicht in erster Linie damit zusammen, daß es bei öffentlichen Vorträgen in Deutschland zweimal zu Störversuchen durch nationale Kreise kommt, sondern vielmehr mit der Tatsache, daß seine Intentionen von der Anthroposophischen Gesellschaft nicht aktiv aufgegriffen werden; es fehlt seiner Arbeit die «Rückendeckung» durch die Gesellschaft und die funktionierenden anthroposophischen Institutionen. Rudolf Steiner muß feststellen: «Die Gesellschaft schläft.» (15. 10., GA 300b, S. 147) Ein Teil der Institutionen versagt, und die wirtschaftlichen Einrichtungen kommen in eine Krise. In der Schweiz muß mit der Liquidation der «Futurum AG» begonnen werden, wobei große finanzielle Verluste abzuschreiben sind. In Deutschland muß die Aktiengesellschaft «Der Kommende Tag» ihren Anteil an dem größten Unternehmen, der Waldorf-Astoria-Zigarettenfabrik veräußern und nach einer Programmbegrenzung, in kleinerem Maßstab weitergeführt werden. Die Forschungsinstitute in Stuttgart kommen – abgesehen von den Arbeiten, die Lili Kolisko durchführt – kaum zu nennenswerten Ergebnissen. Sogar in der Waldorfschule treten Schwierigkeiten – namentlich in den oberen Klassen – auf. Die Lehrerschaft hat durch dozierenden Unterricht den Kontakt mit den Schülern verloren, und damit treten höchst unerfreuliche Disziplinprobleme auf. Schließlich fordern die finanziellen Probleme des Goetheanum einen erheblichen Einsatz Rudolf Steiners.

Erstmals nach dem Kriege kann Rudolf Steiner in diesem Jahr wieder nach England reisen, und zwar dreimal – im April zu den Festveranstaltungen *New Ideals in Education* in Stratford; im August ist Rudolf Steiner der Hauptredner der Tagung *Spiritual Values in Education and Social Life* in Oxford; im November finden in London Vorträge Rudolf Steiners und drei große Eurythmieaufführungen in der Royal Academy of Dramatic Art statt. In England begegnet Rudolf Steiner – anders als in Deutschland – einem freundlich-objektiven Interesse. Auch Holland wird 1922 zweimal besucht: im April findet in Den Haag ein Hochschulkurs statt, im November werden in Holland öffentliche Vorträge gehalten und zwei große Eurythmieaufführungen veranstaltet.

Der *West-Ost-Kongreß,* Pfingsten 1922, führt Rudolf Steiner erstmals nach dem Kriege ins heimatliche Wien. Dieser wohl größte Kongreß der anthroposophischen Bewegung findet ebenfalls gute Aufnahme, der sich sogar die Presse nicht ganz entziehen kann. Über die Aufnahme der drei Eurythmieaufführungen kann Rudolf Steiner sagen, daß sie «die denkbar wärmste» bisher gewesen sei. Überhaupt kann Rudolf Steiner konstatieren, daß das Verständnis für Eurythmie wächst – namentlich seien die Aufführungen in Den Haag und London vom Publikum «in einer außerordentlich günstigen Weise» aufgenommen worden.

Im September findet in Dornach ein Kurs für Französisch sprechende Zuhörer statt. So kann im Jahre 1922 insgesamt damit begonnen werden, die Kontakte wieder aufzunehmen, die der Krieg zerrissen oder behindert hatte.

Zwei besonders wichtige Ereignisse finden im Herbst 1922 statt. Nach einjähriger Vorbereitung versammeln sich die 45 Begründer der «Christengemeinschaft» in Dornach, und Rudolf Steiner vermittelt ihnen das, was sie zur Erfüllung ihrer Aufgabe der religiösen Erneuerung bedürfen. Danach beginnt die Christengemeinschaft unter der Führung von Friedrich Rittelmeyer ihre Arbeit. – Schon seit dem Herbst 1921 macht Rudolf Steiner immer wieder darauf aufmerksam, daß Menschen aus der Jugendbewegung oder junge Akademiker zur Anthroposophie streben. Diese aber fühlen sich in verschiedener Weise nicht verstanden oder mit ihren Bestrebungen in der anthroposophischen Bewegung nicht aufgenommen. So richtet er mit beträchtlichem Zeitaufwand im Oktober den *Pädagogischen Jugendkurs* ein, und außer 13 Vorträgen und mehreren Besprechungen begleitet er auch die künstlerisch-dramatischen Übungen, die Marie Steiner leitet, um dafür Sorge zu tragen, daß die jüngeren Menschen ihren Weg in die anthroposophische Bewegung finden.

Die schwelende Krise der anthroposophischen Bewegung wird durch den Brand des Goetheanums, der die hauptsächliche Arbeit der letzten zehn Jahre in einer Nacht vernichtet, offenbar.

11. Dezember 1921–11. Januar. Rudolf Steiner in Dornach.
23. Dezember–7. Januar. *Weihnachtskurs für Lehrer.* (Vgl. 23. 12. 1921)
1. Januar. Im «Goetheanum» erscheint *Wladimir Solowjow, ein Vermittler zwischen Ost und West.* (GA 36, S. 62 ff.)
1. Januar, nachmittags. Eurythmieaufführung. (Programm vgl. GA 277, S. 268)
1. Januar, abends. Mitgliedervortrag. Der Mensch zwischem vom Verstande erfaßter Naturgesetzlichkeit und innerlichem Erleben des Künstlerischen und Moralischen – Luziferisches und Ahrimanisches im Menschen. (GA 210)
3. Januar. Aussprache über die weitere Ausbreitung der Waldorfschulpädagogik in England und Holland. In diesem Zusammenhang spricht Rudolf Steiner über die «sehr starke Ausbreitung der anthroposophischen Bewegung in Mitteleuropa». Wir haben aber «keine Organisation, um diese Bewegung irgendwie zu lenken und zu leiten, ... die Anthroposophische Gesellschaft ist nicht in der Lage, die anthroposophische Bewegung zu tragen. Denn die Anthroposophische Gesellschaft ist so stark durchsetzt von sektiererischen Neigungen, daß sie die anthroposophische Bewegung ... nicht tragen kann.» (GA 303, S. 326)
4. Januar. Aufführung von Weihnachtsspielen.
7. und 8. Januar. Mitgliedervorträge. Grundzüge des religiösen Lebens und der Christusauffassung in West und Ost sowie in der Geschichte. (GA 210)
8. Januar. Im «Goetheanum» erscheint der Aufsatz *Der österreichische Generalstabschef Conrad innerhalb der Weltkatastrophe.* Über die Trostlosigkeit und den Fatalismus einer rein kausalen Geschichtsauffassung. (GA 36, S. 47–50)
11. Januar. Beratung über einen Schulverein für Basel. (Tagebucheintragung A. Steffens, unveröff.)
12.–15. Januar. Rudolf Steiner in Stuttgart.
12. Januar, abends. Öffentlicher Vortrag in der Liederhalle. *Natürlicher Tod und geistiges Leben.* (Spruchartige Zusammenfassung in «Goetheanum», 15. Jg., S. 58)
13. Januar. Besprechung mit den Betriebsräten der Betriebe des «Kommenden Tages».
14. Januar, 19 Uhr. Konferenz mit dem Lehrerkollegium der Waldorfschule – Über die Vorbereitung auf eine Schulinspektion durch den Schulrat (Eisele) – Frage nach einem Kurs für Mitglieder der Jugendbewegung in Jena. «Gerade diese Jugend, die in der Jugendbewegung darinnensteht, die muß gewonnen werden.» (GA 300b, S. 60)
14. Januar. Sitzung mit dem Aufsichtsrat der Aktiengesellschaft «Der Kommende Tag». Es zeichnen sich finanzielle Schwierigkeiten ab. (Vgl. 25. Februar 1922)

15. Januar. Im «Goetheanum» erscheint der Aufsatz *Albert Steffen als Lyriker* aus Anlaß des Erscheinens des Gedichtbandes *Weg-Zehrung* (1. Auflage, die später erweitert wurde).
16. Januar. Beginn der ersten großen durch die Konzertdirektion Wolff und Sachs organisierten Vortragsreise durch 12 deutsche Städte: München–Stuttgart – Frankfurt – Mannheim – Köln – Elberfeld – Hannover – Berlin – Hamburg–Bremen–Dresden–Breslau. In allen Städten, mit Ausnahme von Stuttgart und Berlin, heißt das Vortragsthema *Das Wesen der Anthroposophie.* Rudolf Steiner sagt in seinem Reisebericht: «In all diesen Städten konnte man sehen, daß gegenwärtig in weiteren Kreisen der Menschheit ein tiefes Bedürfnis danach vorhanden ist, etwas von der geistigen Welt zu vernehmen.» «Ich möchte allerdings bemerken, daß gerade eine solche Vortragsreise einem zeigt, wie sehr wir allerdings im Beginne der Bewegung stehen, obwohl wir ja nun reichlich zwei Jahrzehnte arbeiten. Denn gerade wenn man von Stadt zu Stadt über dasselbe Thema spricht, und spricht es aus der geistigen Welt heraus, dann merkt man, wie man eigentlich, obwohl das Thema dasselbe ist, für jeden einzelnen Vortrag wiederum ringen muß, um die richtigen Worte zu finden, die das Sprechen in der Gegenwart notwendig macht. Ich wenigstens von meinem Gesichtspunkt aus kann nicht sagen, daß es mir etwa eine Erleichterung ist, wenn ich denselben Vortrag immer wieder zu halten habe, denn im Gegenteil, jedesmal, wenn dieser Vortrag gehalten wird, macht er es mir eigentlich nicht leichter, sondern schwerer, ihn das nächste Mal zu halten.» (11. Februar 1922, unveröff.)
17. Januar. Öffentlicher Vortrag im Gustav-Siegle-Haus, Stuttgart: *Anthroposophie und die Rätsel der Seele.* Wesen und Entwicklung von Vorstellen und Wollen. Dieser Vortrag ist der letzte allgemein öffentliche Vortrag in Stuttgart. Von nun an finden öffentliche Vorträge Rudolf Steiners in Stuttgart nur noch im Zusammenhang pädagogischer Tagungen statt. (Vgl. *Zur Pädagogik Rudolf Steiners,* 5. Jg. 1931, S. 1–28)
19. Januar. Zweigvortrag in Mannheim. Über das Überschreiten der Schwelle. (GA 210)
22. Januar. Mannheim. Eurythmieaufführung. Parallel mit der Vortragsreise Rudolf Steiners finden in Mannheim, Berlin, Hamburg und Breslau Eurythmieaufführungen unter Leitung Marie Steiners statt.
26. Januar. Berlin. Öffentlicher Vortrag im Marmorsaal des Zoologischen Gartens: *Anthroposophie und die Rätsel der Seele.* (Vgl. zum Berliner Aufenthalt: E. Lehrs, *Gelebte Erwartung,* S. 107–109)
31. Januar–2. Februar. Rudolf Steiner in Breslau und Koberwitz.
Die Weiterreise sowohl von Marie Steiner wie auch von Rudolf Steiner wird durch den Eisenbahnerstreik sehr erschwert und verlangsamt. Während Marie Steiner mit Auto und Schlitten das tschechische Gebiet erreicht und von

dort mit der Bahn nach Prag fährt, wo am 5. Februar eine Eurythmieaufführung stattfindet, gelangt Rudolf Steiner mit großen Verzögerungen nach Stuttgart und von dort nach Dornach. Am 3.2. notiert Albert Steffen: «Dr. Steiner ist in Breslau und kann sehr wahrscheinlich infolge des Streikes nicht zurückfahren.» (Tagebuch, A. Steffen, unveröff.)

11.–27. Februar. Rudolf Steiner in Dornach.

11. Februar. Besprechung mit ALBERT STEFFEN. Rudolf Steiner berichtet über seine Vortragsreise.

11.–26. Februar. Mitgliedervorträge: Denkschulung und Willensschulung, alte und neue Einweihungsmethoden – der dreigliedrige menschliche Organismus – der Bewußtseinswandel in der Neuzeit bis an die Schwelle des 20. Jahrhunderts. (GA 210)

19. Februar. Im «Goetheanum» erscheint der Aufsatz *Die Wissenschaftlichkeit der Anthroposophie* und *Ein Beitrag zur Wiederbelebung des ‹versunkenen Geisteslebens›.* (GA 36, S. 255 ff., 111 ff.)

20. Februar. Sitzung mit dem Verwaltungsrat der «Futurum AG». (Vgl. dazu auch: Dr. Emil Oesch, *Von der Futurum Aktiengesellschaft,* in Das Goetheanum, 1. Jg., S. 161 f.)

25. Februar. In Stuttgart sind bei der Aktiengesellschaft «Der Kommende Tag» schwere finanzielle Probleme entstanden. Emil Leinhas berichtet: «Am 25. Februar 1922 mußte man, um nicht in Geldschwierigkeiten zu geraten, den Verkauf der Aktien der Waldorf-Astoria in Aussicht nehmen.» Dieser Entschluß, in einer Phase stark fortschreitender Inflation (der Dollar notierte im Januar 1922 191,80 Mark, im Juli 1922 493,20 Mark) Aktienbesitz gegen Bargeld zu verkaufen, erscheint im nachhinein schwer verständlich. Die Entscheidungsunterlagen des Vorgangs liegen leider nicht vor.

26. Februar. Im «Goetheanum» erscheint der Aufsatz *Ein Betrachter der Weltkrisis.* Über die Schrift «Die drei Krisen» von J. J. RUEDORFFER (d. i. KURT RIEZLER, der Berater des Kanzlers Bethman-Hollweg). (GA 36, S. 51 ff.)

1.–17. März. Rudolf Steiner in Deutschland.

1. März. Eurythmieaufführung in Leipzig.

2. März. Halle. Öffentlicher Vortrag: *Das Wesen der Anthroposophie.*

3. März. Leipzig. Öffentlicher Vortrag: *Das Wesen der Anthroposophie.*

4. März, nachmittags. Leipzig. Diskussion über Anthroposophie mit dem Anatomen Prof. SPALTEHOLZ und Studenten.

5. März, morgens. Rudolf Steiner reist nach Berlin.

5.–12. März. *Anthroposophischer Hochschulkurs* in Berlin unter Leitung von Dr. FRIEDRICH RITTELMEYER.

5. März. Über anorganische Naturwissenschaft: «Von lebensfeindlicher Mechanistik zu wahrer Phänomenologie.» Vorträge von H. v. BARAVALLE, KARL STOCKMEYER, Prof. H. WOHLBOLD; anschließend Diskussion.

5. März, abends. Vortrag Rudolf Steiner: *Die Harmonisierung von Wissenschaft, Kunst und Religion durch Anthroposophie.*

6. März. Über organische Naturwissenschaft und Medizin: *Wege anthroposophischer Menschenerkenntnis in Biologie und Medizin.* Rudolf Steiner u. a. über den Unterschied zwischen menschlicher und tierischer Sinnesorganisation. Dr. Fr. Husemann, Prof. Dr. O. Römer; anschließend Diskussion.

6. März, abends. Vortrag Dr. Carl Unger: «Anthroposophie und Psychologie».

7. März. Über Philosophie: *Die Begründung der Anthroposophie aus dem philosophischen Bewußtsein der Gegenwart.* Vorträge Rudolf Steiner (über Herbert Spencer – Hegel – Solowjow), Carl Unger, Karl Stockmeyer, Dr. W. J. Stein; anschließend Diskussion.

7. März, abends. Vortrag Rudolf Steiner in der Philharmonie: *Anthroposophie in ihrem Wissenschaftscharakter.*

8. März. Über Erziehungswissenschaft: *Von modernen pädagogischen Forderungen zu ihrer Verwirklichung durch Anthroposophie.* Vorträge Rudolf Steiner, Dr. C. v. Heydebrand, Dr. E. Schwebsch, Dr. W. J. Stein; anschließend Diskussion.

8. März, abends. Vortrag Dr. Erich Schwebsch: «Neue Wege in der Musikbetrachtung».

9. März. Über Sozialwissenschaft: *Nationalökonomische Ausblicke.* Rudolf Steiner: «Und so ist denn gekommen, daß das, was ich wiederholt am Schlusse von Vorträgen, die ich im Anschluß an die ‹Kernpunkte› hielt, damals gerufen habe: man solle sich besinnen, ehe es zu spät ist, daß dieses ‹Zu Spät› in einem hohen Grade heute eingetreten ist, daß wir gar nicht mehr in der Lage sind, in dem ursprünglichen Sinn, der die Kernpunkte durchpulst, die Sache anzufassen.» (Vgl. *Blätter für Anthroposophie,* 14. Jg., S. 199 f.) Weitere Vorträge von E. Leinhas, Dr. Bruno Krüger und Walter Kühne.

9. März, abends. Vortrag Rudolf Steiner: *Anthroposophie als Lebensinhalt.*

10. März. Über Theologie: *Der Untergang der Religion in der gegenwärtigen Theologie und die Neubegründung durch Anthroposophie.* Vorträge Rudolf Steiner, Lic. Emil Bock, Dr. Friedrich Rittelmeyer, Dr. Johannes Geyer. Anschließend Diskussion.

10. März, abends. Dr. Hans Theberath: «Atomistische und wirklichkeitsgemäße Betrachtung chemischer Prozesse».

11. März. Über Sprachwissenschaft: *Von der toten Sprachwissenschaft zur lebendigen Sprachwissenschaft.* Vorträge Rudolf Steiner, Prof. Dr. H. Beckh, Dr. Karl Schubert, Dr. Herbert Hahn; anschließend Diskussion.

11. März, nachmittags. Besprechung mit Studenten. (Vgl. R. Maikowski, *Schicksalswege auf der Suche nach dem lebendigen Geist,* S. 22 f.; Ernst Lehrs, *Gelebte Erwartung,* S. 113)

12. März, 11 Uhr. Eurythmieaufführung im Deutschen Theater.
12. März, abends. In der Philharmonie, Vortrag: *Die Zeitbedürfnisse und die Anthroposophie.* Rudolf Steiner hat sich über den Berliner Hochschulkurs recht kritisch geäußert, z. B.: «Die Regie in Berlin war unmöglich. Eine Aussprache von kaum einer Stunde!» «So ist es in Berlin eine Unmöglichkeit gewesen, daß die Leute weggegangen sind mit der Stimmung: Nun ja, die reden über Einstein und keiner versteht etwas von Einstein.» (GA 300b, S. 70 und 76) «Das ist für einen heutigen Menschen etwas viel: im Tage fünf Vorträge und eine Diskussion. Also man hatte Gelegenheit von 9 Uhr bis 3 Uhr und dann wiederum von 8 Uhr bis etwa halb zehn Uhr in einem fort in Gedanken zu leben. Dem wäre natürlich viel gedient gewesen, wenn zwischendurch, wie es in Stuttgart der Fall war, launige Eurythmievorträge hätten stattfinden können.» «Das sich aber nicht viel Positives über das Geldproblem sagen läßt, wenn Sie über die Grenze [nach Deutschland] hinüberkommen, das werden Sie ja glauben! Also das ist schon so, daß da nicht außerordentlich viel Positives gesagt werden konnte. Solches Positive haben dann auch die nächsten beiden Vorträge nicht gebracht, und es hat ja auch dieser nationalökonomische Tag gezeigt, wie im Grunde genommen die Pflege des Nationalökonomischen innerhalb unserer anthroposophischen Bewegung dasjenige ist, was durch und durch versagt.» (Bericht in Dornach am 18. März 1922, *Nachrichtenblatt,* 22. Jg. 1945, S. 181 ff. Ferner Dr. Eberhard Kurras, *Vom Anthroposophischen Hochschulkurs zu Berlin,* in «Das Goetheanum», 1. Jg., S. 265 f. und Emil Leinhas, *Aus der Arbeit mit Rudolf Steiner,* S. 111 f.)
13.–17. März. Rudolf Steiner in Stuttgart.
15. März. Konferenz mit dem Lehrerkollegium der Waldorfschule – über die Inspektion durch den Schulrat Eisele und darüber, wie die Waldorfpädagogik zu vertreten sei. – Schülerfragen. (GA 300b)
16. März. Besprechung mit dem Aufsichtsrat der Aktiengesellschaft «Der Kommende Tag». Nach dem Verkauf der Aktienmehrheit der Waldorf-Astoria-Zigarettenfabrik an die Süddeutsche Diskonto-Gesellschaft wird eine Programmbegrenzung der Gesellschaft beschlossen. «Das für die Fortbildung des Wirtschaftslebens im Zusammenhang mit der Pflege geistiger Werte ursprünglich entwickelte Programm ist zwar eine Notwendigkeit unserer Zeit, seine umfassende Verwirklichung augenblicklich durch das geringe Entgegenkommen der am Wirtschaftsleben der Gegenwart beteiligten Zeitgenossen aussichtslos. So muß das zunächst Mögliche dem Notwendigen vorangestellt werden.» (Vgl. GA 24, S. 477)
18. März–5. April. Rudolf Steiner in der Schweiz, zumeist in Dornach.
18. März, 15.30 Uhr. Besprechung über die einzelnen Betriebe und das Defizit der «Futurum AG».

18. März. Mitgliedervortrag. Ausführlicher Bericht über den Berliner Hochschulkurs. (*Nachrichtenblatt* 1945, Nr. 46–50).
19. März. Mitgliedervortrag. Probleme der Neuzeit – die Französische Revolution – Schillers Briefe über die ästhetische Erziehung – die Philosophie der Freiheit. (GA 210)
20.–22. März. Rudolf Steiner in Bern.
20. März. Öffentlicher Vortrag: *Anthroposophie und die Rätsel der Seele.*
21. März. Mitgliedervortrag: Denken, Fühlen und Wollen und die entsprechenden Vorgänge im Schlaf. (GA 211)
22. März, 15 Uhr 30. Albert Steffen bei Rudolf Steiner. Über die «Futurum AG», an der Steffen sich nicht beteiligen will.
23. März, morgens. Dornach. Sitzung mit dem Verwaltungsrat der «Futurum AG».
23. März. Generalversammlung der «Futurum AG». Auf der Generalversammlung wird die desolate Situation der «Futurum AG» offenkundig. Die gekauften Betriebe erwirtschaften zusammen nicht den notwendigen Gewinn. Die Direktoren der Futurum AG ARNOLD ITH und EMIL OESCH treten zurück. Es wird nach dramatischen Szenen ein neuer Verwaltungsrat gebildet, der aus WILLY STORRER, WILLY STOKAR, EDGAR DÜRLER, KARL DAY sowie aus den bisherigen Verwaltungsrats-Mitgliedern ERNST GIMMI und CHRISTIAN KREBS besteht. Damit sind Rudolf Steiner und auch JOHANN HIRTER (vgl. 28. Juni 1921), der Präsident des Verwaltungsrates der Schweizerischen Nationalbank und ERNEST ETIENNE aus dem Verwaltungsrat ausgeschieden. (Vgl. das offizielle Protokoll)
24. März–2. April. Jeweils freitags–sonntags. Fortsetzung der Mitgliedervorträge – Menschenkundliche, geschichtliche und christologische Betrachtungen. (GA 211)
26. März. Im «Goetheanum» erscheint *Die Konferenz von Genua, eine ‹Notwendigkeit›.* (GA 36, S. 56 ff., der letzte Aufsatz Rudolf Steiners zur politischen Weltlage)
26. März, 17 Uhr. Eurythmieaufführung in der Schreinerei. (Programm GA 277, S. 273) Erstmals werden Gedichte von ALBERT STEFFEN eurythmisch dargestellt.
28. März, nachmittags. Längere Unterredung Rudolf Steiners mit ALBERT STEFFEN. Steffen widmet Steiner das Buch *Die Krisis im Leben des Künstlers.* Über Pressemeldungen in der Schweiz: Steiner habe seine Offensive gegen das schweizerische Wirtschaftsleben aufgegeben. Futurum-Angelegenheiten. Rudolf Steiner: «Ich will für niemand etwas mehr verantworten.» (Vgl. Albert Steffen, *Auf Geisteswegen,* S. 113 f.)
1. April. Das Klinisch-therapeutische Institut ITA WEGMANS in Arlesheim und die pharmazeutischen Laboratorien, die in die «Futurum AG» einge-

bracht worden waren, werden auf Anraten Rudolf Steiners wieder aus der «Futurum AG» herausgelöst. Als Gründer der neuen Gesellschaft zeichnen auf dem Gründungsprospekt vom 10. April Rudolf Steiner, ITA WEGMAN und ALBERT STEFFEN.

2. April. Im «Goetheanum» erscheint der Aufsatz *Faust und Hamlet.* (GA 36, S. 122ff.)

2. Apri, 17 Uhr. Eurythmieaufführung in der Schreinerei.

7.–13. April. Rudolf Steiner in Den Haag zu einem Anthroposophischen Hochschulkurs (Anthroposofisch-Wetenschappelijke Cursus) in der Aula des Gymnasiums – Laan van Meerdervoort. (GA 82) Zu den Veranstaltern des Kurses gehören Dr. F. W. ZEYLMANS VAN EMMICHOVEN, H. DROOGLEEVER FORTUYN, P. J. DE HAAN, G. SCHUBERT, M. VAN DEVENTER, M. STIBBE und F. C. J. LOS (Programm des Kurses in «Das Goetheanum», 1. Jg., S. 267). In einer Schilderung in «Das Goetheanum» hat Rudolf Steiner die mitwirkenden Redner charakterisiert. Hier kurze Auszüge: W. J. STEIN «ist ein scharfer Denker und trägt die Anthroposophie wie die Selbstoffenbarung der eigenen Persönlichkeit mutvoll vor». Dr. KARL HEYER «kann gerade dadurch überzeugend wirken, daß er sich aus dem Anerkannten in das Anthroposophische hinüberdoziert, und damit die Zuhörer glänzend von dem Bekannten in das Unbekannte führt». ERNST UEHLI «läßt auch Künstlerisches in sich walten, wenn er das soziale Leben betrachtet. Aber das Künstlerische wird in ihm durch den Ernst der Seelenstimmung und durch einen gemütinnig wirkenden Realitätssinn zum Erkenntnisimpuls umgestaltet». Dr. HERMANN VON BARAVALLE «ist in der Lage, in die mathematisch-physikalischen Formeln ein Denken hineinzutragen, das in der Naturwirklichkeit wurzelt. Man möchte sagen: gewöhnlich entsteht die Formel als etwas, das von außen den Naturprozeß umklammert; Dr. Baravalle macht sie zu etwas, das in diesem Prozesse lebt.» Dr. ELISABETH VREEDE «verbindet gründliche anthroposophische Einsicht mit einer ausgezeichneten Klarheit darüber, wie Anthroposophie in die Einzelwissenschaften eingeführt werden soll». Dr. CAROLINE VON HEYDEBRAND: «Mir scheint, verständige Zuhörer müßten bei ihr den Gedanken haben: von dieser möchte ich meine Kinder erzogen und unterrichtet haben.» Dr. EUGEN KOLISKO: «Persönlichkeiten wie Dr. Eugen Kolisko können von der anthroposophischen Bewegung nicht hoch genug eingeschätzt werden ... Der naturwissenschaftliche Phänomenalismus hat in Kolisko einen Verfechter, der die Sache des anthroposophischen Denkens überall aus der unbefangenen Sach-Erkenntnis objektiv entwickelt.» «Wenn ich von ihm so sprechen höre wie diesmal über ‹freies Geistesleben›, dann habe ich die Empfindung: der redet bis ins Herz hinein wahr; und in dieser Wahrheit lebt er sich restlos aus.» Dr. HERBERT HAHN: «Frische, kernhafte Art in der Erfassung der Aufgaben, liebevolle Hingabe als Lehrer und Forscher bringt ihn zu wertvollen Resultaten als Wissenschafter, zu fruchtbarer Wirksamkeit als Pädagoge.» Dr. CARL UNGER: «Unger ist nicht Dialektiker, sondern Beobachter der empirischen Erkenntnis-Tatbestände. Und das macht, daß er im Laufe der Jahre ganz besonders Wertvolles liefern konnte nach der Richtung hin, daß der Erkenntnisprozeß des gewöhnlichen Bewußtseins durchaus überallhin die Impulse zur anthroposophischen Forschung aus sich selbst hervortreibt.» Dr. FRIEDRICH HUSEMANN sprach über «Neue Wege zu einer rationellen Therapie». Bei Husemann gibt Rudolf Steiner keine persönliche Charakteristik, sondern nur die Bemerkung: «Bisher höre ich aus öffentlichen Vorträgen auf diesem Gebiete nur die Problemstellungen. Auch hier wird zur Geltung kommen müssen: Anthroposophie will nicht Theorie, sondern Lebenspraxis. Ein einzelner Fall nach Anfang und Ende sachgemäß charakterisiert, spräche mehr als alle theoretischen Auseinandersetzungen.» (Vgl. «Das Goetheanum», 1. Jg., S. 309–311. Weitere Berichte über den Kurs: Ernst Uehli, *Der anthroposophische Hochschulkurs in Holland,* in Dreigliederung des sozialen Organismus, 3. Jg., Nr. 43 u. 44 und E. Zeylmans, *Willem Zeylmans van Emmichoven,* S. 102–109)

9. April. Im «Goetheanum» erscheint der Essay *Goethe, der Schauende, und Schiller, der Sinnende.* (GA 36, S. 128 ff.)

9. April. Ein kleiner Kreis von Anthroposophen beschließt, in Den Haag eine «Vrije School» zu begründen.

13. April. Den Haag. Vortrag für Mitglieder über das Mysterium von Golgatha. (GA 211)

13. April, abends. Abreise nach London via Hoek van Holland–Harwich.

14.–25. April. Rudolf Steiner in England.

14. April. London. Vortrag für Mitglieder und Gäste *Erkenntnis und Initiation.* Über den Weg zur «exakten Clairvoyance» und die Fruchtbarkeit derselben für das Leben. (GA 211)

15. April. London. Vortrag für Mitglieder und Gäste *Erkenntnis des Christus durch Anthroposophie.* (GA 211)

16. April. «Nach diesen beiden Vorträgen hatte ich noch einen im engeren Kreis von Persönlichkeiten zu halten, die viele Jahre in der anthroposophischen Bewegung stehen.» (Von dieser Esoterischen Stunde existiert keine Nachschrift.)

16. April, nachmittags. Fahrt nach King's Langley. «Und am gleichen Tage durfte ich mit Freunden einer Einladung der Miss CROSS folgen, die uns ihre Schule in King's Langley zeigte. Wieder leuchtete der Gedanke auf, diese Schule dem Geiste anzupassen, aus dem heraus ich mir die Erziehungskunst fortgebildet denken muß.» («Goetheanum», 1. Jg., S. 319)

18.–23. April. Rudolf Steiner in Stratford on Avon. Rudolf Steiner nimmt an der nicht-anthroposophischen Festveranstaltung «Shakespeare und die neuen Ideale» teil. Rudolf Steiner besucht hier die Vorträge der Tagung, er erwähnt die Vorträge von LENA ASHWELL, CICELY HAMILTON und JOHN MASEFIELD. Ferner hört er die Vorträge von JOHN DRINKWATER, SIR HENRY NEWBOLT und PROF. CORNFORD. Er besucht die Aufführungen «Othello», «Julius Caesar», «The Taming of the Shrew», «Twelfth Night», «All's Well that Ends Well» und «Much Ado about Nothing». HARRY COLLISON berichtet: «Jeden abend ging er zu den Spielen und bei der Aufführung von «Twelfth Night», als Toby Belch auf dem Schoß von Andrew Aguecheek saß, wurde Rudolf Steiner von einem derartigen Lachanfall gepackt, daß sich die Zuschauer umdrehten und die Schauspieler selbst sich vor Lachen krümmten.» (Harry Collison, *Letter to the Editor*, Occult Review, 1925, S. 319)

19. April. Stratford. Vortrag *Das Drama und seine Beziehung zur Erziehung.* (GA 304)

21. April. Stratford. Vortrag *Shakespeares Gestalten.*

23. April. Stratford. Vortrag *Shakespeare und die neuen Ideale.* (GA 304)

24. April. London. Vortrag für Mitglieder: Die vorchristliche Auffassung des Christus und das Neue, daß durch das Mysterium von Golgatha Wirklichkeit wurde. Das Wirken Ahrimans im Leben zwischen Tod und neuer Geburt. (GA 211)

25. April. Abreise aus England. «Am 25. April verließ ich England, erfüllt mit dem Gedanken, daß es in England Persönlichkeiten gibt, welche die Pflege und Vertretung der anthroposophischen Sache als einen Teil ihrer Lebensaufgabe ansehen und tatkräftig in dieser Richtung wirken.» (Goetheanum, 1. Jg., S. 319)

26. April. Reise. Hoek van Holland–Stuttgart.

28. April. Stuttgart. Besprechungen in den Forschungsinstituten des «Kommenden Tags».

28. April, 16 Uhr 30–19 Uhr. Konferenz mit dem Lehrerkollegium der Waldorfschule, Lehrplanfragen, besonders über die Behandlung dramatischer Dichtung im Unterricht. (GA 300b)

29. April–8. Mai. Rudolf Steiner in Dornach.

29. und 30. April, 5., 6. und 7. Mai. Vortragsreihe *Das menschliche Seelenleben im Zusammenhange mit der Weltentwicklung.* (GA 212)

6. und 7. Mai. Eurythmieaufführungen, u. a. aus «Weg-Zehrung» von Steffen, Fuge von Bach, Andromède I–III von Hérédia, Humoresken.

7. Mai, 15 Uhr. Konstituierung der Schweizer Anthroposophischen Gesellschaft. ALBERT STEFFEN wird zum Generalsekretär dieser Gesellschaft gewählt. In einer Vorstandssitzung sagt Rudolf Steiner: «Nur dadurch kann unsere Bewegung bestehen, daß jeder selbst verantwortlich ist für das, was er tut.» (Vgl. Albert Steffen, *Auf Geisteswegen,* S. 114f.)

9. und 10. Mai. Rudolf Steiner in Stuttgart.

9. Mai, abends. Elternabend mit Aussprache – Über das Zusammenwirken von Schule und Elternhaus – Prüfungsfragen. (GA 298)

10. Mai, 15–18 Uhr. Konferenz mit dem Lehrerkollegium der Waldorfschule. (GA 300b)

11. Mai. Leipzig. Vortrag vor Studenten und Akademikern: *Agnostizismus in der Wissenschaft und Anthroposophie,* anschließend Diskussion.

12.–22. Mai. Zweite Vortragsreise mit öffentlichen Vorträgen arrangiert durch die Konzertdirektion Sachs und Wolff: Berlin – Breslau – München – Mannheim – Elberfeld – Köln – Bremen – Hamburg – (Berlin) – Leipzig – (Stuttgart).

15. Mai. München. In München wird von nationalistischen Kreisen geplant, den öffentlichen Vortrag *Anthroposophie und Geisterkenntnis* zu stören. Der Versuch mißlingt, erst nach dem Vortrag wird der Versuch unternommen, das Rednerpodium zu stürmen. Da aber die Absichten der Störer bekannt waren, hatte Dr. HANS BÜCHENBACHER umfangreiche Sicherheitsmaßnahmen getroffen. So kommt es zu einem lebhaften Handgemenge, die anthroposophischen Freunde gewinnen schnell die Oberhand und können die Ordnung wieder herstellen. (Berichte über den Vorgang: Hans Büchenbacher, *Erinnerungen* in Mitteilungen D, S. 211–212; *Rudolf Steiner in München,* S. 58–61; Walter Beck, *Rudolf Steiner – die letzten drei Jahre,* S. 12 und Herbert Hahn, *Rudolf Steiner – wie ich ihn sah und erlebte,* S. 110–114)

17. Mai. Elberfeld. Auch hier kommt es zu einer Störung. Am 19. Mai berichtet Rudolf Steiner an Marie Steiner: «So bin ich also hier in Bremen. Mannheim und Köln gingen gut. In Elberfeld gab's Radau; doch ist auch dort der Vortrag bis zu Ende gehalten worden. Die Agitation ist eben zu mächtig. ... Es ist ziemlich anstrengend, da man fast überall früh am Morgen abreisen muß.» (GA 262, S. 169)

21. Mai. Rudolf Steiner in Berlin. Vortrag für Mitglieder über die gegenwärtige Lage.

23. Mai. Stuttgart. Mitgliedervortrag mit einer Einleitung über die gegenwärtige Krisis der anthroposophischen Bewegung. Der Gegensatz zwischen dem vor dem Krieg gepflegten esoterischen Leben in kleinen Kreisen und dem heutigen anthroposophischen Wissenschaftsbetrieb. «Zwischen beiden Bestrebungen klafft heute innerhalb unserer Bewegung ein Abgrund; es gibt keine Vermittlung, keine Brücke führt über den Abgrund. Und wir können die Brücke nicht schlagen, weil einfach die Mitarbeiter dazu fehlen, und denjenigen, die Mitarbeiter sind, die Zeit fehlt, diese Brücke zu schlagen von dem, was die Welt heute von uns fordert: wissenschaftliche Begründung der Anthroposophie – und dem, was aus der Esoterik heraus gearbeitet werden muß.» (Vgl. *Der Verfall des menschlichen Intellekts und das Sichwehren des Menschen gegen die Spiritualität,* Dornach 1942, S. 5 f.)

24.–30. Mai. Rudolf Steiner in Dornach.
ANNEMARIE DONATH berichtet von dem Eindruck, den ihr Rudolf Steiner nach der Reise machte: «Diese Reise muß unbeschreiblich anstrengend und aufreibend für ihn gewesen sein. Ich erinnere mich an den Eindruck, den ich hatte, als ich ihn das erste Mal in der Schreinerei wiedersah. Er stand in seinem weißen Arbeitskittel, den er im Atelier trug, hinter der Bühne, und es schien, als ob seine Gestalt schmaler geworden wäre, der Blick noch ernster und stiller. Es war, als ob er aus einem großen, schweren und gefahrvollen Kampfe zurückgekommen sei – und die wenigen Worte, die er über diese Reise äußerte, gaben das auch in aller Schlichtheit und Zurückhaltung zu verstehen.» (Annemarie Dubach, *Die Kunst der Eurythmie – Erinnerungen,* S. 124)
26. Mai. Besprechung Rudolf Steiners mit ALBERT STEFFEN. Steiner wünscht, daß ein Brief ANDREJ BELYJS im «Goetheanum» nicht gedruckt werde.
26.–28. Mai. Drei Vorträge für Mitglieder: Menschliches Geistesstreben im Zusammenhang mit der Erdentwicklung. (GA 212)
27. Mai. Eurythmieaufführung, u. a. Erstaufführung des «Chor der Urträume» von Fercher von Steinwand.
30. Mai. Abreise nach Wien.
31. Mai–15. Juni. Rudolf Steiner in Wien.
1.–12. Juni. *West–Ost. Zweiter internationaler Kongreß der anthroposophischen Bewegung zur Verständigung westlicher und östlicher Weltgegensätzlichkeit.* – Der Kongreß war in Wien durch LUDWIG POLZER-HODITZ und JOSEF VAN LEER und in Stuttgart durch Dr. EUGEN KOLISKO vorbereitet worden. Finanziell wurde die Arbeit durch J. van Leer großzügig unterstützt. – In Wien herrschte zur Zeit des Kongresses bittere Not, Geld war fast wertlos geworden.
1. Juni.
11 Uhr. Begrüßung durch Ludwig Polzer-Hoditz – Eröffnungsvortrag ERNST UEHLI «Zeitgeist und Weltgewissen».
13 Uhr 30. Fachwissenschaftliche Besprechung: Chemie; Leitung E. KOLISKO und W. PELIKAN So auch am 2. und 3. Juni.
16 Uhr. Konzert des Thomastik-Quartetts – Klassische Musik.
20 Uhr 30. Erster Vortragszyklus *Anthroposophie und Wissenschaften.* (GA 83) Vortrag I von Rudolf Steiner: *Anthroposophie und Naturwissenschaft.* Anschließend: Gespräch mit RICHARD WAHLE. (Vgl. GA 213, 9. 7. 1922)
2. Juni.
9 Uhr. Zur Sprachwissenschaft: Vorträge von H. HAHN und E. SCHWEBSCH.
13 Uhr 30. Fachwissenschaftliche Besprechung.
15 Uhr. Eurythmieaufführung, u. a. Bilder aus den Mysteriendramen Rudolf Steiners. (Programm GA 277a, S. 122)

20 Uhr 30. Vortrag II von Rudolf Steiner: *Anthroposophie und Psychologie.*
3. Juni.
9 Uhr. Zur Pädagogik: Vorträge C. v. HEYDEBRAND und W. J. STEIN.
16 Uhr. Vortrag von ALBERT STEFFEN: «Die Stellung des Künstlers zwischen West und Ost».
20 Uhr 30. Vortrag III von Rudolf Steiner: *Anthroposophie und Weltorientierung Ost–West in der Geschichte.*
4. Juni. Pfingstsonntag.
10 Uhr 30. FRIEDRICH RITTELMEYER: «Pfingstgeist und religiöse Erneuerung».
16 Uhr. ERICH SCHWEBSCH: «Anton Bruckners musikalische Sendung».
20 Uhr 30. Vortrag IV von Rudolf Steiner: *Anthroposophie und Weltentwicklung – vom geographischen Standpunkt.*
5. Juni.
10 Uhr 30. ERNST UEHLI: «Die anthroposophische Weltanschauung als Kunstwerk».
16 Uhr. Bruckner-Feier unter Mitwirkung der Wiener Philharmoniker, des Bruckner-Chores und des Mairecker-Buxbaum-Quartetts.
20 Uhr 30. Vortrag V von Rudolf Steiner: *Anthroposophie und Kosmologie.*
6. Juni.
9 Uhr. Vorträge zur Chemie von WILHELM PELIKAN und EUGEN KOLISKO.
13 Uhr 30. Fachwissenschaftliche Besprechungen über Pädagogik, Leitung: CAROLINE VON HEYDEBRAND und WALTER JOHANNES STEIN. So auch am 7. und 8. Juni.
20 Uhr 30. Arien und Liederabend VALBORG SVÄRDSTRÖM-WERBECK und KARL RÖSSEL.
7. Juni.
Vorträge zur Physik von ERNST BLÜMEL und HERMANN VON BARAVALLE.
13 Uhr 30. Fachwissenschaftliche Besprechungen.
16 Uhr. Dichtung und Rezitation durch MARIE STEINER und Rudolf Steiner. (Vgl. GA 281, S. 118 ff.)
20 Uhr 30. Zweiter Vortragszyklus *Anthroposophie und Soziologie.* (GA 83) Vortrag I von Rudolf Steiner: *Die Zeit und ihre sozialen Forderungen.*
8. Juni.
9 Uhr. Zur Wirtschaftsmoral – Vortrag von EMIL LEINHAS – anschließend Aussprache.
13 Uhr 30. Fachwissenschaftliche Besprechungen.
20 Uhr 30. Vortrag II von Rudolf Steiner: *Die Zeit und ihre soziale Gestaltung – atlantische und pazifische Kultur.*
9. Juni.
Vorträge zur Medizin: EUGEN KOLISKO und FRIEDRICH HUSEMANN.

13 Uhr. Fachwissenschaftliche Besprechungen zur Medizin. Leitung: F. HUSEMANN, LUDWIG NOLL, E. KOLISKO; und zur Sprachwissenschaft, Leitung: H. BECKH, H. HAHN und R. TREICHLER

15 Uhr. Eurythmieaufführung, u. a. aus «Kosmische Chöre» von Fercher von Steinwand und Gedichte von Josef Kitir. (Vgl. A. Dubach, *Die Kunst der Eurythmie*, S. 125; Programm GA 277a, S. 123)

20 Uhr 30. Vortrag III von Rudolf Steiner: *Die Zeit und ihre sozialen Mängel – Asien – Europa.*

10. Juni.

9 Uhr. Vorträge zur Philosophie und Psychologie: C. UNGER und W. J. STEIN.

13 Uhr 30. Fachwissenschaftliche Besprechung.

20 Uhr 30. Vortrag IV von Rudolf Steiner: *Die Zeit und ihre sozialen Hoffnungen – Europa – Amerika.*

11. Juni.

Vormittags (nicht im Rahmen der Kongreß-Veranstaltungen). Mitgliedervortrag über die anthroposophische Bewegung – Brüderlichkeit, die aus der Sache kommt – Anthroposophie, ein Streben nach Durchchristung der Welt. (GA 211)

20 Uhr 30. Vortrag V von Rudolf Steiner: *Die Kernpunkte der sozialen Frage.*

12. Juni.

9 Uhr. Zur Geschichte – Vorträge von KARL HEYER und KARL SCHUBERT. Fachwissenschaftliche Besprechungen.

15 Uhr. Eurythmieaufführung. (GA 277a, S. 123)

20 Uhr 30. Schlußvortrag. Rudolf Steiner: *Der Baugedanke von Dornach.*

13. Juni. Besprechung mit den Mitarbeitern des Kongresses.

13. Juni, nachmittags. Rudolf Steiner empfängt Besucher. MAX HAYEK: «Ich stand einem alten Manne gegenüber, einem alten niederösterreichischen Bauern. Ja, das war ein Österreicher, einer vom Typ, den der österreichische Boden selten, ganz selten hervorbringt, in dem aber dann die Kräfte von dieser und von jener Welt in ganz eigentümlicher, kernhafter, markiger Weise sich kreuzen. Ich sah einen alten Bauern, der sich auf seinem Grund zu Tode gearbeitet hatte, und nun, welk und verbraucht, vor mir stand, ein guter, guter Mensch, der alles eingesetzt und sich völlig ausgegeben hatte.» (*Eine Begegnung mit Rudolf Steiner,* in Blätter für Anthroposophie, 13. Jg. 1961, S. 435)

14. Juni. Wahrscheinlich auch an diesem Tag Empfang von Besuchern. (Vgl. Guenther Wachsmuth, *Rudolf Steiners Erdenleben,* S. 477–479; ferner: Albert Steffen, *Wiener Tage,* in «Das Goetheanum», 1. Jg., S. 360f.; F. Hiebel, *Entscheidungszeit mit Rudolf Steiner,* S. 94–115; E. Lehrs, *Gelebte Erwartung,* S. 117–126; A. Strakosch, *Lebenswege mit Rudolf Steiner II,* S. 137–138; Hans

Erhard Lauer, *Ein Leben im Frühlicht des Geistes,* S. 57; Heinz Müller, *Spuren auf dem Weg,* S. 27f.; Wilhelm Rath, *Erinnerungen an den West-Ost-Kongreß in Wien,* in *Erinnerungen,* S. 327–336 und Gladys Mayer, *In Wien erlebt,* in *Erinnerungen,* S. 337–339) Rudolf Steiner gibt am 18. Juni in Dornach einen Bericht über den Kongreß. (Bisher weitgehend ungedruckt; kurzer Ausschnitt im GA 83, S. 356–360)

15. Juni. Reise von Wien nach Dornach.

17. und 18. Juni. Mitgliedervortrag und ausführlicher Kongreßbericht.

18. Juni. Im «Goetheanum» erscheinen *West-Ost-Aphorismen.* (GA 36, S. 65 ff.)

19. Juni. Reise nach Stuttgart.

20. Juni, morgens. Feier zum Beginn des Schuljahres der Freien Waldorfschule. Das Schuljahr beginnt mit 640 Schülern in 19 Klassen. 37 Lehrer unterrichten an der Schule. (GA 298)

20. Juni, nachmittags. 2. ordentliche Mitgliederversammlung des Vereins Freie Waldorfschule. Über die schwierige Finanzlage der Schule, über den Erlaß, wonach ab 1925 die untersten vier Klassen abgebaut werden sollen – die Überarbeitung der Waldorfschullehrerschaft. (GA 298)

20. Juni, 20 Uhr. Konferenz mit dem Lehrerkollegium der Waldorfschule. Probleme: die Lehrerschaft ist mit einer größeren Anzahl von Schülern «nicht eigentlich fertig geworden». Es ist eine «Entfremdung auch gegenüber dem Lehrstoff» seitens der Lehrer zu beobachten. Rudolf Steiner bemerkt eine «negative, skeptische Stimmung» in der Lehrerschaft. (GA 300b)

21. Juni. Rudolf Steiner führt Unterrichtsbesuche in der Waldorfschule durch.

21. Juni, nachmittags. Vortrag für das Lehrerkollegium: *Erziehungsfragen im Reifealter.* (GA 302a)

21. Juni, 20 Uhr 30–22 Uhr 30. Konferenz mit dem Lehrerkollegium der Waldorfschule. Über den Lehrplan für die beginnende 11. Klasse. – Schlampereien im Zeugniswesen. (GA 300b)

22. Juni. Weitere Unterrichtsbesuche Rudolf Steiners in der Waldorfschule.

22. Juni, nachmittags. Vortrag für das Lehrerkollegium über die künstlerische Gestaltung des Unterrichts. (GA 302a)

22. Juni, 20 Uhr 30–22 Uhr 30. Konferenz mit dem Lehrerkollegium: Lehrplanfragen – Vorbereitung des Kurses in Oxford. – Ratschlag, daß Lehrer und Ärzte intensiv zusammenarbeiten sollen. (GA 300b)

23. Juni. Reise Stuttgart–Dornach.

24. Juni–10. (?) August. Rudolf Steiner in Dornach.

24. Juni. Wiederbeginn der Mitgliedervorträge in Dornach. Thematik bis zum 2. Juli: Das Verhältnis des geistig-seelischen Menschen zu Raum, Licht, Planeten und mineralischer Umwelt. (GA 213)

25. Juni. Im «Goetheanum» erscheinen *Weitere West-Ost-Aphorismen.* (GA 36, S. 69 ff.)

25. Juni. 9. ordentliche Generalversammlung des Vereins des Goetheanum. Ansprache Rudolf Steiners, u. a. über die Notwendigkeit, aus dem erfolgreichen Wiener Kongreß fruchtbare Konsequenzen zu ziehen. – Dann bittet Rudolf Steiner, daß man ihn nicht über alle Einzelheiten befrage und ihn bei der Entstehung der Unternehmen nicht hinzuziehe. «Es müßte nicht die Politik zuweilen sein, daß ich über die Hauptsachen nicht befragt werde und dann überall über die Nebensachen mitzuverhandeln habe in endlosen Sitzungen, – womit ich nicht etwa bloß diejenigen des ‹Kommenden Tags› und des ‹Futurum› meine.» Und die Bemerkung: «Für manches Peripherische hat man sich ein Herz gefaßt, aber nicht für dasjenige, worauf die anthroposophische Bewegung aufgebaut worden ist.» (Vgl. *Aufbaugedanken und Gesinnungsbildung,* Dornach 1942)

29. Juni. Besprechung Rudolf Steiner – Albert Steffen. Der Mord an Rathenau, die geistig desolate Situation in Deutschland.

2. Juli. Im «Goetheanum» erscheinen *Psychologische Aphorismen.* (GA 36, S. 73 ff.)

2. Juli. Eurythmieaufführung. (Programm in GA 277, S. 280)

7.–9. Juli. Mitgliedervorträge über Franz Brentano.

9. Juli. Im «Goetheanum» erscheint der Aufsatz *Die Lehre Jesu von Franz Brentano.* (GA 36, S. 153 ff.)

14. und 15. Juli. Mitgliedervorträge über Franz Brentano und Friedrich Nietzsche – die Physiologie des Zweifels und der Überzeugung – moderne Naturwissenschaft und Scholastik. (GA 213)

15. Juli. In der Wochenschrift «Anthroposophie» (früher: Dreigliederung des sozialen Organismus) wird mitgeteilt, daß der Bund für Dreigliederung in den Bund für freies Geistesleben übergeleitet wird, weil die Dreigliederungsbewegung das notwendige Echo nicht gefunden hat. «Infolgedessen wird sich für die Zukunft ihr Wirken auf dasjenige Gebiet erstrecken, das als Vorbereitendes für ein neues Kulturelement in Frage kommt, und dieses ist ein freies Geistesleben.» (*Anthroposophie,* 4. Jg., Nr. 2, S. 1)

16. Juli. Im «Goetheanum» erscheint der Aufsatz *Das Verstehen der Menschen – Brentano und Friedrich Nietzsche.* (GA 36, S. 158 ff.)

16. Juli. Mitgliedervortrag Plato – Plotin – Ammonius Sakkas – Jamblichos. (GA 213)

17. Juli. Besprechung Rudolf Steiner – Albert Steffen: über die finanzielle Situation der Wochenschrift.

17. Juli. Beginn des Kursus für künstlerische Sprachgestaltung – Marie Steiner und Rudolf Steiner. Dieser Kursus, der bis zum 5. August dauert, wird für vorwiegend jüngere Menschen erteilt. Neben Sprachübungen (vgl.

GA 280, S. 40–72) werden dramatische Szenen (Braut von Messina, Wilhelm Tell) und Szenen aus den Mysteriendramen geübt. (Vgl. Heinz Müller, *Spuren auf dem Weg,* S. 30–32 und Walter Beck, *Die letzten drei Jahre,* S. 17–26)

20. Juli (?). Fritz Kübler, René Maikowski und Ernst Lehrs bitten im Auftrag junger Anthroposophen Rudolf Steiner, einen besonderen Kurs für jüngere Menschen zu halten. Rudolf Steiner sagt zu und nennt als Tag des Kursbeginns den 1. Oktober.

21. Juli. Mitgliedervortrag. Zur Symptomatik des Intellektualismus. (GA 213)

22. Juli. Mitgliedervortrag. Mensch, Tier und Pflanze im Verhältnis zum Kosmos – Gregor Mendel. (GA 213)

23. Juli. Im «Goetheanum» erscheint der Essay *Sprache und Sprachgeist.* (GA 36, S. 296 ff.)

23. Juli. Eurythmieaufführung, «Englisches Programm». (Vgl. GA 277, S. 281)

23. Juli. Mitgliedervortrag. Geisteswissenschaftliche Gesichtspunkte zur Entwicklung der Theologie. (GA 214) – Diese und die drei Vorträge am folgenden Wochenende werden in Gegenwart von Friedrich Rittelmeyer, Christian Geyer und Emil Bock gehalten, die sich bis Anfang August in Dornach aufhalten, um mit Rudolf Steiner acht Besprechungen über Fragen der zu gründenden «Christengemeinschaft» abzuhalten. (Vgl. Emil Bock, *Religiöse Erneuerung,* in *Wir erlebten ...,* S. 44)

24. Juli–6. August. Rudolf Steiner hält für einen kleinen Kreis von Volkswirten und Studenten den *Nationalökonomischen Kurs.* 14 Vorträge und 6 Seminarbesprechungen. (GA 340 und 341); vgl. Emil Leinhas, *Aus der Arbeit mit Rudolf Steiner,* S. 136–138)

25. August. Vortrag Friedrich Rittelmeyers in der Schreinerei.

28.–30. Juli. Geisteswissenschaftliche Gesichtspunkte zur Entwicklung der Theologie. (Vgl. 23. Juli)

30. Juli. Im «Goetheanum» erscheint die Besprechung *Der Spiegelmensch von Franz Werfel.* (GA 36, S. 225 ff.)

30. Juli. Eurythmieaufführung «Englisches Programm». (Vgl. GA 277)

1. August. Besprechung Rudolf Steiners mit A. Steffen, E. Vreede und E. Blümel über die Arbeit am Goetheanum, insbesondere über die Probleme der «Jungen Generation».

4. August. Mitgliedervortrag. Über die Kunstmittel der Eurythmie. (GA 279)

5. August. Mitgliedervortrag. Anthropologisch-geschichtliche Betrachtung. (GA 214)

6. August. Im «Goetheanum» erscheint *Der gegenwärtige Mensch und die Geschichte.* (GA 36, S. 77 ff.)

6. und 9. August. Mitgliedervortrag über Oswald Spengler. (GA 214)

11. August. Abreise nach England via Hoek van Holland–Harwich. (Vgl. A. Dubach, *Die Kunst der Eurythmie – Erinnerungen,* S. 130–133)
12. August. Ankunft in London und Aufenthalt in London.
13. August. Im «Goetheanum» erscheint *Spenglers Welthistorische Perspektiven.* (GA 36, S. 81 ff.)
13. August. London. Rudolf Steiner sendet Albert Steffen den Artikel *Die Flucht aus dem Denken* für das «Goetheanum».
15. August, nachmittags. Eröffnung der «Oxford Holiday Conference», «Spiritual Values in Education and Social Life» durch Principal L. P. Jacks im Manchester College.
16.–25. August. Pädagogischer Kursus Rudolf Steiners in Oxford: *Die geistig-seelischen Grundkräfte der Erziehungskunst,* neun Vorträge. (GA 305)
18. August. Eurythmieaufführung (im Keble-College). (Programm GA 277, S. 291)
19. August. Eurythmieaufführung I. Teil. Pädagogische Eurythmie durch Schüler der Waldorfschule. II. Teil künstlerische Eurythmie. (Programm GA 277, S. 295)
20. August. Im «Goetheanum» erscheint *Die Flucht aus dem Denken* (Spengler). (GA 36, S. 86 ff.)
20. August. Sondervortrag über den Weg zur Erkenntnis höherer Welten.
21. August. Rudolf Steiner sendet Albert Steffen den Artikel *Spenglers physiognomische Geschichtsbetrachtung.*
26.–29. August. Vorträge über die soziale Frage. In diesen letzten Vorträgen über allgemeine soziale Probleme gibt Rudolf Steiner noch einmal einen Überblick über die leitenden Fragestellungen des sozialen Denkens. (GA 305)
27. August. Im «Goetheanum» erscheint *Spenglers physiognomische Geschichtsbetrachtung.* (GA 36, S. 91 ff.)
27. August. Ansprache in der Kirche des Manchester-College: Das Mysterium von Golgatha als Sinn des ganzen Erdendaseins. Die drei Rosenkreuzersprüche. (GA 214) Rudolf Steiner sendet Albert Steffen den Artikel *Spenglers geistverlassene Geschichte.*
28. August. Schlußwort bei einer Gründungsversammlung einer internationalen Vereinigung für ein freies Schulwesen.
Die englische Presse berichtete über die in Oxford gehaltenen Kurse sowie über die Eurythmieaufführungen mit freundlicher Objektivität. (Mehrfache Berichte finden sich im *Manchester Guardian, Daily News, The Nation, Athenaeum, The Schoolmaster, Oxford Times* u. a. m. (Darstellung des Kongresses bei Caroline von Heydebrand, *Eindrücke aus England* und *Pädagogisches aus England,* in Anthroposophie, 4. Jg., Nr. 12 und 13, ferner George Adams, *Rudolf Steiner in England,* in *Wir erlebten . . ,* S. 27 und Annemarie Du-

bach, *Die Kunst der Eurythmie,* S. 133ff. und «Das Goetheanum», 2. Jg., S. 53f., S. 62 und S. 78)

30. August. Mitgliedervortrag in London. (GA 214)

2. und 3. September. Reise London–Dornach.

3. September. Im «Goetheanum» erscheint der Schluß der Betrachtungen zu Oswald Spenglers *Welthistorischen Perspektiven: Spenglers geistverlassene Geschichte.* (GA 36, S. 95ff.)

5. September. Stuttgart. Rudolf Steiner zu ausführlichen Konsultationen im Klinisch-therapeutischen Institut.

6.–22. September. Dritter sogenannter *Theologen-Kurs,* der zur Begründung der Christengemeinschaft führt. (GA 344) «Ich selbst muß, was ich mit diesen Theologen in dem kleinen Saale des Südflügels, in dem später der Brand zuerst entdeckt worden ist, im September 1922 erlebt habe, zu den Festen meines Lebens rechnen. Hier konnte mit einer Reihe edelbegeisterter Menschen der Weg gegangen werden, der Geist-Erkenntnis in das religiöse Leben hineinführt.» (GA 36, S. 332) Außer den Begründern der «Christengemeinschaft» nehmen MARIE STEINER, ALBERT STEFFEN und ERNST UEHLI an dem Kurs teil.

6.–15. September. Kurs für französische Besucher am Goetheanum: *Kosmologie, Philosophie und Religion vom Gesichtspunkte der Anthroposophie.* (GA 215) «Im September 1922 durfte ich zehn Vorträge über ‹Kosmologie, Philosophie und Religion vom Gesichtspunkte der Anthroposophie› halten. Wieder rundeten den Zyklus meiner Vorträge Lehrkräfte der Waldorfschule und andere in der anthroposophischen Bewegung stehende Persönlichkeiten durch ihre Vorträge und die Diskussionen, die sie mit den Teilnehmern pflegten ab. Ich ging zu jedem meiner Vorträge hin und von ihnen weg mit einem innigen Dankbarkeitsgefühle gegenüber denjenigen, welche den Bau des Goetheanum veranlaßt haben. Denn gerade bei diesen Vorträgen, in denen ich ein weites Gebiet der Erkenntnis vom anthroposophischen Gesichtspunkte zu umfassen hatte, mußte ich das Wohltuende tief empfinden, Ideen aussprechen zu dürfen, die sich in dem Bau eine künstlerische Umgebung haben schaffen dürfen.» (GA 36, S. 332)

10. September. Eurythmieaufführung, u. a. das 6. Bild aus dem «Hüter der Schwelle».

12. September. Eurythmieaufführung, u. a. englische und französische Gedichte.

14. September. Eurythmieaufführung, u. a. das 4. Bild aus «Der Seelen Erwachen».

16. September. Tag der Begründung der «Christengemeinschaft». Die erste «Menschenweihehandlung» findet statt. – Bei dieser Begründung betont Rudolf Steiner, daß die «Christengemeinschaft» als Bewegung für religiöse

Erneuerung völlig selbständig dastehe. «Denn diese Bewegung für christliche Erneuerung ist nicht aus der Anthroposophie herausgewachsen. Sie hat ihren Ursprung bei Persönlichkeiten genommen, die vom Erleben im Christentum heraus, nicht vom Erleben in der Anthroposophie heraus einen neuen religiösen Weg suchten.» (GA 260a, S. 397; vgl. auch Emil Bock, *Religiöse Erneuerung,* in *Wir erlebten...,* S. 45–47 und Gottfried Husemann, *Die Begründung der Christengemeinschaft,* in *Erinnerungen,* S. 306f.)

16. und 17. September. Mitgliedervorträge. Einzelheiten über den Zusammenhang der physischen und seelischen Menschenwesenheit mit den geistigen Mächten der Welt. (GA 216)

17. September. Eurythmieaufführung, u. a. aus Faust II (5. Akt, die Sorge).

22. September. Abschiedsworte an die 45 Priester der Christengemeinschaft.

22. September–1. Oktober. Sechs Mitgliedervorträge über Mysteriengeschichte und Geschichte der Kultushandlungen. (GA 216)

24. September. Im «Goetheanum» erscheint *Das Goetheanum und seine Arbeit.* (GA 36, S. 274ff.)

24. September. Eurythmieaufführung, u. a. das 6. Bild aus «Der Hüter der Schwelle».

30. September. Eurythmieaufführung.

1. Oktober. Der Vortrag schließt mit dem Hinweis auf den historischen Moment und die Aufgabe der Anthroposophischen Gesellschaft zur Initiative zu erwachen. (GA 216)

1. und 2. Oktober. Stuttgart. Es versammeln sich die Teilnehmer des «Jugendkurses» und beraten miteinander über die Rudolf Steiner vorzulegenden Fragen. Es bildet sich ein Komitee bestehend aus FRITZ KÜBLER, ERNST LEHRS, RENÉ MAIKOWSKI, WILHELM RATH und ALBRECHT STROHSCHEIN.

3. Oktober. Reise. Dornach–Stuttgart.

3.–16. Oktober. Rudolf Steiner in Stuttgart.

3.–15. Oktober. *Pädagogischer Jugendkurs.* (GA 217) Rudolf Steiner hält für etwa 80 jüngere Menschen 13 Vorträge und führt mit ihnen eine Reihe von Einzel- und Gruppengesprächen. MARIE STEINER gibt einen Kurs über künstlerische Sprachbehandlung, zu dem Rudolf Steiner Erläuterungen und Ergänzungen gibt. (GA 280) – Am 8. und 11. Oktober finden im Zusammenhang des Kurses Eurythmieaufführungen statt, und am 13. und 15. Oktober spricht Rudolf Steiner über Malerei und Farbbehandlung. (Die Vorträge über Malerei und Farbbehandlung in: Maria Strakosch, *Die erlöste Sphinx,* S. 9–16. Schilderungen der Erlebnisse der Teilnehmer: Heinz Müller, *Spuren auf dem Weg,* S. 44–47; Ernst Lehrs, *Gelebte Erwartung,* S. 149–159; René Maikowski, *Schicksalswege,* S. 43–51 und Wilhelm Rath, *Von der Begegnung der Jugend mit Rudolf Steiner,* in *Erinnerungen,* S. 397–402)

4. Oktober. Konferenz mit dem Lehrerkollegium der Waldorfschule über Vergehen von Schülern namentlich der 11. Klasse. Die Lehrerschaft war mit der Situation nicht fertig geworden. Frage des Ausschlusses von Schülern. (GA 300b)

6. Oktober. Konferenz mit dem Lehrerkollegium der Waldorfschule. Rudolf Steiner hat inzwischen mit den betroffenen Klassen und einer Reihe von Schülern gesprochen. (GA 300b)

8. Oktober. Im «Goetheanum» erscheint der Aufsatz *Ein neues Buch über den Atheismus.* Über Fritz Mauthner *Der Atheismus und seine Geschichte im Abendlande.* (GA 36, S. 233 ff.)

9. und 14. Oktober. Mitgliedervorträge: Die Seele im Schlaf und im Leben zwischen Tod und neuer Geburt. (GA 218)

15. Oktober, 14 Uhr 30. Konferenz mit dem Lehrerkollegium der Waldorfschule. Ausführliche Besprechung der Mißstände im Kollegium: Die Dinge, die im Bericht des Schulrats stehen, sind wahr. In der Schule ist ein Schlendrian eingetreten, man geht mechanisch vor, die Lehrerschaft hat sich isoliert. Es besteht kein Kontakt zu den Schülern der oberen Klassen. – Allgemeine Stuttgarter Probleme: «Aber nicht wahr, hier in Stuttgart sind Dinge begründet worden, zu welchen die Leute dann die Lust verloren hatten, dadurch ist das System Stuttgart entstanden.» «Die Gesellschaft schläft ja.» «Moralisch schließt sich jeder in seinen vier Wänden ab, und bald wird es dahin kommen, daß man sich nicht einmal mehr kennt.» «Die Leistungen der Einzelnen fallen unter den Tisch. Reden von dem, was anerkannt werden kann. Das Stuttgarter System: das Nicht-Anerkennen. Das hemmt die Leistungen. Wenn ich arbeite und es geschieht nichts, bin ich gelähmt.» (GA 300b, S. 142, 147, 155)

16.–25. Oktober. Rudolf Steiner in Dornach.

19. Oktober. Vortrag für Arbeiter: Rudolf Steiner charakterisiert die allgemein herrschende politische Ratlosigkeit. (GA 348)

20., 22. und 23. Oktober. Vorträge für Mitglieder über geistige Zusammenhänge in der Gestaltung des menschlichen Organismus. (GA 218)

21. Oktober. Rudolf Steiner in Bern bei Bundesrat Dr. Haab und bei Bundesrat Motta. Frage des Einbürgerungsgesuchs in die Schweiz. (Tagebuch A. Steffen, unveröff.)

26. Oktober. Rudolf Steiner mit Dr. Ita Wegman, Elisabeth Stückgold, Felicitas Stückgold und Albert Steffen in Basel beim Orthopäden, um Felicitas Stückgold einen Gehapparat anzumessen. (Vgl. Elisabeth Steffen, *Selbstgewähltes Schicksal,* II. Bd., S. 188) Anschließend Reise nach Stuttgart.

26.–28. Oktober. Rudolf Steiner hält auf der vom Klinisch-therapeutischen Institut des «Kommenden Tags» eingerichteten medizinischen Woche 5 Vorträge. Zu Beginn des ersten Vortrags sagt er: «Sie werden heute ein wenig

Nachsicht haben müssen mit mir, ich bin eben erst hier angekommen nach einer sehr ermüdenden Reise... Eigentlich war es nicht meine Absicht, innerhalb dieser ärztlichen Veranstaltung zu sprechen, da ich glaube, daß die Anregungen, die aus anthroposophischer Forschungsart für die Medizin und das naturwissenschaftliche Denken sich ergeben, aufgenommen werden sollten von denjenigen, die auf dem entsprechenden Gebiete Fachleute sind. Es kann sich ja wirklich bei alledem, was für Medizin und zum Beispiel auch für Physiologie von anthroposophischer Geistesforschung herkommt, nur um Anregungen handeln, die dann empirisch weiterbearbeitet werden müssen. Erst auf Grundlage dieser Weiterarbeit kann sich ein... gültiges, überzeugendes Urteil bilden...» (GA 314, S. 75) Kurt Piper berichtet: «Es sei mir erlaubt, hier einen tief persönlichen Eindruck wiederzugeben, der mir das Wesen dieses Mannes einen Augenblick blitzartig durchleuchtete. Auf der Rednertribüne war er ganz Geist, Feuer, Hingabe, Mission und strotzende Gesundheit, frei von Müdigkeit und Affektation wie eine Naturgewalt. Aber in den Zwischenpausen fiel mir wiederholt, ganz besonders nach dem fünften und letzten Vortrage, sein schlechtes, abgejagtes, ja vergrämtes Aussehen auf...» (*Anthroposophie,* 4. Jg., Nr. 21, S. 2f.) Während der «Medizinischen Woche» kommt es zu einem Eklat, als Ärzte des Klinisch-therapeutischen Instituts veranlassen, daß die auf Aufforderung Rudolf Steiners geschriebene und mit Billigung Rudolf Steiners gedruckte Broschüre von LILI KOLISKO «Milzfunktion und Plättchenfrage» nicht offen auf dem Büchertisch ausgelegt wird. (L. Kolisko, *Eugen Kolisko,* S. 65f.)

28./29. Oktober. Konferenz mit dem Lehrerkollegium der Waldorfschule: Stundenplanfragen. Mangelnder Enthusiasmus und fehlende innere Disziplin. «Es ist kein Herz für die anthroposophische Bewegung als solche dabei ... Sehen Sie, in kürzester Zeit ereignen sich Fälle in dem Kreis der Mitgliedschaft aus mangelndem Verantwortungsgefühl, die geeignet sind, die Bewegung ans Messer zu liefern.» (GA 300b, S. 180)

29. Oktober. Rudolf Steiner zu ausführlichen Konsultationen im Klinisch-therapeutischen Institut.

30. Oktober (?). Reise nach Den Haag.

31. Oktober–7. November. Rudolf Steiner in Holland.

31. Oktober. Den Haag. Öffentlicher Vortrag *Die Erkenntnis des geistigen Wesens des Menschen.*

1. November. Rotterdam. Öffentlicher Vortrag *Das Übersinnliche in Mensch und Welt.*

2. November. Den Haag. Eurythmieaufführung in der Koninklijke Schouwburg. (Programm in GA 277, S. 296)

3. November. Den Haag. Öffentlicher Vortrag *Die Erkenntnis des geistigen Wesens der Welt.*

4. November. Den Haag. Öffentlicher Vortrag *Die religiöse und sittliche Erziehung im Lichte der Anthroposophie.*
5. November, 14 Uhr 30. Eurythmieaufführung in der Koninklijke Schouwburg. (Programm in GA 277, S. 297)
5. November, abends. Mitgliedervortrag. Das Erleben der Seele im Schlafe und im Leben zwischen Tod und neuer Geburt. Nach dem Vortrag richtet Rudolf Steiner einen Appell an die Zuhörer, ein Herz für das Zentrum der anthroposophischen Arbeit zu entwickeln. In wenigen Wochen werde man ohne Mittel dastehen. «Das Goetheanum ist mit Enthusiasmus zu bauen begonnen worden. Gerade bei denjenigen, die im Ausgangspunkte diesen Enthusiasmus entwickelt haben, ist der Enthusiasmus verrauscht. Und heute haben diese eigentlich mir allein die Sorge überlassen, wie es nun weitergehen soll.» (R. Steiner, *Die verborgenen Seiten des Menschendaseins und der Christus-Impuls,* Dornach 1939, S. 33)
6. November. Delft. Vortrag für Studenten: *Die übersinnliche Erkenntnis und die Wissenschaft der Gegenwart.*
Während des Aufenthalts in Holland äußert sich Rudolf Steiner im Mitgliederkreise über den sektiererischen Charakter der Gesellschaft und schlägt vor, Dr. F. W. Zeylmans van Emmichoven für die anthroposophische Arbeit frei zu machen. (Berichte über den Aufenthalt in Holland: René Maikowski, *Schicksalswege auf der Suche nach dem lebendigen Geist,* S. 66–69, F. W. Zeylmans van Emmichoven, *Rudolf Steiner in Holland,* in *Wir erlebten...,* S. 258–260)
7./8. November. Überfahrt nach England.
8.–21. November. Rudolf Steiner in England.
In den ersten Tagen in London dürfte sich Rudolf Steiner den Proben für die Eurythmieaufführung gewidmet haben.
11. November. London. Eurythmieaufführung in The Royal Academy of Dramatic Art.
12., 16. und 19. November. London. Mitgliedervorträge. Erfahrungen der Menschenseele im Schlafe und im Leben zwischen Tod und neuer Geburt. (GA 218)
13. November. Eurythmieaufführung in The Royal Academy of Dramatic Art, u. a. 4. Bild aus «Der Seelen Erwachen» und 6. Bild aus «Der Hüter der Schwelle».
14. November (?). Steiner besucht den erkrankten D. N. Dunlop in Wimbledon. Dunlop schlägt vor, im nächsten Jahr eine Tagung zu organisieren.
15. November. Eurythmieaufführung in The Royal Academy of Dramatic Art.
17. und 18. November. London. Vorträge für Mitglieder und Gäste über übersinnliche Erkenntnis und Christus-Erkenntnis. (GA 218)

19. November. Gegen Ende des Mitgliedervortrags spricht Rudolf Steiner – wie schon in Den Haag – über die finanzielle Lage des Goetheanum. Es besteht die Möglichkeit, «daß wir einfach nicht weiter können, daß wir Dornach zuschließen müssen, weil wir einfach kein Geld haben». (*Nachrichtenblatt* 1934, S. 164)
19. und 20. November. London. Vorträge über pädagogische Fragen.
21./22. November. Reise London–Stuttgart.
22. November, morgens und nachmittags. Stuttgart. Besprechung mit ELIZA VON MOLTKE über das Buch: Helmuth von Moltke, *Erinnerungen, Briefe, Dokumente 1877–1916*. Frau von Moltke hatte ein Vorwort zu dem Buch geschrieben. Das Buch erscheint Mitte Dezember.
23. November. Sitzung mit dem Aufsichtsrat der Aktiengesellschaft «Der Kommende Tag».
24. November, morgens. Rudolf Steiner in der Waldorfschule, Unterrichtsbesuche.
24. November, 20 Uhr. Konferenz über Stundenplanfragen. Über die Aufführung der Weihnachtsspiele: «Ich wünschte, daß für die Schule auch die gleiche Begeisterung vorhanden wäre, wie für die Aufführung. Es wird die Aufmerksamkeit abgelenkt vom Unterricht ... Ich habe doch nichts gesagt gegen die Aufführung. Ich glaube, je besser die Aufführung wird, desto schlimmer ist es für die Schule.»
25. November. Rudolf Steiner an Marie Steiner: «Hier habe ich zu tun vom Morgen bis in die Nacht. Und jetzt, während ich dies schreibe, telephonierte mich Dr. HUSEMANN an, der der eigentliche Urheber des Boykotts der Kolisko'schen Broschüre ist. Ich mußte ihm durchs Telephon sagen, da er mich noch heute persönlich sprechen wollte: von dem Ärztekollegium ist eine krassere Opposition ausgegangen als von irgendjemand in der Gesellschaft: Sie haben den Auftrag gegeben, während der Ärzte-Woche eine Broschüre, die ich für gut finde, zuzudecken, damit niemand sie sieht: ich verzichte darauf, darüber von Ihnen Erklärungen entgegenzunehmen.» (GA 262, S. 171)
25. November. Besprechung mit FRIEDRICH RITTELMEYER.
26. November–3. Dezember. Rudolf Steiner in Dornach.
26. November und 1.–3. Dezember. Mitgliedervorträge in Dornach – das Leben zwischen Tod und neuer Geburt – das Verhältnis des Menschen zur geistigen Sternenwelt. (GA 219) In diesen Tagen auch eine Besprechung über die Gestaltung der Tagung zu Weihnachten. «Gleich bei der ersten Besprechung mit Dr. Steiner über die Gestaltung dieser naturwissenschaftlichen Tagung hätten wir fühlen können, daß Dr. Steiner im Grunde genommen mit einer solchen nicht einverstanden war, daß er etwas wie einen Zwang fühlte, der auf ihn ausgeübt werden sollte. Sonderbarerweise achteten wir wenig darauf und keiner von uns stellte ihm die Frage, ob er nicht lieber eine andere

Veranstaltung als eine naturwissenschaftliche haben würde.» (Unveröff. Aufzeichnungen von Oskar Schmiedel)

4. Dezember. Rudolf Steiner fährt nach Stuttgart.

4. Dezember, abends. Mitgliedervortrag. Der Rhythmus im Leben zwischen Tod und neuer Geburt – Erinnerung und Liebe. (GA 218)

5. Dezember, 16 Uhr–18 Uhr 30. Konferenz mit dem Lehrerkollegium der Waldorfschule. Endgültige Regelung des Stundenplans, insbesondere des Sprachunterrichts. Rudolf Steiner erwähnt die Tatsache, daß eine der religiösen Gemeinden der Christengemeinschaft weitgehend aus Mitgliedern der Anthroposophischen Gesellschaft besteht und stellt fest: «Die religiöse Erneuerung war für Außenstehende bestimmt.» (GA 300b, S. 199)

5./6. Dezember. Rudolf Steiner reist nach Berlin.

6. Dezember. Eurythmieaufführung in Berlin.

7. Dezember. Berlin. Mitgliedervortrag. Das Leben zwischen Tod und neuer Geburt, der Weg zu einer neuen Verkörperung. Der Geistkeim des Menschen. (GA 218)

8./9. Dezember. Reise Berlin–Stuttgart.

9. Dezember, 16 Uhr. Konferenz mit dem Lehrerkollegium der Waldorfschule. Über das Funktionieren des Stundenplans – Vorbereitungen auf den Besuch der englischen Lehrer im Januar – Lehrplanfragen. (GA 300b)

9. Dezember, abends. Mitgliedervortrag. Die übersinnlichen Grundlagen von Hören und Sprechen – Gehen und Denken – Gedächtnis und Liebe. (GA 218)

10. Dezember. Stuttgart. Besprechung mit Ernst Uehli, der zwei Aufträge erhält; erstens: mit dem Vorstand Vorschläge zur Konsolidierung der Anthroposophischen Gesellschaft zu erarbeiten, zweitens: durch den Vorstand der Anthroposophischen Gesellschaft die Mitgliedschaft über die unterschiedlichen Aufgaben von Anthroposophischer Gesellschaft und der Bewegung für religiöse Erneuerung, die «Christengemeinschaft», zu informieren. Der Auftrag wird Uehli erteilt, weil Uehli an dem Kurs, der zur Begründung der Christengemeinschaft führte, teilgenommen hatte. In den folgenden Wochen wird der Auftrag von Uehli nicht ausgeführt und nur in unzulänglicher Weise am 24. Dezember kurz mit Carl Unger besprochen.

11. Dezember, 8 Uhr. Rudolf Steiner fährt von Stuttgart ab – mit dem Automobil über den Schwarzwald – abends Ankunft in Dornach. (Vgl. A. Dubach, *Die Kunst der Eurythmie – Erinnerungen,* S. 138–140) Albert Steffen notiert in seinem Tagebuch, nachdem er das Erscheinen Rudolf Steiners bei dem Vortrag von Dr. Kolisko über das Wasser beobachtet hat: «Er ist sehr gebrechlich und stützt sich sogar auf seinen Stock.» (Unveröff.)

11. Dezember–8. Januar 1923. Rudolf Steiner in Dornach.

Zwischen dem 13.–15. Dezember. Rudolf Steiner ist mit dem in Dornach aufgestellten Programm einer naturwissenschaftlichen Tagung während der Weihnachtstage nicht einverstanden. Lili Kolisko berichtet: «Ich traf Dr. Steiner im Goetheanum an der Treppe, und ehe ich noch meine Frage aussprechen konnte, sprach er zu mir, anscheinend sehr erzürnt: ‹Die Leute behandeln mich hier wie ihren Stiefelputzer! Sie arrangieren Tagungen, ohne mich zu fragen und legen mir dann das fertige Programm vor, und ich soll dann auf diesen Tagungen Vorträge halten. Ich lasse mir das nicht mehr gefallen.›» Rudolf Steiner schlägt Lili Kolisko als Titel ihrer neuen Arbeit vor: «Die physiologische und physikalische Wirksamkeit kleinster Entitäten.» (L. Kolisko, *Eugen Kolisko,* S. 68)

15.–17. und 22. Dezember. Weiterführung der Mitgliedervorträge. Der Mensch in seinen Zusammenhängen mit den geistigen Wesen und Welten. – Das neue Michael-Zeitalter. Geistige Vorgänge im Zusammenhang mit Schlaf und Aufwachen. (GA 219)

23. Dezember. Beginn der Weihnachtsvorträge über die Mysterien des Jahreslaufes. (GA 219)

24. Dezember. Im «Goetheanum» erscheint der Aufsatz *Von den volkstümlichen Weihnachtsspielen.* (GA 36, S. 113 ff.)

24. Dezember, 11 Uhr. Beginn der Vortragsreihe *Der Entstehungsmoment der Naturwissenschaft in der Weltgeschichte und ihre seitherige Entwickelung.* (GA 326)

24. Dezember, 17 Uhr. Aufführung des Oberuferer Paradeis- und Christgeburtsspiels.

24. Dezember, 20 Uhr. Weihnachtsvortrag – der Jahresgott – das Michaelfest und das Weihnachtsfest.

25. Dezember, 17 Uhr. Eurythmieaufführung: «Weihnachtsgemäßes aus Poesie und Musik eurythmisiert mit eingestreuten Kinderszenen.» (Programm GA 277, S. 300)

25. Dezember, 20 Uhr. 2. Vortrag des Kurses: *Der Entstehungsmoment der Naturwissenschaft . . .*

26.–28. Dezember, jeweils 20 Uhr. Vorträge 3–5: *Der Entstehungsmoment . . .*

27.–31. Dezember. Naturwissenschaftliche Vorträge und Diskussionen für Fachwissenschaftler. Die Vorträge werden von den Mitarbeitern der Forschungsinstitute gehalten.

29. Dezember, 20 Uhr. Vortrag Rudolf Steiners. Naturnotwendigkeit und Freiheit – der Jahreslauf – der kosmische Kultus. (GA 219)

30. Dezember. Vortrag über die Stellung der anthroposophischen Bewegung zur Bewegung für religiöse Erneuerung. (GA 219)

31. Dezember. Im «Goetheanum» erscheint *Zur Aufführung unserer volkstümlichen Weihnachtsspiele.* (GA 36, S. 118 ff.)

31. Dezember, 17 Uhr. Eurythmieaufführung: Prolog im Himmel – Gedichte und Musik: «Eurythmisches als Neujahrsgrüße, aus poetischem und musikalischem Neujahrsempfinden.» (Programm GA 277, S. 301 – Ansprache Rudolf Steiners: GA 277, S. 302–307)
31. Dezember, 20 Uhr. Letzter Vortrag im Goetheanum. Rudolf Steiner: *Der dreigliedrige Mensch im Jahreslauf – die geistige Kommunion der Menschheit.* (GA 219)
31. Dezember, 22 Uhr. Kurz nachdem die letzten Zuhörer des Vortrags den Bau verlassen haben, bemerkt der Wächter Rauch. Die Weckerlinie der Goetheanum-Feuerwehr wird durch den Wächter und einen Angestellten des Goetheanum in Tätigkeit gesetzt. Die Meldung lautet: «Rauch im Weißen Saal». – Sehr schnell eilen die überall alarmierten Mitglieder zum Bau. Der Architekt Ernst Aisenpreis und Max Schleutermann dringen im Südflügel zu dem im obersten Geschoß gelegenen «Weißen Saal» vor, Max Schleutermann erleidet im qualmenden Saal einen Erstickungsanfall, Ernst Aisenpreis kontrolliert alle Räumlichkeiten im Südflügel: nirgendwo offenes Feuer. Als Rudolf Steiner eintrifft, liegt Max Schleutermann ohnmächtig vor dem Südportal. Rudolf Steiner sucht sehr bald mit Zeugen das Heizhaus auf, um die Temperatur des rücklaufenden Heizwassers zu kontrollieren, die sich als normal erweist (35 Grad), dann wird die elektrische Anlage überprüft. Im Raum unter der Bühne zeigt sich, daß die gesamte Anlage funktioniert. Es liegt kein Kurzschluß vor. – Auf der Terrasse, wo Südflügel und Westteil des Baus zusammenstoßen und wo sich ein Gerüst für Ausbesserungsarbeiten befindet, wird ein Loch in die Holzwand geschlagen. Die eindringende Luft gibt dem Feuer neue Kraft. Die eingreifende Feuerwehr kann den Brand nicht löschen. Mit einer Leiter wird der Ort gefunden, wo aus der Wand ein Loch herausgebrochen worden war. Dort finden sich Stroh, Werg und Spuren von Petroleum.
Aus dem Bau werden noch Musikinstrumente und Bühnenutensilien geborgen. Kurz vor Mitternacht erlischt das elektrische Licht im Bau, der lichterloh brennt. Die Feuerwehr konzentriert sich auf den Schutz der umliegenden Gebäude. Um Mitternacht durchbrechen die Flammen die Kuppeln. Rudolf Steiner: «Die rote Lohe ging gegen den Himmel. Dunkelbläuliche, rötlichgelbe Flammenlinien züngelten durch das allgemeine Feuermeer, von den metallischen Instrumenten herrührend, die das Goetheanum barg, ein Riesenfeuermeer, mit den mannigfaltigsten farbigen Inhalten. Und man mußte, wenn man in dieses Flammenmeer sah mit den farbigen Linien darinnen, sprechend zum Schmerze der Seele lesen: der Neid der Menschen.» (GA 260, S. 249)
Lange noch brannten die Säulen – noch bis ins Morgengrauen standen noch brennend die Weißbuche-Säulen im Westen. – Rudolf Steiner umschritt lange

den Bau mit einer kleinen Gruppe von Freunden, bis er sich für einige Zeit mit ITA WEGMAN in ein kleines Häuschen unten am Hügel zurückzog.
Der Urheber der Brandstiftung ist bis heute nicht mit Sicherheit bekannt. Die keineswegs laienhafte Art der Brandstiftung deutet darauf hin, daß der Brandstifter möglicherweise mit Einzelheiten des Baus bekannt war. (Zum Brand: Rudolf Steiner, *Die Not nach dem Christus*, Dornach 1942, S. 3, Ernst Lehrs, *Gelebte Erwartung*, S. 176–178, Emil Leinhas, *Aus der Arbeit*..., S. 154–156, Heinz Müller, *Spuren auf dem Weg*, S. 60–64, Ludwig Polzer-Hoditz, *Erinnerungen an Rudolf Steiner*, S. 181–186, Ilona Schubert, *Selbsterlebtes mit Rudolf Steiner*, S. 51f., Albert Steffen, *Die Vernichtung des Goetheanum durch Feuer*, in: Goetheanum, 2. Jg., S. 169–171, ders., *Begegnungen*, S. 282–286, Assja Turgenieff, *Erinnerungen an Rudolf Steiner*, S. 103ff.

1923

Das bestimmende Ereignis des Jahres 1923 ist die Zerstörung des Goetheanum durch Feuer in der Silvesternacht 1922/23. Trotz des Verlustes des einmaligen Baues setzt Rudolf Steiner, obgleich auch gesundheitlich erschüttert, seine Arbeit, ohne eine Unterbrechung eintreten zu lassen und ohne sich eine Erholungspause zu gönnen, fort. Persönlich führt er alle Verhandlungen mit Presse, Behörden und Versicherungen, die das Brandunglück betreffen. – Schon am Abend des 1. Januar nimmt er in der notdürftig hergerichteten Schreinerei den Vortragskurs über den Entstehungsmoment der Naturwissenschaft wieder auf.

Wie um den Verlust des Baues durch um so intensivere Arbeit auszugleichen, steigert Rudolf Steiner in diesem Jahr die weitausgreifenden und eindringlich-bildhaften Darstellungen geistiger Zusammenhänge. An die Stelle des den Augen entschwundenen Baues treten die kosmischen Imaginationen, die besonders in den Vorträgen des Herbstes 1923 unübersehbar aufleuchten. – Vier große Themen – in vielfacher Art miteinander verwoben – sind in den Darstellungen dieses Jahres deutlich bemerkbar: *die Erkenntnis des sinnlich-übersinnlichen Menschen und sein Zusammenhang mit den geistigen Hierarchien, seine Offenbarung in Gehen, Sprechen und Denken.* Hier ist auf die Vorträge in Prag, Bern, Berlin, Kristiania und Den Haag sowie auf die pädagogischen Kurse in Dornach (April) und Ilkley (August) zu verweisen. Das zweite Thema ist *die Steigerung des lebendigen Naturerkennens zur Wesenserkenntnis von Mineralien, Metallen, Pflanzen und Tieren in ihrem Zusammenhang mit dem Menschen.* Diese Thematik wird bereits im Januar aufgegriffen und findet ihren Höhepunkt in den Dornacher Vorträgen vom Oktober und November. Das dritte große Thema ist *der Jahreslauf und die Erneuerung der Jahresfeste.* Eine erste Kulmination dieser Darstellungen findet sich von Ostern bis Pfingsten 1923, der zweite Höhepunkt sind die fünf kosmischen Imaginationen des Erzengelwirkens, die Rudolf Steiner in der Michaeli-Zeit in Dornach gibt. Das vierte Thema schließlich ist *das alte und das zu erneuernde Mysterienwesen.* Diese Darstellungen beginnen mit dem Aufenthalt in Penmaenmawr und werden dann, namentlich unmittelbar vor der Weihnachtstagung im Dezember, umfassender ausgeführt, um dann schließlich in der Erneuerung der Mysterien durch die Weihnachtstagung zu gipfeln.

Diese umfangreiche Vortragstätigkeit ist nur ein Teil der Arbeit Rudolf Steiners. Die Situation in Dornach erfordert die verschiedensten Verhandlungen. Zunächst ist unmittelbar nach dem Brand in Zusammenarbeit mit den Behörden die Brandursache zu klären, daran schließen sich die Verhandlungen mit der Versicherung, die im Juli zu einem erfolgreichen Abschluß geführt werden. Gleichzeitig beginnen die Beratungen über den Wiederaufbau des Goetheanum, namentlich Besprechungen über die Finanzierung des Wiederaufbaus. Im Herbst beginnen die Verhandlungen für den Umzug des Philosophisch-Anthroposophischen Verlags nach Dornach. Auch diese Verhandlungen führt Rudolf Steiner persönlich und reist deshalb nach Solothurn und Bern. Ferner hat sich Rudolf Steiner immer wieder mit den Fragen zu beschäftigen, die sich aus der Liquidation der Futurum AG ergeben.

Ein zweites Arbeitsfeld sind die Anthroposophischen Gesellschaften. Schon im Jahre 1922 hatte Rudolf Steiner auf die Notwendigkeit der «Konsolidierung» der Gesellschaften hingewiesen. Durch die vielen anthroposophisch-praktischen Unternehmungen waren die Kräfte der führenden Anthroposophen absorbiert worden, die Gesellschaften selber waren mit den neuen Entwicklungen innerlich nicht mitgekommen und führten, wie Rudolf Steiner sich ausdrückte, ein pflanzenhaftes Dasein. (Vgl. GA 224, S. 112) Die Gesellschaften aus diesem Schlummer zu wacher Aktivität zu erwecken, ist das Bemühen Rudolf Steiners 1923. Er hofft darauf, daß die Gesellschaft in Deutschland aus eigener Kraft erwacht und sich selbständig Aufgaben stellt. Namentlich in Stuttgart verwendet Rudolf Steiner viel Zeit und Kraft auf zahlreiche Besprechungen. Von der zweiten Januarhälfte bis Ende März reist er – obwohl am Goetheanum die dringendsten Aufgaben sich häufen – wöchentlich für mehrere Tage nach Stuttgart. Bei den Beratungen gibt er zwar Winke, für das was erforderlich ist, er unterläßt es aber – soweit nur irgend möglich – direkte Anweisungen zu geben, weil es ihm darauf ankommt, daß die Gesellschaft durch ihre Leiter aus eigener Kraft tätig wird. Trotz eines großen Aufwandes – in Stuttgart findet Ende Februar eine von über tausend Personen besuchte Delegierten-Tagung statt – tritt das von Rudolf Steiner erhoffte Erwachen nicht ein. Er spricht sich darüber in drastischer Weise aus. So schreibt Rudolf Steiner am 25. März 1923 aus Stuttgart an seine Mitarbeiterin Edith Maryon: «Für die Gesellschaft habe ich eigentlich nur zu sagen, daß ich am liebsten nichts mehr mit ihr zu tun haben möchte. Alles was deren Vorstände tun, widert mich an.» Und am 11. Mai berichtet er wieder an Maryon: «Es schläft hier die A.G. weiter; man bringt sie zu keinem Erwachen. Nun, man muß weitersehen.» (Unveröffentlicht, aus dem Archiv der Rudolf Steiner-Nachlaßverwaltung.)

Auch die Besprechungen in Dornach, die internationale Delegiertentagung im Juli und die Gründungen der Landesgesellschaften in London und Den

Haag sind in dieser Hinsicht für Rudolf Steiner bittere Erfahrungen. (Vgl. GA 262, S. 205) So steht Rudolf Steiner im Jahre 1923 mehrfach vor der Frage, ob er sich von der Zusammenarbeit mit der Anthroposophischen Gesellschaft lösen und seine Tätigkeit auf einen kleinen Menschenkreis beschränken solle – oder ob er, wie er es in Stuttgart erwägt (22. Januar in der Sitzung des «Dreißiger-Kreises») sich über die alten Vorstände hinweg direkt an die Mitgliedschaft wenden soll. Letzteres geschieht zu Weihnachten 1923, als Rudolf Steiner die Allgemeine Anthroposophische Gesellschaft gründet, selber den Vorsitz der Gesellschaft übernimmt und ohne demokratische Abstimmung den Vorstand bildet, mit dem er zusammenarbeiten will. Zugleich mit der Gründung der Gesellschaft schafft er die Freie Hochschule für Geisteswissenschaft, die das geistige Zentrum des Wirkens der Anthroposophischen Gesellschaft werden soll, indem sie die Forschung auf geistigem Gebiet und die Schulung der nach höherer Erkenntnis Strebenden übernimmt.

Die Mitarbeiter Rudolf Steiners im Dornacher Vorstand sind nun MARIE STEINER, ALBERT STEFFEN, ITA WEGMAN, ELISABETH VREEDE und GUENTHER WACHSMUTH. Die Mitarbeit Marie Steiners ist wie selbstverständlich dadurch gegeben, daß sie nicht nur die erste Mitarbeiterin Rudolf Steiners überhaupt war, sondern vor allem, daß sie bereits von 1902 an die ganze theosophische Arbeit organisiert und mitaufgebaut hatte, und daß sie als Leiterin der sprachkünstlerischen Arbeit einen wichtigen Zweig anthroposophischen Tuns selbständig betreute und überdies als Begründerin des erfolgreichen Philosophisch-Anthroposophischen Verlages wirkte. Albert Steffen ist der Leiter der schweizerischen Anthroposophischen Gesellschaft und der Repräsentant der geistigen Schweiz, in der das Goetheanum Gastrecht genießt. Ita Wegman, Mitglied sei 1902, war vielen Mitgliedern weniger bekannt. Sie war aber zunächst durch ihre Initiative auf medizinischem Felde und seit dem Brand auch auf gesellschaftlichem Felde eine besonders wichtige Mitarbeiterin Rudolf Steiners geworden. Seit Oktober 1923 beginnt Rudolf Steiner mit Ita Wegman an dem medizinischen Buch zu arbeiten, auf dessen Zustandekommen durch die deutschen Ärzte HUSEMANN und NOLL er vergeblich gehofft hatte. Elisabeth Vreede – der theosophischen Arbeit auch seit Anfang des Jahrhunderts verbunden – war leitend im Zweig am Goetheanum tätig und «als getreueste Mitarbeiterin» am Goetheanum «ausgeprobt». Guenther Wachsmuth fungierte vor allem als Koordinator und Organisator am Goetheanum. Aus seiner Initiative war die Wache am Goetheanum organisiert worden und ebenso hatte er aus eigener Initiative das Amt eines Reisebegleiters Rudolf Steiners mit den damit verbundenen Aufgaben übernommen.

Die Vernichtung des Goetheanum beeinträchtigt Rudolf Steiners physische Gesundheit schwer. Am 26. Oktober 1924 schreibt er an Marie Steiner: «Ich bin ja nun einmal, wie Du weißt, seit Januar 1923 meinem physischen Leib sehr entfremdet.» (GA 262, S. 252) Assja Turgenieff berichtet: «Das jugendlich-heitere Lachen, das die ernsten Gesichtszüge Dr. Steiners oft erhellte, seine raschen leichten Bewegungen, seinen rhythmischen Gang – niemand konnte so gehen wie er –, das alles erlebten wir seit der Brandnacht nicht mehr. Eine schwere Last lag auf seinen Schultern. Er mußte Kraft aufbringen, seine aufrechte Haltung zu bewahren, und der Gang war mit Anstrengung verbunden.» (Assja Turgenieff, *Erinnerungen an Rudolf Steiner,* S. 107)

1. Januar.
10 Uhr morgens. Während der Brand noch schwelt – die glühende Asche kühlt erst im Laufe der nächsten Tage ab – gibt Rudolf Steiner Anweisung, die Schreinerei zu säubern und für die Veranstaltungen herzurichten. Das Atelier Rudolf Steiners wird wieder in Ordnung gebracht.
12 Uhr. Anschlag in der Schreinerei, daß alle Veranstaltungen wie geplant weitergeführt werden.
Mittags. GRÄFIN und GRAF POLZER-HODITZ in der Villa Hansi. (Vgl. Ludwig Polzer-Hoditz, *Erinnerungen an Rudolf Steiner,* S. 183)
14 Uhr. Rudolf Steiner empfängt in der Villa Hansi die Vertreter der Basler Presse und gibt eine äußerst sachliche Schilderung der Brandereignisse. (Vgl. A. Steffen, *Begegnungen mit Rudolf Steiner,* S. 285)
17 Uhr. Vor der Aufführung des Dreikönigsspiels in der Schreinerei richtet Rudolf Steiner eine kurze Ansprache an die Anwesenden. Er beginnt mit den Worten: «Der große Schmerz versteht zu schweigen, über dasjenige was er fühlt. ... Das Werk, welches durch die aufopfernde Liebe und Hingabe zahlreicher für unsere Bewegung begeisterter Freunde innerhalb von zehn Jahren geschaffen wurde, ist in einer Nacht vernichtet worden.» (GA 274)
20 Uhr. Rudolf Steiner setzt mit dem 6. Vortrag den Kurs *Der Entstehungsmoment der Naturwissenschaft...* fort. (GA 326) In der Einleitung teilt Rudolf Steiner mit: «Es muß also durchaus indizienmäßig eine Brandstiftung angenommen werden.» Zum Abschluß der Einleitung: Wir müssen daran denken, «daß wir aus dem Schmerze heraus die Kraft finden müssen, an unserem Ziele, an dem was wir so tief in der Entwicklungsgeschichte der Menschheit begründet finden, um so intensiver und energischer zu arbeiten».
2. Januar, 11 Uhr. Vortrag im Glashaus von Dr. FRIEDRICH HUSEMANN «Grundzüge einer Metalltherapie».
2. Januar. Dr. GUENTHER WACHSMUTH beginnt eine Wache aus etwa 30 jüngeren Männern zu organisieren, die Tag und Nacht die noch bestehenden Gebäude bewachen. Zusammenkunft der Mitglieder des Bauvereins mit ERNST UEHLI und EMIL LEINHAS. Es wird eine Resolution abgefaßt und Rudolf Steiner übermittelt. Mutmaßlich betrifft die Resolution den Wiederaufbau des Goetheanum.

2., 3. und 6. Januar. Rudolf Steiner setzt den Kurs *Der Entstehungsmoment der Naturwissenschaft...* fort. Am 2. und 3. Januar um 20 Uhr, am 6. Januar um 11 Uhr. Emil Leinhas berichtet: «In diesen Tagen entstanden unter den Mitgliedern lebhafte Diskussionen. Sie gingen vor allem um das Verhältnis zwischen der anthroposophischen Jugend und den älteren Mitgliedern der Gesellschaft. Die Jungen hielten besondere Versammlungen ab, die einen etwas revolutionären Charakter trugen.» (Vgl. auch R. Maikowski, *Schicksalswege auf der Suche nach dem lebendigen Geist,* S. 64)

3. Januar. Vortrag. Lili Kolisko im Glashaus: Methodik und Resultate neuer Forschungen.

4. Januar, 11 Uhr. Vortrag. Eugen Kolisko im Glashaus: Zur Physiologie des Blutkreislaufs.

4. Januar, 19 Uhr. Eurythmieaufführung (Programm GA 277, S. 300)

5. Januar.

Rudolf Steiner setzt die Vorträge für Arbeiter am Goetheanum-Bau fort. Er charakterisiert die Gegnerschaft und fährt dann fort: «Sie können aber überzeugt sein, ich selber werde mich von meinem Wege niemals abbringen lassen, was auch geschieht. Solange ich lebe, werde ich meine Sache vertreten, und ich werde sie in derselben Weise vertreten, wie ich sie bisher vertreten habe.» (GA 348, S. 192)

11 Uhr. Vortrag von E. Knauer im Glashaus: «Zur Sinnesphysiologie».

Nachmittags. Naturwissenschaftliche Besprechung im «Glashaus».

Abends. Mitgliedervortrag. Die Entwicklung der nachatlantischen Menschheit. Die Krise des 4. Jahrhunderts – die gegenwärtige Not nach dem lebendigen Christus. (GA 220)

6. Januar.

11 Uhr. Schlußvortrag des Kurses *Der Entstehungsmoment der Naturwissenschaft...*

Nachmittags. Versammlung junger Mitglieder der Anthroposophischen Gesellschaft. Rudolf Steiner schweigend anwesend.

17 Uhr. Dreikönigsspiel.

Abends. Mitgliedervortrag. Rudolf Steiner charakterisiert die Situation der akademischen Jugend. Aufforderung an die Jugend, in der und für die anthroposophische Bewegung tätig zu werden. Aufforderung an die älteren Mitglieder, die Jugend zu verstehen. «Jugendtaten sind, wenn sie in den richtigen Wegen gehen, weltenbrauchbare Taten und das Schönste, was man als älterer Mensch wollen kann, ist zusammenarbeiten zu können mit denjenigen Menschen, die noch Jugendtaten verrichten können.» (GA 220, S. 37)

21 Uhr 30. Besprechung der in Dornach anwesenden Mitglieder der A. G. über die Frage des Wiederaufbaus. Rudolf Steiner charakterisiert in einem Schlußwort die bisherige Entwicklung der Anthroposophischen Gesellschaft, insbesondere die Zeit nach dem Kriege und kritisiert die «Unmethoden» das Projektemachen und die Gschaftl-Huberei, die nicht von ernstem, konsequenten Willen getragen waren: «Solange wir unsere inneren Gegner sind, solange brauchen wir uns, da wir ja auf einem okkulten Boden stehen, nicht zu verwundern, wenn eine furchtbare Gegnerschaft von außen anschlägt. Suchen wir auch da Selbsterkenntnis, so wird sich manches in das richtige Licht stellen lassen.» In der Art der letzten vier Jahre kann nicht weiter gearbeitet werden. (*Rudolf Steiner und die Zivilisationsaufgaben der Anthroposophie,* Dornach 1943, S. 19–26)

7. Januar. 17 Uhr. Eurythmieaufführung, u. a. aus Faust II: Graue Weiber und Sorge.

7. Januar, 20 Uhr. Mitgliedervortrag. Die Metallität der Erde und die Herzerkenntnis des Menschen. (GA 220)

8. Januar. Rudolf Steiner stellt ein Dokument für Mademoiselle ALICE SAUERWEIN aus, durch welches er Alice Sauerwein als Generalsekretärin einer zu gründenden französischen Landesgesellschaft anerkennt und seine Bereitschaft erklärt, mit ihr zusammenzuarbeiten.

9. Januar. Rudolf Steiner reist nach Stuttgart, um dort Lehrer aus England, die die Waldorfschule besuchen, zu begrüßen. Möglicherweise reist Rudolf Steiner noch am selben Tag nach Dornach zurück. Die eigentliche Besichtigung der Waldorfschule durch die Lehrer aus England findet am 10. Januar statt. (Vgl. C. von Heydebrand, *Eine Anerkennung deutschen Geisteslebens*, in Anthroposophie, 4. Jg., Nr. 34, S. 2)

In dieser Zeit gehen am Goetheanum die Aufräumungsarbeiten und die Untersuchungen über die Brandursache weiter. Am 10. Januar werden in der Asche Überreste menschlicher Knochen gefunden, die aber zunächst zu spärlich sind, um eine Identifikation vornehmen zu können. (Nach Meldungen der schweizerischen Tagespresse)

12.–14. Januar. Vorträge für Mitglieder. Zur Symptomatik der frühen Neuzeit: Jakob Böhme, Giordano Bruno und Francis Bacon; Sal, Merkur und Sulphur. Die Notwendigkeit, in der Gegenwart zu erwachen: «Das Unglück, das uns betroffen hat, sollte in allererster Linie auch ein Weckruf dazu sein, an der Anthroposophischen Gesellschaft etwas zu tun, damit sie eine Realität werde. ... Die lebendige Strömung von Mensch zu Mensch innerhalb der Anthroposophischen Gesellschaft, die muß da sein. Eine gewisse Lieblosigkeit ist an die Stelle des gegenseitigen Vertrauens in der neuesten Phase der Anthroposophischen Gesellschaft so häufig getreten, und wenn diese Lieblosigkeit weiter überhand nimmt, dann wird eben die Anthroposophische Gesellschaft zerfallen müssen.» (GA 220, Vortrag vom 14. Januar 1923)

14. Januar, 17 Uhr. Eurythmieaufführung, Programm wie am 7. Januar.

14. Januar. Im «Goetheanum» erscheint der Aufsatz *Das Goetheanum in seinen zehn Jahren.* Im Rückblick auf die Geschichte des Baus schreibt Rudolf Steiner: «an diesem Bau wurde nun seit fast zehn Jahren von Freunden der Anthroposophie gearbeitet. Schwer zu bringende Opfer materieller Art kamen von vielen Seiten: Künstler, Techniker, Wissenschaftler arbeiteten in hingebungsvoller Art mit. Wer im anthroposophischen Kreise die Möglichkeit hatte, an dem Werke zu arbeiten, der tat es. Der Geist der anthroposophischen Weltanschauung arbeitete aus begeisterten Herzen heraus an dem Goetheanum.» (GA 36, S. 309)

16. Januar. Rudolf Steiner und Marie Steiner reisen nach Stuttgart, wo sie abends eintreffen. Es kommt zu einer Besprechung mit sieben Waldorflehrern: C. v. Heydebrand, E. Kolisko, M. Röschl, K. Schubert, E. Schwebsch, W. J. Stein und Ernst Uehli. (Sog. «Siebener-Kreis») Über die Unstimmigkeiten zwischen dem «Zentralvorstand» und den übrigen führenden Anthroposophen. Die Klagen der Jugend. Rudolf Steiner bemängelt, daß man Carl Unger nicht eingeladen hat und fragt, warum sein an Ernst Uehli am 10. Dezember erteilter Auftrag nicht ausgeführt worden sei. Es stellt sich heraus, daß Uehli den Auftrag «vergessen» hatte. Rudolf Steiner bittet um Vorschläge zur Konsolidierung der Anthroposophischen Gesellschaft. (Vgl. Marie Steiners Einleitung zu *Studienmaterial aus den Sitzungen des Dreissiger-Kreises,* Dornach 1947, S. 9)

17. Januar. Rudolf Steiner morgens in der Waldorfschule, Unterrichtsbesuche: «Es ist zum Beispiel deutlich zu bemerken, daß in den höheren Klassen jetzt eine größere Seriosität vorhanden ist.»

17. Januar, nachmittags oder gegen Abend. Konferenz mit dem Lehrerkollegium der Waldorfschule: Unterrichtsfragen – insbesondere Turnen. Gegen Ende über den Zustand der Anthroposophischen Gesellschaft. (GA 300b)

17. Januar, abends. Sitzung des «Siebenerkreises», der inzwischen um Carl Unger, Herbert Hahn und wahrscheinlich Emil Leinhas erweitert worden ist. Ernst Uehli ist aus dem Zentralvorstand ausgetreten. Rudolf Steiner weist darauf hin, daß die gegenwärtige Situation offen und klar charakterisiert werden muß, und daß man nicht mit fertigen Vorschlägen operieren kann. (*Studienmaterial aus den Sitzungen des Dreissiger-Kreises,* Dornach 1947)

18. Januar. Rückreise nach Dornach.

19.–21. Januar. Mitgliedervorträge: Wahrheit – Schönheit – Güte – ihre Bedeutung für den Menschen, ihre Praxis im sozialen Leben. Der intellektuelle Sündenfall und die spirituelle Sündenerhebung. Warnung vor sektiererischer Mystik: «Und alles Reden davon, daß die Anthroposophische Gesellschaft viel zu intellektualistisch geworden sei, beruht eigentlich darauf, daß diejenigen, die so reden, eben das konsequente Erleben eines geistigen Inhalts ver-

meiden wollen und viel mehr die egoistische Wollust des seelischen Schwelgens in einer mystischen, nebulosen Unbestimmtheit wollen.» (GA 220, S. 144, Vortrag vom 21. Januar)
21. Januar. Im «Goetheanum» erscheint *Das Goetheanum in seinen zehn Jahren II.* (GA 36, S. 310ff.) Über die künstlerische Gestalt des Goetheanum-Baus.
22. Januar, vormittags. Reise von Dornach nach Stuttgart.
22. Januar, nachmittags. Sitzung mit dem «Siebener-Kreis».
Nach einem Zweigabend gegen 22 Uhr Besprechung mit dem auf 60 Personen erweiterten «Dreißiger-Kreis». In der Einleitung führt Rudolf Steiner aus, daß man über die tieferen geistigen Gründe des Brandunglücks nicht sprechen könne. Gegenwärtig gehe es darum, «die Anthroposophische Gesellschaft zu konsolidieren. Denn in einem gewissen Sinne fehlte im Dornacher Bau, der laut zur ganzen Welt sprach, der Hintergrund der schützenden Anthroposophischen Gesellschaft. Die Anthroposophische Gesellschaft verfiel im Grunde genommen von dem Moment an, wo man den Bau begann.» In der langen Aussprache charakterisiert Rudolf Steiner die Unmethoden des Projektemachens und des Bürokratismus. (Vgl. *Studienmaterial aus den Sitzungen des Dreissiger Kreises,* Dornach 1947).
23. Januar, nachmittags. Konferenz mit dem Lehrerkollegium der Waldorfschule. Fragen des Wandschmucks – Über die Technik der Unterrichtsvorbereitung – Fragen der Schulverwaltung – Es wird eine Gruppe gebildet, die einen Vorschlag machen soll. (GA 300 b)
23. Januar, abends. Mitgliedervortrag Rudolf Steiners. Über die Notwendigkeit der Pflege der Anthroposophischen Gesellschaft durch anthroposophisches Tun. Die Gesellschaft als Mutter der Tochterunternehmungen. Die Töchter dürfen die Mutter nicht vergessen. (GA 257)
24. Januar. Rudolf Steiner sendet Albert Steffen den Aufsatz: *Das Goetheanum in seinen zehn Jahren III.* Sitzung mit dem «Siebenerkreis».
25. Januar. Reise nach Dornach.
26.–28. Januar. Mitgliedervorträge. Die geschichtliche Bedingtheit der modernen Naturwissenschaft (Deszendenztheorie) – Nominalismus und Realismus – Die Bedeutung der Elektrizität für die Weltauffassung der Gegenwart – der Gegenwartsmensch und die Geschichte. (GA 220)
28. Januar. Im «Goetheanum» erscheint *Das Goetheanum in seinen zehn Jahren III.* (GA 36, S. 314) Über die künstlerische Ausgestaltung des Baus im einzelnen.
28. Januar, 17 Uhr. Eurythmieaufführung, u. a. Chinesische Gedichte, Musik von Schumann, Beethoven, Chopin, Gedicht von Albert Steffen.
29. Januar. Reise nach Stuttgart, dort Aussprache über die Reorganisation der Anthroposophischen Gesellschaft.

30. Januar. Rudolf Steiner sendet Albert Steffen den Aufsatz *Das Goetheanum in seinen zehn Jahren IV.*
30. Januar, 20 Uhr. Vortrag für Mitglieder: Die geisteswissenschaftliche Praxis der Urteilsbildung. (GA 257)
30. Januar, nachts. Besprechung mit dem «Siebener-Kreis». Über das Stuttgarter System. Der Zentralvorstand hatte keine Ideen. «Das sind die schlechten Unmethoden: sein Amt erledigen, aber jede reale Aktivität vermeiden.» «Das ist es, was ich als das System der inneren Opposition erklärt habe. Talente muß man in den Dienst der Sache stellen, nicht sie abstoßen. Wenn das in der Waldorfschule wirklich versucht wird, ist es nur auf den Umstand zurückzuführen, daß ich mir selbst die Besetzung aller Stellen vorbehalten habe. Wo ich aber nichts zu sagen hatte, ist das System befolgt worden, Talente herauszuschmeißen. Talente sind oft höchst unbequeme Wesenheiten. Auf diese Weise treiben wir fortwährend Inzucht...» (Vgl. *Studienmaterial aus den Sitzungen des Dreissiger-Kreises,* Dornach 1947, S. 31 und 32)
31. Januar, 16–19 Uhr. Konferenz mit dem Lehrerkollegium – Die Frage der Schulverwaltung – Die Vertretung der Waldorfschulpädagogik in der Öffentlichkeit. Das Abitur. Zur Weltlage (aus Anlaß der Ruhrbesetzung). «Wir stehen heute vor einem Abgrund in der europäischen Kultur und wir müssen uns anschicken, diesen Abgrund zu überspringen. Ich habe längst aufgehört, nach dieser Richtung Artikel zu schreiben. Ich habe den letzten geschrieben, als die Genueser Konferenz war, um noch einmal auf das Ganze aufmerksam zu machen.» (GA 300 b, S. 255)
31. Januar, 20 Uhr(?). Sitzung mit dem «Dreißiger-Kreis» der in Stuttgart verantwortlich Tätigen. Rudolf Steiner bittet, die Verhandlungen so zu führen, daß ein Ergebnis zustandekommt. Aussprache insbesondere über das Versagen der Forschungsarbeiten und über das Nicht-Zustandekommen des medizinischen Vademecum. Über die fragwürdige Art, Phänomenologie zu treiben. Am Schluß: über die Ergebnislosigkeit der bisherigen Verhandlungen. «Der Jugendkreis wird revoltieren, wenn nicht aus diesen Verhandlungen wirklich etwas hervorgeht.» Rudolf Steiner bittet, ihn von der Betreuung der Jugend, von den wissenschaftlichen Diskussionen, von der Betreuung der Forschungsinstitute und der Sorge um die wirtschaftlichen Unternehmungen zu entlasten. «Machen Sie es mir möglich, meine Tätigkeit auf die Waldorfschule einzuschränken.» «Ich werde mich dann dem Schicksal der Anthroposophischen Gesellschaft widmen können. ... Befreiung in diesen vier Richtungen, und dann werde ich fertig.» (Vgl. *Studienmaterial...,* a.a.O., S. 63 u. 65)
1. Februar. Rudolf Steiner zu ausführlichen Konsultationen im Klinisch-therapeutischen Institut.
2.–4. Februar. Vorträge für Mitglieder. «Erkenne dich selbst!» – «Hier auf

dieser Erde offenbart der Mensch sein Wesen nicht.» Die Schwelle des Todes und das Erleben des Menschen als Licht und Wärme durch die Verbindung mit Christus. – Selbsterkenntnis im 19. Jahrhundert – der Tagmensch und der Nachtmensch – in das reine Denken kann das «Ich» hineingeschoben werden. Wunsch und Wille: der Wille ist eine tätige Kraft. – Rückblick auf die drei Phasen der anthroposophischen Bewegung. Ausführliche Beschreibung des Versagens der führenden Persönlichkeiten in der dritten Phase; Ausnahme: Emil Leinhas, der in der Krise der «Futurum AG» eingreift. Verantwortung und tätiges Wollen. (Vgl. GA 221 und *Rudolf Steiner und die Zivilisationsaufgaben der Anthroposophie,* Dornach 1943, S. 29–38)

4. Februar. Im «Goetheanum» erscheint *Das Goetheanum in seinen zehn Jahren IV.* (GA 36, S. 318 ff.) Die Eurythmie im Goetheanum.

4. Februar, 11 Uhr. Mitgliedervortrag – siehe oben!

4. Februar, 17 Uhr. Eurythmieaufführung. Gedichte von Solowjoff und Steffen, Musik von Chopin. (Programm GA 277, S. 308)

5. Februar. Besprechung mit Albert Steffen, u. a. über die katastrophale Lage in Europa. (Vgl. A. Steffen, *Begegnungen mit Rudolf Steiner,* S. 235) Reise nach Stuttgart.

5. Februar, 20 Uhr(?). Lange Sitzung mit dem «Dreißiger-Kreis». Berichte der Verantwortlichen: Dr. UNGER (Gesellschaft), Dr. PALMER (Klinisch-therapeutisches Institut), Dr. NOLL über das medizinische Vademecum, Dr. PEIPERS über die Verbindung mit den Ärzten, STRAKOSCH über das Forschungsinstitut, Dr. HEYER über die Wochenschrift «Anthroposophie», Dr. THEBERATH über seine wissenschaftliche Arbeit, Dr. HAHN über die Bearbeitung des sprachwissenschaftlichen Kurses 1919/20, Dr. KOLISKO über die Vertrauensorganisation, PAUL BAUMANN, über die Arbeit in der Schule, J. v. GRONE über Fragen der Gegnerschaft. Rudolf Steiner: «Ich finde, daß in allem was vorgebracht worden ist, das Wichtigste nicht gesagt ist.» Rudolf Steiner macht auf die Alternative aufmerksam: der Zentralvorstand muß sagen, was er wirklich tun will. «Sonst wäre ich genötigt, das zu tun, was ich meinerseits für notwendig halte.» (Nämlich sich selbst direkt an die Mitgliedschaft zu wenden.) Rudolf Steiner stellt die Aufgabe, einen Aufruf zu entwerfen. (*Studienmaterial ...,* a. a. O., S. 68)

6. Februar.

Rudolf Steiner sendet Albert Steffen den Aufsatz *Das Goetheanum in seinen zehn Jahren V.*

16 Uhr. Konferenz mit dem Lehrerkollegium der Waldorfschule. Ausführliche Besprechung über schulhygienische Fragen – die Therapie für den kindlichen Organismus. Die Konferenzarbeit – Sprach- und Grammatikunterricht. (GA 300 b)

20 Uhr. Vortrag für Mitglieder. Die selbständige Vertretung der anthroposophischen Erkenntnis durch das aktive Denken im Sinne der «Philosophie der Freiheit», Handeln in Seelenruhe: neues Denken und neues Wollen als Erkenntnisweg. – Die drei Phasen der anthroposophischen Arbeit. (GA 257)

21 Uhr 30 (?). Beratungen mit dem «Dreißiger-Kreis». Rudolf Steiner teilt mit, daß sich die Beratungen nur auf die Anthroposophische Gesellschaft in Deutschland beziehen. Landesgesellschaften in der Schweiz und in Schweden bestehen bereits, andere (England, Norwegen, Frankreich) sind in Bildung. Beratungen über den Aufruf. Der vorliegende Entwurf genügt nicht. Rudolf Steiner schlägt vor, daß ein kleines Gremium (W. Wachsmuth, Palmer, Leinhas, Unger, Kolisko, Rittelmeyer und von Grone) den neu zu fassenden Aufruf über Nacht berät und entwirft. (Vgl. *Studienmaterial...,* a. a. O.)

7. Februar, vormittags. Rudolf Steiner besucht das Forschungsinstitut des «Kommenden Tages».

7. Februar, 18 Uhr. Sitzung mit dem «Dreißiger-Kreis». FRIEDRICH RITTELMEYER ist nunmehr zu den Beratungen hinzugezogen worden. Auch der neue Entwurf des Aufrufs ist unzulänglich. Die Sitzung wird unterbrochen, um weitere Entwürfe zu verfassen. Nach Wiederaufnahme der Besprechungen kommt es zu weiteren krisenhaften Entwicklungen. Rudolf Steiner betont: «Es handelt sich darum, daß die Anthroposophische Gesellschaft in ihren Führern etwas wollen soll.» (Vgl. *Studienmaterial...,* a. a. O., S. 90)

8. Februar, abends. Besprechung mit dem «Dreißiger-Kreis». Der Aufruf kommt zustande. Weitere Charakterisierung des «Stuttgarter Systems» – Fragen der Zweigarbeit, der Jugendbewegung und Gegnerfragen. (Vgl. *Studienmaterial...,* a. a. O.)

8. Februar, 23 Uhr 30. Besprechung mit einer Jugendgruppe, dabei äußert sich Rudolf Steiner über die Hochschulkurse: «Ich will nichts sagen gegen ihren Wert. Aber die Hochschulkurse waren ein Mißverständnis. Es ist von Ihnen das gar nicht gesucht worden, was dort ausgesprochen worden ist. Sie suchten Anthroposophie an sich.» (GA 217a, S. 97)

9. Februar. Rudolf Steiner zu ausführlichen Konsultationen im Klinisch-therapeutischen Institut. Rückfahrt nach Dornach.

9.–11. Februar, jeweils abends. Mitgliedervorträge. Die Erdenerkenntnis im Sinne der kopernikanischen Weltanschauung und lebendige Erkenntnis der Himmelskräfte – Erkenntnis der unsichtbaren Kräfte im Menschen. (GA 221)

9. Februar. Nach dem Mitgliedervortrag berichtet Rudolf Steiner über die Stuttgarter Verhandlungen und kündigt die bevorstehende deutsche Delegierten-Versammlung an. «Es muß ja schon so etwas stattfinden, denn überall verlangt man ein neues, frisches Lebenselement. Das muß kommen. Die Jugend pocht an die Tore. Sie hat dazu ihre volle Berechtigung; sie muß verstanden werden. Aber das Alter kann nicht abgesägt werden, das muß wirken; aus ihm ist das Fundament der Anthroposophischen Gesellschaft gekommen.» (*Rudolf Steiner und die Zivilisationsaufgaben*..., Dornach 1943, S. 41)

11. Februar, 17 Uhr. Eurythmieaufführung. (Einleitung und Programm GA 277, S. 309–314) Anschließend Besprechung mit Albert Steffen, u. a. personelle Fragen.

12. Februar. Reise nach Stuttgart. Rudolf Steiner kommt so spät in Stuttgart an, daß er an der abends stattfindenden Sitzung des «Dreißiger-Kreises» nicht teilnehmen kann.

13. Februar, 20 Uhr. Mitgliedervortrag. Rudolf Steiner charakterisiert die seelische Entwicklung der Anthroposophen in den drei Phasen der anthroposophischen Bewegung. In dem Vortrag gibt er die richtige Interpretation des Wortes «Anthroposophie»: «Nicht Weisheit vom Menschen ist die richtige Interpretation des Wortes ‹Anthroposophie›, sondern: Bewußtsein seines Menschentums; das heißt: hinzielen sollen Willensumwendung, Erkenntniserfahrung, Miterleben des Zeitenschicksals dahin, der Seele eine Bewußtseinsrichtung, eine ‹Sophia› zu geben.» (GA 257, S. 76)

13. Februar, 21 Uhr 20 (?). Nachtsitzung des «Dreissiger-Kreises» über die Planung der Delegierten-Tagung (26.–28. Februar): Verteilung der Aufgaben, Klärung der Aufgaben – das Verhältnis zur Bewegung für religiöse Erneuerung.

14. Februar, morgens. Rudolf Steiner zu Unterrichtsbesuchen in der Waldorfschule.

14. Februar, 18 Uhr. Konferenz mit dem Lehrerkollegium der Waldorfschule, im ersten Teil der Konferenz als Gast Dr. KARUTZ, der den Antrag stellt, den Französisch-Unterricht abzuschaffen. Über die französische Sprache. Behandlung der Frage, was gegen die Unterernährung der Schulkinder getan werden kann. Schüler- und Lehrplanfragen. (GA 300 b)

14. Februar, 20 Uhr 30. Besprechung mit Vertretern der jüngeren Generation: über die gegenwärtige Situation der Anthroposophischen Gesellschaft – Über das Studium – Zur Delegiertentagung stellt Rudolf Steiner die Aufgabe, über drei Fragen zu sprechen: Wie steht es überhaupt mit der studentischen und Jugendbewegung? Welche Erfahrungen macht jemand, der sein Menschentum aus der Anthroposophie heraus fühlt, an den Hochschulen? und: «Was erwartet der akademische und jüngere Mensch von der Anthroposophischen Gesellschaft?» (GA 217a)

15. Februar. Rückreise nach Dornach.

16.–18. Februar. Mitgliedervorträge. Nietzsches intellektuelle Redlichkeit und ihre Konsequenz im moralischen Nihilismus: ein Ergebnis der modernen naturwissenschaftlichen Weltauffassung. Die Realitäten des moralischen

Lebens in der Menschenorganisation. Die Wiedergewinnung der Moralität durch mit Liebe durchdrungene Erkenntnis. (GA 221)

18. Februar. Im «Goetheanum» erscheint *Das Goetheanum in seinen zehn Jahren V.* (GA 36, S. 322 ff.) Die Stilformen des Goetheanum als ein Versuch, aus dem Quell geistiger Erkenntnis zu gestalten.

18. Februar, 17 Uhr. Eurythmieaufführung. Gedichte von Steffen, Kitir, Hebbel, Morgenstern, Musik von Beethoven.

22. Februar. Rudolf Steiner besucht die Fortbildungsschule im Haus Friedwart und beteiligt sich am Malunterricht.

22. Februar, 20 Uhr 30. Mitgliedervortrag. Die Ideale von Religion, Kunst und Wissenschaft in der Geschichte. (GA 257)

23. Februar. Reise nach Stuttgart.

24. Februar. Vorbereitende Besprechung zur Delegiertentagung mit dem «Dreißiger-Kreis».

25. Februar, 20 Uhr. Emil Leinhas eröffnet die Delegiertentagung. Eugen Kolisko hält das Einleitungsreferat «Die Lage der Anthroposophischen Gesellschaft». Anschließend Aussprache bis 23 Uhr. (Protokoll der gesamten Tagung in: Mitteilungen ZV, Nr. 5)

26. Februar, 9 Uhr, mit Pausen bis 23 Uhr. Aussprache und Referate. Die Referate werden von Carl Unger (Dreigliederungsbewegung), Caroline von Heydebrand (Waldorfschule), Otto Palmer (Klinisch-therapeutisches Institut), Rudolf Maier (Forschungsinstitut), Eugen Kolisko (Anthroposophie und Wissenschaft), Herbert Hahn (Über das Verhältnis der Anthroposophischen Gesellschaft zur Bewegung für religiöse Erneuerung), Walter Johannes Stein (Bund für anthroposophische Hochschularbeit) gehalten. Rudolf Steiner greift einmal ausführlich in die Debatte ein und führt aus, wie sich das Stuttgarter System isoliert hat. «Da ich das Stuttgarter System nicht desavouieren konnte, wurde ich mitisoliert.» Wenn die Verhältnisse nicht geändert würden, wäre «ich genötigt... mich über die Köpfe der Organisation hinweg an die Mitglieder der Organisation zu wenden, damit die Dinge anders würden».

27. Februar.

9 Uhr (?). Fortsetzung der Delegiertentagung. Emil Leinhas spricht die Glückwünsche der Versammelten zu Rudolf Steiners 62. Geburtstag aus. Referate von Ernst Lehrs (Anthroposophie und Jugendbewegung) und Louis Werbeck (Die Gegnerschaft). Ende 12 Uhr.

14 Uhr. Fortsetzung der Versammlung. Referat Karl Heyer (Bund für freies Geistesleben), anschließend Aussprache, an der sich u. a. Polzer-Hoditz, Martin Münch und Friedrich Rittelmeyer beteiligen. Ende 16 Uhr 30.

17 Uhr. Eurythmieaufführung. (Programm GA 277, S. 321)

20 Uhr. Vortrag Rudolf Steiners. Gemeinschaftsbildung – Die Erinnerungs-

Gemeinschaft des Kultus – die Gemeinschaftsbildung durch das Erwachen am Seelisch-Geistigen des anderen Menschen. (GA 257) – Aufgrund der Tatsache, daß in der Anthroposophischen Gesellschaft «zwei Menschengruppen, die sich gegenseitig gar nicht verstehen und die zum gegenseitigen Verständnis auch noch nicht den allerersten Schritt haben vollziehen können», vorhanden sind, macht Rudolf Steiner den Vorschlag, daß sich zwei Gesellschaften bilden: «Wir hätten auf der einen Seite die alte Anthroposophische Gesellschaft, auf der anderen Seite eine lose, aber innig zusammenhängende Vereinigung freier Gemeinschaften.» Dieser Vorschlag trifft die Versammelten völlig unvorbereitet. Nach dem Vortrag Rudolf Steiners sprechen UEHLI, UNGER und KOLISKO. Nur Kolisko geht auf den Vorschlag Rudolf Steiners ein und fordert die Zuhörer auf, die Spaltung der Gesellschaft zu vermeiden.

Nach der Versammlung verständigte sich jedoch eine Gruppe junger Anthroposophen, Rudolf Steiners Vorschlag positiv aufzugreifen. Zu diesen gehören ERNST LEHRS und HANS BÜCHENBACHER. Die Gruppe begibt sich in die Landhausstraße, ins Haus der Anthroposophischen Gesellschaft und verständigt Rudolf Steiner über ihre Zusammenkunft. Rudolf Steiner berichtet: «Ich kam dann nach Hause, – man war wirklich etwas müde. Da um 12 Uhr holte man mich: unten in der Landhausstraße wäre eine Versammlung. Ich wurde noch auf dem Wege von der zweiten Etage nach der ersten Etage aufgehalten in einer Zwischenversammlung, dann kam ich so ungefähr um viertel vor eins in der Nacht in diese Versammlung. Da ergab sich aber sofort: die Sache [der Vorschlag zur Gliederung in zwei Gruppierungen] war doch verstanden worden, war ganz richtig verstanden worden. Man konnte sich über die Details wirklich sehr gut unterhalten; es war klar geworden, daß da etwas werden könnte, wenn man es in dieser Weise machte.» (GA 257, S. 159)

28. Februar.

9 Uhr. Fortsetzung der Delegiertentagung. Rudolf Steiner wiederholt und begründet seinen Vorschlag, neben der alten Gesellschaft eine lose, freie Vereinigung zu gründen. Er charakterisiert die beiden Gruppen: die alten Mitglieder, die sofort alles verstehen, «nur ausgeführt wurde dasjenige, was verstanden worden ist, nicht». Über die jüngere Gruppierung, die nichts versteht «von dem was ich sage». «Nichts versteht man davon, gar nichts. Aber es ist vorhanden eine unendlich große Aktivität, ein unendlich guter Wille. Alles, was man nicht verstanden hat, wird gleich getan.» Nach Rudolf Steiner sprechen CARL UNGER (programmatisch), HANS BÜCHENBACHER (für die neu zu bildende Vereinigung) und EMIL LEINHAS (über die Vertrauensorganisation). Es folgt eine lange Aussprache.

Anschließend zweiter Vortrag Rudolf Steiners über Gemeinschaftsbildung. Über die für das Leben mit Anthroposophie erforderliche Bewußtseinsverfassung. Der Unterschied zwischen anthroposophischer Bewegung und Anthroposophischer Gesellschaft. (GA 257)

14 Uhr 30. Fortsetzung der Delegiertentagung. Ernst Lehrs teilt mit, daß sich ein Komitee für die Freie Anthroposophische Gesellschaft gebildet hat. Es besteht aus Moritz Bartsch, Hans Büchenbacher, Jürgen von Grone, Ernst Lehrs, René Maikowski, Wilhelm Rath, Maria Röschl, J. G. W. Schröder. Gegen Ende der Versammlung tritt Dr. Gabriele Rabel auf und interpelliert Rudolf Steiner zur Frage der Atomtheorie.

17 Uhr (?). Eurythmieaufführung.

Abends. Fortsetzung und Schluß der Aussprache: Erörterungen zu den Äußerungen von Dr. Gabriele Rabel. Referat Walter Johannes Stein «Die Gegner» – Schlußwort: Emil Leinhas.

1. März. Es finden Nachbesprechungen zur Delegiertentagung statt: Praktische Auswirkungen der Gliederung der Gesellschaft.

1. März, 17 Uhr. Konferenz mit dem Lehrerkollegium der Waldorfschule über den Turnunterricht. (GA 300 b)

2. März, morgens. Rudolf Steiner reist nach Dornach.

2. März, 20 Uhr. Mitgliedervortrag. Rudolf Steiner berichtet über die Stuttgarter Delegiertentagung. (GA 257)

3. und 4. März. Mitgliedervorträge über Gemeinschaftsbildung. (GA 257)

4. März. Im Goetheanum erscheint *Das Goetheanum in seinen zehn Jahren VI.* (GA 36, S. 326 ff.) Harmonien und Disharmonien im Goetheanum.

Albert Steffen und der Lehrer Widmer bei Rudolf Steiner. Über den Lehrerkurs für Schweizer Lehrer.

5. März. Rudolf Steiner malt die Pastellskizze «Licht und Finsternis».

6.–8. März. Rudolf Steiner in Stuttgart.

6. und 7. März. Eurythmieaufführung.

7. und 8. März. Rudolf Steiner hält zwei Vorträge über *Das Tonerlebnis im Menschen* für das Lehrerkollegium der Waldorfschule und die Lehrenden der Eurythmieschule. (GA 283)

7. oder 8. März. Besprechungen mit den Gremien beider Anthroposophischen Gesellschaften.

8. März. Konferenz mit dem Lehrerkollegium der Waldorfschule: Planung für das kommende Schuljahr – Schülerfragen. (GA 300 b)

9. März. Rückreise nach Dornach.

11. März. Rudolf Steiner verfaßt ein «Memorandum» für die Freie Anthroposophische Gesellschaft, in dem er Aufgaben, Rechte und Pflichten der neuen Gesellschaft umreißt. (Vgl. GA 217a, S. 205–207)

11. und 12. März. Mitgliedervorträge. Das Verhältnis des Menschen zu den Archangeloi im Schlaf durch die Sprache – das Verhältnis zu den Naturreichen und den Archai. (GA 222)

13. März, 15 Uhr. Besprechung mit ALBERT STEFFEN über die deutsche Wochenschrift *Anthroposophie.*
15. März. Brief an Marie Steiner in Berlin zum Geburtstag. Spruchartige Zusammenfassung des Vortrags vom 11. März. Bericht über die Verhandlungen im Solothurner Kantonsrat, die Versicherung und den Wiederaufbau des Goetheanum betreffend. Verschiedene Sprecher verteidigen die Sache des Goetheanum gegen klerikale Angriffe: «Wir leben nicht mehr im Zeitalter der Hexenverbrennung und haben Geistesfreiheit.» (GA 262, S. 174ff.)
16.–18. März. Mitgliedervorträge. Die Impulsierung des weltgeschichtlichen Geschehens durch geistige Mächte – insbesondere Exusiai und Archai.
18. März. Im «Goetheanum» erscheint *Das Goetheanum in seinen zehn Jahren VII.* (GA 36, S. 330ff.)
21. und 22. März. Rudolf Steiner malt die Pastellskizze «Der Forscher inmitten von Marianus und Gabrilein».
22. und 23. März. Mitgliedervorträge. Totes und lebendiges Denken – das Erfassen des Ätherischen – Giftpflanzen. Die Evolution der Menschheit und die Zukunftsaufgaben. (GA 222)
25. März. Im «Goetheanum» erscheint *Goethe und Goetheanum.*
25. März, mittags. Abfahrt nach Stuttgart zur «Künstlerisch-pädagogischen Tagung der Freien Waldorfschule» vom 25.–29. März. Außer Rudolf Steiner wirken an der Tagung mit: HERMANN VON BARAVALLE, HERBERT HAHN, CAROLINE VON HEYDEBRAND, EUGEN KOLISKO, KARL SCHUBERT, ERICH SCHWEBSCH und ALEXANDER STRAKOSCH sowie die Stuttgarter Eurythmieschule unter Leitung von MARIE STEINER. (Programm in *Anthroposophie,* 4. Jg., Nr. 37, S. 6)
25. März, 20 Uhr. Gustav-Siegle-Haus. Vortrag Rudolf Steiners: *Pädagogik und Kunst.*
26. März, 17 Uhr. Eurythmieaufführung.
26. März, 20 Uhr. Gustav-Siegle-Haus. Vortrag Rudolf Steiners: *Pädagogik und Moral.*
27. März, 20 Uhr. Eurythmieaufführung der Gruppe des Goetheanum.
29. März, 17 Uhr. «Rezitation». Vortrag: Rudolf Steiner, Rezitation: MARIE STEINER.
30. März, 9–14 Uhr. Konferenz mit dem Lehrerkollegium der Freien Waldorfschule. Nachbesprechung der Tagung: «Die Veranstaltung war eine außerordentlich befriedigende», «die als solche wohl einen großen Eindruck auf die Besucher hat machen können.» Versäumt worden sei, während der Anwesenheit zahlreicher Anthroposophen auch «irgend etwas spezifisch Anthroposophisches» einzufügen. «Wir stehen vor der Gefahr, daß die Anthroposophische Gesellschaft in Einzelunternehmungen zerfällt.» Aber gedeihen kann die Waldorfschule nur auf dem Boden der anthroposophischen Bewe-

gung. Rudolf Steiner tadelt die Vorträge von W. J. STEIN und H. HAHN; Stein habe das negative Element viel zu stark betont, Hahn nicht zum Thema gesprochen. – Eine Lehrerin, die sich krank gemeldet hat, aber dennoch an der Tagung teilgenommen hatte, wird entlassen («auf ein Jahr beurlaubt») – Verteilung der Arbeiten und Klassen für das nächste Jahr. (GA 300b)
30. März, nachmittags(?). Rückreise nach Dornach.
31. März–4. April. Rudolf Steiner in Dornach.
31. März–2. April. Mitgliedervorträge über den Jahreskreislauf als Atmungsvorgang der Erde und die vier großen Jahresfeste. (GA 223)
1. April. Ostersonntag. Im «Goetheanum» erscheint: *Pädagogik und Kunst – Skizze eines Vortrags für die «Künstlerisch-pädagogische Tagung».*
1. April, 17 Uhr. Eurythmieaufführung. (Programm GA 277, S. 325)
2. April, 17 Uhr. Eurythmieaufführung. (Programm GA 277, S. 325)
2. April, 20 Uhr. Mitgliedervortrag über den Jahreslauf. Rückblick auf die Dreigliederungsbewegung: «Man möchte sagen, als von dem Dreigliederungsimpuls im sozialen Leben gesprochen worden ist, da war das gewissermaßen eine Prüfung, ob der Michael-Gedanke schon so stark ist, daß gefühlt werden kann, wie ein solcher Impuls unmittelbar aus den zeitgestaltenden Kräften herausquillt. Es war eine Prüfung der Menschenseele, ob der Michael-Gedanke in einer Anzahl von Menschen stark genug ist. Nun, die Prüfung hat ein negatives Resultat ergeben. ... Und es wird ja kaum möglich sein, die Menschenseelen für neue Aufgangskräfte so mit den urgestaltenden Weltenkräften zu verbinden, wie es notwendig ist, wenn nicht ein solch Inspirierendes wie eine Michael-Festlichkeit durchdringen kann, wenn also nicht aus den Tiefen des esoterischen Lebens heraus ein neugestaltender Impuls kommen kann. – Wenn sich statt der passiven Mitglieder der Anthroposophischen Gesellschaft nur wenige aktive Mitglieder fänden, so würden über einen solchen Gedanken Erwägungen angestellt werden können.» (GA 223, S. 50f.)
5. und 6. April. Rudolf Steiner zu Vorträgen und Besprechungen in Bern.
5. April. Öffentlicher Vortrag im Großratssaal: *Was wollte das Goetheanum und was soll die Anthroposophie?* (Vgl. 9., 10., 11. und 12. April)
6. April. Mitgliedervortrag in Bern: Gehen – Sprechen – Denken; Schicksalsgestaltung im Wachen und Schlafen; – die Geistigkeit der Sprache und die Gewissensstimme. (GA 224, Über Fahrt nach und Aufenthalt in Bern vgl. R. Maikowski, *Schicksalswege auf der Suche nach dem lebendigen Geist,* S. 72–75)
7. und 8. April. Mitgliedervorträge. Fortsetzung der Darstellungen zu den Jahreszeiten und Jahresfesten. Die Sprüche der Jahreszeiten; Sommer: Empfange das Licht, Herbst: Schau um dich, Winter: Hüte dich vor dem Bösen, Frühling: Erkenne dich selbst. (GA 223)
8. April. Im «Goetheanum» erscheint *Pädagogik und Moral.* (GA 36, S. 292)
9. April. Basel, Hans-Huber-Saal. Öffentlicher Vortrag: *Was wollte das Goe-*

theanum und was soll die Anthroposophie? Zu diesem Vortrag schreibt Rudolf Steiner die spruchartige Zusammenfassung: *Es wollte im Sinnenstoffe...* (GA 84)

10. April. Albert Steffen lädt zur Generalversammlung der Anthroposophischen Gesellschaft in der Schweiz ein. (Vgl. 22. April)

10. April. Zürich, Schwurgerichtssaal. Öffentlicher Vortrag: *Was wollte das Goetheanum und was soll die Anthroposophie?*

11. April. Rudolf Steiner besichtigt mit Albert Steffen das von Oberst-Divisionär Gertsch in der Nähe von Winterthur zum Kauf angebotene Schloßgut Warth. Oberst Gertsch bietet das Gelände für den Wiederaufbau des Goetheanum an. (Vgl. Albert Steffen, *Begegnungen mit Rudolf Steiner,* S. 288–292) Anschließend Besuch bei Hans Reinhart.

11. April, abends. Öffentlicher Vortrag in Winterthur: *Was wollte das Goetheanum und was soll die Anthroposophie?*

12. April. St. Gallen. Eintragung ins Gästebuch der Familie Rietmann: *Es bedarf der Mensch...* (GA 40)

12. April, vormittags. Besuch der Klosterbibliothek mit Guenther Wachsmuth.

12. April, nachmittags. Vortrag für Mitglieder.

12. April, 20 Uhr. St. Gallen. Öffentlicher Vortrag im kleinen Tonhalle-Saal: *Was wollte das Goetheanum und was soll die Anthroposophie?*

13.–23. April. Rudolf Steiner in Dornach.

13. April. Mitgliedervortrag. Das Verhältnis der höheren Hierarchien und des Menschen zur Sprache in der Geschichte. Die Wiedergewinnung des lebendigen Sprachquells. (GA 224)

14. April. Eurythmieaufführung. (Programm GA 277, S. 332)

14. und 15. April. Aus Anlaß des Pädagogischen Kurses für Schweizer Lehrer schildert Rudolf Steiner die Art und die Schritte des anthroposophischen Erkenntnisweges. (GA 84) Fortsetzung dieser Vorträge 20.–22. April.

14. April, 22 Uhr 15. Besprechung Rudolf Steiners mit Albert Steffen, Guenther Wachsmuth, Ita Wegman und Josef van Leer. Über das Angebot von Oberst Gertsch, das Schloßgut Warth zu kaufen. Man kommt zu dem Ergebnis, daß es gut wäre, wenn die Schweizer Anthroposophische Gesellschaft bekunden würde, daß sie das Angebot, an anderer Stelle zu bauen, nur annehmen würde, wenn sie hier (in Dornach) nicht bauen kann und dadurch vertrieben würde. (Tagebuch A. Steffen, unveröff.)

15.–22. April. Pädagogischer Kurs für Schweizer Lehrer. Acht Vorträge von Rudolf Steiner. (GA 306) Ferner Vorträge von W. J. Stein, Ernst Blümel, H. v. Baravalle, C. v. Heydebrand und Aussprachen. (Programm in «Das Goetheanum», 2. Jg., S. 270) Ein Bericht im *Berner Schulblatt* betont die vermittelnde Rolle der vortragenden Waldorflehrer: «Die Menschen, die noch immer Dr. Steiners Schüler heißen wollen, die die anthroposophische Pädagogik in sich verarbeitet haben, sie haben uns zu Dr. Steiner so etwas wie eine Brücke geschlagen. Wenn aus dem fast Übermenschlichen, was Dr. Steiner zu bieten vermag, solche Lehrer und Menschen erwachsen können, so darf man sich der Anthroposophie mit Vertrauen und Hoffnung nähern. Den ganzen Tag standen sie uns zur Verfügung, den einzelnen, kleinen Gruppen oder in den allgemeinen Diskussionen.» («Goetheanum», 2. Jg., S. 357) Über Rudolf Steiner: «Dr. Steiner hat in jenen unvergeßlichen Stunden eine so hohe, im wahrsten, edelsten Sinne christliche Liebe ausgestrahlt, daß wir fühlten, wir könnten fortan, bessere, wärmere, gütigere Menschen sein.»

15. April, 17 Uhr. Eurythmieaufführung. (GA 277, S. 332) «Den ganzen Kurs rahmten herrliche Eurythmieaufführungen ein; ... Mit Begeisterung machten wir die täglichen Eurythmiestunden mit, die für die Teilnehmer eingerichtet wurden.» (Berner Schulblatt, zitiert nach *Das Goetheanum*, 2. Jg., S. 357f.)

20.–22. April. Fortsetzung der Vorträge über den Erkenntnisweg der Anthroposophie (für Mitglieder und Gäste). (GA 84)

22. April. Im «Goetheanum» erscheint *Ist Anthroposophie Phantastik?* (GA 36, S. 262ff.)

22. April, morgens. Generalversammlung der Anthroposophischen Gesellschaft in der Schweiz. Rudolf Steiner teilt der Versammlung das Angebot des Obersten Gertsch, in der Nähe von Winterthur zu bauen, mit. Die Versammlung spricht sich jedoch für den Wiederaufbau in Dornach aus, falls nicht von behördlicher Seite Schwierigkeiten entstehen sollten. (Vgl. 11. u. 14. April)

23. April, 16 Uhr 30. Abreise nach Stuttgart.

24. April.

Morgens. Feier zur Eröffnung des fünften Jahres der Waldorfschule. Die Schule umfaßt nun 21 Klassen mit 687 Schülern und 39 Lehrern. Als neue Lehrer beginnen in diesem Jahr Elisabeth Christern, Martha Haebler, Olga Leinhas, Ernst Lehrs, Clara Michels, Felicia Schwebsch, Hanns Strauss, Dagmar Tilliss, Martin Tittmann, Elly Wilke und Anna Wolffhügel. (GA 298)

13 Uhr 30–15 Uhr. Eurythmieprobe.

16 Uhr 30–19 Uhr. Konferenz mit dem Lehrerkollegium der Waldorfschule. Fragen des Lehrplans – Schülerfragen. (GA 300 c)

20 Uhr. Eurythmieaufführung.

25. April, 16 Uhr 30–19 Uhr. Konferenz mit dem Lehrerkollegium der Waldorfschule. Das Problem des Abiturs. (GA 300 c)

26. April, morgens. Rudolf Steiner zu Unterrichtsbesuchen in der Waldorfschule.

26. April, nachmittags. Abreise nach Prag.

27. April, abends. Prag. Öffentlicher Vortrag in der «Urania»: *Die Seelenewigkeit im Licht der Anthroposophie.* (GA 84) In der regen anschließenden Diskussion macht Rudolf Steiner noch längere Ausführungen über Waldorfpädagogik.

28. April, nachmittags. Versammlung der Tschechischen Landesgesellschaft.

28. April, abends. Mitgliedervortrag. Gehen, Sprechen und Denken im Verhältnis zu den höheren Hierarchien. Die drei Etappen des Erwachens der menschlichen Seele. (GA 224)

29. April, 11 Uhr. Eurythmieaufführung im Deutschen Theater. (Bericht in Anthroposophie, 4. Jg., Nr. 48, S. 6)

29. April. Im «Goetheanum» erscheint *Anthroposophie und Idealismus.* (GA 36, S. 267 ff.)

29. April. Mitgliedervortrag. Die geistige Situation der Gegenwart – das 4. nachchristliche Jahrhundert als Wendepunkt – die Befruchtung der Erde aus dem geistigen Kosmos – die Belebung des toten Denkens aus eigener Kraft. (GA 224)

30. April, 20 Uhr. Öffentlicher Vortrag in der «Produktenbörse»: *Die Menschenentwicklung und Menschenerziehung im Licht der Anthroposophie.* (GA 84. Bericht über die Tage in Prag: Otto Palmer, *Einiges über Prag* in: Mitteilungen ZV, Juli 1923, Nr. 6, S. 41 f.)

1. Mai. Abfahrt von Prag.

2. Mai. Mittags Ankunft in Stuttgart.

2. Mai, 20 Uhr. Vortrag für Mitglieder. Der individualisierte Logos und die Kunst aus dem Worte den Geist herauszulösen. Ein Weg zur Erneuerung der Mysterienweisheit. (GA 224)

3. Mai, morgens. Monatsfeier der Waldorfschule. Rudolf Steiner hält eine Ansprache – der rechte Blumenstrauß fürs Leben. (GA 298)

3. Mai, 21 Uhr. Konferenz mit dem Lehrerkollegium der Waldorfschule. Das Problem des Abiturs – Schüler- und Lehrplanfragen. (GA 300 c)

4. Mai. Rudolf Steiner zu ausführlichen Konsultationen im Klinisch-therapeutischen Institut. Rückreise nach Dornach.

4.–10. Mai. Rudolf Steiner in Dornach.

5. Mai. Mitgliedervortrag. Materialismus und Idealismus in der Mitte des 19. Jahrhunderts – Vischers Roman *Auch Einer.* (GA 225)

6. Mai. Mitgliedervortrag. Die menschliche Mitte zwischen Kopf und Gliedmaßen als Organisation der Freiheit. (GA 225) Anschließend Besprechung in einem Arbeitsausschuß.

7. Mai. Mitgliedervortrag. Das Mysterium von Golgatha als kosmische Tatsache. Die Sprache des Himmelfahrtsereignisses für alle Menschen – Pfingsten der Appell an die Individualität. (GA 224)

8. Mai. Besprechung Rudolf Steiners mit ALBERT STEFFEN und WILHELM NEDELLA.
9. Mai. Rudolf Steiner malt die Pastellskizze «Es werde die Weite und das Leben».
10. Mai. Reise nach Stuttgart.
11. Mai. Aufenthalt in Stuttgart, abends Abreise nach Berlin. (Über die Reise vgl. René Maikowski, *Schicksalswege*, S. 75)
13. Mai. Im «Goetheanum» erscheint *Anthroposophie und Mystik*. (GA 36, S. 270 ff.)
13. Mai, morgens. Ankunft in Berlin.
13. Mai, mittags. Weiterfahrt nach Kristiania (Oslo).
14. Mai, mittags. Ankunft in Kristiania.
14. Mai, abends. Vortrag für Mitglieder und Gäste: Seelenewigkeit des Menschen vom Gesichtspunkt der Anthroposophie.
15. Mai. Öffentlicher Vortrag: Entwicklung und Erziehung des Menschen vom Gesichtspunkt der Anthroposophie.
16.–21. Mai. Vortragskurs (6 Vorträge) *Menschenwesen, Menschenschicksal und Weltentwicklung*. (GA 226) – Der Mensch im Wachen und Schlafen, im irdischen und kosmischen Leben – das Rätsel des Todes und das Mysterium von Golgatha.
17. Mai, morgens. Gründungsversammlung der Norwegischen Anthroposophischen Gesellschaft. In seiner Ansprache weist Rudolf Steiner auf die Notwendigkeit einer gesteigerten Aktivität der Anthroposophischen Gesellschaft hin und beschreibt dann die in Bildung begriffenen Landesgesellschaften. Die Tätigkeit der Gegner, das Amt und die Aufgabe des Generalsekretärs und warum dieses Amt nicht durch eine Gruppe übernommen werden sollte. (*Rudolf Steiner und die Zivilisationsaufgaben ...*, Dornach 1943, S. 84 ff.)
18. und 20. Mai. Vorträge für Mitglieder und Gäste: *Anthroposophie und Kunst*. (GA 276)
20. Mai. Interner Vortrag (Esoterische Stunde). (Vgl. GA 265, S. 452)
21. Mai, mittags. Abreise von Kristiania nach Berlin.
22. Mai. Eurythmieaufführung in Berlin.
23. Mai. Berlin. Mitgliedervortrag. Gehen – Sprechen – Denken in ihrem Verhältnis zur geistigen Welt – der Jahreslauf und die Festzeiten – das zu erneuernde Michaeli-Fest. (GA 224) Dies ist der letzte Vortrag, den Rudolf Steiner in Berlin hält.
24. Mai, abends. Abreise nach Stuttgart.
25. Mai, nachmittags (?). 3. ordentliche Mitgliederversammlung des Vereins «Freie Waldorfschule». Ansprache Rudolf Steiners über die Entwicklung der Waldorfschule seit 1919 – die anthroposophische Pädagogik als Zeitforderung – die finanzielle Lage. (GA 298)

25. Mai, 20 Uhr 30. Konferenz mit dem Lehrerkollegium der Waldorfschule. Abitur und Schülerfragen. (GA 300 c)

25. Mai. Rudolf Steiner begründet in einem Brief seinen Rücktritt vom Amt des Vorsitzenden der Aktiengesellschaft «Der Kommende Tag»: «Die Entwickelung und die Aufnahme der anthroposophischen Bestrebungen in der Gegenwart macht eine Änderung meiner Arbeitsweise notwendig. Anthroposophie hat sich auf der einen Seite als ein Seelenbedürfnis einer immer größer werdenden Anzahl von Menschen ergeben; sie sieht sich auf der anderen Seite Mißverständnissen und unrichtigen Beurteilungen Vieler immer mehr gegenübergestellt. Das erfordert, daß ich den gesteigerten Anforderungen nach Pflege des anthroposophischen Bedürfnisses mehr entgegenkomme, als dies seit der Zeit der Fall sein konnte, seit praktische Institutionen von mancherlei Art sich durch die Zielsetzungen der Freunde unserer Sache gebildet haben.» Nunmehr steht aber die Zeit zur Betreuung der Institutionen nicht mehr zur Verfügung. Rudolf Steiner muß sich seiner eigentlichen Aufgabe, der Pflege des anthroposophischen Lebens und der künstlerischen und pädagogischen Arbeit zuwenden. «Das sind die Gründe, welche mich bewegen, jetzt von dem Amte des Vorsitzenden im Aufsichtsrate des ‹Kommenden Tages› zurückzutreten.» (Vgl. *Anthroposophie,* 4. Jg., Nr. 48, 30. Mai 1923, S. 5 f.)

26. Mai. Rückreise nach Dornach, wo Rudolf Steiner nachmittags eintrifft.

27. Mai–20. Juni. Rudolf Steiner in Dornach.

27. Mai, 14 Uhr 30. Besprechung mit Albert Steffen über die Wochenschrift «Das Goetheanum», sowie über die Problematik der Vortragsnachschriften. Rudolf Steiner etwa: «Wenn ich die Anthroposophie nur in Büchern dargestellt hätte, hätte sie nicht so mißbraucht werden können.» (Tagebuch A. Steffen, unveröff.)

27. Mai. Esoterische Stunden für einen kleinen Teilnehmerkreis im Haus Hansi. (Vgl. GA 265, S. 455 ff.)

27. Mai, 20 Uhr. Vortrag für Mitglieder über den Wandel des Erlebens und des Bewußtseins von der Urindischen Epoche bis zum Griechentum. (GA 276)

1. Juni. Rudolf Steiner fährt mit Emil Großheintz, dem Vorsitzenden des «Vereins des Goetheanum» nach Solothurn, um mit dem Regierungsrat Affolter über die Auszahlung der Versicherungssumme für das niedergebrannte Goetheanum zu sprechen. (Tagebuch A. Steffen, unveröff.)

1.–3. Juni. Mitgliedervorträge. Betrachtungen zur Kunst – naturalistische und geistige Kunstauffassung – Architektur – Kleidung – Malerei – das Wesen der Farben – Das Musikalische – Epik – Dramatik – Lyrik. Kunst – Wissenschaft und Religion – Goethes klassisches Streben und Ludwig Tieck. (GA 276)

3. Juni. Im «Goetheanum» erscheint *Eine vielleicht zeitgemäße persönliche Erinnerung*. Über Herman Grimm. (GA 36, S. 169 ff.)

3. Juni. Eurythmieaufführung, u. a. Air und Sarabande von Bach, «Ganymed» und «Meine Göttin» von Goethe, Humoresken.

4. Juni. Zur Trauung von ILONA BÖGEL und JOSEPH POLZER-HODITZ hält Rudolf Steiner eine Ansprache. (Vgl. L. Polzer-Hoditz, *Erinnerungen an Rudolf Steiner*, S. 188 ff.)

8. Juni. Rundschreiben der «Anthroposophical Society in Great Britain» an alle Zweige mit dem Vorschlag, für Ende Juli eine Versammlung von Delegierten aller Länder nach Dornach einzuberufen.

8. Juni. Mitgliedervortrag. Dichtung und Wissenschaft in alter und in neuer Zeit. (GA 276)

9. Juni. Mitgliedervortrag. Das Wesen der Kunst und das ästhetische Interesse. (GA 276)

Nach dem Vortrag Versammlung von Delegierten aus der Schweiz – Über den Wiederaufbau des Goetheanum.

10. Juni. Generalversammlung der schweizerischen Anthroposophischen Gesellschaft. Es wird eine Resolution gefaßt, die Rudolf Steiner bittet, den Wiederaufbau des Goetheanum in Dornach in die Hand zu nehmen. Als maßgebender künstlerischer Leiter soll Rudolf Steiner den Bau nach eigenem Ermessen gestalten.

10.–17. Juni. Vortragsreihe *Die Geschichte und die Bedingungen der anthroposophischen Bewegung im Verhältnis zur Anthroposophischen Gesellschaft*. (GA 258) – Rudolf Steiner gibt eine ausführliche Darstellung der Entwicklung der anthroposophischen Arbeit bis 1912 und beschreibt die seelische Lage der Menschen, die Anthroposophie suchen.

10. Juni. Im «Goetheanum» erscheint *Wie sich heute ‹Gegenwart› schnell in ‹Geschichte› wandelt*. Weiteres im Zusammenhang mit Herman Grimm. (GA 36, S. 173)

10. Juni, 17 Uhr. Eurythmieaufführung.

12. Juni. Rudolf Steiner malt das Pastellbild «Der dreigliedrige Mensch».

13. Juni, 17 Uhr. Eurythmieaufführung. «Eurythmie dargestellt durch sehr junge, mittlere und junge Menschen auf ernsten und heiteren Gebieten, gestaltlich, lautlich und musikalisch in mehr oder weniger großer Vollendung.» (Kinderaufführung, Programm GA 277, S. 341)

15. Juni. Die Versicherungssumme für das niedergebrannte Goetheanum wird ausgezahlt: 3 180 000 sfr. Diese Summe entspricht nicht den Baukosten des Goetheanum, die sich etwa auf 6–7 Millionen sfr. veranschlagen lassen.

16. Juni. Einladungsschreiben zur Delegiertenversammlung an die Anthroposophischen Gesellschaften. Es soll über die Finanzierung des Wiederaufbaus des Goetheanum beraten werden. Als Einladende zeichnen: Dr. I. WEG-

MAN, WILLIAM SCOTT PYLE, GEORGE METAXA, ALBERT STEFFEN und GEORGE KAUFMANN (Adams).

16. und 17. Juni, 17 Uhr. Eurythmieaufführung. Musik von Brahms, Schubert, Tartini, Bach und Beethoven, Gedichte von Mörike und Morgenstern (Humoresken). (Programm GA 277, S. 348)

17. Juni. Im «Goetheanum» erscheint *Der notwendige Wandel im Geistesleben der Gegenwart* – Herman Grimms «Insel der Idealität» im Meer der mechanistisch-positivistischen Weltanschauung. (GA 36, S. 177)

17. Juni. 10. ordentliche Generalversammlung des Vereins des Goetheanum. Rudolf Steiner blickt auf die Brandkatastrophe zurück: «Man muß noch sagen können in dem Augenblicke, wo alles Äußere zugrunde geht: demjenigen, was aus dem Innern gewollt wird, ist der Erfolg sicher. Aber man darf dann vom Erfolg nur in der Weise sprechen, daß man das meint, was im Sinne der inneren Impulse, der Gedanken, der Bewußtseinsabsichten selber liegt.» Über den niedergebrannten Bau: «Vom Dornacher Hügel herunter schimmerte ein Bau, der in jedem Kubikzentimeter Holz, in jedem Kubikzentimeter Stein eingebaut hatte anthroposophischen Willen, anthroposophische Opferwilligkeit. Diese moralische Substanz war in das erste Goetheanum hineingebaut.» – Über die notwendige Gesinnung für den Wiederaufbau des Goetheanum. (*Aufbaugedanken und Gesinnungsbildung,* Dornach 1942)

20. Juni. Rudolf Steiner reist nach Stuttgart.

21. Juni.

Morgens. Rudolf Steiner zu Unterrichtsbesuchen in der Waldorfschule.

13 Uhr. Rudolf Steiner besucht das Forschungsinstitut des «Kommenden Tages». Versuch von HANS BUCHHEIM und RUDOLF MAIER mit Spektrum und Magnet. (Vgl. B 95/96, S. 17)

Nachmittags. Konferenz mit dem Lehrerkollegium der Waldorfschule: Schülerfragen. (GA 300 c)

20 Uhr. Vortrag für Mitglieder. Das Gedankenleben im Schlafen und Wachen. Das nachtodliche Leben. Die Bildung des Nervensystems und des Blutsystems. Der Freiheitspunkt im Gleichgewicht beider Systeme. (GA 224)

22. Juni, 10 Uhr. Sitzung des Aufsichtsrats der Aktiengesellschaft «Der Kommende Tag».

22. Juni, 11 Uhr. Generalversammlung der Aktiengesellschaft «Der Kommende Tag». Rudolf Steiner legt den Vorsitz im Aufsichtsrat offiziell nieder und scheidet aus dem Aufsichtsrat aus. Den Vorsitz im Aufsichtsrat übernimmt Dr. RUDOLF ZOEPPRITZ. Die Generalversammlung genehmigt die Bilanz per 31. Dezember 1922.

23. Juni. Rückfahrt nach Dornach.

24. Juni. Im «Goetheanum» erscheint *Der Geist von gestern und der Geist von*

heute. Herman Grimm und die philologische Methode (Wilhelm Scherer). (GA 36, S. 181 ff.)
24. Juni, 17 Uhr. Vor der Eurythmieaufführung Vortrag über die Johanni-Stimmung. (Programm der Eurythmie in GA 277, S. 349)
24. Juni, 20 Uhr. Mitgliedervortrag. Die Tendenz den Zusammenhang der Erde mit dem Kosmos zu überwinden und das notwendige Gegengewicht. Johanni-Stimmung. (GA 224)
26. Juni. Hermann Linde, 2. Vorsitzender des Vereins des Goetheanum, Maler und von Anfang an am Bauprojekt und Bau beteiligt, stirbt.
28. Juni. Bertram Keightley besucht Rudolf Steiner. (Tagebuch A. Steffen, unveröff.)
29. Juni. Ansprache Rudolf Steiners bei der Kremation Hermann Lindes.
29. Juni, 20 Uhr. Gedenkrede für Hermann Linde.
30. Juni und 1. Juli. Pädagogische Tagung am Goetheanum – Rudolf Steiner spricht über die Frage: *Warum eine anthroposophische Pädagogik?*
1. Juli.
Im «Goetheanum» erscheint *Scheinbare und wirkliche Perspektiven der Kultur.* Über Albert Schweitzers kulturkritisches Buch: «Verfall und Wiederaufbau der Kultur.» (GA 36, S. 100)
Nachmittags. Mitgliederversammlung des Schulvereins: Über eine Schulgründung in Basel.
17 Uhr. Eurythmieaufführung. (Programm GA 277, S. 349)
20 Uhr. Mitgliedervortrag. Zur Symptomatik der Gegenwart. Albert Schweitzer und Max Rubner. (GA 225)
2. Juli. Rudolf Steiner malt die Pastellskizze «Der Mensch im Geiste».
2. Juli. Reise nach Stuttgart.
3. Juli, morgens. Rudolf Steiner zu Unterrichtsbesuchen in der Waldorfschule.
3. Juli, 21 Uhr. Konferenz mit dem Lehrerkollegium der Waldorfschule. Disziplinfragen, zum Lehrplan. Über eine Schülerin in der 1. Klasse. (GA 300 c)
4. Juli, früh. Rudolf Steiner sendet Albert Steffen den Aufsatz *Der Philosoph als Rätselschmied.*
4. Juli, morgens. Rudolf Steiner in der Waldorfschule.
4. Juli, 20 Uhr. Mitgliedervortrag. Zur Symptomatik der Gegenwart. Fritz Mauthner – Max Rubner – Albert Schweitzer. (GA 224)
Nach dem Vortrag: Besprechung mit dem «Dreißiger-Kreis» – Über die Schwierigkeit, aus Deutschland zum Wiederaufbau des Goetheanum beizutragen – Vorschlag, einen deutschen «Goetheanum-Fonds» einzurichten.
5. Juli. Besprechung Rudolf Steiners mit dem Verwaltungsrat der Waldorfschule.
6.–10. Juli. Rudolf Steiner in Dornach.

6. Juli. Mitgliedervortrag. 1823–1923. Eine Jahrhundertbetrachtung. George Sands «Le Compagnon du Tour de France», die «Loups dévorants» und die «Gavots». (GA 225)
Anschließend Besprechung Rudolf Steiners mit Ita Wegman, Elisabeth Vreede, Guenther Wachsmuth und Albert Steffen.
7. Juli, mittags. Rudolf Steiner, A. Steffen, G. Wachsmuth nehmen am Begräbnis des Uhrmachers Ott teil, dessen Knochenreste man in den Trümmern des Goetheanum gefunden hatte.
7. Juli, abends. Mitgliedervortrag. Die gesellschaftliche Entwicklung im Westen und in der Mitte Europas – George Sand, Goethes Wilhelm Meister (Makarie und Montanus), Dostojewski. (GA 225)
8. Juli. Im «Goetheanum» erscheint *Der Philosoph als Rätselschmied* – über Franz Brentano. (GA 36, S. 162ff.)
8. Juli, 17 Uhr. Eurythmieaufführung. (Programm GA 277, S. 371)
8. Juli, 20 Uhr. Mitgliedervortrag. Die Bedeutung des Lateinischen in Kultur und Sprachentwicklung Mitteleuropas. Der Charakter der Einweihung in Griechenland und Rom. Telesten und Initiierte. (GA 225)
10. Juli. Rudolf Steiner malt die Pastellskizze «Der Geist im Menschen».
10. Juli. Reise nach Stuttgart.
11.–14. Juli. Rudolf Steiner hält in Stuttgart vier Vorträge für die Priesterschaft der Christengemeinschaft. Gottfried Husemann berichtet: «In diesen Tagen hatte Dr. Steiner viel zu trösten, zu ermutigen und zu ordnen. Das Bekanntwerden des Vortrags vom 30. Dezember 1922 hatte eine tiefe Erschütterung ausgelöst.» «Die beiden letzten Tage zeigte sich Dr. Steiner von einer neuen Seite: in hinreißend schönen Geistgemälden vermittelte er eine neue Beziehung zur Heiligkeit des Wortes, die der Priester, der Kultus zelebrieren will, kennenlernen muß.» (G. Husemann, *Die Begründung der Christengemeinschaft*, in *Erinnerungen*, S. 309f.)
11. Juli, abends. Vortrag für Mitglieder. Die Wesensglieder des Menschen und ihre Gesetzmäßigkeiten. Die Wirkung der überall gegenwärtigen Elektrizität. Gegen Ende des Vortrags äußert sich Rudolf Steiner zu dem Zustand der Anthroposophischen Gesellschaften: «Das Schädlichste für die Anthroposophische Gesellschaft bleibt, wenn sie zu große Neigung entwickelt zum Schlafen; sie muß wach sein.» «Es muß auch Wachsamkeit entwickelt werden. Und das möchte ich unterschiedslos der Anthroposophischen Gesellschaft und der Freien Anthroposophischen Gesellschaft empfehlen. Denn sonst könnte es herauskommen, daß beide Gesellschaften nur nebeneinander sich entwickelt haben, weil wenn sie zusammengeblieben wären, die Angehörigen der einen und der anderen sich gegenseitig zu stark den Schlaf stören würden. Wenn man aber selbständig ist, dann stören die anderen weniger den Schlaf und man kann um so besser schlafen.» (GA 224, S. 112f.)

12. Juli (oder 11. Juli). Rudolf Steiner besucht mit drei Lehrern der Waldorfschule das württembergische Kultusministerium zur Information über die Abituranforderungen.
12. Juli, 20 Uhr. Konferenz mit dem Lehrerkollegium der Waldorfschule. Schülerfragen. Abiturfragen – zum Lehrplan der 12. Klasse. (GA 300 c)
13. Juli. Rudolf Steiner zu ausführlichen Konsultationen im Klinisch-therapeutischen Institut.
14. Juli, abends bis 1 Uhr. Besprechung im «Dreißiger-Kreis». Die sogenannte Affäre Lempp kommt zur Sprache. FRIEDRICH RITTELMEYER hatte am 19. April in der Nummer 42 des 4. Jg. der Wochenschrift *Anthroposophie* einen Artikel «Die ‹Nicht-anthroposophischen Kenner der Anthroposophie›» veröffentlicht. In diesem Artikel besprach er kritisch das Protokoll einer Tagung in Berlin (29.–31. Oktober 1922) in dem u. a. von Dr. HEINRICH GOESCH gegen Anthroposophie auf niedrigstem Niveau gehetzt wurde. Am 12. Juli (Nr. 2 des 5. Jahrgangs) war dann in der «Anthroposophie» eine Erwiderung auf den Artikel Rittelmeyers von Dr. LEMPP zusammen mit einer Antwort Rittelmeyers an Lempp erschienen. Die Tatsache, daß einem Gegner in dem Blatt «Anthroposophie» zur Verteidigung der Unwahrheit Raum gegeben wurde und die freundlich entgegenkommende Sprache der Antwort Rittelmeyers empören Rudolf Steiner. Mit äußerster Schärfe kritisiert Rudolf Steiner den Vorgang, wobei er auch Rittelmeyer (lt. Protokoll) nicht ausnimmt. JÜRGEN VON GRONE wird als verantwortlicher Redakteur der Wochenschrift entlassen. Dr. KURT PIPER übernimmt die Redaktion.
15. Juli, morgens. Rückfahrt nach Dornach.
15. Juli, 17 Uhr. Eurythmieaufführung. (Vgl. GA 277, S. 372–379)
15. Juli, 20 Uhr. Vortrag für Mitglieder. Bild der Entwicklung Europas von der Gnosis bis zur Gegenwart – Asien und Europa vom Gesichtspunkt der elementarischen Welt. (GA 225)
17. Juli. Eurythmieaufführung.
20.–22. Juli. Internationale Delegiertentagung am Goetheanum.
20. Juli.
11 Uhr 30. Vorbesprechungen der schweizerischen Delegierten (ohne Rudolf Steiner).
16 Uhr. Vorbesprechung der deutschen Delegierten (ohne Rudolf Steiner).
17 Uhr. Vorbesprechung aller Delegierten über die Finanzierung des Wiederaufbaus des Goetheanum.
20 Uhr. Vortrag Rudolf Steiners: *Drei Perspektiven der Anthroposophie – I. Die physische Perspektive.* (GA 225)
21. Juli.
10 Uhr. Beginn der allgemeinen Beratungen. Rudolf Steiner macht deutlich,

daß nur verbindliche Zusagen und nicht allgemeine Pläne erforderlich sind.

17 Uhr. Eurythmieaufführung. (Vgl. GA 277, S. 380–387)

20 Uhr. Vortrag Rudolf Steiners: *Drei Perspektiven der Anthroposophie – II. Die seelische Perspektive.* (GA 225)

22 Uhr 30. Beratungen der Delegierten: etwa 800 000 sfr können für die nächste Zeit verbindlich zugesagt werden.

22. Juli.

8 Uhr. Ansprache Rudolf Steiners an die deutschen Delegierten. Über die Naivität, 1914 auf einen «äußeren Sieg» der Mittelmächte zu rechnen. Die Aufgaben Mitteleuropas sind bis heute nicht erfüllt. «Es kann eben sehr leicht der Zeitpunkt verpaßt werden, der eben doch, man möchte sagen, wie vorgezeichnet ist in der Geschichte, wo aus zahlreichen Zentren in der Peripherie, in der Mitteleuropa umschließenden Peripherie, die Ansicht auftaucht: Ja, wir haben zwar an äußeren Machtmitteln gegenüber Mitteleuropa Ungeheures errungen; aber wenn wir nicht auf der Erde geistig zu Grunde gehen wollen, müssen wir Mitteleuropa als Quell des Geisteslebens ansehen.» (Zitiert nach Lehrs, *Gelebte Erwartung,* S. 427 f.)

10 Uhr. Allgemeine Delegiertenversammlung.

15 Uhr. Versammlung der deutschen Delegierten im «Glashaus».

Die beiden Besprechungen verlaufen wenig glücklich. Rudolf Steiner bemerkt später, daß bei «dieser Sitzung die deutschen Delegierten sich so ausgezeichnet haben, wo einer gesagt hat, das Goetheanum war schon eine Ruine, bevor es abgebrannt war. Da ist vier Stunden reiner Kohl geredet worden. Richtig ausgemünzter Kohl, vier Stunden lang.» (Vgl. GA 300 c, S. 89; vgl. auch: Hans Büchenbacher, *Bericht über die internationale Delegiertentagung in Dornach,* in Mitteilungen ZV, Nr. 7, September 1923, S. 16–19 und E. Leinhas, *Aus der Arbeit mit Rudolf Steiner,* S. 162 f.)

17 Uhr. Eurythmieaufführung. (Vgl. GA 277, S. 388–396)

20 Uhr. Vortrag Rudolf Steiners: *Drei Perspektiven der Anthroposophie. – III. Die geistige Perspektive.* (GA 225 – Abschiedsworte an die Delegierten in: *Rudolf Steiner und die Zivilisationsaufgaben ...,* Dornach 1943, S. 97 f.)

23. Juli, 15 Uhr. Nachbesprechung mit 26 Delegierten über die zu Weihnachten in Aussicht genommene Gründung der Allgemeinen Anthroposophischen Gesellschaft. Die Landesgesellschaften sollen bis dahin begründet sein, die Statuten der Landesgesellschaften sollen festgelegt und je ein Generalsekretär bestimmt worden sein.

24. Juli. Besprechung mit deutschen Delegierten.

27. Juli. Mitgliedervortrag. Die geistigen Individualitäten unseres Planetensystems – schicksalsbestimmende und schicksalsbefreiende Planeten. (GA 228)

28. Juli. Mitgliedervortrag. Die geisteswissenschaftliche Weltbetrachtung und das Weltbild der modernen Physik (Relativitätstheorie), das Denken in Worten und das Nicht-Verstehen des Christus. (GA 228)
29. Juli. Im «Goetheanum» erscheint *Etwas von den Geisteswandlungen in der Menschheitsgeschichte* – über die Bedeutung Lessings. (GA 36, S. 136ff.)
29. Juli. Mitgliedervortrag. Die Weltdeutung der modernen Physik: rein quantitative Methode – die künstlerische Auffassung der schwerelosen Farbe. (GA 228)
30. Juli. Rudolf Steiner malt die Pastellskizze «Johanni-Imagination».
30. Juli. Reise nach Stuttgart.
31. Juli. Konferenz mit dem Lehrerkollegium der Waldorfschule – Schülerfragen – Über den Lehrplan – Teilnahme an allgemeinen pädagogischen Veranstaltungen. (GA 300 c)
Rückreise nach Dornach.
3. August. Abreise nach England über Hoek van Holland.
4. August. Rudolf und Marie Steiner kommen in Harwich an und werden dort von George Kaufmann (-Adams) abgeholt. Reise über Cambridge – Ely – durch das Industriegebiet: Tief erschüttert sah Rudolf Steiner zum Waggonfenster hinaus: «Sehen Sie diese Gedankenformen», sagte er, «das ist doch die Hölle auf Erden.» (Vgl. George Adams, *Rudolf Steiner in England*, in: *Wir erlebten...*, S. 31 und *Rudolf Steiner und die Zivilisationsaufgaben der Anthroposophie,* S. 170)
4. August, abends. Ankunft in Ilkley (West Yorkshire).
4. August, 20 Uhr. Eröffnung der Tagung der Educational Union for the Realisation of Spiritual Values in Education durch Margaret Macmillan.
5. August. Im «Goetheanum» erscheint *Wie die Geschichte der Dichtung den Geist verloren hat.* (GA 36, S. 191 ff.)
Rudolf Steiner sendet A. Steffen den Aufsatz *Der werdende Goethe...*
5. August, 20 Uhr. Ilkley. Rudolf Steiner: Special Address (Allgemeiner Vortrag). (GA 307) Die Erneuerung von Erkenntnis, Kunst, Religion und Sittlichkeit durch Imagination, Inspiration und Intuition.
6.–17. August. Pädagogischer Kurs Rudolf Steiners: *Gegenwärtiges Geistesleben und Erziehung.* (GA 307) Außer Rudolf Steiner wirken durch Vorträge an der Tagung folgende Waldorflehrer mit: H. v. Baravalle, C. v. Heydebrand, Julie Lämmert, K. Schubert, E. Schwebsch. (Vgl. GA 300 c, S. 90)
Während der Tagung finden ferner acht Aussprecheabende mit den Tagungsteilnehmern, ein Sonntagsvortrag über die Menschheitsgeschichte im Zusammenhang mit der Trinität, eine Ausstellung von Schülerarbeiten aus der Waldorfschule, eine Eurythmieaufführung und eine Kindereurythmieaufführung von Schülern der Schule in King's Langley statt.

10. August, 20 Uhr. Vortrag (Lehrerseminar) in Bingley Hall über Waldorfpädagogik. (Bingley liegt etwa 28 Kilometer südlich von Ilkley.)
10. oder 11. August. Rudolf Steiner sendet Albert Steffen den Aufsatz *Die Schaffenshöhe Goethes* ... An einem der Tage in Ilkley – mutmaßlich am 12. oder 13. August – besucht Rudolf Steiner eine südlich von Ilkley gelegene Druidenstätte im Ilkley Moor, wo auf einer Art Altar ein Swastika-ähnliches Zeichen eingeritzt ist. Rudolf Steiner berichtet: «Betritt man nun eine solche Stätte, steht man vor einem solchen Felsblock mit den eingegrabenen Zeichen, dann sieht man heute noch der ganzen Situation an, daß man an derselben Stelle steht, wo einstmals der Druidenpriester gestanden hat, wo er die Eingrabung dieses Zeichens so empfunden hat, daß er sein Bewußtsein, welches er aus seiner Würde heraus hatte, in diesem Zeichen zum Ausdruck brachte. ... Man liest die Worte, die im Herzen des Druidenpriesters waren: Siehe da, das Auge der Sinnlichkeit schaut die Berge; das Auge des Geistes, die Lotosblume, die sich drehende Lotosblume – denn deren Zeichen ist die Swastika – die schaut in die Herzen der Menschen, in das Innere der Seele.» (Vgl. *Rudolf Steiner und die Zivilisationsaufgaben der Anthroposophie,* Dornach 1943, S. 171 f.; vgl. auch 22.–24. September)
Ferner berichtet Rudolf Steiner: «Während der Tagung bildete sich dann ein Komitee, welches sich zur Aufgabe setzte, nun eine selbständige Schule nach dem Muster der Waldorfschule in England zu begründen.» (Die Schule entstand 1925 als ‹The New School› in London.)
12. August. Im «Goetheanum» erscheint *Der werdende Goethe im Lichte Benedetto Croces.* (GA 36, S. 140 ff.)
16. August. Rudolf Steiner sendet Albert Steffen den Aufsatz *Goethe und die Mathematik.*
18. August. Reise von Ilkley nach Penmaenmawr.
18. August. Beginn der «Summer School» in Penmaenmawr. Thema der Vorträge Rudolf Steiners: *Spiritual and physical Evolution of the World and Humanity – Past, Present and Future from the Viewpoint of Anthroposophy.* (GA 227) Der Träger der Initiative dieser «Summer School» ist D. N. DUNLOP.
18. August, abends. Begrüßung Marie und Rudolf Steiners durch D. N. Dunlop und H. COLLISON. Rudolf Steiner dankt den Veranstaltern, die ihm die Möglichkeit geben, den ersten großen Vortragskurs in Großbritannien zu halten.
19. August. Im «Goetheanum» erscheint *Die Schaffenshöhe Goethes im Lichte Benedetto Croces.* (GA 36, S. 145 ff.)
19.–31. August. Vortragskurs jeweils morgens, deutscher Titel: *Initiationserkenntnis. Die geistige und physische Welt- und Menschheitsentwicklung in der Vergangenheit, Gegenwart und Zukunft, vom Gesichtspunkt der Anthroposophie.* (GA 227)

19. August, abends. Aussprache. In seinem Votum charakterisiert Rudolf Steiner den allgemein-menschlichen Charakter der Anthroposophie und der anthroposophischen Bewegung und lehnt Dogmatik und Sektiererei ab. Über die notwendige Kommunikation in der anthroposophischen Bewegung. (*Zivilisationsaufgaben,* a. a. O., S. 110ff.)
20. August, abends. Aussprache: Über den Sinn der Worte Imagination, Inspiration und Intuition. (*Zivilisationsaufgaben,* a. a. O., S. 118ff.)
22. August, abends (?). Eurythmieaufführung.
24. August, abends. Vortrag von Baron Arild Rosenkrantz – anschließend macht Rudolf Steiner auf Bitten von D. N. Dunlop kurze Ausführungen über die Kunst des Goetheanum. (*Zivilisationsaufgaben,* a. a. O., S. 134ff.)
25. August. Eurythmieaufführung. (Programm in GA 277a, S. 126)
26. August. Im «Goetheanum» erscheint *Goethe und die Mathematik.* (GA 36, S. 150ff.)
26. August. Rudolf Steiner sendet Albert Steffen den Aufsatz *Philosophenhände.*
26. August. Diskussion über Pädagogik – im Zusammenhang mit den Bestrebungen von Margaret Macmillan.
26. August. Vortrag Rudolf Steiners über Eurythmie.
27. August. Eurythmieaufführung. (Programm in GA 277a, S. 127)
28. August, abends. Vortrag Rudolf Steiners über Anthroposophische Therapie. (GA 319)
29. August. Rudolf Steiner sendet Albert Steffen *Ein Stück aus meiner englischen Reise.*
29. August. Eurythmieaufführung.
30. August. Eurythmieaufführung.
31. August, abends (?). Schlußveranstaltung. Dankworte der Gastgeber. Rudolf Steiner dankt daraufhin D. N. Dunlop für die Initiative, in Penmaenmawr das «Mittelpunkts-Anthroposophische» «für sich zur Geltung zu bringen». Rudolf Steiner macht dann Ausführungen über Oliver Lodge, das Problem der okkulten Gefangenschaft und über die Schwierigkeiten, in der gegenwärtigen Zivilisation geistige Wahrheiten zu vermitteln. «Dazu war hier wirklich gute, große Gelegenheit. Denn wir lebten in einer Atmosphäre, die tatsächlich noch Wunderbares ausstrahlte in jenen alten Heiligtümern hier... Deshalb war es ein glücklicher Griff, einmal auch diesen Ort gerade zu wählen, wo in einer gewissen Weise geistig dasjenige aufleben konnte, was nun einmal in Mittel- und Nordeuropa da war, bevor das Mysterium von Golgatha durch die Welt ging.»
Während der Tage in Penmaenmawr steigt Rudolf Steiner zusammen mit Guenther Wachsmuth zu den auf den Anhöhen oberhalb des Dorfes gelegenen Steinkreisen hinauf. (Vgl. *Zivilisationsaufgaben*, a. a. O., S. 176f. und

G. Wachsmuth, *Rudolf Steiners Erdenleben,* S. 547f.) Ferner finden Exkursionen statt: «In diesen köstlichen Tagen von Wales machten wir auch interessante Exkursionen zu den anderen in dieser Gegend gelegenen alten Druidenstätten, so auch auf der Insel Angelsey, die den Blick nach Irland öffnet, nach Caernavon, zu den alten Burgen, Grab- und Kultstätten aus der Frühzeit. Und auch hier wurde uns das eigenartige Erlebnis, wie Rudolf Steiner aus der hellsichtigen Schau über die realen Geschehnisse lang vergangener Zeiten so konkret und anschaulich sprach, daß die Menschen jener Zeit, ihre Gedanken, Gebräuche und Taten vor uns als gegenwärtig erstanden.» (G. Wachsmuth, a. a. O., S. 549)

1. September. Reise Penmaenmawr–London. (Beschreibung der Bahnfahrt in GA 300 c, S. 92)

2.–5. September. Rudolf Steiner in London.

2. September, morgens. Versammlung der «Anthroposophical Society in Great Britain». Harry Collison wird zum Generalsekretär der Gesellschaft gewählt. Rudolf Steiner beantwortet an ihn gerichtete Fragen. (Vgl. *Zivilisationsaufgaben,* a. a. O., S. 158–168)

2. September, nachmittags. Mitgliedervortrag. Der Mensch im Schlaf und nach dem Tode im Zusammenhang mit den geistigen Hierarchien. Der Mensch als Bild geistiger Wesenheiten. Meditations-Mantram. (GA 228)

2. September, abends. Erster Vortrag für eingeladene Ärzte: *Wie ist ein Rationales in der Therapie zu begründen?*

3. September. Rudolf Steiner besucht mit Marie Steiner die Erziehungs- und Pflege-Einrichtung, die Margaret Macmillan in Deptford begründet hat. Er berichtet: «Dreihundert Kinder aus den allerärmsten Bevölkerungsklassen im Alter von zwei bis zu zwölf Jahren hat da Macmillan in eine wunderbare Pflege genommen. Eine selten hingebungsvolle, sicher zugreifende, umsichtige Schar von Erziehern wirkt um Macmillan herum. Die Kinder werden in diese Anstalt in völlig verwahrlostem Zustande gebracht, buchstäblich aus dem Schmutze gezogen. Rachitisch, tuberkulös, mit noch viel Schlimmerem behaftet, seelisch stumpf, geistig schlafend empfängt diese Anstalt die zu Erziehenden. Und man sieht, nachdem die Pflege gewirkt, geistig regsame, seelisch glückliche, gesundende, sittsame junge Menschenwesen in den einzelnen Klassen. – Es ist ebenso befriedigend, diese Kinder spielen, wie lernen, wie essen, und nach dem Essen ruhen zu sehen. ... Reizvoll spielten diese Kinder Szenen aus Shakespeares Sommernachtstraum. Ganz Seele, ganz dramatischer Ausdruck waren diese kleinen Darsteller.» «Anstoßend an diese Pflegeanstalt ist ein anderes Haus. Eine Heilstätte für die Kinder der Ärmsten. Macmillan ist hier die Vorsteherin. Sechstausend Kinder gehen im Jahr durch diese Heilstätte durch. – Es schwebt eine edle Weihe über diesem Ganzen. Margaret Macmillan hat im Jahre 1917 ihre von ihr innig geliebte Schwester Rahel verloren. Die Pflegestätte ist nunmehr deren Andenken geweiht. ... Und man begegnet Rahel Macmillans Geist in allen Räumen – » (Vgl. *Ein Stück aus meiner englischen Reise*, in «Goetheanum», 3. Jg., No. 5, S. 34 und ferner *Rudolf Steiner und die Zivilisationsaufgaben der Anthroposophie*, S. 180ff.; George Adams, *Rudolf Steiner in England*, in *Wir erlebten* ..., S. 29 und GA 300c, S. 91)

3. September, abends. Zweiter Vortrag für eingeladene Ärzte: *Wie ist ein Rationales in der Therapie zu begründen?*

4. September. Eurythmieaufführung in «The Royal Academy of Dramatic Art». «Die Eurythmie wurde außerordentlich begeistert aufgenommen.» (*Rudolf Steiner und die Zivilisationsaufgaben der Anthroposophie*, Dornach 1943, S. 182)

5./6. September (?). Rückreise nach Dornach.

9. September. Im «Goetheanum» erscheint *Ein Stück aus meiner englischen Reise*.

9. September, abends. Rudolf Steiner berichtet den Mitgliedern in Dornach über den Aufenthalt in England. (Vgl. *Zivilisationsaufgaben*, a. a. O., S. 169–184)

10. September, 20 Uhr. Mitgliedervortrag. Druidenkultur und Wotanszivilisation. (GA 228)

11. September. Eurythmieaufführung, u. a. «Die Jüngerin» von ALBERT STEFFEN.

13.–17. September. Stuttgart. Tagung der Anthroposophischen Gesellschaft in Deutschland. (Programm in: Mitteilungen ZV, Nr. 7, September 1923, S. 2–4) Referate von C. UNGER, E. KOLISKO, E. LEINHAS, LOUIS WERBECK, W. J. STEIN und Aussprachen.

14. September, 20 Uhr. Erster Vortrag *Der Mensch in der Vergangenheit, Gegenwart und Zukunft*. (GA 228)

15. September, 17 Uhr. Eurythmieaufführung. (Programm GA 277, S. 400)

15. September, 20 Uhr. Zweiter Vortrag *Der Mensch in Vergangenheit, Gegenwart und Zukunft*. (GA 228)

16. September, 17 Uhr. Eurythmieaufführung. (Programm GA 277, S. 400)

16. September, 20 Uhr. Dritter Vortrag *Der Mensch in Vergangenheit, Gegenwart und Zukunft*. (GA 228)

17. September. In einer Aussprache im Anschluß an ein Referat von W. J. STEIN spricht Rudolf Steiner über die geistige Aufgabe Mitteleuropas und die gegenwärtige Verleugnung der geistigen mitteleuropäischen Vergangenheit: «Aber heute ist die Sache so, daß jenes Wollen, was mitteleuropäisches Wollen ist, trotz des physischen Elends in einer gewissen Art der Auferstehung harrt. ... Es harrt manches von dem, was vom Geistesleben Mitteleuropas wie begraben scheint, einer gewissen Zukunft. Man wird in weitesten Kreisen der Welt in verhältnismäßig gar nicht zu langer Zeit das, was hier heute von älterer mitteleuropäischer Gesinnung verleugnet wird, mit Sehnsucht ergreifen. ... Aber eines dürfte nicht kommen, ... daß, wenn die Welt schreien wird – ... nach der Auferstehung des mitteleuropäischen Geisteslebens, daß dann in Mitteleuropa die Menschen nicht vorhanden wären... die diesen Ruf verstehen könnten. Das wäre ein allergrößter Verlust für die Welt.» (Zitiert nach L. Kolisko, *Eugen Kolisko*, S. 87/88) Rudolf Steiner ist mit dem Verlauf der Tagung nicht zufrieden: «So eine Tagung, wenn also wirklich zwischen ganz schönen Gedanken so furchtbar viel Gedankenmorde herumfliegen – die vier Tage waren doch furchtbar.» (GA 300 c, S. 94)

18. September, morgens. Rudolf Steiner zu Unterrichtsbesuchen in der Waldorfschule.

18. September. Rudolf Steiner zu ausführlichen Konsultationen im Klinisch-therapeutischen Institut.

18. September, 18 Uhr 30–22 Uhr 30. Konferenz mit dem Lehrerkollegium der Waldorfschule – Rückblicke, Planungen, Unterrichtsfragen und Schülerfragen. (GA 300 c)

19. September. Reise nach Dornach.

21. September. Dornach. Mitgliedervortrag. Erinnerung an die Grundsteinlegung des Goetheanum. Bericht über die Stuttgarter Tagung. Über die inneren Gegner der Anthroposophie: die junge pausbäckige Dame Naivität, die Dame Illusion (mit Hornbrille) und Leberecht Freiherr von Unterscheidungsvermögen. (*Eine Erinnerung an die Grundsteinfeier zur Befestigung des anthroposophischen Wesens,* Dornach 1942)

22.–24. September. Rudolf Steiner malt das Pastellbild «Druidenstein».

22. und 23. September. Mitgliedervorträge. Übergangswelten. Der Traum als Übergang zwischen der Naturgesetzlichkeit und der Welt des Gewissens. Mondwirkungen – der Somnambulismus, Jakob Böhme, Paracelsus und Swedenborg. (GA 225)

22. und 23. September. Eurythmieaufführungen.

23. September. Im «Goetheanum» erscheint *Einleitende Worte zu einer Eurythmievorstellung*. (GA 36, S. 300ff.)

24./25. September. Rudolf Steiner wird durch das Klinisch-therapeutische Institut über einen schweren Asthma-Anfall eines 9jährigen Patienten unterrichtet und eilt in die Klinik, wo er bis zum Tode des Patienten um 6 Uhr morgens ratend tätig ist. (Vgl. Grete Kirchner-Bockholt in *Wir erlebten...*, S. 111)

25. September, vormittags. Abreise nach Wien.

26. September. Wien. Öffentlicher Vortrag im Großen Saal des Konzerthauses. *Die übersinnliche Erkenntnis – Anthroposophie – als Zeitforderung*. Der Vortrag schließt mit den Worten: «Der Mensch ist Geist, im Geiste nur kann er seine wirkliche Befriedigung finden, und seine höchsten Kräfte wie sein höchster Mut kann ihm nur aus dem Geist, das heißt aus dem Übersinnlichen kommen!» (GA 84)

27. und 28. September. Erster und zweiter Vortrag *Die Anthroposophie und das menschliche Gemüt*. Michaels Kampf mit dem Drachen – das aktive Verhältnis zum Geiste. (GA 223)

29. September. Öffentlicher Vortrag im großen Saal des Konzerthauses: *Anthroposophie und die ethisch-religiöse Lebenshaltung des Menschen*. (GA 84)

30. September. Im «Goetheanum» erscheint *Der Streit Michaels mit dem Drachen*. (GA 36, S. 338 ff.)

30. September. Eurythmieaufführung im Wiener Neuen Stadttheater.

30. September und 1. Oktober. Dritter und vierter Vortrag *Die Anthroposophie und das menschliche Gemüt*. Das Traumbewußtsein – der Druidendienst und der Mithraskult. Das Michael-Fest als Fest des starken, im Selbstbewußtsein erwachenden Geistbewußtseins. (GA 223)

1. Oktober, nachmittags. Gründung der Österreichischen Anthroposophischen Gesellschaft. Die Beratungen verlaufen in sehr unbefriedigender Weise. Es ist viel von «Weiterentwicklung», «Neugestaltung» und «Mündigwerden» der Gesellschaft die Rede. Rudolf Steiner schweigt während der Beratungen. (Vgl. F. Hiebel, *Entscheidungszeit mit Rudolf Steiner,* S. 146–151; L. Polzer-Hoditz, *Erinnerungen an Rudolf Steiner,* S. 195; H. E. Lauer, *Ein Leben im Frühlicht des Geistes,* S. 61)

1. Oktober, abends. Nach dem Vortrag Schlußworte Rudolf Steiners an die österreichischen Mitglieder, in denen er die Rhetorik des Nachmittags charakterisiert und zum praktischen Erwachen auffordert. (*Rudolf Steiner und die Zivilisationsaufgaben der Anthroposophie,* Dornach 1943, S. 192–197)

2. Oktober. Auf Anregung von Ita Wegman hält Rudolf Steiner einen Vortrag für Ärzte in der Wohnung Josef van Leers.

Während des Aufenthaltes in Wien finden zahlreiche Beratungen in Einzelgesprächen durch Rudolf Steiner statt. (Vgl. F. Hiebel, *Entscheidungszeit mit Rudolf Steiner,* S. 130) Ferner besucht Rudolf Steiner in Begleitung von Guenther Wachsmuth an einem Vormittag Rosa Mayreder. (Vgl. G. Wachsmuth, *Rudolf Steiners Erdenleben,* S. 552)

3. Oktober. Rudolf Steiner besucht zum letzten Mal seine Geschwister in Horn.

4. Oktober. Rückreise nach Dornach. (Vgl. G. Wachsmuth, *Rudolf Steiners Erdenleben,* S. 553)

5.–14. Oktober. Rudolf Steiner in Dornach.

5.–7. Oktober. Mitgliedervorträge. Imaginationen des Erzengelwirkens im

Jahreslauf. Michael-Imagination – das meteorische Eisen; Weihnachtsimagination – Sulphur, Merkur und Sal; Osterimagination – Kalk und Kohlensäure – der auferstandene Christus zwischen Luzifer und Ahriman. (GA 229)

7. Oktober. Im «Goetheanum» erscheint *Der Michaelstreit vor dem Bewußtsein der Gegenwart.* (GA 36, S. 342)

10. Oktober. In einem Arbeitervortrag spricht Rudolf Steiner über die Bedeutung der Zyankali-Vergiftung. (GA 351)

12. Oktober. Mitgliedervortrag. Die Johanni-Imagination – Das Wirken Uriels. (GA 229)

13. Oktober, morgens. Gespräch Rudolf Steiners mit dem Wächter am Goetheanum, Georg Groot. Groot fragt Rudolf Steiner nach der am 10. Oktober im Arbeitervortrag beschriebenen Wirkung von Zyankali. Rudolf Steiner beschreibt die Wirkung des Zyankali auf das nachtodliche Leben. Groot fragt daraufhin, ob im nächsten Kriege Blausäuregase verwendet würden. Rudolf Steiner verneint das und bemerkt dann, daß aber andere furchtbare Dinge in Vorbereitung wären. Groot fragt daraufhin, ob das in Amerika geschehe. «Nein, in Deutschland» war die Antwort. (Vgl. Mitteilungen D, 22. Jg. 1968, S. 128)

13. Oktober, 20 Uhr. Die Erzengel Michael, Gabriel, Raphael und Uriel im Jahreslauf. (GA 229)

14. Oktober. Im «Goetheanum» erscheint *Goethes geistige Umgebung und die Gegenwart.* (GA 36, S. 345 ff.)

14. Oktober, nachmittags. Autoreise nach Einsingen nahe Ulm zu den von Dr. Rudolf Maier gemachten Versuchen über den Zusammenhang von Magnetismus und Licht. (Vgl. B 95/96, S. 20 und M. Woloschin, *Erinnerungen an Einsingen,* in Mitteilungen D, 1987, S. 302 ff.)

15. und 16. Oktober. Stuttgart. Rudolf Steiner hält drei Vorträge für die Waldorfschullehrerschaft. «Wenn ich diesen Betrachtungen hätte einen Titel geben sollen, hätte ich sagen müssen: Der Streit des Michael mit dem Drachen, dargestellt für die Waldorfschullehrerschaft.» (GA 302 a)

15. Oktober, 20 Uhr. Mitgliedervortrag. *Die Michael-Imagination – geistige Meilenzeiger im Jahreslauf.* (GA 229)

16. Oktober, 16 Uhr 30. Konferenz mit dem Lehrerkollegium der Waldorfschule. Besprechung von Konferenzvorgängen. (GA 300 c)

16. Oktober. Rudolf Steiner zu ausführlichen Konsultationen im Klinisch-therapeutischen Institut.

16./17. Oktober, nachts. Rückreise mit dem Auto nach Dornach. (Vgl. E. Leinhas, *Aus der Arbeit mit Rudolf Steiner,* S. 150 f.)

17. Oktober, früh morgens. Rudolf Steiner schreibt *Vom Seelenleben I.*

19. und 20. Oktober. Rudolf Steiner malt die Pastellskizze «Der Mensch in Beziehung zu den Planeten».

19. Oktober–11. November. Dornach. Jeweils freitags, samstags und sonntags spricht Rudolf Steiner in insgesamt 12 Mitgliedervorträgen über das Menschenwesen im Zusammenhang mit Urbildern der Tierwelt, über Natur- und Geistprozesse in Mensch und Welt sowie über das Wirken der Elementarwesen. (Vgl. GA 230)

21. Oktober. Im «Goetheanum» erscheint *Vom Seelenleben I – Das Seelenleben im Dämmerdunkel des Traumes.* (GA 36, S. 349 ff.)

22. Oktober. St. Gallen. Eurythmieaufführung im Stadttheater – Rudolf Steiner spricht einleitende Worte.

23. Oktober. Esoterische Stunde für einen kleinen Teilnehmerkreis im Haus Hansi. (Vgl. GA 265)

25. Oktober. Dornach. Eurythmieaufführung. Deutsche und französische Gedichte. Musik von Bach, Rameau, Chopin.

26.–28. Oktober. Fortsetzung der Mitgliedervorträge. (GA 230, s. o.)

28. Oktober. Im «Goetheanum» erscheint *Vom Seelenleben II – Das Seelenwesen in der Helligkeit der Geistanschauung.* (GA 36, S. 352 ff.)

1. November. Eurythmieaufführung. «Dichtungen mit ernst-formstrengem und Musikalisches mit lyrisch-romantischem Charakter, Humoristisch-bizarres.» (Programm GA 277, S. 401)

2.–4. November. Fortsetzung der Mitgliedervorträge. (GA 230, s. o.)

4. November. Im «Goetheanum» erscheint *Vom Seelenleben III – Das Seelenwesen auf dem Wege zur Selbstbeobachtung.* (GA 36, S. 356 ff.)

4. November. Eurythmieaufführung. Französische Gedichte und Gedichte von Goethe und Nietzsche. Musik von Bach, Händel, Brahms und Chopin.

5. November. Albert Steffen bei Rudolf Steiner. Gespräch über die Wochenschrift «Das Goetheanum» sowie über die zunehmende religiös motivierte Gegnerschaft. (Tagebuch A. Steffen, unveröff.)

6. und 7. November. Rudolf Steiner in Zürich. Auf der Reise begleiten ihn Albert Steffen, Ita Wegman, Elisabeth Vreede und Guenther Wachsmuth. (Tagebuch A. Steffen, unveröff.)

6. November. Öffentlicher Vortrag über *Eine wirkliche Menschenerkenntnis als Gegenwartsforderung.*

7. November, 18 Uhr 30. Zweigvortrag. Menschenverständnis und Menschenhaß in ihrer Wirkung im Leben zwischen Tod und neuer Geburt und im sozialen Leben.

8. November. Rudolf Steiner in Solothurn, um mit den dortigen kantonalen Behörden über die Bedingungen für die Übersiedlung des Philosophisch-anthroposophischen Verlages von Berlin nach Dornach zu verhandeln.

8. November, abends. Eurythmieaufführung. Gedichte von Steffen, Goethe, Heine, Hérédia. Musik von Bach, Brahms, Liszt und Moczkowsky.

Ende Oktober, im November und Dezember. Guenther Wachsmuth be-

richtet: «In dieser Epoche des Werdens fanden in einem Zimmer in der Wohnung Rudolf Steiners zunächst im engsten Kreise die Vorbesprechungen statt, bei denen Plan und Gestaltung der bei der kommenden Weihnachtstagung zu vollziehenden Neugründung der Bewegung, der Gesellschaft, der Hochschule, ihre esoterischen Aufgaben, Sinn und Ziel des nun zu schaffenden Geistorganismus von ihm dargelegt wurden. Diese Vorbesprechungen und Beschlüsse vollzog Rudolf Steiner in diesen Monaten gemeinsam mit MARIE STEINER, ALBERT STEFFEN, Dr. ITA WEGMAN und Dr. GUENTHER WACHSMUTH. Im späteren Verlauf dieser Besprechungen wurde auch noch Dr. ELISABETH VREEDE hinzugezogen.» (Vgl. G. Wachsmuth, *Rudolf Steiners Erdenleben und Wirken,* S. 561)
Im Tagebuch von Albert Steffen finden sich keine Hinweise auf das Stattfinden dieser Besprechungen. Wohl aber wird deutlich, daß Ita Wegman, Albert Steffen und Guenther Wachsmuth im Laufe des Jahres 1923 immer mehr Aufgaben und Verantwortung übernehmen. Albert Steffen berichtet erst unter dem 16. Dezember von einer vorbereitenden Sitzung des künftigen Vorstandes (siehe dort).
November. Rudolf Steiner bereitet die Neuauflage des Buches *Grundlinien einer Erkenntnistheorie...* (1886) vor und verfaßt ein ausführliches Vorwort sowie Anmerkungen zum Text.
9.–11. November. Fortsetzung der Mitgliedervorträge. (GA 230, s. o.)
10. November. In Dornach wird der Hitler-Ludendorff-Putsch in München bekannt. Karl Lang berichtet: «Zur Mittagszeit des 10. November hatte ich für eine kurze Zeit den Wächter am Eingang der Schreinerei abgelöst. Aus dem Atelier kam Rudolf Steiner mit Dr. Wachsmuth. Beide blieben sie am schwarzen Brett stehen, an welchem für die Künstler die verschiedenen Anweisungen und Programme angeheftet wurden. Da hing das Telegramm vom Hitler-Ludendorff-Putsch in München. Rudolf Steiner sagte zu Dr. Wachsmuth: ‹Wenn diese Gesellschaft sich durchsetzt, bringt dies für Mitteleuropa eine große Verheerung.›» (Karl Lang, *Lebensbegegnungen,* S. 67)
10. November, spätnachmittags. Rudolf Steiner gibt ANNA SAMWEBER einen Brief, durch den er seine Wohnung in Berlin (Motzstraße) kündigt und den Spruch: *Den Berliner Freunden.* (GA 40)
11. November. Im «Goetheanum» erscheint *Vom Seelenleben IV – Das Seelenwesen in Seelenmut und Seelenangst.* (GA 36, S. 360 ff.)
11. November. Eurythmieaufführung.
11. November. Am Ende des Mitgliedervortrags macht Rudolf Steiner auf die Entwicklung in Mitteleuropa aufmerksam, «die das, was praktische Waldorfpädagogik ist, recht sehr gefährden, wenn nicht gar unmöglich machen». Seinen Hinweis auf Woodrow Wilson 1913 und die Bemerkungen über das Zivilisations-Karzinom 1914 habe man verschlafen. In der Erdenat-

mosphäre haben sich nun Impulse von Menschenhaß und Menschenverachtung gesammelt. Gegenüber diesen Dingen gilt es zu erwachen: «Und Anthroposophie hat alle Impulse für ein richtiges Kulturerwachen in sich, für ein richtiges Kulturerwachen des Menschen.» (GA 230)

12. November. Pastellskizze «Elementarwesen».

13. November. Reise nach Den Haag. F. W. ZEYLMANS berichtet: «Ich holte Dr. Steiner mit einigen Freunden vom Bahnhof ab. Als der Zug langsam einfuhr und ich ihn am Fenster sitzen sah, erschrak ich sehr, weil er so müde und blaß aussah, – und erkannte zugleich das Überzeitliche seiner Physiognomie. Es war, als ob das Antlitz aus einem Felsen herausgearbeitet sei, der Eindruck ging mir durch Mark und Bein.» (*Wir erlebten...*, S. 261)

13. November, abends. Erster Vortrag des Zyklus: *Der übersinnliche Mensch, anthroposophisch erfaßt.* (GA 231) Bei der Begrüßung spricht Rudolf Steiner aus, daß in diesen Tagen die Holländische Anthroposophische Gesellschaft geformt werden solle und daß die Landesgesellschaften überhaupt «eine individuelle, gute, gediegene Grundlage» für die zu Weihnachten zu gründende Allgemeine Anthroposophische Gesellschaft» sein sollten. Die Begründung werde nur stattfinden können, «wenn die einzelnen Landesgesellschaften dann in einer solchen Weise vertreten sein werden, daß ihre Vertreter dann wirklich... das innerliche Substantielle der einzelnen anthroposophischen Individualitäten zum Ausdruck bringen können. Damit werden wir aber auch bei Begründung der Allgemeinen Anthroposophischen Gesellschaft etwas, was nun sehr notwendig ist, etwas sehr Wichtiges und Bedeutungsvolles ausführen können.» (*Rudolf Steiner und die Zivilisationsaufgaben der Anthroposophie,* Dornach 1943, S. 202f.; GA 231, S. 57)

In den dieser Einleitung folgenden Vorträgen schildert Rudolf Steiner den Menschen in seinem Zusammenhang mit dem Weltall, seine Beziehung zu außerirdischen Kräften und den Hierarchien sowie die Entwicklung des Menschen zwischen Tod und neuer Geburt.

14. November. Den Haag. Öffentlicher Vortrag *Anthroposophie und Pädagogik.* (GA 231)

14. November, abends. *Der übersinnliche Mensch, anthroposophisch erfaßt II.*

15. November. Erster Vortrag für Ärzte. Rudolf Steiner berichtet über die medizinische Arbeit und schließt daran Darstellungen von Funktionszusammenhängen in der menschlichen Organisation. (GA 319)

15. November, 20 Uhr. Öffentlicher Vortrag *Anthroposophie als Zeitforderung.*

16. November. Zweiter Vortrag für Ärzte. Grundsätzliche Ausführungen zur dreigliedrigen Menschenorganisation – Metamorphose der Prozesse – Krankheitsprozesse und Heilmittel – Das Karzinom und Viscum-Präparate. (GA 319)

16. November, 20 Uhr. Öffentlicher Vortrag *Anthroposophie als menschlich-persönlicher Lebensweg.* (GA 231)
17. November. In Dornach findet die erste Eurythmieaufführung mit männlichen Eurythmisten statt. (Programm GA 277, S. 403)
17. November, nachmittags. Dritter Vortrag *Der übersinnliche Mensch anthroposophisch erfaßt.* (GA 231) Anschließend Besprechung mit den drei Lehrern der Vrije School, D. v. BEMMELEN, E. MULDER und P. HOORWEG
17. November, abends. Vierter Vortrag *Der übersinnliche Mensch anthroposophisch erfaßt.* (GA 231) Anschließend im Hotel «De Oude Doelen». Zeylmans berichtet: «Am Abend vor der eigentlichen Gesellschaftsgründung, Samstag, den 17. November, als wir wieder in der Hotelhalle saßen, kam Dr. Steiner blaß und ernst und zugleich so traurig herein, daß keiner von uns es wagte, das Gespräch zu eröffnen. Schließlich fragte Frau Dr. Wegman, ob etwas passiert sei? Ganz traurig und wie vor sich hin, sprach er dann Worte, die zeigten, wie schwer es ihm zu schaffen machte, was er als Unverständnis der Mitglieder, bei allem subjektiv guten Willen, gegenüber den eigentlichen geistigen Notwendigkeiten erlebte: ‹Die Mitglieder wollen nicht... Sie sind voller guter Absichten, aber... Was soll ich tun...? Soll ich denn einen Orden gründen?!› Wir saßen ganz zerschlagen da; wir mußten verspüren, welch tiefer Schmerz ihn erfüllte und welch schwere Sorge auf ihm lastete. ... Dr. Steiner erklärte deutlicher, inwiefern er von der Gesellschaft überall und immer wieder enttäuscht sei und was er in ihr vermisse. Auch sagte er, er habe doch bestimmte Anregungen gegeben und auch angedeutet, wen er für die Leitung der Arbeit als geeignet betrachte; jetzt komme man, statt diese Anregungen aufzugreifen, mit ganz anderen, völlig unzureichenden Vorschlägen.» (E. Zeylmans, *Willem Zeylmans van Emmichoven*, 1979, S. 121 f.)
18. November. Gründungsversammlung der Niederländischen Anthroposophischen Gesellschaft. «Während der Besprechungen für die zu vollziehende Gesellschaftsgründung saß Dr. Steiner meist schweigend und abwartend da.» (Zeylmans, a. a. O., S. 264) Bei der Beratung der Statuten jedoch greift Rudolf Steiner ein und verbessert die nicht immer glücklich geratenen Formulierungen zugunsten des Undogmatischen und Nicht-Sektiererischen und regt an, die Dinge weltmännisch zu fassen. Dr. F. W. ZEYLMANS wird zum Generalsekretär der Niederländischen Anthroposophischen Gesellschaft gewählt.
18. November, abends. Fünfter Vortrag *Der übersinnliche Mensch, anthroposophisch erfaßt.* (GA 231)
19. November. (Ursprünglich nicht vorgesehener) Vortrag *Die Kunst der moralischen und physischen Erziehung.* (GA 304 a)
In den Tagen in Den Haag besucht Rudolf Steiner mehrfach die zunächst aus

zwei Klassen bestehende «Vrije School» und die von Dr. Zeylmans gegründete Klinik. Am 23. November berichtet Rudolf Steiner in Dornach, daß in Den Haag bei den Vorträgen «eine ausgezeichnete Stimmung» geherrscht habe und daß die Waldorfschule «einen außerordentlich befriedigenden Eindruck macht». «Die Dinge, die sachlich sind, gehen ausgezeichnet. Aber wenn es darauf ankommt, die Dinge zusammenzuhalten durch die Anthroposophische Gesellschaft, da geht es natürlich auch noch, soweit als es sich um Gefühlsmäßiges... handelt; aber dann tritt sogleich das auf, daß eigentlich die Anthroposophische Gesellschaft so ein bißchen eine ausgebreitete Familie sein möchte, die sich absperrt gegen die Außenwelt.» (Vgl. *Rudolf Steiner und die Zivilisationsaufgaben der Anthroposophie,* Dornach 1943, S. 207) In einem Brief an Marie Steiner jedoch betont Rudolf Steiner (am 6. Dezember 1923) das Problematische stärker, indem er von den «bitteren Versammlungen in London und Den Haag» spricht. (GA 262, S. 209)

20. November (?). Rückreise nach Dornach.
Möglicherweise führt die Rückreise über Ulm-Einsingen, um das Modell des Magneten für Spektralversuche zu besichtigen. (Vgl. B 95/96, S. 23)

22. und 23. November. Dornach und Basel. Rudolf Steiner zieht Erkundigungen über die Einfuhrbestimmungen der Schweiz, die den Umzug des Philosophisch-anthroposophischen Verlages betreffen, ein und verhandelt mit einer Speditionsfirma.

23.–25. November. Mitgliedervorträge. Das Seelenleben des Menschen – das Denkerlebnis und die dritte Hierarchie, das Erinnerungserlebnis und die zweite Hierarchie, das Gesten-Erlebnis und die erste Hierarchie. Vererbung und Anpassung – das nachtodliche Leben – ahrimanische und luziferische Einwirkungen. Das Hereinwachsen ins Innere der Natur. Die Wirksamkeit der Hierarchien – Winterwille und Sommerwille. (GA 232)

24. November. Kurze Reise nach Bern zur Eidgenössischen Zollbehörde, Fragen der Einfuhrbestimmungen.

25. November. Im «Goetheanum» erscheint *Wie eine dichterisch-begeisterte Persönlichkeit vor fünfzig Jahren unsere Zeit vorfühlte.* Karl Julius Schröers Hinweis auf die «Überbildung». (GA 36, S. 121)

30. November. Mitgliedervortrag. Der Mensch im Zusammenhang mit der Erde. Granit und Quarz. Die Metalle im Zusammenhang von Mensch und Kosmos. (GA 232)

1. Dezember. Brief an Marie Steiner in Berlin. «Wir haben hier ganz phantastisch viele Leute zu Weihnachten zu erwarten. Und es erscheint heute so gut wie ausgeschlossen, alles unterzubringen. ... Und ich möchte doch eben nicht, daß man Leute, die kommen wollen, abweist. Denn ich setze für die Gesellschaft gewissermaßen *letzte* Hoffnungen auf die Weihnachtszusammenkunft.» (GA 262, S. 192)

1. Dezember, vormittags (?). Generalprobe für die Eurythmieaufführung des nächsten Tages: «Jetzt muß ich gleich zu der Generalprobe der Vorstellung gehen, die Du für morgen angeordnet hast. ... Wieder wird die Vorstellung ein Teil von den Damen, ein Teil von den jungen Männern gegeben.» (GA 262, S. 193)
1. Dezember, 20 Uhr. Mitgliedervortrag. Der Erdzustand in lemurischer Zeit – Pflanzenwelt und Getier. (GA 232)
2. Dezember. Im «Goetheanum» erscheint *Das Geistige ist dem gewöhnlichen Bewußtsein ‹entfallen› und kann wieder erinnert werden.* (GA 36, S. 364 ff.)
2. Dezember, 17 Uhr. Eurythmieaufführung. (Programm GA 277, S. 406)
2. Dezember, 20 Uhr. Mitgliedervortrag. Rudolf Steiner beginnt mit den Darstellungen des alten Mysterienwesens. Die Logos-Mysterien von Ephesus – Der Brand des Goetheanum und der Brand von Ephesus. (GA 232)
2. und 4. Dezember. Pastellskizze «Adam Kadmon in Frühlemurien».
3.–6. Dezember. Rudolf Steiner ist in Dornach mit den Vorbereitungen zur Weihnachtstagung (Quartierbeschaffung, Erweiterung der Schreinerei) und mit Fragen des Umzugs des Philosophisch-anthroposophischen Verlags beschäftigt. Rudolf Steiner stimmt zu, daß WILHELM RATH in Berlin ein Bücherlager für den Verlag einrichtet. Für Dornach wird der Bau eines Verlagshauses in Aussicht genommen.
7.–9. Dezember. Mitgliedervorträge. *Mysteriengestaltungen* – die Mysterien Hibernias. (GA 232)
9. Dezember. Im «Goetheanum» beginnt Rudolf Steiner abschnittsweise seine Autobiographie *Mein Lebensgang* zu veröffentlichen. Diese Veröffentlichungen setzt Rudolf Steiner von nun an ohne Unterbrechung bis zu seinem Tode fort. (GA 28)
13. Dezember. Rudolf Steiner schreibt an Marie Steiner in Berlin: «Im Goetheanum habe ich begonnen, meine Memoiren zu veröffentlichen. ... Ich fühle mich, indem ich diese Lebensbeschreibung schreibe, wie von der Erde abgereist.» (GA 262, S. 210) Ursprünglich beabsichtigte Rudolf Steiner die Darstellungen seiner Autobiographie durch Anmerkungen zu ergänzen. Im Brief vom 13. Dezember heißt es, er werde «die weiteren Mitteilungen nur als Auszüge des späteren Buches machen». (GA 262, S. 210); in einem Vortrag am 12. September 1924 heißt es: «Gewiß, ich konnte nur die Äußerlichkeiten dieser Dinge im ‹Goetheanum› erzählen, und die Aufsätze werden ja als Buch erscheinen mit Anmerkungen, in denen dann auch das Innerliche berücksichtigt werden wird.» (Vgl. GA 238)
14. Dezember. Pastellskizze mit einem Dreikönigsmotiv.
14. Dezember. Aufführung des Paradeis- und Christgeburtsspiels aus Oberufer.
14. Dezember, 20 Uhr. Mitgliedervortrag. *Mysteriengestaltungen* – die chto-

nischen und eleusinischen Mysterien Griechenlands. Der Übergang von Plato zu Aristoteles und der Aristotelismus. (GA 232)
15. Dezember, 20 Uhr. Mitgliedervortrag. *Mysteriengestaltungen* – Naturerkenntnis in den Mysterien und die Naturerkenntnis des Aristoteles. (GA 232)
16. Dezember. Im Wohnhaus Rudolf Steiners (Villa Hansi) findet eine Besprechung über die bevorstehende Gründung der Allgemeinen Anthroposophischen Gesellschaft statt. Albert Steffen notiert in seinem Tagebuch: «Dr. Steiner liest die Statuten vor und sagt dann, wie er sich den Vorstand denke. Er: Präsident. Frau Dr. Steiner und ich Vicepräsident. Frau Wegman Protokollführerin. Wachsmuth Kassier (Wachsmuth schlägt vor Schatzmeister, wozu Dr. Steiner lachend sagt: Der Name tut nichts zur Sache). Dann Vorsteher der einzelnen Fächer. Dr. Steiner der ganzen Hochschule. Ich belles lettres. Wachsmuth Nationalökonomie. Er möchte lieber Naturwissenschaften. Aber Dr. Steiner sagt, es sei schade, daß er kein Mathematiker wäre.» (Unveröff.) Bei der Besprechung waren anwesend: RUDOLF STEINER, ITA WEGMAN, ALBERT STEFFEN, GUENTHER WACHSMUTH. Anschließend reist Rudolf Steiner nach Schaffhausen, wo er zu einer Aufführung des Oberuferer Paradeis- und Christgeburtsspiels die einleitenden Worte spricht.
17. Dezember. Rudolf Steiner in Dornach. Er fertigt das Modell für das Bücherlager des Philosophisch-anthroposophischen Verlags. Das Modell wird sofort vom Architekten AISENPREIS zur weiteren Ausführung abgeholt. Anschließend Besprechung mit ALBERT STEFFEN über die Wochenschrift «Das Goetheanum». Tagebucheintragung Albert Steffen: «Ich trete ein. Dr. St. im weißen Leinenkittel, hat eben das Modell für die Bücher des Verlags vollendet. Eisenpreis (sic!) holt es ab.» (Tagebuch A. Steffen, unveröff.)
18. Dezember. Rudolf Steiner reist nach Stuttgart.
18. Dezember, abends (?). Besprechung mit den Vorständen der Anthroposophischen Gesellschaft und der Freien Anthroposophischen Gesellschaft. Rudolf Steiner unterrichtet die Vorstände über Einzelheiten der zu Weihnachten geplanten Gründung der Allgemeinen Anthroposophischen Gesellschaft. (Vgl. E. Lehrs, *Gelebte Erwartung,* S. 250f.)
18. Dezember, 21 Uhr. Konferenz mit dem Lehrerkollegium der Waldorfschule – Abiturfragen – Lehrplanfragen – Schülerfragen.
19. Dezember. Rudolf Steiner zu ausführlichen Konsultationen im Klinisch-therapeutischen Institut.
19. oder 20. Dezember. Rückfahrt nach Dornach.
21. Dezember. Rudolf Steiner zu ausführlichen Konsultationen im Klinisch-therapeutischen Institut, Arlesheim.
21. Dezember, 20 Uhr. Mitgliedervortrag. *Mysteriengestaltungen.* Die samothrakischen Mysterien der Kabiren – der Übergang zum Rosenkreuzertum. (GA 232)

22. Dezember. Mitgliedervortrag. Zu Beginn des Vortrages spricht Rudolf Steiner über die bevorstehende Gründung der Allgemeinen Anthroposophischen Gesellschaft und führt aus, daß er aus den Erfahrungen des vergangenen Jahres keinen anderen Vorschlag machen kann, «als den, daß Sie zum Vorsitzenden der Anthroposophischen Gesellschaft und zwar zum ganz offiziellen Vorsitzenden, mich selber wählen. Ich muß aus den Erlebnissen der letzten Jahre einfach die Konsequenz ziehen, daß ich eigentlich nur mitarbeiten kann, wenn ich selber zum Vorsitzenden gewählt werde.» Danach nennt Rudolf Steiner die weiteren Vorstandsmitglieder ALBERT STEFFEN, MARIE STEINER, ITA WEGMAN, ELISABETH VREEDE und GUENTHER WACHSMUTH. Fortsetzung der Darstellungen über Mysteriengestaltungen: Alte Mysterien und mittelalterliche Mysterien. (GA 232)
23. Dezember. Eurythmieaufführung. (Programm GA 277a)
23. Dezember, 20 Uhr. Mitgliedervortrag. Während des Vortrags sitzt der bereits benannte Vorstand neben dem Rednerpult mit dem Gesicht zur Mitgliedschaft. Vortrag: Die Stoffeserkenntnis der alten Mysterien und die mittelalterliche Alchemie.
24. Dezember–1. Januar. *Weihnachtstagung zur Begründung der Allgemeinen Anthroposophischen Gesellschaft.* – Die offizielle Einladung zur Weihnachtstagung erfolgte erst durch die Veröffentlichung des Programms der Gründungsversammlung in der Wochenschrift «Das Goetheanum» vom 16. Dezember 1923. Diese Nummer der Wochenschrift kam (spätestens) am 14. Dezember zum Versand. Seit dem Sommer aber war bekannt, daß die Gründung der Gesellschaft zu Weihnachten stattfinden sollte. Seit Anfang Dezember zeichnete sich ab, daß eine große Anzahl von Teilnehmern zur Weihnachtstagung zu erwarten wären, so daß die Schreinerei durch einen Anbau erweitert werden müßte. Zur Grundsteinlegung am 25. Dezember erscheinen 700–800 Menschen.
Mit der Weihnachtstagung wendet sich Rudolf Steiner unmittelbar an die allgemeine Mitgliedschaft und übernimmt die Leitung der Gesellschaft. Er bildet von sich aus den Vorstand der Gesellschaft, der durch Akklamation der anwesenden Mitglieder bestätigt wird. Absicht der Weihnachtstagung ist es, der «Anthroposophischen Gesellschaft eine Form zu geben, wie sie die anthroposophische Bewegung zu ihrer Pflege braucht». (Rudolf Steiner, GA 260a, S. 27. Rudolf Steiners Bericht über die Weihnachtstagung: GA 260a, S. 27–36; Protokoll der Verhandlungen: GA 260; eine Schilderung bei Friedrich Hiebel: *Entscheidungszeit mit Rudolf Steiner,* S. 163–296)
24. Dezember.
10 Uhr. Rudolf Steiner eröffnet die Weihnachtstagung zur Begründung der Allgemeinen Anthroposophischen Gesellschaft und erteilt ALBERT STEFFEN, «unserm lieben verehrten Freund, dem ausgezeichneten Dichter, dessen Sein

in unserer Mitte wir uns als ein hohes Glück anzurechnen haben», das Wort zum Vortrag: «Aus der Schicksalsgeschichte des Goetheanums.» (Vgl. *Nachrichtenblatt* 1. Jg., Nr. 2, 3 und 6)

11 Uhr 15. Eröffnungsvortrag Rudolf Steiners – Hinweis auf die gegenwärtige äußere Situation – Wesen und Aufgabe der anthroposophischen Bewegung – kommentierte Verlesung der vorgeschlagenen Statuten, die allen Tagungsteilnehmern gedruckt ausgehändigt werden. (GA 260)

16 Uhr 30 und 18 Uhr. Paradeisspiel aus Oberufer. Die Wiederholung wird durch die große Zahl der erschienenen Mitglieder (800–900) erforderlich.

20 Uhr. Beginn des Vortragszyklus *Die Weltgeschichte in anthroposophischer Beleuchtung und als Grundlage der Erkenntnis des Menschengeistes.* (GA 233) Erster Vortrag. Wesen und Wandel der Erinnerung.

25. Dezember.

10 Uhr. *Grundsteinlegung der Allgemeinen Anthroposophischen Gesellschaft.* Ansprache mit dem *Grundstein* in Spruchform. «Es konnte sich dabei nur um eine ideell-geistige Grundsteinlegung handeln. Der Boden, in den der ‹Grundstein› gelegt wurde, konnten nur die Herzen und Seelen der in der Gesellschaft vereinigten Persönlichkeiten sein, und der Grundstein selbst muß die aus anthroposophischer Lebensgestaltung quellende Gesinnung sein». (GA 260a, S. 33)

An den folgenden Tagen werden von Rudolf Steiner jeweils Teile des Grundsteinlegungs-Spruches, die sogenannten Rhythmen, zu Beginn der Verhandlungen gesprochen.

11 Uhr 15. Gründungsversammlung der Allgemeinen Anthroposophischen Gesellschaft. Rudolf Steiner nennt zunächst die anwesenden Generalsekretäre, resp. deren Vertreter. USA: HENRY B. MONGES, Belgien: MADAME MUNTZ, Dänemark: JOHANNES HOHLENBERG, Deutschland: CARL UNGER und für die Freie Anthroposophische Gesellschaft: HANS BÜCHENBACHER, Großbritannien: HARRY COLLISON, Finnland: UNO DONNER, Frankreich: ALICE SAUERWEIN, Niederlande: FREDERIK WILLEM ZEYLMANS VAN EMMICHOVEN, Honolulu: CHARLOTTE FERRERI, Italien: EMMELINA DE RENZIS, GIOVANNI A. DE CESARO, LINA SCHWARZ, Norwegen: KARL INGERÖ, Österreich: LUDWIG POLZER-HODITZ, Schweden: SIGRID HENSTRÖM, Tschechoslowakei: HANS EISELT und OTOKAR KRKAVEC, Schweiz: ALBERT STEFFEN. Darauf folgen die Berichte der Generalsekretäre. Es wird für die USA, Dänemark, Deutschland, Großbritannien und die Niederlande berichtet. (GA 260)

14 Uhr 30. Besprechung des Vorstandes und der Generalsekretäre. Über die Statuten: die Generalsekretäre erbitten Kommentare Rudolf Steiners.

16 Uhr 30. Aufführung des Oberuferer Christgeburtsspiels.

Anschließend Probe für die Eurythmieaufführung.

20 Uhr 30. Zweiter Vortrag *Die Weltgeschichte in anthroposophischer Beleuch-*

tung. Welt- und Seelenerleben sowie Entwicklungsimpulse der alten und jungen Völker Asiens. (GA 233)

26. Dezember.

10 Uhr. Erster Rhythmus der Grundsteinlegung. Fortsetzung der Gründungsversammlung. In der Einleitung weist Rudolf Steiner auf die Notwendigkeit, in der zukünftigen Arbeit die volle Öffentlichkeit mit esoterischer Verantwortung zu verbinden. Fortsetzung der Berichte der Generalsekretäre. Es wird für Italien, Jugoslawien (Erwin Hahl), Norwegen, Österreich, Schweden, die Schweiz und die Tschechoslowakei berichtet. – Erneute Verlesung der Statuten. (GA 260)

16 Uhr 30. Eurythmieaufführung. (Programm GA 277, S. 412)

20 Uhr. Dritter Vortrag *Die Weltgeschichte in anthroposophischer Beleuchtung.* Die Bewußtseinsverfassung in der Zeit der ägyptisch-chaldäischen Kultur – Gilgamesch und Eabani – Die Mysterienstätte von Ephesus. (GA 233)

27. Dezember.

10 Uhr. Vortrag Dr. Guenther Wachsmuth «Anthroposophie und Erdenschicksal».

11 Uhr 15. Zweiter Rhythmus der Grundsteinlegung. Fortsetzung der Gründungsversammlung. Die allgemeine Beratung über die Statuten wird von Rudolf Steiner mit Ausführungen über die Aufgaben des Vorstandes und das Wirken der Generalsekretäre sowie über den Aufbau der Hochschule eingeleitet. Erste Lesung der Statuten und Beginn der Zweiten Lesung (Spezialdebatte über die einzelnen Paragraphen bis § 3). (GA 260)

16 Uhr 30. Dreikönigsspiel aus Oberufer.

20 Uhr. Vierter Vortrag *Die Weltgeschichte in anthroposophischer Beleuchtung.* Die hibernischen und die ephesischen Mysterien – Aristoteles und Alexander. (GA 233)

28. Dezember.

10 Uhr. Vortrag Jan Stuten «Die Musik und die geistige Welt».

11 Uhr 15 (?). Dritter Rhythmus der Grundsteinlegung. Fortsetzung der Gründungsversammlung – Zu Beginn der Spezialdebatte meldet sich Harry Collison und schlägt den Anwesenden vor, anstatt fragwürdige Verbesserungen der Statuten-Formulierung zu beantragen, lieber Rudolf Steiner nach Sinn und Bedeutung der Paragraphen zu fragen. Das Protokoll vermerkt langanhaltenden Beifall. Rudolf Steiner erläutert daraufhin den geplanten Aufbau der Hochschule und nennt die Leiter der Sektionen:

Leitung der Hochschule: Rudolf Steiner
Sektion für schöne Wissenschaften: Albert Steffen
Sektion für redende und musikalische Künste: Marie Steiner
Sektion für Naturwissenschaften: Dr. Guenther Wachsmuth
Medizinische Sektion: Dr. Ita Wegman

Sektion für bildende Künste: EDITH MARYON
Mathematisch-astronomische Sektion: Dr. ELISABETH VREEDE.
Über die Öffentlichkeit der von der Gesellschaft herausgegebenen Schriften, namentlich der Zyklen. – Infolge des Appells von Harry Collison kommen die Beratungen zügig voran, so daß die zweite und dritte Lesung an diesem Tage abgeschlossen und die Statuten einmütig angenommen werden. (GA 260)
Nachmittags. Besprechung mit dem schweizerischen Schulverein.
16 Uhr 30. Eurythmieaufführung. (Einleitung und Programm GA 277, S. 413–418)
20 Uhr 30. Fünfter Vortrag *Die Weltgeschichte in anthroposophischer Beleuchtung*. Das Eigentümliche der Mysterienstätte von Ephesus und Alexander der Große. (GA 233)
29. Dezember.
8 Uhr 30. Sitzung des Vorstandes mit den Generalsekretären und den Vertretern der schweizerischen Zweige. Über die Stellung der schweizerischen Anthroposophischen Gesellschaft und über die Stellung des Zweiges am Goetheanum in der Allgemeinen Anthroposophischen Gesellschaft. – Die Frage des Mitgliedsbeitrags für die Allgemeine Anthroposophische Gesellschaft.
10 Uhr. Vortrag LOUIS WERBECK «Zur Gegnerschaft der Anthroposophie».
11 Uhr 30 oder später. Vierter Rhythmus der Grundsteinlegung. Fortsetzung der Gründungsversammlung. Aussprache zu Gegnerfragen und zur Frage der Freien Anthroposophischen Gesellschaft und zur Jugendbewegung. (GA 260)
16 Uhr 30. Oberuferer Christgeburtsspiel.
20 Uhr 30. Sechster Vortrag *Die Weltgeschichte in anthroposophischer Beleuchtung*. Mysterienkultur – Persönlichkeitskultur. Die Zeit vom Brande des Tempels in Ephesus bis zum Tode Julian Apostatas. Das Weiterwirken des Aristotelismus. (GA 260)
30. Dezember.
10 Uhr. Vortrag Dr. KARL SCHUBERT «Anthroposophie – ein Führer zu Christus». Anschließend fünfter Rhythmus der Grundsteinlegung. Fortsetzung der Gründungsversammlung. Aussprache: ELEANOR MERRY berichtet über die Arbeit in England, DANIEL VAN BEMMELEN über die Schule in Den Haag, CARL UNGER hält einen Vortrag über Gesellschaftsprobleme, JOSEF VAN LEER zur Berichterstattung an das Goetheanum, MAX STIBBE über die Gegnerschaft in Holland, ERICH SCHWEBSCH dankt für die der Waldorfschule geleistete Hilfe. Bericht über die Eurythmie in den USA. (GA 260)
16 Uhr 30. Eurythmieaufführung. (Einleitung und Programm GA 277, S. 419–422)

20 Uhr 30. Siebter Vortrag *Die Weltgeschichte in anthroposophischer Beleuchtung.* Der Zusammenhang des Menschen mit der Welt und mit den Substanzen – Die Neuzeit verliert dieses Wissen, die Notwendigkeit seiner Wiedergewinnung. (GA 233)

31. Dezember.

8 Uhr 30. Besprechung mit praktizierenden Ärzten. (Vgl. GA 314, S. 165 ff.)

10 Uhr. Sechster Rhythmus der Grundsteinlegung. Fortsetzung der Gründungsversammlung. Dr. Rudolf Maier und Lili Kolisko berichten aus ihren Forschungen.

Anschließend Vortrag Rudolf Steiners *Der künftige Baugedanke von Dornach.* Rudolf Steiner entwickelt zunächst ein Raumnutzungs-Programm. Anschließend wiederholt Rudolf Steiner die in den Statuten gegebene Darstellung der Hochschule. (GA 260)

16 Uhr 30. Dreikönigsspiel aus Oberufer.

20 Uhr. Achter Vortrag *Die Weltgeschichte in anthroposophischer Beleuchtung.* Der Brand von Ephesus – ein Zeichen für das Verklingen des alten Mysterienwesens. Der Beginn des neuen Mysterienwesens im Rosenkreuzertum. Der Brand des Goetheanum. (GA 233)

1924

Nachdem Rudolf Steiner mit der Gründung der Allgemeinen Anthroposophischen Gesellschaft durch die Weihnachtstagung 1923/24 die Leitung der Gesellschaft übernommen hatte, wird nun im Laufe des Jahres 1924 die Gesellschaft umgestaltet. War bis zur Weihnachtstagung 1923 die Gesellschaft die Verwalterin des anthroposophischen Lehrguts (so Rudolf Steiner in einem Vortrag vom 18. Juli 1924), so soll sie nun eine wirklich anthroposophische Gesellschaft werden, die Anthroposophie praktiziert. Voraussetzung dieses Neu-Anfangs ist, daß Rudolf Steiner selbst die Leitung der Gesellschaft übernimmt und fortwährend anthroposophisches Leben und Tun in der Gesellschaft anregt. Ein erstes Organ dieses gemeinschaftlichen Lebens ist das Nachrichtenblatt *Was in der Anthroposophischen Gesellschaft vorgeht,* das ab dem 13. Januar erscheint und Woche für Woche an die Arbeitszweige und Mitglieder gelangt. Jede Nummer beginnt mit einem Brief Rudolf Steiners «An die Mitglieder!». So wird ein einheitliches geistiges Leben in der Gesellschaft angeregt.

Ein zweiter Schritt ist die Eröffnung der ersten Klasse der Freien Hochschule für Geisteswissenschaft. Mit ihr erhält die Anthroposophische Gesellschaft das Zentrum ihres Wirkens: eine esoterische Schule. In Inhalt und Form unterscheidet sich der esoterische Schulungsweg, der mit dieser Hochschule begründet wird, nicht unwesentlich von der «Esoterischen Schule», die von Rudolf Steiner in den Jahren 1904–1914 betreut wurde. Der Eröffnung der Freien Hochschule am 15. Februar geht ein Einführungskurs «Anthroposophie» voraus, in dem Rudolf Steiner einen neuen, zusammenfassenden Überblick über die Grundlagen der Anthroposophie gibt. Der vollständige Kursus für die I. Klasse der Freien Hochschule wird in Dornach gehalten (19 Kursstunden und 7 Wiederholungsstunden).

Aber auch außerhalb Dornachs, in Prag, Bern, Paris, Breslau, Arnheim, Torquay und London hält Rudolf Steiner Vorträge für die erste Klasse der Freien Hochschule. Rudolf Steiner vermeidet es aber, in Stuttgart Vorträge für die Hochschule zu halten. Durch Frau Lili Kolisko läßt er jedoch den Lehrern der Freien Waldorfschule den Inhalt der Dornacher Klassenstunden vermitteln.

Im Mittelpunkt der Vortragstätigkeit Rudolf Steiners stehen die Betrachtungen über das menschliche Schicksal (die sogenannten *Karma-Vorträge*). Mit diesen Vorträgen greift Rudolf Steiner seine ursprünglichsten Intentionen wieder auf. Bereits bei Begründung der Deutschen Sektion der Theosophischen Gesellschaft 1902 hatte Rudolf Steiner den Versuch unternommen, über «Praktische Karmastudien» zu sprechen, um so die Anthroposophie unmittelbar aus der Selbsterkenntnis des Menschen zu begründen. 1902 traf dieser Versuch allein bei Marie von Sivers auf Verständnis. Im Jahre 1912, kurz vor Begründung der Anthroposophischen Gesellschaft, unternahm Rudolf Steiner einen zweiten Versuch, über Selbst- und Schicksalserkenntnis zu sprechen, doch auch dieser Versuch wurde in seiner Bedeutung nicht verstanden. Mit der Weihnachtstagung 1923/24 beginnt Rudolf Steiner zum dritten Mal über die Schicksalserkenntnis im praktischen Zusammenhang mit der Bildung einer geistig-orientierten Gemeinschaft zu sprechen. Den Anfang macht er bereits mit den Abendvorträgen während der Weihnachtstagung *Die Weltgeschichte in anthroposophischer Beleuchtung und als Grundlage der Erkenntnis des Menschengeistes,* in denen das Schicksal zweier Individualitäten – Aristoteles und Alexander – im Mittelpunkt steht. Vom 25. Januar bis zum 28. September hält Rudolf Steiner 1924 insgesamt 82 Vorträge über das Schicksal, bei denen spätestens vom Juli an nicht mehr zu verkennen ist, daß sie Anleitungen zur Selbsterkenntnis der einzelnen und der Schicksals-Zusammenhänge der Anthroposophischen Gesellschaft sind.

Die weitere Vortragstätigkeit dient der Begründung, Befruchtung oder Vertiefung der anthroposophischen Praxis in einzelnen Lebensgebieten. Durch den *Landwirtschaftlichen Kursus* in Koberwitz (7.–16. Juni) wird die biologisch-dynamische Landwirtschaft ins Leben gerufen. Durch den *Heilpädagogischen Kursus* (Dornach 25. Juni–7. Juli) werden grundlegende Anregungen für eine anthroposophische Heilpädagogik vermittelt. Vier Vortragskurse zur *Erziehungskunst* (Stuttgart, Bern, Arnheim und Torquay) dienen vor allem der Lehrerbildung. Der Erweiterung und Zusammenfassung künstlerischen Strebens sind drei Kurse gewidmet: Der *Toneurythmie-Kurs, der Lauteurythmie-Kurs* und der *Kursus für Sprachgestaltung und dramatische Kunst.* Im Rahmen der medizinischen Sektion hält Rudolf Steiner *zwei Kurse für junge Ärzte und Medizinstudenten* sowie *zehn Vorträge für Ärzte.* Für Ärzte und Pfarrer der «Christengemeinschaft» findet der *Pastoral-medizinische* Kurs statt. In 18 Vorträgen schließlich spricht Rudolf Steiner zu den Pfarrern der «Christengemeinschaft» über die «Apokalypse» des Johannes. Im September laufen z. T. drei Kurse gleichzeitig, so daß Rudolf Steiner mit den Vorträgen für die Mitglieder und den Vorträgen für die 1. Klasse der Freien Hochschule bis zu sechs Vorträge am Tag hält.

In Torquay (England) findet der zweite (halböffentliche) Sommerkurs *Die wahren und die falschen Wege der geistigen Forschung* statt. Öffentliche Vorträge

über allgemeine Anthroposophie hält Rudolf Steiner 1924 nur noch in Prag und Paris.
Die für Rudolf Steiner wohl entscheidende Frage ist, ob die mit der Weihnachtstagung veranlagten Impulse aufgenommen werden. Bereits in einem Vortrag am 18. Januar spricht er aus: «Wenn die Weihnachtstagung nur so genommen wird, wie man gern frühere Tagungen nahm, dann verduftet sie allmählich, dann verliert sie ihren Inhalt, und es wäre besser gewesen, man hätte sich nicht versammelt.» (Vgl. GA 260 a, S. 92)
Im Frühjahr stellt Ita Wegman die Frage: was wird geschehen, wenn die Impulse, die so mächtig eingesetzt haben, nicht zum Durchbruch kommen? Die Antwort Rudolf Steiners lautet: dann wird Karma walten. (*Nachrichtenblatt* 1925, S. 153) In seiner letzten Ansprache an die Mitglieder am 28. September 1924 macht Rudolf Steiner indirekt deutlich, daß es noch nicht eine genügend große Anzahl von Menschen gibt, in denen die geistigen Impulse leben.
Die physische Erschöpfung Rudolf Steiners, die sich schon Ende 1922 bemerkbar machte und seit dem Brand des Goetheanum deutlich erkennbar ist, verschlimmert sich plötzlich am 1. Januar 1924, als Rudolf Steiner schwer erkrankt. Die Erkrankung läßt jede Nahrungsaufnahme für den geschwächten Körper fast unmöglich werden. Der Gesundheitszustand Rudolf Steiners wird von den Mitgliedern der Anthroposophischen Gesellschaft nicht genügend berücksichtigt. Ständig nehmen sie den Rat Rudolf Steiners in ihren mehr oder weniger privaten Angelegenheiten in Anspruch. Diese Beanspruchungen berauben ihn seiner letzten physischen Kraftreserven und werfen ihn am 29. September auf das Krankenlager.
Unter schwankenden gesundheitlichen Bedingungen setzt Rudolf Steiner auch vom Krankenlager aus seine Arbeit fort. Woche für Woche schreibt er Briefe «An die Mitglieder!», weitere Kapitel zu seiner Autobiographie *Mein Lebensgang* und die Beiträge für die Wochenschrift «Das Goetheanum». Seine besondere Sorge gilt aber dem Wiederaufbau des Goetheanum, der von manchen Organisationen bekämpft wird. So werden die Bauzeichnungen, die nach dem ersten, von Rudolf Steiner im Frühjahr geschaffenen Modell gefertigt worden sind, entsprechend den Auflagen der Behörden überarbeitet. Für die Basler Zeitungen schreibt Rudolf Steiner Aufsätze, die Verständnis für den Bau wecken wollen. Die gesundheitliche Schwäche erlaubt ihm aber nicht, in größerem Umfang die Neugestaltung der Gesellschaft weiterzuführen. Auch kann er am Krankenlager nur wenige Besucher empfangen. Außer mit Marie Steiner, die ihn, wenn sie in Dornach ist, täglich sieht, bespricht Rudolf Steiner den Fortgang der Wochenschrift mit Albert Steffen, Verwaltungsfragen der Gesellschaft mit Guenther Wachsmuth und den Wiederaufbau des Goetheanum mit dem Architekten Hermann Ranzenberger. Die

Pflege Rudolf Steiners liegt in den Händen von Ita Wegman und ihrem ärztlichen Helfer Ludwig Noll.

1. Januar.
8 Uhr 30. Besprechung mit praktizierenden Ärzten. Krankheitsbilder und Therapien. (GA 314)
10 Uhr. Siebter Rhythmus der Grundsteinlegung. Fortsetzung der Gründungsversammlung der Allgemeinen Anthroposophischen Gesellschaft. (Vgl. 25. Dezember 1923 und folgende Tage) – Besprechung über Fragen der Publizistik und über die Gegner der Anthroposophie. (GA 260)
Anschließend: Ausführungen Rudolf Steiners über das Grundmotiv des neuen Goetheanum-Baus. Aussprache über die Finanzierung des Baus und über den Mitgliedsbeitrag. Durch Abstimmung wird die Höhe des Mitgliedsbeitrags (12 shilling) bestätigt. Frederik Willem Zeylmans spricht über die neue Form der medizinischen Arbeit. (GA 260)
16 Uhr 30. «Rout» (geselliges Beisammensein). Emil Leinhas berichtet: «Bei einem Rout, der am Schluß der Weihnachtstagung in der Schreinerei in Dornach stattfand, erlitt Rudolf Steiner ganz plötzlich einen Schwächeanfall. Er zog sich in einen Raum, der auf der Seite der Bühne hinter dem Vorhang lag und unter den Künstlern die Bezeichnung ‹im goldenen Menschen› trug, zurück und brach dort zusammen. Nach kurzer Zeit vermochte er sich wieder zu fassen.» (E. Leinhas, *Aus der Arbeit mit Rudolf Steiner,* S. 188) Albert Steffen berichtet: «Ich saß wie gewohnt vorne neben Frau Dr. Wegman. Dr. Steiner bleich, erschöpft voll Schmerzen, so, daß er sich nicht halten konnte. Er verlor das Gesicht, sagte Frau Bugajeff von ihm. Er mußte sich stützen und dennoch begehrte er zu den Menschen.
Er hatte sich erkältet. Immer sprach man ihn im Gange an, wo er ohne Pelz stand. Zum ersten Mal sah ich, wie er sich im Vortrage (bei den Medizinern) stützte, setzen mußte.
Dieser furchtbare Lärm des Routs, wo Hunderte von Stimmen tönten, mit einem Oberton, der sich zur Zerstörung entwickelte. Dieses Aufnehmen von Schicksal, von lästigen Worten, von Begrüßungen, machte ihn müde. Er bekam Leibschmerzen. Wir alle hatten Angst. Ich ging nachher um 11 Uhr noch hinüber und fragte, wie es gehe. Er sei zu Bett gegangen. Merkwürdig war, daß morgens um sieben Uhr der Aufsatz über seinen Lebensgang doch fertig war. Und um 10 Uhr hielt er wieder einen der gewaltigsten Vorträge.» (Tagebuch A. Steffen, unveröff.) Die Frage nach der Ursache dieses Zusammenbruchs wird kontrovers beantwortet. (Vgl. GA 260 a, S. 590; Gerhard Wehr, *Rudolf Steiner,* S. 356 f.; Friedrich Hiebel, *Entscheidungszeit mit Rudolf Steiner,* S. 267 ff.; Guenther Wachsmuth, *Rudolf Steiners Erdenleben und Wirken,* S. 619 f.)

20 Uhr 30. Neunter und letzter Vortrag *Die Weltgeschichte in anthroposophischer Beleuchtung und als Grundlage der Erkenntnis des Menschengeistes.* Die geistige Situation der heutigen Menschheit vor dem Hüter der Schwelle. Die Hochschule in Dornach als Ort realer Geisterkenntnis. Offenes Eintreten für Anthroposophie. Die Worte des Grundsteins. – Dankworte von LOUIS WERBECK – Rudolf Steiner dankt im Namen des «Geistes des Goetheanum».

2. Januar, 7 Uhr morgens. *Mein Lebensgang V* fertiggestellt. (Tagebuch A. Steffen, unveröff.)

2. Januar, 10 Uhr. Besprechung mit praktizierenden Ärzten.

2.–9. Januar, morgens. Kursus für junge Ärzte und Medizinstudenten. M. P. van Deventer berichtet: «Beim ersten Vortrag am 2. Januar mußte Rudolf Steiner im Sitzen sprechen. Er war am Vortag plötzlich schwer erkrankt.» An dem Kursus nahmen außer der Gruppe der jungen Mediziner um HELENE VON GRUNELIUS und MADELEINE VAN DEVENTER der Vorstand der Allgemeinen Anthroposophischen Gesellschaft, NORBERT GLAS, EUGEN und LILI KOLISKO, HILMA WALTHER und F. W. ZEYLMANS teil.

2. Januar, 19 Uhr. Eurythmieaufführung. (Programm vom 30. Dezember 1923, GA 277, S. 421).

3. Januar. Esoterische Stunde. (GA 265, S. 455 ff.)

4. Januar. Rudolf Steiner entwirft eine Eurythmieform für Largo B-Dur, Opus 2 Nr. 8 von Händel.

Rudolf Steiner zu Konsultationen im Klinisch-therapeutischen Institut, Arlesheim.

4.–6. Januar, 20 Uhr. Vorträge für Mitglieder. Mysterienunterricht im Mittelalter – Rosenkreuzertum – Raimundus Lullus – Pico della Mirandola und Raimund von Sabunda. (GA 233 a)

5. Januar. Besuch am Krankenlager GEORGA WIESES. (Vgl. GA 261, S. 282)

5. Januar, 17 Uhr. Eurythmieaufführung. Gedichte von Albert Steffen, französische Dichtungen, Musik.

6. Januar. Im «Goetheanum» erscheint *Mein Lebensgang V;* Leben in Neudörfl (GA 28). Außerdem eine Resolution der Anthroposophischen Gesellschaft in der Schweiz zum Wiederaufbau des Goetheanum in der Schweiz.

6. Januar, 17 Uhr. Aufführung des Dreikönigsspiels aus Oberufer mit Einleitung von Rudolf Steiner. (GA 274, S. 101 ff.)

6. Januar, 20 Uhr. Zu Beginn des Mitgliedervortrags spricht Rudolf Steiner Gedenkworte für die Norwegerin GEORGA WIESE, eine langjährige Mitarbeiterin am ersten Goetheanum, die am Morgen dieses Tages gestorben ist. (Vgl. GA 261, S. 282)

7. Januar, 9 Uhr. Wiederaufnahme der Vorträge für die Arbeiter am Goetheanumbau. Diese Vorträge finden, wenn Rudolf Steiner in Dornach ist, in der Regel wöchentlich mittwochs und samstags statt.

Rudolf Steiner zu Konsultationen im Klinisch-therapeutischen Institut, Arlesheim.

9. Januar, 9 Uhr. Aussprache mit den Arbeitern am Goetheanum über Verhältnisse, die zu Mißstimmungen geführt haben.

9. Januar, 19 Uhr. Eurythmieaufführung, neu im Programm eine Violinsonate von Cesar Franck.

10. Januar. Gespräch im Atelier Rudolf Steiners über die zu begründende Heilpädagogik mit Franz Löffler, Siegfried Pickert und Albrecht Strohschein. Pickert und Löffler, die in Jena bereits mit Hilfsschulkindern arbeiteten, wollen anthroposophische Ideen auf dem Gebiete der Heilerziehung fruchtbar machen. Rudolf Steiner schließt mit den Worten: «Hoffentlich habe ich einmal Gelegenheit, Ihnen an Ort und Stelle mit meinem Rat zu dienen.» (Vgl. A. Strohschein, *Die Entstehung der anthroposophischen Heilpädagogik*, in *Wir erlebten ...*, S. 213 f. und Siegfried Pickert, *Von Rudolf Steiners Wirken ...*, in *Erinnerungen*, S. 447 f.)

10. Januar, abends (?). Vorstandssitzung. Möglicherweise Beratung einer Geschäftsordnung. (Vgl. GA 260a, S. 593 und Beilage zu GA 260a, S. 4 f.)

11. Januar, 11 Uhr. Basel. Trauerrede bei der Kremation von Georga Wiese. (Vgl. GA 261, S. 283–295)

11.–13. Januar, jeweils 20 Uhr. Vorträge für Mitglieder. Mysterienerkenntnis – Agrippa von Nettesheim – Rosenkreuzertum im 15. und 16. Jahrhundert. Eliphas Levi. Die letzte Rosenkreuzerschule im 19. Jahrhundert: Licht und Schwere – Stoff und Form. Das Rosenkreuzertum im Mittelalter und die Erneuerung rosenkreuzerischer Erkenntnis im gegenwärtigen Michael-Zeitalter. (GA 233a)

12. Januar, 9 Uhr. Fortsetzung der Aussprache mit den Arbeitern am Goetheanum (s. 9. Januar).

13. Januar. Im «Goetheanum» erscheint *Mein Lebensgang VI:* Der Übergang zur Realschule in Wiener Neustadt – Heinrich von Schramms Aufsatz im Jahresbericht der Schule – Rechnen und Geometrie. (GA 28)

Als Beiblatt zum Goetheanum erscheint erstmals *Was in der Anthroposophischen Gesellschaft vorgeht – Nachrichten für deren Mitglieder.* Darstellung Rudolf Steiners: *Die Bildung der Allgemeinen Anthroposophischen Gesellschaft durch die Weihnachtstagung 1923.* Die Beschreibung enthält die «Statuten» der Gesellschaft (heute «Prinzipien» genannt), die eine Beschreibung dessen, «was Menschen in einem rein menschlichen Lebenszusammenhang – als anthroposophische Gesellschaft – vollbringen möchten», sein soll. (GA 260a, S. 27 ff.)

13. Januar, 17 Uhr. Eurythmieaufführung, im Programm u. a. «Ariel-Szene» aus Faust II und Szenen aus der Kalevala.

13. Januar, 20 Uhr. Vortrag für Mitglieder. (GA 233a, s. 11. Januar)

14. Januar. Rudolf Steiner zu Konsultationen im Klinisch-therapeutischen Institut, Arlesheim. – In Dornach trifft der erste Büchertransport mit Büchern des Philosophisch-anthroposophischen Verlags aus Berlin ein.
16. Januar, 9 Uhr. Fortsetzung der Aussprache mit den Arbeitern am Goetheanum. (Siehe 9. und 11. Januar)
16. Januar, 19 Uhr 30. Eurythmieaufführung. Im Programm u. a. «Urworte orphisch» von Goethe, «Warum» von Schumann, Humoresken von Morgenstern.
17. Januar, abends. Vorstandssitzung.
17.–19. Januar. Rudolf Steiner malt für die Malkurse von Henni Geck als «Schulungsskizze» das Eurythmieprogramm «Der Mondenreiter» (Olaf Åsteson), Pastellskizze und Aquarell.
18. Januar. Rudolf Steiner zu Konsultationen im Klinisch-therapeutischen Institut, Arlesheim. Vortrag für Mitglieder. Über die Weihnachtstagung, die Geschichte der Anthroposophischen Gesellschaft und die Einrichtung der I. Klasse der Freien Hochschule für Geisteswissenschaft. «Wenn diese Weihnachtstagung nur so genommen wird, wie man so gern frühere Tagungen nahm, dann verduftet sie allmählich, dann verliert sie ihren Inhalt, und es wäre besser gewesen, man hätte sich nicht versammelt. Denn das Geistige hat einmal die Eigenschaft, daß es, wenn es nicht festgehalten wird, verschwindet, nicht verschwindet selbstverständlich im Kosmos, aber verschwindet für den Ort, wo es eben nicht weiter gepflegt wird.» (GA 260a, S. 92)
19. Januar, 9 Uhr. Vortrag für die Arbeiter am Goetheanum. (GA 352)
19. Januar, 20 Uhr. Vortrag für Mitglieder. Beginn der Vortragsreihe *Anthroposophie.* Rudolf Steiner gibt «eine Art Einführung in die Anthroposophie», die zugleich eine Anleitung für die Art «wie man Anthroposophie vor der Welt heute vertreten kann» sein soll. Darstellung der beiden grundlegenden Fragen, von denen Anthroposophie ausgeht. (GA 234)
20. Januar. Im «Goetheanum» erscheint *Mein Lebensgang VII:* Beginn der Kant-Lektüre, Bekanntschaft mit der deutschen Literatur, der Chemielehrer, das Interesse für Geschichte wird angeregt. (GA 28) In der gleichen Nummer beginnt Albert Steffen, die während der Weihnachtstagung gehaltenen Vorträge über die Weltgeschichte zu referieren.
Im Nachrichtenblatt erscheint von Rudolf Steiner *An die Mitglieder! I* – Die Geschichte der Anthroposophie und die Weihnachtstagung. Ferner: *Die Freie Hochschule für Geisteswissenschaft* – Über die Einrichtung der Freien Hochschule und die Pflege des esoterischen Strebens. Mitteilung des Vorstandes «Zur Verwaltung der Anthroposophischen Gesellschaft». Mitgliedschaft, Mitgliedskarte. Namens- und Adressen-Verzeichnis. (GA 260a)
20. Januar, 17 Uhr. Eurythmieaufführung, Gedichte von Steffen, Ariel-Szene aus Faust II.

20. Januar, 20 Uhr. Mitgliedervortrag *Anthroposophie.* Das Wesen der Meditation und Erfahrungen des meditativen Bewußtseins. (GA 234)

21. Januar. In Dornach trifft der zweite Transport der Bücher des Philosophisch-anthroposophischen Verlages aus Berlin ein.

21. Januar, 20 Uhr. Generalversammlung des Zweiges am Goetheanum im Glashaus. Über die Stellung und die Aufgaben des Zweiges am Goetheanum innerhalb der Anthroposophischen Gesellschaft. (Vgl. GA 260a, S. 480ff.)

23. Januar, 9 Uhr. Vortrag für die Arbeiter am Goetheanum.
Rudolf Steiner zu Konsultationen im Klinisch-therapeutischen Institut, Arlesheim.

23. Januar, 20 Uhr 30. Eurythmieaufführung. Im Programm Gedichte von Albert Steffen sowie englische Gedichte. Musik von Bruckner, Cesar Franck, Mozart, Grieg, Jan Stuten, Tschaikowski. Rune der vier Winde von Fiona Macleod.

24. Januar. Rudolf Steiner zu Konsultationen im Klinisch-therapeutischen Institut, Arlesheim.

25. Januar. Reise nach Bern. Abends Zweigvortrag *Das Tor der Sonne und das Tor des Mondes – Freiheit und Notwendigkeit.* Am Schluß über die Auswirkungen der Weihnachtstagung, u. a.: «Die Isoliertheit unserer Zweige soll etwas aufhören.» Persönlich spricht Rudolf Steiner aus, daß er sich in dem Alter, wo man sich üblicherweise pensionieren läßt, entschlossen habe «wieder anzufangen. Nachdem ich schon 1912 die persönliche Leitung der Anthroposophischen Gesellschaft abgegeben hatte, habe ich mich entschlossen, wieder anzufangen und mir einzubilden, ich wäre wieder jung und könnte eben durchaus wirken.» (GA 240 und GA 260a, S. 172)

25. Januar, 20 Uhr. Eurythmieaufführung. Berner Stadttheater. (Programm GA 277, S. 431)

27. Januar. Im «Goetheanum» erscheint *Mein Lebensgang VIII:* Oberrealschule in Wiener-Neustadt – der Deutschlehrer – Geschichts- und Geographie-Unterricht – politische Debatten des Vaters. (GA 28)
Im Nachrichtenblatt erscheinen von Rudolf Steiner *An die Mitglieder II* – Die Lebensbedingungen der Anthroposophie, *Die Freie Hochschule für Geisteswissenschaft II* – Ihre Gliederung in Sektionen – die Sektionsleiter; *Über die Führung dieses Nachrichtenblattes und den Anteil der Mitglieder daran:* «Wir brauchen das rege Interesse für alle Erscheinungen des Lebens in der Welt.» (GA 260a)
Rückreise von Bern nach Dornach.

27. Januar, 20 Uhr. Dornach. Mitgliedervortrag. *Anthroposophie.* Das Tor der Sonne und das Tor des Mondes – Zukunft und Vergangenheit im menschlichen Schicksal. (GA 234)

28. Januar. Reise nach Zürich mit allen Mitgliedern des Vorstandes. Abends

Zweigvortrag. Das Wesen von Sonne und Mond – Die Urlehrer der Menschheit und das Wirken der Engel. (GA 240)

29. Januar. Zürich, Stadttheater. Eurythmieaufführung – Programm wie in Bern.

30. Januar, 8 Uhr. Reise Zürich–Dornach.

30. Januar. Vortrag für Mitglieder. Über die Erneuerung der Anthroposophischen Gesellschaft als einer öffentlichen Gesellschaft. Die Einrichtung der Hochschule und die Anforderungen, die sich aus der Mitgliedschaft der Hochschule ergeben. «Die Freie Hochschule soll aus Menschen bestehen, die sich durchaus als die Repräsentanten der anthroposophischen Sache fühlen.» (GA 260a, S. 129)

31. Januar, abends. Vorstandssitzung.

1. Februar. Brief an JOHANNA MÜCKE (Berlin) über ihre Übersiedlung nach Dornach zur Weiterführung des Philosophisch-anthroposophischen Verlages.

Rudolf Steiner entwirft eine Eurythmieform für das Allegro aus der Sonate D-Dur von Joseph Haydn.

1. Februar, 20 Uhr. Mitgliedervortrag. *Anthroposophie.* Die Rätsel des physischen Leibes und des geistig-seelischen Lebens. Das durch Meditation erkraftete Denken und das Erleben des zweiten Menschen in uns. Die Steigerung der Meditation und das Erleben des dritten, astralischen Menschen. (GA 234)

2. Februar, 9 Uhr. Vortrag für die Arbeiter am Goetheanum. (GA 352)

2. Februar, 17 Uhr. Eurythmieaufführung. (Programm GA 277, S. 428)

2. Februar, 20 Uhr. Mitgliedervortrag. *Anthroposophie.* Eigenheiten des ätherischen und astralischen Leibes. Die Liebe als Erkenntniskraft. Der Wärme-Mensch und die Intuition. (GA 234)

3. Februar. Im «Goetheanum» erscheint *Mein Lebensgang IX:* 1879 – Vom Ende der Schulzeit – philosophische Studien – Beginn des Studiums – Karl Julius Schröer und Robert Zimmermann. (GA 28)

Im Nachrichtenblatt erscheinen *An die Mitglieder! III* – Anthroposophische Mitgliederversammlungen, *Die Freie Hochschule für Geisteswissenschaft III* – Die Freie Hochschule als «Esoterische Schule» und als rein-menschliche Einrichtung. (GA 260a)

3. Februar, 17 Uhr. Eurythmieaufführung. (Einleitung und Programm GA 277, S. 429–431)

3. Februar, 20 Uhr. Mitgliedervortrag. *Anthroposophie.* Die Schlaferlebnisse des Menschen. Ein anderer Zeitbegriff. Das Wesen der Erinnerung und das Leben nach dem Tode. Nach dem Vortrag Ausführungen für diejenigen, die sich zur Mitgliedschaft in der Freien Hochschule gemeldet haben. Über Anforderungen an die Mitglieder. (GA 234 und GA 260a)

5. Februar. Rudolf Steiner zu Konsultationen im Klinisch-therapeutischen Institut, Arlesheim.
Reise nach Stuttgart.
5. Februar, 20 Uhr. Stuttgart. Konferenz mit dem Lehrerkollegium der Waldorfschule. Rudolf Steiner spricht über die Weihnachtstagung: «Die Dornacher Tagung war das zweite Glied eines hypothetischen Urteils. Das erste Glied heißt: Wenn die Anthroposophen es wollen, so wird man von Dornach aus dies oder jenes tun.» Ferner Ausführungen über die Stellung der Waldorfschule zur Anthroposophischen Gesellschaft, das Verhältnis der Lehrerschaft zur Freien Hochschule. Danach Abiturfragen und Lehrplanfragen. Über Ausdehnungsmöglichkeiten: «Es ist jetzt so, daß die Zahl derjenigen Persönlichkeiten in der Anthroposophischen Gesellschaft, die haben Lehrer werden können an der Waldorfschule, erschöpft ist. Man findet keine Lehrer.» (GA 300c)
6. Februar. Besprechungen mit dem Vorstand der deutschen Landesgesellschaft und dem Komitee der Freien Anthroposophischen Gesellschaft.
6. Februar, 20 Uhr. Mitgliedervortrag. Das Tor des Mondes und das Tor der Sonne. Das Naturwirken und das geistig-moralische Leben. Ausführungen über die Bedeutung der Weihnachtstagung: «Dieser Vorstand, der in Dornach zu Weihnachten gebildet worden ist, der beruht auf einer Art hypothetischen Urteils. Wenn die Gesellschaft das aufnehmen will, was er tut, dann wird er der Vorstand sein; wenn sie es nicht aufnehmen will, dann wird er überhaupt nichts sein.» (GA 240)
7. Februar, nachmittags. Rudolf Steiner zu ausführlichen Konsultationen im Klinisch-therapeutischen Institut. Rückfahrt nach Dornach.
7. Februar, abends. Vorstandssitzung. U.a. referiert Albert Steffen über die Verbreitung der Wochenschrift «Das Goetheanum».
8. Februar, 20 Uhr. Mitgliedervortrag *Anthroposophie.* Über das Traumleben. (GA 234)
9. Februar, 9 Uhr. Vortrag für die Arbeiter am Goetheanum. (GA 352)
9. Februar, 20 Uhr. Mitgliedervortrag *Anthroposophie.* Traumwelt und imaginatives Erleben. Die Entwicklung, die von Erdenleben zu Erdenleben geht. (GA 234)
10. Februar. Im «Goetheanum» erscheinen *Mein Lebensgang X:* Franz Brentano – philosophische Studien – der Kräutersammler – Mathematik und synthetische Geometrie – Raum und Zeit. (GA 28) Ferner erscheint der Aufsatz *Eurythmische Kunst.* (GA 36, S. 304 ff.)
Im Nachrichtenblatt erscheinen *An die Mitglieder! IV* – Über Anforderungen, die an «tätig sein wollende» Mitglieder zu stellen sind. Die Freie Hochschule für Geisteswissenschaft – Über die doppelte Freiheit im Verhältnis von Hochschulleitung und Hochschulmitgliedern. (GA 260a)

10. Februar, 17 Uhr. Eurythmieaufführung. Gedichte von Steffen, Morgenstern, Musset, Lafontaine und Musikalisches.
10. Februar, 20 Uhr. Letzter Mitgliedervortrag in der Reihe *Anthroposophie.* Die vier Metamorphosen der Erinnerungsfähigkeit. (GA 234)
11. Februar. Rudolf Steiner entwirft sechs Eurythmieformen zu Musikstükken von Brahms, Chopin, Gluck und Schumann.
11. Februar, abends. Eurythmieaufführung – Wiederholung vom Vortage. Anschließend Vorstandssitzung.
13. Februar, 9 Uhr. Vortrag für die Arbeiter am Goetheanum. (GA 352)
13. Februar, 22 Uhr. Vorstandssitzung, u. a. über die 12 000 von Rudolf Steiner zu unterschreibenden Mitgliedskarten.
15. Februar. Rudolf Steiner beginnt mit einer neuen «Schulungsskizze» für die Malkurse von Henni Geck «Neues Leben» («Mutter und Kind»).
15. Februar, 20 Uhr 30. Erster Vortrag («Klassenstunde») für die erste Klasse der Freien Hochschule.
16. Februar, 9 Uhr. Vortrag für die Arbeiter am Goetheanum. (GA 352)
Rudolf Steiner zu Konsultationen im Klinisch-therapeutischen Institut, Arlesheim.
16. Februar, 20 Uhr 30. Mitgliedervortrag. Beginn der Darstellungen der Gesetzmäßigkeiten des menschlichen Schicksals (Karma). Bis zum 2. März: Darstellungen über die allgemeinen Gesetzmäßigkeiten des Schicksals. (GA 235)
17. Februar. Im «Goetheanum» erscheint *Mein Lebensgang XI:* Studium an der Technischen Hochschule in Wien. Edmund Reitlinger. Naturwissenschaftliche Theorien. Die Lektüre von Schillers Briefen über die ästhetische Erziehung des Menschen. Das Denken wird zum geistigen Schauen. (GA 28)
Im Nachrichtenblatt erscheint *An die Mitglieder! V.* Rudolf Steiner beginnt *Anthroposophische Leitsätze* als Anregung für die anthroposophische Arbeit zu veröffentlichen (GA 26); ferner *Die Freie Hochschule für Geisteswissenschaft V:* die zukünftige Arbeit der Freien Hochschule und ihre organische Entfaltung. (GA 260 a)
18. Februar. Rudolf Steiner setzt die Arbeit an dem Aquarell «Neues Leben» fort.
18. Februar, vormittags. ALBERT STEFFEN bei Rudolf Steiner im Atelier. (A. Steffen, *Auf Geisteswegen,* S. 120)
18. Februar, 22 Uhr. Vorstandssitzung.
19. Februar. Beginn des *Kursus für Toneurythmie* in der Sektion für redende und musikalische Künste der Freien Hochschule. Rudolf Steiner bemerkt eingangs, «daß die Leute oftmals die Toneurythmie sympathischer gefunden haben als die Lauteurythmie und so das Gefühl hatten, daß die Toneurythmie

verhältnismäßig leicht verstanden werden kann für die Empfindung, während die Lauteurythmie manchem als etwas noch Weiterliegendes erschien. Diese traurige Tatsache, daß ein in den Windeln Liegendes vielfach als das Bedeutsamere hingestellt worden ist gegenüber dem Weiterausgebildeten, das ist dasjenige, was doch wirklich schon den Beweis geliefert hat, daß das Verständnis für die Eurythmie heute eigentlich noch nicht sehr weit gediehen ist.» (GA 278) Der Toneurythmie-Kurs umfaßt acht Vorträge vom 19.–27. Februar.

20. Februar, 9 Uhr. Vortrag für die Arbeiter am Goetheanum.

Rudolf Steiner zu Konsultationen im Klinisch-therapeutischen Institut, Arlesheim.

Zweiter Vortrag des *Toneurythmie-Kurses.* (GA 278)

20. Februar (?). Besprechung mit Emil Bock und Johannes Werner Klein, Pfarrern in der Christengemeinschaft. (Vgl. 21. Februar)

21. Februar. Dritter Vortrag des *Toneurythmie-Kurses.* (GA 278)

21. Februar, nachmittags. Besprechung Rudolf Steiners mit Emil Bock und Johannes Werner Klein, Pfarrern in der Christengemeinschaft, u. a. über die Änderung des Namens der Zeitschrift *Tatchristentum* in *Die Christengemeinschaft*, über die Zusammenarbeit mit Rudolf Steiner. Der Termin für den Kurs über die Apokalypse wird für September festgelegt. Rudolf Steiner übergibt die endgültige Form des Konfirmationsrituals.

22. Februar. Vierter Vortrag des *Toneurythmie-Kurses.* (GA 278)

22. Februar, 20 Uhr 30. Zweiter Vortrag für die erste Klasse der Freien Hochschule.

23. Februar, 9 Uhr. Vortrag für die Arbeiter am Goetheanum. (GA 352)

Fünfter Vortrag des *Toneurythmie-Kurses.* (GA 278)

23. Februar, 20 Uhr. Mitgliedervortrag über das menschliche Schicksal (Karma). (GA 235)

24. Februar. Im «Goetheanum» erscheint *Mein Lebensgang XII:* Freundschaften in der Zeit des Studiums. (GA 28)

Im Nachrichtenblatt erscheinen *An die Mitglieder! VI* – Erkenntnisstreben und Wille zur Selbstzucht, *Anthroposophische Leitsätze* (GA 26), *Die Freie Hochschule für Geisteswissenschaft;* Ankündigung der Einrichtung einer Sektion für das Geistesstreben der Jugend. (GA 260a)

Rudolf Steiner zu Konsultationen im Klinisch-therapeutischen Institut, Arlesheim.

24. Februar, 17 Uhr. Eurythmieaufführung. Es werden fünf neue Gedichte von Albert Steffen dargestellt sowie Wiederholungen aus früheren Aufführungen.

24. Februar, 20 Uhr. Mitgliedervortrag. Über das menschliche Schicksal (Karma). (GA 235)

25. Februar. Brief an die Aktionäre der «Futurum AG». Rudolf Steiner bittet die Aktionäre, die dazu in der Lage sind, ihre Futurum-Aktien dem Goetheanum zu schenken, damit das Klinisch-therapeutische Institut der Anthroposophischen Gesellschaft eingegliedert werden kann und damit die Internationale Laboratorien AG, die mit dem Klinisch-therapeutischen Institut verbunden ist, in der Lage ist, ohne übermäßige Belastung die Verpflichtungen der Futurum AG in Liquidation zu übernehmen. (GA 260a, S. 441; vgl. 24. März 1924)
Rudolf Steiner zu Konsultationen im Klinisch-therapeutischen Institut, Arlesheim.
Sechster Vortrag des *Toneurythmie-Kurses.* (GA 278)
25. Februar, 22 Uhr. Vorstandssitzung.
26. Februar. Fortführung der Arbeit an dem Aquarell «Neues Leben».
Rudolf Steiner zu Konsultationen im Klinisch-therapeutischen Institut, Arlesheim.
Siebter Vortrag des *Toneurythmie-Kurses.* (GA 278)
27. Februar, 9 Uhr. Vortrag für die Arbeiter am Goetheanum. (GA 352)
Letzter Vortrag des *Toneurythmie-Kurses.* (GA 278)
28. Februar. Im Malunterricht an der Fortbildungsschule malt Rudolf Steiner die Pastellskizze «Madonna».
Fortführung der Arbeit an dem Aquarell «Neues Leben».
28. Februar, abends. Versammlung junger Anthroposophen am Goetheanum im Hinblick auf die angekündigte «Jugendsektion».
29. Februar. Rudolf Steiner beendet das Aquarell «Neues Leben».
29. Februar, 20 Uhr 30. Dritter Vortrag für die erste Klasse der Freien Hochschule.
1. März, 9 Uhr. Vortrag für die Arbeiter am Goetheanum. (GA 353)
1. März, 20 Uhr. Mitgliedervortrag *Über das menschliche Schicksal.* (GA 235)
2. März. Im «Goetheanum» erscheint *Mein Lebensgang XIII:* Freundschaften während der Studienzeit, studentisches Leben in der «Deutschen Lesehalle an der Technischen Hochschule»; Besuche im Parlament. (GA 28)
Im Nachrichtenblatt erscheinen *An die Mitglieder! VII – Die Arbeit in der Gesellschaft, Weitere Leitsätze, die für die Anthroposophische Gesellschaft vom Goetheanum ausgegeben werden* (GA 26), *Die Freie Hochschule für Geisteswissenschaft VII:* über die bisherige Arbeit – die Veranstaltungen der Medizinischen Sektion – Besprechungen mit praktizierenden Ärzten und der Kurs für jüngere Ärzte und Medizinstudierende – der Kursus für Toneurythmie im Rahmen der Sektion für redende und musikalische Künste. (GA 260a)
2. März, 17 Uhr. Eurythmieaufführung. Gedichte von Steffen und Mörike, Humoresken von Morgenstern, Kompositionen von Bach, Brahms, Chopin, Reger und Händel.

2. März, 20 Uhr. Mitgliedervortrag *Über das menschliche Schicksal* (Karma). Mit diesem Vortrag schließt Rudolf Steiner zunächst die allgemeinen Karmabetrachtungen ab. (GA 235)
3. März. Vorstandssitzung, u. a. über Gegner der Anthroposophie.
4. März. Rudolf Steiner zu Konsultationen im Klinisch-therapeutischen Institut, Arlesheim.
5. März, 9 Uhr. Vortrag für die Arbeiter am Goetheanum. (GA 353)
6. März. Durch Kaufvertrag übernimmt das Goetheanum vom «Kommenden Tag» die biologische Abteilung des Wissenschaftlichen Forschungsinstituts des Kommenden Tags. Das Institut, in dem Frau LILI KOLISKO, Dr. EUGEN KOLISKO und RUTH KREUZHAGE arbeiten, wird mit Wirkung vom 1. Januar 1924 als «Biologisches Institut am Goetheanum» weitergeführt. (Vgl. GA 260a, S. 573 ff.)
7. März. Rudolf Steiner zu Konsultationen im Klinisch-therapeutischen Institut, Arlesheim.
7. März, 20 Uhr 30. Vierter Vortrag für die erste Klasse der Freien Hochschule.
8. März, 9 Uhr. Vortrag für die Arbeiter am Goetheanum. (GA 353)
8. März, 20 Uhr. Mitgliedervortrag. Betrachtungen über das menschliche Schicksal im Zusammenhang mit dem Karma einzelner Individualitäten. (GA 235)
9. März. Im «Goetheanum» erscheint *Mein Lebensgang XIV:* das Verhältnis zu Karl Julius Schröer – Das Wesen des Lichtes. (GA 28)
Im Nachrichtenblatt erscheinen *An die Mitglieder! VIII – Die Arbeit in der Gesellschaft:* das Verhältnis zu den Erscheinungen des Gegenwartslebens, *Leitsätze (GA 26), Von der Jugendsektion der Freien Hochschule für Geisteswissenschaft I. Was ich den älteren Mitgliedern in dieser Sache zu sagen habe.* Ankündigungen: Tagung der Anthroposophischen Gesellschaft in der Tschechoslowakei. Erziehungstagung in der Freien Waldorfschule in Stuttgart. Pädagogische Tagung in Bern. Ostertagung am Goetheanum. (GA 260a)
9. März, 17 Uhr. Eurythmieaufführung. Gedichte von Victor Hugo, J. M. Hérédia, Alfred de Musset, Fabeln von Lafontaine, «Russischer Frühling» von Wladimir Solowjow.
9. März, 20 Uhr. Mitgliedervortrag. Betrachtungen über das menschliche Schicksal im Zusammenhang mit dem Karma einzelner Individualitäten. (GA 235)
10. März, nachmittags. Besprechung mit ALBERT STEFFEN über die Wochenschrift «Das Goetheanum».
11. März. Rudolf Steiner zu Konsultationen im Klinisch-therapeutischen Institut, Arlesheim. Der erste (und einzige) Rundbrief der medizinischen Sektion wird von ITA WEGMAN und Rudolf Steiner verschickt. Es werden Fragen

beantwortet und ferner werden medizinische Vorträge für die Zeit während und nach der Ostertagung angekündigt.
12. März, 9 Uhr. Vortrag für die Arbeiter am Goetheanum. (GA 353)
Rudolf Steiner zu Konsultationen im Klinisch-therapeutischen Institut, Arlesheim.
13. März. Rudolf Steiner empfängt die Wächter am Goetheanum, KNUT ASBJÖRN, JOHANNES EYBERG, GEORG GROOT und KARL LANG als Vertreter der Dornacher Jugend im Atelier der Schreinerei: Zur Zeit sei in Dornach niemand, der für die Leitung der Jugendsektion in Frage käme. Dr. ERNST LEHRS in Stuttgart könne als einer der besten Lehrer an der Waldorfschule in Stuttgart nicht entbehrt werden. Deshalb lege er die Leitung der Jugendsektion vorläufig in die Hände von Dr. MARGARETE BOCKHOLT.
In diesen Tagen gestaltet Rudolf Steiner das Modell des zweiten Goetheanum. ITA WEGMAN berichtet: Rudolf Steiner «zog seinen weißen Kittel an, bestellte den präparierten Ton und fing an, das Modell des neuen Goetheanums zu modellieren. Fieberhaft arbeitete er, ohne wesentliche Ruhepausen. Ich durfte mit anwesend sein, durfte... miterleben, wie das Modell zustande kam. In drei Tagen war es fertig...» (Vgl. Nachrichtenblatt 1925, S. 70. Die Datierung ergibt sich aus der Tatsache, daß Albert Steffen das Modell am 17. März erstmals gesehen hat. Vgl. A. Steffen, *Begegnungen mit Rudolf Steiner,* S. 328)
14. März. Geburtstagsspruch für MARIE STEINER. (Vgl. GA 262, S. 212)
14. März, 20 Uhr 30. Fünfter Vortrag für die erste Klasse der Freien Hochschule.
15. März. Spruch für Marie Steiner. (GA 262, S. 213)
15. März, 9 Uhr. Vortrag für die Arbeiter am Goetheanum. (GA 353)
15. März, 20 Uhr. Mitgliedervortrag. Betrachtungen über das menschliche Schicksal im Zusammenhang mit dem Karma einzelner Individualitäten. (GA 235)
16. März. Im «Goetheanum» erscheint *Mein Lebensgang XV:* naturwissenschaftliche Probleme – vom Wesen des Lichts zur Erkenntnis der sinnlich-übersinnlichen Form des organischen Lebens – die Keime der Idee der Dreigliederung des menschlichen Organismus – die Tätigkeit als Privatlehrer. (GA 28)
Im Nachrichtenblatt erscheinen *An die Mitglieder! IX* – Die individuelle Gestaltung anthroposophischer Wahrheiten, *Leitsätze* (GA 26), *Von der Jugendsektion der Freien Hochschule für Geisteswissenschaft II. Was ich den jüngeren Mitgliedern in dieser Sache zu sagen habe.* (GA 260a)
16. März, 10 Uhr. Generalversammlung der Anthroposophischen Gesellschaft in der Schweiz unter Vorsitz Rudolf Steiners. Einleitend gibt Rudolf Steiner einen Überblick über die anthroposophische Arbeit, die besondere

Lage in der Schweiz und über die geistige Weltlage. Aussprache über die Arbeit in der Schweiz.
Anschließend Sitzung des Schulvereins für ein freies Erziehungs- und Unterrichtswesen in der Schweiz. Beratung über den Namen des Vereins, der abstoßend wirkt, weil man in der Schweiz allgemein nichts gegen das staatliche Schulwesen hat. Es wird beschlossen, dem Verein den Namen zu geben «Goetheanum-Schulverein – (für ein freies Erziehungs- und Unterrichtswesen)». (Vgl. GA 260a, S. 443 ff.)
16. März, 17 Uhr. Eurythmieaufführung. Im Programm: Russische, englische, französische und deutsche Gedichte, Kompositionen von Bach, Chopin und Grieg.
16. März, 20 Uhr. Mitgliedervortrag. Betrachtungen über das menschliche Schicksal im Zusammenhang mit dem Karma einzelner Individualitäten. Der Impuls des Arabismus. (GA 235)
17. März. Rudolf Steiner zu Konsultationen im Klinisch-therapeutischen Institut, Arlesheim.
17. März, 20 Uhr 30. Zusammenkunft Rudolf Steiners und der Mitglieder des Vorstandes mit etwa dreißig jüngeren Menschen, vorwiegend Wächter des Goetheanum und Eurythmistinnen zu einer Aussprache. (Vgl. GA 217a, S. 208 ff. und A. Steffen, *Begegnungen mit Rudolf Steiner,* S. 326 ff.) Bei einem Besuch im Atelier sieht ALBERT STEFFEN das Modell des neuen Goetheanum.
19. März, 9 Uhr. Vortrag für die Arbeiter am Goetheanum. (GA 353)
21. März, 20 Uhr 30. Sechster Vortrag für die erste Klasse der Freien Hochschule.
22. März, morgens. Rudolf Steiner zur Erledigung geschäftlicher Angelegenheiten in Liestal.
22. März, 20 Uhr. Mitgliedervortrag. Betrachtungen über das menschliche Schicksal im Zusammenhang mit dem Karma einzelner Individualitäten. (GA 235)
23. März. Im «Goetheanum» erscheint *Mein Lebensgang XVI:* Erziehertätigkeit und Leben im Hause Specht – Eduard von Hartmann. (GA 28)
Im Nachrichtenblatt erscheint *An die Mitglieder!* – Pflege und Darstellung der anthroposophischen Wahrheiten, *Leitsätze* (GA 26), *Von der Jugendsektion der Freien Hochschule III. Was ich Weiteres den jüngeren Mitgliedern zu sagen habe.*
23. März, 17 Uhr (?). Eurythmieaufführung. I. Teil Kinderaufführung, II. Teil Gedichte und Musik. (Programm GA 277, S. 433)
23. März, 20 Uhr. Mitgliedervortrag. Betrachtungen über das menschliche Schicksal im Zusammenhang mit dem Karma einzelner Individualitäten. (GA 235)
24. März. Außerordentliche Generalversammlung der «Futurum AG» in Liquidation. Das Aktiv-Vermögen der «Futurum AG» (ursprünglich 2 Millio-

nen Schweizer Franken) war am 4. April 1923 auf 1 Million Franken reduziert worden. Seitdem war das Vermögen einer weiteren Wertminderung ausgesetzt gewesen, so daß es nur noch 450 000 Franken beträgt. Nunmehr wird die «Futurum AG» in Liquidation mit der Internationalen Laboratorien AG (später: «Weleda AG») fusioniert. Damit wird das Kapital der Internationalen Laboratorien AG von 500 000 sfr auf 950 000 sfr erhöht. Die Futurum-Aktionäre erhalten dementsprechend im Austausch gegen Futurum-Aktien Aktien der Internationalen Laboratorien AG. Ein Teil der Futurum-Aktien war dem Goetheanum geschenkt worden. (GA 260a, S. 472)

24. März, abends. Vorstandssitzung.

25. März, 10 Uhr. Außerordentliche Generalversammlung der Internationalen Laboratorien AG und des Klinisch-therapeutischen Instituts. Es wird die Fusionierung der «Futurum AG» in Liq. mit der Internationalen Laboratorium AG und die Ausgliederung des Klinisch-therapeutischen Instituts beschlossen. (GA 260a, S. 475)

26. März, 9 Uhr. Vortrag für die Arbeiter am Goetheanum. (GA 353)

26. März, nachmittags. Das Modell des neuen Goetheanum wird aus dem Atelier Rudolf Steiners in das Glashaus gebracht. Dort werden durch die Architekten aufgrund weiterer Skizzen Rudolf Steiners die Entwürfe für die Bau-Eingabe gefertigt.

Rudolf Steiner zu Konsultationen im Klinisch-therapeutischen Institut, Arlesheim. (Vgl. Ernst Lehrs, *Rudolf Steiner und Otto Erich Hartleben*, in Mitteilungen D, 18. Jg., S. 233)

26. März, 22 Uhr (lt. Lehrs, wahrscheinlich jedoch früher). Abfahrt von Dornach nach Stuttgart mit dem Kraftwagen. Beschreibung der Reise (Ernst Lehrs, a. a. O., S. 234f.)

27. März.

Gegen 4 Uhr. Ankunft in Stuttgart, Landhausstr. 70. Lehrs beschreibt eindrücklich den stark angegriffenen Gesundheitszustand Rudolf Steiners: «Da sah ich..., wie er sich, schwer schleppenden Schrittes, am Geländer der Treppe (des Hauses in der Landhausstraße) Stufe für Stufe mit der Hand emporzog.»

9 Uhr 30 (?). Rudolf Steiner kommt etwas verspätet zur Monatsfeier der Waldorfschule. Am Ende der Feier hält er eine Ansprache an die Schüler und Lehrer. (GA 298, S. 198)

10 Uhr (?). Konferenz mit dem Lehrerkollegium der Waldorfschule. Disziplinarfälle. Kritik an den Lehrern: «Der Kontakt zu den Kindern ist in der Waldorfschule noch nicht in der genügenden Weise vorhanden.» Über deutschvölkische Umtriebe in der Schule und zu ergreifende Gegenmaßnahmen. Über das Abiturergebnis: die Notwendigkeit, individuelles Lernen zu pflegen. Über die anthroposophische Jugend in Dornach. (GA 300c)

Nachmittags. Besuch im Klinisch-therapeutischen Institut Stuttgart und Besprechungen.
Abends. Reise nach Prag. Rudolf Steiner wird von MARIE STEINER und GUENTHER WACHSMUTH begleitet.
28. März–5. April. Rudolf Steiner in Prag. (Vgl. Bericht Rudolf Steiners, GA 260a, S. 192)
Tagung der Anthroposophischen Gesellschaft in der Tschechoslowakei. Während des Prager Aufenthalts wohnen Marie und Rudolf Steiner bei Professor ADOLF HAUFFEN. Rudolf Steiner besucht in Prag u. a. die Prager Burg und unternimmt mit Guenther Wachsmuth einen Streifzug durch die Prager Antiquariate. (G. Wachsmuth, *Aus Rudolf Steiners Erdenleben,* S. 580)
28. März, 20 Uhr. Öffentlicher Vortrag in der «Produktenbörse»: *Die Erforschung der geistigen Welt als Anthroposophie.*
29. März, morgens. *Mein Lebensgang XVIII* an Albert Steffen nach Dornach.
29. März, 20 Uhr. Mitgliedervortrag. Betrachtungen über das menschliche Schicksal. Einleitend spricht Rudolf Steiner über die Neugründung der Anthroposophischen Gesellschaft durch die Weihnachtstagung: Anthroposophische Bewegung und Anthroposophische Gesellschaft sollen eins werden, und das Wirken der Gesellschaft soll selber anthroposophisch werden. (GA 239 und GA 260a, S. 181 ff.)
30. März.
Im Goetheanum erscheint *Mein Lebensgang XVII:* die Herausgabe von Goethes naturwissenschaftlichen Schriften. (GA 28) Im Nachrichtenblatt erscheint *An die Mitglieder! – Vom anthroposophischen Lehren, Leitsätze* (GA 26), *Von der Jugendsektion der Freien Hochschule für Geisteswissenschaft.* (GA 260a)
Morgens. Beiträge für das Mitteilungsblatt vom 6. April an Albert Steffen nach Dornach.
11 Uhr. Eurythmieaufführung im Deutschen Theater. (Programm GA 277, S. 435)
15 Uhr. Mitgliederversammlung der Anthroposophischen Gesellschaft in der Tschechoslowakei. Statutenberatung. Rudolf Steiner hält eine Ansprache.
20 Uhr. Mitgliedervortrag. Betrachtungen über das menschliche Schicksal. (GA 239)
31. März, 20 Uhr. Mitgliedervortrag. Betrachtungen über das menschliche Schicksal. (GA 239)
1. April, 10–13 Uhr. Eurythmieprobe im Tschechischen Konservatorium für die Demonstrationen am folgenden Tag.
1. April, 20 Uhr. Mozarteum. Öffentlicher Vortrag *Sittliche Lebensgestaltung durch Anthroposophie.* (Vgl. Bericht Rudolf Steiners, GA 260a, S. 196)

2. April, 19 Uhr. Tschechisches Konservatorium. Öffentlicher Vortrag *Über eurythmische Kunst.* In diesem Vortrag waren «Proben eurythmischer Darstellung zur Illustration eingeschaltet». (Vgl. GA 260a, S. 193 und GA 277, S. 436f.)
3. April, 17 Uhr 30. Vortrag für die erste Klasse der Freien Hochschule.
3. April, 20 Uhr. Urania. Öffentlicher Vortrag *Die Wissenschaft der Gegenwart und die Anthroposophie.* «Am 3. April oblag es mir in dem öffentlichen Vortrag... zu zeigen, wie Anthroposophie der wahren Wissenschaft nicht oppositionell gegenübersteht, sondern treu deren Ergebnisse hinnimmt, um, von ihnen ausgehend, das in der Sinneswelt Wirksame sowohl für die Natur- wie für die Kulturwissenschaft mit den in ihm treibenden geistigen Kräften im Zusammenhang darzustellen.» (GA 260a, S. 196f.)
4. April, 20 Uhr. Urania. Öffentlicher Vortrag *Erziehung und Unterricht auf Grundlage wirklicher Menschenerkenntnis.* (Rudolf Steiners Aufzeichnungen zu diesem Vortrag in: *Erziehungskunst,* 20. Jg., Heft 10)
5. April.
Rudolf Steiner entwirft eine Form für die eurythmische Darstellung des Menuetts Es-Dur (Klavierbearbeitung) von Mozart.
Für ein Kind: *Wie die Sonne am Himmel...* (GA 40)
10–13 Uhr. Eurythmieprobe im Weinberger Stadttheater für die Aufführung am folgenden Tage, bei der Rudolf Steiner nicht mehr anwesend ist.
17 Uhr. Repräsentationshaus. Vortrag für die erste Klasse der Freien Hochschule.
20 Uhr. Repräsentationshaus. Vortrag für Mitglieder über die Gestaltung des menschlichen Schicksals. (GA 239)
Nach dem Vortrag reist Rudolf Steiner mit dem Nachtzug nach Stuttgart zurück. Julie Klima berichtet über die Tage in Prag: «Wie ganz anders war die Begegnung als sonst. Tiefernst, beinah traurig war seine ganze Haltung. Er war bereits schwer krank, und wir sahen es nicht, wollten es nicht sehen.» (Vgl. L. Polzer-Hoditz, *Erinnerungen an Rudolf Steiner,* S. 310 und S. 198)
6. April. Im «Goetheanum» erscheint *Mein Lebensgang XVIII:* Verkehr im Hause Fehr und Begegnung mit Marie Eugenie delle Grazie, der Aufsatz «Die Natur und unsere Ideale». (GA 28)
Im Nachrichtenblatt erscheint *An die Mitglieder! – Über die Gestaltung der Zweigabende, Leitsätze* (GA 26) und *Die Freie Hochschule für Geisteswissenschaft – In der Freien Hochschule soll das unmittelbar Menschliche zur Geltung kommen:* über die Art, in der der Vorstand am Goetheanum wirken will. (GA 260a)
Von Stuttgart aus fährt Rudolf Steiner in siebenstündiger Autofahrt nach Dornach, wo er etwas verspätet eintreffend, kurz nach 20 Uhr, die Mitgliedervorträge fortsetzt: Betrachtungen über das menschliche Schicksal im Zusammenhang mit dem Karma einzelner Individualitäten. (GA 236)

7. April. Rudolf Steiner beginnt mit der Arbeit an dem Aquarell «Ostern».
Besprechungen in Dornach und möglicherweise Konsultationen im Klinisch-therapeutischen Institut, Arlesheim.
Vor der Abreise nach Stuttgart schreibt Rudolf Steiner die Aufsätze für das Goetheanum und das Nachrichtenblatt.
Vorstandssitzung.
8. April. Reise nach Stuttgart zur Erziehungstagung in der Freien Waldorfschule. Die Vorträge der Tagung hatten bereits am 7. April begonnen und wurden bis zum 13. April fortgesetzt. Rudolf Steiner berichtet: «Es war mir sehr schmerzlich, daß ich selbst nur für die Zeit meiner Vorträge, vom Dienstag abend bis Freitag früh bei der Tagung sein konnte; und auch während dieser Zeit konnte ich, da anderes mir oblag, nicht teilnehmen an den Vorträgen unserer hingebungsvollen, opferwilligen, unermüdlichen Lehrerschaft. Aber ich konnte aus Berichten entnehmen, wie schöne Früchte diese Hingabe, Opferwilligkeit und Unermüdlichkeit auch bei dieser Tagung in der öffentlichen Vertretung der Waldorfschulpädagogik gezeitigt haben.» (Vgl. *Nachrichtenblatt* 1924, S. 57)
Aus Jena war ALBRECHT STROHSCHEIN zur Erziehungstagung gereist, um Rudolf Steiner von der Möglichkeit zu unterrichten, auf dem Lauenstein bei Jena ein Haus zu mieten und dort eine heilpädagogische Arbeit zu beginnen. Er spricht Rudolf Steiner vor dem Vortrag an und berichtet. Rudolf Steiner: «Wenn Sie es räumlich zustande bringen, werden wir schon eine Form des Zusammenarbeitens finden.» Strohschein: «Ja, Herr Doktor, es ist gar kein Geld da.» Darauf sagt Rudolf Steiner «mit einer Betonung, die ganz unmißverständlich der Frage des Geldes, aber nur in diesem einen Fall und in dieser bestimmten Sache galt: ‹Darauf dürfen Sie keine Rücksicht nehmen.›» (Albrecht Strohschein, *Entstehung der anthroposophischen Heilpädagogik*, in *Wir erlebten ...*, S. 215)
8. April, 20 Uhr. Gustav-Siegle-Haus. Öffentlicher Vortragskurs *Die Methodik des Lehrens und die Lebensbedingungen des Erziehens*. Erster Vortrag. (GA 308) Bei diesen letzten öffentlich-pädagogischen Vorträgen in Deutschland sind 1700 Menschen anwesend.
9. April.
9 Uhr. Gustav-Siegle-Haus. Zweiter Kursvortrag. (GA 308)
11 Uhr. Konferenz mit dem Lehrerkollegium der Waldorfschule. Stilisierung der Zeugnisse – Pünktlichkeit – Berufung von Dr. MARIA RÖSCHL nach Dornach – Schülerfragen – Abitur-Vorbereitung. (GA 300c)
Nachmittags. Versammlung der Anthroposophischen Gesellschaft.
20 Uhr. Landhausstraße. Mitgliedervortrag über das menschliche Schicksal im Zusammenhang mit dem Karma einzelner Individualitäten. (GA 236)

10. April.
Gustav-Siegle-Haus. Dritter Kursvortrag. (GA 308)
12 Uhr. Waldorfschule. Rudolf Steiner empfängt im Lehrerzimmer die Schüler, die aus der 12. Klasse abgehen. (Bericht: Karin Ruths-Hoffmann, in *Wir erlebten...,* S. 206 ff.)
Nachmittags (?). Besprechung mit den Stuttgarter Vertretern (Vertrauensleuten) der Anthroposophischen Gesellschaft. Über die Notwendigkeit, bei dem, was auf anthroposophischem Felde unternommen wird, sich mit dem Dornacher Vorstand in Einklang zu setzen. – Über die Vermittlung der Vorträge für die erste Klasse der Freien Hochschule. (Vgl. GA 260a, S. 477)
20 Uhr. Gustav-Siegle-Haus. Vierter Kursvortrag. (GA 308)
11. April.
9 Uhr. Gustav-Siegle-Haus. Fünfter Kursvortrag. Rudolf Steiner schließt mit dem Spruch *Dem Stoff sich verschreiben...* (Vgl. GA 308). Der Beifall, der am Ende jedes Vortrags gespendet wird, wird beim letzten Vortrag «zu einer großen, nicht endenwollenden Ovation. Alle erhoben sich, niemand ging fort, alle klatschten in die Hände, und immer wieder kam Rudolf Steiner auf das Podium.» (E. A. K. Stockmeyer, Vorwort, in: Rudolf Steiner, *Die Lebensbedingungen des Erziehens,* Dornach 1926.)
Während der Tagung am 9. oder 10. April findet auch eine von der Freien Anthroposophischen Gesellschaft veranstaltete Jugendversammlung im überfüllten Saal der Landhausstraße statt. Rudolf Steiner spricht am Schluß von der Notwendigkeit einer umfassenden anthroposophischen Jugendbewegung. Rudolf Steiner: «Mit tiefster Befriedigung schaue ich auf diesen Teil der Erziehungstagung zurück.» (*Nachrichtenblatt* 1924, S. 57, vgl. auch S. 62 ff.)
Rückreise nach Dornach, unmittelbar nach der Ankunft in Dornach
20 Uhr 30 (?). Siebter Vortrag für die erste Klasse der Freien Hochschule.
12. April.
9 Uhr. Vortrag für die Arbeiter am Goetheanum. (GA 353)
Rudolf Steiner zu Konsultationen im Klinisch-therapeutischen Institut, Arlesheim.
Nachmittags. Besprechung mit Albert Steffen.
20 Uhr. Mitgliedervortrag. Betrachtungen über das menschliche Schicksal im Zusammenhang mit dem Karma einzelner Individualitäten. (GA 236)
22 Uhr 30. Vorstandssitzung.
13. April. Im Goetheanum erscheint *Mein Lebensgang XIX:* Menschenbegegnungen im Hause Marie Eugenie delle Grazies. Professor Wilhelm Neumann. «Die Natur und unsere Ideale» als Urzelle der Philosophie der Freiheit. (GA 28)
Im Nachrichtenblatt erscheinen *An die Mitglieder! Über die Reihe anthroposo-*

phischer Veranstaltungen in Prag (GA 26) – *Die Freie Hochschule für Geisteswissenschaft, Leitsätze.* (GA 260a)

13. April, 20 Uhr. Eröffnung der pädagogischen Tagung in Bern durch Fräulein EMMA RAMSER. Anschließend beginnt Rudolf Steiner den Vortragskursus: *Anthroposophische Pädagogik und ihre Voraussetzungen.* (Fünf Vorträge, GA 309)

14. April, 10 Uhr. Großratssaal. Zweiter Kursvortrag. (GA 309)

14. April, 16 Uhr. Schänzlitheater. Vorführung pädagogischer Eurythmie durch Schülerinnen der Fortbildungsschule am Goetheanum. (Programm GA 277, S. 438)

15. April, 10 Uhr. Großratssaal. Dritter Kursvortrag. (GA 309)

15. April, 16 Uhr. Großratssaal. Vortrag Dr. CAROLINE VON HEYDEBRAND «Über die Erziehung jüngerer Kinder». Anschließend Fragenbeantwortung durch Rudolf Steiner. (Vgl. GA 309 und Nachrichtenblatt 1924, S. 61)

15. April, 20 Uhr (?). Großratssaal. Vortrag Dr. WALTER JOHANNES STEIN über die Geschichte im Menschen und im Kulturleben. (Vgl. *Nachrichtenblatt* 1924, S. 61)

16. April, 10 Uhr. Vierter Kursvortrag. (GA 309)

16. April, 16 Uhr. Großratssaal. Vortrag Dr. HERMANN VON BARAVALLE «Belebungskräfte für den Elementarunterricht in den Naturwissenschaften». Rudolf Steiner ist bei diesem Vortrag nicht anwesend.

16. April, 20 Uhr. Zweigvortrag. Ausführungen über den Impuls der Weihnachtstagung. Betrachtungen über das menschliche Schicksal im Zusammenhang mit der Geschichte und dem Karma einzelner Persönlichkeiten. (GA 240)

17. April. Großratssaal. Fünfter Kursvortrag. (GA 309)

17. April, 12 Uhr. Vortrag für die Mitglieder der ersten Klasse der Freien Hochschule.

17. April, 16 Uhr. Großratssaal. Vortrag Dr. EUGEN KOLISKO «Pädagogik und Medizin» mit anschließender Fragenbeantwortung durch Rudolf Steiner. (Vgl. GA 309)

18.–27. April. Rudolf Steiner in Dornach.

18.–22. April. Oster-Veranstaltungen am Goetheanum.

18. April (Karfreitag), 20 Uhr 30. Achter Vortrag für die erste Klasse der Freien Hochschule.

19. April. Rudolf Steiner beendet das am 7. April begonnene Aquarell «Ostern» für das Eurythmieprogramm am Ostersonntag.

19. April, 20 Uhr. Mitgliedervortrag *Das Osterfest als ein Stück Mysteriengeschichte der Menschheit I.* (GA 233a)

20. April (Ostersonntag).

Im Goetheanum erscheint *Mein Lebensgang XX:* Wiener Dichter: Josef Kitir –

Fritz Lemmermayer – Fercher von Steinwand – Das Rätsel der wiederholten Erdenleben. (GA 28)
Im Nachrichtenblatt erscheint *An die Mitglieder! Eine Erziehungstagung in Stuttgart. Leitsätze* (GA 26), *Die Freie Hochschule für Geisteswissenschaft.* Bericht über die Vorträge für die erste Klasse der Freien Hochschule.
11 Uhr. Eurythmieaufführung für Mitglieder. Erstmalig wird «Die Grundsteinlegung» eurythmisch dargestellt. Rezitation durch Marie Steiner. (Programm und Einleitung der Darstellung GA 277, S. 446ff., vgl. auch Marie Savitch, *Marie Steiner von Sivers,* S. 151)
17 Uhr. Öffentliche Eurythmieaufführung. (Programm GA 277, S. 445)
20 Uhr. Mitgliedervortrag *Das Osterfest, ein Stück Mysteriengeschichte der Menschheit II.* (GA 233 a)
21. April, morgens. Glashaus. Erster Vortrag des zweiten Kurses für jüngere Ärzte und Medizinstudierende. Nach einer Einleitung fordert Rudolf Steiner auf, Fragen zu stellen, die er dann beantwortet. (GA 316) Anschließend Ansprache und Fragenbeantwortung für praktizierende Ärzte. (GA 314)
21. April, 17 Uhr. Öffentliche Eurythmieaufführung mit einer Einleitung von Rudolf Steiner. (Vgl. GA 277, S. 445)
21. April, 20 Uhr. Mitgliedervortrag *Das Osterfest, ein Stück Mysteriengeschichte der Menschheit III.* (GA 233 a)
22. April.
Morgens. Glashaus. Zweiter Vortrag und Aussprache für jüngere Ärzte und Medizinstudierende. (GA 316) Anschließend Besprechung mit praktizierenden Ärzten. (GA 314)
12 Uhr. Neunter Vortrag für die erste Klasse der Freien Hochschule.
17 Uhr. Eurythmieaufführung für Mitglieder, Wiederholung vom 20. April.
20 Uhr. Mitgliedervortrag *Das Osterfest als ein Stück Mysteriengeschichte der Menschheit.* Letzter Vortrag. (GA 233 a)
23. April, morgens. Glashaus. Dritter Vortrag und Fragenbeantwortung für junge Ärzte und Medizinstudenten. (GA 316) Dieser Vortrag sollte ursprünglich der letzte sein, aber auf Bitten der Teilnehmer, die erklären, noch nicht abreisen zu wollen, wird der Kurs noch an den folgenden Tagen fortgesetzt. (Vgl. *Nachrichtenblatt* 1924, S. 72)
Anschließend Besprechung mit praktizierenden Ärzten: Kommentierte Darstellung aus dem noch ungedruckten Buch: *Grundlegendes für eine Erweiterung der Heilkunst.* (GA 314)
23. April, 20 Uhr. Mitgliedervortrag. Betrachtungen über das menschliche Schicksal im Zusammenhang mit dem Karma einzelner Individualitäten. (GA 236)

24. April, morgens. Glashaus. Vierter Vortrag für jüngere Ärzte und Medizinstudierende. Die Heilkunst im Zusammenhang mit dem Schicksal. (GA 316)
24. April, abends. Glashaus. Zusammenkunft mit den Teilnehmern des Kurses für jüngere Ärzte und Medizinstudierende. (GA 316)
25. April, morgens. Glashaus. Letzter Vortrag für jüngere Ärzte und Medizinstudierende. (GA 316)
25. April, 20 Uhr 30. Zehnter Vortrag für die erste Klasse der Freien Hochschule.
26. April, 9 Uhr. Vortrag für die Arbeiter am Goetheanum. (GA 353)
26. April, 17 Uhr. Eurythmieaufführung. (Programm GA 277, S. 448)
26. April, 20 Uhr. Mitgliedervortrag. Betrachtungen über das Schicksal im Zusammenhang mit dem Karma einzelner Persönlichkeiten. (GA 236)
27. April.
Im «Goetheanum» erscheint *Mein Lebensgang XXI* – Robert Hamerlings Epos ‹Homunkulus› – Rudolf Steiners Vortrag «Goethe als Vater einer neuen Ästhetik». (GA 28)
Im Nachrichtenblatt erscheinen *An die Mitglieder! – Eine pädagogische Veranstaltung in Bern, Leitsätze* (GA 26), *Die Freie Hochschule für Geisteswissenschaft* – Bericht über die Arbeit der Hochschule während der Osterwoche. (GA 260a)
17 Uhr. Eurythmieaufführung. (Programm und Einleitung GA 277, S. 448 ff.)
20 Uhr. Mitgliedervortrag. Betrachtungen über das menschliche Schicksal im Zusammenhang mit dem Karma einzelner Individualitäten. (GA 236)
22 Uhr (?). Vorstandssitzung. Der Vorstand beschließt die Einrichtung einer besonderen Mitgliedschaft für junge Persönlichkeiten, die probeweise ein Jahr dauern und nach einem Jahr in eine definitive Mitgliedschaft übergehen soll. Louis Werbeck wird als Delegierter des Vorstandes für wissenschaftliche und künstlerische Angelegenheiten im Gebiet von Hamburg ernannt. (Vgl. *Nachrichtenblatt* 1924, S. 68)
28. April. Basel. Rudolf Steiner mit Albert Steffen und Ernst Blümel bei Regierungsrat Hauser. (Vgl. GA 239, S. 266)
Rudolf Steiner entwirft Toneurythmieformen (Bach: Präludium f-Moll aus dem Wohltemperierten Klavier I, und Mozart: Andante aus der Klaviersonate G-Dur, K.V. 238)
29. April. Autofahrt nach Stuttgart.
29. April, 21 Uhr. Konferenz mit dem Lehrerkollegium der Waldorfschule. Überfüllung der Klassen der Unterstufe. Die Einrichtung einer dritten 5. Klasse wird beschlossen und Dr. Erich Gabert als Klassenlehrer berufen. Berufung von Verena Gildemeister für den altsprachlichen Unterricht.

Lehrplanfragen: 12. Klasse. Technologie-Unterricht. Schülerfragen. (GA 300c)

30. April.

9 Uhr. Aufnahme der Schüler der 1. Klassen.

10 Uhr. Feier zu Beginn des neuen Schuljahres. Rudolf Steiner hält die (letzte) Ansprache an Schüler, Eltern und Lehrer. (GA 298, S. 202 ff.) Die Schule hat nun 784 Schüler in 23 Klassen und 47 Lehrerinnen und Lehrer.

12 Uhr. Besprechung mit den Schülern der 12. Klasse über die Frage, ob sie beabsichtigen, in diesem Schuljahr das Abitur zu machen.

Nachmittags. Konferenz im Eurythmeum Stuttgart. U. a. Ausführungen über die Ausbildung in Eurythmie: Lehrplan für das Eurythmeum einschließlich Metrik und Poetik, Musik, Geometrie, Ästhetik und musikalische Menschenkunde. Gesang und Rezitation, allgemeine Pädagogik und allgemeine Anthroposophie. (Vgl. GA 277a, S. 138 ff.)

20 Uhr 30. Konferenz mit dem Lehrerkollegium der Waldorfschule – Lehrplanfragen, besonders der 12. Klasse. Über anthroposophische Hochschulkurse in Stuttgart. (GA 300c)

1. Mai. Besprechungen in Stuttgart. Rückreise nach Dornach.

Edith Maryon stirbt in Dornach. «Am 1. Mai hat uns der Tod die treue Mitarbeiterin am Goetheanum und innerhalb der Anthroposophischen Gesellschaft Edith Maryon aus der physischen Welt hinweggenommen. Ein seit Jahren in restlosem Opfersinn mit uns arbeitender Mensch ist uns in der Dahingegangenen für das physische Dasein entrissen.» (GA 260a)

2. Mai. Rudolf Steiner am Totenbett von Edith Maryon. (Vgl. Albert Steffen, *Aus Rudolf Steiners letzten Lebensjahren*, Goetheanum 1926, S. 29)

2. Mai, 20 Uhr 30. Elfter Vortrag für die erste Klasse der Freien Hochschule.

3. Mai, 17 Uhr. Eurythmieaufführung. (Programm GA 277, S. 456)

3. Mai, 20 Uhr. Ansprache im Gedenken an Charlotte Ferreri und Edith Maryon. (GA 261)

4. Mai. Im «Goetheanum» erscheint *Mein Lebensgang XXII:* Begegnungen im Hause Formey – Redaktionstätigkeit für die «Deutsche Wochenschrift» 1888. (GA 28)

Im Nachrichtenblatt erscheinen *An die Mitglieder! Die Osterveranstaltung am Goetheanum, Leitsätze* (GA 26), *Die Freie Hochschule für Geisteswissenschaft* – Über medizinische Arbeit während der Osterveranstaltung. Mitteilung der Beschlüsse des Vorstandes vom 27. April. (GA 260a)

4. Mai, 17 Uhr. Eurythmieaufführung. (Programm und Einleitung, vgl. GA 277, S. 456 f.)

4. Mai, 20 Uhr. Mitgliedervortrag. Betrachtungen über schicksalhafte Menschenbeziehungen und den Weg, zu Einsichten in das Schicksal zu gelangen. (GA 236)

5. Mai, 9 Uhr. Vortrag für die Arbeiter am Goetheanum. (GA 353)
Rudolf Steiner zu Konsultationen im Klinisch-therapeutischen Institut, Arlesheim.
Rudolf Steiner entwirft eine Eurythmieform für das Grave aus der Orchester-Suite D-Dur von Bach.
6. Mai, 11 Uhr. Basel. Trauerrede bei der Kremation von Edith Maryon. (GA 261, S. 308)
6. Mai, 22 Uhr. Vorstandssitzung.
8. Mai. Vortrag für die Arbeiter am Goetheanum. (GA 353)
Rudolf Steiner zu Konsultationen im Klinisch-therapeutischen Institut, Arlesheim.
9. Mai, 17 Uhr. Eurythmieaufführung. «Angehende Eurythmisten werden ihre Kunst und ihre Grenzen zeigen.» (Rudolf Steiner in der Programm-Ankündigung; Programm GA 277, S. 458)
9. Mai, 20 Uhr. Mitgliedervortrag. Wege zur Schicksals-Erkenntnis. (GA 236)
10. Mai, 9 Uhr. Vortrag für die Arbeiter am Goetheanum. (GA 353)
10. Mai, 20 Uhr. Mitgliedervortrag. Hinweise zur Physiognomie in bezug auf Schicksalsfragen. (GA 236)
11. Mai.
Im «Goetheanum» erscheint *Mein Lebensgang XXIII* – Die erste Reise nach Deutschland 1889 – Goethe-Forschung. (GA 28)
Im Nachrichtenblatt erscheint *An die Mitglieder! Totenfeiern – Im Gedenken an Charlotte Ferreri und Edith Maryon, Leitsätze.* (GA 260a und GA 26)
11 Uhr. Zwölfter Vortrag für die erste Klasse der Freien Hochschule.
17 Uhr. Eurythmieaufführung.
20 Uhr. Mitgliedervortrag. Die Schicksalsbildung im nachtodlichen Leben.
12. Mai. Das Baugesuch für das neue Goetheanum wird eingereicht.
13. Mai. Rudolf Steiner zu Konsultationen im Klinisch-therapeutischen Institut, Arlesheim.
13. Mai, 20 Uhr. Eurythmieaufführung durch angehende Eurythmisten. (Programm GA 277, S. 459)
14. Mai, 9 Uhr. Vortrag für die Arbeiter am Goetheanum.
Rudolf Steiner zu Konsultationen im Klinisch-therapeutischen Institut, Arlesheim.
16. Mai, 17 Uhr. Eurythmieaufführung. Vor Beginn einer Eurythmietournee nach Ulm – Nürnberg – Eisenach – Erfurt – Naumburg – Hildesheim – Hannover – Halle – Breslau wird das Programm für die Mitglieder in Dornach aufgeführt. (Vgl. GA 277, S. 460)
16. Mai, 20 Uhr. Mitgliedervortrag. Schicksalsbildung nach dem Tode – der Mensch im Verhältnis zu den höheren Hierarchien. (GA 236)

17. Mai, 9 Uhr. Vortrag für die Arbeiter am Goetheanum. (GA 353)
17. Mai, 20 Uhr 30. 13. Vortrag für die erste Klasse der Freien Hochschule.
18. Mai. Im «Goetheanum» erscheint *Mein Lebensgang XXIV:* Rückkehr von der Deutschland-Reise. Marie Lang und Rosa Mayreder. (GA 28)
Im Nachrichtenblatt erscheinen *An die Mitglieder! Die Bild-Natur des Menschen, Leitsätze.* (GA 260a, GA 26)
18. Mai, 20 Uhr. Mitgliedervortrag. Schicksalsbildung nach dem Tode – die Lebensepochen des Menschen und die höheren Hierarchien. (GA 236)
20. Mai, 9 Uhr. Vortrag für die Arbeiter am Goetheanum. (GA 353)
21. Mai. Rudolf Steiner fährt mit Ita Wegman nach Solothurn, um die Baupläne des neuen Goetheanum beim Regierungsrat des Bau-Departements persönlich einzureichen. «Der Regierungsrat war wirklich recht freundlich und entgegenkommend; wir können da auf nichts Schlechtes hoffen, wenn der Heimatschutz, dem die Pläne vorgelegt werden müssen, keinen Einspruch erhebt.» (GA 262, S. 215)
Rudolf Steiner beginnt das Aquarell «Urpflanze».
Dr. Maria Röschl trifft in Dornach zur Übernahme der Leitung der Jugendsektion ein.
21. Mai, 22 Uhr 30. Vorstandssitzung: Feststellung der Klassenmitglieder.
22. Mai. Rudolf Steiner entwirft Eurythmieformen, die an Marie Steiner, die auf Eurythmiereise ist, gesandt werden. Im Brief an Marie Steiner schreibt Rudolf Steiner: «Bis auf meinen Magen, der immer der gleiche unleidliche Patron ist, geht ja alles hier doch soweit in Ordnung.» (GA 262, S. 215 f.)
Fortsetzung der Arbeit an dem Aquarell «Urpflanze».
Rudolf Steiner reist mit Ita Wegman und Guenther Wachsmuth nach Paris.
23.–28. Mai. Rudolf Steiner in Paris.
23. Mai, 21 Uhr. Mitgliedervortrag. Die Gestaltung des menschlichen Schicksals im Leben zwischen Tod und neuer Geburt und das Wirken der höheren Hierarchien. Zu Beginn dieses Vortrags charakterisiert Rudolf Steiner die Übernahme der Leitung der Gesellschaft als ein Wagnis. Die Bindung Rudolf Steiners an die Gesellschaft und die Verwaltungsaufgaben hätte zu einem Versiegen der geistigen Quellen führen können. «Ich darf heute schon auf die außerordentlich bedeutsame Tatsache hinblikken, daß dies nicht der Fall ist, sondern daß im Gegenteil seit der Weihnachtstagung der geistige Impuls... durchaus gewachsen ist.» (GA 239)
24. Mai, 21 Uhr. Mitgliedervortrag. Fortsetzung der Betrachtungen vom 23. Mai. Gleichzeitig wachse aber auch die geistige Gegnerschaft gegen die anthroposophische Bewegung an. (GA 239, vgl. hierzu besonders: Ita Wegman, *An die Mitglieder!*, Nachrichtenblatt 1925, S. 153)

25. Mai.
Im «Goetheanum» erscheint *Mein Lebensgang XXV:* Rückblick auf die in der Zeit bis 1890 entwickelten Ideen und deren Akzente. (GA 28)
Im Nachrichtenblatt erscheinen *An die Mitglieder! Etwas von der Stimmung, die in den Zweigversammlungen sein sollte, Leitsätze.* (GA 26)
Morgens. Rudolf Steiner sendet *Mein Lebensgang XXVI* an Albert Steffen.
11 Uhr. Generalversammlung der Anthroposophischen Gesellschaft in Frankreich. Ansprache Rudolf Steiners – Würdigung der anthroposophischen Arbeit in Frankreich, insbesondere Alice Sauerwein und Jules Sauerwein. Absichten und Bedeutung der übernationalen spirituellen Zusammenarbeit.
16 Uhr. Rudolf Steiner besucht die Eurythmieschule von SIMONE RIHOUËT.
21 Uhr. Mitgliedervortrag. Fortsetzung der Betrachtungen vom 23. und 24. Mai. (GA 239)
26. Mai, morgens. Rudolf Steiner sendet die Beiträge für das Nachrichtenblatt vom 1. Juni an Albert Steffen in Dornach.
26. Mai, 11 Uhr. Vortrag für die erste Klasse der Freien Hochschule für Geisteswissenschaft.
26. Mai, 21 Uhr. Salle Solferino. Öffentlicher Vortrag *Wie erlangt man Erkenntnisse der übersinnlichen Welt?* Dieser letzte allgemeine öffentliche Vortrag Rudolf Steiners beginnt und endet mit dem Hinweis auf die »neuen Mysterien». (GA 84)
Rudolf Steiner berichtet an Marie Steiner: «Der öffentliche Vortrag hatte 400 Zuhörer in ganz vorzüglicher Stimmung.» (GA 262, S. 218)
In Dornach erhalten Dr. EMIL GROSSHEINTZ (als Vorsitzender des Vereins des Goetheanum) und ALBERT STEFFEN (als Redakteur der Wochenschrift «Das Goetheanum») eine Vorladung des Amtsgerichts Dornach für den 31. Mai wegen der Verbal-Injurien, die in dem am Goetheanum vertriebenen und in der Wochenschrift angezeigten Buch von Louis Werbeck «Die christlichen Gegner Rudolf Steiners durch sich selbst widerlegt» enthalten sind. (Vgl. ebd. S. 123–131)
27. Mai, 11 Uhr. Vortrag für die erste Klasse der Freien Hochschule.
Rudolf Steiner erfährt von den Ereignissen in Dornach und nimmt arglos zunächst an, «daß das Gericht kaum wird etwas machen können.» (GA 262, S. 218)
27. Mai, 21 Uhr. Vortrag für Ärzte.
28. Mai. Rudolf Steiner zu Besprechungen und Beratungen, bei denen auch Dr. Wegman als Ärztin in Anspruch genommen wird. Nach dem Bericht von Guenther Wachsmuth war Rudolf Steiner während des Pariser Aufenthalts mehrfach mit Ita Wegman im Louvre in der assyrischen Abteilung, bei den

griechischen Statuen und dem Gemälde von Benozzo Gozzoli «Der Triumph des heiligen Thomas». (Vgl. G. Wachsmuth, *Rudolf Steiners Erdenleben,* S. 584; F. W. Zeylmans berichtet von einem Besuch in Notre Dame und der Sainte Chapelle in *Wir erlebten...,* S. 267)
Rudolf Steiner berichtet den Mitgliedern ausführlich über den Besuch in Paris. (Vgl. *Nachrichtenblatt* 1924, S. 89f. und GA 260a, S. 236-242)
29. Mai. Rückreise nach Dornach. Rudolf Steiner zu Konsultationen im Klinisch-therapeutischen Institut, Arlesheim. In Dornach haben sich die Mitglieder aufgrund eines verstümmelten Telegramms zum Vortrag versammelt, der eigentlich erst am nächsten Tag stattfinden sollte. (GA 236)
29. Mai, 20 Uhr (?). Mitgliedervortrag. Schicksalserkenntnis und Lebensalter – Schicksale einzelner Individualitäten im Zusammenhang mit den Planeten-Sphären. (GA 236) Anschließend Vorstandssitzung unter Hinzuziehung von Emil Grossheintz wegen der Klagesache. Bericht an Marie Steiner: «Als ich nach Hause kam, sah ich die ganze Bescherung. Der Passus in dem Werbeckschen Buche ist so, daß eine Verurteilung ganz unausbleiblich ist. Ich hielt nun schleunig mit dem Vorstand eine Nachtsitzung... Es mußte ja festgestellt werden, *wer* eigentlich angeklagt werden kann. Ich habe nun sowohl Steffen wie Großheintz Anweisungen gegeben...» (GA 262, S. 219)
30. Mai. Rudolf Steiner zu Konsultationen im Klinisch-therapeutischen Institut, Arlesheim.
30. Mai, 20 Uhr. Mitgliedervortrag. Der Unterschied von imaginativer und inspirierter Erkenntnis für das Verstehen des Schicksals. (GA 236)
31. Mai. Erste Verhandlung in der Klagesache Kully gegen Grossheintz und Steffen vor dem Dornacher Amtsgericht – Rudolf Steiner will die juristische Verantwortung und die Verteidigung vor Gericht selbst übernehmen.
Rudolf Steiner zu Konsultationen im Klinisch-therapeutischen Institut, Arlesheim.
Rudolf Steiner entwirft eine Eurythmieform für die Air aus der Orchester-Suite in D-Dur von Bach.
31. Mai, 20 Uhr 30. 14. Vortrag für die erste Klasse der Freien Hochschule.
1. Juni. Im «Goetheanum» erscheint *Mein Lebensgang XXVI:* Das Verhältnis zur Mystik am Ende des ersten Lebensabschnittes (1889/90). (GA 28)
Im Nachrichtenblatt erscheinen *An die Mitglieder! Noch etwas von der den Zweigversammlungen notwendigen Stimmung, Leitsätze.* (GA 26)
Rudolf Steiner fährt nach Stuttgart.
1. Juni, 16 Uhr. Stuttgart, Waldorfschule. 4. ordentliche Mitgliederversammlung des Vereins «Freie Waldorfschule». Rudolf Steiner hält einen Vortrag *Der Verkehr des Lehrers mit dem Elternhause im Geiste der Waldorfschul-Pädagogik.* (GA 298)

1. Juni, 20 Uhr. Mitgliedervortrag. Betrachtungen über die Ausgestaltung des menschlichen Schicksals im Zusammenhang mit den Planeten-Sphären. (GA 240)
2. Juni, 22 Uhr. Stuttgart. Konferenz mit dem Lehrerkollegium der Waldorfschule. Sprachunterricht – spezielle Fragen – Zeugnisgebung. (GA 300 c)
3. Juni. Rückfahrt nach Dornach.
4. Juni, 9 Uhr. Vortrag für die Arbeiter am Goetheanum. (GA 353)
Rudolf Steiner zu Konsultationen im Klinisch-therapeutischen Institut, Arlesheim.
4. Juni, 20 Uhr. Mitgliedervortrag *Der Pfingstgedanke als Empfindungsgrundlage zum Begreifen des Karma.* (GA 236)
5. Juni. Rudolf Steiner beendet das Aquarell «Die Urpflanze».
Sprengarbeiten zur Beseitigung des Südportals des ersten Goetheanum.
6. Juni. Eine Reihe von Mitgliedern werden durch den Vorstand autorisiert, im Namen der Anthroposophischen Gesellschaft Vorträge zu halten. (Vgl. GA 260 a, S. 494 f.)
6. Juni, gegen 16 Uhr. Rudolf Steiner reist in Begleitung von ELISABETH VREEDE und GUENTHER WACHSMUTH nach Breslau. Laut Karl Lang steigt MARIE STEINER gegen Mitternacht in Bebra (?) mit der Eurythmiegruppe zu. (Karl Lang, *Lebensbegegnungen*)
7. Juni.
Morgens. Rudolf Steiner trifft in Breslau ein, von dort mit dem Auto nach Koberwitz, wo auf dem Gut Koberwitz Rudolf und Marie Steiner sowie weitere aus Dornach eingetroffene Anthroposophen Gäste von Gräfin und Graf KEYSERLINGK sind. «Ich erschrak, wie elend Rudolf Steiner aussah, ganz verändert», berichtet Johanna Gräfin Keyserlingk. (Vgl. *Koberwitz,* hrsg. A. Graf v. Keyserlingk, S. 57)
11 Uhr 30. Begrüßung und Eröffnungsvortrag des *Landwirtschaftlichen Kurses.* (GA 327) Lt. Gräfin Keyserlingk nehmen etwa 130 Menschen an diesem Kursus teil, unter ihnen auch die Eurythmistinnen aus Dornach. Ehrenfried Pfeiffer spricht von etwa «sechzig Persönlichkeiten», wobei er die anwesenden Landwirte meint. Rudolf Steiner berichtet: «Die Vormittage von 11½ bis 3 Uhr waren der Landwirtschaft gewidmet.» «Das Ziel dieser Auseinandersetzungen war, zu solchen praktischen Gesichtspunkten für die Landwirtschaft zu kommen, die zu dem heute durch praktische Einsicht und wissenschaftliche Untersuchung Gewonnenen das hinzufügten, was von einer geistgemäßen Betrachtung der einschlägigen Fragen gegeben werden kann. An den Vortrag schloß sich eine Frühstückspause, in der das Haus Keyserlingk in der ‹eingehendsten› Weise für die Bewirtung der in Breslau wohnenden und zum Kursus nach Koberwitz gekommenen Teilnehmer sorgte. Dann folgte eine Aussprache über die jeweils behandelten Fragen. Die Leb-

haftigkeit, mit der es da zuging, zeugte von dem allerstärksten Interesse der Versammelten an der anthroposophischen Behandlung von Dingen, die ihnen nahestehen.» (Vgl. GA 327)

20 Uhr. Breslau, Augusta-Lyceum. Mitgliedervortrag *Karma als Schicksalsgestaltung des menschlichen Lebens I.* (GA 239) «Ich sprach über das menschliche Schicksal in seiner Entwicklung durch die aufeinanderfolgenden Erdenleben hindurch, über die Art, wie an der Gestaltung dieses Schicksals zwischen Tod und neuer Geburt die Wesenheiten einer übersinnlichen Welt wirken; ich gab Beispiele, an denen ich aus der Geistesforschung diese Gestaltung verdeutlichen konnte.» (*Nachrichtenblatt* 1924, S. 94)

An jedem Abend: Rückfahrt nach Koberwitz, Ankunft dort gegen 23 Uhr.

8. Juni, Pfingstsonntag.

Im «Goetheanum» erscheint *Mein Lebensgang XXVII:* Die Arbeit an der Herausgabe von Goethes naturwissenschaftlichen Schriften. Zur Philosophie der Freiheit. (GA 28)

Im Nachrichtenblatt erscheinen *An die Mitglieder! – Die Stellung der Eurythmie in der Anthroposophischen Gesellschaft, Leitsätze.* (GA 260a, GA 26)

Mitteilung des Vorstandes, «daß Fräulein Dr. MARIA RÖSCHL als Leiterin der Jugendsektion zu betrachten ist. Dieselbe wird ihr Amt sofort antreten.»

Morgens. Rundgang Rudolf Steiners mit Gräfin und Graf Keyserlingk durch Garten, Park und Wirtschaftsgebäude des Gutes.

Beim Mittagessen hält Rudolf Steiner eine Tischrede.

17 Uhr (?). Breslau. Besprechung der Landwirte in Anwesenheit Rudolf Steiners. Kontroverse zwischen ERNST STEGEMANN und Graf Keyserlingk.

20 Uhr. Breslau, Kammermusiksaal. Mitgliedervortrag *Karma als Schicksalsgestaltung II.* (GA 239)

9. Juni.

11 Uhr 30. Öffentliche Eurythmieaufführung im Lobe-Theater. (Programm GA 277, S. 460)

Nachmittags. Breslau. Ansprache und Fragenbeantwortung für junge Menschen. (Vgl. GA 260a, S. 251 ff. und Kurt von Wistinghausen, *Die Breslauer Jugendansprachen Rudolf Steiners im Juni 1924*, in *Erinnerungen*, S. 454)

20 Uhr. Breslau, Kammermusiksaal. Mitgliedervortrag *Karma als Schicksalsgestaltung des menschlichen Lebens III.* (GA 239)

10. Juni.

11 Uhr 30. Zweiter Vortrag des *Landwirtschaftlichen Kurses* mit Aussprache. (GA 327)

18 Uhr. MARIE STEINER gibt in Breslau einen Sprachgestaltungskurs, den sie am 11., 14. und 16. Juni fortsetzt.

20 Uhr. Breslau, Augusta-Lyzeum. Mitgliedervortrag *Karma als Schicksalsgestaltung des menschlichen Lebens IV.* (GA 239)

11. Juni.
11 Uhr 30. Dritter Vortrag des *Landwirtschaftlichen Kurses.* (GA 327)
14 Uhr (?). Ansprache anläßlich der Gründung des «Versuchsrings biologisch-dynamisch arbeitender Landwirte.» (Vgl. GA 260a, S. 274ff. und GA 327, S. 229ff.)
17 Uhr (?). Ärztliche Konsultation mit Dr. LUTZ ENGEL, Vorstellung von Patienten.
20 Uhr. Breslau, Augusta-Lyzeum. Mitgliedervortrag *Karma als Schicksalsgestaltung V.* (GA 239)
12. Juni.
11 Uhr 30. Koberwitz. *Landwirtschaftlicher Kurs.* Vierter Vortrag und Fragenbeantwortung. (GA 327)
18 Uhr. Breslau. Vortrag für die erste Klasse der Freien Hochschule.
20 Uhr. Mitgliedervortrag *Karma als Schicksalsgestaltung des menschlichen Lebens VI. (GA 239)*
13. Juni.
11 Uhr 30. *Landwirtschaftlicher Kurs.* Fünfter Vortrag mit Aussprache. (GA 327)
18 Uhr. Vortrag für die erste Klasse der Freien Hochschule. Störung der Klassenstunde durch zu spät kommende Mitglieder, Ausschluß derselben aus der ersten Klasse.
20 Uhr. Mitgliedervortrag *Karma als Schicksalsgestaltung des menschlichen Lebens VII.* (GA 239)
14. Juni.
Morgens. Rudolf Steiner sendet *Mein Lebensgang XXIX* an Albert Steffen nach Dornach.
11 Uhr 30. *Landwirtschaftlicher Kurs.* Sechster Vortrag mit Aussprache. (GA 327)
16 Uhr 45. Breslau. Zusammenkunft mit der Jugendgruppe. (Bericht: Kurt von Wistinghausen, *Die Breslauer Jugendansprachen ...* in *Erinnerungen*, S. 454ff.)
20 Uhr. Augusta-Lyzeum. *Karma als Schicksalsgestaltung des menschlichen Lebens VIII.* (GA 239)
In der Nacht vom 14. zum 15. Juni schreibt Rudolf Steiner auf Bitten der anwesenden Pfarrer der Christengemeinschaft die Epistel für die Menschenweihehandlung der Johanni-Zeit. Ferner schreibt Rudolf Steiner in dieser Nacht «Mein Lebensgang XXIX».
15. Juni.
Im «Goetheanum» erscheint *Mein Lebensgang XXVIII:* Die Beschäftigung mit Goethes Märchen von der grünen Schlange und der schönen Lilie. Erste Nietzsche-Lektüre. (GA 28)

Im Nachrichtenblatt erscheinen *An die Mitglieder! Der Besuch der Anthroposophischen Gesellschaft in Frankreich, Leitsätze.* (GA 260a, GA 26)
11 Uhr 30. *Landwirtschaftlicher Kurs.* Siebter Vortrag. (GA 327)
Nachmittags. Breslau. Aufführung «Iphigenie» von Goethe durch die «Neukünstlerischen Bühnenspiele» der Truppe von Georg Kugelmann.
20 Uhr. Mitgliedervortrag. *Karma als Schicksalsgestaltung des menschlichen Lebens.* Letzer Vortrag. (GA 239)
In der Nacht vom 15./16. Juni schreibt Rudolf Steiner den ersten Teil des Berichts für das Nachrichtenblatt: «Ich schreibe diese Erzählung von unserer Breslauer und Koberwitzer Tagung nach dem letzten Mitgliedervortrag, und ich danke auch an dieser Stelle Herrn Rektor Bartsch für die lieben Worte, mit denen er nach Beendigung des Vortrages den Schluß dieses Teiles der Tagung verschönt hat.» (*Nachrichtenblatt* 1924, S. 94. Nach dem Bericht von Wachsmuth)
16. Juni.
11 Uhr 30. Achter und letzter Vortrag des Landwirtschaftlichen Kurses, Fragenbeantwortung sowie Besprechung mit dem Versuchsring der Landwirte. (GA 327)
Nachmittags. Ärztliche Konsultation mit Dr. Lutz Engel. Patienten-Vorstellung.
20 Uhr. Breslau. Geselliges Beisammensein im großen Saal der Matthiaskunst. In seiner Ansprache würdigt Rudolf Steiner das langjährige und verdienstvolle Wirken von Rektor Moritz Bartsch. (Vgl. Nachrichtenblatt 1924, S. 97)
17. Juni. Koberwitz. Eine ursprünglich um 7 Uhr morgens angesetzte Aussprache mit einem Jugendkreis beginnt mit Verspätung, da einer der Veranstalter fehlt. Rudolf Steiner spricht über die Erfüllung der Jugendsehnsucht. (Vgl. GA 217a, S. 161 ff. und GA 260a, S. 285 ff.) Anschließend: Rudolf Steiner reist in Begleitung von Elisabeth Vreede und Guenther Wachsmuth nach Jena, wo er abends eintrifft und von den Mitgliedern des heilpädagogischen Instituts «Lauenstein» erwartet wird. Übernachtung im Hotel «Bären».
18. Juni.
8 Uhr. Albrecht Strohschein holt Rudolf Steiner und seine Begleiter vom Hotel ab zur Fahrt auf den Lauenstein. Besichtigung des Instituts, heilpädagogische Beratung über alle Kinder des Instituts.
Am späten Nachmittag. Fahrt nach Weimar, wo Rudolf Steiner, Guenther Wachsmuth und Elisabeth Vreede einen Rundgang durch die Straßen Weimars machen und Rudolf Steiner aus seiner Zeit in Weimar erzählt.
Abends. Theaterbesuch: «Die Jungfrau von Orleans» von Schiller. (Vgl. Albrecht Strohschein, *Die Entstehung der anthroposophischen Heilpädagogik*, so-

wie Kurt Magerstädt, *Einer von den Jungmedizinern*, in *Wir erlebten...*, S. 217–223, S. 143–146, und G. Wachsmuth, *Rudolf Steiners Erdenleben*, S. 593 f.)

19. Juni.
Reise von Jena oder Weimar nach Stuttgart.
21 Uhr. Stuttgart. Konferenz mit dem Lehrerkollegium der Waldorfschule. Lehrplanfragen, Unterrichtsinhalte, Religionsunterricht im Verhältnis zur Christengemeinschaft. (GA 300 c)

20. Juni.
Rückfahrt nach Dornach.
20 Uhr. Mitgliedervortrag. Bericht über die Tagung in Koberwitz und Breslau und über die finanzielle Lage der Waldorfschule. Über die neuen Wege der Düngung im kosmischen Zusammenhang, über Ernährung. (GA 260 a)

21. Juni, 21 Uhr 30. 15. Vortrag für die erste Klasse der Freien Hochschule.

22. Juni.
Im «Goetheanum» erscheint *Mein Lebensgang XXIX:* Reisen nach Budapest und Siebenbürgen. Das Buch «Rembrandt als Erzieher» (Langbehn).
Im Nachrichtenblatt erscheinen *An die Mitglieder! Die Veranstaltungen in Koberwitz und in Breslau, Leitsätze.* (GA 260 a, GA 26)
Rudolf Steiner zu Konsultationen im Klinisch-therapeutischen Institut, Arlesheim.
17 Uhr. Eurythmieaufführung, zum Teil von angehenden Eurythmisten, Sprüche von Rudolf Steiner, Gedichte von Steffen, Goethe, Hamerling, Kompositionen von Bach, Beethoven, Mozart, Chopin und Leopold van der Pals.
20 Uhr. Mitgliedervortrag. Grundlagen der Schicksalserkenntnis. Der Kreislauf von Schlafen und Wachen. Individuelle und kosmische Erinnerung. (GA 236)
Am Ende des Vortrags teilt Rudolf Steiner mit, daß der Beginn des Lauteurythmie-Kurses auf den 24. Juni verschoben werden muß: «Denn auch das bedarf ja der Vorbereitung.»

24. Juni–12. Juli. *Lauteurythmie-Kurs.* (GA 279)

24. Juni, 17 Uhr 30–18 Uhr 30. Erster Vortrag des *Lauteurythmie-Kurses.* Rudolf Steiner sagt einleitend: «Die Vorträge, die ich hier halten werde, ... sind zunächst hervorgegangen aus der Ansicht von Frau Dr. Steiner, daß es notwendig sei, zur exakten Gestaltung gewissermaßen der eurythmischen Tradition, zuerst einmal wiederholentlich alles dasjenige durchzuführen, was sich auf die Lauteurythmie bezieht, was im Laufe der Jahre in der Lauteurythmie an die entsprechenden Persönlichkeiten herangebracht worden ist.» (GA 279, Bericht Rudolf Steiners über den Lauteurythmie-Kurs im Nachrichtenblatt 1924, S. 109)

25. Juni–7. Juli. *Heilpädagogischer Kurs.* (GA 317) Dieser Kurs wird für die Initianten des Heilpädagogischen Instituts Lauenstein sowie für diejenigen Mitarbeiter des Klinisch-therapeutischen Instituts Arlesheim gehalten, die in der «Holle» (Arlesheim) seelenpflege-bedürftige Kinder betreuen, also MARGARETE BECKER, FRANZ LÖFFLER, Dr. ILSE KNAUER, SIEGFRIED PICKERT, ALBRECHT STROHSCHEIN (Lauenstein), Dr. JULIA BORT, CLÄRE FÜHR (Holle), Dr. MARGARETE BOCKHOLT, Dr. HILMA WALTER, Dr. FRIEDRICH HUSEMANN, ferner sind anwesend: die Waldorflehrer Dr. KARL SCHUBERT (der Betreuer der Hilfsklasse), Dr. EUGEN KOLISKO als Schularzt und Dr. ERNST LEHRS, von der Christengemeinschaft Lic. EMIL BOCK, zeitweilig LILI KOLISKO und die Mitglieder des Vorstandes der Anthroposophischen Gesellschaft.

25. Juni.

9 Uhr. Vortrag für die Arbeiter am Goetheanum. (GA 353)

Vormittags. Erster Vortrag des *Heilpädagogischen Kurses.* (GA 317)

17 Uhr 30. Zweiter Vortrag des *Lauteurythmie-Kurses.* (GA 279)

26. Juni.

Vormittags. Zweiter Vortrag des *Heilpädagogischen Kurses.* (GA 317)

17 Uhr 30. Dritter Vortrag des *Lauteurythmie-Kurses.* (GA 279)

27. Juni.

Vormittags. Dritter Vortrag des *Heilpädagogischen Kurses.* (GA 317)

17 Uhr 30. Vierter Vortrag des *Lauteurythmie-Kurses.* (GA 279)

20 Uhr. Mitgliedervortrag. Betrachtungen über das menschliche Schicksal – Naturereignisse – das Wirken der höheren Hierarchien – der Kultus. (GA 236)

28. Juni.

10 Uhr. Glashaus. 1. ordentliche Generalversammlung der Internationalen Laboratorien AG Arlesheim in Anwesenheit von Rudolf Steiner und ITA WEGMAN. Die vergangenen Schwierigkeiten, die sich aus dem Zusammenhang mit der «Futurum AG» ergaben, können als überwunden betrachtet werden. Man verspricht sich eine Förderung des Unternehmens durch das Buch, an dem Rudolf Steiner und Ita Wegman arbeiten und das «in Kürze» (1925) erscheinen soll. (Vgl. GA 260a, S. 629)

Rudolf Steiner zu Konsultationen im Klinisch-therapeutischen Institut, Arlesheim.

Nachmittags (?). Vierter Vortrag des *Heilpädagogischen Kurses.* (GA 317)

20 Uhr 30. 16. Vortrag für die erste Klasse der Freien Hochschule.

29. Juni.

Im «Goetheanum» erscheint *Mein Lebensgang XXX:* Das Leben im Hause Specht in Wien – Ladislaus und Pauline Specht. (GA 28)

Im Nachrichtenblatt erscheinen *An die Mitglieder!* Breslau-Koberwitz-Tagung, Waldorfschule, Jugendsehnsucht, *Leitsätze.* (GA 260a, GA 26)

9 Uhr. Sitzung des Vorstandes des Vereins des Goetheanum. Der Vorstand beschließt seinen Rücktritt.
10 Uhr. 11. ordentliche Generalversammlung und 3. außerordentliche Generalversammlung des Vereins des Goetheanum. Erster Teil (ordentliche GV) Erledigung der Regularien. Zweiter Teil (außerordentliche GV) Statutenänderung und Neu- bzw. Umbildung des Vorstandes. Rudolf Steiner stellt dar, daß nunmehr im Sinne der bei der Weihnachtstagung erfolgten Vereinigung von Anthroposophischer Gesellschaft und anthroposophischer Bewegung, es vermieden werden solle, «daß die Dinge bei uns auseinanderstreben, und es sollte bewirkt werden, daß sie in der Zukunft einheitlich wirklich aus der anthroposophischen Bewegung geleitet werden». Deshalb übernimmt Rudolf Steiner auch den Vorsitz des Vereins des Goetheanum, die übrigen Vorstandsmitglieder werden ebenfalls in den Vorstand des Vereins aufgenommen. Die Allgemeine Anthroposophische Gesellschaft soll in Zukunft als Verein im Handelsregister eingetragen werden. In ihr wird es vier Unterabteilungen geben: die Anthroposophische Gesellschaft im engeren Sinne, den Philosophisch-anthroposophischen Verlag, den Verein des Goetheanum und das Klinisch-therapeutische Institut. Die drei letztgenannten Abteilungen sind als nicht programmatisch konstruierte, sondern real existierende Einrichtungen der Anthroposophie zu betrachten. Nach dieser Ansprache: Statutenänderung. (Vgl. GA 260a, S. 497–514 und GA 260a, Beilage 1987, S. 23–28)
Rudolf Steiner zu Konsultationen im Klinisch-therapeutischen Institut, Arlesheim.
17 Uhr. Eurythmieaufführung. (Programm vgl. GA 277, S. 464)
20 Uhr. Mitgliedervortrag. Betrachtungen über das Schicksal – Natur- und Zivilisationskatastrophen vor dem Hintergrund geistiger Zusammenhänge. (GA 236)
30. Juni.
9 Uhr. Vortrag für die Arbeiter am Goetheanum. (GA 354)
17 Uhr 30. Fünfter Vortrag des *Lauteurythmie-Kurses.* (GA 279)
20 Uhr 15. Fünfter Vortrag des *Heilpädagogischen Kurses.* (GA 317)
1. Juli.
Vormittags. Sechster Vortrag des *Heilpädagogischen Kurses.* (GA 317)
Rudolf Steiner zu Konsultationen im Klinisch-therapeutischen Institut, Arlesheim.
17 Uhr 30. Sechster Vortrag des *Lauteurythmie-Kurses.* (GA 279).
20 Uhr 30. Mitgliedervortrag. Beginn der Betrachtungen über das Schicksal der anthroposophischen Bewegung. (GA 237)
2. Juli.
Vormittags. Siebter Vortrag des *Heilpädagogischen Kurses.* (GA 317)

Rudolf Steiner zu Konsultationen im Klinisch-therapeutischen Institut, Arlesheim.
17 Uhr 30. Siebter Vortrag des *Lauteurythmie-Kurses.* (GA 279)
3. Juli.
9 Uhr. Siebter Vortrag für die Arbeiter am Goetheanum. (GA 354)
Vormittags. Achter Vortrag des *Heilpädagogischen Kurses.* (GA 317)
17 Uhr 30. Achter Vortrag des *Lauteurythmie-Kurses.* (GA 279)
20 Uhr. Eurythmieaufführung. (Programm GA 277, S. 465)
4. Juli.
Vormittags. Neunter Vortrag des *Heilpädagogischen Kurses.* (GA 317)
Nachmittags. Besprechung Rudolf Steiners mit Ita Wegman, Albert Steffen und Ernst Lehrs.
17 Uhr 30. Neunter Vortrag des *Lauteurythmie-Kurses.* (GA 279)
20 Uhr. Mitgliedervortrag. Betrachtungen über das Schicksal der anthroposophischen Bewegung. (GA 237)
5. Juli.
Vormittags. Zehnter Vortrag des *Heilpädagogischen Kurses.* (GA 317)
20 Uhr 30. 17. Vortrag für die erste Klasse der Freien Hochschule.
6. Juli.
Im «Goetheanum» erscheint *Mein Lebensgang XXXI:* Der Übergang nach Weimar. Heinrich von Stein und der Platonismus. (GA 28)
Im Nachrichtenblatt erscheinen *An die Mitglieder! Noch etwas über die Auswirkungen der Weihnachtstagung, Leitsätze.* (GA 260a, GA 26)
Vormittags. Elfter Vortrag des *Heilpädagogischen Kurses.* (GA 317)
17 Uhr. Eurythmieaufführung. (Programm GA 277, S. 466)
20 Uhr. Mitgliedervortrag. Betrachtungen über das Schicksal der anthroposophischen Bewegung. (GA 237)
7. Juli.
9 Uhr. Vortrag für die Arbeiter am Goetheanum. (GA 354)
Rudolf Steiner zu Konsultationen im Klinisch-therapeutischen Institut, Arlesheim.
17 Uhr 30. Zehnter Vortrag des *Lauteurythmie-Kurses.* (GA 279)
21 Uhr. Zwölfter und letzter Vortrag des *Heilpädagogischen Kurses.* – Am Schluß des Vortrags spricht Rudolf Steiner über die Notwendigkeit des organischen Zusammenwirkens in der Gesellschaft und von dem erforderlichen gemeinsamen Wollen, damit die durch die Weihnachtstagung übernommene Verantwortung aufrechterhalten werden kann. (GA 317)
8. Juli.
17 Uhr 30. Elfter Vortrag des *Lauteurythmie-Kurses.* (GA 279)
20 Uhr. Mitgliedervortrag. Betrachtungen über das Schicksal der anthroposophischen Bewegung. (GA 237)

9. Juli.
9 Uhr. Vortrag für die Arbeiter am Goetheanum. (GA 354)
Rudolf Steiner beginnt an dem «Urmensch» genannten Aquarell zu arbeiten.
17 Uhr 30. Zwölfter Vortrag des *Lauteurythmie-Kurses.* (GA 279)
10. Juli.
Rudolf Steiner entwirft Eurythmieformen für Kompositionen von Bach: Menuett aus der 4. Sonate für Flöte und Klavier C-Dur, Beethoven: Allegretto aus der Klaviersonate Opus 30, 1 und Händel: Largo g-Moll aus der Sonate Nr. 2 für 2 Violinen.
17 Uhr 30. 13. Vortrag des *Lauteurythmie-Kurses.* (GA 279)
11. Juli.
Rudolf Steiner entwirft Eurythmieformen für Kompositionen von Armand: Ungarische Serenade, Corelli: Sarabande e-Moll aus der VIII. Sonate für Violine und figurierten Baß, Opus 5 und Händel: Andante aus der 2. Violin-Sonate in A-Dur.
17 Uhr 30. 14. Vortrag des *Lauteurythmie-Kurses* mit dem Spruch: *Ich suche im Innern . . .* (GA 279)
20 Uhr. Mitgliedervortrag. Betrachtungen über das Schicksal der anthroposophischen Bewegung. (GA 237)
12. Juli.
9 Uhr. Vortrag für die Arbeiter am Goetheanum. (GA 354)
Vormittags. Rudolf Steiner erteilt dem Gärtner KARL LANG den Auftrag, das Gelände des Goetheanum und des Klinisch-therapeutischen Instituts zusammen zu bewirtschaften und die geernteten Produkte für die Kranken der Klinik zur Verfügung zu stellen.
Rudolf Steiner zu Konsultationen im Klinisch-therapeutischen Institut, Arlesheim.
17 Uhr 30. 15. und letzter Vortrag des *Lauteurythmie-Kurses.* (GA 279)
20 Uhr 30. 18. Vortrag für die erste Klasse der Freien Hochschule.
13. Juli.
Im «Goetheanum» erscheint *Mein Lebensgang XXXII:* Das Goethe-Archiv in Weimar. Gustav von Loeper, Herman Grimm, Wilhelm Scherer, Erich Schmidt und Bernhard Suphan. (GA 28)
Im Nachrichtenblatt erscheinen *An die Mitglieder! Etwas vom Geist-Verstehen und Schicksals-Erleben, Leitsätze.* (GA 26) – Durch MARIA RÖSCHL werden im Nachrichtenblatt zwei von Rudolf Steiner formulierte Fragen an die jüngeren Mitglieder gestellt: «Was will ich als junger Mensch?» und «Wie stellst Du Dir vor, daß auf dem Gebiete, das Dir seelisch als Berufsgestaltung vorschwebt, die Welt im Jahre 1935 beschaffen sein soll?» Um die Beantwortung der Fragen wird bis zum 26. Juli gebeten.

Rudolf Steiner zu Konsultationen im Klinisch-therapeutischen Institut, Arlesheim.
17 Uhr. Eurythmieaufführung. (Programm GA277, S. 468)
20 Uhr. Mitgliedervortrag. Betrachtungen über das Schicksal der anthroposophischen Bewegung. Die Schule von Chartres. (GA 237)
14. Juli, nachmittags. Rudolf und MARIE STEINER reisen nach Stuttgart.
15. Juli.
Arlesheim. Einreichung des Baugesuchs für das von Rudolf Steiner entworfene Haus für Frau Dr. ITA WEGMAN auf dem Klinikgelände in Arlesheim.
10 Uhr. Stuttgart. Besprechung mit den anthroposophischen Aktionären des «Kommenden Tages». Rudolf Steiner und EMIL LEINHAS geben einen Überblick über die wirtschaftliche Lage des «Kommenden Tages». Die Aktiengesellschaft befindet sich in einer Liquiditätskrise und kann die geistigen Unternehmen nicht mehr finanzieren. Das in die geistigen Betriebe des «Kommenden Tages» investierte Aktienkapital entspricht dem Werte von 35 000 Aktien (von insgesamt 109 000 Aktien). Die geistigen Betriebe sind: die Waldorfschule, das Klinisch-therapeutische Institut Stuttgart, das Forschungsinstitut und der Verlag «Der Kommende Tag». Angesichts der Zuschußbedürftigkeit dieser Betriebe stellen sie keinen eigentlichen wirtschaftlichen Wert dar, wenngleich natürlich – etwa in Grundstücken – wirtschaftliche Werte vorhanden sind. Angesichts dieser Lage sieht sich Rudolf Steiner gezwungen, die Mitglieder, die es ermöglichen können, zu bitten, Aktien als Geschenk zur Verfügung zu stellen, damit namentlich die Waldorfschule und das Klinisch-therapeutische Institut auf sich selbst gestellt werden können, während das Forschungsinstitut aufgelöst und der Verlag liquidiert werden müssen.
Der Bitte Rudolf Steiners wird weitgehend entsprochen. 23 100 Aktien werden zur Verfügung gestellt. Namentlich die Waldorfschule kann damit finanziell entlastet werden. – Die wirtschaftlichen Betriebe werden noch eine Zeitlang weitergeführt und sobald als möglich verkauft oder dem Vorbesitzer gegen Rückgabe der Aktien wieder übereignet. (GA 260a, S. 515 ff.)
17 Uhr. 4. ordentliche Generalversammlung der Aktiengesellschaft «Der Kommende Tag». Vorlage der Bilanz per 31. Dezember 1923, Genehmigung der Bilanz, Entlastung des Vorstandes. (Vgl. den Geschäftsbericht in: Hans Kühn, *Dreigliederungszeit,* S. 336–339)
20 Uhr 30. Konferenz mit dem Lehrerkollegium der Waldorfschule. Eine Diebstahlsangelegenheit. – Fragen des moralischen Kontakts zu den Schülern. Psychologisches. Anschließend eine weitere Besprechung, Gegenstand und Teilnehmerkreis unbekannt. (GA 300c)
16. Juli. In Stuttgart müssen an diesem Tage weitere unaufschiebbare Besprechungen stattfinden, die Rudolf Steiner veranlassen, erst am späteren Abend von Stuttgart abzureisen.

Solothurn: Im Kantonsrat wird der Antrag der katholisch-konservativen Gegner des Wiederaufbaus des Goetheanum, der auf Ablehnung des Baugesuches zielt, abgelehnt.

17. Juli. Rudolf und MARIE STEINER treffen gegen Mittag in Arnheim ein. Durch die verzögerte Abreise von Stuttgart ist Rudolf Steiner nicht in der Lage, seinen für 11 Uhr morgens angesetzten Eröffnungsvortrag des pädagogischen Kurses zu halten. F. W. ZEYLMANS berichtet: Als ich ihn an der Bahn abholte, «erschrak ich, wie todmüde und krank er aussah. Wir gingen zum Auto und noch ehe es anfuhr, sagte er zu mir: ‹Ja, ich habe also heute Morgen meinen ersten Vortrag nicht halten können. Was meinen Sie, Herr Doktor, soll ich diesen Vortrag heute Nachmittag nachholen?› Ich hatte den Eröffnungsvortrag notgedrungen selbst halten müssen, weil sich verschiedene Autoritäten und namhafte Gäste eingefunden hatten. Dr. Steiner wußte davon. – Ein Nachholen komme nicht in Frage, weil der Herr Doktor von den verschiedenen Sitzungen in Stuttgart sehr erschöpft sei, erklärte Frau Marie Steiner; unbedingt müsse er sich heute Nachmittag ausruhen. Man konnte dies völlig mitempfinden. Dr. Steiner aber sah unverwandt nur mich an und wiederholte, ich müsse entscheiden, denn ich hätte die Verantwortung für diese Tagung. ‹Was meinen Sie, soll ich diesen Vortrag halten oder nicht?› Erneut warf Frau Marie Steiner dazwischen, es sei unmöglich und wiederum betonte Rudolf Steiner, es sei meine Verantwortung. Alles in mir schrie auf: Ruhen Sie sich aus, sagen Sie die ganze Tagung ab! Aber auf der anderen Seite dachte ich: hier walten andere Gesetze. Schließlich sagte ich: ‹Herr Doktor, ich glaube Sie sollten den Vortrag halten›, und er entgegnete ruhig, es sei gut, er werde ihn halten. – Während dieser Tagung war nicht mehr zu verkennen, wie krank Rudolf Steiner war. Wenn andere vortrugen, – Dr. Schubert, Dr. von Baravalle, van Bemmelen, Stibbe und ich ... war es herzbedrückend zu sehen, wie erschöpft er schien; auch bemerkte ich voll Schrecken, wie abgemagert er war. Allerdings stellte sich dann jedesmal heraus, daß seiner Aufmerksamkeit trotz aller Müdigkeit nichts entgangen war, und als er dann auf dem Podium stand, war er sprühend wie immer, begeistert, voll Leben, ...» (F. W. Zeylmans in *Wir erlebten ...*, S. 268 f.)

17.–24. Juli. Rudolf Steiner in Arnheim (Arnhem) und Oosterbeek. Rudolf Steiner wohnt im Hotel «Tafelberg».

«Anthroposophisch-pädagogische Tagung.» Rudolf Steiner berichtet: «Meine Tätigkeit umfaßte: einen pädagogischen Kurs in neun Vorträgen mit dem Thema: ‹Der pädagogische Wert der Menschenerkenntnis und der Kulturwert der Pädagogik›, drei öffentliche Vorträge über das Thema: ‹Was kann die Heilkunst durch eine geisteswissenschaftliche Betrachtung gewinnen?›, ferner drei Mitgliedervorträge und zwei Klassenstunden.» «Vortragende außer mir waren Dr. Zeylmans van Emmichoven, Dr. Schubert,

Dr. v. Baravalle und die Lehrer der ‹Freien Schule› Stibbe und van Bemmelen. Außerdem wurden zwei Kurse über Sprachkunst, ein allgemeiner und einer für Vorgerückte von Frau Marie Steiner gehalten.» «Unsere holländischen Freunde haben sich die größte Mühe gegeben, diese Veranstaltung zu einer würdigen zu machen; der herzliche Dank aller, die an dem Gedeihen der anthroposophischen Bewegung Anteil nehmen, muß ihnen entgegengebracht werden.» (Vgl. *Nachrichtenblatt* 1924, S. 117f.)

17. Juli.

Nachmittags (etwa 17 Uhr). Oolgaardthuis Oosterbeek. Erster Vortrag des pädagogischen Kurses *Der pädagogische Wert der Menschenerkenntnis und der Kulturwert der Pädagogik.* (GA 310)

20 Uhr. Arnheim, «Musis Sacris». Erster öffentlicher medizinischer Vortrag *Was kann die Heilkunst durch eine geisteswissenschaftliche Betrachtung gewinnen?* (GA 319)

18. Juli.

11 Uhr. Oolgaardthuis. Zweiter Vortrag des pädagogischen Kurses. (GA 310)

20 Uhr. Musis Sacrum. Mitgliedervortrag. Betrachtungen über das Schicksal der anthroposophischen Bewegung. Einleitend spricht Rudolf Steiner über die mit der Weihnachtstagung 1923/24 verbundenen Intentionen und über die Tatsache, «daß ich selbst mit dem Dornacher Vorstande zusammen die Führung in der Anthroposophischen Gesellschaft übernehmen mußte. Damit aber ist anthroposophische Bewegung und Anthroposophische Gesellschaft eins geworden.» (GA 240, S. 141)

19. Juli.

11 Uhr. Oolgaardthuis. Dritter Vortrag des pädagogischen Kurses. (GA 310)

20 Uhr. Musis Sacrum. Mitgliedervortrag. Betrachtungen über das Schicksal der anthroposophischen Bewegung. Mit diesem Vortrag beginnt Rudolf Steiner den Zusammenhang der anthroposophischen Bewegung mit dem Michael-Impuls darzustellen. (GA 240)

20. Juli.

Morgens. Rudolf Steiner sendet *Mein Lebensgang XXXIV* an Albert Steffen nach Dornach.

Im «Goetheanum» erscheint *Mein Lebensgang XXXIII:* Arbeit im Goethe-Archiv zu Weimar. Weiter über Gustav von Loeper, Herman Grimm. Der Großherzog und die Großherzogin von Weimar. Reinhold Köhler. (GA 28)

Im Nachrichtenblatt erscheinen *An die Mitglieder! Der Lauteurythmie-Kurs, Leitsätze.* (GA 260a, GA 26)

11 Uhr. Oolgaardthuis. Vierter Vortrag des pädagogischen Kurses.

16 Uhr 30. Oolgaardthuis. Ansprache an jüngere Anthroposophen. Letzte «Jugendansprache». (Vgl. GA 217a, S. 177f.)
20 Uhr. Musis Sacrum. Mitgliedervortrag. Betrachtungen über das Schicksal der anthroposophischen Bewegung. Die Michael-Schule und der Kampf Michaels um die Rettung der Intelligenz. (GA 240)
21. Juli.
Morgens. Rudolf Steiner sendet Albert Steffen die Beiträge für das Nachrichtenblatt vom 27. Juli.
11 Uhr. Oolgaardthuis. Fünfter Vortrag des pädagogischen Kurses.
15 Uhr. Musis Sacrum. Vorführung von Kindereurythmie durch Schüler der Vrije School, Den Haag.
20 Uhr. Zweiter öffentlicher Vortrag *Was kann die Heilkunst durch eine geisteswissenschaftliche Betrachtung gewinnen?* (GA 319)
22. Juli.
11 Uhr. Oolgaardthuis. Sechster Vortrag des pädagogischen Kurses. (GA 310)
20 Uhr. Vortrag für die erste Klasse der Freien Hochschule.
23. Juli.
11 Uhr. Oolgaardthuis. Siebter Vortrag des pädagogischen Kurses. (GA 310)
20 Uhr. Vortrag für die erste Klasse der Freien Hochschule.
24. Juli.
11 Uhr. Oolgaardthuis. Achter Vortrag des pädagogischen Kurses. (GA 310)
Nachmittags. Neunter Vortrag des pädagogischen Kurses und Schlußwort (als zehnter Vortrag gedruckt, GA 310)
20 Uhr. Musis Sacrum. Dritter öffentlicher Vortrag *Was kann die Heilkunst durch eine geisteswissenschaftliche Betrachtung gewinnen?* (GA 319)
25. Juli. Rudolf Steiner in Den Haag zu einer Besprechung mit den Lehrern der Vrije School. Rudolf Steiner wird von den nach Arnhem gereisten Mitgliedern des Dornacher Vorstandes, Marie Steiner, Ita Wegman, Elisabeth Vreede und Guenther Wachsmuth begleitet. (Vgl. GA 260a, S. 637)
In Dornach richtet die Gemeinde Dornach eine mit 426 Unterschriften versehene Petition an den Regierungsrat des Kantons Solothurn mit der Empfehlung, das Baugesuch zum Wiederaufbau des Goetheanum unverändert zu genehmigen.
Rückreise Rudolf Steiners und Marie Steiners nach Stuttgart. Marie Steiner fährt sofort mit dem Auto nach Dornach weiter, wo sie am 26. Juli morgens eintrifft.
26. Juli. Rudolf Steiner in Stuttgart, wo er unter anderem eine Besprechung mit dem Aufsichtsrat der Aktiengesellschaft «Der Kommende Tag» abhält.

27. Juli. Im «Goetheanum» erscheint *Mein Lebensgang XXXIV:* Zwei Vorträge aus der ersten Zeit in Weimar – Ernst Haeckel. (GA 28)
Im Nachrichtenblatt erscheinen *An die Mitglieder! Geistige Weltbereiche und menschliche Selbsterkenntnis, Leitsätze.* (GA 26)
Rudolf Steiner zu weiteren Besprechungen in Stuttgart (möglicherweise geht es um die Vor-Formulierung der Verträge, durch die die geistigen Unternehmungen aus dem «Kommenden Tag» herausgelöst werden sollen). (Vgl. Beilage zu GA 260a, S. 32f.)
28. Juli. Rückreise nach Dornach.
28. Juli–9. August. Rudolf Steiner in Dornach.
28. Juli, 20 Uhr. Mitgliedervortrag. Betrachtungen über das Schicksal der anthroposophischen Bewegung. Michael und die Entwicklung der Intelligenz. (GA 237)
29. Juli. Rudolf Steiner in Solothurn zu Verhandlungen mit dem Baudepartement.
30. Juli. Rudolf Steiner erscheint mit dem Dornacher Vorstand vor dem Amtsgericht in Dornach und übernimmt die Verantwortung für den Verkauf und Vertrieb des Buches von Louis Werbeck «Die christlichen Gegner Rudolf Steiners durch sich selbst widerlegt». Die Klage des Pfarrers Kully (Arlesheim) wird durch Dr. Fridolin Saladin vertreten. Rudolf Steiner führt selbst die Verteidigung und charakterisiert die Angriffe Kullys und begründet, warum er nicht gegen Kullys scharfe und nicht zutreffende Darstellungen Klage erhoben hat. Angesichts der fortdauernden Angriffe Kullys habe er sich nicht für befugt gehalten, den Verkauf des Buches in Dornach zu verhindern; denn dessen Stil sei zahm und milde gegen das, was Kully in die Welt sende. – Das Gericht verurteilt Rudolf Steiner wegen der im Buche Werbecks enthaltenen Verbalinjurien zu 200 sfr. Geldstrafe und zur Übernahme der Prozeßkosten. Das Obergericht des Kantons Solothurn bestätigt das Urteil am 8. Januar 1925 im Wesentlichen.
31. Juli, 9 Uhr. Vortrag für die Arbeiter am Goetheanum. (GA 354)
1. August, 20 Uhr. Mitgliedervortrag. Betrachtungen über das Schicksal der anthroposophischen Bewegung. (GA 237)
2. August.
9 Uhr. Vortrag für die Arbeiter am Goetheanum. (GA 354)
Rudolf Steiner nochmals zum Amtsgericht Dornach.
Rudolf Steiner zu Konsultationen im Klinisch-therapeutischen Institut, Arlesheim.
20 Uhr 30. 19. Vortrag für die erste Klasse der Freien Hochschule.
3. August.
Im «Goetheanum» erscheint *Mein Lebensgang XXXV:* Heinrich von Treitschke, Ludwig Laistner. (GA 28)

Im Nachrichtenblatt erscheinen *An die Mitglieder! Über die anthroposophisch-pädagogische Tagung in Holland, Leitsätze.* (GA 260a, GA 26)

Vormittags (?). Es soll eine Gründungsversammlung für einen Verein «Allgemeine Anthroposophische Gesellschaft» stattfinden. (Vgl. GA 260a, S. 548f. und Beilage zu GA 260a, S. 30 und 31) Über den Verlauf der Versammlung haben sich jedoch keinerlei Berichte oder Belege erhalten, so daß sehr fraglich ist, ob sie überhaupt stattgefunden hat. Der einzige Beleg für das Ereignis ist eine Rechnung des Amtsschreibers Altermatt.

17 Uhr. Eurythmieaufführung. (Programm GA 277, S. 472). Ankündigung Rudolf Steiners: «Poesien der ernsten Art, Musikstücke getragenen Charakters in Eurythmischer Kunst den geneigten Mitgliedern in Begeisterung vorgeführt».

20 Uhr. Mitgliedervortrag. Betrachtungen über das Schicksal der anthroposophischen Bewegung. (GA 237)

4. August.

14 Uhr 30. Glashaus. Besprechung mit Vertretern der Regierungen von Solothurn und Baselland und Gemeinderäten von Dornach und Arlesheim. Rudolf Steiner zeigt das Modell des neuen Baues und erklärt das Bauprojekt.

20 Uhr. Mitgliedervortrag. Betrachtungen über das Schicksal der anthroposophischen Bewegung. Die Schwierigkeiten im Schicksal der einzelnen Anthroposophen. (GA 237)

5. August. Ansprache Rudolf Steiners zur Trauung von MIETA WALLER und WILLIAM SCOTT PYLE. Mieta Waller lebte sei 1907 im Hause Rudolf und Marie Steiners und war vor allem mit Marie Steiner eng befreundet.

Rudolf Steiner setzt die Arbeit an dem Aquarell «Urmensch» fort.

6. August. Rudolf Steiner setzt die Arbeit an dem Aquarell «Urmensch» fort. Der 6. August ist auch das (Stuttgarter) Datum der Verträge, durch die die geistigen Unternehmungen aus der Aktiengesellschaft «Der Kommende Tag» ausgegliedert werden. Rudolf Steiner können diese Verträge frühestens am 7. August vorgelegen haben. (Vgl. GA 260a, S. 576ff.)

8. August.

Rudolf Steiner beendet die Arbeit an dem Aquarell «Urmensch».

20 Uhr. Mitgliedervortrag. Betrachtungen über das Schicksal der anthroposophischen Bewegung. Das Schicksal der Intelligenz – das Jahr 869. (GA 237)

9. August. Vortrag für die Arbeiter am Goetheanum. (GA 354)

9./10. August. (Abreise abends oder nachts). Rudolf Steiner reist mit MARIE STEINER, ITA WEGMAN, ELISABETH VREEDE und GUENTHER WACHSMUTH über Paris–Boulogne nach Torquay. Zu der Reisegruppe gehören auch die Eurythmistinnen der Dornacher Bühne. Während der Reise sendet Rudolf Steiner die Beiträge für das «Goetheanum» und das Nachrichtenblatt an Albert Steffen in Dornach.

11.–22. August. Rudolf Steiner beim Sommerkurs in Torquay. Rudolf Steiner und seine Begleitung wohnen im Hotel ‹Victoria and Albert›.
Die *Second International Summer School 1924* (9.–23. August) beruhte auf der Initiative von Daniel Nicol Dunlop und Eleanor Charlotte Merry: «Mr. Dunlop, der feinfühlige, nach weiten Zielen schauende Anthroposoph, und Mrs. Merry, die unermüdlich Tätige und der Bewegung liebevoll Ergebene, haben sich, im Verein mit anderen Freunden, der großen Arbeit unterzogen, diese Kurse zu ermöglichen.» (*Nachrichtenblatt* 1924, S. 129) Die Stimmung des Kurses charakterisiert Rudolf Steiner: «Wir durften in Umgebungen sein, welche mancherlei uralt Bedeutsames aussprechen, welche durch dasjenige, was sie aus uralt Bedeutsamen bewahrt haben, heute noch in einer geistig außerordentlich bedeutsamen Weise zu uns sprechen. In solcher Umgebung und in solchem Milieu löst sich auch das Wort, löst sich die Geistgestalt, die gerne an die Menschen herantreten möchte, welche durch ihre Zugehörigkeit zur anthroposophischen Bewegung sich... bereitfinden, das in sich aufzunehmen, was... als das umfassende anthroposophische Wollen sich nach den Zeichen der Zeit in die Gegenwart und in die nächste Zukunft hereinstellen muß.» (GA 260a, S. 362) Die direkte Umgebung des Kurses («Town Hall») war allerdings weniger glücklich gewählt, worauf Rudolf Steiner anspielt und worüber Marie Savitch berichtet: «Was für ein Unterschied zu Penmaenmawr! Keine wetterumspielte Baracke! Die Vorstellungen und Vorträge fanden in einem stillosen, häßlichen Gebäude statt, so etwa wie die Räume eines Kursaales. ... Alles war darin: Proben, Vorträge, Büchertisch, Besprechungen! Alles störte sich gegenseitig! Die Eurythmie-Proben waren unruhig, denn der Büchertisch mußte weitergeführt werden, und die Menschen gingen ein und aus. Es traten Mißverständnisse bei den Rednern auf, und bei der Organisation wurde manches aus dem Auge gelassen. Die üblichen Londoner künstlerischen Veranstaltungen fielen diesmal aus: sie waren nicht vorbereitet! Die Hälfte des Publikums ging während der Eurythmieaufführungen baden, denn die Aufführungen waren festgesetzt auf die beste Badezeit! Alles war schwierig.» (Marie Savitch, *Marie Steiner,* S. 154)
Guenther Wachsmuth berichtet über die Gesundheit Rudolf Steiners: «Auch während dieser Sommertagung in Torquay... hatte er in tragischer Weise mit der zehrenden Krankheit zu ringen. Nach außen war hiervon gewiß nichts zu merken; er erfüllte täglich das umfangreiche Programm seiner Vortragstätigkeit, ... hatte zahllose Besprechungen und nahm an den gemeinsamen Exkursionen teil, aber jede Mahlzeit bereitete ihm infolge der Erkrankung des Stoffwechselsystems erneute Qualen... Frau Dr. Wegman, seine treue Pflegerin, hatte mit mir eine Möglichkeit besprochen, ihm in den Zwischenpausen und bei Mahlzeiten unauffällig Linderung seiner Schmerzen zukommen zu lassen. Die Umwelt ließ er von diesen Schmerzen nichts wis-

sen ...» (G. Wachsmuth, *Rudolf Steiners Erdenleben,* S. 605). D. N. Dunlop berichtet: «Wenige Wochen vor seiner letzten Krankheit sprach ich während der Sommerschule von Torquay von meiner Besorgnis um seine physische Gesundheit zu ihm. Fest, doch mit unendlicher Freundlichkeit zog er mich beiseite und machte mich darauf aufmerksam, daß auf seinen Zustand keine gewöhnlichen Krankheitsvorstellungen angewendet werden sollten.» (Vgl. Thomas Meyer, *D. N. Dunlop,* S. 459)

11. August. Town Hall. Erster Vortrag *Die wahren und die falschen Wege geistiger Forschung* («True and False Paths of Spiritual Investigation», das englische Wort «false» entspricht nicht ganz dem deutschen «falsch», es hat die Konnotation: trügerisch und irrig). Marie Steiner gab dem Kurs den Titel: *Das Initiaten-Bewußtsein.* (GA 243)

12. August.
Town Hall. Zweiter Vortrag *Die wahren und die falschen Wege ...*
Nachmittags (?). Erster Vortrag des pädagogischen Kurses, der in London neu zu begründenden Schule. (GA 311) Rudolf Steiner: «In den pädagogischen Vorträgen bemühe ich mich, den Lehrkräften der hier in England nach dem Muster der Waldorfschule zu gründenden Primarschule eine Art Seminarkurs zu geben.» (*Nachrichtenblatt* 1924, S. 129)
Abends. Mitgliedervortrag. Über die Weihnachtstagung – Betrachtungen über das Schicksal. Geistige Geschichte am Ende des 19. Jahrhunderts. Über die Freie Hochschule. (GA 240)

13. August.
Town Hall. Dritter Vortrag *Die wahren und die falschen Wege ...* (GA 243)
Nachmittags (?). Zweiter Vortrag des pädagogischen Kurses. (GA 311)
20 Uhr. Eurythmieaufführung. Französische und englische Gedichte, musikalische Kompositionen, Gedichte von Albert Steffen.

14. August.
Vierter Vortrag *Die wahren und die falschen Wege ...* (GA 243)
Nachmittags (?). Dritter Vortrag des pädagogischen Kurses. (GA 311)
Abends. Mitgliedervortrag. Betrachtungen über das Schicksal. Das Christentum und der arabische Kulturimpuls. Das Jahr 869. (GA 240)

15. August.
Fünfter Vortrag *Die wahren und die falschen Wege ...* (GA 243)
Vierter Vortrag des pädagogischen Kurses. (GA 311)
20 Uhr. Eurythmieaufführung. Programm: Englische und französische Dichtungen, Musikalisches.

16. August.
Morgens. Rudolf Steiner sendet *Mein Lebensgang XXXVIII* an Steffen.
Sechster Vortrag *Die wahren und die falschen Wege ...* (GA 243)
Fünfter Vortrag des pädagogischen Kurses. (GA 311)

17. August.
Morgens. Rudolf Steiner sendet die Beiträge für das Nachrichtenblatt vom 24. 8.
Im «Goetheanum» erscheint *Mein Lebensgang XXXVII:* Innere Lage Rudolf Steiners in den ersten Weimarer Jahren. (GA 28)
Im Nachrichtenblatt erscheinen *An die Mitglieder! Im Anbruch des Michael-Zeitalters, Leitsätze* (GA 26), ferner die Ankündigung der Veranstaltungen im September: 4.–9. September (sic!) Kurs für Theologen, 8.–15. September Kurs für Theologen und Mediziner, 2.–15. September Kurs für Sprachgestaltung und dramatische Kunst. (GA 260a)
Torquay. Rudolf Steiner unternimmt mit den in England anwesenden Mitgliedern des Dornacher Vorstandes, Mrs. ELEANOR MERRY, D. N. DUNLOP, MARNA PEASE, MABEL COTTERELL und ANNIE VIEHOFF einen Ausflug nach Tintagel.
Fahrtroute: Torquay – Tavistock – Boscastle – Tintagel – Wadebridge – Liskeard – Plymouth – Torquay (lt. Brief von Annie Viehoff). (Beschreibung der Fahrt vgl. Thomas Meyer, *D. N. Dunlop,* S. 211 ff. Die an Albert Steffen gerichteten Grußworte aus Tintagel: *Goetheanum* 1927, S. 308. Weitere Schilderungen in GA 238, S. 49f. sowie GA 240, S. 241 ff.) Der Bericht über die Sommerkurse ist in der Nacht vor der Fahrt nach Tintagel geschrieben worden.
18. August.
10 Uhr 30. Siebter Vortrag *Die wahren und die falschen Wege ...* (GA 243)
Nachmittags (?). Sechster Vortrag des pädagogischen Kurses.
20 Uhr. Eurythmieaufführung. (Programm GA 277a, S. 137)
19. August.
10 Uhr 30. Achter Vortrag *Die wahren und die falschen Wege ...* (GA 243)
Nachmittags (?). Siebter Vortrag des pädagogischen Kurses. (GA 311)
Abends (?). Vortrag für die erste Klasse der Freien Hochschule.
20. August.
10 Uhr 30. Neunter Vortrag *Die wahren und die falschen Wege ...* (GA 243)
Nachmittags. Fragenbeantwortung für die Teilnehmer des pädagogischen Kurses. (GA 311)
20 Uhr. Eurythmieaufführung. (Programm GA 277a, S. 137)
21. August.
10 Uhr 30. Zehnter Vortrag *Die wahren und die falschen Wege ...* (GA 243)
Abends (?). Mitgliedervortrag. Betrachtungen über das Schicksal der anthroposophischen Bewegung – die Artusströmung und die Gralsströmung. Der Kampf um die Intelligenz.
22. August.
10 Uhr 30. Elfter Vortrag *Die wahren und die falschen Wege ...* (GA 243)

14 Uhr 30. Eurythmieaufführung.
Abends. Abschiedsveranstaltung, in der auch Rudolf Steiner eine Ansprache hält. (Vgl. GA 260a, S. 362ff.)
23. August. Reise von Torquay nach London.
24. August.
Im «Goetheanum» erscheint *Mein Lebensgang XXXVIII:* Über die «Gesellschaft für ethische Kultur». (GA 28)
Im Nachrichtenblatt erscheint *An die Mitglieder! Unsere Sommerkurse in Torquay, Leitsätze.* (GA 260a, GA 26)
10 Uhr 30. London, Court House 1 Marylebone Lane. Mitgliedervortrag. Waches Tagesbewußtsein – Traum-Bewußtsein – Schlafbewußtsein – der Weg zur Erkenntnis des Schicksals. (GA 240)
18 Uhr 30. Court House Marylebone Lane. Mitgliedervortrag. Die Geschichte vor dem Hintergrund der Schicksale in aufeinanderfolgenden Erdenleben. (GA 240)
25. August.
Nachmittags. Eurythmieprobe.
20 Uhr. 46 Gloucester Place. Vortrag für die erste Klasse der Freien Hochschule.
26. August, 20 Uhr 15. Eurythmieaufführung in der Royal Academy of Dramatic Art.
27. August.
Vormittags (?). Mitgliedervortrag. Betrachtungen über das Schicksal der anthroposophischen Bewegung. Die zwei Gestalten des Christentums und die Michael-Strömung. (GA 240)
20 Uhr. 46 Gloucester Place. Vortrag für die erste Klasse der Freien Hochschule.
28. August, 20 Uhr. 75 Harley Street. Erster Vortrag für Ärzte und Medizinstudierende. *Die Kunst des Heilens vom Standpunkt der Geisteswissenschaft.* (GA 319)
29. August.
75 Harley Street. Empfang im Hause Dr. Larkins, veranstaltet durch die «Educational Union for the Realisation of Spiritual Values». Rudolf Steiner wird durch Prof. MILLICENT MACKENZIE begrüßt und spricht über anthroposophische Pädagogik. (Vgl. GA 304a, S. 147–162)
20 Uhr. Zweiter Vortrag für Ärzte und Medizinstudierende. *Die Kunst des Heilens vom Standpunkte der Geisteswissenschaft.* (GA 319)
30. August, 14 Uhr 45. Essex Hall. Öffentlicher Vortrag über Pädagogik, veranstaltet von der «Educational Union for the Realisation of Spiritual Values». Rudolf Steiner wird durch Prof. Mackenzie und MARGARET MACMILLAN begrüßt. In diesem letzten pädagogischen Vortrag faßt Rudolf

Steiner die anthroposophische Pädagogik zusammen: Gestaltende Erziehung – vor dem Zahnwechsel, Belebende Erziehung – zwischen dem Zahnwechsel und der Geschlechtsreife, Erweckende Erziehung – nach der Geschlechtsreife.
Rückreise nach Dornach über Paris.
31. August. Im «Goetheanum» erscheint *Mein Lebensgang XXXIX:* Die Philosophie der Freiheit. (GA 28)
Im Nachrichtenblatt erscheinen *An die Mitglieder! Die menschliche Seelenverfassung vor dem Anbruch des Michael-Zeitalters, Leitsätze.* (GA 26)
1. September. Dornach. Rückkunft aus England. Anschlag am Schwarzen Brett für den Kursus für Sprachgestaltung und dramatische Kunst: «Dringende Obliegenheiten in Stuttgart machen mir den Beginn des Kurses vor Freitag unmöglich.» (GA 260a, S. 377)
Nach dem Bericht von Marie Steiner reist Rudolf Steiner noch in der Nacht nach Stuttgart. (*Nachrichtenblatt* 1925, S. 154)
2. September. Stuttgart. Besprechungen, u. a. mit dem Aufsichtsrat des «Kommenden Tages».
3. September.
Vertragsabschluß zwischen der «Kommende Tag AG» und dem «Verein für ein freies Schulwesen (Waldorfschulverein e. V.)» – Der Waldorfschulverein pachtet vom «Kommenden Tag» das Schulgelände (Kanonenweg 42 und 44, 44^{I}, 44^{II}, 44^{III}).
Vormittags. Besprechung mit den ehemaligen Schülern der 12. Klasse der Waldorfschule. Rudolf Steiner läßt sich von den Berufserfahrungen der Schüler berichten. Gegen Schluß sagt Rudolf Steiner, daß die Dreigliederungsidee nicht tot sei, er hoffe, daß gerade aus den Kreisen der Waldorfschüler Verständnis für die Dreigliederung erwachsen werde. (Vgl. Karin Ruths-Hoffmann in *Wir erlebten ...,* S. 209)
19–21 Uhr. Letzte Konferenz mit dem Lehrerkollegium der Waldorfschule. (GA 300c) Rudolf Steiner: «Ich bin zu meinem Leidwesen nur vorübergehend da, möchte aber doch die wichtigen Angelegenheiten besprechen. Ich muß morgen unbedingt in Dornach sein in Angelegenheiten des Goetheanumbaus.» Über die Schulverfassung: «Im Prinzip haben die Lehrer in allem was Unterricht ist, volle Freiheit, aber nicht in dem, was die Verwaltung der Schule anbetrifft.» – Über Hospitationen. Vorträge von Waldorflehrern in Nürnberg und München. Geschichtsunterricht. Teilnahme am «Dramatischen Kurs» in Dornach. «Ich will Vorträge halten im September oder in der ersten Oktoberwoche über die moralische Seite der Erziehung und des Unterrichts.»
3./4. September, nachts. Rückfahrt nach Dornach.
4. September. Dornach.

5.–23. September.

In Dornach wird Rudolf Steiner von einer großen, vielfältig zusammengesetzten Zuhörerschaft erwartet: Schauspieler und an Schauspiel und Sprachgestaltung Interessierte, die Mitarbeiter der Christengemeinschaft, Ärzte und zahlreiche Mitglieder der Anthroposophischen Gesellschaft. Nach Hemleben «weit über tausend Menschen». (Vgl. J. Hemleben, *Rudolf Steiner,* S. 155). Beim Kursus für Sprachgestaltung und dramatische Kunst sind mehr als 700 Zuhörer anwesend. (Vgl. Edwin Froböse, B 53, S. 1)

Emil Bock berichtet: «Und nun begannen die drei Wochen, die wohl nicht nur in der Geschichte der anthroposophischen Bewegung, sondern in der Geistesgeschichte überhaupt ein einmaliges Ereignis darstellen. Dr. Steiner, der uns gleich am ersten Tage, als müsse er sich deswegen entschuldigen, sagte, er sei leider sehr krank von der Englandreise zurückgekommen – er konnte sich nur mit größter körperlicher Anstrengung jeweils vom Auto zum Rednerpult hinbewegen –, hielt täglich vier, wenn nicht fünf Vorträge. Zuletzt waren es, einschließlich der Stunden, die er in der Morgenfrühe den Bauarbeitern gab, 70 Vorträge, ...» (E. Bock in *Wir erlebten ...,* S. 49f.)

Friedrich Hiebel berichtet: «Es konnte wohl keinem entgehen, wie er von Tag zu Tag mit zunehmend schwereren Schritten an uns vorbeikam, kaum die Schuhsohlen vom Fußboden zu heben vermochte, was wir deutlich hörten, da doch bereits, ehe er erschienen war, vorher lautlose Stille im Saal herrschte. Aber jedesmal während des Vortrags begann sich nach anfänglich zögernd gesprochenen Sätzen das Antlitz leuchtend zu beleben. Seine Darstellungsart wurde immer lebendiger, sein Vortrag hinreißender, bis er nach einer Stunde völlig erfrischt, wie auf Flügeln getragen und beinahe jünglingshaft beschwingt den Saal wieder verließ.» (F. Hiebel, *Entscheidungszeit mit Rudolf Steiner,* S. 339f.)

Marie Steiner berichtet: «All dieses hätte, wie Dr. Steiner es uns selbst sagte, seine Kräfte nicht überstiegen. Was zuviel wurde, das waren die dazwischenliegenden Audienzen, das ununterbrochene Kommen und Gehen der Menschen, die Rat und Hilfe brauchten in großen und kleinen Dingen. Da sich Dr. Steiner nie schonte, sondern ganz hingab, zehrte dies seine letzten Kräfte auf; es gab ja nicht die geringste Ruhepause zu ihrer Wiederherstellung. In der Nacht mußte er die Aufsätze schreiben. – Die Tagung mit all ihren Forderungen wurde durchgeführt bis zu ihrem vorgesehenen Ende.» (*Nachrichtenblatt* 1944, Nr. 9)

(Weitere Erinnerungen an diese Wochen: Albert Steffen, *Begegnungen mit Rudolf Steiner,* S. 331–351; Ernst Weißert, *Neustiftung der Dramatischen Kunst,* in *Erinnerungen,* S. 487–496; Edwin Froböse, *Mein Weg zur Goetheanumbühne,* S. 86–94; Ludwig Polzer-Hoditz, *Erinnerungen an Rudolf Steiner,* S. 199f.; Friedrich Hiebel, *Entscheidungszeit mit Rudolf Steiner,* S. 330–375; Emil Bock in *Wir erlebten ...*, S. 49ff.; F. W. Zeylmans van Emmichoven ebd., S. 270f.)

5.–23. September. Jeweils von 12–13 Uhr Kursus für Sprachgestaltung und dramatische Kunst, 19 Vorträge von Rudolf und Marie Steiner gemeinsam durchgeführt. (GA 282)

5.–22. September. Kursus über die Apokalypse für die Priester der Christengemeinschaft. «Er war im strengsten Sinne nur auf diesen Kreis beschränkt. Nur die Mitglieder des Vorstandes am Goetheanum waren die einzigen Teilnehmer außerhalb dieses Kreises.» Der Kursus fand nachmittags oder gegen Abend statt, meist im Weißen Saal des ehemaligen Baubüros.

5. September, 20 Uhr. Mitgliedervortrag. Die Auswirkungen des Impulses der Weihnachtstagung – menschliche Bewußtseinszustände. (GA 238)

6. September, 20 Uhr 30. Vortrag für die erste Klasse der Freien Hochschule. (Erste Wiederholungsstunde) Rudolf Steiner beginnt wegen der zahlreichen nach Dornach gekommenen Mitglieder mit der Wiederholung der esoterischen Unterweisungen.

7. September.

Im «Goetheanum» erscheint *Mein Lebensgang XXXX:* Das Verhältnis zu Friedrich Nietzsche. (GA 28)

Im Nachrichtenblatt erscheinen *An die Mitglieder! Aphorismen aus einem am 24. August in London gehaltenen Mitglieder-Vortrag, Leitsätze.* (GA 26)

10 Uhr 30. Atelier. Sitzung des Verwaltungsrates der Internationalen Laboratorien AG, u. a. Änderung des Firmennamens in «Weleda». (GA 260a, S. 549)

17 Uhr. Eurythmieaufführung.

20 Uhr. Mitgliedervortrag. Betrachtungen über das Schicksal einzelner Individualitäten. (GA 238)

8. September, 16 Uhr. Besprechung mit Albert Steffen über die Wochenschrift «Das Goetheanum».

8.–18. September. Kursus für Ärzte und Priester der Christengemeinschaft, *Pastoral-medizinischer Kurs.* (GA 318) Der Kurs findet in der Schreinerei meist gegen 18 Uhr 30 statt.

9. September.

9 Uhr. Vortrag für die Arbeiter am Goetheanum. (GA 354)

Die prinzipielle Baugenehmigung für das zweite Goetheanum wird erteilt. Aufgrund der Änderungsvorschläge der Regierung von Solothurn wird der Bauentwurf abgeändert, vor allem wird die Höhe von 44 Metern auf 37 Meter gesenkt, der hintere Trakt wird stärker gegliedert. Die neue Bauhöhe entspricht dem ersten Entwurf Rudolf Steiners. (Vgl. GA 260a, S. 556 und GA 260a, Beilage S. 42)

20 Uhr 30. Vortrag für die erste Klasse der Freien Hochschule. (Zweite Wiederholungsstunde)

10. September.
Rudolf Steiner zu Konsultationen im Klinisch-therapeutischen Institut, Arlesheim.
17 Uhr. Eurythmieaufführung.
20 Uhr. Mitgliedervortrag. Betrachtungen über das Schicksal der anthroposophischen Bewegung. (GA 238)
11. September, 20 Uhr 30. Vortrag für die erste Klasse der Freien Hochschule. (Dritte Wiederholungsstunde)
12. September.
17 Uhr. Eurythmieaufführung.
20 Uhr. Mitgliedervortrag. Betrachtungen über das Schicksal der anthroposophischen Bewegung. Die platonische und die aristotelische Geistesströmung. (GA 238)
13. September.
9 Uhr. Vortrag für die Arbeiter am Goetheanum. (GA 354)
20 Uhr 30. Vortrag für die erste Klasse der Freien Hochschule. (Vierte Wiederholungsstunde)
14. September.
Im «Goetheanum» erscheint *Mein Lebensgang XXXXI*; Friedrich Nietzsche. Im Nachrichtenblatt erscheinen *An die Mitglieder! Aus dem Kursus über Sprachgestaltung und dramatische Kunst, Leitsätze*. (GA 260a, GA 26)
17 Uhr. Eurythmieaufführung.
20 Uhr. Mitgliedervortrag. Betrachtungen über das Schicksal der anthroposophischen Bewegung – das Verständnis des Christentums. (GA 238)
15. September, 20 Uhr 30. Vortrag für die erste Klasse der Freien Hochschule. (Fünfte Wiederholungsstunde)
16. September, 20 Uhr. Mitgliedervortrag. Betrachtungen über das Karma der anthroposophischen Bewegung. (GA 238)
17. September.
17 Uhr. Aufführung «Iphigenie auf Tauris» von Goethe durch die «Neukünstlerischen Bühnenspiele» der Gruppe von GEORG KUGELMANN.
20 Uhr 30. Vortrag für die erste Klasse der Freien Hochschule. (Sechste Wiederholungsstunde)
18. September.
9 Uhr. Vortrag für die Arbeiter am Goetheanum. (GA 354)
17 Uhr. Elfter und letzter Vortrag des *Pastoral-medizinischen Kurses*.
20 Uhr. Mitgliedervortrag. Betrachtungen über das Schicksal – das Verhältnis zur Sternenwelt. (GA 238)
19. September.
Rudolf Steiner kündigt eine (weitere) Verlängerung des Kursus für Sprachgestaltung an.

17 Uhr. Eurythmieaufführung.
20 Uhr 30. Mitgliedervortrag. Betrachtungen über das Schicksal einzelner Individualitäten. (GA 238)
20. September.
Vortrag für die Arbeiter am Goetheanum. (GA 354)
20 Uhr 30. Vortrag für die erste Klasse der Freien Hochschule. (Letzter Vortrag im Rahmen der Freien Hochschule für Geisteswissenschaft, Siebte Wiederholungsstunde)
21. September.
Im «Goetheanum» erscheint *Mein Lebensgang XXXXII:* Nietzsches Idee der ewigen Wiederkunft. (GA 28)
Im Nachrichtenblatt erscheinen *An die Mitglieder! Weiteres über den Kursus «Sprachgestaltung und dramatische Darstellungskunst» am Goetheanum, Leitsätze.* (GA 260a, GA 26)
Nachmittags. Besprechung: «Am gleichen Nachmittag waren wir, einige Ärzte und Frau Dr. Wegman, bei ihm gewesen. Er lag in eine Decke gehüllt auf dem Lager und gab uns einen letzten Auftrag.» (F. W. ZEYLMANS in *Wir erlebten . . .,* S. 271)
17 Uhr. Eurythmieaufführung.
20 Uhr. Mitgliedervortrag. Betrachtungen über das Schicksal im Zusammenhang mit den wiederholten Erdenleben zweier Individualitäten. (GA 238)
22. September. 18. und letzter Vortrag des Kurses über die Apokalypse für die Priester der Christengemeinschaft.
Wahrscheinlich nach Abschluß des Kurses zwischen dem 22. und 24. September: «Ein letztes Mal versammelte sich der Priesterkreis um seinen großen Berater. Es war vor der Christusstatue in seinem Atelier. Noch einmal führte Rudolf Steiner den Meißel mit erlöschender Kraft durch das Holz. Er wollte uns zeigen, wie man der Erde das Christus-Antlitz einprägt. Dann mußten wir zu unserer Arbeit zurück in die verschiedenen Gebiete von Deutschland.» (J. W. Klein im *Nachrichtenblatt* 1925, S. 160)
Nach dem Theologenkurs fanden noch einige Einzelgespräche mit Mitarbeitern der Christengemeinschaft statt. Rudolf Steiner schreibt an Marie Steiner: «Das ist es ja, daß diese Theologen auf der einen Seite wirklich so tief befriedigen durch ihr so ernstes Arbeiten; auf der anderen Seite ist das Wirken für sie so anstrengend, weil sie vieles bedürfen und so schwer an ihre Ideale herankommen. Es war wirklich so, daß mit Beendigung des Apokalypse-Kurses ein Maximum von meinen Kräften nach einer gewissen Richtung erschöpft war – ich hatte wirklich zu der spirituellen Höhe viel Kraft nötig – und ich hätte nun nicht noch den ganzen Sturm von Einzelbesuchen dieser bedürftigen Theologen haben sollen. Vorträge über Sprachgestaltung, die ich

noch gehalten habe, machen es nicht aus. Die Vorträge kann ich, wenn es noch so viele sind, nach den Kräften berechnen.» (GA 262, S. 227)

23. September.

Mitgliedervortrag. Betrachtungen über das Schicksal. Die Schwierigkeiten, die der Intellektualismus einer bedeutenden Individualität bei der Verkörperung im 19. Jahrhundert bereitet. (GA 238)

12 Uhr. 19. und letzter Vortrag des Kurses für Sprachgestaltung und dramatische Kunst. GOTTFRIED HAASS-BERKOW und ALBERT STEFFEN danken am Abschluß des Kurses Rudolf Steiner.

Nachmittags. Haass-Berkow und Mitglieder seiner Theater-Gruppe führen Marie und Rudolf Steiner Proben aus ihrer dramatischen Arbeit vor. Aussprache mit den Schauspielern.

24. September, 9 Uhr. Letzter Vortrag für die Arbeiter am Goetheanum. (GA 354)

25. September, 20 Uhr. Eurythmieaufführung.

26. September. Rudolf Steiner muß den angekündigten Vortrag absagen. Rudolf Steiner: «Es ist mir wahrlich sauer geworden, am Freitag zum ersten Male einen Vortrag absagen zu müssen; und Wegman hat um diese Absage genug kämpfen müssen; zuletzt entschied, daß die Umstände die Möglichkeit vor Augen stellten: ich müsse vielleicht vorzeitig unterbrechen.» (GA 262, S. 228)

27. September. Eine für diesen Tag angesetzte Besprechung mit Landwirten muß abgesagt werden. Ebenso der für den Abend angesagte Vortrag für die erste Klasse der Freien Hochschule.

28. September.

Im «Goetheanum» erscheint *Mein Lebensgang XXXXIII:* Über Einsamkeit und Nicht-Verstandenwerden in Weimar. Gedankenleben und Erkenntnisgrenzen. (GA 28)

Im Nachrichtenblatt erscheinen *An die Mitglieder! Weiteres über den Kursus «Sprachgestaltung und dramatische Darstellungskunst» am Goetheanum. Das Bühnenbild und die Regiekunst, Leitsätze.* (GA 260a, GA 26) Ferner die Ankündigung von Mitgliedervorträgen und Jugendvorträgen, die für Nicht-Mitglieder zugänglich sein sollen, von Rudolf Steiner in Berlin für die Zeit vom 25.–31. Oktober. – Ankündigung von Eurythmiedarbietungen in Stuttgart, Hannover, Barmen, Hamburg, Kiel, Lübeck.

13 Uhr. Unterredung mit einer Pfarrerin der Christengemeinschaft, die um Evangelientexte bittet: «Ich glaube, ich werde mein Leben lang den Vorwurf empfinden, daß ich es tat. Er hatte einen solchen Weltschmerz und eine solche Weltbitternis in seinem Gesicht und in seinem Auge, daß einem ganz unheimlich wurde von dem Grauenvollen, das die Welt erfüllt und daran dieser Mann so tief leiden muß.» (GA 260a, S. 657)

In Dornach verbreitet sich die Nachricht, daß Rudolf Steiner am Abend eine Ansprache halten wird.
17 Uhr. Eurythmieaufführung.
20 Uhr. Letzte Ansprache. In der Schreinerei haben sich etwa 600 Menschen versammelt, die sich wie auf Verabredung erheben, als Rudolf Steiner mit Marie Steiner und Ita Wegman erscheint. Rudolf Steiner beginnt sofort zu sprechen, das Sprechen macht ihm anfangs Mühe. Marie Steiner berichtet: «Doch schon war die Stimme halb erloschen, sie verklang wie in weiter Ferne. Er mußte früher als gewollt abbrechen.» Die Ansprache dauert etwa 20 Minuten lang. (Berichte in: GA 260 a, S. 657 f., Mitteilungen D, 1974, S. 257–259, Richtigstellung ebd., S. 350)
29. September. Rudolf Steiner fertigt Skizzen für den Bau des Hauses Schuurman, Dornach, Goetheanumgelände an.
Sieben Schauspieler schließen sich zur Arbeitsgemeinschaft «Thespiskarren» als Schüler Marie Steiners zusammen. Diese Arbeitsgemeinschaft wird zum Grundstock des Goetheanum-Ensembles.
30. September. Marie Steiner geht mit dem Eurythmieensemble auf Reisen.
1. Oktober. Rudolf Steiner verabschiedet sich von den Bewohnern des Hauses Hansi und begibt sich zur Pflege in sein Atelier am Goetheanum (Schreinerei). Bericht an Marie Steiner: «Es wäre mir natürlich lieber gewesen, im Haus Hansi die Sache einzurichten. Wir haben, als wir sahen, daß das Hin- und Herfahren unmöglich ist, darüber beraten. Aber man kann im Haus Hansi *nicht* die ganz notwendige Badeeinrichtung machen, die wir hier haben.» (GA 262, S. 227)
1. Oktober, nachmittags. Albert Steffen bei Rudolf Steiner. Besprechung über das «Goetheanum» vom 5. Oktober, insbesondere über den Aufsatz von Kurt Piper «Abwehr».
2. Oktober. Mitteilung («Anschlag») am schwarzen Brett in der Schreinerei: «Meine physische Körperverfassung macht mir augenblicklich unmöglich, mich der – wenn auch geringen – physischen Anstrengung zu unterziehen, die mit dem Abhalten von Vorträgen verbunden ist. Ich kann daher die Vorträge am Freitag d. 3., Sonnabend d. 4. und Sonntag den d. 5. October *nicht* abhalten und werde ankündigen, wann wieder Vorträge stattfinden können.» (GA 260 a)
Brief an Marie Steiner: «Ich bin nun einmal seit langem etwas außer die Verbindung mit meinem physischen Körper gekommen. Das ergibt ein labiles Gleichgewicht in den physischen Kräften.» «Nun liege ich hier und gehe aus der Wärme gar nicht einen Schritt heraus.» (GA 262, S. 227 f.)
Die von Rudolf Steiner beschriebene physische Erschöpfung zeigt sich vor allem in den Schwierigkeiten der Nahrungsaufnahme. Ita Wegman berichtet:

«Es war, als ob jede Nahrungsaufnahme wie Gift wirkte, er hatte eine ausgesprochene Antipathie gegen einen großen Teil der Nahrungsmittel, gegen die Art der Zubereitung. Was heute noch gut schmeckte, konnte morgen schon einen Ekel hervorrufen, so daß wir, die wir für das Essen zu sorgen hatten, in ständiger Sorge waren, wie es gut zu treffen wäre.» (*Nachrichtenblatt* 1925, S. 62) Auch ist Rudolf Steiner durch ein Prostataleiden und durch sehr schmerzhafte Hämorrhoiden behindert. Diese Situation veranlaßt ITA WEGMAN, Dr. LUDWIG NOLL aus Stuttgart zur Behandlung Rudolf Steiners hinzuzuziehen.

3. Oktober. Dr. Ludwig Noll trifft (als zweiter behandelnder Arzt) in Dornach ein.

4. Oktober. Brief an MARIE STEINER auf Eurythmiereise, von der sie fortlaufend berichtet. «Seit gestern ist nun auch Dr. Noll hier; und dadurch hat Frau Wegman die Hilfe, die sie braucht, da ich jetzt durch das H. oiden-Zeug und was damit zusammenhängt ein recht anspruchsvoller Patient geworden bin. Du schreibst, ob es mir wirklich besser geht? Ja siehe, es ist so, daß von einem plötzlichen Ganz-Gesund-Sein ja nicht die Rede sein kann; sondern von einem allmählichen Besserwerden. Aber da man sieht: es greifen die Maßnahmen ein; sie haben den gewünschten Erfolg – so *muß* man von der möglichen Besserung sprechen.» (GA 262, S. 228)

5. Oktober. Im «Goetheanum» erscheint *Mein Lebensgang XXXXIV:* Weimar als Ort der Kunstpflege – die Freundschaft mit Otto Fröhlich. (GA 28)
Im Nachrichtenblatt erscheint *Worte, die ich anläßlich des im September am Goetheanum abgehaltenen Kurses über die Apokalypse aussprechen möchte* – Über das Wirken der Christengemeinschaft und Dr. Friedrich Rittelmeyer – *Leitsätze.* (GA 260a, GA 26)

6. Oktober. Telegramm an den Leiter des Berliner Zweiges MARTIN MÜNCH: «Meine physische Körperverfassung erlaubt für die nächsten Monate keine Reisen, ich kann daher die Vorträge in Berlin leider nicht halten.» (GA 260a) In einem Brief an Marie Steiner vom selben Tage kommentiert Rudolf Steiner diese Absage: «Du glaubst gar nicht, *wie* sauer mir so etwas wird. Aber ich kann voraussehen, daß für die nächsten Wochen nur Pflege bei absoluter Ruhe etwas nützen kann. Besorge Dich deshalb nicht. Es gibt da keine drohenden Symptome, aber hartnäckige, nicht rasch zu behebende.» (GA 262, S. 232)

8. Oktober. Brief an Marie Steiner, wo es in bezug auf eine Eurythmistin heißt: «Ich war bisher wirklich selbst so kaputt, daß mir das genauere Bekümmern um die Arme, der es ja doch im allgemeinen besser geht, nicht möglich ist.»
«Ich liege nun da und soll mich wegen der H. oiden sogar möglichst wenig rühren – also still-horizontal liegen: man wird dabei immer ungeschickter.

Aber es geht doch alles besser, und wir scheinen vorwärts zu kommen.» (GA 262, S. 233 f.)
Rudolf Steiner sendet Marie Steiner neue Eurythmieformen. («Isis-Sophia»)
9. Oktober. Brief an Marie Steiner: «Ich habe nun einmal eine etwas bessere Nacht gehabt und das macht, daß ich mich heute wesentlich besser fühle.» (GA 262, S. 235)
Rudolf Steiner sendet Marie Steiner zwei Eurythmieformen nach Gedichten von Albert Steffen.
11. Oktober. In Dornach kursieren Gerüchte über die Erkrankung Rudolf Steiners. So schreibt Rudolf Steiner eine Mitteilung für das schwarze Brett in der Schreinerei: «An die Mitglieder der Anthroposophischen Gesellschaft. Es scheint, daß von gewissen Seiten allerlei Gerüchte verbreitet werden, die im Zusammenhang mit dem gegenwärtigen Versagen meiner physischen Körperkräfte stehen. Nun wäre es mir eine angenehme Empfindung gewesen, wenn gerade bei dieser Gelegenheit die Gerüchte-Bildung in anthr. Kreisen keine Stätte gefunden hätte. Nun da das aber nicht der Fall zu sein scheint, bin ich nun leider genötigt, ein paar Worte über das gegenwärtige Versagen meiner physischen Körperkräfte auszusprechen. Es waren in der letzten Zeit viele Kurse in sehr rascher Aufeinanderfolge. Zuletzt hier in Dornach eine Reihe von Parallelkursen, die dazu geführt haben, in verhältnismäßig kurzer Zeit über 60 Vorträge zu halten. *Das* alles konnte ich ganz gut machen, ich brauchte dabei nicht zu *fürchten, daß die Kräfte versagen,* trotzdem ich seit langem genötigt war, auf das Maß dieser Kräfte zu achten. Durch die aufopferungsvolle Mitarbeit Frau Dr. Wegmans war die Berechnung der Kräfte für die Kurse immer möglich.
Allein, wenn man so die möglichen Leistungen berechnet, dann gehen Anforderungen, die sonst aus den Mitgliederkreisen kommen, eben über die Kräfte. Und solche zu weit gehenden Anforderungen konnten gerade während der letzten Septemberveranstaltungen nicht ferngehalten werden. Sie haben zuletzt meine physischen Kräfte überspannt...» (GA 260a, Beilage S. 40 f.)
Rudolf Steiner berichtet im Brief an Marie Steiner: «Dazu kommt, daß die Anthroposophen soviel Unsinn zu reden scheinen über meine Krankheit; wieder werden Versionen aufgebracht, die nur geeignet sind böses Blut zu machen.» Ferner: «Meine liebe M., Du fragst, wen ich sehe außer den Personen, die mich pflegen. Aber siehe, gerade darin muß ich acht geben. Es strengt mich gerade aller Verkehr mit Personen furchtbar an.
So ist nichts anderes möglich als dieses: Frau Dr. Wegman und Dr. Noll pflegen mich; OLGA (ZIBELL Hausangestellte im Haus Hansi) kommt die Sachen bringen und hier aufräumen; sie erweist sich als außerordentlich brav. MIETA PYLE (-Waller) guckt täglich ein- bis zweimal herein, zu fragen, ob dies oder

jenes zu besorgen ist. Dann sehe ich nur noch, wenn nötig, Steffen, damit die Zeitschrift «Goetheanum» ihren ordentlichen Fortgang nimmt; dann AISENPREIS (den Architekten des Goetheanum) und, wenn nötig, BINDER (Verwalter in der Administration des Goetheanum). Selbst Dr. Wachsmuth habe ich bisher nicht hereingelassen; er muß die Dinge bringen und durch Dr. Wegman werden sie ihm dann wiedergegeben.» (GA 262, S. 238 f.)

12. Oktober. Im «Goetheanum» erscheint *Mein Lebensgang XXXXV:* Künstlerisches Leben in Weimar – Theater und Oper. (GA 28)

Im Nachrichtenblatt erscheinen *An die Mitglieder! Der Vor-Michaelische und der Michaels-Weg, Leitsätze.* (GA 26)

Rudolf Steiner sendet eine Eurythmieform zu einem Gedicht von Albert Steffen an Marie Steiner.

13. Oktober. Brief an Marie Steiner. «... Ich habe diesmal eine bessere Nacht gehabt und das ist schon sehr gut. Ich bin ja ungeduldig; aber ich muß auch mit dem langsamen Vorwärtskommen zufrieden sein. Die Behandlung ist nur eine solche, die mich recht ermüdet.» (GA 262, S. 241)

15. Oktober. Rudolf Steiner berichtet über seine Krankheit an Marie Steiner: «Wegman und Noll haben mit meiner ‹Behandlung› doch recht viel zu tun; und ich habe durch die Schmerzen der Behandlung viel zu ertragen und fühle jetzt, wie ich so gar nicht eingerichtet bin, so die Stunden der eigenen Pflege zu widmen.» (GA 262, S. 241 f.)

«M. l. M., ich sagte Dir ja schon vor längerer Zeit, wie seit Januar 1923 die Verbindung der höheren Glieder meiner Wesenheit mit meinem physischen Körper nicht mehr voll war; ich verlor gewissermaßen im Leben im Geistigen den unmittelbaren Zusammenhang mit meiner physischen Organisation. Nicht mit der physischen Welt. Im Gegenteil: die gesunde Beurteilungsmöglichkeit dieser wurde immer stärker und auch umfassender. Aber gerade weil im Geistigen auch für die physische Welt so alles ohne die geringste Beirrung abging, versuchen es die Gegenmächte mit dem physischen Leib. Hoffentlich kann ich bald dem für den Tag doch nicht bequemen Bett Adieu sagen. Ich wäre sehr froh. Aber ich habe vor, zunächst nun wirklich keine Exzesse zu machen.» (GA 262, S. 242)

18. Oktober. Aus dem Brief an Marie Steiner: «Von mir kann ich nur sagen, daß es langsam geht; man muß schon darüber zufrieden sein, daß eben in Übereinstimmung Wegman und Noll freudig zu dem Ausspruche gekommen sind: heute sehe ich viel besser aus.» (GA 262, S. 245)

19. Oktober. Im «Goetheanum» erscheint *Mein Lebensgang XXXXVI:* Gesellschaftliches Leben in Weimar – Eduard von der Hellen und dessen politische Aktivitäten. (GA 28)

Im Nachrichtenblatt erscheinen *An die Mitglieder! Michaels Aufgabe in der Ahriman-Sphäre, Leitsätze* (GA 26), *Mitteilung* – Über die Absage Rudolf Steiners für die in Berlin geplanten Veranstaltungen und über die Erkrankung Rudolf Steiners, vgl. 11. Oktober. (GA 260a)

18. oder 19. Oktober. «Ich habe in den letzten Tagen unter denen, die ich zu mir hereinlasse, auch Dr. Wachsmuth haben müssen; es geht nicht anders. Aber er muß sich eben auch gewöhnen zu gehen, wenn ich ihm bemerklich mache, daß ich nicht weiter kann.» (Rudolf Steiner im Brief an Marie Steiner am 21. Oktober, GA 262, S. 249f.)

20. Oktober, 16 Uhr 30. Albert Steffen bei Rudolf Steiner. Über «Das Goetheanum». Rudolf Steiner hat drei Aufsätze fertiggestellt.

21. Oktober. Rudolf Steiner äußert sich im Brief an Marie Steiner enttäuscht über die Tatsache, daß weder Maria Röschl noch Ernst Lehrs sich bisher entschlossen haben, nach Berlin zur Jugendtagung zu fahren. «Es wird aber wegen dieser Jugendtagung doch das Richtige sein, wenn Dr. Wachsmuth oder Vreede darauf gestoßen würden, daß *jetzt* ihr Platz in Berlin wäre. Es ist nur sonderbar, daß Wachsmuth und Vreede das nicht selbst einfällt. ... Es ist wirklich nicht gut, wenn der Goetheanum-Vorstand *nur* da erscheint, wo ich bin. Ich weiß, daß diese ‹Vorstände›, wenn sie in Berlin sind, Dir auch eine Last sein können, allein, man kann sie ja von sich abhalten, wenn die Sache zu viel wird.» (GA 262, S. 249)

Des weiteren berichtet Rudolf Steiner über die wieder einsetzende Tätigkeit der Gegner des Goetheanum-Baus.

23. Oktober. Rudolf Steiner sendet Marie Steiner durch Guenther Wachsmuth, der abends nach Berlin reist, Eurythmieformen zur Oberon/Titania Szene (Shakespeare) und einen Brief. «... Von mir ist gar nichts Neues zu berichten ...» (GA 262, S. 250)

25. Oktober. In den *Basler Nachrichten* erscheint ein Aufsatz von Rudolf Steiner: *Der Wiederaufbau des Goetheanum,* in dem es heißt: «Der alte Bau konnte in der Weichheit des Holzes aus dem Geiste anthroposophischer Anschauung dem Raume, in dem gearbeitet wurde, in allen Einzelheiten seine Gestaltung geben; beim Beton mußten Formen gesucht werden, in denen der Raum aus seiner Natur heraus die Bildungen entfaltet, die die anthroposophische Arbeit aufnehmen können.» (GA 260a, S. 550ff.)

26. Oktober. Im «Goetheanum» erscheint *Mein Lebensgang XXXXVII:* Die beiden unbekannten Bekannten und die Philosophie der Freiheit. (GA 28) *Anspruchslose aphoristische Bemerkungen über das Buch: «Reformation oder Anthroposophie?»* Würdigung des Werkes von Pfarrer Edmund Ernst im Vergleich zu den Büchern von Leopold Ragaz und von Johannes Frohnmeyer/Alfred Blum-Ernst. (GA 36, S. 239ff.)

Im Nachrichtenblatt erscheinen *An die Mitglieder! Michaels Erfahrungen und Erlebnisse während der Erfüllung seiner kosmischen Mission, Leitsätze.* (GA 26)

Brief an Marie Steiner in Berlin: «... Und während ich die Reise nach Berlin machen und dort in großen Sälen hätte vortragen sollen: bewege ich mich hier zwischen Bett, ‹bequemem Stuhl› und Baderaum. Das sind alle meine jetzigen Reisen; und ich muß alles ‹Zerstörende› abhalten. Und ich sehe, wie leicht ich gerade in bezug auf die Übel des gastrischen Systems zurückgeworfen werde, wenn irgend etwas Störendes herankommt.» (GA 262, S. 252)

26. Oktober, 17 Uhr 30. Albert Steffen bei Rudolf Steiner. Gespräch über Steffens Drama «Das Viergetier». Rudolf Steiner übergibt Steffen den in den letzten Tagen geschriebenen Aufsatz über das Drama.

29. Oktober. Für Johanna Mücke zum sechzigsten Geburtstag schreibt Rudolf Steiner den Spruch *Sechzig Jahre – Weltenwanderung* ... (Vgl. GA 40, S. 267)

31. Oktober. Brief an Marie Steiner: «Es war so schön, als das Berliner Telegramm kam und den guten Verlauf der Vorstellung berichtete. ...
Steffen ist sehr befriedigt, daß ich nun einen Aufsatz über sein ‹Viergetier› im ‹Goetheanum› geschrieben habe. Das Drama ist tatsächlich außerordentlich bedeutend. ...
Alle Welt hat in den letzten Tagen verlangt, über die Neuformung des Goetheanum einiges zu wissen; sogar Bilder zu bekommen. Ich habe für diese Sache soviel gemacht, als – bei meiner reduzierten Arbeitskraft – möglich ist. Alles, was ich so tue, daß es ganz von mir ausgeht, z. B. dies oder jenes schreiben, geht; aber nicht leicht geht, Anforderungen nachzukommen, die von außen gestellt werden. Da muß ich noch recht vorsichtig sein. Aber ich bin es auch.» (GA 262, S. 253)

1. November. In der *National-Zeitung* (Basel) erscheint der Aufsatz Rudolf Steiners *Das zweite Goetheanum* – In das Holz arbeitet man die Raumform hinein; man läßt durch Vertiefung (concav) einer Hauptfläche die Form entstehen. Beton dagegen ist ein Material, aus dem man die Form durch Erhöhung (convex) der Hauptfläche so herausarbeiten muß, wie man sie zur Begrenzung des notwendigen Raums braucht.» (GA 260a, S. 552 ff.)

2. November. Im «Goetheanum» erscheint *Mein Lebensgang XXXXVIII:* Weimar – das Leben mit der Familie Eunicke – August Fresenius – Franz Ferdinand Heitmüller. (GA 28) *Albert Steffen: Das Viergetier* «... Das, was vor uns steht, ist ein Wollen und Gestalten von solchem Leben, daß in der auf den Dichter eingehenden Phantasie des Lesers das dramatische Bilden Albert Steffens in solcher Vollkommenheit erscheint, daß davor alles andere etwa kritisches Beurteilen zum selbstverständlichen Schweigen gebracht wird.» (GA 36, S. 201 f.)
Im Nachrichtenblatt erscheinen *An die Mitglieder! Menschheitszukunft und Michael-Tätigkeit, Leitsätze.* (GA 26)

3. November. In den *Basler Nachrichten* erscheinen Abbildungen des Baumodells sowie der Grundriß des Saalgeschosses des zweiten Goetheanum.

6. November. In der *Neuen Zürcher Zeitung* erscheint die Meldung, daß in bezug auf das «sogenannte Goetheanum» in den nächsten Tagen von «berufener Seite» geprüft werden soll, wie dieser die ganze Landschaft schändende Neubau verhindert werden könne. (GA 260 a, S. 666)

9. November. Im «Goetheanum» erscheinen *Mein Lebensgang IL:* Der Schauspieler Dagobert Neuffer – der Komponist Bernhard Stavenhagen – die Hegel-Büste – der dänische Dichter Rudolf Schmidt. (GA 28) *Alois Magers Schrift ‹Theosophie und Christentum› – Mein Erlebnis beim Lesen dieser Schrift.* «Man steht vor dem Bestürzenden, daß ein feiner Geist, der die Mittel seiner objektiven Wahrheitsforschung richtig anwenden will, um zu einem wirklichkeitsgemäßen Zusammenhang zu kommen, an der Wahrheit vorbeigeht und eine Illusion als Wirklichkeit hinstellt.» (GA 36, S. 244 ff.)

Im Nachrichtenblatt erscheinen *An die Mitglieder! Das Michael-Christus-Erlebnis des Menschen, Leitsätze.* (GA 26)

Bericht an Marie Steiner: «Du kannst Dir denken, daß ich mit dem ganz langsamen Vorschreiten meiner Gesundung gar nicht zufrieden bin. Die Sache hat sich eben so lange vorbereitet, und will jetzt in ebenso langer Zeit wieder abfluten. ... Unter den Büchern, die ich jetzt angeschaut – aber in diesem Falle wirklich nur angeschaut – habe, ist auch ‹Das ekstatische Theater› von Emmel mit dem Briefe der Dumont. Die Sache ist interessant. Aber das ganze Buch ist ja nur ein Schrei, oder höchstens zwei Schreie. Ein Schrei über die Verderbtheit der gegenwärtigen Bühne und ein anderer, daß es anders werden müsse.» (GA 262, S. 257 f.)

10. November. Schreiben an die Regierung des Kantons Solothurn mit einer zweiten Planeingabe für den Bau des Goetheanum, in der die Änderungswünsche der Gemeinde Dornach berücksichtigt sind.

11. November. Ludwig Graf Polzer-Hoditz besucht Rudolf Steiner: «Am 11. November sah ich Rudolf Steiner wieder. Da er erfuhr, daß ich in Dornach ankam, ließ er mich rufen. Sein Atelier war zum Krankenzimmer umgewandelt. Er saß damals im Lehnstuhl. Wir sprachen lange von meinem Vater, dann über Fragen der Michaelsschule und des esoterischen Kreises. Auf meine Frage, wie ich in Wien und Prag die Klasse halten sollte, antwortete er mir liebevoll und betont: ‹Machen Sie es, wie Sie wollen.›» (Polzer-Hoditz, *Erinnerungen an Rudolf Steiner,* S. 201.)

Im November. Rudolf Steiner empfängt nun auch regelmäßig Guenther Wachsmuth, wie dieser schreibt, «fast täglich» «zur altgewohnten 11-Uhr-Stunde» zur Vorlage der Korrespondenz. Er «ließ sich die eingetroffenen Briefe vorlesen, diktierte die Antworten oder gab Richtlinien, Stichworte und Rat für Briefe, die in alle Welt gingen. ... Und wenn ich versuchte, ihm zur Schonung so wenig wie möglich vorzulegen, so zogen seine Fragen das Vorenthaltene doch in die Diskussion, denn er lebte auch in der scheinbaren

äußeren Trennung das Leben der Gesellschaft, der Freunde und Schüler aufs intensivste mit.» (G. Wachsmuth, *Rudolf Steiners Erdenleben,* S. 613)
Ferner erhält Wachsmuth die Aufgabe, Rudolf Steiner mit Literatur zu versorgen: «So suchte ich alle paar Tage die Buchhandlungen in Basel, manchesmal aber auch die in anderen Städten ab nach den Büchern, die eventuell für seine Lektüre in Betracht kommen könnten. Wenn ich nun jeweils mit einem großen Stapel auf Ansicht ausgewählter Bücher an sein Krankenbett trat...» dann «... stapelte er» die Bücher, die er lesen wollte, «jeweils auf der rechten, die nicht interessierenden auf dem linken Bettrand auf.» «Wann er den mächtigen Stapel von Büchern, die am rechten Bettrand liegenblieben, dann neben all der übrigen Arbeit und trotz der Krankheit studiert hat, ist rätselhaft, aber aus gelegentlichen Bemerkungen beim nächsten Bücherrapport ging doch hervor, daß er sich seither mit den Inhalten gründlich befaßt hatte.» (G. Wachsmuth, a. a. O., S. 614 f.)
16. November. Im «Goetheanum» erscheint *Mein Lebensgang L:* Die Freundschaft mit Conrad Ansorge und E. v. Crompton. Das Buch «Goethes Weltanschauung». (GA 28)
Im Nachrichtenblatt erscheinen *An die Mitglieder! Michaels Mission im Weltenalter der Menschenfreiheit, Leitsätze.* (GA 26)
17. November. Marie Steiner kehrt von der Eurythmiereise nach Dornach zurück und besucht vom 17. oder 18. an bis zum 22. oder 23. Februar 1925 täglich Rudolf Steiner im Atelier.
19. November. Rudolf Steiner entwirft drei Toneurythmieformen.
21. November. Rudolf Steiner entwirft Eurythmieformen zu Kompositionen von Chopin: Prelude Es-Dur, Op. 28, Vivace; Scriabine: Prelude Op. 11, Nr. 14; Tartini: 2. Satz a. d. Violinsonate g-moll und 4. Satz a. d. Violinsonate g-Moll; Veracini: Allegro a. d. Violinsonate A-Dur.
23. November. Im «Goetheanum» erscheint *Mein Lebensgang LI:* Die Wende im fünfunddreißigsten Lebensjahr – Abschluß der Goethe-Ausgabe. (GA 28)
Im Nachrichtenblatt erscheinen *An die Mitglieder! Die Weltgedanken im Wirken Michaels und im Wirken Ahrimans, Leitsätze.* (GA 26)
Auf dem Arlesheimer Schulhof findet eine öffentliche Protestversammlung des schweizerischen Heimatschutzes gegen den Goetheanum-Wiederaufbau statt. Obmann der Versammlung ist Dr. Börlin, Präsident des Basler Appellationsgerichtes. Die Versammlung nimmt die Resolution an, die der Solothurner Regierung und dem Gemeinderat Dornach zugestellt wird.
23. November, 17 Uhr. Eurythmieaufführung in der Schreinerei: «Eurythmische Vorstellung durch Fortgeschrittene und Schüler gegeben, dem Publikum den Anblick ganz anfänglichen und späteren Könnens zu zeigen.» (Programm GA 277, S. 485)

In der Pause der Aufführung sucht ALBERT STEFFEN Rudolf Steiner auf.
24. November. Im *Tagblatt für das Birseck, Birsig- und Leimental* wird über die Protestversammlung vom 23. berichtet: «... Man denke: katholischer Diplomatenkunst ist es gelungen, die vornehmsten Basler im Kampf gegen das verhaßte Goetheanum in die vorderste Linie zu rücken.»
Brief Rudolf Steiners an WALTER JOHANNES STEIN. Stein hatte geschrieben, daß er über Alexander den Großen und anknüpfend an seine unmittelbare Mission über den kontinuierlichen Gang der Geschichte überhaupt sprechen wolle. Rudolf Steiner bemerkt dazu, daß das gefährlich sei. Es ist, «nachdem noch nicht einmal ein Jahr nach meinen Alexander-Auseinandersetzungen zu Weihnacht verflossen ist, in der Tat etwas viel». (Unveröff.)
25. November. Rudolf Steiner schreibt zur Hochzeit LEWERENZ den Spruch: *Guter Gedanken Licht*... (GA 40, S. 266)
27. November. Der Gemeinderat von Dornach weist die Resolution vom 23. gegen den Neubau zurück.
30. November. Im «Goetheanum» erscheint *Mein Lebensgang LII:* Innere Entwicklung nach dem sechsunddreißigsten Lebensjahr – die Meditation.
Im Nachrichtenblatt erscheinen *An die Mitglieder! Erste Betrachtung: Vor den Toren der Bewußtseinsseele. Wie Michael seine Erdenmission durch Besiegung Luzifers überirdisch vorbereitet, Leitsätze.* (GA 26)
30. November, 17 Uhr. Eurythmieaufführung in der Schreinerei. (Programm GA 277, S. 486)
Ohne Datum, aus dem November stammt wahrscheinlich der Spruch *Du Widersinneszauber des Lebens*... (GA 40, S. 261)
7. Dezember. Im «Goetheanum» erscheint *Mein Lebensgang LIII:* Entwicklung der inneren Fragen vor der Jahrhundertwende. Muß man verstummen? (GA 28)
Im Nachrichtenblatt erscheinen *An die Mitglieder! Zweite Betrachtung: Wie die Michaelskräfte in die erste Entfaltung der Bewußtseinsseele wirken, Leitsätze.* (GA 26)
9. Dezember. Mitteilung Rudolf Steiners am «Schwarzen Brett» über die Feier zum 40. Geburtstag Albert Steffens. «... Ich kann nicht persönlich bei der Versammlung sein; aber ich werde im Geiste voll anwesend sein, denn mein Herz ist in bewundernder Anerkennung bei Steffens Lebenswerk; und es ist voll warmer Geistesfreude davon erfüllt, daß wir ihn den Unsern nennen dürfen. ...» (GA 260a)
10. Dezember. ALBERT STEFFEN gegen 16 Uhr bei Rudolf Steiner. Steffen notiert, daß er Rudolf Steiner sehr matt gefunden habe. «Aber die Tatsache bleibt doch, daß sich in jenen Tagen sein Gesundheitszustand verschlimmerte, dergestalt, daß er den Lehnstuhl mit dem Bett vertauschen mußte.» (A. Steffen, *Begegnungen mit Rudolf Steiner,* S. 352)

10. Dezember, 17 Uhr. Feier zu Ehren Albert Steffens. MARIE STEINER verliest Rudolf Steiners Gruß an Steffen (vgl. GA 260a, S. 401) und rezitiert Gedichte von Albert Steffen.

14. Dezember. Im «Goetheanum» erscheint *Mein Lebensgang LIV:* Das Magazin für Literatur – die «Freie literarische Gesellschaft» – Otto Erich Hartleben. (GA 28)

Im Nachrichtenblatt erscheinen *An die Mitglieder! Fortsetzung der zweiten Betrachtung: Hemmungen und Förderungen der Michaelkräfte im aufkommenden Zeitalter der Bewußtseinsseele.* (GA 26)

14. Dezember, 17 Uhr. Eurythmieaufführung. Wochensprüche – Gedichte von Steffen, Hamerling und Mörike, Elfenszenen aus «Ein Sommernachtstraum», Musik.

15. Dezember, nachmittags. Albert Steffen berichtet: «Besonders ein Tag, da ich ihn besuchen durfte, ist mir im Gedächtnis geblieben. Ich hörte, als ich anklopfte, daß er Fieber habe und wollte mich sogleich zurückziehen, wurde aber, als ich schon den Rain heruntereilte, doch – auf seinen Wunsch – noch gerufen. So unsäglich schmerzlich der Leidenszug auf seinem Antlitz war, seine Hände sprachen in ihrer Abgezehrtheit noch Weheres aus. Kaum, daß er mir die Manuskripte für das ‹Goetheanum›, die er geschrieben (trotz seiner Krankheit begann er morgens fünf Uhr, nachdem er eine Tasse Tee getrunken, diese Arbeit) überreicht hatte, streckte er die Hand sogleich zum Gruße aus. Sie war heiß von Fieber.» Dr. Noll bemerkt zu Steffen, daß die Antipathie Rudolf Steiners gegen das Essen besondere Sorge bereite. (Tagebuch A. Steffen, unveröff. und *Begegnungen mit Rudolf Steiner,* S. 352)

16. Dezember, 20 Uhr. Rezitation von Gedichten von OTTO RENNEFELD durch GERLINDE ZAISER und EDWIN FROBÖSE, Teilnehmer an den Kursen für Sprachgestaltung. Handschriftliche Ankündigung der Veranstaltung durch Rudolf Steiner am «Schwarzen Brett». (Vgl. GA 260a, S. 402)

17. Dezember. Brief Dr. GERHARD BÖRLINS, des Präsidenten der Schweizerischen Vereinigung für Heimatschutz, an Rudolf Steiner mit dem Vorschlag, durch einen Ideenwettbewerb unter in- und ausländischen Architekten ein neues Bauprojekt auszuarbeiten.

18. Dezember. Sondernummer des «Goetheanum» über den Wiederaufbau des Goetheanum mit Rudolf Steiners Aufsatz vom 25. Oktober.

Zürich: Uraufführung «Das Viergetier» von ALBERT STEFFEN.

20. Dezember. Das Programm der Weihnachtsveranstaltungen wird am «Schwarzen Brett» bekanntgegeben.

21. Dezember. Im «Goetheanum» erscheint *Mein Lebensgang LV:* Otto Julius Bierbaum, Frank Wedekind, Paul Scheerbarth, Walter Harlan. (GA 28)

Im Nachrichtenblatt erscheinen *An die Mitglieder! Dritte Betrachtung: Michaels*

Leid über die Menschheitsentwicklung vor der Zeit seiner Erdenwirksamkeit, Leitsätze. (GA 26)
24. Dezember–7. Januar 1925. Weihnachtsveranstaltungen am Goetheanum: Aufführungen der Oberuferer Weihnachtsspiele – Eurythmieaufführungen – Rezitationen durch Marie Steiner – Musikalische Darbietungen.
24. Dezember, 20 Uhr. Weihnachtsfeier. Marie Steiner verliest einen Brief Rudolf Steiners an die versammelten Mitglieder, in dem es heißt: «Diese Weihnachten kann ich an den Versammlungen unserer Freunde nicht teilnehmen, kann in persönlichem Wirken nichts tun zu dem, was veranstaltet wurde. Ich konnte Frau Marie Steiner in nichts zur Seite stehen, was vorbereitet werden mußte, ...» «Das alles muß als ein Schicksal (Karma) hingenommen werden. Viele Worte darüber zu machen, wie schmerzlich das physische Getrenntsein von den Wirkensstätten mir ist, wäre sentimental.» (GA 260a, S. 402f.) Danach verliest Marie Steiner *Weihnachtsbetrachtung: das Logosmysterium.* (Nachrichtenblatt vom 28. Dezember; Vortrag von Albert Steffen: «Jakob Böhme.» Vgl. Goetheanum, 4. Jg., S. 3–11)
28. Dezember. Im «Goetheanum» erscheint *Mein Lebensgang LVI:* Die Tätigkeit im Rahmen der Dramatischen Gesellschaft. (GA 28)
Im Nachrichtenblatt erscheint *An die Mitglieder! Weihnachtsbetrachtung: Das Logosmysterium, Leitsätze.* (GA 26)
28. Dezember, 17 Uhr. Eurythmieaufführung. (Programm GA 277, S. 488)
30. Dezember. Brief Rudolf Steiners an den Vorsitzenden der Schweizerischen Vereinigung für Heimatschutz, Dr. Gerhard Börlin, Appellationsgerichtspräsident in Basel. Rudolf Steiner lehnt den Vorschlag Börlins, für den Wiederaufbau des Goetheanum einen Architektenwettbewerb zu veranstalten ab und begründet eingehend, warum das Goetheanum in der geplanten Form neu errichtet werden soll und fügt hinzu: «Es ist selbstverständlich, daß die auswärtigen Mitglieder der Anthroposophischen Gesellschaft mit der schweizerischen Bevölkerung in Frieden und Eintracht leben möchten. Man weiß bei uns im höchsten Grade dankbar zu schätzen, daß wir hier sein dürfen. Und gestatten Sie mir, sehr geehrter Herr, zu sagen, mir scheint der Friede und die Eintracht da erreicht zu sein, wo man uns kennt. Durch Agitation wird man da, wo man uns nicht kennt, allerdings leicht das Gegenteil in der Meinung der Bevölkerung hervorbringen können.
Am meisten gekränkt in den Ausführungen der gegnerischen Versammlungen hat mich der Vorwurf, daß die Größe des Baues eine Folge des Hochmuts, der Anmaßung, oder gar irgendwelcher Machtgelüste sei, da ich mir doch dessen voll bewußt bin, daß ich nur aus der Notwendigkeit der Sache heraus handle.» (GA 260a, S. 556f.)
31. Dezember. Eurythmieaufführung, u. a. Gedichte von Steffen, Goethe

und Morgenstern, Kompositionen von Beethoven, Schumann und Mendelssohn. Abschließend «Die Grundsteinlegung» von Rudolf Steiner. Rezitation von Marie Steiner.

1925

Rudolf Steiner setzt seine Arbeit im Atelier fort. Er wird durch Ita Wegman und Ludwig Noll gepflegt. Das Atelier ist «ein hoher Raum mit Oberlicht. Nichts von der Erde schaut hinein, kein Baum, kein Berg, kein Haus, nur das Licht des Himmels. Auf den Simsen stehen plastische und architektonische Modelle, von seiner eigenen Hand geschaffen, einige selbstgeformte Büsten; zu Füßen seines Krankenlagers ragt die selbstgemeißelte, hehre Christus-Statue hoch empor. Rings herum Tische und Ständer mit Büchern und Schriften.» (A. Steffen, *In memoriam*)
Gegen fünf Uhr morgens beginnt der Arbeitstag, bis sieben, acht Uhr schreibt Rudolf Steiner. Danach wird gelesen und Geschäftliches zur Kenntnis genommen. Um 11 Uhr kommt Guenther Wachsmuth, um die eingegangene Korrespondenz vorzulegen oder zu referieren und um Fragen der Gesellschaft zu besprechen. Von 12–13 Uhr sucht Marie Steiner Rudolf Steiner auf, um über die künstlerische Arbeit zu beraten. Nachmittags um 16 oder 17 Uhr kommt – zu Jahresbeginn einmal in der Woche – später öfter – Albert Steffen zur Besprechung über die Wochenschrift «Das Goetheanum». Ferner wird der bauleitende Architekt des zweiten Goetheanum, Ernst Aisenpreis häufiger – die Tageszeit ist unbekannt – zu Rudolf Steiner gebeten. Auch Mieta Pyle-Waller scheint Rudolf Steiner regelmäßig aufgesucht zu haben. Ansonsten werden nur ausnahmsweise Personen aufgefordert, zu Rudolf Steiner zu kommen, weil jeder «von außen» kommende Besuch und jede von außen kommende Anforderung für Rudolf Steiner eine große Anstrengung bedeutet.
Regelmäßig schreibt Rudolf Steiner seine Beiträge für *Das Goetheanum*: Fortsetzungen der Autobiographie *Mein Lebensgang* sowie eine dreiteilige Besprechung *Albert Steffens Pilgerfahrt zum Lebensbaum*. Für das Nachrichtenblatt werden die *Briefe an die Mitglieder* und die *Leitsätze* geschrieben. *Die Geheimwissenschaft im Umriß* wird zur Neuausgabe vorbereitet und mit einem Vorwort versehen. Zusammen mit Ita Wegman beendet Rudolf Steiner das Buch *Grundlegendes für eine Erweiterung der Heilkunst nach geisteswissenschaftlichen Erkenntnissen*. Im Manuskript liegen die Kapitel 1–18 in der Handschrift Rudolf Steiners, die Kapitel 19 und 20 (GA 27, S. 98–134) in der Handschrift Ita Wegmans vor.

Die Verwaltung der Allgemeinen Anthroposophischen Gesellschaft liegt weiter in den Händen von Rudolf Steiner, wenn er auch nur, wie er schreibt, «das Notdürftigste» besorgen kann. So wird am 8. Februar die Eingliederung des «Verein des Goetheanum» in die Allgemeine Anthroposophische Gesellschaft vorgenommen und die Gesellschaft selber in vier Unterabteilungen gegliedert. Am 19. März werden die Administratoren des Goetheanum-Baues berufen. Die Leitung der Freien Waldorfschule wird dem Lehrerkollegium der Schule übergeben und unter dem 17. März wird die Waldorf-Lehrerschaft autorisiert, die Leitung über sämtliche Schulen in Deutschland auszuüben.
Die persönliche Fürsorge Rudolf Steiners gilt in den letzten Lebenswochen auch seinen in Horn (Niederösterreich) lebenden Geschwistern: seiner fast erblindeten Schwester und seinem taubstummen Bruder, indem er Graf Polzer, Dr. med. Norbert Glas und den Kaufmann Träxler bittet, in je bestimmter Weise für sie zu sorgen.
Das Befinden Rudolf Steiners wechselt im Laufe der Krankheit. In der Nacht vom 1. zum 2. Januar erleidet Rudolf Steiner einen Schwächeanfall, von dem er sich aber wieder erholt. Schwerste Sorgen bereitet die Nahrungsaufnahme. Die oft erhöhten Temperaturen führen zu völliger Appetitlosigkeit, so daß Rudolf Steiner zeitweilig kaum essen kann. (Vgl. GA 262, S. 268) Gegen den 26./27. März scheint eine Besserung einzutreten: Rudolf Steiner bekundet die Absicht, die Arbeit am Innenmodell des neuen Goetheanum aufzunehmen. Am 29. März tritt dann der Rückfall ein, der am Morgen des 30. März zum Tode führt.
«Im vollen Bewußtsein, aber ohne eine Wort über die Zukunft gesprochen, ohne Anweisungen oder Botschaften für diese oder jene Persönlichkeit hinterlassen zu haben, ist der Meister von uns weggegangen. Und eine direkte Frage diesbezüglich wurde bewußt mit nein beantwortet.» (Ita Wegman im *Nachrichtenblatt* vom 26. April 1925)
Bereits 1907 hatte Rudolf Steiner testamentarisch verfügt: «Nach meinem Tode soll Fräulein Marie von Sivers das Recht haben, in meinem Namen zu verfügen. Was sie so thut, soll in meinem Namen gethan sein. Das wenige, was ich besitze geht alles in ihre Hände über; sie soll alle Verfügungen treffen. Insbesondere soll sie an meine Eltern und Geschwister in Horn denken.
Sie selbst soll meinen Tod als im Sinne höherer Mächte ansehen und ihn ja nicht als ein Rätsel ansehen. Die Dinge haben einen Zusammenhang, den man ehren muß, auch wenn man ihn nicht versteht. Marie von Sivers selbst wird aber immer bei mir sein. Unsere Einigung bleibt unlöslich.
Berlin, 19. Februar 1907, Dr. Rudolf Steiner. (Vgl. GA 262, S. 105)

1. Januar, 17 Uhr. Aufführung des Dreikönigsspiels aus Oberufer.

1. Januar, 20 Uhr. Marie Steiner verliest den Beitrag Rudolf Steiners für das Nachrichtenblatt vom 4. Januar: *Himmelgeschichte. Mythologische Geschichte. Erdgeschichte. Mysterium von Golgatha.* Anschließend Vortrag Albert Steffens: Rückschau. (Vgl. *Nachrichtenblatt* 1925, S. 6 ff.)

1./2. Januar. Rudolf Steiner erleidet in der Nacht eine Herzschwäche (Aussage Dr. Ludwig Noll).

2. Januar. Emil Leinhas, der um 9 Uhr zu Rudolf Steiner gebeten war, wird aufgefordert, um 12 Uhr zu kommen.

2. Januar, 12 Uhr. Emil Leinhas bei Rudolf Steiner. «Um die festgesetzte Stunde erschien ich wieder und wurde dann sofort vorgelassen. Rudolf Steiner lag zu Bett, in derselben Lage, in der ich ihn erst kurz nach seinem Tode wiedersehen sollte. Etwas entfernt davon stand Frau Dr. Wegman. Er bat mich, an seinem Bett Platz zu nehmen. – Mit welchen Gefühlen ich Rudolf Steiner in diesem Augenblick gegenübersaß, vermag ich nicht zu beschreiben. Da außer den Mitgliedern des Dornacher Vorstands nur selten jemand zu ihm durfte, war über den Ernst seiner Erkrankung eigentlich nichts nach außen gedrungen. Jetzt konnte ich mir darüber nicht mehr im Zweifel sein. Rudolf Steiner fragte mich: ‹Können Sie meine Aktien in der Generalversammlung (der Aktiengesellschaft der «Kommende Tag») nicht selbst vertreten, oder besteht dagegen ein Hindernis, weil Sie Generaldirektor der Gesellschaft sind?› – Ich antwortete, daß die Vertretung seiner Stimmen durch mich ohne weiteres möglich sei. Darauf ersuchte er mich, ihn in der bevorstehenden Generalversammlung zu vertreten und unterschrieb die dazu nötige Vollmacht.» (E. Leinhas, *Aus der Arbeit mit Rudolf Steiner,* S. 192 f.)

2. Januar, 20 Uhr. Marie Steiner verliest den Beitrag Rudolf Steiners für das Nachrichtenblatt vom 11. Januar: *Was sich offenbart, wenn man in die wiederholten Erdenleben zurückschaut.* Vortrag Albert Steffens «Jakob Böhme» (2. Teil). (Goetheanum, 4. Jg., S. 18 u. 27)

4. Januar. Im «Goetheanum» erscheint *Mein Lebensgang LVII:* Die «Prüfungszeit» 1897/1898. (GA 28)

Im Nachrichtenblatt erscheinen *An die Mitglieder! Himmelsgeschichte. Mythologische Geschichte. Erdgeschichte. Mysterium von Golgatha, Leitsätze.* (GA 26)

6. Januar, 12 Uhr. Rudolf Steiner empfängt den Schüler Nik Fiechter (4. Klasse der Stuttgarter Waldorfschule) wegen einer Augenverletzung. «Aber meine Mutter und ich durften am Dienstag, den 6. Januar, um 12 Uhr in die Schreinerei kommen. Im Vorraum des Ateliers warteten wir. Eine ungeheure Menge von Briefen, Manuskripten und Büchern waren hier im Vorraum aufgestapelt und erregten mein Interesse. Dann kam Dr. Ita Wegman und führte mich zu Dr. Steiner ins Atelier. Ich hatte einige Meter allein durch den Raum zu gehen. Der Weg erschien mir unendlich lang. Da stand die

mächtige Holzplastik, die zuerst den Blick fesselte. Vor dieser Christusstatue stand das Bett von Rudolf Steiner. Je näher ich kam, desto feierlicher und größer wurde diese letzte Begegnung. Rudolf Steiner setzte sich im Bette auf und sah mich aus Augen an, welche eine unbeschreibbare Liebe ausstrahlten. Der physische Raum verschwand, eine Weite entstand, begleitet von leuchtender Wärme. Was gesprochen wurde weiß ich nicht mehr. Dann legte er seine Hand auf meinen Kopf und sprach die Worte, die mich seither begleiten: ‹Es ist gut so.›» (Nik Fiechter, *Eine Heilmeditation für ein Kind* in Mitteilungen D, 34. Jg., S. 43 f.)
Rudolf Steiner beabsichtigt auch den Vater Nik Fiechters, Prof. Ernst Fiechter, den Architekten zu empfangen, um mit ihm über die Skizzen für den Neubau des Goetheanum zu sprechen. Diese Besprechung wird mehrfach verschoben und kommt nicht mehr zustande.
8. Januar. Urteil des Obergerichts Solothurn in der Klagesache Pfarrer Max Kully gegen Rudolf Steiner. Rudolf Steiner wird zu einer Geldbuße von 200 sfr sowie zur Übernahme der Prozeßkosten verurteilt. «Das Begehren des Verletzten Max Kully, um Zuspruch einer Genugtuungssumme ist abgewiesen.» (GA 260a, S. 547)
10. Januar. Vorrede zur 16.–20. Auflage des Buches *Die Geheimwissenschaft im Umriß*. «Jetzt, nachdem fünfzehn Jahre seit dem ersten Erscheinen dieses Buches verflossen sind, darf ich wohl vor der Öffentlichkeit einiges sagen über die Seelenverfassung, aus der heraus es entstanden ist.» (GA 13)
11. Januar. Im «Goetheanum» erscheint *Mein Lebensgang LVIII:* Hegel und Stirner als Antipoden im 19. Jahrhundert. Die Begegnung mit der Gedankenwelt Max Stirners und mit John Henry Mackay als geistige Prüfung. (GA 28)
Im Nachrichtenblatt erscheinen *An die Mitglieder! Was sich offenbart, wenn man in die wiederholten Erdenleben zurückschaut, Leitsätze*. (GA 26)
11. Januar, 16 Uhr. Albert Steffen bei Rudolf Steiner. Beratung über «Das Goetheanum».
11. Januar, 17 Uhr. Eurythmieaufführung. (Programm GA 277, S. 489)
13. Januar. In den *Basler Nachrichten* erscheint ein neuer Protest des Aktionskomitees Basel gegen den Wiederaufbau des Goetheanum.
15. Januar. In den *Basler Nachrichten* wird ein offener Brief Albert Steffens an den Vorsitzenden des Schweizerischen Heimatschutzes, Dr. G. Börlin, dessen Vorgehen gegen den Neubau des Goetheanum betreffend, veröffentlicht. – Zugleich erscheint im *Basler Vorwärts* eine Meldung, wonach das «Aktionskomitee gegen das geplante Goetheanum» sich mit einer Eingabe an den Bundesrat in Bern gewandt habe und beantragt habe, das ganze Dornacher Schlachtfeld (Schlacht vom 22. Juli 1499 im «Schwabenkrieg» gegen den kaiserlichen Feldhauptmann Heinrich von Fürstenberg. Der Sieg brachte

die tatsächliche und anerkannte Unabhängigkeit der Eidgenossen von der kaiserlichen Macht.) zum Zweck der späteren Errichtung eines Schlachtendenkmals zu enteignen. Der Bundesrat lehnt jedoch ein Eingreifen ab und erklärt, daß für diese Frage allein der Kanton zuständig sei.

18. Januar. Im «Goetheanum» erscheint *Mein Lebensgang LIX:* Die Tätigkeit an der Arbeiterbildungsschule. (GA 28)

Im Nachrichtenblatt erscheinen *An die Mitglieder! Erster Teil der Betrachtung: Was offenbart sich, wenn man in die vorigen Leben zwischen Tod und neuer Geburt zurückschaut?, Leitsätze.* (GA 26)

18. Januar, 17 Uhr. Eurythmieaufführung. «Ein Programm, das durch seinen getragenen und auch anmutigen Inhalt sehr schön als Ausklang der Weihnachtsfesttage dienen kann». (Programm GA 277, S. 490)

25. Januar. Im «Goetheanum» erscheint *Mein Lebensgang LX:* Über Sprachkunst – Ludwig Jacobowski – Martha Asmus – die «Freie Hochschule» und der Giordano-Bruno-Bund. (GA 28)

Im Nachrichtenblatt erscheinen *An die Mitglieder! Zweiter Teil der Betrachtung: Was offenbart sich, wenn man in die vorigen Leben zwischen Tod und neuer Geburt zurückschaut?, Leitsätze.* (GA 26)

25. Januar, 17 Uhr. Aufführung «Gyges und sein Ring» von Friedrich Hebbel durch die «Neukünstlerischen Bühnenspiele» unter Leitung von Georg Kugelmann.

31. Januar. Rudolf Steiner dankt Professor Ernst Fiechter brieflich für seine publizistischen Bemühungen um die Anerkennung des Goetheanum-Neubaus in der deutschen und schweizer Presse.

Im Laufe des Januar. Vorbereitungen für die 4. außerordentliche Generalversammlung des Vereins des Goetheanum. Dr. Guenther Wachsmuth verhandelt mit dem Amtsschreiber Altermatt über die Eingliederung des Vereins des Goetheanum in die Allgemeine Anthroposophische Gesellschaft.

1. Februar. Im «Goetheanum» erscheint *Mein Lebensgang LXI:* Rudolf Steiners Wirken in der Deutschen Theosophischen Gesellschaft 1900–1902. (GA 28) Ferner: Einladung zur 4. außerordentlichen Generalversammlung des Vereins des Goetheanum zum 8. Februar; sowie die Mitteilung, daß Rektor Moritz Bartsch von Mitte Januar bis Ende März auf Wunsch Rudolf Steiners in 50 deutschen Städten öffentliche Vorträge über das Thema «Das gegenwärtige Bildungsideal und die Freie Waldorfschule» halten wird.

1. Februar, 17 Uhr. Eurythmieaufführung. Das Programm schließt mit «Eleusis – An Hölderlin» von G. W. F. Hegel – jene Dichtung, durch die «auf die erste Anregung Rudolf Steiners hin Marie von Sivers ganz im Anfange der anthroposophischen Bewegung unsere Rezitationskunst inauguriert hat.» (Programm GA 277, S. 491)

8. Februar.
Im «Goetheanum» erscheint *Mein Lebensgang LXII:* Das Ende der Redaktionsarbeit am «Magazin für Litteratur» – das Buch «Welt- und Lebensanschauungen im 19. Jahrhundert» – das Verhältnis zu Ernst Haeckel.
Im Nachrichtenblatt erscheinen *An die Mitglieder! Schlaf und Wachen im Lichte der vorangegangenen Betrachtungen, Leitsätze.* (GA 26)
9 Uhr 30. Vorbesprechung zur 4. außerordentlichen Generalversammlung des Vereins des Goetheanum für die Mitglieder der Anthroposophischen Gesellschaft. Es fehlen bisher jegliche Berichte oder Nachschriften von dieser Besprechung.
10 Uhr 30. 4. außerordentliche Generalversammlung des Vereins des Goetheanum. Den Vorsitz der Versammlung führt Dr. EMIL GROSSHEINTZ. Gegenstand der Generalversammlung ist die Statutenänderung. § 1 der neuen Statuten lautet: «Unter dem Namen Allgemeine Anthroposophische Gesellschaft besteht als Rechtsnachfolgerin des Vereins des Goetheanum, der Freien Hochschule für Geisteswissenschaft, ein Verein im Sinne des Art. 60 ff. des Schweiz. Z. G. B. Sitz des Vereins ist Dornach.» (GA 260a, S. 560)
Aus diesem Text geht hervor, daß die bisher im Schweizer Handelsregister nicht eingetragene Allgemeine Anthroposophische Gesellschaft Rechtsnachfolgerin des Vereins des Goetheanum wird. Die Funktionen des bisherigen Vereins übernimmt nach den neuen Statuten die dritte der vier Unterabteilungen der Allgemeinen Anthroposophischen Gesellschaft, die Administration des Goetheanum-Baues. Der Vorstand der Allgemeinen Anthroposophischen Gesellschaft ist der auf der Weihnachtstagung gebildete Vorstand. Die Gesellschaft selber erhält vereinsrechtliche Satzungen. Allen Mitgliedern des Vereins steht nach den neuen Statuten das volle Stimmrecht zu. Albert Steffen notiert in seinem Tagebuch vom 9. Februar: «Am 8. Februar war die Eintragung ins Handelsregister. Jedes Mitglied hat jetzt Stimmrecht. Die Gesellschaft kann sagen: Kein Bau! Keine Klinik. Ein anderer Vorstand etc.» (Tagebuch A. Steffen, unveröff.)
17 Uhr. Eurythmieaufführung. Programm vom 1. Februar.
In der zweiten Februarwoche weilt Lic. EMIL BOCK in Dornach, um einige Richtlinien für die Arbeit der Christengemeinschaft zu erfragen. Als Rudolf Steiner «von meiner Anwesenheit erfuhr, ließ er mir sogleich sagen, ich möchte nicht abreisen, ohne entgegengenommen zu haben, was er mir noch mitgeben wolle. Am übernächsten Tag hielt ich die Blätter in den Händen, auf die er die Wortlaute für die noch ausstehende Feier geschrieben hatte. Ich bekam sie zugleich mit dem Vorschlag, wir sollten zu diesem Vollzuge die Priesterschaft nach Berlin zusammenrufen auf den Tag vor der nahebevorstehenden Tagung, die wir dort halten wollten.» (E. Bock, *Wir erlebten Rudolf Steiner,* S. 52)

Es handelt sich hierbei um die Einsetzungsfeier für den «Erzoberlenker» der Christengemeinschaft. Als Nachfolger von Friedrich Rittelmeyer benennt Rudolf Steiner Emil Bock. (Vgl. G. Wachsmuth, *Rudolf Steiners Erdenleben und Wirken,* S. 623)

15. Februar. Im «Goetheanum» erscheint *Mein Lebensgang LXIII:* Die Schrift «Der Egoismus in der Philosophie» – die Grundlagen der Anthroposophie in den Büchern «Die Mystik» und «Das Christentum als mystische Tatsache». Der Anfang der Zusammenarbeit mit Marie von Sivers und die Arbeit innerhalb der Theosophischen Gesellschaft. (GA 28)

Im Nachrichtenblatt erscheinen *An die Mitglieder! Gnosis und Anthroposophie, Leitsätze.* (GA 26)

Brief an Felix Heinemann in Arlesheim, in dem es heißt: «Meine Gesundheit ist noch ganz labil; und ich muß die Augenblicke aussuchen, in denen ich es riskieren darf, mehr zu tun, als was gegenwärtig das Technische des Baues und das Notdürftigste der Verwaltung von mir fordern. Nur wenn ich dies tue, kann ich hoffen, was dringend notwendig ist, daß meine Arbeitskraft wieder in das Goetheanum fließe». (GA 260a, S. 567)

15. Februar, 17 Uhr. Eurythmieaufführung. (Programm GA 277, S. 492)

17. Februar. Rezitation im Rahmen der Sektion für redende und musikalische Künste: Edwin Froböse und Käthe Hacker und ein Sprechchor rezitieren hauptsächlich Dichtungen von Friedrich Doldinger.

19. Februar, 20 Uhr. Eurythmieaufführung. (Programm GA 277, S. 493)

20. Februar, 16 Uhr (?). Albert Steffen bei Rudolf Steiner. Er findet den Zustand Rudolf Steiners «vollkommen hoffnungslos». (Tagebuch A. Steffen, unveröff.)

22. Februar. Im «Goetheanum» erscheint *Mein Lebensgang LIV:* Über die wirklichen Grundlagen der Anthroposophie – die Zeitschrift Luzifer und Lucifer-Gnosis (GA 28), *Albert Steffens, ‹Pilgerfahrt zum Lebensbaum›* I. (GA 36)

Im Nachrichtenblatt erscheinen *An die Mitglieder! Die Freiheit des Menschen und das Michael-Zeitalter, Leitsätze* (GA 26), *Mitteilung des Vorstandes* (über den Umgang mit den Mitteilungsblättern) sowie eine Ankündigung über Orte und Daten der in Deutschland stattfindenden Eurythmieaufführungen.

23. Februar. Die Reisegruppe der Dornacher Eurythmiebühne beginnt ihre Deutschland-Tournee unter Leitung von Marie Steiner. Erstes Ziel ist Berlin.

24. Februar. Feier zur Einsetzung Friedrich Rittelmeyers als Erzoberlenker der Christengemeinschaft. Marie Steiner und Guenther Wachsmuth nehmen als Vertreter Rudolf Steiners an der Feier teil.

25. Februar. Marie Steiner berichtet Rudolf Steiner brieflich über die Berliner Veranstaltungen: «Ein Telegramm Dir am Freitag zu schicken, scheint mir zu banal.» (Mit Freitag ist der Geburtstag Rudolf Steiners am 27. Februar gemeint)

27. Februar. (Rudolf Steiners 64. Geburtstag) Im Brief an Marie Steiner: «Ungefähr um die Zeit, da Du sonst an meiner Seite sitzt, schreibe ich diese Zeilen. Ich kann nur mit tiefster innerer Befriedigung denken, wie schön es ist, wenn ich der Darstellung Deiner Tätigkeit zuhören kann, und wenn wir das eine oder andere besprechen können über diese Deine Tätigkeit. ... Im Urteil zusammenfühlen und -denken kann ich ja doch *nur* mit Dir. Und schon war es mir eine Entbehrung, daß ich Dir die letzten Seiten des Steffen-Aufsatzes nicht vorlegen konnte, bevor sie (gestern) in Druck gingen. Denn innere Kompetenz gestehe ich für mich doch nur *Deinem* Urteil zu. Aber sei sicher, so unendlich lieb es mir ist, wenn ich Dich hier habe: ich könnte es gar nicht ertragen, wenn Du auch nur eine Stunde Deiner Tätigkeit abkürztest. ...» (GA 262, S. 264)

27. Februar, 20 Uhr. In der Schreinerei in Dornach sowie in den anthroposophischen Arbeitszweigen in aller Welt: Feier zum 64. Geburtstag Rudolf Steiners.

In der Schreinerei hält ALBERT STEFFEN eine Ansprache. Im Berliner Zweig: Eurythmie und Rezitation.

1. März. Im «Goetheanum» erscheint *Mein Lebensgang LXV:* Die Arbeit in der Theosophischen Gesellschaft – Blavatsky, Olcott, Besant; die Esoterische Schule. (GA 28) *Albert Steffens ‹Pilgerfahrt zum Lebensbaum›* II. (GA 36)

Im Nachrichtenblatt erscheinen *An die Mitglieder! Wo ist der Mensch als denkendes und sich erinnerndes Wesen?, Leitsätze.* (GA 26)

3. März. LUDWIG GRAF POLZER-HODITZ bei Rudolf Steiner. «Am 3. März ... durfte ich wieder zu Rudolf Steiner, er lag im Bette und sprach etwas schwer. Er ließ mich rufen, um mit mir über die Aufenthaltsbewilligung meiner Söhne zu sprechen.» (Vgl. Polzer-Hoditz, *Erinnerungen an Rudolf Steiner,* S. 202)

4. März (?). Rudolf Steiner entwirft den Einband für die neue Ausgabe des *Seelenkalenders.* «Das kleine Büchelchen Seelenkalender wird vielleicht recht nett werden; ich habe eine entsprechende Titelzeichnung gemacht. Sie war schwer; weil die Sache so klein ist; aber ich glaube, es ist mir zuletzt gelungen.» (Vgl. GA 262, S. 266)

5. März. Brief an Marie Steiner: «... Mein Zustand geht nur langsam vorwärts. Und ich *muß* bald arbeitsfähig sein, denn was es nach allem, das sich abgespielt hat, wäre, wenn durch meine Krankheit der Bau unterbrochen werden müßte, ist gar nicht zu ermessen.» (GA 262, S. 266)

Rudolf Steiner beabsichtigt in diesen Tagen die Arbeit am Modell (oder an den Modellen?) für das neue Goetheanum fortzuführen. In der Schreinerei

werden Vorbereitungen für diese Arbeit getroffen. (Tagebuch A. Steffen, unveröff.) «Und er stand auf, wollte seine schon wie zu Geist gewordenen Hände zwingen, das harte Plastilin zu modeln, den neuen Lebensgedanken der Form einzuflößen, um in neuer Bildhaftigkeit durch den Beton Weltenwerden und Menschheitspilgerschaft vor unseren Augen auferstehen zu lassen.
Zu dieser Arbeit am Innenmodell wurden alle Vorbereitungen getroffen.» (Marie Steiner im *Nachrichtenblatt* 1928, S. 159)
6. März. Friedrich Eckstein, Wien, übersendet Rudolf Steiner seine Erinnerungen an Anton Bruckner: «Dr. Rudolf Steiner mit vielen herzlichen Grüßen! Zur Erinnerung an längst vergangene Tage der Geistesfreude.» (Vgl. Rudolf Steiner, *Briefe Band I,* Dornach 1955, S. 136f.)
8. März. Im «Goetheanum» erscheinen *Mein Lebensgang LXVI:* Schwierigkeiten in der Darstellung der Theosophie (Anthroposophie) – Die Begründung der neuen Rezitationskunst durch Marie Steiner – die Wichtigkeit des Künstlerischen. (GA 28), *Albert Steffens ‹Pilgerfahrt zum Lebensbaum›* III. (GA 36)
Im Nachrichtenblatt erscheinen *An die Mitglieder! Der Mensch in seiner makrokosmischen Wesenheit, Leitsätze* (GA 26) sowie Albert Steffens Bericht über die Feier zu Rudolf Steiners Geburtstag.
13. März. Brief Rudolf Steiners an Marie Steiner zum Geburtstag. Rudolf Steiner bittet Marie Steiner, sich um Schwierigkeiten in der Stuttgarter Arbeit zu kümmern: «... In Stuttgart scheint sich wieder gegen Unger etwas abzuwickeln. Es wird an Dich herantreten. ...» «... Wir hier von Dornach aus können aber ganz unmöglich in einem so vorgerückten Stadium in eine Sache eingreifen, die eben zu dem Verhängnisvollen von Stuttgart gehört. Ich kann daher dem Stuttgarter Vorstand nur schreiben lassen, daß wir nicht eingreifen können. Das hindert natürlich nicht, daß Du in Stuttgart dasjenige tust, was Du für richtig hälst, wenn man mit der Sache an Dich herantreten sollte.» (GA 262, S. 268)
14. März. «Am 14. März durfte ich mein... Drama ‹Hieram und Salomo› Rudolf Steiner überreichen. Ich brachte es nachmittags fünf Uhr in sein Atelier. Er schlug das Manuskript auf, las die Widmung ‹Rudolf Steiner in Ehrerbietung zu eigen› und war von sichtlicher Freude bewegt.» (A. Steffen, *Begegnungen mit Rudolf Steiner,* S. 354)
15. März. Im «Goetheanum» erscheint *Mein Lebensgang LXVII:* Tendenzen zur Überwindung der mechanistischen Denkweise – Begegnungen mit Max Scheler – die Entstehung der Privatdrucke (Zyklen etc.). (GA 28)
Im Nachrichtenblatt erscheinen *An die Mitglieder! Des Menschen Sinnes- und Denk-Organisation im Verhältnis zur Welt, Leitsätze.* (GA 26)
15. März, nachmittags. Albert Steffen wiederum bei Rudolf Steiner. «Die

nächsten Tage durfte ich ihn wiederum besuchen. Er sagte mir, daß man von drei Entwicklungsstufen der Legende (von Hieram und Salomo) sprechen könne. Eine, wo Hieram nach der Vollendung seines Werkes, des ehernen Meeres, weiter wirkt, eine zweite, wo er vor der Vollendung ermordet wird, und eine dritte, wo seine Tat, die der Menschheit zum Heil gereicht, den Tod zur Folge hat. Diese sei die Synthese der beiden anderen. Er bestimmte hierauf den Druck in der Wochenschrift «Das Goetheanum». Dann gab er mir noch einen Brief zu lesen, den er an die Lehrer und Schüler der Waldorfschule in Stuttgart geschrieben hatte, ...» (A. Steffen, *Begegnungen mit Rudolf Steiner,* S. 354f.)
Brief Rudolf Steiners an die Lehrerschaft der Freien Waldorfschule, Stuttgart. «Es ist mir eine große Entbehrung, so lange nicht unter Euch sein zu können. Und ich muß jetzt wichtige Entscheidungen, an denen ich naturgemäß seit Bestand der Schule teilgenommen habe, in Eure Hände legen. Es ist eine Zeit der Prüfung durch das Schicksal. Ich bin mit meinen Gedanken unter Euch. Mehr kann ich jetzt nicht, wenn ich nicht riskieren will, die Zeit der physischen Hinderung ins Endlose auszudehnen.» (GA 260a, S. 405)
Brief an die Schüler der Freien Waldorfschule, in dem Rudolf Steiner u. a. für die ihm zum Geburtstag übersandten Arbeiten dankt. (GA 260a, S. 406)
15. März, 17 Uhr. Eurythmieaufführung in der Schreinerei.
17. März. Brief Guenther Wachsmuths an den Verwaltungsrat der Freien Waldorfschule, Stuttgart: «Im Auftrage Dr. Steiners möchten wir Ihnen mitteilen, daß in Zukunft die Waldorfschul-Lehrerschaft autorisiert ist, die Leitung über sämtliche in Deutschland befindlichen Schulen auszuüben, welche die anthroposophische Pädagogik ausüben wollen.
Diese der Waldorflehrerschaft übertragene Verantwortung bringt es mit sich, daß diese Führung sich sowohl auf die Anwendung der anthroposophischen Pädagogik als auf eine Prüfung der wirtschaftlichen Grundlagen erstreckt.» (GA 260a, Beilage 1987, S. 61 sowie *Nachrichtenblatt* 1925, S. 103)
19. März. Rudolf Steiner beruft in die Leitung der Administration des Goetheanum-Baues folgende Schweizer Mitglieder: Dr. Emil Großheintz als Vorsitzenden, Rudolf Geering-Christ, Marie Schieb, M. S. Hirter-Weber, L. Bürgi, Otto Rietmann und Ernest Etienne.
20. März. Brief Rudolf Steiners an Marie Steiner in Stuttgart. «Habe herzlichen Dank für Deinen lieben Brief. Er hat mir innige Befriedigung bereitet. Du mußt alles das erledigen, ohne auf anderes Rücksicht zu nehmen als auf Deine Kraft und Gesundheit. Ich schaue mit Bewunderung allem zu, was Du in solcher Hingabe vollbringst. Ich bin in Gedanken bei Dir. ... Meine Gesundung geht eben langsam. Hoffentlich komme ich nur zur rechten Zeit zur Arbeit am Baumodell, daß da keine Stockung eintritt.» (GA 262, S. 271)
20. März, nachmittags. Albert Steffen bei Rudolf Steiner. Tagebuchein-

tragung Steffen: «Bitte, daß ich eine Aufgabe bekomme für das Goetheanum. Er will darüber nachdenken. Es ist eine Prüfung, die ich übernehme und die ich übergebe.» (Mit «Goetheanum» ist die Wochenschrift gemeint. Vgl. *Hinweise und Studien zum Lebenswerk Albert Steffens* Heft 1, Dornach 1986, S. 25)

20. März (?). Helene Lehmann, Haushälterin im Haus Hansi wird zu Rudolf Steiner gerufen: «Im Beisein von Dr. Wegman erklärte mir Herr Doktor, wo ich in seinem Zimmer die Steuerunterlagen finden würde. Dabei sagte er auch, er hoffte, sie selber schon holen zu können, er hoffe auch bald nach Haus Hansi zurückzukommen. – Ich war über das elende Aussehen von Herrn Doktor ganz ergriffen, so elend hatte ich ihn mir nicht vorgestellt; auch hörte er sehr schwer...» (Vgl. GA 260a, S. 684)

21. März. Albert Steffen bei Rudolf Steiner. Tagebucheintragung Steffens: «Dr. Steiner sagte, er hätte lange über meine Frage, was ich schreiben solle, nachgedacht und schlage mir vor, daß ich die Frage lösen solle, warum die Künstler Furcht hätten, Anthroposophen zu werden, in der Meinung, sie verlören ihre Gaben: die unbefangene Produktivität.» (Vgl. *Hinweise und Studien zum Lebenswerk Albert Steffens,* Heft 1, Dornach 1986, S. 25)

22. März. Im «Goetheanum» erscheint *Mein Lebensgang LXVIII:* Über die Einrichtung einer symbolisch-kultischen Betätigung und die Anknüpfung an die von John Yarker vertretene Hochgradmaurerei. (GA 28)

Im Nachrichtenblatt erscheinen *An die Mitglieder! Gedächtnis und Gewissen, Leitsätze* (GA 26) sowie eine Mitteilung des Vorstandes über die Beschlüsse der Generalversammlung vom 8. Februar 1925. Zunächst wird als Interpretation der Beschlüsse eine Passage aus den Ausführungen Rudolf Steiners zur Generalversammlung des Vereins des Goetheanum am 29. Juni 1924 abgedruckt, wonach die Allgemeine Anthroposophische Gesellschaft vier Unterabteilungen haben soll. Es folgt dann eine Zusammenfassung der Beschlüsse der Generalversammlung. Am Schluß der Verlautbarung heißt es sodann: «Durch die nunmehr vollzogene Eingliederung dieser Institutionen in den Gesamtorganismus der Allgemeinen Anthroposophischen Gesellschaft wird der Geist der anthroposophischen Bewegung in diesen vier Strömungen, die aus ihr hervorgegangen sind, in einheitlicher Kraft dauernd wirksam sein.» (GA 260a)

22. März, 17 Uhr. Eurythmieaufführung in der Schreinerei.

23. März. Marie Steiner berichtet von der Eurythmieaufführung in Mannheim und von der Arbeit in Stuttgart und teilt mit, daß sie noch nicht nach Dornach komme.

Rudolf Steiner antwortet umgehend am selben Tage: «Ich kann Dir nicht ausdrücken, *wie* ich Deine hingebungsvolle Tätigkeit bewundere, und wie dankbar ich für alles bin, was Du so segensreich vollbringst. Daß Du Dich auch der Schule annimmst, ist besonders bedeutsam. Denn die Kinder brauchen jetzt, da sie mich nicht sehen, Impulse. Und vor allem bringst Du Künstlerisches in die Schule hinein, ein Element, das sie so sehr braucht. ... Bei mir geht alles furchtbar langsam; ich bin eigentlich recht verzweifelt über diese Langsamkeit. Ich möchte nicht, daß Du beschließt, auf Schneewegen hierherzufahren. ... Leider bekomme ich von Horn recht schlimme Nachrichten. Polzer, der ja ganz unvergleichlich hingebungsvoll in dieser Sache wirkt, war draußen. Meine Schwester ist schon fast ganz erblindet. ...» (GA 262, S. 274 f.)

25. März. Brief an LUDWIG GRAF POLZER-HODITZ: der Gesundheitszustand der Schwester Rudolf Steiners, herzlicher Dank für Polzers Bemühungen. (BfII, Nr. 650)

25. März, 17 Uhr. ALBERT STEFFEN bei Rudolf Steiner. (Steffens eigene Datierung dieses Besuches auf den 26. stimmt nicht mit seinen eigenen Tagebuchaufzeichnungen überein.) Als «ich eintrat, suchte er sich, um besser sprechen zu können, etwas höher zu betten. Es war, als ob sein zerbrechlicher Körper eine fremde Last wäre, die sein mächtiger Wille aufhob und die er mit Schmerzen tragen mußte. ... Aber was war sein erstes Wort, das er zu mir sprach? – Wie es anderen gehe! Fragen, wie er sich selbst fühle, überhörte er geflissentlich. Er sprach an diesem Tage von den großen Erfolgen der eurythmischen Schule, die unter Frau Marie Steiner durch Deutschland reiste. Ferner von der Herausgabe des medizinischen Buches, das er mit Frau Dr. Wegman vorbereitet hatte. Druckbogen, mit Korrekturen von seiner Hand, lagen auf der Decke...» (Vgl. *Goetheanum* 1925, S. 113, vgl. auch *Hinweise und Studien zum Lebenswerk Albert Steffens,* Heft 1, Dornach 1986, S. 27, wo sich weiteres über den Inhalt des Gespräches und auf die Datierung Bezügliches findet.)

Marie Steiner berichtet unter diesem Datum aus Stuttgart.

26. März, 17 Uhr. ALBERT STEFFEN bei Rudolf Steiner: «Am nächsten Tag, zur selben Zeit, fand ich den hochverehrten Lehrer im Liegestuhl. Im Hausrock mit den weiten Ärmeln, aus denen die vergeistigten Hände schauten, sah er noch zerbrechlicher aus als gestern.» Gespräch über das Shakespeare-Buch von Vincenz Knauer. «Wie er so kraftvoll und freudig sprach, konnte man glauben, daß die Krisis überwunden wäre.» (A. Steffen, *In Memoriam Rudolf Steiner*, S. 18 f.)

27. März. Datum des Poststempels des Briefes an den Kaufmann J. C. TRÄXLER in Horn, bei dem die Geschwister Rudolf Steiners, LEOPOLDINE und GUSTAV STEINER wohnen. Dank, daß sich Träxler «so liebevoll der Geschwister angenommen» hat.

Nach einer Äußerung Ludwig Nolls zu Johanna Mücke ist an diesem Tage eine Besserung eingetreten. Rudolf Steiner habe sich lebhaft mit seiner Umgebung unterhalten und die Absicht geäußert, an der plastischen Gruppe des Menschheitsrepräsentanten zu arbeiten. Marie Steiner berichtet sogar: «In der letzten Woche des März stand er vom Lager auf und meißelte eigenhändig an dem Holz der Christus-Gruppe ... Das aber war zuviel für seine physische Kraft, – er mußte sich niederlegen, um seine letzte Nacht auf Erden zu durchwachen.» (Vgl. Marie Steiner, *Briefe und Dokumente,* S. 295 f.) In diesem Zusammenhang dürfte auch die Äußerung Marie Steiners in ihrem Brief an Leopoldine Steiner vom 3. Mai 1925 zu sehen sein: «Ich glaube, er hat sich einen zu starken Ruck geben wollen, um gesund zu werden. Er schrieb mir, jetzt müsse er gesund werden, um wieder am Modell des neuen Baus zu arbeiten. Der Organismus war schon zu erschöpft, um diesen Ruck zu ertragen.» (GA 262, S. 276)

27. März, 17 Uhr (möglicherweise auch erst am folgenden Tag?). ALBERT STEFFEN bei Rudolf Steiner: «Am folgenden Tag saß er wieder im Lehnstuhl, aber mit traurig-sinnenden Augen, sehr schweigsam.»

28. März. Rudolf Steiner beendet die Korrekturen an den Druckbogen des von ihm mit ITA WEGMAN verfaßten Buches *Grundlegendes für eine Erweiterung der Heilkunst nach geisteswissenschaftlichen Erkenntnissen.* (GA 27)

29. März.

Im «Goetheanum» erscheint *Mein Lebensgang LXIX:* Die Pflege des künstlerischen Elementes – Reisen nach Italien mit Marie von Sivers – der Pariser Kongreß 1907. (GA 28)

Im Nachrichtenblatt erscheinen *An die Mitglieder! Das scheinbare Erlöschen der Geist-Erkenntnis in der Neuzeit, Leitsätze.* (GA 26)

Ita Wegman berichtet: «Am Sonntag (29. März) erwachte er mit Schmerzen. An diesem Morgen wurde nicht gearbeitet, zum ersten Mal. Wir sprachen eingehend über die Schmerzen, es waren keine Ursachen zur Besorgnis da. Die Schmerzen verschwanden auch im Laufe des Tages. Er war außerordentlich still und geduldig diesen Tag und gab neue Angaben für seine Behandlung. Er übergab mir auch noch an diesem Morgen das Manuskript, das er am Tage vorher noch mit den letzten Korrekturen versehen hatte und das unser medizinisches Buch war, an dem wir schon lange Zeit vor der Krankheit noch mit so viel Liebe und Hingabe zusammen gearbeitet haben. ... Er war hocherfreut, als er es mir übergab. ‹Bedeutsames ist in dem Buch gegeben worden›, sagte er dabei.» (*Nachrichtenblatt* 1925, S. 62)

16 Uhr. Ita Wegman berichtet: «Um 4 Uhr nachmittags wiederholten sich die Schmerzen, meine innere Unruhe wollte nicht weichen, ich bestand darauf, Frau Dr. Steiner, die in Stuttgart weilte, zu benachrichtigen. Man teilte meine Unruhe nicht, und es war medizinisch auch wirklich kein Grund» vorhanden. «Auch der Doktor zeigte gar nichts, was Veranlassung geben konnte zu Befürchtungen, er frug sogar, ob das Atelier nebenan bald fertig sein werde, damit er für das innere Modell des neuen Goetheanum arbeiten könne.» (*Nachrichtenblatt* 1925, S. 62f.)

17 Uhr. Eurythmieaufführung in der Schreinerei. (Programm GA 277, S. 501)

19 Uhr (?). MIETA PYLE-WALLER, die – wie gewohnt – nach der Eurythmieaufführung Rudolf Steiner besuchen möchte, wird nicht vorgelassen: Rudolf Steiner sei zu müde und angegriffen. (Vgl. GA 260a, S. 688).

Nacht vom 29./30. März.

Nach 22 Uhr wird Marie Steiner in Stuttgart über das verschlechterte Befinden Rudolf Steiners unterrichtet.

Ita Wegman berichtet: «So gingen wir in die Nacht hinein. Der Puls war etwas rascher als sonst, aber kräftig und regelmäßig. Ich konnte mich nicht entschließen, mich hinzulegen und blieb auf und ließ das Licht brennen. Zu meinem größten Erstaunen ließ der Doktor dies zu ...»

30. März.

«Da bemerkte ich um 3 Uhr morgens eine leise Veränderung in den Atemzügen, sie wurden rascher, ich näherte mich dem Bette, er schlief nicht, schaute mich an und fragte mich, ob ich müde sei. ... Der Puls war jetzt nicht mehr so kräftig ... auch viel rascher. Ich holte Dr. Noll, um zu beraten, was zu tun sei. Doktor Steiner war nicht erstaunt ihn zu sehen so mitten in der Nacht und begrüßte ihn freundlich. ‹Es geht mir gar nicht schlecht›, sagte er, ‹ich kann nur nicht schlafen.› So machten wir das Licht aus. Aber um 4 Uhr rief er mich, weil die Schmerzen wiederkamen. ‹Und sobald es Tag wird, wollen wir die Behandlung fortsetzen, die ich angegeben habe.› ... Wir warteten natürlich nicht auf den Tag und machten das, was notwendig war. Aber da veränderte sich bald die Situation, der Puls wurde schlechter, die Atemzüge rascher.»

Zwischen 4 und 5 Uhr. Albert Steffen und Guenther Wachsmuth werden geweckt und ins Vorzimmer des Ateliers gerufen. Albert Steffen berichtet: «Morgens um fünf Uhr wurden wir in das Vorzimmer des Ateliers gerufen. Wir vernahmen des geliebten Lehrers Stimme, die noch immer laut und bestimmt allerlei Anweisungen gab. ... Schon hatten uns die Ärzte gesagt, daß sie das Schlimmste befürchten. Stunde um Stunde verging.» (*Nachrichtenblatt* 1925, S. 63)

Kurz vor 6 Uhr. MARIE STEINER in Stuttgart wird benachrichtigt, daß ernste Gefahr besteht.

Die Arbeiter, die um 6 Uhr 30 zur Arbeit erschienen waren, werden (wegen des Baulärms) gebeten, nach Hause zu gehen.

9 Uhr. Die Vorstandsmitglieder werden ins Atelier gerufen.

Ita Wegman: «Das Weggehen war wie ein Wunder. Als ob es sich von selbst

verstände, ging er. Es war mir, wie wenn im letzten Augenblick die Würfel der Entscheidung fielen. Und als sie gefallen waren, war kein Kampf, kein Versuch mehr da, auf der Erde bleiben zu wollen. Er schaute ruhig vor sich hin, sagte noch ein paar liebe Worte zu mir und schloß mit Bewußtsein die Augen und faltete die Hände.» (*Nachrichtenblatt* 1925, S. 63)
Der Tod tritt gegen 10 Uhr ein.
12 Uhr. Marie Steiner trifft aus Stuttgart ein, vor der Schreinerei von Mieta Pyle-Waller und Ludwig Noll empfangen und «an das Sterbebett Rudolf Steiners geleitet. Dort saßen die anderen Vorstandsmitglieder, die beim Tod zugegen gewesen waren noch um Rudolf Steiner versammelt.» (E. Leinhas, *Aus der Arbeit mit Rudolf Steiner,* S. 195)
1. April, abends. Totenfeier und Gedenkrede Albert Steffens.
2. April. Aussegnung nach dem Ritual der Christengemeinschaft durch Friedrich Rittelmeyer.
In der Nacht vom 2. zum 3. April wird die Totenmaske abgenommen.
3. April.
9 Uhr. Überführung des Sarges mit den sterblichen Überresten Rudolf Steiners nach Basel, Horburg-Friedhof.
10 Uhr. Beginn der Totenhandlung durch Friedrich Rittelmeyer. Ansprache Albert Steffens.
Kremation.
Nachmittags. Überführung der Asche Rudolf Steiners vom Krematorium in das Atelier.
5. April. Im «Goetheanum» erscheint *Mein Lebensgang LXX:* Die Arbeit in Berlin und München. Der Münchner Kongreß 1907. (GA 28)
Im Nachrichtenblatt erscheint *An die Mitglieder! Die geschichtlichen Erschütterungen beim Heraufkommen der Bewußtseinsseele, Leitsätze.* (GA 26)
12. April. Im Nachrichtenblatt erscheint *An die Mitglieder! Von der Natur zur Unter-Natur, Leitsätze.* (GA 26)

LITERATURVERZEICHNIS

1 *Rudolf-Steiner-Gesamtausgabe*

Herausgegeben von der RUDOLF-STEINER-NACHLASSVERWALTUNG, Dornach seit 1955.

Zitiert wird die bibliographische Nummer des Bandes (= GA) und bei schriftlichen Werken die Seitenzahl des Bandes; bei Vorträgen folgt auf die bibliographische Nummer das Datum des Vortrags. Auf diese Weise kann das Zitat auch in älteren Ausgaben mit abweichender Seitenzahl aufgefunden werden.

2 *Außerhalb der Gesamtausgabe* erschienene Briefe, Vorträge, Ansprachen und Diskussionsvoten Rudolf Steiners. Der Fundort der Zitate wird im laufenden Text nachgewiesen.

3 *Offizielle Publikationen*

des JOHANNES-BAUVEREINS und des VEREINS DES GOETHEANUM;

des BUNDES FÜR DREIGLIEDERUNG,

der AKTIENGESELLSCHAFT DER KOMMENDE TAG STUTTGART;

der FUTURUM AG.

4 *Mitteilungsblätter und Rundschreiben*

Mitteilungen für die Mitglieder der Deutschen Sektion der Theosophischen Gesellschaft. Herausgegeben von MATHILDE SCHOLL, Köln 1905–Januar 1913 (Nr. 1–15).

Mitteilungen für die Mitglieder der Anthroposophischen Gesellschaft (Theosophische Gesellschaft), herausgegeben von MATHILDE SCHOLL, Köln März 1913–Juni 1914 (Nr. 1–7).

Rundschreiben des Bundes für Dreigliederung, Stuttgart April 1919–Juli 1920.

Mitteilungsblatt des Bundes für Dreigliederung des sozialen Organismus, Stuttgart Juni 1919–ca. Februar 1920 (Nr. 1–9).

Mitteilungen des Zentralvorstandes der Anthroposophischen Gesellschaft, später: Mitteilungen, herausgegeben vom Vorstand der Anthroposophischen Gesellschaft in Deutschland, Stuttgart November 1921–Oktober 1923 (Nr. 1–8).

Was in der Anthroposophischen Gesellschaft vorgeht. Nachrichten für deren Mitglieder, herausgegeben von der Allgemeinen Anthroposophischen Gesellschaft, Dornach, Schweiz Jg. 1 1924 und Jg. 2 1925.

5 *Zeitschriften*

Der Vahan. Unabhängige Monatsschrift für Theosophie, herausgegeben von RICHARD BRESCH, Leipzig 1899–1907.

Luzifer. Zeitschrift für Seelenleben und Geisteskultur – Theosophie, herausgegeben von RUDOLF STEINER, Berlin 1903 (Nr. 1–7).

Lucifer-Gnosis, herausgegeben von RUDOLF STEINER, Berlin 1904–1908 (Heft 8–35).

Dreigliederung des sozialen Organismus, herausgegeben vom Bund für Dreigliederung, Schriftleiter ERNST UEHLI, Stuttgart Juli 1919–Juli 1922.

Das Goetheanum. Internationale Wochenschrift für Anthroposophie und Dreigliederung, Redaktion ALBERT STEFFEN, Dornach ab 1921 (hier vor allem Jg. 1–4).

Anthroposophie. Wochenschrift für freies Geistesleben, Redaktion ERNST UEHLI, Stuttgart ab April 1923 JÜRGEN VON GRONE, ab August 1923 KURT PIPER, Jg. 4 und 5.

Blätter für Anthroposophie, herausgegeben von Hans-Erhard Lauer, Basel 1951–1969.

Nachrichten der Rudolf-Steiner-Nachlaßverwaltung. Heft 7–28 (1962–1969), fortgeführt seit 1970 als

Beiträge zur Rudolf-Steiner-Gesamtausgabe. Heft 29–97 (1970–1987).

6 *Memoiren und Biographien*

Es werden nur Werke aufgeführt, die für diese Chronik herangezogen wurden.

ANTHROPOSOPHISCHE GESELLSCHAFT, Zweig München (Hrsg.), Rudolf Steiner in München, München 1961

MICHAEL BAUER, Christian Morgensterns Leben und Werk, München ³1941.

WALTER BECK, Rudolf Steiner – das Jahr der Entscheidung, Dornach 1984.

WALTER BECK, Rudolf Steiner – die letzten drei Jahre, Dornach 1985.

ERIKA BELTLE und KURT VIERL (Hrsg.), Erinnerungen an Rudolf Steiner, Stuttgart 1979.

ANDREJ BELYJ (i. e. BORIS BUGAJEFF), Verwandeln des Lebens, Basel 1975.

EMIL BOCK, Rudolf Steiner – Studien zu seinem Lebensgang und Lebenswerk, Stuttgart 1961.

HILDE BOOS-HAMBURGER, Aus Gesprächen mit Rudolf Steiner über Malerei, Basel 1961.

M. P. VAN DEVENTER, Die anthroposophisch-medizinische Bewegung in den verschiedenen Etappen ihrer Entwicklung, Arlesheim 1982.

ANNEMARIE DUBACH-DONATH, Die Kunst der Eurythmie – Erinnerungen, Dornach 1983.

HERMANN FRIEDMANN, Sinnvolle Odyssee, München 1950.

FRIEDRICH ECKSTEIN, Alte unnennbare Tage, Leipzig, Zürich, Wien 1936.

MAX GÜMBEL-SEILING, Mit Rudolf Steiner in München, Den Haag 1946.

HERBERT HAHN, Rudolf Steiner, Stuttgart 1961.

HERBERT HAHN, Der Weg der mich führte, Stuttgart 1969.
MAX HALBE, Jahrhundertwende, Danzig 1942.
OTTO ERICH HARTLEBEN, Briefe an seine Freundin, Dresden 1910.
GEORG HARTMANN, Das Wirken Rudolf Steiners 1890–1907, Schaffhausen 1975.
JUTTA HECKER, Rudolf Steiner in Weimar, Dornach 1988
JOHANNES HEMLEBEN, Rudolf Steiner, Reinbek 1963.
FRIEDRICH HIEBEL, Entscheidungszeit mit Rudolf Steiner, Dornach 1986.
GISBERT HUSEMANN/JOHANNES TAUTZ (Hrsg.), Der Lehrerkreis um Rudolf Steiner, Stuttgart 1977.
FRANZ KAFKA, Tagebücher 1910–1923, Frankfurt 1958.
ADALBERT VON KEYSERLINGK (Hrsg.), Koberwitz 1924, Stuttgart 1974.
TATJANA KISSELEFF, Eurythmie-Arbeit mit Rudolf Steiner, Basel 1982.
LUDWIG KLEEBERG, Wege und Worte, Stuttgart 1961.
LILI KOLISKO, Eugen Kolisko – ein Lebensbild, o. O. 1961.
MARIA JOSEPHA KRÜCK VON POTURZYN (Hrsg.), Wir erlebten Rudolf Steiner, Stuttgart 1956.
HANS KÜHN, Dreigliederungszeit, Dornach 1978.
KARL LANG, Lebensbegegnungen, Benefeld 1972.
HANS ERHARD LAUER, Ein Leben im Frühlicht des Geistes, Freiburg 1977.
ERNST LEHRS, Gelebte Erwartung, Stuttgart 1979.
EMIL LEINHAS, Aus der Arbeit mit Rudolf Steiner, Basel 1950.
FRITZ LEMMERMAYER, Erinnerungen, Stuttgart 1929.
MARY LUTYENS, Krishnamurti, München 1981.
RENÉ MAIKOWSKI, Schicksalswege auf der Suche nach dem lebendigen Geist, Freiburg 1980.
KURT MARTENS, Schonungslose Lebenschronik, Wien 1921.
ROSA MAYREDER, Tagebücher, Frankfurt 1988.
MARIA MAYER-FLASCHBERGER, Marie Eugenie delle Grazie, München 1984
THOMAS MEYER, D. N. Dunlop, Dornach 1987.
EMIL MOLT, Entwurf meiner Lebensbeschreibung, Stuttgart 1972.
CHRISTIAN MORGENSTERN, Ein Leben in Briefen, München 1952.
MARGARETA MORGENSTERN, Michael Bauer – ein Bürger beider Welten, Stuttgart 1965.
JOHANNA MÜCKE UND ALWIN A. RUDOLPH, Erinnerungen an Rudolf Steiner und seine Wirksamkeit an der Arbeiterbildungsschule in Berlin, Basel 1955.
ERICH MÜHSAM, Unpolitische Erinnerungen, in Werke Bd. 2, Berlin 1978.
HEINZ MÜLLER, Spuren auf dem Weg. Lebenserinnerungen, Stuttgart 1972.
HEINZ FREDERIK PETERS, Zarathustras Schwester, München 1983.
CARLO SEPTIMUS PICHT, Gesammelte Aufsätze, Stuttgart 1964 (S. 36–44).
LUDWIG POLZER-HODITZ, Erinnerungen an Rudolf Steiner, Dornach 1985.
WILHELM RATH, Die Jugendzeit Rudolf Steiners in Österreich 1861–1880, Schaffhausen ²1975.
GABRIELE REUTER, Vom Kinde zum Menschen, Berlin 1921.
FRIEDRICH RITTELMEYER, Meine Lebensbegegnung mit Rudolf Steiner, Stuttgart ⁹1980.

MARIE SAVITCH, Marie Steiner-von Sivers, Dornach 1965.
OSKAR SCHMIEDEL, Aus dem Land, in dem Rudolf Steiner seine Kindheit und Jugend verbrachte, Dornach 1952.
CAMILLE SCHNEIDER, Edouard Schuré, Freiburg 1971.
ERWIN SCHÜHLE, Entscheidung für das Christentum der Zukunft – Friedrich Rittelmeyer – Leben und Werk, Stuttgart 1969.
MIRKO SLADEK / MARIA SCHÜTZE, Alexander von Bernus, Nürnberg 1981.
ALBERT STEFFEN, In Memoriam Rudolf Steiner, Landschlächt 1925
ALBERT STEFFEN, Begegnungen mit Rudolf Steiner, Dornach 1975.
ALBERT STEFFEN, Auf Geisteswegen, Dornach 1942.
ELISABETH STEFFEN, Selbstgewähltes Schicksal, Dornach 1961.
MARIE STEINER, Erinnerungen I und II, Dornach 1949 und 1952.
MARIE STEINER, Briefe und Dokumente, Dornach 1981.
FRED B. STERN, Ludwig Jacobowski, Persönlichkeit und Werke, Darmstadt 1966.
ALEXANDER STRAKOSCH, Lebenswege mit Rudolf Steiner, Band 1, Straßburg 1947.
ALEXANDER STRAKOSCH, Lebenswege mit Rudolf Steiner, Band 2, Dornach 1952.
MARIA STRAKOSCH, Die erlöste Sphinx, Freiburg 1955.
GREGORY TILLET, The Elder Brother, London 1982
RUDOLF TREICHLER, Wege und Umwege zu Rudolf Steiner, Wiesneck 1974.
ASSJA TURGENIEFF, Erinnerungen an Rudolf Steiner, Stuttgart 1973.
ERNST UEHLI, Leben und Gestaltung, Stuttgart 1975.
CARL UNGER, Schriften Band I, Stuttgart 1964.
CARL UNGER, Wider literarisches Freibeutertum!, Berlin 1913.
E. UNGER-WINKELRIED, Von Bebel zu Hitler, Berlin 1934.
ELISABETH VREEDE – Ein Lebensbild, hrsg. von M. P. van Deventer und Elisabeth Knottenbelt. Arlesheim 1976.
GUENTHER WACHSMUTH, Rudolf Steiners Erdenleben und Wirken, Dornach 1951.
GERHARD WEHR, Rudolf Steiner, Freiburg 1982.
HELLA WIESBERGER, Aus dem Leben von Marie Steiner-von Sivers, Dornach 1956.
HELLA WIESBERGER und WALTER KUGLER, Im Mittelpunkt der Mensch, Frankfurt 1985.
MARGARITA WOLOSCHIN, Die grüne Schlange, Stuttgart 1955.
EMANUEL ZEYLMANS, Willem Zeylmans van Emmichoven, Arlesheim 1979.
STEFAN ZWEIG, Die Welt von Gestern, Frankfurt o. J.

7 *Unveröffentlichtes*

MAX BENZINGER, Bauerlebnisse und Anderes.
J. M. BRUINIER, Briefe aus Dornach 1914–1920.
KARL HEYER, Aus meinem Leben.
WALTER KÜHNE, Persönliche Erinnerungen an Rudolf Steiner und seinen Menschenkreis: Aus meiner Stuttgarter Zeit.
WALTER KÜHNE, Aus meinem Leben.
ALFRED MEEBOLD, Erinnerungen an einen Geistesriesen.
GUSTAV NAUMANN, Der Fall Elisabeth Förster Nietzsche.
OSKAR SCHMIEDEL, Aufzeichnungen.

ALBERT STEFFEN, Daten und Auszüge aus den Tagebüchern 1920–1925.
ITA WEGMAN, Aufzeichnungen.
RENÉ DE WINTER, Rudolf Steiner in den Niederlanden.
WOLFHARD RAUB, Rudolf Steiner und Goethe. Literatur und Wissenschaftstheorie im Werk Steiners, Dissertation, Kiel 1963.

Ferner wurden einzelne Erinnerungsaufsätze, die in verschiedenen Zeitschriften gedruckt sind, verwendet. Der Nachweis erfolgt im laufenden Text.

8 *Weitere Literatur*

HAGEN BIESANTZ/ARNE KLINGBORG, Das Goetheanum, Dornach 1978.
AKE FANT/ARNE KLINGBORG/JOHN A. WILKES, Die Holzplastik Rudolf Steiners in Dornach, Dornach ²1981.
C. G. HARRISON, Das transzendentale Weltall, 1897.
WILLIAM M. JOHNSTON, Österreichische Kultur- und Geistesgeschichte, Wien 1974.
ROBERT A. KANN, Geschichte des Habsburger Reiches 1526–1918, Wien ²1982.
WALTER KUGLER, Rudolf Steiner und die Anthroposophie, Köln 1978.
HILDE RASKE, Das Farbenwort, Stuttgart 1983.
GERHARD RITTER, Der Schlieffenplan, München 1956.
GERHARD RITTER, Staatskunst und Kriegshandwerk II, München ³1973.
RUDOLF STEINER, ROMAN BOOS, Die Hetze gegen das Goetheanum, Dornach 1920.
ERICH ZIMMER, Rudolf Steiner als Architekt von Wohn- und Zweckbauten, Stuttgart 1971.
ERICH ZIMMER, Der Modellbau von Malsch, Stuttgart 1979.

9 *Hilfsmittel*

C. S. PICHT, Das literarische Lebenswerk Rudolf Steiners, Dornach 1926.
HANS SCHMIDT, Das Vortragswerk Rudolf Steiners, Dornach ²1978.
RUDOLF STEINER-NACHLASSVERWALTUNG, Bibliographische Übersicht. Das literarische und künstlerische Werk von Rudolf Steiner, Dornach 1984.

PERSONENREGISTER